《安徽审计年鉴》伴您前行

U0922384

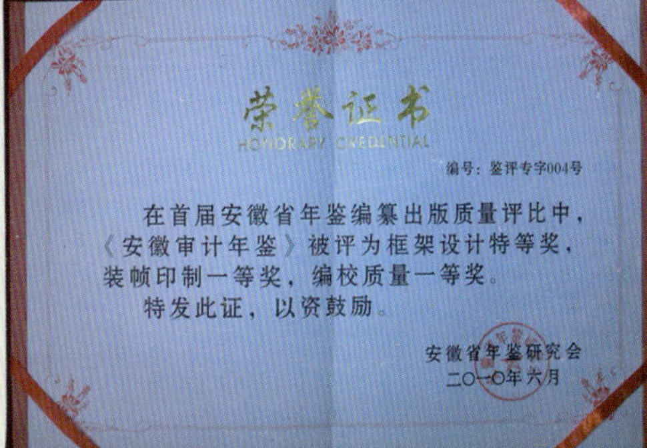

荣誉证书
编号：鉴评专字004号
在首届安徽省年鉴编纂出版质量评比中，《安徽审计年鉴》被评为框架设计特等奖，装帧印制一等奖，编校质量一等奖。
特发此证，以资鼓励。
安徽省年鉴研究会
二〇一〇年六月

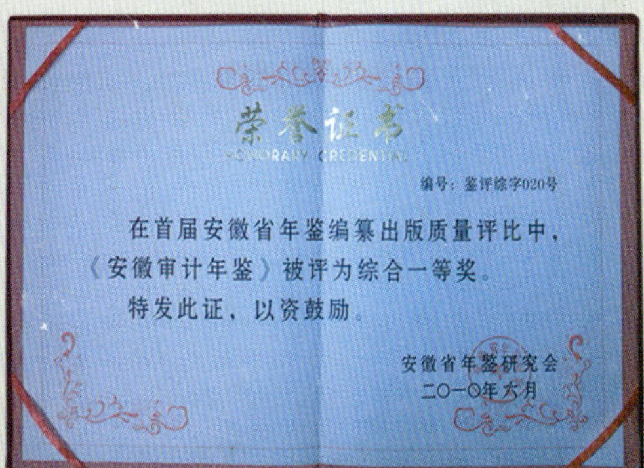

荣誉证书
编号：鉴评综字020号
在首届安徽省年鉴编纂出版质量评比中，《安徽审计年鉴》被评为综合一等奖。
特发此证，以资鼓励。
安徽省年鉴研究会
二〇一〇年六月

首届安徽省年鉴编纂出版质量评比
荣誉证书
安徽省年鉴研究会
二〇一〇年六月

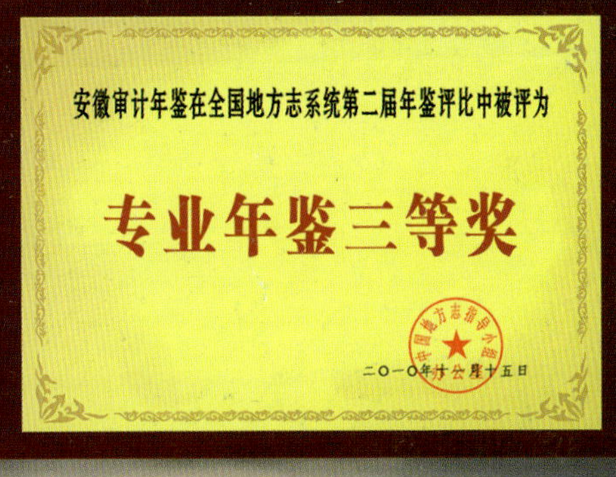

安徽审计年鉴在全国地方志系统第二届年鉴评比中被评为
专业年鉴三等奖

首届安徽省年鉴编纂出版质量评比
荣誉证书
安徽省年鉴研究会
二〇一〇年六月

2008
安徽审计年鉴
安徽省审计厅主办
黄山书社

2009
安徽审计年鉴
安徽省审计厅主办
实施审计监督双百制度
推进合肥更好更快发展
黄山书社

2010
安徽审计年鉴
创新理念引领审计工作科学发展
加速转型服务淮南两型城市建设
安徽省审计厅

2011
安徽审计年鉴
安徽省审计厅

安徽天鼎工程造價咨詢有限公司

安徽天鼎工程造价咨询公司是在安徽省阜阳市第一审计事务所（1993年成立）的基础上改制而成立的专业性造价咨询服务中介机构，注册资金50万元，具备安徽省建设厅批准的工程造价咨询乙级资质,资质证书编号：乙0906A0216，营业执照注册公司成立于2005年1月,是经国家建设部批准设立的，具有独立法人资号340100000190567。办公地点位于合肥市马鞍山路1000号新都会505。

安徽天鼎工程造价咨询公司在权威源于学识和公信的注册造价师事业中，一直秉承“天外有天，一言九鼎”的理念，坚持“服务第一，信誉至上”的执业宗旨，恪守独立、客观、公正的原则，完成了大型企业、大型工程结算审核业务，积累了丰富的审计经验，为自身的发展打下了坚实的基础，也赢得了客户的广泛赞誉。

安徽天鼎工程造价咨询公司在行业主管部门的指导支持、广大客户特别是政府部门的支持鼓励下，由于全体员工的团结奋斗和不懈努力，加之市场客户的广泛认同，天鼎逐步建立并拥有了较为广泛的客户群体，包括政府部门、国有企业、股份制企业、集体企业、私营企业以及外商投资企业等，并与省市工商、财政、审计、税务、金融、司法等部门建立和保持着良好的沟通与协调关系，公司主营业务收入逐年大幅攀升。取得了较好的经济效益和社会效益。

自2006年合肥市招投标中心成立以来，安徽天鼎工程造价咨询公司3年为招投标中心编制清单及控制价工作无差错。经过实力比较，现已成为合肥市招投标中心编制单位10大骨干协作单位之一。2009年成为长丰县招标中心主要协作单位。

安徽审计年鉴 2012

ANHUI SHENJI NIANJIAN

图书在版编目（CIP）数据

安徽审计年鉴．2012/安徽省审计厅编．一合肥：黄山书社，2013.5
ISBN 978-7-5461-3511-3

Ⅰ．①2… Ⅱ．①安… Ⅲ．①审计－安徽省－2012－年鉴 Ⅳ．①F239.227.54－54

中国版本图书馆CIP数据核字（2013）第072506号

安徽审计年鉴．2012

安徽省审计厅 编

出 版 人：任耕耘　　责任编辑：欧阳慧娟 张元婷
责任印制：李 磊　　装帧设计：钱志刚

出版发行：时代出版传媒股份有限公司（http://www.press-mart.com）
黄山书社（http://www.hsbook.cn/index.asp）
（合肥市政务文化新区翡翠路1118号出版传媒广场7层 邮编：230071）
经 销：新华书店　　营销部电话：0551-63533762、63533768
印 刷：安徽新华印刷股份有限公司　　电 话：0551-65859596

开本：889mm×1194mm 1/16　印张：39.5　字数：1870千字
插页：132P　版次：2013年5月第1版　2013年5月第1次印刷
书号：ISBN 978-7-5461-3511-3　定价：320.00元

《安徽审计年鉴》2012卷编辑委员会

编辑说明

一、《安徽审计年鉴》是由安徽省审计厅主办的一部大综合型性、资料性工具书。《安徽审计年鉴》2012卷旨在全面、系统、真实地记载2011年安徽审计事业发展轨迹，反映2011年安徽审计工作取得的主要成就，所录资料时限为2011年1月1日至2011年12月31日。

二、《安徽审计年鉴》2012卷按照国家审计、内部审计、社会审计进行分类编排。

三、《安徽审计年鉴》2012卷所录资料均由各级国家审计机关、内部审计机构和社会审计组织提供，并经各供稿单位领导审核。

四、《安徽审计年鉴》2012卷编纂出版得到了全省各级审计机关、内部审计机构和社会审计组织的大力支持和帮助，得到了各位撰稿人的积极配合，在此谨致谢忱。由于年鉴涉及的资料浩繁，以及编辑人员水平有限，缺点和错误在所难免，敬请广大读者批评指正。

《安徽审计年鉴》编辑部

2012年12月

省厅

刘战平：省审计厅党组书记（2005年12月-）、厅长（2006年1月-）

戴克柱：省审计厅党组成员、副厅长（2003年7月-）

刘大群：省审计厅党组成员、副厅长（2004年6月-2011年8月），安徽审计职业学院院长（2004年9月-2011年8月）

姜爱民：省审计厅党组成员（2003年12月-）、副厅长（2006年12月-）

省厅

胡海波：省审计厅党组成员、副厅长（2011年7月-）

杨寿桃：省审计厅副厅长（2007年9月-）

何结华：省审计厅党组成员、总审计师（2008年8月—）

李长柱：省审计厅党组成员（2001年1月-）、巡视员（2008年6月-）

省厅

吴毅：省审计厅党组成员、省纪委派驻省审计厅纪检组长（2008年5月－）

刘春华：省审计厅党组成员（2008年8月－）、省经济责任审计局局长（2006年12月－）

程家楷：省审计厅副巡视员（2011年1月－）

史守信：省纪委（省监察厅）派驻省审计厅副厅级纪律检查员、监察专员（2009年2月－2011年2月）

省厅

1月4日，省审计厅在合肥召开全省审计机关实施"五年行动计划"总结大会

1月11至12日，省审计厅机关工作务虚会在芜湖县召开

2月11日，全省审计工作会议在合肥召开，省委副书记、省长王三运到会并作重要讲话

2月24至25日，全省经济责任审计工作会议在合肥召开

2月27日，安徽省地方政府性债务审计进点见面会在合肥召开，省长王三运出席会议并讲话，审计署南京特派办特派员李玲出席会议

3月29日，省审计厅组织收看全国审计机关党风廉政建设工作视频会议

省厅

6月22日，受省政府委托，刘战平厅长向省十一届人大常委会第二十六次会议作《关于安徽省本级2010年度预算执行和其他财政收支审计的工作报告》

7月1日，由省审计厅主办、屯溪区阜新社区协办、黄山市审计局承办的“皖审雅韵.徽墨幽香”—— 安徽省审计系统庆祝建党90周年楹联展在黄山举办

7月21至22日，全省审计工作座谈会在合肥召开

10月21日，华东暨特邀地区审计厅（局）长座谈会在合肥召开

11月21日，省审计厅举行2011年度厅机关及厅属单位全员集中培训开班式

12月29至30日，全省审计“信息化推进工程”总结大会在省审计厅会议中心召开

省厅

省审计厅党组书记、厅长刘战平冒雨深入社会主义新农村建设帮扶点——砀山县关帝庙镇汪大楼村走访调研

省审计厅党组成员、副厅长戴克柱赴芜湖、六安两地调研审计工作，并分别与两市4县（区）审计人员进行座谈

省审计厅党组成员、副厅长刘大群带领审计组进点，对省公益性项目建设管理中心代建的省博物馆新馆建设项目实施竣工决算和投资绩效审计

省审计厅党组成员、副厅长姜爱民到淮南市深入采煤塌陷区村庄搬迁和综合治理资金专项审计调查现场进行调研

省审计厅党组成员、副厅长胡海波深入交投集团金寨高速公路管理公司审计现场调研

省审计厅副厅长杨寿桃到广德县调研养老保险审计调查开展情况

省厅

省审计厅党组成员、总审计师何结华深入选派、联系帮扶村走访慰问

省审计厅党组成员、巡视员李长柱深入池州市市委书记、市长经济责任审计现场进行调研

省审计厅党组成员、纪检组长吴毅深入淮南矿业集团养老保险联网审计现场进行调研

省审计厅党组成员、省经济责任审计局局长刘春华到宣城、广德、郎溪开展“审计领导大走访”活动

省审计厅副巡视员程家楷就2012年审计工作安排到淮南进行调研

省审计厅组织厅机关干部职工集中收看中央电视台直播的庆祝中国共产党成立90周年纪念大会实况

省厅

省审计厅财政审计处向深入审计现场的厅领导汇报审计工作开展情况

省审计厅行政事业审计处向深入审计现场的厅领导汇报审计工作开展情况

省审计厅农业与资源环保审计处审计人员深入现场核对数据

省审计厅固定资产投资审计处审计人员深入现场考察工程质量

省审计厅金融审计处向深入审计现场的厅领导汇报审计工作开展情况

省审计厅企业审计处审计人员深入现场了解生产流程

省厅

省审计厅社会保障审计处组织对社保联网审计业务需求进行研讨

省审计厅外资运用审计处组织对AO外资审计版软件应用进行培训

省审计厅计划统计审计室工作人员赴对口联系的阜阳市颍泉区审计局开展学习交流

省审计厅经济审计室组织召开审计进点见面会

省审计厅科技教育审计室审计人员和被审计单位有关人员进行交流沟通

省审计厅劳动保障审计室组织召开审计进点见面会

省厅

省审计厅农业审计室组织召开审计进点见面会

省审计厅文化卫生审计室组织召开审计进点见面会

省审计厅新闻广电审计室向深入审计现场的厅领导汇报审计工作开展情况

省审计厅综合法规处组织召开全省审计综合法制工作会议暨审计准则培训班

省审计厅人事教育处组织召开安徽省高级审计师资格评审会议

省审计厅机关党委组织召开创先争优先进事迹报告会

省厅

省审计厅纪检监察室组织参观全国检察机关惩治和预防渎职侵权展览安徽巡展

省审计厅办公室会同科研所、记者站在合肥举办全省审计宣传骨干培训班

省经济责任审计局组织召开审计进点见面会

省审计科研所组织召开全省审计通联宣传工作会议

安徽审计职业学院组织召开方兴校区校园规划专家评审会

省审计厅机关服务中心召开年终总结会议

省厅

省固定资产投资审计中心组织召开审计进点见面会

省审计学会组织召开全省审计学会工作座谈会

省内部审计师协会组织召开第四届四次理事会暨全省内部审计"双先"表彰大会

省审计厅组织召开《安徽省志·审计志》书稿评议会

全国审计机关（安徽考区）AO认证考试在全省8个考点同时进行，全省三级审计机关共300多名审计人员参加考试

省审计厅全体干部职工及部分家属、离退休老干部欢聚迎春联欢会

合肥

合肥市审计局党组书记、局长吴利林

合肥市审计局领导班子成员

合肥市审计局强力实施“五大工程” 推动审计工作转型升级

巢湖市审计局局长吕献龙

省审计学会领导到长丰县审计学会调研

淮北

淮北市审计局党组书记、局长戎培阜

淮北市审计局审计人员入村对2010年市农村卫生室项目建设、管理、使用及效益情况进行审计调查

淮北市审计局开展居民生活垃圾无害化处理财政补贴情况审计调查

杜集区审计局局长孙庆民利用审计管理系统检查财政预算执行项目的进度情况

烈山区审计局审计现场

濉溪县审计局局长崔海波

亳州

亳州市审计局党组书记、局长李迎春到基层联系点走访慰问敬老院老人

亳州市委组织部领导到亳州市审计局考核、指导工作

亳州市审计局组织开展法律法规知识竞赛

省审计厅巡视员李长柱到蒙城县审计局调研

宿州

宿州市审计局党组书记、局长吴健下乡走访调研民生工程

宿州市审计局领导班子成员

砀山县财政联网审计系统验收会议现场，副县长汪丽主持会议

灵璧县审计局党组书记、局长朱永立

宿州

宿州市审计局开展"12·4"普法宣传日活动

萧县人大领导到萧县审计局调研

埇桥区审计局党组书记、局长武良坤

蚌埠

蚌埠市审计局党组书记、局长杨继顺在全市审计工作会议上做报告

蚌埠市审计局领导班子成员

蚌埠市审计局集体审议“同级审”方案

蚌山区审计局到燕山乡农民创业园区开展审计调查

蚌埠

淮上区审计局有关人员对曹老集镇杨湖村党支部的政务公开工作，尤其是财务公开工作给予指导

固镇县审计局审计现场

五河县审计局组织党员到西柏坡接受革命传统教育

阜阳

阜阳市审计局党组书记、局长武杰

阜阳市审计局领导班子成员

阜阳市审计局召开业务会议研究审计报告

界首市审计局局长王建功在全省审计“信息化推进工程”总结大会上作交流发言

淮南

淮南市审计局党组书记、局长陈寅

淮南市审计局领导班子成员

淮南市审计局赴淮北市开展地方政府性债务审计

毛集实验区审计局全体审计人员

凤台县审计局审计人员集中进行计算机审计资料汇总

潘集区审计局审计现场

淮南

八公山区审计局局长王桂芝

田家庵区审计局局长陈灯海在曹庵经济开发区园区道路工程审计现场

大通区审计局审计现场

谢家集区审计局审计现场

滁州

滁州市审计局党组书记、局长徐保月

滁州市审计局领导班子成员

省审计厅刘战平厅长陪同审计署有关领导到滁州市审计局调研

滁州市审计局领导到琅琊区审计局调研指导工作

明光市审计局党组书记、局长李仁标

全椒县审计局章宗敏局长带领投资审计人员到施工现场开展跟踪审计

六安

六安市审计党组书记、局长余泳

六安市审计局召开全市审计工作座谈会

六安市审计局组织全体党员在皖西烈士陵园重温入党誓词

金安区审计局开展春季培训活动

六安

裕安区审计局局长夏东升组织全局审计人员学习审计“信息化推进工程”有关文件

叶集改革发展试验区审计局开展志愿者活动

寿县审计局召开寿县审计学会暨内部审计协会成立大会

马鞍山

马鞍山市审计局局长夏光明

马鞍山市审计局党组书记、副局长潘淑琴

马鞍山市审计局领导班子成员

雨山区审计局赴佳山乡指导村级领导干部任期经济责任审计工作

当涂县审计局开展2011年春季培训活动

芜湖

芜湖市审计局党组书记、局长周明

省委巡视组领导到芜湖市审计局听取汇报

芜湖市审计局领导深入山村走访农户

南陵县审计局党组书记、局长周翠霞一行到何湾镇何湾村开展“大走访”活动

宣城

宣城市审计局党组书记、局长蔡修定

省审计厅领导到郎溪县审计局调研

宣城市人大财经工委对市本级预算执行审计报告初审

宁国市审计局审计现场

合工大宣城校区审计现场

广德县审计局开展庆“五一”登山比赛活动

铜陵

铜陵市审计局党组书记、局长王仁海参加“百名干部下基层，深入群众大走访”活动

铜陵市审计局开展“12·4”法制宣传活动

铜陵市审计局召开廉政风险防范管理工作动员会

铜陵县审计局举办纪念建党90周年知识竞赛活动

池州

池州市审计局党组书记、局长徐树生

池州市审计局领导班子成员

池州市审计局组织全体干部职工收看省审计厅2011年厅机关及厅属单位集中培训视转播

省、市审计局领导到贵池区审计局调研

石台县审计局召开审计学会暨内部审计协会成立大会

安庆

安庆市审计局何家虎局长在全省“信息化推进工程”总结大会上做交流发言

安庆市审计局领导班子成员

安庆市召开全市审计工作会议

桐城市审计局张早林局长参加桐城市第十五届人大常委会第一次会议

宜秀区审计局领导在政府投资审计工地现场

岳西县审计局局长陈杰昌

黄山

黄山市审计局党组书记、局长徐东海

黄山市审计局领导班子成员

省审计厅在黄山市举办全省审计系统纪念建党90周年楹联展活动

祁门县审计局局长李超群在全省审计系统纪念建党90周年楹联展上

目 录

领导讲话

省委副书记、省长王三运在全省审计工作会议上的讲话 … 1

以行动夯实审计事业发展的基础
——刘战平厅长在全省审计机关实施“五年行动计划”总结大会上的讲话 …… 3

努力实现审计工作“十二五”上水平目标
——刘战平厅长在省审计厅机关务虚会上的讲话 … 7

站在新的历史起点 继往开来 开拓创新
奋力谱写“十二五”安徽审计事业新篇章
——刘战平厅长在全省审计工作会议上的讲话 …… 10

刘战平厅长在全省经济责任审计工作会议上的讲话 …… 16

强化审计监督 促进廉政建设
——刘战平厅长在省政府第四次廉政工作会议上的讲话 …… 18

明确目标 乘势而上 推动安徽审计事业上水平
——刘战平厅长在全省审计机关实施“五人工程”动员会上的讲话 …… 19

紧密结合实施“五大工程” 深入开展创先争优活动
——刘战平厅长在厅机关创先争优先进事迹报告会上的讲话 …… 27

刘战平厅长在全省审计工作座谈会上的讲话 …… 28

认清形势 明确目标 进一步增强做好审计信息化工作的信心和决心
——刘战平厅长在全省审计“信息化推进工程”总结大会上的讲话 …… 36

戴克柱副厅长在全省审计机关实施“五大工程”动员大会上的总结讲话 …… 39

关于财政审计的思考
——戴克柱副厅长在厅机关集中培训班上的专题报告 …… 40

刘大群副厅长在全省审计工作座谈会上的总结讲话 …… 44

目标明确 深化应用 努力开创我省审计信息化新局面
——杨寿桃副厅长在全省审计“信息化推进工程”总结大会上的讲话 …… 46

何结华总审计师在全省审计综合法制工作会议暨审计准则培训班上的讲话 …… 50

刘春华局长在全省经济责任审计工作会议结束时的讲话 … 53

国家审计

安徽省审计厅

机构概况 …… 56

省审计厅领导、党组成员名单 …… 56

省审计厅工作职责 …… 56

内设机构 …… 57

直属事业单位 …… 57

安徽省审计厅机关服务中心 …… 57

安徽省审计科学研究所 …… 58

安徽审计职业学院 …… 58

安徽省固定资产投资审计中心 …… 58

社会团体 …… 58

安徽省审计学会 …… 58

安徽省内部审计师协会 …… 59

2011年12月31日在册人员名单 …… 59

安徽省审计厅机关 …… 59

安徽省审计厅机关服务中心 …… 59

安徽省审计科学研究所 …… 59

安徽审计职业学院 …… 59
安徽省固定资产投资审计中心 …… 60
安徽省审计厅第四批特约审计员名单 …… 60

工作概况 …… 61

省审计厅工作综述 …… 61
业务处室工作 …… 63
审计法制建设 …… 81
队伍建设 …… 85
附：2011年度高级审计师任职资格评审通过人员名单…… 87
党的建设 …… 87
党风廉政建设 …… 88
内部管理 …… 89
经济责任审计工作 …… 90
审计科研工作 …… 93
审计职业学院工作 …… 94
机关服务中心工作 …… 96
投资审计中心工作 …… 97
审计社团工作 …… 98

审计公告 …… 101

安徽省对口支援松潘县地震灾后恢复重建跟踪审计结果公告(第4号) …… 101
安徽省审计厅关于4个国外援助和赠款项目2010年度公证审计情况的公告…… 101
关于安徽省本级2010年度预算执行和其他财政收支的审计工作报告…… 102
安徽省省直学校中小学校舍安全工程2010年度跟踪审计结果公告…… 107

优秀审计项目 …… 110

安徽省审计厅关于2010年度全省优秀审计项目评选结果的通报 …… 110
2010年度全省优秀审计项目名单…… 110
2010年度全省表彰审计项目名单…… 111

“五大工程” …… 112

关于在全省审计机关深入实施“五大工程”的意见 … 112
关于建立“五大工程”考核评价机制的指导意见 …… 115
全省审计机关开展“信息化推进工程”实施方案 …… 116
全省审计机关实施“信息化推进工程”考核办法 …… 119
关于全省审计机关“信息化推进工程”考核情况的通报 …… 120
关于表彰全省审计机关“信息化推进工程”先进单位(集体)和先进个人的决定 …… 122

计算机审计方法与AO应用实例 …… 124

安易账务(集成)系统(V3.15)采集方法…… 毕 伟 124
某省辖市国有土地出让金征缴管理情况审计AO应用实例 …… 王彭生 王宏生 王 鑫 127
高速公路联网收费审计方法 …… 金礼明 128
AO在医院绩效情况和信息系统审计调查中的应用 …… 王美玲 135
AO在养老保险审计调查中的应用 …… 江怀安 154

审计理论研究 …… 178

加快转变经济发展方式背景下审计工作发展的几点思考 …… 刘战平 178
信息化对政府审计的影响及其应对思路 …… 安徽省审计厅课题组 181
新时期审计文化建设的思考 … 安徽省审计厅课题组 194

市、县(市、区)审计局

合肥市审计局 …… 198

瑶海区审计局…… 210
庐阳区审计局…… 213
蜀山区审计局…… 217
包河区审计局…… 218
肥东县审计局…… 221
肥西县审计局…… 223
长丰县审计局…… 227

巢湖市审计局…… 232
庐江县审计局…… 235

淮北市审计局…… 239

烈山区审计局…… 246
相山区审计局…… 247
杜集区审计局…… 250
濉溪县审计局…… 251

亳州市审计局…… 256

谯城区审计局…… 259
涡阳县审计局…… 261
蒙城县审计局…… 263
利辛县审计局…… 265

宿州市审计局…… 268

埇桥区审计局…… 273
灵璧县审计局…… 277
泗县审计局…… 280
萧县审计局…… 282
砀山县审计局…… 286

蚌埠市审计局…… 291

龙子湖区审计局…… 301
蚌山区审计局…… 303
禹会区审计局…… 304
淮上区审计局…… 306
怀远县审计局…… 307
固镇县审计局…… 309
五河县审计局…… 311

阜阳市审计局…… 315

颍州区审计局…… 322
颍东区审计局…… 325
颍泉区审计局…… 328
临泉县审计局…… 330
颍上县审计局…… 332
太和县审计局…… 334
界首市审计局…… 336
阜南县审计局…… 339

淮南市审计局…… 342

大通区审计局…… 351
田家庵区审计局…… 353
谢家集区审计局…… 355
八公山区审计局…… 356
潘集区审计局…… 358
毛集实验区审计局…… 360
凤台县审计局…… 361

滁州市审计局…… 364

琅琊区审计局…… 366
南谯区审计局…… 369
来安县审计局…… 371
全椒县审计局…… 374
天长市审计局…… 376
定远县审计局…… 378
明光市审计局…… 380
凤阳县审计局…… 384

六安市审计局…… 387

金安区审计局…… 392
裕安区审计局…… 394
叶集改革发展试验区审计局…… 396
寿县审计局…… 399
霍邱县审计局…… 402
金寨县审计局…… 405
霍山县审计局…… 408
舒城县审计局…… 411

马鞍山市审计局…… 414

花山区审计局…… 420
雨山区审计局…… 422
金家庄区审计局…… 424
当涂县审计局…… 425
和县审计局…… 431

含山县审计局…………………………………………… 433

芜湖市审计局…………………………………………… 437

镜湖区审计局…………………………………………… 442
弋江区审计局…………………………………………… 444
鸠江区审计局…………………………………………… 445
三山区审计局…………………………………………… 448
芜湖县审计局…………………………………………… 450
南陵县审计局…………………………………………… 452
繁昌县审计局…………………………………………… 457
无为县审计局…………………………………………… 459

宣城市审计局…………………………………………… 463

宣州区审计局…………………………………………… 469
郎溪县审计局…………………………………………… 471
宁国市审计局…………………………………………… 476
泾县审计局……………………………………………… 478
广德县审计局…………………………………………… 480
旌德县审计局…………………………………………… 483
绩溪县审计局…………………………………………… 486

铜陵市审计局…………………………………………… 490

铜官山区审计局………………………………………… 492
狮子山区审计局………………………………………… 494
郊区审计局……………………………………………… 497
铜陵县审计局…………………………………………… 498

池州市审计局…………………………………………… 501

贵池区审计局…………………………………………… 504
东至县审计局…………………………………………… 507
石台县审计局…………………………………………… 509
青阳县审计局…………………………………………… 512

安庆市审计局…………………………………………… 515

迎江区审计局…………………………………………… 529
大观区审计局…………………………………………… 531
宜秀区审计局…………………………………………… 533
怀宁县审计局…………………………………………… 534
枞阳县审计局…………………………………………… 537
潜山县审计局…………………………………………… 539
太湖县审计局…………………………………………… 542
宿松县审计局…………………………………………… 545
岳西县审计局…………………………………………… 550
望江县审计局…………………………………………… 552
桐城市审计局…………………………………………… 554

黄山市审计局…………………………………………… 558

屯溪区审计局…………………………………………… 563
黄山区审计局…………………………………………… 565
徽州区审计局…………………………………………… 568
祁门县审计局…………………………………………… 571
黟县审计局……………………………………………… 574
休宁县审计局…………………………………………… 576
歙县审计局……………………………………………… 579

内部审计

安徽省内部审计师协会团体会员名单…………………… 583
安徽省内部审计师协会第四届理事会理事名单……… 587
安徽省内部审计师协会第四届理事会常务理事名单… 592
2011年度安徽省国际注册内部审计师(CIA)资格考试通过人员名单…………………………………………… 594
安徽省内部审计机构名单（部分）…………………… 594

社会审计

安徽省注册会计师、资产评估协会工作概况………… 599
安徽省注册会计师、资产评估协会机构设置情况…… 600
安徽省2011年度注册会计师任职资格检查结果……… 600
安徽省2011年度注册资产评估师年检结果 ………… 612
2011年度安徽省会计师事务所前50家信息…………… 616
安徽省2011年度资产评估机构综合评价结果 ……… 617
安徽省会计师事务所名录……………………………… 618

领导讲话

省委副书记、省长王三运在全省审计工作会议上的讲话

（2011 年 2 月 11 日）

新春伊始，我们召开全省审计工作会议，传达学习温家宝总理关于审计工作的重要讲话和全国审计工作会议精神，安排部署今年审计工作，对于“十二五”开好局、起好步，具有极其重要的意义。温家宝总理的重要讲话，饱含深情，语重心长，充分体现了对审计工作和审计人员的高度评价和亲切关怀，我们倍受鼓舞和振奋。全省各级审计机关一定要把思想和行动统一到总理的重要讲话精神上来，自觉找准定位，认真履行职责，切实抓好贯彻落实。

一、充分肯定审计系统的工作成绩

刚刚过去的“十一五”，是改革开放以来我省经济又好又快发展，生产总值跃上万亿元台阶，经济实力实现重大跨越的一个时期；是工业化城镇化进程明显加快，基础设施体系不断完善，城乡面貌显著变化的一个时期；是人民生活水平日益提高，城乡社会保障体系不断健全，改善民生迈出历史性步伐的一个时期；是安徽区位优势不断彰显，对外形象持续提升，在全国区域发展格局中的战略地位进一步凸显的一个时期。这些成绩的取得，是全省上下在中央和省委的坚强领导下锐意进取、团结拼搏的结果，也凝聚着全省审计系统的智慧和汗水，饱含着全省审计战线广大干部职工的辛勤和奉献。

审计机关作为综合性的经济监督部门，行使经常性的审计监督，是政府工作的重要组成部分，是促进又好又快发展的重要保障。近年来，全省审计系统深入贯彻落实科学发展观，认真履行职能，扎实开展工作，在加强宏观管理、维护财经秩序、保障群众利益、促进廉政建设等方面，做了大量深入细致而富有成效的工作，较好地发挥了保障经济社会健康运行的“免疫系统”功能。总体而言，我认为，我省审计工作的特点可以概括为三个方面：一是审计敢于碰硬。随着经济的快速发展，审计部门承担的任务越来越重，经受的压力越来越大，涉及的问题也越来越复杂，很多工作都是难啃的硬骨头。面对困难和挑战，大家不畏难、不回避、不推诿，积极作为、坚持原则、主动担当，特别是对经济运行中的权钱交易、贪污挪用、损失浪费、造成国有资产严重流失等腐败行为，敢于动真碰硬、敢于揭露查处，忠实当好“经济卫士”和“反腐勇士”。仅去年，各级审计部门就向司法、纪检监察机关和有关部门移送处理事项49件。二是监督注重整改。审计的目的不仅是揭露问题、发现问题，更重要的是落实整改、健全制度。工作中，大家坚持把查处问题与促进整改、强化管理、完善制度结合起来，较好地发挥了审计监督的建设性作用。特别是重视对带有普遍性、倾向性和苗头性问题的分析研究，注重从体制机制层面研究解决问题和采取预防措施，向政府提交了一批报实情、讲真话、有建议的高质量报告，提出了不少切实可行的审计意见和建议。仅去年，各级审计部门出具审计报告和调查报告8028份，向被审计单位或有关单位提出审计建议18388条，促进被审计单位制定整改措施903项，健全规章制度287项，为各级党委政府决策提供了重要的参考依据。三是服务善于创新。面对新的形势和变化，全省审计系统与时俱进，自觉加强和改进审计工作，在审计工作的理念、内容、方法、技术和管理等方面，大胆探索，不断创新，取得了丰富的理论和实践成果，较好地实现了从关注资金向关注资金与关注政策制度并重转变，从偏重个案向重视分析共性问题转变，从事后监督向事前、事中和事后全过程监督转变，从发现和揭露问题向促进解决问题、建立长效机制转变。从2006年起，全省审计系统开展了“抓建设、练内功、提效能”五年行动计划，极大地提升了审计工作整体水平。特别是去年审计外勤经费自理、现场工作量核定和报送审计等一些改革性措施的落实，对保障依法严格监督、廉洁公正执法起到了治本性的重要作用。

长期以来，全省审计战线的同志们胸怀全局、爱岗敬业、默默奉献，努力克服各方面的困难和压力，圆满完成了各项工作任务，为促进全省经济社会平稳较快发展做出了重要贡献。特别是审计服务大局的成效，得到了审计署的充分肯定，在全国优秀审计项目评比、开展拟提拔领导干部任前经济责任审计、精神文明建设等方面，走在了全国前列。

二、进一步发挥审计监督的重要作用

“十一五”的辉煌成就已经载入安徽改革发展和现代化建设的史册，我们又迎来了“十二五”这个大有可为的重要战略机遇期和黄金发展期。今后五年，是我省全面建设小康社会具有决定性意义的关键时期，是工业化城镇化向更高水平跃升的加速时期，也是经济社会发展方式深刻变革的转型时期。刚刚闭幕的省十一届人大四次会议，通过了安徽省“十二五”规划纲要，描绘了安徽科学发展、全面转型、加速崛起、兴

皖富民的宏伟蓝图。在新的历史时期，审计工作地位更突出、责任更重大、任务更艰巨，省委、省政府对审计工作寄予厚望，社会各界对加强和改进审计监督的期望也越来越高。同志们要认清当前形势，明确肩负使命，进一步振奋精神，提升能力，锤炼作风，不断提高审计工作的质量和水平，为经济平稳较快发展和社会和谐稳定做出更大成绩。今后一个时期，要切实做到“五个围绕、五个加强”：

第一，围绕贯彻中央重大决策部署，进一步加强宏观调控政策措施执行情况的审计监督。中央经济工作会议和全省“两会”已经明确了今年工作的指导思想，全省审计系统要牢牢把握科学发展的主题和全面转型、加速崛起、兴皖富民的主线，积极抢抓中央加强宏观调控、继续扩大内需的政策机遇，以更加积极的态度，参与到贯彻落实中央和省里重大决策部署中来，参与到推进我省重大战略平台建设中来，确保各项决策部署落实到位、见到成效。要通过加强审计，揭露和查处违背中央和省里决策部署的问题，及时提出有针对性的政策建议，确保各项政策措施不折不扣地执行到位。

第二，围绕保持经济平稳较快发展，进一步加强政府重大投资项目的审计监督。“十二五”时期，我省在重点产业、科技创新、基础设施、生态环保等领域都将进一步加大投资力度，仍处在一个投资高峰期。今年是“十二五”的开局之年，我省在保发展、调结构、惠民生等方面的政府性投资规模仍然很大，新建和在建的重点项目仍然较多，要切实加强对政府重大投资项目的审计监督，防止建设资金的损失浪费，确保资金用在“刀刃”上、用在发展最急需的地方。凡是有财政资金投入的建设项目，审计部门都要做到及时跟进、加强监督，重大项目要全程跟踪审计。

第三，围绕财政资金投入安全有效，进一步加强财政预算执行情况的审计监督。预算执行审计，是贯穿全部审计工作的主线和重点。预算执行情况，最能反映公共财政的状况和质量，最能反映政府的执行力和公信力。近年来，我省财政收入、财政支出增幅都比较大，公共财政更加注重向民生倾斜、向农村倾斜、向薄弱倾斜，人民群众更多地共享改革发展成果。但也应看到，财政管理尤其是预算执行，仍存在一些不容忽视的问题。要进一步强化对政府预算执行情况和决算草案的审计，规范部门预算管理，严格预算约束，降低行政运行成本。要加强预算资金的审计监督和绩效评估，统筹考虑资金投入、事业发展和政策目标，切实提高财政资金的使用效益、效率和效果。

第四，围绕维护人民群众根本利益，进一步加强民生项目和资金的审计监督。今年，省里将投入388亿元资金实施33项民生工程，还将新建各类保障性住房和棚户区改造40万套以上。各级审计机关要把民生项目审计作为一项重要任务，确保好事办好、实事办实，真正让人民群众得到实惠。在审计中，既要关注民生情况，及时发现和纠正政策落实不到位、政策目标未实现以及严重影响和损害群众利益的问题，也要关注资金投向，尤其要关注民生资金分配中是否存在随意性、是否存在违规违纪行为、是否用于公共服务，确保专款专用。

第五，围绕促进领导干部廉洁从政，进一步加强领导干部经济责任的审计监督。经济责任审计是加强干部监督管理、推进廉政建设的重大举措。经过多年的努力，经济责任审计越来越被领导干部自觉接受，日益体会到这是规范管理、爱护干部。这种观念的转变，与审计部门的努力工作是分不开的。去年底，中办、国办印发了《党政主要领导干部和国有企事业领导人员经济责任审计规定》，这是加强新形势下党的建设、健全权力运行制约和监督机制的重要内容。各级审计机关要进一步完善经济责任审计制度，牢牢把握“权力”和“责任”两个重点，深化审计内容，提高审计质量，严肃查处重大违法违规问题和经济犯罪案件，促进各级领导干部树立正确的政绩观，进一步增强廉洁从政意识。

三、努力营造审计工作的良好环境

当前，安徽加快发展、加快转型深入推进，审计工作的任务更加繁重。各级各部门要从维护宪法和法律尊严的角度，从推进经济社会又好又快发展的大局，高度重视和加强审计监督，切实把审计工作摆上更加突出的位置。

一要强化组织领导。审计监督对加强政府自身建设具有非常重要的意义，各级各部门都应当高度重视和支持审计工作。各级政府主要负责同志要自觉把审计工作纳入本地区经济社会发展大局中统筹考虑，经常听取汇报，及时研究解决审计工作中遇到的突出问题，为审计机关开展工作创造良好条件。要增强依法接受审计监督的自觉性，善于发挥审计机关的作用，注意听取和采纳审计部门的意见和建议，支持审计机关依法审计、如实反映审计情况、严肃处理发现问题，当好审计机关的坚强后盾。纪检、监察、人事、国有资产管理等部门要自觉遵守法律法规，支持和配合审计工作。被审计单位要积极配合审计监督，自觉接受审计，正确对待审计结果，认真落实审计决定，切实抓好整改落实。

二要强化队伍建设。审计机关代表政府对经济运行和财经秩序进行监督，执法水平的高低，不仅反映审计工作成效，也体现着政府的形象和威信。各级审计机关和审计人员一定要牢固树立科学审计理念，深入开展创先争优活动，加强思想作风建设，抓好业务素质培训，努力成为审计工作的行家里手。要不断创新审计方式方法，健全审计质量监控体系，提高审计手段科技含量，切实增强依法审计能力。广大审计干部要坚持原则、敢讲真话，做到依法审计、规范审计、文明审计，切实维护法律和审计工作的尊严。审计机关虽然是清水衙门，但是执法部门，手中权力也不小，要严格执行“八不准”审计纪律和廉政建设各项规定，牢牢守住廉政这条生命线，努力建设廉洁高效的审计机关。

三要强化工作合力。审计监督涉及面广、工作难度大，需要方方面面的关心、支持和配合。各级党委、政府要进一步落实国家有关规定，完善审计机关内部的职能设置，加强对审计机关领导班子的配备，关心审计干部的进步和成长。各级各有关部门要主动帮助审计机关解决工作中存在的实际困难和问题，加强审计机关基础设施建设，在经费安排、办公设备、人员力量等方面，给予相应保障，进一步调动广大审计干部的积极性和创造性。对于审计署及有关特派办到我省开展项目审计，不管涉及的是中央直属单位，还是我省地方单位，各级审计部门都要鼎力支持，积极协调配合，形成工作合力。

以行动夯实审计事业发展的基础

——刘战平厅长在全省审计机关实施“五年行动计划”总结大会上的讲话

（2011 年 1 月 4 日）

2006年，我们作出了在全省审计机关实施“抓建设、练内功、提效能”五年行动计划的重大决策：从2006年开始，依次开展“审计学习年”、“审计法制年”、“审计质量年”、“审计创新年”和“审计提升年”活动，力争用五年左右的时间，使安徽审计工作的质量和水平明显提升。5年来，全省各级审计机关以科学发展观为统领，以作风建设为前提、制度建设为重点、能力建设为核心，审计人员的整体素质明显提升，审计机关的管理水平明显提高，依法审计的能力明显增强，审计工作的效能明显改观，夯实了审计事业发展的基础，提升了审计工作水平，实现了安徽审计事业的新跨越。全面总结“五年行动计划”实施以来所取得的成绩和经验，对明确“十二五”审计工作发展目标，承前启后，继往开来，努力推动审计事业又好又快发展具有十分重要的意义。

对“五年行动计划”实施情况进行回顾和总结是一个从实践到理论的思维过程，它标志着一个五年行动计划的终结和一个新的五年行动计划的开始，这个过程无论对现在、还是对将来都很重要。今天我们在这里召开全省审计机关实施“五年行动计划”总结大会，就是为了展示成果，交流经验，明确目标，鼓舞信心，夺取新的和更大的胜利。

一、实施“五年行动计划”的主要成效

我们认为，实施“五年行动计划”的主要成效体现在以下几个方面：

（一）抓学习，审计队伍素质进一步提升。审计事业的发展，关键在人才。“五年行动计划”以能力建设为核心，把提高审计干部队伍整体素质和审计人员实战能力作为首要目标，为审计事业的科学发展提供了智力支持。一是注重理论学习，科学发展的理念得到强化。各级领导干部带头参加先进性教育、深入学习实践科学发展观和争先创优等活动，通过一系列的学习和实践活动，审计干部科学发展理念得到了强化，宏观思维能力得到了提升，以思想作风建设、党风廉政建设和审计文化建设为标志的政治生态环境得到了进一步优化。二是注重业务培训，服务大局的能力不断增强。根据“五年行动计划”的总体要求，全省各级审计机关围绕各主题年活动实施方案明确的重点，丰富培训内容、增加培训频次、创新培训方式，激发了审计干部的学习热情，提高了审计干部服务大局的能力。三是注重课题研究，辩证思维的意识逐渐形成。“五年行动计划”把开展理论研究作为提高审计人员素质、提升审计工作水平的重要抓手，在指导思想上做到宏观性与微观性相结合，在课题选择上做到前瞻性与现实性相结合，在研究方式上做到理论性与实践性相结合，在力量整合上做到专业性与业余性相结合，在成果利用上做到宣传性与引导性相结合，使审计人员在参与课题研究中增长了才干。

（二）抓法制，审计法规制度进一步完善。制度建设具有根本性、长期性的作用。“五年行动计划”以制度建设为重点，把形成完善高效的审计工作机制和内部运行机制作为主要目标，促进了审计工作法制化水平的提高，为审计工作转型扎实推进提供了制度保障。一是地方审计立法取得突破。审计机关成立以来，我省初步形成了以《安徽省审计监督条例》为核心，政府规章、规范性文件为补充，具有安徽特色的地方审计法规体系。在实施“五年行动计划”过程中，各级审计机关结合形势的发展和自身工作的需要，加强了地方审计法规的制定和修订完善，使地方审计立法工作取得了新的发展。二是审计制度建设全面推进。各级审计机关按照“五年行动计划”的要求，不断加强审计业务规范建设、健全机关管理制度、引进竞争激励机制、完善勤政廉政制度，为审计事业的发展提供了制度保证。三是审计执法环境得到优化。通过召开纪念《安徽省审计监督条例》颁布一周年座谈会，组织开展全省审计系统审计法律法规知识竞赛，配合省人大财经委开展了全省《审计法》、《安徽省审计监督条例》执法调研等，普及了审计法律知识、展示了依法从审成果，有效地促进了社会各界进一步了解、理解并支持审计工作，提升了审计的影响力。

（三）抓质量，审计业务管理进一步规范。审计质量是审计工作的生命线。全省各级审计机关始终把加强审计质量管理、打造精品审计项目作为深入贯彻落实“五年行动计划”的基础性工程，统一思想，创新举措，为推进审计工作转型提供了实践基础。一是计划管理更加科学。各级审计机关紧紧围绕党委、政府的工作中心，牢固树立发展意识、服务意识、大局意识和创新意识，注意从政治的高度、宏观的角度去把握工作的重点、难点，抓住审计监督要解决的主要矛盾，增强了服务大局、发挥建设性作用的主动性。二是项目管理更加规范。通过加强审计方案的控制作用、加强审计现场管理、加强审计项目复核审理和加强审计质量监督检查，在准确把握全面质量管理总体要求的基础上，积极创新审计项目管理方式，大胆探索具体有效的审计项目质量控制办法，构建了以质量建设为核心审计项目管理新机制。三是成果管理更加有效。通过积极推进审计整改、健全审计成果利用机制、及时报送审计信息、加大审计结果公告力度等，提升了审计工作的整体成效。5年来，省厅和安庆市、铜陵市、蚌埠市等审计局共有9个项目被审计署评为全国优秀审计项目和表彰审计项目，在全国位居前列。

（四）抓创新，审计技术方法进一步科学。创新是事业发展的动力。在实施“五年行动计划”的过程中，全省各级审计机关积极营造鼓励创新、宽容失败的氛围，增加对创新活动的投入，大力支持各种创新活动，新的审计手段和技术方法得到推广运用，提高了审计效率，为审计事业发展提供了技术保障。一是审计信息化建设长足发展。省厅连续5年召开全省审计信息化工作现场会，及时总结交流全省审计信息化工作经验，分析审计信息化面临的形势，研究部署全省审计信息化工作，使审计信息化建设实现了跨越式发展，得到了审计署、省委、省政府领导以及社会各界的充分肯定和高度评价，也得到了被审计单位的认可。二是绩效审计、专项审计调查比重增加。在“五年行动计划”的推动下，投资绩效审计从无到有，部门预算执行绩效审计趋于常态化，专项审计调查更加关注宏观、关注民生，我省绩效审计、专项审计调查占审计项目的比重超过了审计署确定的目标要求。三是联动审计、跟踪审计广泛采用。全省各级审计机关在运用新技术的同时，在审计的组织方式上也开展了探索、创新，通过科学整合审计资源、上下联动，发挥了审计机关的整体优势，特别是通过进一步加大跟踪审计的力度，及时发现、揭露和查处经济运行中的违法违规行为，取得了很好的效果。

（五）抓提升，审计工作转型进一步加速。提升经验是形成特色的关键所在。2008年初，省厅党组根据审计工作所处的宏观形势及自身发展状况，作出了审计工作正处于由传统审计向现代审计转型过程中的基本判断，进而提出了适应、推进审计工作转型的目标要求。全省各级审计机关结合深入学习实践科学发展观活动，围绕“加速审计转型，服务安徽崛起”主题，以实施“五年行动计划”为抓手，创新思维，提升经验，形成了以财政审计、投资审计和经济责任审计为代表的，具有安徽特色的审计工作新格局。一是财政审计大格局构建开始启动。各级审计机关围绕党委、政府的工作中心，以本级预算执行审计为主线，不断深化财政审计，财政审计的目标更加清晰，财政审计的范围更加完整，财政审计的组织更加协调，为构建财政审计大格局奠定了基础。二是投资审计大平台建设扎实推进。投资审计以关注政府建设项目绩效为主线，进一步强化履行监督职责的使命感和责任感，通过加强投资审计机构建设、健全投资审计法规制度和完善投资审计协审方式等，在促进重点工程建设、节约政府投资、推进廉政建设等方面发挥了积极作用。三是经济责任审计新方式探索取得进展。经过实践与探索，我省国有企业领导人员经济责任审计不断深化，县及县级以下党政干部经济责任审计全面开展，市厅级领导干部经济责任审计稳步推进，拟提拔领导干部任前审计和党委书记经济责任审计开始起步。“党委政府统一领导、有关部门协调配合、审计机关组织实施”的经济责任审计工作新局面初步形成，为贯彻落实“两办”《党政主要领导干部和国有企业领导人员经济责任审计规定》奠定了坚实基础。

二、实施“五年行动计划”的基本经验

我们认为，实施“五年行动计划”有5条的基本经验值得借鉴：

（一）始终围绕中心、主动服务大局，是发挥监督作用、实现审计目标的必然选择。坚持“依法审计，服务大局，围绕中心，突出重点，求真务实”的二十字方针，是“五年行动计划”确立的指导思想的重要内容之一。“围绕中心，服务大局”是有效开展审计监督的战略定位，是国家对审计工作的基本要求，也是发挥审计监督作用、实现审计目标、推进审计事业发展的必然选择。审计工作只有从经济社会发展的大局出发，站在国家经济安全的层面上，紧紧围绕党委、政府关注的重大问题和涉及人民群众切身利益的问题开展审计监督，有针对性地提出堵塞漏洞、加强管理、促进改革的建议，才能得到党和政府的重视和肯定，得到社会公众的支持和认可。在“五年行动计划”开始实施的2006年，省厅把审计机关如何更好地“围绕中心，服务大局”作为重点审计科研课题进行部署，在省厅领导的直接指导下，省厅有关部门和合肥、马鞍山、巢湖、芜湖、安庆等市审计局通力合作开展研究，先后两次召开课题研讨会，形成了《关于审计机关如何更好地“围绕中心，服务大局”课题研究报告》，从理论研究层面初步回答什么是审计工作应围绕的中心和要服务的大局、审计工作为什么要“围绕中心，服务大局”，以及审计机关如何做到“围绕中心，服务大局”等问题，为审计工作更好地“围绕中心，服务大局”提供了理论支撑。“五年行动计划”实施以来，全省各级审计机关始终把审计工作放在改革开放与经济发展的大局中思考和把握，始终把服务党委、政府的中心工作作为首要任务，始终把促进发展作为审计工作的第一要务，始终根据不同时期的工作重心来安排部署审计工作。如2006年，全省审计机关围绕党委、政府工作中心，抓住影响社会稳定、影响群众切身利益、影响财政资金使用效益的城市住房公积金、企业职工基本养老保险基金等进行专项审计，揭露了公积金、养老金的归结、增值收益分配使用等方面的问题。2007年，全省审计机关围绕推进民生工程、构建和谐社会，加强了对涉及人民群众切身利益的1790个单位重点专项资金的审计和审计调查，查处违规问题金额14.1亿元。2008年，各级审计机关注意了解和把握党委、人大、政府，以及群众关心的重点问题，进一步提高预算执行审计的针对性，省本级预算执行审计工作得到省人大、省政府领导的充分肯定，预算执行审计结果和审计发现问题的整改情况已成为省直部门年度工作目标考核的重要内容。2009年，全省审计机关将“保增长、保民生、保稳定”宏观调控政策措施的落实情况作为审计监督的重点内容，省厅组织实施的国有及国有控股企业受金融危机影响情况专项审计调查结果，受到时任省委书记王金山、常务副省长孙志刚等领导的高度重视和充分肯定，省委办公厅还将此调查报告印发全省。2010年，全省各级审计机关密切关注中央和省宏观调控政策措施的执行情况，严肃揭露和查处违背国家宏观调控政策的问题，推动了经济发展方式转变和经济结构调整。实践证明，只有始终围绕中心、主动服务大局，审计工作的职能作用才能得到有效发挥，审计工作才能有为、有位。围绕中心、服务大局既是审计机关必须切实贯彻的工作方针，也是审计工作的灵魂和生命力所在。在传统审计向现代审计转型的过程中，我们既要坚持围绕中心、服务大局，又要不断赋予其新的内涵，做到在围绕中心的基础上把握大局，在把握大局的基础上融入大局，在融入大局的基础上服务大局。“五年行动计划”的实施，进一步夯实了全省各级审计机关坚持“围绕中心、服务大局”的基础，在今后的工作中，我们依然要“抓建设、练内功、提效能”，从战略上服务安徽崛起。

（二）严格依法审计、规范行政行为，是强化质量管理、忠实履行职责的必然选择。加强审计法制工作、提高审计执法水平、强化审计质量控制是“五年行动计划”确立的重点工作之一。严格依法审计、规范行政行为，是推进审计工作法制化、制度化、规范化，提升审计管理科学性、合理性的必然选择，是强化审计管理、忠实履行职责的必然选择。“五年行动计划”实施以来，省厅先后制定了《关于进一步规范审计业务会议制度的通知》、《关于规范审计报告征求意见的通知》、《安徽省审计厅审计项目质量责任追究办法（试行）》、《安徽省审计厅审计专家库管理办法（试行）》等多项制度规范，从审计程序、审计控制、审计处理处罚等方面，进一步规范了审计执法行为。同时，将“五五”普法工作与“审计法制年”结合起来，通过开辟网络专栏、编发信息简报、举办全省审计法律法规知识竞赛、参加《政风行风热线》等活动宣传审计法律知识，充分展示了安徽审计人的能力、水平和风采，提升了审计形象。结合“审计质量年”开展的审计质量控制研究，总结了审计质量控制的经验，提升了审计质量研究的层次和水平。为进一步强化质量管理，各级审计机关通过强化审计方案质量控制，提高审计方案的针对性、操作性和科学性；通过深化复核内容，改进复核形式，对一些重要审计项目的复核实行关口前移，严把审计质量关口；通过深化审计项目质量检查和完善优秀项目评选等一系列措施，完善全过程审计质量管理，推进了审计质量建设。自2006年起，省厅把开展全省优秀审计项目评选和审计质量检查列为年度工作重点，并于2008年扩大了检查范围，将全省17个市审计局和省厅机关都纳入其中，2009年，检查范围涵盖县（市、区）级审计机关，实现了省、市、县（市、区）三级审计机关的全覆盖。结合全省优秀审计项目评选和全省审计质量检查情况，有重点地在近年的全国优秀审计项目中选择部分不同类型、具有代表性的审计实施方案、审计报告等业务范本，以审计质量简报形式印发全省审计机关，通过高质量的样板示范，以点带面，促进全省审计项目整体水平的提高。依法是审计生存的前提条件，质量是审计工作的生命线。“五年行动计划”的实施，强化了审计人员依法行政观念，提高了依法行政的能力和水平，为进一步推动依法行政，全面履行审计监督职能打下了坚实基础。

（三）加强队伍建设、营造学习氛围，是践行以人为本、夯实发展基础的必然选择。造就一支思维敏锐、技能娴熟、作风严谨、廉洁自律、团结和谐的高素质审计人才队伍，是“五年行动计划”确立的主要目标之一。加强队伍建设、营造学习氛围是提高审计干部素质，树立“人才强审”理念的必然选择，也是践行以人为本、夯实发展基础的必然选择。“五年行动计划”实施以来，各级审计机关以科学发展观为指导，以“审计学习年”活动构建的平台为基础，将学习型机关建设、干部业务培训、党风廉政建设、精神文明建设统筹协调，营造人人讲学习的浓厚氛围，增强审计干部应对新形势、新机遇、新挑战的能力，为进一步促进审计事业又好又快发展提供了强有力的人才保证和智力支持。自2006年起，各级审计机关立足审计工作实际，本着“干什么学什么，缺什么补什么”的原则，通过多形式、多渠道的学习教育培训活动培养锻炼干部，在全面提升审计队伍能力水平的同时，积极营造提振精神、凝聚力量、鼓励创新的审计文化氛围；围绕“加速审计转型，服务安徽崛起”这一主题，深入开展科学发展观学习实践活动，引导干部职工把学习贯彻科学发展观与谋划审计事业发展和研究解决审计工作面临的新情况、新问题结合起来，增强了审计干部以科学发展观为统领、全面推进审计转型的自觉性和坚定性；结合开展“创建学习型党组织和学习型机关”活动，开展岗位创优竞赛，充分发挥党员干部在提高岗位工作质量上的表率作用；通过开展社会主义核心价值体系学习、廉政党课教育和党风廉政制度建设推进年活动，举办“审计转型中的共产党员”先进事迹报告会等多种形式，引导审计人员树立正确的世界观、人生观、价值观。注重廉政建设，严明廉政纪律，严格执行“八不准”审计工作规定、廉政谈话制度、政务公开办法等，从制度上有效规范和约束审计人员的审计行为，较好地推进了党风廉政建设责任制的落实。通过持续5年的常抓不懈，审计队伍整体素质得到不断提高，为安徽审计事业可持续发展提供了强大动力。

（四）创新工作机制、形成自身特色，是坚持与时俱进、提升工作水平的必然选择。创新审计方法、促进效能提高是“五年行动计划”确立的工作目标之一。当前我国正处于加快转变经济发展方式的重要时期，创新工作机制，形成自身特色，是强化创新意识，完善审计方法，坚持与时俱进、提升工作水平的必然选择，也是适应新的形势要求，探索具有安徽特色、符合时代特征的审计工作发展思路的必然选择。5年来，全省各级审计机关以实施“五年行动计划”为契机，努力将“推动审计创新、加速审计转型、服务安徽崛起”作为审计事业科学发展的强大动力，在审计创新的道路上不断求索。在审计内容上，将绩效审计理念引入审计项目之中，积极开展全部政府性资金审计，重点关注以公共利益为目的或以政府公共产品、公共服务为背景的公共性资金，实现全方位审计；对关系国计民生的大型投资项目、重大民生工程、重大生态环境建设项目、重大政策措施的执行情况等，实施全过程跟踪审计；积极深化经济责任审计，在加大任中审计比重的同时开展任前审计试点，并制定了符合我省省情的经济责任审计操作规范。在审计方式上，逐步加大专项审计调查的比重，2010年安排的专项审计调查项目占全部项目的50%以上，通过实施专项审计调查，掌握情况，分析问题，提出建议，为政府决策提供了参考依据和服务。在审计管理上，科学整合审计资源，制定了《审计项目人力资源调配办法（试行）》，对审计项目所需人员实行统一调配，对聘请人员进行统一管理，加强省、市、县审计机关之间的联系协作，全省审计机关优势互补、协调发展的机制初步形成。在审计结果公开上，全省各级审计机关不同程度实行了审计公告，收到了很好的效果。在审计信息化建设上，《现场审计实施系统》被广泛运用，OA与AO两大系统交互得到普及，许多市、县审计机关积极探索创新信息化环境下的审计方式，根据不同审计项目设定不同的审计现场管理模式，加强对审计项目业务流程、关键控制点、工作量、工作进展和工作深度的信息化管理，审计质量和工作效能明显提升。在新的历史条件下，依然需要我们不断创新审计工作机制，为推进新一轮的解放思想、转型升级服务。

（五）把握时代特征、加速审计转型，是适应审计规律、推进科学发展的必然选择。在全省审计机关全面实施“五年行动计划”过程中，省厅党组提出了加速审计工作转型的发展战略。审计工作转型是审计工作适应外部环境和条件的变化，顺应审计工作发展的内在规律，在总结经验的基础上，解放思想，与时俱进，创新思维，推进改革，在思路、理念、内容、重点、方法、手段等方面有别于传统审计，实现审计工作战略性调整或转变的一种状态。加速审计工作转型，既是经济社会发展的客观要求，也是党委政府和社会各界的迫切期待，更是审计机关适应审计规律要求、推进科学发展的必然选择。加速审计工作转型的提出，体现了省厅党组对时代特征和审计规律的把握，体现在工作中，就是要把科学发展观贯穿到审计事业发展的各个方面，更加注重以人为本，更加注重全面协调可持续发展，更加注重统筹兼顾，更加注重保障和改善民生、促进社会公平正义，不断解决审计工作发展中长期积累的矛盾，解决新的征程上出现的新问题。为此，全省各级审计机关根据审计工作转型的要求，在审计理念、审计方式、审计内容、审计手段、审计成果利用和审计开放等方面进行了积极有效的探索，取得了一个又一个丰硕成果，迈开了传统审计向现代审计转型的第一步，为“十二五”期间审计转型升级奠定了厚实的基础。

“十一五”是我省经济社会发展的一个重要战略发展机遇期，全省审计机关以科学发展观为指导，以“五年行动计划”为抓手，用科学发展观和马克思主义世界观、方法论去认识和探寻审计工作规律，去认识和把握审计的本质，去总结经验、寻找差距、不断调整和校正审计路径，紧紧围绕省委提出的“推进跨越发展，加速安徽崛起”方略，从宏观上审视安徽经济社会发展的总体情况，理性分析和判断审计工作发展道路上存在的问题和不足，把推进法治、维护民生、推动改革、促进发展作为审计工作的出发点和落脚点，积极探索与市场经济发展相适应、符合推进安徽跨越发展要求的审计机制和模式，为审计事业的科学发展奠定了坚实的思想基础、组织基础、智力基础、理论基础和实践基础。

“十二五”时期是安徽加速崛起、实现建设全面小康社会目标承上启下的关键时期，也是进一步推进审计工作转型升级，实现新跨越的重要阶段。做好“十二五”乃至更长时期审计工作，需要我们站在新的历史起点上，按照省厅党组提出的“十一五打基础、十二五上水平，十三五大发展”的目标要求，认真汲取实施“抓建设、练内功、提效能”五年行动计划的经验，坚持以科学发展为主题，以加快转变经济发展方式为主线，始终围绕党委、政府中心工作，服从服务于改革发展大局，以锐意改革的精神状态、思想作风和工作方法，创新工作思路，探索有效途径，形成有利于审计事业发展的思想观念、文化氛围、体制条件和法制保证，使审计工作更加体现时代发展要求。一是以实施“五大工程”为突破口，推动审计工作转型升级。在拓展和固化实施“五年行动计划”成果的基础上，“十二五”期间我们要有序推进“风险控制工程”、“环境优化工程”、“信息化提升工程”、“人才造就工程”和“争先进位工程”，着力破解工作难题，着力完善运行机制，着力培养进取意识，不断增强审计工作的科学性、系统性、前瞻性，进一步加快传统审计向现代审计转型升级的步伐。二是以构建财政审计大格局为抓手，推动审计工作上水平。不断深化预算执行审计，全面推进绩效审计，促进转变经济发展方式，提高财政资金和公共资源配置、使用、利用的经济性、效率性和效果性，着力保障和改善民生，着力推动科技进步和自主创新，着力提高资源开发利用和环境生态保护水平，注重从体制、机制、制度以及政策措施层面发现和分析研究问题，提出审计意见和建议，促进公共财政体系的建立，进一步发挥审计的建设性作用。同时，要以构建财政审计大格局为抓手，牵动整个审计工作上水平。三是以贯彻《国家审计准则》为契机，推动审计管理迈上新台阶。继续加强审计制度建设、审计队伍建设和审计信息化建设，着力强化审计质量管理，着力创新审计技术方法，着力提升审计队伍整体水平，不断优化审计发展环境，进一步发挥审计管理的基础性作用。

我们已经告别了我国发展史上极不平凡的“十一五”，跨进了可以大有作为的“十二五”时期。对审计事业的发展来说，我们既面临难得的历史机遇，也面对诸多可能预见和难以预见的风险挑战。但是，我们坚信，只要我们增强机遇意识和忧患意识，科学把握审计发展规律，主动适应环境变化，有效化解各种矛盾，解放思想，提振精神，努力工作，就一定能为安徽快速崛起作出新的、更大的贡献。

努力实现审计工作“十二五”上水平目标

——刘战平厅长在省审计厅机关务虚会上的讲话

（2011 年1 月 12 日）

我们说审计工作“五年打基础，十年上水平，十五年大发展”，“十二五”期间我们要上水平，这是个重要的历史阶段，因此，围绕“十二五”上水平的问题我谈三点想法，供大家参考。

一、要不要上水平

我的回答是要上水平，主要有三条理由：

一是形势所迫。“十二五”期间，安徽经济社会发展的形势，要求审计工作上水平。只有不断提高我们的能力和水平，审计工作才能与安徽经济社会发展的大局相吻合。前不久，省里召开了全省经济工作会议，十七个市的党政主要领导在会上都作了发言，提出主要指标都要实现翻番，这是一个基本的态势，“十二五”将是安徽发展一个非常快的时期。特别值得欣慰的是除了各个市以外，省里也提出了翻番，其中有一个指标的翻番大家十分关注，就是城乡居民的收入到“十二五”末要比2010年翻一番，如果说其它指标还有点空间的话，这个指标是硬指标。我在经济小组讨论的时候专门谈了如何实现“十二五”期间城乡居民收入的翻番问题，我认为，应该把个指标列入政府考核的重要内容加以对待。全省主要指标实现了翻番，就意味着安徽在“十二五”期间有了大的发展，到2020年将达到或略超过全国平均水平，将会为安徽的加速崛起打下一个非常坚实的基础。千帆竞发，百舸争流，这样一种奋发向上的态势和形势，要求审计工作要在现有的基础上要上台阶、上水平，如果审计工作在“十二五”期间非但没有进步，反而倒退，特别是一些主要工作没有进展，那么，与形势发展将会格格不入。所以说，“十二五”期间审计工作要上水平，这是形势所迫。

二是自身的要求。过去的五年，我们取得了一些成绩，这是有目共睹的，必须充分肯定，这样才能调动大家的积极性，但同时无论与自身发展的要求相比，还是与全国审计机关相比，我们都还有不少的差距，还有很大的发展空间。无论是我们的精神状态，还是我们的审计质量，无论是我们的内部管理，还是我们的社会影响力，都不同程度地存在着差距。我们只有正视“十一五”期间存在的主要问题，并采取切实有效措施，在“十二五”期间加以逐步解决，同时根据新的要求，制定新的对策，才能使审计工作“十二五”上水平。每个处室有每个处室的账，厅里有厅里的账，党组有党组的账。党组在工作的决策过程当中，在工作的执行当中，在工作的监督当中也存在这样或那样的毛病和问题。比如说执行力，有些事情只要我们忘了，很长时间都没有回应，有些事情过了好长时间没有声音，我回头来找，大家才想起有这回事，不是像部队那样有令则行，有禁则止，令行禁止。事情办不成要有个回话，但我们还没有形成这个规矩。审计质量尽管在审计署取得一些成绩，在全国的位次也还可以，但是我一直认为这不能代表全省审计机关的审计质量，只能从一个方面说明一点问题，我们不要沾沾自喜。我们有的审计报告质量大家心里有数，工作质量有的就在小的问题上犯错误。去年我还批评办公室文件收发，一份文件上个月底就到了厅里，直到省委组织部要求我们报有关材料，才知道这个文件还在办公室没有呈报审批，这是能力问题、水平问题吗？我看既不是能力问题，也不是水平问题，而是责任心的问题。所以我们应该在肯定成绩的时候，要注意存在的毛病，注意存在的问题，这样我们才有进一步做好工作的动力。

三是群众期盼。老百姓希望我们审计工作做得越来越好，尽管现在社会上对审计工作还不是十分了解。厅里今年上中安在线回答网民提问，但网民提出的问题并不多，这是什么原因，这是社会对审计还不是太了解，不像发改、财政、建设、卫生、教育等部门，老百姓可能提出很多问题。总体来说，老百姓总是希望审计工作做得越来越好，忠实地履行自己的职责，这是不争的事实。我们必须用实际行动来满足群众这种希望，这是我们的责任。所以要不要上水平，从以上三点理由可以得出一条基本结论：我们要上水平，要上台阶，要与全省经济社会发展相匹配，以满足人民群众对我们的期望。

二、能不能上水平

我的回答是肯定的，我们应该能够上水平。为什么这么说？有以下几个方面的因素：

第一，安徽经济社会发展的成果将为我们提供支撑。三运省长在今年向人大的报告中对去年全省经济发展的数字做了一个综述，说明去年安徽经济社会事业的发展取得了很大成绩，在这个基础上，“十二五”会有进一步的发展，安徽整个经济社会发展的成果会为审计工作提供有力支撑。比如说，审计机关的经费，实事求是地说，省本级的经费还是有保障的，我们提出的一些要求财政还是能基本给予满足，这是为什么？其中一个很重要的原因就是财政手上有钱，有钱就有了调控的余地。随着安徽“十二五”的发展，审计工作的保障水平将会进一步提高，从而为审计工作上台阶、上水平提供有力的支撑。我觉得审计工作上水平不能脱离这个历史的背景，我们是在全省的大局下工作，要为大局服务。

第二，“十一五”走过的历程将为我们提供经验。我们总结“五年行动计划”的经验，总结过去是为了未来，总结上一个五年是为了下一个五年。五年来，每个人都有每个人的体会，每个部门都有每个部门的经验，这些经验我们在“十二五”期间要继承，要发扬，要扩大它的效果，并在此基础上有进一步的发展。“十一五”为“十二五”审计工作上台阶、上水平提供的宝贵经验，起码说，我们在某些问题上可以少走弯路，少花成本，取得更大的成效。

第三，党委政府和社会的高度重视将为我们提供动力。应该说，随着审计工作的深入开展，随着审计工作在某些领域卓有成效的工作，各级党委、政府和社会对审计工作越来越重视，审计参加政府的一系列重大活动的频率也在逐步提高，原来有些活动是不需要我们参加的，现在有很多活动需要我们参加；原来有些事不一定让我们干，现在需要我们干，这种情况在基层更为明显，特别是县级审计机关，县长和书记经常交代一些事情给审计部门做。这从一个侧面说明，党委、政府和社会对审计工作是重视的，是关注的，审计机关唯一的回报，就是用审计工作的实际成果来回报党委、政府的重视、关心和支持。比如说过去五年的投资审计，如果没有投资审计卓有成效的开展，没有为各级财政节约大量的政府性投资，会有10个市、30多个县成立投资审计机构，增加这么多人吗？而且是在机构改革不久。回头想想，只有卓有成效地开展工作才能赢得党委、政府的重视，同时，党委、政府的重视为我们进一步提高审计工作水平提供了强大动力。

第四，完善的法律体系为我们提供了基础。过去的五年，无论是从国家层面，还是省的层面，都相继出台了一系列的法律、法规、规章、规范性文件，形成了一个比较完备的体系，这个大家心里都清楚。既有宏观方面明确的法律法规，又有微观方面的审计操作细则和指南，这个完备的法律体系为审计工作进一步上台阶、上水平提供了基础，因为我们是依法审计。当然这又为我们带来另外一个任务，就是怎样有效地学习和运用这些法律法规，为我所用，这对我们提出了新的挑战。

第五，一支能打仗、打胜仗的审计干部队伍将为我们提供保证。尽管我们在队伍建设上还有好多事情要做，包括队伍的知识结构、年龄结构、人的精神状态、工作作风，等等，需要进一步改进和提高。但是，应该充分肯定，全省3000多审计人员总体素质是不错的，与平级的党政机关相比，我们的素质也是不错的，比较能吃苦，比较守规矩，如果不是这样，“五年行动计划”也不会取得这样的成绩，也不会出现这样的局面。有了这支队伍，只要各级领导引导的正确，把握的得当，“十二五”审计工作一定会上台阶、上水平。

三、如何上水平

我的回答是只要我们措施有力，落实到位，全省审计机关上下联动，一定能够实现上水平的目标，从而以比较好的成绩进入“十三五”，实现安徽审计机关“十三五”的大发展。

第一，以服务安徽崛起为目标，不断提高审计工作水平。无论是过去的五年，还是未来的五年，这是基本目标，就是围绕中心，服务大局，围绕怎样服务安徽崛起，来开展审计工作，来提高审计工作水平。

第二，以实施“五大工程”为突破口，推动审计工作转型升级。我在今年的培训班上谈了个人的意见，就是“十二五”期间，我们要实施“五大工程”，每年都有个主题。为什么要提出这个想法？是因为我到基层审计机关去调研，不少市县审计机关的负责同志包括省厅的一些处长提出，过去的五年，每年有一个主题，目标比较明确，有计划，有部署，有实施，有检查，有评比，大家心里比较清楚今年要干什么，建议“十二五”期间仍然要采取这种办法，所以针对“十一五”期间审计工作存在的主要问题，我提出“十二五”期间要实施“五大工程”。五大工程的内涵，请综合部门和在座的业务处室“一把手”认真研究，不断完善。之所以要实施这“五大工程”，其目的就是要推动审计工作转型升级。过去的五年我们提出审计工作要转型，要由传统审计向现代审计转变，在这个转型的过程中，也提出几项重点。“十二五”就是要以实施“五大工程”为突破口，推动这种转型升级，就是要在原来的基础上提高转型的水平，已有的成果要拓展，重点难点要突破，推动转型升级。每个处室要根据这种要求，对照自己的本职工作，通盘考虑“十二五”期间在审计转型升级方面要做哪些事，做哪些准备，工作的着力点是什么？工作的发力点是什么？只要采取相应的措施，就能够达到转型升级的目的。

“十一五”我们在逐步推动审计转型，“十二五”我们推动转型升级，“十三五”就可能有大的发展，这是一个联动的过程。我在有些会议上说，“打基础，上水平，大发展”有几个标志，就是表现在哪些方面，要有个说法，不是讲几句话就完事，每个处室的负责人都应该有这样的考虑，要考虑在哪几个方面上水平，在哪几个方面大发展，这样我们的工作才能够落到实处，才能落地有声。“五大工程”中最后一个我考虑的是“争先进位”工程，为什么要提出这个事情，就是厅机关内部要形成一种争先进位的氛围，要有强烈的争先进位意识，要为省厅指导全省审计工作取得话语权。如果厅机关在主要工作领域落后市县的话，我们就没有资格去指导全省审计机关，就没有话语权。不要以为这是一个面子问题，这是省厅机关、厅党组有没有话语权的问题，有没有指导全省审计机关工作能力与资格的问题。所以希望在座的各位处长，回去以后要认真贯彻这次务虚会的精神，要传达到处室的每位同志，这不是一个小事，不是一个面子。目前，确实有些市县的工作超过了省厅，我并不是说我们所有的工作，所有的领域都要必然高于市县，不能提出这样苛刻的要求，但是在主要的工作领域一定要高于市县。非常高兴的是这次务虚会上，不少同志看到了这种差距，看到了这种问题，大家就如何解决这个问题谈了自己的想法，我们应该为此而感到高兴。

第三，以构建财政审计大格局为龙头，促进公共财政体系的建立。构建财政审计大格局是审计署的一种战略部署，之所以要着力构建财政审计大格局，最终目的是为了促进公共财政体系的建立，这是我们审计机关应该追求的重要目标之一。所以在这个过程中有两个问题要说：一是我们要认真地构建这种格局。要实现财政审计大格局的“六个统一”，我们还有很多差距，所以要逐步进行探索，要通过构建这种格局来促进公共财政体系的建立。为什么要把全部财政资金纳入审计范围，这是一种趋向，一种趋势。同时，在财政审计当中，凡是公共资金、公共产品、公共服务这种普惠制的，在财政同级审中都要逐年加以分析，就是财政这种普惠制的资金占整个财政支出的比例，预算和支出两个方面分别为多少。这种普惠资金应该是逐年上升和提高的，绝对量可能有大有小，但是占比应该是逐步提高的，只有这样，才能逐步向公共财政体系迈进。如果说2011年的普惠资金占比为50%，到2012年只占30%，把资金投向竞争性行业，那么说明财政支出的导向有问题。我举这个例子也就是说要通过构建财政审计大格局这种形式来达到我们的目的，目的就是要促进公共财政体系的建立。二是要用构建财政审计大格局这种形式来牵动整个审计工作。这是我们要追求的另一个目标，我们既要看到构建财政审计大格局本身，同时也要发挥构建财政审计大格局在整个审计工作中的作用，这种作用是牵动性的作用。龙头舞则全身舞，牵一发而动全身。我们要有这种意识，要发挥构建财政审计大格局的作用。虽然马上达到这个目标可能有点困难，因为我们才刚刚起步，但是要有这个明确的指导思想，既要关注它本身，又要关注它发挥的作用。

第四，以贯彻国家审计准则为契机，进一步规范审计行为。为什么要把贯彻国家审计准则单独拿出来说，因为这确实是一个大事情。总体来说我们审计行为还是比较规范的，依法从审，没有发生大的问题，但是按照新颁布的审计准则对号入座，可能还有问题。第一，省厅如何贯彻实施国家审计准则，要有一个明确的意见。涉及到要修正审计行为的，省厅要有一个明确的态度，否则市县难以操作，请综合法规处会同有关部门来考虑这个事情。第二，进一步关注个体的审计行为。就是审计人员个人的审计行为，不要按老套路办事，要按新准则操作。第三，要以贯彻国家审计准则为契机，不断提高审计质量。审计署为何要颁布新的审计准则，它的基本目的：一是规范审计行为，二是要提高审计质量。随着民主法制进程的加快，审计过程中发生一些诉讼、仲裁的现象可能会越来越多，我们要有这种思想准备，不要认为我们审计了，别人就不能提出意见。要知道，别人有他发表意见的权利，有他赞成或是否定的权利，有他发表意见的渠道。我们怎么办？就是要严格按照法律、按照审计准则来规范审计行为，只要把握住了这两条，出现任何情况我都不怕。

第五，以加强能力建设为重点，进一步推进审计队伍建设。很多事情需要人来完成，人主要是两个方面：一是他的思想，另一个是他的能力。思想建设主要是解决想不想干的问题，能力建设主要是解决能不能干的问题。这两个方面对目前的审计队伍都是需要的。在思想建设方面，要继续加强社会主义核心价值观的教育，“十二五”期间要把审计文化建设作为队伍建设的一个重点。要研究怎么样把审计文化建设落实到具体的、日常的管理当中，通过审计文化建设使审计人员的精神层面得到进一步的升华。在能力建设方面，主要是解决几个方面的问题：一是学习能力。最近国家和地方相继出台了一系列的政策和法律，我们要掌握，要学习，这点非常重要。今年党组中心组学习要安排一些政策、法规方面的内容。二是分析能力。我们跟审计署的能力相比较，最大的一个问题就是我们的分析能力较弱。为什么审计署每年能够移交这么多大要案，而我们却没有，人家一进点就能发现问题，一进点就能发现线索，同样的事情，我们发现不了，主要还是我们的分析能力不行，就账查账，查“死账”，死查账。当然分析能力也不是短期内就可以提高的，我们要注意提醒审计人员，各位处长要教育、引导审计人员，要通过实际的案例来帮助他们提高分析能力。三是协调能力。审计工作做的是实务性、业务性的工作，但实际上我们做的都是人的工作，人是需要协调，需要交流，需要沟通的。目前，我们的协调、交流与沟通能力不够。所以，要加强协调能力的培养。另外，我们的处室还有一条比较欠缺，就是在做好本职工作的同时，如何加强对全省审计工作的指导，做得还不够。我们既要做好自己的工作，同时因为我们是上级审计机关，怎样对市县审计机关进行业务领导和工作指导，特别是加强对市级审计机关的对口指导，需要认真思考。我认为，在这方面至少有三个方面的职责：了解情况，总结经验，指导工作。第一是了解情况，比如投资处，如果厅长问全省投资审计情况，什么时候要，什么时候都能提供，这就说明工作做得比较到位。第二是总结经验，比如社保处，全省审计机关社会保障审计哪些地方做得比较好，要能及时掌握动态，给我们提供一些材料，然后用这个材料来指导全省审计机关开展社保审计。第三是指导工作。如果发现基层审计机关哪些方面做得不够完善，要及时与他们沟通，对他们进行点拨，这才是领导机关应该承担的责任。这方面，投资处和社保处做得不错，及时给我们提供了一些材料。每个处室都应该有这种台账，随时需要随时都能提供，这才是正确的选择。在“十二五”期间，我们不但在项目上要做好，在管理上也要做好。所以，在“十二五”期间我们要着力实施“五大工程”，全面推动审计转型升级，这是一个全方位的升级，而不是某一个方位的升级。

站在新的历史起点　继往开来　开拓创新 奋力谱写“十二五”安徽审计事业新篇章

——刘战平厅长在全省审计工作会议上的讲话

（2011年2月11日）

这次审计工作会议的主要任务是：认真学习贯彻温家宝总理对审计工作的重要指示，全面落实全国审计工作会议和省“两会”精神，总结2010年审计工作和过去五年审计工作取得的基本经验，表彰先进，研究部署“十二五”和今年的审计工作。省政府领导对这次会议非常重视，会前，王三运省长专门听取了省厅的工作汇报，下午还要到会作重要讲话，我们一定要深入学习领会，认真贯彻落实。下面我代表审计厅党组讲三点意见，即是对全省审计工作的总结和部署，以便于参加今天会议的各位市长和省直有关部门负责同志更进一步了解审计、支持审计、监督审计，以促进全省审计机关进一步提高审计工作的能力和水平。

一、励精图治，奋发有为，实现“十一五”目标圆满收官

去年，在省委、省政府和审计署的领导下，各级审计机关紧紧围绕各级党委、政府中心工作，进一步突出重点，认真履行审计职责，各项工作有了新的发展和进步。全省共审计和专项审计调查7976个单位，查出违规问题金额45.5亿元，损失浪费问题金额2.2亿元，管理不规范金额400.1亿元，侵害人民群众利益问题金额3868万元。通过审计，为国家增收节支13.1亿元。审计移送司法、纪检监察机关和有关部门处理事项49件。向社会发布审计结果公告415篇次。向被审计单位或有关单位提出审计建议18388条，其中已被采纳14778条。被审计单位根据审计建议制定整改措施903项，建立健全规章制度287份。

（一）注重加强宏观政策落实及有关专项审计，发挥审计建设性作用呈现新局面

围绕党中央和省委、省政府各项政策措施的落实情况，以及促进完善有关体制机制问题，省厅组织开展了合芜蚌自主创新专项资金绩效、11个市第三产业发展状况、33户省属企业内部控制情况、省本级及部分市交警系统政法专项补助资金、全省文化事业建设费和宣传文化发展专项资金管理使用及效益情况等专项审计调查。以徽商银行信贷资金投向为切入点，对地方金融机构落实中央和省委、省政府各项宏观政策情况进行了审计。各地审计机关围绕当地改革重点加大了专项审计调查力度，在依法揭露违法违规问题的同时，坚持揭示和反映体制、机制、制度、管理等方面的问题，促进深化改革、完善机制、健全制度、强化管理，有效发挥了审计的建设性作用。

（二）着力深化预算执行审计，推动审计工作迈上新台阶

一是积极构建财政审计大格局。去年10月省厅在巢湖召开了全省财政审计和投资审计专题会议，就深化财政审计、构建财政审计大格局进行了专门部署，出台了《关于推进构建财政审计大格局深化财政审计的实施意见》。黄山、铜陵、阜阳、宣城等地以预算执行审计为主线，以全部政府性资金审计为载体，对构建财政审计大格局进行了有益探索。二是不断拓展预算执行审计内容。省厅组织开展了省级财政转移支付资金绩效、省直部门政府性资产管理、全省各级政府债务、17个市地税局税收征收成本等专项审计调查。针对审计调查提出的问题和建议，省政府印发了《关于加强地方政府融资平台公司管理有关问题的通知》，召开常务会议要求全面开展行政事业单位资产清理工作，并即将出台有关规定。亳州市突出对预算管理和资金分配领域的审计，强化对二、三级部门的延伸审计或审计调查。三是进一步扩大预算执行审计成果。根据省政府办公厅转发《关于进一步加强审计工作的若干意见》，省厅将就审计结果运用、审计公告、审计整改等制定相关办法。各地进一步加大审计结果公告力度，全省对外公告由2006年的13篇增加到2010年的415篇。滁州市分别公告了审计结果报告和审计整改结果情况，宿州市政府出台了《审计整改工作目标管理考核暂行办法》，池州市抓审计工作重点与抓审计宣传工作亮点并重，进一步扩大审计影响。

（三）强力推进政府投资审计，服务地方大建设实现新突破

各地抓住《安徽省政府投资建设项目审计监督办法》颁布实施的有利时机，进一步加大投资审计力度。10月，巢湖会议后，省厅制定了《关于进一步加强政府投资审计工作的实施意见》。去年全省审计核减项目投资额或结算额29.8亿元，比2009年增长了一倍多，为地方政府节约了“真金白银”。省厅开始突出工程价款审核，对合肥——阜阳、安庆——景德镇高速公路竣工决算和投资绩效两个审计项目，共核减工程价款4122万元，取得较好经济效益。合肥市、芜湖市、马鞍山市、淮南市核减额均超亿元。此外，省厅对我省对口支援松潘县灾后恢复重建情况进行了跟踪审计，公告审计结果3份，提出50条审计建议全部被采纳。

（四）高度重视民生审计，维护社会和谐稳定取得新成效

各级审计机关普遍加大了民生项目和资金的审计力度，全省中小学校舍安全工程跟踪审计提交的相关审计信息，被省政府领导批示，要求有关部门加强整改。组织开展了玉树抗震救灾资金物资、就业专项资金、新增建设用地土地有偿使用费管理使用情况等专项审计或审计调查。首次开展了全省医疗废物和

危险废物处置项目专项审计调查，引起省政府领导的高度重视。六安市对土地出让金的审计调查，促进清收2亿元土地出让金，直接催生了有关政策措施的出台。巢湖市加大对企事业单位改制、拆迁安置等涉及群众切身利益的民生资金审计力度。

（五）继续完善经济责任审计，促进领导干部正确履行经济责任迈出新步伐

一是拓展经济责任审计的范围和内容。全省审计机关积极推进经济责任审计由财务型向绩效型的转变，进一步扩大审计范围和覆盖面。省厅组织实施了省立医院党委书记经济责任审计，部分地方还对法院、检察院等单位主要负责人进行了经济责任审计。二是探索经济责任交接事项。省厅研究起草了《安徽省省管领导干部离任经济责任事项交接办法（试行）》，并对安徽医学高等专科学校校长探索开展了我省首例省管领导干部经济责任事项交接工作。三是健全经济责任审计制度。省厅制定了《关于继续加强和改进党政领导干部和国有企业领导人员经济责任审计工作的实施意见》和《关于加强村级主要负责人经济责任审计的意见》。各地在贯彻《意见》过程中，总结提升自身经验，形成了一系列行之有效的办法和制度。

（六）进一步加强审计基础建设，保障审计行为规范化达到新水平

队伍建设方面，建立健全了学习培训、选拔任用、考核评优、交流轮岗和干部挂职锻炼等办法，强化了市级审计机关领导班子的协管工作。去年，省厅举办各类培训班、专题讲座26期，全省33名市、县局长参加了审计署市、县局长培训班。深入开展创先争优活动，进一步加强机关作风建设和效能建设，不断健全廉政风险防控制度。法制建设方面，组织学习新《审计法实施条例》、两办《规定》和《审计准则》，推进《安徽省预算执行情况审计监督暂行办法》的修订工作和《安徽省内部审计条例》立法前准备工作，对规范性文件进行了清理。审计计划管理和质量控制进一步加强，审计项目的规范化水平明显提高，检查所得平均分由2007年的56.2分提高到2010年的81.6分。安庆市、蚌埠市实施的两个项目分获审计署2009年度地方优秀和表彰审计项目。淮北市为提高质量，邀请兄弟市局对审计业务质量进行检查。信息化建设方面，基础建设不断巩固，应用不断深入，整体水平不断提高。有些原来基础比较薄弱的市县在去年的考核评比中取得了较好成绩。全省共征集计算机审计方法146篇、AO应用实例134篇，3条外资审计计算机审计方法入选审计署《外资审计计算机审计方法体系》。计算机审计培训和AO考试认证工作力度进一步加大，社保联网审计稳步推进。

去年，审计科研和审计学会的工作水平不断提升，内部审计工作地位更加突出，内审协会行业指导职能进一步增强，机关后勤保障更加有力，审计学院教学等各项工作深入推进，《中国审计报》驻安徽记者站在服务我省审计事业发展方面做出一定成绩。

过去的一年，为“十一五”审计工作圆满收官划上了完美的句号。回顾过去的五年，在各级党委、政府的正确领导下，全省审计机关坚持围绕中心、服务大局，全面实施“抓建设、练内功、提效能”五年行动计划，强力推进审计转型，胜利完成“十一五”规划的主要目标任务，全省审计工作成绩斐然，各项工作取得了长足进步，实现了历史性突破。

过去的五年，我们的审计影响不断扩大，为审计转型提供了宽松的外部环境。五年来，全省共审计35762个单位，查处违规问题金额236.9亿元、损失浪费问题金额12亿元、管理不规范金额1293.7亿元、侵害人民群众利益问题金额3.1亿元。为国家增收节支58.9亿元，为被审计单位挽回或避免损失30.4亿元。向纪检监察部门移送案件线索260起，向社会发布审计结果公告816篇次。提出审计建议62319条，被审计单位根据审计建议制定整改措施4041项，建立健全规章制度1287份，审计影响力正不断扩大。

过去的五年，我们的创新活力不断迸发，为审计转型提供了强大的思想源泉。全省广大审计人员坚持审计工作“二十字”方针，以前所未有的勇气、智慧和激情，敢破、敢立、敢闯、敢试，推进审计理论、审计管理、审计方式方法的创新，呈现出一批具有重要指导意义的理论研究成果，具有鲜明地方特色的审计管理制度，具有较强操作性的审计方式方法，创新的活力不断迸发，为推动审计转型升级提供了强大的动力。

过去的五年，我们的队伍整体素质不断提升，为审计转型提供了有力的智力保障。全省审计人员本科以上文化程度占59%，其中硕士学历人数较“十一五”初增加了90%。拥有中高级职称人数占53.5%。具有计算机操作中级以上水平的人数由“十一五”初的寥寥几人增加到534人，通过审计署AO认证考试人数达66.1%，其中审计业务人员通过AO考试的比例达97.2%。全省共增设49个投资审计专门机构，增加人员编制246人。全省审计系统初步建立了一支思维敏锐、技能娴熟、作风严谨、廉洁自律、团结和谐的高素质审计人才队伍，为推进审计事业科学发展提供了强大的智力支持。

过去的五年，我们的内部管理不断规范，为审计转型提供了厚实的基础条件。计划管理更加科学，改进计划编制方式，完善项目计划结构，强化计划执行评估。质量管理更加健全，加强方案控制，推进现场管理，严格项目复核，强化质量检查，五年来，我省被评为全国地方优秀或表彰审计项目的数量，在全国位居前列。成本管理逐步推进，实行审计项目工作量核定制度，提高送达审计比重。人力资源管理不断加强，推行审计项目人力资源调配办法，加强各级审计机关之间的联系协作。行政管理更加高效，深入开展政风效能建设，加大督查督办力度，全面推行网上办公，进一步提升了审计工作的科学化、规范化水平。

过去的五年，我们的方式方法不断改进，为审计转型提供了重要的技术支撑。专项审计调查全面推开，比重逐步加大，建设性作用得到充分发挥。绩效审计从无到有，成果初现，形成了一批具有行业特色、操作性强的绩效审计评价指南。跟踪审计及时跟进，前移监督关口，在实践中总结出一套行之有效的跟踪审计流程和方法。信息化建设快速

发展，全省已建成由内网、专网、互联网以及视频专网组成的审计信息网络体系；计算机审计技术应用的深度和广度得到进一步拓展，联网审计稳步推进。

总结五年来的工作，启示我们开展审计工作必须把审计工作发展状况与安徽经济社会发展实际紧密结合，把握时代特征，创新机制，加速审计工作转型；启示我们开展审计工作必须紧紧围绕党委、政府工作中心，振奋精神、锁定目标、脚踏实地、锐意进取，努力开创符合时代要求、具有安徽特色的审计监督体系；启示我们开展审计工作必须坚持依法审计、文明审计，加强审计法制建设，提高审计管理水平，提升审计工作质量；启示我们开展审计工作必须不断走向开放，着力抓好审计结果公告和审计整改工作，进一步提升审计工作效益和水平；启示我们开展审计工作必须依靠一支专业化审计队伍，不断加强审计队伍素质建设，为审计事业可持续发展提供智力支持。

五年的开拓进取，五年的丰硕成果，奠定了审计工作科学发展、转型升级的坚实基础，开启了审计服务科学发展、推动转变经济发展方式的新时代。这是省委、省政府和审计署正确领导的结果，是各级党委、政府高度重视的结果，是历任审计机关领导、同志们打下坚实基础的结果，是全省审计人员顽强拼搏的结果。

在肯定成绩的同时，我们也要看到，我省审计工作还存在一定问题。主要是：审计执法力度还需要进一步加大，审计整改和审计成果利用状况还不尽如意，审计队伍整体结构与审计工作的要求还存在一定差距，审计环境还需要进一步培育和优化，审计文化建设和审计理论研究还需要进一步加强，等等。对这些问题，我们要在今后工作中切实加以解决。

二、科学发展，转型升级，推动“十二五”审计工作上水平

“十二五”时期是安徽全面建设小康社会的关键期、工业化城镇化的加速期、经济社会发展的转型期，是大有可为的黄金发展期。省委、省政府确定“十二五”时期要以科学发展为主题，以全面转型、加速崛起、兴皖富民为主线，坚持工业化城镇化双轮驱动，坚持转型发展、开放发展、创新发展、和谐发展，努力走在中部崛起前列，为实现经济繁荣、人民富足、生态良好的发展目标，为全面建成小康社会奠定坚实基础。作为综合性经济监督部门，紧紧围绕省委、省政府的决策部署，服务安徽经济社会发展大局，是审计工作的职责所在、使命所然。我们要充分认识审计工作面临的新形势、新任务，切实增强历史责任感、使命感和紧迫感，推动“十二五”时期安徽审计事业再上新台阶。

“十二五”时期安徽审计工作的指导思想是，以邓小平理论和“三个代表”重要思想为指导，以科学发展观为统领，认真贯彻审计工作“二十字”方针，全面落实省委、省政府决策部署，按照“五年打基础、十年上水平、十五年大发展”的总体思路，深刻理解审计工作基本特征，准确把握审计工作基本规律，以科学发展为主题，以转型升级为主线，以实施“五大工程”为载体，推动审计工作上水平，为服务安徽科学发展、全面转型、加速崛起、兴皖富民大业作出积极贡献。

根据上述总体思路，省厅党组决定，在巩固提升“五年行动计划”成果的基础上，从2011年开始，在全省审计机关依次实施“信息化推进工程”、“人才造就工程”、“质量提升工程”、“环境优化工程”和“争先进位工程”。全省各级审计机关要按照厅党组的部署，大力实施“五大工程”，着力加强审计基础建设，突出解决重点问题，全面加速审计工作转型升级。

（一）突破重点，大力实施“信息化提升工程”

信息化是现代社会发展的必然趋势，提升审计信息化水平是审计工作运用先进生产力的重要体现，关系到审计事业的持续发展，必须强力突破，实现跨越发展。

一要完善审计信息化基础设施建设。要按照安徽省电子政务网络规划和金审工程网络规划要求，继续完善省级涉密审计内网、省市县三级非涉密审计专网、审计机关门户网、视频会商系统建设，实现署、省、市、县四级审计专网和视频会商系统的互联互通和信息共享。要分步实施联网审计系统、省级审计数据中心、交换分中心和冗灾备份中心建设，积极筹划审计评价系统、审计仿真实验系统、审计质量控制系统和审计决策支持系统建设。

二要提升信息化审计监督能力。要进一步强化《现场审计实施系统》的广泛应用，积极推广对财政、地税、社保、投资等重要行业的联网审计，探索开展对数据大集中的某些行业或项目实施上下联动的联网审计，逐步加大信息系统审计和信息化条件下的效益审计、资源环境审计，积极创建并推广跟踪审计、总体分析审计、数据式系统基础审计，尝试建立审计评价模型，实施关联分析、预警分析和预测分析。

三要积极探索数字化管理和质量控制。深化和拓展对《审计管理系统》的综合应用，建立健全基础资料数据库、法规库、审计专家经验和案例库、审计线索库及被审计单位基本资料库。省、市级审计机关要全面推进，县级审计机关要根据实际情况，有重点、有选择地推进，从而充分发挥《审计管理系统》作为综合应用平台的效能，逐步建立具有安徽特色的审计现代化和审计信息化融合发展的新模式。

（二）抓住关键，大力实施“人才造就工程”

“兴废由人事。”审计事业兴衰，关键在人。必须坚持人才兴审战略，培养和壮大审计人才队伍，提升审计人才素质，优化审计人才结构，建设一支德才兼备、结构合理的高素质审计队伍，为安徽审计事业的科学发展提供人才保证。

一要抓好领导干部队伍建设。要把思想政治建设放在首位，着力加强能力建设、作风建设和先进性建设，进一步提高领导干部开拓创新能力、综合分析能力、组织协调能力和把握全局能力。要以选配好“一把手”为重点，科学配备各级领导班子，进一步优化领导班子结构。加强与各级党委和组织人事部门的协调联系，加大对下级审计机关领导干部的协管力度，促进建立合理的选拔任用机制和干部流动机制。

二要突出审计人才队伍建设。要大

力实施业务骨干人才培养、急需人才培养、青年审计人才培养、复合型人才培养等人才计划，提高法律、工程、环境保护、计算机等相关专业人才比例，优化干部队伍的知识、能力结构。实施审计专业领军人才培养，建立分级选拔、重点培养、跟踪管理、有效使用的专业领军人才队伍建设机制。推行“审计实务导师制”，充分发挥业务骨干对青年审计人才的传、帮、带作用。全面提升审计管理干部的综合分析、统筹规划和科学管理能力，使其成为精通审计管理的行家里手。

三要深化干部人事制度改革。贯彻落实省委、省政府和审计署关于干部队伍、人才队伍建设的政策措施，完善以竞争上岗为主体的干部选拔任用机制。要建立推行干部交流轮岗、挂职锻炼制度，健全干部考核机制，创新人才激励机制，完善社会人才资源利用机制，会同有关部门探索建立审计职业准入标准，提高审计干部综合素质。

（三）夯实基础，大力实施“质量提升工程”

审计质量是审计工作的生命线，提升质量是加速审计工作转型升级，充分发挥审计职能作用的内在要求。我们必须进一步加强审计质量建设，夯实转型升级、科学发展的基础。

一要强化质量风险意识。要充分认识审计质量在审计工作中的基础性地位，切实增强生命线意识，使提升审计质量的理念深入人心，化为广大审计人员的自觉行动。要切实增强审计风险意识，理性认识、科学防控审计风险，提高审计风险管理水平。要本着对党和人民、对审计事业高度负责的态度，认真履行审计职责，确保审计质量经得起实践和历史的检验。

二要健全质量控制体系。要探索构建审计计划、实施、审理、整改既相分离又相制衡的业务管理机制，完善审计业务制度规范。要按照新审计准则的要求，健全涵括审计质量责任、职业道德、人力资源、业务运行、质量监控等内容的审计质量控制制度，实行全员全面全过程审计质量管理。要认真执行审理制度，完善审计业务会议和集体审定制度，严把审计质量关口。

三要严格质量责任追究。要进一步规范业务操作规程，细化质量控制标准，明确质量控制措施，加强对重点事项、关键环节的监督和管理。要合理配置审计职权，科学界定审计组成员、审计组主审、审计组组长、审计业务部门、审理机构、审计机关领导在审计业务各环节分别应承担的质量责任，切实做到标准明确、措施到位、责任到人。要完善审计质量监督机制，实行审计项目后评估制度，严肃审计质量事故责任追究。

（四）强化保障，大力实施“环境优化工程”

良好的环境是审计事业发展的重要保障。必须逐步改变审计工作相对封闭运行的状态，增强全社会对审计工作的了解和支持，培育和优化审计环境，创造审计工作转型升级的有利条件。

一要加强审计宣传。要丰富宣传形式，打造宣传平台，不断扩大审计宣传广度，拓展审计宣传深度，提升审计宣传高度。要加强对审计法律法规、审计工作成果及动态、重大审计事项的宣传，推进全社会更加了解审计，营造支持审计的良好氛围。要高度关注舆情动态，充分利用现代信息技术和网络效应，增强应对舆论、媒体的沟通、应急能力，增强审计公信力，进一步提升审计形象。

二要加大审计公开。要把增强审计工作开放性作为促进审计事业发展的重要动力，积极推进审计职权、审计计划、审计依据、审计程序、审计处理、审计纪律“六公开”，增强审计工作透明度。要在不涉及国家安全和秘密的前提下，大力推进审计结果公告制度，规范审计结果公告形式、内容和程序，逐步做到审计和审计调查结果都向全社会公开，促进审计监督与社会监督、舆论监督的有机结合，形成监督合力，提升审计权威。

三要提升成果利用。要把依法依规实施审计、实事求是处理问题、竭尽所能促进发展科学统筹起来，在提高审计成果质量上狠下功夫，打造“精品”和“高端产品”。要加强审计机关与其他执法执纪部门的协作配合，加大审计整改力度，推进审计行政问责，增强审计成果的综合利用。要注重从宏观层面和战略高度，综合分析普遍性、倾向性和苗头性问题，促进完善体制、机制和政策制度，充分发挥审计保障经济社会健康发展的“免疫系统”功能。

（五）锁定目标，大力实施“争先进位工程”

把握“十二五”时期审计事业发展的战略机遇，坚持高起点规划工作、高标准定位工作，高境界创新工作、高强度推进工作，实现安徽审计事业新跨越。

一要提振精神状态。实施“五年行动计划”以来，全省审计工作转型的态势已经形成，若干领域的转型成果成效明显。我们要进一步激发广大审计干部的争先进位意识，破除徘徊松懈、安于现状的思想，树立“不进是退、满足是退、慢进也是退”的理念，以“坐不住”、“等不起”、“慢不得”的强烈责任感，以时不我待、只争朝夕的强烈紧迫感，以敢为人先、舍我其谁的强烈使命感，积极向上，奋发有为，为转型升级、科学发展多做贡献。

二要科学确定目标。有目标才有动力。经过五年的努力，至“十二五”期末，全省审计工作总体上要进入全国第一方阵，若干重要领域位居全国前列，省厅在省政府重要考核指标方面达到先进水平。各级审计机关要结合自身实际，发挥自身优势，科学确定争先进位目标；广大审计人员要进一步增强集体荣誉感，制定个人争先进位目标，形成“个个有压力、人人有动力”的工作氛围，推进争创一流、勇夺第一的新局面。

三要构建活动载体。实施“争先进位工程”要与开展“创先争优”、“岗位创优”活动有机结合起来，健全和完善保持共产党员先进性的长效机制。要与效能建设有机结合起来，提升审计系统行政效能。要与审计业务管理、队伍建设有机结合起来，促进审计工作全面提高。要与其他四大工程有机结合起来，完善考核评比机制，形成安徽品牌，以“比、学、赶、帮、超”推动审计工作整体上水平。

“五大工程”以加速审计工作转型升级为主线，相互关联，相辅相成。

信息化是转型升级的技术手段和重点突破口，造就人才是转型升级的智力支撑和关键所在，提升质量是转型升级的内在要求和坚实基础，优化环境是转型升级的现实需求和重要保障，争先进位是转型升级的目标定位和阶段性成果。每年围绕一个主题重点实施一项工程，统筹兼顾其他四项工程。2011年是启动“五大工程”的开局之年，将重点实施“信息化推进工程”。省厅正在制定实施“五大工程”的总体方案和“信息化推进工程”的具体计划，将尽快印发全省。各级审计机关要按照省厅的统一要求，结合自身实际，深化认识，明确措施、强化保障，狠抓落实，注重实效，为顺利实施“五大工程”确定的目标努力工作。

三、扎实工作，锐意进取，力争开局之年开好头起好步

2011年是“十二五”开局之年，也是推动经济社会全面转型，开创“十二五”发展崭新局面的重要之年。做好今年的审计工作，对促进经济平稳较快发展和加快转变经济发展方式，具有十分重要意义。去年底召开的中央和全省经济工作会议，对2011年的经济工作进行了全面部署。在刚刚闭幕的省十一届人大四次会议上，王三运省长在《政府工作报告》中提出了今年经济社会发展的主要目标，以及实现这些目标必须抓好的各项工作。这些工作都与审计工作密切相关，我们一定要未雨绸缪，积极应对，努力实现“十二五”开好局、起好步。

（一）以服务安徽加速崛起为中心，不断提高审计工作水平

围绕中心，服务大局是审计工作必须一贯坚持的基本方针。我们必须更加自觉地把审计工作融入于全省的发展大局之中，始终把促进发展作为履行审计监督职责的第一要务，切实增强为促进经济平稳较快发展和经济发展方式转变服务的主动性。今年国家的宏观经济政策已非常清晰，省委、省政府为认真贯彻中央宏观调控政策，作出了一系列重大战略部署。审计监督一定要适应这些形势发展的要求，加强对宏观经济政策措施执行情况的审计监督，密切关注宏观经济政策的贯彻落实情况，及时揭示和反映新情况新问题，促进中央和我省重大决策部署落实到位。要关注经济运行结构和质量。不仅要揭示违法违规问题，而且要更多地关注财政支出结构是否符合公共财政的要求，是否符合国家产业政策的要求，促进各级财政加大对“三农”、民生和社会事业等公共领域的投入力度；在关注资金使用情况的同时，要更多地关注资金的分配过程，促进预算分配的公平、公正、公开。要关注经济安全尤其是财政安全。审计署今年将统一组织对地方政府性债务进行专项审计。去年，省厅组织全省各级审计机关对政府债务情况进行了专项审计调查，引起了省领导及地方各级政府的高度重视。今年我们要在此基础上，进一步摸清规模和结构，反映问题和成因，分析风险和责任，为政府决策提供有价值的参考依据。去年审计署直接组织了18个省的地方政府债务审计，我们省不在18个省之列，但我们自己组织了对17个市的政府债务进行了审计，在《安徽日报》进行了公告。去年中央经济工作会议上，温家宝总理提出要对全国各级政府债务进行一次总体性审计。在财政部的一份报告上，总理又作出批示，要求对政府债务进行审计。今年元月4日，总理在接见审计署领导时，又明确指出，要分年度、分级次对全国政府债务进行审计。为此，审计署今年把这件事作为审计工作的第一要务，并已经在山西进行了试点。这个月的14至16日，审计署要把30个省厅的“一把手”集中到北京，进行为期3天的培训，就政府债务审计统一思想，明确目标，同时更重要的一点，就是要明确政府债务的计算口径。因为关于什么是地方政府的债务，审计署、财政部、银监会这三个部门对政府性债务的解释不相一致，由于认识的不一致可能带来结果的不一致。所以在这次培训上，审计署可能会拿出一个意见报国务院审批。关于这次政府债务审计的方式，最终将由审计署确定。根据我们初步掌握的情况，省本级及省会城市由审计署进行审计，并可能抽审一二个省辖市，其他地方可能委托省审计厅进行审计。

（二）以促进建立公共财政体系为目标，加快构建财政审计大格局

公共财政，通俗的说，就是政府用纳税人的钱和相应的财税政策制度，来帮助解决社会大众和各方面共同关心的问题，为大家办实事、办好事、为全体国民谋福利。构建公共财政体系的目的，就是让人民群众更好地享受改革发展的成果。省委、省政府高度重视以民生工程为重点的社会事业发展，不断加大公共服务领域的投入，优先保障和改善民生。自2007年开创性实施民生工程以来，累计投入853.8亿元，惠及6000多万城乡居民。全省各级审计机关围绕推进保障和改善民生，切实加强对民生投入的审计，有效保证了惠民政策落实到位。总的来看，财政审计工作抓住了重点，抓住了关键，取得了一定的成效，但认真总结，还有很大的提升空间。主要表现在：审计结果较为单薄；所提的建议层次不高；审计形式松散，多是各自为营，单兵作战，省本级与各市县之间，财政审计的关联度还不够紧密，没有形成整体，没有形成合力，财政审计成果的效应没有得到放大。

面对这些问题，顺应公共财政体系建立的大趋势，审计署提出构建财政审计大格局的理念，就是对现有审计力量进行整合，优化资源配置，使各个单一的审计项目有机地形成一个整体，从而实现审计项目的整体效应。去年省厅下发了推进构建财政审计大格局的实施意见，年底的财政审计工作会议上，我们又提出了“六个统一”的要求，现在已经按照这种新的模式开始运行，省厅制定了统一方案，各地要不折不扣地执行。同时，还要把握好以下几点：一是要围绕公共财政的公共性开展审计。关注科技、教育、卫生、社会保障等普惠制资金的规模，掌握普惠制资金占整个财政支出的比例，不断扩大公共支出在整个财政支出中的比重。二是要围绕公共财政的民本性开展审计。更多关注公共利益，关注人民群众的福祉，关注与群众利益密切相关的专项资金的审计。三是要围绕公共财政的效益性开展审计。效率是公共财政的主要原则之一。随着政府职能的转变，更多的财政资金将用于满足社会公共产品、公共服务和社会保障需要的投入，社会公众也将更加关注财政资金的安全性和有效性，财

政审计应该在绩效审计上有所作为。财政审计是永恒的主题，是龙头，全局性、牵动性、示范性都很强。我们一定要把这个龙头舞好，带动审计工作整体上水平，进一步推动公共财政体系的建立，让公共财政的阳光更全面地普惠民生。

（三）以突出资金使用绩效为主线，切实强化政府投资审计

投资是经济增长的重要条件，是扩大再生产、推动技术进步、优化产业结构的重要途径，也是实现经济平稳较快发展的强大动力。同时，投资又是国民经济分配的一个重要组成部分，在很大程度上影响经济和社会发展的方向。目前，政府投资项目特别是重大投资项目财政投入大，耗用资源多，与国计民生关系密切，社会关注度高。这些投资是否合规，建设项目是否有效，直接关系到宏观经济政策的实施效果，关系到经济发展方式的转变，关系到经济社会的健康稳定发展。各级审计机关要加大对政府重大投资项目的审计力度，科学确定审计项目，增强审计针对性。要及时跟进，应用跟踪审计方式，将审计工作与项目建设同步开展，贯穿于项目建设全过程，增强审计时效性。要注重推进投资项目的绩效审计，严肃查处建设管理中存在的损失浪费问题，要继续加强工程造价审计，揭露高估冒算等获取不合法、不正当利益的行为，积极开展项目建设和建成运行后的绩效分析评价，把评价经济效益、社会效益与环境效益有机结合起来，促进提高投资管理水平和投资效益。

今年，省厅安排的投资项目审计份量明显加重，除了审计署统一组织的投资审计项目外，将对省级政府投资分配情况进行审计，继续对合肥新桥国际机场建设项目开展跟踪审计，对省博物馆新馆等一批政府重大投资项目进行审计，继续参与深入开展工程建设领域突出问题专项治理工作，通过揭示和反映体制性障碍、制度性缺陷和重大管理漏洞，促进深化改革、规范管理、健全制度、推进问责。

（四）以贯彻中央两办《规定》为抓手，着力深化经济责任审计

去年底，中共中央办公厅、国务院办公厅向社会公布了《党政主要领导干部和国有企业领导人员经济责任审计规定》，标志着我国经济责任审计工作进入了新的发展阶段。《规定》与1999年中办、国办印发的两个《暂行规定》相比，在审计的对象、内容、组织协调、审计评价、责任界定、结果运用等方面作出了更加明确的规定，操作的依据更加清晰具体。《规定》的颁布实施，一方面，完善了经济责任审计法规制度，另一方面，也对经济责任审计工作提出了许多新的要求。我们要以贯彻落实《规定》为契机，推动经济责任审计进一步深化。一要进一步健全工作机制。目前，各地虽都建立了经济责任审计工作领导小组，但成员单位协调配合机制不够完善，一定程度上影响了经济责任审计结果的运用。尚未建立组织机构或机构尚不完善的地方，要在党委、政府的领导下，建立完善相关的组织机构和工作机制。加强与领导小组各成员部门的密切配合，充分发挥经济责任审计工作领导小组的作用。去年两办《规定》，明确提出各级都要成立经济责任审计联席会议，而且明确提出联席会议办公室的主任由同级审计机关负责同志或同级别领导担任，这在经济责任审计制度中还是第一次。按照省委的要求，省审计厅正在研究制定贯彻意见。二要进一步健全审计评价体系。经济责任审计的最终落脚点是“评人”，关系到被审计对象的政治生命，政策性很强。一方面，我们要严格依法规范审计内容，严禁超越职责和权限进行审计。另一方面，要加强与有关部门的合作，根据不同类别、不同级次的审计对象，研究制定经济责任的界定标准和审计评价规范，科学设计审计评价指标。当前，要着重研究如何对市、县委书记开展审计，探索党务领导干部经济责任审计评价标准和责任界定标准。根据两办《规定》，从现在开始，包括省委书记在内的党务干部都要进行审计，审计署可能很快要进行省委书记审计试点，因为审计署已经开展了省长经济责任审计。我省已经对县委书记进行了审计，但对市委书记的审计还没有开始，我们计划在贯彻意见中提出具体要求，经过省委同意和省委组织部批准以后，再逐步开展这项工作。三要进一步提高审计结果运用水平。要加强与相关部门的协调配合，建立完善经济责任审计结果综合分析、案件协查和移送、审计信息反馈、审计情况汇总报告、责任追究等制度。要逐步探索和推行经济责任审计结果公告制度，加强群众对领导干部的监督。至于公告的方式，要根据党委、政府的要求，综合考虑各种因素，既要逐步推行，又不要操之过急。两办《规定》第一次提出要逐步推行领导干部经济责任审计结果公告，这项工作以前我们从来没有实施，现在要按照两办《规定》逐步推行。

（五）以实施国家审计准则为契机，进一步规范审计行为

近年来，我省各级审计机关的法制化、科学化、规范化水平不断提高，审计项目管理和质量控制不断加强。但是，用新修订的国家审计准则来衡量，我们的审计业务与管理还不够规范，原有的一些制度规范在适用性、操作性方面与新准则还不完全吻合，等等，这些都需要我们在今年的工作中逐步加以解决。新的准则实行以后，审计署正在相继出台一些具体办法，我们省也将有一个明确性意见，就是新的准实施以后，我们怎么样去执行。一要深刻学习领会。真知则能真行。新准则涵盖了审计工作的全过程，共七章200条，内容极其丰富。我们要尽快掌握各项内容，吃透精神，把握实质，熟记在心。特别是对新准则与过去准则及审计规范不同的新规定、新要求，更要反复研读、融会贯通。二要完善实施细则。新准则对执行审计业务基本程序作了许多新的系统规范，这些新规定、新要求使现行的很多规章制度已不完全适应。我们要抓紧对这些规范性文件进行清理，过时的要废止，不完善的要修订，没有的要建立。三要严格遵照执行。新准则的颁布实施，其基本目的，一是规范审计行为，二是提高审计质量。随着民主法制进程的加快，被审计对象维权的意识越来越强，审计过程中发生诉讼、仲裁的现象可能会越来越多。我们只有严格依法审计，规范审计行为，才能有效防范审计风险，不断提高审计质量，才能在今后可能发生的诉讼、仲裁案件中争取

主动。

（六）以加强审计能力建设为重点，继续推进审计队伍建设

人是社会发展最活跃、最重要的因素，决定着事业的兴衰成败，审计事业要实现转型升级和科学发展，关键要靠一支政治过硬、业务熟练、执法公正、清正廉洁的审计队伍。加强审计队伍建设的核心，一是思想建设，二是能力建设。思想建设解决的是想不想干的问题，能力建设解决的是能不能干的问题。

在思想建设方面，一要注重加强思想教育。要继续加强社会主义核心价值观的教育，大力弘扬奋发有为的蓬勃朝气、与时俱进的昂扬锐气、严格执法的浩然正气；要积极倡导爱岗敬业的奉献精神，求真务实的实干精神，清正廉洁的自律精神。二要大力推进审计文化建设。要充分汲取先进经验，丰富机关文化活动，加强学习型组织建设，弘扬“依法、求实、严格、奋进、奉献”的审计精神，努力形成先进的审计价值理念、高尚的审计职业道德、完备的审计知识体系、科学的审计组织制度、健康的审计文化艺术、良好的审计职业形象。要充分发挥先进审计文化导向功能、凝聚功能、激励功能、辐射功能，为“争先进位”提供强大精神食粮，为审计事业科学发展提供厚实的智力支持。三要切实加强廉政建设。各级审计机关要牢记廉政建设是审计工作的“生命线”，廉政纪律是不可触摸的“高压线”。既要注重对审计组的廉政教育，更要注重自身管理，真正做到正人先正己，打铁先要自身硬。

在能力建设方面，一要增强学习能力。要注重学习新知识，特别要注重学习改革发展中的大政方针和政策规定。现阶段，国家处在大发展、大变革的时代，新科学、新知识、新法规、新政策层出不穷，我们不熟悉、不懂得的东西还很多，对此，我们要有“知识恐慌”感，加强学习、及时“充电”，尽量不出差错、少走弯路。二要增强分析能力。审计署强调要加强“四手”能力建设，即“查核问题的能手、分析研究的高手、计算机应用的强手、内部管理的行家里手”，在这“四手”中，我们最缺乏的就是分析研究的高手，我们与审计署的差距，最突出的表现就是分析研究能力明显不足。我们有不少同志习惯于就账查账，查“死账”，死查账。因此，我们要注重对审计人员分析研究能力的培养，要将分析研究贯穿于整个审计过程。三要增强协调能力。现在很多审计项目往往是多个部门联合作战，有的还是全省联动审计项目，需要全省各级审计机关的通力合作，只有加强沟通、善于协调、相互支持，才能形成合力。要健全审计工作报告机制，严格执行省厅关于重大事项报告制度的规定，对重大事项、专项信息要及时报告、实时反馈，对日常工作要定期报告，保证下情上达、信息畅通。上级要加强对下级、牵头部门要加强对参与部门的业务领导和工作指导，要注意了解情况，及时总结经验，提高指导水平，使全省审计工作能够均衡发展、整体推进。

各位领导、同志们，站在新的历史起点，安徽审计事业面临着大有可为的发展机遇期。我们一定要抓住机遇，在各级党委、政府和审计署的正确领导下，解放思想，开拓奋进，努力推动审计工作转型升级，进一步提升审计工作水平，奋力谱写“十二五”安徽审计事业新篇章，为促进我省经济平稳较快发展和社会和谐稳定做出新的更大贡献！

刘战平厅长在全省经济责任审计工作会议上的讲话

（2011年2月24日）

全省地方政府性债务审计即将全面开展，审计工作任务较重。但工作再忙，我们决定还是要召开全省经济责任审计工作会议，总结2010年全省经济责任审计工作，学习贯彻中央两办《规定》，研究新形势下进一步深化经济责任审计工作的意见。下面，我讲几点意见：

一、深化内容、提升质量，全省经济责任审计工作成效明显

过去的一年，全省审计机关以科学发展观为统领，认真履行经济责任审计监督职责，在加强干部监督管理、促进党风廉政建设、完善权力运行的制约和监督机制等方面发挥了积极作用。成绩的取得，主要表现在以下方面：

（一）经济责任审计制度建设扎实推进。按照省委办公厅要求，就贯彻实施省委八届十二次全会精神，省经济责任审计工作领导小组办公室研究制订了《关于继续加强和改进党政领导干部和国有企业领导人员经济责任审计工作的实施意见》，就经济责任审计服务于加强和改进党的建设提出了意见。为全面推进村级组织主要负责人经济责任审计，省厅在总结淮南、巢湖、铜陵、芜湖等市工作经验的基础上，提出了《关于加强村级组织主要负责人经济责任审计的意见》，以统一全省村级组织主要负责人经济责任审计的内容和程序。为完善领导干部监督管理制度，明确划分离任和接任领导干部的经济责任，增强领导干部的责任意识和自律意识，省厅研究起草并与省纪委、省委组织部、省国资委联合印发《安徽省省管领导干部离任经济责任事项交接办法（试行）》。去年省厅进行了首例省管领导干部离任经济责任事项交接工作。合肥、安庆、马鞍山、铜陵、蚌埠、淮南、淮北、宣城等市普遍建立了领导干部离任经济事项交接制度。

全省各地结合实际，逐步完善经济责任审计制度建设。如2010年合肥市委、市政府两办印发了《合肥市经济责任审计评价暂行办法》；巢湖市委、市政府两办下发了《巢湖市乡镇党政主要领导干部经济责任审计办法》。

（二）经济责任审计工作质量明

显提升。在刚刚召开的全省审计工作会议上，省厅对2010年全国、全省优秀审计项目进行了表彰，受表彰的21个审计项目中，经济责任审计项目6个，占比29%，而当年经济责任审计项目占全省审计和审计调查项目的比重为17%，相比而言，评为优秀和表彰的经济责任审计项目比例较高。这充分说明，近年来全省经济责任审计项目质量在逐年提升。其表现：一是以深化审计内容为突破口，积极推进经济责任审计由财务型向绩效型的转变。二是围绕责任分析这条主线，客观公正地进行审计评价，力求全面、准确，既肯定成绩，又指出不足，尽可能做到审计评价与审计内容相统一，定量与定性分析相结合，主观和客观分析相结合。三是在审计过程中注重揭示重大违纪违规问题或经济案件线索，提高政治敏感度和分析研究能力。也应当看到，与审计署和周边省份审计机关相比，我省审计机关经济案件线索的移交还有一定的差距。

（三）经济责任审计作用得到有效发挥。省厅除按规定报送审计结果报告外，每年还将省本级实施的经济责任审计的主要情况，形成专题材料，在省委组织部牵头召开的干部监督联席会议上进行通报，省委组织部长亲自听取汇报。对于审计过程中难以把握或比较复杂敏感的问题，我们会同有关部门及时召开审计情况沟通会，与有关单位共同研究、协调解决，为审计排忧解难。

上述成效的取得，是各级审计机关和审计人员积极探索、共同努力的结果，我代表厅党组表示衷心的感谢！

二、理清思路、明确目标，不断深化对经济责任审计工作的认识

以中央两办《规定》的颁布实施为标志，经济责任审计工作步入了一个新的发展阶段。站在新的历史起点上，如何总结经验、把握规律、查找差距、谋求发展，这是经济责任审计工作需要深入思考、准确把握的问题。从审计工作的发展来看，我认为，学习贯彻两办《规定》，我们要做到“四大创新”。

（一）审计理念要创新。一是加强干部管理和监督，服务于党的建设科学化。党的十七届四中全会提出“提高党的建设科学化水平”这一重要命题。党的十七大和十七届四中全会明确要求重点加强对领导干部特别是主要领导干部的监督，健全和完善经济责任审计制度。将审计监督和组织监督、纪检监督有机结合起来，是新时期加强领导干部管理和监督的有效措施，使党内监督制度更加完善，对提高党的建设科学化水平具有重要意义。

二是促进领导干部贯彻落实科学发展观，服务于经济社会又好又快发展。领导干部掌握着经济决策的重要职权，承担着经济管理的重要职责。经济责任审计，对于促进领导干部全面贯彻落实科学发展观、树立正确的政绩观，促进领导干部依法、科学、民主决策，提高执政能力和水平，推动经济社会科学发展具有重要意义。

三是加强权力运行的制约和监督，服务于社会主义民主法治建设。党的十七届四中全会提出建立健全决策权、执行权、监督权既相互制约又相互协调的权力结构和运行机制。经济责任审计是权力运行制约和监督机制的重要环节，是惩治和预防腐败体系的重要制度设计。开展经济责任审计，适应了新形势下加强党风廉政建设的要求，能促使领导干部增强遵纪守法意识和自我约束能力，推动从机制上、源头上预防和治理腐败。

审计理念的转变，要落实在审计目标的转变上，使我们的经济责任审计项目在为科学发展观服务、为推进民主法治服务、为党的建设服务上发挥作用，这样，经济责任审计的层次、效益和影响将会大大提升。审计机关和审计人员应当感到责任重大、使命光荣。

（二）审计内容要创新。审计内容的创新，体现在两个方面：一是由单纯的财务审计向财务审计和绩效审计的有机结合转变，最终走上绩效审计的路子；二是要把领导干部贯彻落实科学发展观作为经济责任审计的重要内容之一。这是经济责任审计内容的一大创新。我们应从领导干部履行经济责任情况出发，去评价领导干部贯彻落实科学发展观的情况。

（三）审计方式要创新。我将审计方式的创新概括为三个方面，一是任前审计、任中审计、离任审计协调推进。省厅与省委组织部已经进行了任前审计的实践，无论是社会反响还是审计成果，都是有益的，三者应协调推进。二是党委和政府主要领导干部经济责任审计融于一体，也就是党政主要领导干部进行同步审计，这样得出的审计结论可能会更客观。三是审计与专项审计调查有机结合。两办《规定》赋予经济责任审计新的内容，要求关注贯彻执行党和国家有关经济工作方针政策和决策部署情况，特别是将贯彻落实科学发展观、推动经济社会科学发展情况纳入其中，所以我们不仅要掌握审计的“死”资料，更要有专项审计调查的“活”资料，通过专项审计调查，开展走访、座谈等，弥补单纯死查账的不足。

（四）审计成果运用要创新。一是提升审计报告质量，做到文字简洁、观点鲜明、建议可行。可以考虑，在经济责任审计结果报告的主报告前面，附上几页纸进行概括性说明，让报告阅读者一看就大致知道审计结果。二是加强部门之间的协调，逐步放大审计成果效应。三是创造条件，逐步实行审计结果对外公告。

三、认真贯彻落实中央两办《规定》，促进经济责任审计深入发展

（一）进一步健全经济责任审计工作机制。一是健全充实领导机构。二是健全议事规则。三是加大领导力度。

（二）深化审计内容，拓展审计范围。深化审计内容的重点是根据中办国办《规定》要求，将领导干部贯彻科学发展观纳入经济责任审计内容，这是重大转变和升华，我们要积极研究和探索如何落实在具体的审计实践之中。拓展审计范围的重点是把党务领导干部纳入经济责任审计范围，建议经济责任审计局认真研究，在贯彻两办的实施意见中，把市委书记明确作为审计对象提出，并与省委组织部协调，积极试点，争取明年在全省范围内逐步推行。

（三）加强经济责任审计工作制度化、规范化建设。各级审计机关要在《规定》的总体框架下，修订完善现有的经济责任审计规章制度。省厅正在研究起草省委办公厅、省政府办公厅贯彻中央两办《规定》的实施意见，亦请各地提出好的意见和建议。

（四）继续加强对经济责任审计工作的领导。第一，省经济责任审计局要加强对全省经济责任审计工作的指导和业务领导，除自己承担审计项目外，还要加强对全省经济责任审计工作指导、总结，包括对重大事项提出研究对策，为省厅党组当好参谋。第二，各级审计机关要把经济责任审计工作作为一项重要工作，认真研究，精心部署。目前，预算执行审计、投资审计、经济责任审计占审计机关全部审计项目的比重很大。各级审计机关除了关注预算执行审计和投资审计外，还要把相当部分的精力放在经济责任审计上。第三，各级审计机关要为经济责任审计工作解决困难、提供条件、营造氛围。

强化审计监督　促进廉政建设

——刘战平厅长在省政府第四次廉政工作会议上的讲话

（2011 年 4 月 2 日）

加强审计监督，促进廉政建设是审计机关的重要职责。近年来，省审计厅不断加强对重点项目、重点资金、重点部门和重点领域的审计监督，密切与纪检监察机关和司法机关的协作配合，在促进反腐倡廉政建设方面发挥了重要作用。

一、加强领导，切实增强推动反腐倡廉建设的责任意识

一是完善责任机制。成立党风廉政建设工作领导小组，制定了党风廉政建设责任制实施办法，形成了“一把手”负总责、分管领导和相关处室负责人各负其责的责任机制，并把党风廉政建设纳入厅领导班子和领导干部目标管理的内容，确保省委、省政府和审计署关于党风廉政建设规定和任务的落实。

二是细化任务措施。近年来，省委、省政府每年下达省审计厅的反腐倡廉工作任务有20多项，对这些任务，无论是主办任务，还是协办任务，我们都及时进行分解，明确责任处室，提出目标要求，细化工作措施，加强监督检查，确保各项任务落到实处。

三是加大执法力度。2010年，全省审计机关共审计和审计调查7976个单位，查出违规问题金额45.5亿元，损失浪费问题金额2.2亿元，侵害人民群众利益问题金额3868万元，向司法、纪检监察机关和有关部门移送处理事项49件。

二、突出重点，充分发挥审计监督在反腐倡廉中的重要作用

一是加强宏观政策措施落实情况的审计，促进经济社会科学发展。紧紧围绕省委、省政府的工作中心，切实增强为促进经济平稳较快发展和加快转变经济发展方式服务的主动性。2010年，我厅先后组织开展了合芜蚌自主创新专项资金审计调查、第三产业发展状况审计调查等，研究制定了《关于审计服务皖江城市带承接产业转移示范区建设的实施意见》，促进了省委、省政府有关政策的落实。

二是加强经济责任审计，促进领导干部增强责任意识和廉政意识。从加强对领导干部权力制约和监督、促进领导干部全面履行经济责任的高度，积极开展党政领导干部经济责任审计。去年，全省审计机关共对1337名经济责任人进行了审计，通过审计，查出违规金额27.2亿元。实践证明，加强党政领导干部经济责任审计工作，对规范权力运行、推动党风廉政建设发挥着重要作用。

三是加强对预算执行情况的审计，促进部门廉洁高效行政。围绕加强财政管理、完善预算制度、规范资金分配行为、提高财政资金使用效益等目标，不断加大部门预算执行情况的审计力度，促进了部门依法行政、廉洁行政、高效行政。省政府决定，从2009年开始，将省级部门预算执行审计结果纳入省政府目标考核体系。

四是加强对政府重大建设项目的审计，促进工程建设规范管理和提高资金使用效益。去年，全省审计机关共对4112个建设项目进行了审计，核减投资（结算）额29.8亿元，对项目建设管理中存在的未严格执行招投标、违法违规转包分包等问题进行了重点揭露，特别是对一些重大投资项目实行了跟踪审计，投资审计已经成为党委政府加强投资管理的一个重要抓手。

五是加强民生工程审计，促进维护人民群众切身利益。进一步增强民本审计的科学理念，不断加大对涉及人民群众切身利益的民生领域和专项资金的审计力度。去年，全省审计机关共审计专项资金总额2769.7亿元，涉及“三农”、社会保障、救灾、教育、医疗、卫生、住房、环境保护等多个领域，促进各项惠民政策落到实处。

六是加强国有企业审计，促进深化改革和防范风险。围绕促进国有企业深化改革，加强经营管理，提高经济效益，实现国有资产保值增值等目标，加强对国有企业的审计。去年，全省审计机关在对国有企业的审计中共查出账外资产1.2亿元，虚报或隐瞒转移收入4.9亿元，少计或虚列成本费用4506万元。

三、强化整改，注重从体制、机制上促进反腐倡廉建设

这些年来，我们坚持把查处问题与促进整改、强化管理、完善制度有机结合起来，注重加强对审计中查出问题的整改督查工作，加大对审计决定落实情况的检查力度，督促被审计单位制定具体整改措施，提出整改目标和时限，确保整改措施落实到位，保证审计监督的效果，从而使审计监督在充分发挥批判性作用的同时，较好地发挥了建设性作用。特别是对经济运行和财政财务管理中存在的普遍性、倾向性和苗头性问题，注重从体制机制层面剖析问题产生的原因，提出解决问题的建议。去年，全省审计机关出具审计报告和调查报告8028份，向被审计单位或有关单位提出审计建议18388条，促进被审计单位制定整改措施903项，健全规章制度287项，为各级党委政府决策提供了重要参考依据。

关于2011年的审计监督工作，我们将认真贯彻国务院和省政府第四次廉政工作会议和省纪委八届七次全会精神，重点抓好以下几个方面：

一是加强对宏观经济政策措施落实情况和效果的审计监督，认真做好地方政府性债务审计工作，及时揭示经济运行中存在的潜在风险，反映影响经济社会发展的深层次矛盾和问题，提出建设性的意见和建议。二是加强对政府重大投资项目的审计监督，及时发现和查处资金管理使用等方面存在的突出问题，促进项目建设管理水平和投资效益的提高。三是加强对民生工程和资金，以及四川、新疆对口援建、灾后恢复重建项目的审计监督，严肃查处挤占挪用专项资金、降低建设标准等侵害群众利益的行为，确保中央和省委、省政府的政策措施不折不扣得到落实。四是加强党政领导干部经济责任审计，认真贯彻落实中共中央办公厅、国务院办公厅关于《党政领导干部和国有企业领导人员经济责任审计规定》，加大审计力度，突出审计重点，提高审计成果利用水平。五是会同有关部门深入开展专项治理工作，加强对工程建设领域突出问题、“三公”消费、各种形式的“小金库”和奢侈浪费现象，以及在征地拆迁、保障性住房建设、社保基金、“三农”资金、救灾救济资金等方面损害群众利益的各种行为的审计监督，促进反腐倡廉中人民群众反映的突出问题的有效解决。

2011年是“十二五”规划的开局之年，我们将在省委、省政府和审计署的正确领导下，以贯彻落实这次会议精神为契机，进一步强化政治意识、大局意识、责任意识，更加积极有效地履行审计监督职责，为服务安徽科学发展、全面转型、加速崛起、兴皖富民大业作出积极贡献，以优异成绩迎接建党90周年！

明确目标　乘势而上　推动安徽审计事业上水平

——刘战平厅长在全省审计机关实施“五大工程”动员会上的讲话

（2011年6月10日）

在年初的全省审计工作会议上，我们提出要在巩固提升“五年行动计划”成果的基础上，从2011年开始，在全省审计机关依次实施“信息化推进工程”、“人才造就工程”、“质量提升工程”、“环境优化工程”、“争先进位工程”，旨在通过“五大工程”的实施，推动审计工作的转型升级，努力实现“十一五打基础、十二五上水平、十三五大发展”的奋斗目标。为确保“五大工程”的顺利实施，省厅于3月初印发了实施意见，对“五大工程”的总体目标、主要任务、重点活动等作出了原则性规定。之所以把动员会延迟到6月份召开，主要是由于前一段时期全省各级审计机关的任务比较繁重，既要完成审计署统一部署的地方政府性债务审计，又要开展本级预算执行审计。下面，我就如何实施好“五大工程”作一个动员，讲几点意见，供大家参考。

一、要充分认识实施“五大工程”的必要性

过去的五年，我们通过在全省审计机关大力实施“五年行动计划”，推进审计创新，加速审计转型，使审计机关的各项建设得到明显加强。关于这些成绩，去年底我们在“五年行动计划”总结大会上进行了全面回顾，这些成效为推进审计工作的转型升级提供了有力支撑，为审计工作的科学发展奠定了坚实基础。但是，任何事物的发展都不是一帆风顺的，审计事业的发展也不例外，在前进的过程中，总会暴露这样或那样的问题，存在这样或那样的不足。有问题不可怕，关键是要及时发现问题、准确分析问题、妥善解决问题。我认为，当前的问题突出表现在以下几个方面：

（一）审计队伍整体素质有待进一步提高。这些年来，全省审计机关采取了一系列旨在培养人才、提高素质的举措，初步造就了一支政治坚定、纪律严明、作风扎实、爱岗敬业的审计队伍。但是，与新的形势、新的任务要求相比，与审计工作转型升级的要求相比，我们的审计队伍无论是知识结构，还是精神状态、创新意识都存在一定差距。具体表现在：

一是创新的意识还不够强。创新是审计事业可持续发展的不竭源泉，是审计事业的生命力所在。但是当前由于审计机关审计任务繁重、工作压力较大，所以在日常工作中，有些同志认为自己从事审计工作多年有经验、有方法，甚至存在“船到码头车到站”的想法，当一天和尚撞一天钟，缺乏主动性和创造性，存在着小进即满的思想。做事情习惯于按部就班，习惯于看过去怎么做，不愿接受新事物，有的还认为按已有的办法去做，可以少走弯路，可以省心省力。长期以往，审计事业就会缺乏生机和活力，实现转型升级的步伐就会大大放缓。

二是依法审计的水平还不够高。不少审计人员知识结构比较单一，更新过于缓慢。有的职业敏感性较差，对审计发现的问题不能准确作出分析和判断，就账论账或就事论事，缺乏“围绕全局搞审计，跳出审计看全局”的意识，宏观思维和综合分析能力比较薄弱，工作中有份量、叫得响的东西不多；有的业务能力不强，经常以手段少、无措施为由，问题查得不深不透，定性不够准确；有的没有从传统的手工审计中走出来，不能熟练掌握计算机审计的基本技能。究其原因，主要是平时放松了对自己的要求，不注重学习新知识，不善于研究和思考新问题，以致在工作中无所适从、束手无策，很大程度上影响了审计质量的提高。地方审计机关与审计署相比，差距是多方面的，但我感觉到最大的差距，就是我们分析问题、判断问题的能力和水平与审计署有差距。审计署每年移交很多案件线索，而我省每年移交的案件线索则相对较少，其重要原因之一就是我们的分析、判断能力不足。

三是高层次人才还比较缺乏。目前全省审计机关具有各类高级职称的共有185人，仅占全部审计机关人员的8.4%，其中县级审计机关还不到50人，平均每2个县级审计机关才有1名高级职称的人员，具有宏观视野和战略思维的复合型、高层次审计专业人才更是缺乏。去年，审计署结合创先争优活动提出了开展“立足本职建功立业，争当‘四手’奋发有为”活动，要求广大审计人员争当查核问题的能手、分析研究的高手、计算机应用的强手和精通管理的行家里手。为此，还提出了“四手”的具体标准。尽管这些标准是针对审计署机关而言的，对地方审计机关没有作出硬性要求，但我们不妨对照一下，你是“四手”中的哪一手？我想，我们每个审计人员至少要成为“四手”中的“一手”，才能不断适应审计工作转型升级的需要。

在这里，我要向大家说明一点，审计署在年初起草了《关于加强审计机关公务员队伍专业化建设意见的实施细则》，尽管还是一个征求意见稿，没有正式印发，但其中的一些内容不能不引起我们的重视。比如，该实施细则规定：到2013年，各级审计机关具有与审计工作相关的中级以上职称的公务员比例应达到70%以上；大学本科以上文化程度的公务员比例应逐步达到80%以上；复合型、高层次审计专业人才的比例应达到20%以上；担任项目主审的公务员，应具有与审计专业相关的中级以上专业技术资格，等等。这些规定意味着在今后1—2年内，各级审计机关公务员队伍专业化建设的任务十分艰巨。目前我省公务员队伍中，具有中级以上职称的1212人，占全部公务员的59.5%，其中省厅62.6%，市级69.4%，县级53.2%；具有本科以上学历的1472人，占全部公务员的62.3%，与规定目标都还有一定差距。

（二）审计法制建设还需要进一步加强。

一是审计人员的风险意识比较淡薄。新审计准则体系全面体现了风险审计理念，强调要将风险评估贯穿于审计的全过程，要对所面临的风险预先作出职业判断。但是，在实际工作中我们对这种风险导向理念重视不够，不少人员“为完成任务而审计”的应付思想比较突出，审计风险意识淡薄，质量意识不强，常常表现为“重完成任务、轻审计质量”，实施的审计项目多，打造的审计精品少，不少审计报告讲的不深不透，存在较大风险隐患。

二是审计业务管理还有待进一步规范。新准则对执行审计业务基本程序作了许多新的系统规范，使现行的一些规章制度已不完全适应，迫切需要我们根据法律法规规定，从安徽审计工作实际出发，从各级审计机关的现有基础出发，从审计事业科学发展的总体要求出发，立足于审计实践，突出可操作性、适用性和前瞻性，及时制定与贯彻落实准则相适应的具体办法。

三是审计质量控制机制还不够健全。较以往相关规定而言，新审计准则对审计质量控制的要求有所提高且更加具体。目前，我们在这方面的制度还不够完善。一个审计项目在实施过程中，审计什么，怎么审计，随意性较大，法规部门的复核也多是事后复核，审计现场控制很难执行。审计质量责任追究制度未能落实到位，责任不清、有责不究的现象不同程度存在。这些问题，严重制约审计质量的提高，折射出我们的审计管理水平还有待进一步提高，审计法制建设还必须进一步加强。

（三）审计信息化建设还需要进一步深入。审计署今年2月份通报了2010年AO应用实例评选结果，我省共有57篇获奖，在全国地方审计机关中总体位置靠前。4月份审计署又通报了2009至2010年计算机审计方法评审结果，我省又有57篇入选，入选数量在全国排在第四位，我省还被评为该项活动的“优秀组织单位”。这是我们强力推进审计信息化建设的结果，凝聚了全省审计机关和广大审计人员的辛勤劳动，可喜可贺，难能可贵。但是，与先进省份相比我们在某些方面仍然存在一定差距。在审计署通报的获奖AO应用实例中，我省57篇，与先进省份相比数量较少，且没有获得优秀奖。另外，这次我省入选的57篇计算机审计方法全部是一些个案的计算机审计操作方法，至于对某个行业、某个领域的计算机审计方法体系的研究，基本上还处于空白。在联网审计、信息系统审计方面，我们才刚刚起步，与先进省份相比，差距也较为明显。今年，省厅组织开展社保联网审计试点，希望社保处及相关处室在这方面积极探索，各市也要更多地给予关注，力争在这方面有新的突破。

（四）审计发展环境还需要进一步优化。随着经济社会的日益变化，社会对审计的期盼也越来越高，如何充分展示审计工作成果，进一步树立审计机关良好形象，使审计真正为社会所认知，我们在很多方面还需要进一步改进。

一是审计宣传的形式需要进一步多样化。最近这几年，我厅在省委办公厅、省政府办公厅的信息工作考核中一直是先进单位。审计署年初通报了审计署门户网站2010年信息采用情况，我省在全国地方审计机关中名列第五位。总的来看，成绩是不错的。但是我们的对外宣传形式比较单一，主要是一些传统的宣传方式，像在线访谈、视频播报、新闻发布等新的形式，采用的不多。部分审计机关的门户网站利用效率不高，内容结构单一，有的栏目内容长期不予更新，失去了门户网站的宣传阵地作用。

二是审计政务公开需要进一步推进。主要表现在：公开的意识有待增强，尽管我们一再强调“公开为原则，不公开为例外”，但是有不少同志受“多一事不如少一事”观念的影响，对公开工作存在着种种顾虑，往往不愿公开；有的对政务公开的相关政策理解不透、把握不准，出于“保险”方面的考虑，也不愿主动公开。公开的范围较窄，按照规定，政务公开的内容除了关于机构设置、法定职责、行政公文等基本信息外，还应包括机关的权力设置和运行情况、审计项目的进展情况等动态信息，但我们在这方面公开的力度还远远不够，特别是审计结果公告，数量偏少、范围偏窄。在省政府每年的目标考核中，我们在政务公开方面失分较多，主要原因就是外界对我们知之甚少，了解不多。这次省委巡视组来我厅开展巡视工作后，才对我厅的工作情况有所了解。所以，我建议省厅每年要至少召开两次新闻发布会，向社会报告审计工作，接受社会监督。

三是审计文化建设需要进一步加强。一些审计机关只重视审计业务工作，而忽视审计人员价值观的塑造；只注重改善硬件设施，而忽视审计人员心理和精神需求的培养。因此，这方面问题必须引起我们的重视，各个处室负责同志在安排布置工作时，要重视审计人员的心理健康和精神需求。同时，审计工作经过二十多年的发展实践，已经积累了大量宝贵经验，迫切需要从理论上系统地加以总结，形成具有安徽特色的审计文化，成为未来审计实践的行动指南。

上述这些问题的存在，在一定程度上制约着审计事业的科学发展。正因为如此，省厅党组在认真总结“五年行动计划”成果、科学分析我省审计工作现状的基础上，作出了在全省审计机关深入实施“五大工程”的战略决策。我们有理由相信，通过“五大工程”的深入实施，必将有助于破解审计事业发展的难题。

二、要深刻理解实施“五大工程”的根本目标

实现“十二五”上水平，推动“十三五”大发展，是实施“五大工程”的战略目标。上到何种水平，实现怎样的发展，要达到什么状态，关系到审计事业科学发展的全局，我们必须结合安徽经济社会发展的形势和审计实际，深入进行思考，认真加以谋划。

（一）关于“十二五”上水平问题。我们提出“十二五”安徽审计工作上水平，就是要经过五年的努力，总体实现：科学审计理念深入人心，审计实战能力显著增强，审计制度机制日益完善，审计管理方式更加有效，审计转型升级成果不断显现，形成适应发展需求、具有安徽特色的审计监督模式；审计监督的层次和水平与安徽科学发展、全面转型、加速崛起、兴皖富民的大局相适应，在全面建设小康社会的关键时期，为实现安徽跨越崛起发挥更大作用。其主要标志是：

第一，树立科学的审计理念。思想是行动的先导。在审计转型升级实践中形成符合时代发展潮流和审计实践需要的科学审计理念，是审计工作上水平的重要前提和集中体现。一是发展意识进一步强化。坚持将科学发展观作为审计工作的灵魂和指南，能够准确把握发展大局，自觉融入发展全局，始终围绕安徽全面转型、加速崛起、兴皖富民的大局开展审计工作，推动经济社会又好又快发展。二是服务意识进一步强化。能够正确处理监督与服务的辩证关系，为党委、政府决策服务，促进公共政策的科学制定和有效执行；为人民群众服务，促进社会公平正义与民生改善；为被审计单位服务，促进健全制度、完善管理、防范风险、提高效益。三是创新意识进一步强化。创新环境更加优化，创新氛围更加浓厚，创新成为推动审计事业发展的重要力量，实现以创新推动审计改革，在改革创新中加速转型升级和科学发展。四是民本意识进一步强化。执审为民的理念得到更加充分体现，审计监督成为推动实现好、维护好、发展好人民群众最关心、最直接、最现实切身利益的重要方面，成为促进和谐社会建设的重要力量。五是开放意识进一步强化。社会各界更加关注、参与和支持审计，审计工作的开放性和透明度进一步增强，更多吸纳、更加体现民情民意，不断推动阳光政府、责任政府、法治政府建设。

第二，练就较强的实战能力。实现上水平的关键是提升审计实战能力。只有具备过硬的实战能力，才能牢牢掌控审计话语权。一是查核问题能力明显提升。具备扎实的专业知识、较强的职业道德和丰富的工作经验，能够熟练运用各种审计方法和技术，依法获取充分、适当审计证据，有效查核问题、疑点和线索，准确发现和确定违法违规问题。二是分析研究能力明显提升。能够运用科学的分析研究方法，从微观到宏观系统地分析研究审计资料，揭示被审计单位业务活动和财务管理的风险点和薄弱环节，反映体制机制性障碍和制度性缺陷，得出正确审计结论，分析深层次原因及其影响，提出切实可行的审计建议，进而形成高质量的理论研究成果。三是计算机应用能力明显提升。具备独立完成电子数据采集和清洗、数据转换和加载、现场审计计算机环境准备等能力，能够熟练运用相关审计软件实施计算机辅助审计和信息系统审计，善于将计算机前沿技术应用于审计实践，能够采用审计预警、多维分析、数据挖掘等多种技术方法，在组织创建联网审计、跟踪审计、总体分析和分散核查等审计业务模式方面，取得明显成效。四是内部管理能力明显提升。具备较强的组织与协调能力、管理与服务能力、执行与综合能力、规范与创新能力，能够妥善处理各级各方面关系，不断创新管理制度与规范，提升工作效能，使审计管理水平有效满足审计转型升级的需求。

第三，形成完善的制度机制。制度机制具有根本性、全局性、稳定性和长期性，是审计工作上水平的重要保障。一是审计管理体制更加完善。审计机关领导班子配备、财力物力保障、考核评价等事关审计管理体制的重要关系进一步理顺，业务指导和工作交流进一步加强，与安徽经济社会发展相适应的审计工作双重领导体制进一步健全，审计工作格局和资源整合进一步优化，审计机关的综合优势和整体效能充分显现。二是审计业务体系更加完善。建立比较科学的审计计划、实施、审理、整改既相分离又相制约的业务管理体系。全面深入贯彻新国家审计准则，制定、修订相关审计业务管理规章制度，出台系列规范绩效审计、计算机审计、经济责任审计等不同领域、不同类型的审计指南和操作规程，优化审计业务考核评价指标，使审计风险控制能力明显增强，审计质量管理水平显著提升。三是审计法规制度更加完善。一些反映安徽审计实践成果的地方性审计法规、规章、政策制度相继颁布施行，形成以条例为主、以规章规范性文件为辅，与安徽经济社会发展相适应，与其他相关法律法规相衔接，具有安徽特色的地方性审计法规制度体系，为转型升级提供有力的法制保障。

第四，健全有效的管理方式。有效的管理方式是整合优化审计资源的过程和途径，也是实现审计工作上水平的重要抓手。一是管理方法更加有效。通过借鉴和吸纳管理学的成功经验和先进理念，综合运用行政、经济、制度、教育等多种方法，充分调动各级审计机关和广大审计人员的积极性、主动性和创造性，更加注重激发人的活力，更加注重审计制度的规范性，更加注重审计文化的推动力，努力实现审计管理的数据化、系统化、标准化、现代化、人性化。二是管理手段更加有效。管理手段是保证管理方法发挥作用的工具。我们要主动应对信息化社会发展需求，把信息化作为审计管理的有效手段，全面完成“信息化推进工程”确定的两大系统、三大平台、四大体系建设目标，努力实现审计信息化与审计现代化的融合发展。三是管理程序更加有效。管理程序是运用有效管理手段实践管理方法的方针和步骤。我们要按照转型升级的要求，进一步健全完善管理程序，实现审计行政事务高效运转，机关效能稳步提升，成本控制科学合理，资源整合优化高效，审计管理规范化、科学化、法制化水平迈上新台阶。

第五，展现卓越的工作成效。经过努力，审计工作各个方面取得显著成绩，转型升级效果日益显现。一是审计地位日益提升。审计转型升级的阶段性目标任务全面完成，形成适应经济社会发展、具有安徽特色的审计监督模式，审计工作整体迈上新水平，在经济社会发展全局中处于更加突出地位。各种类型、不同领域审计均取得长足进步，绩效审计、计算机审计、审计质量评选、机关效能建设、精神文明创建等若干重要工作在审计署和省政府考评中迈入或保持领先位次和先进水平。二是审计环境更加优化。审计成果利用更加充分，审计宣传更具实效，审计开放更加到位，审计形象更具魅力，各级党委、人大、政府以及各有关部门更加重视和支持审计工作，社会各界更多了解、关注和参与审计工作，审计公信力、影响力进一步上升，审计工作转型升级的政治环境、经济环境、社会环境和法治环境持续优化。三是审计作用充分发挥。审计履职尽责更加到位，“免疫系统”功能充分发挥，审计围绕中心、服务大局能力显著增强，在服务安徽经济社会科学发展、促进深化改革和民主法治建设、维护国家经济安全、推进反腐倡廉建设等方面迈出新步伐，为安徽转型发展、开放发展、创新发展、和谐发展，实现经济繁荣、人民富足、生态良好的发展目标做出更加突出贡献。

（二）关于“十三五”大发展问题。到2020年，我国将实现全面建成小康社会的奋斗目标，安徽省经济社会发展状况将会达到全国平均水平，中华民族现代化的夙愿正在逐步成为现实。综合考虑经济社会发展的宏观愿景，省厅党组提出在“十二五”上水平的基础上，再经过五年的努力，实现安徽审计事业大发展的战略目标。到“十三五”期末，安徽审计工作在政治经济社会发展中的地位和影响更加突出，在推进法治、维护民生、推动改革、促进发展、维护国家安全中发挥更大作用；转型升级成果不断深化，科学发展的体制机制制度更加完善，主要审计工作高于全国平均水平，安徽特色审计监督模式在时代发展中绽放出新的光彩。在实现审计工作整体大发展的基础上，力争在以下五个方面走在全国前列。

一是财政审计大发展。财政审计是国家审计的永恒主题。到2020年，我省财政审计要达到目标体系科学完善，审计内容不断丰富深化，审计管理和资源整合不断创新发展，财政审计的整体性、宏观性、建设性充分展现，在维护国家财政安全、推动财政体制及相关领域改革、建设公共财政体系、提高财政资金使用效益、保障国民经济健康发展等方面发挥突出重要作用，安徽特色财政审计大格局不断赋予新的时代内涵。总之，财政审计一定要围绕“三性”来开展。第一是整体性，就是要把全部政府性资金纳入审计范围。关于这一点，我们正在向前迈进，比如说，前几年关注的仅是省级预算和部门预算，去年开始把国有资本经营预算纳入向人大报告的范围，今年又把社保基金纳入向人大报告的范围，今后将进一步扩大至所有政府性资金，只有这样，我们才能向人大作出一份完整的审计工作报告。第二是公共性，就是财政审计的根本目标是促进建立公共财政体制，放弃了这一目标，就失去了财政审计的意义。第三是绩效性，财政资金有没有绩效，有没有发挥作用，这是我们关注的重点，是永恒的主题，而且绩效审计的力度要逐步加大。财政审计只要围绕上述“三性”来展开，就会取得一定的成效。

二是绩效审计大发展。绩效审计是一个国家和地区审计工作发展水平及审计活力的重要标志。到2020年，我省绩效审计应该实现地方性法规体系比较健全，涵盖各种类型审计、重要行业审计的绩效审计指南、操作规程和指标评价体系日趋完善。绩效审计理论研究不断突破，审计实践不断创新。绩效审计成果显著，绩效审计项目在全国具有一定影响。关注绩效成为审计工作的重要内容，绩效评价成为审计的重要目标，绩效审计在加快转变经济发展方式，提高财政资金和公共资源效益，推进建设廉洁、高效、法治、责任政府建设中将充分发挥作用。

三是审计信息化大发展。审计信息化是顺应时代发展的战略抉择。到2020年，我省计算机技术在全部审计项目中得到广泛运用，计算机审计深入开展，联网审计、跟踪审计、总体分析审计、数据式系统基础审计取得明显成效，对财政、金融、企业、社保等重要行业经济运行的预警分析取得长足进展，信息化条件下的审计监督能力全面提升。审计信息化网络和安全等基础设施更加完善，各种类型审计数据库比较健全，审计机关业务协同和资源共享平台比较完善，审计管理和质量控制的数字化、信息化全面实现。高层次计算机审计人才不断涌现，高水平计算机审计优秀案例不断增加，同时积极参与制定国家审计信息化相关标准规范，实现我省审计信息化持续科学发展。

四是经济责任审计大发展。经济责任审计是中国社会主义审计监督的制度创新。到2020年，我省要建立比较完善的安徽特色地方性经济责任审计法规制度体系、审计评价指标体系，形成比较科学的审计方法技术体系，充分反映时代发展新要求。审计内容不断深化，审计对象不断拓展，审计方式不断改进。领导体制和工作机制科学高效，审计成果利用充分，审计公开成为常态。经济责任审计成为加强干部管理和监督、推进党的建设的重要途径，加强权力运行制约和监督、健全社会主义民主法治的重要措施，促进领导干部全面贯彻落实科学发展观、推动经济社会又好又快发展的重要保障。

五是资源环境审计大发展。未来我国发展的资源环境约束日趋强化，资源环境审计的重要性日益突出。我们要加快推进，实现后来居上。到2020年，我省资源环境审计的理论研究、技术方法、评价体系比较成熟，对重要资源保护与开发利用、污染治理和节能减排、生态保护和防灾减灾、循环经济和自主创新等方面的审计普遍深入开展，审计成果引起各级各方面普遍关注，在全国和区域性范围内有一定影响，为实现经济社会全面协调可持续发展做出更大贡献。

关于"十三五"发展目标的问题，有的同志可能存在不同的看法，但是我们认为，"十三五"发展的目标、方式、路径仅是预测性的、框架性的、指导性的，应该随着审计实践、社会环境的变化而适时地予以调整和完善。我们现在之所以要提出框架性的目标，就是要作为一种努力的方向，统一大家的思想，调动大家的积极性。各级领导特别是主要领导要运筹帷幄、认真谋划，把当前的任务和长远的目标有机结合起来，一步一个脚印，一年一个成效。我想，经过我们的不懈努力，可以实现未来发展目标。

三、要正确把握实施"五大工程"的主要路径

实施"五大工程"的方案已经制定，目标已经明确。各级审计机关要按照省厅的部署认真组织实施。在具体实施中，要着力把握好三个方面。

（一）突出主题，始终坚持科学发展。实现科学发展是时代的要求。未来五年是安徽审计工作加速转型、科学发展的战略攻坚期。审计工作在"十一五"取得显著成绩的同时，也仍然面临制约审计事业科学发展的诸多薄弱环节，有些问题还是长期性、全方位、多方面的，短时间内难以有效改善。实施"五大工程"抓住了当前制约审计事业科学发展的关键环节，是科学发展在开创审计工作新局面中的生动体现。

第一，坚持科学发展必须解放思想改革创新。要牢固树立符合时代潮流的民主法治意识、把握宏观的大局意识、不断改革的创新意识、维护群众利益的民本意识、海纳百川的开放意识，以科学审计理念引领审计事业阔步前进。要在科学理念指引下，以审计改革推动审计创新，以审计创新加快审计科学发展，在科学发展中推动审计工作再上新水平。

第二，坚持科学发展必须实事求是统筹推进。要在准确把握总体要求的基础上，根据地方经济社会发展状况，以及本地区、本单位、本部门的实际情况，科学确定目标任务，突出地方特点，发挥自身优势，形成风格各异、特色鲜明、同频共振的发展格局。要科学统筹每一年度重点"工程"与"五大工程"整体的有机联系，全面把握"五大工程"重点事项与全部审计工作的辩证关系，促进各级各地审计工作的全面协调可持续发展。

第三，坚持科学发展必须围绕中心服务大局。要把实施"五大工程"与实现安徽审计工作上水平大发展的战略目标统筹起来，以重点带动全面，推动审计工作整体科学发展。要充分认识、准确把握我省经济社会发展面临的前所未有的机遇和挑战，主动把审计工作融入到我省全面转型、加速崛起、兴皖富民的大局中来科学考量，以审计事业的科学发展推动安徽宏伟蓝图的早日实现。

（二）围绕主线，加速推进转型升级。转型升级是科学发展的必然选择。审计发展历史表明，审计工作在不同历史时期表现出不同特点，具有鲜明的时代性。在我国全面建设小康社会的关键时期，整个经济社会都处于深刻的变革调整转型之中，审计工作也概莫能外。制约审计工作科学发展的一些突出问题，本质上来说正是经济社会的变革调整转型对审计提出的新要求、新挑战。审计工作不转型升级，就不能有效解决这些问题，就不能实现科学发展；转型升级不加速，就可能跟不上形势发展的要求，就可能被历史边缘化。我们只有主动迎接挑战，加速转型升级，才能成为科学发展历史洪流中的弄潮儿。因此，实施"五大工程"必须紧紧围绕转型升级这条主线。"五大工程"是系统体系，各有侧重又互相关联，贯穿其中的正是转型升级这条鲜明主线。围绕转型升级主线实施"五大工程"，就是要坚持以信息化为转型升级的技术手段和重点突破口，以造就人才为转型升级的智力支撑和关键所在，以提升质量为转型升级的内在要求和坚实基础，以优化环境为转型升级的现实需求和重要保障，以争先进位为转型升级的目标定位和阶段性成果。通过"五大工程"的实施，推进安徽审计工作实现转型升级和跨越发展。

（三）提升品位，着力构建审计文化。审计文化是审计群体在审计实践中形成并被广泛遵循的价值取向、精神追求、职业道德、行为方式及其制度规范等的总和，是推动审计事业上水平、大发展的"软实力"，应该成为广大审计人员共同追求的精神家园。过去二十多年里，我们在审计实践中形成了不少具有审计特色的精神文明成果，对审计工作发展起到了重要推动作用。但是总体来说，我们对审计文化建设关注不够、着墨不多，审计文化对审计工作的推动作用还没有充分显现，需要进一步强化。关于审计文化建设，我重点讲三个方面。

第一，为什么要加强审计文化建设。主要基于四点考虑：一是适应形势、融入大局的要求。坚持社会主义先进文化前进方向，充分发挥文化引导社会、教育人民、推动发展的功能，是党和国家在新时期提出的新目标，全力推动文化强省建设，大力营造文化建设氛围，是省委、省政府贯彻全国文化体制改革工作会议精神提出的新举措。审计机关要坚持“围绕中心、服务大局”的工作方针，就必须加强作为社会文化子系统的审计文化建设。二是履行职责、服务发展的要求。审计文化作为一种团队文化，具有重要的导向、激励、约束、规范、凝聚和辐射功能，具有约束审计人员行为、调整审计团队关系的作用，通过加强审计文化建设，有利于促进审计人员进一步增强宏观意识、大局意识、责任意识，树立正确的审计职业道德观念，养成务实的工作作风，忠实地履行审计监督职责，增强审计机关的凝聚力、战斗力，提高服务科学发展的能力。三是规范行为、展示形象的要求。审计工作涉及经济社会的方方面面，审计人员职业行为直接影响着审计工作的严肃性、权威性和审计机关形象。加强审计文化建设，可以更好地把审计人员的思想和行为引导到审计事业所确定的发展目标上来，以规范的审计执法行为取信于社会，用良好的审计形象影响社会。四是建设队伍、提升素质的要求。巩固提升“五年行动计划”成果，需要继续坚持以人为本，把建设队伍、提升素质作为审计文化建设的重中之重，引导审计人员增强事业心和责任感，激励审计人员钻研审计业务，教育审计人员遵守审计纪律，鼓励审计人员团结协作，使审计人员的主观能动性、创造性得到充分发挥，审计队伍的整体素质不断提升。上述四个方面的原因，归纳起来，就是两个方面：客观上来说，审计的客观实践发展到今天，向我们提出了要注重加强审计文化建设。主观上来说，要提升审计人员的素质，固化审计成果，就必须注重加强审计文化建设，因为，审计文化可以起到统一意志、凝聚力量、持续发展的作用。因此，无论是客观上还是主观上，都要求我们必须注重加强审计文化建设。

第二，建设什么样的审计文化。从一般意义上来说，文化有三个特征，第一，它有地域性；第二，它有多元性；第三，它有不可替代性。我们要建设什么样的审计文化？通过审计文化建设究竟要达到什么目标？我想，在全省审计机关积极倡导审计文化建设，就是要紧紧围绕“十二五”时期我省审计工作的战略目标，在实施“五大工程”中，以理念养成为前提、制度健全为重点、氛围营造为基础、素质提升为核心，使地域文化得到传承、时代精神得到弘扬、审计特色得到体现，为全面推动我省审计事业上水平提供强大的思想保证、精神动力和智力支持。

一是要着力培养科学的审计理念。要以科学发展观为统领，进一步认识和探索审计工作规律，充分认识和把握审计工作本质，始终把推进法治、维护民生、推动改革、促进发展作为审计工作的根本目标，把维护国家经济安全、保障国家利益、推进民主法治、促进全面协调可持续发展作为审计工作的首要任务，把坚持“依法审计、服务大局、围绕中心、突出重点、求真务实”作为审计工作的基本方针，进一步适应安徽改革和发展的新形势，认真总结经验，积极寻找差距，不断调整审计工作路径，全面履行审计监督职责，从而在推进审计转型升级中牢固树立科学审计理念。

二是要着力塑造拼搏的审计精神。要充分发挥审计文化的导向功能，以社会主义核心价值观为引领，以安徽地域文化为依托，以审计职业规范为基础，将公正清廉的包公精神、敬业奉献的沈浩精神和勤勉进取的徽商精神、开拓创新的小岗精神融入到审计价值观中去塑造，融入到实施“五大工程”、学习型机关建设、精神文明建设、效能建设、“创先争优”、“以人为本、执政为民”等主题活动中去培养，在开展主题活动中不断强化大局意识、责任意识、荣辱意识、忧患意识，着力培育公正清廉、敬业奉献、勤勉进取、开拓创新的安徽审计精神。

三是要着力倡导规范的审计行为。要以审计实践活动为载体，树立客观公正、廉洁自律、举止文明的审计形象。在审计项目安排上体现大局意识，在审计过程中强化责任意识，在查处问题时倡导求实意识，把依法审计、科学审计、文明审计的理念贯穿于履行审计监督职责之中。要以文体活动为载体，在审计机关内部营造团结合作、生动活泼、和谐文明的人文环境。通过广泛开展丰富多彩的文化娱乐活动、体育健身活动和社会公益活动，使审计人员在展示才华中陶冶情操，在强身健体中培育团队精神，在扶贫帮困中奉献爱心。

四是要着力完善严谨的审计制度。要根据外部环境的要求和内部情况的变化，及时制定、清理废止、修订完善各项审计制度，以保持制度的完整性。当前，应特别注意加强与国家审计法律、法规相配套的地方审计立法，建立健全适应审计准则要求的制度体系。要狠抓各项审计制度的贯彻执行，在加强法治观念、法治意识教育，不断增强审计人员严格执行审计制度自觉性的同时，进一步强化责任追究，使审计人员始终保持高度的职业谨慎，严格审计执法，保证制度执行的有效性。

建设什么样的审计文化？简单地说，就是要形成安徽的审计理念、安徽的审计精神、安徽的审计行为规范、安徽的审计制度体系，就是要在审计文化建设中，累积丰富多彩的安徽审计文化元素，创造斑斓绚丽的安徽审计文化成果，推动审计事业持续发展。

第三，怎样加强审计文化建设。审计文化建设是一项复杂的系统工程，需要调动方方面面的积极性，不断创新方式方法，采取切实有效措施。一要注重实战，鼓励创新。审计文化建设是审计工作创新发展的必由之路，也是审计工作转型升级的重要内容。要以改革的精神和创新的品质，从本地区、本单位实际出发，大胆实践，勇于创新，不断提升安徽审计文化建设的水平，进一步夯实审计事业发展的基础。二要广泛宣传，榜样示范。审计宣传不仅是审计文化建设的重要内容，而且是传播审计文化的重要手段。要加强内部宣传，使先进审计文化内化为审计人员的价值观念，转化为实际行动。要加强外部宣传，促进社会各界更好地关心了解、理解支持审计工作。要加强对先进集体、模范人物的宣传，充分发挥榜样的示范、引领和激励的作用。三要加强研究，转化成果。要大力加强审计文化建设研究，深化对审计文化的认识，不断概括、提炼审计文化建设的新鲜经验，充分吸收科技发展带来的科学知识、科学思想、科学方法和科学精神，并及时将理论研究成果转化为指导和规范审计文化建设的法规制度，使安徽特色的审计文化建设更具先进性、时代性、创造性。四要完善制度，持续推动。要坚持刚性管理与柔性管理、制度约束与自我约束的有机结合。通过制度规定、行政推动，进一步明确审计文化建设的目标任务要求，确保审计文化建设的信息有序传递、活动有效开展、考核有章可循。在审计人员养成新的行为习惯的基础上，注入人文关怀等柔性管理方法，使审计人员在审计制度文化和行为文化的双重约束下，成为自觉、自律的自我管理者。五要强化领导，明确责任。要进一步加强对审计文化建设的组织领导，把审计文化建设纳入地方审计工作发展规划和“五大工程”之中，明确目标，细化责任，强化保障；各级审计机关领导应把审计文化的价值规范作为自己内心的坚定信念，积极倡导，身体力行，率先垂范。

四、要科学制定实施“五大工程”的考核评价机制

考核评价机制是导向，是杠杆。建立和完善考核评价机制是激励各级审计机关的工作积极性，促进审计事业科学发展的重要手段。“五年行动计划”之所以能够取得预期的效果，一个重要原因就是我们在加强审计机关全面建设的同时，强化了实施情况的检查考核，在全省审计机关营造了一种个个争先、勇创一流的良好氛围。作为实施“五大工程”的一个重要保障措施，考核评价办法一定要科学合理、切合实际、简便易行。

第一，要合理设置目标任务，突出考核的科学性。合理确定目标任务是考核的第一导向。目标任务的确定一定要体现审计工作的特色，科学反映审计工作的政绩。众所周知，审计工作的政绩更多地体现在通过审计监督，为各级党委、政府贯彻和落实科学发展观的服务上，保障党和国家重大宏观调控政策的落实上，维护人民群众的利益上，促进经济社会秩序的好转上。因此，设定“五大工程”目标任务时，要充分体现科学发展观的要求，充分体现不同层级、不同地区的经济社会发展水平的差异性，充分体现人的主观能动性与创造力，充分体现审计工作发展的基础与趋势。目标任务的提出要切实可行、重点突出、特色鲜明、权重公平、便于操作。要防止“高不可攀”和“唾手可得”两种极端，真正达到“跳起来摘桃子”的激励效果。由于全省各地各级经济社会发展水平不同，审计工作的基础条件也不一样，因此，在设定目标任务时，不能一刀切，不能一把尺子量到底。今年，我们可以探索根据经济社会发展水平的高低，以及审计工作基础条件的差异，将全省17个市分成若干类，分类设定目标任务，分别提出不同要求。总之，目标任务的设定既要符合客观实际，又要刚性化、可操作。

第二，要健全完善评价标准，突出考核的全面性。只有目标任务体系而没有评价标准体系，考核工作难以落实。“五大工程”的目标任务确定后，我们要下功夫研究各类目标任务考核的衡量标准、认定依据以及考量计算的正确方法。评价标准的确定，要注意把定性与定量结合起来，能量化的必须量化，不能量化的要明确具体定性要求。要合理确定各项考核指标的权重，做到根本性工作与一般工作、基础性工作与创新工作等考核指标所占权重的合理分配。在具体考核评价时，既要突出考核当年主题年活动内容，又要考核审计工作的全面发展情况；既要考核已经取得的显绩，又要考核利长远、打基础的潜绩；既要考核眼前目标，又要考核长远目标，切实做到既看当年取得的成绩，注重横向比较的结果，又看以前的基础和起点，注重纵向比较的结果；既看眼前的实绩，又看抓基础性、长期性工作的力度。

第三，要不断改进考核方法，突出考核的公正性。这是关系考核目标能否有效实施的重要保证。要坚持平时考核与年终集中考核相结合。平时考核可采取情况汇报、实地检查、专项调查、工作调研等多种形式，掌握第一手资料。省厅有关处室平时要注意搜集各地工作开展情况的一些重要信息和基础性资料，为年终考核全面评价分析提供依据。年终考核采取统一组织、民主测评、分层考核、逐级推荐等方式，考核程序要简便易行、务实管用。要公开考核工作的内容、标准、程序、方法和结果，进一步增强考核工作透明度。要强化全省审计机关广大干部职工的参与、评价和监督，广泛征求各方面的评价意见，把上评下、下评上、横向评、纵向评有机结合起来，多层次、多渠道、多角度地评价“五大工程”实施情况，防止以偏概全。

第四，要强化考核结果运用，突出考核的激励性。考核结果的合理运用，既能发挥考核工作的激励鞭策作用，也能为“五大工程”的顺利实施和审计工作的转型升级提供有力的组织保障。从今年开始，省厅要强化“五大工程”考核结果的综合运用，将考核结果作为干部选拔使用、出国培训、学习深造、挂职锻炼的重要依据。要坚持奖惩分明，对真抓实干、实绩突出的单位和相关人员，除了予以通报表彰和奖励外，在干部选拔使用、学习培训等方面要优先予以考虑。对工作不力、考核名次靠后的，要责令限期整改，着力形成崇尚实干、鼓励创新、勇创一流的氛围。市县审计机关也要根据实际情况，采取不同方式，建立健全考核结果的运用机制。

客观地说，考核一直是个难题，考核办法的合理性是相对的，不合理是绝对的。关于考核办法，必须把握两点：第一，必须严格执行，即使考核办法存在不完善的地方，但是一经厅长办公会议研究决定，就必须无条件执行；第二，考核办法要逐步完善，使考核工作能够为大多数人所接受。

五、要切实保障实施“五大工程”开好局起好步

今年是实施“五大工程”的第一年，也是实施“十二五”规划的开局之年，全省审计机关将重点实施“信息化推进工程”。今年的实施效果如何，将直接关系到“五大工程”的成效。我们一定要按照方案的总体要求，结合自身实际，深化思想认识，明确保障措施，狠抓责任落实，力求首战必胜，为“五大工程”目标的实现打下坚实基础。

第一，要勇于创新，争创一流。创新才能发展，突破才能跨越。创新突破，关键在于解放思想。这几年我们工作中取得的每一个突破，都是解放思想、开拓创新的结果。解放思想，不仅是一个实践问题，更是一个认识问题，也是一个视野问题。实现“信息化推进工程”的各项目标、推进全省审计信息化迈向新的高度，新事物、新情况、新问题、新挑战层出不穷，对全体审计人员特别是领导干部的理论素养和工作水平提出了新的要求。我们只有进一步解放思想，加强研究，勤于学习，善于思考，坚持不懈地充实和提高自己，才能担当起重任，完成好任务。要大力营造鼓励探索、支持创新、宽容失误的环境和氛围，激励广大审计人员保持和增强蓬勃向上的朝气、开拓进取的锐气、不畏困难的勇气。清代彭端淑曾说过：“天下事有难易乎？为之，则难者亦易矣，不为，则易者亦难矣。”我在前面说过，目前我省的审计信息化建设总的形势是好的，但在很多方面与先进地区相比还存在一定差距，全省各地发展也不够平衡。因此，我们不能满足于现状，不仅要与过去比，更要与先进发达地区比，而且要敢于同先进地区比。在全国处于前列的几个省份中，我省的差距显而易见，因此，我们不能小富即满，信息化建设的各方面都要高标准、高起点，放眼全省乃至全国，向一流看齐、向高端定位，要在全省、全国范围内找坐标、争先进、当排头，攻坚克难、努力奋斗，抓出新亮点，干出新业绩。信息化建设对审计事业的影响，在短时间内我们可能难有很大的体会、很深的感受，但放眼审计事业长远发展，就是一个打基础、管长远的工作，必须持之以恒地抓紧抓好。

第二，要细化任务，明确责任。落实任务首先要落实责任，责任落实才能保证任务落实。开局之年任务重、挑战多，必须更加严格地明确责任。为了确保“信息化推进工程”各项工作任务落到实处，省厅在实施方案中对目标责任进行了分解，最近，厅信息技术处对今年各项任务又进行了进一步细化，每项工作都确定了牵头部门和落实单位，明确了完成时限。我们要结合审计工作实际把目标任务进一步分解细化，一条一条进行梳理，一项一项进行明确，形成上下一心、目标统一、责任明确的工作格局。牵头单位要切实负起责任，尽到责任，自始至终抓好落实。协同部门要强化全局观念和大局意识，补好台，尽到力，主动搞好配合。

第三，要结合实际，突出重点。由于各地审计信息化建设的基础不同，发展不够平衡，人员素质也有所差别。正因为如此，我们在制定实施方案时，对省、市、县三级审计机关没有实行同一个标准，要求各有侧重。各级审计机关在推进信息化建设中，既要高度重视、全面推进，又要结合实际、突出重点；既要积极探索、勇于实践，又要量力而行、脚踏实地。比如，关于联网审计，我们只是强调省厅要积极推行，对全省没有作硬性要求，市县两级审计机关有条件的可进行联网审计试点，然后逐步推开。因为，联网审计除了技术、人才以外，还需要一定的财力作为支撑。要加强对审计信息化工作的研究分析，努力查找当地信息化建设的最薄弱环节，影响信息化水平提升的最突出问题，找准各自所处的发展阶段和目标定位，先进地区要再接再厉，更进一步，后进地区要不甘落后，迎头赶上。要对比先进地区，制定赶超目标，明确赶超时限，采取有效措施，重点进行攻关，力求取得实效，真正变后进为先进。省厅要加强对市县审计机关的指导，及时总结推广先进地区的经验和做法，以点带面，推进全局。

第四，要狠抓落实，确保实效。蓝图已经绘出，关键在于落实。要立说立行，言必行、行必果，部署了的任务要坚决落实，确定了的目标要坚决完成。各位领导同志既要善于作决策，更要善于抓落实，既要当好指挥员，更要当好战斗员；既要严抓严管，更要以身示范。要对照目标任务，逐项梳理，查缺补漏，强化措施。抓落实，要做到心到力到功夫到。心到，就是要从安徽审计事业发展的大局出发，充分认识信息化建设的极端重要性，切实增强责任感和使命感；力到，就是要下大力气解决实际问题，抓住薄弱环节，破解发展难题；功夫到，就是要出真招实招，下真功夫硬功夫，不仅要有想法，更要有办法。要加大督查力度，对落实不力和不落实者，要及时予以纠正和批评。要严格责任追究，不能干与不干一个样，干好干坏一个样，否则，狠抓落实就成了一句空话。厅“信息化推进工程”领导小组要加强监督，有关牵头单位要切实加强这方面的工作，及时把握工作进展情况，确保各项目标任务有力有序完成。

同志们，推进审计事业科学发展，实现审计工作转型升级，任务艰巨，使命光荣。我们一定要充分认识实施“五大工程”的重要性、必要性和科学性，切实增强紧迫感、责任感和使命感，在继续解放思想上迈出新步伐、在推动科学发展上取得新进展、在坚持改革创新上实现新突破、在促进转型升级上收获新成效。以更加饱满的热情和昂扬的斗志，开拓创新，真抓实干，为全面实现“五大工程”各项目标而不懈努力，为“十三五”安徽审计事业大发展奠定厚实的基础，以优异的成绩庆祝中国共产党成立90周年！

紧密结合实施“五大工程” 深入开展创先争优活动

——刘战平厅长在厅机关创先争优先进事迹报告会上的讲话

（2011年6月30日）

在喜迎中国共产党诞辰九十周年之际，今天，我们隆重召开创先争优先进事迹报告会，以此庆祝党的九十华诞。

开展创建先进基层党组织、争做优秀共产党员活动，是党的十七大和十七届四中全会作出的重大部署。厅党组对搞好创先争优活动高度重视，及时传达贯彻中央和省委的有关精神，研究制定实施意见，进行了动员部署；各支部迅速行动，精心组织，推动了创先争优活动扎实开展。当前全省审计工作的主要任务就是全面实施“五大工程”，推动审计工作转型升级。完成这一任务，需要机关党组织切实发挥好服务保证作用，通过创先争优活动的深入开展，动员组织广大党员和干部职工积极参与。下面，我就如何结合推进实施“五大工程”深入开展创先争优活动，讲三点意见。

一、要把推进实施“五大工程”作为开展创先争优活动的主要内容

围绕中心、服务大局，是机关党建工作的一项重要原则。深入开展创先争优活动，要找准创先争优活动与当前中心工作的结合点，引导机关基层党组织和广大党员把创先争优活动与推进实施“五大工程”有机结合起来，以创先争优活动的深入开展促进“五大工程”实施和审计工作转型升级目标的实现。

要把握审计工作转型升级的目标任务，立足本职岗位开展创先争优。未来五年是实现安徽审计工作转型升级的加速期和攻坚期。审计工作在“十一五”取得显著成绩的同时，也面临制约审计事业科学发展的诸多薄弱环节。实施“五大工程”，是破解审计事业科学发展中遇到的主要矛盾和问题的关键举措，是贯彻落实科学发展观的具体体现。深入开展创先争优活动，要始终围绕推进实施“五大工程”、加速审计转型升级这一中心任务，进一步明确目标、把握重点、创新载体，增强促进审计转型升级的有效性。

要围绕实施“五大工程”开展承诺、践诺活动，深入挖掘“先进”和“优秀”的科学内涵，把“五个好”、“五带头”的要求细化、实化、量化，引导各级基层党组织和广大党员结合工作实际定目标、定内容、定措施，形成你追我赶、奋勇争先的生动局面，使创先争优的过程成为推动各项工作上水平的过程。

二、要充分发挥党支部在创先争优活动中的动员组织作用

党支部是党的全部工作和战斗力的基础，是落实厅党组决策部署和各项任务的战斗堡垒。在创先争优活动中，党支部既是参加者又是一线组织者，对于有效调动广大党员的积极性、主动性、创造性，凝聚各方面的智慧和力量，利用党的政治优势和组织资源推动活动深入开展至关重要。因此，党支部书记要认真履行好“一岗双责”要求，切实增强政治意识和责任意识，善于围绕中心任务做好党支部工作，通过深入开展创先争优活动，使党支部的战斗堡垒作用和党员的先锋模范作用更好地得到彰显。

一是在确定工作目标、工作安排时，应紧紧围绕实施“五大工程”和推进审计转型升级这一任务，充分发挥党支部工作对审计转型升级的保证和服务作用。这既是审计机关党建工作贯彻围绕中心、服务大局要求的具体体现，也是创新审计机关党建工作，使机关党建工作化虚为实，在保证和服务中心任务中丰富内容，增强活力的重要途径。

二是加强对审计转型已有理论成果的学习，充分发挥理论的动员激励作用。“五年行动计划”的实施，形成了较为系统的成果；对于“十二五”期间实施的“五大工程”，也制定了较为详尽的方案，确定了明确的目标。作为审计机关党支部，在组织开展创先争优活动和安排党员学习时，应有针对性地安排对审计转型升级有关论述的学习和研讨。通过深入学习，使广大审计人员深刻认识审计转型升级的必要性，明确审计转型升级的路径和目标，切实增强推进审计转型升级的责任感和使命感，掌握参与审计转型升级应当具备的知识和能力，从而更好地把创先争优活动和推进审计转型升级结合起来，自觉有效地做好各项工作。

三是注意做好审计转型升级中的思想政治工作，使广大审计人员始终保持饱满的工作激情。审计机关党的基层组织和党务工作者，应紧紧围绕中心工作的不断推进，不失时机地做好宣传发动和释疑解惑工作；加强干部职工思想分析，及时准确把握干部职工在审计转型实施中的思想动态，有针对性地做好教育疏导工作；善于把解决思想问题和解决实际问题结合起来，使广大干部职工时时处处感受到组织的关心和温暖，从而情绪高昂、心情舒畅地投身于审计转型，为加速审计转型升级贡献自己的聪明才智。

三、要大力营造有利创先争优的良好氛围

人能够改变环境，环境也能够影响和改变人。要通过宣传引导、榜样示范、创新载体等多种途径，在全厅上下努力营造一个有利创先争优的良好环境、氛围，以此推动创先争优活动深入持久开展。

一要大力宣扬先进典型。运用典型指导工作，是我们党的一项重要工作方法，机关党组织应把发现、培养和宣扬先进典型，作为一项重要职责和工作抓手。对于在创先争优和审计工作中涌现出来的锐意进取、敢于创新、业绩突出的先进集体和先进个人，要以高度的政治责任心及时发现，以饱满的政治热情扶植培养，以适当的方式加以总结宣扬。通过先进典型的培养和宣扬，在广大党员和干部职工中形成相互学习、相互激励、尊重创新、爱岗敬业的良好风气，为推动审计转型升级提供充沛的精神动力。

二要不断创新活动载体。要尊重群众首创精神，鼓励并支持各党支部根据自身特点，创新活动方式，形成自身特色，以党员群众喜闻乐见的形式开展活动，做到生动活泼，富有实效。要把创先争优与精神文明建设有机结合起来，相互推动，同频共振，共同发展。

三要坚持持续推进。开展创先争优活动既是党建工作的一个创新性举措，也是新时期新阶段党的建设的一项经常性工作。要克服松劲情绪，常抓不懈，切实把经常性的特征和要求贯穿于创先争优活动的全过程。要紧紧围绕厅党组确定的中心任务，通过创先争优活动的持续开展，更好发挥党支部的战斗堡垒和广大党员先锋模范作用，为推动审计事业科学发展提供坚强的思想保证。

同志们，明天就是中国共产党诞辰90周年纪念日。90年来，中国共产党由小到大，中华民族由弱到强，中国大地一片生机，繁荣富强！我们坚信，在中国共产党的正确领导下，一个自立于世界民族之林的中国必将屹立于世界的东方！今天，我们以举办创先争优先进事迹报告会的形式纪念党的生日，很有意义。它既展示了广大党员听党话、跟党走、勤奋工作、努力奉献的崇高品质和精神风貌，也体现了厅党组对深入开展创先争优活动、全面实施“五大工程”、推进审计转型升级的高度重视，必将进一步激励各级党组织和广大党员更好地为开创审计工作新局面贡献智慧和力量。明天就是党的90岁生日了，在此，我代表厅党组并以我个人的名义，向为国家独立、民族解放作出贡献的老同志；向为社会主义建设事业作出贡献的老党员；向为全省审计事业作出贡献的全体党员和党务工作者，致以崇高的敬意！祝大家身体健康，一切如意！

刘战平厅长在全省审计工作座谈会上的讲话

（2011 年7月21日）

这次全省审计工作座谈会的主要任务，一是传达学习贯彻全国审计工作座谈会精神，研究如何深化我省经济责任审计工作；二是对上半年主要审计工作任务完成情况进行简要回顾，对如何搞好下半年工作提几点要求。下面，我代表省厅讲几点意见，供大家参考。

一、关于今年的审计工作

今年是“十二五”的开局之年，是全省审计机关实施“五大工程”的启动之年。全省各级审计机关按照年初工作部署，认真履行审计职责，全力实施“信息化推进工程”，各项工作取得了显著成效。截至6月底，全省共审计和专项审计调查2657个单位，查出违规问题金额25.7亿元，损失浪费问题金额3112万元，管理不规范金额476.6亿元。通过审计，为国家增收节支8.3亿元。审计移送司法、纪检监察机关和有关部门处理事项29件（其中省本级10件）。共出具审计报告和报送审计调查报告2667份，提交审计专题报告、综合性报告和信息简报3297篇，其中被党政领导和有关部门批示、采用2165篇次。向被审计单位或有关单位提出审计建议7359条，其中已采纳4654条。被审计单位根据审计建议制定整改措施172项，建立健全规章制度58份。

（一）全力以赴，地方政府性债务审计圆满完成

此次地方政府性债务审计，组织的规格、涉及的规模、投入的力量、工作的强度都是空前的。省厅组织17个市成立了17个审计组、109个审计小组、1650名审计人员，对全省地方政府性债务进行交叉审计，经过省、市、县三级审计机关历时4个多月共同奋战，已圆满收官，向审计署上交了一份合格的答卷。全省共向16个市出具审计报告32份，各县区审计报告98份，审计结果受到审计署债务办的充分肯定。这次地方政府性债务审计，一是政府重视，部署周密。三运省长亲自参加了此次审计见面会，并提出了明确要求。各市、县政府成立了以分管同志为组长的协调领导机构。省厅成立了全省审计机关地方政府性债务审计领导小组，进行统一协调指挥，从机关各处室抽调了18名业务骨干到厅债务审计办公室集中办公。各市审计局对市、县审计机关人员进行了统一组织调配。二是指导有力，实施有序。省厅制定了《安徽省地方政府性债务审计实施方案》，编写了《安徽省地方政府性债务审计操作指南》。在省审计信息专网上搭建债务审计信息沟通平台，及时发布最新审计信息、解答审计中出现的问题，为债务审计工作顺利实施提供了坚实的技术保证。三是严明纪律，保证质量。各级审计机关确定“一把手”为各级债务审计的第一责任人，一把手亲自抓，分管领导具体抓，一级对一级负责，层层抓落实。省厅领导按各自联系点分工，分片开展督查。省厅债务办组织人员多次对各市审计数据进行复核检查。这些措施有力保证了审计质量，确保了债务数据的真实、准确、完整。这项任务圆满完成，离不开广大审计人员的艰辛努力和辛勤汗水，在这里我代表厅党组向全省各级审计机关和广大一线审计人员表示衷心的感谢！

（二）依法履责，预算执行审计进一步深化

各级审计机关按照构建财政审计大格局的要求，坚持“揭露问题、规范管理、促进改革、提高绩效、维护安全”的总体思路，紧紧围绕全省经济社会发展大局和党委、政府工作中心，以促进公共财政体制逐步完善为目标，推动完善预算管理制度，提高财政绩效水平，进一步深化了本级预算执行审计。一是以服务经济社会发展为目标，进一步提升“两个报告”质量，做到了目标、方案、人力、时间、报告的相统一。省本级预算执行审计报告得到省人大常委会

的充分肯定，认为审计部门工作细致扎实，报告反映的内容翔实，实事求是，审计敢于揭露问题，审计建议切实可行，审计整改力度加大，审计工作一年比一年好，一再表示，在当前社会环境下，审计部门敢于揭露问题，敢于讲真话，实属不易，这充分体现了全省审计机关和审计人员的一种政治责任感，我们听了备受鼓舞。不少省人大常委在此次会议上提出，纵观当前的情况，审计工作单靠审计部门单打独斗是不行的，必须有各个部门的配合，呼吁各级人大及其常委会要进一步支持审计机关的工作，为审计机关撑腰。巢湖市委书记、市人大常委会主任陈强充分肯定了市本级审计工作，在市人大常委会专门就如何发挥审计监督作用，保障经济社会健康发展发表讲话，充分体现了地方党委、地方人大对审计工作的高度重视。二是以覆盖全部政府性资金为目标，拓展预算执行审计内容。省厅在对10个部门预算执行进行审计的同时，首次开展了省级政府投资情况、国有资本经营预算执行情况、社会保险基金预算执行情况审计工作。安庆、淮南、马鞍山等市开展了国有资本经营预算、部分政府性基金管理使用情况等专项审计调查。三是以进一步发挥审计建设性作用为目标，关注财政资金使用绩效。省厅组织开展了全省城乡义务教育经费保障机制专项资金绩效和省直10个部门政府采购资金绩效情况专项审计调查，审计结果受到省人大常委会和省政府领导充分肯定和高度关注。在义务教育审计中我们发现，少数县又发生了新的债务，虽然范围很小，但这是一种不好的苗头，值得我们高度关注，所在县的审计机关应该向当地政府报告。合肥市在预算执行审计过程中，重点关注了市本级预算编制的完整性和项目绩效预算编制及实际执行效果。

（三）狠抓落实，“信息化推进工程”进展顺利

按照“五大工程”总体方案部署，省厅制定了“信息化推进工程”实施方案，并细化了各项任务的时间进度。各市县能够准确定位、明确目标、强化责任，分解、落实了“信息化推进工程”重点工作任务。截至目前，各项任务进展顺利。一是AO、OA系统应用不断规范。在省厅实行全部审计项目“双审核”后，宿州、铜陵、宣城、滁州等市和部分县（区）实行了“双审核”制度。省厅、各市和绝大部分县（区）实现了AO、OA的交互使用。二是审计管理平台和现场审计平台建设进一步加快。省厅已完成OA系统更新升级工作。各市完成了更新升级的准备。省厅已经启动“政府性投资建设项目审计管理平台”前期准备工作。三是信息系统审计、联网审计作业平台建设稳步推进。省厅正在开展邮储银行信息系统审计和社保基金联网审计。部分市对医院、新农合等单位开展了信息系统审计。芜湖市在原财政联网审计平台上，增加了社保联网审计。黄山市及所有县区实现了便捷的财政联网审计。四是审计网站建设和业务交流取得新成效。省厅网站改版工作已经完成，部分县（区）审计网站业已开通，各级审计机关网站信息能够及时进行更新。省厅对审计业务论坛进行了改版，增加了相关栏目和内容，建立了QQ群，进一步便捷了审计人员的交流、探讨。五是信息化培训力度不断加强。全省第六期审计中级培训班已开班，池州等市局开展了多形式的信息化培训工作。审计法规库、专家经验库、被审计单位资料库建设及时跟进。六是计算机软硬件运行维护机制不断健全。省厅拟定了网络及辅助设备外包服务方案，网络系统的完善和拓展以及全省视频会商系统向县区延伸的前期准备工作积极推进。

（四）统筹兼顾，其他各项审计工作有序开展

上半年，全省审计机关面对时间紧、任务重的压力，在全力保证有关重点工作的前提下，调动一切审计资源，千方百计地推动开展其他各项工作。省厅组织开展了巢湖水污染防治效益专项审计调查，使我省资源环境审计工作真正进入实战状态；组织开展了舟曲救灾资金物资、安徽省化解高校债务、外资公证等审计工作；启动了援疆项目跟踪审计前期工作；校安工程、新桥国际机场、松潘灾后恢复重建等项目跟踪审计有序推进。六安市投资审计工作扎实开展，得到市委书记、市长充分肯定。阜阳市对全市12项民生工程资金进行了审计。蚌埠市完成了政府交办相关事项审计，审计移送案件线索9条，4名犯罪嫌疑人被依法逮捕，追回涉案资金1270万元。淮北市政府常务会议专题听取了市本级土地出让金专项审计调查结果。亳州市政府成立审计整改领导小组，加强审计整改情况督查，审计决定得到较好落实。

今年，我们迎来了中国共产党90周年华诞，各级审计机关举办了丰富多彩的文化活动，省厅举办了安徽省审计系统楹联展和书画摄影作品展等活动，展示了全省审计工作人员奋发向上，勤勉敬业、开拓进取的良好精神风貌。深入开展了创先争优活动，通过先进事迹报告会，充分发挥了先进典型在推动审计转型中的示范引领作用，省厅申报全国精神文明建设先进单位进展顺利。

在看到上述成绩的同时，我们也要看到自身存在的问题。如，开拓创新的勇气不足，谋划工作的思路不广，开展工作的方法不多，分析问题的深度不够，等等。这些问题在各级审计机关都或多或少存在，需要引起广大审计员特别是领导同志的高度重视，在工作中不断加以解决。关于下半年的工作，因为年初已作了部署，下面我着重强调以下几点。

一要确保完成今年任务。由于这次地方政府性债务审计牵涉了我们很大的力量，占用了我们很多的时间，对全年工作任务的完成或多或少带来一定的冲击，使很多任务都压到下半年。因此，今后几个月的任务将会十分繁重，时间十分紧迫。希望大家千万不要松懈，保证不折不扣地完成好全年工作任务。要对照年初确定的审计项目计划，科学安排，合理调度，加快进度，切实做到当年计划，当年完成。对于因各种原因调整审计项目的，要按规定程序，履行报批手续，维护审计计划的严肃性。要注重提高工作效率，科学配置审计力量，严格控制时间节点，无正当理由不得要求增加工作量，更不允许搞先斩后奏。各单位主要负责人要深入审计现场，强化靠前指挥。今年，省厅机关追加不少审计项目，特别是追加了一些经济责任审计项目，这些审计项目有不少才刚刚

进点，所以，一定要抓紧实施。对全省统一组织的审计项目，省厅牵头处室要加强对市县审计机关的业务指导，帮助解决工作中可能遇到的困难和问题，市县审计机关要高度重视，积极配合，如实向省厅上报有关情况。

二要加大审计整改力度。近年来，各级审计机关加大了审计整改力度，成效也逐步显现。但是，整改难、整改不到位的现象依然不同程度存在。去年，省政府办公厅转发我厅《关于进一步加强审计工作若干意见》中，就审计整改工作作出了具体规定，提出了明确要求，为推动审计整改工作提供了有力依据。今年，省政府又将审计整改纳入2011年重点工作范围，要求加大审计发现问题的整改和问责力度。6月份，省政府决定建立省审计整改联席会议制度，王三运省长担任总召集人。因此，我们要利用好这些条件，把抓好审计整改作为一项重要工作，进一步加大工作力度。对没有建立审计整改联席会议制度的，要主动向政府报告，抓紧建立。要落实审计整改报告制度，督促被审计单位按照要求向审计机关报送审计整改结果。要加大审计整改结果公告力度，将审计监督与社会监督、舆论监督融为一体。要强化审计整改跟踪检查，对审计报告、审计决定落实情况要及时跟踪，促进提高整改效果。要严格落实审计整改责任追究制度，对审计整改措施不力、效果不明显、未按规定期限和要求进行审计整改的单位，要及时向政府报告，或者联合有关监管部门，提出处理意见；对拒不整改或屡审屡犯的被审计单位主要负责人，要提请有关部门依法进行责任追究，以维护审计监督的严肃性和威慑力。审计机关内部要建立审计整改结果考核制度，逐步把审计整改结果作为业绩考核和优秀项目评选的重要内容，促进审计人员转变“重审计、轻整改”的倾向。

三要抓好审计准则落实。今年是全面贯彻实施新审计准则的第一年。今年以来，省厅已通过不同方式，对国家审计准则进行了学习和培训。但是，由于新审计准则与原有的审计准则和制度规范在很多方面存在较大差异，与审计工作的现状也还有一定距离，因此，对审计机关和审计人员的适用与执行提出了挑战。从目前执行情况来看，新审计准则与审计实践活动还处于适应的磨合期，暴露出一些矛盾和问题，这是正常的，一个新的东西出来后总会有一个适应期和磨合期，问题的关键是，我们的工作要主动适应这些新东西，而不是这些新的东西来适应我们，我们要主动向新的准则去靠拢，去接近，按照新的准则规范我们的审计行为。第一，要严格执行。就是要在深入学习领会的基础上，严格按照新审计准则的要求，规范审计文书，规范工作程序，规范审计工作各环节的管理，把准则的具体要求转化为审计人员的工作理念和行动准则，把执行准则作为审计人员的自觉行动，真正做到行为规范，质量可靠。要针对新审计准则的规定、要求、变化，认真查找当前审计工作中存在的差距和不足，纠正不符合新准则要求的习惯做法，充分发挥新审计准则在规范和指导审计工作中的重要作用。第二，要完善制度。要结合我省审计工作实际，抓紧组织对现行规章制度和业务规范进行梳理，完善规范体系，在制度上实现与新准则的顺利衔接，力争形成配套齐全、结构严谨、上下衔接、内部协调、体例科学的有安徽特色的审计规范体系，为推进审计转型升级提供有力的制度保障。第三，要强化审理。实行审计项目审理制度，是审计质量控制手段的重大转变，它不仅从机制上强化了内部运行的互相监督与控制，同时也加大了审理机构与审理人员的质量控制责任，对提高质量、防范风险具有重要意义。因此，我们必须要尽快适应这一转变，充分发挥审理工作的监督功能和规范功能。今年以来，省厅对已经实施的审计项目开始实行全过程审理程序。希望综合法规处要在实践中不断总结、探索，为在全省全面推行审理制度积累经验。有关业务部门更要强化责任意识和质量意识，充分认识审理制度的必要性和重要性。市县审计机关要从本地实际情况出发，进一步加强审理工作，逐步建立健全审理制度。根据新准则的要求，审理工作越来越重要，成立单独的审理机构势在必行。如果当地编制部门能够同意单独增加机构，这是最好的一种情况，退而求其次，得不到编制部门的支持，审计机关内部可以进行调节，要明确专人专门从事审理工作，这对于进一步提高审计质量、防范审计风险，提升审计工作的作用都是非常有利的。

四要保证实现“信息化推进工程”目标。“信息化推进工程”今年要开展哪些工作，达到什么目标，我们在年初都作了具体部署。最近，厅信息技术处准备对各项重点任务的进展情况发个通报。从我们掌握的情况来看，总体进展顺利，但各地发展不够平衡。我们提出到2015年要建成“三大平台”和“四大体系”目标，这一目标的实现，将是一个非常了不起的成绩，因此，我们要上下一心，拧成一股绳，咬定青山不放松，努力按照这个目标去迈进。我想，只要“三大平台”和“四大体系”能够如期实现，安徽的审计信息化建设必将迈上一个大的台阶。但是要实现这个目标，任务很重，困难不少，特别是对一些技术要求比较高的工作，市县审计机关尤其是县级审计机关实施起来可能有一些难度。面对困难，全省各级审计机关和广大审计人员一定要齐心协力、合力攻关。省厅要加强对市县审计机关的指导，在技术上给予支持，帮助他们解决工作中遇到的一些技术障碍。市县审计机关要树立信心、主动作为，按照“先易后难、急用先建、分步实施”的原则，逐步实现各项目标。厅“信息化推进工程”领导小组及有关牵头单位要加强监督检查，及时了解工作进展情况，确保既定的目标任务不折不扣完成。

五要重视审计队伍廉政建设。我们多次强调，廉政建设是审计工作的“生命线”，廉政纪律是不可触摸的“高压线”。审计机关只有自身清廉，才能做到公正审计；只有自身过硬，才能有资格、有底气检查和监督别人。最近几年，我省审计机关廉政建设主流是好的，这是毋庸置疑的，必须充分肯定。但是，我们必须时刻保持清醒的头脑，尽管这些年我省审计队伍中没有出现严重的违反党纪国法的问题，但违反审计工作纪律，违反有关规定的现象时有发生。少数审计人员经受不住金钱的诱惑，利用手中的执法权与被审计单位搞权钱交易，严重损害了审计机关的形象。我建议有这种情况的审计机关要集中一段时间进行党风廉政建设的学习、整顿，要结合存在的问题，分析原因，制定加强党风廉政建设、规范审计纪律的制度和措施，上一级审计机关要加强对下一级审计机关党风廉政建设的监督和检查，学习整顿的情况要及时上报上一级审计机关。暂时没有出现这种情况的审计机关也要警钟长鸣，防微杜渐，在抓好审计业务建设的同时，千万不要放松审计人员的思想政治教育和党风廉政建设，切实做到两手抓、两手都要硬。各部门主要负责人是党风廉政建设第一责任人，要切实负起责任。由于工作懈怠而出现问题的，要严肃追究责任。审计组组长作为审计组廉政建设的第一责任人，也要切实负起责任，出现问题，要追究审计组组长的责任。因此，不管是审计机关负责人还是内设机构负责人，不但要抓业务建设，同时要抓思想建设、政治建设、党风廉政建设，只有这样，审计队伍才有战斗力。纪检监察部门要加大监督检查力度，及时了解审计组执行审计纪律情况，对以审谋私，搞权钱交易，一经发现，要严肃处理，绝不姑息。要严格执行责任追究制度，将执行廉政建设规定情况作为奖惩、评先、干部提拔的一项重要内容，对在执行审计纪律方面出现问题的，要实行党风廉政建设一票否决。

六要认真谋划明年工作。在全面完成今年各项任务的同时，要积极开展调查研究，认真谋划明年工作，及早启动2012年审计项目计划的编制。在制定项目计划时，要注意研究有关宏观经济信息和政策动态。要公开审计项目计划草案，广泛征求有关部门的意见，争取在9月底前提出明年审计项目计划的安排建议，特别是对预算执行审计工作，更要尽早考虑，提前布局。制定的审计项目计划要尽可能与省委、省政府确定的重点工作结合起来，要着眼宏观，紧跟形势；围绕中心，服务大局；全面审计，突出重点。同时要提前谋划“人才造就工程”实施方案，确保取得实效。

关于计划问题，我要重点说一下如何扩大计划的公开性。目前，我省审计机关的政务公开是一个短板，在近几年的检查考核中得分一直不高，说明我们在这方面还存在差距。我们不能认为同级审报告在网上公开就可以了，实际上，政务公开的内容远不止这些。政务公开的一项重要内容就是计划公开，要通过适当的方式使老百姓、相关单位知道下一个年度审计机关要审哪些单位，要审什么。要认真听取社会各个方面的意见，然后形成一个计划草案，提交有关会议审理。综合法规处按照这个要求，认真做好明年审计项目计划的公开工作。

二、关于深化经济责任审计工作

这次全国审计工作座谈会，主题就是如何进一步深化经济责任审计工作。这是审计署继2006年召开经济责任审计工作座谈会以后，又一次专题研究经济责任审计工作，也是两办《规定》实施后召开的第一次专题会议。7月6日，《中国审计报》专版介绍了我省经济责任审计工作开展情况。全国审计工作座谈会上，我厅等14个单位提交的书面总结被作为经验交流材料印发给与会代表，这是对我省经济责任审计工作的肯定。关于经济责任审计工作，我讲三个方面问题。

（一）要充分肯定经济责任审计工作取得的显著成效

近年来，全省审计机关从加强对领导干部权力制约和监督、促进领导干部全面履行经济责任的高度，稳步推进经济责任审计。近五年，我省共对6651名经济责任人进行了审计，其中党委、政府和部门领导干部6524名，国有及国有控股企业领导人员127名。通过审计，查处违规金额71亿元，管理不规范金额253.5亿元，损失浪费金额3.7亿元。经济责任审计工作的深入开展，对维护财经秩序，促进党风廉政建设，增强领导干部廉洁自律意识，规范领导干部依法行政行为，发挥了积极作用。

第一，经济责任审计工作格局基本形成

一是健全了经济责任审计协调机制。目前，全省所有的市、96%的县（市、区）建立了经济责任审计领导小组或联席会议制度，领导小组组长或联席会议主任分别由各级党政负责人兼任。各级领导小组或联席会议，在研究确定审计对象、审议审计实施方案、研究解决工作中遇到的重大问题、督促审计结果的运用和审计决定的落实等方面发挥了重要作用。二是成立了经济责任审计专职机构。2001年3月，省编办批准设立省经济责任审计局，2004年4月，局长按副厅级高配。与此同时，全省各市、县的经济责任审计机构相继成立，绝大多数专职机构实现了领导人员职级高配。目前，全省审计机关共配备经济责任审计专职人员386名。三是完善了经济责任审计规章制度。经济责任审计工作机构成立以来，全省以党委政府、相关部门联合、领导小组或联席会议以及审计机关的名义，制定了一系列规章制度，分别涉及领导小组或联席会议制度、经济责任审计操作规范、计划管理、审计评价、结果运用等各个方面，逐步实现了经济责任审计的制度化、规范化。据统计，仅2006年以来，全省共出台经济责任审计法规制度508个。

第二，领导干部经济责任审计全面展开

经过多年的实践与探索，我省经济责任审计对象范围不断拓展，经济责任审计工作在全面发展的基础上，呈现出新的特点：

一是稳步推进市厅级领导干部经济责任审计。自2001年首次对省辖市和省直单位主要负责人进行经济责任审计试点后，于2003年全面推开，标志着我省党政领导干部经济责任审计对象的职级逐步扩大到市厅级。截至2010年底，我厅对107名市厅级领导干部进行了经济责任审计，其中，省辖市政府市长19名，省直部门厅（局）长56名，省属企业领导人员32名。今年，我厅将对5个省辖市市长、5个省直部门主要负责人进行经济责任审计。

二是积极开展党委书记经济责任审计。为进一步加强对权力的制约和监督，促进领导干部提高执政能力和水平，省委组织部和省审计厅决定从2007年开始，省辖市每个市选择一名县（市、区）委书记开展经济责任审计试点，并从2008年开始，正式将县（市、区）委书记经济责任审计作为一项制度，在全省范围内推行。去年，省厅对省立医院党委书记任期经济责任履行情况进行了审计。今年，还将对池州市委书记、市长任期经济责任开展同步审计。

三是试行拟提拔领导干部任前审计。2009年4月，根据省委组织部委托，省厅对一省直部门拟提拔为副厅级领导干部的考察人选进行了任前审计。在审计内容和重点的确定上，认真研究被审计领导干部的岗位、职能和委托部门的需要。在审计程序上，坚持法定程序，不随意简化。在审计报告的撰写上，既认真执行审计准则关于审计报告诸要素的规定，又不拘泥于某项条款，重在客观公正地评价被审计领导干部，满足委托部门的需求。在总结实践的基础上，省委组织部、省审计厅印发了《关于对拟提拔领导干部（国有企业领导人员）进行任前审计的暂行办法》。近五年，全省共对16名拟提拔领导干部进行了任前审计。

四是建立领导干部离任经济事项交接制度。为进一步完善领导干部监督管理制度，明确划分离任和接任领导干部的经济责任，省厅于2010年探索开展了首例省管领导干部经济责任事项交接工作，今年计划安排对6个省直部门主要负责人离任经济责任事项进行交接。为了使这项工作逐步实现制度化、规范化，今年3月，省纪委、省委组织部、省审计厅、省国资委联合印发了《安徽省省管领导干部离任经济责任事项交接办法（试行）》。部分市县审计机关也逐步将领导干部离任经济事项交接工作作为经济责任审计的一种重要形式，加以推广运用。

五是逐步扩大任中经济责任审计的比重。经济责任审计开展之初，审计的对象主要是离任领导干部，大多属于事后审计。这几年，我们逐步加大了任中审计的比重。目前，全省任中审计已达全部经济责任审计数量的30%左右。通过对领导干部开展任中审计，加强对领导干部的经常性监督，使问题早发现，错误早纠正，教训早吸取，实现了审计监督关口前移。

此外，我省不少地方积极开展了村级组织负责人经济责任审计，在审计组织、审计规范、审计内容、审计成果利用等方面不断探索。去年，省厅印发了《关于加强村级组织主要负责人经济责任审计的意见》。村级组织负责人经济责任审计的开展，为规范农村财务管理、维护农村社会稳定发挥了重要作用。

第三，经济责任审计的内容和评价不断深化

省厅自2009年起，在进一步把握经济责任审计特征的基础上明确提出，要根据不同类型领导干部履职特点，把握审计重点内容，审计中以领导干部履行经济责任为主线，重点关注六个方面的内容，即领导干部贯彻落实科学发展观、推动经济社会科学发展情况；遵守执行党和国家有关经济工作方针政策和决策部署情况；制定重大经济决策情况；与领导干部履行经济责任有关的管理、决策等活动的经济效益、社会效益、环境效益情况；遵守廉洁从政（从业）规定情况等。从而使审计的内容与领导干部履行经济责任情况的联系更加紧密，逐步实现了由“财务型”向“绩效型”的转变。在不断深化经济责任审计内容的前提下，各地本着实事求是、客观公正的原则，紧扣领导干部经济责任这条主线，不断强化经济责任审计评价工作。在总结经验的基础上，不少地方制定了有一定操作性的审计评价体系。

第四，审计结果利用工作逐步得到重视

一是制定经济责任审计结果利用办法。为规范经济责任审计结果利用，省六部门联合印发了《安徽省党政领导干部任期经济责任审计结果利用办法（试行）》，对各职能部门利用审计成果的职责、途径作出规定。2010年，省政府办公厅转发省审计厅《关于进一步加强审计工作若干意见》，对审计结果利用工作作出了明确规定，进一步促进了经济责任审计结果利用长效机制的建立。大多数市县也分别以不同形式制定了结果运用办法，仅2006年以来，全省共出台经济责任审计结果利用办法59个。这些制度的出台，对做好干部管理工作、加强党风廉政建设、推进民主政治建设、提高干部管理能力发挥了比较好的作用。

二是在一定范围内通报经济责任审计结果。省厅每年将省本级实施的经济责任审计主要情况形成综合材料，在省委组织部牵头召开的干部监督联席会议上进行通报。2007年7月，省委组织部将上一年度省管领导干部（领导人员）经济责任审计工作及结果运用情况，上报省经济责任审计领导小组。今年，我厅将《2010年市厅级领导干部经济责任审计发现的主要问题》以审计专报形式上报省委、省政府，省委书记张宝顺、省长王三运作出重要批示，要求将审计情况与本人见面，督促有关各地、单位整改。对其中带有共性的问题，省审计厅向全省各市县、省直各部门进行了通报，以引起各地各部门重视。有的地方还通过审计谈话的形式，强化审计成果的运用，扩大审计影响。

三是经济责任审计成果在干部日常管理中得到一定的运用。2006年以来，全省共出具经济责任审计报告8453份，其中被党政领导批示2058份，审计建议被党委、政府采纳3873条。各级党委政府及有关部门根据审计结果，要求澄清问题109人，提拔重用501人，处分降免128人。对经济责任审计中的一些重要问题，各地党委政府及领导小组相关成员单位能够主动听取汇报，及时研究解决。

（二）要清醒认识经济责任审计工作存在的问题

从总体上看，全省经济责任审计工作发展是健康的，取得了显著成效，但也存在一些不容忽视的问题，突出表现在：

一是审计队伍的数量、结构和素质还存在差距。近年来，随着各级党委、政府对经济责任审计工作越来越重视，交办给审计机关的经济责任审计任务越来越多，特别是两办《规定》颁布后，对经济责任审计提出了新的要求，赋予了更多的任务。目前，各级审计机关每年投入经济责任审计的力量占到30%以上，有的地方甚至达到50%，审计机关要用超过一半的力量来完成经济责任审计工作，审计任务重与审计力量不足的矛盾日益凸显，这一现象在市县审计机关特别是县级审计机关表现尤为突出。特别是在领导干部换届调整时，经济责任审计项目更为集中，严重超出了审计队伍的承受能力。同时，不少审计人员的知识结构、专业结构和综合分析能力与经济责任审计的要求还不完全适应。在这次全国审计工作座谈会上，董大胜副审计长要求所有审计人员都要具有承担经济责任审计项目的能力，我觉得这个要求是切中时弊。这次会议也让我感悟到：经济责任审计工作可能是推动我省审计工作转型的主战场，通过经济责任审计，可能会大大改变审计人员的思维，改变审计工作的方式、手段，同时更能体现审计机关的地位和作用，因为经济责任审计是一个更高层面的审计。我们现在还有不少同志不大会或不完全会做经济责任审计工作，仍然以财政财务收支为主来考虑问题，这种状况必须改变。

二是以财政财务收支审计为主的状况尚未根本改变。尽管这几年，全省各级审计机关着力深化经济责任审计内容，积极推进经济责任审计从“财务型”向“绩效型”转型，但是，就目前而言，审计人员还没有完全从传统的财务收支审计中解放出来，经济责任审计内容还基本停留在以“财政财务收支审计为主”的阶段。在审计过程中，往往过多地注重财务信息，主要是通过会计等相关资料来发现和查证问题，就账论账，局限于账面、报表上的数据，较少展开调查和分析，审计结果不能全面反映领导干部任期内的经济责任。现在经济责任审计报告中主要反映的是财政财务收支问题。我个人认为，领导干部经济责任审计中财政财务收支的份量充其量不过20%，80%的份量超出财政财务收支的范畴。因此，我们要从宏观上考虑问题，重点关注领导干部贯彻国家宏观调控方针政策、重大经济决策情况，经济发展方式转变情况，土地资源利用情况，资源环保以及生态情况、民生情况等。当然，财政财务收支也要关注，从收这个角度看，主要是关注它的真实性，有没有弄虚作假；从支这个角度说，要关注三个方面：合法性、公共性、效益性。所以说，我们要从传统意义上的以财政财务收支为主的经济责任审计中解放出来，只有这样，经济责任审计工作才有生命力，才可能大有作为，才可能在国家监督体系中发挥审计机关的作用。

三是审计评价不够科学规范。审计评价目的不明确，有的审计评价就事论事，泛泛而论，对经济责任的归属采用回避的态度，违背了审计评价的重要性原则。审计评价超出审计范围，有的把被审计单位的精神文明建设和思想政治工作纳入审计评价内容，加大了审计风险。审计评价证据不足，有的不加以分析，照抄被审计单位的年终总结报告或被审计者述职报告的有关内容来评价，缺乏相应的审计证据来支撑。某种意义上说，审计评价已成为制约经济责任审计深化发展的一个“瓶颈”。目前，经济责任审计工作取得了很大的成绩，但是不同程度存在责任难界定、评价难掌握、结果难利用三个方面的问题，特别是审计评价，没有一个让组织部门认可的结论性评价。

四是经济责任审计监督还存在盲区。经济责任审计的法定对象尚未完全实现全覆盖，如检察机关、审判机关等；一些高等院校等重要事业单位负责人还没有纳入经济责任审计范围；部门和单位内部管理干部的经济责任审计尚未全面展开，经济责任审计监督网络体系需要进一步健全。

五是审计结果的利用工作有待进一步加强。主要是：经济责任审计工作机制不够健全，审计与任用脱节，审计成果没有真正运用到干部管理监督中去，重审计、轻运用的现象不同程度存在；离任审计在全部经济责任审计中还占有一定比重，使得审计成果转化严重滞后，经济责任审计的时效性大打折扣；经济责任审计结果基本上没有对外公告，审计结果不公开、不透明，等等。这些因素直接影响了经济责任审计成果的运用。

之所以把这些问题罗列出来，不是要否定经济责任审计工作的成绩，恰恰相反，是要求各级领导干部在充分肯定成绩的同时，要保持清醒的头脑，正视存在的问题，有针对性地采取措施，把经济责任审计工作做好；更不是为了挫伤经济责任审计人员的积极性，而是为了给经济责任审计工作战线上的同志增加政治责任，增加责任感和使命感，进一步调动大家的积极性，创造性地开展工作，把经济责任审计工作提高到一个新的水平和阶段。

(三)要不断提高经济责任审计工作的质量和水平

经济责任审计工作的重要意义不言而喻，取得的成效有目共睹，存在的问题也不容忽视，我们一定要认真分析形势，科学把握现状，着力提高质量。作为国家重要的经济监督部门，我们必须把贯彻落实好党和国家的重大方针、政策和措施作为根本任务，自觉用科学发展观统筹规划和指导经济责任审计工作；必须按照审计署提出的“全面推进、突出重点、健全制度、规范管理、提高质量、深化发展”的总体思路，紧紧围绕地方经济工作中心，创造性地开展经济责任审计工作；必须进一步引导广大审计人员积极探索经济责任审计工作中的新路子、新方法，促进经济责任审计工作质量和水平的全面提升。

第一，要充分发挥经济责任审计领导小组的作用

实践证明，建立统一的领导组织机构和专职机构，有利于领导和协调经济责任审计工作，促进审计的计划、实施、规范和结果运用等方面工作，有利于发挥各方优势，保障经济责任审计工作的顺利推进。全省各级审计机关要按照两办《规定》，在地方党委、政府的领导下，建立和完善相应的组织机构和工作机制。没有建立的，要尽快建立并运转起来；已经建立的，要改进和完善领导方式，进一步发挥好作用。要积极落实领导小组或联席会议办公室主任为同级审计机关的副职领导或者同职级领导的规定，选好配强办公室主任。要完善制度健全、管理规范、运转有序、工作高效的经济责任审计工作机制，建立健全领导小组议事规则及其办公室工作规则等规章制度。审计机关要加强与领导小组各成员单位的密切配合，推动建立审前共商、审中互动、审后运用的工作机制，做到共同研究制定有关政策制度，共同研究利用审计结果，共同研究解决工作中遇到的问题，充分发挥审计和其他监管部门的整体合力，推进经济责任审计工作深入发展。

第二，要科学制定经济责任审计计

划

制定领导干部经济责任审计计划是实施审计项目的首要环节。只有科学合理制定项目计划，突出审计重点，紧扣审计目标去实施审计计划，才能达到事半功倍的效果。在实际工作中，不少地方在项目计划制定上存在较大的盲目性、随意性、被动性。计划制定前，审计部门很少进行系统的调查研究，到底一年内要审计哪些项目，眼睛盯在当地党委领导和组织部门，一般情况下，组织部门下达的委托审计名单就是审计部门的年度计划。有的在制定计划时不考虑审计任务重与现有审计力量不足的矛盾，不考虑经济责任审计项目难度大、内容多、要求高的特点，一味强调“短平快”，致使审计质量难以保证，存在较大的审计风险。针对这些问题，各地需要采取有效措施，切实加以解决，具体地说：一要建立经济责任审计对象数据库，对于属于本级审计机关审计的领导干部总数要心中有数，这是非常重要的。建立审计对象数据库：一共有多少审计对象，已经审计了多少，哪一年审的，审计是什么类型的，审计对象是哪年任职的，任职几年，这些内容都应该在审计对象数据库里反映。二要配合有关部门制定经济责任审计长远规划和年度计划。进一步研究经济责任审计与干部管理、监督工作之间的有效对接和结合形式，使之更加切合经济监督和干部管理的实际需要。在制定规划和计划时，审计机关要主动与领导小组各成员单位沟通协商，在摸清干部管理情况的基础上，认真分析、评估、论证，科学地提出长远规划和年度审计计划草案，提交经济责任审计领导小组办公室审核后，报请政府主要领导审定。遇有特殊情况需要追加审计项目的，要按规定程序报批，纳入年度审计工作计划并组织实施。从明年开始，经济责任审计的年度计划，审计机关要做到心中有数。对组织部门提出的下一年度经济责任审计计划，应该根据审计对象数据库提出我们的建议，与组织部门协商后报领导小组办公室，由办公室进行审查，办公室审查后再报交政府主要领导审批，这是两办《规定》的程序，这个程序我们以前没有很好地实行，从明年开始要按照规范程序运作。三要探索建立和推行领导干部任期内轮审制度。不要简单地把审计署提出的“全面推进”理解成“全部审计”，在全面审计的同时，还是要突出重点，逐步实现对重要岗位领导干部在一个任期内至少审计一次。四要统筹安排好项目计划，积极探索建立审计工作“1+N”模式。在这里，“1”就是经济责任审计，“N”就是若干项同经济责任审计相关的审计项目。我们在思想认识上，一定要充分认识经济责任审计与其他审计的内在联系，深入研究、探索和创新经济责任审计工作与同期开展的各类专项审计的结合方式。对有些经济责任审计和专项审计项目，可以探索一次进点、协同审计、成果共用、分别报告等组织方式，提高工作效率。

第三，要不断深化经济责任审计内容

在一定意义上对于领导干部来讲，财务财务收支审计只是一种专项审计，而经济责任审计则具有全面审计的特点。经济责任审计的目标是：促进领导干部推动本地区、本部门（系统）、本单位科学发展；经济责任审计的重点是：领导干部尽责、守法、守纪、守规情况；经济责任审计的基础是：领导干部任职期间本地区、本部门（系统）、本单位财政财务收支以及有关经济活动的真实、合法和效益。一要严格依法界定审计内容。两办《规定》对经济责任审计内容作出了明确的要求，审计机关要按此严格依法界定审计内容，不属于经济范围内的事项，不能作为审计内容。对领导干部经济责任的审计，要继续按照省厅提出的要求，重点关注经济事业发展，经济活动的合规、合法、效益，贯彻执行上级路线、方针、政策，本地区（单位）经济决策，内部管理、廉洁自律等六个方面内容。重点是 “经济”、“责任”，审计和评价的内容都必须围绕这4个字。二要根据不同类型领导干部履职特点，把握审计重点。在关注六个方面内容的同时，要根据不同类型领导干部履职特点，审计重点应有所侧重，即地方政府主要负责人的审计重在把握贯彻执行经济工作路线方针政策，推动地方经济社会科学发展情况；政府部门主要负责人的审计重在把握部门经济工作任务完成情况和重大经济决策情况；企业领导人员的审计重在把握财务收支的真实、合法、效益情况和国有资产保值增值及监督管理情况；党委书记的审计重在把握重大经济决策和重大经济决策及其相关事宜本人直接决定的情况。三要坚持与时俱进，不断丰富经济责任审计内容的内涵和外延。随着我国经济体制改革的深入和经济发展方式的转变，领导干部所承担经济责任的内涵和外延也在发展变化。我们必须适应审计对象职责的变化情况，贴近领导干部履行经济责任的相关事项，不断拓展和深化经济责任审计的内容，做到与时俱进。

第四，要健全完善经济责任审计评价体系

审计评价是经济责任审计的重点和难点，审计评价的质量如何直接关系到对干部的监督和管理，影响到对干部使用的导向，也关系到经济责任审计作用的最终实现，因此必须高度重视。为了准确开展经济责任审计评价，必须注意处理好三个方面的问题：一要把握好评价原则。要坚持独立性、客观性、准确性和全面性相统一，尊重事实，尊重历史，从当时当地的历史条件、政策背景、实际工作环境出发去分析问题、界定责任，全面评价审计对象的功过是非，做到成绩说够、问题说透，既不夸大成绩、回避问题，又不脱离实际、妄加评论，做到以理服人。现在还存在另一种情况，就是对领导干部经济责任审计正面的评价，审计机关比较吝啬。审计机关对领导干部履行经济责任情况的审计是一种公正性审计，它的评价应该是全面的，不能认为审计机关对领导干部实施经济责任审计就是来找毛病，这种认识是不对的。评价应该是全面的，好就是好，差就是差。我们对领导干部正面的评价过少，绝大部分披露的是问题，我个人认为，这也是不客观、不公正的。二要把握好评价重点。要依法依据作出评价，严格做到依法应该审计什么就审计什么，审计到什么程度就评价到什么程度。要突出对领导干部经济行为和经济责任的评价，突出对履行经济责任有重要影响的经济事项的评价，突出对重大决策过程和效果的评价，突出对领导干部负有直接责任事项的评价。三要把握好审计评价标准。当前最紧迫、最急需的是，要分别地方、部门、企业等不同岗位的领导干部，进一步明确和制定审计评价标准。对领导干部评价什么、怎么评价、依据什么评价、评价到什么程度，审计署在总结研究，我省各地也要积极地从本地实际出发，认真研究，积极探索，有所作为。

第五，要着力强化经济责任审计成果利用

近年来，全省各地高度重视经济责任审计结果运用，采取完善机制、健全制度、加强配合等有效措施不断加大结果运用力度，进一步增强了经济责任审计的效能。但是，正如我前面所说的，经济责任审计成果运用还存在不尽人意的地方。因此，各地要进一步在结果运用方面下大力气，充分发挥经济责任审计的作用。一是要建立审计结果综合分析制度。审计机关对审计结果要进行归纳、总结、提炼，对审计中发现的普遍性、倾向性和苗头性问题，要及时向党委、政府提交专题报告，并提出建议。二是要建立审计结果运用反馈制度。审计机关在提供审计结果时，不能简单地堆砌一些枯燥的数据，要做到有事实和分析、有成效和问题、有历史和现状，注重从管根本、管长远的角度出发想对策、提建议，做到审计结果可用、好用、管用。在审计结果运用中，纪检监察、组织人事、国资监管等部门应将审计结果运用情况及时向党委、政府反馈，并及时与审计部门沟通。三是要建立审计结果运用督查制度。经济责任审计工作领导小组要加强对经济责任审计中查出问题整改情况和结果运用情况的监督检查，确保各项整改工作落实到位。四是要逐步探索和推行经济责任审计结果公告制度，扩大经济责任审计结果的公开透明度，加强群众和社会舆论对领导干部的监督。

在这里我补充两个问题，一是关于领导干部经济责任审计的报告，我们要改进，要提升，语言要精炼，观点要鲜明，建议要可行。我们现在的审计报告篇幅太长，我建议在正式出具报告之前，可以把报告中非常精华的、需要组织部门和领导干部掌握的要害性东西简明扼要地描绘出来，这样有利于审计结果的运用。明年开始，省厅搞一到两个项目进行试行。二是关于领导干部经济责任审计的公告。第一，公告不公告，在什么范围公告，各级审计机关必须向同级人民政府请示，必要时候，要报告当地党委的主要负责人。第二，下级审计机关公告本级经济责任审计报告，在向当地党委政府报告的同时，要报告上级审计机关备案。

第六，要进一步规范经济责任审计工作程序和有关问题

一是关于经济责任审计组的组成问题。从明年开始，所有经济责任审计组的组长必须由同级审计机关的负责人担任，主审由内设机构的主要负责人担任，或内设机构主要负责人担任副组长，内设机构其他工作人员担任主审。二是关于审计见面会问题。现在我们的审计见面会范围比较狭窄，明年开始，审计见面会的内容要进一步扩充，涉及到审计对象可能涉及到的有关事项的单位主要负责人，审计对象所在地区的几大班子主要负责人，都要参加审计见面会。具体参加审计见面会的人员，省厅将以相关制度的形式进行规范。三是关于领导干部述职问题。现在我们采取的是审计对象提交述职报告，没有进行公开述职，这种情况可能会带来一个弊病，就是这种一对一的方式，其述职内容只有审计机关和审计对象知道，没有第三方见证。从明年开始，审计对象在审计见面会上要进行公开述职。这样，就可能进一步提高领导干部述职的质量，可以使我们进一步掌握一些真实的情况，也可以给大家一个评判。四是关于在一定的范围内进行谈话问题。这个程序我们以前是没有的，这次我们在池州市委书记、市长经济责任审计中，第一次与有关人员进行了谈话，参加谈话的人员主要有市委常委、副市长，人大主持工作的副主任，政协主席以及党委、政府一些重要部门的负责人。通过谈话，我们对审计对象有一个大致的了解，虽然目前的谈话难以100%的了解到所有的事情，但是这个程序对于全面了解到审计对象的情况是有好处的。明年开始，我们要实行在一定范围内进行谈话这个程序。五是关于民主测评问题。要把审计对象履行经济责任的情况以及审计涉及的重要内容，在一定范围内进行测评，党代表、人大代表、政协委员、群众代表、民主党派等相关人士参加，对审计对象进行民主测评。某种程度上说，这种背靠背测评带来的信息可能比谈话带来的信息更为真实。六是关于审计报告的呈送范围问题。按照两办《规定》，审计报告将呈报政府主要负责人，重要情况要报告党委主要负责人。同时，两办《规定》要求审计报告结果要逐步公开。我想，从明年起，领导干部经济责任审计报告可以扩大呈送范围，扩大到什么范围，省厅会研究一个意见，提供大家参考。七是关于审计报告的公开问题，要按照上面提到的程序进行。省厅的经济责任审计报告公开不公开，我们会向省长报告。

如果能够按照这些程序去履行，那么我们的经济责任审计就不会是原来意义上的经济责任审计，它的方式、方法、手段、途径将发生重大变化，单靠那种以财务收支为主、以就账查账为主、以封闭式为主的审计理念和方式将不复存在。如果能够按照这些程序去履行，它将大大推动审计工作转型升级，大大提高现有审计人员的综合素质。可以毫不夸张地说，到那个时候，我们的审计人员，就不是一个单纯的算账型人员，而是一个新时代的审计人员。所以，我希望大家要结合实际，以经济责任审计工作来推动审计工作转型升级，促进提高审计工作能力和水平。

总之，我们感到如果按照两办《规定》来开展经济责任审计，它可能会带动审计工作整体水平的提升。所以，今天这个会议是一次非常重要的会议，必将在安徽省领导干部经济责任审计的历史上写下重重的一笔。

第七，要切实加强经济责任审计队伍建设

经济责任审计对象特殊、政策性强、涉及面广，经济责任审计工作对审计人员的政策理论水平、业务知识结构和综合分析能力都提出了更高的要求，需要进一步提高经济责任审计队伍的综合素质。一要提高学习能力。要围绕两办《规定》的宣传和贯彻落实，以提高审计人员依法审计能力和审计工作水

平为核心，丰富培训内容，整合培训资源，改进培训方式，切实加强经济责任审计相关培训工作。审计人员要善于学习，不断提升理论水平，把学与用统一起来，通过实践，把知识转化为能力，增强实际工作本领。二要提高实战能力。实战能力是审计人员应当具有的核心能力。要以高端人才带动整个队伍建设，努力培养一批查核问题的能手、分析研究的高手、计算机应用的强手和内部管理的行家里手，尽快形成一支专业齐全、梯次合理、素质优良、能够满足工作需要的审计队伍。三要提高自律能力。审计干部要始终坚持依法审计、文明审计，以对国家、对事业、对领导干部个人高度负责的态度，切实履行好经济责任审计职责；要牢固树立公务员意识和审计人员意识，牢记廉政建设是审计工作的“生命线”，切实做到清正廉洁；要狠抓工作落实，定下来的事情就要雷厉风行、抓紧实施，部署了的工作就要督促检查、一抓到底，切实改变工作作风。

认清形势 明确目标
进一步增强做好审计信息化工作的信心和决心

——刘战平厅长在全省审计“信息化推进工程”总结大会上的讲话

（2011 年 12 月 30 日）

信息化工作我归纳了三句话：“早抓早主动，迟抓就被动，不抓死路一条”。最后一句不是危言耸听，现在大家对这种危机可能还感受不深。关于审计工作信息化，虽然我们已经下气力抓了五年，但是现在仍然发展不平衡，再过五年，如果有的地方信息化仍然停留在现有的水平，那么真的有可能就开不了门，办不了事，将被历史所淘汰。

一、肯定成绩，总结经验，进一步增强做好审计信息化工作的信心和决心

“信息化推进工程”实施以来，经过全省各级审计机关和审计人员的共同努力，全省审计信息化建设卓有成效，为提升审计质量和水平、加快审计转型升级做出了积极贡献。

第一，始终坚持顶层设计、科学谋划。之所以要将“信息化推进工程”作为“五大工程”之首率先实施，是由于大力提升审计信息化水平，是审计工作运用先进生产力的重要体现，是审计工作转型升级的重点突破口。为此，我们强调，一定要按照“高起点规划、高标准建设”的思路，科学谋划我省审计信息化工作，并研究制定了《安徽省“十二五”审计信息化建设规划》，为我省审计信息化建设规划了蓝图，指明了方向。按照规划的总体部署，省厅出台了具体的实施方案，明确了我省审计信息化建设的具体内容和时间节点，各级审计机关也都结合实际分别制定了发展规划和实施方案。12月2日，省政府办公厅将我厅起草的《关于进一步加快实施审计信息化推进工程建设的意见》，转发至各市县人民政府和省直有关部门，就审计信息化推进工程的总体目标和主要任务作出了硬性规定，并明确要求各级政府和有关部门要加强对审计信息化工作的领导和支持，为审计信息化建设提供必要的条件。因此，《意见》的颁布实施必将为我省审计信息化建设提供有力的制度保证，为审计信息化实现跨越发展赢得更加广阔的空间。

第二，始终坚持强化领导、齐抓共管。全省各级审计机关“一把手”高度重视审计信息化工作，形成了“一把手”负总责，分管领导亲自抓，职能部门主动干，业务部门密切配合的审计信息化工作格局，营造了一级抓一级、层层抓落实的良好氛围。一些审计机关经过努力争取，增设了信息化职能机构，配齐配强了专职人员。一些审计机关成立了由分管局长任组长，业务处室审计骨干和计算机专业人员组成的兴趣小组或技术攻关小组，定期进行技术交流和专题研讨，及时化解审计实践中遇到的难题。通过这些举措，为我省审计信息化建设提供了坚强的组织保障。

第三，始终坚持重在建设、完善体系。不断加大信息化资金投入，全省审计机关已基本做到审计人员人手一台台式计算机，大部分市、县还实现了审计业务人员人手一台便携式计算机，所有审计业务人员的计算机都安装了AO软件或其他审计软件。着重建设审计管理平台、作业平台、信息交换平台等三大平台和基础支撑体系及安全运行体系，完成OA系统更新升级工作；启动“政府性投资建设项目审计管理平台”前期准备工作；完成省厅网站改版工作，部分县（区）审计网站业已开通，并及时进行更新；视频会商系统在已经与市级审计机关互联互通的基础上，正在向县级审计机关延伸；审计专网从国家电子政务内网迁移至国家电子政务外网的准备工作已经完成，有望明年完成整体迁移工作；省级审计数据中心建设的前期准备工作也已启动，冗灾备份系统或数据备份系统逐步建立。各地审计机关还根据各自的工作需要，不断完善各种审计平台和体系。

第四，始终坚持深化运用、凸显成效。全省各级审计机关始终坚持以应用为中心，切实把计算机技术应用到审计工作实践中去，使审计信息化工作活力明显增强。不断深化OA与AO两大系统的交互应用；积极探索联网审计工作，今年我省新增了17个联网审计项目；试点开展信息系统审计工作；全面拓展计算机审计方法和AO应用实例研究，今年全省共征集到计算机审计方法346篇，选送审计署评选282篇，AO应用实例210篇，选送审计署评选176篇。在抓好应用的同时，各地因地制宜，努力创新，形成了各自的特色。

第五，始终坚持人才培育、增添后劲。将信息化人才培养作为首要任务，紧抓不放，为全省审计信息化建设和应用提供人才支持。强化分级分类分层搞好各种培训，不断提高审计人员的信息化素养，努力构建包括审计信息化领军人才、骨干人才、应用人才在内较为完备的审计信息化人才队伍，为审计信息化发展提供了人才支撑。

第六，始终坚持健全制度、规范管理。各级审计机关结合本地实际，采用各种形式，制定实施了各类考核激励办法，将审计信息化工作列入审计工作综合考核的内容，强力推进审计信息化各项工作不断向前发展。许多市县审计机关建立了推进计算机审计责任制，把任务分解到每一个单位，把责任落实到每一个人，并不定期地对运用计算机进行审计的情况开展检查和讲评。

二、正视不足，剖析原因，进一步找准制约审计信息化发展的重点和难点

审计信息化是一个新生事物，是审计技术和手段的一场深刻变革，在其建设过程中肯定会遇到许多困难和问题。“信息化推进工程”实施一年来，虽然取得了丰硕的成果，但仍然存在着许多困难和不足，这些困难和不足正阻碍和制约着审计信息化建设的进一步推进，必须引起我们的高度重视。归纳起来主要有以下几个方面：

第一，认识存在偏差。一是存在“无用论”。个别同志用传统思维方式看待审计信息化，认为计算机辅助审计仅仅是个手段，作用有限，缺乏推进计算机审计的紧迫感和使命感。二是存在“恐高症”。一些同志认为审计信息化专业性太强，高不可攀，只有专门的计算机人员才能操作完成，离自己很远。三是存在“狭隘观”。少数同志简单地将审计信息化等同于办公自动化，只把计算机作为处理文字、编辑文件、储存资料的工具，还没有真正认识到审计信息化必将带来人们思维方式、审计作业方式和作业流程的变革。这些问题的存在归根结底还是思想认识的问题。

第二，能力亟待提高。在推进审计信息化方面，我们面临的困难和问题很多，而最主要、最根本的困难就是审计人员信息化知识缺乏，审计机关复合型人才缺乏，既懂计算机技术，又懂审计业务的审计人员太少，这成为制约审计信息化发展的“瓶颈”。同时由于审计人员队伍的老龄化，将传统的审计技术方法转换为计算机可以操作的语言还需要有个磨合的过程。因此要真正运用计算机软件，完成难度较大的实质性审计尚有难度，需依赖专业的计算机技术人员协助，造成审计人员的独立性减弱。

第三，运用难以深入。由于培训时间短，技术掌握不熟练，在审计过程中，一些人员还没有将计算机审计真正应用起来，实际运用与软件设计的要求还有一定的差距。有些审计人员采集到审计对象的电子账套和业务数据后仅仅就数据论数据，甚至只是将传统审计手段搬到计算机上进行操作，没有利用计算机手段对数据进行深层次分析。对软件或模块的开发停留在针对单一问题或项目，对实用型、通用型的审计软件和审计模块的开发、推广、应用办法不多。没有真正思考怎样在利用现有设备基础上运用先进的计算机技术开展审计，没有真正把审计信息化建设作为改进审计管理方式方法的前提和基础来抓，结果导致审计信息化建设建立在效益低下基础上。今年集中培训期间，收看了南京特派办运用现代信息技术对土地利用情况进行审计的视频资料，给我们很大启发，从一个侧面也说明我们在审计信息化运用方面的层次不高、深度不够，这也是目前我省审计信息化建设中的“软肋”，需要我们进一步思考和研究。

第四，投入还有缺口。由于审计信息化对计算机软硬件、网络设备要求较高，虽然各级审计机关近年来不断加大对审计信息化建设的投入力度，但建设资金缺口仍然较大，尤其是一些县区审计机关，受经费和办公用房制约，审计信息化建设推进比较艰难，进展缓慢。

第五，发展很不平衡。从全省情况看，无论在审计信息化建设，还是在推广应用方面，地区之间差距较大。同时，部门之间也存在差距。希望目前暂时落后的地方和部门要认真反思，查找差距，主动向先进地区学习，迎头赶上。

第六，标准尚需规范。审计系统的计算机审计的准则和标准制度严重滞后，难以评价和判断实行计算机审计之后的审计效果，给开展计算机审计带来新的审计风险。同时，对计算机审计相关的法律法规和准则的研究相对较少，不能完全适应、指导和规范计算机审计工作，难以解决计算机审计中出现的新情况、新问题，这给开展计算机审计带来了很大的不便。

审计信息化建设是个长期的过程，需要在实践中不断摸索创新，最终才能达到规范化的要求。存在问题并不可怕，可怕的是不能正视问题，不能深入剖析问题，不能有效解决问题。全省各级审计机关要以此次会议为契机，全面梳理自身审计信息化建设工作，查找不足，深刻反省，创新举措，强力推进，确保我省审计信息化建设健康、快速发展。

三、着眼长远，持续推进，进一步提升加快审计信息化建设的效果和水平

审计信息化是当前摆在各级审计机关面前现实而紧迫的课题，事关审计事业科学发展，事关审计地位不断提升，事关“五大工程”顺利实施，任重而道远，全省各级审计机关务必高度重视，要以这次大会为新的起点，进一步把加强审计信息化建设作为加快审计转型的推手、提升审计水平的抓手、发挥审计职能的助手，解放思想、开拓创新、务求实效，切实将思想和行动统一到审计信息化建设上来。

（一）要认清形势。“早抓早主动，迟抓就被动，不抓死路一条”。这就是现在的形势，建议大家回去后琢磨琢磨，是不是这个道理，是不是这个发展趋势。因此，各级领导特别是“一把手”，要更加重视信息化工作，要真正把信息化作为改善和提高审计工作水平的一项十分重要的工作加以对待。某种意义上说，加强和推进信息化建设，比多实施几个审计项目意义要重大的多，要深远的多，宁可少实施几个审计项目，也要加大信息化推进工程。只要有这个认识，审计信息化工作就一定能取得实效。

（二）要明确目标。下一步全省

审计信息化朝那个方向走，我最近进行了一些思考，认为我们现在应该有基础、有理由提出全省审计信息化可以实施“四三二行动计划”：第一是“构建四大体系”，这是基础；第二是“建设三大平台”，这是关键；第三是“实现两大目标”，这是目的。两大目标是“省内全覆盖，系统争一流”，就是信息化在安徽省审计系统内要实现全覆盖，在全国审计系统要争一流。究竟是争一流，还是争先进，可以斟酌，但是一定要有目标。如果经过5到10年，到“十三五”末还不能争一流的话，那我们至少要争当先进。如果这个“四三二行动计划”能够成立、能够实施的话，我认为，应该将此作为我们“十三五”之前的奋斗目标。

（三）要应用创新。信息化重在应用，计算机审计重在应用，无论硬件怎么样，软件怎么样，最后关键还是看结果怎么样，是不是把信息化真正当作提高审计工作质量和效率的一个重要生产工具。信息化有两层意思，一层是“信息”，另一层是“信息化”。所谓“信息”，就是客观事物的某种状态作用于人的大脑的反映。从信息到信息化，发生了很大的变化。“信息化”带有明显的系统性、应用性、广泛性、有效性、关联性，等等。所以信息化在审计系统的应用，就要关注它的系统性、广泛性，要求大家都要参与，在一个团队里，不是说哪些人可以运用计算机，哪些人可以不运用计算机。有效性就是要关注使用的效果，没有效果的应用是一种资源、人力和物力的浪费。现在信息化发展中的一个很重要问题，就是应用还不够，无论是广度还是深度，都有缺陷。部分审计机关没有把信息化作为审计工作质量提高、效能提升的手段，甚至可能把信息化当成一个负担。所以在今后相当长的一个历史阶段，我们都应该把应用作为一个重要的问题加以对待。

此次征集AO应用实例，审计署要求实例必须建立在真实发生的审计项目的基础上，我觉得这个指导思想是对的。从案例征集情况看，有的上报的不错，但有的上报的数量和质量都不怎么样，甚至还有敷衍了事的现象，这可能跟我们的导向有关系。所以厅长办公会研究，从明年开始，上报审计署的所有案例，审计署有奖励的，我们配套给予奖励，与审计署优秀项目和表彰项目同等对待。我们今年有2个项目被审计署评为优秀项目，而且得分很高，其中一个项目排名全国第二，值得奖励。这不是钱的问题，而是一种导向，就是要求广大审计人员在审计实践的基础上，认真总结自己的经验，将感性认识上升到理性认识，要深入这个领域，掌握主动权。

我们现在“短腿”的还有两个问题，一个是联网审计，一个是信息系统审计。2007年财政处对合肥市地方税务局进行了一次信息系统审计，发现了一些问题。如果一个系统本身有问题，那从源头上就有问题，源头上不查，后面再怎么查都不行，源头上都是坏的，那不就是假账真查吗？信息系统审计非常重要，但是我们开展的不多。这个领域建议市县审计部门可以安排一些项目，综合法规处在明年审计项目计划中要考虑选取某些项目进行信息系统审计尝试。安庆市审计局介绍他们对被审计单位信息系统进行了调查，我觉得很有必要。我们现在很多事情心中无数，盲人摸象，走到哪里算到哪里，被审计单位信息系统到底怎么样，我们心里应该有个数。信息系统审计可以先易后难，逐步开展。

在应用的过程中，要倡导创新。在创新方面，我们不少市县级审计机关做了尝试，刚才绩溪县审计局介绍，在投资审计中如何运用计算机进行审计，有的还自行设计小型模块，我看效果不错。这种应用创新，并非绩溪县审计局人才济济，而是因为绩溪县审计局领导和审计人员有事业心，才能做出这么多成绩来。不要把信息化当成一个神秘的东西，大家如果真正介入其中，其实并不困难，无非我们现在还没有完全进入这个领域，没有进入那个状态而已。

（四）要着眼长远。信息化建设是一个长远的历史过程，我们现在之所以采取行政手段强力推动是不得已而为之。对信息化建设，既要积极地推进，同时，也不要冒进，要根据我们的实际状况，有序向前推进，这里面有三个问题值得重视。

一是拟定规划。就是未来5到10年，信息化往那个方向走，达到什么样的目标，要有一个规划。有了规划，尽管年度计划对这个规划可能有所修正，但是总要有一个明确的目标，要有所遵循。“十三五”之前，全省审计机关信息化建设的目标，就是全面推进“四三二”计划，“咬定目标不放松，坚持数年必有效”。在这个规划之下，有一个事情非常紧迫，急需去做，就是要选择若干个重点的专业，制定“行政性的管理办法”和“技术性的操作指南”。比如说，金融审计，就需要制定金融计算机审计管理办法和金融计算机审计操作指南，这两个东西缺一不可，从明年开始，我们要做好这个事情，每年选择1至2个专业，比如，财政、金融、社保、企业、投资和经济责任审计等，这是保证三大平台中的管理平台建设和作业平台建设能否落到实处的关键，否则就没有抓手。这个事情要由业务处牵头，信息办提供技术支撑。厅信息办应该有两个职能，第一是指导全省审计信息化的发展，这是宏观职能；第二是提供技术服务。这样经过几年后，我们省就会有一个比较完整的信息化管理办法和技术操作指南，就可以把三大平台建设有效地落到实处。

二是人才培养。我们之所以应用的不够，应用的不好，根本问题还是人才问题。人才培养除了外部招聘之外，还有内部培训，近两年我们在这方面总体做得不错，AO认证考试通过人数达1809人，业务人员基本通过了考试。中级人才现在培养了428人，明年估计能达到25%到30%。这次我们向审计署报的案例中，绝大部分都是通过中级考试的人员撰写的，应该说培训还是取得了明显效果。在人才的培养上，要充分发挥已经参加过各类培训的人员的积极作用，要让他们回去当老师，通过传、帮、带，经过几年努力，一定会取得成效。因此，从长远看，人才培养非常重要，各单位要积极谋划。明年的“人才推进工程”活动中，信息化人才建设是个重要方面，信息办要会同人教处很好地研究。

三是理论研究。要把我们大量的

实践经验，上升到理论层面，就要注意对实践经验的研究，特别是信息化，发展的非常快，一定要注意研究。为什么每年要向审计署报送案例，因为案例上报后，经过确认，既是个人的辛劳，同时也是一份珍贵的精神财富，可以继承和发扬，对审计人员的今后工作是大有好处的。因此，在实践的基础上将感性的东西上升为理论，理论反过来指导实践，这是固化审计信息化成果的有效方法之一。

（五）要强化领导。一方面，信息化建设要坚持“一把手”负总责的原则，因为信息化的硬件建设、软件建设、实践应用、理论总结，每个环节都需要“一把手”出面，否则很多事情很难抓下去。所以希望，市局“一把手”要进一步高度重视这个事情。合肥市审计局信息化建设之所以搞的不错，原因之一就是“一把手”很重视，每年在信息化方面都有新办法，都有新套路。

另一方面，要争取党委政府领导的支持。要把信息化建设向党委政府领导汇报，争取得到他们的支持。有些事情仅靠审计机关自身的力量往往难以完成，比如联网审计，如果当地政府不支持，恐怕很难开展。12月2号，省政府办公厅以皖政办〔2011〕85号文向各市、县政府和省政府有关部门，转发了《省审计厅关于进一步加快实施审计信息化推进工程建设意见的通知》，为全省审计信息化工作的开展提供了强有力的政策支持，包括资金支持、技术手段的支持，也为开展联网审计、信息系统审计提供了依据。大家要好好研究，做做文章，要及时向当地市、县政府报告，争取党委政府的支持。

戴克柱副厅长在全省审计机关实施“五大工程”动员大会上的总结讲话

（2011年6月10日）

刚才刘战平厅长作了十分重要的动员讲话。他深刻分析了当前我省审计事业发展面临的突出问题，深刻阐释了实施“五大工程”的重要性和必要性；从审计工作“上水平”和“大发展”两个方面，进一步明确了实施“五大工程”的根本目标；从科学发展、转型升级和审计文化建设等方面，提出了实施“五大工程”的主要路径；对实施“五大工程”的考核评价提出了科学性、全面性、公正性、激励性的明确要求，并就实施好“信息化推进年工程”，实现首战必胜提出了殷切希望。刘战平厅长的讲话从兴皖富民，加速安徽崛起的大局出发，以振兴安徽审计事业为目标，视野开阔、思路清晰，内容丰富、重点突出，既深刻细致地分析了当前存在的问题，又旗帜鲜明地提出了今后努力的方向，既从科学发展的高度明确了战略目标，又从贯彻实施的角度提出了具体要求，充分体现了与时俱进的时代性、实事求是的科学性、永不止步的创造性、方向明确的指导性，是当前及今后相当一个时期安徽审计事业发展的行动指南。希望各地审计机关要认真学习，深刻领会，狠抓落实。下面，我就贯彻落实问题再强调几点。

第一，狠抓落实需要统一思想。“五年打基础、十年上水平、十五年大发展”是厅党组综合考虑我省经济社会发展状况和审计工作发展水平，从推动审计事业科学发展的高度作出的重大决策，是以“十一五”为起点指导我省审计工作发展的长期战略目标。实施“五大工程”是“十一五”“五年行动计划”的延伸和发展，也是实现“十二五”审计工作转型升级、科学发展，实现上水平战略目标的必然选择。刘战平厅长在报告中深刻指出，制约审计工作科学发展的一些突出问题，本质上来说正是经济社会发展变革对审计转型提出的新要求和新挑战。实施“五大工程”正是应对挑战的重大举措。我们要充分认识当前审计事业发展面临的新形势、新任务、新要求，切实增强干好审计、建功立业的紧迫感、责任感和使命感，把思想和行动统一到厅党组的决策部署上来，统一到刘战平厅长的讲话精神上来，全面把握“五大工程”的各项要求，坚定决心，攻坚克难，努力开创安徽审计工作新局面。

第二，狠抓落实需要咬定目标。刘战平厅长在讲话中从科学的审计理念、较强的战斗能力、完善的制度机制、有效的管理方式、卓越的工作成效五个方面阐释了“上水平”的标志，从服务全面建设小康社会和在全国审计工作定位的层面，描绘了“大发展”的蓝图，还突出强调了审计文化的推动作用、考核评价的保障作用、首战必胜的示范作用。贯彻实施“五大工程”各项措施，务必紧紧围绕上述目标任务来展开，咬定青山不放松，不达目的不罢休。

第三，狠抓落实要把握方法。实施“五大工程”是审计工作“上水平”、“大发展”的主要载体和战略重点，“上水平”、“大发展”是实施“五大工程”的根本目标，同时“五大工程”本身是有机整体，“上水平”、“大发展”更是涉及到审计工作的方方面面，这些都要求我们必须科学统筹好重点与全面的关系，既要突出重点，又要全面推进。突出重点，就是要通过解决关键问题加速全面进步；全面推进，就是要从全局出发更好地解决好重点问题，最终实现整体发展。在具体工作中，我们既要着力抓好年度重点实施工程，又要统筹兼顾其他四项工程；既要重点实施“五大工程”，又要统筹兼顾全部审计工作；既要做好打基础、利长远的战略性工程，又要统筹协调好各项日常性工作；既要鼓励地方特色和先进，又要统筹推进全省和全局。只有这样，才能在审计事业的科学发展中顺利实施“五大工程”；只有这样，才能早日实现“上水平”、“大发展”的战略目标。

第四，狠抓落实需要增强本领。实现“上水平”、“大发展”的战略目标不仅要有坚定的决心，还要有过硬的本领。我们广大审计干部要始终把增强抓落实能力作为综合素质的重要方面，充分发扬反对空谈、强调实干、注重落实的党的优良传统，着力锤炼善于学习、勤于思考、长于实践的能力，深入研究解决审计工作转型升级实践中的突出问题。只有增强自身抓落实的能力和本领，落实“五大工程”才有底气，转型升级才有支撑，“上水平”、“大发展”才有保证。

第五，狠抓落实需要完善机制。抓好落实，建立健全科学管用的制度机制十分重要。各级审计机关要结合自身实际，制定强有力的组织措施、考核措施、激励措施，健全抓落实的工作机制，特别是要健全人人负责、层层负责、环环相扣、科学合理、行之有效的工作责任制，以责任制促落实、以责任制保成效，形成一级抓一级、层层抓落实的工作局面。

第六，狠抓落实需要勇气和担当。矛盾是普遍存在的。在落实“五大工程”各项措施过程中，必然会遇到不少矛盾和问题，只有努力解决好各种矛盾和问题，才能把落实工作真正抓好、抓出成效。从某种程度上来说，抓落实正是一个在审计实践中努力解决转型升级问题的过程。在这个过程中，我们务必正确对待矛盾和问题，知难而进，迎难而上，锲而不舍，以巨大的勇气排除万难，迈步前进。

同志们，今年是贯彻“十二五”规划的开局之年，也是全省审计机关深入实施“五大工程”、实现审计工作上水平战略目标的起步之年。今天的会议是一次鼓舞动员的大会，也是一次统一思想认识的大会，更是狠抓落实谋划发展的大会。各地各部门要迅速行动起来，切实采取有效举措，深入实施“五大工程”，为安徽审计事业“上水平”、“大发展”贡献才智，为兴皖富民、加速安徽崛起作出更大的贡献！

关于财政审计的思考

——戴克柱副厅长在厅机关集中培训班上的专题报告

（2011 年 11 月 22 日）

《安徽省“十二五”审计工作发展规划纲要》，是今后五年指导我省审计工作的指南。“十一五”时期，是我省审计事业取得长足进步的重要阶段。全省审计机关和广大审计人员在省委、省政府和审计署的坚强领导下，以“加速审计转型、服务安徽崛起”为主旨，以“五年行动计划”为抓手，为推进我省经济、政治、文化、社会和生态文明建设作出了重要贡献。“十二五”时期，全省审计机关将按照“五年打基础、十年上水平、十五年大发展”的总体思路，以科学发展为主题，以转型升级为主线，以实施“五大工程”为抓手，推动审计工作上水平，不断为服务安徽科学发展、全面转型、加速崛起、兴皖富民大局作出新的贡献。《规划纲要》对财政审计工作也提出了明确的要求，即以维护国家财政安全、促进深化财政体制改革、推动完善公共财政和政府预算体系、增强财政政策有效性、促进依法民主科学理财和提高预算执行效果为目标，以深化预算执行审计为主线，坚持“评价总体、揭露问题、规范管理、推动改革、提高绩效、维护安全”的审计思路，增强财政审计宏观性、整体性、建设性和时效性，构建具有安徽特色的财政审计大格局。

今天准备谈三个方面内容：怎么看财政审计工作，审计什么，怎么审。

一、财政审计在审计工作中居于中心的位置

第一，财政审计是审计机关的法定职责，是每年审计工作的“必修课”。第二，财政审计牵涉面最广，力度最大，投入最多，要求最高。第三，关注度最高。领导最重视，部门最关注，影响最深远（公告），社会最关注。第四，财政在经济社会中的地位所派生的。无财不成政，一级政府，一级财政。财政是政府意志的体现，也是政府经济活动过程和结果的综合体现，是经济社会矛盾之源，也是解决经济社会矛盾的基本途径或杠杆。财政的重要性派生出了财政审计的重要性。第五，财政审计，是审计文化成长的发源地。从审计机关成立那天起，财政审计就伴随着审计事业的成长而成长，发展而发展。从某种意义上说，审计事业的发展乃至成效的大小，首先是看财政审计的成效大小；审计在促进经济社会发展中作用的大小，首先也要看财政审计作用和效果的大小。因此，财政审计在一定程度上肩负着决定审计事业发展速度及其作用、效果体现的历史重任。认清这一点，不仅有助于增强财政审计的历史使命感，也有助于增强财政审计的自豪感和责任感，在审计事业的发展进程中，才会更自觉、更主动、更积极地开展好工作，履行好职责。

二、紧紧抓住财政的职能，开展好财政审计工作

财政的职能就是“收、支、管、监”。这四个方面是一个整体，哪一方面缺失都会影响财政整体作用的发挥，甚至造成浪费和整体性的被动乃至混乱，影响经济社会发展的全局。

第一，关于财政收入审计。在财政的职能中，收入是前提，没有收就谈不上支、管、监，因而起着决定和支配性的作用。

随着我省经济的快速发展，收入增长一直高位运行，体现出我省经济的成长性、健康性和效益性。组织收入是财政困难时期的第一位任务。当前由于经济的快速、健康发展，收入的组织难度相应降低，在财政的四个职能中的关注度相对淡化，只要财政收入维持在15%以上的增速，保证“五年翻番”目标如期实现，高一个点还是两个点不显得那么特别重要。在组织收入方面，现在已由组织收入转向调节收入。收入力度的大小，纳税户税款的早交还是迟交，对经济发展的影响直接而且是重大。涵养财源，放水养鱼说的就是这个道理。对此，大家应当予以理解，不能死抠教条。

在收入难度减小、不再成为焦点和难点的情况下，我们的视角和关注度也需相应调整，要从主要税种转向非主要收入和非税种，即非税收入。随着事业的发展，非税收入的规模不断扩大，对这些收入进行组织，不但是组织收入本身的需要，更是事业发展的需要，部门间平衡的需要，规范社会秩序和公权的需要。2009年提出的财政审计大格局，也正是顺应这一新变化的需要。因此，建立非税收入的新秩序，财政审计要为此作出努力。

非税收入在收入中的地位上升，并不完全排斥对税收收入的关注。在组织收入难度降低的情况下，税收收入的关注点应主要放在减、缓上，在公允性和合规性上。尤其要关注在经济实体多元化的市场经济背景下，不同所有制经济体的实际税赋情况，偷、逃的表现形式和实际程度。减、缓是政策性行为，是在掌控中的可显物；而偷、逃是掌控之外的社会问题，是暗涌，危害极大，与法治国家的要求及公正公平的社会秩序是格格不入的，需要重点揭示并与相关部门联手整治和打击。偷、逃的隐蔽性，在收入难度不大的情况下，更容易被忽视。对此，我们要保持清醒和警觉。

第二，关于财政支出审计。我省财政支出的规模快速扩大，开始由“吃饭型”向“建设型”转变。有米之炊考验“巧妇”厨艺的高低。支出是社会矛盾的焦点，在财政的四个职能中地位进一步上升。支出，不仅事关事业发展的速度，也事关社会建设的协调性和事业发展的持续性，体现政府的努力方向和治理社会的责任。因此，支出审计是财政审计长期的重要职责。

财政支出审计的关注重点和核心是效果性。这里的效果有经济效果和社会效果的双重含义。所谓经济性是指使用性，是使用性自身的效果优劣，这是直接的，具有现实的直接性；所谓社会效果，是其支出的影响性，这是间接的、长远的，需要评判是否健康、稳健。关注支出效果要从这两个方面进行思考和探索。从长远角度看问题，需要优先看待社会效果，并以此作为衡量支出的首要标准。社会效果不好，大都是短期行为，是短期与长期关系不协调的表现，是不可提倡的。

评价支出的效果性，重点是看“度”的把握。“度”——刻度、尺度、水平线、平衡点、基准点，也是指通常的标准、定额。衡量支出水平的高低，就是看对“度”的态度和对“度”的掌握。适“度”则可行，低“度”则事不成，高“度”则浪费，是科学性高低的分水岭，是轻重缓急各种矛盾避免和化解的基础，是“道”的表现。

社会在发展，情况在变化，“度”也呈现出动态性的鲜明特征，支出效果也一直受到支出“度”的左右和制约。对“度”的变化的态度和适应能力的高低及其跟进速度的快慢，始终是财政支出的难点和重点，也是支出掌控水平高低的主要体现甚至是分水岭。因此，财政支出审计，要始终建立“度”的意识和警觉。

财政是生产“度”的重点部门。审计财政支出，首先要从“度”入手，很多支出问题都是由“度”造成的，审计人员千万不要把视线全部转到“度”之外，那样就成了“度”特别是不合适“度”的奴隶。支出审计的一切努力和成果，就是要促使“度”的适应性，揭示不适“度”，寻找合适“度”。这样我们才能跳出审计干审计，充分体现审计工作的建设性、宏观性。这也是发展意识、变化意识、与时俱进意识的体现，更是贯彻科学发展观的需要。

在现行管理体制之下，争夺资源是不可避免的。争夺财政资源主要表现在争夺财政支出上。地区如此，部门如此，甚至部门内部也是如此。支出欲望永无满足之日，不论是困难地区还是发达地区，不论是“吃饭型”财政还是“建设型”财政，历来如此。这样就引出了财政审计另外一个关注点问题，就是“取”和“舍”。

理财之要是区分轻重缓急。如果说“度”是反映对财政支出轻重的分析判断以及态度与结果的话，那么“取”和“舍”是反映对财政支出缓急的判断和结果。在“取”、“舍”之间，“取”之容易，“舍”之难。在平衡力的作用下，往往将轻重间的差异和重要性淡化和忽视，“好事大家做”，“好处大家得”，相互攀比，对财政部门来说，不仅给取舍带来难度，还容易迷失支出方向，甚至迷失工作的着力点。无限政府、无限部门的倾向由此产生。取舍平衡的最终结果，导致财政支出的“分散”性，很多好事处于低“度”运行的状态。这种现象不但存在，还带有一定程度的普遍性。衡量做事的标准，不能光看做了多少事，更重要的是看办成了多少事。财力分散的危害是很大的，“好事”办了不少，但往往办得不好，不到位，不周严。不仅如此，还助长了不实之风，损害了政府的形象，污染了社会风气，受惠者的满意度打了折扣，甚至引发新的矛盾，预期目标和效果难以完全达到。因此，我们要关注财政支出的“取”和“舍”，尽力促成“办成事”、“不出事”。

第三，关于财政管理审计。管理是科学，管理出效益，这是大家公认的道理。所谓管理，“管”是约束、规范、限制、管制，带有一定的强制性；“理”是理会，是响应，是应对事物变化的顺应态度。“理”是前提，“管”是建立在“理”基础上的主观判断。只有建立在对客观事物规律性正确认识——“理”的基础之上，“管”才是可行的、有效的。

管理是诸多财政职能的核心和关键之所在。收入、支出以及监督水平都是管理水平在这几个方面的直接体现，是由其决定和支配的，也可以说收、支、监是管理的载体。社会经济运行秩序及其结果，在很大程度上都受财政管理的影响甚至左右。财政是经济的综合反映，社会经济秩序好不好，大都与财政管理水平相关，都有直接和间接的关系。

在以往的审计业务中，我们较为注重收入和支出的审计监督，对财政管理关注度相对不足。管理的物质表现是制度、规定。审计人员看待问题、分析问题、处理问题的依据除了国家的法律法规之外，还要依据这些财经规章、制度，也就是我们常说的“依法依规”审计。这也是审计人的职业操守，这是必须的，这种理念和精神今后也不能动摇。但这还不够，审计监督的目的，是促进社会管理，不是简单地不加思考地崇拜和捍卫所有的规定，也有监督评价这些法规本身的责任。毫无疑问，这是一个高难动作，是个高要求，希望大家增强这方面的意识，这也是实事求是的要求所在，是审计在更高层次上发挥建设性作用的客观要求。

之所以说出这样的想法，是我在财政部门工作的切身体验和感受。财政是个大家庭，分工很细，政出多门，管理水平的差异性是客观存在的。财政部门的同志接触面较广，锻炼较多，成熟较快，有不少优秀之才。但不是每个人都身怀绝技、料事如神，对事物的认识和判断都那么敏锐和超前。财政管理水平也是由经办人、处长、分管厅长个人的水平所左右的。不光是能力的体现，也是责任心、事业心和工作作风的体现，是个综合体。某一个人不给力，往往会对某一项或某一方面的财政管理造成深远的影响。因此，只能总体信赖。

财政管理是十分重要的。我在财政部门工作期间，财政管理在其内部或者在某些方面没有摆上足够的位置加以重视，重收支轻管理的倾向不同程度地存在。其表现形式是，没有对管理对象的情况特别是新情况作深入的了解，照搬照抄的较多，立足安徽实际的往往较少，“一刀切”的多，区别情况、区别对待的较少。有极少数人只喜欢听好话，对指出问题很反感。这样，实际上就等于交出了管理的权力和责任。现在情况可能发生了很大的变化，不同的负责人工作思路不同，要求不同，着力点不同，敏感性和工作态度也不同，管理的水平也会不同。总之，财政管理是十分重要的经常性工作。

财政管理，是人的行为的产物，是主观性的，是建立在对客观事物认识上的主观判断。主观只有符合客观，顺应客观事物的发展需要，反映事物的发展规律才能产生推动作用，反之起阻碍作用。即使当时顺应了客观事物的发展需要，但随着事物及其环境的变化，又会产生不适应性。管理者对这种不适应若不作及时调整，对事业的健康发展是十分有害的。因此，管理是一个过程，是没有终点的过程，需要在过程中不断调整姿态。差之毫厘，失之千里，没有永远正确的具体管理办法。管理者的使命就是不断地发现问题，及时地分析和解决问题。

财政管理，通常是以文件“制度”形式出现的，这种“制度”不是管理自身的，而是管理社会的，是渗透性的。“制度”的可行性与否？伴随着财政管理的始终。这一疑问永远不会也不能消失。从某种意义上讲，衡量财政管理水平的高低，在一定程度上就看其产品——“制度”更新的速度。多年不变的东西，其科学性应当倍受关注和质疑，比如“以不变应万变”，比如“一刀切”式的管理。此外，还有乱变的问题。不在管理深度、可行性上动脑筋，在管理形式上做文章、求变化，往往是事倍功半的。

财政管理，是建立在对管理对象情况的全面掌握之上的。基础不牢，地动山摇。财政管理大多处于被动应付日常事务的状态，不少人对自己管理对象的基本情况不清，或者掌握的深度不够，听凭部门摆布。也不太注重部门或者不鼓励、不支持部门把基本情况搞清。为抢占有利的“蛋糕”份额，部门往往人为地夸大某些情况，“头戴三尺帽，不怕一刀砍。”决策时心中无数，“多”和“少”的问题就不可避免，管理中的漏洞就会暴露出来。

说财政管理的重要，说财政管理是主观的、变化的、过程性的，就是希望财政审计工作要解放思想，在实际工作中更多地关注财政管理问题。这是有效解决“边查边犯”问题的重点所在，也是推动财政管理水平乃至安徽经济社会健康有序发展的需要。我们在这方面多关注一些，多开展一些工作，能够起到事半功倍的效果。把财政管理的敏感性、正视问题的责任性、解决问题的及时性，纳入财政审计的日程，是值得提倡的有益探索。

第四，关于财政监督审计。在我原来的印象中，监督是财政四项职能中最为薄弱的一环。财政监督，具有双重职责：一是监督政策的执行，及时纠正执行中的偏差；二是监督政策的本身，注重政策的可行性，及时纠正政策本身的偏差。现在财政部门内部成立了较高规格的监督局，配备了较多的人员，力量得到了充实和加强，但财政监督工作还不够到位，大都停留在被动的监督范畴。财政部门内部各个处室也有监督之责，但实际工作也不到位。不仅没有用足用活监督力量，而且也没有把监督信息作为解决问题的依据。往往只查别人违规，对自身政策规定的正确性充满自信，不愿意从自身管理上找问题，这是产生问题包括制度乃至体制、机制层面问题的重要原因。

从性质上说，财政监督与审计监督同出一宗。财政监督工作的不到位，自然加重了审计的任务，因此，审计监督，也要促使财政监督（包括各部门）发挥作用。

三、对财政审计工作方法的认识

财政审计的方法，在一定程度上决定财政审计的成效。方法是为目的服务的。财政审计一要推动公共财政的体制建设，二要促进预算管理的科学有效，三要促进和提高财政资金的使用效果。多年来，在财政审计的方法上，进行了一系列有益的探索，取得了很大的成效，这是应当充分肯定的。但探索的工作远没有完结，特别是战平厅长提出审计转型问题以后，财政审计的方法也需要思考如何转型问题。

第一，预算执行审计与预算编制审计相结合，更多地关注预算编制，努力促进预算编制的科学性、可行性。预算编制和预算执行，是财政收支管理监督的综合体现和综合反映。审视现今的预算编制，存在不同程度的为编制而编制的现象，形式上的东西较多，功夫下得不够，其法律效力和约束力大为降低。很多问题，不是产生在预算执行，而是产生在预算编制上。

在预算编制上，存在两个主要问题：一是编制的方法不科学，基数加增长，多年一贯制，固守定额，不太关心可行与否，同时不进行区别，商量的余地不大；支出专项的设置，没有较为准确的目标，基数也不清，或成钓鱼项目，或成为形式主义的项目。每年的预算编制在数字的争争吵吵中进行，留下不少残缺或“后话”。二是没有充分调动预算编制单位预算编制的严肃性、积极性，动用社会力量来细化预算。细化预算是硬化预算的前提，合理化是硬化的必要条件。各预算单位往往只关注总量的多少和在“蛋糕”中的份额，没有把主要精力放在预算的可行性上，部门的预算大都停留在经办人或分管人员对下一年事业发展的分析和判断上，不能全面准确地把握下一年事业发展的“命脉”，为编制而编制，处于一种应付状态。即使是单位为执行而编制，也只是肤浅的、粗线条的、心中没底的。但财政部门往往按照“一把尺子”量，不符合的就被拒绝了。特别是预算单位保障性需求遭到拒绝时，更挫伤了预算编制以及细化、硬化预算编制的积极性。久而久之，你要怎么编就怎么编，成了一种走过场。

预算编制的功夫没有下足，没有形成广泛“共识”，没有规定部门的用力方向，加之我国是统一领导、分级管理体制，在预算执行中，“上级”不断“点菜”、“钓鱼”，更助长了预算编制的放任心态，个别单位甚至成了“数字游戏”。

预算编制工作不到位，执行中的调整、变更就不可避免，接受预算约束的自觉性、主动性调动不起来，有的根本就不考虑预算。但作为具有法律约束力的财政预算，财政部门自然要坚持，执行中的“变通”事项又往往装进了预算的大箩筐里，张冠李戴。这种技术性处理，造成信息失真，也直接或间接鼓励和助长了造假歪风，进一步削弱了预算执行的严肃性。

从某种意义上讲，预算执行中的问题是不可避免的，不可避免的“问题”实际上带有必然性，必然性就带有正当性、客观性。这类问题实际也就不成为问题，至少说产生问题根源和主要责任不在出“问题”的单位和“问题”的本身。因此，我们的注意力需要放在根源上，不要过多地放在“问题”的表象上。

第二，关注政策执行与关注政策制定相结合，更多地关注政策制定。制度带有根本性和稳定性。审计机关是政府部门，在政府的领导下开展工作并对政府首长负责。首长的使命是决策。从这种意义上说，对首长负责就是对首长决策负责。在目前的管理体制下，首长的决策有两种：主动、被动，是方向性的、要求性的，是点题。但具体政策的制定是由部门来完成和具体组织实施的。这是对经办单位落实力的考验。落实力的强弱，直接关系到政府意图的实现和效果的大小，现实生活中好题目做不出好文章的事时常出现。决策效果如何，始终是决策者所关心的。因此，要关注决策执行中的效果性，验证必要性。同时，要研究新情况、新变化对决策的冲击，促进决策的局部调整和完善。在贯彻和完善决策的双重使命中，完善更为重要，完善的才是可行的，才会避免共性问题的产生，才是好决策。审计为决策服务，这是围绕中心、服务大局的体现和要求。

第三，查账与座谈相结合，更加注重座谈。查账是查证取证、发现和定性问题的基础性工作，是不可忽视的，也是不能动摇的。但光翻账是不够的。审计要从全局着眼，就必须了解审计对象的全面情况，包括工作的开展、项目的安排、资金的使用和管理、存在什么问题等。了解这些，座谈是个好方式。座谈得越深入、越全面越好。通过座谈，能够捕捉查证的切入点和重点，解决看什么账的问题和为什么看账的问题，从而解决“大海捞针”的盲动之苦，提高发现重要问题的机率。审计对象自己认为存在的问题，才会是比较重要的问题，被审计单位“口服心不服”的问题，相对次要些。我们要注意调动和保护财会人员的积极性，不要审计以后的问题都是财会人员的问题，把财会人员弄得抬不起头来，简单的财务处理性的问题改了就好，不要抓住不放，更不要作为审计关注的重点。这里所说的问题，不包括经济犯罪类的问题。座谈，不仅有助于我们全面、客观地了解情况，也会拉近与被审计单位的距离，锻炼和提高审计人员的沟通能力和发现问题、分析问题的能力，不要盲目往账里钻，没有方向和目标地在“账海”里捞，均衡用力，费尽心力只能捞点小鱼、虾米，甚至无功而返。

第四，自己动手与被审计单位动手相结合，注重被审计单位的动手。被审计单位对自己的工作情况最清楚、最了解。一些基础性的工作、整理性的工作完全可以交给被审计单位去做，发动他们去整理和提供。现在审计人力资源普遍较为紧张，加之我们对被审计单位的具体情况不甚了解，如果整理性等基础工作亲自去做，不但费时，还很容易因资料不全、情况不清而遗漏。要注重发动被审计单位动手、整理和提供，把自己从简单劳动中解脱出来，审计人员的注意力重点放在对疑点问题的查证、分析上。这里不是提倡审计人员当“甩手先生”，恰恰相反，这是对审计人员素质的更高要求。我们要尽量减轻被审计单位的负担，不要随意要求别人提供这个资料、那个资料，甚至为什么要、要到什么程度都不清楚。因此，要求被审计单位分担的工作必须是必不可少的，有明确目的和用途的。不仅如此，也应当是有计划的。近几年，对部门单位预算执行审计发现的问题大都是“收入未纳入预算”、“固定资产未入账”，“没有进行政府采购”、“往来账清理不及时”等。这样的问题，完全可以让被审计单位来提供，不需要我们在那里埋头加减乘除。如果要关注，重点放在收入是否足额、公允，是否乱开支，把我们的注意力放在部门单位核心职能履行上，放在大额资金、重点专项资金的分配、管理、使用效果上。

第五，定性问题要主观与客观相结合，注重主观。我国仍处在计划经济向市场经济转变的进程之中，计划体制总体上已被打破，但计划体制时期的思维和方式还未彻底打破，市场经济体制还不成熟、不完善、不配套。在这样的大背景下，审计人员不能放弃独立思考、自主判断。尤其是在现今的中国，发展是第一要务，改革、创新又是时代的要求，对为了发展而进行的改革、创新，审计人员要持宽容的态度。陈云同志曾经说过，“不唯上，不唯书，只唯实”。中央反复强调解放思想、实事求是。华西村——中国第一村书记吴仁宝说过一句很朴实的话：干部有两种，一种是听话的，是可靠的，可能是无作为的；一种是不完全听话的，可能是成事的。他还说过，中国最难的事就是“实事求是”。具体问题，具体分析，具体对待，在审计业务工作中也应当大力提倡。我这里不是鼓励大家放弃依法依规审计，放弃原则，充当好好先生，是希望大家开动脑筋进行思考。也就是说，发现了问题，并且有充分的依据进行定性和处理，从政策执行的角度绝对是正确的，是没有任何质疑和风险的。我所说的发挥主观能动作用正是建立在这个基础之上的。希望大家反思产生问题的根源在哪里，是什么原因造成的。如果明白了这些，我们看问题的角度就会发生一些变化。打个比方，某单位老干部医药费挤占社保资金10万元。社保资金不容挤占，铁证如山，有充足的依据就此进行处理、处罚。但是，老干部医药费也不容拖欠。所以，我们不能光想挤占社保资金，还要想老干部的医药费也不能拖欠。更要想到，老干部的医药费财政应予保障。问题产生在被审计单位，根子在财政上，只有从根子上解决问题，才是最彻底的解决之道。因此，我们用力的重点应放在推动老干部医药费的财政保障上。对被审计单位来说，责令其改正，不要挤占社保资金，尽快归还，确保社保资金的完整性。这个例子告诉我们，问题的产生是有条件和环境的，看待和处理问题要用联系的、客观的态度。对挤占社保资金这一行为若应处理加处罚的话，要用联系的、客观的态度，在深度分析基础上予以对待处理，整改纠正，不必再进行处罚。这样思考、认识和处理问题，才是发挥主观能动性。审计工作更不能就事论事。若就事论事，可能会得出不好的结论。举个例子，某单位年初预算安排100万元专项资金，办某件事。由于情况和要求发生变化，100万元做不起来，从预算执行的角度当然是问题，由此进行定性和处理是正确的。但若把原因考虑进去，不启动反而是负责任的态度，花钱不是本事，花好钱才是本事。因为预算执行是有条件的，不能片面强调执行率。现在财政部门从下半年开始每月一考核，在一定程度上是鼓励突击花钱甚至是乱花钱。我们要慎重对待执行率问题。在预算不细化、不科学的情况下，执行率越高，损失浪费可能越大。

第六，自己干和带领大家干相结合，更加注重带领大家干。审计是双重管理体制，上级承担指导下级业务工作的责任。不但要干好自己的事，还要带动大家干好全省的事。这些年来，省厅不断加大对下级的业务培训和业务指导，特别是结合项目开展，加强沟通、配合，成效明显。省厅指导各市局业务工作，是以厅内处室单位为载体的。省厅包括财政处的各个处室，就是某方面工作的龙头。不但自己要动，而且要带动整个系统联动。首先，增强对下级业务指导工作的责任感。其次，对业务系统的工作开展情况要有较深入的了解，努力做到心中有数。第三，理清思路，明确工作方向和工作重点，形成广泛共识。第四，强化互动，注重工作总结和经验推广，积极探讨和化解下级业务工作中遇到的困难和问题。第五，整合力量，围绕问题，统一行动。把指导业务工作的动作做到位，努力形成上下一心、轰轰烈烈的业务工作新格局。

方法是学问，学问无止境。财政审计的方法还有很多，如监督与服务相结合、注重服务，定量与定性相结合、注重定量，尤其是量的程度和量的变化等等。大家可以进行大胆探索。其目的，就是希望财政审计工作要解放思想，围绕财政的公共性作文章，向“公平”方向迈进。同时，围绕财政管理的科学性进行思考，围绕财政资金使用的效果性查找问题，善于辩证地思考和看待问题、分析问题、解决问题，不断提高财政审计工作的宏观性、前瞻性、建设性、针对性和有效性，为实现我省“十二五”审计规划目标，推动全省审计事业的科学发展，为建设经济发展、生态良好、社会和谐、人民幸福的美好安徽作出更大的贡献。

刘大群副厅长在全省审计工作座谈会上的总结讲话

（2011年7月22日）

全省审计工作座谈会即将结束。昨天下午，会议传达学习了全国审计工作座谈会精神，刘厅长作了非常重要的工作报告；今天上午，与会代表紧紧围绕战平厅长的工作报告和全国审计工作座谈会精神，结合各地的工作实际，进行了深入、充分的交流和讨论。在大家的共同努力下，会议开得很成功，圆满完成了各项会议议程，达到了预期目标。

大家一致认为，这次会议是在加速审计工作转型升级，推动实施“五大工程”的重要时刻，召开的一次重要会议，时间虽短，但内容丰富，主题鲜明，成效明显，必将对我省审计工作特别是经济责任审计工作的长远发展产生积极的、重要的影响。大家一致认为，战平厅长的工作报告，立意高远，思路清晰，内涵丰富，适应经济社会发展的要求，符合审计工作发展规律，体现审计工作转型升级的内在需要。通过这次会议和学习讨论战平厅长的工作报告，大家感到很受启发，受益匪浅，会议的收获主要体现在以下三个方面。

一是振奋了精神。今年是“十二五”的开局之年和“五大工程”的启动之年。大家普遍认为，今年以来，全省审计机关和广大审计人员认真贯彻落实厅党组“五年打基础、十年上水平、十五年大发展”的既定战略，重点实施“信息化推进工程”，统筹协调各方面审计资源，扎实做好各项工作，取得了显著成绩，受到了各级党委、政府的充分肯定，审计地位更加重要，审计作用更加充分发挥，为推动经济社会又好又快发展作出了积极贡献。听了战平厅长工作报告对上半年全省审计工作的总结和对下一步工作的部署，尤其是关于经济责任审计工作的形势和任务的分析论述，大家既感到有压力，同时也感到倍受鼓舞，纷纷表示，一定要按照厅党组的部署和要求，在巩固提升现有工作成果的基础上，始终以饱满的激情和昂扬的斗志，开拓进取，改革创新，再接再厉，再上新台阶。

二是深化了认识。全国审计工作座谈会从国家治理的高度，深刻阐述了经济责任审计在国家治理中的重要作用，强调经济责任审计是加强干部管理监督和建立健全问责机制，促进党的执政能力建设的重要举措；是促进领导干部贯彻落实科学发展观，推动经济社会又好又快发展的重要保障；是促进党政领导干部守法守纪守规尽责，推进依法行政、依法治国的重要途径；是加强对权力的监督和制约，有效惩治和预防腐败的重要手段。刘厅长在工作报告中总结了近几年来经济责任审计工作成绩，客观分析了当前经济责任审计工作在队伍建设、审计内涵、评价体系建设、审计覆盖面和审计结果运用五个方面存在的问题，从七个方面提出了不断提高经济责任审计工作质量水平的目标和举措。审计署领导的讲话和刘厅长报告阐述的精神，对我们进一步深化对审计本质、审计地位、审计职能的认识，对于进一步做好我省经济责任审计工作乃至全局工作的转型升级、科学发展，都具有重要而深远的指导意义。

三是坚定了信心。战平厅长在工作报告中，就确保完成项目审计、加大审计整改力度、抓好审计准则落实、重视审计队伍廉政建设、深入实施“五大工程”、认真谋划明年工作等重点任务，向各级审计机关提出了明确要求，同时还从经济责任审计的组织领导、计划管理、审计内容、评价体系、成果运用和机构队伍建设等方面，提出了深化经济责任审计工作的具体目标和要求。大家一致认为，这些目标任务具体明确、安排科学，既符合审计署的要求，又充分体现了安徽的实际；既涵盖了全面工作，又突出了重点任务；既保持了全年工作的连续性，又体现了当前工作的创新要求，为当前及今后一个时期的审计工作指明了方向。大家表示，只要按照省厅的部署，扎扎实实地贯彻落实各项工作措施，就一定能够克服各种困难，圆满完成各项工作任务；就一定能够不断解决制约审计工作发展的“瓶颈”问题，推进审计工作转型升级和科学发展。

在今天上午的分组讨论中，大家还从不同的角度交流了工作中的体会、做法和经验，也提出了许多很好的意见和建议，对进一步改进工作很有帮助。会后，我们将认真梳理、消化和吸纳，努力把这些好的意见和建议转化为切实可行的工作措施，进一步提升审计工作水平。

同志们，“十二五”是全面建设小康社会的关键期，是安徽发展的黄金机遇期，也是全省审计机关加速审计工作转型升级，实现“五年打基础、十年上水平、十五年大发展”宏伟目标的战略攻坚期。作为贯彻落实“十二五”规划要求和实施“五大工程”的开局之年，做好今年的各项审计工作十分重要。这次座谈会在年初工作部署的基础上又提出了一些新的要求，目标十分明确，思路十分清晰，各级审计机关要站在服务安徽科学发展的大局层面，站在审计工作转型升级的全新高度，切实增强责任感和使命感，深刻学习领会会议精神，认真抓好贯彻落实。

一是要及时汇报，认真传达。同志们回去以后，务必要及时向党委、政府领导汇报会议精神，重点汇报中央关于加强经济责任审计的规定，中央六部委关于贯彻中央两办《规定》的实施意见，省委、省政府关于落实中央精神的实施意见，全国审计工作座谈会关于经济责任审计的新要求，以及全省审计工作座谈会的新要求，最大限度地争取支持，优化审计工作环境。要认真组织广大审计人员传达好、学习好、领会好这次会议的主要精神，准确理解和把握审计工作面临的新形势、新要求，自觉把思想和行动迅速统一到厅党组的决策部署和本次会议精神上来，统一到战平厅长工作报告的要求上来，进一步深化认识，明确措施，扎实工作，努力提高审计工作水平，确保完成今年的各项工作任务。

二是要统筹关系，明确思路。要从各级各地各部门的实际情况出发，正确处理好审计工作中的各种关系，提出明确的工作思路，制定科学的工作措施，保证各项工作任务顺利有序推进。要统筹把握全面与重点的关系，本着突出重点，全面推进的原则，抓住重点领域、重要事项和关键环节，着力推进整体工作。当前及今后一个时期，尤其要统筹好项目审计、“五大工程”和全部审计工作的辩证关系，实现审计事业的全面协调可持续发展。要统筹把握当前与长远的关系，既要着力采取有效措施，研究解决当前的问题，努力完成当前的阶段性的工作任务，又要从科学发展的高度，认真实施打基础、利长远的战略性工程，注重解决制约审计事业长远发展的重大问题，科学谋划审计工作未来，推动审计工作的“上水平”和“大发展”。要统筹把握共性与个性的关系，既要全面贯彻省厅的决策部署，完成全省统一的工作任务，又要紧密结合当地经济社会发展形势要求和党委、政府中心工作，提出切合自身的工作要求的思路和举措，体现鲜明的地方特色，形成良性互动的工作格局。

三是要细化责任，狠抓落实。狠抓落实是审计执行力的重要体现，也是对广大审计干部工作能力的重要检验。各级审计机关要结合自身实际，制定强有力的组织措施、考核措施、激励措施，健全抓落实的工作机制，特别是要健全人人负责、层层负责、环环相扣、科学合理、行之有效的工作责任制。要科学进行责任分解，把目标任务分解到部门、具体到项目、落实到岗位、量化到个人，以责任制促落实、以责任制保成效，形成一级抓一级、层层抓落实的工作局面。要进一步完善督查督办制度、信息反馈制度、情况通报制度、重大责任追究制度，及时掌握工作进展情况，及时找出薄弱环节并采取措施加以解决，保证各项工作任务圆满完成。

总之，各级审计机关要认真贯彻落实好本次会议精神，按照省厅的统一安排和部署，积极谋划新思路、研究实施新举措，切实推进“五大工程”，圆满完成各项工作任务，努力实现审计工作上水平、大发展。

明确目标　深化应用　努力开创我省审计信息化新局面

——杨寿桃副厅长在全省审计“信息化推进工程”总结大会上的讲话

（2011 年 12 月 29 日）

为推进“十二五”安徽审计事业科学发展，厅党组决定深入实施“五大工程”，2011年重点实施“信息化推进工程”，以巩固提高“十一五”五年行动计划成果，深化拓展审计信息化应用，加快推进审计工作转型升级。一年来，在厅党组的坚强领导下，通过各级审计机关和全体审计人员的共同努力，全省审计“信息化推进工程”进展顺利，成效显著。

今天，我们隆重召开“信息化推进工程”总结大会，这是继“十一五”期间每年召开信息化专题会议的延续，也是为了总结今年以来实施“信息化推进工程”的成绩，交流审计信息化工作的经验和做法，进一步明确“十二五”期间审计信息化工作的目标和任务，周密地谋划下一步的工作举措，为实现我省审计信息化大发展奠定基础。明天上午战平厅长还将作重要指示，希望同志们认真学习，并抓好贯彻落实。受厅党组的委托，下面我就全省“信息化推进工程”实施情况谈三点意见：

一、立足实际，统筹实施，“信息化推进工程”成效显著

今年以来，全省各级审计机关在省委省政府和审计署的正确领导下，在省经信委等有关部门和各级党委政府的大力支持下，以科学发展观为指导，以“加速转型升级，服务安徽崛起”为主旨，深化认识，开拓创新，全力实施“信息化推进工程”，创造了许多好的经验和做法，取得了丰硕的成果。概括起来，主要表现在以下几个方面：

（一）领导力度不断加大，信息化意识显著增强

厅党组高度重视审计信息化工作，将审计信息化视为审计工作转型的技术手段和重要突破口，并在我省审计事业“十二五”开局之年，重点实施以审计信息化为主题的“信息化推进工程”。各市县审计机关也都非常重视审计信息化工作，不断加大领导力度，均成立了由主要负责同志担任组长、其他领导同志担任副组长的“信息化推进工程”领导小组。各市还加强对所属县区审计信息化的指导和支持，以开展“信息化推进工程”活动为抓手，着力实施25项重点工程，确保信息化建设落到实处、取得实效。

审计人员的信息化意识显著增强，信息化应用水平进一步提升。原来要依靠行政手段推动的AO和OA两大系统的应用、交互及相关的工作，如今已变成绝大部分审计人员的自觉行动。今年的AO系统升级后，审计人员都主动要求各相关单位组织培训，并自觉在审计作业中使用新版AO软件，这突显了广大审计人员审计信息化意识显著提高。

（二）审计信息化三大平台逐步完善

1.审计管理平台不断完善。随着审计管理平台的建立，极大地提高了审计工作的组织、指挥、控制和管理能力，同时也极大地方便了领导决策，为审计业务管理和行政管理的融合奠定了基础。各地还根据各自的工作需要，不断完善审计管理平台。合肥市审计局根据经济责任审计业务特点，研发经济责任审计工作信息化管理平台，得到了审计署有关领导的肯定；合肥、铜陵、马鞍山市和绩溪县、庐阳区等审计局根据当地投资审计工作的实际，研发了政府投资项目审计信息化管理平台；宿州市审计局为规范审计项目计划编制，设计开发了中长期审计项目库，借鉴企业管理办法，科学安排审计项目；黄山市审计局结合实际，在审计管理平台上建立了全市审计数据共享中心；淮北市审计局充分利用审计管理系统开展网上学习，不断充实完善审计管理系统中的培训课件。

2.审计作业平台不断拓展。在现场审计方面，根据审计署的统一部署，全省审计机关基本完成了AO系统升级工作，逐步建立了以AO为基础，将Access、SQL_server等数据库管理软件与AO相结合的现场审计作业平台。在联网审计方面，除了原有的芜湖市、黄山市（含县区）、界首市等有关市县的财政联网审计外，我省今年又新增了17个联网审计项目：省本级的社保联网审计项目；市级的合肥市财政联网审计项目，滁州、淮南和亳州市社保联网审计项目；县级的12个县区的财政联网审计项目（其中宿州市的5个县区、阜阳市的4个县区和安庆市的3个市县）。

3.信息交流平台不断扩展。省厅在完善审计业务论坛和审计交流群组等传统信息交流平台的同时，还根据审计工作需要，将视频会商系统向县区延伸（目前已完成设备采购，下一步就是调试安装），在审计专网搭建了RTX（即时通讯）系统，不断丰富和完善信息交流平台，使得全省审计人员都可以通过视频会商系统参加全省的会议和远程培训，通过RTX系统相互联系，实现了全省审计人员之间的文本、数据、语言和视频等即时交流，既方便了业务交流，又增加了审计工作的安全性。省厅社保处建立社保审计QQ群和相关FTP应用，在养老保险专项调查项目实施期间，各级参审人员及时交流、分享经验、共享资料，为信息化条件下全省统一项目的高效率组织和指挥积累了一定的经验。

（三）审计信息化四大体系稳步构建

1.基础支撑体系更加坚实。我省各级审计机关纷纷加大对审计信息化的投入力度，不断完善基础设施建设，审计人员的装备不断更新完备，基本做到审计人员人手一台电脑。大部分市县审计机关将审计门户网站进行了全新的

改版，更好地发挥了审计网站的宣传作用。全省审计专网从国家电子政务内网迁移至电子政务外网的准备工作已基本就绪，有望明年完成整体迁移工作，实现与审计署审计专网的互联互通。被审计单位资料库、审计财经法规库、审计专家经验库等基础数据库得到了及时更新和完善。

2. 安全运行体系初步建立。近年来，全省各级审计机关高度重视信息系统安全运行维护工作，制定了一系列安全管理措施，强化了信息安全运行体系的建设。全省大部分市级审计机关网络系统都已通过信息安全等级保护检查和评定，省厅的信息安全等级保护工作得到了省等级保护办公室的充分肯定和高度评价。今年，省厅还对中心机房的安全系统和环境进行了升级改造，合肥、宿州、蚌埠和淮北等市审计局建立了冗灾备份系统或数据备份系统，其他市局也采取了相关安全措施。省厅“金审工程”服务办运行逐步规范，对系统维护、人员培训、成果总结等作出了积极的贡献。全省大部分市级审计机关的系统维护已实现了服务外包，建立了更加规范和专业的外包技术服务队伍，从而将部分有限的计算机专业人员从繁杂的日常运行维护工作中解放出来，更多地参与到计算机审计实践之中。

3. 人才支持体系成效初显。截止目前，我省已有1809人通过了审计署的AO培训认证考试，提前完成审计署提出的“2012年业务人员全部通过AO认证考试”的目标任务，今年省厅又组织了303名审计人员参加AO认证考试。在抓好审计人员计算机基本技能培训工作的同时，省厅继续加大对骨干人才的培养力度。今年又举办了一期计算机审计中级培训班，为全省审计机关培训了78名审计人员，其中有55人通过了中级水平考试，另有18人通过自学也获得了计算机审计中级水平证书。经过连续四年的计算机审计中级培训，累计为全省培养了428名计算机审计骨干，初步形成了颇具规模的计算机审计骨干人才队伍，为审计工作转型升级储备了必要的技术人才。省厅各业务处室都结合今年项目开展了相关的计算机培训，都取得良好效果。各地审计机关也根据当地实际需求，举办了内容丰富、形式多样的培训班。如阜阳市审计局邀请金审工程专家组专家作信息化专题讲座，安庆市审计局利用审计论坛开展了三期计算机审计专题讲座，砀山县审计局邀请江苏省计算机审计专家做专题讲座。通过培训，审计人员的计算机审计能力不断增强，不少审计人员将所学的技术灵活应用于审计工作实践之中，取得了很好的效果。不少同志（绝大部分都是中级班学员）将实践中行之有效的计算机审计思路和方法，提炼成计算机审计方法和案例，有的在参与审计署的相关评选中获奖，有的发表在相关报纸期刊上。

4. 制度保障体系逐步完善。我省审计信息化建设工作得到省政府的高度重视，近日，省政府办公厅以皖政办〔2011〕85号文转发了《省审计厅关于进一步加快实施审计信息化推进工程建设意见的通知》，为全省审计信息化工作的开展提供了强有力的政策支持。为进一步保障审计信息化各项重点工作的顺利实施，省厅先后制定了《关于印发全省审计机关开展“信息化推进工程”实施方案的通知》、《关于印发全省审计机关“信息化推进工程”各项重点工作及任务分解的通知》、《关于印发全省审计机关实施“信息化推进工程”考核办法的通知》等制度。省厅还制定并印发《安徽省“十二五”审计信息化建设专项规划》，加大了对市县审计机关信息化建设的指导，各地也都结合当地的实际，制定了相应的规划和实施方案。

（四）审计信息化成果丰硕

1. OA与AO两大系统的应用及交互不断深化。省厅和所有的市级审计机关所有审计项目都全部用AO进行实施，用OA进行管理，并进行必要的交互，对审计项目全部都进行“双审核”，从而实现对审计项目的数字化控制与管理；肥东、宿松、绩溪等部分县级审计机关也实施了“双审核”制度。省厅和所有的市级审计机关，以及广德、东至、铜陵等部分县级审计机关还积极探索数字化审计试点工作，并取得较好的效果。蚌埠市审计局在今年实施的某医院审计项目中，通过与其他医院、市医保中心和民政部门等单位电子数据的关联，充分运用多维分析和数据挖掘等计算机审计技术，发现了大处方、超量超疗程用药、过度检查、过度治疗等不规范医疗服务行为。亳州市审计局在对市住房公积金中心进行审计时，通过对业务系统和财务系统数据的分析对比，查出房贷未清再次发放个人公积金贷款、向非公积金缴存人员发放贷款等问题。这些问题在以往常规审计中不太容易被发现。

2. 联网审计成效逐步显现。近年来，我省审计机关稳步探索联网审计这一新的审计作业方式，审计的对象和范围不断扩大，由最初的会计核算中心发展到财政、社保、人防、建投、税务等行业和部门。联网审计项目的实施，极大地提高了计算机审计数据分析能力，提升了审计工作效率，扩大了审计覆盖面。芜湖市审计局建成财政联网审计系统以来，系统分析模型由最初的30个增加到45个，累计分析数据30G，挖掘出闲置可用财政资金上亿元；省厅社保处组织实施的省本级养老保险联网审计项目对“金保工程”的35G数据进行了清洗、转换，建立了符合审计要求的数据集；宿州市在全省率先实现了对所有县区财政联网审计“全覆盖”，实现了对所有县区682个预算单位、120多个乡镇和街道办事处财政资金的来源、划分和使用情况的实时监控。

3. 信息系统审计有序开展。为降低信息化条件下的审计风险，省厅要求各级审计机关在项目实施过程中，关注被审计单位信息系统的可靠性和安全性，甄别电子数据是否真实、完整、可靠，避免“假账真审”。

目前，我省部分审计机关结合本地工作实际，开展了信息系统审计试点工作。省厅由金融处牵头、审计信息技术处配合实施的安徽省邮政储蓄银行资产损益情况审计项目对省邮储银行的信息系统进行了必要的检查，发现了系统存在的漏洞，并出具了信息系统检查专项报告。合肥、安庆、宣城、池州、明光等部分审计机关也对医院、新农合、养老保险、公积金管理中心等单位（行业）的信息系统进行了审查和测试，并针对信息系统存在的问题提出了明确的审计建议。

4. 计算机审计方法和AO应用实例征集再创佳绩。去年，我省的计算机审计方法和AO应用实例的征集和评审工作取得较大突破，共征集到审计方法和实例280篇，累计有114篇方法和实例在参加审计署的评选活动中获奖，其中有3篇方法被评为优秀，有17篇实例获得应用奖。省厅的组织工作也得到了审计署的充分肯定，被授予全国审计机关计算机审计方法征集工作“优秀组织单位”。今年，计算机审计方法和AO应用实例的征集工作再上新台阶，全省共征集了346篇计算机审计方法和210篇AO应用实例。通过省厅评审组的复核、评审，遴选出282篇审计方法和176篇实例参加审计署评选。今年征集到的方法和实例，从数量上看，比去年翻了一番；从规范性和质量上看，较之去年也有较大程度的提高。

5.信息化理论研究又有新突破。为激发审计人员进行审计信息化理论研究的热情，省厅将论文等科研成果作为年度考核的一项重要内容。今年以来，全省各地共征集到审计信息化方面的论文近百篇，其中公开发表的有42篇。去年，省厅成功中标了审计署招标课题《信息化与政府审计》。经过认真研究、精心组织，目前，该课题已通过审计署专家的验收，并于12月份顺利结题。六安市审计局与南京审计学院建立合作关系，共同探讨理论与实践相结合的有关课题。淮南市审计局将征集到的审计信息化论文和计算机审计方法汇编成册，供广大审计人员学习交流。

二、冷静思考，客观分析，正视审计信息化工作的薄弱环节

在充分肯定成绩的同时，我们也要清醒地看到，全省审计信息化工作还存在很多薄弱环节，面临许多困难，还有不少亟待解决的问题。与当前审计工作发展形势相比，与兄弟省市相比，与争创全国审计信息化工作先进的要求相比，仍有许多差距。主要表现在以下几个方面：

（一）审计信息化工作发展不平衡

从全省的情况来看，无论在信息化基础建设，还是在推广应用方面，发展都不够平衡。一是地域之间的不平衡。各市之间、各县之间、机关内部各部门之间信息化工作发展水平差距较大，少数经济条件相对较好的地区，整体应用水平反而不如部分经济欠发达地区，部分县级审计机关应用水平还不能够适应新形势的要求。二是各项专业审计领域之间发展也不平衡。财政审计、金融审计和社保审计等领域的信息化应用水平较高。少数处（室）、市县审计机关的信息化工作总上不去，究其原因，有客观条件的限制，但是最主要的原因还是思想认识尚未完全到位，重视程度不够高。部分领导干部和审计人员对审计信息化工作的重要性、紧迫性和艰巨性认识还不够到位，对审计信息化工作存有畏难心理和浮躁情绪，对推进信息化工作信心不足、决心不大。战平厅长总结这些人的特征是:因循守旧、被动应付、蜻蜓点水、畏缩不前。希望大家回去后，认真分析自身存在的薄弱环节，采取有效措施，切实解决制约发展的深层次问题。

（二）学以致用方面存在差距

近年来，省厅培训的力度不断加大，效果也不错，但从今年征集的计算机审计方法、AO应用实例以及数字化审计案例的情况来看，虽然数量和整体质量较往年都有较大的提升，但优秀案例、精品项目仍然偏少，信息化应用中不规范、不全面、不完整和不深入的现象依然存在，学习培训和深化应用方面存在脱节。如何把通过中级培训同志的骨干作用发挥好，真正使他们把学到的知识和技能切实应用到审计业务中去，同时，让他们从实践中发现问题，再向书本、专家请教，以解决问题，真正实现学用相长，是我们分管信息化的同志乃至各级审计机关领导需要认真研究和思考。目前的问题是怎样真正做到“审计思路与信息化思路的有序对接，审计技术与审计业务工作的有机统一，计算机专业人员与审计业务人员的有效结合”，发挥好现有人才的作用，不断提高信息化与审计业务的融合，这是我们应关注的一个重点。

（三）队伍建设任务很重

经过几年的强化培训，我们在审计信息化队伍建设方面做出了一定的成绩，但在以下几个方面还有很大的提升空间：一是在培训层次方面，我们尚未对培训对象进行完整科学的分层，并根据分层情况制定不同的培训目标和培训内容。二是在培训方式和内容上，更多地注重于理论教学，在案例教学、专题讲座和以审代训方面还有发展的空间。三是在高级人才培养方面,特别是在审计信息化领军人才和高级应用型人才培养方面，我们还处在摸索阶段。我省审计机关信息系统审计师、高级数据分析员等高层次人才目前为止还是空白。

（四）部分建设项目还需进一步落实

从“信息化推进工程”实施要求上看，仍有部分工作需要进一步落实，全省视频会商系统延伸以及审计专网迁移工作尚未完全结束，需要继续加大力度。特别是在“十二五”期间还需要继续稳步推进联网审计，虽然我们在财政、社保等方面进行了探索，取得了一些成果，但推广应用的面还较窄，审计思路还不够宽，挖掘分析能力还不够，与“十二五”规划的要求相比仍有差距，人才匮乏和内外环境仍然是制约联网审计的最大因素。同时，数据中心、CA认证中心建设还未启动等，需要我们继续努力，争取早日完成。

（五）信息系统审计尚在探索之中

审计署在2010年信息系统审计案例的征集活动中，全国审计机关共上报案例210篇，其中没有我们安徽审计系统上报的案例。部分审计机关虽然也摸索开展了结合式的信息系统审计，取得了一些成效，但总体上看我省的信息系统审计还处于起步阶段，还需不断摸索总结。多数市县审计机关在信息系统审计方面仍处于空白，下一步希望各地在这方面积极探索，更多地给予关注和支持，力争有所突破。

总之，各地要认真分析研究本地审计信息化工作所处的阶段和现状，增强紧迫感和责任感，正视存在的问题，制定新举措，求得新突破。要按照金审工程建设规划和省厅“十二五”规划的要求，抓住机遇，趁势而上，突出重点，强力推进，切实把全省审计信息化工作提高到一个新水平。

三、突出重点，狠抓落实，开创审计信息化工作新局面

根据“数字安徽”、“金审工程”的总体规划和“信息化推进工程”的实施要求，我省“十二五”期间审计信息化工作的主要任务是：以AO系统和OA系统为抓手，深化审计信息化应用，建立健全审计管理、审计作业和信息交流三大平台，构建完善基础支撑、安全运行、人才支持、制度保障四大体系，使我省审计信息化基础设施、工作机制和管理制度日趋完善，审计信息化应用水平显著提高，信息化人才队伍进一步壮大，信息技术对审计作业、审计管理、审计质量控制、审计决策的支持作用明显增强，审计信息化工作在“十二五”末争取迈入全国审计系统的先进行列。

按照上述目标，联系今年全省审计信息化工作的实际，明年和今后一个阶段要重点抓好以下几个方面工作：

（一）继续抓好审计信息化人才队伍建设

省厅从明年起实施“人才造就工程”，2012年审计信息化工作的一项重要任务就是继续抓好人才培养，造就一支能胜任我省审计事业长远发展的信息化人才队伍。要加快计算机审计技术力量、审计专业力量的整合，多渠道、多形式、多层次地开展培训。既要培养懂业务、懂计算机应用的战斗员，又要培养懂规划、懂部署、懂实施审计信息化的指挥员。从明年起，省厅的信息化培训将根据不同的培训目标分层次进行，针对一般的审计人员我们拟举办“数字化审计案例”远程培训班，以规范AO和OA系统的应用；针对具有一定计算机基础的业务骨干继续举办计算机审计中级培训班，提高审计人员利用计算机技术开展审计分析的人机对话能力；针对计算机审计骨干人员，拟举办“数据采集与转换”、“数据整理与分析”等专题培训班，培养审计信息化的新理念、新技能。同时，省厅还要加大对审计信息化领军人才的培养力度，各地、各部门也要联系实际，采取多种措施，在项目中培训、在实践中培训，抓好信息化人才培养。明年，全省具有计算机审计中级资格人数要占到业务人员比例的25%，争取培养出10-15名信息化领军人才。

(二)继续深化信息技术在审计中的应用

一是继续深化AO与OA的应用。AO与OA这两个系统从近几年的实践来看，整体上还是不错的，如何把这两个系统软件的实用功能真正地用起来，发挥其应有的效力，是我们下一步工作的重点之一。2012年，省厅和市局要重点关注两大系统规范性、全面性、整体性和深入性的应用，县（区）局关注的重点要放在应用范围和广度上。要强化对审计项目实施全过程的数字化控制与管理，确保审计作业过程各个环节及相关资料在AO和OA中进行交互，实现审计质量控制全过程的数字化。

二是继续抓好信息化应用的经验交流和研究工作。2012年，将继续面向全省审计机关征集计算机审计方法、AO应用实例、数字化审计案例以及实用审计文稿等，在围绕提高应用水平和审计署评比考核上下功夫。要结合我省的实际，注重对审计实务的提炼，继续将审计实践中的好方法、好案例汇编成实务指南，供全省审计机关学习。在审计信息化应用研究方面，明年将选择1-2个课题进行研讨，逐步提升我省审计信息化理论研究和指导实践的水平。

三是稳步推进联网审计和信息系统审计。进一步完善联网审计的组织方式，充实审计内容，在联网审计系统中逐步建立起预警系统，提高联网审计的应用水平，达到联得上、审得透、效果好。本着积极稳妥、经济实用、效果优先的原则，明年要适当扩展联网审计的领域，按照省厅“十二五”规划的要求，逐步形成具有安徽特色的联网审计模式。同时还要积极探索对信息系统的审计，甄别电子数据的真实、完整、可靠，降低审计风险。随着被审计对象越来越依赖信息系统，这项工作的重要性越来越突显。2012年，省厅要继续从年度项目计划中选择部分项目开展信息系统审计，省厅各业务部门实施的审计项目，凡是被审计对象有业务信息系统的，都要对信息系统作必要的审查和测试，并制作相关复核材料和审计底稿。全省各级审计机关要因地制宜逐步创造条件，选择适当的项目实施信息系统审计，为今后信息系统审计的全面铺开积累经验，培养人才，打好基础。明年，省厅拟将增加这方面的考核内容，以推动这项工作。

四是启动数字化审计的方式方法研究。要结合贯彻落实“十二五”审计信息化规划，积极探索数字化审计的思路、方法和内容，着手研究数字化审计的程序、步骤和操作指南，切实提高审计信息化应用水平。

（三）加大审计数据资源的整合利用力度

2012年，要继续抓好财经法规数据库、被审计单位资料库、计算机审计案例库和审计项目档案库等基础数据库的更新录入和维护工作。随着各类审计数据库建设逐步开展，要加大审计数据资源的整合和增值利用力度，深化审计数据资源应用。一是提高数据质量。要进一步规范基础数据的收集工作，确保相关审计数据准确、完整和规范地采集到审计管理系统中。二是加大数据清理和整合力度。要对现有的被审计单位基础数据、财务业务数据、审计资料、审计方法等进行清理、分类和整合。这是一项长期的工作，要结合审计数据中心建设逐步开展，提上重要议事日程。三是加强审计数据的分析利用。要充分利用“金审工程”的成果，认真学习借鉴审计署征集发布的计算机审计方法、专家经验和AO案例，归纳总结出适合自身的有效方法，拓宽审计思路。同时，还要注重从已有的审计数据中掌握被审计单位的历史情况，通过比较历史数据、关联相关资料、分析变化趋势以发现规律性问题，做到数据资源最大限度共享和利用，提高审计工作效率和质量。

（四）继续加快推进金审工程项目建设

2012年，省厅要筹备建设省级审计数据分中心、审计交换中心和CA认证中心，启动建立必要的数据备份和应急恢复机制；完成全省视频会商系统向县区延伸工程、审计专网迁移工作、金审工程二期验收和金审工程三期建设规划编制工作；建立健全审计管理、审计作业和信息交流三大平台。各级审计机关要按照规范要求，完善基础网络设施。同时，全省审计机关要加强信息化应用制度建设，建立健全数据交互、系统使用、更新维护等规章制度，强化信息化管理责任制。省厅明年将进一步改进和完善信息化考核制度和激励机制，重点是AO和OA两大系统的规范化应用，在考核范围上既可对信息化全面工作进行考核，也可突出考核某几项重点任务。

（五）进一步加强网络信息安全管理

审计信息系统上承载着审计部门大量重要的信息资源，审计信息和数据涉及国家利益和公民及法人权益，维护审计信息系统安全是维护审计部门安全工作的重点。首先要树立信息安全意识。审计信息安全工作仍然存在重大隐患和风险，广大审计人员特别是一线审计人员时刻都要保持清醒头脑，牢固树立信息安全意识。其次要开展信息安全的检查和整改。以保密检查为契机，适时开展对审计信息安全的检查力度，落实责任，切实做好信息数据安全问题的检查整改工作。第三要制定预案，提高应急反应和处置能力，消除重要信息网络安全隐患，落实安全措施，严防审计数据泄漏，防患未然。第四要建立和完善信息安全技术监控体系，及时发现和处置网络攻击等重大网络事件，要重视基础数据备份工作，增强信息系统的恢复能力。

同志们，审计信息化是审计工作转型的重要内容和技术保障，也是我省审计事业科学发展的必然选择。全省审计机关的各级领导和同志们，要正确把握形势，以只争朝夕的精神，锐意进取，开拓创新，进一步加强领导、狠抓落实、深化应用、强力推进，不断推动全省审计信息化工作又好又快地发展，为推进安徽审计转型升级，服务安徽崛起，做出更大的贡献！

何结华总审计师在全省审计综合法制工作会议暨审计准则培训班上的讲话

（2011年7月6日）

在当前各项工作十分繁忙之际，省厅决定召开审计综合法制工作会议暨审计准则培训班，充分体现了审计综合法制工作的重要性和省厅党组的高度重视。今年在常规会议内容的基础上，增加了国家审计准则学习培训和审计计划管理研讨的内容，我觉得很有必要。下面，我就进一步做好审计综合法制工作讲三点意见，供大家参考。

一、充分肯定去年以来的审计综合法制工作成绩

去年以来，全省审计综合法制工作紧紧围绕省厅确定的审计工作转型升级目标，解放思想，创新举措，扎实做好“五年行动计划”收官，以及启动“五大工程”开局工作，为推动审计事业科学发展发挥了积极作用。

（一）围绕中心，服务大局，审计计划管理水平明显提升

一是进一步树立科学审计理念。全省审计机关以科学的审计理念为指导，审计项目计划编制科学化水平不断提高。在审计内容上，围绕中心，服务大局，密切关注宏观政策贯彻落实、全部政府性资金、重大投资建设、改善保障民生、企业经济运行、领导干部经济责任履行等方面情况，科学安排审计项目计划；在项目结构上，适度减少统一组织的指令性计划项目，逐步减少传统的财务收支审计等个案审计项目，不断提高专项审计调查和绩效审计比重；在审计方式上，积极探索和推进多专业融合、多视角分析、多方式结合的审计方式，体现了审计工作转型升级的要求。

二是进一步深化审计立项调研。省厅和部分地方审计机关启动了审计项目立项调研工作，在深入立项调研的基础上，继续完善了省级预算执行审计、民生工程审计、政府投资建设审计、重大专项资金审计等审计项目库建设，为科学制定下一年度审计项目计划提供基础保障。同时还结合审计信息化成果，推进审计对象数据库建设。

三是进一步改进计划编制方式。省厅和部分地市充分利用审计立项调研成果，发挥审计项目库作用，在项目库分类管理的基础上，探索实现年度项目计划与审计工作发展规划之间的衔接。实行由综合计划部门统一编制年度项目计划，初步实现了审计计划编制方式的转变。以改变计划编制方式为依托，突破了传统职能分工，探索各个业务部门之间的“交叉式”审计方式，同时做好资源整合，避免交叉重复或各自为战。从省厅近两年实施情况看，改进计划编制方式的效果很好。

四是进一步强化执行监督考核。各级审计机关结合自身实际，完善审计项目计划执行情况报告制度、检查制度和定期通报制度，强化项目进度跟踪监督，严格审计计划调整程序，维护项目计划执行的严肃性。同时，积极开展审计项目后评估试点工作，考察审计项目总体效果。

（二）强化措施，健全体系，审计质量管理水平明显提升

一是进一步改进审计管理模式。各地继续完善送达审计模式，改进送达审计核定办法，不断扩大送达审计范围。省厅的同级审项目基本实现了送达审计。继续完善审计现场管理制度，坚持以质量和效率为中心，结合审计转型和审计环境变化的要求，积极探索项目矩阵式管理。深化AO与OA两大系统的交互运用，加强与审计业务部门的沟通协作，积极探索在线审计、联网审计，探索信息化条件下的审计质量控制体系。最近，安庆市专门制定了信息化条件下的审计质量控制办法，比较详细。希望各地在这方面也要进一步完善。

二是进一步完善工作量核定制度。省厅在总结往年工作经验的基础上，修订完善了工作量核定制度，严格依照规定核定审计项目工作量，认真做好人力资源调配、外勤经费补助管理工作，促进科学配置审计资源，严格控制审计成本，提高审计效率和工作水平。部分地

市也结合自身实际积极探索，效果比较明显。

三是进一步强化项目审理复核。省厅开始实行审理制度，所有的审计项目都要经过审理程序。各地按照审计法实施条例和国家审计准则要求，在积极探索审计项目全过程复核的基础上，以审计实施方案为基础，重点关注审计实施的过程及结果，探索开展项目审理。今年，省厅已经审理了42个审计项目，部分地市也做的很好，但全省总体不平衡。这次培训也安排了这项内容，大家可以就此展开探讨。

四是进一步加强审计质量监督。继续完善优秀审计项目评选、审计项目质量检查、审计质量通报和审计质量责任追究为一体的审计质量监督机制。特别是在优秀审计项目评选中，首次实行分级评选方式，将省、市、县三级审计机关的审计项目分开进行评选，提高优秀项目评选的公平性和科学性。同时，通过优化评选标准，充分发挥优秀审计项目评选在推动审计工作转型中的导向作用。近五年来，我省每年都有项目获评全国优秀审计项目和表彰审计项目，在全国排在前列。

（三）突出重点，有序推进，审计法制工作水平明显提升

一是进一步加快推进地方审计立法。《安徽省审计监督条例》、《安徽省内部审计条例》、《安徽省政府投资建设项目审计监督办法》、《安徽省预算执行和其他财政收支审计监督办法》等地方性法规、规章的制定、修订工作，取得重大进展，其中修正后的《安徽省审计监督条例》、制定的《安徽省政府投资建设项目审计监督办法》已于2010年颁布施行；《安徽省内部审计条例》已经省政府常务委讨论通过，并完成了省人大常委会一审程序，有望在年内出台；《安徽省预算执行和其他财政收支审计监督办法》已列入省政府论证类计划。通过加快地方立法，对新形势下审计实践中亟需明确的事项以法规规章的形式予以固化，强化审计工作科学发展的法律保障，更好发挥审计监督的职能作用。

二是进一步健全审计制度规范。认真贯彻落实省政府转发的《关于进一步加强审计工作的若干意见》，研究制定了《安徽省审计结果利用暂行办法》、《安徽省审计结果公开暂行办法》等，拟提请审计整改联席会议转发全省。研究制定了《关于审计服务皖江城市带承接产业转移示范区建设的实施意见》、《关于审计服务皖北地区加快发展的实施意见》、《关于在全省审计机关深入实施“五大工程”的实施意见》等，服务全局工作。出台了《关于进一步贯彻实施国家审计准则的意见》、《安徽省审计厅干部任前法律知识考试暂行办法》等制度办法，积极参与相关领域绩效审计操作指南的制定，进一步健全审计业务管理。

三是进一步优化审计执法环境。积极加强法律法规学习，举办了全省《审计法实施条例》、《党政主要领导干部和国有企业领导人员经济责任审计规定》、《国家审计准则》、《安徽省政府投资建设项目审计监督办法》等审计法规规章的专题培训，帮助广大审计人员准确理解相关的新内容、新要求，推动新颁布、修订的审计法规规章的贯彻落实，促进提高依法审计水平。深入开展“五五”普法，积极启动“六五”普法，充分利用网络专栏、现场互动、座谈会、培训班、对外交流等形式，积极组织参加多种法制宣传活动，加强对审计法律法规、安徽审计工作成果和审计动态的学习宣传，省厅还首次接受省政府门户网站《在线访谈》栏目专访，收到了很好效果。通过对审计法律法规的学习宣传，改善和优化了审计执法环境。

此外，各地审计综合法制部门还不断创新工作举措，优化完善审计统计指标体系，开展统计执法检查，提高统计工作水平；认真谋划审计工作发展思路，主持和参与五年规划编制工作，并于近期印发“十二五”时期全省审计工作发展规划；努力克服人少事多矛盾，参加项目审计以及其他重大活动，以更好地开展项目审理和质量检查等工作。一年多来，全省审计综合法制工作取得了新的成绩，迈上了新的水平，这与各级审计机关领导的高度重视是密不可分的，同时也是综合法制部门领导和工作人员辛勤劳动的结果。在此，我代表厅党组向大家，并通过大家向奋斗在一线的同志们表示衷心的感谢！

二、认清形势，明确目标，增强做好工作的责任感和使命感

“十二五”时期是安徽全面建设小康社会的关键期、工业化城镇化的加速期、经济社会发展的转型期，是大有可为的黄金发展期。省委、省政府确定“十二五”时期要以科学发展为主题，以全面转型、加速崛起、兴皖富民为主线，坚持工业化城镇化双轮驱动，坚持转型发展、开放发展、创新发展、和谐发展，努力走在中部崛起前列，为实现经济繁荣、人民富足、生态良好的发展目标，为全面建成小康社会奠定坚实基础。作为综合性经济监督的审计部门，紧紧围绕省委、省政府的决策部署，服务安徽经济社会发展大局，是审计工作的职责所在、使命所然。各级审计机关要充分认识审计工作面临的新形势、新任务，切实增强历史责任感、使命感和紧迫感，认真谋划“十二五”时期审计工作，推动审计工作科学发展。

省厅党组综合考量各方面因素，结合我省审计工作实际后确定，“十二五”时期安徽审计工作要全面落实省委、省政府决策部署，按照“五年打基础、十年上水平、十五年大发展”的总体思路，深刻理解审计工作基本特征，准确把握审计工作基本规律，以科学发展为主题，以转型升级为主线，以实施“五大工程”为载体，推动审计工作上水平，为服务安徽科学发展、全面转型、加速崛起、兴皖富民大业作出积极贡献。通过努力，要实现三大目标：一是围绕中心、把握全局的能力显著提升，审计监督层次和水平与安徽全面转型、加速崛起、兴皖富民的科学发展大局相适应。二是履行职责更加到位，审计执行力、公信力明显增强，审计监督作用和效能与社会主义民主法治进程相适应。三是审计工作转型升级基本实现，在全国审计系统具有相当影响，形成具有安徽特色的审计监督模式。

贯彻落实“十二五”时期审计工作任务的战略重点是实施“五大工程”。省厅已经出台了相关的实施意见和指导意见，对相关工作作了总体安排，各级审计机关要统一思想，深化认识，完善

机制，抓好落实。“信息化推进”、“人才造就”、“质量提升”、“环境优化”和“争先进位”五大工程，以审计工作转型升级为主线，各有侧重又互相关联，构成一个系统的整体。信息化是转型升级的技术手段和重点突破口，造就人才是转型升级的智力支撑和关键所在，提升质量是转型升级的内在要求和坚实基础，优化环境是转型升级现实需求和重要保障，争先进位是转型升级的目标定位和阶段性成果。各地在具体实施过程中，要坚持突出重点、全面突进的原则，既要着力抓好年度重点实施工程，又要统筹考虑其他四项工程；既要重点实施“五大工程”，又要统筹兼顾全部审计工作；既要做好打基础、利长远的战略性工程，又要统筹协调各项日常性工作；既要鼓励地方特色和先进，又要统筹推进全省和全局。

综合法制部门是审计业务管理的龙头，发挥着参谋助手的作用，同时还承担着实施“五大工程”办公室的综合协调任务。因此，做好综合法制工作至关重要。我们要自觉的把审计综合法制工作置于经济社会发展的大局中，置于审计工作转型升级的全局中，置于实施“五大工程”的生动实践中来综合考量，按照科学发展、转型升级的时代要求，确定审计发展思路，把握审计工作重点，出台审计政策制度，完善审计业务管理，改革创新，加速转型，推动审计工作“上水平”、“大发展”。

三、科学谋划，突出重点，切实提高审计综合法制工作水平

未来一个时期是安徽审计工作转型升级的战略攻坚期，也是审计综合法制工作大有可为的重要阶段。各级审计机关要从全局出发，从宏观着眼，扎实工作，开拓创新，突出重点，全面推进，不断提高综合法制工作水平，加速审计工作转型升级，推动安徽审计事业再上新台阶。“十二五”期间，综合法制部门要重点抓好以下几个方面工作：

（一）统一思想，创新措施，推进“五大工程”顺利实施

省厅年初出台了《关于在全省审计机关深入实施“五大工程”的意见》和《全省审计机关开展“信息化推进工程”实施方案》，印发了关于加强审计文化建设和完善考评机制的《指导意见》，并专门召开了全省动员大会，对各县工作提出了明确要求。各级审计机关要按照省厅的部署安排，认真贯彻落实。

一是要深化认识。实施“五大工程”是着力解决制约审计事业发展的一些突出问题，加快审计工作转型升级、科学发展，实现“五年打基础、十年上水平、十五年大发展”战略目标的必然选择。我们要充分认识当前审计事业发展面临的新形势、新任务、新要求，切实增强紧迫感、责任感和使命感，把思想和行动统一到厅党组的决策部署上来，明确目标，抓出成效。

二是要完善机制。各级审计机关要围绕转型升级的目标任务，出台切合自身实际的组织措施、考核措施、激励措施，形成人人负责、层层负责、环环相扣、科学合理、行之有效的工作责任制，以责任制促落实、以责任制保成效，形成一级抓一级、层层抓落实的工作局面。

三是要体现特色。各地各级审计机关要根据当地经济社会发展水平，结合审计工作基础条件，科学设定目标任务，出台具有地方特点的制度措施，既要体现省厅的统一要求，又要突出地方特色，为走出一条安徽特色的审计道路作出积极贡献。今年是实施“五大工程”的第一年，全省审计机关重点实施“信息化推进工程”。 我们要以实施“信息化推进工程”为契机和动力，明确思路，创新举措，科学考量，统筹推进，确保“五大工程”顺利实施。

（二）精心谋划，科学统筹，认真抓好重点综合法制工作

审计综合法制工作涉及审计业务管理的各个环节，关系到审计工作的方方面面。就当前和今后一个时期来讲，要重点抓好以下几个方面。

第一，进一步完善审计计划管理工作。审计计划是审计业务管理的龙头，计划选得好不好，关系到整个审计工作的成效。做好审计计划管理工作，应关注以下几个方面。一是关注科学性。编制审计计划要认真分析国家、我省和当地的经济社会发展状况，准确把握审计事业发展规律，紧密结合各级审计机关自身实际，作出科学的选择，不能主观臆造、面面俱到、脱离实际，要做到突出重点、量力而行、尽力而为。二是关注前瞻性。计划编制要运用发展的眼光，体现改革的成效，根据国家、我省和本地区经济社会发展的形势、宏观政策的走势、审计发展的趋势，适度超前，制定中长期审计规划，不能目光短浅，亦步亦趋。三是关注衔接性。制定年度审计计划，是促进审计工作科学发展的基础；谋划好中长期发展规划，是审计工作科学发展的战略性要求；做好年度审计计划与中长期发展规划的衔接，是推动审计工作科学发展的关键。因此，我们在战术上要重视年度审计计划编制，在战略上要谋划好中长期发展规划，在方法上要做好年度审计计划和中长期发展规划的衔接，使中长期发展规划的战略实现，成为年度审计计划实施的预期目标，使年度审计计划目标的实现，成为中长期发展规划战略完成的抓手。四是关注透明性。要通过多种方式，广泛征求各级各界各方面的意见，实现开门立项，并对审计项目的科学性、可行性进行充分论证。要按照省政府《关于进一步加强审计工作的若干意见》要求，从今年开始，向社会公开年度审计计划，推动审计公开。

第二，进一步抓好审计项目质量控制工作。审计质量是审计工作的生命线。加强审计质量控制，要做到：一是深入贯彻执行审计准则。要学习并熟练掌握审计法、审计法实施条例和国家审计准则，并在实际工作中真正运用，特别是今年第一次施行的新审计准则，是评价审计质量的基本尺度，尤其要予以重点关注。从上半年实施的情况来看，各级审计机关在贯彻执行审计准则方面还存在一些不足，亟需改进。今后的审计项目质量检查和优秀审计项目评选都要按照新审计准则的要求开展。二是抓好项目审计现场控制。现在的审计质量控制，更多的是事后控制，存在不少弊端，如何进一步加强对现场审计的质量控制，需要好好研究。新的审计准则要求对所有项目都进行审理，为进一步加强现场审计质量控制提供了制度基础，同时审计信息化建设的快速推进，又为我们提供了有效的技术条件。对此，各

级审计机关可以进一步深入研究。三是规范审计程序。新审计准则施行后，审计规范化方面发生很大变化。审计计划、实施、报告三个阶段部分审计程序的名称和内容都发生了较大改变，例如三级复核，现在改为审计组长审核，部门复核，审理机构审理，再如以前审计准则中的审前调查与新审计准则中的调查了解的关系等等，这要求我们必须进一步规范审计程序，有效防控审计风险，保证审计质量。四是做好审计实施相关工作。要深入调查了解，制定科学的审计方案；围绕审计目标任务，认真组织实施；坚定岗位职责，搞好审核复核审理；充分发挥审计专家作用，提高审计业务会质量。要进一步完善审计计划执行情况通报、审计项目质量责任追究、审计项目质量检查、优秀审计项目评选、审计项目后评估等制度，抓好审计项目质量监督检查。

第三，进一步深化审计成效管理工作。强化审计整改、加大审计结果公告、深化审计结果运用是提升审计成效的三个重点，关系到审计工作最终的成效。审计机关做了哪些工作，工作效果怎么样，要让党委、政府及相关部门知道，要让社会各界知道，要让老百姓知道，只有这样，宏观层面的审计目标才能实现，审计才能更大限度地发挥作用。“十二五”期间，我们要进一步抓好这几项重点工作，并将其纳入“十二五”时期审计工作发展规划。近期，我们已经提请省政府，准备以省审计整改工作联席会议名义，向全省印发关于进一步加强审计整改工作的实施意见、审计结果运用暂行办法、审计结果公开暂行办法等4个制度办法，各地也一定要加强这几项工作，健全和完善相关工作机制，提升审计工作成效。

第四，进一步加强审计规范化工作。制度具有根本性、全局性、稳定性和长期性。审计规章制度是增强依法审计能力、推进审计工作规范化和科学化的保证。各级审计机关要严格按照审计法、审计法实施条例以及新审计准则的要求，紧密结合本地区、本部门的工作实际，研究制定审计操作规程，出台加强审计业务管理的制度办法，健全和完善审计管理体系，实现用制度管人、管事、管长远。当前一个时期，要重点研究制定审计计划管理制度、审计质量控制制度、审计执法责任追究制度、审理制度，以及加强审计整改、审计公开、审计结果运用等方面的制度，促进审计工作规范化，切实提高管理水平。

第五，强力推进审计项目审理工作。审计法实施条例和修订后的国家审计准则，都将审理工作提上重要议程，要求从2011年开始全面实行审理制度。相比过去只关注对审计结论、审计结果文书的复核，现在的审理更多关注整个审计的全过程及其结果，关注结果只是审理工作的部分内容。各级审计机关要全面学习和掌握新审计准则的规定，转变观念，主动适应，进一步重视和加强对审理工作的组织领导，调整和完善相应的机构设置，提高审理人员综合素质，优化审理人员结构，及早全面启动、精心组织实施项目审理工作，进一步完善审计质量管理机制，严格把好审计质量关口。

（三）依法履职，提高水平，切实加强综合法制队伍建设

近年来，各级审计机关领导同志对审计法制工作高度重视，审计法制队伍不断壮大，素质不断提高。但是与审计工作转型升级的要求相比，还有一定的差距。事业兴衰，关键在人。全省上下要进一步加强审计综合法制队伍建设，为审计综合法制建设提供有力的人才保证。

一是要加强组织领导。各级审计机关主要领导要高度重视综合法制工作，从审计工作转型升级、科学发展的全局出发，加强对综合法制工作的领导，做好综合法制部门的坚强后盾。省厅综合法规处也要加强沟通协调，建立健全联络机制，努力发挥全系统的整体优势。

二是要提高人员素质。要统筹审计综合法制工作发展规划，科学制定综合法制工作人员中长期培训计划和年度培训计划，采取多种方式，优化知识结构，丰富实践经验，不断提高综合法制工作人员的综合能力素质，强化智力支撑和人才保障。

三是要充实人员机构。要从审计事业长远发展的角度出发，有计划、有目标地选调一部分原则性强、既有丰富审计实践经验又有法律法规知识的同志，充实到审计法制队伍中，同时，积极创造条件，进一步健全和完善机构设置，增强综合法制部门的整体工作能力。

同志们，今年是贯彻“十二五”规划的开局之年，也是全省审计机关全面实施“五大工程”的起步之年。各级审计机关要紧紧围绕厅党组的决策部署，扎实工作，开拓进取，不断提高审计综合法制工作水平，加速审计工作转型升级，推动审计事业科学发展，努力为实现“十二五”发展目标做出更大贡献。

刘春华局长在全省经济责任审计工作会议结束时的讲话

（2011年2月25日）

一年一度的经济责任审计工作会议就要结束了。会议开始时，战平厅长亲自到会，作了重要讲话，充分肯定了2010年全省经济责任审计工作取得的显著成绩，并就学习贯彻中央两办《规定》，做好今年的工作提出了很高的要求。金秀慧同志逐章逐条地解读了两办《规定》。各市审计局交流了一年来的工作，畅谈了学习贯彻两办《规定》，做好今年工作的思路和打算，不少地方还对全省工作提出了很好的意见和建议。会议时间不长，但内容丰富，安排紧凑，学习了《规定》，交流了情况，明确了方向。根据会议的安排，我就学习战平厅长讲话精神，做好今年的经济

责任审计工作，讲几点意见，供各地在工作中参考。

一、要充分肯定经济责任审计工作取得的显著成效

一年来，全省各级审计机关从事经济责任审计工作的同志，勤奋学习，踏实工作，克服人员少、任务重、如何审计和评价系统规定不完善等困难，较好地完成了审计任务，经济责任审计在促进党风廉政建设和干部监督管理等方面发挥了重要作用。

一是党委、政府对经济责任审计工作更加重视。合肥、马鞍山、铜陵等地市委书记或副书记亲自担任经济责任审计工作领导小组组长，芜湖市委、市政府负责同志5年来在经济责任审计结果报告上的批示达122篇次，巢湖市委、市政府负责同志主动给经济责任审计交任务、压担子、提要求。

二是经济责任审计制度建设不断加强。各地高度重视经济责任审计制度建设，对审计法及其实施条例规定的不明确、不具体、实际工作中亟待解决的问题，对需要相关部门协调配合方能解决的问题，大胆实践，认真总结，并注重学习借鉴外地的经验，条件一经成熟就尽快以制度的形式固定下来，推动工作的开展。如合肥市审计局经过三年的研究探索，形成了经济责任审计评价办法和实施细则，经过2009年一年的试行，2010年3月正式以市委、市政府办公厅的名义印发。2010年该局依据办法和实施细则对8名被审计领导干部进行了综合评价，评价结果经市经济责任审计工作领导小组会议审议通过。

三是经济责任审计质量不断提高。各地注重审前调查，细化审计方案，从财政财务收支审计入手，注重监督领导干部的经济决策权、经济管理权和财政资金使用分配权的运行情况，注重责任分析和审计评价，审计质量不断提高。尤其是省厅机关实施的项目，初步实现了由财务型向绩效型的转变，成效较为明显。这几年，在审计署和省厅评选表彰的优秀审计项目中，经济责任审计项目约占三分之一左右。这是个了不起的转变。

四是经济责任审计的范围和方式不断拓展。淮南、阜阳、巢湖、安庆等地开展了区委书记和区长经济责任同步审计。铜陵市开展了行业系统经济责任联动审计。不少地方开展了乡镇领导人和村级组织主要负责人经济责任审计，建立了领导干部离任经济事项交接制度。

五是经济责任审计结果利用逐步得到重视。亳州市建立了经济责任审计谈话制度。每个经济责任审计项目结束后，由市委常委、常务副市长牵头，组织被审计领导干部、接任领导干部、审计局主要负责人共同参加，必要时组织、纪检部门参加，找被审计领导干部谈话。根据审计结果的不同，将谈话分为激励谈话、廉政谈话、警示谈话和诫勉谈话四种。近两年已与32位被审计领导干部进行了审计谈话，促进了审计发现问题的整改工作。宣城市通过审计揭示严重的违纪违规问题，引发市委出台了相关制度。

以上成效的归纳只是初步的，由于我们工作不够深入，不少地方的好经验好做法还未总结上来。在充分肯定成绩的同时，也必须看到存在的不足和问题。我认为主要问题是一些地方经济责任审计以财政财务收支审计为主的状况尚未根本改变，经济责任审计与领导干部履行经济责任情况联系不紧，制约了经济责任审计作用的发挥。

二、要不断增强做好经济责任审计工作的责任感和紧迫感

去年10月，中央办公厅、国务院办公厅印发了《党政主要领导干部和国有企业领导人员经济责任审计规定》，并于12月8日向社会公布。《规定》的颁布施行是党中央、国务院高度重视经济责任审计工作的重要体现，也是经济责任审计工作进入了一个新的发展阶段的重要标志。认真学习贯彻两办《规定》，把我省的经济责任审计工作不断推向前进，是全省审计机关的一项重要任务。

从立法和制度建设层面看，《规定》具有较高的权威性，是规范经济责任审计行为的核心法规制度，是指导经济责任审计工作纲领性的文件。《规定》对审计对象、审计计划、组织协调、审计内容、审计实施、审计评价、责任界定和结果运用等都作出了具体的规定。作为具体实施经济责任审计的审计机关，如何将《规定》落到实处，责任重大。

从工作要求看，《规定》颁布以后，审计署提出，要在继续巩固和深化国有企业领导人员、省部级以下行政领导干部审计的基础上，全面总结和推广县委书记经济责任审计，进一步扩大市地委书记审计的覆盖面，稳步开展省市委书记审计试点。加大对内部经济责任审计工作的监督检查和指导力度，推动部门和单位内部管理领导干部经济责任审计的开展。这次全国审计工作会议提出，经济责任审计结果要可靠、可信、可用。全省审计工作会议也对经济责任审计工作提出了很高的要求。如何将这些要求落到实处，我们在座的每一个同志都应该认真思考，认真谋划，认真践行。

从全省情况看，经济责任审计工作基础很好，但与党委、政府的要求比，与先进的省市比，我们的工作还有很大差距。特别是两办《规定》颁布以后，审计的任务更重了，要求更高了，责任更大了。我们从事经济责任审计工作的同志，特别各位经济责任审计局的局长承担了义不容辞的重要职责，在这个位子上，就要不辱使命，要有强烈的事业心和责任感。经济责任审计是中国特色社会主义审计监督的制度创新，国内外没有现成经验可供借鉴，这就决定了我们要付出更多，要不断地研究探索。在实际工作中，我们都面临不少困难，人员少、任务重，审计人员审计业务能力参差不齐，审计和评价制度不够健全，审计管理不够规范，等等。在困难面前，我们一定要振奋精神，知难而上，不能怨天忧人，安于现状，当一天和尚撞一天钟。在此基础上还要有克服困难的办法，只要思想不滑坡，办法总比困难多。现在日子过得很快，一年又一年。我们的工作总该每年有所进步，每年有所突破，不能每年都是小和尚的帽子平沓沓。

三、要扎扎实实地做好今年的工作

关于今年的经济责任审计工作，前不久我们已经印发了指导意见，供各地参考。战平厅长在这次会议开始时的讲话中也提出了具体要求，我们要认真贯彻执行。在这里，我想就学习宣传两办

《规定》和进一步提高经济责任审计质量，谈一点个人的认识。

学习宣传两办《规定》应当是当前和今后一个时期经济责任审计工作中的一项重要任务。去年10月两办《规定》印发后，省厅提出了一个学习宣传贯彻的工作方案，现已在分步实施。去年12月11日，我们请审计署张广春副司长专程来皖作了一次辅导，17个市的审计局长和厅机关全体人员参加，辅导还通过视频系统向全省审计机关转播。前不久在安徽日报和中国审计报刊发了战平厅长的署名文章。汇编了两办《规定》有关资料，全省审计机关的审计人员人手一册，还准备分送属于审计对象的省管领导干部。下一步的工作，准备专门办一期培训班，到县一级；在安徽审计和中国审计报上开辟专栏专版进行宣传。还有一项重要任务，就是牵头研究起草省委办公厅、省政府办公厅贯彻中央两办《规定》的实施意见，我们设想尽可能地在实施意见中将两办《规定》的一些原则性要求具体化。这次会议讨论中有的同志提出了执行两办《规定》实施审计项目操作上的一些具体问题，审计署正在研究起草实施意见，估计4月份可以出台，到时候我们再一起学习研究。对省里来说，经济责任审计工作领导小组组成人员还要进行一些调整。总之，这方面还有很多工作要做。

经济责任审计是纪检、组织、审计、监察、人力资源社会保障和国有资产监督管理等部门共同的任务，但审计项目是审计机关具体实施的，因此，对审计机关来说，提高审计质量是第一位的任务。提高审计质量， 除了提高认识、配置资源外，要重点抓好几个环节：一是项目计划。一定要根据审计资源状况确定项目计划，而且要适当留有余地；二是把握好审计范围和重点。这既是重点也是难点。两办《规定》已经将审计内容规定的很清楚，但在具体审计项目中，尤其是党委政府主要领导干部的审计中，每一项内容涵盖的范围都很广，这就要求我们的审计人员根据审计目标而有所取舍；三是责任分析和审计评价。针对审计揭示的问题，准确界定被审计领导干部应承担的责任，并尽可能地阐述理由；四是审计报告和审计结果报告的整理加工。战平厅长要求审计结果报告文字简练、观点鲜明。这确实是抓住了问题的要害，达到这样的要求我们还有很长的路要走。

战平厅长在讲话中还提出，省经济责任审计局要加强对全省经济责任审计工作的指导和业务上的领导。这确实是我们工作中的薄弱环节，要充实力量，逐步加强。

国家审计

安徽省审计厅机构概况

省审计厅领导、党组成员名单

厅　长：刘战平
副厅长：戴克柱　刘大群（—2011年8月）　姜爱民　胡海波（2011年7月—）　杨寿桃
总审计师：何结华
巡视员：李长柱
省纪委派驻省审计厅纪检组长：吴　毅
省经济责任审计局局长：刘春华
副巡视员：程家楷（2011年1月—）
省纪委（省监察厅）派驻省审计厅副厅级纪律检查员、监察专员：史守信（—2011年2月）
党组书记：刘战平
党组成员：戴克柱　刘大群（—2011年7月）　姜爱民　胡海波（2011年7月—）　何结华　李长柱　吴　毅　刘春华

省审计厅工作职责

主管全省审计工作。贯彻执行国家审计方针政策和法律法规，参与起草审计、财政经济及其相关方面的地方性法规规章草案，提出相关政策建议；负责对省财政收支和法律法规规定属于审计监督范围的财务收支的真实、合法和效益进行审计监督，维护国家财政经济秩序，提高财政资金使用效益，促进廉政建设，保障全省经济和社会健康发展；对审计、专项审计调查和核查社会审计机构相关审计报告的结果承担责任，并负有督促被审计单位整改的责任。

制定并组织实施审计工作发展规划和专业领域审计工作规划，制定并组织实施年度审计计划，对直接审计、调查和核查的事项依法进行审计评价，做出审计决定或提出审计建议。

向省长提交年度省级预算执行和其他财政收支情况的审计结果报告；受省政府委托，向省人大常委会提出省级预算执行和其他财政收支情况的审计工作报告、审计发现问题的纠正和处理结果报告；向省政府报告对其他事项的审计和专项审计调查情况及结果；依法向社会公布审计结果；向省政府、审计署报告和向省政府有关部门、市级人民政府通报审计情况及结果。

直接审计下列事项，出具审计报告，在法定职权范围内做出审计决定或向有关主管机关提出处理处罚的建议：

——省级预算执行情况和其他财政收支，省直各部门（含直属单位）预算的执行情况、决算和其他财政收支。

——市级人民政府预算的执行情况、决算和其他财政收支，省财政转移支付资金。

——使用省级财政资金的事业单位和社会团体的财务收支。

——省级政府投资和以省级政府投资为主的建设项目的预算执行情况和决算。

——省属国有企业和金融机构、省政府规定的国有资本占控股或主导地位的企业和金融机构的资产、负债和损益。

——省政府部门、市级人民政府管理和受省政府及其部门委托的其他单位管理的社会保障基金、社会捐赠资金及其他有关基金、资金的财务收支。

——国际组织和外国政府援助、贷款项目的财务收支。

——法律法规规定应由省审计厅审计的其他事项。

按规定对市厅级领导干部及依法属于省审计厅审计监督对象的其他单位主要负责人实施经济责任审计。

组织实施对国家财经法律、法规、规章、政策和宏观调控措施执行情况、财政预算管理或国有资产管理使用等与国家财政收支有关的特定事项进行专项审计调查。

依法检查审计决定执行情况，督促纠正和处理审计发现的问题，依法办理被审计单位对审计决定提请行政复议、行政诉讼或省政府裁决中的有关事项，协助配合有关部门查处相关重大案件。

指导和监督内部审计工作，核查社会审计机构对依法属于审计监督对象的单位出具的相关审计报告。

与市级人民政府共同领导市级审计机关。依法领导和监督下级审计机关的业务，组织下级审计机关实施特定项目的专项审计或审计调查，纠正或责成纠正下级审计机关违反国家规定做出的审计决定，按照有关规定协管市级审计机关负责人(地方各级审计机关领导干部的管理，实行双重领导、以地方党委为主的体制。市级党委在任免、调动、奖惩市级审计机关负责人时，应事先征求省审计厅的意见。省审计厅要协助市级党委加强对市级审计机关领导班子的考察了解，经常反映情况，主动提出领导班子配备、调整的建议)。

承办省政府交办的其他事项。

内设机构

办公室（审计信息技术应用处）

负责人：程家楷（—2011.12），许志宝（2011.12—）。主要职责是负责文电、会务、机要、档案等机关日常运转工作，承担财务、保卫、信访、政务公开和信息化等工作；管理审计事业经费，对直属单位财务收支进行审计监督；联系特约审计员；承担计算机信息技术在审计领域应用的职责。

综合法规处

负责人：方正。主要职责是承担审计工作规划编制和年度审计项目安排工作；办理中央项目转授权和省属审计项目向下级机关授权工作；承担有关地方性审计法规规章制度的起草、修改和报批工作；审理有关审计业务事项；承担机关行政复议和行政应诉工作；负责审计统计工作；组织实施审计普法教育。

财政审计处

负责人：许志宝（—2011.12），夏瑜保（2011.12—）。主要职责是组织审计省级预算执行和其他财政收支情况，组织审计市级人民政府预算执行、决算和其他财政收支情况；开展相关专项审计调查。

行政事业审计处

负责人：黄传琥。主要职责是组织审计省人大机关、省政府工作机构、省政协机关、省法院机关、省检察院机关和政党组织、社会团体的财政财务收支；组织审计省政府主管部门和市级人民政府管理的教科文卫专项资金；开展相关专项审计调查。

农业与资源环保审计处

负责人：刘村。主要职责是组织审计由省政府主管部门和市级人民政府及受省政府委托由其他单位管理的农业专项资金、资源能源和生态环境保护资金；开展相关专项审计调查。

固定资产投资审计处

负责人：胡健。主要职责是组织审计省政府投资和以省政府投资为主体的建设项目的预算执行情况和决算；负责对省国有施工企业的审计监督；开展相关专项审计调查。

金融审计处

负责人：张海珍。主要职责是根据审计署授权，组织审计国有商业银行、保险公司等中央国有金融机构在我省分支机构的资产、负债和损益；组织对国有控股的区域性金融机构在我省分支机构的资产、负债和损益进行审计监督；负责对省属国有金融机构和省政府规定的国有资本占控股或主导地位金融机构的资产、负债和损益进行审计监督；开展相关专项审计调查。

企业审计处

负责人：吴鲁滨。主要职责是组织审计省属国有企业和省政府规定的国有资本占控股或主导地位企业的资产、负债和损益；开展相关专项审计调查。

社会保障审计处

负责人：李曙光。主要职责是组织审计省政府主管部门、市级人民政府管理和其他单位受省政府及其部门委托管理的社会保障基金、社会捐赠资金；开展相关专项审计调查。

外资运用审计处

负责人：严北英。主要职责是根据审计署授权，组织审计国际组织和外国政府贷款、援助和赠款项目的财务收支；提供世界银行和亚洲开发银行援助、贷款项目的审计公证报告；负责对中方控股的中外合资、合作企业和国（境）外企业的审计；开展相关专项审计调查。

人事教育处

负责人：王念义。主要职责是承担厅机关、派出机构、直属事业单位的机构编制、人事管理、教育培训和专业技术资格考评等工作；承办协管市级审计机关负责人的有关事项；办理机关及直属单位人员出国有关事项；负责机关离退休人员的服务管理工作。

机关党委

负责人：王洪灯。主要职责是负责机关、派出审计机构和直属单位的党群工作。

省纪委（省监察厅）派驻省审计厅纪检组（监察室）

负责人：史守信（—2011.02），黄建国（2011.07—）。主要职责是按照《省纪委 省委组织部 省编办 省监察厅关于对省纪委省监察厅派驻机构实行统一管理的实施意见》的规定履行职责。

省经济责任审计局

省经济责任审计局为省审计厅直属处级行政机构，刘春华任局长（副厅级），周仕东、金秀慧任副局长（正处级）。主要职责是组织实施省辖市党委、政府、省直党政机关及依法属于省审计厅审计监督对象的其他单位主要负责人的经济责任审计；承担省纪检、监察、司法机关要求协助配合的经济案件查证等工作；承担省经济责任审计领导小组办公室日常工作；指导全省经济责任审计工作。

派出审计室

省审计厅跨部门设立计划统计、经济、科技教育、劳动保障、农业、交通建设、文化卫生和新闻广电8个派出审计室。计划统计审计室负责人：徐向东，经济审计室负责人：骆安君，科技教育审计室负责人:范新国，劳动保障审计室负责人: 陶飞，农业审计室负责人：吕同仁，交通建设审计室负责人:马绪忠，文化卫生审计室负责人：曹毕生，新闻广电审计室负责人:夏瑜保（—2011.12）。

派出审计室根据省审计厅的授权，依法进行审计工作。派出审计室有权列席、参加被审计单位领导班子和其他方面的有关会议。被审计单位应为派出审计室提供必要的、长期使用的办公用房和其他办公设施。

直属事业单位

安徽省审计厅机关服务中心

2001年7月，省编委批复成立安徽省审计厅机关服务中心，为副处级自收自支事业单位，编制8人。负责人：白宏葵。服务中心主要职责是承担厅机关召开的培训和会议接待、办公及住宅的后勤服务等工作。

安徽省审计科学研究所

1986年4月,安徽省审计局建立安徽省审计科学研究所,为省审计局下属县级事业单位,编制15人。1997年3月，安徽省编制办公室文件批复同意保留安徽省审计科学研究所，为省审计厅直属县级事业单位，列入全额预算事业单位管理序列，核定编制23人（全额预算事业编制19人、自收自支事业编制4人），现有人员18人，负责人：王羚。省审计科学研究所内设办公室、科研室、《安徽审计》编辑室、《安徽审计年鉴》编辑室。其主要职责是宣传审计法律法规，扩大审计影响；承担国家审计署和省审计厅下达的审计科研课题研究任务，负责组织全省审计科研成果的评鉴、推广和开发利用，完成省审计厅领导交办的其他工作任务，为领导决策和审计实践提供服务。《中国审计报》驻安徽记者站设在省审计科学研究所。

安徽审计职业学院

安徽审计职业学院是经安徽省人民政府批准成立、国家教育部正式备案的公办全日制普通高等院校，是全国唯一一所高等审计职业院校。行政上隶属于省审计厅，业务上接受省教育厅指导。2011年，安徽审计职业学院共核定编制226名，设置11个副处级机构，其中，党政管理机构6个，包括办公室（组织人事处、纪检监察室）、教务处、学生处（与团委合署办公）、财务处、总务处、保卫处；教学机构4个，分别是：审计系、经济管理系、贸易经济系和基础部；教学辅助机构1个，即图书馆（实验实训中心）。负责人：党委书记徐锋、院长刘大群（—2011年8月）。安徽审计职业学院的主要工作职责为：1. 贯彻执行党的教育方针和国家有关高等职业教育的法律法规及政策，面向经济建设和社会发展，以就业为导向，为行业和地方培养生产、服务、管理第一线岗位需要的实用型、技能型高级专门人才。2. 开展教育、教学研究，以教学和社会实践服务。3. 承担安徽省审计厅交办的其他工作。

安徽省固定资产投资审计中心

安徽省固定资产投资审计中心于2010年4月1日经省机构编制委员会批准成立，为安徽省审计厅直属参公管理事业单位，正处级建制，核定事业编制10名，负责人:芮黄顺。主要职责是受省审计行政部门委托，依法对省级政府投资和以省级政府投资为主的建设项目进行审计监督；依法对省属国有企业事业单位及省政府规定的国有资产占控股或主导地位的企业投资的建设项目进行审计监督。

社会团体

安徽省审计学会

1985年9月20日，安徽省审计学会在合肥市召开第一届理事会全体会议，标志着安徽省审计学会的正式成立。安徽省审计学会是组织和推动全省审计工作者、审计及相关学科研究人员和社会各界有关人士开展审计学术研究和交流的群众性学术团体，是安徽省社会科学界联合会所属学会，中国审计学会团体会员。安徽省审计学会以马列主义、毛泽东思想、邓小平理论和“三个代表”重要思想为指导，全面贯彻落实科学发展观，遵守宪法、法律、法规和国家政策，遵守社会道德风尚，坚持解放思想、实事求是、与时俱进，坚持理论联系实际，贯彻“百花齐放、百家争鸣”方针，组织开展审计学术研究和交流活动，为推动中国特色的社会主义审计事业发展，促进安徽经济建设和社会进步服务。

安徽省审计学会
第六届理事会领导及理事名单

名誉会长：孙志刚　郭万清　王鹤龄

会　长：刘战平

副会长：杨寿桃　王运清　庄立权　黄　然　张胜利　陈朝阳　何　文　贾霓霓　余保山　杨　林

秘书长：王　羚

副秘书长：黄克实　程　敏

常务理事（共42人）：

方　正　王　羚　王仁海　王成山
王运清　王念义　刘　静　刘永忠
刘战平　吕　虎　庄立权　戎培阜
朱贺明　朱晓明　何　文　何家虎
余保山　吴　健　吴利林　张胜利
李迎春　杜皖青　杨　林　杨寿桃
杨继顺　汪志良　邵宗建　陈永多
陈朝阳　周　明　倪国爱　夏光明
徐　峰　徐立秋　贾霓霓　高民和
寇建国　盛明泉　黄　然　黄文应
黄克实　程家楷

理　事（共128人）：

卫功明　马常好　马绪忠　孔海波
方　正　方文胜　方永华　方旺德
王　勇　王　羚　王　锐　王仁海
王多成　王成山　王运清　王建功
王念义　王金夯　王洪灯　王胜勤
白宏葵　刘　村　刘　静　刘永忠
刘战平　吕　虎　吕同仁　庄立权
戎培阜　朱贺明　朱晓明　许志宝
严北英　何　文　何家虎　余保山
余奕祥　佟秀梅　吴　健　吴本长
吴永木　吴利林　吴鲁滨　宋必杰
张万方　张早明　张胜利　张海珍
张德华　李　筠　李仁标　李迎春
李坤华　李拥军　李银安　李曙光
杜长胜　杜皖青　杨　林　杨　波
杨　虹　杨寿桃　杨良彬　杨林喜
杨继顺　汪　川　汪元初　汪玉华
汪志良　邵　郁　邵宗建　邵期静
陈万树　陈永多　陈爱萌　陈朝阳
周　明　周仕东　周晓平　孟　慧
林成虎　武良坤　罗　红　罗彦顺
范新国　茆建斌　金启钟　施家宽
胡　郡　胡　健　胡昌勇　费学信
赵　莉　赵德胜　项道根　骆安君
倪国爱　夏光明　夏瑜保　徐　峰
徐立秋　徐向东　徐敬启　贾　华
贾霓霓　钱　龙　钱永胜　钱年根
陶　飞　高民和　高家珍　寇建国
崔明珠　曹　文　曹毕生　盛明泉
黄　萍　黄　然　黄文应　黄传琥
黄克实　程家楷　葛德轩　鲁本全
翟福灵　潘中勇　薛毅东　戴登安

安徽省内部审计师协会

安徽省内部审计师协会前身为安徽省内部审计学会，1992年5月29日在淮南召开的第一届理事会全体会议，标志着学会的正式成立。安徽省内部审计师协会是全省内部审计机构和内部审计师自愿结成的全省性社会团体，是为促进内部审计职业的发展而提供服务的社会性组织。安徽省内部审计师协会是中国内部审计协会（CIIA）的团体会员，秉承中国内部审计协会“管理、服务、宣传、交流”的职能，按照《中国人民共和国审计法》、《审计署关于内部审计工作的规定》和本协会章程，对内部审计实行自律性行业管理。为内部审计机构和内部审计人员提供业务指导和开展各种服务、咨询活动；为维护内部审计职业的独立性、客观性，保障内部审计人员的合法权益，促进提高内部审计队伍执业素质努力工作。

安徽省内部审计师协会由安徽省审计厅主管，接受安徽省民政厅的监督管理，接受国家审计署和中国内部审计协会的业务指导。

安徽省内部审计师协会
第四届理事会领导名单

名誉会长：黄海嵩　刘战平
会　长：王兴如
副会长：戴克柱　史守信　江　燕　杨本清　姚厚贵　耿学梅　高晋生　王建培　王才焰　周建成
秘书长：张早明
副秘书长：朱卫明

2011年12月31日在册人员名单

安徽省审计厅机关

刘战平　戴克柱　姜爱民　胡海波　杨寿桃　何结华　李长柱　吴　毅　刘春华　程家楷　许志宝　郁少文　戴　波　费明清
白宏葵　李孝锋　王桂华　王广树　张劲东　戴文联　金礼明　沈建民　王金田　喻园春　张晓文　朱文婧　赵　明　李照来
宋同军　徐　敏　李　波　许俊华　朱　平　许善文　金晓若　李锦成　姚　丽　叶惠静　郑　伟　陈军红　沈道明　解　冰
王念义　杨凌云　高纪军　罗照耀　潘代厂　王燕雨　杨云山　方　正　陈　瑜　谢兆治　王彰勤　方化龙　张永清　张文祥
夏　玲　林兴涛　夏瑜保　王金红　余嗣安　周善涛　罗会强　黎　兵　高志宏　陈向莹　胡宿宁　吴成华　黄传琥　马艳珍
王　健　杨仲林　李　梅　胡　薇　刘　村　蔡宗华　金传富　吴　宜　熊德金　陈　可　常信胜　骆兴隆　胡　健　史　昊
程　龙　张　斌　秦立新　汪姗姗　傅　亮　吴昌辉　姚　昕　张海珍　张国跃　汪海峰　王亚丽　夏永辉　吴鲁滨　张早明
江　平　蒋兆景　杨正工　黄国万　陆　迅　李曙光　郑元力　毕　伟　耿志平　周慧明　黄　炎　严北英　俞定友　钱泽春
李　霞　杨千钧　严　挺　张有权　吴　婧　王洪灯　鲍春华　许华久　薛毅东　匡启宏　周　斌　苏　伟　方　元　周仕东
金秀慧　周海芝　黄克实　张敬锋　王彭生　王　飞　刘明甫　王宏生　杨基才　徐向东　肖　涛　朱云鹏　成　新　江　静
骆安君　疏　奕　邵守俊　康丽慧　高　波　范新国　沈少东　叶明胜　王　斌　时　超　陶　飞　朱桂奉　王家蓉　孟　璇
朱余才　吕同仁　轩传伦　吴志彤　黄　亮　姚文胜　马绪忠　钟维海　方　兴　张圣芬　宁丰盛　曹毕生　赵　萍　许迎春
李朝荣　谢　华　徐　辉　赵　燕　丁传立　解　亮　朱卫明　薛　银

安徽省审计厅机关服务中心

汪宏平　鲍广玉

安徽省审计科学研究所

王　羚　王钦步　章笑春　凌雁北　程　敏　周晓军　黄　芳　郧昊苏　施　红　孔　伟　刘　晖　葛益明　程　勇　叶荣生
王闻进　潘伟城　俞　曦　刘　静

安徽审计职业学院

徐　锋　胡孝东　文　化　王雪峰　杨友山　王向东　魏　卉　杨红星　王　婵　张　超　张　涛　邓世海　刘彩萍　刘连生
贾贤强　车　毅　郭　昊　李艳阳　吴　妮　郁晓鹏　王泽仁　徐国斌　刘　放　胡华北　汤　洋　汪志周　杨　梅　张　娣
王家和　黄治林　陈新利　康建军　王建民　宫振友　陈发华　王　铮　周　勇　刘兆明　韩成文　张争祥　费兰玲　苗俊美
刘林军　胡丽霞　李　娜　李晓渝　王　彤　吕　铭　张逸飞　李　冰　李　娜　程　峰　徐庆林　孙继传　张　艳　黄季红
李　强　王鹏程　王　颖　刘　旸　戴小凤　王丽萍　周春林　王家明　池　峰　王来根　刘丽云　史　彧　徐少堃　汪朝洋
吴琳娜　王珊珊　高捷闻　张乾坤　舒　惕　陈　诚　马新民　李　影　孙　艳　汪翠红　葛　彦　朱　培　陈翠英　后小飞

杨晓莉　宋良庆　张　成　王　哲　唐旭斌　杨俊瑞　熊　建　王　倩　吴凤琼　张　妍　陈晓霜　程训程　梁　朋　许　强

安徽省固定资产投资审计中心

芮黄顺　聂立成　朱蝶青　石　培　夏　波　姚运坤　舒怡眉　胡华伟

安徽省审计厅第四批特约审计员名单

姓　名	性　别	党　派	职务（职称）	工作单位
王德文	男	民　革	财务总监	合肥市建设投资控股（集团）有限公司
苗建武	男	民　盟	高级经济师	安徽省工商银行
秦家文	男	民　建	高级会计师	合肥工业大学财务处
宋　玲	女	农工党	副调研员	安徽省地方税务局征管处
芦　辉	女	九三学社	总会计师	省国元控股（集团）公司
郭华荣	女	致公党	总会计师	合肥经济开发区社区管理局
袁　奇	男	工商联	董事长	合肥元通纺织服装有限公司
叶煜林	男	无党派	总经理	安徽国信评估公司
董春兰	女	民　进	所　长、会计师	安徽正信会计师事务所
周世虹	男	无党派	合伙人、副会长	安徽省天瑞律师事务所、省律师协会

工作概况

省审计厅工作综述

2011年，在各级党委、政府和审计署的坚强领导下，全省审计机关紧紧围绕科学发展主题和全面转型、加速崛起、兴皖富民主线，认真履行职责，积极发挥审计在保障经济社会健康运行、推动完善国家治理等方面的重要作用。全省共审计和专项审计调查7108个单位，查出违规问题金额80.8亿元、损失浪费问题金额1.7亿元、管理不规范金额1065.1亿元；共完成对1085人的经济责任审计，查出领导干部负有直接责任的违规问题金额3541万元。通过审计，为国家增收节支22.4亿元。审计移送司法、纪检监察机关和有关部门处理事项63件。向社会公告审计结果399篇。提交审计专题报告、综合性报告和信息简报8941篇，其中被党政领导和有关部门批示、采用6764篇次。向被审计单位或有关单位提出审计建议17768条，其中已采纳14026条。被审计单位根据审计建议制定整改措施838项，建立健全规章制度240项。

地方政府性债务审计。按照审计署的统一部署，全省各级审计机关精心组织安排，强化工作领导，严把质量关口，确保高效高质完成任务。全省共抽调1650名审计人员成立17个审计组、109个审计小组，对全省地方政府性债务进行交叉审计，向16个市出具审计报告32份，各县区审计报告98份。审计结果得到了审计署的充分肯定，在审计署开展的全国地方政府性债务审计工作评比中，省审计厅地方政府性债务审计工作领导小组办公室、合肥市审计局被记为集体三等功，6个市县审计机关获集体嘉奖，1人被记为三等功，4人获嘉奖，1个项目被评为全国地方政府性债务优秀审计项目。

预算执行审计。围绕构建财政审计大格局，进一步拓展了预算执行审计的广度和深度。一是进一步提升“两个报告”质量，做到目标、方案、人力、时间、报告的相统一。省人大常委会审议后，认为审计部门工作细致扎实，报告反映的内容翔实，实事求是，审计敢于揭露问题，审计建议切实可行，审计整改力度加大，审计工作一年比一年好。二是进一步推进全部政府性资金审计。省审计厅首次开展了省级政府投资情况、国有资本经营预算执行情况、社会保障基金预算执行情况审计，摸清了三项预算收支的总体状况。三是进一步关注财政资金使用绩效。省审计厅组织开展了全省城乡义务教育经费保障机制专项资金绩效和省直10个部门政府采购资金绩效专项审计调查。安庆市强化“三公”经费审计，在《安徽日报》进行了宣传报道。马鞍山市开展了76个一级预算单位公务用车情况专项审计调查。池州市出台了关于加强和完善税收征管等6项规范性文件。

经济责任审计。各级党委、政府认真落实中办、国办《党政主要领导干部和国有企业领导人员经济责任审计规定》，加强对经济责任审计工作的组织领导。省委办公厅、省政府办公厅印发了贯彻实施意见，并充实、调整了省经济责任审计工作领导小组。全省所有市、绝大多数县（市、区）由各级党政负责人担任经济责任审计工作领导小组组长或联席会议召集人。经济责任审计范围进一步拓展，探索开展了市委书记、市长经济责任同步审计，建立并实施了领导干部离任经济事项交接制度，与省纪委、省委组织部、省国资委联合印发了《安徽省省管领导干部离任经济责任事项交接办法（试行）》。经济责任审计内容进一步深化，审计内容与领导干部履行经济责任情况的联系更加紧密，逐步实现了经济责任审计由“财务型”向“绩效型”转变。经济责任审计结果转化和运用进一步加强，省两办《关于贯彻落实中办、国办<党政主要领导干部和国有企业领导人员经济责任审计规定>的实施意见》强调，经济责任审计工作领导小组成员单位要按照部门职责和权限，运用好经济责任审计结果。省委、省政府主要领导还在省审计厅上报的有关情况上作出重要批示，要求将审计情况与本人见面，督促有关单位和部门认真整改，对其中带有共性的问题，向各市县、省直各部门进行通报，以引起各地各部门重视。经济责任审计程序进一步规范，制定了《关于进一步规范经济责任审计程序的意见》，对有关事项作出了具体规定。

民生工程和资金审计。全省共对1036个单位管理使用的有关专项资金进行了审计或审计调查，涉及社会保障、医疗卫生、教育、“三农”等多个领域，涉及资金2444.9亿元。省审计厅重点对基层医疗卫生机构债务、养老保险基金、扶贫资金、采煤塌陷区村庄搬迁和综合治理资金等进行了专项审计调查或跟踪审计。在其他各项审计中，都把民生工程实施和资金管理使用情况作为一项重要内容加以关注。通过审计，为完善制度、加强管理提供了重要参考依据，为促进惠民政策落到实处发挥了积极作用。铜陵市开展村级财务审计，维护了群众利益。阜阳市征地农民养老保险基金专项审计调查的一条审计建议，使8万农民受益。黄山市参加了全市多项民生工程的督查工作。六安市对慈善协会财务收支和“慈善一日捐”资金管理使用情况进行审计，并向社会公告审计结果。淮南市突出百姓安居、健康保障、环境保护三大主题，取得较好成效。

重点建设项目审计。针对安徽固定资产投资持续快速增长趋势，加大对重点建设项目跟踪审计、竣工决算审计和投资绩效审计力度。坚持边审计边整改，及时纠正了项目执行建设程序、招标投标、质量管理、材料供应、合同管理、造价控制、进度管理、生态环境等方面存在的问题，有效提高了项目建设质量和效益。全省审计核减固定资产投资项目投资或结算额30.9亿元，为被审计单位挽回或避免损失8.9亿元，得到了各级党委、政府的充分肯定。

专项审计（专项审计调查）。关

注环境保护“十一五”规划贯彻落实情况，重点对巢湖水污染防治效益进行专项审计调查，揭示了巢湖水污染防治规划、治理等方面存在的问题。关注地方金融安全稳定，重点对邮储银行、小额贷款公司进行审计或专项审计调查，揭示金融机构在执行国家宏观调控政策、风险控制、外部环境中存在的问题。关注外资有效利用，对15个各类国外贷援款和日元贷款项目实施了公证审计或绩效审计，揭示了挤占、滞拨项目资金等问题。淮北市城乡一体化建设项目及资金使用绩效情况专项审计调查，促进了相关改革措施落到实处。芜湖市对经营性用地开发建设项目实施第三方审计，建立了经营性用地开发建设项目审计联席会议制度。

实施“信息化推进工程”。“信息化推进工程”是全省审计机关“十二五”期间实施“五大工程”的开篇之作，全省审计机关高度重视，形成了“一把手”负总责，分管领导亲自抓，职能部门主动干，业务部门密切配合的审计信息化工作格局，营造了一级抓一级、层层抓落实的良好氛围。一些审计机关经过努力争取，增设了信息化职能机构，配齐配强了专职人员，为审计信息化建设提供了坚强的组织保障。省政府办公厅转发了省审计厅起草的《关于进一步加快实施审计信息化推进工程建设的意见》，要求各级政府加大审计信息化建设资金投入和项目支持力度，为加快全省审计信息化建设提供了有力的制度保证。一是科学谋划，扎实推进。按照“高起点规划、高标准建设”的思路，研究制定了《安徽省“十二五”审计信息化建设规划》，为全省审计信息化建设规划了蓝图，指明了方向。按照规划的总体部署，省审计厅制定了具体的实施方案，并对各项重点工作进行了及时分解，明确了审计信息化建设的具体内容和时间节点。强化审计信息化人才培养，全省共有1809人通过了AO培训认证考试，在抓好审计人员计算机基本技能培训工作的同时，继续加大对骨干人才的培养力度。各地也都结合实际分别制定了发展规划和实施方案，一些审计机关成立了由分管局长任组长，业务处室审计骨干和计算机专业人员组成的兴趣小组或技术攻关小组，定期进行技术交流和专题研讨，及时研究解决审计实践中遇到的难题。二是深化应用，务求实效。始终坚持以应用为中心，着力实施25项重点工程，切实把计算机技术应用到审计工作实践中去，审计信息化工作活力明显增强。通过持续推进，审计信息化三大平台、四大体系建设目标逐步构建，OA与AO两大系统的应用及交互不断深化。全省共征集各类计算机审计方法346篇、AO应用实例210篇，较上年分别增加200篇、76篇。联网审计稳步推进，在原有基础上，全省新增17个联网审计项目，省本级社保联网审计项目经过专家评审，顺利通过竣工验收。信息系统审计有序开展，省审计厅对邮储银行信息系统、宣城市对医院等单位的信息系统进行了审查和测试。

加强基础建设。一是加强审计队伍建设，审计监督能力显著增强。注重加强领导班子建设，积极主动与地方党委及组织部门沟通联系，及时掌握班子的总体状况，着力优化领导班子结构。健全完善学习制度，扎实推进学习型党组织和学习型机关建设。加大队伍培训力度，省审计厅通过举办年度集中培训、专题培训、在线学习、联合办学等形式，全年共举办各类培训班19期，培训1450人次。加强党风廉政建设，完善审计机关惩防体系，部署审计机关廉政风险防控工作。加强审计组廉政监督，通过廉政跟踪检查、审计回访、廉政问卷调查等方式对审计人员遵守廉政纪律情况进行督查。二是加强审计文化建设，审计发展内在动力不断增强。省审计厅制定了《关于进一步加强审计文化建设的指导意见》，将审计文化建设与审计事业的长期发展相结合，进一步提高了对审计文化建设重要性的认识。结合纪念建党90周年，开展了全省审计系统庆祝建党90周年楹联展、群众性读书等一系列主题活动，树立了良好的审计形象，展示了审计人员风采，营造了良好氛围。省审计厅分别被中央和省文明委命名为文明单位。三是加强审计法制建设，审计执法行为更加规范。省人大常委会审议通过了《安徽省内部审计条例》，进一步充实了安徽审计法规体系。制定了《安徽省审计业务管理暂行办法》，形成了比较全面的用以指导全省审计业务的操作规程。对16个市审计执法情况进行实地检查和调研，为进一步优化审计执法环境，加强和改进审计执法工作打下了良好基础。对现行的法规制度进行了清理，充实和完善了“安徽省审计厅财经审计法规库系统”。四是加强审计业务管理，审计质量稳步提高。制定了《安徽省“十二五”审计工作发展规划纲要》及相关行业的8个子规划，构成了科学完整的规划体系。突出审计计划管理、健全审计质量控制机制、改进审计组织方式，审计成果进一步显现。在2011年审计署组织的全国优秀审计项目评选中，蚌埠市、宿州市埇桥区两个审计项目被评为全国地方审计机关优秀项目，在全国位居前列。在审计署对汶川地震灾后恢复重建跟踪审计项目评选中，省审计厅实施的安徽省对口支援松潘县汶川地震灾后恢复重建跟踪审计项目被评为表彰审计项目。五是加强审计整改工作，审计整改机制逐步健全。省政府建立了省审计整改联席会议制度，省长担任总召集人，省政府秘书长、省审计厅厅长为召集人，联席会议办公室设在省审计厅。联席会议制度要求定期召开联席会议，研究部署审计整改工作，通报审计整改情况，分析审计整改难点，提出重点督办事项，落实审计整改责任。宿州、滁州市成立了市长为总召集人的审计整改联席会议制度。亳州市审计整改工作领导小组每年定期召开专题会议，研究部署审计整改工作。六是科研、宣传、学会、协会等工作全面发展。审计科研工作质量不断提高，审计宣传作用进一步发挥，审计学会建设迈上新台阶，各县审计机关全部成立了审计学会，内审协会行业指导职能进一步增强，机关后勤保障更加有力，审计学院办学特色日益突显，教学水平全面提升。

业务处室工作

财政审计处

2011年，财政审计处根据审计署统一部署和省审计厅工作安排，围绕“揭示问题、规范管理、提高效益、维护安全”的工作思路，认真总结“五年行动计划”成功经验，科学谋划构建财政审计大格局主体框架，全力组织地方政府性债务审计工作，进一步深化预算执行审计，更加注重从体制、机制、制度层面揭示、分析和反映问题，在维护财经秩序、规范预算管理、完善公共财政体制等方面发挥了积极作用。

组织省级预算执行审计。上半年，由财政处牵头，组织厅机关有关业务处室对省财政厅组织预算执行以及省高级人民法院、农业委员会等10个部门2010年预算执行情况进行了审计。其中财政处具体承担了对省财政厅、省地税局预算执行情况的审计。代省政府起草了《关于安徽省本级2010年度预算执行和其他财政收支的审计工作报告》，并向省政府上报了《关于安徽省本级2010年度预算执行和其他财政收支的审计结果报告》。6月22日下午，受省人民政府委托，刘战平厅长向省十一届人大常委会第二十六次会议报告了2010年度省级预算执行和其他财政收支的审计情况。委员们在审议时充分肯定了审计工作报告，认为审计部门工作细致扎实，敢于揭露问题，审计发现问题整改也取得了较好效果，审计工作一年比一年好；报告反映的内容翔实，实事求是，提出的建议切实可行，成效显著；建议继续抓好审计发现问题的整改工作，扩大审计成果的利用，继续推行审计结果公开制度，对明显违法违纪、屡审屡犯的要追究主要负责人或相关人员的责任，同时，加大对省直部门审计工作的覆盖面，进一步加强财经纪律警示教育力度。

组织全省地方政府性债务审计。对地方政府性债务审计，是由国务院办公厅亲自制作审计工作方案的重大审计项目。省审计厅高度重视，要求厅机关各处室“所有的项目都要服从服务于政府债务审计工作”。按照审计署统一部署和省审计厅统一安排，财政处迅速组织市、县两级审计机关，采取交叉审计方式，对全省（除省及合肥市本级）地方政府性债务实施了审计，并对16个市审计报告进行审核、汇总。此项工作，从2月中旬正式启动，经过省、市、县三级审计机关共同奋战，至6月底圆满收官，历时4个多月，全省上下和广大参审人员为此付出了辛勤的劳动和汗水。为了加强对政府债务审计工作的领导和指导，省审计厅及时成立领导小组和办公室，刘战平厅长亲自挂率，刘大群副厅长靠前指挥，其他厅领导分片督导，财政处全力以赴抓落实。省审计厅还从机关各处室抽调18名业务骨干，充实到厅债务办公室下设的综合组和分析审核组，集中进行办公，以加强对市、县审计组的工作指导。审计期间，省审计厅多次组织相关审计人员进行集中培训，领导小组办公室共编印工作动态18期，编写的《安徽省地方政府性债务审计操作指南》，印发给全省109个审计小组。同时，通过债务审计短信平台及时发布最新审计信息，解答各审计小组提出的疑难问题。这次审计，由于各级高度重视，精心组织，密切协作，参审人员敬业奉献，确保了全省高质量地完成地方政府性债务审计任务，向上级上交了一份合格的答卷。

对全省义务教育经费保障机制专项资金绩效情况进行专项审计调查。根据省审计厅年度工作安排，1至4月，财政处组织各市审计机关，采取交叉审计调查方式，对省本级和17个市义务教育经费保障机制专项资金绩效情况进行审计调查，并对各市、县1375所中小学该项资金进行了延伸审计。审计结束后，起草了《关于全省义务教育经费保障机制专项资金绩效情况的审计调查报告》，上报省政府。并针对审计中查出的一些违纪违规问题，向各市人民政府下达了《关于全省城乡义务教育经费保障机制专项资金有关违规问题的审计移送处理通知书》。通过审计或审计调查，基本摸清了义务教育经费保障机制专项资金使用情况，指出了各级在经费管理使用中存在的问题，查纠各种违纪违规资金5.6亿元，为政府有关部门加强和改进义务教育经费保障机制专项资金管理，提供了决策依据。

对省直10部门政府采购资金绩效情况进行专项审计调查。为了解省直部门政府采购政策执行及资金管理、使用效益情况，结合省本级部门预算执行审计，组织厅机关处室对10个部门的政府采购资金绩效情况进行了专项审计调查。审计结束后，起草了《关于2010年省本级政府采购资金绩效情况的审计调查报告》，上报省政府。审计调查揭示了政府采购资金在管理中存在的问题和隐患，从宏观角度有针对性地提出了意见和建议。该项审计调查连同全省义务教育经费保障机制专项资金绩效情况审计调查，一并在《省本级2010年度预算执行和其他财政收支的审计工作报告》中进行了反映，受到省人大和省政府领导的高度关注。

开展全省公办普通高中债务调查。根据审计署统一部署， 9月至11月，全省各级审计、教育和财政部门组成联合工作组，由审计部门牵头，对各市、县、乡所属的公办普通高中债务情况进行了就地调查。按照省审计厅安排，这项工作由财政处牵头组织，并负责审核汇总。通过调查，基本摸清了全省地方公办普通高中负债情况，分析了普通高中债务形成的原因，从投入保障、存量偿债和债务监管三个方面，提出了加强普通高中债务管理、建立长效机制的意见和建议，对安徽普通高中教育持续健康发展起到了促进作用。

实施对淮北市原市长经济责任、市政府本级2010年度财政决算审计。根据省委组织部的委托，组织实施了淮北原市长经济责任审计。同时，一并开展了淮北市政府本级2010年度财政决算审计。

进行审计整改情况的跟踪和汇总。省本级预算执行审计工作报告公告以后，按照省人大常委会决议和省政府常务会议的要求，财政处加强对审计发现问题整改情况的跟踪，及时将预算执行审计查出问题的整改情况进行汇总，并代省政府草拟了《安徽省2010年度预算执行和其他财政收支审计查出问题的整改报告》，翔实地报告了省本级“同级审”发现问题的整改情况。

扎实开展审计“信息化推进工程”。按照省审计厅“信息化推进工程”的统一规划，制定了进一步加强信息化建设的具体方案，并在审计业务工作中认真加以贯彻落实。在硬件建设上，购置的大功率、大容量服务器设备，在上半年债务审计工作中投入使用，发挥了快速高效的作用。在学习应用上，广泛开展计算机辅助审计，全处人员AO和OA系统实际操作能力都有不同程度提高，又有1人通过了省审计厅组织的计算机中级认证考试。

积极完成其他工作任务。一是起草了全国人大财经委高强主任到安徽调研汇报材料和全国人大预算管理培训班相关材料。二是参与省人大财经委组织的预决算审查工作及赴省外考察调研。三是完成省政府交办赴审计署驻南京办协调安徽政府性债务审计相关事宜，并协助做好全省政府性债务、支农资金和中央转移支付资金审计整改工作。四是接待福建省审计厅到安徽学习考察预算执行审计工作。五是选派吴成华赴新疆参加援建工作。六是赴宁夏、陕西学习考察。七是承担全省审计系统新进公务员和省审计厅集中培训授课任务。八是深入开展创先争优活动，财政处党支部被省直机关工委评为先进党支部。

行政事业审计处

2011年，行政事业审计处以创先争优活动为载体，积极实施“信息化推进工程”，加快审计转型，提升审计质量，顺利完成了年初既定的各项任务，被评为全省”信息化推进工程”先进集体,所实施的省食品药品监督管理局预算执行及局长经济责任审计项目被评为全省优秀审计项目。

认真实施省高级人民法院预算执行审计、决算草案审签和政府采购审计调查。一是加强学习。及时组织全处审计人员开展新审计准则的学习培训，要求严格按照新准则进行规范化操作。搜集法院系统的法律法规文件，熟悉相关政策及收费依据，搜索法院审计案例和专家经验，了解法院部门常见问题和采取的审计方法，以学习借鉴。二是精心制定审计实施方案。根据前期准备工作所确定的重点关注事项，审计进点后，对省高院的管理方式、预算收支规模以及诉讼费用收取和执行款物管理等方面进行调查了解，并采集转换财务电子数据，通过AO系统查找审计疑点，为编制细致可行的实施方案奠定了基础。方案编制中，结合财政审计大格局的要求，严格落实省本级预算执行审计工作方案中确定的内容和重点，关注预算管理体制、预算执行的效果和项目资金的管理使用情况，确保部门审计为财政审计大格局服务。三是认真组织实施审计。实施阶段，紧紧围绕实施方案确定的内容和重点开展审计，确保方案中的每一审计事项按照规定的审计程序办理。审计中通过查询电子辅助账、抽查案件卷宗、搜集业务数据进行SQL语句分析、延伸查看资产领用记录等审计方法的灵活运用，查出项目经费超范围使用、装备等资产管理不规范以及诉讼费退费和案件执行款支付不及时等问题。审计结果得到被审计单位的高度重视，省高院专题召开党组会议研究整改措施，纠正相关问题，并制定一系列内部管理规定，规范财务管理和业务管理。

顺利完成蚌埠市原市长经济责任审计。一是认真准备。组织学习《党政主要领导干部和国有企业领导人员经济责任审计规定》（中办发〔2010〕32号）和审计署的省长经济责任审计报告模板，并对市长的经济责任具体体现在哪些方面展开全面、深入讨论，确定审计范围和审计重点，决定从市本级财政收支和财政管理、调整产业结构、重大经济决策、政府债务管理、环境保护、土地管理、对分管部门的管理和个人廉洁自律八个方面入手。二是规范操作。审计进点后，严格依据新的审计准则要求，按照初步的人员分工搜集资料、调查了解，各小组对调查情况形成记录，由主审汇总，并根据调查情况进一步确定审计重点，编制出详尽、具体、操作性强的审计实施方案和计算机审计方案。在实施过程中，严格按照实施方案审计，进行规范取证和编制底稿。三是注重沟通。对审计发现的问题，在审计组集体讨论基础上，注意与被审计单位经办人、领导沟通，以确认事实、核对适用法律法规。在形成审计报告过程中，反复与被审计人、被审计单位沟通，倾听合理意见，包括事实、背景、结果、原因等，以利于全面把握情况，作出客观的判断和恰当的处理。审计结果得到了被审计单位的肯定，部分问题已得到有效整改，对蚌埠市加强经济社会管理起到了积极的促进作用。

重视审计整改跟踪，提升审计成果。为切实发挥审计的建设性作用，加大对审计整改情况的跟踪力度，密切关注审计报告、审计决定的落实情况。此前所查处的问题得到了领导的重视，大部分问题已落实整改。如对省食品药品监督管理局局长经济责任审计中，提出原合肥市医药工业投资公司持有市值2.13亿元的金陵药业公司的国有股份脱离国有资产管理及其他部门监管之外的问题，4月，省委常委、合肥市委书记孙金龙主持市国资工作领导小组会议讨论金陵药业国有股份和收益问题，采纳了审计建议，将该国有股权授权给合肥市工业投资控股有限公司持有，由其履行国有股东的权利义务，及时收缴国有资产收益。在对交警部门经费预算管理和财务管理的专项审计调查中，提出安徽道路交通事故社会救助基金建立滞后等问题。唐承沛副省长在审计调查报告批示：“要重视省审计厅专项审计指出的问题，会同省财政厅开展专项调研，分轻重缓急，尽快有序督促解决。要加快建立省道路交通事故救助基金，督促市县财政部门完善交警经费保障机制，规范基层交警收费系统、财务管理，确保实现保障有力、管理规范、基础扎实、服务到位的目标。”为此，省交警总队将审计中发现的问题向市、县交警部门下达了突出问题整改通知，并举一反三，部署开展了全省交警系统自查自纠行动。关于道路交通事故救助基金，省财政厅金融处也表示将加快制定相关实施方案，并将该项工作列为2011年重点工作来抓。

积极实施“信息化推进工程”，提高审计信息化水平。一是加强领导，落实分工责任。制定《开展“信息化推进工程”实施办法》，确定由处长负总责，分管处长具体抓落实，并将“信息化推进工程”详细分解为AO和OA系统的规范应用、文书内部流转网络化、更新和发布审计信息、提升信息化应用成果、更新被审计单位资料库等任务，落实每项任务的责任人，形成了分工负责、责任明确、协调配合的工作机制。同时，要求全处人员进一步提高对审计信息化工作必要性和重要性的认识，增强责任感，提高自觉执行的意识。年中开展督促检查，确保各项目标任务落实到位。二是严格要求，推进两大系统整体功能运用。在审计工作中，更加重视AO与OA两大系统功能的运用，特别是对审计项目的交互管理提出更严格的要求。审计组必须在机关办公OA系统对项目进行下载和分解，及时更新被审计单位的基本资料和财务资料，审计实施方案、审计报告征求意见稿等要通过OA系统由分管领导审批，主审定期向OA系统上传审计现场数据包等等，从而实现审计业务与审计管理的交互。在AO系统的运用上，已经实现自主采集转换被审计单位数据，取证及底稿均在系统中编制并相互关联，审计人员定期将现场数据打包给主审，方便审计组内部实现信息共享，也有利于领导及时了解审计现场进度及审计发现的问题。根据两大系统在审计项目实施中的应用实践，首次尝试编写了数字化审计案例。三是拓展应用，加强对业务数据进行采集和分析。明确要求在审计项目中要对业务数据进行计算机审计。如在省高级人民法院预算执行审计中，编写了通过函数计算分段缴纳诉讼费用的公式，在EXCEL中输入诉讼标的额就可以直接求出应收诉讼费金额，以检验诉讼费用的收取是否符合标准。另外还要求被审计单位填列2010年诉讼费预收结算情况明细表，导入AO后，运用数据分析功能查询出结算超过一个月仍未退费的案件55件，取得了一定的成效。在蚌埠市原市长经济责任审计中，采集市财政的预算指标数据，与总预算会计数据相对应进行分析，迅速发现疑点，减轻了翻阅指标账的工作量，提高了现场审计工作效率。四是深化总结，提升信息化审计应用成果。年初，要求每位获得中级证书的人员至少提交一篇计算机审计方法或AO应用实例，或者发表一篇有关计算机审计的理论文章。让审计人员带着任务开展信息化审计，促使大家在审计工作中思考如何利用现有的信息资源，拓宽思路、深化计算机审计的应用。经精心提炼，取得了一些初步成果，其中，胡薇拟写的计算机审计方法和AO应用实例分别被省审计厅评为良好、优秀等次，杨仲林撰写的《关于财务数据采集的基本方法》在《安徽审计》发表。

认真完成交办及其他工作。一是重视档案等基础工作。确定专人负责，对审计项目材料进行收集、整理、复核和装订工作，取得了很好效果。其中，省食品药品监督管理局局长经济责任和预算执行审计项目档案在厅机关被评为前三名。二是派员参加有关审计项目复核审理工作。派员参加了3个预算执行有关审计项目复核审理，学习新审计准则应用情况和兄弟处室好的做法，并及时应用到本处实施的审计项目之中。三是完成治理教育乱收费总结工作。根据审计署的要求，汇总完成了全省治理教育乱收费、规范教育收费审计工作情况总结，并按时上报行政事业审计司。四是配合完成省档案局和省民委负责人经济责任事项交接工作。经与省档案局和省民委沟通协调，按照《安徽省省管领导干部离任经济责任事项交接办法（试行）》的有关规定，研究提出经济责任事项交接工作意见，提供交接文本，配合省档案局和省民委完成了负责人离任经济责任事项交接工作。

农业与资源环保审计处

2011年，农业与资源环保审计处齐心协力，认真实施“信息化推进工程”，大力推进资源环境审计，积极加速审计转型，队伍综合素质得到提升，发展方向越来越明确，探索途径越来越清晰，审计方法越来越多样，工作基础越来越坚实，攻坚克难的闯劲越来越充足，宏观成果的效应越来越显现。圆满完成了“巢湖水污染防治效益（河道综合治理项目）专项审计调查”、“全省扶贫资金专项审计调查”和“霍山县扶贫资金专项审计调查”任务；结合具体审计项目实施，从工作方案开始就紧紧围绕“信息化推进工程”的相关要求，在审计项目实施全过程实现AO应用和AO-OA定期交互基础上，全面、深入地深化应用，进一步提高审计信息化运用水平；克服自身任务重的困难，积极支持全厅重点工作，派出两人参加了全省政府性债务审计工作。

组织巢湖水污染防治效益（河道综合治理项目）专项审计调查。组织沿巢湖流域部分市县审计机关，抽调审计人员20名，历时5个多月，对巢湖水污染防治——河道综合整治项目效益情况进行了专项审计调查。重点抽查流域内纳入“十一五”巢湖水污染防治规划的河道综合整治项目建设、资金管理使用、治理环境效果等情况。审计调查涉及环湖9个河道综合整治项目的主管部门和项目法人单位，合肥市、巢湖市和舒城县、肥东县发改委、环保、财政、建委等20多个部门。通过审计揭示了7个方面主要问题：一是部分环湖河道水质未实现巢湖水污染防治“十一五”规划目标。二是部分入湖河道水质不达标，直接影响城市饮用水源地安全。三是部分河道环保监管能力薄弱。四是部分河道整治项目工程进展缓慢。五是巢湖水污染防治缺乏统一的协调管理机制。目前巢湖水污染防治工作缺乏统一的协调管理机制，存在分散管理、信息不对称、资源重复配置、政出多门等现象，严重制约了水污染防治工作。六是巢湖水污染防治项目规划不尽合理。七是总氮未纳入河道水质考核指标，影响整体防治效果。在分析原因的基础上提出了有针对性的意见和建议。共报送5篇审计信息，省委采用2篇。

组织全省扶贫资金专项审计调查。为深入了解全省扶贫工作开展情况，推进扶贫工作体制机制进一步完善，服务政府宏观政策决策，8月至9月，组织全省部分市、县审计机关，抽调审计人员122名，组成30个审计组，对全省30个扶贫开发重点县2008至2010年财政扶贫资金和扶贫开发项目进行了专项审计调查。审计调查了省和相关县（区）财政、扶贫、发展改革等129个单位，并延伸调查了133个乡镇、333个行政村，走访了4842个农户，抽查了3467个扶贫项目，并就相关事项追溯其他年度。审计组采取查阅资料、实地勘查、召开座谈会、调查问卷等多种形式进行现场审计调查。审计调查发现6个方面主要问题：一是贫困监测准确性较差，贫困现状掌握不全面，抽样测算数据反映不出历史的变化和区域经济发展水平，造成扶贫工作在整体上不能做到应扶尽扶，地区之间实际贫困标准不一致；二是财力投入不均衡，资金分配不够合理；三是项目资金使用较分散，存在“撒胡椒面”现象，降低了扶贫资金使用效果，并在一定程度上导致基层拼盘项目较为普遍，往往多头、多次申报项目，各种资金之间“拉郎配”的现象突出；四是补助标准不够科学，项目实施难度较大，如“雨露计划”资金比例一刀切、道路建设补助标准不合理；五是投向缺乏针对性，扶贫效果不佳，企业贷款贴息效果不明显，农户贷款贴息难以扶贫，少数项目闲置形成资源浪费；六是项目管理不够规范，资金滞留现象比较突出，挤占、挪用、借用、虚报冒领扶贫资金的现象也时有发生。在分析原因的基础上提出了有针对性的意见和建议。共报送5篇审计信息或简报，省委采用2篇、省政府采用1篇。

注重审计工作转型升级。一是始终抓住转型，适时修正方向。克服传统思维，立足于转型升级，在查处违纪违规问题的基础上，以客观事实为基础，更多地立足于对工作机制、工作体制和政策执行效果进行分析评价，更多地关注政策制定的合理性和时效性、政策执行的效果性，找出根源性问题，用审计人员自己的视角，从合理性角度审视现行的各项法规制度，独立判断，逐步摆脱条条框框对审计意见取向的限制，把推进审计工作转型升级与服务安徽发展结合起来，适时修正因传统审计的思维惯性而造成的方向偏差。二是始终立足大局，服务宏观决策。相对于单个违纪违规问题，政策制度层面的分析影响面更大，更为深远。在审计调查中，没有完全局限于违纪违规问题查处，而是对整个客体事物运行的过程进行考量，从为宏观决策服务的角度考虑问题，努力发挥审计建设性作用。积极拓展工作领域，扩展思维，多视角分析，全面判断，把握内在的根本性和主导性问题，为改进宏观管理提出审计建议，改变过去把主要精力投入单个、独立、具体的个性违规问题，丢了西瓜捡了芝麻，以偏盖全的局面。三是始终体现创新，大胆探索路径。克服畏难情绪，立足探索，循序渐进，先易后难，通过系统占有资料、全面掌握情况，有针对性地找出审计工作的重要环节和切入点；打破循规蹈矩的财务审计模式，突破原有财务收支审计的技术方法，采取四处出击，走访、座谈、测试、抽样等多种方法，围绕审计目标，广泛搜集资料，积极从技术、方法、手段等方面破除资源环境审计的障碍；集中力量重点突破，由点及面，逐步推开。为开展资源环境审计探索方法积累了经验，在实践中锻炼了审计人员。四是始终坚持联审，积极借力使力。在巢湖项目审计调查中，针对水资源的特征，坚持联合审计，借助外力，认真听取业务专家的意见和建议，倾听各方的声音，为资源环境审计整合力量，不盲听盲信，有分析、有判断、有选择、有重点地开展工作。具体地说就是：借助于主管部门，发挥行业主管理部门的主导作用，为我所用；借助于专业人才，参与审计实践，发挥专业人员专业技能和专业意见，增加技术含量；借助于各级审计机关审计力量，进行资源整合。通过借力，既最大限度弥补了审计力量的不足，又锻炼了处里的审计人员，得到了工作、学习提升的效果。五是始终维护形象，坚持廉洁从审。进一步注重思想政治工作，加强作风建设，严把廉政关，时刻注意维护审计机关的工作权威和良好形象，工作作风和廉洁意识都得到了各被审计单位的高度赞誉。

固定资产投资审计处

2011年，固定资产投资审计处认真践行科学发展观，以实施“五大工程”活动为抓手，加大对政府投资管理和项目管理的监督力度，在促进重点工程建设、节约政府投资、推进廉政建设等方面发挥了重要作用。

省发改委组织分配2010年政府投资情况审计圆满完成。上半年，对省发改委组织分配2010年度政府投资情况进行审计，重点审查了省统筹投资预算执行情况，延伸审计调查了省财政厅、省水利厅，以及11个项目建设单位。审计报告重点反映了投资预算编制与执行、投资计划管理与项目审批、项目建设管理三个方面的问题，并提出针对性的审计意见和建议，引起了省发改、财政、水利等部门的高度重视。

对口支援松潘县灾后恢复重建审计取得重要阶段性成果。至2011年底，安徽对口援建四川省松潘县灾后恢复重建的45个建设项目已完工44个，完成投资23.45亿元，并于2011年5月10日整体移交给松潘县。固定资产投资审计处承担的跟踪审计任务已基本完成，竣工决算审计正积极推进，并取得显著成效，审计署对安徽省对口援建审计工作给予了通报表彰。一是跟踪审计工作扎实开展并圆满完成。审计组克服高寒气候给现场审计带来的困难，三年间11次赴松潘开展审计，印发《审计情况通报》6期，及时发现和纠正违规违纪管理和使用资金4.52亿元，其中截留挤占挪用建设资金1亿元，其他管理不规范资金3.52亿元；揭示了项目执行建设程序、招标投标、质量管理、材料供应、合同管理、造价控制、进度管理等方面存在的问题；上报审计工作报告和专报8篇，公告审计结果4期，编写审计信息和新闻稿件10篇，新闻稿件被新华网、人民网、中国审计信息网、四川灾后重建网、中安在线等主流媒体纷纷转载，跟踪审计引起有关领导的重视和社会各界广泛关注，有效推进了安徽对口援建工作的科学、顺利开展。仅2011年，就3次赴松潘现场开展审计，重点对资金管理和在建项目的质量、工期、造价的控制情况进行审计，印发的第6期《审计情况通报》，反映了挪用挤占建设资金7024万元、未完工程项目质量管理存在缺陷、设计变更和签证不规范、工程价款结算审计资料准备严重滞后等问题，提出了建设性的审计意见和建议。二是强力推进工程价款竣工结算审计。为促进工程价款结算审计资料的及时报送，通过召开推进会、印发书面文件、向省政府主管领导报告情况等多种方式和途径，强力推进工程价款结算资料报审。其中，有18个合同段报审，占全部合同项目的一半，均已完成初审；审结合同项目6个，送审额21866.6万元，核减1376万元，核减率6.3%。三是完成审计署组织的灾后重建志编纂工作。《灾后重建志》编纂工作是国务院部署的一项重要任务，灾后重建审计是其监督检查篇章的主要内容。固定资产投资审计处承担安徽灾后重建审计志的编纂工作，用一个月的时间圆满完成了2个条目和2个案例的编撰，总计约75000字。

新桥机场建设项目跟踪审计工作继续稳步推进。重点对项目财务管理及现场施工管理进行监督，对肥西县政府机场建设征地拆迁政策落实情况作了延伸调查，同时完成了合肥新桥机场19个临时工程和辅助工程的价款结算审计，核减价款1587万元，核减率13.9%，印发《审计情况通报》两期。《审计情况通报》指出了项目支出反映不完整、部分工程及设备采购未公开招标、监理工作存在不规范、现场施工存在违规现象以及肥西县挪用拆迁安置资金等问题，并提出了有针对性的审计意见和建议。合肥新桥机场建设推进协调领导小组组长、省委常委、合肥市委书记孙金龙对《审计情况通报》（第1号）作出重要批示，审计情况通报反映的问题已基本落实整改。

校安工程审计有序开展。省审计厅组织全省各级审计机关连续第二年对全省校安工程开展跟踪审计和竣工决算审计，固定资产投资审计处直接承担省级校安工程资金筹集、分配、管理情况和30所省直学校校安工程的跟踪审计，并包片阜阳市校安工程督查工作。一是突出重点，建立机制，推进省直校安工程审计有效开展。重点对省直项目的资金、质量管理、国家优惠政策执行情况和省级债务情况进行跟踪审计和调查，对阜阳市直和界首市、太和县的校安工程进行督查，反映了多安排资金计划、项目设计不合理、招标不规范、施工现场质量控制存在薄弱环节、部分地方未完全落实费用减免政策等问题，并提出了相应的审计意见和建议。印发省直校安工程《审计情况通报》3期，并向社会公告了2010年度的审计结果。经与省校安办协商，省校安办上半年向各省直学校发文，明确各省直校安工程价款结算必须经审计才能办理工程款竣工结算，确立了省直校安工程项目的必审制度。已完成5个项目的工程价款结算审计，送审金额1564万元，审减197万元，平均核减率12.6%，其中在监理审核基础上的二审平均核减率13.6%，在造价咨询机构二审基础上的三审平均核减率8%，审计节约政府投资的效果明显。二是精心组织、认真提炼、注重整改，提升全省校安工程审计效果。年初，省审计厅印发《关于进一步做好2011年中小学校舍安全工程跟踪审计工作的通知》，明确重点、布置任务、提出要求。在校安工程审计开展高峰阶段的7、8月间，赴六安、淮南、蚌埠等地开展检查指导和调研，及时纠正工作的偏差，并将共性和难点问题电话通报各市，要求注意解决。及时汇总全省审计情况，向审计署报送了校安工程债务审计调查情况和近两年的跟踪审计情况，同时编发校安工程审计信息4篇，向省委、省政府反映情况。谢广祥副省长对审计情况通报和审计情况报告分别作了重要批示。固定资产投资审计处要求将省校安办将审计发现问题的整改情况作为对各地校安工程年度目标考核的重要内容，建立健全审计整改机制，审计发现的问题一般都得到了及时整改。在省审计厅的推动下，一些地方校安办主动邀请当地审计部门在控制价编制、设计变更、隐蔽工程验收等关键环节及时介入，帮助把关。

精心组织实施六武高速公路竣工决算和投资绩效审计。六武高速公路全长90.85公里，概算投资53.72亿元，重点对项目的投资决策和建设管理、资金使用和财务管理情况、征地拆迁和价款结算等情况进行了审计。其中，财务审计现场实施已经结束，征地拆迁专项审计情况已发出审计征求意见书，工程价款结算审计已完成初审工作。

“信息化推进工程”有序推进。年初制定《固定资产投资审计处信息化推进工程实施方案》，对投资审计信息化作出总体安排，并取得了明显成效。一是全部应用AO系统建立审计项目、采集转换审计资料、查询分析财务和业务数据、编制审计取证材料和工作底稿，确保每15天交互OA与AO中的信息资料，并及时打包归档和OA系统中被审计单位资料的更新工作。选取省发改委组织分配政府投资情况审计项目制作了审计案例。二是做到公文起草无纸化，及时处理待阅公文、待办事项，对重复公文和废弃公文及时清理和删除。三是积极利用OA系统中的培训课件进行选课学习，确保每人每年至少学习36个小时。四是及时上报信息10篇，更新处室动态11次。四是开通安徽投资审计交流QQ群，用于业务信息的交流和资料共享。五是严格遵守规定实行内外网隔离，确保信息安全。六是从审计现场抽选1人参加省审计厅举办的计算机审计中级培训班学习并通过中级证书认证考试。

金融审计处

2011年，金融审计处按照“加强金融审计，维护地方金融安全稳定”的总体要求，以落实中央宏观调控政策、揭示金融风险、维护金融稳定、促进金融企业健康发展为目标，对地方有关金融机构并经审计署授权对央属金融分支机构的资产质量、经营合规性进行审计或审计调查，揭露违规问题和风险隐患，促进金融机构提高效益和抗风险能力，圆满完成了各项工作任务。

完成省检察院2010年预算执行审计。根据省审计厅计划统一安排，金融审计处承担了省检察院2010年预算执行审计任务，同时还结合预算执行情况，对省检察院2010年执行政府采购情况进行了审计调查，对决算情况进行了审签。通过审计，发现省检察院收支决算不完整、基建资金未纳入基建账户、违规收取广告费、本级部分设备和服务采购未按规定程序进行政府采购等问题，省检察院对审计意见非常重视，积极进行整改纠正，部分问题在审计期间就已整改完成，审计取得预期的成效。

实施邮储银行审计。根据审计署授权和追加计划安排，金融审计处承担了省邮储银行2010年资产负债损益审计项目，在自行展开对省分行、省分行直属支行和合肥分行进行审计的同时，组织蚌埠、芜湖、马鞍山、安庆、滁州、宿州6个市审计局对当地分行展开了审计。为了较好地完成审计任务，组织召开审计专业会议，认真学习讨论审计工作方案，明确审计目标、重点、范围和内容，为随后开展的审计实施奠定了基础。同时，审计署对审计的时间也做了严格的控制和要求，从任务部署到全面完成不得超过3个月，审计在5月中旬开始准备，8月中旬已完成所有汇总上报工作。通过审计发现邮储银行在执行国家宏观调控政策、经营管理、风险控制等方面的违规问题，存在一定的风险隐患。审计针对发现问题提出了处理意见和建议，邮储银行非常重视，专门落实整改，审计取得了预期成效。本次审计是邮储银行成立后的第一次审计，内容繁多，涉及资产、负债、损益等各方面，审计中重点关注执行国家经济、金融政策，以及服务地方经济发展、安全稳健经营、风险隐患防控等方面的内容，有针对性地从体制、机制上提出意见和建议，促进了邮储银行更好地发展。

开展小额贷款公司专项审计调查。根据计划安排，在邮储银行审计项目完成后，即着手准备实施全省部分小额贷款公司的审计调查项目。在与省、市金融办交流，深入小额贷款公司广泛收集资料，认真开展审前准备的同时，根据调查需要召开了由参审的合肥、铜陵、宣城、六安、淮南、淮北、阜阳、亳州、池州、黄山10个市审计局分管领导和审计业务人员参加的审计专业会议，邀请省金融办有关领导在会上介绍情况，同时部署调查工作。会上明确以“摸家底、查隐患、防风险、促发展”为主线，通过审计调查，了解安徽目前小额贷款公司发展的总体状况，揭示发展中存在的矛盾和问题，加强和改善对小额贷款公司的监督，规范小额贷款公司经营行为。金融审计处还具体承担了对合肥安振、德善、包河区汇通3个小额贷款公司的审计调查，10个市同步开展此项工作，要求各市不少于对三家小额贷款公司展开审计调查。通过调查，发现部分小额贷款公司在法人治理结构建立健全、经营管理、风险控制等方面存在问题。针对发现的问题，从体制、机制、制度层面提出进一步改进和完善的意见建议。常务副省长詹夏来在审计调查综合报告上批示：“审计调查建议很好，请金融办认真组织落实。”

组织金融审计人员进行专业培训。按照年度教育培训计划安排，金融审计处与厅信息技术处及省行政学院共同举办了一期金融计算机审计及金融业务审计培训班。参训人员为全省各市、县（区）金融审计人员，聘请合肥和厦门高校知名教授讲课，培训内容有宏观经济理论、金融监管规则、金融创新产品等较为前沿的专业知识。参训的金融审计人员普遍反映，通过学习拓展了思路、开阔了视野，提高了计算机审计能力和金融审计业务水平，真正做到了学以致用。

开展“创先争优”活动。根据厅“创先争优”活动实施意见，继续推进金融审计“创先争优”活动进程，落实实施意见的各项要求，按照处室和个人“创先争优”计划目标，扎实推进各项工作，更好地服务于经济社会的发展，服务于省委、省政府的工作部署。同时，积极推进审计转型，借“创先争优”之契机，不断提高金融审计工作水平，不断取得新的更加优秀的审计成果。把“创先争优”活动落实到每一项具体的审计工作之中，在工作中目标明确，任务落实，扎实推进，使“创先争优”活动有载体，有落实。在优秀审计项目评选中，金融审计处实施的省担保集团负责人任期经济责任审计项目获全省表彰项目，“创先争优”活动在具体的审计工作中得以体现。

按计划推进金融审计信息化。在实施“信息化推进工程”中，按照厅里统一部署，制定金融审计信息化发展计划。计划总的指导思想是以科学发展观为指导，创新审计信息化工作理念，在对金融机构审计实践中积极探索数字化审计技术和方法，提升审计信息化应用水平，推动审计现代化和审计信息化的融合，全面提高信息化环境下的审计监督能力，为金融审计“十二五”上水平打下坚实基础。根据计划要求，在省检察院预算执行审计、邮储银行审计以及小额贷款公司审计调查中，深化数据采集、转换、分析等计算机审计技术应用，使得审计的效率和效果有了较大的提高。同时，在邮储银行审计中还积极探索对其信息系统展开审计，通过考察邮储银行信息系统的运行、管理、维护情况，评价银行数据运行的可靠性，揭示了银行在信息系统管理方面的薄弱环节，同时也积累信息系统审计经验，为今后逐步开展金融企业信息系统审计创造了条件。

与开行共同对贷款项目进行联合检查监督。按照与开行建立的联合监督检查机制要求，分别对六安、池州等地的开行贷款项目进行联合监督检查，针对检查中发现的问题提出意见建议，督促用款单位认真执行国家相关政策规定，提高资金使用效益。

与对口联系单位开展交流。按照省审计厅相关要求，与对口联系单位长丰县审计局进行座谈交流，总结年度工作经验，谋划新一年度的工作，交流探讨双方加强交流沟通、互帮互助的方式及想法，期待在新的一年里取得新成效。

完成领导交办的其他工作。根据省审计厅统一安排，派员参加有关处室承担的池州市委书记、市长任期经济责任审计工作，由于参审人员认真负责，较好地完成其所负责的审计任务，得到领导和审计组的肯定。此外，还派员参加了综合法规处审计项目复核审理、办公室档案检查评比等工作。

加强审计项目谋划和协调。在组织实施的三个项目中，除省检察院的预算执行审计外，邮储银行和小额贷款公司都是上下联动的金融审计和审计调查项目，且都未接受过审计或审计调查。为此，对于这三项审计任务金融审计处非常重视，审前充分准备，审中认真实施，上下协调配合，审后深入交流。一是审前调查充分。通过与被审单位交流，收集资料采集数据，试审查账等方法充分了解被审计单位情况，使审计所需的各项资料较为全面。二是制定方案可操作性强。除预算执行项目由金融审计处自己承担以外，后两项审计和调查项目均召开了专业会，认真充分讨论之前制定的审计工作、实施方案和计算机审计方案，尤其是审计（审计调查）中可能出现的难点问题，均有针对性地提出意见，考虑可操作性。三是加强交流沟通，及时解决问题。在实施中与各市审计组通过电子邮件、短信、实地了解情况等经常交流方式加强沟通交流，使问题及时解决，取得较好成效。

强化审计信息化应用。明确以现

场审计实施系统（AO）和审计管理系统（OA）为平台，继续深化审计信息化应用，建立健全管理、作业和信息交互全过程的信息化流程，争创信息化审计精品项目，使金融审计信息化应用水平显著提高的工作目标。在实践中不断培养和锻炼全省金融审计信息化人才队伍，形成一支能熟练掌握金融计算机审计技术和方法的核心力量。进一步加强金融审计信息化的总结和理论研究，更好地指导审计实践，形成理论研究与审计实践相互补充、相互促进的良好局面，使安徽金融审计信息化工作不断向前推进。在实施的三个审计项目中，严格按照省审计厅信息化建设要求，进行OA和AO的交互。在对邮储银行审计中，通过远程访问下载银行后台数据库业务数据，采用数据式审计模式进行计算机辅助审计，根据数据分析结果编制计算机审计方案，提高方案的针对性和准确性，实现准确定位、精确延伸发现问题，使审计效率效果不断提高，也使参审的金融审计人员计算机审计能力不断提升。审计项目完成后，加强对计算机审计工作总结，扩大审计成果的开发利用。审计综合报告上报后，根据报告揭示的问题，整理了多篇审计信息并被采用。同时，根据省审计厅有关信息化工作的要求，开展计算机审计方法的编撰工作，部分成果在省审计厅获评优秀。

重视金融审计人才培养。金融业是现代化程度较高的行业，金融产品创新不断，金融审计人员也必须学习不断，方能适应需要。金融审计处始终把培养金融审计人才作为一项重要工作来抓，加大培训、学习和上下交流力度，不断提高金融审计人员的整体素质。一是组织金融审计人员参加审计署金融司举办的金融审计视频培训班。二是结合审计项目，将参与邮储银行审计的6个市计算机审计人员集中，参加数据分析，进行电子数据分割、下载，将计算机审计理论和金融审计实际相结合，在实践中学习交流，培训提高。实践中学习交流和培训学习都获得了较好的效果，也为今后金融审计的不断深化和发展奠定了基础。

企业审计处

2011年，企业审计处认真贯彻审计工作“二十字”方针，全面落实省委、省政府决策部署，以转型升级为主线，以实施“五大工程”为载体，突出经济责任审计重点，较好地完成了各项任务。其中，完成省级国有资本经营预算执行情况和亳州市原市长任期经济责任履行情况的审计任务，实施追加的对省能源集团原董事长兼党委书记任期经济责任履行情况的审计，完成《安徽省企业审计2011年至2015年发展规划》的编制工作，派人参加省审计厅组织的计算机AO认证考试两人次和省直党校培训班一人次，对省属33户企业境外投资情况进行初步摸底，继续充实完善省属企业审计基本资料库，完成省审计厅下达的审计信息任务。

圆满完成省级国有资本经营预算审计。根据省审计厅机关年度审计项目计划安排，开展了对2009年、2010年省级国有资本经营预算的审计。此次审计，以加强和规范省级国有资本经营收益管理，完善政府与国有企业的分配关系，促进国有经济结构战略性调整和经济发展方式转变为目标，对省财政厅和省国资委管理的省级国有资本经营预算收支情况进行审计，并重点延伸了10户省属企业。审计揭示了国有资本经营预算制度规定不完善；少数企业欠缴国有资本收益，国有资本经营预算执行力度欠缺；省财政组织上缴预算收入不够规范，下拨预算资金不及时；预算支出安排分散，支出使用效果不明显；企业收到预算资金存在管理和核算方面的问题。提出了提高对建立国有资本经营预算制度的认识，严格执行国有资本经营预算各项管理制度；制定完善国有资本经营预算管理制度，使制度更为科学、规范、公平和具可操作性；加大对国有资本收益收取的征缴力度；突出重点，提高国有资本预算支出资金使用效果；加强对国有资本经营预算资金监督等审计建议。对促进增强政府的宏观调控能力，推进国有经济布局和结构的战略性调整，加快国有资产管理体制改革等发挥了积极作用。编写的《我省国有资本经营预算制度有待完善》等两篇信息被省审计厅采用。

圆满完成亳州市原市长任期经济责任审计。根据省审计厅《关于追加和调整2011年度审计项目计划的通知》，企业审计处承担了亳州市原市长经济责任审计项目。第一次承担市长经济责任审计项目，审计业务转型较大，没有经验。为了搞好这次审计，倾全处之力，成立了以处长为组长、副处长为副组长、业务骨干为主审的审计组。为了充实审计力量组成精干的审计组，分别到蚌埠、淮南等地审计机关，协商抽调审计人员。为了弥补审计专业知识和经验的不足，大家干中学，学以致用，恶补不足，虚心请教，起到了很好效果。6月中旬，在精心准备的前提下，分成3个调查小组，就地对审计项目做了前期调查，并在此基础上编写了审计实施方案和计算机辅助审计方案。磨刀不误砍柴工，审前的充足准备确保了该审计项目的质量，提高了审计效率，按时完成审计任务。通过审计，从财政财务收支、土地管理、保障房建设、政府债务、环保及调整产业结构政策落实等重大决策行为方面揭示了该市存在的问题，进一步促进该市完善了制度，加强了管理，审计工作达到了预期的效果。

积极开展皖能集团原董事长兼党委书记任期经济责任审计。该项审计11月份由省审计厅临时追加，被审计单位规模较大，审计时间要求紧。为按时、保质完成该项审计任务，全处克服人员不足的困难，全体人员放弃了休息的时间，迅速从前一个项目中转入新项目，立即着手投入工作。12月15日，审计组已正式进点开展现场审计。

研究制定《安徽省企业审计2011年至2015年发展规划》。为全面履行《审计法》、《审计法实施条例》和《安徽省审计监督条例》赋予审计机关的职责，进一步深化“十二五”期间企业审计工作，充分发挥审计在维护企业国有资产安全、防范风险以及促进企业加快转型升级和可持续发展等方面的建设性作用，企业审计处牵头拟定了《安徽省企业审计2011年至2015年发展规划》。规划明确，对地方国有及国有资本占控股地位或主导地位的企业开展资产负债损益审计，对地方国有及国有资本占控股地位或主导地位的企业开展绩效审计，对地方国有及国有资本占控股地位或主导地位的企业落实国家宏观经济调配政策、履行社会责任、实现节能减排降耗等开展专项审计调查，推进和完善企业领导人员经济责任审计工作等作为今后安徽企业审计的主要内容。

开展省属企业境外投资情况的摸底调查。根据厅领导关于要求对省属企业境外投资情况进行摸底调查的指示精神，采取到国资委调查了解总体情况，到企业现场调查和发放《省属企业境外投资基本情况表》，查阅企业审计资料库等方式，对省属33户企业境外投资情况进行了初步摸底调查。通过摸底，对省属企业境外投资的情况有了较全面的了解，为今后开展该方面的审计或审计调查打下了较好的基础。

积极实施“信息化推进工程”。按照省审计厅的部署，结合经济社会发展和全省企业审计工作的实际，积极实施“信息化推进工程”，提升了审计工作水平，推动了企业审计工作的进一步发展。一是更新观念，提高认识。企业审计处面临的客观现实是，一方面处内人员年龄偏大，平均年龄超过50岁，多数人计算机技术基础较差；另一方面企业使用的财务软件各有不同，后台数据库也各具行业特点，数据采集较为复杂。针对这种情况，处内多次召开会议，统一思想，提高认识。通过学习讨论，大家认识到，实施“信息化推进工程”是推进企业审计发展的关键，是实现审计转型的重要抓手，对每一名审计人员而言，“如不掌握计算机技术，将失去审计的资格”。全处人员应克服畏难情绪和诸多不利因素，始终保持蓬勃向上的朝气、开拓进取的锐气、不畏困难的勇气，适应企业审计发展的需要，努力尽快掌握计算机审计技术。二是积极探索，实践运用。首先，通过计算机技术在审计实践中的运用，进一步规范审计工作。在开展的国有资本经营预算执行审计项目中，全面采用AO开展现场审计，利用OA进行审计管理，实现了审计作业过程各个环节及相关资料在AO和OA中交互；在开展的对亳州市原市长任期经济责任履行情况的审计项目中，按照电子化流程控制要求，从立项分解、采集转换、分析数据、编制底稿、形成报告等各个环节规范操作。通过计算机技术在这两个审计项目中的运用，进一步规范了审计工作，也提高了计算机技术在实际运用中的水平。其次，通过开通审计业务论坛，组建审计QQ群，实现审计资源共享，提高了审计工作效率。在对亳州市原市长任期经济责任履行情况实施现场审计过程中，审计组开通了审计业务论坛，组建了审计QQ群，在群内发布涉及国土、环保、招商、投资、金融、招标、企业改制、资金管理、股权变更等相关法律法规近60条，使审计组成员及时掌握了解相关专业知识，同时发布相关审计信息100余条，加强了审计组成员之间的沟通交流，实现了审计资源共享，提高了审计效率，为顺利完成审计任务发挥了积极作用。另外，通过建立企业财务数据库，及时掌握了解企业发展动态，为下一步审计做好基础工作。为全面、适时掌握了解全省国有企业经营发展情况，采集了全省33户企业财务数据，导入OA系统中作为基础信息，这些财务信息较为全面反映了全省国有企业近几年来的经济发展情况，是审计工作中必须掌握的重要信息资源，通过这样一个平台，可以节省审前调查的时间和人力，提高审计效率，为今后对相关企业的审计提供了有力的支持。同时，通过OA系统发布审计信息，及时宣传审计工作。在每一个审计项目进点前，处内都安排人员负责项目信息的收集、整理和发布，利用厅机关OA系统及时上传相关信息，宣传通报有关审计情况。全年按计划、按要求完成了信息撰写任务。三是长远规划，明确目标。制定《企业审计处2011年至2015年信息化建设发展规划》，同时在制定的《安徽省企业审计2011年至2015年发展规划》中，把推进信息化工程建设作为一项重要内容，要求处内每人未来5年计算机运用在原有水平上有较大提高，都应通过审计署组织的AO资格认证，处内一半人员取得计算机中级资格，同时培养一至两名计算机能手，能够应对全省范围内所有企业不同的数据库管理系统和财务软件，使全处能够顺利实施审计工作。

社会保障审计处

2011年，社会保障审计处按照厅机关的统一工作部署和《全省审计机关开展“信息化推进工程”实施方案》要求，坚持以科学发展为主题，以转型升级为主线，深入实施“信息化推进工程”，关注社保基金的安全完整和社保体制、机制中存在的突出问题，在审计工作中全面落实“信息化推进工程”的各项要求，较好地完成了全年工作任务。

以预算编制情况为重点，开展省本级社保基金预算执行审计。安徽省社保基金从2010年开始试编预算，为促进社保基金预算编制的科学合理和预算执行的真实完整，社会保障审计处开展了省本级社保基金预算执行审计。通过对省财政厅、省人社厅管理使用的社会保险基金预算编制、审核、执行和决算情况进行审计，发现基金预算指标编制不规范、失业保险金借出款长期挂账、部分业务数据不完整、社保基金预算草案的编制和审核程序不规范等问题，并提出审计意见和建议，为完善全省社保基金预算管理体制发挥了审计监督和服务作用。

以提高审计效率为基础，开展养老保险基金联网审计。在厅领导的高度重视和相关处室的大力支持下，克服困难，明确思路，稳步开展社保养老保险基金联网审计试点工作，分项完成了数据采集转换、征集审计需求、建立审计模型、数据分析、发现疑点、调查核实等一系列紧张而艰苦的工作。11月11日，社保联网审计项目经过专家评审，最终顺利通过竣工验收。通过省本级社保基金联网审计的开展，发现个别退休人员死亡后仍领取养老金和退休人员退休年龄不符合法律规定、大量基础业务数据存在错误等问题，这些问题是运用常规审计难以发现或难以全面发现的。联网审计的运用，有效提高了审计效率，进一步加大了审计监督力度。

以完善政策体系为目标，开展全省养老保险基金审计调查。根据审计署的部署和年度项目计划安排，组织开展全省养老保险审计调查，同时对广德县养老保险基金实施审计。此次审计调查涵盖城镇企业职工基本养老保险、新型农村社会养老保险、被征地农民养老保险、机关事业单位养老保险，对促进养老保险基金规范管理、健全完善养老保险制度、促进社会基本公共服务均等化和推动养老保险可持续发展等都具有重要的意义。审计调查重点关注各项养老保险基金的收支规模和结余状态，反映养老保险制度建设和政策执行中存在的突出问题，为进一步规范基金管理、促进完善养老保险政策体系提出了相关建议。

以支援灾区建设为根本，开展救灾资金审计。1月，审计署部署舟曲泥石流灾害救灾资金物资审计，对甘肃舟曲发生泥石流灾害以来，安徽各级政府安排的救灾资金和相关单位接收的救灾资金物资进行审计。社会保障审计处负责指导全省的审计工作以及汇总综合报告上报审计署，同时与厅劳保室联合实施对省本级的审计。该项目涉及的单位多、时间紧，审计人员以饱满的工作热情，踏实的工作作风，放弃多个节假日，按时完成了审计任务。

攻坚克难，探索开展社保基金联网审计。为进一步提升社保计算机审计水平，加速社保审计转型升级，在实施省本级养老保险基金联网审计中进行了有益的探索。一是向全省社保审计业务骨干征集联网审计需求。组织召开社保联网审计业务需求研讨会，全省10名社保审计业务骨干参加会议，会议共征集到38条审计需求。二是加强与被审计单位沟通。在社保联网审计的研发过程中，审计组多次与省人社厅、省社保局进行沟通联系，摸清养老保险业务信息系统的数据字典和结构，并根据被审计单位反馈意见，多次对审计模型进行修改完善。三是审计人员和研发技术人员通力合作。为确保社保联网审计模型发挥实效，和软件公司的技术人员进行多次研讨和座谈，力求找准结合点，将审计业务需求转换成计算机语言，使联网审计模型能够满足审计业务需求。社保联网审计的实施，推动安徽社保计算机审计上升了一个台阶，也为向市、县级审计机关推广社保联网审计实施系统和深入开展社保计算机审计打下了坚实的基础。

重在实践，大力推广社保计算机审计应用模块。根据社保联网审计模型，社会保障审计处开发了16个适合在AO和SQL SERVER环境下运行的社保计算机审计模块，并从中挑选出4个重点模块，运用到统一组织的全省养老保险基金审计调查项目中。在审计实施方案中，明确要求各市、县级审计局实现“保底不封顶”，即确保完成方案规定的4个计算机审计模块，同时各地也可以根据以往审计经验和计算机审计人员的配备情况，自行开发运用审计模块。从各地上报的审计方法看，涉及社保审计的就有129篇(全省共上报346篇)；AO案例涉及社保审计的有42篇(全省上报209篇)，全省各地在社保计算机审计运用上取得了重大突破。

注意总结，认真撰写计算机审计方法和AO案例。根据审计署和厅机关的统一要求，根据以往运用计算机审计方法的经验和成果，认真撰写社保计算机审计方法和AO案例经验。经厅信息办复核，推荐上报的4篇计算机审计方法中，有两篇获得优秀，两篇获得良好。

自我加压，加强社保审计信息化对口指导。在制定的《社保处信息化推进工程实施方案》中，明确对口指导六安市审计局、合肥市庐阳区审计局、居巢区审计局的审计信息化工作。方案制定后，认真组织落实，先后3次到对口指导地区开展计算机审计培训和辅导，帮助市、县（区）审计机关解决计算机审计工作中遇到的难点问题，取得了很好的效果。

外资运用审计处

2011年，外资运用审计处认真贯彻落实全省审计工作会议和全国外资审计业务培训班精神，深入贯彻落实科学发展观，创新思路，优化措施，努力克服时间紧、任务重、要求高、审计力量不足等诸多困难，精心组织，辛勤工作，圆满地完成了各项审计任务，外资审计工作取得了新的成绩。

根据上级授权，开展公证审计。根据审计署和省政府授权，组织全省外资审计力量，对15个国外贷援款审计项目实施了公证审计，包括：世界银行贷款加强灌溉农业三期、农业科技、农民工培训与就业、生态家园富民工程、安徽省公路恢复与改建、蚌埠综合环境整治改善项目，亚行贷款合肥市城市环境改善利用、安徽公路发展项目，日元贷款人才培养、公共卫生基础设施、广电基础设施改造项目，世行赠款白蚁防治氯丹灭蚁灵替代示范项目、高致病性禽流感及人流感大流行防控能力建设（一期、二期）项目，中德财政合作皖南生态造林扶贫项目。15个国外贷援款项目，预算投资总额188.92亿元，其中利用国外贷款和援助款折合人民币66.74亿元。审计子项目83个，抽查子项目比例为43%；审计金额26.61亿元，占当年项目完成投资总额的48.6%。通过审计，揭示了项目建设和管理中存在的问题。对于审计中发现的问题，根据国家法规和贷款协定等有关规定，分别提出了审计处理意见和整改建议。全年出具公证审计报告17份。根据审计署有关规定，对2011年度全省9个世界银行贷款和赠款项目的审计结果进行了公告。编写《安徽审计信息》6篇，其中被省政府办公厅采用3篇；编写《审计专报》1份，被省政府领导批示。

拓宽审计领域，实施绩效审计。结合公证审计，对日本国际协力银行贷款安徽人才培养、公共卫生及广电改造项目绩效情况实施审计。审计时，各审计组除查阅项目可行性研究报告、项目的批复文件、项目转贷协议等资料，还通过对项目执行单位发放调查表收集数据、对受益单位和受益人群召开座谈会，并进行实地抽查、复核、走访相关工作人员调查了解情况等方法，对日元贷款项目设备采购情况的绩效情况进行抽查与核实。对产生问题的主观、客观原因进行全面分析，提出有针对性、可操作的审计建议。通过审计，揭示了项目采购设备计划完成进度较慢、项目设备采购周期长影响项目效益及时发挥，少量设备利用率不高或闲置、甚至存在质量问题造成一定的浪费等问题。向省政府报送的《绩效审计情况综合报告》，提出了进一步加强采购设备管理、提高日元贷款资金使用效果，进一步加强沟通联系、妥善解决日元贷款项目执行难题，进一步加强贷款管理、提高外国政府贷款利用水平等审计建议。

提前进行谋划，探索期中审计。根据审计署要求，省审计厅决定选择6个世行、亚行贷款项目开展期中审计试点，试行“一年审多次、多次审一年”。为了保证期中审计顺利进行，2010年10月，省审计厅召开全省外资审计工作会议，提前部署2011年外资审计工作。专门召开国外贷援款项目办负责人会议，要求各项目主管理部门和项目单位做好审计配合工作。2010年11月至12月，外资处对6个期中审计试点项目开展审前调查，制定审计实施方案；2011年1月初正式实施审计，外资审计工作部署及项目审计实施启动时间与往年相比提前了1个多月。

突出审计重点，加大审计力度。审计中，根据各项目的具体特点，抓住重点进行审计。在对世、亚行资金的报账、拨付、管理、使用等环节实施审计的基础上，关注项目立项、实施、管理及其效果，关注工程交付后的管养及扩大项目区农作物受益等情况。对于审计的发现的问题，抓住不放，一查到底。

严格审计操作，规范审计行为。一是运用A02008外资版软件和手工检查相结合实施内业审计。二是深入实地检查项目执行情况，注重外业审计。根据审计收集整理的资料，以资金走向为主线，走访用款户并深入项目现场进行实地查看，检查项目执行情况和基层项目资料的管理情况，核实提款报账原始单据的真实性和项目资金拨付的真实性。三是规范审计操作。审计中，严格执行《世界银行贷款项目审计操作指南》、审计署《国外贷援款公证审计项目质量控制办法》和《审计机关国外贷援款公证审计项目质量考核办法》等有关规定，规范审计操作，防范审计风险，提升审计质量。

加大披露力度，提升成果利用。对于审计中发现的带有普遍性、规律性、倾向性问题进行综合分析，从制度、机制、管理的角度提出对策措施，以审计信息等形式反映审计成果，为政府科学决策和项目执行部门加强管理提供依据。省审计厅进一步加大外资审计结果披露力度。经省政府同意，通过省审计厅门户网站向社会进行了公告。

强化业务指导，加强队伍建设。一是举办AO外资审计版应用培训，提高外资审计人员AO外资审计版的实际应用技能。二是加强业务指导和交流。对业务复核中发现的审计取证不完整、审计底稿不规范、疑点未查清等问题，立即指导有关市县审计人员进行补充、完善；编制《外资运用审计法规文件选编》，为外资审计人员学习相关法规文件提供便利。三是开展外资审计调研工作。11月中旬，外资运用审计处分成两个组，与各市分管领导和外资审计人员进行座谈，总结交流2011年外资审计工作，听取各市对做好2012年外资审计工作的建议。

计划统计审计室

2011年,计划统计审计室深入贯彻落实科学发展观，认真贯彻全省审计工作会议精神，积极实施“信息化推进工程”，创新思路，优化措施，不断开拓审计工作新局面，各项工作取得了一定成效。

预算执行审计。上半年，承担对省民政厅2010年度预算执行及其他财政收支情况审计，对2010年度决算草案进行审签，并对省民政厅2010年度机关本级政府采购情况进行专项审计调查。重点审计了省民政厅机关本级财政收支，延伸抽查了省民政干部培训中心、省涉外婚姻收养登记服务中心等单位。审计对用省福彩中心用12万元资金给民政厅机关发放奖金、厅机关往来款项长期挂账、省涉外婚姻收养登记服务中心向企业摊派费用11.2万元、省民政干部培训中心违规使用财政票据收取培训资料费16.83万元等问题，依法作出了审计处理。省民政厅高度重视，认真研究审计报告，执行审计决定，同时责成厅相关处室及下属单位提出整改和规范措施，并初步形成相关制度规定。截至9月底，《审计决定》要求纠正的问题（除历史遗留的呆坏账按程序报批外）均执行完毕；《审计报告》要求改进的问题已基本落实。

经济责任审计。根据省委组织部的委托和省审计厅安排，6至8月，对省民政厅原厅长进行了经济责任审计。审计的时间范围为2008年2月至2010年11月原厅长任职期间，对象范围包括省民政厅本级，以及省福利彩票发行中心、省救灾减灾中心、省民政干部培训中心、省救灾扶贫周转金管理办公室、省慈善协会5个所属单位，延伸审计调查了部分农村五保供养机构、两所厅属优抚医院等建设项目。对重要事项进行了必要的延伸和追溯。审计重点紧紧围绕事业发展、重要经济决策、预算执行和其他财务收支、内部管理、个人廉政情况等方面。审计方法主要包括审计抽样、分析性复核和计算机辅助审计等。审计组在充分肯定原厅长任职期间取得的各项成绩的同时，也发现省民政厅在重要经济决策、预算执行和其他财务收支、内部管理（尤其是财务管理）等方面还存在薄弱环节。针对存在问题，审计报告分析了原因，划分了责任，提出了整改建议。审计决定还对省民政厅滞留民政部拨入的福彩公益金项目经费75.15万元；省慈善协会2009年至2010年经厅领导同意，动用2007年水灾和2008年雪灾捐赠款1329万元，补助部分地区敬老院、福利院等的维修和建设等，依法作出了处理意见。引起对方的高度重视并加以认真整改。

督促落实审计整改意见。完善省立医院原法定代表人任期经济责任履行情况审计的后期工作，督促省立医院整改。审计报告提出的基本建设程序和管理、医疗设备物资采购、收费政策执行、实物资产管理、资金管理、以及原所属企业振安公司管理等方面存在的问题，多数已整改或采取了整改措施。如原所属企业振安公司（2010年3月公司正式注销）销毁会计资料问题，省立医院按审计报告要求及计划统计审计室的跟踪督促，专题向省财政厅书面汇报，省财政厅指派财政监督局组成检查组，依法进行检查，并于10月份下达3份处理决定书，对当事人作了相应的处理、处罚。

完成交办事项。在人手少、工作任务重的情况下，先后抽调3人参加省审计厅相关工作。根据安徽省撤销地级巢湖市及部分行政区划调整工作的需要，8、9月份，抽调室主任参加省行政区划调整纪检监察组督查组第三督查小组，分别赴芜湖市及巢湖等地就行政区划调整中执行政策、遵守纪律、工作进展等开展督查工作；11月，抽调室副主任参加皖能集团公司原董事长任期经济责任履行情况审计；9、10月份，抽调1名业务骨干参加池州市委书记和原市长任期经济责任履行情况审计。

开展对口联系。按照省审计厅有关规定，为进一步密切厅机关处室与基层审计机关的联系，改进工作作风，推进审计工作转型，10月11日至12日，全室人员赴对口联系的阜阳市颍泉区审计局学习调研，与该区审计局就2010年“审计提升年”和2011年的工作情况，以及如何按照省审计厅审计工作“十二五”规划要求，实施“五大工程”等进行了交流讨论。为进一步加强对口联系，沟通交流、整合资源，7、8月份抽调颍泉区审计局一名业务骨干参加计划统计审计室承担的任期经济责任履行情况审计。

实施“信息化推进工程”。根据省审计厅年度工作部署，为全面落实《全省审计机关开展“信息化推进工程”实施方案》及省审计厅有关审计信息化建设的重要精神，研究制定“信息化推进工程”实施措施，紧紧抓住提高审计工作信息化水平这根主线不放松，积极开展工作，取得了一定成效。一是统一思想，提高认识。在室内组织开展有关加强审计信息化工作、实施“信息化推进工程”意义的大讨论，把全室人员的思想认识统一到厅党组的要求上来，增强大家搞好审计信息化工作的责任感、使命感、紧迫感，变上级要求为自觉行动，自觉自愿在审计工作中全面落实“信息化推进工程”的各项部署。二是建立制度，落实考核。为把《全省审计机关开展“信息化推进工程”实施方案》落到实处，制定了《“信息化推进工程”具体实施办法》，将“信息化推进工程”具体工作细化，明确工作内容和职责。以室主任为第一责任人，审计信息化工作由室主任亲自抓，并且把本室强化审计信息化建设的各项工作分解落实到每个人，同时加强相互间配合与协作，从总体上把握好时间进度，并定期检查落实情况。三是积极主动，科学实施。进一步强化AO、OA系统的规范应用和审计项目质量的电子化控制。实施的审计项目都利用AO开展现场审计，利用OA进行审计管理，严格按照两大系统的使用规范操作，从立项分解、采集转换、数据分析、延伸取证、编制底稿、被审计单位数据更新、档案归集等各个环节均参照省审计厅《关于厅机关实行审计项目质量电子化控制的通知》（皖审便函〔2008〕3号）要求执行。当年实施的审计项目，在审计项目电子化流程管理方面，经自查和复核均符合规范要求。进一步加强计算机技术准备的更新与管理工作。根据厅里安排，及时提出计算机技术准备、办公自动化设备的更新意见，同时加强装备的管理，保障审计业务和其他各项工作的正常运转。进一步发挥审计网站的宣传作用，上传审计信息，全年在省审计厅外网门户网站发表信息3篇，在审计专网上更新部门信息10篇；结合自身开展的审计项目，积极开展计算机辅助审计工作，并根据计算机技术在审计工作中的应用，撰写了1篇计算机审计方法和1篇AO应用实例，并被省审计厅评为优秀等次上报审计署。进一步加大审计信息化培训力度，在人少事多的情况下，还组织3名审计人员参加AO认证考试。

落实党风廉政建设责任制。按照省审计厅党组关于贯彻落实《建立健全惩治和预防腐败体系2008-2012年工作规划》的实施意见、党风廉政建设责任制的有关规定，认真落实党风廉政建设责任制。一是切实提高廉政意识。一方面抓审计廉政教育。认真抓好《廉政准则》、《党员领导干部廉洁从政手册》及省审计厅党风廉政建设责任制有关规定的学习，加强对审计权力运行的监督与制约，把勤政廉洁、客观公正的要求贯穿于审计工作的全过程。另一方面抓审计职业道德教育。按照《审计准则》规定的职业道德标准，时刻警示审计干部要以严谨的态度、规范的行为，模范地遵守审计职业道德。二是严格执行廉洁自律各项规定。始终抓住审计纪律方面的制度建设，建立健全与廉政建设要求相一致的廉政制度体系。室内实行主任负责制，审计组实行组长负责制。通过自查，党员、干部没有出现违反廉洁自律规定的情况，严格遵守审计纪律“八不准”，执行审计外勤经费自理等各项规定。

经济审计室

2011年，经济审计室共完成审计项目4个，查处违规资金186127.51万元，提交审计报告4份、审计结果报告1份、审计信息2篇。在2010年度全省优秀审计项目评选活动中，报送的“省水利厅2009年预算执行及厅长任期经济责任审计项目”被评为全省表彰审计项目，该项目审计业务档案在全省评比中以省审计厅第一获得通报表扬。提交审计项目数字化案例、计算机审计方法、AO应用实例各一篇，按要求完成了信息化考核中的各项工作。

完成省供销社2010年度预算执行和其他财务收支审计及决算草案审签。1月10日至3月22日，对省供销社2010年度预算执行和其他财政财务收支情况进行了就地审计，对其2010年度决算草案进行审签。重点审计了省供销社本级，并对安徽财贸职业学院、安徽辉隆集团等单位的有关项目资金进行了延伸和追溯。审计省供销社当年预算资金8652.78万元，查出违规资金896.51万元，发现省供销社在2010年度预算执行及决算审签中存在：2010年度决算草案未能全面真实反映当年预算执行结果、项目经费明细核算不合规、收支业务核算不规范、违规发放福利费用以及所属学院挤占专项支出等不规范问题。审计提出意见建议3条，被采纳3条。

完成马鞍山市原市长任期经济责任履行情况和市本级2010年度财政决算情况审计。根据省委组织部的委托，省审计厅作为追加项目安排经济审计室承担对马鞍山市原市长任期经济责任履行情况、市本级2010年度财政决算情况审计工作。7月19日至9月23日，对马鞍山市原市长自2008年4月至2010年11月任职期间，经济责任履行情况以及市本级2010年度财政决算情况进行了就地审计。审计对象范围包括市发改委、财政局、国土局、环保局、人社局、城投集团公司、市经济技术开发区等12个单位，延伸调查了金家庄区、当涂县等其他相关单位。采用了审计抽样、分析性复核和计算机辅助审计等方法。调阅了与马鞍山市原市长履行经济责任有关的市政府常务会议、专题会议纪要等文件资料。听取了市委、市人大、市政府、市纪委有关领导的意见。通过审计，对马鞍山市原市长任职期间，在贯彻执行中央各项方针政策，认真落实省委、省政府决策部署，应对金融危机，促进区域经济发展；不断加大民生投入，努力改善城乡环境；推进产业结构调整，促进发展方式转变；建立健全决策制度，逐步规范土地管理等方面取得的成绩给予了肯定，作出了客观公正的评价。同时，查出违规资金185231万元，揭示出马鞍山市政府和有关部门在预算管理、土地管理、社保资金管理、环保、融资和政府债务等方面仍存在的问题和不足，以及存在预算编制不完整、专项支出不细化、预算追加报批手续不完备、财政收支核算不合规、部分收入未缴库、往来款项挂账数额大且清理不及时等问题。并针对审计出的问题作出审计决定，共提出审计建议7条，被采纳7条。

扎实推进计算机审计技术应用。一是在审计项目中积极推进信息化审计技术的应用。审计项目均编制计算机审计实施方案，实现自OA系统中下载项目信息包，完成项目立项、分解以及在AO中建立审计项目。在项目实施过程中，自行完成数据采集、整理和转换，审计人员充分利用AO工具进行数据分析、疑点筛选、重点定位以及其他证据底稿编制等工作，主审及时利用AO和OA交互审计资料，定期上传审计现场数据包。二是在项目推进中提炼审计信息化经验成果。在审计过程中，注重审计信息化经验成果提炼，编制了《马鞍山市原市长周春雨同志任期经济责任审计和市本级2010年度决算审计数字化审计案例》、《基本养老保险支付审计方法》、《应用AO技术甄别财政决算收支真实性实例》，其中审计方法通过省审计厅评审上报审计署。三是在日常事务中重视审计信息化管理和应用。按照规定做到行政事务公文办理流程电子化，办理的公文全部通过OA系统审签归档，利用安徽审计内外双网加强审计动态、信息宣传，展现审计新风貌、新成果。全年共向省审计厅门户网站投稿5篇，被采用5篇，更新处室动态11次。与此同时，全室人员保证每周至少浏览安徽省审计专网和管理系统OA一次，确保及时掌握省审计厅动态，及时处理待阅待办公文事务，充分利用专网和管理系统资源加强政治、业务学习。

认真完成交办工作。一是积极加强与对口联系基层审计机关交流。为进一步贯彻科学发展观，密切厅机关与基层审计机关的联系，帮助基层解决实际困难，加速审计工作转型，加强对口联系点工作，年初赴寿县审计局，年中根据结对调整，赴铜陵市铜官山区审计局。通过走访、召开领导座谈会、案卷交流等方式，了解区、县审计局的基本情况、审计工作开展情况、取得的成效及面临的困难，听取他们的意见和建议。二是面对室内人手少，工作任务重，在不影响审计工作的同时，继续抽调1人兼顾后勤基地的财务等有关项目后期工作。三是继续加强与对口联系部门信息沟通。积极联系省国资委、省工商局、省商务厅、省安全生产监督管理局、省质监局、省经信委，加强信息沟通，及时掌握动态，主动介绍省审计厅的有关工作，增进了解，为省审计厅“创先争优”营造了良好的氛围。

积极实施“信息化推进工程”。一是树立信心，激发斗志。通过对室内人员素质等条件的分析，大家形成了共识，倡导全员参与，力求实践应用，全室人员齐心协力，共同努力，争先进位。二是查摆不足，明确目标。根据《关于在全省审计机关深入实施“五大工程”的意见》，针对室里审计信息化工作现状，寻找差距和不足，从思想认识上查找根源。进一步细化信息化推进工作目标，分解任务，责任到人，力求在厅里的信息化考核中不被扣分，2011年的审计信息化工作位次明显前移。三是强化领导，组织保障。室主任作为审计信息化工作第一责任人，总体抓落实、抓推动、抓督查。成立由副主任为组长，其他2人为成员的审计信息化推进工作小组，作为技术支撑，攻坚克难，解决实施中的难点问题。形成分工负责、责任明确、协调配合的工作机制。四是狠抓落实，注重实战。各项工作紧紧依托审计信息化理念，全面贯彻实施“信息化推进工程”，加强审计项目实施过程中的电子化流程控制，努力提升审计信息化应用水平，加强信息化环境下的审计监督能力，提高信息化条件下的审计质量和规范化。从立项分解、采集转换、分析数据、取证、编制底稿、形成报告、归档等各个环节，严格要求每位审计人员按照审计业务电子化控制流程进行规范操作，突出数字化控制与管理。项目实施过程中提前考虑审计信息化经验成果的提炼，做好审计案例、方法编制工作。

科技教育审计室

2011年，科技教育审计室以“信息化推进工程”活动为契机，努力工作，积极进取，认真组织实施各项审计工作任务，各项审计工作取得了新成绩。

参与构建财政审计大格局，不断深化预算执行审计。通过对省文化厅2010年度预算执行和其他财政财务收支情况的审计，揭示了省文化厅及其所属部分二级机构在预算管理与执行、决算草案编报、政府采购、财务收支、专项资金管理与使用等方面存在的违纪违规问题，对其中的改变专项经费用途、出租收入未纳入预算管理、固定资产管理等问题分别做出了归还原资金渠道、上缴财政非税收入专户等处理，对安徽艺术职业学院未经批准举办中外合作办学，且无依据收取费用问题依法移送处理。同时提出了强化预算约束机制、加强管理、加大对所属单位的监督力度、提高资金使用效率的审计建议。审计中、审计后，注意加强沟通协调，促进被审计单位建立健全规章制度，规范财政财务管理，多途径地利用审计成果。省文化厅高度重视审计意见，采取一些整改措施，认真落实审计整改意见。省文化厅厅长办公会专门研究如何加强预算及财务管理，强化预算约束机制，建立健全内部管理制度等。根据审计建议，省文化厅在审计整改期间先后制定和修订了《安徽省文化厅重大文化活动经费报批制度》、《关于加强预算管理工作的通知》、《关于进一步开展厉行节约工作的实施意见》等管理制度。审计在促进被审计单位完善内部管理、规范预算管理行为等方面发挥了作用。在实施省文化厅2010年度预算执行和其他财政财务收支情况审计工作的同时，还实施了决算审签和政府采购资金绩效情况专项审计调查，完成了任务。

服务改善民生政策，实施全省公办高校贷款情况审核。根据省政府第50号专题会议纪要精神和厅领导安排，组织人员对全省公办普通本专科高校2009年底金融机构贷款余额情况进行了送达审核，并根据需要对合肥、安庆、铜陵、芜湖、淮南、宿州、亳州等地的12所高校进行了延伸审核。这次高校债务审核工作共涉及全省公办普通本专科高校76所。采取一校一核，有关资料相互勾稽、验证核对的方式，审核了各高校按要求报送的截至2009年底银行贷款情况，初步确认了截至2009年底从金融机构贷款的余额。为了进一步核实情况，将初步审核结果（含贷款银行、批次、期限、到期日、利率、金额等内容）以书面形式通知被审核高校进行核对、确认。对有异议以及贷款金额较大的部分高校，进行实地审核，查清了有关情况。全省公办普通本专科高校报送2009年底债务余额合计104.7亿元。经审核，属于高校化债范围之内的金融机构贷款余额为93.7亿元，其中银行贷款83.7亿元，占89.34%，是高校负债的主要部分。省属高校83.5亿元，占89.1%。近九成的贷款集中在省属高校，是安徽高校化债的主体。经审核，有27所公办高校报送的部分债务不属本次化债范围，共核减债务金额11亿元，占报送债务总额的10.5%。审核工作摸清了有关高校的贷款数额、利率、期限结构、贷款银行、贷款用途等基本数据，确认了各高校属于本次化债范围的贷款数额，审核结果准确，为安徽化解高校债务工作奠定了基础。年内，第一批化债资金已经到位。

促进正确履行职责，开展经济责任审计。对阜阳市审计局原局长任职期间经济责任履行情况实施审计，客观评价其任职期间履行审计监督职责情况、单位内部管理情况及廉政建设情况等，指出内部管理和履行职责中存在的问题，提出了加强审计项目管理和加强内部经济活动管理等审计建议，在经济责任审计由“财务型”向“绩效型”转变中作了一些尝试，并体现了审计系统经济责任审计的特性，如任期内审计决定落实情况等。

立足落实审计结果，开展审计项目整改情况检查。按照年中全省审计工作座谈会要重视审计整改工作的要求，利用审计间歇时间，有重点地选择近5年来开展的省委党校、省科技厅、省教育厅、省科协、省测绘局、省文化厅等6个审计项目，对其整改情况进行跟踪检查，重点检查审计决定落实情况、审计意见整改情况和审计建议采纳情况等。制定跟踪检查方案，设计相关检查表格，对检查目标、检查的主要内容、工作安排等作出明确要求。通过整改检查，了解了以上单位的整改情况，对于整改落实不到位的单位，敦促和帮助被审计单位全面落实审计决定，同时促进建章立制、加强管理。整改检查加强了与被审计单位的联系与沟通，维护了审计权威，宣传了审计工作，起到了较好效果。

努力提高工作效果，加强审计信息工作。全年在厅门户网站“处室动态”中发布信息29篇，在《安徽审计信息》、《审计简报》等刊发信息13篇，均已超额完成全年信息任务，共有11篇（次）信息被省委办公厅《安徽信息》和省政府办公厅《江淮通讯》采用，占省审计厅被采用数的10%，审计信息的数量和质量均较往年有较大提高。为了提升审计工作效果，制定了《审计信息管理办法》和《2011年度审计信息编发任务分解方案》，细化审计信息编发任务，实施审计信息工作目标任务量化管理制度，并纳入审计业务管理和作为年度考核、评优评先的重要内容。在工作中注重提炼审计成果，注意将审计中发现的带有倾向性、普遍性的热点问题进行分析归纳，提出可行性的审计建议，及时以审计信息形式报送，为领导决策服务。

制定落实办法，积极实施“信息化推进工程”。为了有计划、规范、循序渐进地实施“信息化推进工程”，采取一系列措施，并狠抓落实，使室内信息化工作迈上了新台阶。一是加强学习。召开专题会，认真学习厅领导在审计署计算机审计方法评审结果通报上的重要批示精神和省审计厅“信息化推进工程”工作安排，安排了数次以AO为主要内容的学习活动。通过学习大家认为，审计信息化是加快安徽审计事业科学发展的必然选择，更是审计工作转型升级必须强力突破的重点内容，必须创新工作方法，克服困难，真抓实干，有针对性地解决信息化工作中的问题，促进信息化工作上台阶。二是建立制度。从制度入手，建立信息化推进工作责任制。年初，制定《科教审计室2011年度信息化工作任务分解方案》等相关制度和办法，建立狠抓落实、任务到人、责任到人的管理机制，并将重点工作细化分解到每一个人。如规定了年度计算机审计方法征集的具体篇数、承担者、审计署AO认证考试具体参加人员、审计信息编发每人每年应完成的篇数等，做到人人有目标，个个有责任，既有利于工作开展，也便于监督管理。 三是积极实践。勤于实践，互帮互学，有针对性地补差补缺。4人参加了审计署AO认证考试。通过学习、考试，进一步提高了全室计算机审计整体应用水平。在实施的省文化厅预算执行审计项目中，编制了操作性较强的计算机审计实施方案，并按照电子化流程控制要求，从立项分解、采集转换、分析数据、编制底稿等各个环节规范操作。年初1篇计算机审计方法入选《2009年至2010年审计署计算机审计方法目录》，年末1篇计算机审计案例通过省审计厅评审，被推荐到审计署参评。

统筹兼顾，积极完成交办事项。一是督促安徽行政学院原法人代表进行离任经济责任事项交接工作，完成了任务。二是树立“一盘棋”意识，抽调人员参加巢湖区划调整监督检查、全省高中债务审计调查、皖能集团经济责任审计、厅属事业单位工资收入分配情况核查和厅人事档案整理等工作，拓展了视野，锻炼了队伍，完成了工作。

劳动保障审计室

2011年，劳动保障审计室以“信息化推进工程”为契机，扎实工作，较好地完成了全年的工作任务。

顺利完成预算执行审计。组织开展省物价局2010年度预算执行及其他财政收支情况审计和决算草案审签。省物价局由于多年未审计，财务管理不够健全。审计中，详细梳理账簿凭证等会计资料以及相关业务资料，发现省物价局在预算管理、政府性资产管理方面不够规范，会计核算及财务管理基础较为薄弱等问题，审计提出了有针对性的建议。被审计单位高度重视审计工作，针对审计查出的问题和建议，召开专题会议，分析原因，制定措施，积极进行整改。

高效完成经济责任审计。组织开展省政府驻北京办事处原主任任期经济责任审计。该审计系追加项目，时间紧，人员少，而现场实施阶段为7月中旬至8月上旬，正值北京高温炎热季节，尽管酷热难耐，审计组全体人员没有叫苦叫累，有的甚至带病坚持，大家都本着严谨、认真、负责的态度，对待每一个审计事项。通过审计，基本摸清了省政府驻京办近几年财政财务收支以及资产、债权债务情况，了解掌握了重要经济事项的决策和效益情况，以及内部控制制度建设和管理情况，客观公正反映、评价了原主任任期内履行经济责任情况，揭示其履行经济责任过程中存在的主要问题，深入分析原因，提出有针对性的建议，促进被审计单位加强管理，提高资金使用效益，发挥了审计监督在促进干部管理和廉政建设中的作用。

圆满完成救灾资金审计。根据省审计厅统一安排，对省民政厅、省红十字会、省慈善协会接收捐赠的舟曲救灾资金物资情况进行了审计。审计结果表明，舟曲救灾资金物资各接收捐赠单位，能按照《国务院办公厅关于有序做好支援甘肃舟曲灾区有关工作的通知》和《国务院关于支持舟曲灾后恢复重建政策措施的意见》要求，认真做好救灾资金物资接收和管理工作，并将救灾资金物资及时拨付灾区，支援舟曲灾后重建。审计中未发现挤占挪用和违规使用以及滞留救灾资金物资等问题。

督促审计整改落实到位。通过审计回访、边审边督促整改等，推动被审计单位审计整改取得了明显成效。一是省总工会根据审计建议，整改工作从查出各类问题着手，从制度、机制层面制定解决问题的办法和措施，发出了《关于认真整改省审计厅对省总机关及直属事业单位审计中提出问题的通知》，专门制定了整改工作方案。针对普遍存在的固定资产及往来款项管理问题，发出《关于全面开展固定资产及往来款项清查、清理工作的通知》。在确保审计决定中涉及的违规收费和专项经费使用不规范等问题纠正到位的同时，还制定了《安徽省实施〈工会财务会计管理规范〉办法（试行）》，并已实施执行。二是省物价局针对2010年度预算执行审计发现的问题和审计建议，专题召开局长办公会议，研究部署审计整改工作，并向省审计厅递交了《关于报送审计整改情况的函》（皖价办函[2011]136号），告知对审计提出的部门预算管理、政府性资产管理、财务管理基础工作等方面存在的问题，分别制定具体的整改方案和纠正措施，审计决定中涉及的违规收费和专项经费使用不规范等问题，均已处理到位。

“信息化推进工程”扎实开展。认真贯彻“信息化推进工程”实施方案，深化认识，加强领导，努力做好审计信息化各项工作。一是统一思想，制定具体措施。结合实际制定《劳保室2011年“信息化推进工程”具体措施》，明确目标，分解任务，营造氛围，全力推进，确保该项工作的有序开展。二是加强培训，提高应用能力。积极参加省审计厅组织的各类培训，并利用OA系统中的培训课件进行自学。全室具有计算机审计中级资格的人数占审计业务人员比例达60%。在预算执行审计中，针对转换后的电子数据与报表余额数据不一致问题，分析采集和处理的过程，对相关系统配置参数和原始的交易数据进行审核，最终正确转换出电子数据。同时，利用AO的并账功能按单位合并成单一账套，再通过SQL语句查询出总的商品和服务类支出内容。通过拓展AO-OA功能的应用，有效提高了工作效率。三是注重提炼，总结应用实例。在AO系统与OA系统交互应用中，注重计算机审计经验的提炼，总结提交的AO应用实例获得了审计署鼓励奖以及全省审计机关应用奖，这不仅是对全室人员的巨大鼓舞，也更加增强了推进信息化工程的信心。四是共同探索，加大合作交流。积极调研，创新理念，与对口联系点安庆市迎江区审计局共同探索，利用基层单位项目多，选择范围大的特点，合作完成了有关对大额现金支付经济事项的计算机审计方法。

其他工作卓有成效。一是成果应用较为显著。结合审计工作，全年共编发审计信息和简报10篇，其中被省委省政府采用8篇。另外，还在《中国审计报》上发表文章1篇。二是加强与对口联系点的交流。5月，深入安庆市迎江区审计局开展联系交流活动，既学习了基层审计机关的特色做法，又了解了他们目前存在的主要困难和需求，并与该局达成了协力推进审计信息化建设，积极探索计算机审计案例和方法的共识。三是扎实推进争先创优、效能建设等活动。以增强自律意识为先导，以提升执行力为主线，积极参加省审计厅组织的各类主题实践活动，大力弘扬务实作风。四是根据厅党组“审计领导大走访”活动统一部署，11月上旬，陪同分管厅长赴蚌埠市、宿州市及所属固镇县、灵璧县调研审计工作。五是协助厅里开展各类公益活动。如，游泳培训班、楹联展、书画摄影作品展等，还配合办理了全厅职工清和园的土地证等。

农业审计室

2011年，农业审计室认真学习贯彻全省审计工作会议精神，以认真负责的工作态度，扎扎实实的工作作风，较好地完成了既定的工作任务。

扎实开展预算执行审计。开展对省安监局2010年度预算执行情况的审计。省安监局虽然预算资金规模不大，但是自成立以来第一次接受政府审计，而且经费中专项资金所占比重较大。针对审前调查的情况，审计组决定把重点放在单位内部管理和控制、专项资金的使用和对二级单位的管理方面。通过审计，发现了安监局存在收支核算不完整、部分支出不严、挤占挪用专项资金、内部管理制度不完善以及二级单位迟交滞留非税收入、支出手续不健全等问题，引起被审计单位高度重视。省安监局积极落实审计决定，对省安全生产教育中心迟缴、滞留、坐支非税收入的问题进行了处理、处罚，收缴32.32万元和罚款3万元已于6月全部上缴省非税收入结算户，应急救援中心未及时上缴的个人所得税也自行进行了补缴，并表示将严格按照相关财经法规要求，加强财务管理和对所属单位监督指导，确保各项经济活动合规合法。在对省安监局政府采购资金效益的审计调查中发现，虽然在货物采购方面较好地执行了相关规定，但大量的服务、租赁、印刷制作（宣传品）、检测鉴定等却没有纳入政府采购。针对以上问题，审计组提出了政府采购不能仅限于采购货物，要从完善政府采购目录、完整编制政府采购预算、改善协议供货合同、完善招标评分体系等方面进一步加强政府采购管理的建议，并被《安徽审计信息》采用。

认真实施经济责任审计。开展对团省委原书记的任期经济责任审计。团省委本级虽然资金量不大，但没有接受过政府审计，且尚未实行会计电算化，审计组克服以上困难，从纸质财务资料入手，延伸审计了收支规模相对较大的省青少年发展基金会、省团校，在审计中调阅了相关文件、会议纪要等业务资料，与相关人员进行座谈，并就部分专项资金的使用和希望小学的建设等到安庆、霍山等地进行实地调查。通过审计，发现团省委及所属二级单位存在违规发放奖金、福利，并对青基会等违规问题进行了处理、处罚。实事求是地界定了原书记应负的责任。

积极推进审计信息化建设。以“信息化推进工程”为契机，认真学习讨论《关于在全省审计机关深入实施“五大工程”的意见》，进一步认识到开展“信息化推进工程”的重要性，增加了责任感和紧迫感，并结合具体情况，制定了本室信息化推进实施办法。在工作中，认真编制计算机审计实施方案，充分运用计算机审计技术，对被审计单位财务数据进行采集转换，通过SQL语句查找疑点，统计汇总相关数据，从任务的分解、方案的制定到编制审计取证材料和工作底稿、底稿复核等全部在OA中进行，并实现AO与OA交互。通过对审计过程进行全过程控制，提高了工作效率，进一步提升了审计质量。撰写的《捐赠收入真实性计算机审计方法》，通过了省审计厅的审核，被上报审计署。

努力完成厅里安排的其他任务。根据厅领导指示，派人参加省政府“关于从土地出让收益中提取10%用于农田水利建设及省级统筹办法”课题的调研，分别到合肥、芜湖等市调查2005至2011年上半年土地出让金收入、支出总量及结构，土地出让收益情况，提出了落实“土地出让收益中提取10%用于农田水利建设及省级统筹”政策的意见、建议。对省政府转办的省水利厅“关于报送《中共安徽省委、安徽省人民政府关于贯彻中央水利工作会议精神加快我省水利改革发展的近期实施意见》（代拟稿）的请示”（皖水办（2011）297号）提出修改意见，并按期上报省政府。

深入开展效能建设、精神文明建设和“创先争优”活动。年初，认真总结实施“五年行动计划”取得的成果和存在的不足，感到虽然在工作在取得了一些成果和进步，但是和审计发展的需要相比、和先进处室相比，还存在许多不足之处。通过认真学习，大家认识到要实施好“五大工程”，实现审计工作转型升级，必须思想上高度重视，行动上扎扎实实。一是结合开展创先争优活动的总体要求，根据实际提出具体的目标和措施，要求全室人员进一步加强学习政治和业务理论，提高业务技能，工作中高标准、严要求，确保创先争优活动落到实处，各方面工作再上一个台阶。二是认真开展效能建设。大家认识到:加强机关效能建设，就是为了提高机关的办事效率，提高审计人员的业务水平、业务技能，提高服务大局意识。三是以“爱国守法、明礼诚信、团结友善、勤俭自强、敬业奉献”二十字基本道德规范为立身之本，以“辩证敏锐的思维、精湛娴熟的技能、务实严谨的作风、团结和谐的意识、廉洁从政的品质”为目标，认真贯彻《审计法》和《安徽省审计监督条例》，规范审计行为，提高审计工作质量，改进工作作风，强化创新意识，完善审计方法，提高工作效率。

交通建设审计室

2011年，交通建设审计室认真贯彻《关于在全省审计机关深入实施“五大工程”的意见》及“信息化推进工程”实施方案的总体安排，认真执行年度审计项目计划，积极参加学习十七届六中全会精神、精神文明建设、效能建设、廉政建设、争先创优和纪念建党90周年等活动，顺利完成了年度审计计划和领导交办的各项任务。

组织实施省体育局2010年度预算执行和其他财政收支审计。1月10日至3月30日，对省体育局及其所属省体育彩票管理中心、省体育中心进行审计，并深入宣城、安庆等地审计调查有关体育建设项目，查出未缴财政收入、资产未入账、彩票公益金预算安排不合理、奖金发放不规范等问题，审计资金10335.83万元，出具审计报告、审计决定、决算审签意见各一份。

组织实施省部分采煤塌陷区村庄搬迁和综合治理资金专项审计调查。6月30日至10月15日，对省国土资源厅、省财政厅和淮南、淮北、蚌埠、宿州、亳州、阜阳6市的2009至2010年度采煤塌陷区村庄搬迁和综合治理资金管理和使用情况进行专项审计调查，共抽查了6市所属11个县（区）和部分项目所在乡镇、村。审计查出搬迁项目进展缓慢、资金管理不规范和工程建设管理不合规等问题，查出有问题资金18202.26万元。出具审计调查报告、审计调查结果报告、审计移送处理书等8份，上报审计信息4篇。在审计中积极贯彻边发现、边提出建议、边督促整改原则，针对存在问题及时与当地政府及有关部门沟通，不少问题得到了及时纠正。

积极配合有关部门工作。根据职能界定，注意在联系单位日常工作过程中发挥审计监督作用。8月份，派员随厅领导参与省政府安排的安徽省2006至2010年市级耕地保护责任目标履行情况实地考核工作，先后考核了宣城、芜湖、马鞍山及其有关县区。9月份，派员随省政府办公厅、国土资源厅陪同国土资源部、农业部、审计署等五部委对安徽省2006至2010年耕地保护责任目标进行考核，完成了与审计有关的协调配合工作。

贯彻落实“信息化推进工程”实施方案。根据厅机关统一部署，组织学习“信息化推进工程”实施方案，结合实际制定本室实施计划，要求全室人员加强学习，并且在具体审计项目实施中贯彻执行。

文化卫生审计室

2011年，文化卫生审计室认真学习贯彻党的十七届五中、六中全会和省第九次党代会精神，紧紧围绕“加速转型升级、服务科学发展”的主题，以实施“信息化推进工程”为契机，扎实做好各项工作。

开展省农业委员会预算执行审计和决算草案审签。根据省级财政预算执行审计工作的总体部署，1至4月，对省委2010年度部门预算执行情况和其他财政财务收支进行审计，对省农委开展2010年度部门决算（草案）审签和政府采购专题审计调查。审计过程中，认真执行新审计准则，加强现场管理与审计质量控制，注重审计重点事项的条块结合，深化审计内容，丰富审计成果。一是努力提高审计效能，尽量扩大委属单位预算执行审计覆盖面，推动部门预算执行管理的制度化、规范化。二是突出项目支出资金分配管理情况的审计延伸，从预算安排到资金下达、使用绩效，实施跟踪监督。通过审计，对省农委争取中央财政支持，积极推进农业产业化，着力实施有关民生工程等成效，给予了充分肯定，同时，指出了省农委非税收入资金不及时上缴省财政专户、无依据收费，委属部分单位项目支出预算执行率较低、虚列和挪用项目支出资金等问题。针对省农委支出列报不当、虚列支出、资产负债项目汇编不完整等事项，出具了决算（草案）审签意见，涉及金额4027.5万元。在政府采购专项审计调查中，重点披露了省农委在动物疫病防治专用材料采购中，材料需求与采购管理缺乏调节机制，导致2010年底寄存各生产厂家的专用材料数量过大，未按合同规定提前支付货款问题，影响了财政资金使用绩效。2010年度粮食生产三大行动项目中安排的奖励农机车辆采购项目，在委托省政府采购中心代理的采购业务中，存在采购方式不合规问题。经延伸调查，发现省农机局及所属的原省农机总公司以前年度房产、土地资产转让不合规、改制不规范，存在国有资产收益损失问题，按照有关规定和程序，移交并要求省农委进一步调查处理。省农委对此十分重视，经专题调查后，对省农机局作出通报批评处理，并责成其做好相关善后工作。

实施省住房和城乡建设厅原厅长任期经济责任审计。根据统一安排，7至10月，承担了省住建厅原厅长任期经济责任审计任务。结合省住建厅的工作特点，审计组围绕重点审计事项，在财务账目审查的基础上，采取审计抽样、调查测试、调阅相关资料、专题座谈、个别询问等方法，充分核实，严谨取证，深入沟通，努力做到审计结论客观公正。省住建厅对本次审计十分重视和支持。审计组在审计现场工作结束后，分别向省住建厅领导和原厅长通报有关情况，听取意见。他们一致认为，审计指出问题实事求是，省住建厅将按审计处理意见和审计建议，抓好整改落实工作。一是推进厅管行业协会运行机制改革，二是加强专项资金跟踪问效管理，三是深化城乡规划院事企分开改革，四是加强对厅属单位财务管理工作的督导，五是加大指导协调力度、尽快完成托管企业改制工作。本次审计还就人民来信反映事项进行了调查核实，并向省委组织部专门反馈了有关情况。

组织全省基层医疗卫生机构债务清理核实和审核认定。8月下旬，省政府常务会议对推进基层医药卫生体制改革作出部署，要求省审计、财政部门对全省基层医疗卫生机构债务问题进行清理核实和审核认定。根据省政府交办和省审计厅安排，9月上旬，会同省财政厅、省卫生厅职能处室，紧急开展相关工作调研，编制债务清理核定工作方案。9月下旬，提请省政府办公厅专门下发了《关于开展全省基层医疗卫生机构债务清理核实工作的通知》。随后，省审计厅会同省财政厅、卫生厅印发了全省基层医疗卫生机构债务清理核定工作方案及相关业务报表。这次债务清理审核工作按照“分段推进、明确责任，分级组织、联合实施”的原则组织开展。清理核实和审核认定的基层医疗卫生机构债务，是指由政府举办的乡镇卫生院和社区服务机构发展建设过程中形成的长期债务，主要包括发生于业务用房、辅助用房建设维修和医疗设备购置等与基层医疗卫生机构发展建设直接相关的债务。债务计算的截止时间原则上为2009年12月31日。清理核实和审核认定债务，以基层医疗卫生机构为对象，以举债项目为主线，以县（市、区）为单元，实行项目管理。对2010年至2011年6月底前形成的相关债务，由各地比照有关政策口径一并进行清理核实。按照省政府办公厅通知和三部门印发工作方案的要求，各县（市、区）审计机关联合财政、卫生等部门，迅速行动，调集精干力量，组织开展债务清理核实工作。10月底，各县（市、区）政府上报了债务清理核实结果。11月中旬，各市审计、财政部门完成本地的债务复核初定工作。随后，从全省审计、财政系统抽调50多名业务骨干，分8个组对各地债务数据实施审核。各审核组按照“总体分析、把握重点、统一口径、分类审核”的原则，严肃认真，讲究效率，在9天时间内顺利完成现场审核工作任务。全省上报有债务的95个县（市、区），实施审核75个县（市、区），审核覆盖面近80%。12月初，省审计厅会同省财政厅向省政府上报了全省债务清理核实和审核认定结果，同时针对基层医疗卫生机构债务化解过程中需要关注的问题，提出了相关工作建议。

认真实施“信息化推进工程”。按照省审计厅关于审计“信息化推进工程”的部署，及时研究制定了相关实施意见。一是要求全室人员切实增强紧迫感，加强学习，注重探索，努力实现思想观念转型升级；二是结合工作实际，汇集全室智慧，深化并拓展信息技术方法在审计业务管理中的应用；三是强化考核，互助共进，在抓好信息化推进基础工作的同时，重视有关探索创新举措的总结分析。现场审计管理系统的实战应用、AO与OA交互应用较为成熟，在全省基层医疗卫生机构债务清理核实和审核认定工作中，运用EXCEL设计的相关业务报表，与卫生部门财务报表系统数据进行关联分析、对比审查、分项筛选、多维汇总，取得了良好成效，为顺利完成债务清理核定工作发挥了关键作用。

积极完成交办工作。一是重视做好对口联系工作。多次参加省人口计生工作领导小组组织的检查督导活动，为省审计厅评为全省人口计生先进单位积极做好基础工作；协调省体育局为省审计厅下派干部驻在的砀山县关帝庙镇汪大楼村，解决了一批群众体育运动器材；与南陵县审计局实现了工作对接。二是全力保障全省基层医疗卫生机构债务清理核定工作的顺利开展，争取省财政为市、县、区审计机关下拨经费补助144万元。三是继续加强学习能力建设、效能建设和廉政建设。采取扎实措施，进一步激发全员学习、提高业务技能的积极性。完成了年度审计信息编报任务，有4篇（次）审计信息被省委、省政府办公厅采用。组织实施的省司法厅原厅长经济责任审计项目，被评为全省表彰审计项目；谢华荣获省直单位“十大杰出青年”提名奖。

新闻广电审计室

2011年，新闻广电审计室紧紧围绕厅党组的决策部署，以强力推进“五大工程”、加速审计转型升级、全面提升能力水平为目标，以实施“信息化推进工程”为抓手，认真完成各项审计工作任务，在提升能力水平、强化监督服务等方面，取得了新的成绩。实施的合芜蚌自主创新财政专项资金审计调查项目在厅机关审计质量考评中获第1名，编写的《新农合医疗费用拨付情况计算机审计方法》、《运管部门少收驾培管理费AO实例》被评为全省优秀奖，审计档案被省审计厅评为较好。

认真开展省交通运输厅预算执行审计和决算草案审签。1月10日至4月9日，对省交通运输厅2010年度预算执行及其他财政财务收支情况进行了审计，重点审计系统财务、厅机关财务，以及厅机关服务中心、省公路管理局、省公路运输管理局、省交通信息中心等单位，并延伸调查了合肥、宿州、滁州、宣城、池州等市及部分县交通运输部门农村公路建设、公路养护、治超站建设、驾培管理费等专项资金管理使用情况。审计发现省交通运输厅2010年度预算执行及其他财政财务收支过程中违规问题金额7.64亿元、管理不规范问题金额17.12亿元，其中，结转结余资金管理不规范17.05亿元，资产核算不实749万元，资金滞留闲置4266万元，违规集资688.13万元，违规改变资金用途1355万元，违规采购883万元，政策性税收流失26.6万元。通过审计，应减少财政拨款或补贴9269万元，应归还原资金渠道1355万元，应调账处理2848万元，应上交财政35.56万元。针对上述问题，审计报告提出了具体明确的意见和建议，要求省交通运输厅和有关单位进一步增强法制意识，更加重视对财经法规制度的学习，严格执行财经法纪，切实做到依法行政、依法理财；进一步严格预算管理，严格按照预算编制科学化、精细化的管理要求，规范结转结余资金管理使用，全面落实非税收入政策，硬化预算约束，提高预算的执行力，严格按照预算安排的用途，及时拨付使用交通运输专项资金，防止截留挤占挪用等违规行为，提高资金使用效益；进一步加强资产管理，紧紧抓住资产配置、使用和处置三个关键环节，坚持资产管理与预算管理及财务管理相结合，完善会计核算等基础工作，加强对外投资、借款等行为的可行性论证和监督管理，严格履行报批程序，确保国有资产保值增值；认真落实政府采购制度，规范资产购置行为；进一步完善管理体制，按照交通运输体制改革的要求，坚持事企分开、事业与产业分开，进一步理顺事业和企业的关系，进一步推进和完善农村公路养护体制改革，进一步强化对全系统的行业监管，加强对所属单位的监督检查，完善基层单位向上级的信息反馈和报告机制，推动全省交通运输业又好又快发展；进一步健全制度办法，完善内部审计制度，建立健全内部审计机构，进一步完善交通运输专项资金管理制度，细化管理责任，加大对违纪违规行为的责任追究力度。省交通运输厅根据审计意见和建议，认真落实整改措施，进一步完善制度办法、强化了管理监督。

积极探索省辖市党委书记经济责任审计和市委书记、市长经济责任同步审计。根据中共中央办公厅、国务院办公厅印发的《党政主要领导干部和国有企业领导人员经济责任审计规定》（中办发〔2010〕32号），受省委组织部委托，省审计厅安排对池州市委书记2005年6月任职以来、原市长2006年3月至2011年4月任期经济责任履行情况进行同步审计。新闻广电审计室承担此项工作，与省经济责任审计局共同牵头实施。由于对省辖市党委书记任期经济责任审计、开展省辖市党委书记和市长任期经济责任同步审计在全省均属首次，厅领导高度重视，多次作出明确指示，进行周密部署。刘战平厅长亲自担任审计组组长，对审计工作提出明确要求，并莅临审计现场指导。李长柱巡视员、刘春华局长担任审计组副组长，靠前指挥，多次到审计现场研讨部署审计实施工作。6月中旬至7月上旬，组织人员到省直有关部门、单位以及池州市，有针对性地搜集相关情况和资料。根据厅领导指示精神，在进行大量细致准备工作的基础上，审计组确定了审计的目标、范围、内容和重点。审计以促进被审计领导干部守法、守纪、守规、尽责情况为重点，以书记、市长任职期间池州市财政收支以及有关经济活动的真实、合法和效益为基础，审计或调查了池州市委办公室、市政府办公室、发展改革委、住建委、经信委、财政局、国土资源局等26个部门单位，市经济开发区、高新区、九华山风景区等8个园区及贵池区相关部门单位，市城市经营投资公司等12个投融资平台公司，池州海螺、铜冠有色等16户企业，对有关重要事项进行了必要的延伸和追溯。审计的时间范围与两位被审计责任人任期一致，重点是2008、2009、2010年3个年度。审计的内容和重点主要有：贯彻落实中央宏观调控政策和省委省政府加速安徽崛起的重大决策部署，推进经济结构调整、转变经济增长方式，财政管理及收支，国有资产资源管理处置及国有企业改革重组，投融资与政府性债务，重大投资与建设项目，社会保障及民生工程建设管理，土地出让与管理，招商引资与开发区建设管理，环境保护，有关目标管理及责任制落实，遵守廉政规定情况等。审计实施工作得到了省审计厅金融处、外资处、社保处和有关市县审计机关的大力支持。在大家的共同努力下，审计发现违规问题金额45.51亿元，管理不规范问题金额30.27亿元，损失浪费金额666.09万元，涉及城市总体规划、园区建设发展、财政管理、国有企业改革、土地矿产等资源管理、环境保护、政府债务及投融资管理、政府及社会投资项目、社会保障及民生工程建设等方面。审计结果得到厅领导的充分肯定。池州市委、市政府在反馈意见中认为“审计报告充分肯定了我市推动科学发展的做法和成效，客观指出了工作中存在的一些问题，提出的审计建议具有很强的指导性和可操作性。我们将以这次审计监督为契机，全面查找问题，制定整改措施，完善提升工作，推动经济社会又好又快发展”。

着力服务完善合芜蚌自主创新财政专项资金管理办法。省审计厅连续两年对合芜蚌自主创新财政专项资金管理使用情况开展专项审计调查，揭示了项目安排重点不突出、资金安排超范围、挤占挪用专项资金、部分项目单位财务管理混乱、风险投资基金管理运用不规范等问题，提出了完善制度办法、突出扶持重点、强化监督管理的意见和建议，并以《审计专报》报送省政府和有关部门。倪发科副省长多次作出批示，要求省创新办、科技厅会同财政、审计部门进一步落实管理办法和监管措施，对已发生的问题督促限期整改，整改结果与专项资金分配挂钩。省创新办、科技厅认真贯彻省领导批示精神，高度重视审计意见建议，积极落实审计整改制度，进一步强化了对自主创新专项资金的管理监督。一是省创新办、科技厅与省财政厅、省审计厅召开专题会议，研究对审计发现问题的整改措施，并按照省和三市的责任主体进行归类，分别提出了具体的整改意见和步骤。二是针对审计提出管理制度不完善的问题，省创新办、科技厅会同省财政厅对原专项资金管理办法进行了修订，出台了《安徽省国家技术创新工程试点省和合芜蚌自主创新综合试验区专项资金项目扶持管理办法（试行）》，经省主要领导批示同意后，印发各市政府、省创新办成员单位。新办法明确资金跟着项目走，强化资金监管，强调资金使用绩效。同时，改变了财政资金分配管理模式，由以前年度切块下达资金改为各市组织遴选项目，报省审查备案后拨付资金，从源头上防止专项资金使用不规范行为。三是省创新办、科技厅会同省财政、审计等部门，适时对合芜蚌3市整改情况进行督查，督查的结果与下一年资金分配挂钩。四是省审计厅专门出台了《审计服务国家技术创新工程试点省和合芜蚌自主创新综合配套改革试验区建设的实施意见》，要求各级审计机关强化对国家技术创新工程试点省和合芜蚌自主创新财政专项资金的审计监督，保障专项资金专款专用、安全有效。合肥、芜湖、蚌埠3市政府结合本市实际，认真落实整改措施，强化整改效果。为确保资金专款专用、规范管理，合肥市修订出台了《自主创新财政专项资金管理办法（试行）》，专门召开有关项目单位整改会议，要求有关部门切实履责，问题企业积极整改，通过约谈、现场指导、企业出具承诺等方式确保整改出实效。芜湖市多次召开专题会议，召集相关单位和企业，分解落实审计决定中提出的具体问题，并责成市创新办等有关单位对自主创新相关政策进行修订和完善，制定项目资金申报、评审、支付管理办法和实施细则。蚌埠市制定和完善了《蚌埠市自主创新资金支持项目审计暂行办法》、《蚌埠市自主创新专项资金管理办法》等，进一步规范程序，完善制度。此外，新闻广电审计室还会同省科技厅、财政厅积极开展合芜蚌自主创新财政专项资金审计调查发现问题的整改工作，3市政府按照审计的要求，于5月25日前整改落实到位，并报送了有关结果。

大力实施“信息化推进工程”，深化计算机技术应用。根据刘战平厅长4月8日重要批示精神和《关于在全省审计机关深入实施“五大工程”的意见》、《全省审计机关开展“信息化推进工程”实施方案》总体安排，新闻广电审计室以现场审计实施系统（AO）和审计管理系统（OA）为抓手，努力适应建立健全审计管理、审计作业和信息交流三大平台，构建完善基础支撑、安全运行、人才支持、制度保障四大体系的要求，不断深化审计信息化应用，着重从以下方面加大工作力度。一是全面推进审计业务实施和管理的信息化。加强AO系统和OA系统的规范应用，把传统意义上的项目主审和计算机审计主审交由同一人承担，把计算机审计方案和手工账目式审计方案有效的结合起来，切实提高了工作效率。实施的审计项目，对被审计单位的财务数据全部由本室人员自主采集转换。继续实行审计项目“双审核”制，强化对审计项目实施和管理全过程的数字化控制与管理。实施的省交通运输厅、池州市委书记和原市长任期经济责任审计项目都使用AO开展现场审计，利用OA进行审计管理。按照电子化流程控制的要求，从立项分解、采集转换、分析数据、延伸取证、编制底稿、形成报告和归集成果档案等各个环节规范操作，严格按照两大系统的使用规范，确保审计作业过程各个环节及相关资料在AO和OA中进行交互，实现审计质量控制全过程的数字化、网络化。二是积极推进审计行政管理的信息化。继续做好OA系统公文流转的规范应用和管理，全部做到了业务文书内部流转无纸化、网络化。严格按照公文系统流转的有关规定，及时接收、分发、阅处公文，提高公文系统运转的准确性和时效性。探索开展对被审计单位信息系统审前评估工作，在开展的审计项目实施过程中，始终关注被审计单位信息系统的可靠性和安全性，对采集转换的电子数据都进行认真核实和检验，确定被审计单位财务数据真实、完整、可靠后，并制作相关证明材料和底稿，再进行实际操作，避免“假账真审”，防范审计风险。三是注重加强被审计单位资料库建设。在审计项目结束的1个月内，及时对被审计资料库进行更新、完善和重建，为把握发展趋势、实现科学立项做好基础工作。四是不断提升计算机审计成果。对在实际工作中计算机审计取得较好成效的项目，要求审计人员发挥主观能动性及时总结经验，积极编写计算机审计方法和审计案例。2011年编写的

《新农合医疗费用拨付情况计算机审计方法》被评为全省优秀奖。

积极探索深化监督的内容和方法，提升服务的能力和水平。在审计实践中强化政治理论和业务知识学习，认真学习《国家审计准则》、《党政主要领导干部和国有企业领导人员经济责任审计规定》，深刻领会其精神实质，进一步拓展视野，探索深化审计监督的内容和方法，提升服务经济建设的能力和水平。一是以财政资金为主线，加大延伸审计力度，促进和加强预算资金管理。省交通厅预算执行审计注重预算执行与专项资金审查相结合，根据其交通建设资金量大、非税收入多的特点，突出对厅机关、公路局机关、运管局机关预算资金安排审计，加强对交通、公路、运管系统二三级单位的公路村村通、公路治超、公路养护、驾培管理费等专项资金的审计，审计揭示了结转结余资金管理不规范、截留、挤占挪用专项资金、违规收费、违规集资并为职工谋取不正当利益等问题，省交通厅及所属单位专门召开全省财务工作会议，通报审计报告，落实审计整改，追究有关人员的责任，完善财务管理制度，加强交通系统预算资金管理。二是积极探索经济责任审计转型。在开展对池州市委书记原市长任期经济责任履行情况进行同步审计时，按照刘战平厅长在全省审计工作座谈会和看望审计组的讲话精神，积极探索经济责任审计从“财务型”向“绩效型”转型。一方面创新工作思路、方法，提升审计效率。总体上按照“紧扣经济责任，关注重大决策、重大资金、重大项目”，围绕经济发展、结构调整和财政、土地、招商等重点领域，以及书记、市长担任议事协调机构领导的情况，坚持“自上而下”（从决策的合法合规性，到决策的贯彻落实情况和效果）、“自下而上”（从违法违规问题，追溯决策过程）。现场审计分为三个阶段：抓源头、理线索；具体展开、重点审计；整理资料、构思报告。并依此来确定人员分工，在审计方案中首次确定成立综合组，明确主要任务是抓源头、理线索，将市委、市政府与审计有关会议纪要记录、文件规定、战略合作协议等进行整理归类，送交有关审计小组研究落实。审计组现场负责人和各小组组长一天一碰头，定期召开审计组会议，了解情况安排进度，根据不同阶段，制定审计实施方案，任务、完成时间到组，责任到人，提高现场工作效率。在审前准备阶段，审计组先后赴池州市和省委办公厅、省政府办公厅、省发改委、财政厅、国土厅、住建厅、环保厅、统计局等部门单位，了解有关情况，搜集法规资料。通过审计调查，掌握了池州市政府各项目标任务完成情况和在全省的位次，以及在土地管理、环境保护、财政资金管理等方面存在的问题。厅领导带队到审计署武汉办座谈调研市委书记、市长同步审计的内容和方法，为开展同步审计拓展了审计思路。在审计过程中，探索在一定的范围内进行了个别谈话，参加谈话的人员主要有市委常委、副市长，人大主持工作的副主任，政协主席以及党委、政府一些重要部门的负责人。通过谈话，对审计对象有了一个较为全面的了解，获得许多重要的情况，提供了大量第一手资料。反映的情况和有关问题，都纳入了审计工作方案，并作为审计的重点加以关注。另一方面探索书记经济责任审计内容。首先是依据市委书记应当承担的经济责任确定审计内容。被审计领导干部作为党的最高领导者，被审计领导干部任职本地区的政治、经济、社会、文化发展等都与其相关，应当承担一定的责任。基于此，经济责任主要是贯彻国家宏观调控政策的情况、应对金融危机的措施、经济结构调整的情况和民生工程的情况。同时，关注执行政策的情况，主要包括财政政策、土地政策、环保政策等。其次是依据决策程序确定审计内容。根据市委文件关于市委常委会职责范围的规定，市委常委会审议的内容主要包括审定全市经济建设、政治建设、文化建设、社会建设和党的建设等方面的重大问题，根据工作需要，及时听取市政府党组的工作汇报，讨论研究有关政府工作中的重大问题等。审计中重点关注重大决策是否符合有关规定，是否符合有关程序，并深入细致地分析市委书记在市委常委集体领导当中的个人责任。第三是依据书记决定的具体经济事项确定审计内容。主要从被审计领导干部主持市委常委会、书记办公会议和专题会议决定的具体经济事项，书记担任的市委、市政府议事机构、重点项目联系人、负责人，以及在各种文件上对具体经济事项作出的批示入手，确定审计的内容和重点。第四是依据实际效果确定审计内容。主要包括总体经济和社会事业发展的状况、民生的改善情况、发展的潜力和群众的满意度等。基于这些原则，审计的内容和重点主要有：贯彻落实中央宏观调控政策和省委省政府加速安徽崛起的重大决策部署，推进经济结构调整、转变经济增长方式，财政管理及收支，国有资产资源管理处置及国有企业改革重组，投融资与政府性债务，重大投资与建设项目，社会保障及民生工程建设管理，土地出让与管理，招商引资与开发区建设管理，环境保护，有关目标管理及责任制落实，遵守廉政规定情况等。并在落实中央宏观调控政策、城乡规划、产业结构调整、环境保护和征地农民补偿等领域进行了有益的探索和突破。

审计法制建设

2011年，综合法规处紧紧围绕“五大工程”和“信息化推进工程”确定的工作目标，紧密结合审计综合法制工作实际，解放思想，创新举措，全面提升工作水平，为加速审计转型升级发挥了更加积极的作用。

高度重视，精心组织，推进“五大工程”深入实施。一是深化认识，统筹安排。“五年打基础、十年上水平、十五年大发展”是省审计厅党组综合考虑安徽省经济社会发展状况和审计工作发展水平，从推动审计事业科学发展的高度作出的重大决策；实施“五大工程”是贯彻落实厅党组决策部署，实现战略发展目标的必然选择。综合法规处迅速把思想和行动统一到厅党组的战略决策上来，认真研究制定《关于在全省审计机关深入实施“五大工程”的意见》，科学谋划“五大工程”的架构体系，明确目标任务，创新思路举措，丰富活动内容，努力实现重点突破，全力推动审计工作转型升级。同时积极发挥省审计厅实施“五大工程”领导小组办公室的作用，加强组织协调，强化跟踪落实，确保“五大工程”整体工作和各项重点工程有序开展、取得实效。2011年是实施“五大工程”的第一年，重点实施“信息化推进工程”。根据《全省审计机关开展“信息化推进工程”实施方案》，“信息化推进工程”主要包括三大方面共计26项活动内容，其中，综合法规处牵头实施的有3项，参加参与的有8项。综合法规处按照实施方案的总体要求，结合综合法制工作实际，制定《2011年度审计综合法制工作要点》，提出《关于深入实施信息化推进工程的工作安排》，召开全省审计综合法制工作会议，将“信息化推进工程”相关事项作为首要任务，结合其他各项工作任务，科学统筹，合理安排。建立健全“一把手”处长负总责，副处长科学合理分工，全处人员各司其职、各尽其责、互相配合、协同共进的领导机制和工作机制，确保牵头负责和参加参与的各项任务落到实处，取得实效。二是突出重点，强力推进。紧紧围绕“信息化推进工程”的既定目标，重点抓住综合法规处牵头负责的三大主题活动，加大力度，全力推进。第一，加强AO系统和OA系统的规范应用。继续实行审计项目“双审核”制，强化对审计项目实施和管理全过程的数字化控制与管理。推动省审计厅和市级审计机关利用AO开展现场审计，利用OA进行审计管理。严格按照两大系统的使用规范，确保审计作业过程各个环节及相关资料在AO和OA中进行交互，实现审计质量控制全过程的数字化、网络化。第二，积极推进信息系统审计工作。大力倡导开展信息系统审计，逐步将信息系统审计纳入审计监督的必审内容，促进被审计单位加强信息化条件下的内部管理和控制，提高信息化建设项目的效益，同时保证审计所需数据的可靠性和可用性，降低审计风险。进一步规范信息系统审计质量控制要求，凡是采集电子数据的项目，都要对被审计对象的信息系统作必要的审查和测试，并制作相关证明材料和底稿。第三，加强审计财经法规库建设。认真做好安徽省地方性财经审计法规库及其软件的更新管理和充实完善工作，印发《关于进一步加强安徽省审计厅财经审计法规库系统维护使用的通知》，按照分工负责的原则，促请各处室及时收集、提供地方性法规、规章和规范性文件，及时完成录入工作，督促市级审计机关做好市级法规库的建设完善工作。此外，还先后两次通过审计署计算机中心对常用财经审计法规的网络版和23套单机版及时进行更新，努力为广大审计人员提供有力的法制保障。三是积极配合，全面参与。在认真抓好牵头工作的同时，积极配合做好各项参与工作，全面履行省审计厅“五大工程”领导小组办公室职责，确保“信息化推进工程”主题活动顺利完成。重点做了以下几个方面工作：强化OA系统公文流转的规范应用和管理，严格按照电子公文流转的要求，及时起草、接受、分发、阅处、清理公文，提高公文系统运转的准确性和时效性，努力做到无纸化、网络化办公；充分发挥审计网站的宣传作用，组织开展审计公告8项，在“安徽审计信息网”发布各类审计信息13篇，在审计内网“处室动态”发布审计信息19篇，同时认真做好“安徽审计信息网”的“政策法规在线”和“质量提升工程”两个论坛的管理、维护工作，及时维护更新“安徽普法网”的“审计监督”专栏内容，加强审计宣传；积极参与省审计厅“十二五”时期审计信息化发展规划制定工作，认真落实规划相关要求，提高审计信息化应用能力；参与审计业务论坛和审计交流群组，加强工作信息交流和资源共享，拓展思维和视野；加强计算机技术装备管理与维护，保障各项工作高效运转；积极参与《安徽省审计专网管理办法》等规章制度的制定修订工作；参与审计即时通讯交流系统，加强与全省各级审计机关和有关部门的沟通了解，努力提高工作效率和工作水平；参与完善审计信息化考核办法的修订工作，积极准备年度考核。

科学谋划，服务大局，提升审计计划管理水平。一是认真谋划工作发展规划。“十二五”是安徽省全面建设小康社会的关键期、工业化城镇化的加速期、经济社会发展的转型期和大有可为的黄金发展期，也是新形势下实现厅党组战略决策目标，加速推进审计工作转型升级、科学发展的战略攻坚期。科学谋划“十二五”时期审计工作，对于推动审计事业科学发展具有十分重要的意义。经过充分调研和多次修改，起草了《安徽省“十二五”审计工作发展规划纲要》，并会同有关处室制定了财政审计、固定资产投资审计、农业与资源环保审计、企业金融审计、经济责任审计、审计干部队伍建设、审计法制建设、审计信息化建设等8个子规划，构成了科学完整的规划体系，明确了“十二五”时期安徽审计工作的指导思想、发展目标和主要任务，为实现审计工作转型升级、科学发展提供了有力的制度性保障。二是牢固树立科学审计理念。按照“十二五”规划确定的目标要求，牢固树立与审计转型升级相适应的审计理念，立足科学性，着眼前瞻性，注重衔接性，坚持可行性，实现创新性，增强开放性，紧紧围绕省委、省政府和厅党组的工作中心，着力从政治高度、宏观角度把握工作重点、难点，抓住审计监督要解决的主要矛盾，科学安排审计项目计划。坚持树立“一盘棋”思想，大力推进以专项审计调查和绩效审计为核心的目标型、效率型审计模式，在控制项目总量的基础上，适度减少全省统一组织的指令性计划项目，全面减少传统的财务收支审计等个案审计，大幅提高专项审计调查和效益审计的比重，积极探索和推进多专业融合、多视角分析、多方式结合的审计形式。2011年计划安排的专项审计调查和绩效审计项目占分类项目的71%、项目总数的33%，所有项目都包含了效益审计的内容。为加大对全部政府性资金审计力度，着力构建具有安徽特色的财政审计大格局，2011年计划安排的同步实施并纳入“同级审”大报告的预算执行项目、专项审计调查项目共有8小类18项，并首次计划安排了政府投资组织分配情况审计、社会保障基金预算执行审计、国有资本经营预算执行审计，充分体现了审计转型升级和科学发展的要求。审计项目计划确定后，按照规定程序，通过省政府和省审计厅门户网站向社会公布审计项目计划决策结果，努力增强审计计划的透明度和开放性。三是积极探索科学立项方式。从3月份起，就着手进行2012年计划编制前的调研工作，认真研究宏观经济信息和政策动态，广泛收集审计对象信息资料，修订完成了《安徽省审计厅审计项目库（2011版）》。新版项目库保留了原有的省级部门预算执行审计项目库、民生工程审计项目库和政府投资建设审计项目库，增加了省属企业审计项目库，同时对原有审计项目库的相关信息资料进行了充实、更新和完善，总体上既保持了审计项目库的稳定性和连续性，又体现了实践性和创新性，为科学制定2012年审计项目计划提供基础保障。在深化审计项目立项调研的基础上，积极探索科学的开门立项方式，通过积极走访有关部门，广泛召开座谈会、咨询会，函询党政领导机关、宏观管理部门和财政收支数额较大或者下属单位较多的专业厅（局），以及全省各级审计机关等不同方式，深入开展调查研究，积极促进各级各界各方面参与审计项目计划的决策过程。在此基础上制定的2012年度审计项目计划共安排审计项目3大类25小类57项，与2011年比减少1小类增加5项，其中预算执行审计增加1项、公证审计增加2项、经济责任审计增加2项；全省联动项目共5小类5项，比2011年减少1小类1项。从总体上看，审计项目计划基本体现了围绕省委提出的走出“六条新路”、打造“三个强省”的目标，以及服务建设经济繁荣、生态良好、社会和谐、人民幸福的美好安徽战略要求。四是强化项目执行监督考核。健全完善审计项目计划执行情况报告制度、检查制度和定期通报制度，每月编印两期《审计计划统计情况简报》，及时汇总全省各级审计机关工作成果，通报和考核厅机关各处室审计项目进度和年度审计项目计划执行情况，强化项目进度跟踪监督，维护项目计划执行的严肃性，项目计划执行率明显提高。同时，严格按照审计项目计划调整程序规定，及时追加调增审计项目13个（审计署授权5个、组织部门委托8个），调减审计项目2个（外资公证审计项目）；适应区域调整需要，及时调整涉及行政区划变动的合肥、芜湖、马鞍山和原巢湖市相关审计项目。在强化计划执行监督的基础上，抽调审计业务骨干，对省地税局组织省级预算执行情况审计项目，从审计目标、项目立项、方案编制、审计规范、成果开发、审计创新等方面，对审计项目预期目标是否实现、审计程序是否依法实施、审计成本与绩效是否匹配、审计结果是否产生积极效应等进行全方位综合评估，评价实施效果，积极探索对审计计划的整体评估。五是提升统计工作水平。继续坚持审计统计报表制度和报表汇审制度，通过层层集中汇审、交叉审核、相互评议的模式，及时发现和纠正填报不够规范、数据不够准确等问题，促进审计统计工作规范运行。继续深化统计内容，从单纯的项目台账和统计报表汇总，拓展到跟踪审计项目进度、核对台账相关审计文书以及审计决定落实等各个方面，实现审计项目进度的全程跟踪，增强统计工作的预见性和主动性。继续加强统计分析，提升工作成果，努力从宏观着眼、微观入手，注重从体制、机制、制度及政策措施层面上，对审计工作整体情况、数据变动较大的统计指标以及审计中发现的带有普遍性、倾向性和苗头性的问题进行分析，力争形成有价值的审计专报、审计信息，提升审计成果转化层次，在宏观上发挥审计的建设性作用。

强化措施，健全体系，提升审计质量管理水平。一是建立科学合理的工作机制。综合法规处工作职责涉及计划、审理、质量控制和相关审计整改工作，计划权、审理权、监督权在一定程度上过于集中。为了科学配置审计权力，积极探索决策权、执行权、监督权既相制约又相互协调的权力架构和运行机制，进一步完善内部工作机制，将全处工作划分为计划管理、审理监督、法制建设等三个管理系统，初步建立计划、实施、审理、整改相互分离、相互制衡的内部工作机制，实现内部工作上相互分离，为今后建立科学的内部权力架构和运行机制提供有益探索。二是改进审计管理模式。继续完善送达审计模式，改进送达审计核定办法，不断扩大送达审计范围。全年共对21个项目实施了送达审计。继续完善审计现场管理制度，坚持以质量和效率为中心，结合审计转型升级和审计环境变化的要求，积极探索和推进项目矩阵式管理的有效方式。积极利用“信息化推进工程”成果，进一步深化AO与OA两大系统的交互运用，积极探索在线审计、联网审计质量管理的实现形式，推进建立信息化条件下的审计质量控制体系。三是完善工作量核定制度。总结近两年实施审计项目工作量核定制度的经验，结合不同类型项目实施实际情况，进一步修订和完善相关制度，出台了《审计项目工作量核定办法》，严格控制审计成本，不断提高审计效率，着力提升审计质量和工作水平。按照《办法》规定，共对厅机关58个项目的工作量进行了核定。同时，积极配合办公室、人教处，严格落实审计人力资源调配和审计外勤经费管理制度，促进科学配置审计资源。四是完善全过程质量控制机制。从关注审计工作指导思想的贯彻落实和审计目标实现的角度，认真落实审计质量控制的各项措施，突出重点和关键环节，不断改进和完善全过程审计质量控制。按照国家审计准则要求，对厅机关实施的所有审计项目实行了全过程审理制度，以审计实施方案为基础，重点关注审计实施的过程及结果，重点审理审计实施方案确定的审计事项是否完成，审计发现的重要问题是否在审计报告中反映，主要事实是否清楚，相关证据是否适当、充分，适用法律法规和标准是否适当，审计评价、定性、处理处罚意见是否恰当，以及审计程序是否符合规定。同时，对经济责任审计项目，在审理之前先由经济责任审计局进行复核，实行“复核+审理”双控制度。坚持和完善审计专家制度与审计业务会议制度的有机结合，充分发挥审计专家在项目审理中的积极作用，深化审计业务会议内容和组织方式，坚持集体审议，严把审计项目质量关口。动议召开了22次审计业务会议，审议了57份审计报告、16份审计决定、10份决算草案审签、1份审计移送处理书，为把好审计质量关口发挥了积极作用。安徽省审计质量控制做法，受到了审计署充分肯定，在全国审理工作会议上，代表省审计厅在大会上作了重点发言，反响较好；提交的“加强审计项目审理、推动工作转型升级”经验交流材料，被审计署收录汇编，印发全国。五是组织优秀审计项目评选。为进一步宣传安徽审计工作，全面展示安徽省审计质量取得的新成效，促进全省各级审计机关争先进位，全面推动安徽省审计质量再上新台阶，从4月份起，对全省各级审计机关2010年实施完成的审计项目进行初选，择优选出5个审计项目，作为参加全国优秀审计项目评选的后备项目。8月中下旬，组织了全省优秀审计项目评选，修改完善评选办法，实行省、市、县三级审计机关分级评选方式，提高优秀项目评选的公平性和科学性；优化评选标准，更加注重审计信息化技术运用，加大审计监督在促进体制、机制、制度和政策措施健全完善等方面建设性作用的分值比例，充分发挥优秀审计项目评选在推动审计工作转型中的导向作用。评选共评出10个优秀审计项目和15个表彰审计项目，集中展示了安徽省审计工作成果。推荐到审计署参评的两个项目，均被评为优秀审计项目，继续保持安徽在全国的领先优势。六是开展全省审计项目质量检查。10月至11月，结合全省审计法律法规贯彻执行情况检查和调研工作，组织开展了全省审计项目质量检查工作。从厅机关和相关市、县抽调审计专家，对厅机关业务处室2010年至2011年8月组织实施的所有审计项目、16个市审计局2010年至2011年8月实施完成的48个审计项目进行全面检查。针对检查发现的问题，结合近年来审计项目质量检查的有关情况，形成了有针对性的分析报告，指出问题、分析原因、提出建议，进一步推进和深化审计质量建设，促进提高审计质量水平。

突出重点，有序推进，提升审计法制工作水平。一是加快推进地方审计立法。通过举办座谈会、专题调研等形式，积极加强与省各有关部门的沟通协调，经过多方努力，8月，省人大常委会第27次会议审议通过了《安徽省内部审计条例》，并于2012年1月1日起施行，进一步充实了安徽省审计法规体系。同时，积极推进《安徽省预算执行情况审计监督暂行办法》的修订工作，争取早日以省政府令形式颁布施行。二是完善审计业务制度规范。认真贯彻新颁布和修订的审计法律法规规章，紧密结合安徽审计工作实际，总结提升转型升级经验，研究制定了《安徽省审计机关审计业务管理暂行办法》，共10章170条，分别从审计计划管理、审计实施管理、审计报告管理、审计项目过程控制管理、审计项目会议管理、审计质量管理、审计结果公告管理、审计整改检查管理等8个方面，进一步细化和完善审计法律法规和审计准则的有关规定，并提供了12种审计文书参考格式和26种审计文本参考格式，对审计业务全过程进行系统性的规范管理，形成了比较全面的用以指导全省审计业务的操作规程，具有很强的指导性和可操作性。此外，还起草制定了《关于进一步贯彻实施国家审计准则的意见》、《安徽省审计厅审计项目工作量核定办法》等制度办法，补充和完善《安徽省审计机关审计业务管理暂行办法》的有关规定，促进审计业务管理更加科学有效。三是认真开展制度清理。对与审计法、审计法实施条例、国家审计准则和审计署颁布的其他规章规定不一致的规章制度，及时进行清理，并废止30项制度。通过定期清理、废止、修订和完善，力争形成配套齐全、结构严谨、上下衔接、内部协调、体例科学的有安徽特色的审计规范体系，为推进审计转型升级提供有力的制度保障。四是加强立法协调工作。密切关注国家和安徽省有关财经法规的制定，认真做好审计法律法规与有关法规的协调和衔接工作。对征求省审计厅意见的个人所得税法修正案（草案）等20多项法律法规、政策制度草案，及时反馈了意见，力争在相关经济立法中充分体现审计监督的要求，为实现优化环境提供法制保障。

加强普法，依法治理，提升普法宣传教育水平。一是认真落实“六五”普法工作任务。按照审计署和省有关部门要求，结合审计工作重点，研究制定安徽省审计机关“六五”普法工作实施方案，认真筹划年度普法依法治理工作，完善依法行政各项工作制度，促进提高依法审计水平。认真做好全省审计机关依法治省和法制宣传教育工作先进集体和个人评选、表彰工作，宣传推广先进典型经验和做法，发挥典型示范作用，推动安徽省审计机关普法依法治理工作再上新台阶。二是加强法律法规学习。进一步强化对宪法和国家基本法律的理解把握，弘扬社会主义法治理念。结合审计工作加强对市场经济法律法规、宏观调控法律法规、服务和改善民生法律法规、社会建设和维护社会稳定相关法律法规的学习教育，促进提高审计人员运用法律法规能力。结合集中培训和各种专题培训，举办了全省国家审计准则以及其他相关内容培训班，帮助广大审计人员准确理解新制定的国家审计准则的内容和要求，扎实推动国家审计准则的贯彻落实，全面提高依法审计水平。三是加大审计法制宣传。充分利用网络专栏、现场互动、座谈会、培训班、对外交流等形式，积极参加省直工委组织的省直机关“万名党员便民行”主题实践、“12.4”法制宣传日广场宣传等活动，加强对修订后的审计法及其实施条例、中央两办经济责任审计规定等审计法规，以及安徽审计工作成果和动态的宣传，促进社会各界进一步了解和支持审计，优化审计环境。四是开展审计执法检查和调研。根据审计署关于开展审计法律法规执行情况检查和调研工作的有关要求，认真制定厅机关迎检方案和对全省的检查调研方案，统筹协调并全面配合审计署郑州办检查组的工作，同时集中力量组成5个检查组，分赴全省16个市，对各地审计执法情况进行实地检查和调研，更加全面了解安徽省贯彻执行审计法律法规取得的显著成绩，存在的困难和不足，明确工作思路和措施，为进一步优化审计执法环境，加强和改进审计执法工作打下了良好基础。

加强领导，严格督查，提升民生工程审计工作水平。一是健全民生工程审计工作机制。根据省委、省政府年度民生工程实施情况和有关工作机制要求，进一步加强对全省民生工程审计的组织领导，健全民生工程审计工作机构和联络机制，强化民生工程审计的组织保障。加强对市县两级审计机关的业务指导，强化信息交流与沟通，完善全省审计系统民生工程审计联络机制，发挥审计系统在保障民生工程顺利实施中的整体优势。二是完善民生工程审计监督机制。按照省委、省政府的要求，结合年度民生工程审计项目实施情况，定期检查民生工程政策落实、规划实施、工程质量、资金使用等情况，全面把握民生工程实施的总体进展情况和存在的主要问题，及时提出建设性意见和建议。进一步加强民生工程审计调研，统筹规划，科学确定年度审计项目计划，有计划地将各项民生工程纳入审计监督范围。三是加强协调推进机制。履行民生工程协调小组成员单位职责，按照民生工程横向协调推进机制的总体要求，主动加强与省有关部门的沟通与协作，互通有关工作情况，共同推进民生工程顺利实施。统筹协调民生工程审计工作，及时反映民生工程审计工作动态，积极开展“民生工程宣传月”活动，采取编印民生工程宣传册、民生工程审计简报等多种方式，着力加大民生工程审计宣传，推进全省民生工程向深度拓展、向长效提升。

统筹兼顾，合理安排，提升审计综合服务水平。一是加强执法协作配合机制。加强与纪检监察、检察、公安及其他执法执纪部门之间的协作配合，推进完善联席会议制度，健全工作协作机制，规范审计发现问题和案件线索移送工作，加大对审计发现问题整改的跟踪问效力度，推动建立健全审计问责制度，充分发挥审计监督在规范权力运行、惩治腐败、加强廉政建设等方面的积极作用。全省共向司法、纪检监察以及有关部门移送处理案件线索和违纪违规问题63件。同时，为进一步增强引导示范效应，在完善优秀审计项目评选办法时，把重大违法违规问题的查处和案件线索的移送等情况作为评选的重要内容，促进各级审计机关进一步加强审计的监督作用，促进形成加强审计整改、审计问责的部门合力和长效机制，更好地发挥审计工作在安徽崛起大局中的重要作用。二是加强审计监督服务性功能建设。为深入贯彻落实省委、省政府的决策部署，先后研究制定了《关于进一步加强民生工程审计的实施意见》、《关于审计服务皖北地区加快发展的实施意见》，同时在审计计划安排和审计资源配置上，注重加强对相关宏观政策措施实施情况、体制机制运行情况、重点资金使用情况、重大项目建设情况的审计，努力为省委、省政府宏观决策的落实提供有力的审计支持，更好地发挥审计在兴皖富民中的建设性作用。三是认真开展审计技术创新专题调研。根据《审计署办公厅关于印发审计技术创新情况专题调研方案的通知》要求和厅领导指示精神，组织全省审计机关开展了审计技术创新情况专题调研工作。通过开展审计技术创新情况专题调研，系统了解了安徽省各级审计机关在审计技术创新方面的总体情况及取得的主要成效，分析当前存在的主要问题和困难，提出促进审计技术创新的意见和建议，努力为实现安徽省审计工作“上水平”、“大发展”奠定坚实的技术创新基础。四是加强学习型党组织建设。深入学习贯彻党的十七大、十七届五中、六中全会和省第九次党代会精神，认真组织学习中央和省委主要领导重要讲话，以及国家、安徽的“十二五”规划，深刻领会党中央对“十二五”期间国内外形势的战略判断以及“十二五”规划的指导思想、主题主线、目标任务等，努力以新的理念和战略思维来谋划、推动综合法制工作。强化党支部理论学习制度，做到年度有计划，季度有安排，每月有落实，全年共组织支部全体党员开展了12次学习研讨。深入开展“创先争优”活动，加强处室效能建设和党风廉政建设，积极完成厅党组和厅机关党委部署的各项工作任务，努力打造政治过硬、业务精湛、和谐共进的优秀综合法制工作队伍。

2011年，在各级领导和有关部门的关心、支持和帮助下，审计综合法制工作取得了一些成绩，受到了有关方面的充分肯定。省审计厅分别被省委、省政府评为2006-2010年依法治省和法制宣传教育先进集体，被审计署评为审计机关2006-2010年法制宣传教育工作成绩突出集体；推荐到审计署参评的两个项目，全部被审计署评为全国优秀审计项目；综合法规处被省法制办评为全省政府法制和城市管理执法系统先进集体，被省审计厅评为全省审计机关“信息化推进工程”先进集体；处内有3位年轻同志分别被评为2006至2010年全国法制宣传教育工作先进个人、2006至2010年全国审计系统法制宣传教育工作先进个人、全省政府法制工作先进工作者等。

队伍建设

2011年，人事教育处认真贯彻落实全国和全省审计工作、组织、人事、编制工作会议精神，以加速审计转型升级为主线，以“五大工程”为抓手，进一步强化审计干部队伍专业化建设，不断提高工作质量和服务水平，较好地完成了各项工作任务。

深入开展“创先争优”活动和组织人事处长下基层活动，提高服务水平和质量。根据中央、省委部署，按照厅党组的统一安排，结合人事教育处工作实际，深入开展“创先争优”活动，努力做到“五个好”，切实做到“五带头”，在支部党员中营造带头推进审计工作转型升级的浓厚氛围，为实施“五大工程”提供思想保证和动力支持。一是认真组织学习党的十七届五中、六中全会精神和《中国共产党和国家机关基层党组织工作条例》，紧紧围绕厅党组确定的年度工作任务，凝心聚力推进“五大工程”的顺利实施。二是严格落实“三会一课”制度，加强支部的党建目标管理，开展好“建设学习型处室、提升素质能力”活动，完善处室考学评学制度，开展学习成果交流活动。三是加强思想政治工作，坚持思想分析制度，倡导开展谈心活动，努力增强支部思想政治工作的针对性和实效性。四是加强对党员的教育、管理、监督和服务，要求党员严格遵守党章的各项规定，更好地发挥人事教育处党支部的战斗堡垒作用和党员的先锋模范作用。五是根据省委组织部《关于在全省组织系统开展“千名组织部长三走进三服务”活动的通知》和省直工委《关于在省直机关开展“百名组织人事部（处）长下基层”活动的实施意见》精神，制定《省审计厅开展“人教干部下基层”活动实施方案》，通过走进审计一线，服务审计发展、服务干部职工，问计于民；开展“我为审计机关组织人事工作科学发展献良策”网友“金点子”征集活动，切实凝聚在加强审计干部队伍建设、人才队伍建设方面的智慧和力量；进一步转变审计机关干部工作作风，努力提升做好群众工作的本领，切实提高人事教育工作水平。

服务队伍建设，做好公务员考录、协管及考核管理工作。一是服务领导班子建设。积极配合省委巡视组工作，针对巡视组提出有关人事教育方面的问题，起草了《安徽省审计厅厅机关实行带薪年休假管理办法》等文件稿；协助省委组织部做好省审计厅领导班子及省管干部2010年度考核测评、评议等具体工作；做好党员领导干部报告个人有关事项相关工作，认真组织副处级以上干部报告2010年度个人有关事项工作；完成省投资审计中心3名领导干部任期期满考核转正工作。二是做好新公务员招录，原巢湖市审计局干部、军转干部安置接收等工作。2011年厅机关和省投资审计中心计划招考录用公务员8名（其中参照公务员管理5名），从5月份到10月份，先后完成报考人员资格审查、笔试、面试、体检、考察、录用等一系列手续，8名新招录人员于10月份已报到上班。下半年，根据省委和有关部门要求，共安置接受原巢湖市审计局干部10名、军转干部2名。三是完成厅机关及厅属单位2010年度考核工作。积极争取考核优秀等次比例，在省公务员局的支持下，厅机关连续多年年度考核优秀等次按最高限额20%确定；依据《安徽省审计厅机关处室局年度工作考核办法（试行）》、《安徽省审计厅机关公务员年度考核办法（试行）》及省人社厅要求，印发《关于认真做好厅机关及厅属单位2010年度考核工作的通知》，经考核，厅机关有29人被确定为优秀等次，其他为称职等次；组织对安徽审计职业学院班子及成员进行2010年度考核及重点考核，同时对考核过程中出现的问题，提出完善意见。四是强化市级审计机关领导班子协管工作。积极主动与地方党委及组织部门沟通联系，及时掌握班子的总体状况，根据实际情况，提出领导干部选拔任用的意见和建议。全年，按照有关规定，对4个市审计局拟任局长进行了考察，及时办理了8个市共20名市审计机关领导班子成员任免职征求意见函复手续。

围绕审计业务，做好人力资源保障和编制工作。一是强化审计项目人力资源管理。根据《安徽省审计厅审计项目人力资源调配办法（试行）》，按照有效控制成本、合理调配人力资源，提高审计效率的原则，加强审计人力资源整合。全年，共对31个审计项目进行了人力资源调配，抽调市县审计人员42人次，抽调厅机关35人次，抽调省审计科研所人员4人次，借调内审人员2名，聘请社会审计人员102人次，参与开展项目审计工作。二是做好省经济责任审计局、安徽审计职业学院编制争取和省投资审计中心机构建设后续工作。积极与省编办、人社厅、公务员局等有关部门沟通、协调，向省编办上报了省经济责任审计局、安徽审计职业学院增加编制报告，省编办已批复，同意省经济责任审计局增加15名行政编制和2名正处级职数，安徽审计职业学院增加127名事业编制。经省人社厅批复，省投资审计中心为参照公务员管理事业单位。三是做好厅属事业单位岗位设置管理实施及工资核查工作。安徽审计职业学院、省审计科研所和机关服务中心岗位设置方案报经省人力资源和社会保障厅认定后，根据方案，认真组织实施，实施工作已基本完成。同时，做好厅属事业单位工资收入分配情况自查指导、组织厅机关相关人员核查和上报等工作。

突出能力建设，加大审计干部教育培训工作力度。一是进一步加大干部教育培训创新力度。第一，与南京理工大学合作举办MPA硕士研究生班。为了培养高层次审计管理人才，在厅党组的高度重视下，省审计厅与南京理工大学合作举办MPA硕士研究生班，并于7月7日正式开班上课。第二、印发《2011年度全省审计干部教育培训工作计划》。根据培训计划，举办初任与领导能力培训、专业培训、综合管理培训、知识更新培训4类培训班、专题讲座19期，培训达1450人次。举办了一期全省新进审计机关公务员培训班，协助厅机关处室局举办了计算机审计中级培训等多期培训班。第三，精心做好两期全员集中培训工作。2011年1月21日至29日和11月21日至30日，省审计厅举办了两次厅机关及厅属单位全员集中培训，两期集中培训在汲取前三次集中培训经验的基础，在课程内容安排、授课老师选择、教学组织形式上都有所突破，取得了较好的效果，大家普遍反映收获很大，为推进“五大工程”的顺利实施、“十二五”审计工作各项目标的实现提供了智力支持和人才保障。第四，完成了厅属事业单位安徽干部教育在线的上线工作，并及时督促厅机关及厅属单位人员上线学习。按照省委组织部、省人社厅要求，安徽审计职业学院、省审计科研所、省投资审计中心共111名在职干部职工于5月份全部完成安徽干部教育在线上线工作。为了搞好在线教育，从4月份起先后6次发短信督促厅机关和厅属单位人员按照要求及时完成上线学习任务。由于审计干部培训工作扎实，成效显著，上半年，在省公务局召开的全省干部教育培训工作会上，省审计厅作为3个省直单位先进干部教育培训工作典型作了重点发言，干部教育培训材料被省公务局收入全省干部教育培训经验交流材料汇编。二是创造条件加大干部培养锻炼力度。第一，积极选送审计干部参加审计署、省委组织部、省直工委等部门举办的各种形式的学习培训。根据省委组织部、省直工委、省人社厅和审计署安排，做好两名厅领导参加省委党校学习、1名厅领导参加审计署2011年司(厅、局)级领导干部专题研究班的服务工作，选送厅机关25名处、科级干部参加省委党校、省直党校、行政学院学习，选送21名市县局长参加审计署市县局长班培训。第二，开展好审计系统选派干部挂职锻炼工作。根据《安徽省审计厅关于审计系统干部挂职暂行办法》，经厅党组会议决定，安排厅1名副处级干部下派挂职任巢湖市审计局副局长，4名市县审计干部上挂到厅机关处室局工作。第三，根据中央和省有关规定和要求，谨慎做好审计干部出国考察、培训工作，办理了部分厅领导和有关人员的出国（境）手续，并制定上报了2012年省审计厅组团出国计划。

大力推进“五大工程”的实施，认真开展“信息化推进工程”。一是认真学习，责任到人。《全省审计机关开展“信息化推进工程”实施方案》印发后，人事教育处及时召开会议，及时传达、学习实施方案内容，统一思想认识，认真梳理“信息化推进工程”人事教育处承担的任务，明确任务，制定了《人事教育处实施信息化推进工程的意见》。“信息化推进工程”人事教育处主要承担以下任务：充分发挥审计网站的宣传作用，撰写宣传“信息化推进工程”信息稿；充实和整合信息化人才队伍，建立审计信息化人才库；加大审计信息化培训力度，配合审计信息技术应用处开展第六期计算机中级培训；完善审计信息化考核机制，加强审计信息化工作督查力度。及时上报人事教育处“信息化推进工程”完成进度表，同时将五项责任落实到人。二是建立考核评价机制，大力推进“五大工程”的实施。在总结“五年行动计划”成功经验和调查研究的基础上，围绕促进安徽审计科学发展，合理设置审计信息化推进、人才造就、质量提升、环境优化、争先进位“五大工程”考核内容，增强考核内容的科学性、系统性，拟定了《关于建立“五大工程”考核评价机制的指导意见》，经厅长办公会研究印发全省审计机关。指导意见的出台，对于促进全省审计机关深入贯彻落实科学发展观，推进“十二五”安徽审计事业科学发展，把全省审计机关广大干部职工的思想和行动引导到实施信息化推进、人才造就、质量提升、环境优化、争先进位等“五大工程”，促进安徽审计转型升级上来，确保安徽审计工作上水平、大发展必将发挥积极作用。三是加强审计信息化培训，提高审计人员实战技能和信息化人才储备。在年初印发的《2011年度全省审计干部教育培训工作计划》中，将审计信息化作专题培训内容列入计划。全年举办了全省计算机审计中级培训班、全省审计机关网络安全培训班、全省审计机关已取得计算机审计中级证书学员后续教育培训班、金融计算机审计培训班、社保计算机审计培训班等5个专题审计信息化培训班，共有305人接受了培训。在专业培训、综合培训中，将审计信息化作为重点列入培训内容。在两次厅机关及厅属单位全员集中培训、全省新进审计机关人员培训班以及全省地方政府性债务审计培训班、全省外资审计业务培训班等7个业务培训班中，都将审计信息化作为重点列入培训内容，培训学员780多人次。选派黄炎参加审计署计算机中级培训，金礼明参加审计署计算机系统审计业务交流培训会。四是开展审计队伍调研和全省审计机关干部基本情况调查，为建立审计信息化人才库提供基本数据。6月，省审计厅印发《关于开展全省审计系统队伍建设情况调研工作的通知》，7、8月份深入到市县级审计机关开展队伍建设情况调研，并起草了《全省审计机关实施“人才造就工程”方案》。7月，省审计厅印发《关于上报全省审计机关干部基本情况表的通知》，并做好相关汇总工作。此外，人事教育处根据要求，及时上报“信息化推进工程”完成情况，撰写网上信息稿件14篇。

营造良好的人才成长机制，强化审计队伍专业化建设。一是做好与省人社厅联合评选表彰全省审计系统先进集体及先进个人，全省审计机关“五年行动计划”先进集体及先进个人、全省优秀审计主审和审计能手、全省地方债务审计先进集体及个人等评选工作。评选表彰全省审计系统先进集体17个、先进个人18名；全省审计机关“五年行动计划”先进集体20个、先进个人50名；全省优秀审计主审51名、审计能手50名；全省地方债务审计先进集体及个人评选工作目前正在有序开展。二是认真做好职称考试、评审及申报工作。按照审计署、人社部要求，组织2011年度审计专业技术资格考试资格审查和巡考工作，省直单位共有1100多名人员参加审计专业技术资格考试；做好审计专业技术资格评审收费年检工作；做好高级审计师评审工作，对21名申报高级审计师资格的材料进行了评审，针对评审会上，评委对少数申报资料的真实性提出质疑的问题，进行了实地调查核实。经评审与调查核实，共有19名通过2011年度高级审计师资格评审。

强化服务意识，做好其他各项工作。一是根据省委组织部要求，组织选派优秀年轻干部赴农村任村党支部书记，帮扶新农村建设；选派优秀审计干部赴新疆皮山，强化省援疆指挥部工作。根据省委组织部《关于在全省开展选派、联系帮扶单位“集中走访帮扶月”活动的通知》，及时制定活动方案，陪厅领导深入农村，开展选派、联系帮扶单位“集中走访帮扶月”活动，并上报了有关活动开展情况报告和信息。二是下大力气做好干部人事档案工作。按照中组部、人事部制定、颁发的《干部档案整理工作细则》的规定，认真做好档案整理工作，7、8月份，抽调安徽审计职业学院4人开展档案整理工作。12月份，根据省委组织部《关于全面开展干部人事档案审核工作的通知》的要求，抽调厅机关、科研所、投资审计中心5人审核、整理档案。三是认真做好在职人员考勤工作，厅机关在职人员和新进人员、调入人员编制变动工作及在职人员及离退休干部工资统发以及厅机关公务员统计、厅机关及厅属事业单位工资统计、人才统计、劳动情况统计等工作。四是组织做好审计业务人员在社会中介组织兼职取酬清查工作。经核查，没有发现厅机关审计业务人员在社会中介组织兼职取酬现象。五是根据《安徽省审计厅机关处室局联系县级审计机关制度》，对机关处室局联系基层县级审计机关进行了调整。

附：2011年度高级审计师任职资格评审通过人员名单

吴　军　李　德　汪　宁　陆乃银
孟庆君　田桂林　吴正阳　方　青
韩　伟　沈　岚　张平凤　孙　凌
刘定寿　胡于高　贾光伟　黄　香
周圣梅　何素珍

党的建设

2011年，机关党委认真贯彻落实党的十七大和十七届四中、五中、六中全会精神，以推进审计转型升级和“信息化推进工程”建设为根本着眼点，以创新工作、优化服务为根本着力点，以开展文明处室、学习型机关建设和创先争优活动为主要抓手，努力推动机关党的建设、精神文明建设和效能建设等各项工作进一步巩固发展，较好地发挥了机关党的工作对中心工作的服务和保证作用。

以做好党的创新理论武装工作为重点，扎实开展学习型党组织建设。始终把思想理论建设摆在首位，注重抓理论武装、抓思想教育、抓读书学习，进一步提高了党员干部的思想政治素质，推动了学习型党组织建设，为完成机关中心工作任务提供了政治和思想保证。一是认真落实党组中心组和党支部理论学习制度，坚持以党组中心组学习为龙头，以处以上领导干部为重点，切实保证中心组学习内容、人员、时间、效果落实，并以此带动党支部理论学习的开展。二是认真组织开展机关读书活动，通过推荐书目、送书到人、举办“读书月”、读书经验交流等，广泛开展“打造书香机关、提升素质能力”的群众性读书活动。三是认真开展以学习贯彻十七届五中、六中全会精神、加强基层党内民主建设、深入推进创先争优活动、建党九十周年光辉历史回顾等内容的党课教育，使广大党员的先进性进一步得到提升。

以强化基础为根本，进一步做好效能建设和文明创建工作。一是进一步细化措施推进效能建设和文明创建工作。认真做好效能建设先进处室、文明处室评选推荐工作，积极推进文明创建、效能建设延伸到处室，更好地发挥处室在推进效能建设和文明创建中的基础性作用。落实效能建设工作责任，组织机关各处室与分管厅领导分别签订效能建设责任书；落实《安徽省审计厅机关处室（局）年度工作考核办法（试行）》、《安徽省审计厅机关公务员年度考核办法（试行）》，将效能建设、文明创建工作列入处室和工作人员年度考核内容，使两项工作纳入长效机制，形成工作常态。二是认真做好省直文明单位、省第九届文明单位和全国文明单位申报工作，其中省直文明单位和省第九届文明单位已通报表彰，全国文明单位已公示确认。三是认真做好全省审计系统文明行业创建指导工作，进一步加大对全系统文明行业创建工作的指导力度。厅机关已申报创建全省文明行业工作先进单位，同时制定并印发了《关于进一步推进安徽省审计系统文明行业创建工作的意见》，具体指导全系统文明创建工作，力争“十二五”期间跨入全省文明行业行列。

以开展主题活动为载体，大力丰富机关文化生活。1月份举办厅机关“迎春联欢会”，3月份组织厅机关女职工到和县开展节日活动，5月份组织厅机关和厅属单位团员、青年到六安开展节日活动。结合纪念建党90周年，开展系列主题活动，即与黄山市审计局联合举办全省审计系统庆祝建党90周年楹联展，对党员进行集中的党性党风党史党情教育，组织党员过组织生活会，重温入党誓词，到宁国新村社居委开展党员进社区活动，组织党员领导干部开展走访慰问老党员困难党员活动，组织厅领导为厅属党员上党课。9月下旬与安庆市审计局联合举办全省审计系统首届钓鱼比赛。10月下旬和12月上旬分两批组织部分年度优秀党员和先进工作人员赴四川重庆和江西井冈山开展主题教育活动。同时，机关工会、团委、妇委会及各协会积极组织开展钓鱼、球类、游泳培训、扑克牌等活动，为全厅人员进行体能测试，组织人员参加省直“唱红歌”和“红运会”比赛、组织女职工参加省直才艺展、开展“关爱困难职工家庭”活动，及时做好职工生日及职工患病慰问工作。通过以上活动开展，进一步丰富了机关文化生活，增强了机关的凝聚力，调动了干部职工的积极性，营造了文明和谐的氛围，有力促进了机关全面建设和各项任务完成。

以推进“信息化推进工程”各项任务完成为取向，扎实开展“创先争优”活动。紧紧围绕围绕厅党组中心工作开展机关党的工作，把保证和推进以“信息化推进工程”实施为主线的各项任务完成作为机关党的工作的根本着力点，在围绕中心上争先进位，在推进审计工作转型升级中彰显作用。一是扎实开展承诺践诺活动。围绕审计工作转型升级的目标任务，立足本职岗位开展创先争优活动。始终把握推进实施“五大工程”、加速审计转型升级这一中心任务，开展承诺、践诺活动，深入挖掘“先进”和“优秀”的科学内涵，把“五个好”、“五带头”的要求细化、实化、量化，引导各支部和广大党员结合工作实际定目标、定内容、定措施，形成你追我赶、奋勇争先的生动局面，使创先争优的过程成为推动各项工作上水平的过程，为“信息化推进工程”各项任务的圆满完成提供了动力支持。二是认真开展创先争优点评活动。回顾总结创先争优活动的开展情况，明确各支部在创先争优活动中取得的成效，指出厅机关在创先争优活动中存在的问题，制定具体的创先争优活动方案，推动创先争优活动深入开展。三是营造创先争优的浓厚氛围。为厅机关和部分厅属单位党员发放《深入开展创先争优活动党员干部读本》和深入开展创先争优活动笔记本；“七一”前夕，围绕迎接建党90周年，结合党员评议评选先进党支部和优秀党员并进行宣传表彰；组织召开创先争优先进事迹报告会，进一步巩固和提升创先争优活动成果，营造创先争优的浓厚氛围。

以推进审计转型升级为目标，深入推进机关党建工作。一是做好党务公开工作。根据《安徽省直机关党的基层组织党务公开工作实施办法》和《安徽省直单位机关党委、直属党总支党务公开目录》等有关规定，制定厅属党支部党务公开目录，通过支部会议通报、厅机关专网以及重要事项公示等渠道公开党务工作。二是严格落实“三会一课”制度。加强对党员的教育、管理、监督和服务，认真贯彻落实中央关于加强基层党内民主建设的要求，切实做好党务公开、报告工作以及党内情况通报等工作，更好发挥党员在党内生活中的主体作用。三是继续与砀山县葛集镇白腊园村党总支和合肥市包河区宁国新村社居委党总支开展结对共建活动。通过结对共建进一步增进机关党员对人民群众的感情，丰富机关党建内容，促进机关工作作风建设和效能建设。四是组织开展支部书记培训。深入学习《中国共产党党和国家机关基层组织工作条例》和《关于党的基层组织实行党务公开的意见》，交流工作经验，提升工作能力，进一步做好抓基层打基础工作。

党风廉政建设

2011年，纪检监察室坚持围绕中心、服务大局，严格执行党风廉政建设责任制，深入推进审计机关惩防体系建设，为加速安徽审计转型升级、加强审计队伍建设，推进审计事业科学发展提供了坚强的政治保障。

抓好各级党风廉政建设工作会议精神的传达学习。中纪委十七届六次全会、省纪委八届七次全会、省政府第四次廉政工作会议和全国审计机关党风廉政建设工作视频会议召开后，厅党组认真结合实际，采取多种形式抓好会议精神的学习传达。重点学习胡锦涛总书记在中央纪委十七届六次全会上的讲话精神。

制定全省审计机关党风廉政建设工作要点。根据全省党风廉政建设和反腐败工作部署，制定印发了《2011年全省审计机关党风廉政建设工作要点》。重点抓好7个方面的工作：一是充分发挥审计机关在全省惩治和预防腐败体系建设中的监督职能作用；二是扎实抓好党风廉政教育，促进审计干部廉洁自律；三是全面落实《廉政准则》，严格执行领导干部廉洁从政各项规定；四是突出重点部位和关键环节，深化廉政监督检查；五是以加强廉政风险防控为重点，深入推进审计机关惩防体系建设；六是着力提升机关效能，不断改进工作作风；七是进一步加大对系统内党风廉政建设指导力度。

认真做好2011年度反腐倡廉和纠风工作任务分解落实。根据省委、省政府转发的《关于省直单位2011年反腐倡廉主要工作任务分工的意见》和省政府纠风办《2011年全省纠正不正之风工作要点》分解的任务，及时细化分解到职能处室（局），不仅明确主办协办单位，还明确具体责任人；不仅落实任务目标，还提出落实时限要求，严格实行谁主管谁负责，谁承办谁负责的责任制。年中检查工作进展情况，协调解决存在的问题，年底及时上报了全年工作情况报告。

进一步强化《廉政准则》的贯彻落实。一是认真开展《廉政准则》执行情况自查。纪检监察室会同人教处、机关党委等采取扎实有效的方法认真组织这项活动，并专题向省直纪工作汇报了省审计厅的自查情况。二是加强“两节”期间党员领导干部的廉洁自律。“两节”前后，专门发文或召开处室负责人会议，要求党员领导干部严格执行《廉政准则》，严禁借用“两节”等喜庆事宜收敛财物。三是转发《审计署关于严禁审计机关和审计人员通过会计师事务所等社会中介机构获取非法收入的通知》，开展厅机关持有经济类资格证书在社会中介机构挂名或者兼职取酬问题的清理，要求广大审计人员严格遵守审计署的有关规定。四是建立了处级以上干部电子廉政档案。

集中开展“以人为本、执政为民”主题教育活动。组织观看警示教育片、参观惩治和预防渎职侵权全国巡展；把党风廉政教育纳入审计干部集中培训、新进机关公务员培训、党课、任职谈话中；结合纪念建党90周年，组织全厅156名党员干部参加省直机关反腐倡廉知识竞赛；将全省审计系统廉政楹联展获奖作品在办公楼门厅电子屏幕定期更换播放，营造了浓厚的廉政氛围。

推进廉政制度建设。重新修订1999年印发的《安徽省审计厅关于实行党风廉政建设责任制的实施办法》，按新修订的办法，对厅领导班子和各处室履职情况进行检查。为适应审计业务拓展需要，制定了《安徽省审计厅赴省外及出国（境）审计纪律规定（试行）》。

部署开展廉政风险防控工作。10月，在调研的基础上，厅机关及所属单位开展廉政风险防控工作，成立指导小组，出台《省审计厅廉政风险防控实施方案》，作为深化审计机关惩防体系建设的重要抓手，明确风险防控工作指导思想、目标任务、推进措施，注重认真排查风险点，在找准查实上下功夫；制定防控措施，在强化管理上下功夫；突出防控重点，在建立长效机制上下功夫。力争形成覆盖审计厅机关及所属单位的廉政风险防控管理体系。

围绕重大审计任务，加强廉政监督检查。通过廉政跟踪检查、审计回访、廉政问卷调查等多种方式对重大审计项目开展廉政监督。上半年，在全国地方政府性债务审计期间，组织两个检查组深入审计现场进行廉政督查，得到了审计署好评。抓好审计回访情况整改，由纪检组、监察室会同办公室、人教处等相关部门，专门召开会议，对执行审计纪律“八不准”规定、外聘人员的管理以及外勤经费自理方面的问题认真进行研究，提出加强和改进办法。

坚持依法行政，重视行政执法检查。按照省监察厅、省法制办《关于继续开展行政处罚实施工作情况检查的通知》要求，由纪检监察室牵头，对全省审计系统开展了行政执法情况的自查和抽查，规范了审计机关的执法行为。

牵头抓好机关政风建设。把加强政风建设作为提高行政效率、执法水平和服务质量的一件大事来抓，认真查找上年度政风建设中存在的问题和不足，厅相关部门密切合作，从依法行政、效能建设、廉政建设、政务公开、综合服务等方面入手，转变作风，提高效能，切实推进审计转型升级，在省直机关年度政风评议中得到好评，厅机关再次被评为“满意”等次。

认真处理来信来访。受理的信访举报，大多是反映审计系统之外的单位和个人，要求审计机关对其进行审计监督。区别不同情况，有的结合审计项目安排进行查处，有的移交给相关单位处理。对极个别反映厅机关党员干部的来信中的倾向性、苗头性问题，厅领导和纪检监察、干部管理部门及时找相关处室负责人和责任人谈话，及时进行处理。对反映市县审计机关的信访举报，按照干部管理权限，认真进行了解核实或函询、谈话，有的进行专项检查并及时督促相关单位强化管理、健全规章制度，做到件件有着落。

强化系统纪检监察干部队伍建设。5月下旬至6月上旬，由厅纪检组长吴毅带队，组织省审计厅及市县审计机关20多名纪检监察干部，参加中央纪委在北戴河培训中心举办的全国纪检监察综合业务培训班。通过培训学习，丰富了理论知识，拓展了思维，提高了业务素质和综合能力，进一步增强了责任感和使命感，为更好地做好纪检监察工作，履职尽责夯实了基本功。

内部管理

2011年，办公室紧紧围绕审计工作中心，严格按照顺畅、高效、有序、严谨的原则，认真履行“办文、办事、办公”三大主要职责，积极主动服务，扎实开展工作，较好地完成了年度各项工作任务，保障了机关事务正常运转。

深入开展“信息化推进工程”。为保障“信息化推进工程”活动顺利开展，办公室与相关处室一起，提前谋划“信息化推进工程”活动实施方案，在实施好牵头的各项主题活动的同时，督促有关处室和市级审计机关认真落实方案规定的动作，制定“信息化推进工程”活动开展情况考核办法，召开全省审计“信息化推进工程”总结大会，并将考核结果在总结大会上进行通报。制定了《安徽省“十二五”审计信息化建设规划》，省政府办公厅转发了省审计厅起草的《关于进一步加快实施审计信息化推进工程建设的意见》，要求各级政府加大审计信息化建设资金投入和项目支持力度，为加快安徽审计信息化建设提供了有力的制度保证。

有效规范机关文秘、机要和档案工作。认真做好各类会议的材料准备、会议组织安排、纪要编发等工作。各项公文办理，严把质量关、政策关和保密关，力求做到及时规范、衔接有序、高效运转，进一步提高了公文办理效率和质量。同时，树立保密工作无小事的意识，严格执行保密制度，进一步健全完善了保密工作责任制，及时完成各类文档的收、发、存工作。全年共制发文件771件、收文2446件、电报350多件，省审计厅连续三年被省委办公厅、省政府办公厅评为保密、机要工作先进单位。开展档案质量检查，组织人员对部分市审计局的档案管理情况进行检查，推进档案管理的规范化、制度化建设。省审计厅档案工作连续四次被评为省直机关档案管理先进单位。

注重加强信息宣传工作。围绕全省经济社会发展的大局和厅党组决策部署，对审计发现的问题，及时编撰信息上报省委、省政府和审计署。全年共编发《审计专报》、《安徽审计信息》、《审计简报》、《“五大工程”简报》等各种信息简报84期，被省委采用66条，被省政府采用59条。同时组织在《安徽日报》、《中国审计报》、省电视台和审计署网站等媒体宣传安徽审计工作和“五大工程”实施情况。省审计厅连续四年被省委、省政府评为全省上报信息工作先进单位，连续五年被审计署评为全国审计通联宣传先进单位。

认真组织开展政府信息公开工作。结合政务公开“深化年”活动，进一步完善省审计厅政务公开工作制度，先后制定了《安徽省审计厅政务公开“深化年”活动实施方案》和《安徽省审计厅2011年政务公开工作要点》。在认真查找工作不足的基础上，提出了《关于进一步加强政务公开工作的整改意见》，将各项工作分解到处室，保障了各项任务的落实。通过丰富网站内容、全面落实审计公示制度、设置政务公开宣传橱窗等多种形式，进一步拓宽政务公开渠道。为提高审计的透明度，在省审计厅门户网站向社会公告了安徽省对口支援松潘县地震灾后恢复重建跟踪审计、4个国外援助和赠款项目2010年度公证审计、省直学校中小学校舍安全工程2010年度跟踪审计等党委政府关心、人民群众关注的热点敏感性问题，积极稳妥地推行审计结果公告，有效推动了政府信息公开工作，进一步提升了审计的开放度。

进一步加强对重点工作的督查力度。严格执行《安徽省审计厅督办工作制度》，确保省委、省政府和审计署以及省审计厅重大决策和工作部署能够及时得到贯彻落实，坚持“重大决策重点督查，领导交办的事项专项督查，热点问题主动督查”的原则，对各项工作任务的落实情况实行跟踪督查，督促领导批示件的及时办结；认真办理人民来信来访和接访工作。全年共办理来信来访31件，基本做到了件件有着落、事事有回音。

积极做好后勤保障工作。树立大行政、大后勤、大服务意识，认真完成各类行政后勤、会务组织及接待工作。一是做好会务及大型活动组织工作。先后组织和承办全省审计工作会议、安徽省地方政府性债务审计进点见面会、华东片审计厅（局）长座谈会、中国内部审计协会专门委员会会议、全省审计系统纪念建党90周年楹联展活动等大型会议和活动12次。二是做好接待服务工作。强化服务意识，做到热情、细致、规范。无论接待省内还是省外客人，都能做到计划在前、责任到人，把接待工作作为宣传展示、对外交流的窗口，热情接待各方来宾，全年共接待全国文化体制改革工作会议云南省代表团、内蒙古、广西、福建、西藏等省市区审计部门来皖考察团队30多批次。

着力强化财务管理和资产管理工作。认真编制和严格执行年度预决算，强化预算约束，注重加强日常的财务核算管理，规范各类财政财务收支行为，认真做好厅机关各业务处室实施审计项目的审计外勤经费的预算和结算工作；加强厅机关的资产管理，运用资产管理的软件系统，实行对资产的信息化管理；抓好车辆管理、办公用品管理、日常内部管理，保证规范、安全、有序，为全厅的工作提供良好的服务。

“信息化推进工程”重点工作有效展开。一是审计专网迁移工作进展顺利，已对各市到县区网络进行最后改造。二是RTX（即时通讯）系统建设如期完成，并已投入使用。三是视频会商系统二期建设接近尾声。四是冗灾备份系统建设按期进行，研究制定了省审计厅冗灾备份系统建设的初步设计方案。五是省审计厅社保联网审计系统顺利完成并交付应用。该系统3月份招标部署，先后进行了社保联网审计系统及相关安全防护系统的部署安装和整体调试工作，现已交付投入审计实施及应用。六是全面完成省厅审计门户网站和专网网站的升级改版工作，并组织开展了全省审计机关门户网站评比。七是全省《审计管理系统》和厅机关基础网络与设备维护服务外包工作有序进行，顺利完成招标和对接服务工作。八是计算机审计方法和AO应用实例的征集评审工作成绩显著，为历年之最。全省共征集计算机审计方法341篇，经遴选上报审计署282篇参加全国审计机关评审，其中获选审计署计算机审计方法库81篇；全省共征集AO应用实例211篇，经评审复核，共遴选上报审计署176篇参加全国审计机关的AO应用实例评审，其中获奖90篇。

经济责任审计工作

2011年，省经济责任审计局认真贯

彻落实中央两办《党政主要领导干部和国有企业领导人员经济责任审计规定》（以下简称两办《规定》）和省两办《实施意见》，紧紧围绕全省审计机关实施“五大工程”确定的工作目标，按照“全面推进、突出重点、健全制度、规范管理、提高质量、深化发展”的工作思路，紧紧围绕党委、政府和干部管理监督部门需要，从加强对领导干部权力制约和监督、促进领导干部全面履行经济职责的高度，稳步推进经济责任审计工作。全年省本级共组织对14名领导干部进行了经济责任审计或专项审计调查。其中：对1名市委书记、5名市长、5名省直厅局长、1名国有企业领导人员和1名市审计局局长进行了经济责任审计，对1名省直单位主要负责人进行了经济责任审计专项调查。省经济责任审计局组织实施的宿州市长经济责任审计项目，2011年被评为全省优秀审计项目。

继续开展两办《规定》的宣传工作，扩大经济责任审计的影响面。一是及时印发文件及相关资料进行宣传。年初，在及时转发审计署关于宣传贯彻两办《规定》等文件的同时，还将两办《规定》通知、审计署宣传工作方案和宣传提纲、两办《规定》释义、审计署总审计师孙宝厚解读等材料汇编成册，分发至全省审计机关业务人员，做到人手一册，同时，发至各市、县党政主要领导干部和省属国有企业领导人员。二是发表署名文章和组织专版、专栏进行宣传。为扩大安徽经济责任审计工作影响，刘战平厅长分别在《安徽日报》、《中国审计报》上发表署名文章，要求全省各级审计机关认真学习宣传两办《规定》，促进经济责任审计工作深化发展。7月6日，《中国审计报》以“以科学发展观为指导 全面推进经济责任审计工作”为题，专版介绍了安徽经济责任审计工作开展情况。2011年上半年在《安徽审计》杂志上设经济责任审计专栏，组织17个市审计局撰写经济责任审计工作经验交流材料，分三期进行集中刊登。三是编发新闻稿件进行宣传。在各大报刊、网站刊登发布经济责任审计宣传稿件12篇次，在厅机关发布审计信息11篇。8月份，“安徽省委办公厅、省政府办公厅印发《实施意见》强化领导干部经济责任审计”稿件分别在《安徽日报》、《中国审计报》和审计署门户网、中国审计网、省政府网、中安在线网、新华网等网站进行了宣传报道。3月23日，审计署网站刊载《安徽审计厅多措并举 认真贯彻落实中央两办经济责任审计规定》的宣传稿。9月9日，《中国审计报》刊登了《安徽省强化经济责任审计结果运用 提拔领导干部要事先征求审计机关意见》稿件。

就贯彻两办《规定》专文向省政府请示，提出一揽子计划。5月，在认真分析安徽经济责任审计工作现状和存在问题的基础上，省审计厅就如何贯彻落实两办《规定》，专文请示省政府，有针对性地提出若干建议。如建议省委常委会听取省审计厅和经济责任审计工作领导小组有关成员单位关于贯彻落实两办《规定》的专题汇报，推动全省各级地方党委政府进一步重视并加强对经济责任审计工作的领导；以省两办名义印发安徽省贯彻落实两办《规定》实施意见；调整充实省经济责任审计工作领导小组成员；进一步加大全省经济责任审计的力度，建议将省本级经济责任审计对象进行适当分解，区别情况，分类管理；认真研究经济责任审计结果利用和审计整改工作，建议由省纪委和省委组织部牵头，审计、国有资产监管等部门参与，就如何利用经济责任审计结果提出具体意见；加强经济责任审计机构和队伍建设，建议增加人员编制等。

认真开展调查研究，起草并出台省两办贯彻两办《规定》的实施意见。为更好地贯彻落实好两办《规定》，在借鉴有关省、市经验的基础上，结合安徽实际，起草了省委办公厅、省政府办公厅贯彻两办《规定》的实施意见征求意见稿。经广泛征求有关部门意见，进一步修改完善后，形成了省两办《实施意见》（代拟稿），上报省委办公厅和省政府办公厅审定。8月，省委办公厅、省政府办公厅正式印发了《关于贯彻〈党政主要领导干部和国有企业领导人员经济责任审计规定〉的实施意见》。省两办《实施意见》在充分调查研究，征求领导小组各成员单位意见的基础上，牢牢把握两办《规定》的原则，紧密结合安徽经济责任审计的实际，提出或明确了一些新的要求。一是在审计对象划分上，对于省辖市审判机关和检察机关主要领导干部以及省辖市开发区属于省管干部的主要负责人的经济责任审计，接受省委组织部委托后，省审计厅可以授权省辖市审计机关进行审计。二是在离任经济事项交接上，对经济事项单一且总量不大的部门、单位领导干部离任，经办理经济责任事项交接手续可以分清经济责任的，可不再安排经济责任审计。三是在审计结果运用上，强调经济责任审计工作领导小组成员单位要按照部门职责和权限，根据党内监督、纪律处分、廉洁从政、责任追究等规定，区别不同情况，严肃处理。涉嫌犯罪的，依法移送司法机关处理。经审计机关审计过的领导干部三年内被提拔使用的，要事先征求审计机关的意见。省两办《实施意见》下发后，省审计厅及时将省两办《实施意见》全文转发，要求全省各级审计机关认真学习领会文件的主要精神，扎实推进经济责任审计工作。同时，针对本地区、本单位的薄弱环节和主要矛盾，分清轻重缓急，采取扎实有效的措施，力求在不长的时间内，使经济责任审计工作状况有明显改观，质量和水平有明显提高。

经济责任审计的领导和力量得到加强和充实。一是调整充实领导小组。5月，省委办公厅、省政府办公厅正式下发通知，对省经济责任审计工作领导小组成员进行了调整，由省长担任组长，省委组织部长、省纪委书记和省政府秘书长分别担任副组长，成员单位由省纪检、组织、审计、监察、人力资源和社会保障、国有资产监督管理、检察、财政、信访等九部门组成。领导小组办公室设在省审计厅，负责日常工作，办公室主任由省经济责任审计局局长兼任。二是向省委巡视组提交全省经济责任审计现状、需要解决问题等有关材料，争取帮助审计机关呼吁解决问题。在进一步加强经济责任审计领导小组建设，增强领导干部依法接受审计意识，加强经济责任审计宣传和教育培训，加强经济责任审计专职机构建设加强审计结果利用和整改工作等方面提出了许多建议。三是增加了经济责任审计行政编制和职数。5月27日，省审计厅专门向省编办行文，要求增加经济责任审计编制和内设机构。6月份，省长王三运、省政府秘书长梁卫国分别在省审计厅《关于贯彻落实中办、国办〈党政主要领导干部和国有企业领导人员经济责任审计规定〉的请示》中作出批示。9月份，王三运省长亲自主持召开省编委会，决定增加省经济责任审计局行政编制15名，副局长（高配正处级）职数2名。11月18日，省编办以皖编办［2011］301号文件批复省审计厅。四是省领导小组办公室工作得到加强。12月21日，召开省经济责任审计工作领导小组办公室会议，主要任务是：听取全省经济责任审计工作开展情况介绍，研究提出2012年经济责任审计计划草案。省纪检、组织、审计、监察、人力资源和社会保障、国有资产监督管理、检察、财政、信访等成员单位相关处室派人参加。

研究部署经济责任审计工作。一是省审计厅召开的年初全省审计工作会议和年中全省审计工作座谈会对经济责任审计工作进行了全面部署。在全省审计工作会议上，王三运省长要求各级审计机关进一步完善经济责任审计制度，牢牢把握“权力”和“责任”两个重点，深化审计内容，提高审计质量，严肃查处重大违法违规问题和经济犯罪案件，促进各级领导干部树立正确的政绩观，进一步增强廉洁从政意识。全省审计工作座谈会将经济责任审计工作作为两大主题之一，进行专题研究。二是省经济责任审计局通过召开专业会议、举办培训班等形式进行研究部署。2月下旬，召开全省经济责任审计工作会议，重点研究深化经济责任审计工作的意见和措施。6月中旬，举办全省经济责任审计培训班，重点讲解学习两办《规定》，各市、县（市、区）审计局经责局负责人和部分业务骨干共140人参加了培训。三是年初以领导小组办公室名义印发《2011年全省经济责任审计工作指导意见》，对全省经济责任审计工作提出要求。

首次开展市委书记和市长同步审计。一是厅领导非常重视该项工作。开展市委书记经济责任审计，安徽是首次。对池州市委书记和市长经济责任审计，刘战平厅长和李长柱巡视员、刘春华局长亲自担任组长、副组长，分别深入审计现场指导工作，与审计组一道，共同探讨审计重点内容、审计范围，找准审计切入点。省经济责任审计局抽调4人与新闻广电室一道共同做好审计实施工作。二是审前进行学习考察和调查了解。为了更好地开展审计，刘春华局长亲自带领审计组人员，专程赴审计署驻武汉特派办学习考察，拓宽工作思路。审计组还专门到省委办公厅、省政府办公厅以及省财政、国土、住建、环保、经信、民生等主管部门调查了解有关情况，掌握第一手资料。三是注重研究市委书记和市长审计在内容和重点等方面的联系和区别。对市委书记经济责任审计，重在把握对任期内重大经济社会决策的审计，看发展思路、看工作措施、看实施效果，重点关注党委决策机制、贯彻执行中央和省委的重大方针政策和决策部署情况、任期内提出并主抓的重大举措、书记为召集人以会议形式或直接决策的重大经济事项等；对市长经济责任审计，重在把握对任期内政策和决策情况执行审计，看执行的规范性、有效性和建设性，重点关注决策机制、贯彻执行省政府和当地党委重大经济决策情况、任期内提出并组织实施的重大工程和重大举措、市长为召集人以会议形式或直接决策的重大经济事项等。

其他各项经济责任审计质量有所提高。省本级共组织对14名领导干部进行了经济责任审计和专项审计调查，除皖能集团原董事长经济责任审计正在进行现场审计外，其他经济责任审计项目均按照进度圆满完成。总的来说，经济责任审计基本脱离了过去单纯的财政财务收支审计模式，逐步向决策型、绩效型审计转变，审计质量得到较为明显的提高。省经济责任审计局自身还承担了省商务厅原厅长经济责任审计、省贸促会原会长任职期间单位管理使用世博会专项资金情况审计。按照省审计厅《全省审计机关实施“信息化推进工程”考核办法》要求，进一步加强AO系统和OA系统的规范应用，实行审计项目“双审核”制，组织实施的审计项目均运用AO开展现场审计，利用OA进行过程管理。

建立省管领导干部离任经济责任事项交接制度。为完善领导干部监督管理制度，明确划分离任和接任领导干部的经济责任，3月，省审计厅与省纪委、省委组织部、省国资委联合印发《安徽省省管领导干部离任经济责任事项交接办法（试行）》，对办理交接的事项、交接程序作出规定，并统一交接通知书的格式。与厅机关有关处室共同办理了6名省直部门主要负责人离任经济责任事项交接手续。

进一步规范经济责任审计程序。9月，省经济责任审计工作领导小组办公室印发《关于进一步规范经济责任审计程序意见的通知》，重点就审计进点见面会的召开、领导干部述职、领导干部履责情况民主测评、审计谈话、审计结论性文书的编制和报送等作出规定。该《通知》的印发，对于规范经济责任审计程序、强化质量控制、防范审计风险、有效提高审计业务质量，进一步深化经济责任审计工作，具有十分重要的意义。

修订完善领导小组及其办公室工作规则。为进一步明确领导小组议事规则和成员单位职责分工，规范工作流程，提高工作质量，研究起草了《安徽省经济责任审计工作领导小组议事和工作规则》和《安徽省经济责任审计工作领导小组办公室工作规则》，分别征求领导小组各成员单位意见后，拟提请领导小组会议审定。

通报经济责任审计中揭示的共性问题，发挥经济责任审计的建设性作用。年初，省审计厅将《2010年市厅级领导干部经济责任审计发现的主要问题》以审计专报形式上报省委、省政府，省委书记张宝顺、省长王三运、省委秘书长詹夏来分别作出批示，要求将审计情况与本人见面，督促有关单位整改。对其中带有共性的问题，省审计厅向全省各市县、省直各部门进行了通报。通报发出后，引起了各市县及省直有关部门领导的高度重视。如滁州市江山市长在省审计厅《关于近几年来市厅级领导干部经济责任审计发现主要问题的通报》上批示：“请办公室与审计局把文件中对市的问题找出来，分解交给各相关部门，本着‘有则改之，无则加勉’的精神，进行制度建设，机制防范，以防再出现此类问题。”

加强经济责任审计工作研究，开展工作交流。一是开展工作交流。首先是走出去。在牵头研究起草安徽贯彻两办《规定》实施意见过程中，组织领导小组办公室成员单位专程赴广东、福建学习考察，吸收其好的做法。其次是请进来。在厅机关集中整训期间，邀请浙江省审计厅的同行讲解经济责任审计工作。再次是认真搞好工作交流和接待工作。11月初，北京市审计局副局长张海坤率市纪委、市委组织部、市国资委等联席会议办公室调研小组来安徽调研经济责任审计工作。省经济责任审计局重点介绍了安徽经济责任审计组织机构、项目组织管理、审计转型、审计整改、审计结果运用以及党政领导干部经济责任同步审计等情况。省纪委、省委组织部、省国资委有关部门负责人分别进行了对口交流。二是与省审计科研所共同承担中国审计学会合作课题研究。年初，和省审计科研所联合向中国审计学会申报合作课题《国家审计与反腐倡廉》研究。承担任务后，立即组织力量查阅文献、资料，深入调查研究，不断进行交流提炼，形成了约2万字研究成果，并获中国审计学会认可。

审计科研工作

2011年，省审计科学研究所紧紧围绕审计工作中心，认真履行工作职责，以全省审计机关实施“五大工程”，特别是首战“信息化推进工程”为契机，狠抓工作落实，较好地完成了年度各项工作任务，在审计科研、审计宣传和内部管理等方面取得了较好成绩。

突出重点，审计科研工作质量不断提高。一是根据省审计厅年度工作部署，以及审计署科研所、中国审计学会年度课题安排，提出全省年度审计科研工作安排意见。二是组织召开全省审计科研工作暨审计学会秘书长联席视频会议，对年度审计科研工作进行部署，明确构建财政审计大格局、固定资产投资审计、审计文化、构建具有安徽特色的审计监督体系等为省重点审计科研课题。三是根据《安徽省审计厅重点科研课题管理办法》，首次组织省审计厅重点科研课题招标工作，对构建财政审计大格局研究、固定资产投资审计研究、审计文化研究和构建具有安徽特色的审计监督体系研究4个课题在全省范围内进行公开招标。为确保立项课题的研究进度和质量，在组织全省10个中标课题组负责人在芜湖召开开题座谈会的基础上，先后在马鞍山、明光、安庆、合肥组织4个课题的课题组负责人和执笔人对研究初稿进行研讨交流，并对初稿的修改完善提出意见。各课题组的研究成果已经提交，待省审计学会学术委员会评审后便可结项。四是在省审计厅重点审计科研课题招标中，科研所申报的“构建财政审计大格局研究”、“审计文化研究”一举中标。承担中标课题研究的两个课题组按照立项课题研究进度要求，认真组织开展课题研究，按要求提交了课题研究报告。五是完成了审计署中标课题“政府审计与审计信息化”、与中国审计学会合作课题“国家审计与反腐倡廉”的研究任务。“政府审计与审计信息化”已通过专家评审，认为可以结项；“国家审计与反腐倡廉”合作课题论文初稿在中国审计学会组织召开的研究成果汇报交流会上获得认可。该合作研究课题论文经修改完善后已上报中国审计学会。六是在审计项目质量控制课题研究的基础上，编辑了《审计项目质量控制》理论专著，并由中国时代经济出版社出版发行，扩大了安徽审计科研在全国的影响力。七是组织开展两年一次的全省优秀审计科研论文评选活动，既为开展审计理论研究营造了争先进位的氛围，也为参加审计署优秀审计论文和审计报告评选选拔了推荐对象。八是参与审计署、中国审计学会组织的“全国2011年地方政府性债务审计”、“国家治理与国家审计”论文征集活动，按时上报了《安徽省地方政府性债务的风险分析与防范——参与安徽省2011年地方政府性债务审计的几点思考》、《基于国家治理视角下的国家审计定位》等研究论文。九是根据《审计署办公厅关于印发审计技术创新情况专题调研方案的通知》要求，配合省审计厅有关部门对全省审计机关2006年以来的审计技术创新情况进行专题调研，及时提交了《安徽省审计厅审计技术创新情况调研报告》。在10月份召开的全国审计技术创新专题研讨会上，审计署审计科研所提交会议讨论的《关于审计机关开展技术创新情况的调研报告》，对安徽审计技术创新的成果给予了充分肯定。十是编发了4期以财政大格局、经济责任审计、绩效审计和地方政府性债务为内容的“审计科研动态”。

抓住热点，审计宣传作用进一步发挥。一是做好《安徽审计》日常编务工作。把领导关心、审计人员关注的问题作为宣传重点，在增强刊物的可读性、实用性、指导性上下功夫，进一步明确服务审计实践的办刊定位，牢牢把握审计发展脉搏，及时反映审计最新动态，弘扬先进审计文化，通过提高刊物品味赢得读者认同、扩大刊物影响，较好地发挥了《安徽审计》的宣传、交流、指导作用。在稿件的组织和采用上紧紧围绕省审计厅中心工作，积极宣传“十二五”开局之年工作的新思路、各单位实施“五年行动计划”的经验总结、实施“五大工程”及“信息化推进工程”的目的意义和主要举措；适时反映审计科研活动和刊登审计科研成果；配合省经济责任局完成了全省17个市经济责任审计工作经验做法的集中宣传报道；配合厅机关团委开展团员青年岗位奉献征文活动，举办“审计岗位展风采、我与审计共成长”征文，使《安徽审计》成为传达全省审计工作任务、交流审计学术研究成果、传递审计工作信息、展示审计人员的风采的重要平台。二是做好审计报刊的征订发行工作，扩大审计宣传的覆盖面。审计署主办的报刊在安徽的征订发行稳中有升，分别受到了中国时代经济出版社和中国审计报社的表彰。6月底，召开全省审计宣传通联工作会议，全面部署2012年度《安徽审计》、《中国审计》、《中国审计报》等审计报刊宣传通联工作，为2012年审计报刊的宣传覆盖打下了坚实基础。三是在圆满完成《安徽审计年鉴》2010卷的编辑出版发行工作的同时，完成了《安徽审计年鉴》2011卷的文字编辑工作。四是记者站及时报道安徽审计工作动态，宣传审计工作中的先进典型，并组织市县审计机关投稿，较好地发挥了记者站的作用。围绕“五大工程”和“信息化推进工程”积极组织稿件，在《中国审计报》头版刊登了王三运省长的《让审计监督成为经济社会发展的“钢铁卫士”》，刘战平厅长的《实施“五大工程”推动安徽审计工作上水平》也被《中国审计报》采用。此外，还在《中国审计报》发表了推介刘战平厅长主编的《审计项目质量控制》的书评和介绍安徽出台加强审计文化建设指导意见的稿件。据统计，1至12月初，《中国审计报》刊登安徽稿件231篇，其中头版稿件21篇，头版头条稿件1篇，并组织了省审计厅、合肥和砀山3个宣传专版。五是《安徽省志•审计志》的编纂工作始终处于省直志书编纂的第一方阵，受到了省地方志办公室领导的充分肯定。《安徽省志•审计志》评议稿已通过省地方志办公室组织的专家进行评议，经修改完善后便可交稿。《安徽省审计志》已完成书稿编纂，正在联系安徽人民出版社交付出版。六是编辑出版了《“五年行动计划”资料汇编——“审计创新年”专集》和《“五年行动计划”资料汇编——“审计提升年”专集》，为“五年行动计划”划上了圆满的句号。七是与厅办公室共同举办了一期全省审计宣传骨干培训班，壮大了审计宣传力量。

加强管理，行政事务工作进一步规范。一是完成了事业单位岗位设置管理实施及全员聘用工作。继续推进事业单位岗位设置管理实施及认定工作，并与全所人员签订了聘用合同并兑现了相应的工资。二是强化学习，不断提升全所人员的业务素质和工作能力。组织全所人员参加事业单位在线学习，深入系统学习政治理论、大政方针、专业技能等方面的课程。三是认真编制、执行部门预算，完成年度决算报表的编制工作。四是按照省财政厅要求，对全所固定资产进行全面清理，进一步完善了有关管理规定，加强了对固定资产领用登记、处置报废等工作。五是按照“小金库”治理要求，全面开展“小金库”专项治理全面复查工作，形成了防治“小金库”的长效机制。六是为做好事业单位实施绩效工资的前期工作，根据省人社厅要求，对科研所在职人员工资收入分配情况进行清理自查，并配合省审计厅开展了对这一工作的复查。七是按时完成全所在职人员年度薪级工资变动、社会保险、公积金缴费基数调整，以及年度所得税的申报工作。八是完成对科研所公务用车实行定点加油的管理工作。

服务大局，厅领导交办工作全面完成。一是参与完成了《安徽省审计厅关于进一步加强审计文化建设的指导意见》等省审计厅有关计划、规定等文件的研究起草工作。二是根据省审计厅统一安排，抽调人员参加全省地方政府性债务审计等审计实践活动，派员参与省审计厅人教处的档案整理工作，派员参加安徽公务用车问题专项治理工作。三是承担省审计学会秘书处日常事务工作和有关会议的会务、宣传工作，保证了省审计学会年度工作计划的有效执行。四是积极完成省审计厅重要会议和重大活动的宣传保障工作。五是参与池州市委书记和市长经济责任同步审计，就市委书记经济责任审计审什么、怎么审开展课题研究。

审计职业学院工作

2011年，安徽审计职业学院围绕“十二五”各项工作目标，紧扣以评促建这一主题，办学规模适度扩大，各项管理逐步规范，专业特色和办学特色日益突显，教育教学和各项管理工作水平全面提升。

以国家教育中长期改革和发展规划纲要为指南，明确发展目标。为进一步提升人才培养质量和办学水平，更好地服务于安徽科学发展、服务于审计转型升级，在广泛征求教职工意见的基础上，通过形式多样的讨论，编制了学院“十二五”发展规划，确立“十二五”期间发展的指导思想，明确总体目标和具体任务，并围绕指导思想和总体目标，拓展发展思路，制定相应措施，进一步增强广大教职员工的责任意识、危机意识和竞争意识，积极应对高等职业教育激烈竞争的新形势，实现审计职业学院的跨越式发展，努力在“十二五”期间把学院建设具有审计特色的财经类高等职业教育名校，建成审计人才培养的阵地、审计人员继续教育的阵地、审计工作理论研究的阵地。

以纪念中国共产党成立90周年为契机，提高党建科学化水平。一是深入推进学习型党组织建设。院党委先后组织教职员工认真学习党的十七届六中全会、胡锦涛总书记“七一”重要讲话、胡锦涛总书记在清华大学建校100周年纪念大会上的讲话以及省九届党代会等精神。二是深入推进“创先争优”活动。把开展“创先争优”活动作为推动学习实践科学发展观向深度和广度发展的重大举措，作为加强基层党组织建设和发挥党员先锋模范作用的重要抓手，与教育教学和各项管理服务工作结合起来、与评建工作结合起来、与校园文化建设结合起来、与“三风”（校风、教风、学风）建设结合起来，精心筹划安排，严密组织实施。三是深入推进党员干部队伍建设。院党委以开展创先争优活动为契机，大力加强党员干部思想作风建设，充分发挥党员在“教书育人、管理育人、服务育人”中的先锋模范作用。四是深入推进党风廉政建设。进一步加强党员廉洁从政教育，落实党风廉政建设责任制，推进反腐倡廉工作向纵深开展。

围绕“以评促建、以评促改、以评促管、评建结合、重在建设”方针，狠抓教学质量。深入贯彻贯彻落实教育部《关于全面提高高等职业教育教学质量的若干意见》（教高〔2006〕16号）和《关于推进高等职业教育改革创新引领职业教育科学发展的若干意见》（教职成〔2011〕12号）等文件精神，努力探索创新人才培养模式，全面提高教育教学质量。一是“质量工程”凸显亮点。陆续制定《关于进一步加强专业建设的若干意见》、《特色专业建设及管理暂行办法》等规范性文件，分别从课程体系、教学内容、教学方法、教材改革，优质教学资源和网络信息资源利用及专业带头人选拔、管理等方面，按照评估的要求，对专业、课程建设与改革进行规范和指导。成功申报了省级审计实务特色专业、会计与审计特色专业、资产评估与管理特色专业和省级审计实习实训中心，其中，会计与审计、资产评估与管理两个专业为中央财政支持高等职业学校提升专业服务能力项目。批准了院级科研课题10项，与省审计学会、省审计科研所联系，参与和承担多个项目的审计子课题研究。受省教育厅委托，胡孝东副院长等承担了《安徽省高等教育省级质量工程效益审计研究》重点课题研究。此外，学院顺利通过了全省高职高专院校思想政治理论课建设工作检查评估，11月，被安徽省物流协会评为“安徽省首批应用型优秀物流专业院校”，获此殊荣的全省仅有6所院校，提升了学院声誉。二是实践教学取得进展。围绕高端技能型人才培养方案的制定和实施，加强实践性教学环节，确保实践课程占总学时的50%以上。想方设法建设了约3000平方米校内实习实训室，并加强与相关单位的合作，在全省审计机关和相关企业建立了118个实习基地，安排毕业班学生顶岗实习，突出技能型人才培养特色。学院代表队在全国商科院校现代物流技能大赛、全国高等院校斯维尔杯BIM建模大赛等多项赛事中斩获颇丰。三是校企合作实现突破。为提高学生的操作技能，积极探索建立“校中企”“企中校”等形式的人才培养模式。与顺丰速运集团有限公司签订校企合作协议，并在09级物流管理专业开设首届“顺丰班”；与安徽朗凯奇建材有限公司共建“安审朗凯奇特色班”，实现了学院与企业的优势互补和资源共享，为培养高端技能型专门人才创造条件，也为学院校企合作进行了有益探索。四是质量监控逐步健全。先后出台《安徽审计职业学院教学质量监控实施办法》等9项质量监控制度，成立督导委员会，认真开展教学检查和评比，进一步加强教学过程的管理和监控，深化教学模式与管理模式改革。

以提高办学质量为目标，充实优化师资队伍。学院的人员编制得到重新核定，编制数从99名增加至226名，并按照“大教学、小管理”的原则，科学设置岗位，合理配置人力资源，全员签订聘用合同。同时，结合学院实际，继续大力推进人才强院战略，紧紧抓住引进、培养和使用三个环节，加强教师和管理队伍建设。一是加大人才引进力度。围绕专业建设，经省人社厅批准，学院单独面向社会公开招聘了22名在编的具有硕士学位、30周岁以下的专业技术人员，引进数名副高及以上职称的高层次人才，改善了人员的年龄、学历和学缘结构，进一步充实优化了师资队伍。二是加大在职人员培训力度。加强对“双师型”教师的培养，要求专业课教师每年不少于5周时间，到企业、行业参加社会实践。并安排骨干教师参加省教育厅举办的各种培训，鼓励中青年教师在职攻读研究生、晋升职称，努力提高现有教师学历、学位层次和实践能力。6名教师取得副教授专业技术职务资格，3名教师取得硕士学位，10余名教师正在攻读硕士学位。三是加大专业带头人和中青年骨干教师的培养力度。实施人才梯队工程，积极为教师的成长与发展搭建平台，紧紧围绕优势特色专业建设，加大省级专业带头人、院级专业带头人的培养力度，促进教学与科研相结合，增选4名院级专业带头人，努力打造一支以高水平专业带头人为核心的优秀创新团队和学术梯队。同时，积极探索提高青年教师业务水平的新思路、新模式，切实落实“传、帮、带”制度，注重发挥老教师的示范表率作用。四是加大师德师风建设力度。紧紧抓住师德教育这个灵魂，以“学为人师、行为世范”为准则，努力建设一支德才双馨型师资队伍，11名教师荣获学院 “师德高尚奖”。

以加强硬件建设为重点，完善学院办学基础条件。抓住省政务区建设涉及方兴大道快速通道规划调整的契机，变不利为有利，以维护学院利益最大化为原则，积极与合肥市、肥西县协调，争取土地补偿与拆迁补偿的最佳结果。经过多轮谈判，合肥市政府同意按1：1的比例补偿学院土地面积，并补偿学院被征收范围内的建筑物、构筑物和其他附着物拆迁费用870万元。完成了学院大门的重建和北侧新围墙的围合等，确保了校园的安全完整。补偿土地到位也在协调之中。同时，为加快科学发展和迎接评估，积极筹划二期工程建设，组织方兴校区校园的总体规划设计及专家评审，总体规划设计已经市规划局业务会议通过，待合肥市规委会批准。实训楼、教学楼及学生公寓等单体设计也在同步进行。同时，为了评估的要求和教学的需要，通过挖潜，投入500万元改造饮食服务中心三楼、图书馆四楼教师办公室和教学楼部分教室，购置设备，作为学生专业课校内实训场地，下学期初可望投入使用。

以提高学生综合素质为核心，加强大学生思想政治教育。一是继续加强大学生思想政治教育和安全稳定工作。把学生思想政治教育融入教学、管理、服务工作的各个环节，切实做到全员育人、全过程育人、全方位育人。二是切实加强学风建设。制定《安徽审计职业学院学风建设实施方案》，建立学风建设的长效机制。三是大力开展校园文化活动。始终坚持正确的舆论导向，把校园网、院报、广播站、宣传栏等作为加强大学生思想政治教育的平台，围绕庆祝建党90周年，开展讲座、征文、晚会和各种比赛等形式多样、内容丰富的校园文化体育活动以及文明班级、文明宿舍、三好学生、优秀学生干部、十佳大学生评选活动，充分发挥公共理论课和思想品德课的作用，使大学生思想政治教育体现时代性，具有创造性。同时，还积极拓展渠道，设置助学贷款管理机构，完善困难家庭学生助学体系；开设心理健康教育课和专题讲座，完善“心灵之家”网络家园，开展经常性的心理健康宣传和咨询活动，建立心理问题高危人群预警机制，促进学生的健康成长。

以加强制度建设为载体，提升管理服务工作水平。一是加强制度建设。坚持以制度管人、管事、管权，推进依法治校。制定了涉及教学、学生、行政、财务、后勤、保卫管理等一系列规章制度，有力保证了学院各部门、各岗位工作有序高效运转。二是加强行政后勤和财务管理。后勤工作以不断增强服务意识、提高服务质量为目标，对食堂、保安、物业、超市等委托管理，全面实行后勤社会化管理模式。院有关部门还经常组织人员不定期进行检查监督，收到以监督促改进、以检查求发展的效果，从而提高了广大师生对后勤工作的满意度。在财务管理方面，针对学院资金短缺的现状，本着“量入为出”的原则，把学院有限资金配置到最需要的环节、关键的部位；对大宗物资采购实行公开招标制度，基建维修、工程招投标等重大项目均实行民主管理，增强透明度，并规范采购程序，严格财务报销手续。同时，在省审计厅和省档案局的指导下，进一步加强档案管理工作，规范档案的分类整理、立卷归档，提高档案利用效果，在全省审计系统档案检查评比中，获得省审计厅通报表彰。三是加强教辅管理。图书馆以“评建”为契机，以教育、教学工作为中心，坚持“一切为读者服务”的宗旨。在经费紧张的情况下，增加图书18000余册，扩大了馆藏容量，购置了仁迪数字资源，总容量达到5TB，实现了自有数字资源零的突破，以满足大学生日益增长的精神文化需求。并成功举办了第一届读书节，丰富了校园文化活动，激发了学生的读书热情。同时，为展示学院对外形象，加强学院对外沟通，加强校园网络建设，进一步满足了信息化工作的需要。

以社会需求为导向，扎实做好招生就业工作。一是高度重视招生工作。在提高教学质量、特色办学的基础上，认真分析各专业发展趋势及学生就业情况，主动掌握省内外考生信息，确定招生计划和生源计划，并加大宣传力度。全年共录取新生1664人，录取分数线居于全省高职院校第4位。新生报到人数为1527人，报到率为89.82%，创历史新高，名列全省高职院校前茅。二是扎实推进就业工作，始终把毕业生就业工作摆在重要位置。为了向毕业生提供更多的“双向选择”就业机会，及早开展毕业生市场调查，积极拓宽就业市场。经常性有组织、有保障地举办各种校园人才供需见面会和招聘会，主动为用人单位和毕业生提供全方位服务。全年共组织20多场小型校园招聘会，共提供近1000个就业岗位。2011年有毕业生1311名，截至12月底，已有1244名毕业生顺利就业，就业率超过94.9%，其中升入本科的有94人。并组织80名学生参加了安徽省“选聘生”考试，其中23名学生被正式录用。

机关服务中心工作

2011年，机关服务中心认真学习“三个代表”重要思想，以科学发展观为统领，坚持以人为本，加强队伍建设，强化服务理念，紧紧围绕“信息化推进工程”活动主题，创新工作思路，积极探索机关后勤保障工作的方法和手段，较好地完成了全年工作任务。

加强理论学习，强化服务意识。机关服务中心自觉地把理论学习与提高服务质量、转变工作作风紧密结合起来，紧密围绕“五大工程”这个主题，紧贴“信息化推进年”活动，结合审计工作特点，在后勤保障上下功夫，在完善制度上找差距，充分调动全体员工积极性，强化服务理念，努力提升服务能力。一是及时组织全体员工认真学习党的创新理论，提高道德修养。解放思想、实事求是、与时俱进，用科学发展观武装头脑。树立服务意识，提高工作能力，把理论学习与实际工作紧密结合起来，兢兢业业干事，认认真真做人。二是结合后勤服务工作，从思想上和工作中寻找差距。机关后勤服务工作是机关工作的一项重要内容，如何紧贴审计工作中心，保障机关干部职工工作、生活，是全体后勤服务和管理人员的基本职责。为此，机关服务中心一班人在思想上高度重视，充分认识后勤工作也是审计事业的一项重要内容，是审计事业内涵的拓展。三是加强理论知识学习，提高服务保障能力。对照后勤保障科学化、管理制度化、服务社会化的要求，克服畏难情绪，及时发现工作中存在的问题，努力寻找解决办法。

勤奋工作，努力进取。随着审计工作的转型，审计手段和审计方法也在发生变化，如何紧贴审计工作中心，服务全省审计工作，是机关服务中心一班人长期思考的问题。机关服务中心聘用人员较多，文化素质参差不齐，后勤工作服务面广，关系全厅干部职工，如何提高机关服务中心人员的思想觉悟和工作能力，是我们常抓不懈的一项经常性工作。一是加强自身建设，建立健全各项规章制度。“没有规矩，不成方圆”，要使后勤管理工作走向科学化、制度化、规范化，建立健全各项规章制度，是做好后勤服务的重要保证，在原有规章制度基础上，进一步完善了后勤保障工作的规定和办法。二是加强民主集中制，科学决策后勤事务。在后勤内外事务中，采取集体讨论，领导决策，监察部门参与，公开招标议标等方法，科学决策后勤事务，较好地完成了后勤保障各项工作任务。在人员使用和制度制定上，广泛征求群众意见，召开全体职工大会和主任办公扩大会议，集中讨论、研究人员使用和各项制度制定，充分发扬民主，听取不同意见。通过广泛征求群众意见和集体讨论研究，充分发挥大家的智慧，减少了工作阻力。三是加强岗位培训，提高服务人员工作能力。为适应后勤管理规范化的需要，加强岗位培训，提高后勤服务工作能力，是做好后勤服务工作的基本要求。为此，机关服务中心在招聘人员时，首先要求上岗人员必须持有岗位资格证书，试用期还要进行岗位培训，满足岗位要求的才能上岗工作。采取外出培训、横向交流，提高在岗人员工作技能。邀请有经验的专家、能手来中心进行传、帮、带。制定相关的奖惩办法，充分调动在岗人员的工作积极性和创造性。

认真完成年度工作，努力做好后勤保障。机关服务中心虽不在审计一线，但所做工作却和审计工作紧密联系，紧贴审计工作这个主题，服务全厅干部职工，是永恒的工作内容，依据年度工作计划，主要完成了以下几个方面的工作。一是房屋管理工作。完成了清和园小区老干部活动室装饰、装修工程，完成了桐城路宿舍挂职干部集体宿舍装修工程，改造了办公楼一层卫生间、茶水间地面，改造了职工餐厅4、5号包厢。二是食堂服务工作。办好机关食堂是做好机关后勤保障工作的一项重要内容，如何能够给大家提供一个既营养又丰富的早、中、晚餐，是机关食堂的主要工作。首先不断完善管理制度，严把主副食品原材料进货渠道，采取采购与核价双轨制，引进市场竞争机制，从多家选购原材料，提高质量，降低成本。对早、中、晚餐和水果规定品种，调整花样。加强对员工督促与检查，堵塞跑、冒、滴、漏。广泛征求群众意见，积极整改不足之处。三是安全消防工作。机关办公楼和宿舍区的防火、防盗是后勤工作重点，通过查、找、摆等方式及时发现问题，找出解决方案。及时发布信息、通知，让广大干部职工积极参与；更新消防设备，做到防患于未然；加强与公安、消防联系，传授防盗、防火知识；督促指导保安、门卫认真履行职责。四是环境卫生、园林绿化工作。优美的环境，清洁的卫生是创建精神文明和物质文明的前提和条件，办公区和宿舍区卫生绿化已经走向市场化，但市场化不代表服务优质化，机关服务中心从管理制度入手，加强督促检查，即时找出问题。对卫生绿化服务不满意的公司及时进行更换；定期对卫生绿化工作进行检查，工作不到位的地方及时整改；督促服务单位加强对员工的技能培训和思想道德教育。五是办公和财务管理工作。加强财务核算，努力降低后勤保障成本，制定办公接待、车辆使用、办公用品采购等相应管理制度。财务收支严格执行事业单位会计制度，报账、记账手续完备，内容真实，数字准确，固定资产定期进行检查，设置、调整固定资产分类账目，建立固定资产卡片，年终进行实物盘点，保证账物相符。六是清和园小区物业管理工作。清和园小区物业管理工作在领导和职工的大力支持下，已逐步走向了正规，冬季开通了暖气，各项管理制度和措施逐步到位，计划依照物业管理有关规定和要求，完善服务硬件设施，加强督察，细化管理，努力把清和园小区建立成职工之家。

投资审计中心工作

2011年，省投资审计中心以科学发展观为统领，以信息化建设为重要手段，围绕年度审计工作重点，认真履行审计监督职责，精心谋划实施审计项目，较好地完成了全年工作任务。

边组建、边工作，打好发展基础。2011年是省投资审计中心全面开展工作的第一年。根据省审计厅年度审计工作计划安排，本着“边组建，边工作；打基础，上水平”的工作方针，组织实施完成了省博物馆新馆跟踪审计和皮山县援疆项目跟踪审计，六潜高速公路竣工决算及投资绩效审计项目的现场审计任务基本完成，造价协审第一阶段核对工作结束。全年共出具审计情况通报2份、审计建议书4份，发出要求相关主管单位整改的建议函2份，报送审计报告2份（审计署和省政府各1份），代拟审计公告1份，编发审计信息5篇。查处违规资金4283.16万元。省博物馆新馆跟踪审计初步核减工程造价900万元，六潜高速公路造价协审第一阶段核对初步核减工程造价2000余万元。一是以队伍建设为抓手。年初，赴省内部分投资审计特色市县学习取经。同时，在厅党组的支持下，拓展视野，开展与外省单位的经验交流，结合省情吸收借鉴。通过各种方式，将政治思想和审计业务学习有机结合，着力打造一支高素质的审计队伍。为加强审计人员对投资审计领域法律法规的学习，组织整理了《固定资产投资审计法律法规文件汇编（第一版）》。二是以投资审计为核心。省博物馆新馆跟踪审计是中心成立后开展的首个审计项目，也是省审计厅近年来首个重大公益性建设工程审计项目。中心高度重视，精心组织，在制定审计实施方案时，将项目招投标、工程价款结算和投资绩效确定为审计重点。针对审计过程中发现的问题，提出5大方面的审计建议，起到了良好的跟踪审计效果。在援疆项目跟踪审计工作中，积极介入，主动作为，深入调查了解援疆工作情况，以确保资金有效落实为重点，制定了跟踪审计实施方案，建立了畅通的信息渠道和运作良好的协调机制。三是以造价审计为突破口。通过自行组织和协审单位配合等方式，以造价审计为突破口，对政府投资严格把关。省博物馆新馆造价审计，采用自行组织、聘用部分专业人员的形式；六潜高速公路审计通过招标方式，择优选聘造价协审机构，降低了审计成本，取得了初步审计成果。四是以方法创新为支撑。在人员不足的情况下，全年度3个项目均由主任担任组长，副主任担任主审，并积极物色、借调审计骨干和专家参与项目，合理调配人力资源，提升审计质量。在审计中，一方面抓好项目审前摸底调查，制定详尽可行的实施方案。另一方面灵活调整审计模式，根据援疆资金和项目审计特点，积极协调，明确“交钥匙”项目和“交支票”项目的审计由投资审计中心和皮山县审计局分别实施；六潜高速审计，将征地拆迁审计单列实施，单独报告反映征地拆迁过程中的涉农问题。五是以打好基础为保证。作为新成立部门，一方面积极争取厅里相关部门支持，在较短时间内添置必要的办公设备，创造良好的办公环境；另一方面从支部建设、效能建设、廉政建设、信息化建设等方面着手，明确各项工作要求和流程，以制度保障运行，使投资中心的各项工作逐步规范化、制度化。

积极实施“信息化推进工程”。紧密围绕《全省审计机关开展“信息化推进工程”实施方案》，在投资审计中积极探索运用计算机审计的方式方法，尝试运用信息化促进投资审计的创新思路。一是制定“信息化推进工程”具体实施意见。就信息化人才培养、研发和建立“省级政府性投资建设项目审计管理系统”、购置工程测量电子设备、安装应用造价审计软件、实用性审计模块和投资审计软件开发作出具体安排。二是要求全员必须熟练掌握OA和AO两个系统。在开展的审计项目中，均运用AO开展现场审计，利用OA进行审计管理。实现审计作业过程各个环节及相关资料在AO和OA中进行交互，达到审计质量控制全过程的数字化、网络化。年底全员一次性通过AO认证考试。三是在实施的3个审计项目中运用信息化手段，实现3次信息化建设实践。利用AO强大的项目管理功能，探索在跟踪审计项目中提高审计质量的手段。针对跟踪审计时间长、内容杂、资料多的现状，利用信息化手段实现快速的建档、归档、查询、比对，有效地控制了审计风险，提高了审计效率。四是构建基础支撑、人才支持、制度保障和创新运行四大体系，保证信息化推进工程有效开展。将中心领导对审计信息化工作的深刻认识和大力推进作为基础支撑体系，加强审计人员计算机培训力度，提供人才支持，两人顺利通过审计署计算机中级考试，取得了中级资格。通过建立制度，实现AO和OA两大系统在审计项目中的全覆盖，并建立相应考核机制。鼓励大胆创新实践，努力探索在投资审计领域运用信息化的方式方法。五是编写计算机审计应用实施案例1项。该案例通过审查各级部门的业务数据、财务数据，生成科目余额、科目代码、凭证表三张表，编写sql查询语句，对征地拆迁过程中挤占、截留、挪用资金等重大问题，多次运用对比分析法进行估算，利用游标语句，提高数据运行效率，起到了很好的实际应用效果。

审计社团工作

省审计学会

2011年，安徽省审计学会认真贯彻全国、全省审计工作会议精神，以落实《审计署关于进一步加强审计理论研究工作的意见》为抓手，着力在加强审计学会规范化建设、创新审计学会活动组织方式、提高审计科研课题研究质量等方面下功夫，圆满完成了年度工作任务。

召开六届一次常务理事会会议。为科学谋划新年度的审计学会工作，2月12日，在全省审计工作会议之后，召开省审计学会六届一次常务理事会会议，对省审计学会2010年工作进行总结，并对2011年审计学会工作做出了安排。会议审议通过了调整和增补理事、常务理事议案和审议成立安徽省审计学会学术委员会议案，对《安徽省审计厅重点科研课题管理办法》进行了讨论，为加强审计学会组织建设，创新重点审计课题研究组织方式奠定了基础。

组织召开全省审计科研工作暨审计学会秘书长联席会议。3月16日，省审计学会秘书处和省审计科研所联合组织召开全省审计科研工作暨审计学会秘书长视频会议，省经济责任审计局，厅机关各处室、厅属各单位负责人，省审计科研所相关人员，以及各市审计局分管领导、综合科负责人、市县（市、区）审计学会秘书长分别在省厅主会场和各市局分会场参加了会议。会议在全面总结2010年全省审计科研和审计学会工作的基础上，部署了2011年全年审计科研工作任务，并对省厅2011年度重点课题招标事项提出了具体要求。

首次开展省重点审计科研课题招标立项工作。为进一步提高审计理论研究质量，年初，省审计厅印发了《关于实施2011年度省审计厅重点科研课题招标的通知》，决定对构建财政审计大格局、固定资产投资审计、审计文化和构建具有安徽特色的审计监督体系等4个重点科研课题实行公开招标。根据《安徽省审计厅重点科研课题管理办法》的要求，省审计学会秘书处组织对上述4个重点科研课题在全省范围内实行公开招标。经省审计学会学术委员会对收到38份立项申请的评审，并报厅长办公会议研究批准，确定合肥市审计局等10个课题组承担省审计厅2011年度审计科研立项课题研究任务。为确保立项课题的研究进度和质量，省审计学会秘书处先后在芜湖组织中标课题组召开立项课题开题座谈会，对课题研究的重点、进度等提出了要求；在马鞍山、明光、安庆、合肥组织4个课题的课题组负责人和执笔人对研究初稿进行研讨交流，并对初稿的修改完善提出了意见。各课题组的研究成果已经提交，待省审计学会学术委员会评审后便可结项。

积极参与中国审计学会审计科研合作课题研究。为进一步整合资源，多层次、多层面深入开展审计理论研究，中国审计学会2011年首次与部分省级审计学会合作开展国家审计与反腐倡廉、国家审计与政府绩效管理和国家审计工作科学化等3个课题的研究。在综合考虑安徽研究力量和前期研究成果等因素的基础上，决定由省审计科研所和省经济责任审计局联合组成课题组，申报参与国家审计与反腐倡廉课题的合作研究，并得到了中国审计学会的确认。11月底，中国审计学会召集承担国家审计与反腐倡廉合作课题研究任务的安徽省、四川省和大连市课题组在北京汇报交流了课题研究成果，对安徽提交的研究论文表示认可。该合作研究课题论文经修改完善已上报中国审计学会。

进一步强化县级审计学会组织机构建设。为实现省审计厅领导提出的2011年底之前全省县级审计学会全部成立的目标，省审计学会印发了《关于县级审计学会成立情况的通报》，并深入有关市、县（市、区），提要求、抓落实。8月9日，在合肥召开全省审计学会工作座谈会，座谈交流县级审计学会组建进展情况。省审计厅厅长、省审计学会会长刘战平出席会议，并对强化县级审计学会建设，进一步做好审计学会工作提出了要求。会上还传达学习了中国审计学会第三次理事论坛精神、讨论了《安徽省审计学会先进团体会员和先进工作者评选办法》，各市审计局分管审计学会工作的领导、各市审计学会秘书长参加了会议。截止年底，全省县级审计机关已全部成立了审计学会（共71个，含9个区），为调动方方面面力量开展审计理论研究搭建了新的平台、注入了新的动力。

进一步加强审计学会规范化建设。省审计学会在指导县级审计学会机构组建中，要求同步加强审计学会的思想建设、业务建设和基础建设，并通过出台《安徽省审计学会先进团体会员和先进工作者评选办法》，从评选范围、评选标准、评选方法、组织领导以及量化评估等方面细化要求，以调动广大审计学会会员和学会工作者的积极性和创造性，促进审计学会工作科学发展。此外，省审计学会还根据工作需要，增补了一名副会长和一名副秘书长。省审计学会在全省社科类学会标准化评估中，被省社科联确定为第一批标准化学会。在省社科联第六次全省社科类先进学会评选活动中，省审计学会被评为先进学会，黄克实副秘书长被评为学会优秀工作者。

组织开展对外交流工作和外出培训。6月下旬和8月上旬，两次组织部分省审计学会理事赴云南、贵州和河北、天津等省市考察交流审计学会工作，学习兄弟省市审计学会在机构设置、人员配备、经费来源、学术研究及成果转化等方面的基本做法和成功经验，达到了取长补短，互通有无的目的。11月上旬，组织部分省审计学会理事赴台湾地区开展境外培训交流。在台期间，除了进行对口考察学习外，还分别与台北市会计（审计）师公会、台湾省会计（审计）师公会的专家和社团法人进行了专题座谈，多角度、多层次深入了解台湾绩效审计的业务流程、审计规范、评价标准，以及对绩效审计工作的监督检查。考察交流后撰写了《赴台湾地区学术交流情况报告》。此外，根据中国审计学会要求，协调安排审计理论研究骨干参加中国审计学会在郑州、武汉举办的审计理论研究骨干培训班，学习国家审计与国家治理理论、美国公共政策执行效果评估（审计）的实践与发展、审计理论研究方法、论文写作基本规范等。

加强学会网络建设和《审计学会动态》编辑出刊工作。对省审计学会网站进行全新改版，改版后的省审计学会网站新增了工作动态、审计要闻、专题讨论、观点摘编、会员心声、研究资料等栏目，内容更加丰富、信息量较前增加，点击率也大大提高，进一步发挥了网络的传播功能，加大了对审计理论研究工作的宣传力度，促进了审计理论研讨交流活动的开展。全年编辑《审计学会动态》4期，较好地指导了全省审计学会工作的开展。

省内部审计师协会

2011年，安徽省内部审计师协会以邓小平理论、“三个代表”重要思想和科学发展观为指导，勇于审计实践，不断开拓创新，在促进单位、企业内部管理、提高经济效益和加强廉政建设等方面发挥了重要作用，为安徽经济社会发展作出了突出贡献。全省共开展内部审计项目1.98万个，审计查出损失浪费金额1.86亿元，增加单位效益10.18亿元，提出审计意见和建议2.9万条，建议给予行政处分396人。省内部审计师协会被省民间组织管理局、省文明办、新华通讯社安徽分社、省社会组织联合会联合评为省属“百优社会组织”。

深入贯彻落实全省内部审计工作会议精神，加速内部审计工作转型。内部审计工作把贯彻落实2010年下半年召开的全省内部审计工作会议精神，作为首要任务来抓，在全省内部审计系统掀起了一个学习、贯彻会议精神的新高潮。重点就如何进一步提高对内部审计工作重要性的认识，增强做好工作的责任感和紧迫感，如何针对影响和制约当前内部审计工作发展转型的主要问题等开展工作。一是开展内部审计工作重要性的教育。广泛利用会议、座谈、调研等时机，帮助广大内部审计机构和人员提高认识。内部审计工作岗位重要，责任重大，使命光荣，内部审计作用的发挥关系到安徽的经济崛起，已成为广大内部审计机构和人员的共识。二是注重内部审计机构的成立工作。根据全省内部审计工作会议的要求，把县级内部审计机构的成立作为工作的重要内容来抓，要求未成立内部审计机构的单位限期成立。全年，霍邱县、宣州区等11个县（区）成立了内部审计协会，全省已有40多个县（市、区）成立了内部审计协会。三是开展对中央在皖单位和非公企业内部审计工作的调研。为进一步贯彻落实全省内部审计工作会议精神，扩大内部审计工作的覆盖面，省内部审计师协会先后到电力、合肥洽洽集团等单位进行了调研。调研中，要求各级领导、特别是企业主要领导要重视、关心和支持内部审计工作，内部审计工作要服务企业大局、服务领导决策，不断提高自身素质，为促进企业管理发挥更大作用。

大力加强法制建设，《安徽省内部审计条例》顺利出台。《安徽省内部审计条例》（以下简称《条例》）已经2011年8月19日省十一届人大常委会第二十七次会议通过，于2012年1月1日起施行。《条例》的颁布施行，是全省内部审计事业发展进程中的一件大事，不仅有利于完善审计法规体系，实现内部审计工作有法可依，促进部门单位全面依法履行职责，加强内部审计监督，更好地服务安徽经济转型发展、开放发展、创新发展、和谐发展；同时，对于进一步规范内部审计行为，提高内部审计质量和水平，推动内部审计事业的长远发展，具有十分重要的意义。《条例》出台前后，省内部审计师协会主要做了两个方面的工作。一是会同省审计厅综合法规处先后多次组织《条例》的立法论证会、修改座谈会等。同时，先后配合省人大财经委、省政府法制办和省审计厅综合法规处的有关人员到山东、浙江等地调研，学习考察立法情况。二是积极宣传贯彻《条例》。《条例》出台后，及时征得省审计厅领导的同意，提出了一系列宣传意见。主要包括：以省审计厅的名义发文，向全省各级审计机关和内部审计单位提出学习宣传《条例》的具体要求；由省内部审计师协会牵头，召开各市内部审计协会会长、秘书长会议，部署学习宣传《条例》的贯彻意见；在审计署、中国内部审计协会、厅机关、省内部审计师协会等网站上刊登《条例》全文；在《中国审计报》、《中国内部审计》、《安徽审计》、《安徽内部审计通讯》等媒体上发文宣传《条例》；在《安徽日报》、《中安在线》上进行专版宣传，刊登刘战平厅长的文章、《条例》全文、立法要义及安徽内部审计情况综述等；会同省审计厅综合法规处同省人大法工委联系，订购3000本《条例》单行本，下发到内部审计单位，供会员学习；广泛利用各种会议、集训、调研等时机，进行宣传。厅机关组织的全员岗位培训时，省内部审计师协会会同省审计厅有关部门，专门邀请院校专家对《条例》进行解读。当涂、无为等县内部审计协会，利用“12.4”法制宣传日，走上街头宣传《条例》。

大力弘扬典型，积极宣扬全国、全省内部审计先进单位和先进个人的事迹。一是隆重召开全省内部审计师协会第四届四次理事会暨全省内部审计“双先”表彰大会。会议总结了“十一五”时期特别是四届理事会成立以来和2010年内部审计工作，表彰了2008至2010年全省内部审计工作先进单位和个人，部署了2011年内部审计重点工作。各市、部分县内部审计协会会长、秘书长，省内部审计协会第四届理事会会长、副会长、秘书长、常务理事、理事，各会员单位内部审计机构负责人，2008至2010年度全省内部审计工作先进单位和先进个人代表等300多人参加会议。中国内部审计协会会长王道成，省审计厅党组书记、厅长、省内部审计师协会名誉会长刘战平出席会议并作重要讲话。省内部审计师协会会长王兴如向大会报告工作。中国移动通信集团安徽有限公司内部审计部等140个单位被评为2008至2010年全省内部审计先进单位，中铁四局集团有限公司审计部方文胜等163人被评为2008至2010年全省内部审计先进工作者，合肥市审计局等16个单位被评为2008至2010年内部审计管理先进单位，安庆市内部审计协会叶青等9人被评为2008至2010年内部审计管理先进个人。王道成、刘战平充分肯定了“十一五”时期特别是省内部审计协会四届理事会成立以来的工作。指出，省内部审计师协会第四届理事会成立的四年来，是安徽内部审计工作开拓创新、加快发展的四年。四年来，省内部审计师协会坚持以科学发展观为统领，以推进内部审计转型与发展为主线，积极探索安徽内部审计发展的新路子，在推进协会建设、开展调查研究、组织理论探讨、拓展内部审计内容、加强宣传交流等方面做了一系列卓有成效的工作，为推动安徽审计事业科学发展、转型升级做出了积极贡献。二是召开全省内部审计“双先”代表经验交流现场会。会上，进行了全省内部审计工作经验交流，部署了《条例》的学习宣传工作。各市审计局分管领导、内部审计协会、内部审计机构负责人，全省“双先”代表120多人参加会议。省审计厅党组成员、副厅长、省内部审计师协会副会长戴克柱等出席会议并讲话。戴克柱在讲话中强调，要以宣传贯彻落实《安徽省内部审计条例》为契机，迎来内部审计事业的大发展，开创安徽内部审计工作新局面。安徽丰原集团、省电力公司滁州分公司、省烟草工业有限公司蚌埠分公司、铜陵有色集团等单位审计部门代表在会上作了交流发言。三是广泛利用《中国审计报》、《中国内部审计》、《安徽内部审计通讯》和网络等媒体宣传报道全国、全省“双先”事迹。

主动适应新的形势，认真做好CIA考试等协会日常工作。一是认真做好CIA的报名和考试工作。2011年，中国内部审计协会对CIA考试工作进行了重大改革，由以往的学员个人直接到各市报名，改为学员网上报名，且报名时间紧，比往年推迟了1个多月，任务非常繁重。针对这种情况，省内部审计师协会秘书处及时派出人员，参加中国内部审计协会组织的报名软件培训班，不断熟悉报名的各种程序。然后，对全省各市报名点的人员进行培训，确保报名工作顺利进行，全省共有463名学员按时参加了考试。二是大力开展培训工作。省内部审计协会先后组织了3期岗位资格证书培训班，全省共600多人参加培训，并获证书。同时，组织了1期国家建设工程造价员考试考前培训班，260多名学员参加培训。三是开展内部审计论文研讨工作。根据中国内部审计协会的安排，理论研讨暨经验交流的主题为“经济责任审计理论与实务”。接到通知后，协会秘书处及时向全省内部审计系统下发了通知，并提出要求。共收到论文130多篇，协会秘书处组织6名专家对论文进行评选，并按要求向中国内部审计协会推荐了4篇论文，其中有2篇获奖。四是配合中国内部审计协会在合肥召开专门委员会会议。6月，中国内部审计协会在合肥召开专门委员会会议，厅领导高度重视，厅办公室积极配合，在用人、用车、经费等方面给予了强有力支持和保障，并积极帮助组织会务，受到了中国内部审计协会领导的高度赞扬。

在完成上述工作的同时，协会还协调抽调30多名内部审计人员参加厅机关的审计，组织2次交流考察活动，编印《安徽内部审计通讯》6期，完成了中国内部审计协会下达各项任务等。

审计公告

安徽省对口支援松潘县地震灾后恢复重建跟踪审计结果公告（第4号）

安徽省审计厅审计结果公告 2011 年第 1 号（总第 11 号）

根据《汶川地震灾后恢复重建条例》、《安徽省对口支援松潘县灾后恢复重建总体方案》和《审计署关于汶川地震灾后恢复重建审计工作安排意见》的有关规定，安徽省审计厅自2009年起开始对安徽省对口支援松潘县恢复重建（以下称“对口援建”）情况进行全过程跟踪审计。审计工作得到安徽省驻松潘县援建办（以下简称援建办）、松潘县恢复重建与发展指挥部（以下简称指挥部）的积极支持和配合，进展顺利。现将2010年5—10月的第四阶段跟踪审计结果公告如下：

一、基本情况

安徽省对口支援松潘县灾后恢复重建规划调整后，确定的对口援建恢复重建工程项目为45个，项目总投资24.60亿元，其中援建资金21.30亿元。至2010年10月底，安徽省对口援建资金计划到位18.14亿元，其中预算内资金10.30亿元，社会捐赠资金7.84亿元，均已全部拨付到位；对口援建项目已开工43个，占对口援建项目总数的95.56%；已完工和基本完工项目36个，占项目总数的80%；完成投资形象进度18.74亿元，占安徽援建资金总规模的88%。

按照省委、省政府的部署和审计署审计工作方案的要求，安徽省审计厅始终保持审计工作随对口援建同步推进。2010年5月至2010年10月，审计重点检查了对口援建资金管理使用情况，对口援建项目的质量、进度、造价控制情况及合同管理情况等，跟踪审计援建项目16个，跟踪审计项目总投资规模15.22亿元，资金和项目的审计覆盖面分别达到100%和80%；已完成岷江乡中心校工程价款结算审计，审减额86万元，审减率19%；跟踪审计共提出资金、进度、质量、合同管理和竣工决算等方面的审计建议4条，全部被采纳。

审计结果表明，在皖、川两省的高度重视和正确领导下，在援建办和指挥部的科学组织下，通过项目业主单位和参建各方的共同努力，我省的对口援建工作继续有效推进。一是对口援建资金继续得到有效保障。至2010年10月底，安徽省对口支援松潘县灾后恢复重建资金已到位18.14亿元，占承诺三年到位资金21.30亿元的85%。资金在“专户存储，专账核算，封闭运行”的模式下运行，其使用基本合规。二是抢抓建设进度，严控施工工期，达到了三年任务两年基本完成的目标。三是继续完善质量保证体系，注重把好材料关、试验关、施工工艺关和工序交接及质量验收关，使工程质量得到保证。四是进一步明确安全生产责任，认真执行安全操作规程，及时组织开展安全检查，有效预防了安全事故。

同时，援建办和指挥部对前一阶段审计发现的问题组织讨论研究、逐项整改，审计提出的问题基本得到了落实。

二、审计发现的主要问题及整改情况

2010年5—10月，跟踪审计中未发现重大违纪违规问题，但在项目建设管理中仍存在一些薄弱环节。

（一）指挥部于2010年5月支付给松潘县交通局工作经费5万元。部门工作经费不属于对口援建范畴，支付工作经费缺乏政策依据。对此，指挥部已经整改。

（二）松潘县社会福利院工程施工中，取消了原设计的围墙、自动伸缩门和凉亭。至审计日，工程已完工，但未办理变更签证。对此，援建办、指挥部和有关参加单位已经整改。

安徽省审计厅关于4个国外援助和赠款项目2010年度公证审计情况的公告

安徽省审计厅审计结果公告 2011 年第 2 号（总第 12 号）

根据《中华人民共和国审计法》规定和审计署的授权，2010年上半年，省审计厅对我省4个国外援助和赠款项目2009年度项目执行和财务收支情况进行了公证审计，重点审计了5个省级项目办，抽查了9个市县子项目，出具了5份审计报告。现将审计结果公告如下：

一、基本情况

本次审计的4个项目，包括世界银行赠款中国白蚁防治氯丹灭蚁灵替代示范项目、世界银行禽/人流感信托基金赠款高致病性禽流感及人流感大流行防控能力建设项目、英国国际发展部赠款中国面向贫困人口农村水利改革项目和中德财政合作皖南生态造林扶贫项目。4个项目计划投资总额13559万元，其中协议利用外资额4133万元。截至2009年12月31日，项目累计完成投资额7488万元，其中累计利用外资额3964万元。

审计结果表明，在各级政府的重视下，经过各有关项目主管部门的努力，我省利用国外援助和赠款项目执行情况总体良好，大部分项目实现了立项时设定的目标，对促进我省林业、卫生和环境等事业发展发挥了积极作用。同时，项目执行单位通过利用外资，注重引进国外先进技术，学习和借鉴国外管理经验，加强制度建设和创新，发挥了良好的示范带动作用。但审计也发现部分项目单位在财务核算、项目和资金管理等方面存在一些问题。

二、审计发现的主要问题

一是项目年度实施计划未按时完成。2009年，合肥市、淮南市和黄山市徽州区白蚁防治研究所应当安装白蚁防治饵剂系统地上型15600套，地下型72500套，实际安装地上型411套，地下型13131套。二是个别项目市县配套资金未落实到位。黄山市徽州区白蚁项目，2009年末配套资金应到位54.5万元，但至审计日，仅到位5万元。三是部分报账手续不完善。世界银行禽/人流感信托基金赠款高致病性禽流感及人流感大流行防控能力建设农业项目，2009年有12个市县畜牧兽医管理局或畜牧兽医站报账培训兽医技术人员费用合计金额23.1万元，报销票据均为市、县畜牧兽医管理局或畜牧兽医站开具的行政事业单位往来结算收据，应附未附原始发票或原始发票复印件。

对以上问题，安徽省审计厅已按照相关法律法规的规定提出了改进管理的审计建议。

三、审计整改情况

各有关项目主管部门和项目单位对审计发现的问题高度重视，边审边改，截至目前，上述问题已经全部整改到位。省白蚁防治氯丹灭蚁灵替代示范项目办根据“中国白蚁防治氯丹灭蚁灵替代示范项目工作会议纪要”的精神，将我省白蚁防治示范项目中尚未安装使用的地上型饵剂系统，在全省各白蚁防治单位中分配使用，经批准调剂后，合肥市、淮南市和黄山市徽州区的饵剂系统安装任务是地上型5800套，地下型72500套。截至2010年12月20日，两市一区实际安装饵剂系统地上型3771套，地下型61237套，已达到世行批准调整后的安装任务要求。黄山市徽州区白蚁项目配套资金54.5万元已足额到位。省禽流感及人流感大流行防控能力建设农业项目办及时对12个市县畜牧兽医管理局或畜牧兽医站报账发票进行清理纠正，完善了相关报账手续。

关于安徽省本级2010年度预算执行和其他财政收支的审计工作报告

安徽省审计厅审计结果公告 2011 年第 3 号（总第 13 号）

主任、副主任、秘书长、各位委员：

我受省人民政府委托，向省人大常委会报告2010年度省级预算执行和其他财政收支的审计情况，请予审议。

根据《中华人民共和国审计法》和《安徽省审计监督条例》的规定，省审计厅对2010年度省本级预算执行和其他财政收支情况进行了审计。今年的审计工作以科学发展观为指导，坚持“揭露问题、规范管理、促进改革、提高绩效、维护安全”的总体思路，按照审计署提出的构建财政审计大格局的要求，紧紧围绕全省经济社会发展大局和省委、省政府工作中心开展审计监督，以促进公共财政体制逐步完善为目标，推动完善预算管理，提高财政绩效水平，充分发挥审计作为保障国家经济社会运行“免疫系统”的建设性功能。主要审计了省高级人民法院、省人民检察院、省民政厅、省交通运输厅、省农业委员会、省文化厅、省安全生产监督管理局、省体育局、省物价局、省供销社等10个部门及所属32个单位预算执行情况；省发展改革委员会组织分配政府投资情况；省级国有资本经营预算执行情况；省级社会保险基金预算执行情况。并对全省城乡义务教育经费保障机制专项资金绩效情况、省直10个部门政府采购资金绩效情况进行了审计或审计调查。此外，将合芜蚌自主创新财政专项资金管理使用情况、2010年全省危险废物和医疗废物处置项目专项审计调查情况，纳入本次报告中一并反映。

2010年，全省各级政府和有关部门在省委、省政府的坚强领导下，以科学发展观为指导，认真落实国家宏观调控政策，加快经济发展方式转变，着力保障和改善民生，继续巩固扩大经济回升向好的势头，全省经济和社会各项事业取得了新的进展。审计结果表明，2010年省级一般预算收入180.7亿元，完成预算的 158.9%，比上年增长31.9%，省级一般预算支出552.9亿元，完成预算134.8% ，比上年增长19.1%，结转下年31.9 亿元。省本级预算执行情况总体较好，超额完成了省第十一届人民代表大会第三次会议确定的预算目标任务。

——积极筹措财政资金，促进经济持续向好发展。省级财税部门有效应对复杂的经济环境，强化收入征管，积极争取中央支持，加大财政资金筹措力度，努力增加收入。全省实现财政收入2,063.8亿元，其中实现地方财政收入1,149.4亿元，增长33%；财政收入质量稳步提高，税收收入为1,767.4亿元，占财政总收入的85.6%；中央补助我省收入1,403.1亿元，增长17.9%；积极争取发行地方政府债券89亿元。省级财力的进一步增强，为贯彻省委、省政府的决策部署、推动经济发展和社会进步，提供了财力保障。

——不断优化支出结构，促进经济发展方式转变。充分发挥财政职能作用，积极采取有效措施，稳定农业基础地位，实施工业强省战略，支持十大产业振兴和八大战略性新兴产业发展，加快城镇化进程，优化结构升级，不断增强全省经济发展后劲和活力，促进经济发展方式转变。安排32亿元，推进自主创新、战略性新兴产业发展、合芜蚌自主创新综合配套改革试验区和国家技术创新工程试点省建设；安排10亿元，支持皖江城市带承接产业转移示范区建设；安排19.9亿元，支持皖北加快发展。

——继续加大民生投入，促进社会事业和谐发展。坚持以民生工程为抓手，不断推进基本公共服务均等化。全省民生投入1,096亿元，增长27.4%，占全省财政支出42.4%。其中投入33项民生工程资金345亿元，占全省民生支出的31.5%；统筹安排123.4亿元，促进教育事业发展；投入20.3亿元，在全国率先实现基本药物制度基层全覆盖；统筹安排68.1亿元，促进就业和住房等保障体系建设。

——规范公共财政管理，不断提升依法理财水平。扎实开展创建规范化乡镇财政所（分局）工作，正式启用财政一体化信息管理系统，深入推进“惠民直达工程”试点范围，实现省级国有资本经营预算报送省人大审查，试编社会保险基金预算，建立提前通知对下转移支付制度；出台结转结余资金管理办法，建立完善预算支出考核制度，加快预算资金支付进度，继续扩大预算支出绩效考评试点范围。

一、省级预算执行审计情况

2010年，省财政厅、省发展改革委员会、省国有资产监督管理委员会、省人力资源和社会保障厅和省地税局等部门和单位，积极应对复杂的宏观经济形势，实施正确有效的调控措施，切实履行职责，认真组织实施预算，保持了我省经济较快增长，保障了省委、省政府决策部署的贯彻落实，促进了社会和谐发展，推进了基本公共服务均等化。省人大批准的省级预算与我省国民经济和社会发展计划得到了较好执行。但在财税、政府投资、国有资本经营和社会保险基金管理中，仍存在一些需要改进和规范的问题。

（一）省财政厅组织省级预算执行情况

面对10市地税局税收征管本经营预算，社保资金预算制度建设。

1.年初预算尚不够全面、完整。一是未将中央提前告知的地方补助预计数199.2亿元编入年初预算。二是基金预算编制不够准确，导致预算与实际相差较大。省级基金收入预算数为14亿元，实际完成45.9亿元，为预算的327.9%；省级基金支出预算数为32.3亿元，实际支出10亿元，为预算的30.9%，结转22.3亿元，结转率达69%。

2.年初预算编制不够细化。一是批复到部门项目支出中安排的补助市县项目有31.2亿元项目经费未细化到有关市县。二是批复的非部门项目支出中大部分项目的名称不够明细，未安排到具体执行单位。如经济困难学生资助政策体系建设（民生）2.9亿元、政法经费保障体制改革1亿元、科技型中小企业创新资金5,000万元、文化产业发展资金5,000万元等。三是在非部门项目支出中安排5.7亿元待分配经费。

3.非税收入汇缴结算户待查资金清理不及时。截至2010年12月31日，非税收入汇缴结算户待结算收入9.1亿元，其中待查资金（性质不明）2.9亿元，且待查资金呈逐年上升趋势。审计期间，省非税收入管理局消化了部分待查资金。截至审计结束，待查资金余额为2.3亿元，其中2010年度为1.9亿元。

4.转移支付结构不尽合理。2010年，省对市县转移支付资金总额1,100.8亿元，其中专项转移支付补助575.1亿元，占省对市县转移支付资金总额的52.2 %。

5.部分预算支出的执行率有待进一步提高。2010年，省财政出台了一系列措施、办法规范财政支出管理，强化财政支出进度，但仍有一些支出的执行率较低。尤其是各大类支出中其他款级支出执行率普遍较低，如其他社会保障和就业支出为39.8%、其他医疗卫生支出为34.2%、其他一般公共服务为32%、其他环境保护支出为8%。

6.省级政府采购预算支出调整较大。2010年，省级政府采购年初预算安排9.7亿元，预算执行中追加34.5亿元，占年初预算的355.7%，预算调整较大。

7.虚列财政支出1.9亿元。2010年底，省财政有1.9亿元资金仍滞留在各专户，未直接拨付到有关单位或项目，形成虚列。

8.财政专户资金清理不及时。一是政府采购资金专户仍有2.9亿元资金沉淀。二是基本建设专户尚有余额3.5亿元，有些资金闲置已达一年以上。三是预算外价格调节资金611.5万元长期结存，未及时清理。

（二）省地税局组织省级税收收入预算执行情况

1.历史欠税未及时清理。2010年以前年度欠税3,484万元，未及时清理。如中煤特殊凿井（集团）有限责任公司历史欠税1,756万元，淮南矿业集团铁路运输有限责任公司历史欠税1,177万元。

2.应征未征部分税款。省地税局直属局应征未征企业所得税4.3亿元、营业税3,379万元。

3.少量开业登记户未按规定进行纳税申报。2010年，开业登记户中有23户未进行纳税申报。

4.注销户欠费。经查，注销户中欠缴社保费有16户，欠费15.7万元。

（三）省发展改革委员会组织分配政府投资情况

1.部分投资预算支出未细化到具体项目。省统筹投资预算支出中有基础教育等14项内容未细化到具体项目，合计金额 2.7亿元，占省统筹投资预算的30%。

2.部分投资项目预算执行率不高。由于部分建设项目进度慢，导致部分项目资金未拨付到位。主要有省电子政务外网工程、行政学院干部培训学员公寓改扩建等17个项目，其中500万元以上8个、500万元以下9个；省委党校教学综合楼2010年度省统筹投资计划5,000万元全部没有拨付。

3.部分建设项目资金未及时发挥效益。延伸审计部分建设项目发现，部分省财政建设资金未及时发挥效益。一是财政资金未拨付项目单位。如2010年9月下达的池州市清溪河治理项目，截至审计时1,000万元资金仍未拨付到项目单位。二是财政资金已拨付项目单位，但项目实施缓慢。如合肥工业大学新能源汽车技术开发平台建设项目，2010年底财政资金500万元已拨付项目单位，但项目研发大楼还处在选址阶段，环评等前期工作尚未启动。

4.部分项目审批程序不够完善。审计抽查部分已下达计划的项目发现，安徽省荣军康复医院搬迁等7个项目可研报告未批复，安徽医科大学第一附属医院肿瘤治疗中心等2个项目初步设计及概算未批复，合肥师范学院锦绣校区风雨操场等4个项目可研、初步设计及概算未批复，合肥工业大学新能源汽车技术开发平台建设项目等5个投资补助项目未审批资金申请报告。此外，审计抽查发现省社科院图书馆等18个单项工程未核准招标方案。

5.部分项目招投标工作不规范。一是花凉亭水库除险加固工程等项目的部分子项目价款2,317.1万元，未经招标，直接发包给有关单位。二是安徽省消防灭火救援指挥中心项目在不符合有关规定的条件下，确定了中标人。三是安徽医科大学实验教学综合楼项目经过招标确定的招标人，不符合有关招标法规。

（四）国有资本经营预算执行情况

1.国有资本收益收取制度不完善。我省制定的国有资本收益收取办法，对列入国有资本经营预算管理范围的省属国有独资企业和股份制企业，由于在收益收取标准上存在差别，对股份制企业计缴收益方法不够明确，导致2009年、2010年，有少数股份制企业未上缴国有资本收益。

2.少数企业欠缴国有资本收益。2009年、2010年，共有4户企业未按确定的国有资本经营预算（收支计划）上缴国有资本收益，欠缴收益3,515.9万元。期间，省财政厅与省国有资产监督管理委员会口头沟通后，又以变更文件附表的不规范形式免除了其中3户企业2010年度应上缴国有资本收益 2,107.9万元。

3.国有资本经营预算支出拨付不及时。由于各企业上缴收益滞后，至2010年底，省财政厅才将安排的国有资本经营预算支出1.3亿元，拨付有关企业。

（五）社会保险基金预算执行情况

1.社保基金部分预算数与决算数相差较大。如基本养老保险基金中转移收入和转移支出科目，预算数分别为5,135万元和7,828万元，决算数分别为1,739万元和4,067万元，分别相差3,396万元和3,761万元，差异数占预算数比重分别是66.1%和48.1%。

2.省级失业保险调剂金预算未执行。2010年，省本级失业保险基金预算安排省级失业保险调剂金2,579.1万元，但未执行。主要原因是2010年度省级失业保险调剂金既未上缴，也未下拨。

3.失业保险基金借出款项清理不及时。一是2006年度借给失业保险金发放有缺口的省内43个统筹地区的失业保险周转金6,900万元。二是1991年水灾期间，经省政府同意，从省级调剂金中经地市经办机构借给生产困难的劳动就业服务企业和集体企业的生产自救费202.5万元，至审计时止仍未清理。

4.部分社会保险基金利息收入管理不规范。一是省地税局代征养老保险费缴存国库后，在划转省本级养老保险基金财政专户的过程中，未相应划转养老保险费在国库存款中产生的利息收入，造成省本级基本养老保险基金收入不完整。二是省直基本医疗保险基金利息收入未按中国人民银行规定的优惠利率计息。

二、省级部门预算执行审计情况

今年共审计10个省直部门，延伸审计32个二级预算单位，占所属二级预算单位的42.1 %；审计资金总额91.9 亿元，占这些部门资金总额的96.8 %。审计发现各类问题金额23.7亿元，占审计资金总额的25.8%。其中，违规问题金额3.5 亿元，占 14.8 %；管理不规范金额 20.2 亿元，占 85.2 %。审计决定处理处罚1.9亿元，其中应上缴财政4,142.2万元，应减少财政拨款或补贴9,268.6万元，应归还原资金渠道1,452.7万元，应调账处理4,452.6万元。移送处理1,329.7万元。审计结果表明，绝大多数部门和单位不断完善内控制度，认真执行年度预算，财政收支制度改革稳步推进，预算执行情况总体较好。但在预算管理和其他财政财务收支中仍然存在一些有待纠正和改进的问题。

（一）部门预算编制不完整。有些部门未将以前年度的专项结余、经费结余等16.4亿元编入当年预算，其中由于历史原因，省交通运输厅及所属单位历年累计结余16.1亿元挂往来；省文化厅本级以前年度资金结余1,357.9万元，其中基本支出结余48.1万元，项目支出结余1,309.8万元。省体育局本级结存以前年度项目资金1,721.1万元。此外，省文化厅年初项目经费预算405万元没有细化到具体单位和项目。

（二）无预算超预算支出1,365.6万元。一是5个部门、单位超预算支出1,324.6万元。如省民政厅基本支出超预算270.3万元、省体彩中心经费支出超预算505.8万元。二是无预算支出41万元。其中省价格监督检查局动用上年项目经费结余30万元弥补当年超支，未按规定履行报批手续。

（三）挤占、滞留、挪用专项资金5,924.2万元。省交通运输厅及所属9个单位将专项经费917.6万元用于基本支出及购置汽车15辆等支出；4个市县交通局滞留通达工程项目建设、桥隧补助、村村通工程和县乡公路养护等专项资金4,266.1万元。省人民检察院九成坂检察院将公用经费10.3万元用于基建支出。安徽财贸职业学院将专项支出462.7万元用于基本支出。省农业委员会3个所属单位挪用项目资金166.4万元部分用于工作奖励、补贴及安排住房公积金补差和离退休人员补助。省物价局及所属省价格认证中心分别滞留、挤占专项经费30万元、42.3万元。省安全生产监督管理局挤占专项经费28.8万元。

（四）改变预算支出用途599.9万元。如省高级人民法院将部分项目经费132.5万元，用于基本支出。省公路局下属青阳县公路分局、长丰县公路分局将专项资金437.7万元改变用途。省文化厅将专项经费29.72万元改变用于其它项目。

（五）非税收入管理不规范4,124.7万元。17个部门、单位非税收入3，986.8万元未按规定纳入预算管理，上缴省财政。其中，省体育局房屋出租收入2，067.4万元、省交通运输厅及所属11个所属单位驾驶员培训行业管理费、房租、设备租赁、固定资产出租、转让资产补偿等1，674万元、省农业委员会及所属3个所属单位房租收入164.6万元、省图书馆房租收入69.7万元、省价格认证中心2009年度价格鉴定及价格认证费收入11.1万元。此外省安全生产宣教中心坐支非税收入120.5万元。另有非税收入17.4万元未及时上缴省财政专户。

（六）违规收费4，735.3万元。一是无依据收费166.9万元。省农业委员会及所属单位无依据收取动物免疫证、合格证等多项费用累计结存166.9万元。二是无收费许可证收取经营服务性费用4，568.4万元。如省交通运输厅所属单位未经许可收取经营服务性费用4，566.9万元。此外，省民政干部培训中心使用《安徽省行政事业单位资金往来结算票据》收取资料费16.8万元，票据使用不规范。

（七）违规发放奖金和津补贴185.6万元。其中省体育局及所属单位119.2万元、省供销社33.5万元、省物价局21万元、省民政厅11.9万元。

（八）财务管理和核算不规范。一是4个部门、单位的往来款2，701.7万元未及时清理。如省农业委员会2个二级预算单位往来款1，246.2万元均为三年以上。二是省公路局及所属少数市县公路局违规集资、出借资金，涉及金额10，299.2万元。其中出借资金9，709.1万元、集资590.1万元。三是省体育中心未经有关部门批准向安徽五环体育用品有限责任公司投资500万元。四是省高级人民法院部分诉讼费退费不及时。2010年度结案案件214件，其中结案后1个月内未退费案件55件，涉及金额84.2万元。省人民检察院报销12次会议费66.6万元，会计凭证未附会议预算、会议通知等相关证明资料。

（九）少数部门单位资产管理不规范。一是省体育局通过出让相关运动会、“四体会”冠名权，取得一些协议单位提供的实物资产价值506.5万元未入账。二是省农机局转让国有资产不规范。2010年9月，省农机局未经批准和评估与两自然人签订转让1000平方米商铺协议，价款920万元。

（十）部分项目支出未按预算进度执行，影响了财政资金使用效益。省文化厅安排的淮北花鼓戏非遗经费、扶持徽墨等专项经费241万元至审计时仍滞留在当地主管部门、财政部门或项目单位，未安排使用。2005-2007年，民政部拨入公益金用于我省“蓝天计划”等儿童福利设施项目建设，截至2010年末，仍有80.1万元滞留在省民政厅本级。

三、专项资金绩效审计调查情况

（一）全省城乡义务教育经费保障机制专项资金绩效情况专项审计调查

今年1-4月，我厅组织各市审计机关，采取交叉审计调查方式，对省本级和17个市城乡义务教育经费保障机制专项资金绩效情况进行了专项审计调查，并对各市县1，375所中小学进行了延伸审计调查。此次审计调查，共查出各种违纪违规问题资金5.6亿元，其中市县财政、教育部门4.6亿元，中小学9，763.6万元。主要表现在：滞留、闲置资金2.5亿元，挤占、挪用资金1.1亿元，超范围发放资金803.8万元，其他问题资金1.8亿元。发现的主要问题：

1.部分资金分配、使用不够规范，存在挤占挪用现象。一是一些市县主管部门改变公用经费使用范围。太和县将公用经费用于基本建设资金488.3万元。二是部分学校挤占挪用公用经费现象较普遍。南陵县部分学校将公用经费244.2万元用于支付临时工工资、工会经费及生活补助等。

2.部分专项资金拨付不够及时，影响资金使用效率。2009年和2010年，中央下达我省免费教科书资金7.8亿元和7.5亿元，当年分别实际采购6.4亿元和6.1亿元，资金结余1.4亿元和1.4亿元，合计2.8亿元。该项结余至审计时尚未确定用途，仍滞留在省财政厅。

3.部分学校维修、维护存在不规范的现象。一是部分学校校舍维修资金未能及时拨付。2009、2010年度，中央下拨定远县校舍维修资金共计2，072万元，截止2010年底，尚结余资金740万元滞留在县财政局。二是程序不合规。舒城县2008年集中完成102个农村中小学D级危房改造项目，项目总投资3，167万元，总造价4，153.6万元，仅有12个项目进行了竣工决算审计。

4.部分学校存在捐资助学行为。如审计调查合肥市8所学校，发现2009、2010年共收到捐助款5，115万元。

5.少数县公用经费向薄弱学校倾斜不明显。义务教育相关政策规定，根据不同规模学校的实际，科学合理分配中小学公用经费，向薄弱学校倾斜，促进教育均衡发展。审计调查发现有些县在执行时不到位。如繁昌县在分配中小学公用经费时，没有适当向办学条件薄弱的学校倾斜，未能体现教育均衡性。

6.部分支出票据不规范。全椒县16所学校公用经费支出中发现虚假发票列支116.7万元、不合规发票列支9万元。在抽查中发现通过招标采购的课桌椅，采购项目供货商提供的均是虚假发票，金额总计86.5万元。

（二）省直10个部门政府采购资金绩效情况专项审计调查

为了解省直部门政府采购政策执行及资金管理、使用效益情况，我厅结合省本级部门预算执行审计，对10个部门的政府采购资金绩效情况进行了专项审计调查。发现存在以下问题：

1.预算追加调整较大。2010年，省本级政府采购年初预算安排9.7亿元，预算执行中追加34.5亿元。10个省直部门政府采购年初预算安排7，960.6万元，预算执行中追加2.7亿元，占年初预算的339.2%。

2.少数单位存在无预算采购、超预算采购和自行采购现象，涉及资金4，749.6万元。2010年，省体育局无预算采购2，298.6万元，占采购总额的78.8%；自行采购金额达1，164.7万元。省交通运输厅及所属单位自行购置固定资产合计893.5万元。省安全生产监督管理局印刷费和宣传费117.1万元未纳入政府集中采购。

3.自行招标过程不符合相关法律规定。2010年，全民健身工程体育器材采购金额1，012.3万元，经上级行政主管部门批准，由省体育局采用竞争性谈判方式进行招标采购。此次招标评标人员共7名，均为省体育局所属单位相关人员，与有关规定不符。

4.政府采购周期较长。省直单位协议供货采购项目采购周期为三个月，使得有些单位在急需时，采取即买即用，规避政府采购。同时，由于周期长，尤其是电子产品价格变动大，给采购单位带来不必要的损失。

5.协议供货存在垄断销售现象。2010年，省直单位协议供货采购项目共计采购资金5,360.1万元，其中合肥某一家公司承销1,398.9万元，占全部协议供货的26.1%。抽查省直单位2010年第1期协议供货项目发现，该期招标采购16个包中，合肥这家公司有13个包中标，占81.3%.

6.政府采购范围狭窄。2010年，省本级政府采购项目规模为40.3亿元，其中工程和服务类4.8亿元，仅占11.9%，而货物类占到89.1%，政府采购范围狭窄，使得政府采购节约财政资金的作用难以充分发挥。

（三）合芜蚌自主创新财政专项资金管理使用情况专项审计调查

为推进合芜蚌自主创新综合配套改革试验区建设，省政府设立自主创新综合配套改革试验区专项资金。该项资金的设立，在完善创新产业体系、提升企业创新能力等方面发挥了积极作用。但审计调查发现，该项资金在管理使用中存在以下问题：

1.不规范使用专项资金 7.5亿元。一是用于归还银行贷款本金利息、认购股份、买卖股票等1.9亿元。如合肥市建设投资控股（集团）有限公司将专项资金5000万元全部借给其全资子公司合肥蓝科投资有限公司，用于认购新股。二是用于基本建设等支出4.9亿元。如芜湖方特主题公园二期建设，省发展改革委员会核准项目建设资金由企业自筹和申请银行贷款解决。截至2010年9月30日，芜湖市已在自主创新专项资金中安排其基本建设等支出4.9亿元。三是用于生产经营、设备购置及发放职工工资等5,373.4万元。如安徽济人药业有限公司等7单位将自主创新专项资金，用于购买原材料、设备、货物或收购企业等3,506万元。

2.市级安排的资金不真实，市级配套、企业自筹资金不到位。一是试验区3市反映的专项资金安排数比审计调查认定数多1.9亿元。其中合肥市3,477.8万元、芜湖市1,397.1万元、蚌埠市1.4亿元。二是市级配套资金、企业自筹资金未及时到位5,647.9万元。芜湖市、马鞍山市和黄山市对12个项目少配套、拨付经费2,710万元。蚌埠玻璃工业设计研究院等3个单位项目自筹资金3,087.9万元，未及时到位。

3.专项资金形成潜在损失 3,820万元。如蚌埠市某企业将5,000万元专项资金实际用于归还银行贷款3,160万元，形成潜在损失。

（四）全省危险废物和医疗废物处置项目专项审计调查

2010年7月份，我厅组织全省17个市审计机关，对我省“十一五”规划内危险废物和医疗废物处置项目进行了审计调查。发现存在以下主要问题：

1.集中处置中心项目建设进展缓慢。截至审计调查期间，全省3个危险废物集中处置中心，只建成1所，其他2所主体工程未开工；14所医疗废物处置中心，建成6所，未建成8所，其中有3所至今主体工程尚未开工，如铜陵市和马鞍山市综合处置项目主体工程尚未动工。

2.集中处置率低，流失现象严重。目前，从我省已建成医疗废物处置中心情况看，经营状况不尽理想。一是大量废物处于分散违规处置，甚至随意外流，严重污染环境，部分医疗机构与回收企业没有签约，医疗废物存在自行处理现象。如巢湖市有医疗机构434家，卫生院137家，当年与巢湖市万山医疗废物处置有限责任公司签订委托处置合同的医疗机构仅有58家，卫生院9家。二是回收企业回收量少，大部分企业达不到设计处置能力，设备处于半闲置状况，运营企业医疗废物处置率偏低，大部分地方设备运转率不足设计能力的30%。如淮北市集中处置的医疗废物仅占全市医疗废物的22%，设备运转率仅达19.7%。

3.部分地方废物收储管理不够规范。一是已建成的7家集中处置中心有5家未办理竣工验收，部分企业长期处于试运行阶段。在试运行阶段，一些企业未规定安装烟气在线监测设备，影响集中处置质量。二是对废物收储等环节操作不够规范。部分医疗机构未按规定对医疗废物进行分类收集、消毒，并分置于防渗漏、防锐器穿透的专用包装物或密闭的容器内，致使医疗废物转运和处置过程中出现渗漏，造成二次污染；一些单位未使用专项运输设备运送医疗废物，如巢湖市道德医院通过三轮车运送医疗废物，淮北矿工医院使用普通垃圾车运送医疗废物等等。

4.部分项目资金不到位。截至2010年8月底，国债资金和地方配套资金未落实到位达2.7亿元，其中国债资金1.4亿元，地方配套资金1.3亿元，分别占51%、49%。如铜陵市危险废物集中处置中心项目总概算1.3亿元，截至2010年6月虽批复国债计划5,000万元，但资金实际未到位，且地方配套资金5,267万元尚无着落。

5.建设资金管理使用不够规范。一是存在截留挤占挪用建设资金现象。池州市环保局截留项目资金24.6万元,此外市环保产业中心挪用项目资金27.8万元发放人员工资。二是银行贷款资金闲置,增加运营企业负担。2008年，合肥市国资公司为吴山公司危险废物处置项目办理国家开行10年期政策性贷款,至今仍结存1,904.9万元。 因资金闲置，年度应付贷款利息137.2万元， 增加了运营企业负担。

四、部门决算草案审签情况

结合部门预算执行审计，对10个部门开展了决算草案审签。审签结果表明，各部门2010年度的决算报表的编制符合财政部门制定的有关当年决算报表编制的规定和说明，决算（草案）收入、支出等重大事项基本公允的反映了部门财务状况。审签发现的主要问题是反映收入、支出、结余及资产、负债不够完整，涉及金额16.7亿元。我厅已要求上述各部门商省财政厅在批复2010年度决算草案前进行纠正和调整，并将结果函告我厅。

对上述实施的审计项目，我省各级审计机关已依法出具了审计报告和作出审计决定。有关部门和单位对审计发现问题高度重视，积极采取措施予以整改，有的问题在审计过程中已得到纠正。如省民政厅针对政府性资产管理中存在的问题，多数已整改，一些短期内难以纠正的，也制定了整改措施；省农业委员会已将虚列支出的有关项目资金进行了纠正;省交通运输厅针对支出报销中存在的不规范问题，专门制定了《关于机关差旅费会议费管理办法执行过程中有关事项的通知》；省体育局及所属单位对多发放的津补贴和奖金已部分进行清退等。下一步，省审计厅将根据省政府的要求，对审计中发现问题的整改情况会同有关部门进行动态跟踪，并将各部门整改情况于年底前向省政府作专题报告，省政府将专题报告省人大常委会。

五、加强财政财务管理的建议

（一）深化财政预算改革，不断完善公共财政体系建设。按照健全公共财政体系的要求，健全公共财政预算，优化支出结构，着力保障和改善民生；强化政府性基金预算管理，提高基金预算的规范性和透明度；完善国有资本经营预算收支办法和分享制度，将国有资本收益更多用于公共服务和社会保障；规范社会保险基金预算，扩大编报范围。健全规范透明的省以下财政转移支付制度，提高一般性转移支付比例和使用效率。通过不断完善公共财政体系建设，增强财政预算分配和监督职能，充分发挥财政预算管理对于加强宏观调控、保障经济社会健康发展的积极作用。

（二）积极推进预算公开，促进财政信息更加透明。积极推进财政预算公开，建立健全规范的财政预算信息公开机制。要在现有财政信息公开的基础上，积极将政府预算、基金预算、国有资本经营预算、部门预算，尤其是社会关注的“三公”经费预算及执行等情况，按照有关规定向社会公开，增强预算的透明度，自觉接受社会各界的监督，保障公民知情权、参与权和监督权，促进依法理财、民主理财，实现财政科学化精细化管理，提升预算管理水平。

（三）强化预算管理水平，不断提高财政资金使用绩效。重视预算管理的各项基础工作，增强预算的完整性，各级财政应将上级补助收入及其分配使用情况，完整地编入本级预决算，接受同级人大的监督。积极做好超收财力和可用资金的计划和预测，提高预算管理的预见性。进一步强化预算执行工作，严格按照批复的预算、用款计划的要求以及项目的进度支付资金，加强财政专项资金的监督管理，严肃查处挤占、挪用、截留资金等行为，确保财政资金合规、合法、有效。强化对部门决算审核的力度，将决算结果作为编制下年度部门预算的重要依据和参考。同时，省财政厅等相关部门要加大对结余资金的管理和清理力度，最大限度地盘活、用好结余资金，不断提高财政资金使用绩效。

（四）严格落实财经管理制度，规范部门单位财政财务收支行为。一是省直各主管部门要进一步强化财经法纪意识，增强遵纪守法的自觉性，加强内部审计，强化内部控制，规范收支行为，严格控制“三公支出”，努力降低行政成本。同时，要更加注重对所属单位财政财务收支的日常监督管理，采取切实措施，促进其进一步规范财务行为，提高财务核算和管理水平。二是严肃收入分配纪律，切实规范奖金津补贴发放工作。近年来，审计发现仍有少数部门单位违规发放津补贴，建议有关部门针对津补贴发放情况进行专项检查，对一些严重违规发放津补贴的部门单位及相关责任人员实行问责和依法依规进行查处。

（五）完善政府投资管理机制，提高政府投资效益。完善建设项目决策机制，加强调研论证，增强计划的可行性，重视项目计划与预算的衔接，保证项目立项、实施、决算等各个环节的规范化运作。加强对项目实施情况的跟踪检查和全过程监控，强化资金跟踪问效，确保项目切实按资金计划和建设内容有效实施，提高投资效益。加快推进项目信息公开和诚信体系建设，推动政府重大投资项目责任追究制的落实和建立健全政府投资项目监管长效机制。

（六）切实加强政府采购管理，努力提升政府采购工作水平。一是继续深化政府采购相关制度改革。要坚持“依法采购，应采尽采”原则，继续扩大政府采购管理实施范围，使政府采购工作向服务类和工程类领域拓展延伸，充分发挥政府集中采购节约财政资金的作用。二是加强政府采购的监督工作。要建立财政、审计、纪检三位一体的政府采购专项监督体系，对一些拒不执行政府采购政策的部门和单位，有关部门要从行政、经济等方面采取切实有效的措施，加以处理和处罚。三是提高政府采购效率。财政部门要加强与省直各部门的沟通和协调，让采购单位更多参与采购过程和采购决策，努力缩短采购周期，节约采购资金，降低采购成本，不断提高财政资金使用效益。

安徽省审计厅厅长　刘战平

（2011年6月22日在安徽省第十一届人民代表大会常务委员会第二十六次会议上）

安徽省省直学校中小学校舍安全工程 2010年度跟踪审计结果公告

安徽省审计厅审计结果公告 2011 年第 4 号（总第 14 号）

根据省政府要求和审计署统一部署，省审计厅自2010年起对全省中小学校舍安全工程（以下简称“校安工程”）中省直中小学校（以下称“省直学校”）部分的实施情况开展了跟踪审计。省审计厅检查了2010年度省直校安工程组织实施的总体情况和资金管理使用情况，并对12所学校的校安工程管理情况进行了重点抽查。审计工作得到了省校安办和相关学校的积极支持和配合。根据《中华人民共和国审计法》及其实施条例的规定和《安徽省中小学校舍安全工程跟踪审计工作方案》的安排，现将2010年度的跟踪审计结果公告如下：

一、基本情况

省直部门（单位）所属的中等职业学校和高校附属中小学，隶属于20余个省直部门（单位）和高校，分布在全省不同地区。2010年，省校舍安全工程领导小组办公室（以下称“省校安办”）根据省直学校排查鉴定情况，结合财力供给，共安排了18所省直学校实施校舍安全工程，其中加固“三重”校舍31栋，建筑面积7.2万平方米，资金计划2769万元；重建或迁建“三重”校舍24栋，建筑面积3.9万平方米，资金计划3850万元。到目前为止，加固项目均已完工，重建或迁建项目除了个别因迁址、规划审批或设计招标等原因工程尚未开工外，其余均已开工建设。截至2010年末，省校安办共收到省财政厅拨入的省直学校校安工程资金4894万元，已拨付14所省直学校2854.4万元，结余2039.6万元。

审计结果表明，省直学校校安工程实施以来，工作得到扎实、有效推进。一是建立了组织机构。2010年4月在省校安办内设立省直学校工作组（以下称“省直工作组”），负责统筹、协调、督促、指导各省直学校校舍安全工程实施。随后各有关学校的主管部门和学校按照要求也逐级设立项目实施领导小组和工作机构，为省直校安工程的顺利有效推进提供了组织保障。二是建立健全工作机制和制度。省校安办制定了项目和资金管理办法，明确了项目学校及其主管部门的职责，建立了工程实施进度定期通报和施工现场管理定期检查制度，设立了省直校安工程资金专户和专账，明确了专项资金申请及拨付工作流程。三是突出工程质量和施工安全监管。省直校安工程实施了项目法人制、招标投标制、工程监理制、合同管理制，执行见证取样检测制度，强化各参建单位的质量责任和质量意识，规范建筑材料检测、施工工序报验管理；实施过程中，省校安办省直工作组通过巡回检查施工现场等措施，查摆问题，督促项目参建各方强化工程建设的质量和安全现场管理，对确保工程质量和安全起到了重要作用。四是狠抓项目建设进度。为推进省直校安工程的顺利实施，省校安办多次下发文件要求有关部门和学校加快推进项目建设，及时下拨资金，跟踪检查各项目进展情况，做好协调服务，定期通报各项目实施进度，有效推进了省直校安工程进展。至2010年底，计划安排的31个加固项目基本完工，24个重建项目除个别项目因迁址重建、规划审批等原因未开工外，其余均已开工建设。五是积极整改审计发现的问题。省政府和省校安办十分重视审计整改工作，谢广祥副省长先后在省审计厅上报的审计信息和《审计情况通报》上作出批示，要求有关部门对存在的问题彻底加以整改，并引以为戒，同时在后续实施中把工程质量放在首位，要建立科学、合理的审批程序，规范监管，确保质量。目前，省校安办和有关学校对审计发现的问题逐一进行了整改，审计所提出的意见和建议基本得到了落实，其整改落实情况已专题报告省政府。

二、审计发现的主要问题及整改情况

（一）少数项目校舍鉴定报告面积不实。中国科技大学附属学校经鉴定需拆除的中学教学楼实际面积2897平方米，鉴定面积3477平方米，学校按照鉴定面积申报迁建并已立项，导致省校安办多安排重建资金58万元。安徽电子工程学校将违章搭建应予拆除的建筑计列鉴定面积，导致省校安办多安排了加固资金约40万元。

对此，相关学校已要求鉴定单位逐一重新测量核实，省校安办已经按照核实的校舍面积对多安排的专项资金予以核减。

（二）部分项目未严格执行建设程序。一是部分重建、迁建项目未开展可行性研究。二是部分项目未履行施工图审查、消防审核和施工许可程序。如安徽机电工程学校两栋校舍重建工程，施工图纸均未报经消防部门审核，且其中一栋宿舍施工图纸也未经审查。安徽农业大学附属学校、安徽电子工程学校、安徽机电工程学校、安徽机械工业学校4所学校的13栋加固和1栋重建校舍，工程已经开工（安徽农业大学附属学校3栋校舍加固项目已近完工），由于时间紧和土地权属问题，未办理施工许可证。阜阳师范学院附属中学已加固的校舍也未办理施工许可证。

对此，相关学校已经编制了可行性研究报告并报批立项，施工图纸未经相关部门审核的已经补报审核。同时未办理施工许可证的已经与质检部门会商采取补救措施。

（三）少数项目招标投标工作不规范。如安徽科技贸易学校因学校整体搬迁将省校安办安排的2010年重建4栋校舍资金计划681万元用于新校区建设。新校区拟建建筑面积54450平方米，该校于2010年8月26日自行在校园网上发布设计招标公告，仅有蚌埠市建筑设计院符合投标要求，招标公告的发布和有效投标单位数量均不符合招标投标有关法规的要求。在此情况下学校与该设计单位签订设计合同，设计费289.8万元，明显高于市场价。同时该校新校区的施工招标也是在施工图设计尚未完成、不具备施工招标条件的情况下进行的。

对上述问题，安徽科技贸易学校已委托省政府采购中心重新招标并签订设计、施工合同，增加了对施工企业的约束条款。

（四）部分项目施工管理和监理工作不够到位。由于建筑市场施工、监理技术人员紧张，加之部分地区建筑质量监督部门、实施学校监管不到位，造成一些项目施工管理和监理工作不够规范。一是项目现场施工和监理机构不健全，人员未按承诺到位，部分专业施工人员无上岗证。二是未编制施工组织设计、专项施工方案和监理工作规划、监理实施细则等，有的虽已编制但未获批准，有的未按批复方案施工。三是少数项目未建立健全有效的质量、安全体系，如未建立材料、设备报审、检测，隐蔽工程报验，及监理例会、监理月报等制度，有些材料未见出厂合格证和复试报告，有些项目缺乏相应的隐蔽工程验收记录。还有少数项目未对重要部位、关键工序实行旁站监督，也未作旁站记录。有的项目部分监理工程师通知未得到回复。

对此，省校安办和相关学校及时采取措施，积极约谈设计、施工、监理单位负责人，完善合同、充实力量、强化监督，逐一进行整改。省校安办专门举办了省直学校校安工程基建管理培训班，结合审计发现的问题，对项目学校领导和施工管理人员进行必要的专业知识培训，并编印了相关文件资料汇编；完善了项目督查和实施情况通报制度，与项目学校及其主管部门（单位）签订了《项目责任书》，强化了工程质量安全管理。

优秀审计项目

安徽省审计厅关于2010年度全省优秀审计项目评选结果的通报

皖审发〔2011〕116号

各市、县（市、区）审计局，省经济责任审计局、厅机关各处室、厅属各单位：

为促进全省审计工作科学发展，进一步提高审计工作质量和水平，充分发挥优秀审计项目评选在推动审计工作转型升级中的导向作用。2011年，省厅组织开展了2010年度全省优秀审计项目评选工作。根据评选结果，经厅长办公会议研究决定：2008-2010年合芜蚌自主创新专项资金绩效情况审计调查、蚌埠市神工机械有限公司垫付安徽省淮河机器有限公司清算资金等有关事项审计、宿州市埇桥区水利局原局长任期经济责任审计等10个项目被评为全省优秀审计项目，省担保集团公司总经理任期经济责任履行情况审计、宿州市本级2009年度预算执行和其他财政收支审计、定远县房地产管理局有关事项审计等15个项目被评为全省表彰审计项目，并予以通报表彰。

从评选情况看，今年参评的46个审计项目，最高分175.5分，最低分76.5分，平均得分129.21分，其中：规范化平均得分78.87分、审计成效平均得分50.34分，总体质量有所提高。一是审计批判性作用明显，揭露了若干重大违法违规、经济犯罪案件和影响绩效的突出问题；二是审计监督的建设性作用显著，促进了各级党委、政府和有关部门健全完善制度，督促被审计单位认真整改、加强管理、提高绩效；三是审计对外影响进一步扩大，审计结果公告数量明显增加，审计成果被各级党委、政府广泛采用，审计工作受到了各级党委、政府充分肯定等。但在评选中也发现，一些单位在执行《审计法》、《审计法实施条例》和《国家审计准则》方面还不够严格，项目管理还不够规范，审计成果还不够突出，审计质量还有待进一步提高。

希望受到表彰的单位谦虚谨慎，戒骄戒躁，开拓进取，再创佳绩。全省各级审计机关和广大审计人员要认真学习受表彰单位的先进经验，以科学发展观为统领，全面贯彻党的十七大、十七届三中、四中、五中、六中全会和省第九次党代会精神，认真落实中央和全省经济工作会议要求，紧紧围绕科学发展这一主题和深入推动审计工作转型升级这条主线，以深入实施“五大工程”为抓手，始终把推进法治、维护民生、推动改革、促进发展作为审计工作的出发点和落脚点，立足建设性，坚持批判性，突出宏观性，更加注重从体制、机制、制度层面反映和分析问题、提出建议，促进体制制度创新和民主法治建设、反腐倡廉建设，为建设经济繁荣、生态良好、人民幸福、社会和谐的美好安徽作出新的更大贡献。

二〇一一年十二月三十日

2010年度全省优秀审计项目名单

一、省厅机关

1.2008-2010年合芜蚌自主创新专项资金绩效情况审计调查（新闻广电审计室）

2.省药监局2009年度预算执行及其他财政收支和局长任期经济责任履行情况审计（行政事业审计处）

3.宿州市人民政府市长任期经济责任履行情况审计（省经济责任审计局）

二、市级审计机关

1.蚌埠市神工机械有限公司垫付安徽省淮河机器有限公司清算资金等有关事项审计（蚌埠市审计局）

2.马鞍山市经济开发区、慈湖经济开发区土地利用情况专项审计调查（马鞍山市审计局）

3.合肥市2007年至2009年排污费征收和污染防治资金投入绩效情况专项审计调查（合肥市审计局）

4.铜陵市史志办专项经费审计调查（铜陵市审计局）

三、县（市、区）审计机关

1.宿州市埇桥区水利局原局长任期经济责任审计（宿州市埇桥区审计局）

2.铜陵县地税局2009年度地方税收征管情况审计（铜陵县审计局）

3.肥东县供销社2007-2009年财政财务收支审计（肥东县审计局）

2010年度全省表彰审计项目名单

一、省厅机关

1.省担保集团公司总经理任期经济责任履行情况审计（金融审计处）

2.省财政厅组织2009年度省级预算执行及其他财政收支情况审计（财政审计处）

3.安庆-景德镇高速公路安徽段建设项目竣工决算和投资绩效审计（固定资产投资审计处）

4.省司法厅厅长任期经济责任履行情况审计（文化卫生审计室）

5.省水利厅2009年度预算执行及其他财政收支和厅长任期经济责任履行情况审计（经济审计室）

二、市级审计机关

1.宿州市本级2009年度预算执行和其他财政收支审计（宿州市审计局）

2.安庆市交通投资（集团）有限公司资产负债审计（安庆市审计局）

3.芜湖卷烟厂都宝技改项目用地土地置换征地拆迁费用审计（芜湖市审计局）

4.毛集实验区工委书记及原管委会主任任期经济责任审计（淮南市审计局）

5.2009年度全市工伤保险基金专项审计调查（亳州市审计局）

三、县（市、区）审计机关

1.定远县房地产管理局有关事项审计（定远县审计局）

2.无为县商务局局长任中经济责任审计（无为县审计局）

3.歙县王村镇2008年度财政决算及原党委书记（镇长）任期经济责任审计（歙县审计局）

4.绩溪县2009年度本级预算执行情况和其他财政收支审计（绩溪县审计局）

5.阜阳•临沂商城（一期）征地拆迁补偿经费管理及使用情况审计（阜阳市颍泉区审计局）

"五大工程"

关于在全省审计机关深入实施"五大工程"的意见

各市、县（市、区）审计局，省经济责任审计局、厅机关各处室、厅属各单位：

"十二五"是我国全面建设小康社会的关键时期，是安徽大有可为的黄金发展期，也是加速我省审计工作转型升级的攻坚期。为推进"十二五"安徽审计事业科学发展，省厅党组决定，在巩固提升"十一五"审计机关"抓建设、练内功、提效能"五年行动计划成果的基础上，在全省审计机关依次重点实施"信息化推进"、"人才造就"、"质量提升"、"环境优化"和"争先进位"五大工程。为保障"五大工程"顺利实施，加快实现"十二五"审计工作发展目标，根据《安徽省"十二五"审计事业发展规划纲要》，特制定本意见。

一、指导思想

高举中国特色社会主义伟大旗帜，以邓小平理论和"三个代表"重要思想为指导，深入贯彻落实科学发展观，坚持审计工作"二十字"方针，按照"五年打基础、十年上水平、十五年大发展"的总体思路，准确理解审计工作基本特征，深刻把握审计工作基本规律，以科学发展为主题，以转型升级为主线，深入实施"五大工程"，突出重点，改革创新，着力解决制约审计事业科学发展的突出问题，推动安徽审计工作再上新水平。

二、总体目标

通过实施"五大工程"，着力实现以下目标：一是审计围绕中心、把握大局的能力显著提升，审计监督层次和水平与安徽科学发展、全面转型、加速崛起、兴皖富民的大局相适应。二是审计在服务经济社会科学发展、促进深化改革和民主法治建设、维护国家经济安全、推进反腐倡廉建设方面迈上新台阶，审计职能作用得到更好发挥。三是审计制度机制更加科学完善，审计法治化、规范化、科学化和信息化建设取得更大成效，转型升级成果显著，形成适应发展需求、具有安徽特色的审计监督模式。四是审计干部队伍管理更加科学有效，建成一支政治坚定、业务精湛、作风优良、廉洁文明、结构合理、团结和谐的干部队伍，为审计事业科学发展提供坚实的思想政治保证、人才保证和智力支持。

三、基本要求

围绕上述指导思想和总体目标，在实施"五大工程"中要坚持四项基本要求：

——解放思想，大胆实践。适应经济社会发展的新形势，把握审计事业科学发展的新需求，努力打破习惯思维和传统观念的束缚，树立开放性的新理念，开动脑筋，认真思考，深入研究审计工作转型升级中的新情况，以敢为人先的精神积极探索，勇于实践，着力解决转型升级中的新问题。

——改革创新，加速转型。围绕实现审计工作转型升级的目标，创新工作思路，探索有效途径，完善工作机制，全面扎实推进，务求重点突破，努力破解转型升级中的各种制约因素，以改革推动创新，以创新加快发展，在发展中实现传统审计向现代审计的转型升级，推动我省审计事业科学发展。

——立足实际，形成特色。科学研判宏观形势要求，准确把握地方特色，着力发挥自身优势，根据地方经济社会发展状况，以及本地区、本单位、本部门的实际情况，科学确定目标任务，积极采取有效措施，形成风格各异、特色鲜明的格局，构建适合自身发展的转型升级模式。

——统筹推进，全面发展。科学统筹每一年度重点"工程"与"五大工程"整体的有机联系，全面把握"五大工程"重点事项与全部审计工作的辩证关系，有效整合各级各方面审计资源，促进各级各地之间审计事业的全面发展，推动审计工作全面转型升级和全省审计事业整体上水平。

四、主要任务

"五大工程"相互关联，相辅相成，整体构成科学体系。实施"五大工程"要把审计工作转型升级的主线贯穿始终，以信息化为技术手段和重点突破口，以造就人才为智力支撑和关键所在，以提升质量为内在要求和坚实基础，以优化环境为现实需求和重要保障，以争先进位为目标定位和阶段性成果，推进安徽审计工作跨越发展。

——坚持把信息化作为转型升级的技术手段和重点突破口。信息化是加快我省审计事业科学发展的必然选择。充分利用信息技术，开发利用信息资源，大力提升审计信息化水平，是审计工作运用先进生产力的重要体现，更是审计工作转型升级必须强力突破的重点内容。要进一步加强审计信息化基础设施建设，建立全省审计系统信息资源共享平台和信息安全保障机制；进一步创新和改进审计方式方法，提高信息化条件下的审计监督能力；进一步探索数字化审计管理和质量控制模式，推动审计现代化与审计信息化的融合发展。

——坚持把造就人才作为转型升级的智力支撑和关键所在。人才是审计事业科学发展的第一资源。加速推进审计工作转型升级，必须落实人才兴审战略，加快造就审计人才队伍。要进一步科学规划，深化改革，重点突破，整体推进，不断开创人才辈出、人尽其才的新局面；进一步树立科学的人才观念，培养以高层次、高技能、复合型审计人才为重点的各类审计人才队伍，增强审计人才创新能力；进一步提高审计机关各级领导干部科学发展能力，推进审计干部队伍专业化建设，优化审计干部队伍结构，深化干部人事制度改革，增强审计事业科学发展的生机与活力。

——坚持把提升质量作为转型升级的内在要求和坚实基础。审计质量是审计工作的生命线，提升质量是加速审计工作转型升级，充分发挥审计职能作用的基石。要全面实施审计战略质量管理，创新审计质量控制机制，构建审计质量管理新模式。要进一步完善审计质量控制规范体系，细化审计准则要求，健全审计指南和业务操作规程，严格规范各项审计行为；进一步增强审计风险意识，科学防控审计风险，提高审计风险管理水平；进一步强化审计质量监督、考核和评价，明确审计质量责任，严格质量事故责任追究，确保审计质量经得起实践和历史的检验。

——坚持把优化环境作为转型升级的现实需求和重要保障。审计环境是促进审计工作转型升级的重要方面，必须大力培育和优化审计环境，创造转型升级的有利条件，强化转型升级保障。要进一步改变审计工作相对封闭运行的状态，加大审计政务公开和审计结果公告力度，增强审计工作开放性和公信力；进一步加强审计对外宣传，全面提升审计形象，营造全社会支持、理解审计的良好氛围；进一步总结提升审计成果，强化综合利用，发挥审计“免疫系统”功能；进一步推动审计法制建设，着力创造更加有利于审计监督的法治环境；进一步创新审计文化建设，积极探索用社会主义核心价值体系引领审计工作的有效途径，增强凝聚力和战斗力，为审计工作转型升级提供强大精神动力。

——坚持把争先进位作为转型升级的目标定位和阶段成果。争先进位是审计工作转型升级的阶段性成果，是在全方位把握安徽审计工作发展的基础上提出的目标要求。要进一步把握“十二五”审计事业发展的战略机遇，高起点规划、高标准定位、高境界创新、高强度推进审计工作，实现安徽审计事业新跨越；进一步激发争先进位意识，形成“个个有压力、人人有动力”的工作氛围，推进争创一流、勇夺第一的新局面；进一步创新争先进位活动形式，丰富争先进位活动载体，健全争先进位考核评价机制，以“比、学、赶、帮、超”推动全省审计工作整体上水平。

五、重点活动

各级审计机关在抓好全面工作的前提下，自2011年始，每年主要围绕一个主题，重点开展一项工程，依次实施，重点突破，统筹推进，加快转型升级，实现全面提升。

（一）2011年，重点实施“信息化推进工程”

活动主题：利用信息技术，提高审计能力

目标要求：审计信息化人才、法制、设备等基础建设取得较大进展，审计信息化的理念和技术得到更加广泛地推广和运用，信息化环境下的审计监督能力和审计管理水平明显提升，为审计工作转型升级提供坚实有力的技术支持。

主要举措：1.深化和拓展对审计管理系统的综合应用，分类别、有重点地建立健全各类审计数据库，形成集审计业务管理和行政管理为一体的信息化审计管理平台。2.强化现场审计实施系统的广泛应用，试点信息系统审计，积极推广对重要行业的联网审计，探索开展对数据大集中的某些行业或项目的上下联动审计，建设信息化审计作业平台。3.完善和拓展全省远程视频会商系统，搭建审计即时通讯系统，开设审计业务网络交流渠道，拓展信息化审计交流平台。4.完善和拓展互联互通的网络系统，加强计算机技术设备管理调配，逐步推进审计数据中心建设，着力构建审计信息化基础支撑体系。5.逐步建立涵括硬件、软件、管理制度和系统环境为一体的信息安全保障系统，形成比较完善的运行维护机制，着力构建审计信息化安全运维体系。6.建立健全信息化工作机构，充实和整合信息化人才队伍，提升计算机审计实战能力，着力构建审计信息化人才支撑体系。7.加强对信息化发展的科学规划和指导，健全信息化建设的规章制度，完善信息化考核机制，着力构建审计信息化制度保障体系。8.加强审计信息化理论研究和软件开发，推广应用审计信息化建设成果。

组织实施：由厅信息办牵头，会办公室、综合法规处、人事教育处等共同组织。2011年3月由牵头处室提出实施方案，经论证、批准后组织实施。

（二）2012年，重点实施“人才造就工程”

活动主题：完善用人机制，造就创新人才

目标要求：以高层次、高技能、复合型审计人才为重点的各类审计人才队伍规模不断壮大，结构进一步优化，布局趋于合理，素质显著提升，审计干部人事制度逐步完善，为审计工作转型升级提供坚实有力的思想政治保证、人才保证和智力支持。

主要举措：1.全面推进审计干部思想建设、能力建设和作风建设，提高干部队伍建设科学化水平。2.加强领导班子和领导干部领导能力建设，优化班子结构，提高谋划发展、统筹发展、优化发展、推动发展的本领。3.强化与各级党委和组织人事部门的协调联系，加大对下级审计机关领导干部的协管力度。4.大力实施审计专业领军人才培养，加大对业务骨干人才、急需人才、青年审计人才、复合型人才的培养力度，提高法律、工程、环境保护、计算机等相关专业人才比例，优化干部队伍的知识和能力结构。5.全面提升审计管理干部的综合分析、统筹规划和科学管理能力，切实增强服务意识，培养分析研究的高手和精通审计管理的行家里手。6.完善以竞争上岗为主体的干部选拔任用机制，建立推行干部交流轮岗、挂职锻炼制度，健全干部考核机制，创新人才激励机制，完善社会人才资源利用机制。7.健全和完善以需求为导向的干部教育培训机制，整合教育培训资源，深化教育培训内容，创新教育培训方式，更加注重网络和案例学习培训，推行“审计实务导师制”。

组织实施：由厅人事教育处牵头，会办公室、综合法规处、机关党委、监察室等共同组织。2011年12月由牵头处室提出实施方案，经论证、批准后于2012年组织实施。

（三）2013年，重点实施“质量提升工程”

活动主题：强化质量控制，提升服务水平

目标要求：审计战略质量管理模式基本建立，审计风险管理水平明显提升，审计质量控制体制、机制更加健全，审计质量管理制度更加完善，审计工作质量迈上新的台阶，为审计工作转型升级提供坚实有力的质量基础。

主要举措：1.强化审计质量意识、责任意识和风险意识，促使提升审计质量理念化为广大审计人员的自觉行动。2.科学构建审计计划、实施、审理、整改既相分离又相制衡的工作体制和业务管理机制。3.全面实施审计战略质量管理，将审计质量与审计机关的战略目标相结合，着力创建审计质量管理新模式。深入贯彻实施国家审计准则，进一步细化审计质量控制具体措施和标准，健全涵括审计职业道德、人力资源、业务运行、质量监控、质量责任等内容的审计质量控制制度。4.创新审计立项、计划编制方式，优化审计项目结构，完善项目过程监控和执行结果通报、考核制度。5.认真执行审理制度，完善审计业务会议和集体审定制度，严把审计质量关口。6.合理配置审计职权，科学界定各环节质量责任，严肃审计质量事故责任追究。7.健全审计质量监督机制和评价机制，完善审计项目后评估制度。8.积极引入风险管理模式，运用风险导向审计理论指导审计工作实践，提高审计风险管理水平。

组织实施：由厅综合法规处牵头，会办公室、人事教育处、监察室、信息办等共同组织。2012年12月由牵头处室提出实施方案，经论证、批准后于2013年组织实施。

（四）2014年，重点实施“环境优化工程”

活动主题：优化发展环境，展示审计形象

目标要求：审计成效全面扩大，审计形象明显提升，审计公信力和影响力显著增强，社会各界关心支持审计的氛围更加浓厚，审计工作的社会环境和法治环境更加优化，为审计工作转型升级提供坚实有力的重要保障。

主要举措：1.紧紧依靠各级党委、人大和政府的正确领导，保证审计工作又好又快发展。2.加强与新闻媒体的沟通，组织系列专版报道和专题活动，全方位、多角度加大对审计法律法规、审计工作成果及动态、重大审计事项的宣传，推进全社会更加了解和支持审计。3.充分利用现代信息技术，注重网络效应，关注舆情动态，增强应对新兴媒体能力，通过网络论坛、专栏和在线访谈的形式，宣传审计工作，扩大审计影响。4.积极推进审计职权、审计计划、审计依据、审计程序、审计纪律、审计处理“六公开”，增强审计工作透明度。5. 加大审计结果公告力度，规范审计结果公告形式、内容和程序，促进审计监督与社会监督、舆论监督的有机结合，形成监督合力，推进民主法治。6.提升审计成果质量，加强审计整改，推进审计行政问责，促进审计成果综合利用。7.坚持以社会主义核心价值体系为引导，加快建设先进的审计文化，激发全系统文化创新活力，提高审计文化软实力，彰显审计形象，推动和引导审计工作转型升级。8.大力弘扬审计精神，着力推进文明审计，构建新型的审计与被审计单位的和谐关系。9.积极推进地方性审计法规、规章和规范性文件的制定修订工作，扎实做好相关立法协调工作，优化审计法治环境。

组织实施：由厅办公室、综合法规处、科研所联合牵头，会人事教育处、机关党委、信息办等共同组织。2013年12月由牵头处室提出实施方案，经论证、批准后于2014年组织实施。

（五）2015年，重点实施“争先进位工程”

活动主题：全面转型升级，实现争先进位

目标要求：审计工作水平显著提升，服务发展大局能力明显增强，全省审计工作总体进入全国第一方阵，若干重要领域位居全国前列，转型升级取得重大进展，形成具有安徽特色的审计监督模式，较好满足经济社会发展和民主法治进程需求。

主要举措：1.开展思想大讨论，科学确定争先进位目标，完善考核评比机制。2.深化“创先争优”活动成果，以党组织和党员承诺为纽带，以履行职责为平台，发挥党组织在争先进位中的战斗堡垒作用和党员的先锋模范作用。3.积极开展“岗位创优”、优秀审计项目评选、优秀审计主审和能手等评优评先活动，建立健全创新激励机制。4.深入推进效能建设和精神文明创建，提高审计行政效能，努力建成文明和谐的审计机关、全省文明行业。5.加大“五大工程”实施成果宣传，适时组织成果大汇展。6.总结提升“五大工程”实施经验，固化和提升争先进位工作成果，形成具有地方特色的制度规范和理论体系，着力打造安徽审计工作品牌。

组织实施：由厅人事教育处、机关党委联合牵头，会办公室、综合法规处、信息办、科研所等共同组织。2014年12月由牵头处室提出实施方案，经论证、批准后于2015年组织实施。

六、保障措施

（一）深化思想认识。“五年打基础、十年上水平、十五年大发展”是省厅党组综合考虑我省经济社会发展状况和审计工作发展水平，从推动审计事业科学发展的高度作出的重大决策，是以“十一五”为起点指导我省审计工作发展的长期战略目标。实施“五大工程”，既是实施“五年行动计划”的延续和发展，更是新形势下实现审计工作发展战略目标的必然选择。各级审计机关要深刻理解审计工作转型升级的时代要求，充分认识实施“五大工程”的重要性、必要性和科学性，切实增强紧迫感、责任感和使命感，把思想和行动统一到省厅党组的决策部署上来，全面把握“五大工程”的科学体系，明确目标责任，创新思路举措，全力推动审计工作上水平，努力开创审计事业新局面。

（二）加强组织领导。省审计厅成立领导小组，刘战平厅长任组长，戴克柱、刘大群、姜爱民、杨寿桃、何结华、李长柱、吴毅、刘春华、程家楷同志任副组长，成员由办公室、人事教育处、综合法规处、机关党委、纪检监察室、信息办、科研所主要负责同志组成。领导小组办公室设在综合法规处，具体负责“五大工程”的组织、协调、督查等工作。各市、县（市、区）审计局要相应成立实施“五大工程”的领导机构，实行“一把手”负责制，形成分工合理、责任明确、协调配合的工作机制。

（三）精心部署安排。省厅相关

处室要根据本意见，抓紧研究制定具体的实施方案。各市、县（市、区）审计局要根据省厅的统一部署，结合自身实际，科学制定实施意见和具体方案，全面谋划，精心组织，认真推进。各级审计机关要采取丰富多彩的形式、打造灵活多样的平台，加强对实施“五大工程”重要性、必要性，及其贯彻落实情况和工作成果的宣传，激发全体审计人员的积极性、主动性和创造性，促进各项措施落到实处，取得实效。

（四）加大投入保障。实施“五大工程”，是“十二五”时期全省审计机关的大事，关系到审计事业的科学发展。各级审计机关要进一步加大投入，在人、财、物等方面为实施“五大工程”提供全面、充分的保障，推进“五大工程”顺利实施，全力加速审计工作转型升级。

（五）强化督查考核。全省各级审计机关要明确职能部门，加强对“五大工程”实施情况的监督检查和考核验收工作，并以适当方式予以公布。省审计厅每年底将组织对全省审计机关实施“五大工程”情况进行考核评比，积极总结和推广先进经验和典型事例，并对实施“五大工程”过程中涌现的先进集体和先进个人进行表彰奖励，表彰结果通报各市、县（市、区）政府。

（安徽省审计厅文件皖审发〔2011〕32号）

关于建立“五大工程”考核评价机制的指导意见

为进一步巩固提升“十一五”全省审计机关“抓建设、练内功、提效能”五年行动计划成果，把全省审计机关广大干部职工的思想和行动引导到实施信息化推进、人才造就、质量提升、环境优化、争先进位等“五大工程”，促进安徽审计转型升级上来，把“五大工程”建设成为推动安徽审计工作上水平的重点精品工程，现就建立“五大工程”考核评价机制，提出以下指导意见。

一、考核的目的

深入贯彻落实科学发展观，推进“十二五”安徽审计事业科学发展，实施“五大工程”是关键。加强对“五大工程”的综合考核评价，有利于充分发挥“五大工程”考核对促进安徽审计事业科学发展的导向作用、评价作用和激励作用；有利于正确评价全省各级审计机关和审计人员的工作实绩，促使牢固树立科学发展观和正确政绩观，增强贯彻落实科学发展观的自觉性和坚定性；有利于提高审计机关领导干部领导安徽审计事业科学发展的能力和水平，提高审计队伍的整体素质，确保安徽审计工作上水平、大发展。

二、考核的基本原则

（一）服务发展、促进转型。在考核评价中，注重把实施“五大工程”的实际成效作为考核的基本内容和评价的基本依据，既注重考核全面工作，又注重考核重点工作；既注重考核工作数量，又注重考核工作质量；既注重考核已经取得的“显绩”，又注重考核打基础、利长远的“潜绩”，注重分析局部与全局、眼前与长远、主观努力与客观条件等各方面因素。引导全省审计机关围绕“五大工程”目标，改革创新、转型升级、提高水平。

（二）客观公正、注重实绩。科学设置考核内容和指标，省厅机关处室，市、县级审计机关实施“五大工程”各年度考核内容和指标要根据不同层次、区分不同类型的特点分别设置。实行领导与群众相结合，平时与定期相结合，定性与定量相结合，实事求是地考核评价“五大工程”的实施情况。改进考核方式方法，力戒繁琐，讲求实效。

（三）分级负责、职责分明。县级审计机关负责本机关的平时考核、年度考核和综合考核；市级审计机关负责本级的平时考核及本级和辖区内县级审计机关年度考核、综合考核；省厅负责本级实施“五大工程”的平时考核及本级和全省审计机关的年度考核、综合考核。各年度考核办法分别由省厅年度牵头处室会相关处室制定并组织实施。

（四）群众公认、简便易行。贯彻公开、民主的要求，充分保障审计机关广大干部职工对“五大工程”平时考核、年度考核和综合考核工作的知情权、参与权、表达权、监督权，引导各级审计机关和审计干部创造经得起实践、时间和群众检验的审计工作实绩。

（五）突出重点、统筹兼顾。各年度考核要在坚持“五大工程”全面系统考核的基础上，突出当年的主题活动内容，同时兼顾其他年份主题活动的阶段性目标任务要求。

（六）运用结果、激励争先。把“五大工程”考核结果作为领导干部选拔任用、培训学习、激励约束的依据，做到奖惩分明。对自觉坚持科学发展，真抓实干，实绩突出的审计机关、领导干部及职工，要表彰奖励；对不按“五大工程”实施方案要求落实工作的，要批评教育、督促整改。激励各级审计机关广大干部职工解放思想、实事求是、开拓进取、争先进位。

三、考核的主要内容

围绕促进安徽审计科学发展，合理设置审计信息化推进、人才造就、质量提升、环境优化、争先进位“五大工程”考核内容，增强考核内容的科学性、系统性。

（一）2011年——“信息化推进工程”年。考核主要围绕推进“金审工程”建设，实现审计管理系统和审计实施系统的深化应用，建立健全审计管理、审计作业和信息交流三大平台，构建完善基础支撑、安全运行、人才支持、制度保障四大体系建设的情况。全面考核审计信息化人才培养、制度管理、基础设施建设及信息化技术的深化应用和整体推进情况；信息化环境下审计监督能力和审计管理水平提升情况；

为审计工作转型升级、审计质量控制、审计决策支撑提供技术支持的能力、水平和作用等。

（二）2012年——“人才造就工程”年。主要考核领导班子建设情况，审计队伍专业化建设情况，高层次、高技能、复合型审计人才培养造就情况，深化审计干部人事制度改革情况，学习型机关建设情况，审计业务干部占职工总数比例变化情况，为审计工作转型升级提供坚实有力的思想政治保证、人才保证和智力支持。

（三）2013年——“质量提升工程”年。主要考核审计机关工作的总体成效情况，审计质量总体情况，审计战略质量管理模式建立情况，审计风险管理水平提升情况，审计质量控制体制、机制健全情况，审计质量管理制度完善情况，创新审计立项、审计实施、项目审理、审计整改情况，为审计工作转型升级提供坚实有力的质量基础。

（四）2014年——“环境优化工程”年。主要考核审计形象提升情况，审计公信力和影响力增强情况，文明创建情况，审计文化建设情况，审计工作的社会环境和法治环境优化情况，为审计工作转型升级提供优良的环境条件。

（五）2015年——“争先进位工程”年。主要考核审计工作水平提升情况，服务发展大局能力增强情况，转型升级进展情况，满足经济社会发展和民主法治进程需求情况等。

（六）“五大工程”实施情况综合考核。主要考核信息化推进、人才造就、质量提升、环境优化和争先进位“五大工程”总体实施情况和各年度实绩情况，审计机关广大干部职工对“五大工程”实际成效的直接感受和认可情况等。

四、考核的基本方法

坚持以平时考核为基础，以年度考核为重点、以综合考核为根本，合理安排，统筹兼顾，相互补充，相互印证，增强考核方式方法的完整性和科学性。

（一）加强平时考核。围绕“五大工程”各分工程实施方案主要任务的落实情况，通过平时的情况汇报、实地检查、专项调查等多种形式，加强经常性考核。

（二）注重年度考核。围绕考核完成年度工程目标的情况，采取统一组织、民主测评、分层考核、逐级推荐等方式，加强对“五大工程”各分工程的年度考核，推动总结经验、改进工作。年度考核采取计分制，总分100分。其中：民主测评10分，考核90分。其他年份主题活动内容考核采取加分制，最多不超过20分。

（三）强化综合考核。“五大工程”实施收官之年，围绕完成“五大工程”目标的情况，采取自我推荐、民主推荐与运用历年考核结果相结合等办法，加强对各级审计机关实施“五大工程”的全面考核。“五大工程”综合考核采用计分制，总分100分。其中：民主推荐权重占30%（市级审计机关、厅机关处室局、厅领导民主推荐各占三分之一权重），历年考核权重占70%（每年度考核结果各占五分之一权重）。

五、考核的组织

（一）加强组织领导。为做好考核评比工作，省厅成立全省审计机关“五大工程”考核评比工作领导小组，刘战平厅长任组长，戴克柱、刘大群、姜爱民、杨寿桃、何结华、李长柱、吴毅、刘春华、程家楷同志任副组长，成员由人事教育处、办公室、综合法规处、机关党委、纪检监察室、审计信息技术应用处、省审计科研所组成。领导小组办公室设在各年度牵头处室（综合考核由人事教育处牵头），负责日常工作。各市审计机关要相应成立“五大工程”考核评比工作机构。

（二）抓好组织实施。健全考核工作责任制，加强监督检查，切实保证考核工作公平公正。严肃考核工作纪律，对工作不负责任、考核失真的，实行责任追究。

（安徽省审计厅文件皖审人〔2011〕44号）

全省审计机关开展“信息化推进工程”实施方案

根据《关于在全省审计机关深入实施“五大工程”的意见》总体安排，2011年实施“信息化推进工程”。为扎实有效地保障“信息化推进工程”顺利实施，特制定本方案。

一、指导思想

以科学发展观为指导，以“加速转型升级，服务安徽崛起”为主旨，按照“金审工程”和“数字安徽”的总体部署和要求，进一步加强审计信息化基础设施建设，优化网络安全运行环境和机制，提升审计信息化应用水平，积极探索数字化审计技术和方法，创新审计信息化工作理念，推动审计现代化和审计信息化的融合，全面提高信息化环境下的审计监督能力，为安徽审计“十二五”上水平打下坚实基础。

二、总体目标

完成“金审工程”二期建设任务，积极推进“金审工程”三期建设,以现场审计实施系统（AO）和审计管理系统（OA）为抓手，深化审计信息化应用，建立健全审计管理、审计作业和信息交流三大平台，构建完善基础支撑、安全运行、人才支持、制度保障四大体系，使我省审计信息化基础设施、工作机制和管理制度日趋完善，审计信息化应用水平显著提高，信息化人才队伍进一步壮大，信息技术对审计作业、审计管理、审计质量控制、审计决策的支撑作用明显增强，审计信息化工作争取在“十二五”末迈进全国审计系统先进行列。

三、主要任务

(一)围绕AO系统和OA系统深化应用，全面提升审计信息化应用水平

1.全面推进审计业务实施和管理的信息化

（1）加强AO系统和OA系统的规范应用。继续实行审计项目“双审核”制，强化对审计项目实施和管理全过程的数字化控制与管理。2011年，省厅和市级审计机关实施的所有审计计划项目都要用AO开展现场审计，利用OA进行审计管理。严格按照两大系统的使用规范，确保审计作业过程各个环节及相关资料在AO和OA中进行交互，实现审计质量控制全过程的数字化、网络化。县（市、区）审计机关按照上述要求实施的审计计划项目比例应达到50%。（责任单位：省厅综合法规处、信息技术处牵头，各业务处室局、各级审计机关参加）

（2）开展审计项目数字化试点工作。2011年，省厅各业务部门和各市审计局要在所实施的审计项目中至少选择1个项目，按照电子化流程控制的要求，从立项分解、采集转换、分析数据、延伸取证、编制底稿、形成报告和归集成果档案等各个环节规范操作，制作成审计案例，经过评审后，用于培训交流和示范推广。（责任单位：省厅信息技术处牵头，各业务处室局、各级审计机关参加）

2.全面推进审计行政管理的信息化

（1）继续做好OA系统公文流转的规范应用和管理。确保省、市、县（市、区）三级电子公文流转畅通，提高审计行政管理水平。2011年，省厅和市级审计机关要做到业务文书内部流转无纸化、网络化；做好电子公文的清理、归档工作，重复公文（多次起草相同公文）和废弃公文（数月未走完公文流程的）在10月底前清理完毕，入库电子公文于年底前归集到档案系统。要严格按照公文系统流转的有关规定，及时接收、分发、阅处公文，提高公文系统运转的准确性和时效性。（责任单位：省厅办公室牵头，信息技术处配合，各处室局、各级审计机关参加）

（2）充分发挥审计网站的宣传作用。充实和完善审计机关门户网站和专网网站相关栏目及内容，及时更新和发布审计信息，把审计网站作为审计机关发布审计信息和推进政务公开的重要平台之一，宣传审计工作，扩大审计影响。2011年，各级审计机关要加大网站的宣传力度，除涉及商业秘密和工作秘密的信息外，其他重大审计事项、有关工作动态必须及时在网站上发布，动态栏目的更新每月不少于2次。（责任单位：省厅办公室牵头，信息技术处配合，各处室局、各级审计机关参加）

3.继续开展信息系统审计工作。在审计项目实施过程中，要关注被审计单位信息系统的可靠性和安全性，甄别电子数据是否真实、完整、可靠，避免“假账真审”，降低审计风险。2011年，省厅要选择合适的项目开展信息系统审计，凡是采集电子数据的项目，都要对被审对象的信息系统作必要的审查和测试，并制作相关证明材料和底稿。市、县（市、区）审计机关应结合本地工作实际，开展信息系统审计试点工作。（责任单位：省厅综合法规处、信息技术处牵头，各业务处室局、各级审计机关参加）。

4.加强审计信息化理论研究。抓好信息化应用课题研究，努力提高理论研究成果的转化水平。2011年，针对现阶段审计信息化建设和审计实践中出现的问题，省厅将组织召开研讨会，邀请专家学者、IT业内人士、审计业务骨干，开展对审计数据中心建设、网络系统冗灾备份及安全防护、审计专网迁移、信息系统审计和联网审计等问题的研讨。要整合省、市、县三级计算机研讨攻关小组的资源，针对共性问题、技术难题，集中研究，力求突破。市、县（市、区）审计机关应结合本地工作实际，积极参与省厅组织的研讨活动，开展审计信息化研究。（责任单位：省厅信息技术处、科研所牵头，各业务处室局、各级审计机关参加）。

5.抓好信息化应用成果的总结交流。2011年，省厅将继续面向全省审计机关征集计算机审计方法、AO应用实例和实用审计文稿等。在11月底前完成《安徽省审计机关计算机审计案例集》的编撰工作。每位获得中级证书的人员至少提交一篇计算机审计方法或AO应用实例，或者发表一篇有关计算机审计的理论文章，省厅每个业务部门提交的计算机审计方法和AO应用实例不得少于2篇，市级审计机关（含所属县市区）不少于10篇。同时要做好审计成果的推广运用工作，结合年度考核，年底前召开一次现场会或经验交流会。（责任单位：省厅信息技术处、科研所牵头，各业务处室局、各级审计机关参加）

（二）建设三大平台，积极探索数字化审计模式

1.审计管理平台

扩展和完善审计管理系统功能，提高审计管理系统对审计工作的组织、指导、控制和管理能力，为领导决策提供服务，逐步建立集审计业务管理和行政管理为一体的综合性审计管理平台，为实现审计工作数字化打下基础。2011年，省厅和市级审计机关要按照审计署的部署，做好审计管理系统的更新和升级工作，启动“政府性投资建设项目审计管理系统”研发工作。（责任单位：省厅信息技术处、投资处、投资审计中心牵头，各级审计机关参加）

2.审计作业平台

（1）现场审计作业平台。结合审计工作实际和现场应用环境，逐步建立以AO为基础，以SQL_server和其他大型数据库管理软件为拓展，将Access、Excel等基础应用软件与AO软件有机结合的现场审计作业平台。2011年，全省审计机关要按照审计署的部署，完成新版AO软件的升级工作，省厅要做好新版AO软件的培训和技术支持工作。（责任单位：省厅信息技术处牵头，各业务处室局、各级审计机关参加）

（2）联网审计作业平台。加快推进联网审计工作，重点在专项资金审计、部门预算执行审计等项目上加快探索“预算跟踪＋联网核查”的审计方式，提高联网审计的数据分析能力，形成具有安徽特色的联网审计作业平台。2011年，省厅要完成省本级养老保险基金的联网审计，做好联网审计系统建设的经验总结和推广工作，启动地税、财政和其他社保基金联网审计的前期准备工作。市、县（市、区）审计机关应结合本地实际，开展联网审计工作。（责任单位：省厅社保处、财政处牵头，信息技术处配合，各级审计机关参加）

3.审计交流平台

（1）完善和拓展全省视频会商系

统。根据开展远程审计业务会商和培训工作的实际需要，将视频会商系统向县（市、区）审计机关延伸。按照“统一领导、统一规划、统一管理、统一技术标准、统一组织实施”的原则，建成集指挥调度、会议协商和培训交流等功能于一体的视频会商系统。2011年，争取完成视频会商系统向县区的延伸建设，省厅要完成主会场的升级改造，指导市级审计机关开展视频会商系统拓展工作；市级审计机关要完成市级分会场改造，负责对所属县（市、区）视频会商系统建设工作的督促和指导。（责任单位：省厅办公室、信息技术处牵头，机关服务中心配合，各级审计机关参加）

（2）搭建审计即时通讯交流系统。根据审计工作需要，在审计专网上部署即时通讯软件，建立覆盖全省审计人员的即时交流平台，实现文本、数据、语音和视频的即时交流。2011年，省厅要完成厅机关即时通讯软件的安装、调试和试运行工作，市、县（市、区）审计机关应根据本地工作实际进行即时通讯交流系统建设。（责任单位：省厅信息技术处牵头，各处室局、各级审计机关参加）

（3）开通审计业务论坛和审计交流群组。在审计外网上开通审计业务论坛，逐步组建各类别的审计QQ群，用于信息交流、资料共享，做好审计论坛和交流群的宣传管理工作，提高审计人员的参与热情，营造“相互学习、互相帮助、共同提高”的交流氛围。2011年，省厅要完成审计业务论坛的开通和审计信息化应用群、信息化理论研讨群、中级培训交流群等QQ群的创建工作，并在实际应用上取得成效。（责任单位：省厅信息技术处牵头，各处室局、各级审计机关参加）

（三）构建四大体系，促进审计信息化建设健康发展

1.基础支撑体系

（1）完善和扩展网络系统。改造和完善以省厅为中心的网络系统，将审计专网迁移至电子政务外网，更新网络设备，优化网络配置，实现署、省、市、县四级专网互联互通。2011年，省厅要根据全省电子政务外网联通情况，做好与省信息中心等单位的沟通协调，力争完成审计专网网络迁移工作。（责任单位：省厅信息技术处牵头，各级审计机关参加）

（2）加强审计人员计算机技术装备的管理与调配工作。2011年，省厅要根据财政部门和固定资产管理的有关规定，结合审计工作需要，有计划地添置、更新和调配一批计算机设备，保障各项审计业务和机关管理工作的正常运转。市、县（市、区）审计机关应根据本地实际和工作需求开展此项工作，确保到2011年底前所有审计人员人手一台便携式电脑。（责任单位：省厅办公室牵头，信息技术处配合，各处室局、各级审计机关参加）

（3）加强基础数据库的建设和利用

①加强审计财经法规库建设。2011年，省厅要做好审计财经法规库的更新工作，确保新颁布的审计财经法规及时、准确、完整地采集到法规库中。今年新颁布的地方性审计财经法规，省厅要在颁布之日起3个月内完成录入工作，以前年度颁布的地方性审计财经法规年底前完成补录工作。（责任单位：省厅综合法规处牵头，信息技术处配合，各处室局、各级审计机关参加）

②加强被审计单位资料库建设。充实完善被审计单位资料库，为把握发展趋势，实现科学立项决策服务。通过比较历史资料、关联行业相关数据、发现异常现象和审计线索，提高审计效率和效果。2011年，省厅和市级审计机关的业务部门在审计报告印发之日起1个月内，要完成被审计单位资料库的更新工作。县（市、区）审计机关更新被审计单位资料库应达到当年度审计项目的50%以上。（责任单位：省厅各业务处室局牵头，信息技术处配合，各级审计机关参加）

③加强审计专家经验库建设。2011年5月底前，省厅和市级审计机关在OA中要全面安装部署已经下发的所有审计专家经验。根据审计署统一部署，及时完成审计专家经验库的后续更新工作。（责任单位：省厅信息技术处牵头，各市级审计机关参加）

（4）启动审计数据中心建设。审计数据中心主要是满足不断增加的数据存储和处理需要、满足数据的安全控制和管理需要，是账套式审计向数据式审计转变的重要基础工程。2011年，省厅要启动数据中心建设的前期调研、可行性研究和申报立项等工作。（责任单位：省厅信息技术处牵头，厅办公室、各业务处室局、各级审计机关参加）

2.安全运行体系

（1）完善和拓展安全系统。加快信息安全体系建设进度，强化管理和技术两方面的安全防护能力，在现有网络安全系统的基础上，进一步完善反病毒体系，逐步建立包括硬件、软件、管理制度和系统环境为一体的信息安全保障系统。2011年，省厅要对中心机房的安全系统和环境进行升级改造，开展网络系统冗灾备份的前期调研和可行性研究工作，提出建设方案和建议。市级审计机关也要采取有效措施，完善安全系统。（责任单位：省厅办公室、信息技术处牵头，各级审计机关参加）

（2）建立健全运行维护机制。建立包括审计业务部门、信息化管理部门以及外部协作服务机构在内的职责明确、专业分工、高效协调的审计信息化运行维护机制，有效整合利用外部技术力量和内部资源。2011年，省厅要充分发挥“金审工程”服务办的作用，提升审计信息化运营维护能力，采取服务外包形式，将视频会商系统维护、厅机关网络、电话、计算机设备的维修等基础事务性工作外包给专业的IT企业，将有限的审计信息化人力资源从繁杂的日常软硬件维护事务中解脱出来。市、县（市、区）审计机关应根据本地实际和工作需求开展此项工作。（责任单位：省厅办公室、人教处、信息技术处牵头，有关处室、各级审计机关参加）

3.人才支持体系

（1）充实和整合信息化人才队伍。要通过建立吸引优秀人才的机制，将更多的高素质人才充实到审计信息化队伍中，要充分调动广大审计人员参与审计信息化工作的主动性和创造性，整合现有各类审计信息化人才，加大信息化管理部门和审计业务部门人员的交流力度。着手构建包括审计信息化领军人才、骨干人才、应用人才在内的较为完备的审计信息化人才体系。省厅要建立审计信息化人才库，掌握全省信息化人

才的分布情况，分解落实培养各层次人才的目标和任务。（责任单位：省厅人教处牵头，信息技术处配合，相关业务处室局、各级审计机关参加）

（2）加大审计信息化培训力度。要改进培训方法，采取专题研讨、案例教学、以审代训、网络学习等多种方式开展培训工作，要特别注重在审计实践中培训和锻炼人才，逐步形成基础培训、应用培训、计算机审计中级培训和后续提高培训为一体的培训体系。2011年，省厅继续举办1期计算机审计中级培训班、1期信息系统安全培训班和1期中级学员后续提高培训班，结合审计项目开展若干期应用型计算机审计培训，根据审计署安排，继续组织全省AO认证培训考试。市、县（市、区）审计机关要结合本地工作实际开展必要的基础培训、AO认证和专题培训工作。到2011年底，全省通过AO认证培训考试的审计人员比例要达到70%，省厅和市、县（市、区）审计机关中具有计算机审计中级资格的人数占审计业务人员的比例要分别达到40%和20%。（责任单位：省厅人教处、信息技术处牵头，各业务处室局、各级审计机关参加）

4.制度保障体系

（1）完善信息化工作规章制度。按照审计署“金审工程”和“数字安徽”建设的目标、任务和各项建设规范，结合审计工作实际，修订和完善相关规章制度。2011年，省厅要修订《审计项目电子化流程控制办法》，出台《安徽省审计专网管理办法》、《安徽省审计机关视频会商系统使用管理办法》等有关制度，完成安徽省审计信息化建设文件汇编的编印工作。市、县（市、区）审计机关应根据本地工作实际开展此项工作（责任单位：省厅信息技术处牵头，各处室局、各级审计机关参加）

（2）加强审计信息化规划指导。上级审计机关对下级审计机关在信息化建设过程中遇到的共性问题，要集中研究提出指导意见，要关注内部审计机构审计信息化建设，并适时给予必要指导。2011年，省厅要出台“十二五”审计信息化发展规划，市、县（市、区）审计机关应结合本地实际制定“十二五”期间审计信息化建设规划。（责任单位：省厅信息技术处牵头，内审协会、各处室局、各级审计机关参加）

（3）完善审计信息化考核机制。加强审计信息化工作检查，促进审计信息化工作健康、有序发展。2011年，省厅要修订审计信息化工作考核标准，完善和改进考核办法，继续实行审计信息化工作通报制度，对全省审计信息化工作开展情况进行定期或不定期通报。年底前，根据“信息化推进工程”活动情况，对厅机关各处室（局）、各市审计局审计信息化工作进行考核。（责任单位：省厅办公室、信息技术处牵头，综合法规处、人教处配合，各处室局、各级审计机关参加）

四、保障措施

（一）加强组织领导。全省“信息化推进工程”由省厅“五大工程”领导小组统一领导，领导小组办公室会同有关职能部门共同组织实施，信息技术处具体负责，并开展必要的督促检查，确保各项工作落实到位。市、县（市、区）审计机关要相应成立领导机构，形成分工负责、责任明确、协调配合的工作机制。

（二）精心谋划部署。省厅要做好“信息化推进工程”的总体部署，协调沟通工作。市、县（市、区）审计机关要按照本方案的要求，结合当地实际，找准本地信息化发展的薄弱环节，制定“信息化推进工程”具体方案，全面谋划，精心组织，强化跟踪，狠抓落实，整体推进。

（三）加大经费保障。各级审计机关要积极争取党委、政府和有关部门的重视和支持，加大“信息化推进工程”的资金投入，科学合理地编制经费预算，有计划地安排好审计信息化建设经费，规范资金使用、设备采购及招标流程，做到专款专用、厉行节约、有效监督，确保重点建设项目的资金及时到位，保障有力。

（四）注意统筹协调。各级审计机关在扎实开展“信息化推进工程”的同时，要统筹兼顾，科学安排。既要安排好“信息化推进工程”的各项工作任务，区分轻重缓急，有针对性地加以突破，又要把“信息化推进工程”与各项具体工作有机结合起来，与其他四项工程建设结合起来，既相互融合又各有侧重，坚持以“信息化推进工程”带动各项工作开创新局面，为实现“十二五”审计工作上水平的总体目标打牢基础，为加速审计转型升级贡献力量。

（安徽省审计厅文件皖审办〔2011〕20号）

全省审计机关实施“信息化推进工程”考核办法

第一条 为扎实有效地保障全省审计机关“信息化推进工程”顺利实施，全面提高信息化环境下审计管理水平，根据安徽省审计厅《关于印发全省审计机关开展“信息化推进工程”实施方案的通知》（皖审发〔2011〕20号）和《关于建立“五大工程”考核评价机制的指导意见》（皖审人〔2011〕44号），特制定本考核办法。

第二条 考核的范围：省厅对各市审计局，省经济责任审计局和厅机关各处（室）及厅属单位的考核分三组（各市审计局、厅机关业务部门、综合部门）进行。

县（市、区）审计机关的考核，原则上由各市审计局参照本办法相关规定执行。

第三条 考核的内容：围绕推进“金审工程”建设，实现审计管理系统和审计实施系统的深化应用，建立健全审计管理、审计作业和信息交流三大平台，构建完善基础支撑、安全运行、人才支持、制度保障四大体系的情况。全面考核审计信息化人才培养、制度管理、基础设施建设及信息化技术的深化应用和整体推进情况；信息化环境下审计监督能力和审计管理水平提升情况；为审计工作转型升级、审计质量控制、审计决策支撑提供技术支持的能力、水平和作用等。

第四条 全省审计机关“信息化推进工程”考核工作由省厅“五大工程”考核评比工作领导小组(以下简称考核领导小组)统一领导，考核领导小组办公室（设在厅人事教育处）会同有关职能部门共同组织，厅信息技术处（信息办）负责实施，承担“信息化推进工程”的具体考核工作。

各市审计局应成立相应的考核领导机构，组织对所属县（市、区）审计机关实施“信息化推进工程”情况的考核。

第五条 考核工作遵循公开、公平、公正的原则，按照统一组织、民主测评，分层考核，逐级推荐的方式进行。考核程序为先自测（自评）、再集中复核、最后综合考评。考核采取计分制，总分100分。其中：民主测评10分（民主测评办法另行规定），综合考核90分。

第六条 本次考核将评出全省实施“信息化推进工程”先进集体50个，其中：省厅4个，市级审计机关8个，县（市、区）审计机关38个；全省实施“信息化推进工程”先进个人50名，其中：省厅4名，市、县（市、区）审计机关46名。

第七条 各市审计局，省经济责任审计局和厅机关各处（室）及厅属单位根据本办法和考核细则（见附件）进行自评，同时推荐1名全省“信息化推进工程”先进个人候选人。

各市审计局对辖区内的各县（市、区）审计机关实施“信息化推进工程”情况进行考核，考核办法与评选结果报厅信息技术处。根据考核结果，各市审计局在所辖县（市、区）审计局中推荐2-4个全省“信息化推进工程”先进集体和1-4名全省“信息化推进工程”先进个人候选名单（具体分配名额见附件）。

考核自评材料、先进集体评选材料和先进个人推荐表于2011年12月31日前将报送厅信息技术处。

省厅考核领导小组办公室于2012年1月12日前，会同有关职能部门对报送的材料进行整理并重点抽查核实，结合考评和民主测评情况，报考核领导小组审核后，提交厅长办公会审定，最终确定考评结果。对获得先进集体、先进个人的单位（部门）和人员省厅将给予通报表彰和奖励。

第八条 各市审计局、省经济责任审计局和厅机关各处（室）及厅属单位须向考核领导小组办公室报送以下由主要负责人在首页签名的材料，并保证资料的真实和完整：

（一）“信息化推进工程”工作总结；

（二）“信息化推进工程”考核评分自测表及相关材料；

（三）先进个人推荐材料；

（四）县（市、区）先进集体推荐材料（由各市审计局负责推荐并报送）。

报送的考核材料原则上使用原件；网上证明材料，必须在线打印，由于特殊原因不能使用原件的，需说明原因，可以使用复印件。弄虚作假的，一经查实，将取消参评资格，并进行通报批评。逾期不报的，视为自动放弃。

第九条 先进集体应符合以下条件：

（一）全面完成全省审计机关“信息化推进工程”实施方案规定内容；

（二）积极参加省厅组织开展的“信息化推进工程”各项活动并有效组织本地区（部门）开展审计信息化推进工程建设的；

（三）在“信息化推进工程”实施中，积极探索创新，并取得实效，成绩显著。

有下列情况之一的，不得被评为“信息化推进工程”先进集体：

（一）审计工作受到本级党委政府或上级审计机关通报批评的；

（二）因违反廉政规定和审计工作纪律，造成不良影响的；

（三）因规章制度不健全、管理不善等原因，造成信息安全重大陷患和泄密、系统运行瘫痪等重大事故的；

（四）根据其他规定应被取消评优评先资格的。

第十条 先进个人应符合下列条件之一：

（一）在“信息化推进工程”实施中，积极探索创新，做出较大贡献和突出成绩的；

（二）在“信息化推进工程”实施中，积极总结经验、推广和应用信息化工作取得一定成绩的；

（三）在“信息化推进工程”实施中，积极钻研思考，主动建言献策，被单位采纳实施并受到上级审计机关认可的。

如有违反廉政规定、保密规定和审计工作纪律，或根据其他规定应被取消评优评先资格的，不得被评为“信息化推进工程”活动先进个人。

第十一条 本办法由省厅考核领导小组办公室负责解释。

附件：1.全省审计机关实施“信息化推进工程”考核评分细则（略）

2.“信息化推进工程”先进集体呈报审批表（略）

3.“信息化推进工程”先进个人呈报审批表（略）

4.各市审计局推荐先进集体和先进个人名额分配表（略）

（安徽省审计厅文件皖审办〔2011〕90号）

关于全省审计机关“信息化推进工程”考核情况的通报

为深化拓展审计信息化应用，加快推进审计工作转型升级，根据全省审计机关建设“五大工程”的战略目标，2011年重点实施了“信息化推进工程”。为检验“信息化推进工程”年所取得的实效，今年年初，由厅办公室（信息技术处）牵头，厅人事教育处、综合法规处、机关党委和纪检监察室共同参与，对全省审计机关2011年“信息化推进工程”实施情况进行了综合考核，现将有关考核情况通报如下：

一、考核依据和考核内容

本次考核工作主要依据《关于建立“五大工程”考核评价机制的指导意见》（皖审人〔2011〕44号）和《关于印发全省审计机关实施信息化推进工程考核办法的通知》（皖审办〔2011〕90号）规定，以2011年“信息化推进工程”的各项重点工作为主要内容，对各市审计局,厅机关各处室（局）、厅属部分单位分类进行了考核。各市审计局考核内容主要为“信息化推进工程”组织实施情况、三大平台建设、四大体系构建、推进与深化信息化应用等，对厅机关各部门的考核内容为“信息化推进工程”主要任务、综合管理与基础应用、应用成果的总结交流等。

本次考核总分为100分，其中，综合考核90分，由厅领导、各市审计局和厅机关各处室对考核对象进行的民主测评为10分，两者相加为最终得分。

二、考核的组织实施情况和考核测评结果

此次考核评比工作由省厅“五大工程”考核领导小组办公室（设在厅人事教育处）会同有关职能部门共同组织，厅信息技术处（信息办）负责实施，承担具体考核工作。考核分为自评上报、初审复核和初评汇总三个阶段进行。

1. 各地各部门自评、民主测评和材料上报阶段。2011年11月11日，省厅《关于印发全省审计机关实施信息化推进工程考核办法的通知》（皖审办〔2011〕90号）印发各地、各部门，要求各市局、厅机关各部门按照《全省审计机关实施“信息化推进工程”考核评分细则》所列项目和考核内容，对照自身工作开展情况和取得的成果，逐项进行自评，并按要求将考核所需的相关文件（资料）和先进个人推荐材料，于2011年12月31日前报送厅考核领导小组办公室。从报送资料的情况看，各市审计局基本上在规定的期限内按照要求报送；厅机关各部门的自评材料收集工作拖延时间较长，截至2012年1月7日才基本完成，且大部分未按规定的要求提供完整的文字材料和相关资料，给复核工作造成一定的困难，影响了整个考核工作的进度。

2. 厅考核领导小组办公室复核初评阶段。2012年1月4日起，厅考核领导小组办公室会同有关部门对各市审计局、厅机关各部门上报的考核材料逐一进行了分类、整理，并严格按照考核的有关规定和标准，认真核实所提供的相关文件、材料。根据工作分工，将各项考核指标分解到部门和人员，进行资料搜集、整理和汇总，并使用投影仪将各单位自检表和相关考核资料投放到大屏幕上，供考核小组全体同志集中审核，逐条复查，评议打分。对各市审计局、各部门上报的先进集体和先进个人的材料，考核小组也进行了复核。

3. 厅考核领导小组办公室初评结果。经过认真、细致的考核评审，2011年全省“信息化推进工程”考核测评工作于2012年1月17日结束。考核结果以汇总分数(综合测评分数加民主测评分数)高低进行排名（具体排序详见附表1）。获得市级审计机关前八名的单位是：合肥、宿州、安庆、蚌埠、黄山、铜陵、淮南、芜湖市审计局；省厅业务部门前三名的是：行政事业审计处、社会保障审计处和劳动保障审计室；综合部门排名第一的是：综合法规处。另外，根据皖审办〔2011〕90号文件规定，考核评审小组还对各市推荐的38个县级“信息化推进工程”先进集体和47位先进个人候选名单，以及省厅各部门推荐的16位先进个人候选名单进行了认真审核，共初选出51人（其中：厅机关4人）作为全省审计信息化推进工程先进个人候选名单，一并上报厅考核领导小组和厅长办公会进行审定。

经2012年2月6日厅长办公会审议通过，决定对上述考核排名前8位的市审计局；38个县级审计机关；厅机关3个业务部门和1个综合部门，以及51位先进个人，作为本次全省审计机关“信息化推进工程”考核的先进单位（集体）和先进个人予以通报表彰（具体名单附后）。

三、考核情况简析

从此次考核情况看，全省信息化推进工程进展顺利，审计信息化工作成效显著，呈现出以下几个特点：

第一，“信息化推进工程”各项任务基本完成，考核成绩提升较快。从2011年全面实施审计“信息化推进工程”以来，我省审计信息化建设取得了显著成绩。从考核成绩看，2010年，各市审计局、厅机关业务部门、综合部门的考核平均得分分别为80.76、63.38和73.60分，2011年考核的平均得分则一举跃升为90.76、72.56和80.85分，增幅表明：全省各级审计机关在三大平台建设、四大体系构建以及两大系统应用方面取得明显进步；在计算机审计方法、AO应用实例和数字化案例征集的数量和整体质量上有较大提升；在审计信息化科研和文章发表方面也获得较大进展，2010年仅有少数市局有审计信息化方面的理论文章发表，2011年全省各级审计机关发表在省级以上刊物的审计信息化或“信息化推进工程”方面的文章就达到百余篇，成效显著。

第二，审计信息化工作不平衡现象依然存在，两极分化趋势明显。从此次考核情况看，省厅机关的信息化整体应用水平和平均得分依然低于市级审计机关。而这种情况与去年相比，也发生了一些新的变化，主要是：各市局之间信息化发展水平的差距在逐步缩小，而在省厅各业务部门之间这种差距却有扩大的趋势。从市级审计机关的考核情况来看，2010年考核成绩达到90分的仅3个市局，80至90分的7个，70至80分的4个，70分以为下的2个，最高分和最低分相差达33.89分。而2011年考核中，考核成绩达到90分的就有8个市局，其余皆在80分以上，且最高分和最低分的差距缩小为16.9分。从省厅业务部门考核的情况来看，2010年考核成绩差别不大，除第一名刚达70分外，12个业务部门的考核分值都在60到70分之间，4个业务部门考核低于60分，最高分和最低分相差仅为17.82分。而2011年考核中，各业务部门之间的差距明显扩大，考核成绩达到80分的有4个，70至80分8个，60至70分的4个，两个部门低于

60分，最高分和最低分的差距扩大到31.21分（详细情况见附表2）。

第三，与去年考核成绩相比，今年信息化考核成绩排名情况变化较大。从市局情况看，2010年受到表彰的先进单位中有4个仍保持了先进，他们是合肥、宿州、蚌埠和铜陵市审计局。而2010年考核位居倒数第五位的安庆市和倒数第三位的淮南，由于工作扎实，措施有力，审计信息化工作取得显著成效，本次考核跃升为第三位和第七位。黄山市（2010年考核第十位）也加大信息化工作力度，取得了显著成效，本次排名大幅提升，跃居第五位。从省厅机关业务部门考核情况看，排名也所有变化。除行政事业处、社保处仍保持前三名外，劳保室由2010年的第十三位跃升至第三位，首次参加考核的投资中心，因为各项工作从年中才开始，本次考核排在业务部门第十五位。从综合部门考核情况看，综合法规处在信息化推进工程建设方面取得了显著成绩，得分较高，排在综合部门第一位，首次参加考核的科研所和内审协会因指标设置及工作职能等因素得分较低，分别排在第五和第七位。

第四，民主测评较具科学性，与综合测评情况基本吻合。今年信息化推进工程考核，首次采取综合考核与民主测评相结合的方式进行。从民主测评的情况看，民主测评前八位的市局，除亳州市局排在第十名，其它七个市局均进入综合考核前八名。黄山市局综合测评排第三位，因民主测评得分相对较低，被安庆和蚌埠市局反超，最终排名第五，但从总体上看，民主测评成绩与综合测评情况基本吻合。

第五，考核办法和细则仍有进一步完善的空间。一是省厅综合处室考核依然是本次信息化考核工作的难点。一方面各综合处室职能和工作职责差异较大，考核指标和分值设定是否科学仍值得商榷和改进；另一方面，一些综合部门的工作与业务处室相比，对计算机技术和管理系统的依赖程度相对较低，考核时反而不容易失分，从而导致综合部门整体上的考核得分要略高于业务部门。二是少数考核细则规定不够明确和具体，容易导致理解不一致现象，有待改进。

通过本次考核促进了我省审计信息化工作的快速推进和长足发展，提高了广大审计人员信息技术的应用水平，提升了审计机关适应新形势发展和信息化环境下的应变能力。但考核中也发现了一些问题，特别是部分审计机关和部门的领导以及少数审计人员对审计信息化工作的认识仍有待提高，地区之间、部门之间信息化发展不够平衡的状况有待进一步改进，审计信息化建设任重而道远。

附件:安徽省审计系统“信息化推进工程”考核情况表（略）

关于表彰全省审计机关“信息化推进工程”先进单位（集体）和先进个人的决定

各市、县（市、区）审计局，省经济责任审计局、厅机关各处室、厅属各单位：

为深化拓展审计信息化应用，加快推进审计工作转型升级，根据全省审计机关建设“五大工程”的战略目标，2011年我省重点实施了“信息化推进工程”。在各级政府的高度重视和支持下，在各级审计机关和广大审计人员的共同努力下，全省审计信息化建设取得了显著成绩。为总结经验，发扬成绩，表彰先进，树立典型，进一步提升我省审计信息化工作的整体水平。省厅决定：对在全省审计机关2011年“信息化推进工程”中取得突出成绩的单位和个人进行通报表彰。

授予合肥市审计局等8个市级审计机关、肥西县审计局等38个县级审计机关“全省审计信息化推进工程先进单位”荣誉称号；授予省厅行政事业审计处等4个部门“全省审计信息化推进工程先进集体”荣誉称号。授予陈胜等51名同志“全省审计信息化推进工程先进个人”荣誉称号（具体获奖的单位和个人名单附后）。

希望受到表彰的单位和个人要珍惜荣誉，戒骄戒躁，积极进取，与时俱进，再创佳绩。全省各级审计机关要认真学习先进单位的成功经验，继续加大审计信息化推进工程建设力度，进一步创新审计方法和技术手段，加速实现审计管理和审计业务的数字化，促进我省审计质量、效率和管理水平再上新台阶。

附件：

一、全省审计信息化推进工程先进单位（集体）

（一）市级审计机关（8个）

合肥市审计局、宿州市审计局、安庆市审计局、蚌埠市审计局、黄山市审计局、铜陵市审计局、淮南市审计局、芜湖市审计局

（二）县级审计机关（38个）

合肥市庐阳区审计局、蜀山区审计局、肥西县审计局

淮北市杜集区审计局、濉溪县审计局

蒙城县审计局、利辛县审计局

宿州市埇桥区审计局、灵璧县审计局

蚌埠市龙子湖区审计局、固镇县审计局

阜阳市颍泉区审计局、颍东区审计局、界首市审计局

淮南市八公山区审计局、凤台县审计局

明光市审计局、天长市审计局、全椒县审计局

霍邱县审计局、寿县审计局、舒城县审计局

马鞍山市雨山区审计局、和县审计局

芜湖市镜湖区审计局、繁昌县审计局、无为县审计局

绩溪县审计局、朗溪县审计局

铜陵市郊区审计局、铜陵县审计局

池州市贵池区审计局、石台县审计局

枞阳县审计局、望江县审计局、桐城市审计局

黄山市徽州区审计局、祁门县审计局

（三）先进集体（4个）

行政事业审计处、社会保障审计处、劳动保障审计室、综合法规处

二、全省审计信息化推进工程先进个人

（一）市级审计机关（16名）

陈　胜　合肥市审计局

张晓军　淮北市审计局

闵　兰　亳州市审计局

郑　卫　宿州市审计局

黄型君　蚌埠市审计局

陈　勇　阜阳市审计局

杨　文　淮南市审计局

葛　薇　滁州市审计局

甘厂生　六安市审计局

周凌燕　马鞍山市审计局

王　正　芜湖市审计局

周　敏　宣城市审计局

李　诚　铜陵市审计局

石小娟　池州市审计局

江东东　安庆市审计局

曹　武　黄山市审计局

（二）县级审计机关（31名）

林　娟　庐阳区审计局

张　梅　瑶海区审计局

宋谊红　巢湖市审计局

刘　方　濉溪县审计局

牛婷婷　谯城区审计局

李　勇　砀山县审计局

刘　乐　固镇县审计局

郭　靓　龙子湖区审计局

李　俊　阜南县审计局

李培林　临泉县审计局

王　燕　八公山区审计局

倪红艳　大通区审计局

陶　洁　天长市审计局

徐　涛　明光市审计局

张浩宇　金寨县审计局

汪　柳　舒城县审计局

崔忠美　含山县审计局

王良成　和县审计局

邓立明　鸠江区审计局

方心富　南陵县审计局

陈少芬　朗溪县审计局

曹福安　宁国市审计局

朱小芳　狮子山区审计局

郑顺伍　石台县审计局

丁　旭　岳西县审计局

刘远超　太湖县审计局

李和清　潜山县审计局

王易苗　怀宁县审计局

李小舞　宿松县审计局

叶庆利　歙县审计局

陈罕晨　黄山区审计局

（三）省厅机关（4名）

胡宿宁　财政审计处

夏永辉　金融审计处

康丽慧　经济审计室

金礼明　办公室（信息技术处）

（安徽省审计厅文件皖审发〔2012〕10号）

计算机审计方法与AO应用实例

安易账务（集成）系统（V3.15）采集方法

省审计厅社会保障审计处　毕　伟

为完成社保基金2010年度预算执行审计任务，审计组对人社厅信息系统进行了审计调查，情况如下：

一、被审计单位信息化情况

1．养老、医保、生育（省本级没有工伤、就业）三险基金的业务数据在其信息中心的数据库Oracle存储，使用本行业的金保工程系统统一管理。

2．养老保险基金的财务数据及系统，是依托金保工程系统统一开发的，其数据也在信息中心的数据库Oracle存储，医疗保险基金、生育保险基金的财务数据及系统是独立的单机版系统，即：安易账务（集成）系统（V3.15）。

3．由于今年同时开展联网审计，我处决定分步实施，养老保险基金的财务数据和业务数据的采集还原，均在联网审计中进行；医疗保险基金、生育保险基金单独采集转换，分发给审计组成员单机独立使用。

二、安易账务（集成）系统（V3.15）采集方法

由于AO系统没有模板，必须采集后台数据库源数据，该系统由于开发较早，源数据并不是数据库的概念，仅仅是以单个表的形式存储。所以，必须要对采集来的数据进行处理，即：先建一个Access数据库，外部获取所需的科目余额表、会计科目表、凭证表后缀名为dbf文件。

AO中转换步骤如下：

采集转换→财务数据→财务软件数据库数据→采集数据

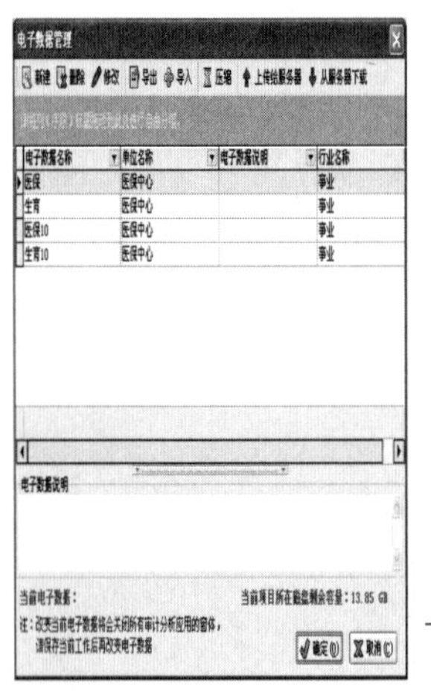

→新建→

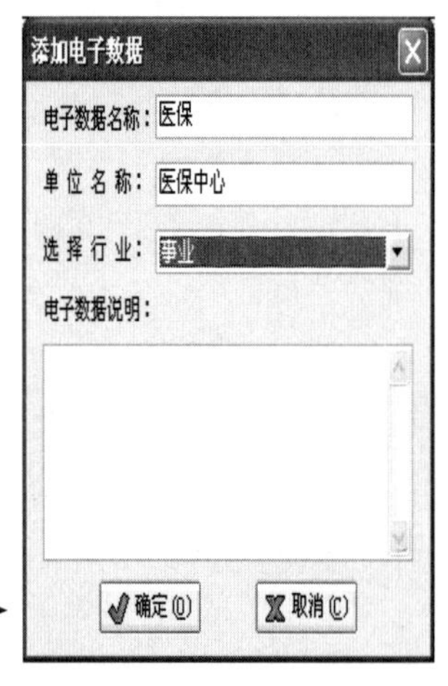

确定→

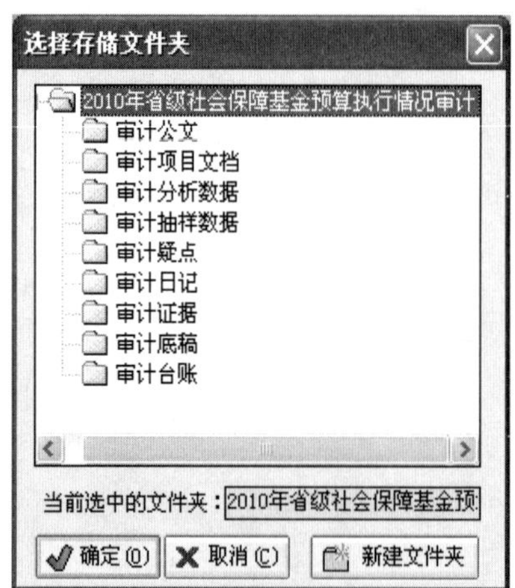

放在根目录下（或任意文件夹中），确定→

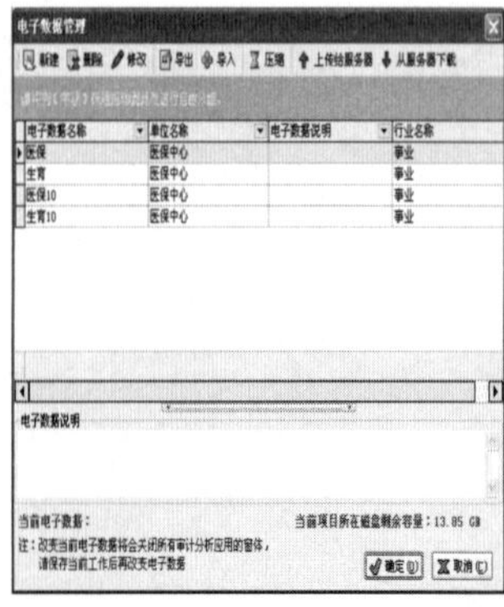

双击新建电子数据 →

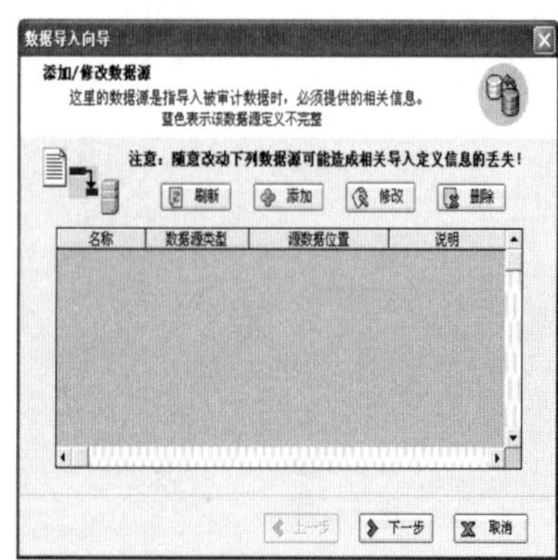

添加

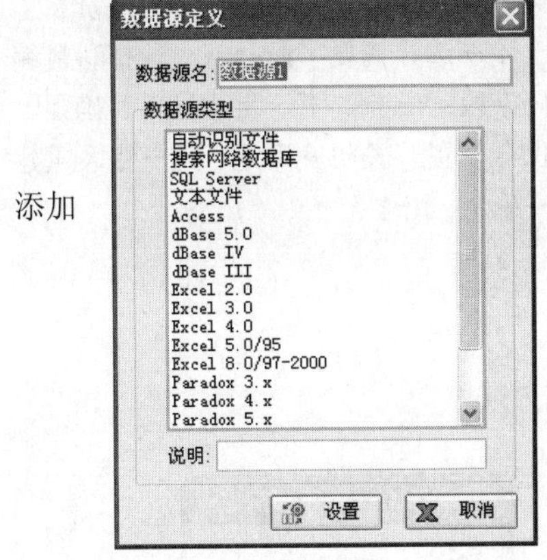

选中Access点击设置，选中转换后的Access文件后缀名mdb，点击添加、测试连接、确定、确定、刷新、下一步、选择三张表、一直点击下一步

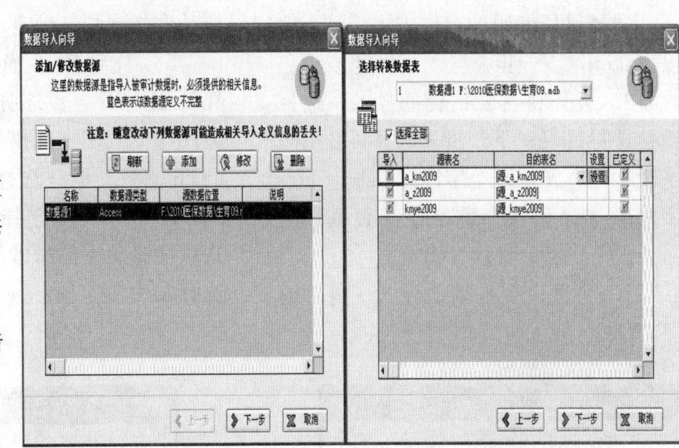

完成、确定，选择导入方式：源数据凭证表为一个表、确定

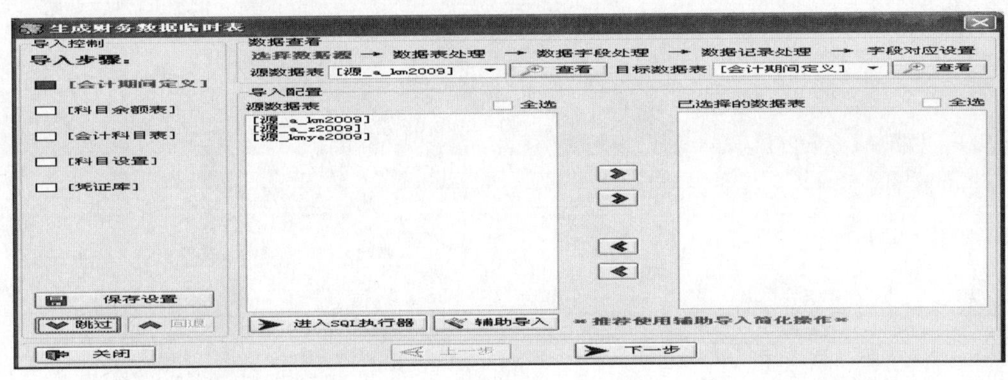

1. 会计期间定义：辅助导入→2009→确定→保存、关闭。

2. 科目余额表：辅助导入→选择源科目余额表、下一步→选择科目余额的存储方式：分别存储余额和余额借贷方向，下一步

期初余额字段kmncye、余额借贷方向字段：kmyefx、借方：借、贷方：贷。下一步

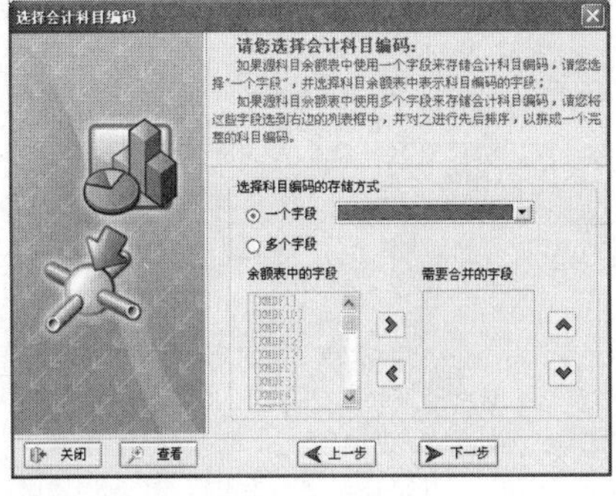

选择科目编码的存储方式，一个字段：kmdm，下一步，导入，确定。

3．会计科目表：辅助导入→选择源会计科目表、下一步→选择科目编码字段存储方式，一个字段：kmdm，下一步，→选择科目名称字段（必填）：kmmc、下一步、导入、确定。

4．科目设置：辅助导入→科目编码长度：规则→确定、保存、关闭。

5．凭证库：辅助导入→选择源凭证表、下一步选择凭证日期字段：pzrq、下一步→选择凭证流水号字段：pzrq、下一步→选择源凭证号字段：pzh、下一步→选择发生额的存储方式：存储发生额和借贷方向、下一步→选择发生额字段：rmb、选择发生额方向字段：jd、借方：借、贷方：贷。下一步→选择摘要字段：zy、选择科目编码字段：kmdm、下一步、导入、确定、保存设置、关闭→确定、是→账表重建→确定。

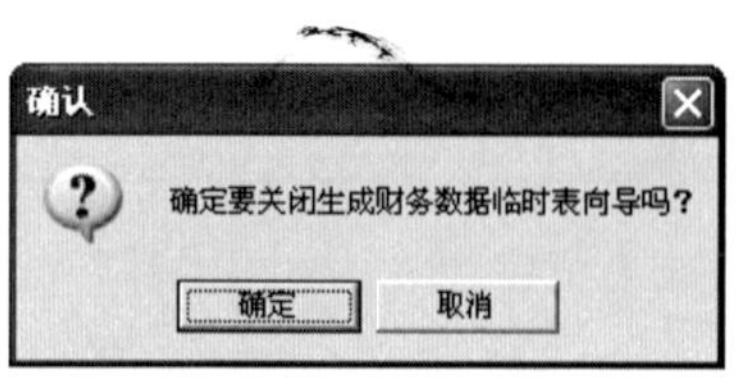

确定

是→账表重建
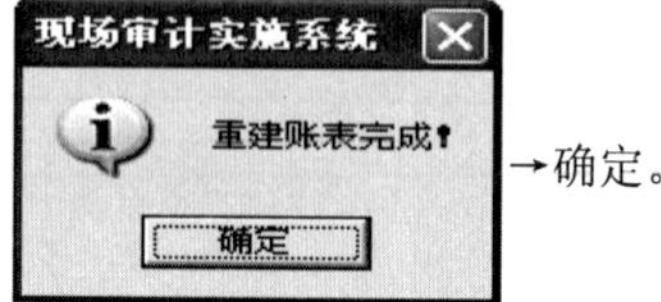

→确定。

某省辖市国有土地出让金征缴管理情况审计AO应用实例

省经济责任审计局　王彭生　王宏生　王　鑫

通过对某市2007至2009年的土地出让金征缴管理情况运用AO系统进行辅助审计，发现存在以下问题：一是开发区4宗工业用地为“零地价”出让；二是出让金征收不力，应收未收2.69亿元；三是开发区土地出让收入0.9亿元未及时缴入国库。

所需资料

利用此经验进行审计，需要从被审计单位取得如下资料：

1. 2007-2009年某市开发区工业项目签约情况表（略）

2. 2007-2009年某市开发区出让土地情况表（略）

3. 2007-2009年某市应收土地出让金情况表（略）

4. 2007-2009年某市实收土地出让金情况表（略）

5. 某市开发区土地出让金缴入银行情况表（略）

审计步骤

一、“零地价”出让土地

步骤一：通过数据文件拷贝的方式直接获取“2007-2009年某市开发区工业项目签约情况表”及“2007-2009年某市开发区出让土地情况表”。

步骤二：利用自行开发的工具软件对上述每个表根据审计需要进行格式上的修改。删除重复记录，减少待研究表的数量，减少错误记录对数据库结构研究的干扰，对比并调整两张表的内容，以便建立关联。

步骤三：打开ACCESS应用程序，将上述两张EXCEL表转换成方便于SQL查询的ACCESS表，分别命名为“签约表”以及“出让表”。

步骤四：打开AO系统中事先建好的项目，将上述两张ACCESS表导入AO中。具体采集过程主要如下：采集转换→业务数据→采集数据→电子数据管理（选择新建），命名为“零地价”→数据导入向导（选择添加ACCESS）→数据链接属性（找到准备导入的两张表，进行测试连接）→选择转换数据表→完成数据转换，进入生成业务数据临时表→进入临时表的辅助导入功能，按照系统提示的步骤逐步完成数据的最终导入工作。

步骤五：在AO系统中SQL查询器的“源数据表”中查看该数据，分别被系统命名为：[签约表]和[源_出让表]。逐次打开上述数据表与原表核对，进一步验证导入数据的真实性和完整性，同时熟悉了解表的内容和结构。

步骤六：通过对表和字段的研究，审计人员对两张表进行了对比分析测试。根据初步判断，有部分已签约拿地企业未缴纳土地出让金，即要在“2007-2009年某市开发区工业项目签约情况表”（“签约表”）中查询出在“2007-2009年某市开发区出让土地情况表”（“出让表”）中不存在的记录。主要由以下语句进行：

```
select 企业名称from [签约表]
where 企业名称 not in (select [企业名称] from [源_出让表])
```

将查询生成的自由表保存为自定义表，命名为“零地价企业”。

供参考的类SQL描述有：

```
select 企业名称from [签约表] where 企业名称 not in (select [企业名称] from [源_出让表])
```

二、土地出让金征收不力

步骤一：通过数据文件拷贝的方式直接获取“2007-2009年某市应收土地出让金情况表”和“2007-2009年某市实收土地出让金情况表”。并对其根据审计需要进行格式上的修改，减少错误记录对数据库结构研究的干扰。

步骤二：将上述EXCEL表转换成ACCESS表，分别命名为“应收表”和“实收表”，导入AO中，将新建的数据命名为“应收未收”（具体采集过程与事项1相同）。在SQL查询器的“源数据表”中可查看该数据，分别被系统命名为：[应收表]和[源_实收表]。逐次打开上述数据表，了解表的内容和结构。

步骤三：根据相同的企业名称及土地出让面积建立起两张表之间的关联，将“应缴土地出让金”与“实收土地出让金”作对比，利用SQL语句查询出应收数与实收数不一致的企业。主要由以下语句进行：

```
select * from [应收表],[源_实收表]
where [应收表].应缴土地出让金<>[源_实收表].实收土地出让金
and [应收表].企业名称=[源_实收表].企业名称
and [应收表].出让面积=[源_实收表].出让面积
```

供参考的类SQL描述有：

```
select * from [应收表],[源_实收表] where [应收表].应缴土地出让金<>[源_实收表].实收土地出让金 and [应收表].企业名称=[源_实收表].企业名称 and [应收表].出让面积=[源_实收表].出让面积
```

三、土地出让金收入未及时缴入国库

步骤一：通过数据文件拷贝的方式直接获取“开发区土地出让金缴入银行情况表”，并根据审计需要对表的格式进行了适当修改。

步骤二：将该EXCEL表转换成ACCESS表，命名为“缴入银行表”，导入AO中，将新建的业务数据命名为“未缴入国库”（具体采集过程与事项1相同）。在SQL查询器的“源数据表”中可查看该数据，被系统命名为：[源_缴入银行表]。打开该数据表，了解表的内容和结构。

步骤三：根据审计需要，我们要用SQL语句搜索出缴入银行不是人行的企业，主要由以下语句进行：

Select * From [源_缴入银行表]
WHERE 缴入银行 <> '人行'

步骤四：执行语句，自由表显示出缴入银行不是人行的企业。

供参考的类SQL描述有：

Select * From [源_缴入银行表]
WHERE 缴入银行 <> '人行'

使用法规

法规名称：国土资源部《关于发布实施〈全国工业用地出让最低价标准〉的通知》

发文文号：（国土资发[2006]307号）

发文单位：国土资源部

适用范围：全国

生效日期：2007-01-01

失效日期：0

法规条目：2007年1月1日起，工业用地出让价格均不得低于国家公布的最低价标准。

高速公路联网收费审计方法

省审计厅审计信息技术应用处　金礼明

一、方法代码

FAAA/0002

二、方法名称

高速公路联网收费审计方法

三、目标功能

审计目标：检查高速公路联网收费公司收取的通行费是否真实、完整、合法;对偷逃高速公路通行费的监管机制是否健全;在高速公路为多家经营主体共建时,所采取的费用拆分方案是否合理,为全面审计和评价高速公路行业收费提供依据。

审计功能：一是对免收高速公路通行费情况进行摸底，通过车牌号码的甄别，统计分析免费车辆的各种情况，从中发现存在违规免费问题；二是通过高速公路出入口数据的对比，从中发现偷逃高速公路通行费的问题线索;三是通过对高速公路行驶车辆车牌实时识别率的统计，分析联网收费公司采取多路径概率识别法来拆分多家经营主体高速公路通行费的可行性和合理性。

四、审计事项

专业审计：五、企业审计

业务分类：一、专项审计调查

审计事项：收费政策执行情况

五、所需数据

所需数据资料见下表。

序号	数据资料名称	结构化	非结构化	半结构化
1	车型编码表	√		
2	车道入口流水表	√		
3	车道出口流水表	√		
4	免收通行费流水记录表	√		
5	高速公路通行充值卡信息表	√	√	√
6	有关技术文档及文件资料等		√	√

（1）车型编码表：车型编码,车型名称。

（2）车道入口流水表：网络编码,公路编码,收费站编码，车道编码 ,进站时间，车颜色,识别车牌,车辆类型等。

（3）车道出口流水表：进站网络编码,进站公路编码,进站收费站编码,进站车道编码,进站时间,出站时间,出站网络编码,出站公路编码,出站收费站编码,出站车道编码,车颜色,识别车牌,车辆类型,车重,行驶里程,卡号,卡内余额,通行费等。

（4）免收通行费流水记录表：时间,进口识别车牌,进口车辆类型,出口车辆类型，出口识别车牌,车重,行驶里程,免去通行费金额等。

（5）高速公路通行充值卡信息表：账号，账户名称，卡号，车牌，车辆颜色，车辆类型等。

（6）有关技术文档及文件资料等：高速公路联网收费技术规范，收费公路管理条例，免费车辆的有关规定,通行费拆分方案思路及技术指标等。

六、分析步骤

1. 高速公司联网收费审计方法ER模型构建

（1）ER模型图

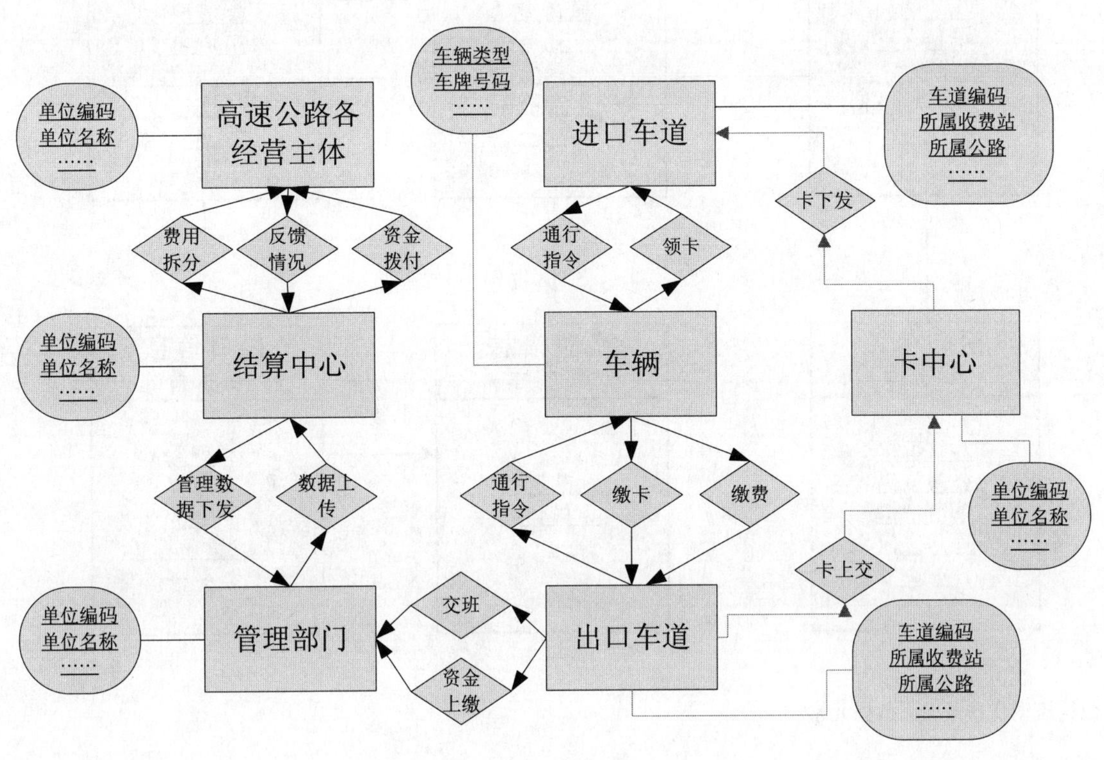

（2）ER模型实体和关系

实体1：进口车道。

实体2：车辆。

实体3：出口车道。

实体4：卡中心。

实体5：管理部门。

实体6：结算中心。

实体7：经营主体。

关系1：车辆驶入进口车道时，车道收费员向车辆发卡，并发出通行指令。

关系2：车辆驶出出口车道时，车辆向车道缴卡并交纳通行费。

关系3：车道向车辆发出通行指令。

关系4：出口车道将收到的卡集中后，上交卡中心。

关系5：卡中心向进口车道下发通行卡。

关系6：出口车道向管理部门交班并上交收取的通行费。

关系7：管理部门将有关数据上传结算中心。

关系8：结算中心反馈管理数据给管理部门。

关系9：结算中心将通行费进行拆分，将通行费拨付给各高速公路经营主体。

关系10：高速公路经营主体将有关联网收费情况反馈给结算中心。

2. 高速公司联网收费审计方法数据模型构建

（1）数据模型图

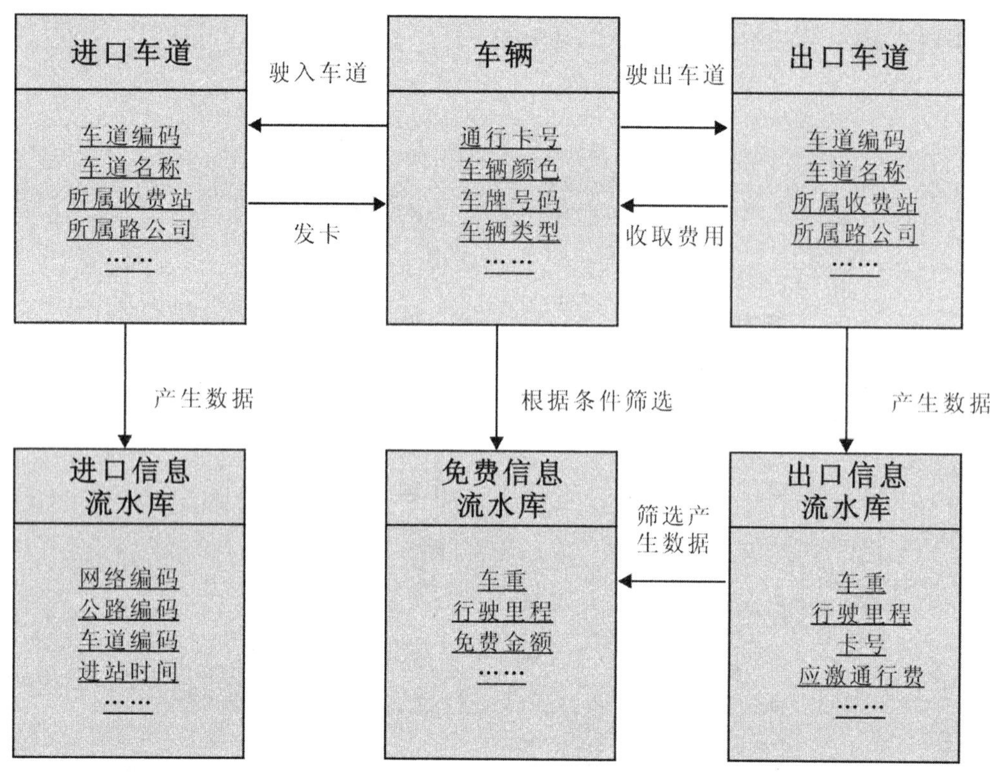

（2）数据模型实体及关系数据元素

实体	关系数据元素
车辆	卡号，车牌，车辆颜色，车辆类型等。
出口车道	车道编码，车道名称，车道收费员，车道值班班长，所属收费站，所属公路编码等。
进口车道	车道编码，车道名称，车道收费员，车道值班班长，所属收费站，所属公路编码等。
进口信息流水库	网络编码，公路编码，收费站编码， 车道编码 ，进站时间， 车颜色，识别车牌，车辆类型等
出口信息流水库	进站网络编码，进站公路编码，进站收费站编码，进站车道编码，进站时间，出站时间，出站网络编码，出站公路编码，出站收费站编码，出站车道编码，车颜色，识别车牌，车辆类型，车重，行驶里程，卡号，卡内余额，通行费等。
免费信息流水库	时间，进口识别车牌，进口车辆类型，出口车辆类型，出口识别车牌，车重，行驶里程，免去通行费金额等。

3．高速公司联网收费审计方法分析及步骤

（1）免收高速公路通行费

问题提出：据调查，在高速公路通行的免费车辆占总通行车辆的13%左右，部分路段甚至高达20%，这极大的加重了高速公路运营主体的负担，影响高速公路的正常运行。这些车辆中部分符合国务院《公路收费管理条例》的免费车范围，还有很大一部分车辆是地方政府和少数部门的特权车、人情车，不在减免范围。

审计思路：通过对免收通行费流水记录表中车辆车牌号进行分类和甄别（以出口识别车牌为准），结合国务院《公路收费管理条例》有关规定，来统计特权车、人情车免收通信费情况。

具体步骤：

①分析车牌号为空或是明显不符合车牌号规则的车辆。（通行车辆有牌照，而入口与出口车牌识别系统均未能识别车牌），统计其通行次数以及免费金额。

②通过分析车辆牌照中含有警、军、WJ字样或车的底色为白色，来统计警车、军车或白底牌照车辆通行次数以及免费金额。

③通过分析车辆牌照颜色为蓝色或其他情况，分析存在特权车、人情车的可能性，并统计这些车辆的通行次数以及免费金额。

④对以上疑似特权车、人情车数据再进行统计，将那些每年免费次数大于50次的车辆车牌号，行驶次数及免费情况找到，重点关注这些疑点数据。

（2）偷逃高速公路通行费

问题提出：河南农民偷逃高速公路费案件震惊全国，某种程度说明了高速公路收费监管还存在诸多漏洞，从审计的角度，如何快速锁定偷逃行为，防止高速公路通行费流失，帮助被审对象提高运行管理水平和能力，必将是高速公路审计重点之一。

审计思路：高速公路偷逃通行费最主要有两车互换IC卡，买短跑长；相互倒卡，多卡循环，缩短距离；或是与收费员勾结更改车辆类型达到偷逃目的，这些手段在数据上主要表现为车辆行驶距离短、行驶时间长以及出入口车型不一致等。通过数据对这些条件进行限定，即可快速锁定偷逃高速公路通行费疑点。

具体步骤：

①从车道入口流水表中得到驶入高速时间，从车道出口流水表中得到驶出高速时间，两者相减为车辆行驶时间，用出口流水表中的行驶里程与行驶时间相除，便可得到车辆行驶速度，对于屡次出现速度低于某个参数的行驶车辆进行重点稽查。

②将车道入口流水表和车道出口流水表进行关联，对于同一辆车，找到出口和入口的车牌不一致的记录作为疑点，对这些屡次出现这种情况的车辆重点稽查。

③将车道入口流水表和车道出口流水表进行关联，对于同一辆车，找到出口和入口的车型不一致的记录作为疑点，对这些屡次出现这种情况的车辆重点稽查。

（3）费用拆分的合理性

问题提出：目前，全国很多地方的高速公路皆有几家经营主体建设和运营。随着高速公路建设里程的增加，高速公路环网将会越来越多，而当环网中涉及多家经营主体时，如何拆分高速公路通行费是一个典型的问题。此次审计对象采取的拆分方案是基于车牌识别的概率统计拆分方案，此方案的一个决定性指标就是车道车牌识别系统识别率，如果识别率低于95%，则此方案对高速公路通行费的拆分将变得很不准确。如果通过系统算出车辆识别系统识别率远低于95%，则说明费用拆分方案不合理。

审计思路：汽车进出车道各统计一次车牌识别，车牌识别成功与否按如下方法确认：对每一辆进出车道的车辆，当入口识别的车牌和出口识别的车牌相同且车牌长度（包括颜色）在8位到10位之间，则认为识别成功2次；当入口和出口识别车牌不相同时，如果其中任何一个车牌长度（包括颜色）在8位到10位之间，则认为识别成功1次，否则认为识别错误，按此方案算出的识别率略高于实际识别率。

具体步骤：

①通过车辆通行次数，可以算出车牌识别系统识别的总次数。

②通过对车牌长度规则的制定，可以算出车牌识别系统识别成功的总次数。

③通过识别次数和识别成功次数后，即可得到车牌识别系统识别率，将识别率和规定要求的技术参与相比对，即可得到拆分方案的合理性。

（4）收集相关文档资料，进行调查取证，核实可疑问题，得出审计结论。

七、流程图

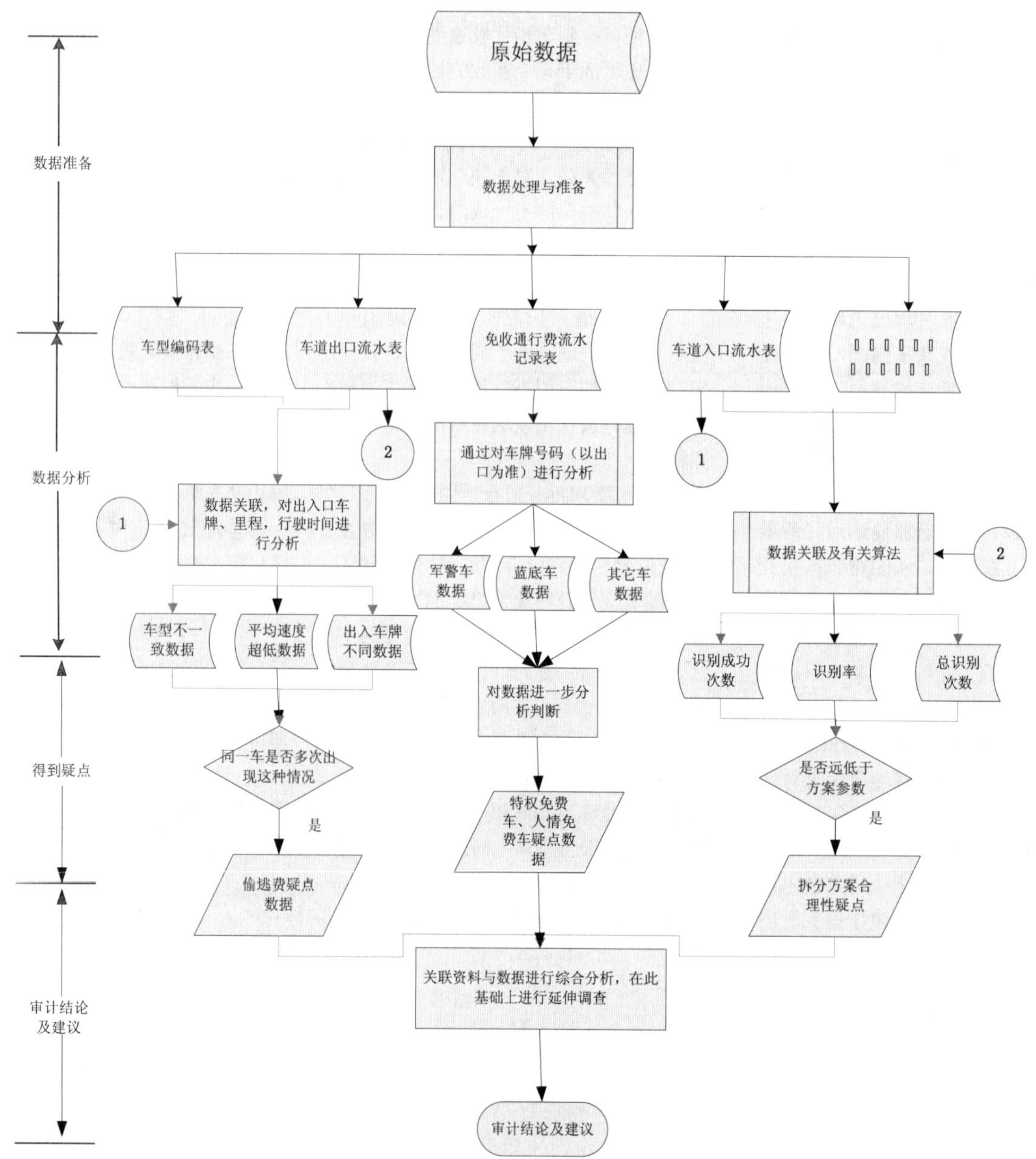

八、方法语言

（1）免收高速公路通行费：通过对免收通行费流水记录表中车辆车牌号进行分类和甄别（以出口识别车牌为准），结合国务院《公路收费管理条例》有关规定，来统计特权车、人情车免收通信费情况。具体ASL语句如下：

var sql,a,b;

begin

//生成无牌车或未能识别车牌车通行车次和免费总额数据

sql:='select COUNT(*) as 通行车次, sum(免去通行费金额) as 免费总额,"未能识别车牌" as 车牌特征 from 免收通行费流水记录表 where 出口识别车牌="" or 出口识别车牌="wp"';

CreateTempTable('未能识别车牌数据',sql);

//生成警车、军车或白底牌照车通行车次和免费总额数据

sql:='select COUNT(*) as 通行车次,sum(免去通行费金额) as 免费总额,"军警白底车" as 车牌特征 from 免收通行费流水记录表 where 出口识别车牌!="" and 出口识别车牌!="wp" and (出口识别车牌 like "%白%" or 出口识别车牌 like "%警%" or 出口识别车牌 like "%WJ%")';

CreateTempTable('军警车牌数据',sql);

///生成蓝底牌照车(可能是特权车、人情车)通行车次和免费总额数据

sql:='select COUNT(*) as 通行车次,sum(免去通行费金额) as 免费总额 ,"蓝底牌照车（特权车、人情车疑点）" as 车牌特征 from 免收通行费流水记录表 where 出口识别车牌!=""

and 出口识别车牌!="wp" and 出口识别车牌 not like "%白%" and 出口识别车牌 not like "%警%" and 出口识别车牌 not like "%WJ%" and 出口识别车牌 like "%蓝%"';

CreateTempTable('蓝底车牌数据',sql);

///生成其它(可能是特权车、人情车)通行车次和免费总额数据

sql:='select COUNT(*) as 通行车次,sum(免去通行费金额) as 免费总额 ,"其它车辆(特权车、人情车疑点)" as 车牌特征 from 免收通行费流水记录表 where 出口识别车牌!="" and 出口识别车牌!="wp" and 出口识别车牌 not like "%白%" and 出口识别车牌 not like "%警%" and 出口识别车牌 not like "%WJ%" and 出口识别车牌 not like "%蓝%"';

CreateTempTable('其它车数据',sql);

showmsg('各类车型免费数据生成成功,对数据进行合并,并以图表形式显示');

//数据合并,并以图表形式显示结果,总体把握

sql:='select * from 未能识别车牌数据 union select * from 军警车牌数据 union select * from 蓝底车牌数据 union select * from 其它车数据';

CreateTempTable('分类数据',sql);

OPutChart('select * from 分类数据','车牌特征','免费总额,clred');

//插入特权车人情车疑点数据

sql:='select 出口识别车牌 as车牌,count(*) as 高速上行驶次数,sum(免去通行费金额) as 免费总额 from 免收通行费流水记录表 where len(出口识别车牌) >6 and 出口识别车牌 not like"%白%" and 出口识别车牌 not like "%警%" and 出口识别车牌 not like "%WJ%" and 出口识别车牌 not like "%黄%" group by 出口识别车牌 having count(*)>50';

a:=createq(sql,-1);

while qeof(a)<>1 do

begin

AddTransRslt(a,'特权车人情车疑点');

b:=qmov(a,1);

end;

TransBatch(a,'插入特权车人情车疑点数据');

showmsg('插入特权车人情车疑点数据成功,执行完此步后,稍等后继续,请勿关闭程序');

end.

(2)偷逃高速公路通行费:通过对车辆行驶距离短、行驶时间长以及出入口车型不一致,识别车牌不一致等条件进行限定,快速锁定偷逃高速公路通行费疑点。具体ASL语句如下:

var sql ,a, b;

begin

//统计出高速上平均行驶速度小于50的车辆数据明细,生成临时表,插入疑点明细库。

sql:='select a.识别车牌,b.进站时间,a.出站时间,a.行驶里程,(a.行驶里程*60)/(1000.0*datediff(minute,b.进站时间,a.出站时间)) as 速度 from 车道出口流水表 a,车道入口流水表 b where a.进站网络编码=b.网络编码 and a.进站公路编码=b.公路编码 and a.进站收费站编码=b.收费站编码 and a.进站车道编码=b.车道编码 and a.进站时间=b.进站时间 and datediff(minute,b.进站时间,a.出站时间)>0 and (a.行驶里程*60)/(1000.0*datediff(minute,b.进站时间,a.出站时间)) < 50.0';

CreateTempTable('速度小于50的明细数据',sql); a:=createq(sql,-1);

while qeof(a)<>1 do

begin

AddTransRslt(a,'低速行驶明细数据');

b:=qmov(a,1);

end;

TransBatch(a,'偷逃高速公路通行费疑点明细——低速运行数据');

//在以上数据的基础上,统计屡次出现低速运行的车辆,插入疑点汇总库,重点监控。

sql:='select 识别车牌,count(*) as 平均速度低于50的次数 from 速度小于50的明细数据 where len(识别车牌)>6 group by 识别车牌 having count(*)>10';

a:=createq(sql,-1);

while qeof(a)<>1 do

begin

AddTransRslt(a,'屡次在高速上低速行驶的车辆(低于50公里/小时)');

b:=qmov(a,1);

end;

TransBatch(a,'偷逃高速公路通行费疑点汇总——低速运行数据');

//统计同一辆车进出口车牌不一致数据明细,生成临时表,插入疑点明细库。

sql:='select b.识别车牌 as 进口识别车牌,a.识别车牌 as 出口识别车牌,b.进站时间,a.出站时间 from 车道出口流水表 a,车道入口流水表 b where a.进站网络编码=b.网络编码 and a.进站公路编码=b.公路编码 and a.进站收费站编码=b.收费站编码 and a.进站车道编码=b.车道编码 and a.进站时间=b.进站时间 and a.识别车牌!=b.识别车牌 and len(a.识别车牌)>6 and len(b.识别车牌)>6';

CreateTempTable('进出口车牌不一致明细数据',sql);

a:=createq(sql,-1);

while qeof(a)<>1 do

begin

AddTransRslt(a,'屡次进出口车牌不一致');

b:=qmov(a,1);

end;

TransBatch(a,'偷逃高速公路通行费疑点明细——进出口车牌不一致数据');

//在以上数据的基础上,统计屡次出现进出口车牌不一致的车辆,插入疑点汇总库,重点监控。

sql:='select 出口识别车牌,count(*) as 与进口车牌不一致次数 from 进出

口车牌不一致明细数据 where len(出口识别车牌)>6 group by 出口识别车牌 having count(*)>5';

```
a:=createq(sql,-1);
while qeof(a)<>1 do
begin
AddTransRslt(a,'进出口车牌不一致明细数据');
b:=qmov(a,1);
end;
TransBatch(a,'偷逃高速公路通行费疑点汇总——进出口车牌不一致数据');
```

//统计同一辆车进出口车型不一致数据明细，生成临时表，插入疑点明细库。

sql:='select a.识别车牌, c1.车型名称 as 进口车辆类型,c2.车型名称 as 出口车辆类型,b.进站时间,a.出站时间 from 车道出口流水表 a,车道入口流水表 b,车型编码表 c1,车型编码表 c2 where a.进站网络编码=b.网络编码 and a.进站公路编码=b.公路编码 and a.进站收费站编码=b.收费站编码 and a.进站车道编码=b.车道编码 and a.进站时间=b.进站时间 and a.车辆类型<b.车辆类型 and b.车辆类型=c1.车型编码 and a.车辆类型=c2.车型编码';

```
CreateTempTable('进出口车型不一致明细数据',sql);
a:=createq(sql,-1);
while qeof(a)<>1 do
begin
AddTransRslt(a,'进出口车型不一致明细');
b:=qmov(a,1);
end;
TransBatch(a,'偷逃高速公路通行费疑点明细——进出口车型不一致数据');
```

//在以上数据的基础上，统计屡次出现进出口车型不一致的车辆，插入疑点汇总库，重点监控。

sql:='select 识别车牌,count(*) as 进出口车型不一致次数 from 进出口车型不一致明细数据 where len(识别车牌)>6 group by 识别车牌 having count(*)>5';

```
a:=createq(sql,-1);
while qeof(a)<>1 do
begin
AddTransRslt(a,'屡次进出口车型不一致');
b:=qmov(a,1);
end;
TransBatch(a,'偷逃高速公路通行费疑点汇总——进出口车型不一致数据');
showmsg('偷逃高速公路通行费各类别疑点汇总，以及可以深入调查的明细数据皆已成功插入疑点');
end.
```

（3）费用拆分的合理性：通过数据分析算出车辆识别系统识别率，将识别率和规定要求的技术参与相比对，判断拆分方案的合理性。

```
var sql,a,b;
begin
```

//得到各站点总识别次数，这里数据只选择一个站点。

sql:='select COUNT(*)*2 as 识别总次数,1 as 辅助码 from 免收通行费流水记录表';

CreateTempTable('识别总次数',sql);

//得到各站点进出口识别都成功的次数，这里数据只选择一个站点。

sql:='select COUNT(*)*2 as 进出口识别皆成功次数,1 as 辅助码 from 免收通行费流水记录表 where (LEN(LTRIM(rtrim(出口识别车牌))) between 8 and 10) and (LEN(LTRIM(rtrim(进口识别车牌))) between 8 and 10) and 进口识别车牌=出口识别车牌';

CreateTempTable('进出口识别皆成功',sql);

//得到各站点进出口只有一次成功的次数，这里数据只选择一个站点。

sql:='select COUNT(*) as 进出口识别只成功一次的次数,1 as 辅助码 from 免收通行费流水记录表 where ((LEN(LTRIM(rtrim(出口识别车牌))) between 8 and 10) and (LEN(LTRIM(rtrim(进口识别车牌))) between 8 and 10) and 进口识别车牌!=出口识别车牌) or (((LEN(LTRIM(rtrim(出口识别车牌))) between 8 and 10) and (LEN(LTRIM(rtrim(进口识别车牌))) not between 8 and 10)) or ((LEN(LTRIM(rtrim(出口识别车牌))) not between 8 and 10) and (LEN(LTRIM(rtrim(进口识别车牌))) between 8 and 10)))';

CreateTempTable('进出口识别成功一次',sql);

//得到识别率，有关技术参数要求比较，得出结论。

sql:='select a.识别总次数,b.进出口识别皆成功次数+进出口识别只成功一次的次数 as 成功识别次数,(b.进出口识别皆成功次数+进出口识别只成功一次的次数)/(a.识别总次数*1.0) as 识别率 from 识别总次数 a, 进出口识别皆成功 b,进出口识别成功一次 c where a.辅助码 =b.辅助码 and b.辅助码 =c.辅助码';

```
a:=createq(sql,-1);
while qeof(a)<>1 do
begin
AddTransRslt(a,'识别成功率');
b:=qmov(a,1);
end;
TransBatch(a,'识别成功率达到不有关技术要求，请验证');
showmsg('车道识别系统识别成功率有关数据疑点插入成功');
end.
```

（4）收集相关文档资料，进行调查取证，核实可疑问题，得出审计结论及建议。

九、适用法规

（一）法规名称：《中国人民共和国公路法》

发文文号：中华人民共和国主席令[2004]第19号

法规条目：第六十四条 收费公路设置车辆通行费的收费站，应当报经省、自治区、直辖市人民政府审查批准。跨省、自治区、直辖市的收费公路设置车辆通行费的收费站，由有关省、自治区、直辖市人民政府协商确定；协商不成的，由国务院交通主管部门决定。同一收费公路由不同的交通主管部门组织建设或者由不同的公路经营企业经营的，应当按照“统一收费、按比例分成”的原则，统筹规划，合理设置收费站。

生效日期：2004-08-28

失效日期：无

适用范围：交通行业

（二）法规名称：《收费公路管理条例》

发文文号：中华人民共和国国务院令417号

法规条目：第一章第七条 收费公路的经营管理者，经依法批准有权向通行收费公路的车辆收取车辆通行费。军队车辆、武警部队车辆，公安机关在辖区内收费公路上处理交通事故、执行正常巡逻任务和处置突发事件的统一标志的制式警车，以及经国务院交通主管部门或者省、自治区、直辖市人民政府批准执行抢险救灾任务的车辆，免交车辆通行费。进行跨区作业的联合收割机、运输联合收割机(包括插秧机)的车辆，免交车辆通行费。

生效日期：2004年11月1日

失效日期：无

适用范围：交通行业

十、延伸建议

对疑点问题进一步收集资料，进行详细比对，对于发现的问题线索，与被审计单位及主管部门进行座谈了解，分析形成问题的主要原因及造成的影响。在集中治理特权车、人情车通行费的违规减免，调整地方政府收费公路车辆通行费的减免范围以及打击高速公路车辆偷逃通行费等方面，从审计的角度提出措施与办法。

十一、作者单位

安徽省审计厅

十二、时间

2011年10月8日

十三、标志

A参数类。

(此方法以AO2011为平台，运行数据为原始数据的1%)

AO在医院绩效情况和信息系统审计调查中的应用

砀山县审计局 王美玲

一、实例概述

（一）审计项目名称:某医院2010年度绩效情况审计调查

（二）所属行业：企业

（三）项目实施时间：2011年8月5日至2011年10月10日

（四）项目背景介绍

根据近几年国家医疗改革政策的相继出台，特别是安徽省作为医疗制度改革的前沿阵地，各项政策的执行程度如何，是否确实解决了老百姓“看病贵、看病难”的问题，一直是各级政府关注的焦点和工作重心。某公立医院改革即将开始，建立怎样的财政补偿制度？以保证公立医院改革的顺利进行。2011年某县审计局围绕中心、服务大局，充分发挥国家审计的免疫系统功能，对全县医疗卫生系统2010年度绩效情况和信息系统开展审计调查，一则检查基层医疗卫生机构改革的成果，二则检查县级公立医院“以药养医”的程度，以便为进一步改革提供参考依据。本次审计调查的重点是某医院2010年度绩效情况及信息系统运行情况。

某医院是一所集医疗、保健、康复、咨询为一体的国家二级甲等综合性医院，是临床疑难常见病、多发病以及急危重症病人的救治中心，是农村三级医疗网络的龙头。某医院业务收支总量几个亿，从2005年开始使用财务会计软件和业务软件，2007年为了适应新农合信息系统业务，在原来的基础上与新农合管理系统进行了对接。此次审计调查是在充分调查了解的基础上，采集转换了某医院2008、2009、2010年的财务数据和2010年的业务数据，利用AO2011现场审计实施系统强大的查询分析功能，将三年的财务数据通过AO的科目对比分析功能、（报表审查）指标分析功能和科目明细账审查功能进行查询分析；将药品、卫生材料、收费、价格等业务数据利用AO的数据分析（SQL查询器）进行查询分析，查询疑点、锁定问题；将财务数据与业务数据对比，查找影响绩效情况的因素；从规避财务风险促进发展的角度，利用AO对应收款项进行分析；从促进信息系统的安全性、有效性、可靠性方面，对比有关制度规定，评价信息系统运行情况。通过审计调查，揭露出超标准收取患者医药费两千多万元的问题，提出了加强管理、规范经营及完善制度的建议。收到较好的社会效果。

（五）项目审查数据量

根据调查了解发现，某医院信息系统（HIS）由安徽新软公司开发研制，采用了微软的WINDOWS系列操作系统，后台数据库为Oracle数据库。我们通过ODBC采集了某医院2010年度业务数据共计14.6G，涉及381张数据表。通过SQL语句进行整理，整理后数据大小为13.6G。

我们采集了某医院财务备份数据(用友U8）205MB，根据审计需要，通过AO的采集转换功能，生成了2008、2009、2010年三年的财务电子账套。

（六）项目最终结果

此次审计调查，我们严格按照审计署八号令要求操作，运用《现场审计实施系统》（AO）进行审计，并将有关审计资料上传到《审计管理系统》（OA）中，充分利用了AO与OA两大系统的交互实行审计项目质量全过程电子化管理。同时利用AO强大的数据分析功能对医院业务数据、财务数据进行了查询分析，从“高药价、高材料费、高服务费”三个方面全面剖析了“看病贵、贵在哪里”的问题；将财务数据与业务数据对比分析，揭示某医院卫生材料管理方面的漏洞；通过“应收医疗款、应收在院病人医药费”两个指标通过年度趋势分析，提出加强应收款项管理的建议。将通过AO查询分析得出的药品超标准加价问题、医疗服务收费超标准问题、卫生材料超标准加价问题、重复收取手术病人费用问题及资产管理存在漏洞问题与相关法规进行对比，与医院会计人员、物资管理人员及单位负责人进行了核对，最终调查出药品超标准加价16822742.93元，多收取病人服务费2187279元，卫生材料超标准加价864244.60元，多收取住院病人吸氧费485622元，未报批收费项目收取61169元，合计违规收费20421057.53元。另外我们针对某医院收费信息系统，通过编制SQL语句对住院费用清单、门诊费用清单查询，查询出收费价格缺乏必要的约束控制，在价格为0的情况仍然计算收费金额5695753.93元。我们依法出具了审计调查报告，并作了审计处理，提出审计建议。通过审计向上级机关提交审计信息10篇，被国家审计网采用6篇、安徽省审计信息网采用8篇，市审计局采用8篇。问题的揭示引起了某医院领导的高度关注，提出的3条审计建议被全部采纳，且对本次审计调查的AO技术手段心服口服，誉称AO为审计部门的“高级CT机”。审计报告也引起了县委县政府的重视，为某医院实行医疗制度改革提供了很好的参考依据。

（七）案例特点

特点一：充分运用AO2011软件新功能。在查找线索时多次使用AO的报表审查—指标分析、科目明细账审查的图形分析向导、多套数据审查—科目发生比对分析等功能，多角度剖析财务数据、业务数据，发挥了AO的“审计电子眼”作用。

特点二：运用数据量大，审计效果好。本次审计对大量财务及业务数据，涉及记录上千万条，运用财务数据3.81MB、业务数据13.6G，从调查了解、审计实施、审计报告全部在AO平台上运行，各类业务数据与财务数据对比分析、问题疑点的发现、问题金额的锁定全部运用数据操作，全面实现了审计的信息化、数字化，效率高、效果好。

特点三：全过程使用AO功能，并与OA交互应用，审计组成员之间，审计实施部门与审计实施管理及时交流、沟通，达到信息共享、智慧互启、成果丰硕的效果。

特点四：关注焦点，审计视角选择好。本次审计调查选择在公立医院改革“试水”前，“看病贵”是老百姓、各级政府关注的问题，为各级政府进行公立医院改革提供了及时的参考依据。

二、项目具体实施过程

（一）AO应用介绍

1、调查了解阶段

根据审计署八号令要求和审计局年度审计项目计划安排，我们组成审计调查组，下达了审计通知书。审计组编制了全面详细的某医院调查了解方案，设计了内控制度调查表格及信息系统调查表格，对某医院单位基本情况、内部控制及执行情况、信息系统控制情况进行了全面调查了解，并做了详细记录。采集和转换了某医院财务数据和业务数据，对相关指标和科目进行分析和对比，确定了重要审计事项，制定了审计实施方案。

具体操作概述：审计组长在OA（审计管理系统）中建立项目，审计组成员通过OA下载将项目基本信息、项目人员信息导入到AO（现场审计实施系统）中建立AO审计项目；审计组长根据审计实施方案要求，在AO中编制审计事项，并导出供审计组成员导入AO。

由于AO中具有用友U8采集模板，我们把采集的被审计单位2008、2009、2010年财务备份数据直接导入AO；将采集的被审计单位的业务数据和安徽省2003年医疗服务价格表，在SQL初步整理，生成以下表格：门诊明细库2010、2010年住院病人费用清单（zybrfyqd2010）、某医院2010年卫生材料累计入库表、安徽省2003年医疗服务价格表，通过AO采集转换—业务数据导入AO备用；通过AO审计分析—账表分析，将2010年医保门诊药房、药库的药品采购与差价四个表格导出后清洗整理，分别生成：医保门诊药房药品差价表、医保门诊药房药品明细表、某医院2010年药库购药加价情况表、某医院2010年药库药品购入情况表，作为业务数据，通过AO采集转换—业务数据导入AO。将上述数据表全部导入后，作进一步审计分析。

操作具体步骤：

（1）审计组长指定参审人员。

（2）下载项目信息。在AO的“项目管理”中，以“自动建立项目”方式下载某医院2010年度绩效审计调查基本信息。

（3）引入审计调查了解的资料。

（4）审计事项编制。

（5）利用AO的财务数据→财务软件备份数据→采集数据，将所需要的财务数据导入，进入“采集财务软件备份盘数据”，审计人员选择转换模板、选数据源及被审单位财务数据的会计年度后，系统自动导入被审单位数据，在“备份集列表”中选择数据年度，进入“会计软件预处理”，利用“新建电子账簿—新建会计数据”功能，输入会计数据名称、单位名称，选择行业名称，新建会计数据信息，分别生成某医院2010年度财务数据、某医院2009年度财务数据、某医院2008年度财务数据。

（6）利用AO的业务数据→采集数据，将所需要的业务数据导入，进入“业务数据库数据采集”，审计人员选择数据源，测试成功后，进行采集，系统自动导入被审单位数据，选择业务数据表目录—业务数据，将业务数据导入AO。

2、采集和转换电子数据

（1）财务数据整理导入AO

医院财务上使用用友ERP—U8（普教版），从2002年开始使用，操作系统为win2000,网络版，后台数据库类型为ms sql server,数据备份在硬盘。首先，我们要求某医院做好系统备份，审计人员直接拿到备份好的财务数据。然后，将采集的备份数据通过AO的采集转换—财务数据—财务软件备份数据，选择转换模板[35]用友8.xSqlServer备份，如下图：

然后弹出一个对话框，点击否，如下图：

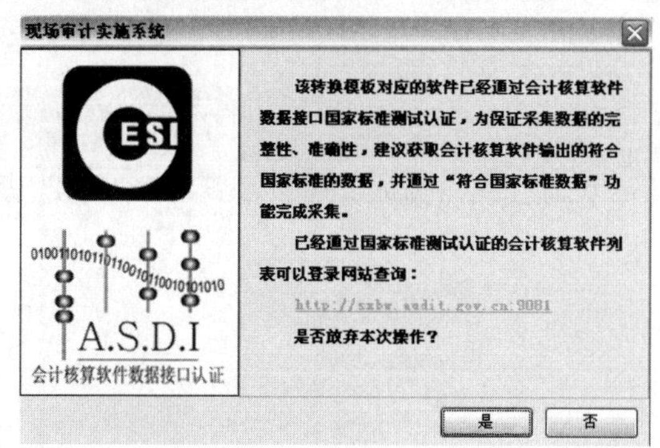

选择会计年度“2009”后， 点击“开始”，如下图：

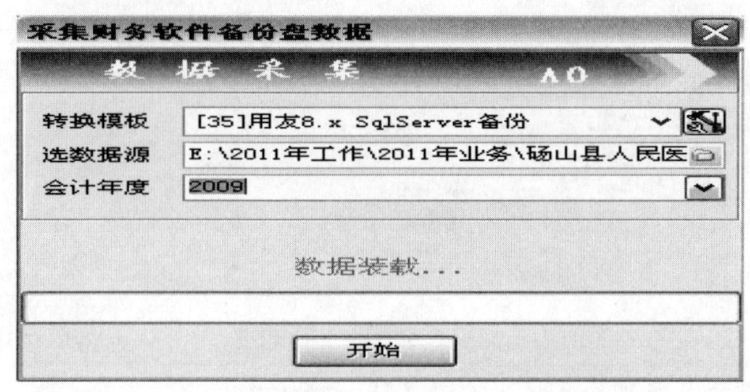

弹出备份集列表，选择UFDATA_002_2009 Back后，点击“确定”，如下图：

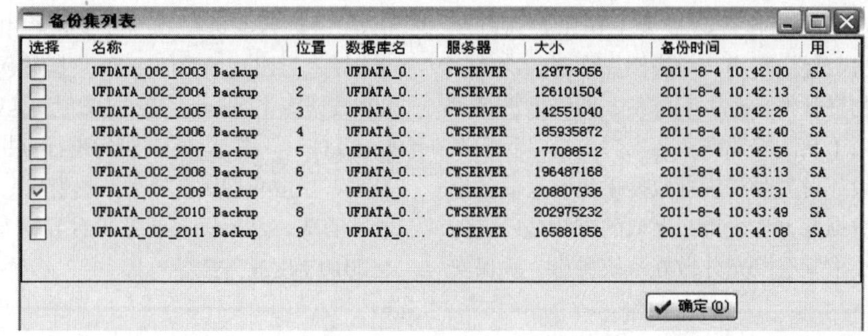

进入会计软件预处理，AO开始采集转换2009年凭证表、余额表、辅助信息表等，如下图：

审计人员通过电子数据管理中“新建会计数据”，输入“会计数据名称”、“单位名称”，选择行业“医院”后，点击“确定”，数据采集成功后，进行数据整理，“账表重建”后，即把某医院2009年度财务数据采集转换完成，最终形成完整的电子账套。

依据同样方法把2008、2010年财务数据采集完毕。如下图：

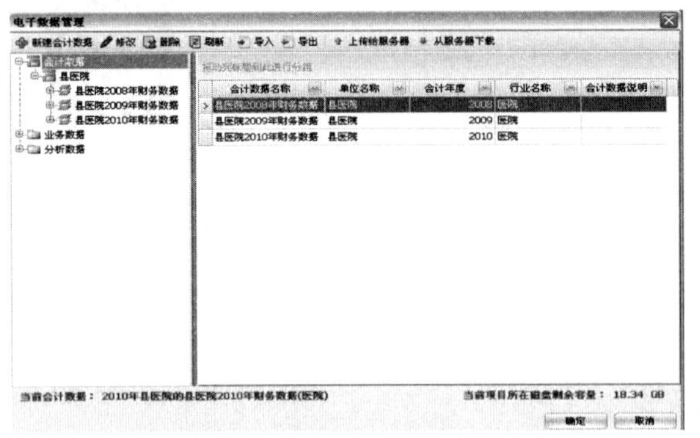

审计组长将采集转换好的财务电子账簿通过【审计分析】—【电子数据管理功能】（如下图：）导出后，名为“某医院2008-2010年财务数据.epkg”，分发给审计组成员以供进行数据分析。

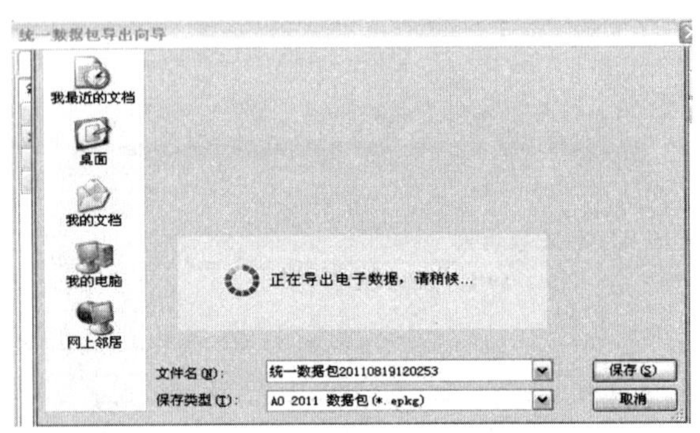

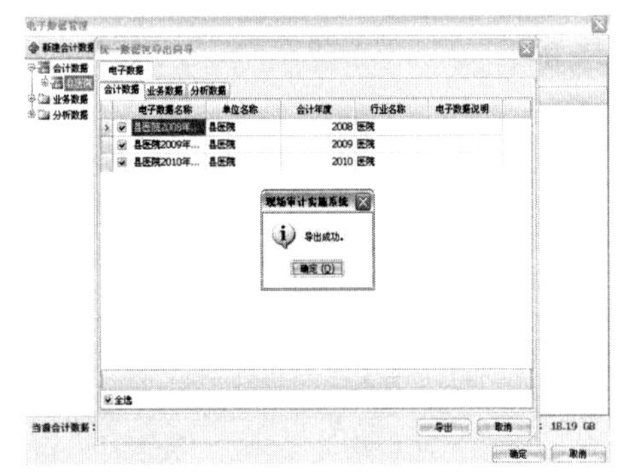

（2）业务数据整理导入AO

某医院信息管理系统（HIS）是以计算机网络为支撑环境，覆盖医院各诊疗和管理环节，为院务提供了病人医疗、人财物管理和领导决策分析。该系统由安徽新软公司开发研制，采用了微软的WINDOWS系列操作系统，后台数据库为Oracle数据库。2005年开始使用，系统数据备份方式为后台数据库备份方式（双机热备份），数据备份在硬盘，业务系统功能板块为：中成药房、门诊药房、手术管理、卫材药房、卫材库房、药房管理、供应室管理、门诊收费、住院收费、护士工作站、住院药房、便民药房、经济核算、院长决策、物资管理、医生工作站、网络维护等。由于某医院数据库为实时更新，我们在设计对某医院进行数据采集时采取备份数据库方法采集，采取的方法是：首先要求某医院充分做好系统备份、确保安全，然后审计人员在电脑上采集某医院的Oracle数据库备份数据（20110805.DMP），并在计算机审计人员电脑安装Oracle数据库进行数据还原，再利用SQL导入导出功能将Oracle数据导入到SQL数据库中（dsyy_Data.MDF，dsyy_Log.LDF），再通过SQL语句进行分析、整理，生成我们所需要的数据表。

首先，从某医院业务后台数据库里将2010年度业务数导入AO。

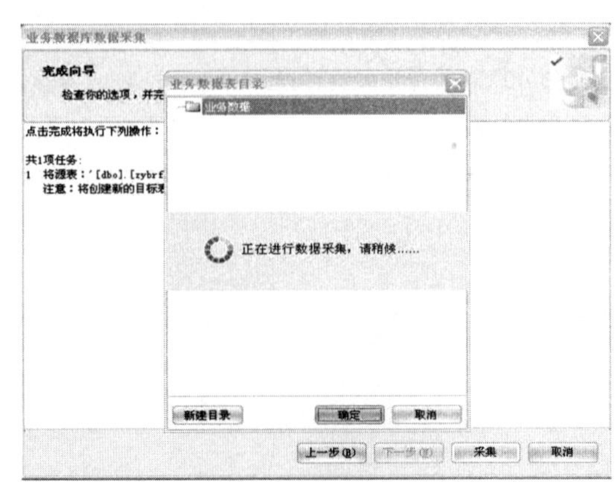

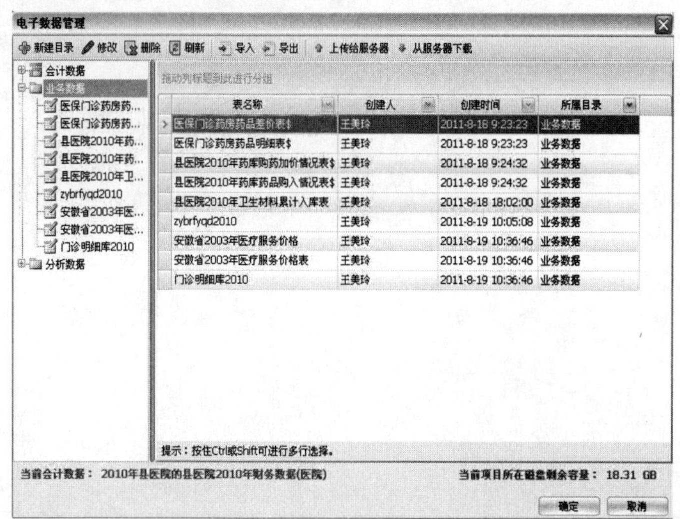

最后把生成的业务数据电子账簿中一部分通过【审计分析】—【电子数据管理功能】（如下图所示：）导出后，为某医院2010年其他业务数据.epkg，分发给其他审计人员以供进行数据分析；2010年住院费用数据（zybrfyqd2010），由于数据量过大，将打包成SQL备份数据，提供给其他审计人员。

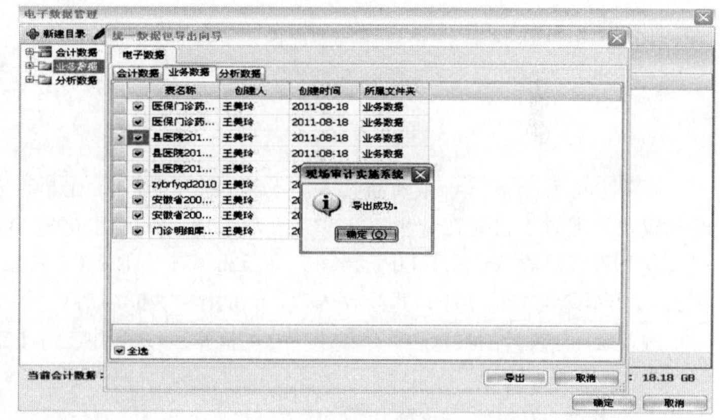

3、审计实施阶段

根据审计组长在OA（审计管理系统）中编制的审计实施方案成员分工，对采集的财务数据、业务数据进行分析和筛选，确定重点审计核查对象，查找审计疑点，并编制审计取证用纸、审计工作底稿。

操作概述：（1）审计组成员直接通过AO浏览电子账簿和记账凭证，使用“科目明细账审查”、“会计科目审查”功能对财务数据进行总体分析，并形成现场审核表，生成审计疑点。

（2）通过AO浏览电子账簿和记账凭证，使用【审计分析】—【账表分析】—“科目明细账审查”、“会计科目审查”、“日记账审查”功能开展账表分析，查找问题线索。编写SQL语句进行查询分析，通过导出、导入功能共享编写的审计方法和SQL查询语句，根据审计需要检索相关记录，再针对疑点，查阅纸质会计资料，逐项落实。这样的做法极大地缩短了审计时间，提高了审计工作效率。

（3）审计人员按照审计署《国家审计准则》8号令的要求，积极运用AO“审计底稿”中的“审计证据”、“审计底稿”功能，对审计查证的事实记录，或利用AO导出功能，或使用自行编制的模板，编制审计取证单等证据性资料，待被审单位审核签章后，及时完成审计工作底稿的编制、复核工作。并将相应底稿及证据进行关联。

（4）将分析和疑点数据、审计底稿以及审计过程中重要资料分别打包上报给OA，供领导查阅。

4、审计报告阶段

（1）生成审计报告初稿。运用AO“审计底稿”中的 “审计报告”功能，编制审计报告提纲，生成审计报告初稿，完成审计组审计报告征求意见稿的编制工作。

（2）打包上报。将审计报告、被审单位资料、项目所有数据和文档打包上报给OA。

（二）项目取得成果

成果一：药品加价严重超标准，金额达16822742.93元。

审计事项：企业审计—企业财务状况—损益情况—收入—收入的合规性

审计思路：首先，根据采集的2008-2010年财务数据，分析药品收入三年以来的增长情况。运用AO【审计分析】—【账表分析】—【多套数据审查】—【科目发生对比分析】，将某医院2008、2009、2010年财务数据中“药品收入（贷方发生额）”进行“数值比较”分析，察看三年药品收入趋势，如下图：

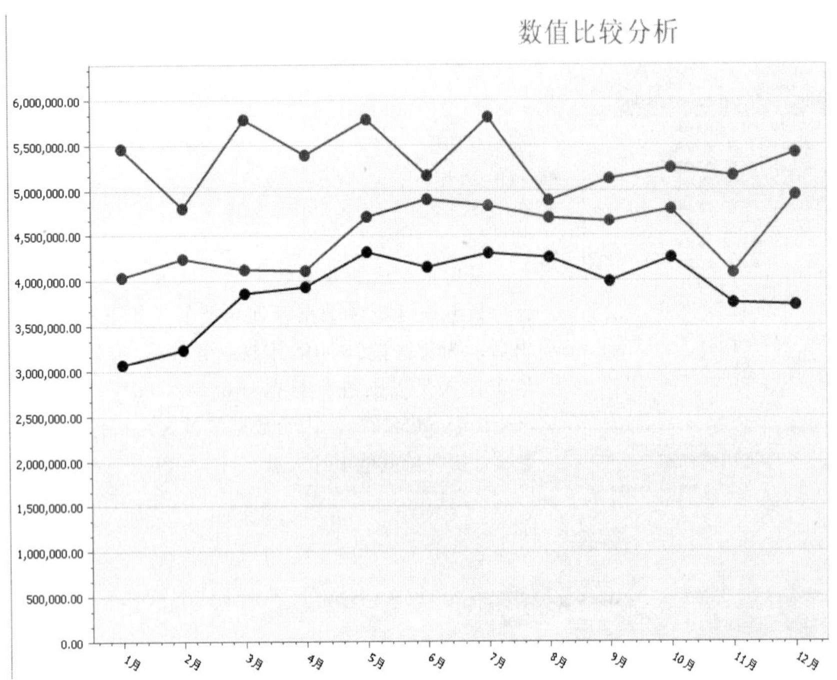

从图中可看到：三年来药品收入增长较快，通过表格对比分析，2008年最高月份药品收入430.36万元，而到2010年最高月份（7月）药品收入581.17万元；年度药品收入总量：2010年6402.49万元，比2009年5412.74万元增长18.28%，比2008年4685.46万元增长36.65%，且2010年药品收入占医药收入的比重为53.97%。

其次，利用AO的【审计分析】—【报表分析】—【财务指标分析】，选择药品收入成本率分析，设置好1至12月份，进行指标分析。分析结果以柱形图图表形式查看，如下图：

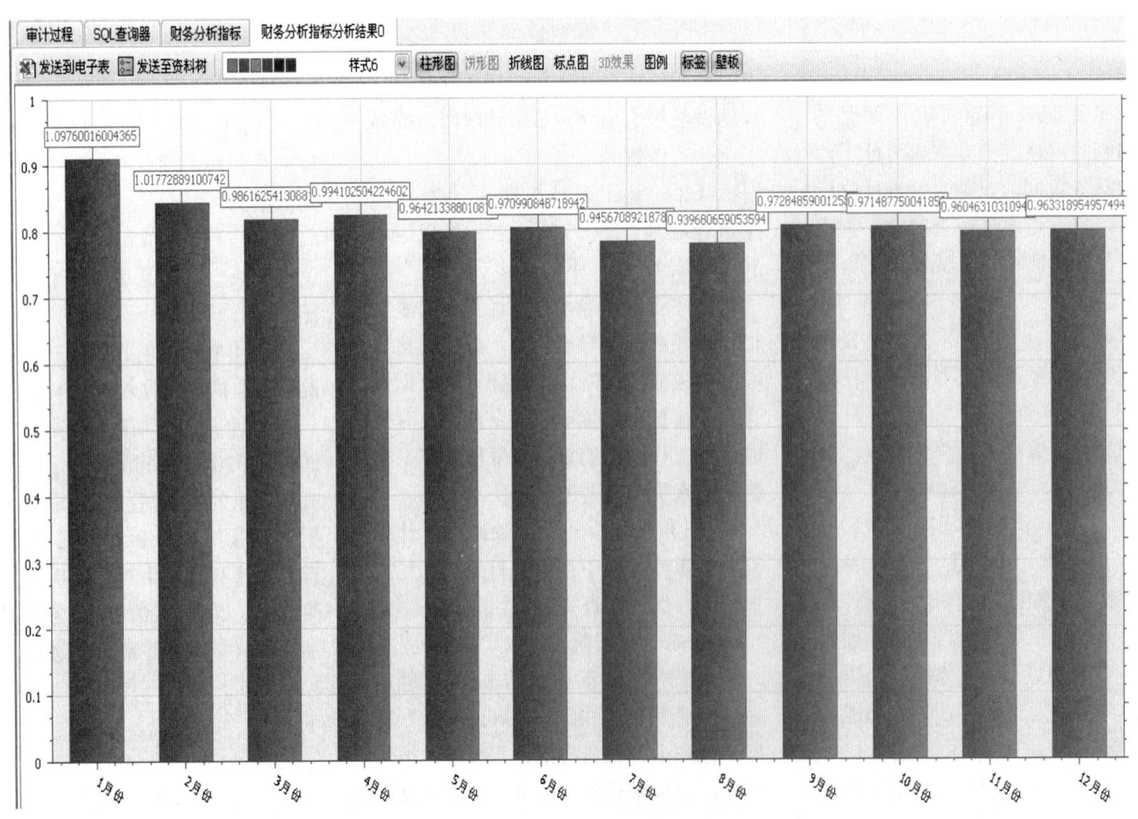

从图表分析结果可以看出，某医院药品收入成本率除1月份、2月份大于1，其余10个月都小于1，说明某医院2010年药品经营方面是盈利的。

根据某医院药品收入逐年提高，且提高幅度较大且2010年大部分月份药品盈利的情况，决定从分析药品加价率入手，审查是否存在超标准加价问题，并予以量化：

审计方法和步骤

（1）将导入AO的业务数据表：某医院2010年药库购药加价情况表、某医院2010年药库药品购入情况表，利用AO的【审计分析】—【数据分析】—【图形化SQL查询器】，通过科目编码、凭证日期、凭证号、凭证分号关联。

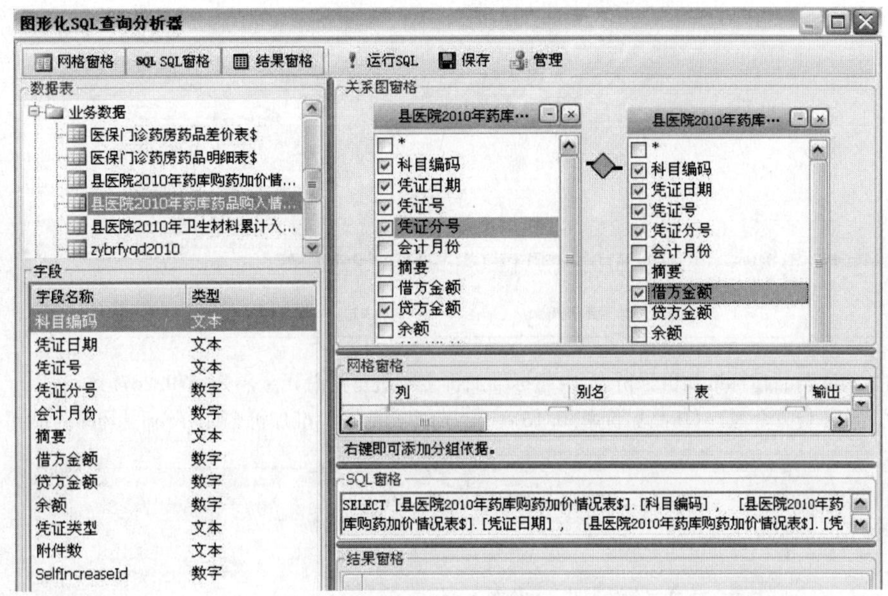

两表关联后，设定药品加价率大于15%的条件，生成[药库药品超标准加价分析表]中间表，然后对中间表中超标准加价金额进行合计，得出某医院2010年药库药品超标准加价16799267.16元。具体语句及查询结果如下：

第一步：生成中间表

SELECT [某医院2010年药库购药加价情况表$].[科目编码],[某医院2010年药库购药加价情况表$].[凭证日期], [某医院2010年药库购药加价情况表$].[凭证号],[某医院2010年药库购药加价情况表$].[凭证分号],[某医院2010年药库购药加价情况表$].[会计月份],[某医院2010年药库购药加价情况表$].[贷方金额],[某医院2010年药库药品购入情况表$].[科目编码],[某医院2010年药库药品购入情况表$].[凭证日期],[某医院2010年药库药品购入情况表$].[凭证号],[某医院2010年药库药品购入情况表$].[凭证分号]， [某医院2010年药库药品购入情况表$].[会计月份],[某医院2010年药库药品购入情况表$].[借方金额],[某医院2010年药库购药加价情况表$].贷方金额/([某医院2010年药库药品购入情况表$].借方金额-[某医院2010年药库购药加价情况表$].贷方金额)as 药品加价率 FROM [某医院2010年药库购药加价情况表$] JOIN [某医院2010年药库药品购入情况表$] on [某医院2010年药库药品购入情况表$].凭证日期=[某医院2010年药库购药加价情况表$].凭证日期 AND [某医院2010年药库药品购入情况表$].凭证号=[某医院2010年药库购药加价情况表$].凭证号 AND [某医院2010年药库药品购入情况表$].凭证分号=[某医院2010年药库购药加价情况表$].凭证分号 AND [某医院2010年药库购药加价情况表$].贷方金额/([某医院2010年药库药品购入情况表$].借方金额-[某医院2010年药库购药加价情况表$].贷方金额)>0.15

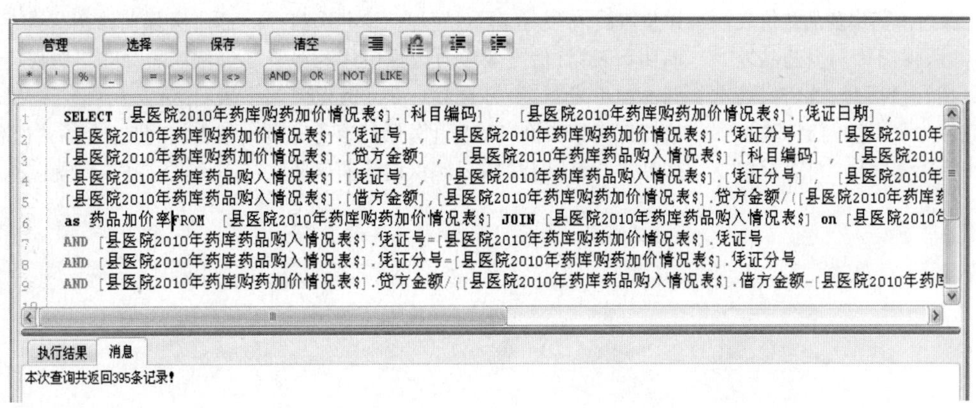

上图查询结果为超标准加价记录395行。然后生成药库药品超标准加价分析表，如下图：

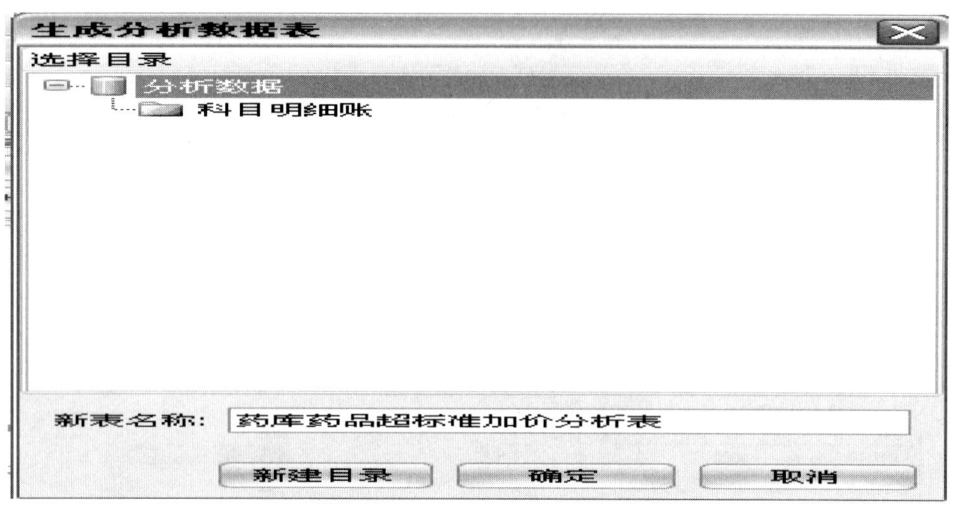

第二步：将生成的[药库药品超标准加价分析表]中超标准加价金额进行汇总，金额为16799267.16元。

select sum((借方金额-贷方金额)*(药品加价率-0.15)) as 药库药品超标准加价合计 from [药库药品超标准加价分析表]

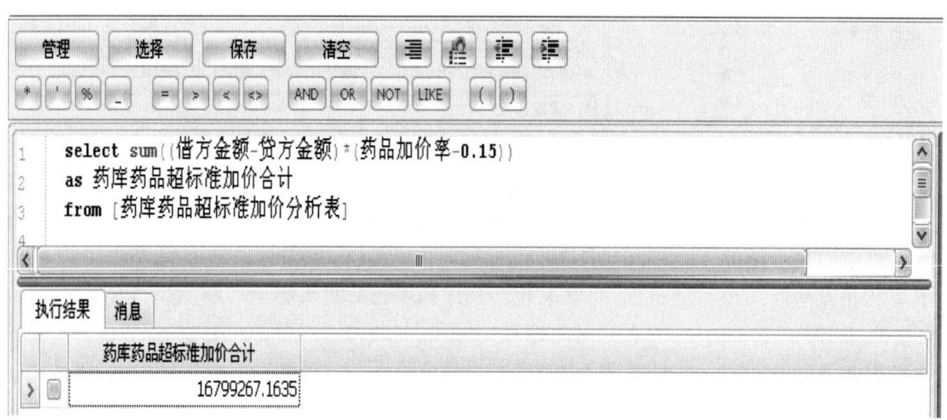

（2）根据上述方法和步骤，查询出某医院医保门诊药房药品2010年超标准加价23475.77元。语句如下：

第一步：将[医保门诊药房药品差价表$]、[医保门诊药房药品明细表$]两表关联，设定医保门诊药房药品加价率大于15%为条件，生成[医保门诊药房药品超标准加价明细分析表]中间表。

SELECT [医保门诊药房药品差价表$].[科目编码],[医保门诊药房药品差价表$].[凭证日期],[医保门诊药房药品差价表$].[凭证号],[医保门诊药房药品差价表$].[凭证分号], [医保门诊药房药品差价表$].[会计月份],[医保门诊药房药品差价表$].[摘要],[医保门诊药房药品差价表$].[贷方金额],[医保门诊药房药品明细表$].[科目编码],[医保门诊药房药品明细表$].[会计月份],[医保门诊药房药品明细表$].[摘要],[医保门诊药房药品明细表$].[借方额],[医保门诊药房药品差价表$].贷方金额/([医保门诊药房药品明细表$].借方金额-[医保门诊药房药品差价表$].贷方金额) as 医保门诊药房药品加价 FROM [医保门诊药房药品差价表$] JOIN [医保门诊药房药品明细表$] on [医保门诊药房药品差价表$].凭证日期=[医保门诊药房药品明细表$].凭证日期 AND [医保门诊药房药品差价表$].凭证号=[医保门诊药房药品明细表$].凭证号 AND [医保门诊药房药品差价表$].凭证分号=[医保门诊药房药品明细表$].凭证分号 AND ([医保门诊药房药品明细表$].借方金额-[医保门诊药房药品差价表$].贷方金额)<>0 AND [医保门诊药房药品差价表$].贷方金额/([医保门诊药房药品明细表$].借方金额-[医保门诊药房药品差价表$].贷方金额)>0.15

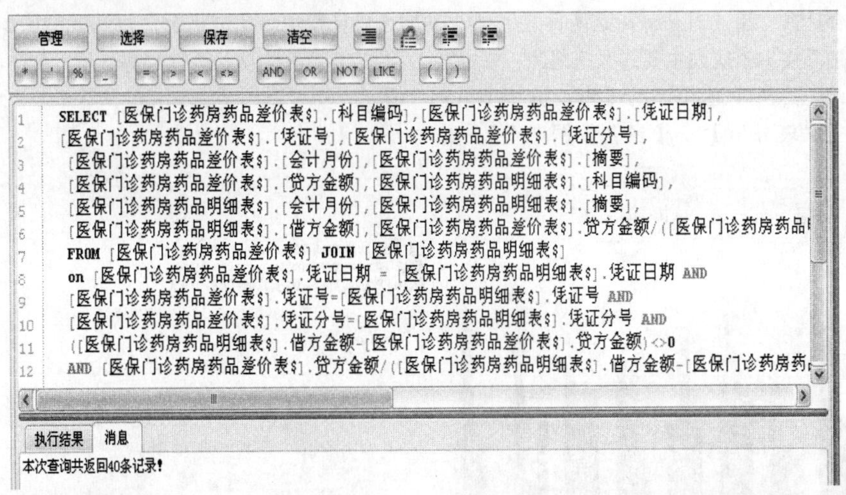

第二步：根据已生成的[医保门诊药房药品超标准加价明细分析表]中间表加总超标准加价金额。

```
select sum((借方金额-贷方金额)*(医保门诊药房药品加价率-0.15)) as 医保门诊药房超标准加价合计 from [医保门诊药房药品超标准加价明细分析表]
```

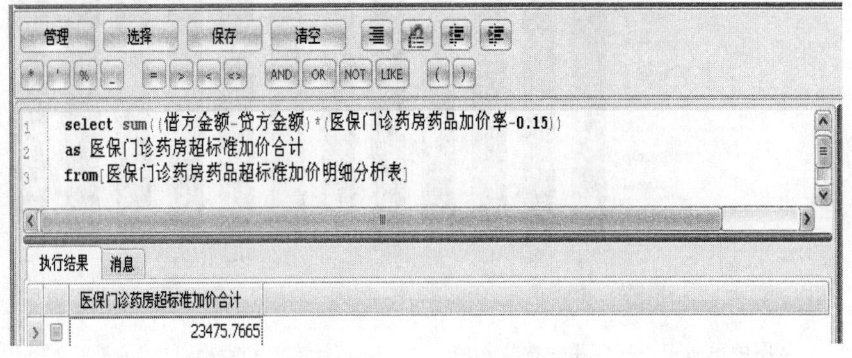

通过利用AO查询分析加价率发现，某医院2010年药库药品超标准加价16799267.16元、医保门诊药房药品超标准加价23475.77元，合计16822742.93元，违反了国家发展改革委员会、财政部、卫生部、劳动和社会保障部、商务部、国家食品药品监督管理局、国务院法制办公室、国务院纠正行业不正之风办公室《印发关于进一步整顿药品和医疗服务市场价格秩序的意见》（发改价格〔2006〕912号）“一、进一步降低药品价格。……县及县以上医疗机构销售药品，要严格执行以实际购进价为基础，顺加不超过15%的加价率作价的规定”的规定。

成果二：卫生材料超标准加价864244.60元。

审计事项：企业审计—企业财务状况—损益情况—收入—收入的合规性

审计思路：首先，利用AO的【审计分析】—【账表分析】—【科目明细账审查】功能，打开“科目余额表”，选中“12302”（库存物资—卫生材料）科目，单击【显示查询条件】，在【科目级别】中选择“三级科目”，在【科目编码】中输入“12302”，在【科目编码】后方的下拉框中选择“开头”。取消勾选【包含上级科目】，单击【查询】，将查询结果以图表方式显示，如下图：

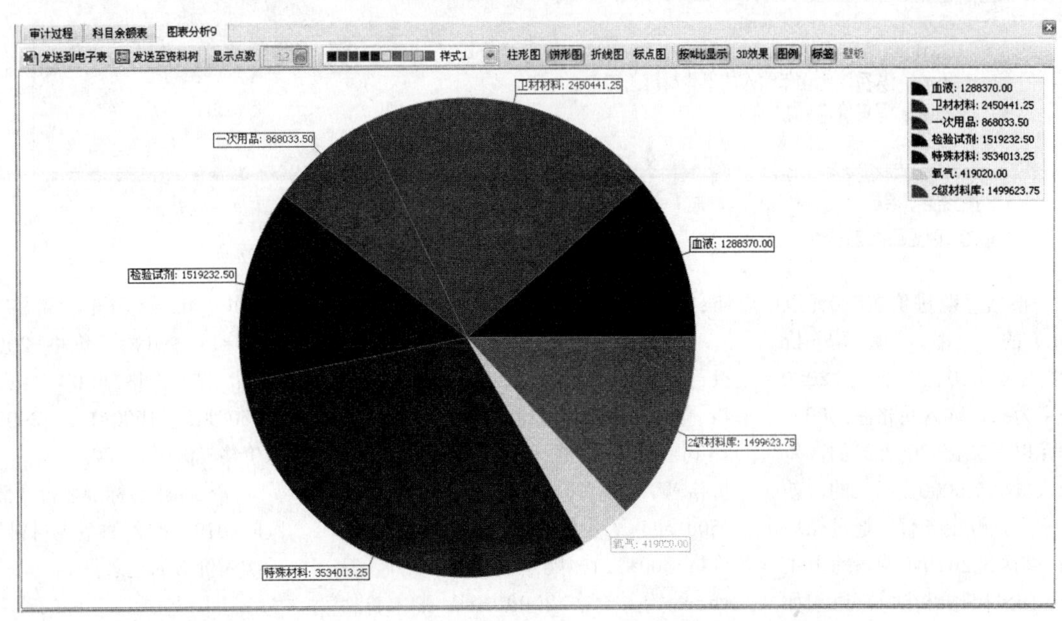

从饼形图可以看到：2010年卫生材料购入1157.87万元中，特殊材料353.40万元，占总量的30.52%，卫材材料245.04万元，占总量的21.16%，两者合计占总量的51.68%，这两种卫生材料是重症手术病人主要的医疗用品。

其次，通过AO的【审计分析】—【账表分析】—【多套数据审查】—【科目发生对比分析】，将2008-2010年三年手术费收入进行趋势分析，如下图：

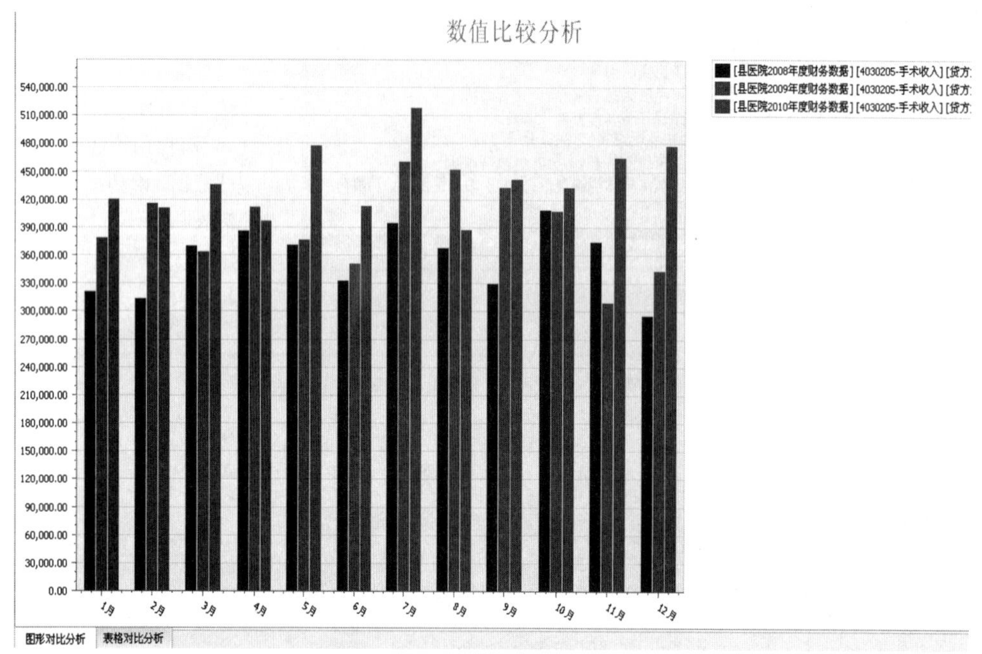

从图中可看出，三年手术费收入增长较快，且最低年份每月都在20万元以上。经调查部分出院病人反映，手术费相对较高。

通过以上分析，我们决定对卫生材料加价情况进行查询分析。

审计方法和步骤：

第一步：将导入的某医院2010年卫生材料累计入库表，设定零售价格大于购入价格的条件，生成[某医院2010年购入的卫生材料零售价格大于购入价格的记录]中间表，查询结果为1834行。

语句如下：

select 序号,品名,入库日期,批号,购入价格,数量,总金额,零售价格,凭证,规格,单位,批发价格,流水号 from [某医院2010年卫生材料累计入库表] where 零售价格>购入价格

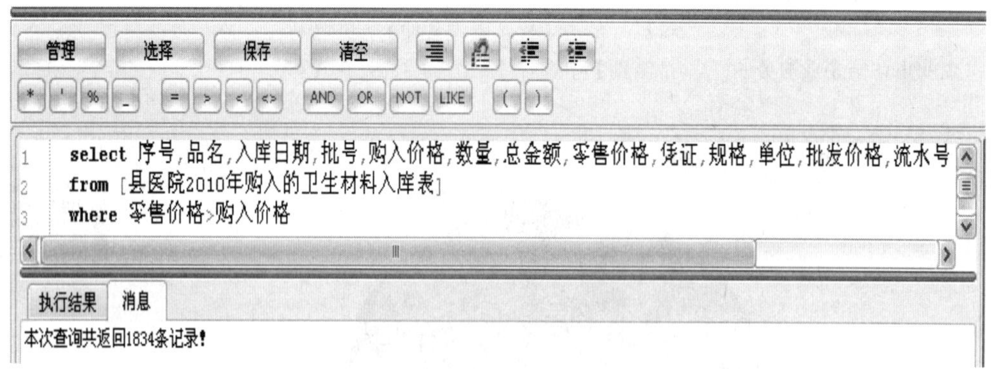

第二步：根据“购进价在500元以下（含500元）的，差率为10%，购入价格在500元以上至2000元以下（含2000元）的，差率为8%，购入价格在2000元以上至5000元以下（含5000元）的，差率为5%，购入价格在5000元以上的，差率为2%”的规定，设定条件，通过循环语句，生成[某医院2010年购入的卫生材料超标准加价明细分析表]。语句如下：

select 序号,品名,入库日期,批号,购入价格,数量,总金额,零售价格,凭证,规格,单位,批发价格, case when 购入价格<=500 then (零售价格-购入价格*1.1) when 购入价格>500 and 购入价格<=2000 then (零售价格-500*1.1-(购入价格-500)*1.08) when 购入价格>2000 and 购入价格<=5000 then (零售价格-500*1.1-1500*1.08-(购入价格-2000)*1.05) when 购入价格>5000 then (零售价格-500*1.1-1500*1.08-3000*1.05-(购入价格-5000)*1.02)

end as 超标准加价金额 from [某医院2010年购入的卫生材料零售价格大于购入价格的记录]

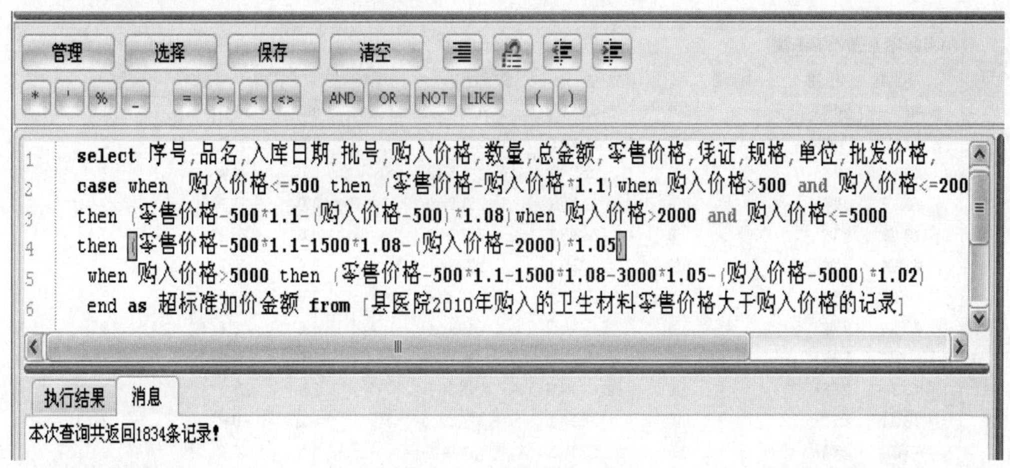

第三步：设定超标准加价金额大于零的条件，加总卫生材料超标准加价总金额864244.60元，语句和查询结果如下：

select sum(超标准加价金额*数量) as 卫生材料超标准加价金额合计 from [某医院2010年购入的卫生材料超标准加价明细分析表] where 超标准加价金额>0

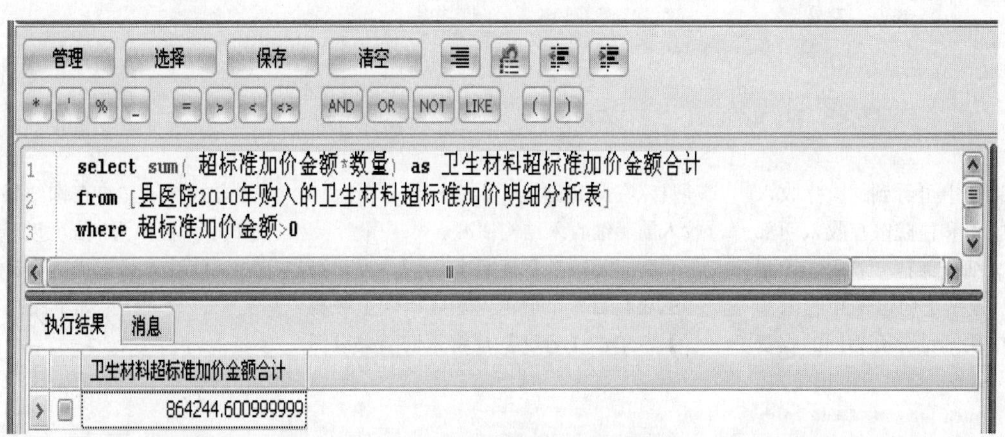

通过查询分析，某医院2010年卫生材料超标准加价864244.60元，违反了宿州市物价局、卫生局《关于改革和规范医疗服务价格的通知》（价费〔2004〕30号）“三、加强特需医疗服务价格管理和特殊器械、特殊材料费管理……为便于医疗机构对特殊器械和特殊材料收费的管理，对《安徽省医疗服务价格（试行）》中价格项目‘除外内容’和‘说明’中明确规定可另计费用的医疗仪器和医用特殊物品材料费差率进行明确，即购进价在500元以下（含500元）的，差率为10%，购进价在500元以上至2000元以下（含2000元）的，差率为8%，购进价在2000元以上至5000元以下（含5000元）的，差率为5%，购进价在5000元以上的，差率为2%。各医疗机构可按购进价加相应的差率计收”的规定。

成果三：超标准收医疗服务收费2187279元。

审计事项：企业审计—企业财务状况—损益情况—收入—收入的合规性

审计思路：我们通过AO的【审计分析】—【账表分析】—【科目明细账审查】功能，打开“科目余额表”，选中“403（医疗收入）”科目，单击【显示查询条件】，在【科目级别】中选择“全部”，在【科目编码】中输入“403”，在【科目编码】后方的下拉框中选择“开头”。单击【查询】，将查询结果以图表方式显示，如下图：

2010年县医院的县医院2010年财务数据

科目编码	科目名称	期初余额	借方发生额	贷方发生额	期末余额	分录数	余额方向	科目级别
403	医疗收入	0.00	54,609,498.93	54,609,498.93	0.00	572	贷	1
40301	门诊收入	0.00	13,129,654.19	13,129,654.19	0.00	297	贷	2
4030101	挂号收入	0.00	66,574.00	66,574.00	0.00	24	贷	3
4030102	诊察收入	0.00	606,060.00	606,060.00	0.00	27	贷	3
4030103	检查收入	0.00	7,790,793.29	7,790,793.29	0.00	56	贷	3
4030104	治疗收入	0.00	1,039,346.20	1,039,346.20	0.00	70	贷	3
4030105	手术收入	0.00	334,725.40	334,725.40	0.00	27	贷	3
4030106	化验收入	0.00	2,481,445.60	2,481,445.60	0.00	40	贷	3
4030107	其他收入	0.00	810,709.70	810,709.70	0.00	53	贷	3
40302	住院收入	0.00	41,479,844.74	41,479,844.74	0.00	275	贷	2
4030201	床位收入	0.00	3,788,186.30	3,788,186.30	0.00	30	贷	3
4030202	诊察收入	0.00	527,043.00	527,043.00	0.00	25	贷	3
4030203	检查收入	0.00	5,439,993.80	5,439,993.80	0.00	46	贷	3
4030204	治疗收入	0.00	9,509,632.10	9,509,632.10	0.00	40	贷	3
4030205	手术收入	0.00	5,271,310.40	5,271,310.40	0.00	25	贷	3
4030206	化验收入	0.00	5,142,263.90	5,142,263.90	0.00	34	贷	3
4030207	护理收入	0.00	2,814,394.40	2,814,394.40	0.00	24	贷	3
4030208	其他收入	0.00	8,987,020.84	8,987,020.84	0.00	51	贷	3
	合计		163,828,496.79	163,828,496.79				

从查询结果图中可看到：医疗收入包括门诊医疗收入和住院医疗收入两部分，医疗收入又细分为挂号收入、诊察收入等9种收入。由于门诊医疗收入和住院医疗收入中明细部分有相同的收费项目，在此基础上，再进一步分析医疗收入的明细收入结构情况。

为此，在【科目级别】中选择“三级科目”，取消勾选【包含上级科目】，单击【查询】，将查询结果以图表方式显示，将查询结果发送到图表，以科目名称为X轴，以贷方发生额为Y轴，统计方式选择“合计”，点击“确定”，查询结果如下图：

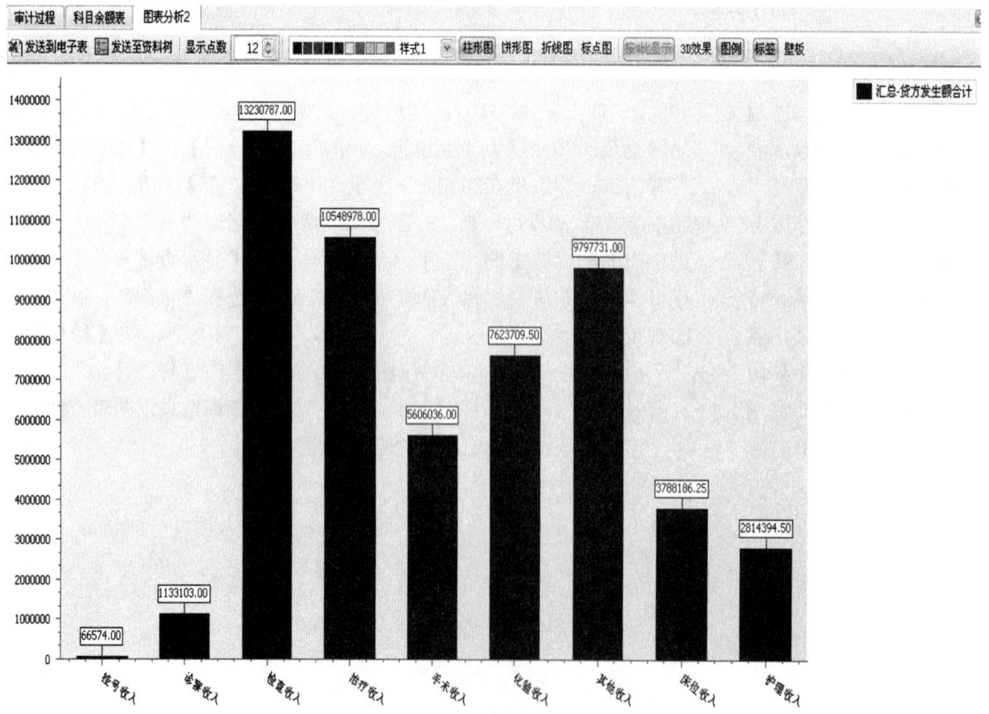

2010年某医院医疗收入5460.95万元，检查收入1323.08万元，占总量的24.23%，治疗收入1054.89万元，占总量的19.32%。从治疗收入和检查收入的收费内容看，主要是医疗收入收费。

通过以上分析，我们决定查询分析医疗服务收费是否超标准，利用导入的某医院2010年住院费用清单、门诊费用清单与安徽省医疗服务价格表查询。

审计方法和步骤：

（1）查询超标准收取住院病人医疗服务费情况。

第一步：利用AO【审计分析】—【数据分析】—【SQL查询器】，将住院病人费用清单与安徽省2003年医疗服务价格表关联，设定实际收费标准大于省限价为条件，生成超标准收取住院病人医疗服务费情况表，共62183条记录，将全部记录生成分析数据，保存在“分析数据”中。语句如下：

select a.病人ID号,a.流水号,a.项目序号,a.项目名称,a.价格 as 某医院价格,b.省限价格 as 省限价格,a.数量 from [zybrfyqd2010]a,[安徽省2003年医疗服务价格]b

where a.项目名称=b.项目名称 and a.价格>b.省限价格

结果如下图：

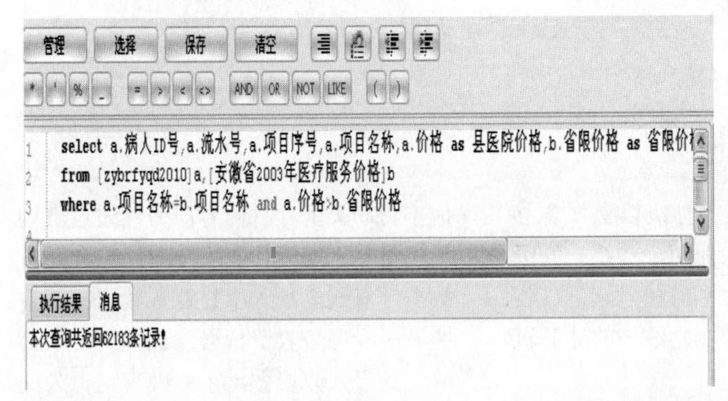

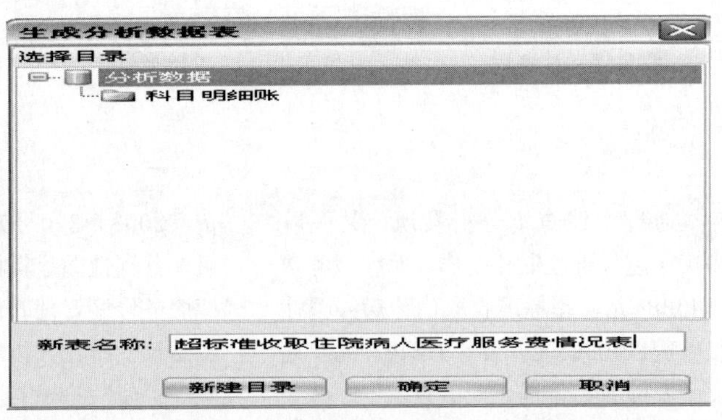

第二步：汇总超标准收取住院病人医疗服务费金额

select sum(某医院价格-省限价格) as 超标准收取住院病人服务费合计 from 超标准收取住院病人医疗服务费情况表，查询分析出超标准收取住院病人医疗服务费1046384元。如下图：

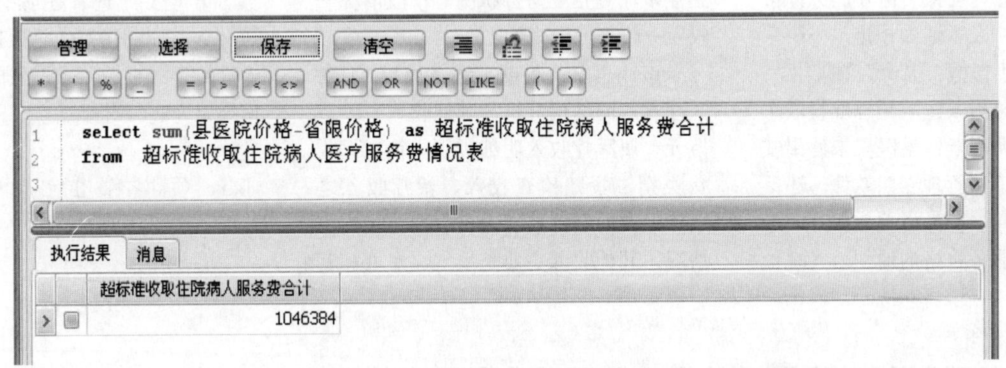

（2）依照上述方法，查询分析出某医院2010年超标准收取门诊病人医疗服务费记录51945条，汇总超标准金额为1140895元。查询语句及查询结果如下：

第一步：生成中间表

select a.病人ID as 病人ID号,a.流水号,a.项目序号,a.项目名称,a.价格 as 某医院价格,b.省限价格 as 省限价格，a.数量 from [门诊明细库2010] a,[安徽省2003年医疗服务价格] b where a.项目名称=b.项目名称 and a.价格>b.省限价格

第二步：汇总超标准收取医疗服务费金额

select sum(某医院价格-省限价格) as 超标准收取门诊病人服务费合计 from [某医院2010年超标准收取门诊病人医疗服务费中间表]

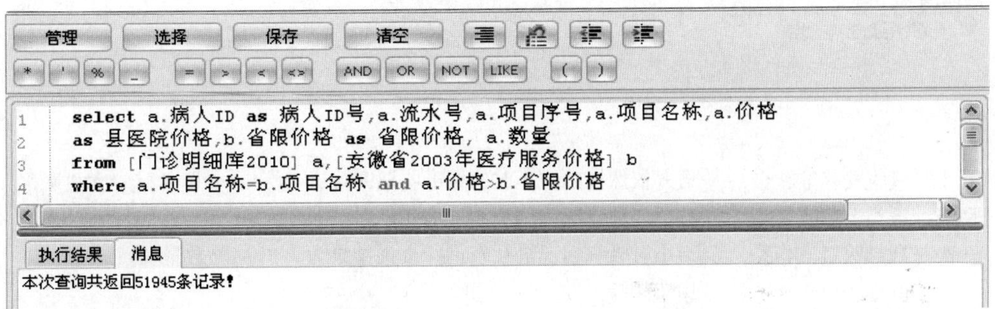

图（1）

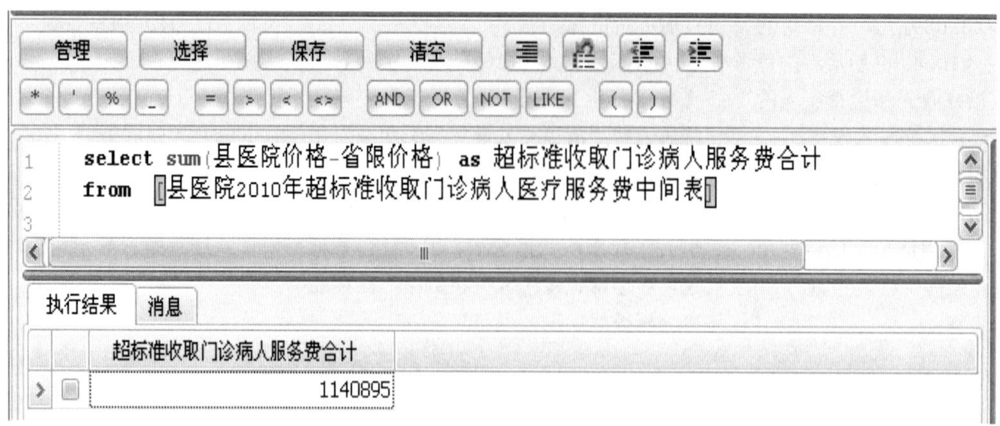

图（2）

通过上述查询分析发现，某医院2010年超标准收取住院病人医疗服务费1046384元、超标准收取门诊病人医疗服务费1140895元，合计2187279元。违反了安徽省物价局、安徽省卫生厅《关于改革我省医疗服务价格的通知》（皖价费〔2003〕220号）“五、严格价格政策，规范医疗服务价格行为。……医疗机构必须遵守《安徽省医疗服务价格管理暂行办法》及本通知规定，……未经批准，一律不得擅自提价”的规定。

经进一步分析某医院超标准收取医疗服务费的根源在于：某医院未使用安徽省医疗服务价格管理专门软件。违反了安徽省物价局、安徽省卫生厅《关于改革我省医疗服务价格的通知》（皖价费〔2003〕220号）“县级以上（含县级非营利性医疗机构使用全省统一的医疗服务价格管理软件，对挂号划价、收费结算、统计分析等实行统一的计算机程序管理”的规定。

成果四：某医院对高频吸氧超过24小时的病人超标准收费485622元。

审计事项：审计事项：审计事项：企业审计—企业财务状况—损益情况—收入—收入的合规性

审计思路：根据上述（成果 ）对医疗收入的结构分析，其他收入979.77万元，属医疗收入明细类别中第三大收费类别，紧随检查收入、治疗收入之后，经询问会计核算人员收费分类内容情况，其他收入主要是氧气、血液和其他不易归类的项目内容；另外通过查询卫生材料入库累计表，并对比账面财务数据，氧气未纳入卫材业务数据；《安徽省医疗服务收费价格（试行）》中对氧气的吸入收费做出了明确规定。为此决定审查医院对2010年住院病人使用氧气收费情况。

审计方法和步骤：

第一步：查看住院病人费用清单（zybrfyqd2010）中“项目名称”包含“吸氧”二字的记录，生成中间表，查询结果为26617行。

select * from [zybrfyqd2010] where 项目名称 LIKE '%吸氧%'。

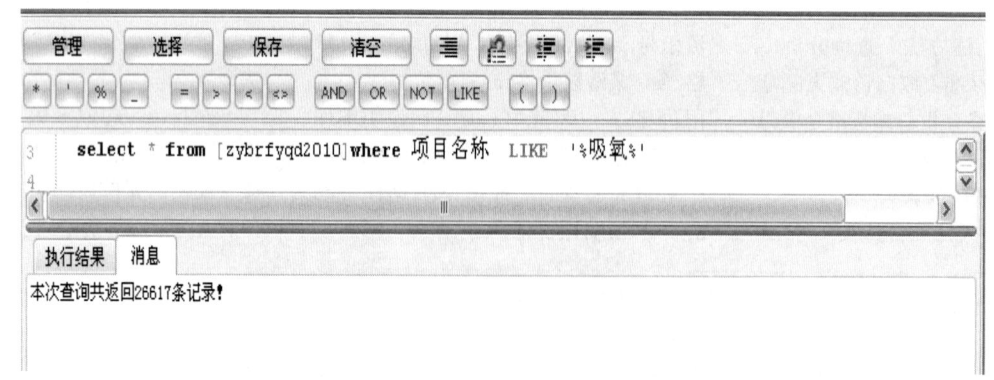

我们仔细查看了吸氧收费标准、金额，吸氧收费分两类：一类是低流量吸氧，2元/小时；一类是高频吸氧，4元/小时。

但医院对于高频吸氧为24小时的病人依然按4元/小时的标准收取96元。对于该种情况我们编制了语句，专门对24小时吸气情况进行查询，查询结果为10557行。

select * from [住院病人费用清单项目名称中含“吸氧”二字的记录] where 项目名称 LIKE '%高频吸氧%' AND 数量=24

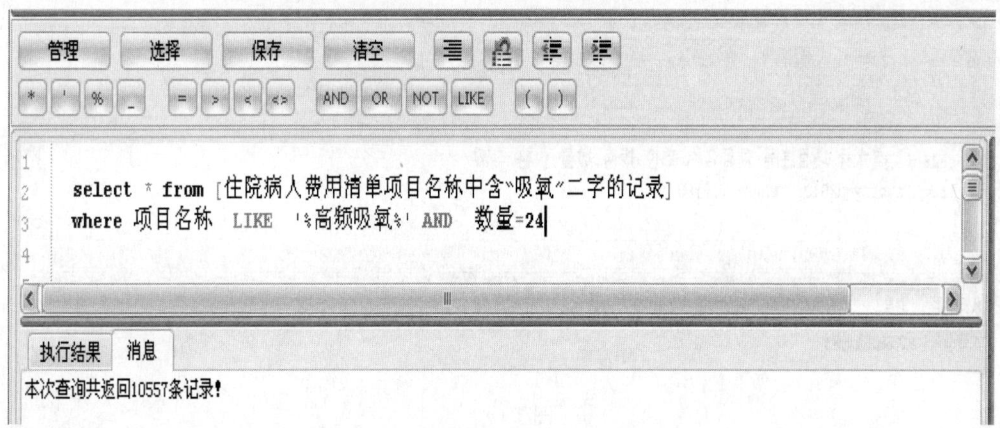

在些基础上，以“24小时持续吸氧每日不超过50元收费”规定设定条件，查询高频吸氧为24小时的超标准收费金额为485622元。

select sum(金额-50) as 超标准收取24小时连续高频吸氧住院病人费用合计 from [2010年住院病人费用清单中高频吸氧为24小时的记录]

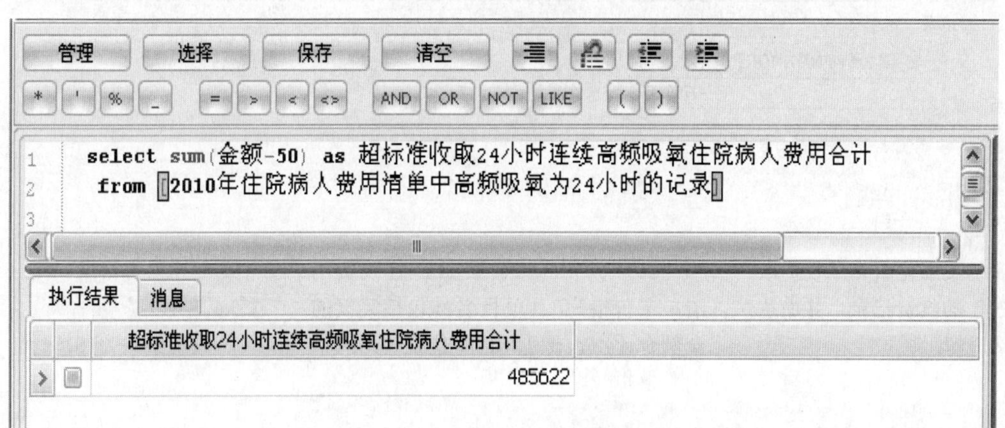

通过查询分析，某医院对24小时持续吸氧的住院病人超标准收取费用485622元，违反了《安徽省医疗服务收费价格（试行）》“（1203）氧气吸入，24小时持续吸氧每日不超过50元收费”的规定。

成果五：医院信息系统中的医疗项目的收费价格缺少必要的约束控制，价格为0仍然有收费金额；部分收费项目未经批准收取61169元。

审计事项：审计事项：企业审计—企业财务状况—损益情况—收入—收入的合规性

审计思路：为进一步分析医院医疗收费情况，我们把住院病人费用清单（zybrfyqd2010）和门诊病人费用清单（门诊明细库2010）两张费用表格，从表结构进行明细分析，查找违规收费的根源。

审计方法和步骤：

第一步：首先，通过AO【审计分析】—【数据分析】—【SQL查询器】，将住院病人费用清单（zybrfyqd2010），设定条件“价格=0”的情况下，有无收费金额，金额是多少？语句如下：

select 流水号,项目序号,项目名称,单位,规格,数量,价格,金额 from [zybrfyqd2010] where 价格=0

select sum(金额) as 住院费用清单中价格为的金额合计 from [2010年住院费用清单中价格为0的记录]

查询结果，记录为256801行（图1），金额为5347783.58元（图2）。

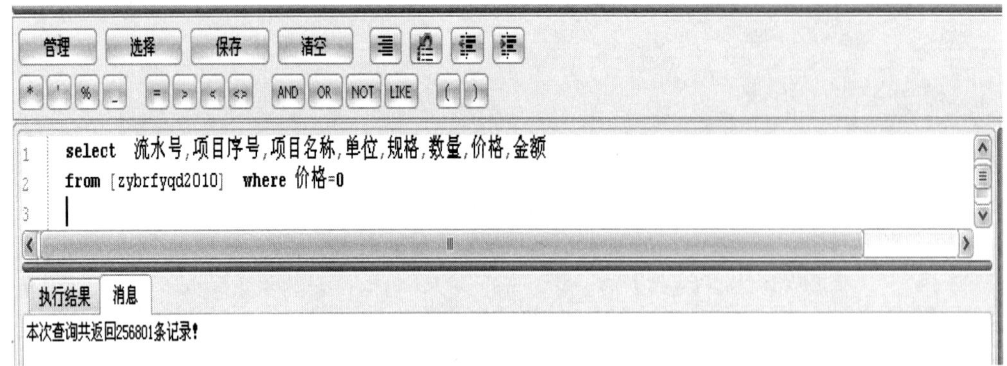

图（1）

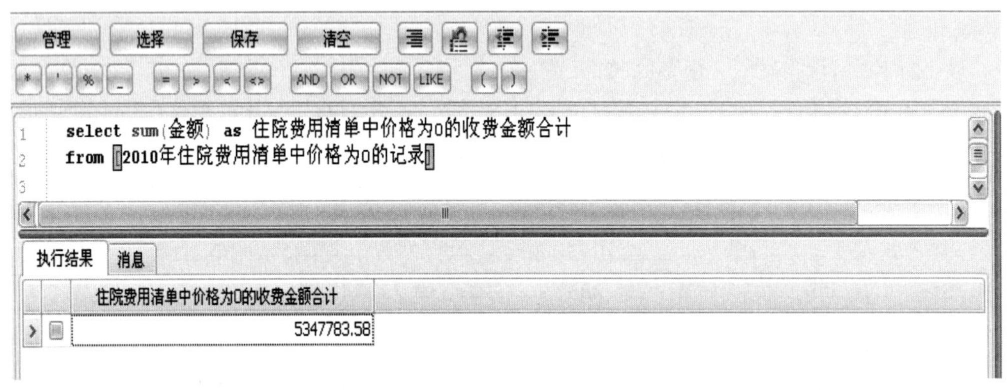

图（2）

第二步：我们又细化查询了收费项目名称为"笑气"的收费记录，并加总收费金额。查询语句：

select sum(金额)as 住院费用清单中价格为0且项目名称包括笑气的金额合计 from ［2010年住院费用清单中价格为0的记录］ where 项目名称 like'%笑气%'

查询结果为19151元。见下图：

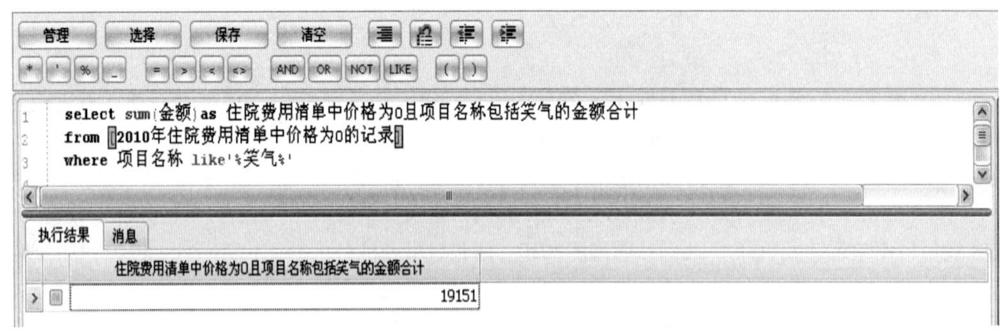

根据同样方式，查询分析门诊病人费用清单（门诊明细库2010），语句如下：

select 流水号,项目序号,项目名称,单位,规格,数量,价格,金额 from ［门诊明细库2010］ where 价格=0

查询记录4548条，如下图：

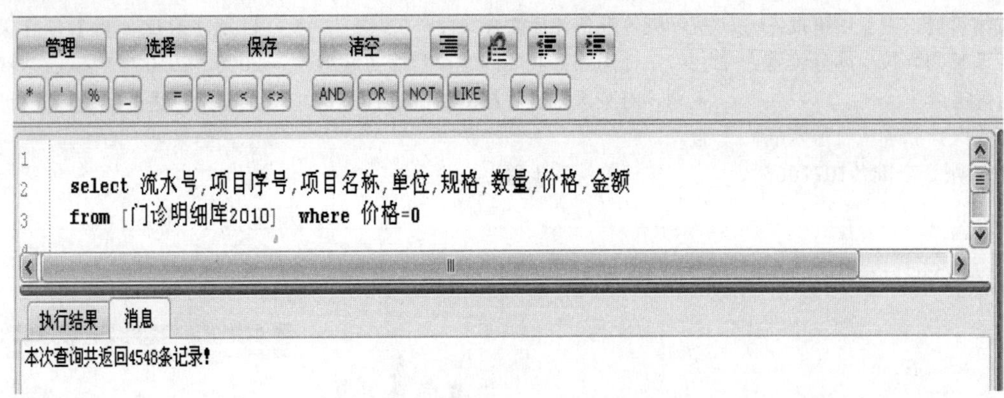

汇总门诊明细库2010中价格为0的收费金额合计347970.35元。

select sum(金额) as 门诊明细库2010中价格为0的记录金额合计 from [门诊明细库2010中价格为0的记录]

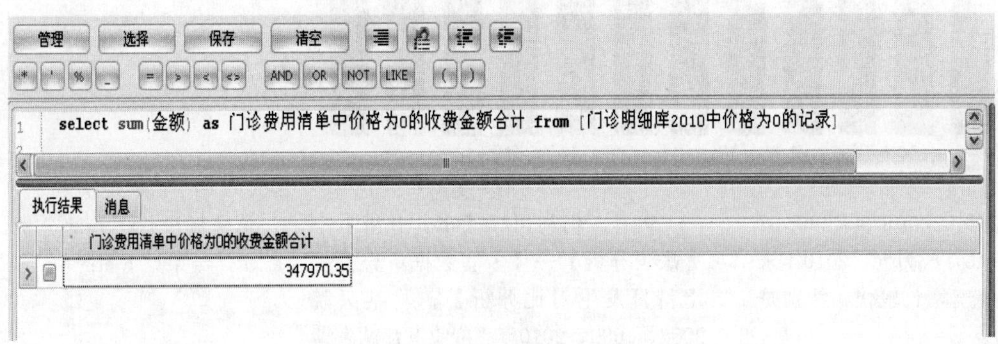

继续查询汇总，收取门诊病人“验光”、“配镜费”42018元。见下图：

select sum(金额) as 门诊明细库2010中价格为的金额合计 from [门诊明细库2010中价格为0的记录] where 项目名称 like'%验光%' or 项目名称 like'%配镜费%'

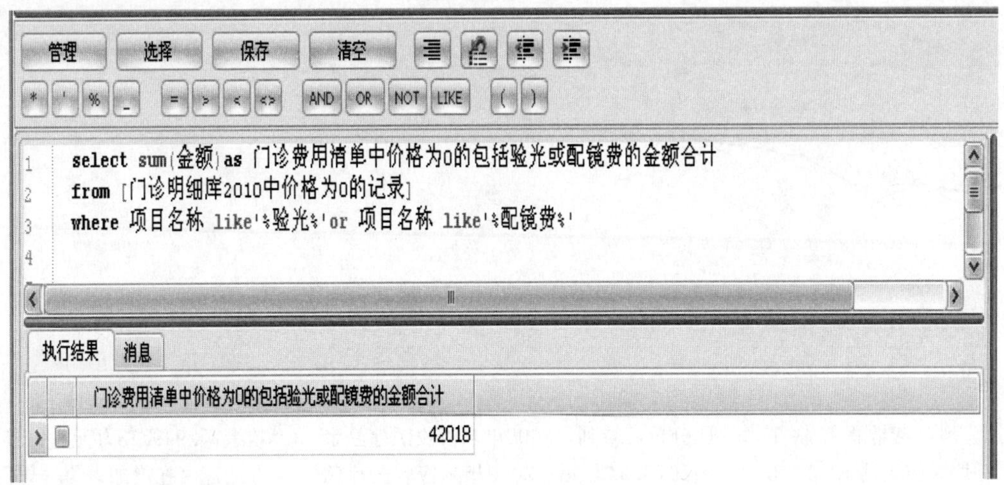

通过以上查询分析发现，某医院收费价格输入缺少必要的约束控制，在价格为0的情况，仍然有金额的收费金额为5695753.93元（住院5347783.58元、门诊347970.35元）；另外收取病人验光费、配镜费、笑气费61169元，未经相关物价部门批准。违反了安徽省物价局、安徽省卫生厅《关于改革我省医疗服务价格的通知》（皖价费〔2003〕220号）“凡《安徽省医疗服务价格（试行）》中未列明的医疗服务项目，各级各类医疗机构一律不得自行开展并

收费，……全省各级非营利性医疗机构开展新的医疗服务价格项目，其价格应按程序事先报省物价局、卫生厅审批，需要对价格进行调整的，按上述分级管理权限审批”的规定。

成果六：应收医疗款和应收住院病人医药费未提取坏账资金准备1077066元。

审计事项：企业审计—资产情况—资产减值准备计提的合规性

审计思路：我们围绕医疗服务绩效主题，对某医院应收账款情况进行了审查。

审计方法和步骤：

首先，通过AO【审计分析】—【账表分析】—【多套数据审查】—【科目发生对比分析】，将某医院2008、2009、2010年“应收在院病人医药费”期末余额进行了趋势分析，用柱形图表示，结果见下图：

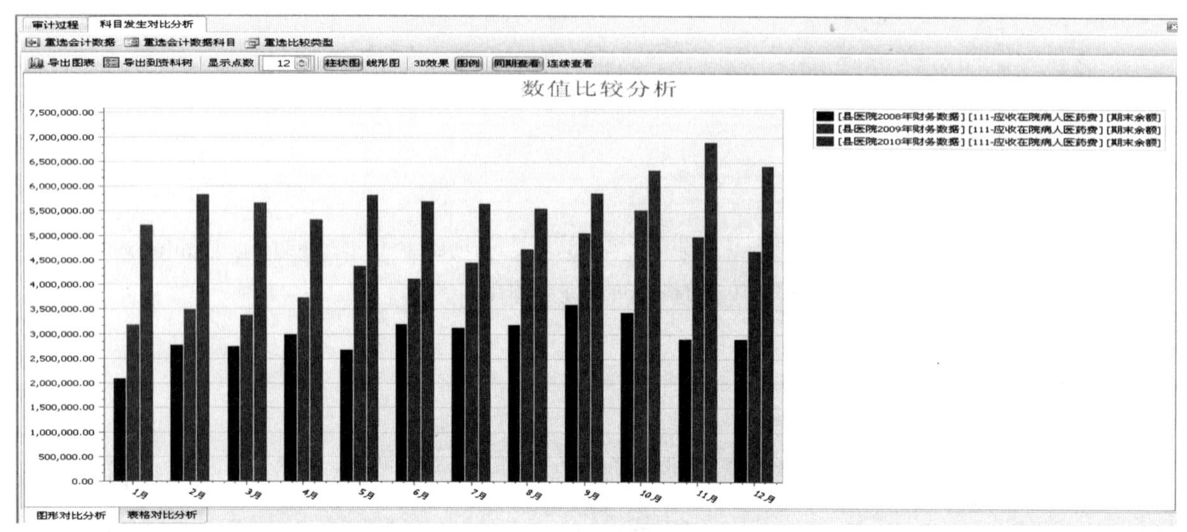

从图中可看到：2008年末289.67万元，2009年末467.68万元，2010年末641.04万元，年度增长较快，特别是2010年增长较快。

然后，仍利用AO【审计分析】—【账表分析】—【多套数据审查】—【科目发生对比分析】，将某医院2008、2009、2010年“应收医疗款”期末余额进行了趋势分析，用线形图表示，结果见下图：

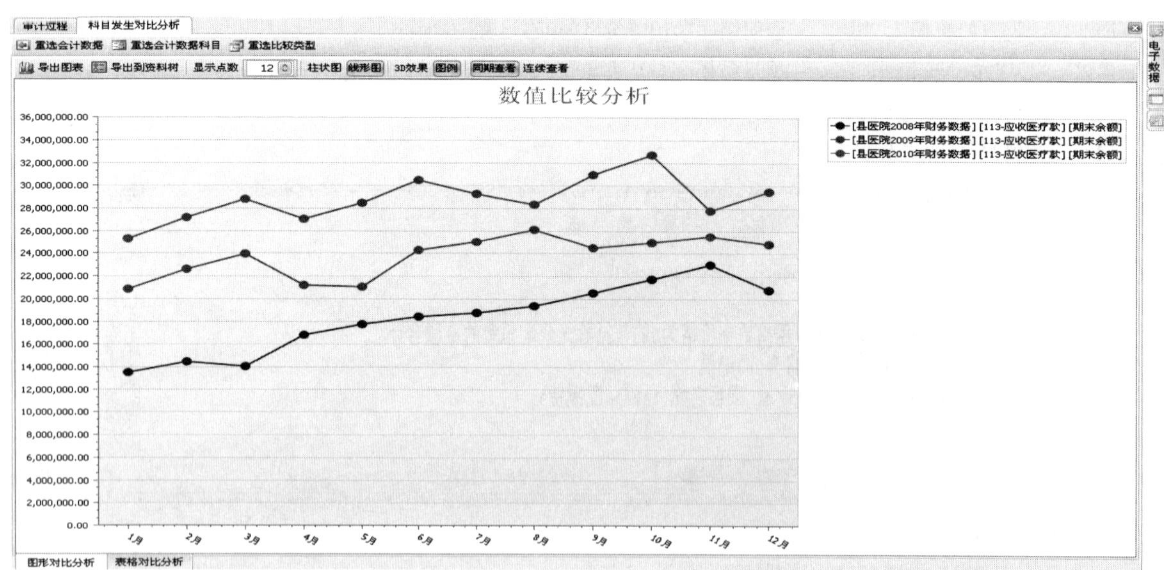

通过分析可看到：应收医疗款在2008年4-11月余额增长较为均匀，2010年各月余额增长起伏较大。通过表格对比分析可看到，2008年末应收医疗款余额2079.54万元，2009年末应收医疗款余额2483.99万元，2010年末应收医疗款余额2949.18万元，每年以400万元左右的速度在增加。

多套数据科目发生额比对分析			
	2008 年末应收医疗款余额	2009 年应收医疗款余额	2010 年应收医疗款余额
1 月	13540988.25	20850830.69	25280552.16
2 月	14458968.13	22601310.67	27202595.16
3 月	14080839.03	23951755.2	28823622.25
4 月	16826040.89	21173832.13	27048876.96
5 月	17769580.42	21101488.52	28449764.88
6 月	18450598.47	24324698.39	30502424.69
7 月	18812720.43	25037788.88	29267190.81
8 月	19384633.73	26119091.41	28338777.02
9 月	20545959.52	24477509.59	30979419.48
10 月	21763203.33	24966844.06	32740796.94
11 月	22999608.31	25537395.18	27797437.26
12 月	20795405.52	24839888.99	29491792.83

经调查分析发现：截止2010年末某医院应收在院病人医药费641.04万元，应收医疗款2949.18万元，合计3590.22万元，根据制度规定，某医院至少应提取坏账准备1077066元。违反了《医院财务制度》第二十六条“医院应收款项包括应收医疗款、应收在院病人医药费和其他应收款等。医院对应收款项应及时清理，应收住院病人医药费要及时结算。……年度终了，医院应按年末应收医疗款和应收在院病人医药费科目余额的3%-5%计提坏账准备”的规定。

三、使用AO的创新点

1．审计全过程主要综合运用财务数据、业务数据，实现完全意义上的“审计信息化、数字化”，效率高，成果显著。

2．充分运用AO的各项功能，即“电子CT”全面剖析了“看病贵”的根源，宏观上从药品和医疗两个方面着眼，细化查询，层层分析，达到“由面到点、由表及里”的分析理念。

3．本案例不仅从会计制度、财务制度、行业法规方面审查某医院财务收支的真实、合法、合规情况，而且从收费信息系统的安全性、可靠性角度，探究违规收费的根源。

四、提交资料说明

1．归档数据包：

某医院2010年度绩效情况和审计调查归档数据包.package。包括审计通知书、审计报告、审计决定、审计公示照片、审计实施方案、计算机审计实施方案、审计工作底稿、审计证据、审计信息等所有归档资料。

2．某医院审计项目信息：

（1）当前人员信息（×××）.epkg

（2）项目人员信息：项目人员信息.epkg

（3）项目基本信息：项目基本信息.epkg

3．某医院审计事项：

审计事项.epkg

4．AO电子数据包：

（1）某医院2008-2010年财务数据.epkg

（2）某医院门诊明细库2010业务数据.epkg

（3）某医院住院病人费用清单2010年4月份业务数据.epkg（由于全部住院费用业务数据13.6G，所以只导出2010年4月份业务数据）

（4）某医院2010年其他业务数据.epkg

5．AO执行语句：

某医院业务数据SQL查询语句.epkg

AO在养老保险审计调查中的应用

枞阳县审计局　江怀安

一、实例概述

（一）审计项目名称

2011年某县社会养老保险资金审计调查

（二）审计项目所属行业

社会保障

（三）项目实施时间

2011年6月29日至2011年8月5日

（四）项目背景介绍

根据安徽省审计厅的统一安排，某县审计局于自2011年6月29日起至8月5日对某县2010年度养老保险基金筹集管理使用情况进行了专项审计调查。根据某县的具体情况，审计调查的范围为2010年度企业职工基本养老保险、被征地农民养老保险基金的筹集、管理、使用情况，养老保险政策的制定和执行情况。养老保险是社会保障中非常重要的制度，涉及面广，政策法规多，资金规模大，因此加强和规范养老保险管理对保证养老保险制度的健康运行，维护参保对象合法利益具有重要意义。

此次养老保险审计调查涉及养老保险的征收，管理和发放等环节，调查对象涵盖财政、人社、税务、参保企业、国土、公安等部门或单位，养老保险参保人数多，数据量大，必须借助计算机才能进行。

审计组选择功能强大的AO软件，在获取并采集社保局、农保局、公安局、地税局电子数据的基础上，巧用连接大型数据库功能，在AO中使用SQL语句进行数据筛选、查询，利用AO多种功能对不同部门单位的数据进行综合分析，对发现问题、确定审计重点起到了重要作用，提高了工作效率，降低了审计成本。

（五）项目审查数据量

本次审计涉及的数据主要有：

1．从社保局取得的“安庆市社会保险管理系统”的业务数据，后台为Sybase数据库，导出数据库备份数据，大小为1.75G。

2．从社保局取得的2010年12月份财务软件备份数据，核算软件版本为“安易3.11版财务核算软件”，大小为616 KB。

3．从农保局取得的被征地农民全部参保人员表，为Excel格式，共40434条；2010年12月份养老金发放表，为Excel格式，共6960条；

4．从公安局取得的2009、2010年两个年度的死亡登记人口表，为Excel格式，共11268条。

5．地税局企业养老保险征收明细情况表已于2010年同级审计项目采集，为Excel格式，共12413条。

（六）项目最终结果

通过AO审计，查出在养老保险基金管理使用过程中存在以下几个方面的问题：

1．社保局违规支付企业职工养老保险金114931元。2010年度享受企业职工养老待遇的人员中，有27人在公安部门登记的死亡时间早于在社保局申报死亡时间，社保局未能按实际死亡时间及时停发养老待遇，从而造成多支付企业职工养老金114931元。

2．农保局违规支付养老金72600元。2010年度12月份享受被征地农民养老保险待遇的人员中，有84人已于2010年12月前死亡而未到农保部门申报，农保局未能及时停发养老待遇，自2008年8月以来，多支付养老金72600元。

3．部分保障对象多头参保。有649人同时参加了被征地农民养老保险和企业职工养老保险。

4．扩大范围支付被征农民养老金。在2010年12月份享受被征地农民养老待遇的人员中，有32人在2010年度同时领取了企业职工养老金。

5．部分身份证号码重复，并存在重复参保的现象。经对农保局参加被征地农民养老保险人员的身份证号码进行分析，有278条身份证号码重复2次，并存在同一保障对象以两种不同的身份参加被征地农民养老保险的现象；经对社保局参加企业职工养老保险的人员的身份证号码进行分析，有33个身份证号码重复2次，其中XXX同时以两个社保号缴费。

6．利用AO对社会保险管理信息系统进行审计，发现了部分业务数据不完整、不正确问题。

7．实现对养老金征收的真实性、完整性、入账的及时性进行验证。

8．设计建立了完整的审计模型，编制AO审计方法3个，初步建立了适合本地区社保审计的方法体系。

审计提交审计建议4条。某县人社局对提出的建议都予以采纳。

1．进一步提高基金业务基础数据质量。梳理和查找数据缺项、空项、错项、逻辑关系不严密等原因，及时整理，确保数据完整、规范、准确。

2．进一步加强生存验证经常性工作，使生存验证工作经常化。实行集中认证和分类、分时段的动态管理相结合，提高生存验证质量，杜绝冒领情况的发生。

3．农保局与社保局之间加强沟通，完善信息系统，防止养老保险基金重复发放。

4．人社部门要建立与公安等部门之间信息共享机制，及时掌握享受养老待遇人员的生存状况，防止骗取养老待遇情况发生。

对照审计调查结果，人社局采取了下列整改措施：对基础数据进行了梳理、审核，对不准确、不完整的个人信息作了更正、补充，提高了业务数据质量；对不属于保障对象参保、重复参保、多头参保、骗取养老待遇等违规问题依法依规进行了纠正；与公安部门之间建立了信息共享机制，从源头上堵塞社会养老金的损失和浪费。通过审计促进了基金规范管理及养老政策的公平、公正执行。

（七）案例特点

特点一：影响大，效果好。通过审计发现了同时参加被征地农民养老保险和企业职工企业保险、同时领取被征地农民养老金和企业职工养老金等倾向性问题，促进农保部门、社保部门、公安部门之间建立信息共享机制，防止多头参保、多头享受养老待遇，从源头上堵塞社会养老金的损失和浪费，促进养老政策公平、公正执行。

特点二：充分利用AO2011强大功能实现资金审计与业务资料的审计有机结合、传统审计方式方法与计算机审计方法有机结合。

特点三：跨部门数据综合分析。采集了社保、农保、地税、公安等部门数据，将财务数据与业务数据，内部数据与外部数据结合，对养老保险基金征收、管理、发放环节进行了全面的审计。

特点四：大量运用AO图表分析、数值统计、数值分析等功能，对数据比较分析，从不同角度分析养老保险基金管理使用方面存在的问题。

特点五：利用AO对社会保险信息管理系统进行审计，发现了业务数据记录不真实、不完整等问题，促进社保部门提高业务数据质量，扩展了计算机审计应用范围，更好的发挥了审计服务的功能。

二、项目具体实施过程

（一）AO应用介绍

1. 审前准备阶段。

（1）在AO的“项目管理”中，建立项目；

（2）审计组组长指定参审人员，主审根据审计方案，编制审计事项；

（3）导出项目信息文件给其他审计人员建立项目；

2. 审计实施阶段。

（1）业务数据采集。

社保局财务核算使用的安易3.11版财务核算软件，从社保局取得2010年12月财务软件备份数据，大小为616 KB，通过选择AO自带的“安易3.11未压缩备份”模板直接采集到AO中。

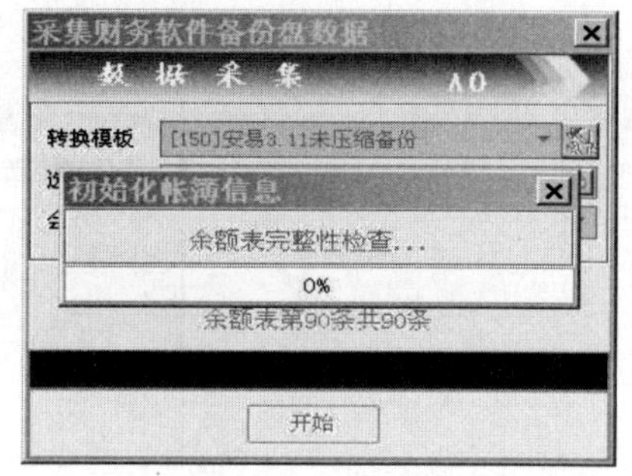

农保局被征地农民养老保险参保人员信息、2010年12月发放养老金情况表为Excel电子表格格式，直接导入AO，在AO中对数据进行整理。

公安局2009年至2010年登记的死亡人口信息为Excel电子表格形式，直接导入AO，在AO中对数据进行整理。

地税局2010年养老金征收情况已在上半年预算执行审计项目采集，打开该项目，选择表，直接通过【发送至其他项目】功能，将电子数据从预算执行项目采集到本项目。

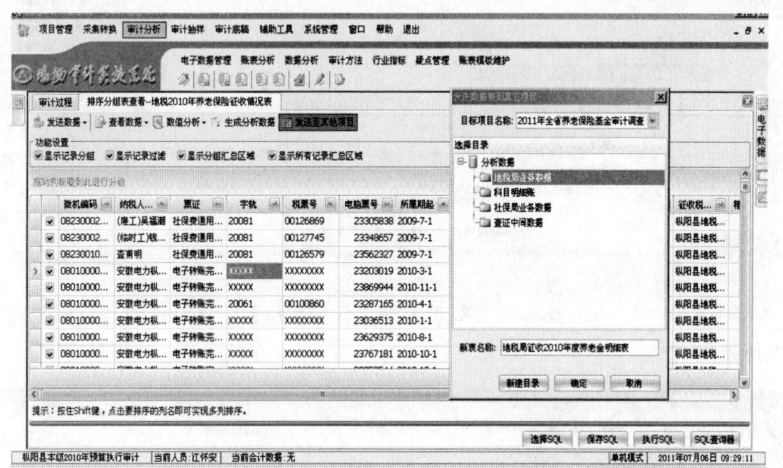

社保局企业职工养老保险业务管理系统后台为Sybase，备份的数据大小为1.75 G，安装相应版本的Sybase，还原备份数据，通过AO2011新增的【连接大型数据库】功能，建立与Sybase的连接，将单位信息表（company）、人员信息表（persons）等重要基础表通过输入SQL查询命令，通过【执行到排序分组表】、【生成分析数据】等步骤采集到【分析数据】目录下。具体步骤如下：

步骤一：建立连接sybase的数据源，命名为“SYBASELINK”。

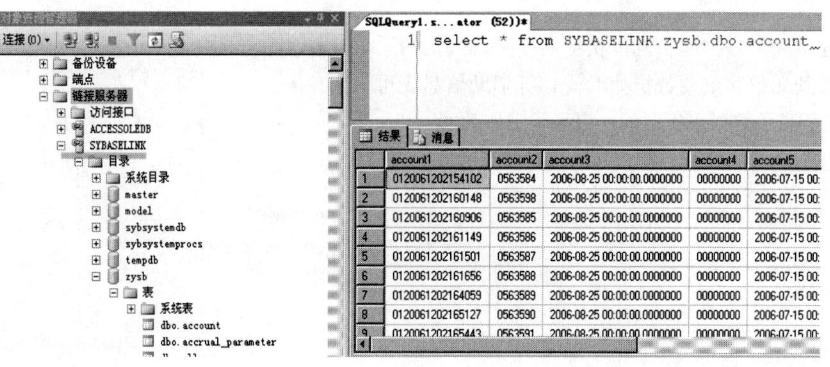

步骤二：在AO中，选择要采集的表（如社保参保单位信息表company），输入查询命令 “select * from company”，点击【执行到排序分组表】。

步骤三：全部选择第二步的执行结果，点击【生成分析数据】，保存到【分析数据】|【社保局业务数据】目录，如下图示：

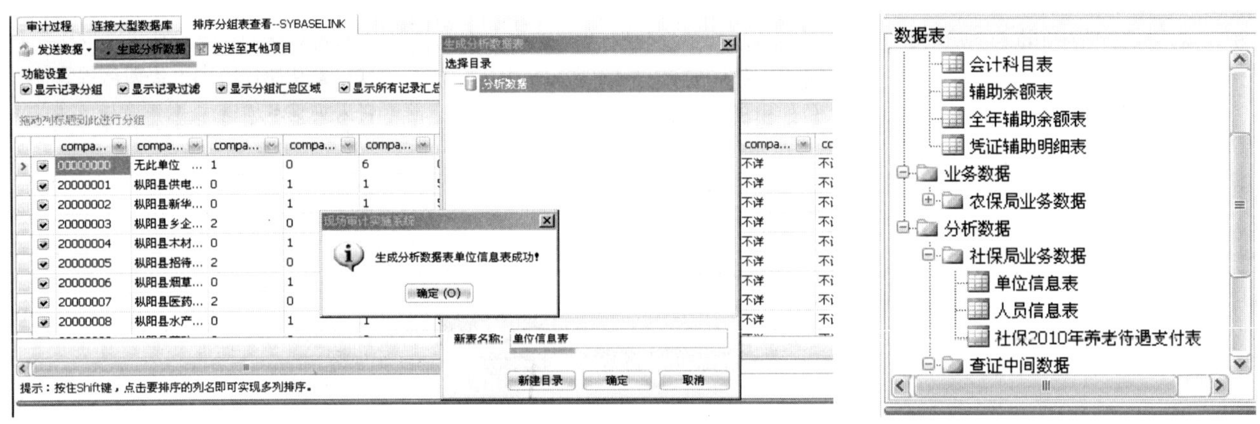

同上述步骤采集社保“人员信息表”（persons）等基础表到【分析数据】|【社保业务数据】目录下，保存为“人员信息表”。采集后的结果如下图所示：

通过AO新增的“连接大型数据库”功能快捷实现基础数据的采集、筛选；对无需采集到AO中非重要数据如dic_id等辅助信息表可随时查看，既方便，又节省了数据采集时间，提高了工作效率。

（2）数据分析。审计人员通过对比地税养老金征收数据与社保局财务数据检查了基金收入的真实性、完整性及入账的及时性；通过社保局、农保局、地税局、公安局跨部门数据多维综合分析，发现同时参保被征地农民养老保险和企业职工养老保险、多头领取养老金、瞒报死亡状况骗取养老待遇等问题。

审计人员利用了AO的“SQL查询器”编辑SQL语句，利用“重号分析”对身份证号码进行分析，利用“分类分析”对数据进行统计。提高了审计效率，实现了审计目标。

（3）编制底稿。审计人员每天对发现并已确认的问题编写底稿。

3. 审计终结阶段。

（1）生成审计报告初稿。运用AO“审计底稿”中的 “审计报告”功能，编制审计报告提纲，生成审计报告初稿。

（2）生成现场数据包。项目档案包。

（二）项目取得成果

成果一

社保局违规支付企业职工养老保险金114931元。在2010年度享受企业职工养老待遇的人员中，有27人在公安部门登记的死亡时间早于在社保局申报死亡时间，社保局未能按实际死亡时间及时停发养老待遇，从而造成多支付企业职工养老金114931元。

审计事项

社会保险审计—基金支付—违规支付保险金

审计思路：

1. 确定审计重点。

通过审计调查了解，县社保局每年3至5月份对集中对领取企业职工养老保险人员进行生存验证，由于领取养老金对象居住分散等原因，也采取通过网上视频认证、委托乡镇社保所或外地社保经办机构认证的方式，并且社保部门和公安部门没有建立信息共享机制，因此，社保局对头年5月份至次生3月这个时间段领取养老金人员的生存状况很难准确掌握，对未实到社保局认证的人员的生存状况真实性可信度不高。审计判断，隐瞒享受养老待遇人员死亡状况而进行骗保的风险较高。因此将有无违规支付基金情况作为审计重点。

2. 查询被骗保的养老金。

从养老金结算表paylist表中筛选出属于2010年度养老金结算明细记录，生成“社保2010的享受养老待遇支付表”（本表无身份证号码），从中提取唯一的社保号，生成中间表，与“参保人员信息表”通过社保号关联，生成含身份证号码的“享受2010年养老待遇人员信息表”，将“享受2010年养老待遇人员信息表”与在公安部门登记的死亡人口信息表比对，筛选出已死亡但仍享受养老待遇的人员信息表，查询死亡人员“领取”养老金的明细记录，从中筛选出在死亡日期以后“领取”养老金的记录，最后统计人数与金额。具体流程图如下示：

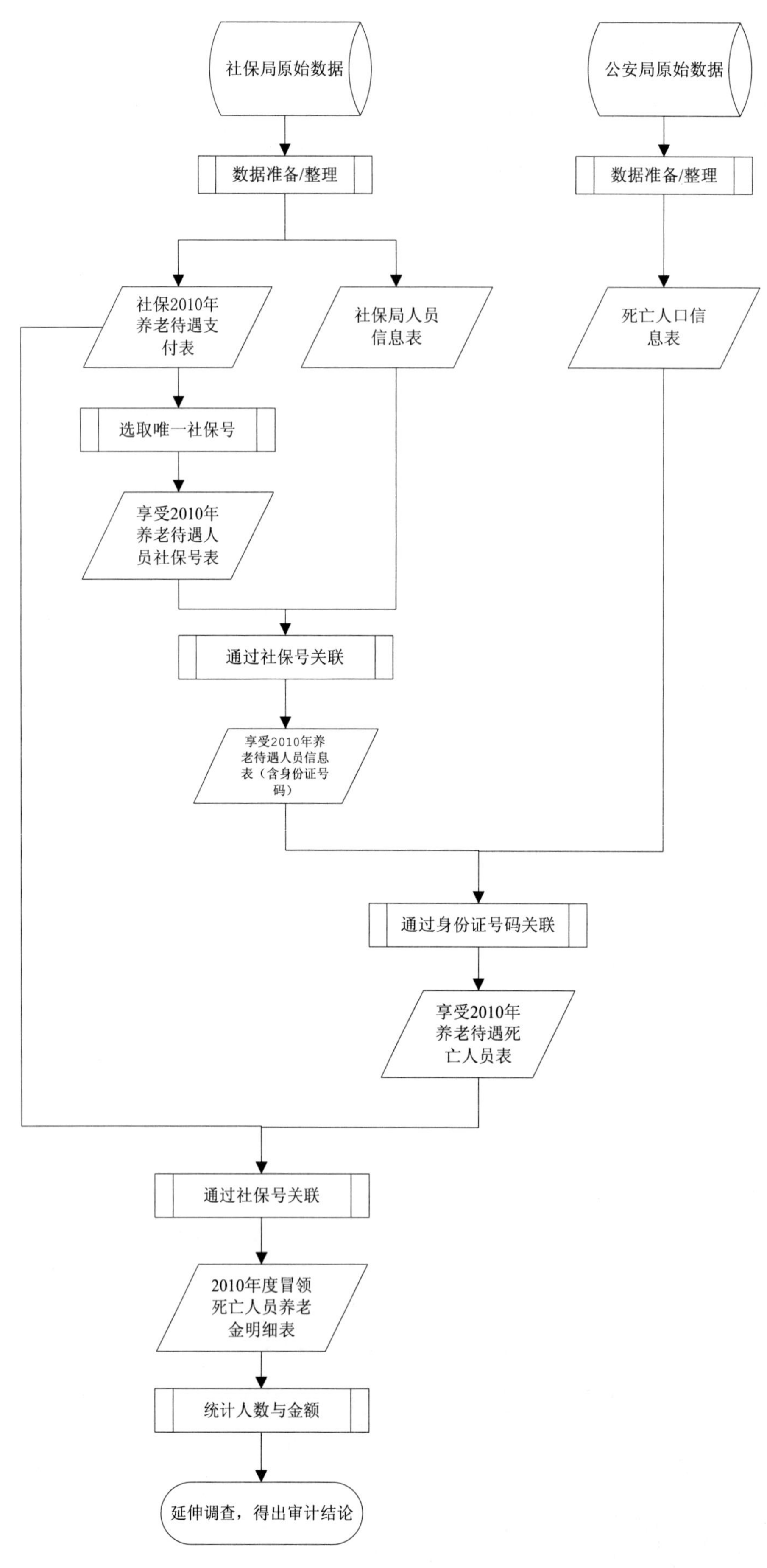
社保局原始数据
公安局原始数据
数据准备/整理
数据准备/整理
社保2010年养老待遇支付表
社保局人员信息表
死亡人口信息表
选取唯一社保号
享受2010年养老待遇人员社保号表
通过社保号关联
享受2010年养老待遇人员信息表（含身份证号码）
通过身份证号码关联
享受2010年养老待遇死亡人员表
通过社保号关联
2010年度冒领死亡人员养老金明细表
统计人数与金额
延伸调查，得出审计结论

审计步骤与方法：

步骤一：生成“社保2010年养老待遇支付表”。

通过【连接大型数据】功能，连接到Sybase数据库，从社保养老待遇支付表“paylist”中筛选出属于2010年度养老待遇，执行到分组排序表。SQL语句为：

select * from paylist where paylist3 between '20100101' and '20101231'

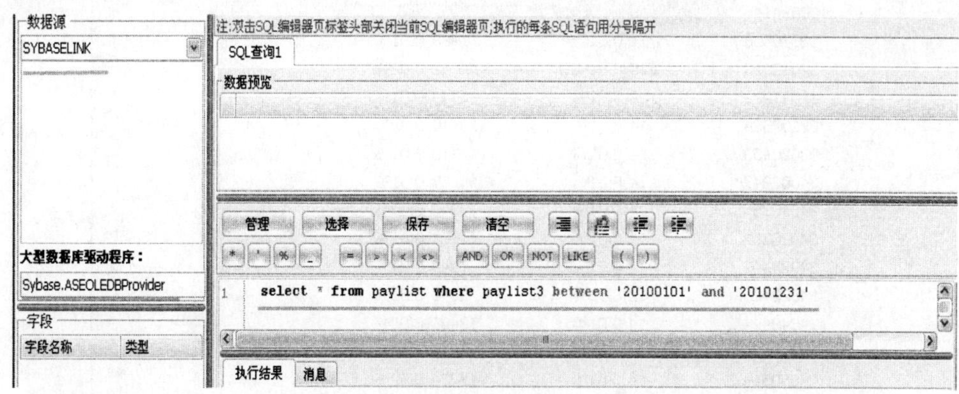

全部选择执行结果，单击【生成分析数据】，保存到【分析数据】|【社保业务数据】目录下，命名为：“社保2010年养老待遇支付表”。

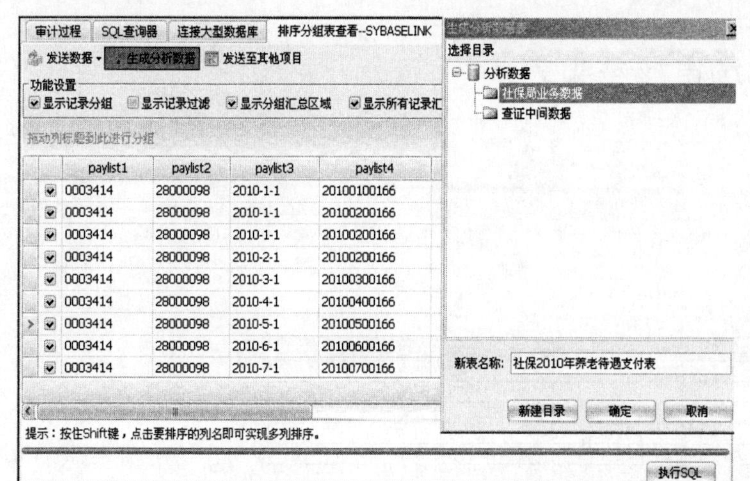

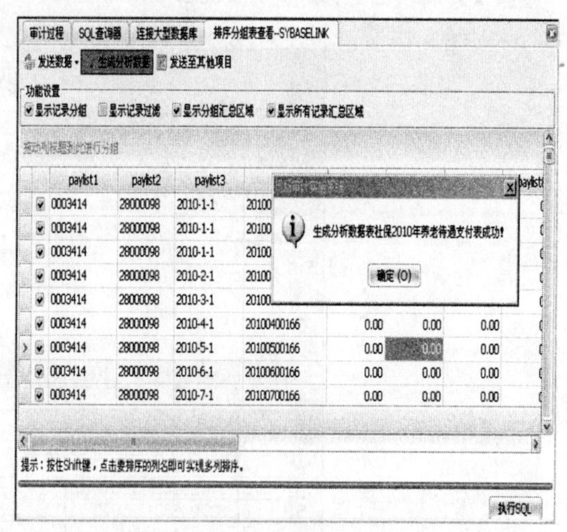

步骤二：利用【分类分析】功能从“社保2010年养老待遇支付表”中筛选唯一社保号。

选择“社保2010年养老待遇支付表”，点击【排序分组表查看】，单击【数值分析】|【分类分析】，进入【统计字段设定】窗口，选择参加分组的字段为“paylist1”（社保号），参加合计的字段选择数据类型为数值的字段如paylist14（此步骤的目的是提取2010年享受养老待遇人员唯一社保号paylist1，对合计的字段无特别要求，只要选数数值型的字段即可，本例选取paylist14字段），如下图如示：

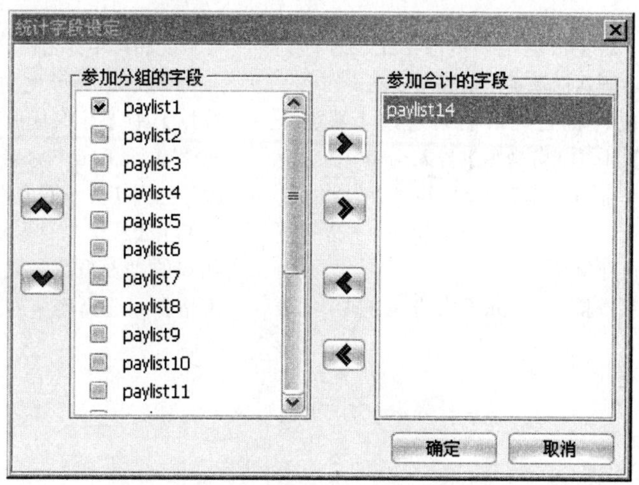

单击【确定】，进入【分类分析结果】窗口，选择统计字段“paylist14”，点击【统计】，结果如下图：

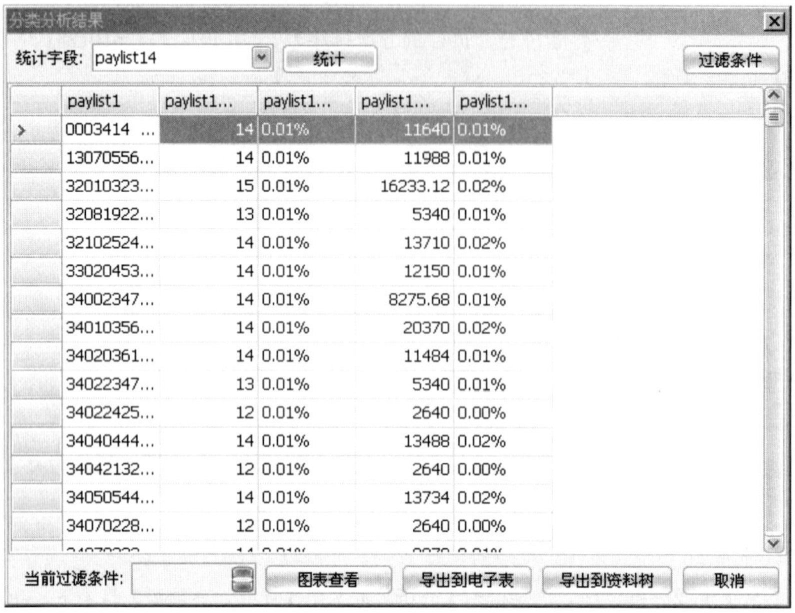

分类分析结果

统计字段：paylist14 统计 过滤条件

paylist1	paylist1...	paylist1...	paylist1...	paylist1...
0003414 ...	14	0.01%	11640	0.01%
13070556...	14	0.01%	11988	0.01%
32010323...	15	0.01%	16233.12	0.02%
32081922...	13	0.01%	5340	0.01%
32102524...	14	0.01%	13710	0.02%
33020453...	14	0.01%	12150	0.01%
34002347...	14	0.01%	8275.68	0.01%
34010356...	14	0.01%	20370	0.02%
34020361...	14	0.01%	11484	0.01%
34022347...	13	0.01%	5340	0.01%
34022425...	12	0.01%	2640	0.00%
34040444...	14	0.01%	13488	0.02%
34042132...	12	0.01%	2640	0.00%
34050544...	14	0.01%	13734	0.02%
34070228...	12	0.01%	2640	0.00%

当前过滤条件： 图表查看 导出到电子表 导出到资料树 取消

点击【导出到电子表】，生成现场审核结果表，

现场审核结果表

被审核单位：枞阳县社保局
制单日期：2011-7-13
制单人：江怀安
审核日期：
审核人：
填报说明：

paylist14

序号	paylist1	paylist1总数	paylist1百分数	paylist14和	paylist14百分数
1	0003414	14	0.01%	11640	0.01%
2	1307055610020320	14	0.01%	11988	0.01%
3	3201032306300777	15	0.01%	16233.12	0.02%
4	3208192207212226	13	0.01%	5340	0.01%
5	3210252406226010	14	0.01%	13710	0.02%
6	3302045301205020	14	0.01%	12150	0.01%
7	3400234710093117	14	0.01%	8275.68	0.01%

对生成的现场审核结果表进行处理，删除标题等，仅保留“paylist1”字段，将处理后的表通过【数据采集】|【业务数据】导入到AO中，保存在【业务数据】|【社保局业务数据】目录下，表名为“享受2010年养老待遇人员社保号表”。

步骤三：生成含身份证号码中间表“享受2010年养老待遇人员信息表”。

单击【图形化SQL】，从【业务数据】|【社保局业务数据】目录下将“享受2010年养老待遇人员社保号表”拖到【关系网窗格】；从【分析数据】|【社保局业务数据】目录下将社保局的“人员信息表”拖到【关系网窗格】，选择连接列“paylsit1”、“persons1”(社保号)，选择输出字段paylist1(社保号)、persons2(身份证号码)、persons3(姓名)，分别为各列输入别名。点击【保存】，输入名称“生成中间表享受2010年养老待遇人员信息表图形”，点击【确定】，进入【SQL查询器】，生成SQL语句。

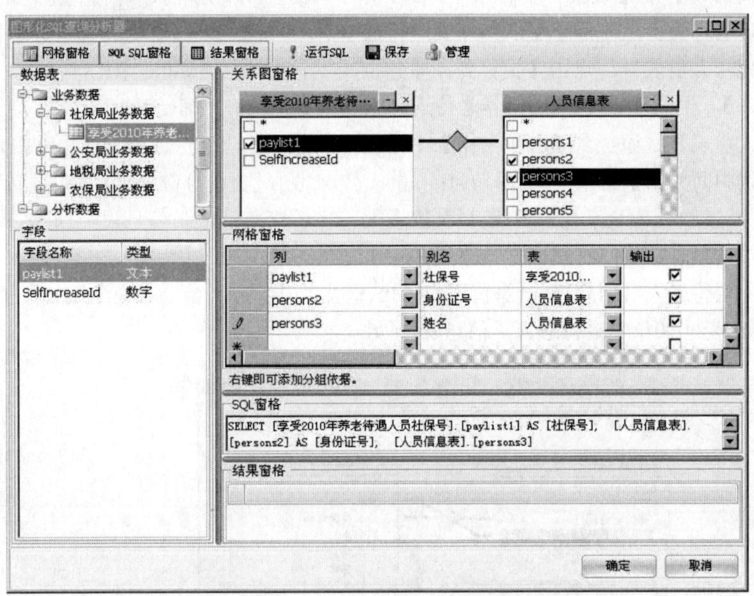

在【SQL查询器】中，保存SQL语句到【分析数据查询语句】|【成果一】目录下，SQL语句名称为“生成享受2010年养老待遇人员信息表”。生成的SQL语句为：

SELECT [享受2010年养老待遇人员社保号].[paylist1] AS [社保号], [人员信息].[persons2] AS [身份证号码], [人员信息表].[persons3] AS [姓名] FROM [享受2010年养老待遇人员社保号] INNER JOIN [人员信息表] ON [享受2010年养老待遇人员社保号].[paylist1]=[人员信息表].[persons1]

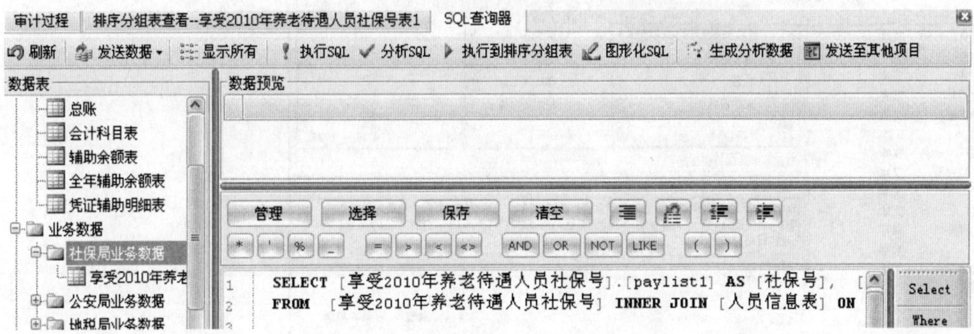

点击【执行到排序分组表】，右击鼠标，选择【全部选择】，点击【生成分析数据】，保存到【分析数据】|【查证中间数据】下，命名为“享受2010年养老待遇人员信息表”

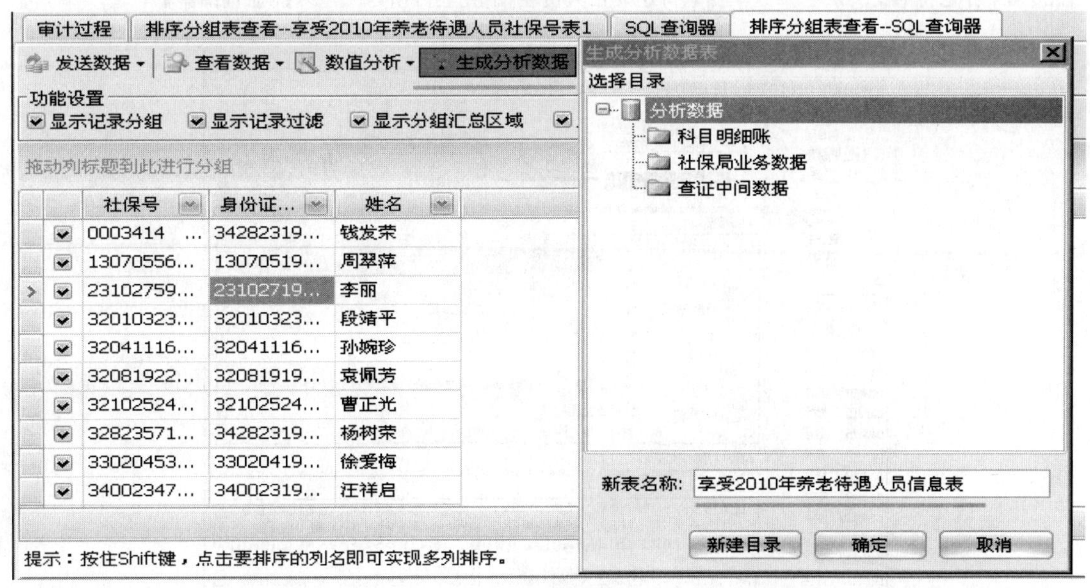

步骤四：生成中间表“享受2010年养老待遇死亡人员表”。

进入【图形化SQL】，同步骤三，将【查询中间数据】目录下“享受2010年养老待遇人员信息表”与【业务数据】|【公安局业务数所】目录下的“死亡人口信息表”通过身份证号码、姓名进行关联，保存图形名称为“生成中间表享受2010年养老待遇死亡人员表图形”。保存SQL语句到【分析结果查询语句】|【成果一】目录下，SQL语句名称为：“生成享受2010年养老待遇死亡人员表”。点击【执行到排序分组表】，生成“享受2010年养老待遇死亡人员表”，添加到【分析数据】|【查询中间数据】目录。SQL语句为：

SELECT [享受2010年养老待遇人员信息表].[社保号]， [享受2010年养老待遇人员信息表].[身份证号码]，[享受2010年养老待遇人员信息表].[姓名]， [死亡人口信息表].[死亡日期]

FROM [享受2010年养老待遇人员信息表] INNER JOIN [死亡人口信息表] ON [享受2010年养老待遇人员信息表].[身份证号码]=[死亡人口信息表].[公民身份号码] AND [享受2010年养老待遇人员信息表].[姓名]=[死亡人口信息表].[姓名]

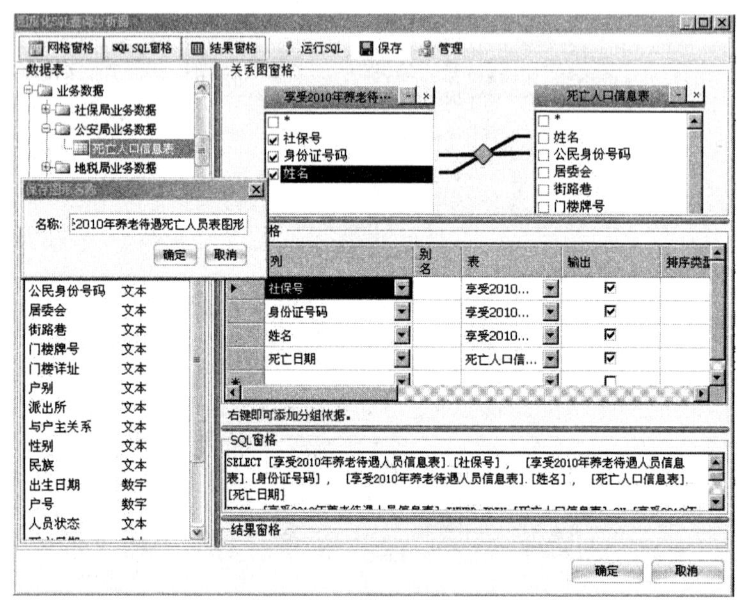

步骤五：生成“2010年度冒领死亡人员养老金明细表”，统计金额。

进入【图形化SQL】，方法同步骤三，将“社保2010年养老待遇支付表”通过社保号与“享受2010年养老待遇死亡人员表”进行关联，在paylist2列“筛选器”中输入条件：“>[享受2010年养老待遇死亡人员表].[死亡日期]”（以支付待遇时间大于死亡时间为条件），保存图形为“生成2010年度冒领死亡人员养老金明细表图形”，进入【SQL查询器】。

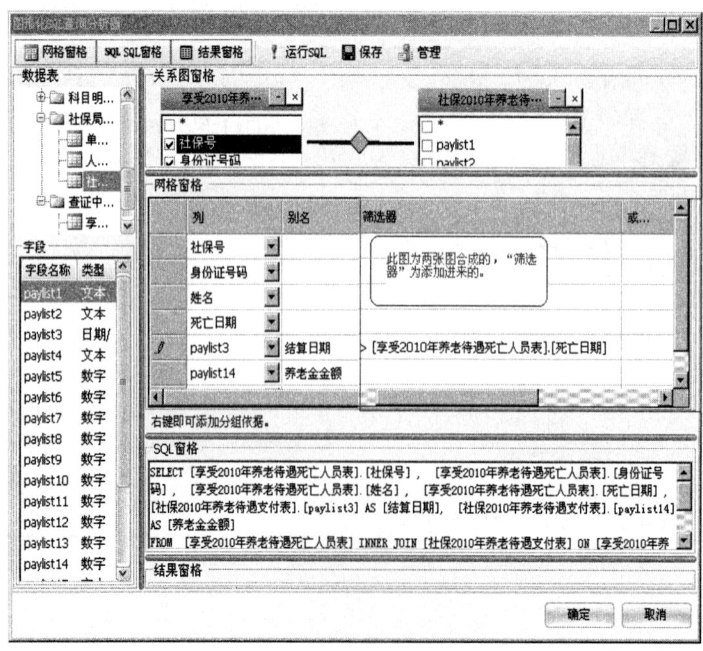

在【SQL查询器】中，除去“WHERE ([社保2010年养老待遇支付表].[paylist3]>‘[享受2010年养老待遇死亡人员表].[死亡日期])’”中的引号，筛选死亡后仍享受养老金的明细记录，生成SQL语句，保存SQL语句为“生成2010年度冒领死亡人员养老金明细表”，SQL语句为：

```
SELECT [享受2010年养老待遇死亡人员表].[社保号]，[享受2010年养老待遇死亡人员表].[身份证号码]，[享受2010年养老待遇死亡人员表].[姓名]，[享受2010年养老待遇死亡人员表].[死亡日期]，[社保2010年养老待遇支付表].[paylist3] AS [结算日期]，[社保2010年养老待遇支付表].[paylist14] AS [养老金金额]
FROM [享受2010年养老待遇死亡人员表] INNER JOIN [社保2010年养老待遇支付表] ON [享受2010年养老待遇死亡人员表].[社保号]=[社保2010年养老待遇支付表].[paylist1]
WHERE ([社保2010年养老待遇支付表].[paylist3]>[享受2010年养老待遇死亡人员表].[死亡日期])
```

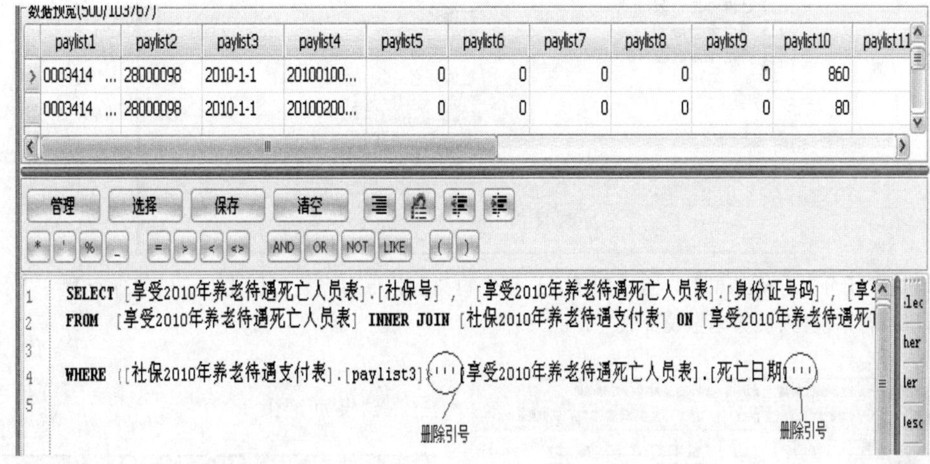

点击【执行到分组排序表】，单击【发送数据】|【发送到资料树】，保存到资料树的【查证结果保存】|【成果一】目录，重命名为“2010年度冒领死亡人员养老金明细表”。

单击【数据分析】|【分类分析】，选择“社保号”、“姓名”为分组字段，“养老金金额”为参加合计的字段进行分组，

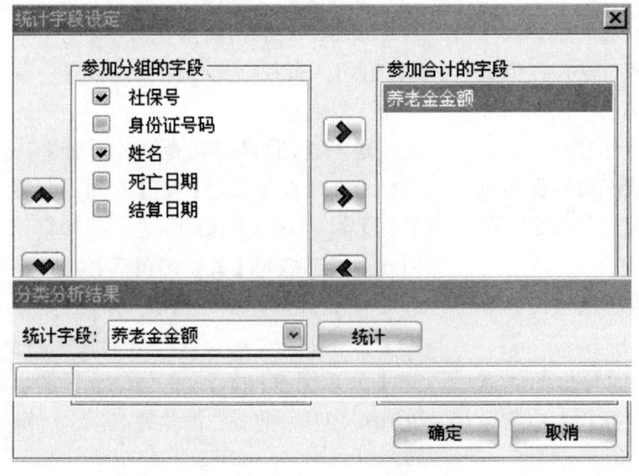

点击【图表查看】，进入【图形分析向导】，选择“姓名”为X轴，选择“养老金金额和合计”为Y轴，显示样式选择“饼形图”，如下图示：

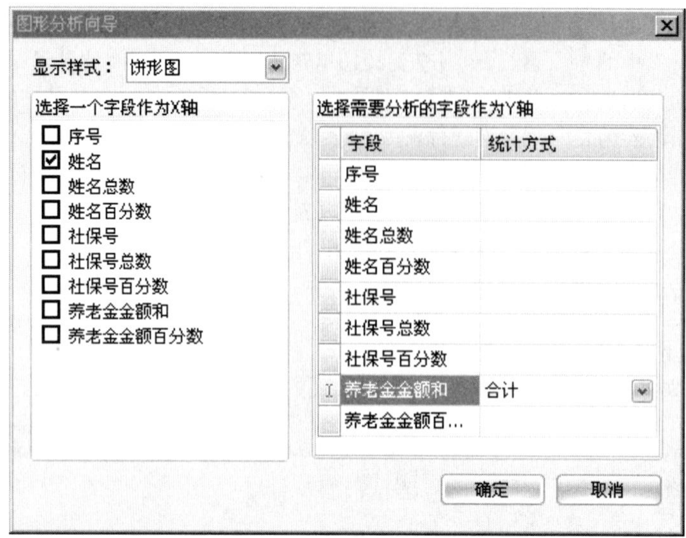

点击【确定】，进入【分类分析结果】，点击到【发送至资料树】，保存在资料树【查证结果保存】|【成果一】目录下，命名为“2010年度社保冒领死亡人员养老金统计表”。

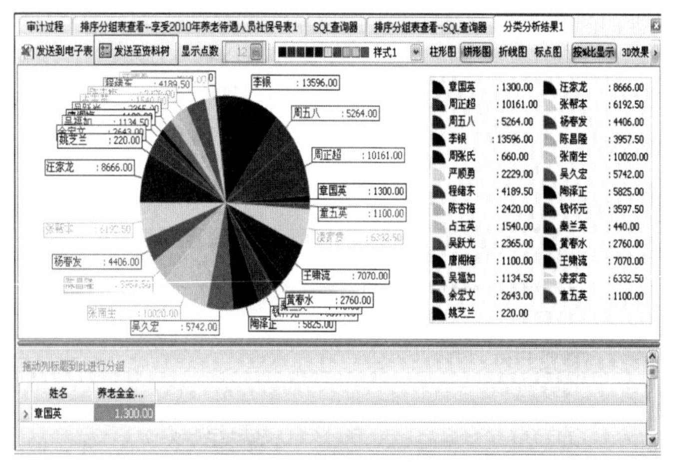

结果如下图：

	A	B	C	D	E	F
1	现场审核结果表					
2						
3	被审核单位:					
4	制单日期: 2011-7-13					
5	制单人: 江怀安					
6	审核日期:					
7	审核人:					
8	填报说明:					
9						
10						
11	图表查看结果					
12	2011-7-13 10:50:20					
13						
14	姓名	养老金金额和合计				
15	章国英	1300				
16	周正超	10161				
17	周五八	5264				

数据Sheet / 图表Sheet

发现：有27人停发养老金时间晚于在公安部门登记的死亡，多发养老金114931元。

成果二

农保局违规支付养老金72600元。在2010年度12月份享受被征地农民养老保险待遇的人员中，有84人已于2010年12月前死亡而未到农保部门申报，农保局未能及时停发上述人员的养老待遇，自2008年8月份以来，多支付被征地农民养老金72600元。

审计事项：

社会保险审计—基金支付—违规支付保险金

审计思路：

1. 确定审计重点。

被征地农民养老保险由于起初比较晚，对享受养老待遇人员的生存认证未建立有效的认证手段和方法，仅依据乡镇社保所上报和农保部门不定期的抽查，认证的面比较窄。审计判断，隐瞒享受养老待遇人员死亡状况而骗保的风险较高。因此将有无违规支付基金情况作为审计重点。

2、查找被冒领的被征地农民养老保险金。

将农保局“2010年12月份的养老金发放表”与公安局的“死亡人口信息表”进行比对，筛选出死亡人员名单，计算冒领金额。

审计步骤与方法：

步骤一：利用图形化SQL功能生成SQL语句，查找已死亡但仍“领取”养老金人员名单。

进入【图形化SQL查询分析器】，将保存在【业务数据】|【农保局业务数据】目录下的“农保养老金2010年12月发放表”拖到【关系图窗格】，将保存在【业务数据】|【公安局业务数据】目录下的“死亡人口信息表” 拖到【关系图窗格】，将“农保养老金2010年12月发放表”的“姓名”、“身

份证号码”列分别与“死亡人口信息表”的“姓名”、“公民身份号码”列连接，选择输出列“姓名”、“性别”、“身份证号码”、“账号”、“发放金额”、“死亡日期”，保存图形名称为“生成2010年冒领农保死亡人员养老金情况表图形”。点击【确定】，进入【SQL查询器】，保存生成的SQL语句到【分析数据查询语句】|【成果二】目录下，SQL语句名称为：“查询2010年冒领农保死亡人员养老金情况SQL语句”。生成的SQL语句为：

SELECT [农保养老金2010年12月发放表].[姓名]，[农保养老金2010年12月发放表].[性别]，[农保养老金2010年12月发放表].[身份证号码]，[农保养老金2010年12月发放表].[账号]，[农保养老金2010年12月发放表].[发放金额]，[死亡人口信息表].[死亡日期]

FROM [农保养老金2010年12月发放表] INNER JOIN [死亡人口信息表] ON [农保养老金2010年12月发放表].[姓名]=[死亡人口信息表].[姓名] AND [农保养老金2010年12月发放表].[身份证号码]=[死亡人口信息表].[公民身份号码]

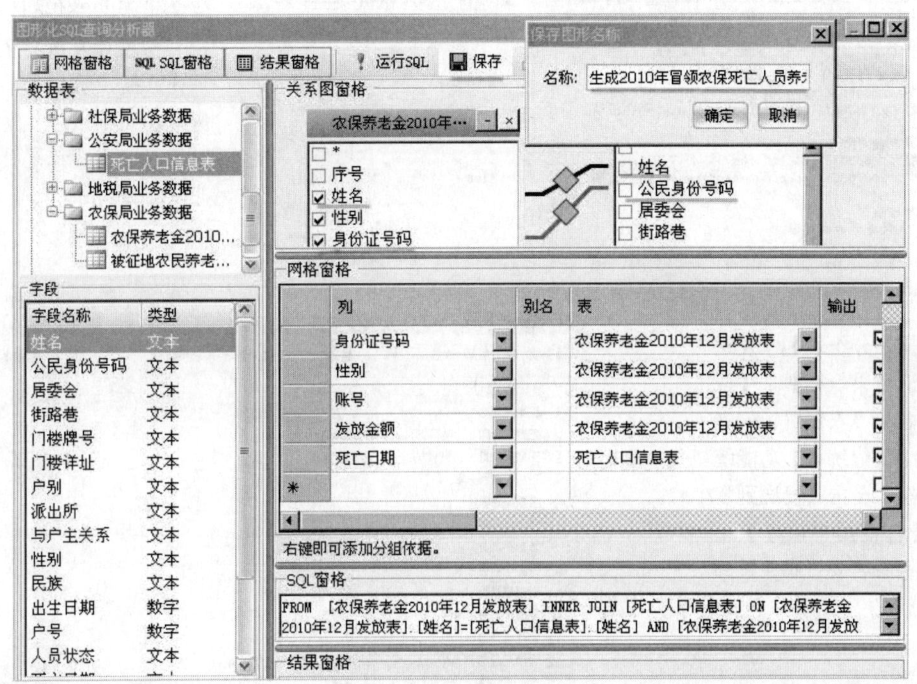

单击【执行到排序分组表】，【发送数据】|【发送到资料树】，保存查询结果到资料树【查证结果保存】|【成果二】目录下，重命名为：“2010年冒领农保死亡人员养老金情况表”；点击【生成分析数据】，保存到【分析数据】|【查证中间数据】，保存的表命名为“冒领农保死亡人员养老金情况表”。

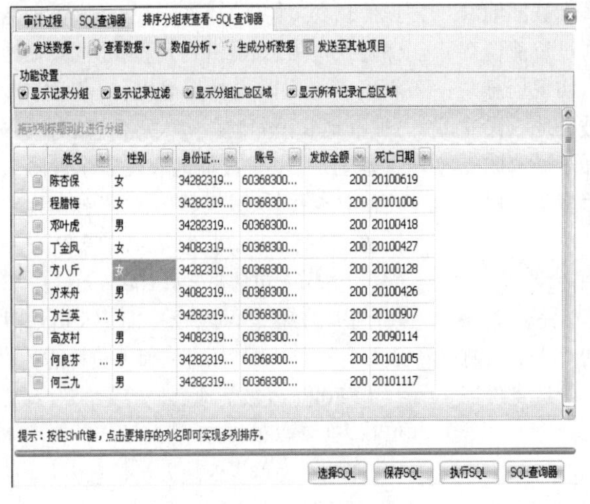

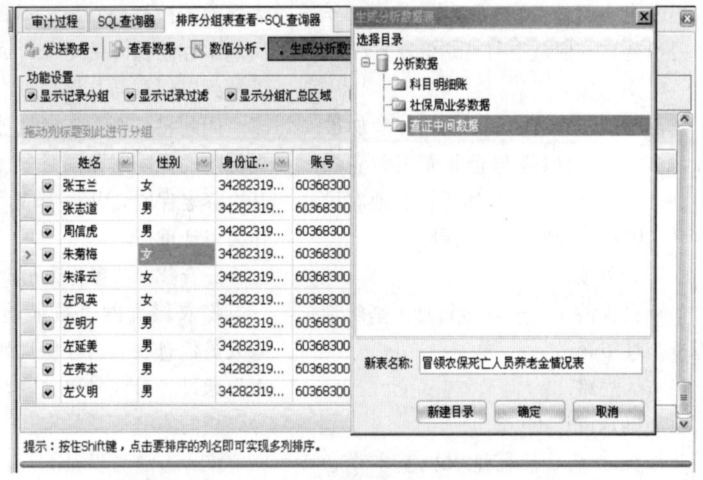

步骤二：统计累计“领取”养老金总金额。

进入【SQL查询器】中，选择“冒领农保死亡人员养老金情况表”，输入以下SQL语句：

```
select 姓名,性别,身份证号码,账号,死亡日期,
case when 死亡日期<'20080801' then 29
    when 死亡日期>='20080801' then datediff(month,死亡日期,'20101230')
    else 0
end as 死亡后发放养老金月数 ,
case when 死亡日期<'20080801' then 29*100
    when 死亡日期>='20080801' then datediff(month,死亡日期,'20101230')*100
    else 0
end as 死亡后累计发放金额
from [冒领农保死亡人员养老金情况表]
```

说明：被征地农民养老金标准为每月100元（2010年12月发放200元为2个月的养老金），自2008年8月份开始发放，早于2008年8月死亡的，至2010年12月份累计发放29个月；晚于2008年8月死亡的，用datediff函数计算死亡月份至2010年12月发放的月数，将月数乘以每月养老金标准100元，计算每人累计发放金额，

点击【执行到排序分组表】，发送结果到资料树【查证结果保存】|【成果二】目录，重命名为“农保冒领养老情况统计表”。用【数值统计】功能统计累计人数及总金额。单击【发送到资料树】，保存到【查证结果保存】|【成果二】目录，重命名为“农保冒领养老情况合计表”

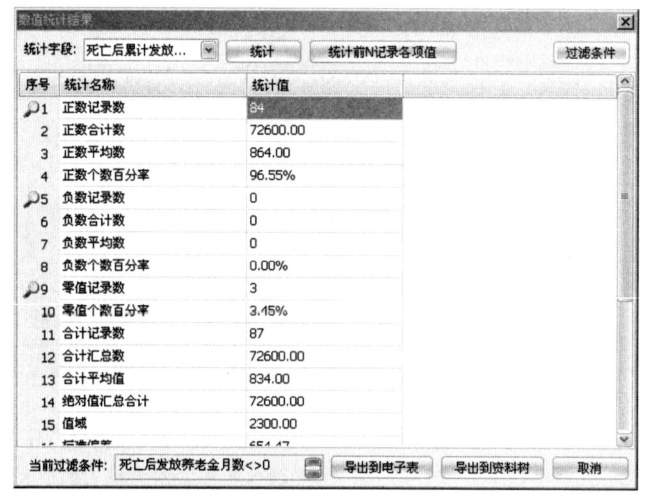
数值统计结果

统计字段：死亡后累计发放...　统计　统计前N记录各项值　过滤条件

序号	统计名称	统计值
1	正数记录数	84
2	正数合计数	72600.00
3	正数平均数	864.00
4	正数个数百分率	96.55%
5	负数记录数	0
6	负数合计数	0
7	负数平均数	0
8	负数个数百分率	0.00%
9	零值记录数	3
10	零值个数百分率	3.45%
11	合计记录数	87
12	合计汇总数	72600.00
13	合计平均值	834.00
14	绝对值汇总合计	72600.00
15	值域	2300.00

当前过滤条件：死亡后发放养老金月数<>0　导出到电子表　导出到资料树　取消

发现：84名死亡人员死亡后“领取”养老金累计72600元（3人为2010年12月份死亡，应从下月开始停发）。

成果三

部分人员多头参保（同时参加被征地农民养老保险与企业职工养老保险）。有649人同时参加了被征地农民养老保险和企业职工养老保险。

审计事项：

社会保险审计—基金管理—基础管理规范性审查

审计思路：

1.确定审计重点。

根据《某县被征地农民基本养老保障实施细则》规定：被征地农民符合城镇企业职工养老参保条件的可以参加企业职工养老保险；已参加城镇职工养老保险的被征地农民，不属于被征地农民基本养老保障的对象。通过审前调查了解到农保局与社保局没有实现信息共享。因此将是否存在参加被征地农民养老保险的保障对象同时参加了城镇职工基本养老保险，从而形成“多头参保”作为审计重点。

2.查找多头参保人员。

将农保局的“被征地农民养老保险人员信息表”与社保局的“人员信息表”通过身份证号码关联，筛选身份证号码相同的记录。

审计方法与步骤：

利用【图形化SQL】功能生成SQL语句，生成如下SQL语句：

```
SELECT [被征地农民养老保险人员信息表].[乡镇] , [被征地农民养老保险人员信息表].[村别] , [被征地农民养老保险人员信息表].[组别] , [被征地农民养老保险人员信息表].[户主姓名] , [被征地农民养老保险人员信息表].[家庭成员] , [被征地农民养老保险人员信息表].[身份证号码] , [人员信息表].[persons1] AS [企业职工养老保险号], [人员信息表].[persons6] AS [社保人员标志]
FROM [被征地农民养老保险人员信息表] INNER JOIN [人员信息表] ON [被征地农民养老保险人员信息表].[身份证号码]=[人员信息表].[persons2]
```

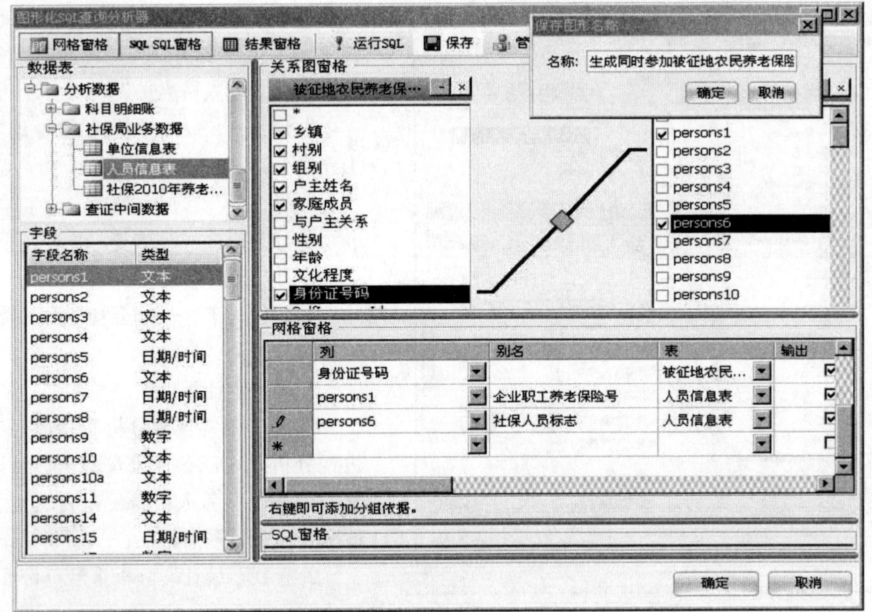

单击【执行到排序分组表查看】，选择“社保人员标志”列，选择【自定义】，进入【自定义过滤条件】，选择条件为社保人员标志不等于33，过滤掉“社保人员标志”字段值为33的记录（代码33为清除资料人员，是无效的记录）。单击【发送数据】|【发送到资料树】，保存到【查证结果保存】目录下，重命名为“同时参加被征地农民养老保险与企业职工养老人员表”。

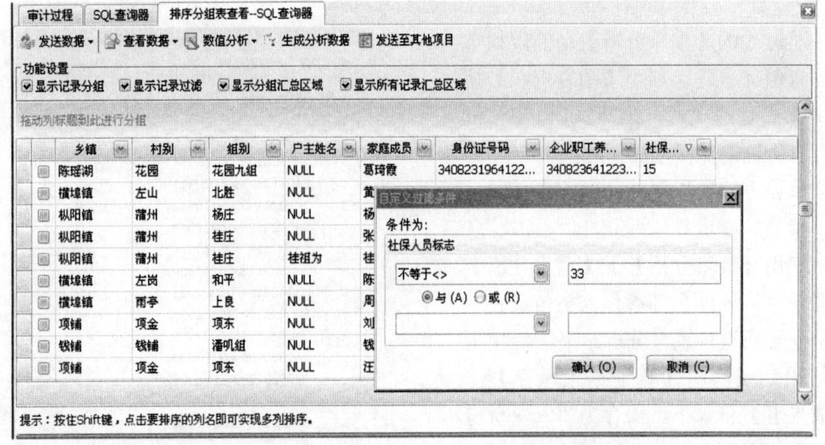

发现：有649人同时参加被征地农民养老保险与企业职工养老保险。

成果四

部分参保人员多头享受养老保险待遇（同时领取被征地农民养老保险与企业职工养老保险）。在2010年12月享受被征地农民养老待遇的人员中，有32人在2010年度同时享受企业职工养老保险待遇。

审计事项:

社会保险审计—基金管理—基础管理规范性审查

审计思路:

1. 确定审计重点。

基于存在多头参保的情况，其中达到规定年龄享受养老享待遇的人员可能分别在社保与农保领取养老金，从而造成养老基金的重复支付。

2. 查找多头享受养老保险待遇的人员。

将农保局的“农保2010年12月份发放表”与上述成果一生成的中间表社保“享受2010年养老待遇人员信息表”通过身份证号码关联，查找身份证号码相同的记录。

审计方法与步骤

进入【图形化SQL】，将【业务数据】|【农保局业务数据】目录下的“农保2010年12月份发放表”与【分析数据】|【查询中间数据】目录下的“享受2010年养老待遇人员信息表”，拖到【关系图窗格】，通过“身份证号码”连接，生成SQL语句，保存的图形名称为：“生成同时领取被征地农民养老保险和企业职工养老保险SQL语句图形”，生成的SQL语句为:

SELECT [农保养老金2010年12月发放表].[姓名]， [农保养老金2010年12月发放表].[性别]， [农保养老金2010年12月发放表].[身份证号码]，[农保养老金2010年12月发放表].[账号]， [农保养老金2010年12月发放表].[发放金额]， [享受2010年养老待遇人员信息表].[社保号]

FROM [农保养老金2010年12月发放表] INNER JOIN [享受2010年养老待遇人员信息表] ON [农保养老金2010年12月发放表].[身份证号码]=[享受2010年养老待遇人员信息表].[身份证号码]

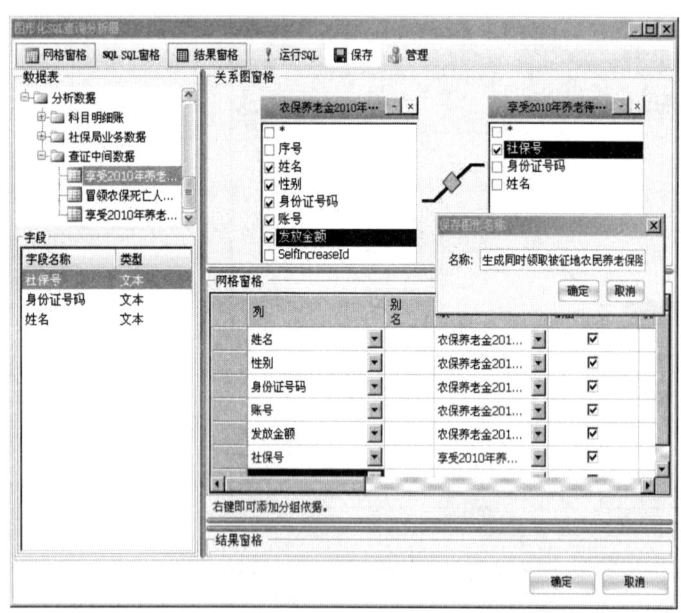

保存结果到资料树【查证结果保存】|【成果四】目录下，重命名为：“同时领取被征地农民养老金和企业职工养老金人员名单”

发现：有32人同领取了被征地农民养老金和企业职工养老金。

成果五

部分身份证号码重复，并存在重复参保的现象。

审计事项：

社会保险审计—基金管理—基础管理规范性审查

审计思路：

1.确定审计重点。

通过AO中“重号分析”功能对参保人员身份证号码进行分析发现，参保人员身份证号码存在重号的异常现象。因此将参保人员身份是否真实、是否存在重复参保情况作为审计重点。

2.查找、统计、分析重号身份证号码。

通过AO的【重号分析】功能查找重号的身份证号码，利用【图表查看】功能统计重复的次数，编写SQL语句分析重号身份证的参保人员信息。

审计方法和步骤：

步骤一：重号分析。

利用【数值分析】|【重号分析】功能对“被征地全部参保人员信息表”身份证号码进行重号分析结果，导出上述结果到资料树【查证结果保存】|【成果五】目录下，保存为“农保身份证号重复表”。

步骤二:对重号情况进行统计。

利用【图表查看】功能分析重复号码明细情况，选“重复值”作为X轴，“重复值计数”为Y轴，显示样式为“柱形图”。

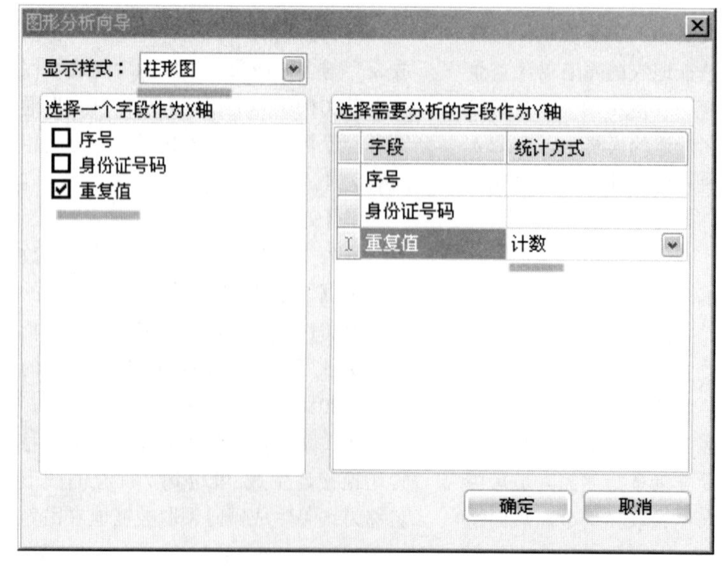

分析结果如下图如示：

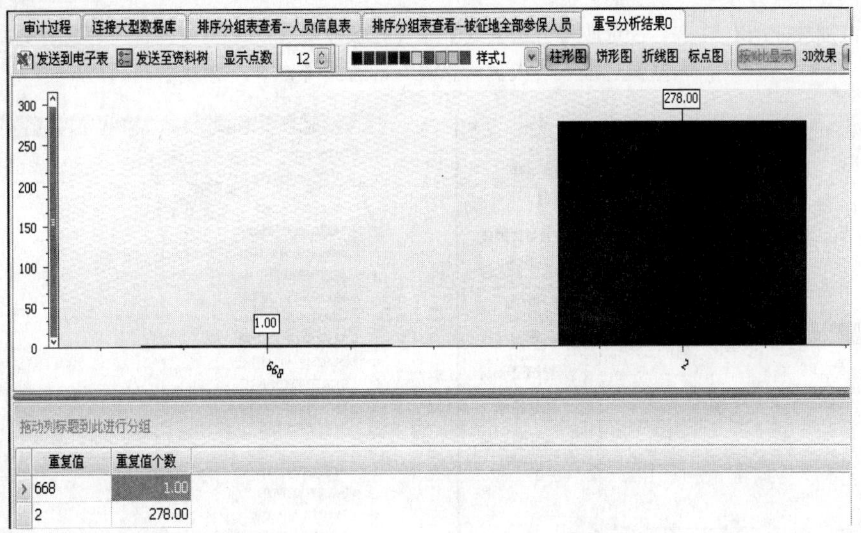

重复值	重复值个数
668	1.00
2	278.00

发现：有668条记录未填写个人身份号码，同一身份证号码重复2次的记录有278条。

步骤三：对重复的身份证号码信息作进一步分析。

筛选身份证号码相同、姓名相同，但与户主关系不同的记录（查询同一个人以不同家庭成员身份参保的情况）。SQL语句如下：

select a.* from 被征地农民养老保险人员信息表 a,被征地农民养老保险人员信息表 b

where a.身份证号码=b.身份证号码 and a.家庭成员=b.家庭成员 and a.与户主关系<>b.与户主关系

and a.身份证号码 is not null and a.身份证号码 not like '' order by a.身份证号码

管理 选择 保存 清空

```
lect a.* from 被征地农民养老保险人员信息表  a,被征地农民养老保险人员信息表  b
ere a.身份证号码=b.身份证号码 and a.家庭成员=b.家庭成员 and a.与户主关系<>b.与户主关系
d a.身份证号码 is not null and a.身份证号码 not like '' order by a.身份证号码
```

执行结果 消息

乡镇	村别	组别	户主姓名	家庭成员	与户主关系	性别	年龄	文化程度	身份证号码
钱铺	钱铺	黄龙组	NULL	王立泽	儿子	男	35	初中	340823197402166811
钱铺	钱铺	钱铺组	NULL	王立泽	弟	男	34	初中	340823197402166811
枞阳	双龙	殷塘二组	NULL	胡华英	媳	女		NULL	340823197412294323
枞阳镇	双龙	殷塘二组	NULL	胡华英	三媳	女	33	初中	340823197412294323
白梅	一青	付庄组	NULL	左宗秀	长女	女	33	初中	340823197509223521
钱铺	黄岗	章店组	NULL	左宗秀	五媳	女	31	初中	340823197509223521
枞阳镇	双龙	张庄组	NULL	张家利	子	男	31	高小	340823197601084018
枞阳镇	双龙	张庄组	NULL	张家利	弟	男	33	初中	340823197601084018

步骤四:保存疑点。

单击【排序分组表查看】，右击鼠标，点击【全部选择】，单击【发送数据】|【发送到疑点】，结果保存为“农保参保人员身份证号码重号可能存在重复参保的疑点”的审计疑点。

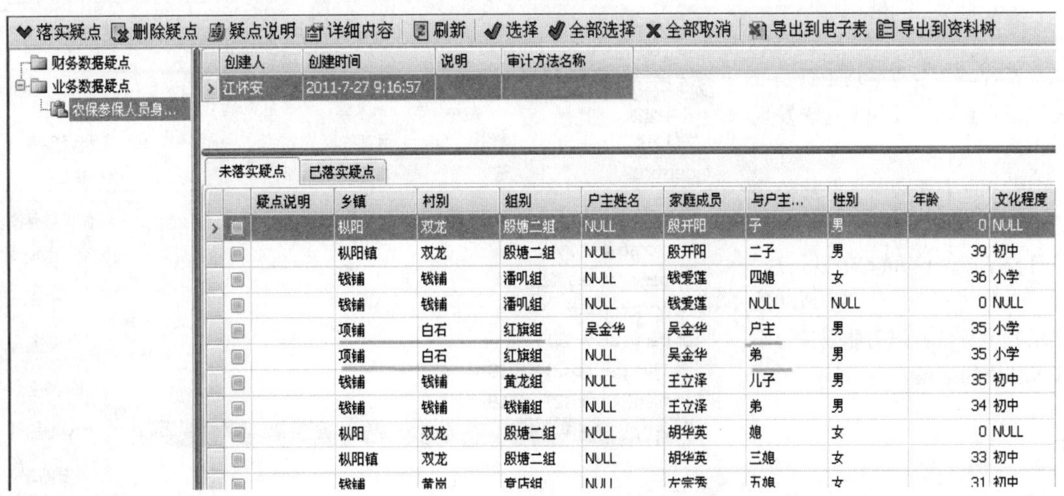

创建人	创建时间	说明	审计方法名称
江怀安	2011-7-27 9:16:57		

未落实疑点 已落实疑点

疑点说明	乡镇	村别	组别	户主姓名	家庭成员	与户主...	性别	年龄	文化程度
	枞阳	双龙	殷塘二组	NULL	殷开阳	子	男	0	NULL
	枞阳镇	双龙	殷塘二组	NULL	殷开阳	二子	男	39	初中
	钱铺	钱铺	潘叽组	NULL	钱爱莲	四媳	女	36	小学
	钱铺	钱铺	潘叽组	NULL	钱爱莲	NULL	NULL	0	NULL
	项铺	白石	红旗组	吴金华	吴金华	户主	男	35	小学
	项铺	白石	红旗组	NULL	吴金华	弟	男	35	小学
	钱铺	钱铺	黄龙组	NULL	王立泽	儿子	男	35	初中
	钱铺	钱铺	钱铺组	NULL	王立泽	弟	男	34	初中
	枞阳	双龙	殷塘二组	NULL	胡华英	媳	女	0	NULL
	枞阳镇	双龙	殷塘二组	NULL	胡华英	三媳	女	33	初中
	钱铺	黄岗	章店组	NULL	左宗秀	五媳	女	31	初中

经延伸调查，由于农保局对参保人员把关、审核不严，存在同一保障对象以不同家庭成员身份两次参加被征地农民养老保险的情况。

企业职工参保人员身份证号码重号情况的分析。

选取【分析数据】|【社保业务数据】目录下“人员信息表”，通过【查询向导】功能筛选有效的记录。同上述步骤一、二对企业职工养老保险参保人员身份证号码进行分析，将分析结果导出到资料树。

序号	persons2	重复值
1	340104821018252	2
2	340823196112015818	2
3	340823196603250011	2
4	34082319660714294X	2
5	340823196811235828	2
6	340823196910085044	2
7	340823196912291546	2
8	340823197403022123	2
9	34082319780224441X	2
10	340823197809014019	2
11	340823540510012	2
12	340823611013186	2
13	340823700910003	2
14	340823710317003	2
15	340823721218007	2

单击【导出到资料树】，保存到【查证结果保存】|【成果五】目录下，重命名为“社保身份证号重复表”。

发现：社保参保人员信息表中，有33个同一身份证号码重复2次。

通过进一步查询身份证重号人员的缴费记录，发现存在二次参保的现象（同一人以两个社保号同时缴费）。

成果六

利用AO对社会保险管理信息系统进行审计，发现了部分业务数据不完整、不正确。

审计事项：

社会保险审计—基金管理—基础管理规范性审查

审计思路：

综合利用AO的各项功能对信息管理系统进行审计。

审计步骤与方法：

主要利用了AO以下功能：

1. 利用【连接大型数据库】功能查看参数设置表，对系统参数设置情况进行检查。

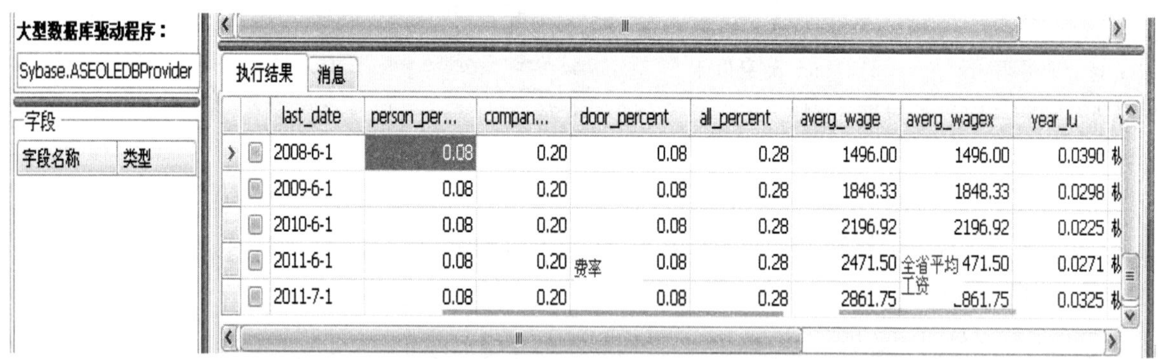

last_date	person_per...	compan...	door_percent	all_percent	averg_wage	averg_wagex	year_lu
2008-6-1	0.08	0.20	0.08	0.28	1496.00	1496.00	0.0390
2009-6-1	0.08	0.20	0.08	0.28	1848.33	1848.33	0.0298
2010-6-1	0.08	0.20	0.08	0.28	2196.92	2196.92	0.0225
2011-6-1	0.08	0.20	0.08	0.28	2471.50	471.50	0.0271
2011-7-1	0.08	0.20	0.08	0.28	2861.75	.861.75	0.0325

实现检查费率、全省平均工资基数等参数设置是否正确。【说明：未发现问题。】

2. 利用AO的【查询向导】功能筛选企业职工“参保人员表”有效记录（以人员身份字段persons6的值区分，值为“1%”、“2%”、“5%”或30的为有效记录）中身份号码为非空且为不为15位或者18位的记录。

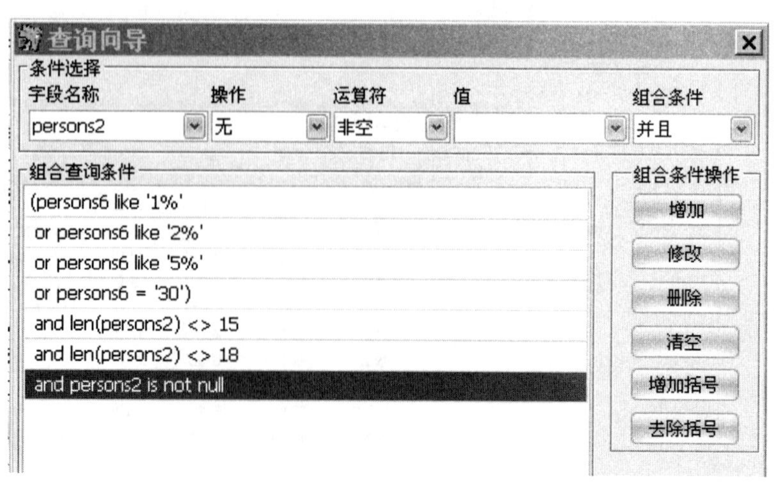

保存结果为【查证结果保存】|【成果六】目录下“社身份证号不为15位或18位”。

发现：企业职工有效记录中身份证号码非空且长度不为15位或18位的有8条。

同样方法分析被征地农民养老保险身份证号码非空且长度不为15位或18位的记录，利用【数值分析】|【数值统计】记录数为1390条。保存到资料树【查证结果保存】|【成果六】目录下“农保身份证号不为15位或18位”。

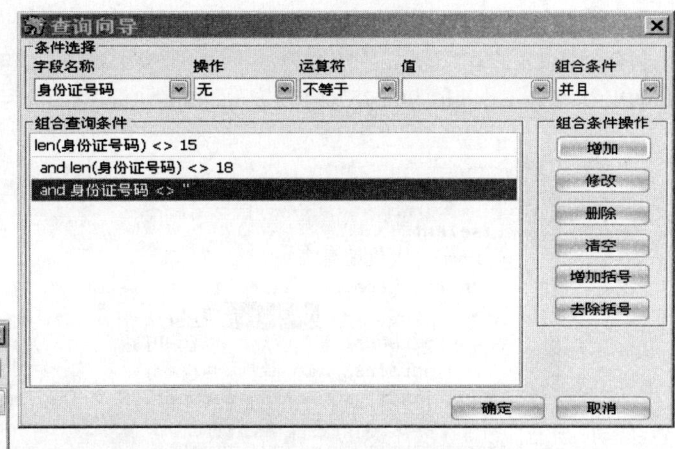

3．利用【编辑过滤条件生成器】筛选单位信息不完整的记录。

检查“单位信息表”的company2（单位名称）、company3a（单位状态）、company6（隶属关系）、company11（法人姓名）、company15（组织机构代码）、company24（行业代码）、company25（单位类型）、company26（经济类型）等关键字段填写是否完整、准确。

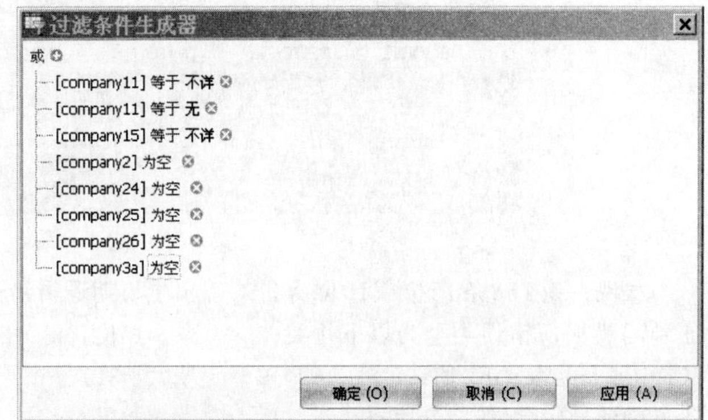

发现：有257条单位信息填写不完整，主要为未填组织机构代码、法人姓名。结果保存在【查证结果保存】|【成果六】目录下“社保单位信息不完整表”。

4．在【SQL查询器】中编写SQL语句检查了下述事项：

（1）对数据之间的逻辑关系进行验证：

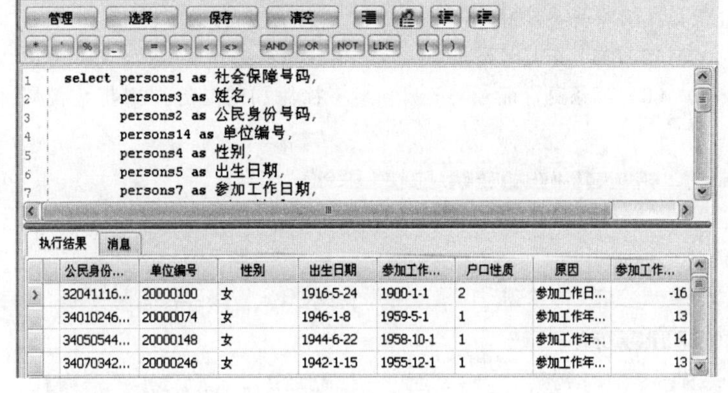

SQL语句为：

```
select persons1 as 社会保障号码,
persons3 as 姓名,
persons2 as 公民身份号码,
persons14 as 单位编号,
persons4 as 性别,
persons5 as 出生日期,
persons7 as 参加工作日期,
persons61 as 户口性质,
case when persons5 <='1900-01-01 ' then '出生时间太早'
when persons7<='1900-01-01' then '参加工作日期太早'
when persons7<persons5 then'参加工作日期早于出生日期'
when datediff(year,persons7,persons5)<15 then '参加工作年龄小于15岁'
end as 原因,
datediff(year,persons5,persons7) as 参加工作时年龄
from 人员信息表
where (persons5<='1900-01-01 '
or persons7 <='1900-01-01'
or persons7 < persons5
or(year(persons7) - year(persons5)) < 15 )
and (persons6 like '1%' or persons6 like '2%' or persons6 like '30' or persons6 like '5%')
```

保存结果到资料树【查证结果保存】|【成果六】目录下，重命名为：“数据之间的逻辑关系验证表”

发现：378条记录未填写“出生日期”，工作时间早于出生时间的记录有3条（查询结果有381条记录工作时间早于出生时间，后经和社保局系统管理员核对，有378条出生日期为空值，在将人员信息表persons表转换到AO中生成“人员信息表”过程中，AO将日期为空值自动转换成了‘1900-1-1’），参加工作年龄为2岁的有2条，出生年月为1900年为7条。工作年龄为6至15岁的记录有151条。

抽查了参加工作年龄在6至15岁人员档案10份，有2份为填写工作时间错误。

（2）检查符合15位、18位身份证号码的正确性，附SQL语句文件：

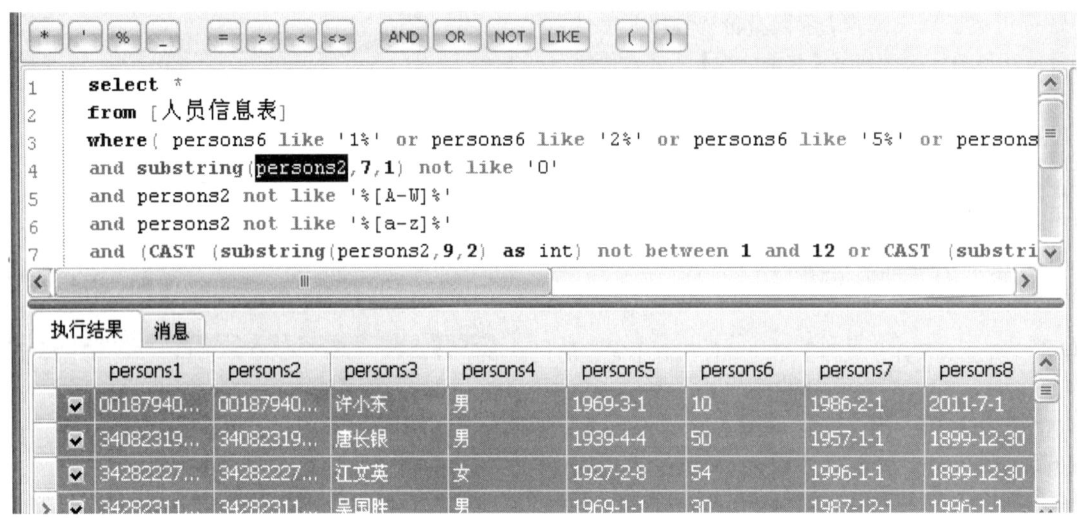

发现：有158条15位或18位身份证号码错误，错误类型为以下几类：（1）第七位为“0”的125条；（2）9条身份证号码含A等特殊字符（不包括18位身份证最后一位“X”，报告反映为8条，和社保局核对有一条朝鲜身份证号“PRK340851120703”，其号码本身就含字符）；（3）25条身份证号码出生日期逻辑错误，其中18位身份证1条，15位身份证24条（月份大于12，日期大于31）。

成果七

实现对养老金征收的真实性、完整性、入账的及时性进行验证。

审计思路：

将社保局的财务数据与地税局征收的养老进行比对，检查基金收入是完整、真实，入账是否及时。

审计方法与步骤：

步骤一：单击【账表分析】|【科目明细账审查】及【会计科目审查】，查看2010年养老金收入入账核算情况。

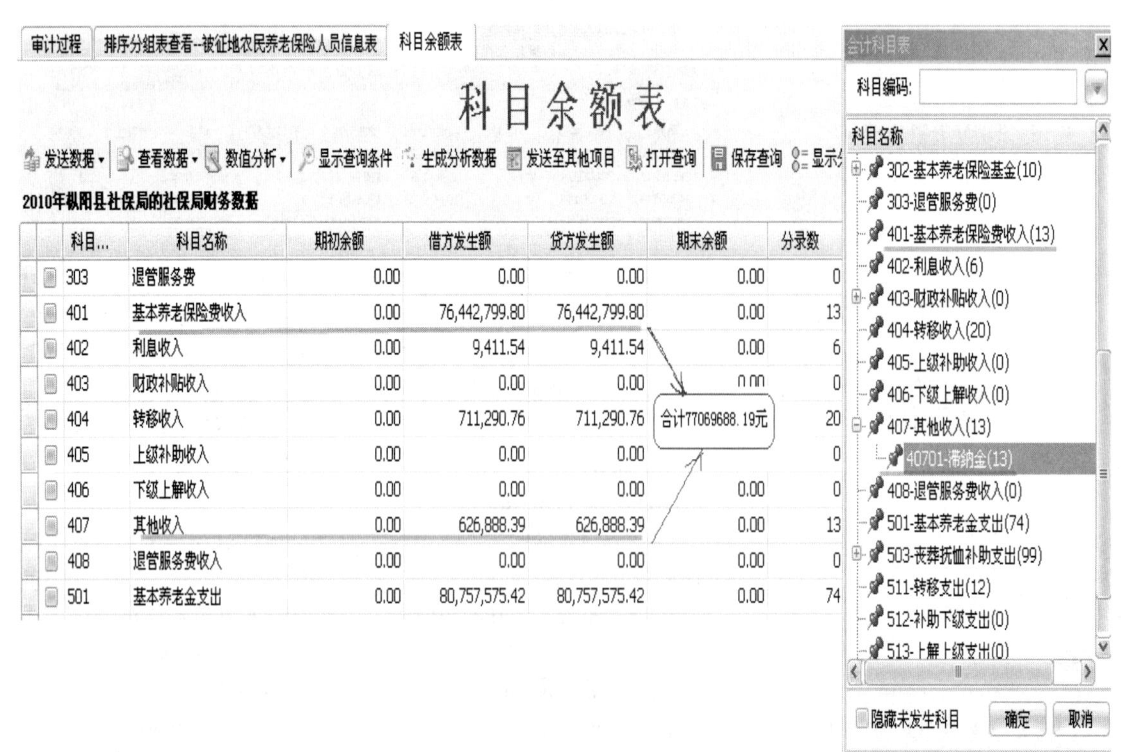

步骤二：利用【数值统计】功能，查看地税征收2010年养老金合计情况，与社保局财务数据进行比对。

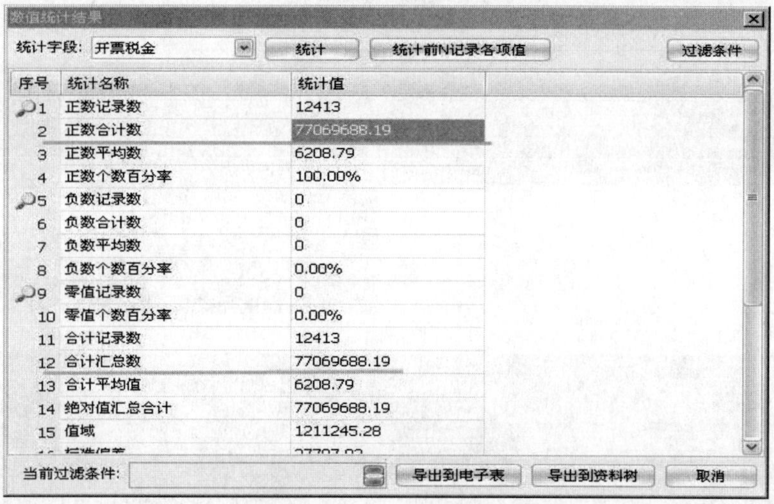

数值统计结果

统计字段：开票税金　统计　统计前N记录各项值　过滤条件

序号	统计名称	统计值
1	正数记录数	12413
2	正数合计数	77069688.19
3	正数平均数	6208.79
4	正数个数百分率	100.00%
5	负数记录数	0
6	负数合计数	0
7	负数平均数	0
8	负数个数百分率	0.00%
9	零值记录数	0
10	零值个数百分率	0.00%
11	合计记录数	12413
12	合计汇总数	77069688.19
13	合计平均值	6208.79
14	绝对值汇总合计	77069688.19
15	值域	1211245.28

当前过滤条件：　导出到电子表　导出到资料树　取消

说明：本步骤未发现问题。但对基金收入的完整性、真实性，入账的及时性进行了验证。

三、使用AO的创新点

1. 利用AO2011版新增的“连接大型数据库”功能建立与Sybase数据库连接，高效快速实现数据的采集、筛选与查询。

2. 利用AO“发送至其他项目”功能，实现不同审计项目间的数据共享。

3. 利用AO电子账簿将社保局的财务数据与地税局养老基金征收业务数据进行比对分析。

4. 利用AO电子账簿将社保局、农保局、地税局、公安局等单位部门的业务数据集中在一起，实现对跨部门数据进行多维分析。

5. 利用AO查询命令、“查询向导”、“编辑过滤条件生成器”、“SQL查询器”等功能，实现对社会保险信息系统审计。

6. 利用AO提供的SQL语句的功能，对大量的数据进行查询节省了数据处理时间，提高了审计效率。

7. 充分利用AO“重号分析”、“分类分析”、“数值统计”、“账表分析”、“图形化SQL”等功能，在AO中对数据进行分析、统计和比对，快速锁定疑点或得出审计结论。

四、说明

（一）提交资料说明

1. 项目信息.xmpak：项目信息数据包，包括项目的基本信息、审计组成员、审计事项、审计通知书、被审计单位承诺书、安徽省审计厅工作方案、某县审计局实施方案、计算机审计实施方案、审计报告提纲、AO生成的审计报告初稿、审计报告征求意见稿、被审计单位反馈的意见、审计组对被审计单位反馈意见采纳情况说明、审计业务会议决定、正式审计调查报告。审计分析保存的疑点记录、审计工作底稿、审计证据、审计调查了解记录（含审前调查报告）、审计台账、社保局信息管理系统数据字典（参阅资料目录下）、科目余额表等财务数据（财务数据目录里）、审计分析过程的中间表（查证结果保存目录）资料。

2. 电子账簿信息包.sjfx。

3. 社保审计SQL语句包.sql：数据分析过程中使用过的SQL语句。

4. 项目资料包.package：与审计成果相关的项目资料，包括记录审计分析过程的中间表。

5. 形成的养老保险审计方法（单独电子数据）。

6. 安徽省审计厅统一的项目包、人员包、审计事项（保存“安徽省2011养老调查项目壳”）。

7. 被审计单位原始数据，包括社保局业务数据、财务数据；农保局业务数据；公安死亡人口信息数据；地税局城镇企业职工养老保险征收数据。

8. 针对该项目编写的计算机方面的信息被安徽省审计厅采用情况。

9. 审计通知书、审计报告复印件。

（二）其他需要说明的事项

在还原Sybase数据库备份数据后，可能不能通过【连接大型数据库功能】直接建立与AO联接，需要对Sybase字符集作修改。

附：修改字符集文档：

解决AO连接通过还原社保管理系统备份数据建立的Sybase数据库的方法

某市县、区社保部门所使用的“社会保险管理信息系统”后台数据库为Sybase ase 12.0。采取安装相应版本的Sybase数据库，在Sybase中直接还原社保部门提供的备份数据（***.dat格式），通过AO2011【连接大型数据库功能】建立与Sybase的连接，在AO中输入查询命令可能不能显示数据，笔者经摸索发现：是由于Sybase字符集问题引起的，解决问题主要步骤如下：

1. 在审计人员的电脑中安装相应版本的Sybase数据库（本例安装目录为c:\sybase），启动服务，在Sybase中建立一个名为zysb的数据库（数据库大小要合适，用户sa，密码为空），在该数据库中还原社保部门提供的备份数据（备份数据存放位置为f:\zysb.dat），还原过程命令格式如下：

```
C:\Documents and Settings\Administrator>isql -Usa -P
1>load database zysb from “f:\zysb.dat”
2>go
```

```
1> load database zysb from "f:\zysb.dat"
2> go
Backup Server session id is:  5.  Use this value when executing the
'sp_volchanged' system stored procedure after fulfilling any volume change
request from the Backup Server.
Backup Server: 6.28.1.1: Dumpfile name 'zyshbx111520CC90 ' section number 1
mounted on disk file 'f:\zysb.dat'
Backup Server: 4.58.1.1: Database zysb: 103688 kilobytes LOADed.
Backup Server: 4.58.1.1: Database zysb: 146954 kilobytes LOADed.
Backup Server: 4.58.1.1: Database zysb: 190220 kilobytes LOADed.
Backup Server: 4.58.1.1: Database zysb: 276752 kilobytes LOADed.
Backup Server: 4.58.1.1: Database zysb: 320018 kilobytes LOADed.
Backup Server: 4.58.1.1: Database zysb: 406550 kilobytes LOADed.
```

```
Backup Server: 4.58.1.1: Database zysb: 4194608 kilobytes LOADed.
Backup Server: 3.42.1.1: LOAD is complete (database zysb).
All dumped pages have been loaded.  SQL Server is now clearing pages above page
2097152, which were not present in the database just loaded.
SQL Server has finished clearing database pages.
Started estimating recovery log boundaries for database 'zysb'.
Completed estimating recovery log boundaries for database 'zysb'.
Started ANALYSIS pass for database 'zysb'.
Completed ANALYSIS pass for database 'zysb'.
Started REDO pass for database 'zysb'. The total number of log records to
process is 10.
Redo pass of recovery has processed 1 committed and 0 aborted transactions.
Completed REDO pass for database 'zysb'.
Use the ONLINE DATABASE command to bring this database online; SQL Server will
not bring it online automatically.
```

1>online database zysb

2>go

```
1> online database zysb
2> go
Started estimating recovery log boundaries for database 'zysb'.
Completed estimating recovery log boundaries for database 'zysb'.
Started ANALYSIS pass for database 'zysb'.
Completed ANALYSIS pass for database 'zysb'.
Recovery of database 'zysb' will undo incomplete nested top actions.
Database 'zysb' is now online with a lower server version number. Refer to the
higher version release notes on the limitations of backward compatibility.
1>
```

数据量较大，命令执行过程时间较长。

2. 进入Sybase Certral，打开zysb数据库，选定所有表，右击鼠标→Generate DDL→Create Tabale DDL，保存结果为：CreateTable.sql

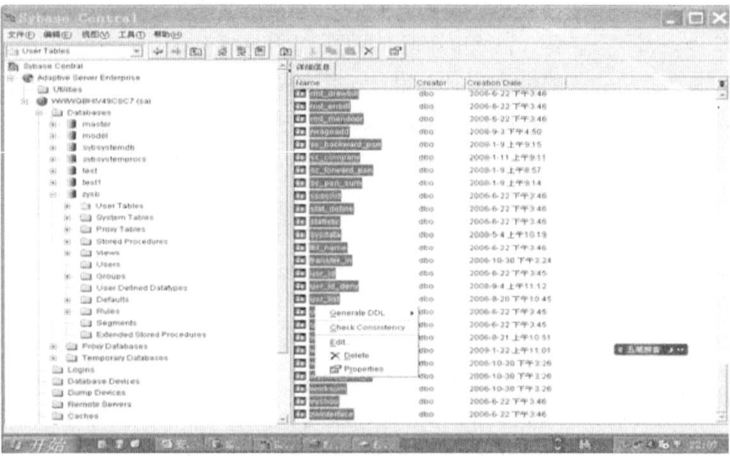

3. 进入Sybase Advantage(开始→Sybase→Sybase Advantage)，建立连接，选择zysb数据库，输入如下脚本执行：

select 'bcp zysb..'+name+' out f:\zysbtxt\'+name+'.txt'+' -Usa -P -c -b5000 'from sysobjects where type='U' and name not like '#%'

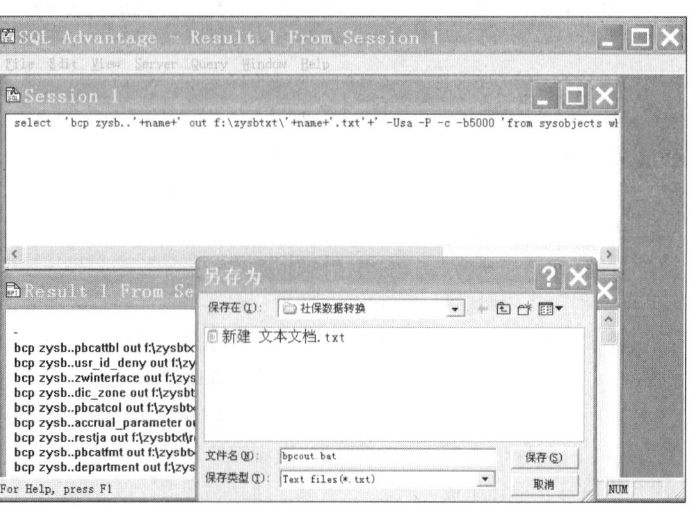

将其执行结果存为bcpout.bat批处理文件。运行 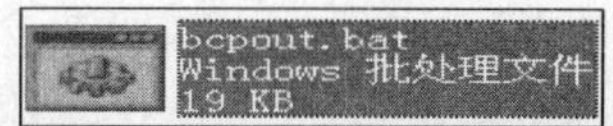

文件（双击该文件），执行过程如下图：

```
滚动 C:\WINDOWS\system32\cmd.ex
244000 rows successfully bulk-copied to host-file.
245000 rows successfully bulk-copied to host-file.
246000 rows successfully bulk-copied to host-file.
247000 rows successfully bulk-copied to host-file.
248000 rows successfully bulk-copied to host-file.
249000 rows successfully bulk-copied to host-file.
250000 rows successfully bulk-copied to host-file.
251000 rows successfully bulk-copied to host-file.
252000 rows successfully bulk-copied to host-file.
253000 rows successfully bulk-copied to host-file.
```

运行结果如下图（即用bcp命令批量导出zysb数据库的用户表，保存在F:\zysbtxt文件夹中）：

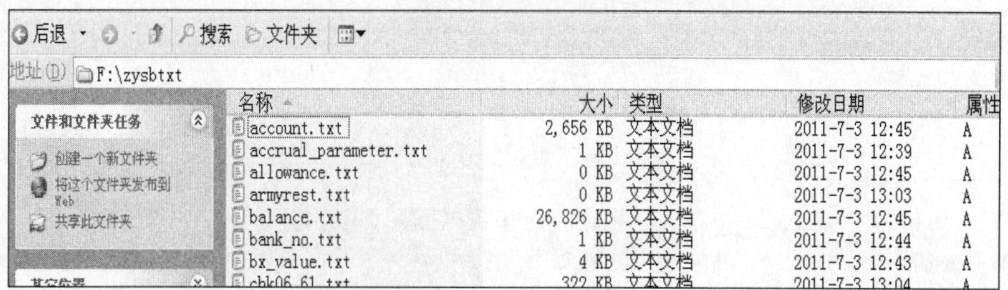

4. 设置字符集为cp936（将字符集由cp850换为cp936）

4.1修改服务器端字符集

4.1.1将数据库的缺省字符集设置为cp936：

C:\Documents and Settings\Administrator>cd c:\sybase\charsets\cp936

C:\sybase\charsets\cp936>charset -Usa -P binary.srt cp936

提示下面的信息，表示已经成功添加了cp936字符集到系统中。

Loading file 'binary.srt'.

Found a [sortorder] section.

This is Class-1 sort order.

Finished loading the Character Set Definition.

Finished loading file 'binary.srt'.

1 sort order loaded successfully

4.1.2将添加的cp936设置为缺省值。方法是：

C:\Documents and Settings\Administrator>isql -Usa -P

1> sp_configure 'default character set id',171

2> go

两次重户服务Sybase SQLSer _ WWWQBHIV49C8C7,第一次启动报错：“服务器SYBSQL_ WWWQBHIV49C8C7不能启动，请检查它的配置”，第二次正确启动，表明设置成功了。

4.2设置客户端字符集

进“c:\sybase\locales”目录，打开locales.dat文件，找到前缀为[NT]的一段，设置最后一行为：“locale = default, us_english, cp936”，也就是将“locale = default, us_english, iso_1”中的“iso_1”修改成为“cp936”

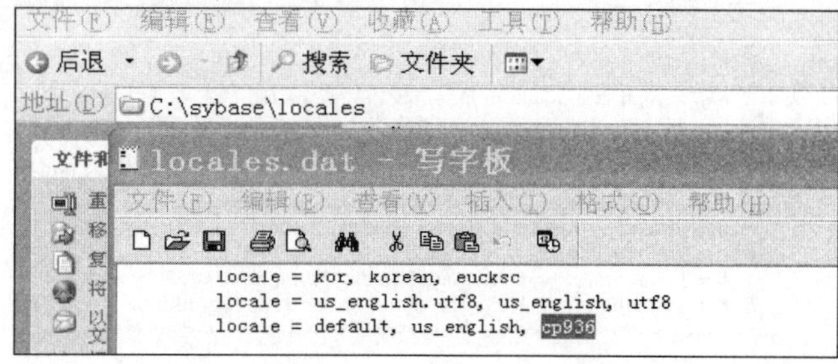

至此，字符集配置结束结束。

5. 新建一个数据库zysbdb(数据库大小要合适，用户名sa，密码为空)。

6. 用记事本打开以上第2步生成的CreateTable.sql文件，将“zysb”全部替换为“zysbdb”，查找有字符“？？”的行，将其删除或设为注释行（在创建persons、rest6表语句中，即不创建含中文字符的约束，在此不影响数据导入结果），保存文件（保存时页面设置中的纸张大小设置为自定义）。在操作系统命令行方式下执行isql命令，其命令格式为：

C:\Documents and Settings\Administrator>isql -Usa -P -i f:\CreateTable.sql

执行如果如下图：

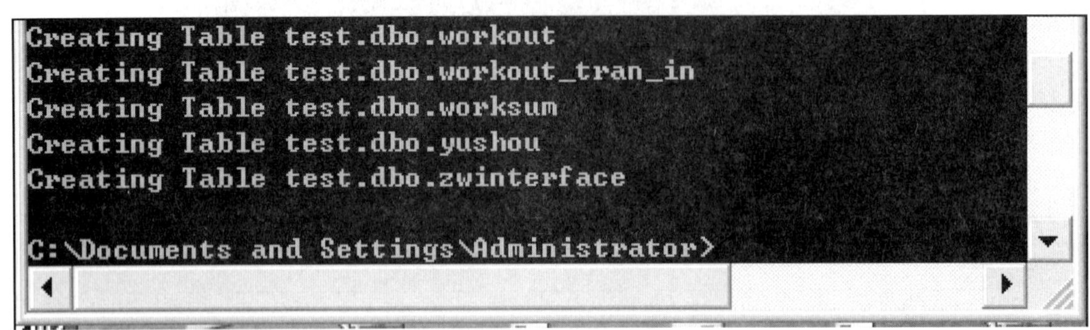

也可以直接使用Sybase图形界面系统管理工具（Sybase Advantage）打开，然后单击“Excute”创建数据库表。注意：当生成的SQL文件在advantage中打开后，若超过3000行则可能不能执行（如超过3000行，可以分段复制CreateTable.sql中的语句，分多次执行）。

7. 设置zysbdb数据库允许bcp拷贝，具体过程如下：

C:\Documents and Settings\Administrator>isql -Usa -P

1> sp_dboption zysbdb,"select into/bulkcopy/pllosort",true

2>go

返回以下信息，表示设置成功。

```
Database option 'select into/bulkcopy/pllsort' turned ON for database 'zysbdb'.
Running CHECKPOINT on database 'zysbdb' for option 'select
into/bulkcopy/pllsort' to take effect.
(return status = 0)
1>
```

再输入命令：

1> checkpoint

2> go

8. 打开Sybase Advantage(开始→Sybase→Sybase Advantage)，选择zysbdb数据库，输入如下脚本执行：

select 'bcp zysbdb..'+name+'in f:\zysbtxt\'+name+'.txt'+'-Usa-P -c-b5000'from sysobjects where type='U' and name not like'#%'

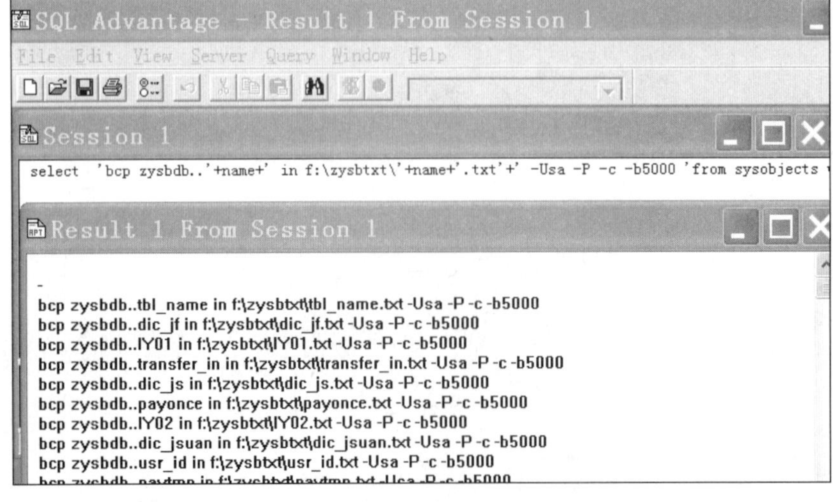

将其执行结果存为bcpin.bat批文件。

运行 bcpin.bat Windows 批处理文件 19 KB 文件（双击该文件），实现数据的批量导入（即用bcp命令导入存放在f:\zysbtxt文件夹中的文本文件），执行过程如下图：

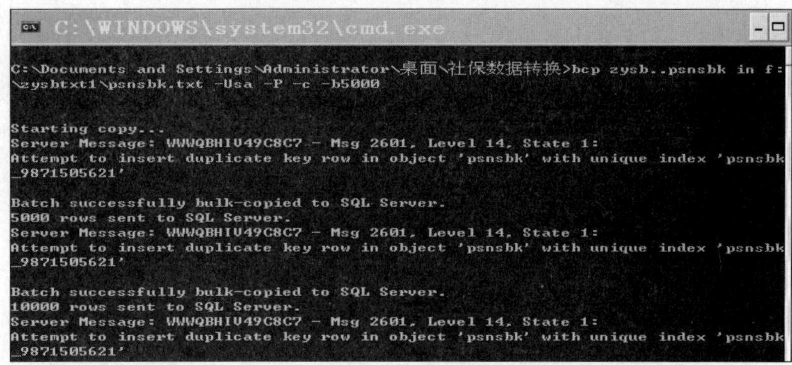

也可以直接修改第3步生成的bcpout.bat批处理文件，具体过程为：选中bcpout.bat文件，右击鼠标，点击“编辑”，将zysb替换为zysbdb，out替换成in，另存为bcpin.bat,双击bcpin.bat批处理文件实现数据导入。

至此Sybase数库据还原数据字符集问题得以解决，通过建立数据源可实现与AO2011的连接并能正常显示结果。

审计理论研究

加快转变经济发展方式背景下审计工作发展的几点思考

刘战平

《中共中央关于制定国民经济和社会发展第十二个五年规划的建议》提出：加快转变经济发展方式是我国经济社会领域的一场深刻变革，必须贯穿经济社会发展全过程和各领域，提高发展的全面性、协调性、可持续性，坚持在发展中促转变、在转变中谋发展，实现经济社会又好又快发展。作为肩负综合经济监督职责的国家审计机关，如何融入加快转变经济发展方式的大局，在服务加快转变经济发展方式中实现审计工作的科学发展，是每个审计工作者都必须思考的问题。

一、把握审计特征

审计工作服务加快转变经济发展方式，除了要深刻领会加快转变经济发展方式的背景、内涵和基本要求外，更重要的是把握审计工作的自身特征，遵循审计发展的基本规律，自觉地把加快转变经济发展方式贯穿于审计事业的科学发展之中。

（一）时代性。每个时代都赋予审计工作不同的内容，审计工作又印记着不同年代对审计工作的要求。我国审计从商朝开始至今已有三千年的历史。了解历史仅仅是掌握审计时代特征的一个方面，更重要的是要从这些特征中有所感悟：一是审计是为当时的统治阶级利益服务的，不论是古代审计、近代审计，还是现代审计，都不例外；二是它是当时民主法治进程的产物，不能脱离民主法治的进程；三是它是符合当时生产力发展水平的。不论什么历史阶段的审计都有这三个方面的共性，这些共性是与它们的时代性相统一的。以现代审计为例，从八十年代我国成立审计机关到现在为止，它又表现为不同的历史阶段：第一个阶段是解决有没有钱的问题，第二个阶段是解决钱怎么用的问题，第三个阶段是解决钱用的怎么样的问题。解决有没有钱的问题，是解决生存性问题，那个时候更加关注税收的应收尽收。解决钱怎么用问题，是解决合法性的问题，就是要解决预算分配的科学和合法性问题，我们现在正处在这个历史时期。解决钱用得怎么样问题，是解决效益问题，这是加快转变经济发展方式需要解决的问题，也是审计机关永恒的主题。因此，每个审计人员都应树立与时俱进观念，坚持“不断革命论和革命发展阶段论”的有机统一。

（二）批判性。审计工作具有明显的批判性。这是因为审计工作的批判性是由法律规定的，揭示问题、揭露问题、批判问题、处理问题是审计机关的天职。最近一个历史时期之所以要强调发挥审计工作的建设性作用，是因为相当长一个历史阶段，我们只仅仅重视了审计工作的批判性，而没有注意发挥审计工作的建设性作用。问题的另一个方面，强调审计工作建设性作用的同时，千万不能忘记批判性作用，审计工作失去了批判性也就失去了存在的必要，它就是无源之水、无本之木。审计的建设性作用是建立在批判性作用基础上的，建设性是批判性的延伸和升华，这是一个事物的两个方面，千万不能以一种倾向掩盖另一种倾向，千万不能犯片面主义错误。因此，在服务加快转变经济发展方式过程中，各级审计机关都必须在坚持依法审计的基础上，充分发挥审计的批判性作用。

（三）独立性。法律规定审计机关依法行使审计监督职权，不受任何团体、个人的干涉。但是，现在审计工作的独立性是相对独立性、有限独立性。要想实现“宪政”条件下的审计独立性，道路还很漫长。比如说，一方面审计机关在审计政府部门，但另一方面审计的行政仲裁权又在政府。从这个意义上来理解，审计独立性是有限的、相对的。在现有条件下，仅仅是政府的“大内审”，不是“宪政”条件下的体制机制。但是无论怎么说，目前，审计工作的独立性比较明显，审计工作没有受到团体、个人的干涉，审计计划的制定，审计谁、不审计谁，审计机关说话是算数的；问题怎么处理，审计机关的权利还是能够得到保障的。因此，审计的独立性，在现阶段尽管表现不是绝对的、不是充分的，但这个独立性是显然的。在加快转变经济发展方式进程中，更应该依法坚持审计的独立性。

（四）开放性。审计工作的开放性，一是民主法治进程的必然要求。审计工作开放不开放，不以审计机关主观意识为转移，而必须与民主法治进程相融合。国家颁布了政府信息公开条例，规定任何公民需要索取政府有关信息，有关部门必须如实提供，不提供要作出理由陈述。二是审计工作的自身要求。通过开放，可以在更大范围内检查审计工作质量，可以调动社会一切资源来对审计工作评头论足。如果审计机关公开的事项，受到广大公民的质疑频率非常高，那就可以判定审计工作质量可能存在问题。这对监督审计工作，提高审计工作质量是有益的。三是审计机关自信的一种展示。敢于公开审计机关的审计事项，愿意接受大家的监督，这是审计机关自信心的一种表现。加快转变经济发展方式，要求各级审计机关进一步解放思想，扩大开放，使审计机关更好地、在更大范围内融入社会，接受监督，提升质量。

（五）反复性。这种反复性就是人们常说的屡审屡犯。尽管这种反复性在一个历史阶段客观存在，但却给审计机关带来了很大困惑。每年各级人大常委会在审议审计工作报告时都会集中提到两个问题，一个是屡审屡犯，另一个是审计整改。要解决屡审屡犯现象，有三个问题必须要解决。一是要具有高度发达的生产力和充足的社会财富。审计中发现的相当数量的挪用、截留甚至套取财政性资金等问题，除了一部分是主观恶意外，相当一部分是由于财政供给水平太低、财权与事权不相匹配。如果大幅度提高财政供给水平，这类屡审屡犯问题将会大大减少。二是要具有科学的管理和完备的法律。审计中发现的绝大部分问题是管理上有漏洞，如果管理加强，法律法规更加完备，这种屡审屡犯将会相应减少。三是要具有强烈的法律意识和良好的国民素质。现在普法年年搞，但令人深思的是，审计署2010年审计国家56个部门，发现假发票就有1.42亿元，这说明遵纪守法的观念还比较淡薄。面对这种现实，审计机关唯一的办法，就是屡犯屡审，促进整改。

二、借鉴已有经验

伴随着我国改革开放的不断深入和社会主义民主法治建设的不断推进，新中国审计监督制度应运而生。审计监督已成为国家政治制度不可或缺的组成部分，推进民主法治的重要工具，维护民生、推动发展、促进和谐的重要手段。同时，也为审计工作服务加快转变经济发展方式积累了许多有益的经验。

（一）坚持服务大局，关注民生。做好审计工作，首先必须按照审计署提出的“依法审计、服务大局、围绕中心、突出重点、求真务实”审计工作方针，服务好大局，在服务大局的前提下统筹安排审计工作。只有这样，审计工作才能得到生存，才能得到发展，一切与中心、与大局背道而驰的审计工作都是无效的。如，在应对金融危机这一个历史阶段，审计机关围绕各级政府和部门如何应对金融危机，如何扩大内需，如何贯彻国家宏观调控政策等，加强了审计和专项审计调查，并且都不同程度地引起党委和政府的重视。这种审计和专项审计调查相对于个案审计来说，它的广度、深度及效益都是不可比拟的。尽管审计机关没有直接创造多少财政收入，但是为地方党委和政府正确的决策提供了有价值的信息。关注民生，是近几年审计机关审计事项的一个重要领域，这是符合社会主义生产力目标要求的。解放生产力、发展生产力的根本目的就是要满足人民群众日益增长的物质文化需求，也就是要改善民生。所以在加快转变经济发展方式中，把民生问题作为一个重要方面来加以关注，加大审计力度，保障群众的合法权益，提高人民的生活水平，是必须的，是至关重要的。服务大局、关注民生是一个问题的两个方面，因为各级党委、政府要关注的全局问题是推动发展，而推动发展的目的是为了老百姓过上富裕生活。所以要把服务大局、关注民生有机结合起来，体现在服务加快转变经济发展方式的审计工作实践当中，只要抓住这一条，审计工作就有可能在更大范围内取得效果。

（二）坚持解放思想，推进改革。解放思想，一是体现在计划的安排上。其成果是在安排审计计划时，不再局限于个案审计，而是把专项审计调查、服务大局、关注国家宏观政策的贯彻落实情况作为审计计划的一个重要方面。二是体现在审计工作的实践中。审计质量的提升，既是审计实践的成果，也是思想解放的成果。三是体现在问题处理之中。就是把“依法依规进行审计，实事求是处理问题，竭尽所能促进发展”贯彻在审计处理中，目的是促进发展。推进改革，最重要的体现是审计转型的提出，特别是在涉及到审计转型的主要领域，通过具体的审计项目，使绩效审计、计算机审计、专项审计调查等取得了突破。比如，安徽把固定资产投资审计作为绩效审计的起始点和突破口，近几年全省审计机关每年仅在价款的核减上就有约30个亿；经过近几年的强力推动，计算机运用已经由辅助审计发展到了联网审计，审计效率、审计质量明显提高；通过专项审计调查改善了审计人员的知识结构。这些不仅仅是审计方式和内容的转变问题，通过审计项目这个平台，还可以锻炼人、培养人、改造人、提升人。通过审计项目的“倒逼”机制培养人才、改善结构，推动审计工作上台阶、上水平，对服务加快转变经济发展方式具有重要的借鉴意义。

（三）坚持控制风险，追求效率。控制风险，是保证审计工作质量的一个有效途径。内部审计强调风险控制，也可以把风险控制应用到国家审计之中：对整个审计项目可能带来的风险，采取相应措施加以控制，防止这种风险的发生，以此来不断提升审计的质量。有没有质量意识，将关系到审计机关的生存和未来。只有通过控制审计在实践中的每一个风险点，才能保证审计质量，才能不断提升审计质量。在追求质量的同时，还要提升效率。应强化现场工作量考核办法实施，增强审计计划的刚性。虽然计划和实践是有区别的，对工作量进行必要修正也是可以理解的，但是这种修正要按程序进行。坚持质量和效率的统一，应是审计工作服务加快转变经济发展方式所要追求的目标。

（四）坚持全面推进，突出重点。全面推进、突出重点既是做好审计工作必须坚持的基本原则，又是提高审计质量的有效方法、解决人少事多的有效手段、防范审计风险的有效途径。最近几年，安徽省审计机关以实施“抓建设、练内功、提效能”五年行动计划为抓手，用80%的精力来抓20%的工作，即突出抓好计算机审计、固定资产投资审计和专项审计调查这三个重点。实践证明，这种方法是有效的。“十二五”期间想要解决影响审计工作深层次的问题，更好地服务加快转变经济发展方式，必须仍然采取这种办法。只有这样，才能在整体上提高审计工作水平。

（五）坚持依法从审，廉洁自律。依法从审是审计工作的基本要求。审计工作法定授权，不属于审计机关法律授权的事项，审计机关不能接受。近几年，一些基层领导交办的事情，不是审计机关管辖的范围，要求审计机关来完成。特别是在投资领域，审计机关是监督者，不是管理者，不能由监督者变成管理者。有的事，可以介入，可以独立发表意见，但审计不能包揽天下。在依法从审的同时，要廉洁自律，因为审计是监督别人的机关，在做好审计监督的同时，要贯彻国家有关廉洁自律的规定，大力弘扬“依法、求实、严格、奋进、奉献”的审计精神，把党风廉政建设作为审计工作的生命线，努力造就政治强、业务精、作风硬的审计干部队伍。

三、调整工作重点

审计工作要服务加快转变经济发展方式，就必须自觉地调整审计重点，在充分发挥审计批判性作用的同时，注重从体制、机制、制度层面揭示、反映和分析问题，提出改进和完善的建议，促进中央各项政策的贯彻和落实，切实发挥审计的建设性作用。

（一）以贯彻中央重大决策部署为重点，进一步加强宏观调控政策措施执行情况的审计监督。《中共中央关于制定国民经济和社会发展第十二个五年规划的建议》对制定“十二五”规划的指导思想进行了明确，审计工作应牢牢把握科学发展的主题和加快转变经济发展方式的主线，紧紧围绕中央加强宏观调控、继续扩大内需的政策执行，以更加积极的态度，参与到贯彻落实中央重大决策部署中去，确保各项决策部署落实到位、见到成效。特别是应通过加强审计，揭露和查处违背中央决策部署的问题，及时提出有针对性的政策建议，确保各项政策措施不折不扣地执行到位。

（二）以促进公共财政体系建设为重点，进一步加强财政预算执行情况的审计监督。加快转变经济发展方式，是我国经济领域的一场深刻变革，除了需要借助市场这只“看不见的手”发挥配置资源的基础性作用外，更需要政府这只“看得见的手”进行有力调控。宏观经济调控效果如何，很大程度上取决于财政职能作用的正常发挥，取决于财政政策的适当运用，取决于财政政策与其他宏观经济政策的协调配合。因此，当前和今后一个时期，各级审计机关应以构建财政审计大格局为抓手，进一步强化对政府预算执行情况的审计监督，突出财政的公共性，关注科技、教育、卫生、社会保障等普惠制资金的规模，掌握普惠制资金占整个财政支出的比例，不断扩大公共支出在整个财政支出中的比重；突出财政的民本性，更多地关注公共利益，关注人民群众的福祉，关注与群众利益密切相关的专项资金的审计；突出财政的效益性，关注资金投入、事业发展和政策目标，关注财政资金的使用效益、效率和效果。

（三）以保持经济平稳较快发展为重点，进一步加强政府重大投资项目的审计监督。为加快转变经济发展方式，中央和地方各级政府加大了对调整产业结构、完善技术创新体系以及生态环境建设、基础设施建设等方面的资金投入力度，以发挥政府投资在转变发展方式中的引导作用。这些政府性投资建设项目，投入的资金规模大，管好用好这些资金不仅关系到建设项目的成败，也关系到国民经济能否平稳较快发展。各级审计机关应进一步加大对这些政府投资重点项目的审计力度，做到及时跟进、全程跟踪，防止建设资金的损失浪费，确保资金用在“刀刃”上、用在发展最急需的地方。凡是有财政资金投入的建设项目，审计部门都应做到及时跟进、加强监督，重大项目应全程跟踪审计。

（四）以维护人民群众根本利益为重点，进一步加强民生项目和资金的审计监督。加快经济发展方式转变，要求经济社会发展要高度关注民生、高度关注统筹发展、和谐发展。国家在统筹城乡发展、保障和改善民生方面政策和资金的扶持力度越来越大，投入的资金规模也越来越大。各级审计机关应牢固树立“民本审计”的理念，切实履行好审计监督职责，坚持把人民群众最关心、最直接、最现实的问题作为审计重点，进一步突出对公共服务、公共管理、公共环境情况等方面的审计监督，让群众放心；突出对事关人民群众切身利益的重大事项的审计监督，特别是对民生、民享、民用项目的审计监督，关注民生、保障民生、改善民生，让群众满意。

（五）以健全权力运行制约和监督机制为重点，进一步加强领导干部经济责任的审计监督。毛泽东主席曾经提出过一个著名的论断：“政治路线确定之后，干部就是决定的因素。”加快发展方式的转变，牵涉到诸多利益格局的调整，转变政府职能，健全权力运行制约和监督机制，在确保中央各项政策措施贯彻执行中具有特别重要意义。经济责任审计是加强干部监督管理、强化对权力的制约和监督的重大举措。中办、国办《党政主要领导干部和国有企事业领导人员经济责任审计规定》的出台，标志着我国经济责任审计工作进入了新的发展阶段。各级审计机关应根据“两办”的规定，进一步完善经济责任审计制度，牢牢把握“权力”和“责任”两个重点，深化审计内容，提高审计质量，严肃查处重大违法违规问题和经济犯罪案件，促进加快转变经济发展方式的各项政策措施得到有效贯彻落实。

四、增强审计能力

把握审计特征，借鉴已有经验，调整工作重点，最终还得依靠审计机关和审计人员通过具体的审计实践去服务加快转变经济发展方式。因此，各级审计机关应结合本地实际，突出工作重点，找准薄弱环节，切实增强学习力、执行力、威慑力、服务力和凝聚力，使审计理念更加贴近需求，审计管理更加规范有序，审计方式方法更加科学合理，审计成果运用更加受到重视，审计发展环境更加优化和谐。

（一）增强学习力。一是全面学习。既要学习审计业务知识和现代科学技术，提高工作技能，也要重视马列主义、毛泽东思想、邓小平理论、“三个代表”重要思想和科学发展观的学习，掌握加快转变经济发展方式的基本要求，全面提升自身的素质和本领。二是终身学习。当今时代，经济社会发生了巨大变化，审计工作面临许多新的困难和挑战，昨天的知识未必能解释今天的现实，今天的经验未必能解决明天的问题。因此，每个审计人员特别是领导干部应牢固树立终身学习的理念。三是人人学习。每个审计人员都应成为自觉的学习者，不断充实和完善自己，努力提高自身的素质。尤其是领导班子成员应把学习当成一种责任、一种习惯、一种修养，增强学习的主动性和自觉性，严格要求、率先垂范，努力为广大审计干部作好学习表率，带领和促进全体审计人员崇尚学习、勤于思考、乐于钻研，将学习贯穿审计工作的整个过程，形成以学习促工作、以工作带学习的良好局面

（二）增强执行力。一是改进审计计划管理。计划管理是审计管理各个环节的龙头，计划管理应立足全局，突出重点，追求时效，提升目标，加强整合。二是健全审计质量管理。质量管理是审计管理的关键，是审计业务管理的核心，提高质量离不开健全有效的审计

质量控制体系。因此，应以《国家审计准则》为基本尺度，明确审计工作各个环节的责任和目标，加强监督检查。三是推进审计成本管理。通过加强审计成本管理，在审计机关倡导勤俭节约和艰苦奋斗的作风，在建设节约型社会中发挥模范带头作用。四是加强人力资源管理。打破处室（科室）界限，统一调配人力资源，形成团队合力，以优势兵力出“精品”项目。五是重视技术方法管理。强力推进以审计信息化建设为主要内容的审计技术方法创新，进一步增强审计工作的科技含量，促进审计效率和审计质量的提高。

（三）增强威慑力。一是加大对违法违规问题的查处力度。建设性是建立在批判性基础之上的，没有批判性，从某种程度上说就没有建设性。强调发挥审计的建设性作用，决不意味着可以放松对违法违规问题的查处。因此，审计机关必须坚持以真实性为基础，把查处重大违法违规问题和经济犯罪案件作为第一位的任务。二是加大审计整改力度。各级审计机关应努力争取党委、人大和政府的支持，进一步加强与有关部门的沟通和协作，确保审计整改落实到位。三是加大结果公告力度。扩大审计工作的开放度，实行审计结果公告制度是推进民主法治进程的必然要求，也是依法审计的题中应有之义。审计走向开放是大势所趋，是历史发展的必然，审计只有走向开放才能融入经济社会发展大局，才能被社会所接受，才能被人们所认知，进而为审计工作的发展创造更好的外部环境。

（四）增强服务力。一是牢固树立审计成果意识。审计成果的利用程度直接关系到审计工作的价值所在，也是审计人员的劳动成果能否被社会所承认的重要标志。一方面，要加强与有关单位的沟通协调，多渠道、多途径地利用审计成果，使审计工作能够引起领导和相关部门的重视、社会公众的关注、被审计单位的认可，从而实现审计成效的最大化。另一方面，要加强分析研究，善于站在全局和宏观的高度，抓住问题的本质，寻找问题的规律性，揭示和反映普遍性、倾向性和典型性问题，在此基础上提出有针对性和可操作性的建议。二是注重总结实践经验，加强理论研究。理论层次决定思维层次，思维层次影响领导水平。推动审计事业科学发展，提高审计层次和水平，必须加强理论指导。应大力倡导“研究式”审计，将审计理论研究任务纳入具体审计项目，或者将开展审计项目中积累的经验、遇到的问题进行理论总结和提炼，实现审计理论研究与审计实务工作的有机结合和相互促进，提高审计人员的理论研究意识、能力和水平，提高审计工作成果的质量和水平。

（五）增强凝聚力。一是注重精神培育。大力倡导敬业奉献的精神，强化责任意识，以高度的事业心和责任感，勤奋工作，甘于在审计岗位上默默奉献；大力倡导求真务实的精神，以“实”为魂，做好“实”的文章，工作要扎实，办事要务实；大力倡导廉洁自律的精神，牢固树立正确的权力观、地位观和利益观，切实耐得住清贫，抗得住诱惑，经得起考验；大力倡导个人修养，加强党性锻炼，常修为政之德，常思贪欲之害，常怀律己之心。二是注重人文关怀。注重增强审计人员归属感，关心和解决审计人员的实际问题和困难，建立有利于各类审计人才脱颖而出和充分施展才华的有效机制，为各类审计人才的成长创造“公开、平等、竞争、择优”的环境，真正把肯干事、能干事、干成事、干好事的人选拔出来。三是注重营造氛围。通过开展体现审计文化理念的特色活动、形式多样的文体活动和弘扬主旋律的主题活动，增进交流，营造文明和谐的氛围；通过树立先进典型，大力开展“优秀审计能手”评比表彰活动和“岗位创优”活动，发现和树立一批矢志审计、勇于创新、甘于奉献的先进审计典型，充分发挥先进典型的示范带动作用；通过参与社会活动，增进与被审计单位和社会各界的沟通交流，展示审计形象，营造审计工作的良好环境。

（本文为2011年7月中国审计学会第三次理事论坛交流论文，并被收入论坛论文集）

信息化对政府审计的影响及其应对思路

安徽省审计厅课题组

前　言

审计机关作为国家重要的经济监督部门，在维护国家财政经济秩序，促进国家经济宏观调控和廉政建设，保障国民经济和社会健康发展等方面发挥了重要作用。随着我国国民经济持续快速地发展，经济活动日益频繁，经济总量稳步增长，使审计工作范围更广，工作量剧增。同时，随着计算机技术的发展和网络技术的革命，特别是会计信息电子化发展，金融、财政、海关、税务、社保等部门，民航、铁道、电力、石化等关系国计民生的重要行业开始广泛运用计算机、数据库、网络等现代信息技术进行管理，国家机关、企事业单位会计电算化趋向普及，以查账为主要手段的审计职业遇到了来自新技术革命的挑战。传统的审计方式已显得力不从心，仅仅具备传统审计手段的审计人员，已无法或很难揭露电子化条件下的经济犯罪和会计信息失真问题，直接影响了审计效率和审计质量，给审计机关履行审计监督职能带来了极大的挑战。可以说，审计信息化建设是适应审计对象管理信息化的客观要求，是提高审计工作质量、降低审计风险的有效保证，是传统审计方式向现代审计方式转变的必然趋势。面对信息技术的快速发展，新一代移动通信、下一代互联网、三网融合、云计算、物联网、集散控制、敏捷制造等新技术的广泛应用，审计机关必须加快审计创新，积极运用现代高新技术手段，大力推进审计信息化建设，构建电子政务平台，更好地适应信息社会对审计工作的需求。因此，开展政府审计信息化课题的研究，对于全面提升审计工作层次，充分发挥审计监督的应有作用，具有重要的现实意义。

一、信息化的基本特征和我国审计信息化的发展状况

（一）信息化的内涵和基本特征

1．信息化的内涵。1967年，日本政府的一个科学、技术、经济研究小组在研究经济发展问题时，比照“工业化”的概念，正式提出了“信息化”的概念。该小组认为，信息社会是信息产业高度发达且在产业结构中占据优势的社会，而信息化是由工业社会向信息社会前进的动态过程，它反映了从有形的可触摸的物质产品起主导作用的社会到无形的难以触摸的信息产品起主导作用的社会的演化或转型。法国西蒙•诺拉（Simon Nora）和阿兰•孟克(Alain Minc)1978年出版的《社会信息化》一书对信息化概念的国际传播起了重要作用。该书探讨了计算机与远程通信紧密结合而产生的远程数据处理对社会发展的巨大影响，指出信息化是人类社会必然的发展趋势，并建议法国政府用国家政策来促进信息化。

1986年12月，中国科技促进发展研究中心等单位在北京联合发起召开了“首届中国信息化问题学术会议”，会议讨论了信息化的战略与政策、道路与发展模式、信息化和社会发展、信息化测度等问题，并编辑出版了论文集《信息化——历史的使命》一书。随着信息化实践的推进，人们对信息化概念的认识也在逐步深化和丰富，学术界从不同角度对信息化概念进行了论述，形成不同的观点。目前，关于信息化有以下几种理解。

（1）侧重于信息技术发展及其应用的“信息化”。这类观点从信息技术的角度出发，注重信息化的技术特征，强调信息技术的发展与应用。有学者认为，信息化就是要在人类社会的经济、文化和社会生活各个领域中广泛而普遍地采用信息技术，是指用现代信息技术武装国民经济各部门和各领域，极大地提高社会劳动生产率。也有学者认为，信息化就是计算机化或者电子化。

（2）立意于经济角度的“信息化”。这类观点从信息产业的成长和发展方面出发，强调信息产业在国民经济中的地位和作用。有学者认为，信息化是信息产业高度发达且在产业结构中占优势地位的社会前进的过程，它反映了由可触摸的物质产品起主导作用向难以触摸的信息产品起主导作用的根本性改变。也有学者认为，信息化是生产特征转换和产业结构演进的动态过程，这个过程由以物质生产为主向以知识生产为主转换，由相对低效益的第一、二产业向相对高效益的第三、四产业演进。

（3）强调知识、信息利用的“信息化”。这类观点从信息资源的开发利用出发，从信息的收集、加工、传递角度来界定信息化概念。有学者认为，信息化就是知识化，即人们受教育程度的提高及由此而引起的知识信息的生产率和吸收率的提高过程。也有学者认为，信息化即信息资源（包括知识）的空前普遍和高效开发、加工、传播和利用，人类的体力劳动和智力劳动获得空前的解放。

1997年，国务院信息化工作领导小组提出了国家信息化的定义认为，国家信息化就是在国家统一规划和组织下，在农业、工业、科学技术、国防及社会生活各个方面应用现代信息技术，深入开发、广泛利用信息资源，加速实现现代化的过程。所以，一般认为，信息化是指在经济和社会活动中，普遍地采用信息技术和电子信息装备，更有效地开发和利用信息资源，推动经济发展和社会进步的过程。它强调运用信息技术、开发信息资源及其对社会经济活动的影响，至少包含以下两个方面的内涵：

（1）广泛应用现代信息技术。现代信息技术的应用是信息化建设的主阵地。广泛应用现代信息技术主要是指现代信息技术的单独应用或综合应用，包括信息基础设施建设，采用计算机进行业务处理、实现办公自动化、建立和使用管理信息系统和决策支持系统等。

（2）充分开发与有效利用信息资源。信息资源利用是社会组织和个人获取信息资源并将其应用到工作和生活中去的信息活动。社会组织和个人采用现代信息技术广泛而快速地获取所需要的信息资源，通过吸收信息资源的内容，从而改变信息结构和知识结构，优化各项工作和管理决策，创造新的信息产品或物质产品，更好地满足日益增长的社会物质与信息需求，也是信息化的重要方面。

2．信息化的基本特征。以信息技术的开发与应用为主要特征的信息化具有以下明显的特点：

（1）明显的信息外溢性。信息网络具有“外部性”，而“信息的外溢效应”是其外部性的主要表现。信息的外溢效应主要表现为三个方面：首先是信息本身的外溢效应，它可以对外部产生影响；其次是新信息创造的新市场的外溢效应，新市场能产生连锁反应；最后是新信息创造的新利益的外溢效应。信息的扩散、转移，必然伴随着知识的价值的溢出。信息扩散、转移的本质是知识价值的外溢。

（2）强劲的技术创新性。20世纪以来信息技术领域实现了几次重大的突破，包括如半导体、集成电路、计算机、光纤通信、互联网等，它的意义已经远远超出技术领域，它推动产业结构的加速重组与调整和世界经济的持续增长。技术的强劲创新产生了产业的不断突破，这个过程本身就是一个极强的创新过程。同时，信息技术还是产业升级的重要推动力。当代世界科技发展的主体是信息技术，产业结构高级化的主要动力之一是信息化，通过信息化的发展来实现产业结构的升级，即通过引入信息技术促进产业结构的变革，为经济增长提供动力。

（3）广泛的技术渗透性。信息技术产业在国民经济的各个领域具有广泛的适用性和渗透性。信息技术的发展，不仅带动了一批新的交叉科技和新兴产业，还创造了新的经济和社会需求。而且信息技术的广泛应用还能提高传统技术的升级换代，推动传统产业的改造，提高劳动生产率，加快产品的升级，增强企业的竞争能力，促进产业结构向知识密集型产业和高质量服务业转变，给传统产业赋予新的内容。

（4）显著的经济效益性。信息技术的应用可以显著提高资源利用率、劳动生产率与管理效率，从而极大的降低社会总成本，取得巨大经济效益。在产业结构优化、经济增长方式转变的同时，信息技术可为国民经济带来巨大经济效益。特别是以信息技术为主导技术的企业信息网络的发展，增强了管理者与被管理者以及不同管理对象之间的交叉性、有序性，提高了生产效率、经济效益，促进了生产组织与经营模式的变革，推动了经济的持续增长。

（5）强大的产业带动性。大量的研究显示，信息产业是一个产业链很长、产业感应度与带动度都很高的产业，信息技术业对整个国民经济发展的带动和推动作用巨大。因此信息技术的不断创新与扩散、发展与融合，带动了一系列关联产业的产生与变化。在信息技术产业内部，衍生出微电子、半导体、激光、超导等产业的发展；在信息技术业外部，带动了一批如新材料、新能源、机器制造、仪器仪表、生物、航空航天等产业的发展。信息技术及其产业的这些特点，从本质上决定了其发展与传统产业的相容性，可使传统产业的深度改造。比如，以互联网的力量为手段，整合传统产业和行业资源，从而带动产业调整，提升整个行业。当互联网与传统经济资源相结合后，产生了信息化的巨大推动力量。因此，以信息技术为支撑的经济信息化，极大地推动了信息产业的调整发展。

（二）我国审计信息化建设和发展状况

上个世纪八十年代中期，我国审计机关在审计信息化建设和应用方面开始进行了积极的尝试。二十多年来，我国政府审计信息化工作经历了从无到有，逐步普及、逐步提高的发展过程。审计机关成立初期，因计算机价格相对昂贵，且缺乏相应的汉化软件，计算机只是作为少数专业人员的办公文字处理工具。随着预算执行审计的全面实施，迫于财政、税务等被审计单位电算化程度不断提高的压力，计算机辅助审计在试点的基础上迅速得到广泛应用，审计远程通讯网、审计数据库建设等信息技术应用加速推进，特别是“金审工程”的实施，使审计信息化建设步入了快速发展的阶段。归纳起来，我国审计信息化建设和发展取得的成绩，主要表现在以下几个方面：

1．领导机构和技术支持机构相继成立。1995年，《审计法》的颁布实施，标志着我国审计监督工作已步入法制化的新阶段，也为实施审计信息化开辟了广阔领域。1995年11月，中编委批复审计署成立计算机技术中心，1998年向国务院提出建设审计信息化系统的构想，并于2000年6月成立了信息系统建设规划领导小组，领导小组下设办公室，组织协调有关部门和专业机构制定审计信息化系统建设——“金审工程”项目可行性研究报告和技术设计方案。2002年3月，为适应审计信息化建设发展的需要，审计署审计信息化系统建设规划领导小组办公室与署计算机技术中心职能归并，合署办公。全国各级审计机关把审计信息化建设作为“一把手”工程来抓，相继成立了由主要负责同志任组长的审计信息化建设领导小组，组织领导本地区和本单位的审计信息化建设。积极向各级领导和有关部门汇报，争取审计信息化支持。这些机构的建立，从领导和组织上为审计信息化发展奠定了基础。

2．“金审工程”顺利立项并稳步推进。1998年12月15日，审计署提出了加快利用计算机进行辅助审计的设想。1999年在广泛吸收国家其它部委信息化建设方案长处的基础上，组织力量研究编写了《审计信息化系统建设规划》。2001年3月，审计署提出了《审计信息化建设总体目标和构想》，明确了审计信息化工作的五年目标和基本建设内容。2001年11月，国务院办公厅下发了《关于利用计算机信息系统开展审计工作有关问题的通知》规定，审计机关有权检查被审计单位管理财政收支的计算机信息系统，也较为明确地提出了审计机关信息化建设的指导意见。2002年8月，国务院颁发了17号文件，确立了中国电子政务建设的基本框架，“金审”作为国家12项“金字工程”之一的一个重要应用系统名列其中。根据国务院17号文件精神，国家审计署提出了我国“金审工程”的“一个模式，三个转变，五个规划”的总体规划指导方案，为审计机关信息化建设指明了方向，并启动了“金审工程”一期建设。2005年“金审工程”一期通过国家发展改革委组织的竣工验收，并获得当年中国计算机用户协会颁发的信息化建设优秀工程。2006年，“金审工程”二期项目建议书完成并报国家发展改革委批准，2007年国家发展改革委同意“金审工程”二期项目全国整体立项，计划于2011年底完成二期建设，目前审计署正积极筹备“金审”三期工程项目建议，并将项目建设目标定为：继续应用和完善审计信息化已有成果，建设和推行数字化审计方式，促进电子政务信息资源共享与交互协同，规范公共管理行为，提高公共管理绩效，维护国家经济安全，发挥审计保障国家经济社会健康运行的“免疫系统”功能。

3．审计信息化技术标准和规范逐步完善。为加速审计信息化建设的科学发展，审计署先后制定了《审计署2004至2007年审计审计信息化发展规划》、《审计署2008至2012年审计审计信息化发展规划》和《审计署“十二五”信息化发展规划》，并就“金审工程”安全管理、应用管理和运行维护管理和工程资金管理、审计数据中心以及计算机审计规范等出台了一系列的标准和制度进行规范。在财务数据接口规范方面，联合用友、金蝶、金算盘及STP等一大批占有会计软件80%份额以上的著名软件公司，共同研制会计核算软件数据国家标准，该规范有两个重大的突破：第一是填补我国会计核算软件数据接口国家标准，第二就是目前我国会计核算软件数据接口标准已经进入国际，联合国会计软件采用中国数据接口标准来进行数据的输出。在业务数据接口规范方面，先后出台了一系列的计算机审计实务公告，对财政、税务、外资、金融、保险、社保以及中央企业等领域的数据进行规划，为全国审计数据中心的建设奠定坚实的基础。

4．审计应用系统和软件开发成效显著。在系统开发方面，审计署联合中软国际有限公司开发的《审计管理系统》、《现场审计实施系统》，开始逐步改变审计的组织方式和实施方式。《审计管理系统》是审计机关管理审计业务和行政办公的综合性管理信息系统，对于加强审计业务工作的决策、组织、指导和管理，并构建用于支撑审计业务的基础资源数据库有十分重要的作用。《现场审计实施系统》具有数据采集转换、审计抽样、审计分析、审计取证、审计工作底稿编制、审计报告和统计汇总、审计项目质量控制、审计信息交互共享等技术功能的支持和扩展，适用于各类审计业务的现场审计，全国目前已发行8万余套，是审计人员现场审计的必备法宝。《项目执行管理软件》、《统一组织项目管理软件》、《法制复核（审理）软件》、《公文起草签批软件》以及《安全客户端系统》等一系列审计软件和系统的上马，基本覆盖了审计业务的各个领域和环节，在“金审工程”二期的建设中，加大了对联网审计的研究、开发和部署工作，在预算执行、税收、投资和社会保险等重要行业中开展了联网审计，逐步实现“金审工程”提出的从单一的事后审计向事后审计与事中审计相结合，从单一的静态审计向静态审计与动态审计相结合，从单一的现场审计向现场审计与远程审计相结合的转变。

5．审计信息化专业人才队伍迅速壮大。审计署十分重视审计信息化人才队伍建设，在加强对全国审计机关审计信息化人才培养指导的同时，对造就审计业务和计算机技术复合型人才采取了一系列举措。自2001年审计署启动计算机审计中级培训工作以来，培养了大量既懂审计业务又懂计算机审计的人才。据不完统计，除少数省市外，全国近22个省（自治区、直辖市）审计厅（局），参照审计署计算机审计中级培训大纲，制订了适合本地特点的“计算机审计中级课程培训”教学规划，根据本地实际开展了计算机审计和审计信息化人才培养工作，逐步建立起一支应用层面、技术层面和管理层面的中国政府审计信息化人才队伍。

经过“金审工程”一期和二期的实施，目前，我国审计机关审计信息化建设已初具规模，审计管理系统（OA）和现场审计实施系统（AO）已得到广泛应用和进一步完善，部署开展了联网审计工程化建设，规划建设了国家审计数据中心和交换中心，扩展建设了涉密审计内网和非涉密审计专网的网络互联系统，以及与之相适应的安全系统和运行服务系统，加强了标准规范建设和审计人员信息化培训。总的来看，我国政府审计信息化建设和应用工作正在取得积极可喜的进展。

二、信息化对政府审计的影响和要求

（一）信息化对政府审计的影响

信息化的外延也相当丰富，涉及经济社会的各个方面、各个领域和各个层面。随着以现代电子、信息技术为代表的新技术革命日益发展和广泛应用，信息化逐步走到了政府审计工作的前台。审计部门为了适应信息时代的到来，广泛运用现代信息技术、通信技术、网络技术和办公自动化技术等现代信息手段，对传统的审计管理、审计业务流程进行改造，加速信息化和政府审计的融合，从而大大提升了审计工作的有效性，影响着审计工作的各个方面。信息化浪潮在给人们带来变化、发展和进步的同时，也冲击着传统生活的每一角落，与政府审计密切相关的行业，如财政、金融、税务、社保等各个领域，都在这股浪潮中激流勇进。同样信息化也给审计工作在环境、线索、内容、范围、技术和方法、审计风险等各方面带来了巨大的影响，主要表现在以下方面：

1．信息化对审计环境的影响。传统的审计，审查的对象是会计凭证、账簿、报表等纸质财务资料，询证的对象主要是财务会计人员，可以说审计的环境相对而言是很简单的，归纳起来主要有三个要素组成，分别是财务数据、会计人员和审计人员。随着计算机信息技术的广泛发展和应用，被审计单位的会计核算、财务管理、业务管理信息化日益普及，经营与管理的无纸化合网络化特征越来越明显，特别是各单位信息系统的使用要求和运行环境又大不相同，应用的程序也各具特点，这使得现代审计的环境变得尤为复杂。在开展计算机审计时，不仅要与财务会计人员和财务管理人员进行交流，而且要考虑计算机硬件、软件与网络的因素，加强同信息系统中的操作员、管理员和维护员进行交流，掌握信息化条件下业务信息处理流程、处理方法和控制措施，审计的对象不仅仅是纸质的财务资料，还有财务和业务的电子数据、计算机系统、软件系统和网络环境的相关资料和说明等，在审计过程中达到正确检查和评价业务数据电子处理的结果，严格控制和监督会计数据处理环境中的各个要素。

2．信息化对审计内容的影响。在传统审计中，审计的内容主要是对人的审查以及对纸质材料进行核对和检查，而在会计电算化后，审计的内容发生了变化。由于整个的会计信息处理过程以及业务管理过程都是由计算机系统按照指定的程序自行完成，传统的审计线索的中断、消失，如果系统的程序出错或被人非法篡改，则计算机仍会按原来的程序和方法处理所有的相关事项，同时，系统可能被嵌入非法舞弊程序，不法分子就会利用这些舞弊程序进行非法操作。这说明系统处理是否合法合规，是否安全可靠，都与计算机系统的处理和控制功能有关，信息系统的特点及其固有风险，决定了审计的内容要增加对计算机系统处理和控制功能的审查。审计人员应在验证最终系统处理结果的真实、正确、完整的基础上，加强对电算化会计系统以及业务系统本身的审查，以保证数据处理程序的合法性、处理过程的可靠性和处理结果的正确性。审查的主要内容有：（1）系统的功能是否实用、完备、能否满足用户会计核算和管理的要求；(2)系统的数据流程、处理方法是否符合会计制度、法规、法令和财经纪律的要求；(3)系统是否建立了必要的程序控制，以防止或及时发现有意无意的差错和舞弊；(4)系统是否保留了充分的审计线索，为日后顺利审计提供必需的条件；(5)系统的安全保密措施和管理制度是否健全，以保证系统正常运行；(6)系统投入使用是否有相关部门的评审手续和证明。这些内容是传统审计所没有的。所以，信息化条件下的审计除了传统的审计对象外，还要对信息系统本身进行审计，如系统数据流程和处理方法是否符合有关制度要求，是否建立了恰当的程序控制，安全措施和管理制度是否健全等，能否防止和发现无意的差错和有意的舞弊行为等，都将成为信息化环境下的审计内容。

3．信息化对审计范围的影响。在现代信息技术革命之前，企业的经济业务往往局限于一国内部很小的区域，涉及的也只是某一个特定的行业领域。与此相对应的审计范围也就只是适应于企业的经营范围，局限于很小的区域或特定的行业领域。但是伴随着现代信息技术手段建立起来的许多跨国公司、国际企业，它们大都拥有从多国多地区进行购、产、销的物流系统，企业的经济业务种类日益丰富，像有的大型跨国公司的经济业务就涉及制造、建筑、化工、金融、医药等多个行业的多种业务，这些大型跨国公司同时也拥有一个横跨几个、甚至几十个国家地区的信息系统。这样，面对于多元化的经济业务以及经济全球化条件下的信息系统的审计业务，必然进一步扩大，成为跨越多个行业、多种经济类型的多元化审计，并将向全球化转变。现代信息技术，特别是网络技术引发的全球信息化浪潮冲击着传统生活的每一个角落，整个社会经济转变为与电子商务紧密相连的网络经济，这种全球化、高速度、虚拟化的经济模型改变了传统的企业经营模式、管理模式和会计模式，与此相适应的审计对象和审计模式也应有所创新。这时的审计，它不仅包括对审计所处的经济实体财务数据和会计信息系统的审计，而且还包括网络经济组织发生的各类业务的真实性和合法性的鉴证和审查。在现代电子信息发展管理环境下，部分行业审计对象（如金融、烟草行业）不论是范围还是形式都发生了实质性变化并且变得复杂多变。一是行业内跨区域的组织机构的管理和控制实行了远距离网络信息程序化管理与控制模式。二是经营机构的网上银行电子结算、会计核算已在业内全面实施。如何对这些“虚拟经营管理活动”和无书面记录的经济业务开展审计监督与服务，这无疑使审计对象的范围发生了根本性变化，因此，信息化环境下的审计监督的空间范围将大大扩展，审计人员须改变传统的审计监督方法，用现代的审计技术作为支撑，不断探索创新审计监督模式。

4．信息化对审计证据的影响。在传统手工会计系统中，信息被记录于凭证、账簿和报表中，以纸质为载体，会计人员根据经办人员提供的原始凭证编制记账凭证，再根据记账凭证登记相关的明细账和总账，期末根据各账簿编制会计报表。整个财务处理过程由不同职责分工的人员共同完成，每一步都有文字记录，都有经手人签字，如果改动会留下痕迹。这些书面材料为审计提供了清晰的审计线索，审计人员在具体的审计过程中，可以充分利用这些清晰的、有形的审计线索进行顺查或逆查、详查或抽查。在信息化环境下，传统的审计线索销声匿迹了，取而代之的是储存在磁介质中的各种格式的电子数据，对磁介质中数据的修改可不留痕迹，被复制后的数据很难区分正副本，如果仅依靠磁介质载体，可能造成责任不清、真伪难辨，使审计证据缺乏法律效力。同时，从原始数据录入计算机到财务报表输出的整个会计处理过程，全部都由计算机按照预先设定的程序自动完成，这个过程就如同一个“黑匣子”。“黑匣子”内部处理过程是不直接为肉眼所见的。此外，随着网上交易的发展，实现了在线支付和实时结算，整个交易过程呈现出无纸化的趋势，由此产生的交易以电子账单形式储存，审计人员单凭肉眼难以获得所需的审计线索。近年来，随着计算机系统的普及，无论政府机构还是企业在审计方面都遇到了电子化作弊的问题，由于软件系统不易留下作弊痕迹，给事后调查取证带来了难度。系统设计者如果没有考虑审计的需要，在系统中设置跟踪程序的话，很难留下有价值的审计线索，加大审计取证难度。为了能顺利有效地完成审计任务，对传统审计的线索追踪方式不得不进行改革，以适应信息系统发展的需要。因此，信息化改变了审计线索，影响了审计证据的取得。

5．信息化对审计技术和方法的影响。传统的审计方式，是对管理活动或会计资料进行审核、分析、计算、测试和函证等，这些传统的人工审查方式和方法，审计人员可直观地从会计凭证、账簿、报表上和相关的管理资料中分析问题，从而明确责任。信息化条件下的审计与传统审计相比，审计的目标虽没有改变，但作为审计活动的内生变量的审计范围、审计线索和审计准则都发生了很大的变化。而这些变化，也必然要求审计活动的外生变量审计技术和方法随之产生变化。信息化条件下，由于审计的信息媒介、审计线索的改变，我们必须相应采用效率更高、更先进的审计技术。可以说，信息技术丰富了审计技术和方法。一方面，信息技术为审计智能化、自动化提供了美好前景。信息技术为现代审计的发展提供了无限美妙的畅想、实现空间。在信息化审计项目中，通过软件界面操作或编制好的程序可以对大量审计数据实施检索、计算和分析，审计人员对处理结果进行落实。对于重复执行的日常审计监督，通过定时运行已编写好的程序，可以实现无人值守的连续审计监督。随着人工智能技术的完善、发展，数据挖掘技术逐步走向实用，可以利用数据挖掘技术自动从审计数据中发现存在的异常事件，揭示可能存在的问题。另一方面，信息技术也推动了统计数学、经济计量模型等相关领域成果在审计中的应用。审计在从一项职业发展成为一门学科的过程中，充分借鉴吸收了相关学科的成果，使审计逐渐从一门“艺术”转变为一门“科学”。例如审计抽样的产生便是统计数学与统计抽样理论有机结合的成果。统计数学、经济计量模型等相关领域的成果在审计领域有着美好的应用前景。此前由于基础数据的缺乏和计算过程的过于复杂，限制了这些技术方法的应用。在当前充分应用信息技术的环境下，将都不存在问题。审计、信息技术、数学三者的结合将使传统审计实现质的飞跃。

6．信息化对审计风险的影响。信息化条件下，以数据库为基础的实时审计发展使审计风险中包含的重大错报风险和检查风险日益复杂，泄密风险不断加大，主要表现在：一是由于网络会计模式的开放性和会计信息资源的共享性，会计资料被非法修改和窃取的可能性增加了；二是内部控制转变为对人和计算机两方面的控制而且是以对计算机的控制为主，内部控制的设计和执行遇到了前所未有的挑战；三是由于重大错报风险上升的趋势，为了把审计风险控制在一定范围内，必须扩大审计范围，但在实际审计业务执行过程中，仍然存在各种增大检查风险的因素：如审计软件的更新换代较慢，内部控制软件难以全面检查测试等，四是信息安全保密工作存在漏洞，部分审计人员保密观念落后，保密意识不强，对信息化条件下的保密工作所面临的严峻形势重视不够，特别是笔记本电脑和移动存储介质普遍存在掌控不严的现象，有些审计人员为了提高工作效率或工作方便，经常使用移动存储介质复制和保存审计业务资料，其中也包括涉密材料，或直接将工作用笔记本电脑接入因特网查阅信息，而这些涉密的电脑、移动存储介质没有统一集中保管，一旦接入互联网，就极易留下泄密的隐患。因此，信息化改变了安全控制，加大了审计的风险。

（二）信息化对政府审计的要求

1．信息化要求审计理念的转变。在信息技术向人们工作、生活的每一个角落发起全面冲击的大潮中，信息技术不仅改变着人们的行为方式，同时也改变着人们的思维方式。虽然信息技术在审计中的运用并不改变审计的目标，但对审计的内涵和外延产生了很大的影响。电子数据处理系统的应用使审计监督的范围扩大了，它不再仅仅局限于组织机构内部，还涉及与组织机构相关的计算机运行及应用系统开发，外部环境和力量对机构内部控制的影响日益增强，必须树立联系和开放的审计观念；被审计单位组织机构因为信息系统的应用也发生了很大的变化，这反过来又影响到内部控制及效果，审计人员必须树立系统、全面的观念，对审计项目实施过程中的全方位风险进行评估，充分了解被审计单位的全部业务流程，分析被审计单位信息数据的内控缺陷，增强风险意识；信息技术的运用，使审计不再是事后行为，它要求参与系统开发的全过程，从形式上提前了审计介入的时间，提高了审计监督的前瞻性和预见性；电子化、网络化的广泛渗透，改变了审计的空间范围，审计对象已由有形有边界的物理空间，扩大到无形广袤的虚拟世界。因此，在信息化条件下，要求审计人员转变思想观念，变革思维方式，创新审计理念，学会从更广泛的领域、更开放的视角，系统地思考问题、认识事物和把握方向。

2．信息化要求审计技术手段的创新。传统的手工审计工作中，采取的审计技术方法主要是根据具体情况对大量的会计凭证、账簿、报表等资料进行顺查或逆查、详查或抽查。审查一般采用审阅、核对、统计、分析、比较、调查和证实等方法。所有工作都由人工完成，工作量十分繁重。在被审计单位实现电算化、信息化后，审计的内容、线索等发生了改变，传统的审计方法虽然依旧很重要，但工作量大、效率低、审查范围有限等缺点凸显出来，特别是审计对象的数据量大时尤为突出。信息化条件下审计对象的特点，决定了审计技术手段必须随之改变。由于审计的内容扩大到电算化系统程序、系统的设计与开发、数据文件等方面，迫使审计人员在采用传统各种审计技术的同时，采用计算机审计技术，用日益先进的计算机审计软件来应对单机、网络、多用户等各种工作平台下的会计软件、去分析审查数据量庞大、格式不同的电子数据。利用审计软件或使用数据挖掘工具可以方便有效地从众多的数据中搜索到符合审计特征的数据，发现审计疑点。另外，计算机审计技术的应用，还可以在电算化会计信息系统设计开发过程中就事先嵌入审计程序，实现对会计事项操作过程的记录、执行审计监督和建立审计跟踪文件等功能。面对信息化的环境，审计人员必须对计算机管理系统的处理和控制功能有充分了解和掌握才可能进行审查，应针对审计范围和审计线索各因素的变化，需要创建全新的技术，如结构化查询技术、个体分析模型技术、嵌入审计模块技术、系统备份加密技术、快拍技术（抽点转存）、多维分析技术以及数据挖掘技术，需要在原有传统审计方法的基础上构建出新的信息化审计方法，如系统测试法、数据测试法、穿行测试法、平行模拟法、程序追踪法、控制流程图审核等特有方法。因此，在信息化条件下，审计必须实现技术手段的改革和创新。

3．信息化要求审计人员能力和素质的提高。信息技术的广泛应用，对审计工作产生了巨大的影响，使得审计这项职业面临许多新的问题和新的挑战，传统审计人员的专业知识结构已经不能适应信息化的发展，甚至可能影响传统审计人员的生存和审计这个职业的发展。在信息化条件下，由于审计技术、审计线索、审计内容和范围以及内部控制的变化，对审计人员的要求比传统环境下无疑提高了。不懂得计算机的审计人员，因审计线索的改变而无法审计；不懂得会计信息系统的特点和风险而不能识别其内部控制；不懂得使用计算机而无法对计算机进行审查或利用计算机进行审计。因此，信息化环境对审计人员综合素质和专业技能提出了新的更高要求，不仅要求审计人员是财务方面的专家，具有丰富的财务、管理、审计知识和实践经验，同时还要求审计人员对信息系统和网络技术也有较高的掌握程度。从长远上看，以智能审计专家知识库等为代表的IT审计新技术将成为信息化环境下审计技术方法的未来发展趋势，审计人员应该掌握计算机科学及其应用技术，把计算机当作一种有力的审计工具来使用。因此，信息化改变了审计行业的知识结构，对审计人员的能力和素质提出更高要求。

4．信息化要求审计法律规范与之相适应。依法审计是审计工作的最高原则。“法”是审计行为的依据，是审计工作有效开展的制度保证。对审计行为的管理应该以法律规范为基础，一切审计行为必须在依法制定的各项法规、制度、规范的指导和制约下进行。随着审计信息化的不断发展，审计工作面临的环境、对象、范围和线索等基本要素都发生了很大的变化，审计技术和环境的变化对审计工作提出了新的挑战，同时也派生出了一系列的问题，在市场经济环境下，单凭审计职业道德操守的约束根本不可靠。虽然，针对手工审计，国家已颁布了相关的审计准则、标准与规范，但是，它远不能适应信息化新型审计方式的要求。目前我国与电子商务、网络经济和计算机应用有关的法律法规还很不完善，有些甚至还是空白；在计算机审计中，审计机构的权力、责任和被审计单位的义务等，有关的立法还很欠缺。这些都给依法开展计算机审计带来很大的障碍。虽然现行的《会计法》中增加了有关会计核算软件管理方面的规定，新修订的《审计法》中增加了要求被审计单位提供财务收支电子数据和必要的电子计算机技术文档的规定，但并无具体的计算机审计的内容，不能很好满足开展计算机审计的需要。1996年审计署出台的《审计机关计算机辅助审计方法》已显不足，需要根据环境的变化适时地进行修订，以规范审计人员的审计行为。2011年1月1日起正式施行的《国家审计准则》（审计署8号令）中有关条款，也还主要是针对信息系统审计方面的内容。因此，开展计算机审计，特别是实施联网审计的新环境下，审计对象、线索、方法、流程等方面使以往的审计标准和准则无用武之地，需要建立新的审计标准和审计准则来指导计算机审计工作，以审计法律、法规、准则为依据，全面规范审计程序和作业标准。

三、信息化条件下政府审计模式和方法的变革

（一）信息化条件下政府审计管理模式的变革

1．审计组织方式由松散管理向集中管理转变，保证审计指挥的畅通。在传统审计组织管理方式下，上级审计机关对下级审计机关、审计机关对派出的各个审计组的指导和管理，信息沟通方式较为单一，主要采取会议、文件、巡回检查等方式进行信息的沟通和指令的下达，因受地理条件和通讯方式的制约，指导时间滞后，还是处于一种松散型的管理状态，审计组也只能“各自为战”，自行把握审计情况。这种管理模式已无法适应信息化条件下大型审计项目的管理需要，审计进度、审计成本和审计风险难以得到有效控制，最终会对审计项目的质量产生较大的负面影响。在信息化条件下，伴随着新一代移动通信技术、下一代互联网技术的广泛应用，电信网、计算机网和广播电视网三网融合，在业务上互相交叉渗透，在网络上互联互通，实现网络资源的最大程度的共享，审计机关可以通过建立统一的指挥中心，充分利用先进的网络通道，快速下达指令，及时反馈信息，随时交换数据，实时做出决策，对各个审计组审计全过程实施统一指挥、调度和管理，形成了“统一指挥、整体联动、总体作战”的组织管理模式，实现了审计组织管理方式由审计组松散型管理向以信息化工作平台为纽带的集中型管理转变，使指挥更为及时、灵敏和通畅。

审计机关确定的审计项目通常分为两类：一类是独立审计项目，审计对象和目标无法与本年度计划中其他项目合并同类；另一类是统一组织审计项目，即多个审计组共同实施一个审计项目或者分别实施同一类审计项目。按照新的国家审计准则，所有的审计项目均需要制订实施方案，统一组织审计项目还要编制审计工作方案。由此产生的项目组织管理的交互需求，分别部署在审计系统（OA）中的两个软件解决。对于独立审计项目，审计机关通过《项目执行管理软件》，接收审计组使用《现场审计实施系统》提交的资料，掌握审计现场的工作进度，察看现场生成等八种文档资料；派出审计组的审计机关领导、审计组归属业务部门的领导审阅资料后，对审计实施进行指导、指挥。对于统一组织审计项目，具有统一协调职责的审计机关（或者归属业务部门）通过《统一组织项目管理软件》，接收下级审计机关（或者其他业务部门）项目执行单位甚至审计项目组，直接提交或者通过《项目执行管理软件》上传功能提交的资料。统一组织审计项目的主管机构，则对各个独立项目提交的情况进行总体分析、把握，　提出指导、指挥的意见。两个软件的共同特点是审计组可以随时提交需要反映的情况和上传的资料，除不宜公开的之外，审计机关发出的指导意见可以被审计组每一个成员看到。两个软件与《现场审计实施系统》结合之后，审计机关对审计项目控制的能力，基本可以满足实现审计目标、保证现场审计质量的要求。审计机关通过《项目执行管理软件》对审计组的审计操作实施远程可视的直接指导、指挥；《统一组　织项目管理软件》则对审计工作方案的执行和调整实施精细管理。从实质上讲，审计机关直接指挥审计项目组的扁平化管理已经没有技术层面和操作层面的障碍。

2．审计人力资源由条块分割向弹性协作转变，形成合理的内部分工。信息化将推动和改变现有的审计业务分工，未来的审计分工将从按审计单位属性和业务性质划分向按审计数据类型来划分，由此带动审计机关内部机构设置和人员分布的重组调整。信息化条件下，审计项目的组织实施，将传统的管理功能和要素与先进的信息和网络技术有机地集成为一体，这个体系是将相互关联或相互作用的各类要素、资源、程序和过程结合起来，它比单个孤立分割的管理体系更能有效达到审计的目标。因此，信息化条件下审计人力资源管理，必然要依靠电子方式来进行人力资源管理，走现代化、信息化的道路，采用人力资源管理信息系统（HRMS）的运作模式将是其中的一种选择，即从审计人力资源管理的角度出发，采用国家标准人事信息指标代码体系，用集中的数据库将几乎所有与人力资源相关的数据（如薪资福利、审计人员招考、审计人员职业规划与培训、职务职位管理、绩效管理、岗位描述、个人信息和历史资料）统一管理起来，形成集成的信息源。审计人力资源管理信息系统的运用，将打破传统机关人事管理条块分割的死板局面，以现代化、信息化的手段实现人力资源的整合和管理模式的创新。依托信息系统的平台，信息的传达和处理将更加迅速快捷，人力资源管理过程中的人际沟通将更为直接、广泛并极具人性化，同时还能降低人力资源的培训成本。可以说，建立透明、相容、一致、易查和全面的审计人力资源管理信息系统，将与人相关的信息统一地管理起来，有利于“人——机”一体化管理模式的革新，也有利于建立合作共享式的未来人力资源管理工作新模式。

3．审计信息资源由分散独享向全面共享转变，促进审计效率的提高。在传统审计组织管理方式下，受信息传递的限制，各审计组的审计工作动态、工作成果、工作经验等信息资源，只能在审计组内部单点分散独享。在信息化条件下，审计机关可以成熟的电子计算机和信息技术为主要手段，利用高性能计算机和网络系统，将分散在不同地理位置的计算机组成一个虚拟超级计算机，

实现网上资源的连同和共享，建立一个覆盖审计系统各部门的应用系统，实现机关办公现代化、信息资源化、传输网络化和决策科学化，提高办公效率，提高管理水平。其基础一是审计机关内部的电子化和网络化；二是审计机关部门之间的信息共享和实时通信；三是审计机关与被审计单位等之间的信息交互。其核心在于建立在网络基础上的信息管理和共享。该机制的建立将为审计信息管理模式的转变提供一个优秀的平台，通过在因特网上建立审计专栏，可以实现多渠道、全方位的信息资源共享；通过审计专网上下沟通，及时交流工作经验，随时解答政策和疑问，实现“由点到面”的审计成果共享。

4．审计质量控制由事后监督向全程监控转变，促进审计质量的提高。在传统审计组织管理方式下，对审计现场未能实行统一管理，审计项目的基础信息如调查了解记录、审计证据、审计工作底稿等，通常分散在审计人员个人的手中，在现场审计项目结束之前才进行基础信息的汇集，审计组组长或主审无法了解和掌握到全面的信息，无法把握审计项目的整体状况。对审计组的审计质量控制，只能在审计结束后，通过二、三级复核进行监督，影响其管理和指导审计项目的决策正确性和及时性，并可能造成审计项目管理上存在一些盲区。此外，审计取证资料往往未经过内部复核程序，就由审计人员直接提交被审计单位，对审计过程的控制力较弱，无法对审计过程中出现的偏差进行及时调整和纠正。这种“事后监督”模式，隐藏着较大的审计风险，审计质量难以控制和保证。在信息化条件下，以通信网络为基础，利用计算机密钥管理、集散控制等技术，可以实现对过程的集中管理、分散控制。审计机关通过审计管理系统（OA）、审计现场实施系统（AO）交互功能和审计网络通道，各个审计组及时将现场审计信息和数据资料打包上传到审计指挥中心，审计机关的领导和项目组长可随时查看审计人员现场审计工作情况，特别是对审计人员获取的审计证据、撰写的工作底稿等资料进行实时监控，保证了审计证据和工作底稿不被随意修改，降低了审计风险。同时，充分利用审计现场实施系统，建立统一的数据分析模块和审计汇总表格，保证了各审计组按照统一的政策法规、统一的定性依据、统一的处理原则和口径，对审计数据进行统一汇总分析，实现了审计质量控制由“事后监督”向“全程监控”的转变，提高了审计质量和工作效率。

5．审计方式由事后静态审计向动态跟踪审计转变，提高审计的及时性。在信息化条件下，审计依靠信息技术实现了实时审计、在线审计和连续审计，审计方式将从单一的事后审计转变为事后审计与事中审计相结合，从单一的静态审计转变为静态审计与动态审计相结合，从单一的现场审计转变为现场审计与远程联网审计相结合。具体体现在：（1）实现实时审计：除了在数据管理方面的优势以外，计算机审计最大的优势在于互联互通，通过局域网，将审计机关、财政部门及相关被审计单位的财务数据联接起来，审计人员在需要的时候直接通过设在审计机关内部的局域网服务器访问财政部门和各被审计单位的数据库，自行提取数据，可以带来审计效率的大幅提高，并且审计机关可以随时掌握被审计单位的财务动态。审计人员通过网络访问被审计单位财政财务信息数据库，缩短了每次检查活动的相隔期间以及检查时间，对于具体的财政财务收支事项，既可以在该事项结束后实施审计，也可以在该事项进行过程中实时进行审计，真正把事后审计的关口前移。（2）实现远程在线审计:审计机关可以通过网络远程访问被审计单位的财政财务管理系统及其数据库或数据库备份，随着被审计单位信息化程度的逐步提高，通过远程访问完成审计的程度也将得到提高，实时性特征也因此而更加明显。比如，就数据采集和分析而言，在传统现场网络审计方式中，审计人员利用计算机辅助实施审计数据的采集和分析，在数据量上受到所携带设备、审计范围的限制;在时间上受到现场组网和审计进度的影响。在远程联网审计方式中，网络连接一次性完成，其数据采集和分析的数量基本不受设备限制;审计范围在事前确定为最大可能的范围;时间不受现场组网时间与审计期间影响。因此，具有更高的审计数据采集和分析效率。（3）实现连续审计：审计机关通过采用以在线审计、实时审计为特征的联网审计方式，实现“预算跟踪”加“联网核查”审计模式，及时采集数据、及时分析预警、及时督促整改的审计方式，可以提高审计的及时性和有效性，充分发挥审计的“免疫系统”功能，有效防范重大违法违规和腐败现象发生的机率。

（二）信息化条件下政府审计方法的变革

1．审计思路由依赖主观判断为主向标准模型化转变，增强审计的科学性。传统审计下，审计人员对有关问题的检查处理主要依赖于个人经验上的主观判断为主，审计项目的成功与否取决于项目负责人的经验，而在实际工作中各审计人员之间的业务水平又参差不齐，这也必然影响了审计项目的工作质量和效率。而在信息技术广泛运用于审计领域以后，审计人员可以对审计的经验和技术方法加以梳理，形成各个行业和专业的审计方法体系。这些方法体系在原有的专家经验和计算机应用实例的基础上，根据审计内容和审计事项不断地固化、模块化。将某些成熟的审计程序和审计人员的先进工作经验或按照某行业的审计操作指南编制成模块在审计项目中加以运用，用于指导项目的开展，指导审计人员对具体的审计事项进行审计，一方面提高了审计工作的效率，另一方面保证了审计工作的质量，提高了审计的准确性和科学性。比如，利用计算机对被审计单位财务、综合业务系统中相关数据、信息进行横向、纵向分析、重要性水平测试，确定审计重点，按设定的审计模型进行非现场初审，圈定需要核实的问题线索，并按不同类别进行专业分工，在基本查清主要问题或找出问题线索后进行实地延伸核实取证，这样可以大大缩短现场审计时间，增大发现问题的可能。可以预见，在审计界建立审计专家知识库和审计专家系统，将有经验的审计专家和审计师的专业知识和经验分类有机组织起来，构造成审计专家系统，经过验证之后推广使用，将会给审计工作开辟广阔的前景。美国、日本、英国等发达国家纷纷将专家系统研制列入国家级重点科研项目，有些审计专家系统已被投入实际应用并产生了巨大效益。

2．审计范围由抽样选取向全面覆盖转变，扩大审计的有效性。在传统审计中，由于受到审计手段的限制，往往采取抽样的方式， 从金额、发生频率、业务重要控制点等重要性水平对被审计对象进行摸底、调查和审核，无法对整个流程和信息进行处理，随着被审计对象财务系统、业务流程等日趋庞大复杂时，这种传统的的抽样方式就更加捉襟见肘。在信息化条件下，随着计算机审计的逐步推进，各类审计软件、数据库软件广泛应用，审计人员可以采取面向数据的审计方式，利用计算机高速快捷的存储、运算、检索等独特功能及审计软件的专业优势，解决了手工条件所不可能解决的问题，审计人员可以直接深入到被审计单位信息系统的底层数据，深入了解和把握电子数据的特点和规律，然后通过对底层数据的分析处理，来获取大量的多种有用信息。这种审计方式，既可以解决详查问题，也可以解决抽查问题，通过设定指标筛选、关联印证、分类汇总、异常排查等参数自动抽取审计样本，可以对被审计所有电子数据进行全面测试、分析和模拟检查，搜集线索，做到“精确制导”和“精确打击”。这种情况下，审计人员可以从容应对被审计单位的海量数据，结合对财务数据和业务数据的进行全面分析，做到总揽全局，从整体、宏观的角度把握和分析情况。信息化环境大大拓展了审计的范围，只要被审计对象的财务数据、业务信息和相关控制点是利用信息技术进行处理的，审计部门就可以通过采集数据，对数据进行必要整理，模仿被审计对象的业务控制点，对整个业务流程进行复制和再审核，实现审计范围的最大化，逐步实现审计范围向全覆盖转变。

3．审计内容和重点由单一财务数据向系统关联数据转变，增强审计的全面性。目前的计算机审计，主要还是对财会信息系统所产生的电子财务数据及其所反映的业务活动的真实性、合法性、效益性等进行审计。周所周知，信息系统的安全性、可靠性、完整性等对其产生的财务数据的真实性、合法性等有着重大的影响。因此，信息化的条件下审计的对象从传统审计的财务会计资料转化为经济活动的原始资料和信息系统本身，审计内容由单一的财务数据转向与财务相联系的关联数据，审计范围不仅局限于财务数据的本身，还包括会计电算化系统，甚至扩展到整个被审计单位计算机信息系统。也就是说，信息化环境下的审计已突破传统财务审计的范围，至少应涵盖信息系统审计、业务审计等内容，即数据审计、信息系统审计和系统内控审计“三位一体”的结合方式。信息化环境下审计的重点，将从评价数据的准确性向评估信息系统的安全有效性转变，审计人员不仅要关注被审计单位的报表数据，还要花费更多的时间和精力来了解和审查信息处理系统的功能，审计的重心相应地要扩大到对信息系统、内部控制以及对软件的设计、使用情况和效果的审计，以证实信息系统处理的合法性、正确性、完整性和安全性。在传统现场审计方式中，审计人员通过内部控制测评，完成对会计和其他经济信息的可依赖性，控制风险水平对实质性测试的性质、范围、时间和重点的影响等情况的确定。在被审计单位为小规模单位、相关内部控制不存在、内部控制存在但并未有效执行、内部控制测试和控制风险评估的工作量可能大于其所能减少的实质性测试工作量等情况下，审计人员无须对相关内部控制进行测评。在远程联网审计方式中，信息系统将成为新的、必须开展的、并且处于首要地位的审计内容，由人、计算机硬件、软件和数据源组成，负责收集、加工存储、传递和提供决策所需信息的信息系统，成为内部控制的新内容，涉及内部控制的各个要素。由于网络互连，信息系统是财政财务数据源的必然载体，因此它不仅决定了审计人员对会计和其他经济信息的依赖程度，更重要的是决定了是否可以依赖。正是因为传统现场审计与远程联网审计所需数据来源的上述区别，信息系统审计在远程联网审计中是必须具备的审计环节。此外，在经济数字化、信息化的今天，网络技术应用于会计信息系统中，会计信息的开放，使电子形式的会计信息容易受到网络病毒的困扰，这都要求审计的内容不能再局限于被审计单位的经济活动，而要扩展到网上为广大用户进行记账、算账、报账及理财活动的网络服务业务。由于信息系统提供的信息多元化，导致审计的重点由与有形物质相关的业务，扩展到智力资源等与非物质资源相关的业务。

4．审计视角由仅关注被审计单位内部数据向同时关注外部相关数据转变，拓展审计监督的视野。在传统审计中，对某个审计单位进行审计时，一般情况下仅限于被审计单位内部的数据信息，从被审对象内部获取资料和数据，进行分析，得出结论。虽然也采取外调等形式，寻求相关部门的配合，到外部单位进行延伸调查，但由于受到审计时间，资源等的限制，往往仅局限于对某一个情况的调查和了解。在信息化环境下，这种单位与单位之间的业务往来和相互控制不再依赖人工进行管理，网络系统的互联互通、数据交换中心的建立，解决了审计管理信息系统与其他相关系统的对接，这时在多个关联单位采集数据对被审对象情况进行摸底或佐证将变得更加便利。审计部门通过采取跨部门数据的旁证，实现多源化数据融合，通过对外部单位的关联信息和关键数据加以分析，扩展了系统的时间和空间覆盖范围，增加了系统的信息利用率，提高融合信息的可信度和精度。多源融合信息与单一渠道信息相比，融合后的信息能表达被观测对象的某些新的性质、感知单个信息所不能感知的现象，消除或减少被感知对象解释的不完整性或误差。例如在对公积金中心进行审计时，可以采集工商、税务、公安、民政等部门数据，与公积金数据进行比对以发现疑点。这种审计某一个单位，关注关联单位电子数据的审计模式正在逐步被接受，也必将是未来信息化审计发展的重要趋势之一。

四、信息化条件下审计信息化建设和发展的框架构想

信息化对政府审计的模式和方法产生巨大的影响，同时，政府审计的新模式和新方法又反过来作用于审计信息化建设和发展。审计机关如何开展信息化建设、构建什么样的信息化发展框架，

多年来一直是审计机关关注的一个热点和焦点。就信息化发展本身来说，任何行业信息化建设都可归纳为平台建设、应用提升和基础支撑三个方面，审计机关审计信息化建设也将遵循这条规律，这一点是无庸置疑的，但是由于审计信息化的特殊性，其建设步骤又不完全等同于一般意义上的信息化建设。

信息化建设及应用离不开基础数据，没有基础数据的信息化建设终将成为无源之水，无本之木，就更难以谈得上管理、质量和决策的信息化。而基础数据的积累需要两个条件：其一是规范的数据格式，其二是畅通的数据收集渠道。由于审计工作的特殊性，其基础数据除了审计机关内部积累的数据外，很大一部分数据来源于被审计对象，然而被审计对象的数据来自各行各业，行业不同，数据的差异自然很大，审计机关很难人工梳理这些数据以达到统一的格式，唯有借助各类信息系统(例如联网系统)来规范被审计对象的数据，从而规范数据的格式。而大量的数据来源于基层审计机关，如果仅收集中央或省本级被审计对象的数据，其数据很难代表全国的社会经济生活现状，也不符合“审计数据中心”的要求，为此，我们必须更大范围内整理和积累数据，这就需要在全国范围内建立一个的畅通的数据收集渠道。

基于上述原因，我们认为信息化条件下审计机关信息化发展的思路主要是：以基础支撑为保障，构建一个畅通的全国审计机关网络，在网络上搭建一个规范的系统平台，全力推进平台应用，以平台应用来推动各类审计基础数据库建设，深入挖掘和利用数据资源，向数字化审计机关迈进。

（一）审计信息化基础平台体系建设

1．完善和扩展满足审计机关资源共享的网络系统。网络建设是信息化建设的重要组成部分,完善和扩展适应外部环境的网络系统是审计机关信息化发展的一个重要基础。没有完善的基础网络系统，就难以构建畅通的基础应用平台。我国审计机关基础网络分中央、省、市和县四级，省级审计机关的网络既起到承上启下的作用，又是市、县审计机关网络之中枢，其重要性不言而喻，因此，要以审计署为核心，完善以省级审计机关为重点的网络系统，逐步建立一套以审计专网为基础的上联审计署、下联县（市、区）审计机关、横联重点被审计单位的立体化网络框架，将是未来审计机关基础网络的发展方向。

就省级审计机关而言，目前的网络系统主要有与审计署专线连接的小密网，审计业务专网和连接互联网的外网。小密网和互联网相对比较独立和稳定，采取的运行模式基本类似。对于审计业务专网而言，由于各省（市、区）的电子政务网络实际情况差异很大，审计专网建设差别也较大，目前，主要有以下几种方式：大多数地方通过电子政务内网承载审计专网，部分通过电子政务外网承载，还有少数通过专线进行网络连接。纷繁复杂的网络连接方式严重的阻碍了网络的畅通性和共享性。

从近期来看，随着国家电子政务外网建设改造工作的逐步开展，全国电子政务外网基本覆盖国家、省、大部分市和部分县（市、区）。为解决基础网络的畅通性和共享性，全国很多审计机关逐步启动审计专网网络平台的升级改造和向电子政务外网的整体迁移工程，以求打通审计署、省、市、县审计关机网络通道，利用审计专网与互联网的逻辑隔离，通过VPN通道、网络安全措施、CA认证体系、应用权限体系和终端防护等措施，形成审计专网、电子政务外网、互联网的互联的网络枢纽，逐步实现审计人员全国范围内的无缝安全接入，在短期看不失为为一种比较好的处理方式，能较好的解决目前的基础网络问题。但从长远看，除涉密网外，网络发展趋势终将是几网合一，特别是各类网络安全技术产品的成熟，各类数据加密、MPLS VPN、防火墙、入侵防御系统，电子令牌等软件、硬件安全系统的完善升级，各种加密算法将更加安全有效，审计机关的基础网络系统，包括审计专网，视频网络以及其他网络系统可能通过互联网进行承载，彻底实现审计人员全国范围内的无缝安全接入，真正意义上实现移动办公。

2．建立完善适合审计工作发展需要的综合应用业务系统。在国家“金审工程”一、二期建立的现场审计实施系统、联网审计系统、审计管理系统、视频会商系统的基础上，逐步加大各大系统的融合。按照“金审工程”三期建设的要求，部署建立基于政策法规、审计系统内部积累和外部共享数据、经济运行和宏观调控信息总体研究分析的政府公共管理审计评价指标系统以及审计仿真（模拟）实验系统等。就近期而言，要结合审计机关审计工作发展需要，建立和完善综合应用业务系统，主要包括审计作业平台、审计管理平台和审计交流平台。

（1）审计作业平台

在现场审计作业方面，结合审计工作实际和现场应用环境，逐步建立以现场审计实施系统(AO)为基础，以SQL_server和其他大型数据库管理软件为拓展，将Access、Excel等基础应用软件与AO软件有机结合的现场审计作业平台。

在联网审计作业方面，重点在政府预算执行审计、专项资金审计等项目上加快探索“预算跟踪＋联网核查”的审计方式，提高联网审计的数据分析能力。比如，通过开展对财政全口径预算资金的联网审计和全国、全省性预算资金综合分析，以财政审计为龙头，实现三级或四级政府预算资金的数据采集，为其他各类审计提供基础数据，逐步实现财政审计一体化。

（2）审计管理平台

扩展和完善审计管理系统、统一组织项目管理软件、法制复核（审理）软件、公文起草签批软件功能，提高这些系统和软件对审计工作的组织、指导、控制和管理能力，为领导决策提供服务，逐步建立集审计业务管理和行政管理为一体的综合性审计管理平台，为实现审计工作数字化打下基础，重点有：

一是建立审计监管数据报送系统与机制。按照现有的审计方式，审计数据是由审计组现场采集，被审计单位在非审计年度无法采集相关数据，造成了对某个单位、某些行业审计数据的缺失，无法对其进行连续性分析的问题。通过建立审计监管数据报送系统以及数据报送制度，由审计组现场数据采集向被审计单位数据报送制度转变，采取身份识别设备等安全防范技术，确保审计机关安全接受被审计单位的电子数据。

二是实施现场审计项目结果数据集中管理。主要是对现场审计实施工作积累的大量的审计结果数据，进行管理、查询和利用，利用设定的权限对所有审计项目的底稿、证据、报告及账表数据、业务数据等审计项目结果数据进行访问，实现数据展现、数据查询、数据统计和数据交互的功能。

三是建立大型项目审计管理控制系统。主要是满足联动型审计项目的需要，打通审计管理系统大型项目的组织通道，解决中央、省、市、县四级联动项目交互障碍，实现大型审计项目全省的统一组织、统一分解、统一下载、统一实施，统一交互和统一管理。

四是建立项目动态跟踪审计系统。主要是实现审计机关对跟踪审计的需求，通过了解审计对象接受审计建议，采取审计改进措施，有效利用审计成果以及审计整改效果等情况，从全局的视角科学合理地选择重点审计对象，提高审计工作质量和效率。

（3）审计交流平台

一是搭建全国审计即时通讯交流系统。在审计专网上部署即时通讯软件，建立覆盖全国审计人员的即时交流平台，实现文本、数据、语音和视频的即时交流。地方审计机关要完成与审计署交流平台级联，实现全国范围内的即时交流。同时，根据审计工作需求，在审计外网上开通审计业务论坛，逐步组建各专业审计类别的审计QQ群，用于信息交流、资料共享。

二是建立中央和省两级审计应急指挥中心。利用现有的数据库技术、GIS技术、图像通信技术，计算机通信技术、VOIP电话技术等，进行本地区或远程地区之间的点对点或多点之间的双向视频，双向音频以及数据等交互式信息实时通信。在中央和省级审计机关构建审计应急指挥中心，这个指挥中心将以大屏幕展示方式，对审计视频会商系统、审计专家会诊系统、短信发布系统等功能进行集成，实现与审计管理、审计业务应用系统的有效整合，具备统计、分析、评价、预警、展示等多种功能，提供领导决策、现场作业、指挥调度等展现形式，提高决策结果的有效性、及时性、准确性，为审计机关领导构建一个信息丰富、展现灵活、指挥有效的业务指挥平台。

3．建立审计数据中心。审计署要以为省级审计数据分中心为基础，完善目前的中央数据中心建设，省级审计机关主要要根据审计署“金审工程”要求，构建适合本地的审计交换中心，继续完善金融审计数据库、企业审计数据库，经济责任审计数据库、社保审计数据库等专业数据库建设，同时完成统一规划的公共管理审计评价信息资源库、经济安全审计评价信息资源库、仿真数据库、审计管理及质量控制信息资源库、审计决策支持知识库等信息资源数据库建设。审计数据分中心将以审计信息资源为基础，依托元数据技术实现架构，通过提供目录服务和交换服务，最终实现审计应用、业务协同和资源共享。

4．完善和扩展已建的安全系统。目前，各级审计机关的各类应用系统、主机系统及安全系统向电子政务外网的迁移工作正在如火如荼地进行，而电子政务外网与互联网是逻辑隔离关系，这就决定了预防病毒感染和黑客入侵等是审计部门信息安全的关键。计算机病毒、计算机黑客、有害信息的入侵、自然灾害，信息系统自有风险等给审计信息化带来种种安全隐患，成为推进审计机关审计信息化建设的主要障碍之一。针对信息安全问题，要通过制度和技术两个层面来防范和化解安全隐患，逐步建立具有可靠性与线路安全、身份认证、访问控制、信息隐藏、数据加密、攻击探测和防范、安全管理等特征的安全系统，重点是：一要加强对审计人员信息安全意识教育，强化安全制度建设，建立严格的机房管理制度和网络、信息安全管理制度，制定规范的计算机操作程序，加强工作人员保密教育等等。二要加强技术防范措施，在审计信息系统中逐步引入比较成熟的数据加密技术、防火墙技术、入侵检测技术、病毒防范技术和CA认证等技术，跟踪不断发展的IT安全新技术，继续强化和加固全国审计系统的反病毒体系、认证系统、安全客户端系统等安全保障设施，保障审计部门网络、审计信息和重要设施的安全。 三要在操作权限设置上做到各环节互相牵制、互相审核，严密监控违规和异常操作。 四要做好信息系统数据备份，确保信息资产安全，在可接受的成本范围内逐步建立适合本地特色的冗灾备份系统。现实中有许多威胁计算机系统正常运行的因素，大到自然灾害，小到失窃、断电乃至操作员不经意的失误，都会影响系统的正常运行，一旦计算机系统出现故障而造成数据丢失，由此造成的灾难性后果及损失将不可估量，为保证审计机关审计信息系统的完整性和安全性，就必须保证系统数据在任何时候所具有的一定可靠性，建立一套行之有效的备份与灾难恢复措施尤为重要。

（二）审计信息化应用提升体系建设

信息化建设的目的不仅仅是利用信息化来展现各项工作的成绩，而且要利用信息化应用来推进各项工作的实施。虽然相比大多数政府部门的信息化“政绩工程”和“形象工程”而言，审计机关信息化的实际应用能力和操作水平在同级政府部门中一直处于较为领先的地位，特别是近几年自上而下地强力推进，确实取得了很大的成效，但是仍有很多不尽人意的地方，主要表现在应用的不规范、不全面、不完整、不深入四个方面。如何提升审计信息化应用水平，构建审计信息化应用提升体系建设，一直是审计机关的热点话题，就目前的状况看，可以分为以下几个方面：

1．立足信息技术应用，提高三大应用能力。

一是基础应用。基础应用是指在工作中的一些常规性的、操作层面上的应用，对于审计机关来说，主要是指AO和OA两个系统以及其它常用软件的的运用，基础应用的推进可采用范例推广模式进行。我们常听到技术部门抱怨业务部门报送的数据包、相关流程的处理流于形式，没有实质内容；业务部门则反映说很多审计管理和业务实施的电子化流程在审计实践中不知道如何去规范，提出很多疑惑和质疑，由于技术部门对审计业务似懂非懂难以给予及时准确的答复。因此，针对这类基础应用，可以在年初项目计划中选取2-3个合适的审计项目，业务部门和技术部门共同实施，技术部门全程参与，与业务部门共同研究，将每个审计环节和业务流程按照数字化流程规范进行梳理，每年完成2-3个项目的应用范例，在机关内部进行范例推广，逐步解决基础应用中不规范、不全面、不完整的问题。

二是能力应用。能力应用主要在思维层面上，对于审计机关来说，主要指信息技术在审计实践中的应用，分两个方面：一方面是面对熟悉的问题，审计人员已有思路，只需将思路转换为计算机语句或计算机操作步骤，这是一种简单的能力应用，可通过学习培训提高知识水平的领悟能力，在审计实践中逐步提升。另一方面是面对新问题，用常规的审计思路难以解决，必须分析数据的特征，从中寻找解决问题的方法。这类能力应用要在具有一定的信息技术知识和审计实践经验的基础上，加以创新思路和锲而不舍的研究精神，不断在实践中锻炼，才能达到提高。

三是创新应用。创新应用就是根据创新原理、创新思维和创新方法，创造性地将信息技术运用到工作中以解决实际问题的过程。对审计机关来说，很多审计领域信息技术的应用还处在空白或摸索阶段，这些领域还没有现成的经验可以借鉴，需要去突破，这种创新应用一方面可以通过审计人员在实践中去探索，以信息化应用课题形式去研究。另一方面可以借助外部力量，通过邀请专家学者、IT业内人士、审计业务骨干共同研讨，形成共识，逐步突破。

2．创新审计方式方法，向数据式审计机关迈进。

（1）积极推广计算机技术应用，全面提升信息化环境下的审计监督能力。一是推进计算机技术在现场审计中的应用，探索和实施联网审计，实现财政预算执行、税收征管、政府固定资产投资的动态审计监测。二是推广符合审计机关实际的信息系统审计方式，在年度审计计划项目中选择合适的审计项目采取“结合式”的方式进行信息系统审计的探索，关注信息系统的可靠性和安全性，促进被审计单位的信息安全。三是利用审计会商系统，对审计发现的重大问题，采用专家网上会审方式，组织相关审计机关和相关行业的专家进行异地审计会商，提高对重大问题审计决策的及时性和准确性。

（2）探索创新审计方式，不断创建审计信息化发展模式。一是采取以在线审计、实时审计为特征的联网审计方式，及时采集数据、及时分析预警、及时督促整改，提高审计的及时性和有效性，初步实现“预算跟踪”加“联网核查”审计模式。同时采用以审计跟踪重大投资项目落实情况为主要内容的跟踪审计方式，对重大投资项目实施全过程跟踪审计。二是采用以“总体分析、发现疑点、分散核查、系统研究”为特征的总体分析审计方式。通过总体分析和评价揭示，提出关系体制、制度和机制方面的审计建议，促进财政安全、金融安全、投资安全、民生资金安全等经济安全。创建并推广以系统内控审计和电子数据审计为特征的数据式系统基础审计模式。通过系统内控审计以促进系统产生数据的真实、完整和可靠，通过电子数据审计以促进财政财务收支经济活动的真实、合法和效益，为信息化环境下的审计监督提供有效模式。

（3）积极探索创新审计管理和质量控制数字化，全面提升信息化环境下的审计管理和决策水平。一是审计机关管理全流程数字化。建立对审计计划项目编制、资源配置、执行调控、组织管理、审计信息、成果统计、结果跟踪、审计公告、项目归档、成果利用等全流程管理环节的数字化。创建审计管理数字化模式，不断提高审计管理质量和水平。二是审计质量全过程控制数字化。建立对审计项目方案、审计记录与取证、审计报告与审计决定、审计业务质量检查等全过程审计复核与审理的质量控制数字化。创建审计质量控制数字化模式，不断提高审计项目质量和水平。三是审计决策支持数字化。逐步建立对审计发展规划和年度计划信息、审计项目实施和成果信息、审计质量控制和管理信息等审计决策支持信息的数字化。创建审计决策支持数字化模式，不断提高审计决策的准确性和科学性。

（4）加强审计数据资源建设和利用，提升审计机关数据挖掘分析能力。一是进一步加强基础数据的收集工作，确保被审计单位基础情况数据、财务业务数据、审计资料、审计方法、审计档案等相关审计数据准确、完整地采集到各类别的审计专业数据库中，提高数据数量和质量；二是技术管理部门按各部门的使用要求做好技术支持和服务工作，确保收集的审计数据能够为领导和各部门所用；三是业务部门和技术部门相互配合，加强审计数据的分析、利用，注重从已有的数据资源中全面准确地掌握被审计单位整体情况，创新审计方法，通过比较历史资料、关联相关数据资料、分析变化趋势发现异常现象和违纪违规线索，做到数据资源最大限度的共享和利用，提高审计工作效率和质量。

同时，审计机关可尝试以审计数据库建设和各专业审计数据之间的信息交换和综合利用为切入点，着力推进以数据分析中心为核心，由政策研究、数据分析、任务执行“三中心”共同构筑的数字化审计工作模式，逐步构建数据分析应用平台、加强审计数据资源建设和利用，不断提升审计机关数据挖掘分析能力。通过对数据信息的综合分析运用，动态监控宏观政策的执行效果及社会经济运行中的风险隐患、经济社会发展中的热点问题、苗头性倾向和突发性事件。

3．抓好成果总结交流，提高审计信息化理论研究和攻坚水平。审计信息化应用的另一个重点就是要善于总结经验，善于提炼提升。将信息化建设工作过程中零星、分散、不系统的做法和认识加以理性的总结，形成一种思维，提升到理论高度，以进一步服务于信息化建设的实践。一是重视实用审计模块、小软件、小工具、小程序的开发应用、总结和推广。各级审计机关要加强计算机审计方法、应用实例以及计算机审计案例、审计信息化优秀应用案例的征集评选工作，提高审计方法和应用实例的质量水平和规范管理，逐步构建有我国特色的审计信息化案例和计算机审计方法体系，将这些经验方法汇编成实务指南，供审计机关内部学习。二是抓好信息化应用课题研究。要大胆借鉴和吸收国、内外先进经验和现成成果，对审计实践中遇到的信息化难题进行探索和攻坚，进一步加强信息化条件下开展审计的组织形式和方式、管理模式、内控测评、风险评估、质量控制等基础性课题研究。这些问题的研究和突破，将对提高审计机关的信息化建设和应用水平大有裨益。

（三）审计信息化支撑保障体系建设

1．完善信息系统运行维护体系。随着信息化基础平台和管理平台建设的推进和计算机审计的深入开展，在信息系统的部署安装、维护维修，海量数据处理、存储和分析、信息资源库的整合应用等方面的任务将十分繁重，单纯依靠审计机关的技术力量难以胜任，既不现实也不经济，审计机关审计信息化运行维护体系变革将是大势所趋，可采取利用外部技术力量和资源，尝试服务外包等管理模式，将有限的信息化人力资源从繁杂的日常软硬件维护事务中解脱出来，将更多的精力放在审计信息化应用研究上来，逐步构建运转有序，协调高效、安全可靠的运行保障机制和维护体系，建立起包括审计业务部门、信息化管理部门以及外部协作服务机构在内的，职责明确、专业分工、高效协调的组织管理体系和联动机制。

2．加快审计信息化人才队伍建设。审计信息化人才队伍建设是审计信息化建设的立足之本，其重要性不言而喻，这是由于审计工作的特殊性决定的。其他政府部门工作人员面对的是开发好的信息系统（以办公系统居多），需要的计算机技能主要是应用系统的简单操作，而审计人员不但要面对这些办公系统，还要面对被审计对象的财务系统和业务系统，有时候还需直接面对被审计对象信息系统的底层数据，这无疑对审计人员是一个巨大的挑战。如何造就一支能胜任审计信息化的人才队伍，就目前的队伍状况来看，可以尝试从以下四个层面来考虑：

一是应用层面。这个层面的人数最多，主要来自一般的审计管理和审计业务人员。对于审计从业时间较长，达到一定年龄的工作人员，侧重于审计管理和现场审计系统的操作性学习，强调系统的规范性应用。对于年轻工作人员，侧重提高他们的数据采集分析能力，可采取以下几种方式实现：一是通过计算机审计中级等一系列培训来提升理论水平，二是通过业务部门和技术部门轮岗来融合信息化知识，三是通过审计实践来提升其实战水平。

二是技术层面。主要完成信息化的实施、维护、技术支持工作，这一层面的人才，来自信息化建设的直接参与者，主要是技术部门的工作人员。其培养侧重于新的信息化理念、知识、技能和对审计业务知识的了解。除轮岗、审计实战等方式外，还应侧重于参加技术研讨、学术会议、更高层次培训等来提高其技能水准。

三是规划层面。这个层面的人才，需担当起信息化总体规划的重担，他们除了要知道信息技术的发展大方向外，更重要的是对审计管理、审计业务流程有全面系统的理解，对审计发展方向有准确的判断和认识。除加强自身学习外，可以通过讲座、研讨和考察等方式提升对未来方向的把握能力。

四是咨询服务层面。咨询服务层面主要来自为审计机关服务的外部队伍。咨询服务是信息化工作重要的组成部分之一，目前在我国的政府信息化中，咨询服务发展很快。 这是由政府信息化建设自身缺陷所决定的，绝大多数政府部门存在诸如认识局限、IT力量不足、信息化管理机制不完善等问题，在信息化建设的战略与策略、规划、管理、技术、培训、实务等各个层次都存在旺盛的潜在需求。审计部门也可以借助第三方信息化咨询服务机构的知识、经验和力量，把握和解决好信息化规划和建设过程中的一些带有规律性、普遍性和策略性的问题，以确保信息化建设顺利进行并取得成功。

需要特别强调的是，审计信息化人才队伍建设，一定要注重实现业务与技术的融合，使技术应用切实提升审计的生产力。技术部门可配有懂技术更懂审计业务的人员，赋予其跟踪了解业务信息化需求的职责，以便快速反应。另一方面，需要重视技术人员的转型，在新的技术人员补充有保证的前提下，适时、适量把技术人员调整到业务部门，这样的人员到业务部门后更能从业务和技术结合的角度发现和提出信息化需求，有助于促进审计业务和信息技术的融合，更好的将信息化技术运用到审计工作中去。

3．加强审计信息化的规划指导和制度建设。审计信息化不仅仅是个技术问题，还需要有先进的思想观念、管理理念、组织方式、方法手段等新的理论、符合实际的规章制度和发展规划作指导。一是审计署应加强对全国审计信息化工作的宏观管理和指导，同时，将审计信息化建设纳入全国信息化建设的统一规划，以减少不必要的浪费和失误。各级审计机关特别是省级审计机关，要在认真总结金审工程前二期的基础上，研究制定计算机审计的标准与规范，逐步建立和完善适应信息化要求的审计业务操作指南、审计管理标准和计算机审计技术体系，为审计信息化工作规范化、科学化奠定良好基础。二是搞好技术准入和制度建设。审计机关要保证审计信息化建设相关业务技术参数衔接，特别是省级审计机关要配合审计署完善审计评价指标体系、各行业会计接口标准、审计数据规划、计算机审计方法体系及其它计算机审计指南和标准；同时，要制定完善适应各地审计机关实际的审计信息化发展规划，要与本地区中长期审计工作目标相衔接，加强信息化制度建设，建立审计信息化管理规章制度，进一步强化计算机审计的责任、质量和安全意识，规范审计行为，提高审计效率。

4．建立和完善审计信息化考核机制。审计机关信息化建设受到诸多因素的限制，特别是中西部地区，由于经费紧张，“金审工程”资金存在一定缺口，导致很多建设项目难以统一实施。加之，部分审计机关领导和审计人员信息化认识还不足。这些主客观因素都是制约审计机关信息化发展瓶颈的主要原因之一。如何解决这些问题，保证信息化建设和发展按照统一部署有序进行，建立和完善审计信息化考核机制是一个行之有效的手段。一是建立审计信息化工作通报制度。审计信息化通报主要通过考核某些单项指标，即“抓重点工作”来解决短期内信息化建设中的突出问题。通过审计信息化通报，可以让各级审计机关掌握审计信息化整体情况，为下一步努力的方向提供准确、翔实的资料，还可以总结和推广工作经验，宣传典型，为审计信息化建设起到一个很好的激励、约束、借鉴和导向的作用。二是完善审计信息化评估考核机制。在管理学领域，评估考核是重要的课题之一，无论是项目管理、工程管理、人力资源管理都非常重视评估工作。而作为审计信息化建设领域，评估考核却是一个薄弱环节，而且也已经造成了一系列问题。审计信息化评估考核主要是建立一个比较系统、全面的指标体系来衡量审计信息化能否取得实效。审计信息化的关键是标准的科学确定，标准不仅是信息系统建设的指针，也是审计信息化效果评估的依据，是衡量信息化建设成功与否的关键。可以采取量化指标，对信息化基础设施、信息化应用、信息化成果、人才队伍、规章制度等进行具体考核，也可将信息化工作纳入审计工作全局进行谋划，作为整体工作考核的一项重要内容，以进一步使信息化建设更好服务审计工作。

5．打造和优化审计信息化发展环境。审计信息化的本质是借助现代信息和通信技术，利用一种科学的、先进的、行之有效的管理思想、方法对旧的审计模式进行改造，使传统审计向现代审计转型的过程。具体说，审计信息化就是管理和服务通过网络技术进行集成，以及对审计需要和拥有的信息资源的开发和管理，来提高审计的工作效率、决策质量。因此它首先是一场管理的革命，它涉及到业务流程调整、资源投入、难题攻坚、矛盾协调等，其中任何一项都不是仅靠技术部门单独能完成的，必须建立一个有效的工作协调机制。其次，审计信息化是先进的管理理念和信息技术相结合的产物，其最终目标是实现审计管理的现代化，而技术仅仅是实现手段，因此，审计信息化的关键在领导对信息化的决心和态度，特别是部门领导对信息化一定要有坚定的信心，贯彻到底，支持到底。在审计机关领导层面，在经费上要保障，满足审计信息化工作基本需求；在情感上要以人为本，给予信息化工作人员人文关怀；要建立适当的激励机制上，充分调动广大审计人员参与信息化工作的主动性和创造性。在审计机关业务部门层面，认识上要重视，要把审计信息化摆上重要的地位，要有坚定的信心、落实到底的决心和主动作为的用心。对于技术部门来讲，要向审计对象、主管领导、其他部门等推介审计信息化，宣传审计信息化，展示审计信息化成果，在同其它部门相互配合、协作、影响中摆正自己的服务角色，逐步打造和优化审计信息化内部和外部发展环境。

结束语

审计信息化是审计领域的一场革命，审计信息化的进一步发展，必将促使审计技术和手段发生一些重大变革。审计信息化也是一个长远而艰巨的工作，作为我国电子政务建设的一个组成部分的审计信息化建设，既是传统审计方式向现代审计方式转变的客观要求，也是审计机关“五大”基础建设的重要内容。国家审计署刘家义审计长曾经指出，作为国家管理工作重要组成部分的审计监督，必须与时俱进、开拓进取，针对审计环境、对象和重点的变化，加快信息化建设，改变审计方式、手段和技术，使之与生产力发展相适应。否则，我们将会失去审计的资格。

我们强烈的共识是：在当今世界信息化飞速发展和经济全球化的今天，政府审计必须跟上信息化的潮流，为完成自己的法定职责而竭尽全力。

课题负责人：杨寿桃

课题组成员：张文祥　王　羚

金礼明　赵俊杰

（本文为审计署2010至2011年度重点审计科研课题，课题编号：10SJ03001，原载中国时代经济出版社出版的《审计署重点科研课题研究报告（2010-2011）》）

新时期审计文化建设的思考

安徽省审计厅课题组

“十二五”时期，是全面建设小康社会的关键时期，是深化改革开放、加快经济发展方式的攻坚时期。《审计署关于加强审计监督促进“十二五”规划顺利实施的意见》和《审计署“十二五”审计工作发展规划》要求，加强审计文化建设，弘扬审计精神，树立“责任、忠诚、清廉、依法、独立、奉献”的审计价值理念和文明形象，增强审计事业的凝聚力，依法有效履行审计监督职责，树立审计机关良好形象。可见，将审计文化建设融入审计事业发展之中，是推动审计事业健康发展的必然要求，是审计工作者在新时期肩负的重大历史使命和面临的重要课题。

一、充分认识加强审计文化建设的重要意义

审计文化是审计群体在审计实践中形成并被广泛遵循的价值取向、精神追求、职业道德、行为方式及其制度规范等的总和。审计文化建设的核心是审计机关群体价值观的建设，是实现审计工作转型升级、科学发展的“软实力”建设。探索审计文化发展的客观规律，加强审计文化建设，充分发挥审计文化对审计事业科学发展的推动作用，对于进一步完善具有中国特色的审计监督制度具有重要的现实意义和深远的战略意义。

（一）加强审计文化建设，是适应形势、融入大局的要求

坚持社会主义先进文化前进方向，弘扬中华文化，建设和谐文化，发展文化事业和文化产业，满足人民群众不断增长的精神文化需求，充分发挥文化引导社会、教育人民、推动发展的功能，

是党的十七届五中全会和《国民经济和社会发展第十二个五年规划纲要》在新时期提出的新目标，全力推动文化建设，大力营造文化建设氛围，是贯彻全国文化体制改革工作会议精神提出的新举措。审计机关要坚持“围绕中心、服务大局”的工作方针，就必须加强作为社会文化子系统的审计文化建设，促进审计发挥保障国家经济社会健康运行“免疫系统”功能，进而真正推动和保障国民经济社会健康运行和持续科学发展。

（二）加强审计文化建设，是履行职责、服务发展的要求

审计文化作为一种团队文化，具有重要的导向、激励、约束、规范、凝聚和辐射功能，在实际审计工作中具体地发挥着约束审计人员行为、调整审计团队关系的作用。审计工作要更好地服务于审计实践，就必须通过加强审计文化建设，促进审计人员进一步增强宏观意识、大局意识、责任意识，树立正确的审计职业道德观念，养成务实的工作作风，忠实地履行审计监督职责，进而增强审计机关的凝聚力、战斗力，以及服务经济社会发展的能力。

（三）加强审计文化建设，是规范行为、展示形象的要求

审计工作涉及经济社会的方方面面，审计人员职业行为直接影响着审计工作的严肃性、权威性和审计机关形象。加强审计文化建设，可以更好地把审计人员的思想和行为引导到审计事业所确定的发展目标上来，以规范的审计执法行为取信于社会，用良好的审计形象影响社会，推动社会主义精神文明建设的发展，进一步发挥审计保障国家经济社会健康发展的“免疫系统”功能。

（四）加强审计文化建设，是建设队伍、提升素质的要求

推动新时期审计事业的科学发展，充分发挥审计监督的建设性作用，关键是要建设一支高素质的审计队伍。加强审计文化建设，可以更好地发挥审计文化的导向、组织、激励等作用，引导审计人员增强事业心和责任感，激励审计人员钻研审计业务，教育审计人员遵守审计纪律，鼓励审计人员团结协作，使审计人员的主观能动性、创造性得到充分发挥，使审计队伍的整体素质得到不断提升。

二、准确把握审计文化建设的目标要求

审计文化主体通过审计文化实践活动所期望达到的理想境界和最终结果所形成的审计文化目标，具有客观性、多元性和层次性的特征，它决定着审计文化建设的内容，为建立特色鲜明的审计文化指明方向。新时期的审计文化建设，必须立足经济社会和审计事业发展实际，紧紧围绕“十二五”时期审计工作的战略目标，以中国特色社会主义理论为指引，以科学发展观为灵魂，以加强审计机关自身建设为基础，以提升审计队伍整体素质为核心，以开展形式多样的文体活动为载体，认真落实“依法、程序、质量、文明”要求，使地域文化得到传承、时代精神得到弘扬、审计特点得到体现，逐步形成具有审计特色的文化体系，为全面推动审计事业转型升级提供强大的精神动力和智力支持。

（一）以理念养成为前提，着力铸就审计精神

审计文化把审计精神、审计价值观作为核心和基石，强调审计人员普遍认同的价值观的塑造和文化理念的养成，通过审计文化的导向功能，发挥审计机关的整体文化优势。

审计文化建设的目标之一，是以社会主义核心价值观为引领，以地域文化和时代精神为依托，以审计职业规范为基础，铸就健康向上的审计精神。一是公正清廉。公正清廉是对审计人员的职责要求。作为一名审计执法人员，必须在依法履行监督职责的同时，做到廉洁自律、客观公正、敢于坚持原则，坚决维护法律的尊严。二是敬业奉献。敬业奉献是对审计人员的品质要求。每个审计人员都应该树立全心全意为人民服务的思想，忠于职守、克己奉公、爱岗敬业、积极进取、甘于奉献，努力为审计事业的发展贡献力量。三是勤勉进取。勤勉进取是对审计人员的作风要求。审计人员作为民众监督政府的眼睛，应严格要求自己，做到谦虚谨慎、严谨细致、精益求精、行为规范，不断提高审计执法水平。四是开拓创新。开拓创新是对审计人员的素质要求。新时期的审计人员不仅要勤奋工作，还要努力学习、与时俱进、开拓创新，不断提高审计能力，以适应时代发展的要求。

（二）以制度健全为重点，严格规范审计行为

审计制度是审计文化的重要组成部分和成果积累，对保障审计事业科学发展具有长期性和根本性的意义。而从一定意义上讲，文化是制度之母。一项制度的形成、巩固和发展，需要有相应的文化为其提供指导和奠定基础。因此，应充分发挥审计文化的约束、规范功能，不断建立健全审计制度体系，实现用制度管人、照规矩办事、按程序运作，规范审计执法行为，使内部管理更加严格，制约机制更加有效，审计监督行为更加规范，审计执法水平明显提高。

加强审计制度建设，就是要确保各级审计机关按照宪法、审计法和其他审计规范，依法履行审计监督职责，在推行依法行政、建设法治政府中发挥积极作用。一是建立健全符合审计事业发展需求的制度体系。加强审计法律法规体系、审计规章准则体系、审计职业道德规范建设，强化制度创新，逐步制定和完善涵盖综合管理、业务管理、人事管理、财务管理、后勤管理、廉政建设等一系列管理制度，使审计工作做到有法可依。二是不断完善运转高效的执行机制。严格制度执行是制度建设的重要方面，通过逐步建立目标明确、责任分明的导向机制，求真务实、开拓创新的运作机制，奖优罚劣、争先创优的激励机制，使内部管理更加严格，制约机制更加有效，审计监督行为更加规范，审计执法水平明显提高。

（三）以氛围营造为基础，全面展示审计形象

加快推进审计事业科学发展是审计文化建设的出发点和落脚点，大力推进审计文化建设是审计事业科学发展的必然要求和不竭动力。因此，应围绕审计发展目标大力开展审计文化建设，并以优化审计发展环境为中心，充分发挥审计文化的辐射、凝聚功能，通过审计实践、主题活动、互动交流，营造浓厚的审计文化建设氛围，展现审计机关的

良好审计形象，使社会各界更加关心审计、理解审计、支持审计。

审计形象是审计文化建设的结果，它反映着审计机关的工作作风和审计人员的品德、风格、人际交往方式等。从外部看，应给上级及有关部门、被审计单位和社会公众以可信赖的形象，即审计机关的工作为外界所肯定。这主要表现在审计报告的客观公正、审计决策的正确、审计决定和处理的恰当等。从内部讲，应使全体审计人员养成公正清廉、遵纪守法的工作作风，不断增强审计机关的凝聚力和向心力。在以审计文化塑造审计队伍、树立审计形象的同时，还应注重以审计文化来影响审计客体，并进而影响社会，增强审计文化的辐射力。通过审计人员工作过程中所展现出来的 “责任、忠诚、清廉、依法、独立、奉献”的审计价值理念和文明形象，形成对系统外的发散辐射，进而树立审计的权威性。

（四）以素质提升为核心，切实增强履职能力

人既是审计文化建设的主体，也是审计文化建设的客体。审计文化是通过审计人员在审计实践中的主观努力塑造出来的。人的积极性、主观性和创造性的充分发挥，人的素质的全面提升，既是审计文化建设的目标之一，也是审计文化建设的基础和前提。

加强审计文化建设，应坚持以人为本的原则，以促进审计人员的全面发展为目标，充分发挥审计文化的激励功能。在积极倡导树立正确的人生观、价值观的同时，一方面应着力加强审计职业道德建设，大力弘扬公正清廉、敬业奉献、勤勉进取、开拓创新的审计精神，使诚实守信、严谨细致、敢说实话、敢于碰硬、坚持原则、清正廉洁成为审计人员的自觉行动；另一方面应着力加强审计职业能力建设，不断提高审计人员的学习能力、依法行政能力、审计实战能力、运用现代审计技术能力和创新能力，以及调查研究能力、沟通协调能力、应对变化能力、处理复杂问题能力和心理调适能力，更好地履行审计监督职责，不断适应时代发展的需要。

三、着力抓住审计文化建设的工作重点

审计文化建设是一项具有长期性的基础性工作。当前，应在分析研究审计文化建设所面临的形势和发展机遇的基础上，认真总结二十多年来审计文化建设取得的成就和经验，以发展的观点、创新的思维、有力的举措，着力抓好理念培养、精神塑造、制度完善和行为规范等审计文化建设的重点工作。

（一）加强教育，培养审计理念

审计理念在审计文化建设中起着决定性、主导性作用，它是全体审计人员共有的思想观念和思维活动，是审计文化体系的最高层次，是审计文化的源泉和动力。温家宝总理曾对审计人员提出四点希望：坚持原则、敢于碰硬，严谨细致、客观公正，廉洁自律、敢于奉献，与时俱进、开拓创新。这高度概括了审计工作的本质特征，指明了审计人员在新时期的努力方向，是新型审计文化的核心和新时期审计人员应具有的审计理念。科学的审计理念具有强大的导向、凝聚功能，是推动审计发展的巨大动力。因此，应通过宣传教育、示范激励等方法，使广大审计人员坚持以科学发展观为统领，进一步认识和探索审计工作规律，充分认识和把握审计工作本质，始终把推进法治、维护民生、推动改革、促进发展作为审计工作的根本目标，把维护国家经济安全、保障国家利益、推进民主法治、促进全面协调可持续发展作为审计工作的首要任务，把坚持“依法审计、服务大局、围绕中心、突出重点、求真务实”作为审计工作的基本方针，进一步适应改革和发展的新形势，认真总结经验，积极寻找差距，不断调整审计工作路径，全面履行审计监督职责，推进审计工作科学发展。

（二）凝聚人心，塑造审计精神

审计机关在实现自身价值和社会责任所进行的审计活动的过程中，经过精心培育而逐渐形成的为广大审计人员所认同的价值取向和主导意识，也就是审计精神，是全体审计人员积极心态的外化，是审计机关向心力和凝聚力以及审计人员对审计机关和审计事业自豪感的集中表现形式。应在进一步强化审计职业道德教育的基础上，凝聚人心，铸就健康向上的审计精神，引导审计人员的思想和行为，使审计人员自觉地为实现审计目标而奋斗。一方面通过开展学习型机关建设、精神文明建设、效能建设、“创先争优”、“以人为本、执政为民”等主题教育活动，培育公正清廉、敬业奉献、勤勉进取、开拓创新的审计精神，为依法履行审计监督职责提供强大的精神动力。另一方面在审计机关开展的各类教育培训中，强化政治理论、职业道德等内容，不断增强审计干部的事业心、责任感。同时，在选人用人上，把德才兼备、以德为先的用人标准作为考核选拔审计干部的重要内容，注重把政治坚定、作风务实、敢于碰硬、廉洁自律的审计干部选拔到领导岗位上，形成正确的用人导向。

（三）固化成果，完善审计制度

审计制度文化，既是现有审计制度的总和，也是一个审计制度建立和完善的动态过程。广义的审计制度主要包括审计法律法规、审计规章以及审计准则等，它既是固化的审计文化建设成果，又在推动审计文化建设中发挥着积极作用。涵盖广泛、相互衔接且落实到位的审计制度体系，最能代表审计文化建设所达到的水平和高度，因为制度文化在审计文化系统中占据中坚地位，是保证审计工作正常运行、审计人员行为规范、审计组织职能有效履行的关键。一方面审计制度建设不是一劳永逸的，各级审计机关应根据外部环境的要求和内部情况的变化，及时制定、清理废止、修订完善各项审计制度，以保持制度的先进性。当前，应特别注意加强与国家审计法律、法规相配套的地方审计立法，建立健全适应审计准则要求的审计制度。另一方面审计制度的贯彻执行是审计文化建设的永恒主题，各级审计机关应加强法治观念、法治意识教育，在不断增强审计人员严格执行审计制度自觉性的同时，进一步强化责任追究和绩效考核，以制度约束审计人员遵循审计准则、职业道德，保持高度的职业谨慎，严格审计执法，用制度激励审计人员开拓创新、提高工作绩效，通过制度约束和制度激励，引导审计人员依法审计，严格办事，并激发创新精神，实现更高的审计工作质量和效率。

（四）以人为本，规范审计行为

审计行为属于审计文化现象的一

种，是审计工作作风和精神风貌的动态体现，是审计精神和价值观的折射。从审计人员结构上划分，审计行为主要包括审计领导者行为、审计模范人物行为和审计人员行为等。规范审计行为，必须坚持以人为本原则，使广大审计人员在审计实践中更新审计理念，拓展工作思路，努力提高审计专业知识，不断积累审计工作经验，养成良好的职业操守。一方面以审计实践活动为载体，在审计项目安排上体现大局意识，在审计过程中强化责任意识，在查处问题时倡导求实意识，把依法审计、科学审计、文明审计的理念贯穿于履行审计监督职责之中，通过审计实践活动展现审计机关公正清廉、敬业奉献、勤勉进取、开拓创新的品质和作风。另一方面以文体活动为载体，通过广泛开展丰富多彩的文化娱乐活动、体育健身活动和社会公益活动，使审计人员在展示才华中陶冶情操，在强身健体中培育团队精神，在扶贫帮困中奉献爱心，在审计机关内部营造团结合作、生动活泼、和谐文明的人文环境。

四、不断创新审计文化建设的方式方法

审计文化重在建设。审计文化建设是一项复杂的系统工程，需要调动方方面面的积极因素，不断创新方式方法，采取切实有效措施强力推进。

（一）统筹规划，鼓励创新

审计文化建设是同审计机关全面建设相互包容、相互涵盖的一项综合性、长期性工作，是审计事业发展到一定阶段必须着力抓好的一项基础性重要工作。加强审计文化建设是审计工作创新发展的必由之路，也是完善和改进审计工作机制的重要途径，更是审计工作转型升级的重要内容。各级审计机关应牢牢把握时代脉搏，顺应形势要求，进一步解放思想，以改革的精神和创新的品质，从本地区、本单位实际出发，将审计文化建设纳入审计工作中长期规划之中，形成稳定长效机制，明确总体目标和年度工作重点，做到目标明晰、措施具体、协调有序、持续推进、大胆实践、鼓励创新，使审计文化建设成为加速审计工作转型升级的重要引擎，促进审计工作水平不断提升。

（二）强化领导，明确责任

一个组织的文化是由组织的领导文化、团体文化和个体文化构成的。在审计文化建设中，组织领导具有特别重要的意义。各级审计机关应进一步加强对审计文化建设的组织领导，建立健全领导责任制，强化责任主体，分解工作任务，加大人、财、物的投入，狠抓目标落实。各级审计机关的领导应率先垂范，带头树立先进的审计理念和正确的价值取向，把社会主义核心价值观建设作为坚定信念，做审计文化建设的倡导者、组织者、践行者和示范者，身体力行，使公正清廉、敬业奉献、勤勉进取、开拓创新的审计精神成为审计人员共同的行为依据和准则。

（三）广泛宣传，榜样示范

审计宣传不仅是审计文化建设的重要内容，而且是传播审计文化的重要手段。审计文化只有被广大审计人员普遍接受和理解，并转化为审计的群体意识，才能为审计人员所自觉遵守和奉行。在审计机关内部开展审计文化宣传，可以使审计人员熟知审计的共同目标、价值观念、职业规范等，逐步将其内化为自己的价值观念，通过自身的行为表现出来；在审计机关外部开展审计文化宣传，可以使有关部门、被审计单位、社会公众更好地了解审计，从而关心、理解和支持审计。为此，在加强信息技术运用等审计宣传载体建设的同时，应更加注重开发具有审计特色、时代特征的审计精神文化产品，尤其是注意发挥审计机关先进集体、模范人物的品牌效应，充分发挥榜样的示范、引领和激励的作用，让审计人员和社会公众共享审计文化发展的最新成果。

（四）加强研究，转化成果

大力开展审计文化理论研究，是促进审计文化建设健康发展的重要基础性工作。经过二十多年的发展，审计事业已进入总结经验、深化提高、转型升级的新阶段，审计文化理论研究应结合审计工作实践，注重从审计发展的历史积淀中挖掘、提炼审计文化精髓，构建审计核心价值体系，弘扬时代主旋律，夯实审计人员团结奋进的共同精神基础。应坚持理论联系实际，积极借鉴社会主义先进文化建设的成果，深刻领会审计文化的科学内涵，准确把握审计文化建设的目标要求，不断概括、提炼审计文化建设的新鲜经验，充分吸收科技发展带来的科学知识、科学思想、科学方法和科学精神，及时将理论研究成果转化为指导和规范审计文化建设的法规制度，使审计文化建设更具先进性、时代性、创造性。

（五）健全制度，持续推动

优秀团队文化的形成，都有一个从刚性管理到柔性管理、从制度约束到自我约束的递进过程。软性的审计文化建设也应辅之以刚性的制度保证。通过制度规定、行政推动，使审计机关各部门和全体审计人员明确审计文化建设的岗位职责、工作重点、规范要求、阶段目标、奖惩标准，确保审计文化建设的信息有序传递、活动有效开展、考核有章可循。在对审计文化发展的指导思想、总体要求、目标任务、工作重点、步骤方法、保障措施等作出中长期规划的同时，应建立健全审计文化发展及其作用发挥的检查考评机制，使各个岗位、各个环节都有规可依，有章可循，以保障审计文化工作有机构组织管理，有人员负责落实，有办法对照考评。在审计人员养成新的行为习惯的基础上，注入人文关怀等柔性管理方法，使审计人员在审计制度文化和行为文化的双重约束下，成为自觉、自律的自我管理者。

（本文为2011年10月华东暨特邀地区审计厅(局)长座谈会交流论文，执笔：王羚）

市、县（市、区）审计局
合肥市审计局

合肥市审计局内设办公室、综合处、法规审理处、监察室、机关党委、审计信息技术应用处、财政审计处、金融审计处、行政事业审计处、经贸审计处、农业与资源环保审计处、社会保障审计处、固定资产投资审计处、外资运用审计处、经济责任审计局、直属分局、建设审计室、科教文卫审计室（与行政事业审计处合署办公）和投资审计中心，现有编制133名，实有人员121名。

2011年合肥市审计局机关人员配备情况表

内容 单位	人数	性别		文化程度				职称			负责人
		男	女	研究生	本科	大专	大专以下	高级	中级	初级	
局领导	9	6	3	1	3	5		4	1		吴利林
副县职级干部	1	1			1				1		方荣涛
办公室	14	9	5	1	6	4	3	1	4	1	陶 文
综合处	4	3	1	2	1	1			2		张仁山
法规审理处	5	3	2		2	3			4		张凤岗
监察室	2	2			1	1			1		朱和发
机关党委	1	1			1				1		朱卫祥
审计信息技术应用处	6	4	2		6				3	1	施 彧
财政审计处	7	5	2	1	5	1		1	4		郭洪群
金融审计处	5	3	2	1	4				3		牛忠民
行政事业审计处	7	4	3	1	3	3		2	2	3	王保智
经贸审计处	7	5	2	1	5	1		1	4		冯修传
农业与资源环保审计处	5	3	2	1	4			1	3	1	袁 捷
社会保障审计处	6	4	2		6			2	3		周 磊
固定资产投资审计处	7	6	1	1	4	2			5		胡正发
外资运用审计处	6	4	2		5	1			5	1	牛忠武
经济责任审计局	12	7	5	1	7	3	1	1	6	3	徐 伟
直属分局	7	5	2	2	3	2		1	4		刘 威
建设审计室	4	2	2	2	2				1	2	陈会平
科教文卫审计室	1	1		1				1			禹自银
投资审计中心	5	2	3		5					1	陈会平
合计	121	80	41	16	74	27	4	15	57	13	

2011年合肥市审计局领导人员情况表

姓　名	性　别	职　务	职　称	任职时间
吴利林	女	党组书记、局长		2008年3月
李鲁青	男	副局长、调研员		2004年8月
陈　卫	男	副局长		2009年8月
姚　琳	女	副局长	高级审计师	2008年8月
张兴和	男	纪检组长	会计师	2011年5月
杨永华	男	调研员		2007年6月
苏沙沙	女	调研员	高级工程师	2009年5月
米宏胜	男	调研员	高级审计师	2009年8月
顾　强	男	调研员	高级审计师	2011年1月

2011年12月31日在册人员名单

吴利林　李鲁青　陈　卫　姚　琳　张兴和　顾　强　杨永华　苏沙沙　米宏胜　方荣涛　陶　文　范宏琨　马妍玲　陈利丽
宋桂洲　徐仕信　汪　忠　张　敏　夏　斌　杜　良　陈伶伶　杨　凡　汪章国　杨仁君　朱和发　王宪杰　朱卫祥　张仁山
王　翔　张晓庆　汤　捷　张凤岗　刘张传　徐　进　王晓梅　崔莉莉　王保智　禹自银　罗　勤　徐　莉　毛乾勇　何善阳
罗新林　颜　鸽　冯修传　赵福柱　季　燕　金岚岚　童庆春　吴学平　闫建明　牛忠民　高长征　王　军　崔效玲　陆媛媛
袁　捷　徐群桂　沈孝勇　詹　放　王淑斐　周　磊　陈晓华　王克春　施四平　冯　雷　张竞文　郭洪群　刘　尧　朱　岩
李庭军　张友兵　张升保　钱南欢　陈会平　张文革　李晓姝　赵新宽　胡正发　汪祥金　汪　林　孟　勇　司圣年　汪艳桥
李　娟　牛忠武　王　瑛　唐正东　王　平　胡德萍　吴　静　施　彧　陈　胜　齐蓓蓓　姬　玲　陈景波　汤　玮　徐　伟
王午婕　何莉英　陈向东　范　军　王　鑫　何慧沅　费广舜　黄　斐　刘红卫　牛保亚　吴婷婷　刘　威　杨宜春　张丽梅
李　楷　韩　磊　章立华　阮永清　孙长林　梅　园　翟晓莉　丁　超　郭　敏

2011年合肥市审计局特约审计员情况表

姓　名	性　别	工作单位	职　务	职　称	任职时间
樊晓晓	女	交通银行合肥分行预算财务处	副处长	会计师	2010年5月
王莉英	女	瑶海区国资办	主　任	审计师	2010年5月
张黎静	女	市第一人民医院	处　长	会计师	2010年5月
龚胜昔	女	安徽华安证券有限公司计划财务部	总经理	高级会计师	2010年5月
杨祖梅	女	包河区水利局	工会主席	会计师	2010年5月
葛　云	女	合肥金融学校	教　师	中教二级	2010年5月
高　虔	女	合肥市民革	部　长		2010年5月
王冬梅	女	安徽桃花源实业有限公司	总经理	会计师	2010年5月
孙明华	男	合肥合晶电子有限公司	董事长	高级工程师	2010年5月
张晓艳	女	合肥有线电视宽带网络有限公司	主　任	高级会计师	2010年5月

2011年工作概况

2011年，合肥市审计机关牢固树立“创先争优”意识，在统筹推进各项工作的基础上，集中精力实施好“信息化推进工程”，同时结合省审计厅“五大工程”整体规划和合肥经济社会发展实际，选择基础和条件较好的方面重点突破，取得了明显的推进成果。全年先后获得第九届安徽省文明单位、全省审计系统先进集体、全省审计机关“审计提升年”活动先进集体、市政府目标管理考核优秀责任单位、全市依法行政工作先进集体等多项荣誉，并受到合肥市政府专文通报表彰。市局机关党委被安徽省委评为全省先进基层党组织。全市审计机关严格按照新国家审计准则要求规范实施审计，全年累计审计和审计调查单位818个，审计查处违规和管理不规范问题金额307.2亿元，促进财政增收节支3108万元，审计建议被采纳265条。其中市审计局完成含省审计厅联动项目在内的40个计划项目，涉及财政性资金约570亿元；累计查处违规金额246万元、管理不规范金额262亿元。同时完成首批26个大建设项目竣工决算审计，审定竣工决算金额41.2亿元；跟踪跟进审计项目177项，审计62.1亿元，核减3亿元。提出审计建议被采纳85

条，提交审计专题、综合性报告和信息简报被批示采用544篇次。此外，完成合肥市住房公积金管理中心资产负债和财务收支情况审计等7个追加和交办审计事项。

政策绩效评估初战告捷。年初，在财政“同级审”工作任务十分繁重的情况下，根据市政府要求，首次尝试开展政策绩效评估工作。由45人组成4个评估小组，根据专家指导设计的绩效评估指标，通过座谈、问卷、实地调查等形式，采取成本效益分析、有无比较、因素分析等系列方法，历时两个月，就政策实施、专项资金预算安排、执行及使用效益等内容，全面评估2009至2010年合肥市财政支持工业、自主创新、现代农业、服务业发展政策绩效，涉及专项资金35.2亿元。在多角度进行评估的基础上，针对政策设计、实施等环节，提出完善政策措施、加强过程和后续管理、建立健全绩效考核奖惩制度等近20条调整和改进建议，在新一轮政策修订中均得以吸纳。根据市政府要求，这项工作将作为常规项目开展。

专项资金绩效审计持续推进。结合专项审计调查，有效开展绩效审计，是加速转型升级的突破口。全年开展绩效审计和专项审计调查项目19个，涉及林业园林建设、城乡义务教育、农村沼气建设等多个领域。外国政府和金融组织贷款绩效审计调查建议合肥市进一步完善外贷项目库，在环境、医疗卫生事业等领域加大引进力度。市政府主要领导批示：考虑到人民币升值还将延续一个历史时期，利用政府贷款，包括国际金融组织贷款，还应加大规模、完善管理、提高使用效益，特别是对生态环境、民生方面更应加大投入。请发改委、财政局、环保局、巢管局进一步理清工作思路，谋划项目储备，加大工作力度，力争“十二五”期间有新的突破。根据长丰县2008至2010年扶贫资金专项审计调查结果，市政府责成相关部门研究建立规范管理、合理使用各项支农资金的长效机制。排污费征收和污染防治专项资金投入绩效情况审计调查提出“排污费收入预算与实际征收数差距较大”、“部分污染治理项目资金未能及时发挥使用效益”等问题后，市政府于9月正式出台《合肥市市级排污费征收及环境保护专项资金使用管理办法》。

财政预算执行审计创新思路。一是在坚持围绕主线、抓住重点、延伸一片的前提下，突出将预算执行、部门预算、经济责任、民生资金、政府投资、下级政府决算等统一纳入审计范畴，把全部政府性资金纳入审计监督范围。二是在部门预算执行审计中，对纳入市财政项目支出绩效考评的8个部门12个项目的实施情况和效果予以突出关注，并提出针对性建议。同时明确将部门所属二级单位纳入审计范围，共延伸审计二级单位14家，发现各类问题18个，占问题总数的1/3。三是在三大开发区预算执行情况审计中，选择涉及民生的重点资金进行延伸审计。着重审计各区城市维护资金、政府采购资金、家电汽车摩托车下乡补贴资金的管理使用情况，并抽查部分已竣工未决算建设项目的管理情况。市人大常委会评价：审计覆盖面进一步拓宽，对财政资金使用的绩效审计进一步强化，问题披露也实事求是、毫无保留。市人大常委会认为：政府越来越开明，为民审计的审计理念和服务大局的审计意识更加突显。

政府投资审计监督不断规范。在继续做好工程价款审计和跟踪审计的基础上，开展首批大建设竣工决算审计，从关注效益的角度，对项目建设内容、投资总体控制、资金拨付、过程管理等情况分别进行分析反映。并及时总结审计中发现的共性问题，专题提交了进一步加强合肥市大建设项目竣工决算审计工作的意见，提出补充完善概算调整批复手续、开展征地附属物补偿确认、明确大建设项目及时编报竣工决算要求、完善供电和涉铁项目的委托代建程序等4个方面的具体建议。市政府高度重视，并立即责成相关部门督办落实。此外，根据市政府要求，认真总结实践经验，从规范全市大建设审计的角度，牵头代拟《合肥市市级投资大建设项目审计管理办法》，并于10月底以合政〔2011〕146号政府文件正式出台。

企业和金融审计触角延伸。一是从控制环境、风险评估、控制活动、信息与沟通、内部监督等主要因素入手，对合肥市21户市属重点企业2010年度内部控制情况进行专项审计调查。根据百分制标准和制定的审计评价指标，分类对企业进行制度设计和执行方面13个大项54个子项的评分。针对内控环境、制度系统性、风险控制等8个方面发现的缺陷，分别从体制制度、企业实际等层面进行深入剖析，提出完善法人治理结构、推进国有企业产权多元化改革、完善内控运行机制、运用现代信息技术对业务和事项进行自动控制等建议，促进国有资产安全有效运营。市政府根据调查报告，要求市监察局牵头，会国资委、审计局督促逐家整改，为全市国企改革发展夯实基础。二是顺利开展合肥科技农村商业银行2010年资产负债损益审计及董事长刘万霞经济责任审计，进一步关注金融资产质量与运行效率。这也是市审计局近年来独立实施的一个较大的金融审计项目。三是根据市政府要求，作为小额贷款公司、融资性担保公司联席会议成员单位，自9月起开始按月对相关数据进行统计分析，会相关部门对全市小额贷款和融资性担保公司财务状况进行监督。目前已如期上报政府6份月度分析报告。同时，根据省审计厅统一部署，对合肥市3家小额贷款公司发展情况开展审计调查，揭示发展中的困局和问题，规范小额贷款公司经营行为。四是加强综合研究，结合审计实践提炼形成的《合肥市企业自主创新情况调研报告》获全市优秀调研成果三等奖。此外，在审计署统一组织下，对六安市8个年度的地方政府性债务进行审计。

经济责任审计监督评价体系更加成熟。一是贯彻中央两办《党政主要领导干部和国有企业领导人员经济责任审计规定》要求，规范实施合肥市领导干部经济责任审计评价暂行办法，并结合实际对评价指标和体系进行补充完善，围绕经济责任审计领导体制、工作机制、计划管理、对象范围、结果运用等方面新制定6项制度。二是根据合肥市2011年正式施行的领导干部离任经济责任事项交接实施办法，8家单位的离、接任领导干部进行了首次集中离任交接。三是推进经济责任审计信息化管理平台建设和应用，对年度项目实行组织形式、现场实施、复核审理、审计评价的“四统一”管理，对全市所有经济责任审计对象的任职和历年接受审计情况进行动态更新，增强立项针对性，受到审计署经济责任审计司的充分肯定。

审计整改和公告力度进一步加大。一是在坚持日常回访、审计整改“一事一报一销号”的基础上，力促审计整改联席会议切实发挥作用。继2010年建立审计整改联席会议制度后，市政府进一步明确联席会议组成人员，并于11月17日由代市长张庆军主持召开首次审计整改联席会议，审定全市审计整改联席会议制度，听取合肥市2010年度市级预算执行和其他财政财务收支审计查出问题整改情况的报告，审计整改工作规范化、制度化进程进一步加快。有关2011年的审计整改情况，不仅在上半年的财政预算执行审计工作报告中及时反映，并于10月底联合市人大财经工委、财政局等部门开展专项检查。12月7日，市十四届人大常委会第29次会议听取审计整改情况报告后，一致评价2011年的审计整改工作突出体现三个“到位”：意识到位，市政府和相关部门对审计查出问题的整改工作高度重视，落实审计整改“双百”制度的意志坚定；督查到位，联合督查组在督查审计整改工作中跟踪回访、不走过场；整改到位，被审计单位对审计查出的问题，不回避、不推诿，很多问题做到了边审边改，同时注重完善制度、健全机制，防止类似问题再次发生。二是首次将市本级财政预算执行审计结果公告载体扩大到平面媒体。除通过市政府公报和市审计局门户网站对外公告外，还在《合肥日报》向社会进行了公告。住房公积金、农家书屋等审计结果的公告力度也逐年加大，其中住房公积金审计结果公告已经实现常态化。

“信息化推进工程”深入开展。第一，营造“信息化推进工程”浓厚氛围。一是重领导。适时调整领导分工，由局长直接分管审计信息技术应用处，加大信息化工作推进力度。局领导全部参加信息化推进工作领导小组，局长担任组长。二是明目标。结合省审计厅“信息化推进工程”实施方案和自身实际，制定详细的实施方案，将活动任务进行分解细化成4个层次12类，明确各项信息化推进任务50项，并与审计业务和机关日常工作紧密结合，有针对性地突出重点和亮点。三是抓落实。每周局长办公会均听取重点工作推进情况汇报；每月集中召开一次领导小组调度会，梳理前期任务完成情况及存在问题，研究部署下一步工作，并形成会议纪要督促落实。各县（市）、区审计局活动推进情况也需按月报送市审计局，由市审计局汇总后统一报送省审计厅。并于7月、9月和10月对各部门及县（市）、区审计局工作开展情况进行全面检查，通过OA公示考核结果，限期整改存在的问题。9月27日，召开全市审计机关实施“五大工程”暨“信息化推进工程”交流促进大会，展示信息化创新方法和建设成果，总结信息化建设做法、经验和亮点。四是搭平台。及时在门户网站创建专栏，下设6个子栏目，由专人负责动态更新，发布相关信息200余条。此外，创办纸质活动简报适时报送省审计厅。各县（市）、区审计局也分别创设专栏和简报，并通过多种渠道加大宣传力度。7月8日，在《中国审计报》推出一期专版宣传，宣传合肥市审计信息化建设成果。五是保投入。市审计局全年累计投入信息化建设资金128万元，其中财政联网审计系统82万元，管理系统运行维护费31万元，设备购置16万元。各县（市）、区审计局累计投入149万元添置或更新计算机设备。六是给激励。根据市审计局2011年出台的审计业务成果奖励办法，对撰写的计算机审计方法、AO应用实例、信息化理论文章等，根据获奖或采用层次，全年累计给予3万余元物质奖励，鼓励审计干部适时总结信息化工作经验。

成功建成财政联网审计系统。自2008年开始，市审计局就开始谋划财政联网审计系统建设，2011年更将其作为“信息化推进工程”的重点项目强力推进。该系统5月正式启动，建设预算投资82万元。系统基于J2EE技术构架开发，可保证内部模块的可移植性、安全和再用价值，经过系统规划、需求分析、软件设计、程序编码、数据采集、单元测试等阶段，于12月6日顺利通过市国资委专家组验收。该系统在联通市财政国库集中支付系统实现在线监督预算单位资金使用的基础上，围绕数据采集转换、审计分析建模、审计预警三大核心功能，通过搭建前置机和联网审计服务器，实现对市财政年初预算、预算指标、预算会计、国库集中支付、预算外账户、非税收入等6大原始数据的采集、清洗、转换，并形成数据分析模型，利用强大的数据穿透功能，进行数据的快速查询和比对，对重点关注的数据设置独立的预警条件。目前该系统已具有数据采集、模型构建、审计预警、穿透查询、疑点标记、数据交互等功能，并采集28张表，加工出69个模型，实现多年度数据查询分析和跨模块、跨账套数据分析。现正全面进行性能测试，将应用于2012年的财政“同级审”中。

自主开发经济责任审计管理平台。根据经济责任审计业务和管理需要，在工作实践中自主独立开发经济责任审计工作信息化管理平台，作为扩展应用嵌入审计管理系统。该平台包括领导干部任职信息管理、审计项目执行动态、领导干部经济责任审计档案、经济责任审计信息动态、相关政策法规文件和机构组成等6个功能板块，初步实现领导干部任职期限信息管理及逾期提示、项目实施动态管理以及领导干部项目档案库管理三大功能：一是经济责任审计对象信息查询系统可查询任职期限、接受审计等情况，按照设定条件自动提示需要审计的对象；二是全过程动态管理经济责任审计项目，形成“动态监控、及时督察、定期反馈、问责问效”的工作机制；三是健全审计对象项目档案库，实行组织形式、现场实施、复核审理、审计评价的“四统一”管理。9月，市审计局作为唯一的省会城市审计机关，在审计署计算机技术中心和经济责任审计司组织召开的全国经济责任审计软件演示研讨会上，对该平台进行汇报演示。审计署认为这一成果具有“自主研发、简捷实用、维护方便、无资金投入”等特点，给予高度认可。

全面应用政府投资项目审计管理系统。继2010年成功研发运行政府投资项目审计管理系统后，结合“信息化推进工程”活动要求，市审计局依托该系统，进一步提高政府投资审计管理的程序化和规范化水平。首次开展“独立式”信息系统审计。从系统运行、组织管理、机房物理环境、网络安全和冗灾备份4个方面入手，首次尝试对市住房公积金综合业务管理信息系统进行审计，重点关注业务流程控制、数据约束、运行过程、维护过程等环节，积极应用信息化技术推动审计工作从“数据基础审计”向“数据式系统基础审计”转变、从电子数据的“事后监督”向“事前防范”转变。针对该中心未建设数据远程异地冗灾备份系统实际，建议加快建立系统数据异地灾难备份中心，市政府主要领导批示相关部门抓紧落实。

全面提升计算机审计实战技能。一是结合预算执行审计延伸审计行政事业单位国有资产动态监控管理系统，通过对比分析系统数据、政府采购台账及固定资产明细账，发现该系统无法查询2010年新增固定资产总体情况，且与政府采购台账中标金额不一致；同时测试监管系统数据发现未记录部分区属部门新增资产存在监控不到位问题。二是在商业银行董事长任期经济责任审计中，通过分析报表平台数据结构，利用数据表字段之间的对应关系，将贷款主表、贷款明细表、客户银行账户等业务数据与会计科目明细账链接，按照审计目标创建包括业务和财务信息的新数据表，分析资产负债损益的真实性完整性，据此分析贷款的安全性，发现应调整为关注类贷款21笔、次级类13笔、可疑类18笔，涉及金额1.6亿元。通过关联采集的单位人员信息、贷款主表和明细表，筛选出向关系人发放14笔优惠贷款224万元。三是在三大开发区预算执行审计中，针对用友财务软件后台数据库数据无法直接导入AO系统，且不能直接导入SQL进行分析转换的问题，将后台数据导入Oracle数据库转换为SQL数据类型，选取高新区进行数据整理分析，固化SQL语言为共享模板。四是在长丰县扶贫资金专项审计调查项目中，按照电子流程控制要求，项目建立、电子数据采集转换、数据分析及现场取证等环节均在AO系统中完成，并通过OA系统交互上传相关资料，首次实现专项审计调查项目全过程数字化和网络化。五是开展首次全市审计项目电子化流程案例征集评选，总结计算机审计项目流程控制的经验和做法，确立项目立项分解、审前准备、审计实施、审计报告、被审计单位资料库和其他电子化流程资料等6个关键节点，规范审计项目电子流程控制，提高信息化条件下的审计质量控制和规范化水平。六是专门制定计算机审计方法和实例征集评审办法，抽调业务骨干成立评审组，采取集中审核、分项流水作业的形式，对征集的46篇计算机审计方法和32篇计算机应用实例进行评审完善。上报的40篇计算机审计方法中有32篇通过省审计厅评审报送审计署，26篇计算机应用实例通过省审计厅评审，12篇被评为优秀。七是不断加大专题攻关、理论研究和专业培训力度。全市审计机关有45人获得计算机审计中级证书，计算机中级职称人员占业务人员比例30%；151人通过AO认证考试，审计业务人员AO认证考试通过率100%。

延伸拓展信息化应用领域。一是强化利用信息化技术手段开展督导，定期通过审计管理系统公示审计项目现场实施动态、“信息化推进工程”动态、信息宣传等任务完成情况，对机关事务实行精细化管理。截至2011年12月，累计公示相关动态近70次。同时，结合“信息化推进工程”要求，将“月工作局领导点评制”纳入信息化管理流程，与审计管理系统实现无缝对接。二是充分运用门户网站这一信息化平台，宣传审计工作成果、树立审计新形象，积极营造健康向上的审计网络文化氛围。通过职责到人、定期督查，确保信息更新准确、及时、生动。全年市审计局门户网站各栏目累计更新千余次。在11月份开展的全省市级审计机关门户网站综合评比中，局门户网站同时被评为市级优秀审计网站和全省特色审计网站。

2011年工作成果一览表

审计单位（个）	查处违规金额（万元）	管理不规范资金（万元）	应缴财政（万元）	已缴财政（万元）	应归还原渠道资金（万元）	移送事项（件）	应调账处理金额（万元）	应自行纠正金额（万元）	审计报告、信息被批示采纳（篇）
250	246	2622400	50	50	901		163		544

2011年论文发表情况统计表

报刊名称	时间(期数)	论文题目	作　者
《时代经贸》	第7期	《审计现场管理——问题、对策与保障》	汤　捷
《时代经贸》	第9期	《注册会计师审计风险管理——毕马威的启示》	汤　捷
《中国审计报》	7月8日	《合肥审计“亮剑”信息化》	合肥市审计局
《合肥工业大学学报》	第6期	《信息化条件下审计质量控制体系构建研究》	吴婷婷
《中共合肥市市委党校学报》	第4期	《浅谈关联分析查询技术在审计中的运用》	王保智
《安徽审计》	第2期	《提高基层审计信息质量的几点思考》	陈利丽
《安徽审计》	第3期	《创新审计廉政文化　营造风清气正工作环境》	朱卫祥

《安徽审计》	第 4 期	《以制度先行 从实践完善 促改革创新 全力推进经济责任审计工作转型》	合肥市审计局
《安徽审计》	第 4 期	《析<审计准则>的法律地位和作用》	杨宜春
《安徽审计》	第 5 期	《审计在政府投资管理体系中的重要作用——记合肥市审计局多措并举筑牢投资领域监督防线》	李 娟
《安徽审计》	第 7 期	《全面落实创争目标 忠实践行审计职责》	朱卫祥
《安徽审计》	第 9 期	《强化教育经费审计 保障教育事业发展——再谈民生工程审计》	何善阳
《安徽审计》	第 11 期	《公共政策绩效评估研究——基于合肥实践》	张仁山

2011年获奖情况

被审计署评为全国地方政府性债务审计"公务员集体三等功"

被省委、省政府评为第九届安徽省文明单位

被省委评为全省先进基层党组织

被省审计厅评为全省审计系统先进集体

被省审计厅评为全省审计信息化工作先进单位

被省审计厅评为全省审计系统精神文明创建先进单位

被省审计厅评为全省内部审计管理先进单位

被省审计厅评为全省审计信息宣传工作先进单位

被市政府评为目标管理考核先进集体

获市政府专文通报表彰

被市委评为全市保密工作目标管理考核优秀单位

被市委、市政府评为2006至2010合肥市依法治市和法制宣传教育先进集体

被市委评为全市信息工作先进单位

被市政府评为全市政务信息工作先进单位

被市政府评为合肥市依法行政工作先进集体

被市双拥工作领导小组评为合肥市双拥合格单位

被市纪委评为全市廉政文化进机关示范单位

被市纪委评为全市纪检监察信息工作先进单位

合肥市2007至2009年排污费征收和污染防治资金投入绩效情况专项审计调查被评为全省优秀审计项目

吴利林获省政府2006至2010年全省依法治省和法制宣传教育先进个人

陶文被省审计厅评为全省审计信息宣传工作先进个人

王保智、范宏琨、齐蓓蓓被省审计厅评为全省审计机关审计能手

方荣涛、施彧、范军、张晓庆、牛保亚被省审计厅评为全省审计机关优秀审计主审

施彧被省审计厅评为全省地方政府性债务专项审计调查优秀主审

吴婷婷获全省审计系统书画摄影大展三等奖

朱卫祥被市委表彰为优秀党务工作者

陈利丽被市委、市政府办公厅评为全市优秀信息工作者

何莉英被评为市2008至2010年先进工作者

朱和发被市纪委评为全市纪检监察系统先进工作者

施彧、王保智被市直机关工委评为优秀共产党员

周磊、王克春、徐莉被市政府评为市残疾人劳动就业工作先进个人

齐蓓蓓报送的《自来水用户用水性质变更情况审计方法》、《车船税征收合规性审计方法》入选审计署计算机审计方法目录

施彧报送的《预算执行及财政财务收支审计实例》，王军、金岚岚报送的《商业银行银行承兑汇票审计实例》，齐蓓蓓报送的《车船税征收合规性审计实例》获审计署AO实例应用奖

李楷报送的《某公司投资收益不实审计实例》，张丽梅报送的《未及时解缴国库收入审计实例》获审计署AO实例鼓励奖

2011年大事记

1月13日，市委副书记、市长吴存荣在市审计局报送的2010年度工作总结上批示：审计工作在过去一年中成绩显著，为规范管理、完善制度、预防腐败等作出了重要贡献，应予表扬。

1月19日，市政府发文，在全市范围内对市审计局予以通报表彰。

3月11日上午，全市审计工作会议召开。会议传达贯彻全国、全省审计工作会议精神，总结2010年审计工作及"十一五"经验成果，表彰先进，部署"十二五"和2011年审计工作任务。市委常委、常务副市长魏晓明和省审计厅副厅长姜爱民出席会议并讲话。市人大副主任谢刚、市政协副主席郭本道到会。市审计局局长吴利林作了题为《乘胜前行 乘势扬帆 实现合肥审计事业新跨越》的工作报告。

3月30日，省委第一巡视组组长潘成国、副组长汪卫东一行6人，在省审计厅副巡视员程家楷的陪同下，莅临合肥市审计机关巡视指导，听取基层审计机关对省审计厅领导班子及其成员思想、工作、作风、廉政等方面的意见和建议，并深入肥东县和蜀山区审计现场，与一线审计人员座谈交流。

4月2日，组织审计人员前往省博物馆，参观"法治与责任——全国检察机关惩治和预防渎职侵权犯罪展览"安徽巡展。

5月20日，在省公务员考核工作会议上，市审计局作了题为《建立"目标引导、六督一评"模式助推审计工作高效履职》的经验介绍。

7月6日，合肥市举行《合肥市领导

干部离任经济责任事项交接实施办法》正式实施后的首次离任集中交接仪式。参加交接的有市委办公厅、市委政研室、市财政局、市行管局、市保密局、市民委、市人防办和市政务文化新区建设指挥部办公室等8个单位的离任、接任领导干部。

8月4日，市审计局首次通过《合肥日报》发布《合肥2010年度市级预算执行和其他财政收支审计结果公告》。

8月19日，市2007至2009年排污费征收和污染防治专项资金投入绩效情况审计调查推动形成的《合肥市市级排污费征收及环境保护专项资金使用管理办法》正式出台。

9月14日，国家公务员局公务员法执行情况检查组莅临合肥市调研，听取了合肥市审计局机关目标管理工作情况的汇报，并实地查阅了相关资料，对合肥市审计局“六督一评”动态监控机制给予了高度肯定。

9月19至20日，合肥市审计局作为唯一的省会城市审计机关，参加审计署经济责任审计软件演示研讨会，并获充分肯定。

9月27日，组织召开全市审计机关实施“五大工程”暨“信息化推进工程”交流促进大会，并传达贯彻市第十次党代会精神。

10月13日，市审计局获第九届安徽省文明单位称号，受到省委、省政府通报表彰。

10月17日，市审计局根据审计署统一部署，围绕《审计法》、《审计法实施条例》、《党政主要领导干部和国有企业领导人员经济责任审计规定》等审计法律法规的执行情况，启动开展全市审计法律法规执行情况检查和调研。

10月23日，市政府出台《合肥市市级投资大建设项目审计管理办法》（合政〔2011〕146号 ），针对市级投资项目审计的范围、程序、内容、结果运用及相关部门职责，做出系统规定和要求。

11月17日，代市长张庆军主持召开市首次审计整改联席会议，审定全市审计整改联席会议制度，听取合肥市2010年度市级预算执行和其他财政财务收支审计查出问题整改情况的报告。

12月6日，市财政联网审计系统顺利通过市国资委专家组验收。系统在联通市财政国库集中支付系统实现在线监督预算单位资金使用的基础上，实现对市财政年初预算、预算指标、预算会计、国库集中支付、预算外账户、非税收入等6大原始数据的采集、清洗、转换，并形成数据分析模型。

12月7日上午，受市政府委托，市审计局向市十四届人大常委会第29次会议专题报告2010年市级预算执行审计中查出问题的整改情况。

12月28日，市委副书记熊建辉主持召开市经济责任审计工作领导小组会议，审议通过2012年度市本级经济责任审计项目计划，以及合肥市贯彻省委、省政府《关于贯彻〈党政主要领导干部和国有企业领导人员经济责任审计规定〉的实施意见》的具体措施和有关经济责任审计操作规程等制度。

12月28日，市第三批25家参与政府投资审计的社会中介机构正式签约，服务合同期限3年。

2011年 领导批示、讲话摘要

3月11日，市委常委、常务副市长魏晓明在全市审计工作会议上强调：审计工作在全市跨越发展中发挥了重要作用。“十一五”以来，我们抢抓中部崛起、产业转移、自主创新等一系列战略机遇，围绕“工业化”、“城市化”两篇大文章，强力推进“三大战略”，实现了经济社会快速健康发展。GDP、财政收入、规上工业增加值等主要指标的增幅，均位列全国省会城市前列。原来我们讲首位度，主要跟中部省会、全国省会城市比，今年金龙书记、存荣市长经常提到全国大中城市，是争先进位自我加压。这些成绩的取得，是包括审计战线在内的全市上下共同努力的结果。几年来，审计工作与全市的大发展、大建设同频共振，充分发挥“免疫系统”功能作用，在加强宏观管理、维护财经秩序、提高资金效益、保护群众利益、促进廉政建设等方面做了大量细致而富有成效的工作，为全市发展提供了有力支撑，自身队伍建设等方方面面也取得了新的进步。具体体现在3个方面：

一是大局观强。审计系统始终围绕全市发展大局和市委、市政府中心工作来确定年度目标和任务，大力加强预算执行审计、投资审计包括大建设审计、民生工程审计、经济责任审计等等。仅去年就完成了38个计划项目，对110个政府投资项目开展跟踪跟进审计。二是服务能力强。在查处违法违规问题上注重源头管理，注重在体制建设上建言献策，发挥作用。大家也知道，最近有一家大企业，如果机械套用条规，真正按照审计署南京特派办要求，就蒙受了较大损失。市审计局带着开发区有关人员去相关部门反复沟通协调，最后得到了理解。不光是涉及到过亿资金，更重要的为整个企业整体形象免受误解和损失发挥了很好的作用。遇到事能干，能解决问题，这就是服务能力强。三是创新意识强。建立了审计监督“双百”制度、经济责任审计评价、审计结果公告等制度，将审计整改纳入政府目标管理考核，在全国都产生了较好的影响，连续5年蝉联全省审计机关先进集体，为我市争得了荣誉。对审计工作，政府是满意和充分给予肯定的。

审计工作在合肥市建设区域性特大城市过程中大有可为。前不久布置了审计局抓四大经济政策绩效审计，吴利林局长带着局里和财政部门同志一同来问我审计怎么把握。我后来回答她，就绩效审计，实际上是两个方面：一是四大经济政策符不符合现代市场环境下政府的角色；二是行为本身的公开公平。这实际上就是审计工作在整个政府工作中的定位。这个认识要有大理念，大理念清楚了，接下来才是对具体事情的认识，然后才是具体处理问题和事情的方法。大理念是什么呢？政府职能就是经济调节、市场监管、社会管理和公共服务。从具体实际来看，无论是经济还是建设，都要抓大事要事。这大事要事还要从根本性、基础性上来解决，在分配上要面向广大人民群众，要讲公平公义，这是所谓的第一个方面。第二个方面就是政府在社会中的作用以及和其他主体的关系。首先，作为经济主体，企业的主体作用要充分尊重。其次，政府和社会组织发生关系的话，可以花钱买服务。另外，政府行为一定要讲公开透明、依法合规。最后，政府行为要讲绩效，用的是纳税人的钱，要讲成本和成效。在所有的审计里面，这都是根本性的问题，一定要抓住。大的理念要确定，审计政府行为、工作、措施的方方面面，要抓住根本性的东西，结合部门、地区具体化，事情就好办了。认识清楚了，就抓住主动权了；抓住主动权，最多就体力累点，脑子就不累了。

大有作为，具体讲重点在几个方面：一是对国家大政方针、宏观调控措施的审计监督。二是财政预算执行审计。这是基础工作。三是加强重点投资项目审计。四是要特别注重加强民生项目和资金的审计。民生涉及千家万户，从制定政策的角度看，项目小资金量小，但受益人是广大人民群众，不能以善小而不为，一定要“为”好。解决民生问题是政府的基本职责，随着政府职能进一步到位，更多的财政资金将投向社会公共服务、社会保障等方面，社会公众也更加关注财政资金的安全性和有效性。审计部门要把民生审计作为一项重要工作，有计划的推进，确保专款专用。要深入群众，实地了解民生项目资金的实际成效，有针对性的提出建议和意见，提升民生项目和资金的效益，把好事办好、实事办实。五是领导干部经济责任审计要牢牢把握住权力和责任两个重点，建立完善经济责任审计评价指标体系，深化审计内容，严肃查处违法违规问题，继续推进“问责”体制建设。各级领导干部也要增强依法接受审计监督的意识，自觉认识到审计是督促、更是保护，做到守法守纪、守规尽责。

努力营造审计工作高效履职的良好环境。审计工作很重要、很辛苦，是政府重要职能部门，是党委、政府的重要参谋和助手。各级党委、政府领导都要重视审计工作，加强审计查处问题的整改，配合审计部门把工作抓实，保证问题查处到位纠正到位，充分发挥监督作用。在工作条件的建立、工作手段的保障、队伍建设的关心和培养上，各级党委、政府多关心多支持。作为审计部门，也要加强社会资源的整合和监管，发挥积极作用。

9月27日，省审计厅厅长刘战平在合肥市审计机关实施“五大工程”暨“信息化推进工程”交流促进大会上强调：

要从“国家治理”的高度充分认识审计的责任与使命。国家审计的职能是国家治理派生的，国家审计是国家治理的重要组成部分，只有从“国家治理”的高度来认识审计的责任与使命，才能从大处着眼、小处着手，做好审计工作。

那么，什么是“国家治理”？我个人认为，国家治理是国家管理社会的方略和过程的总和。我最近查了一下资料，有的地方对“方略”没有说，就说它是一种管理过程。我认为应该加一个“方略”，没有方略的管理是无效的、盲目的。同样，没有管理的方略是“空中楼阁”。 国家治理应该是两个方面的结合，是管理、方略和过程的总和。

国家治理有什么特征？我认为“国家治理”有5个方面的特征。一是国家治理的前提是民族文化的发育程度。就是说国家治理与一个民族的文化是相联系的。或者说，一个民族的文化对国家治理将产生重大的影响。比如说，东西方文化是有差异的。西方人认为人本性是偏“恶”的，因此西方国家十分注重制度的建设、法律的建设，用制度来约束人和管理人；而我们国家是“人之初，性本善”，人生下来是“善”的，因此我们国家长期忽略法律和制度的建设。文化的差异带来国家治理方针、政策、路线的差异，反映在“国家治理”上，就表现为是“人管人”还是“制度管人”。还比如说，我们国家56个民族，有几大民族自治区。中央为什么对民族自治区的政策有别于内地？因为治理的方略、路径、不同时期的政策是不一样的，要适合于当地的那种民族文化，要反映那种民族文化对国家治理的要求，因此我觉得这一点非常重要。二是“国家治理”的基础是民主法治建设的水准。我说“国家治理”有两个战场，一个是民主，一个是法治，两者须臾不可少，两者不可偏废。“民主”与“法治”是孪生兄弟，光讲“民主”，社会就会动乱；光讲“法治”，就可能形成“独裁”。两个方面应该结合，“法治”应该建立在“民主”基础上，“法治”要吸收“民主”的精髓；“民主”要在“法治”的框架下运行。只有这样，这个国家才能稳定。三是“国家治理”的核心是“规范有序”和“公正透明”。首先要“规范有序”。这是个核心问题。国家管理得怎么样？没有一个有序的社会秩序，老百姓怎么生活？所以首先要规范有序，然后要“公正透明”，这两个也是不可以离开的。四是“国家治理”的保障是建立一支忠诚于国家的团队。政策再好、路线再好，要有人去实施，要一个团队。我们在座的各位就是这个团队的一员。最后一个特征，“国家治理”的目标是民本、民生的改善，一切为了人民。我们原来说社会主义生产力是为了不断满足人民日益增长的物质文化需求。现在看来，无论是社会主义还是资本主义，先进生产力发展的标准和目的都是为了满足人民日益增长的物质文化需要。这五条就是“国家治理”的特征，说这些特征是因为它们和我们审计都是有密切关系的。因此，我们要充分发挥审计在“国家治理”中的重要作用。

要从有效实施“五大工程”中准确把握审计的责任与使命 。“五大工程”实施的效果是衡量审计机关有没有尽到审计的责任与使命的一个显著标志。我看合肥市搞得不错。“五大工程”对于推动审计工作“十二五”上水平有着重要的作用，它是一个有力的抓手和载体。为什么要实施“五大工程”？两句话：形势发展之需，自我发展之要。

一是形势发展之需。全国全省的形势，特别是安徽的形势促使我们审计机关要上水平，要通过某一个载体、某一个平台、某一个通道来实现“上水平”的目标。这个平台、这个载体、这个通道就是“五大工程”。安徽“十二五”末经济发展要达到全国的平均水平。安徽最近几年发展都不错，GDP每年都以两位数以上速度增长，财政收入以每年500亿以上的数字增长，去年是2063亿，今年可能要增长600亿左右，可能就要达到2600至2700亿。当然跟人家比我们还是落后，江苏去年财政收入就是

8000亿了，但是我们在逐步缩小这种差距。“十二五”末，我们要达到全国平均水平。达到全国平均水平对于一个2600万至2700万人口的人口大省来说实属不易。我们审计机关能不能达到全国平均水平呢？我参加了今天下午的这个会议，进一步增强了信心，我看达到全国平均水平是没有什么问题的，但是要做出巨大的努力。尽管我们这几年有发展，但还有很多问题，所以我们要和大的形势相吻合。审计工作离不开社会大局的发展。比如说，经济发达地区搞得比我们好，为什么？它的经济社会发展程度、生产力发展的水平客观上向它们提出了这种要求，再加上他们自己解放思想、努力奋斗。作为我们经济欠发达地区，我们更要接受，是形势发展之需。

二是自我发展之要。“五年行动计划”我们取得了一定成绩，最大的成绩是我们审计人员的思想发生了一些变化，有些地方发生了重大的变化。我们审计人员已经开始从单一的“算账先生”逐步走向真正的审计人员。这个是最大的变化，这是观念、理念的变化。向上5到10年，一个像样的专项审计调查报告是拿不出来的，因为只知道个案审计。现在我们全国各地每年都有若干份比较漂亮的专项审计调查报告。这说明我们的理念、观念已经在发生变化，这个是最重要的。至于其他方面，是多得一个“优秀项目”还是少得一个“优秀项目”，我觉得无所谓。当然我希望得越多越好，但这不是根本的。根本的是我们的观念、理念有没有发生变化。观念、理念没有变化，即使多上了一两个优秀审计项目，但是不能持续，可能是偶然的事件使你拿到了这个优秀，不带必然性。我们的思想观念发生变化了，它有必然性，所以我们要搞“五大工程”。“五大工程”的核心是什么？手段的提升、人才的培养、氛围的营造、争先进位。

手段的提升。我想是两个方面，一个方面是我们的信息化水平，我们运用了先进生产力和生产工具——计算机，给我们带来了一系列变化。我以前就说计算机、信息化引入我们审计机关，可能给我们带来一场革命，但到现在对这种革命包含的内容、赋予的深刻内涵还没有很好地认识到，我们正在逐步认识。计算机进入到我们审计机关绝对不是单单提高效率，它对改变我们审计人员的行为方式、思维方式都有重大的作用。手段提升第二个方面就是专项审计调查水平实现了从微观到宏观的历史性跨越。以前我们绝大部分从事的是一种微观的劳动，我们驾轻就熟、手到擒拿，没问题。从微观到宏观这一步，要把它走好，需要花一点气力。我们正在走，但是还要付出很多的辛劳才能把这条路走好，我希望大家要继续努力。

那么如何实施“五大工程”？我觉得是3个方面：解放思想、注重实践、推动改革。首先思想要解放，是在法律规范下的解放思想，它不是违法解放思想。我经常讲我们审计人员要遵循三句话：依法依规进行审计，这是前提；实事求是处理问题，这是关键，能不能实事求是处理问题是衡量判断你这个审计机关、审计人员有没有能力和水平的重要标志。如果没有这一条，谁都可以来做审计。

要从审计工作发展的趋势中精心领悟审计的责任与使命。省厅提出“五年打基础，十年上水平，十五年大发展”的方向。总体上来说，审计工作在国家治理中的位置将越来越重要，它的使命将越来越光荣，它的任务将越来越艰巨。这是一个总的趋势，是总的发展方向。怎样适应这种发展的趋势和方向，尽到责任、履行使命，这是非常重要的。我们提出“五年、十年、十五年”，它就是一面旗帜。要把全省3100多名审计人员都团结在这面旗帜下，凝心聚力、汇聚力量，到达我们胜利的彼岸。要做到这一点也是不容易的，所以我想提出几个方面供大家参考。

怎样在发展的过程中尽到我们的责任、履行我们的使命呢？一要“振奋精神”。我最近在看朱镕基讲话实录。他在清华大学讲话，说我们中国人要做一个有骨气的人，要做一个顶天立地的人。铿锵有力。这就是一种精神，这就是一种状态。有了这种精神和状态，什么困难不能克服？“振奋精神”有3个标志，第一个是“攻坚克难”，不畏惧困难；第二个是“善于思索”，第三个是“积极进取”。这3点是衡量一个人有没有精神状态的重要标志。二要“开拓视野”。我们审计人员除了扎扎实实地把审计工作做好以外，视野要开阔。我们绝对不能做单一的“算账先生”，使外界认为审计人员只知道查账，其他什么都不知道。我们要开阔视野，比如说，要关注公共财政制度的建立，这是个大事，要密切关注、实时跟踪包括我们每年的“同级审”都要关注这个问题。我们要促进公共财政制度的建立，关注财政的分配。如果阻碍了公共财政的建立，我们就要提出意见。安徽是个资源大省，但有效的资源是不多的。可持续发展、民生的改善、政府债务的管理、政府性投资等等，都是我们关注的重点。去年，全省搞了政府性债务审计，取得了很大的成绩。现在国家最后汇总10.7万亿元，我们省是3000亿元左右，处于平均水平。国家现在正在浙江进行试点地方政府发行债券，我们要密切关注这些动态，为本级政府提出有效的建议。这个才是我们审计人员在做好实务的同时要关注的重大事项。我们要有一种发散式的思维，而不应该是封闭式的，是开路的而不是闭路的。只有这样，我们才能站得层次更高。三要“锁定目标”。就是在“十二五上水平、十三五大发展”的过程中，全省有目标、省厅有目标，单位有目标、小团体有目标、个人有目标。“十二五”期间，审计机关走到什么水平、达到什么层次、主要工作处于什么层次，领导班子特别是主要领导心中要有数，或者说大体上要有框架式的设想。在此前提下，动员全部力量为之而奋斗。马克思说过：“一个目标就是一面旗帜”，一面旗帜就可以凝聚人心。希望合肥市审计局结合合肥实际，进一步完善自己的目标，走在全省审计机关的前列。合肥有一支好的班子、好的队伍、好的精神状态。我相信，在“十二五上水平”的总格局当中，肯定是走在前列的。我们热情期待。四要“创新方式”。一要优化传统的方式。老的方法对我们有用，要继承、发扬光大，要把它做好。今天信息化的演示，我觉得还是不错的，大家动了不少脑筋。今年又是“信息化推进年”，我们是两大系统、三大平台、四个支撑。今年年底就要检验推进得怎么样，发展平衡不平衡。合肥算好的，其他15个市还有不尽如人意的。二要创新方式，除了老的方式以外，我们更追求新的方式、新的理念。五要“锻造人才”。培养一支高素质的复合型人才是非常重要的。因此，我们要做好5个方面的工作，向5个方面努力，适应审计工作发展的趋势，忠实地履行我们的责任，把审计工作做好。

审计工作的责任和使命是什么呢？坚持原则、揭示问题、维护安全、促进发展、廉洁高效，这应该就是我们的责任，是我们的使命。前4个方面主要是工作上的，后一个方面是对我们审计人员的要求，是对审计机关的要求。我们要廉洁高效。马克思在《法兰西内战》中讲过一句话：“要把我们的政府建设成一个廉价的政府。”什么叫“廉价政府”？就是运用低成本、实现高效率。我把它也归到“责任与使命”中。这5句话不一定很准确，也希望我们大家共同研究。

3月11日，吴利林局长在全市审计工作会议上指出，2011年是“十二五”的开局起步之年，全市审计工作要围绕市委、市政府工作中心，紧扣经济社会发展中的重点、热点问题，加速构建财政审计大格局，加强政府投资审计、经济责任审计和审计结果公告，大力开展专项审计调查、绩效审计和计算机审计，提升审计监督层次，更好地发挥审计建设性作用。

加强对宏观经济政策贯彻落实情况的审计监督。更加自觉地融入经济社会发展大局，密切关注我市深入推进“工业立市”战略和加快构建区域创新体系进程中宏观经济政策的贯彻落实情况，关注财政支出结构和信贷资金投向，关注金融机构、国有企业资产负债损益的真实性和经营管理的规范性，高度关注经济结构调整过程中可能出现的各种风险和问题。今年将按照审计署、省审计厅统一部署开展地方政府性债务情况交叉审计，同时对市属重点企业内部控制情况开展专项审计调查，对合肥科技农村商业银行2010年资产负债损益情况进行审计，并开展世行加灌三期长丰子项目、世行肥东生态家园、合肥环境改善亚行项目（巢湖综合治理）3项外资公证审计和我市外国政府（金融组织）贷款利用绩效审计调查。

以财政管理审计为核心，加快构建财政审计大格局。坚持民本审计理念，以预算执行审计为重点，以全部政府资金绩效审计为方向，将本级财政预算执行、部门预算执行、政府决算、政府投资，以及农业、教育、科技、文化、卫生、社会保障、环境保护等民生支出统一纳入财政审计大格局，全面审计财政资金的分配、管理和使用情况，科学评价资金使用绩效，加强对屡审屡犯问题的综合分析，促进公共财政管理体制不断完善。今年在对市财政、地税和三大开发区进行审计的基础上，安排了市司法局、市总工会、市中级人民法院等10个部门预算执行审计和市委办公厅2010年预算执行情况审计调查。同时，结合蜀山区委书记和原区长经济责任审计，对该区2010年财政决算进行审计。此外，将对新型农村社会养老保险、保障性安居工程、农村沼气建设、扶贫资金、中小学校舍安全工程、城乡义务教育经费保障机制专项资金、有关林业园林专项资金的管理使用或绩效进行审计和审计调查。

以监管效益为突出关注点，大力推动政府投资审计向纵深发展。按照“政府投资项目全覆盖、重点项目全过程跟踪”总体要求，进一步加强政府投资的重大基础设施和公益性建设项目跟踪跟进和决算审计，关注民生工程建设资金是否专款专用、工程质量是否符合要求、建成项目是否达到预期效果。积极开展投资绩效分析，力争全年重大投资项目绩效审计比例达到省审计厅要求的80%左右。同时做好政府投资审计管理系统的拓展运用以及协审组织管理指导工作。根据大建设项目安排和进展情况，今年将继续开展渡江战役纪念馆、轨道交通、合作化路高架等在建及新开工项目的跟踪跟进审计，并及时开展具备审计条件的已完工项目竣工财务决算审计。

以贯彻落实中央两办规定为主线，进一步提升经济责任审计规范化和科学化水平。落实中央两办《党政主要领导干部和国有企业领导人员经济责任审计规定》和市委《关于从严管理干部努力建设高素质干部队伍的实施意见》要求，加强对权力的监督和制约。在《合肥市经济责任审计评价暂行办法》基础上，补充完善分类评价指标；正式施行领导干部离任经济责任事项交接制度。2011年，将对市交通运输局、市城管局、农科行等7家单位领导干部开展经济责任审计。

以“创先争优”为引领，全面推进审计机关自身建设。作风建设方面，以弘扬“依法公正、严谨高效、廉洁服务、团结奋进”的合肥审计精神为主线，以治理“庸懒散”、“娇骄暮”为突破口，深化廉政建设，推进审计文化建设，不断增强党员意识、公务员意识和审计人员意识，提能力、增效率、砺意志、振精神，培育察实情、谋实招、鼓实劲、办实事的良好作风，在促进合肥经济社会跨越发展中脚踏实地、主动作为。能力建设方面，以实施“信息化推进工程”为载体，落实新国家审计准则要求，改进审计组织方式和技术方法，加强计划管理，严格质量管理，提升成果管理，优化行政管理，大力推行审计实务导师制，培养一批查核问题的能手、分析研究的高手、计算机应用的强手和内部管理的行家里手，努力创造经得起实践和历史检验的工作业绩。

5月30日，副市长杨增权在《关于合肥市中小学校舍安全工程建设情况跟踪审计的综合报告》上批示：请市校安办对进度不均衡、民校加固进度慢、竣工验收决算不及时进行调度；请市物价局负责对应减免费用的清退；请市教育局牵头，会同建委、重点局、发改委对工程管理问题进行整改。6月8日，市长吴存荣批示：杨市长：存在问题7月中旬前必须整改完成。

5月31日，副市长魏晓明在《关于合肥市财政支持经济发展四大政策绩效评估工作的报告》上批示：这项工作今年开了个头，效果很好，今年要坚持下去，作为常规项目。

6月27日，市长吴存荣在《关于合

肥市交通运输局局长王贤泰同志经济责任审计结果的报告》上批示：抓紧整改完成。

7月1日，市长吴存荣在《关于合肥市司法局局长沈自怀同志任期经济责任审计结果的报告》上批示：抓紧整改到位。

7月1日，市长吴存荣在《关于合肥市城市管理局局长邓真晓同志任期经济责任审计结果的报告》上批示：要抓紧整改。

7月1日，市长吴存荣在《关于市总工会主席叶和章同志任期经济责任审计结果的报告》上批示：请市总工会抓紧整改。

7月6日，副市长李红在《关于合肥市26个大建设路桥项目竣工决算审计的综合报告》上批示：报告中存在的问题，在1562号收文中办理。

7月6日，副市长李红在《关于进一步加强我市大建设项目竣工决算工作的意见》上批示：拟同意提报意见，请吴市长批示。7月11日，市长吴存荣批示：请常先米牵头督办。

7月15日，市政府秘书长孔向阳在《市十四届人大常委会第二十五次会议审议市政府〈关于我市2010年度市级预算执行和其他财政收支审计工作报告〉的意见》上批示：请魏市长阅示，市审计局、财政局、市政府督查办阅处。

7月16日，市政府秘书长孔向阳在《关于合肥市中级人民法院2010年度预算执行和其他财政收支整改情况的报告》上批示：请魏市长阅。7月18日，副市长魏晓明批示：请市财政局阅研。

7月18日，副市长杨增权在《关于市审计局校安工程审计报告反映问题的整改报告》上批示：请市审计局、市校安办切实加强审计和管理工作，确保校安工程经得起历史的检验。

9月17日，市长张庆军在《关于合肥市住房公积金管理中心2010年公积金资产负债和和信息系统运行管理情况审计结果的报告》上批示：同意，其中审计建议望抓紧落实，尤备份中心一定要有。请长淮同志阅。

9月17日，市长张庆军在《关于第四届全国体育大会经费收支审计情况的报告》上批示：同意，督促善后工作。并请长淮同志阅，孔秘书长阅。

9月23日，市长张庆军在《关于对长丰县2008年至2010年扶贫资金的专项审计调查报告》上批示：请晓明同志阅，研究如何规范管理，合理使用扶贫等各项支农资金的长效机制。审计局督促长丰认真整改，结果再报。9月29日，副市长魏晓明批示：请林宪、市财政局就贯彻张市长指示要求拿出具体建议。10月9日，市政府副秘书长王林宪批示：请市财政局按张市长、魏常务批示会有关部门提出扶贫资金的管理、使用具体意见。

9月30日，副市长魏晓明在《关于对我市小额贷款公司进行审计调查的报告》上批示：请市审计局会金融办办处。

10月30日，副市长魏晓明在《合肥市融资性担保公司九月份统计分析报告》上批示：请孙斌、林宪同志研究。11月7日，副市长孙斌批示：请林宪秘书长阅，建议在联席会议上通报，并针对存在问题研究整改措施，金融办负责同志阅。

11月2日，市委书记吴存荣在《关于庐阳区人民检察院原检察长魏竹梅同志任期经济责任审计整改情况的报告》上批示：抓紧整改。

11月3日，市长张庆军在《关于合肥市“十一五”期间利用外国政府（金融组织）贷款绩效情况的审计调查报告》上批示：考虑到人民币升值还将延续一个历史时期，利用政府贷款，包括国际金融组织贷款，还应加大规模，完善管理，提高使用效益，特别是对生态环境、民生方面更应加大投入。请发改委、财政局、环保局、巢管局进一步理清工作思路，谋划项目储备，加大工作力度，力争“十二五”期间有新的突破。

11月14日，副市长魏晓明在《关于市属重点国有企业内部控制情况专项审计调查报告》上批示：我听一次。11月24日，副市长魏晓明批示：请市监察局牵头，会同国资委、审计局对21家企业逐家整改，重点是落实内控、加强监管、速见成效。这项工作力争年内完成。为我市国企改革发展进一步夯实基础。妥否，请张市长示。11月30日，市长张庆军批示：同意。

11月30日，市长张庆军在《关于长丰县2008年至2010年扶贫资金专项审计调查整改情况的报告》上批示：继续督促整改到位。

12月1日，市委秘书长杨思松在《关于合肥科技农村商业银行股份有限公司董事长刘万霞同志任职期间经济责任审计结果的报告》上批示：报告存荣书记、庆军市长。12月4日，市委书记吴存荣批示：督促抓紧整改。

12月28日，市长张庆军在《关于蜀山区区委书记阮永兴同志任期经济责任审计结果的报告》上批示：督促区整改到位。

12月28日，市长张庆军在《关于蜀山区人民政府原区长张健同志任期经济责任审计结果的报告》上批示：督促区整改到位。

合肥市审计学会

2011年，合肥市审计学会被评为全省审计学会先进集体和合肥市“十佳学会”。全年主要完成以下工作：一是结合审计署、省审计厅课题和市社科联课题计划，结合市实际，下达审计科研任务。全年收到论文74篇，较去年增加85%。评出优秀论文37篇。二是将科研工作纳入机关目标考核。对完成和超额完成科研任务的，均给予加分鼓励。三是参加课题投标。2010年中标的审计署课题——《合肥市领导干部经济责任审计评价指标体系构建的研究》于2011年结项。2011年，参加省审计厅财政审计大格局、投资审计、审计文化和构建安徽特色的审计监督体系4个重点审计科研课题投标，其中构建安徽特色的审计监督体系和投资审计两个课题中标，当年结项。中标数量、比例均居全省首位。四是加大对审计科研成果的转化和宣传。推荐3篇审计调研报告参加全市优秀调研成果评选，其中有两篇荣获二、三等奖。有5篇论文参加全省审计系统优秀论文评比并全部获二、三等奖。五是继续开展专题攻关活动。8个攻关小组将3年来的攻关成果进行了展示。六是开展第二届审计论坛活动，以“提升工作质量，打造审计精品”为主题，由23名副处长参加。分成3组，先各组员分别陈述各自观点，之后其他组员提出不同意见。七是出台《审计人员业务成果奖励暂行办法》和《审计科研论文评审暂行办法》，按照论文获奖层次不同给予不同奖励：对获得省部级、市厅级、县处级荣誉的，分别给予500至2000元、400至1000元、100至600元的奖励。八是积极参加“FIAT”论坛活动。学会秘书处撰写的《国有资产审计监督探析》论文参加论坛交流。

合肥市审计学会领导及理事名单

名誉会长：张晓麟　谢　刚　郭本道　王会金

会　长：吴利林

副会长：阮应国　安广实　胡孝东　欧浩军　夏元荣　吕长富　刘圣铸　童承全　陈　卫　姚　琳　杨永华　米宏胜

秘书长：张仁山

常务理事：丁贤应　王成双　王利萍　刘圣铸　刘贤东　刘　俊　吕长富　安广实　米宏胜　邢邦德　阮应国　吴利林　吴新枝　宋必杰　张仁山　李德和　杨永华　杨　柯　陈　卫　陈向东　昂朝晖　欧浩军　茆建斌　侯启银　姚　琳　胡孝东　胡昌勇　郝敬开　夏元荣　郭世碧　曹长峰　黄庭宏　童承全　翟荣年

理　事：丁贤应　马妍玲　毛乾勇　牛忠武　王午捷　王　军　王成双　王克春　王利萍　王保智　王宪杰　王　瑛　王　翔　刘圣铸　刘张传　刘贤东　刘　俊　刘　威　吕长富　安广实　朱卫祥　朱和发　江　伟　米宏胜　邢邦德　阮应国　何莉英　何慧沅　吴利林　吴新枝　宋必杰　张仁山　张凤岗　张丽梅　李　俊　李　楷　李德和　杨永华　杨　柯　沈旭光　陈　卫　陈发军　陈会平　陈向东　陈　胜　周连贵　周　磊　季　燕　庞　祝　昂朝晖　欧浩军　罗　勤　茆建斌　侯启银　姚　琳　施　彧　禹自银　胡正发　胡孝东　胡昌勇　郝敬开　夏元荣　徐　伟　徐俊军　徐群桂　袁　捷　郭世碧　郭洪群　陶　文　曹长峰　黄庭宏　童承全　熊兆巍　翟荣年

合肥市内部审计协会

2011年，合肥市内部审计工作围绕审计中心工作和”信息化推进工程”的实施，进一步拓展工作思路，积极推进内部审计工作转型，全力服务全市经济快速高效发展。一是以《安徽省内部审计条例》颁布为契机，深入学习贯彻。印发《合肥市学习宣传〈安徽省内部审计条例〉工作方案》，具体工作有：举办内部审计条例专题讲座。与普法办联合在全市行政机关、事业单位、企业（包括民营企业）开展内部审计条例知识竞赛活动，联合发文推出100道试题，设立若干奖项。开展两次广场宣传活动。在“12•4”全国法制宣传日开展宣传活动。报刊专题宣传。在《合肥日报》和《合肥晚报》安排专版宣传，内容为实施以来审计工作及法制建设的成果。网络专题宣传。在局机关外网上设立内部审计条例专题开展宣传；召开座谈会宣传。在全市分层次、分类型召开各内部单位和内部人员座谈会，就深入宣传贯彻内部审计条例，提升内部审计工作水平献言建策。按照方案要求，各项工作在陆续开展。二是组织先进集体单位和先进个人共16人到蚌埠参加“双先”经验交流大会。学习借鉴其他内部单位好的做法。三是固本强基，提升素质。通过抽调内部审计骨干人才库中两名人员参加审计署南京特派办对合肥市社保资金审计。11月，举办全市内部审计人员继续教育培训班，350人参加培训。培训班在培训内容、培训课时、培训方式、培训管理上，突出实效性，突出前瞻性，突出实践性。以需求为导向，改进后续教育培训内容。培训内容为《安徽省内部审计条例》讲解、内部控制自我评价与外部审计、企业内部控制审计调查实例、内部经济责任审计。针对当前国家对企业内部控制和企业内部经济责任审计的要求，邀请安徽财经大学教授作培训指导。为拓展内部审计人员视野，组织内部审计先进个人、内部审计先进集体负责人和内部审计骨干人员160人到无锡、苏州、华西村等地学习考察。参加CIA网络报名培训，并继续做好CIA考试的宣传、报名工作，共组织内部审计人员30多人参加CIA考试。四是加强宣传。市内部审计协会在内部审计天地专栏的基础上建成合肥市内部审计协会网站，设内部审计动态、内部审计天地、法律规章、制度建设、内部审计文化、CIA专栏6大板块，并及时更新。宣传典型经验、内部审计研究成果、法律法规以及内部审计工作情况。此外，市内部审计协会积极与内部审计单位加强联系和工作交流。有关国家审计和内部审计的文件材料，市内部审计协会都向全市内部审计单位寄发，使内部审计人员及时了解审计工作最新的信息和精神。

合肥市内部审计协会领导及理事名单

名誉会长：张晓麟　谢　刚　郭本道　王会金　吴利林

会　长：顾　强

副会长：戴登安　江金霞　杨道米　赵　伟　吴晓东　谢克联

秘书长：张仁山

常务理事：于小文　毛乾勇　牛忠武　王午捷　王　华　王成双　王　芳　王保智　王宪杰　王家志　王　峰

王继榜 包少书 刘 威 刘 虹
朱卫祥 朱和发 朱晓娟 江金霞
许丛笑 何莉英 何慧沅 余志洋
吴年进 吴晓东 宋家礼 张仁山
张凤岗 张劲松 张 纯 张 珏
李 莉 杨道米 汪荣萍 汪 健
陈发军 陈会平 陈向东 陈 胜
周 冰 周连贵 周 浩 周 磊
范巧文 侯启银 姚从云 胡正发
胡 明 赵 伟 徐少农 徐 伟
袁松琴 陶 文 顾 强 戚 玲
曹庆山 曹 静 黄 陪 傅 雷
董 墚 谢克联 韩晓风 潘山泉
戴登安

理 事：丁 磊 于小文 马妍玲
孔丹阳 孔祥斌 孔 莉 毛乾勇
牛忠武 王午捷 王冬香 王圣宝
王 军 王 华 王成双 王克春
王 芳 王 林 王保智 王宪杰
王家志 王 峰 王继榜 王 瑛
王 翔 韦礼红 冯明会 包少书
卢 伟 叶继刚 左秀芳 石经考
刘庆银 刘张传 刘 威 刘 虹
孙 诚 孙 恺 朱卫祥 朱大鹏
朱和发 朱晓娟 毕守水 江中生
江金霞 许丛笑 许 冰 许 玲
闫 毅 齐爱华 何长群 何莉英
何慧沅 余志洋 吴本成 吴年进
吴丽影 吴晓东 吴 静 宋家礼
张小洁 张云龙 张仁山 张凤岗
张本林 张丽梅 张劲松 张沛虎
张 纯 张 玲 张玲艳 张 珏
张 茹 张晓艳 张 耀 李文俊
李 季 李 俊 李 艳 李 莉
李 楷 杜学牛 杨庆会 杨晓荣
杨祥存 杨道米 汪小华 汪荣萍
汪 健 沈 卫 沈旭光 陈文达
陈发军 陈会平 陈向东 陈 胜
单承友 周 冰 周连贵 周 浩
周 晨 周 磊 季宏永 季 燕
罗 勤 范巧文 范 平 郑强兵
侯启银 姚从云 姚则年 施 彧
禹自银 胡正发 胡 明 赵 伟
郝敬开 唐为人 唐邦平 徐少农
徐 伟 徐俊军 徐群桂 袁松琴
袁 捷 贾 梅 郭洪群 陶 文
顾 强 戚 玲 曹庆山 曹 静
黄业进 黄继萍 黄 陪 傅 雷
童保明 董 墚 谢克联 韩晓风
潘山泉 颜纪涛 戴 文 戴登安

2011年出台的地方审计规章目录

《合肥市市级投资大建设项目审计管理办法》（合政〔2011〕146号）

（撰稿人：范宏琨、张仁山、马妍玲，审核人：陶文）

瑶海区审计局

瑶海区审计局内设办公室和经济责任审计局，现有编制8名，实有人员8名。

2011年瑶海区审计局机关人员配备情况表

单位＼内容	人数	性别		文化程度				职称			负责人
		男	女	研究生	本科	大专	大专以下	高级	中级	初级	
局领导	2	1	1		1	1			2		王利萍
办公室（审计人员）	4	1	3		4				2	2	
经济责任审计局	2	1	1		2			1	1		
合计	8	3	5		7	1		1	5	2	

2011年瑶海区审计局领导人员情况表

姓 名	性 别	职 务	职 称	任职时间
王利萍	女	党组书记、局长	会计师	2007年3月
潘 茵	男	党组成员、副局长	会计师	2007年4月

2011年12月31日在册人员名单

王利萍 潘 茵 江玉娟 蒋 伟 张 梅 姜 铭 李 芳 缪婷婷

2011年瑶海区审计局特约审计员情况表

姓　名	性　别	工作单位	职　务	职　称	任职时间
梅立生	女	瑶海区财政局		助理会计师	
包肥生	女	瑶海区政协	副主席		
孙　翔	女	合肥市中安公证处		三级公证员	

2011年工作概况

2011年，瑶海区审计局在区委、区政府和市审计局的正确领导下，深入学习实践科学发展观，认真贯彻区委二届十二次全会和全市审计工作会议精神，紧紧围绕区委、区政府工作中心，坚持“依法审计、服务大局、围绕中心、突出重点、求真务实”审计工作方针，以开展“信息化推进工程”为抓手，扎实开展各项工作，积极为建设现代化新瑶海和打造转型发展典范城区服务。全年完成审计项目45个，其中，市审计局计划项目4个、经济责任项目3个（含跨年度项目1个）、自定项目2个、政府投资工程价款结算审计项目21个、政府投资跟踪审计项目15个，交办协助事项22件。审计查处问题金额2022万元，均为管理不规范资金。提出审计建议21条，向区委、区政府和上级审计机关提交审计专题和综合性报告18篇，被区领导批示3篇。报送信息简报64篇，被采用122篇次。

预算执行审计。按照财政审计大格局的要求，呈现以下特点：一是审计内容进一步拓展。将中小学校安工程、残保金、“慈善一日捐”捐款等审计和调查，与财政审计同步开展，并在“两个报告”中综合反映。二是审计揭示问题进一步深化。审计报告中除了反映问题，还对问题产生的原因进行客观分析，提出合理化意见和建议，并对问题的整改情况进行说明。三是审计技术方法进一步改进。结合“信息化推进工程”，在审计中全面应用计算机技术方法，对财务数据进行查询、汇总、分析，提高了工作效率，提升了信息化环境下的审计监督能力。

中小学校舍安全工程跟踪审计。通过跟踪审计，掌握全区中小学校舍安全工程制度建设、工程规划和建设计划制定、任务落实、项目实施、资金筹集、拨付、管理和使用等情况，及时发现并纠正项目实施过程中存在的问题，提出有针对性的审计意见和建议，保障全区校安工程的顺利实施。

捐款资金专项审计。围绕捐款募集、资金管理及使用情况，对区慈善协会捐款收支和部分街道、镇、开发区下拨资金使用情况进行审计。根据审计结果，就建立健全慈善捐款管理和使用内控制度、统一规范慈善受助人员救助金发放流程、提高企业和社会群众的参与度、加强慈善宣传力度等方面提出审计建议。审计结果报经区政府同意，对社会进行公告。

政府投资项目审计。全年开展投资审计项目28个，其中：工程价款结算审计项目13个，审核投资额4202万元，审定金额2708万元，审计核减1494万元，核减率35.55%；跟踪审计项目15个，跟踪审计项目合同价款达到9.3亿元，包括区大建设复建点“新海家园”A地块、C地块，社区服务中心建设工程，“碧水雅居”住宅工程，“和居苑”，“康居苑”廉租房工程，红光街道等3家社区卫生服务中心改扩建工程，市二院恢复楼“兴澧新居”住宅小区工程，东七城中村改造一、二期工程，二十埠河改造恢复点工程，玻璃厂华贝厂拆迁安置工程等项重大建设项目，会同建设单位通过公开招投标方式确定7家社会中介机构参与协审，对每笔工程款的支付进行审核把关，从严控制资金支付，最大限度的发挥了建设资金效益，促进了建设项目的规范管理。同时，为了配合全区旧城改造工作开展，加强旧城改造工作的审计监督力度，提高资金投资效益，立足本职，主动把握全区大建设发展形势和任务要求，科学制定《瑶海区旧城改造项目审计监督办法》。该办法从领导机构、拆迁补偿费用审计、拆迁安置复建点建设项目跟踪审计、工程价款结算审计以及旧城改造项目涉及的土地收储成本审核工作等多个方面，对如何更好地开展审计工作进行了严格的规定和要求，明确了责任目标，规范了审计程序，保障了审计成效。

上级机关和本级政府交办事项。一是完成市审计局安排的参审项目。3月初，抽调1名业务骨干参加市审计局组织的六安市人民政府地方政府性债务审计项目，参审人员高质量地完成审计工作，得到市审计局的认可并专门致信表示感谢。二是完成区领导批示交办事项。根据区领导要求，及时完成玻璃厂和华贝厂地区拆迁安置增加成本审核、铜南旧城改造项目拆迁安置成本审核、双窑洞棚户区改造项目拆迁安置成本审核、胡岗城中村改造项目拆迁安置成本审核、宋斗湾路建设占用中天集团公司土地补偿费用审核、合肥方一物业管理公司人员经费发放情况审核等工作，为加快旧城改造、服务信访事项发挥积极作用。三是积极配合有关部门和单位开展工作。积极参与全区部分医疗卫生涉改单位相关债权债务清理、相关单位领导干部离任经济责任事项交接、民生工程和国债项目价款结算审计中介机构政府采购、全区“小金库”专项治理督导、全区融资性担保机构专项检查验收、小额贷款公司检查。

审计宣传。将局外网作为宣传主阵地，不断加大审计宣传力度，充实完善局外网各栏目的信息内容，增设“信息化推进工程”等多个专栏，同时向《安徽审计》、安徽审计信息网、合肥市审计局网站、瑶海区网站、《瑶海报》等多家媒体报送信息、文章。全年上报信息64篇，被采用122篇次，较好地宣传了瑶海审计工作。同时，认真抓信息化应用成果的总结交流，积极开展计算机审计方法、AO应用实例、审计科研论文的撰写。共撰写完成AO应用实例1篇，计算机审计方法1篇，审计科研论文3

篇。其中1篇计算机审计方法被省审计厅评为良好等次并上报审计署参加评审。

“信息化推进工程”。一是建立组织保障、明确目标任务。进一步增强工作主动性和积极性，严格按照省、市“信息化推进工程”实施方案要求，主动作为、主动发力，迅速成立“信息化推进工程”工作领导小组，局主要领导任组长，班子成员和相关人员任小组成员。及时召开专题会议研究部署局“信息化推进工程”开展思路及责任分工，并结合自身实际制定 “信息化推进工程”实施方案，局主要领导亲自抓，分管领导具体抓，小组成员分工明确，各司其职，做到“层层落实有任务、人人肩上有责任”，确保活动有计划有步骤开展。二是“信息化推进工程”深入开展，工作成果亮点纷呈。在制度上、资金上均给予大力支撑，为信息化工程顺利开展保驾护航。全年累计投入资金6万余元，比年初财政预算安排增长近一倍。主要用于购买会商视频及配备计算机等设备。并先后出台计算机管理、信息化审计管理等方面的制度，保障信息化工程顺利开展。信息化工程实施以来，不断加大AO系统和OA系统深化应用，全面提升审计信息化应用水平，同时积极完善软、硬设备，认真探索数字化审计模式。在市审计局的领导和帮助下，信息化工程成效显著，各项成果全面开花。①制作文件汇编电子书，提高审计工作效率。为进一步提高审计工作效率，提升审计工作质量，更好地服务于区委、区政府中心工作，审计人员广泛搜集相关政策文件，利用有关工具软件，制作《瑶海区老旧小区、棚户区、城中村改造项目拆迁安置成本审计文件汇编》电子书，方便审计工作中查询使用，取得了良好的效果。并利用电子书便捷等自身特点，及时补充更新相关文件，确保该电子书的时效性和完整性。全年已利用该资料快速完成7个改造项目的拆迁安置成本审计工作，并将电子书提供给区大建办和相关街道作为政策文件查询工具。②编制信息化审计管理制度，进一步规范审计程序。为规范现场审计实施系统（AO）的应用，保障审计数据的安全、保密，促进审计信息化建设的健康发展，结合工作实际，编制《瑶海区审计局审计业务系统数据采集使用管理暂行办法》（以下简称《管理办法》）。《管理办法》针对现场审计中的职责分工、数据采集以及单机审计项目数据使用流程等方面进行规范化管理，为在进行现场审计实施系统（AO）应用中，规范操作程序，保障数据安全、保密，发挥了积极作用。③首次对被审计单位信息系统进行审计。在七里站街道办事处经济责任审计项目中，首次开展信息系统审计，根据实际需要设计信息系统审计表格，对被审计单位的财务系统和业务系统进行审查和测试，并制作成书面证据资料，为今后开展信息系统审计积累了经验。④开展审计项目数字化试点。全年所有审计计划项目均按照要求应用AO和OA两大系统，并在瑶海区“慈善一日捐”捐款收支审计项目中开展数字化试点。按照计算机审计流程的要求开展审计项目，项目结束后制作成审计案例上报市审计局参加评审。⑤加强信息化培训，不断提升信息化应用技能。为提升审计信息化工作水平，局领导非常重视审计人员信息化相关技能的学习培训工作，不断夯实信息化工作的基础。一是积极参与省审计厅、市审计局举办的计算机审计各类培训活动。7至8月，选派1名审计骨干参加全省审计系统第六期计算机审计中级培训班。经过两个月的培训，审计人员顺利通过计算机审计中级水平考试，并被评为该期培训班“优秀学员”。目前局机关有两人获得计算机审计中级资格，占审计业务人员的40%。二是继续组织人员参加审计署AO认证考试。全年组织两名审计人员参加AO认证考试，其中1人为非业务人员，1人为新进审计人员。目前，局机关共有6人参加AO认证考试，占审计业务人员的120%。

“人、法、技”建设。一是扎实开展“创先争优”活动。以庆祝建党90周年为契机，提出“创先争优展审计风采，奋发有为建和谐瑶海”口号，加强机关党建工作，继续深入开展“创先争优”活动。积极参加“我为瑶海科学发展献一策”、“听民声、问民计、促发展”征求群众意见建议、“创新争优格言”征集评选等活动，进一步营造“创先争优”氛围；参加全省审计机关纪念中国共产党建党90周年楹联展、书画摄影作品展活动，推荐优秀作品参展；组织全体党员重温入党誓词，参加“庆党90周年党史党建知识竞赛”，观看庆祝中国共产党成立90周年大会实况转播和《建党伟业》影片，强化党史、党性学习教育。下半年，按照区委、区政府统一部署，扎实开展“三抓一促”主题活动和“五级书记大走访”活动，认真制定工作方案，认真落实活动要求，结合审计工作实际，创造性开展各项活动。将“五级书记带头大走访”和“三抓一促”两项活动有机结合起来，深入走访群众30多户，在走访中倾听民意、改进工作作风，在落实工作实效上进一步为百姓排忧解难，努力实现群众工作上水平、解决问题见行动、改变作风有成效、人民群众得实惠的目标。二是配合纪检监察部门查处经济案件。协助开展瑶海方一物业管理公司职工关于聘用人员工资保险费用发放情况的信访事项、合肥瑶海实业集团公司职工关于集团公司及其子公司2011年财务收支及经营状况等诸多情况的信访事项等工作，为纪检检察部门查证经济事项提供了依据，为查清问题、维护社会稳定发挥了积极的作用。配合区纪委、监察局开展“小金库”专项治理工作。审计部门作为“小金库”治理领导小组成员单位，负责对全区14个乡镇、街道、开发区和部分区直单位的“小金库”专项治理工作进行督察指导，对进一步促进单位建章立制，加强财务和资产管理起到了重要的推动作用。配合区监察局对区部分医疗卫生涉改单位相关债权债务进行清理核查，摸清其债权债务基本情况，核实债务规模，为领导决策提供有力依据。三是加强审计队伍建设。以能力建设为核心，造就一支“奋力拼搏、争创一流”的审计干部队伍，推进“学习型机关”创建活动的开展，着力提高了审计人员的业务工作能力。推动审计干部走上专业型、知识型和复合型的成长道路。先后以制定《瑶海区审计局2011年建设学习型党组织的学习计划》、《瑶海区审计局40+4理论业务学习制度》等制度为保障，以局党组中心组学习、周三政治学习日、春训、机关干部内训、党员学习日、自学制度等为载体，以组织参加各类审计干部培训，省审计厅业务知识讲座、市审计局业务交流等活动为渠道，开展形式多样的思想道德教育和业务学习培训，做到集中学习与个人自学相结合、内训与外训相结合、学理论与学业务相结合。完善职工自学制度，鼓励审计干部参加学历教育和专业职称考试，并给予经费支持。

2011年工作成果一览表

审计单位（个）	查处违规金额（万元）	管理不规范资金（万元）	应缴财政（万元）	已缴财政（万元）	应归还原渠道资金（万元）	移送事项（件）	应调账处理金额（万元）	应自行纠正金额（万元）	审计报告、信息被批示采纳（篇）
23		2022						2022	143

2011年获奖情况

被省审计厅评为全省审计系统精神文明创建先进单位

被市审计局评为合肥市审计信息化工作先进集体

瑶海区2009年度预算执行和其他财政收支审计被评为合肥市优秀审计项目

王利萍被省审计厅评为全省审计机关实施“五年行动计划”先进个人

蒋伟被省审计厅评为全省审计机关优秀审计主审

张梅被市审计局评为全市审计机关信息宣传工作先进个人

张梅获瑶海区优秀公务员

2011年大事记

7月，蒋伟任瑶海区审计局经济责任局局长。

（撰稿人：缪婷婷，审核人：王利萍）

庐阳区审计局

庐阳区审计局内设审计科、综合科和经济责任审计局，现有编制9名，实有人员8名。

2011年庐阳区审计局机关人员配备情况表

单位＼内容	人数	性别		文化程度				职称			负责人
		男	女	研究生	本科	大专	大专以下	高级	中级	初级	
局领导	3	2	1		2				2		高　健
审计科	1	1		2							夏　辉
综合科	1		1	1						1	
经济责任审计局	3	1	2		3				3		李　俊
合计	8	4	4	3	5				5	1	

2011年庐阳区审计局领导人员情况表

姓　名	性　别	职　务	职　称	任职时间
夏　辉	男	党组书记		2010年8月
高　健	男	局长		2010年9月
李　俊	女	经济责任审计局局长	审计师	2007年10月

2011年12月31日在册人员名单

夏　辉　高　健　李　俊　孔亚辉　夏华国　桑　田　孟卫东　林　娟

2011年工作概况

2011年，庐阳区审计局自觉从区委、区政府中心工作中明确用力方向，不断创新工作思路，积极发挥“免疫系统”功能，为全区经济社会健康发展保驾护航。

依法监督，发挥职能作用。在人员未增加的基础上，全局自我加压，安排审计项目达24项，目标任务超过往年一倍之多。覆盖重点领域、重点部门，监管全区近70%的财政资金。扩展审计视角，注重体制、机制和制度层面的分析研究。其中，预算执行审计6项；经济责任审计7项，涉及8名领导干部；专项调查3项；绩效审计2项；上级联动项目1项；村级财务审计1项；追加资产负债审计4项。此外，抽调人员参加六安市地方政府性债务审计。全年完成审计项目24项，18篇审计报告被区领导批示，查处管理不规范金额11141万元；完成政府投资审计项目473项，送审金额16262万元，审定金额13593万元，核减额2669万元，核减率16%。被省审计厅评为全省审计“信息化推进工程”先进集体、审计信息宣传工作先进单位；4篇计算机审计方法被省审计厅评为全省审计机关计算机审计优秀审计方法，3篇AO应用实例被评为全省优秀，1篇获全省应用奖，3篇应用实例获审计署鼓励奖；绩效审计报告获全市审计机关优秀奖。

创新履责，提升服务效果。着眼全区经济社会发展需求，在统筹推进各项工作的同时，积极结合实践大胆探索突破，通过多方式结合、多视角分析，进一步提升审计工作的主动性、宏观性和建设性。第一，转变干部意识，打造学习型审计机关。一是牢固树立创争意识，大力培养审计人员的战略思维、开放思维和创新思维，不断拓宽审计人员视野。有步骤、有系统地开展学习型机关建设。邀请省审计厅、市审计局相关专家，每月举办一期专题讲座。审计干部的思维方式和业务水平有了很大提高。向每位干部推荐“日本经营之圣”稻盛和夫的《干法》、《活法》和“全球第一CEO”杰克•韦尔奇的《赢》等3本书。通过读书学习，全局干部进一步理解了“为什么工作及如何工作”，变“要我学”为“我要学”，为使审计人员尽快成为“查账能手、调研高手、计算机强手和精通管理的行家里手”发挥了积极作用。二是组织全体审计干部攀登大蜀山，参观大蜀山革命烈士事迹陈列馆。此外，开展春训、植树以及参观全国检察机关惩治和预防渎职侵权展览巡展等多种活动。大家思维方式逐步转变，工作积极性和主动性日益高涨，工作至上、快乐审计的思想氛围逐步形成。为把工作做精、做细、做实，审计人员纷纷向省、市审计专家问计取经，互通有无，齐头并进，形成“赶、学、比、超”的良好团队氛围，团队凝聚力和执行力不断增强，已初步形成上下齐心、意气风发、斗志昂扬、努力奋进干事业的大好局面。第二，突出审计重点，进一步深化财政“同级审”。在财政审计中，将构建“财政审计大格局”理念融入到方案制定、联动项目安排、现场组织实施等环节，着眼于国家宏观经济政策的贯彻执行情况、内控制度的完善执行情况，围绕财政资金的公共性、民本性和效益性开展审计，从体制、机制、制度和管理层面揭示和分析问题产生的原因，有针对性地提出改进完善的意见和建议，不断促进财政资金的优化管理。将“同级审”与部门预算执行审计、经济责任审计等项目结合开展。在开展区本级预算执行审计的同时，安排区卫生局、司法局、住建局、城管局等部门的预算执行审计，综合分析财政资金在管理、分配、拨付、使用环节存在的不合规和效益低下问题，并揭露管理的薄弱环节。人大常委会高度评价了2010年的预算执行审计工作。会议认为：区审计部门积极创新工作思路，克服人员少、审计任务重的困难，始终做到认真负责，严格把关，探索开展绩效审计，较好地发挥了审计工作“啄木鸟”的作用；审计工作报告内容翔实，客观公正，既肯定了成绩，又指出了问题，并提出了可行的意见和建议，被审计单位对审计意见和建议能够及时整改。第三，密切关注民生，民生工程审计确保惠民。把与群众切身利益息息相关的民生工程和资金作为审计重点，跟踪检查相关政策贯彻落实情况，确保各项惠民政策取得实实在在的效果。开展城乡卫生服务体系建设、城乡义务教育经费保障、农家书屋项目等专项资金的审计调查和农村公路村村通项目资金绩效审计，并为所有民生工程项目审计开辟绿色通道，实行即送即审，给予全力保障。此外，开展大杨镇五里拐社区财务审计试点，进一步深入一线，保障群众切身利益，维护社会和谐稳定。第四，扩大任中比例，加速经济责任审计转型。全年对7家党政单位的8名领导干部开展经济责任审计，其中任中审计5人，任中审计比率为71%，提交报告14篇，提出审计意见和建议19条，查处管理不规范金额5074万元。经济责任审计工作信息被国家、省、市报纸、网站等采用26篇次。其中，被审计署网站采用1篇，被《中国审计报》采用1篇，取得了良好的效果。在2011年度经济责任审计集中见面会上，区委常委、组织部长曹佑华提炼出经济责任审计工作的三大特点：一是拓宽审计领域。首次安排对党群部门进行审计，对团区委书记审计是经济责任审计工作一个新的开始。二是创新方式方法。对杏花村街道实施党政捆绑审计是区经济责任审计与具体实际相结合的典型范例。三是扩大任中审计覆盖面。对领导干部实行任中轮审是加强干部管理、防微杜渐的必然要求。第五，服务建设大局，加大政府性投资审计力度。全年完成政府投资审计项目473项，送审金额16262万元，审定金额13593万元，核减额2669万元，核减率16%。紧紧围绕区委、区政府中心工作，主动作为，敢于碰硬，打好一套“组合拳”，切实履行“经济卫士”职能。一是强化制度建设。针对全区政府性投资审计项目存在的普遍问题，提请政府出台《庐阳区政府性投资项目审计管理实施细则》，该细则已成为当前区政府投资审计领域的指导性文件。二是强化跟踪审计。更新思维观念，前移关口，对重大项目事前介入、全程跟踪、实时监督，加强对招标文件和合同的审查，充分发挥预警功能。三是强化项目监管。实行实时动态管理，注重送审资料的完整性审查，接审、派审实时记录，审计实施过程中对于审计时限、现场勘察及定案初稿均安排专人动态监控；超过时限未定案的项目及时跟进，分析问题症结，逐一“销号”。四是研发政府性投资项目审计管理系统。以实施“信息化推进工程”为动力，投资近9万元在三县四区局率先研发区级政府性投资项目审计管理系统。实时掌握政府所有投资项目的送审、接审、派审、踏勘现场、对账、初审、复核、问题汇总分析，强化政府重点投资项目的动态监控。建设一个标准、合理、安全、开放、可扩展的，以项目过程管理为核心的、互联互通和资源共享的政府投资项目审计管理系统，解决目前政府投资项目中信息系统存在的“信息孤岛”现象，将建设单位和中介机构的部分工作纳入到系统中来。同时，在各个职能部门及审计局之间形成一个有效的信息共享链，使系统成为各职能部门之间的政府投资项目公共信息平台，形成监督合力。五是强化内控机制。实行执行、监督、管理三岗分离，相互制约和监督；加大项目内控，除对百万元以上政府性投资项目自动启动第三方复核程序外，还设定了对规模超500万元政府性投资项目实行跟踪、决算和复核三段控制模式，实行跟踪审计有月报，决算、复核相交叉。在打“组合拳”的过程中，对工业区天河路的复核审计专报，获得了时任韦弋书记和吴劲区长的3次批示。反映庐阳区投资审计工作的信息《庐阳区投资审计打出“组合拳”》、《庐阳区建立政府性投资项目审计管理系统》被《中国审计报》专题报道，《庐阳区五举加强政府投资项目管理》、《庐阳区推行政府投资工程预算审计》被市委办公厅《综合快报》采用。第六，主动发挥职能作用，紧密配合中心工作。积极配合全区中心工作，将老旧三无小区改造项目以及城市雨污水管网改造项目纳入监管服务范畴，提供优先服务；积极配合相关部门开展对城中村改造、地块拆迁改造成本认定等重点工作。此外，开展审计署部署的甘肃舟曲泥石流救灾资金物资审计；参加合肥审计组对六安市地方性政府债务审计、区公务员津补贴检查、民生工程宣传月广场宣传、“清洁家园”、民生工程“回头看”抽查等活动，主动联系凤阳县驻庐阳区政府性债务审计组，加强沟通协调。第七，注重强化质量，实行“三评审一通报”制度。“三评审一通报”制度：审计实施方案评审制、审计报告评审制、审计项目规范性综合评审制，重大审计事项通报制。在评审实施方案时，多层次、多渠道调查了解情况，充分评估存在问题的可能性，明确审计重点；在评审小组报告时以实施方案为基础，重点关注实施过程和结果，评价目标的实现情况和方案的完成情况，评价证据的适当性、充分性以及发现问题的重要性。项目完成后，由专人严格按照省优秀审计项目评选标准对项目执行的规范性进行评审。通过评审发挥示范引导作用，努力打造“精品”项目。对审计过程中的重大审计事项及时通报。通过评审和通报，提升了审计质量，创新了激励机制，促进全局审计业务水平的整体提升。第八，积极调整思维，宣传庐阳审计特色。为更好地发挥信息服务领导决策的“直通车”作用，创办“庐阳审计”简报、庐阳区审计局“信息化推进工程”工作简报，以图文并茂的形式及时反映工作和学习动态，注重审计实践的归纳和总结，着力在丰富内涵和深度挖掘上下功夫，提炼优秀信息。同时，注重宣传视角的转变，一改过去就审计说审计，就问题说问题的现象，“跳出审计看审计”，在剖析反映问题的基础上，着力挖掘被审计单位好的经验做法，大力宣传和谐庐阳、首善庐阳，扩大了庐阳区影响力。反映庐阳区卫生体制改革的信息被《中国审计报》头版采用；反映庐阳区全面落实义务教育保障机制信息被《中国审计报》采用，从审计的角度展现了庐阳魅力。全年被各类载体采用信息270篇次，其中国家级11篇，省级 63 篇，市级88篇，区级108 篇。多年来，庐阳区审计局在三县四区审计局中一直稳居第一；2011年，荣获全省审计系统信息宣传工作表彰；连续多年荣获全市审计系统信息宣传工作先进集体。

2011年工作成果一览表

审计单位（个）	查处违规金额（万元）	管理不规范资金（万元）	应缴财政（万元）	已缴财政（万元）	应归还原渠道资金（万元）	移送事项（件）	应调账处理金额（万元）	应自行纠正金额（万元）	审计报告、信息被批示采纳（篇）
24		11141							18

2011年论文发表情况统计表

报刊名称	时间（期数）	论文题目	作者
《安徽审计》	第 12 期	《浅析信息资源共享在审计信息化建设中的重要意义》	林 娟

2011年获奖情况

被省审计厅评为全省审计“信息化推进工程”先进单位

被省审计厅评为全省审计信息宣传工作先进单位

被区委、区政府评为党风廉政建设先进单位

被区委、区政府评为效能建设先进单位

4篇计算机审计方法被评为全省审计机关计算机审计优秀审计方法，3篇AO应用实例被评为全省优秀，1篇获全省应用奖， 3篇应用实例获审计署鼓励奖

庐阳工业区天河路道排工程结算审计被市审计局评为合肥市优秀审计项目

庐阳区残疾人联合会2009年度部门预算执行及残疾人就业保障金征收管理使用情况的审计报告被市审计局评为全市审计机关优秀绩效审计报告

林娟获全省”信息化推进工程”先进个人、全市审计信息宣传工作先进个人

孟卫东获全市优秀审计主审

桑田获全区依法行政工作先进个人

2011年大事记

1月10至21日，开展春训活动。

1月13日，开展AO应用培训。

1月20日，开展系列活动之二——邀请市经济责任审计局何莉英副局长专题讲解《合肥市经济责任审计评价办法》及其实施细则。

2月14日，学习传达全省审计工作会议精神。

2月17日，召开经济责任审计工作领导小组会议。

2月14日，特邀市审计局农业审计处处长张凤岗为全局人员作“审计工作思路、方法和技巧”专题讲座。

3月5日，组织全体审计干部攀登大蜀山。

3月11日上午，召开2011年度经济责任审计集中见面会。

3月22日，邀请省审计厅计算机审计专家、社会保障审计处副处长毕伟作题为“A02008审计软件在县级审计机关的梯次应用”讲座。局机关全体审计干部和协审人员近20人参加学习。

4月初，为每位干部购买“日本经营之圣”稻盛和夫的《干法》和“全球第一CEO”杰克•韦尔奇的《赢》两本书。

4月初，邀请省审计厅信息室有关人员作“审计信息的采集和编写”专题讲座。

4月7日下午，朱涵副区长莅临调研指导工作。

5月6日下午，特别邀请市审计局财政审计处郭洪群处长、袁捷副处长，行政事业审计处王保智处长，就财政“同级审”工作专题授课。

5月11日下午，区人大常委会党组书记、常务副主任虞基浩，副主任杨献付、李旗号、徐志强、杨琼等，在区委常委、常务副区长陆平的陪同下莅临区审计局视察工作。

5月16日，区政府正式出台《庐阳区政府性投资项目审计管理实施细则》（庐政〔2011〕13号）。

6月16日上午，组织全体党员干部开展重温入党誓词活动。

6月17日下午，邀请省审计厅信息办副主任赵明莅临庐阳现场授课。

7月5日，组织机关全体干部认真学习贯彻胡锦涛总书记“七一”讲话精神。

7月8日下午，区政协主席任传英，副主席王家满、彭守海、周健、唐亮，以及秘书长赵建军就庐阳区审计工作进行了专题视察。

7月22日，区二届人大常委会第35次会议审议并通过区审计局代区政府作的审计工作报告。人大常委会高度评价了这次预算执行审计工作。

8月25日，邀请省审计厅综合法规处调研员陈瑜解读《国家审计准则》（审计署8号令）。

9月27日，合肥市审计机关实施“五大工程”暨“信息化推进工程”交流促进大会在合肥政务中心举行。大会上，庐阳区审计局作为区审计局唯一交流发言单位，展示了信息化推进工作宣传短片——《腾飞之e》。

9月19日，邀请省经济责任审计局金秀慧副局长莅临庐阳解读经济责任审计规定。

9月5日，区委常委、组织部长曹佑华及5位副部长莅临区审计局调研指导审计工作。

10月19日，党组书记、局长一行到益民街道办事处，在街道党工委书记杨拥军的陪同下，前往人民巷社居委开展走访活动，与社区干部进行座谈，传达“三联”活动会议精神。

10月25日，黄山市徽州区审计局詹秋琴局长一行在省审计厅、市审计局领导的一致推荐下，专程赴审计局调研学习投资审计相关经验。

10月26日，邀请省审计厅信息办王跻莅临区审计局作A02011版审计软件专题讲座。

11月2日上午，局党组书记带领全局党员到益民街道人民巷社居委开展“三联”活动，走访了6户结对帮扶的困难群众家庭。

11月17日，省审计厅固定资产投资审计中心芮黄顺主任莅临区审计局调研指导政府投资审计工作。

11月8至12日，组织全区内部审计人员40余人参加合肥市2011年内审培训班。

12月9日，全体审计干部赴庐江汤池新四军江北指挥部旧址，参观新四军江北指挥部纪念碑、纪念馆，开展爱国主义教育。

2011年
领导批示、讲话摘要

2月23日，韦弋书记在工业区某报告中批示：“根据区审计局专报的情况，建议对工业区财政资金投入项目都要跟踪审计，以确保财政资金不流失和干部不出事。”吴劲区长就同一报告批示：“请工业园根据专报所提建议认真整改并举一反三做好今后的建设工作，同时请审计局在全区范围内推广审计成果，充分发挥审计职能，为区域经济建设作出更大贡献。”按照区领导要求，被审计单位进行了整改。3月11日，吴劲区长在工业区审计整改报告上批示：“请各机关单位以此为戒，抓好我区建设工作。”

（撰稿人：桑田，审核人：张斌）

蜀山区审计局

蜀山区审计局内设综合科、审计科(固定资产投资审计科)和经济责任审计局，现有编制8名，实有人员8名。

2011年蜀山区审计局机关人员配备情况表

内容 单位	人数	性别		文化程度				职称			负责人
		男	女	研究生	本科	大专	大专以下	高级	中级	初级	
局领导	3	3		2					1		曹长峰
综合科	2		2	2				1	1		康　琴
审计科（固定资产投资审计科）	2	2		1	1				2		林　超
经济责任审计局	1	1			1				1		葛本开
合计	8	6	2	5	2			1	5		

2011年蜀山区审计局领导人员情况表

姓名	性别	职务	职称	任职时间
曹长峰	男	党组书记、局长		2002年7月
唐为人	男	党组成员、副局长		2006年11月
葛本开	男	党组成员、经济责任审计局局长	审计师	2007年5月

2011年12月31日在册人员名单

曹长峰　唐为人　葛本开　林　超　康　琴　钟丽霞　万文志　李学峰

2011年工作概况

2011年，蜀山区审计局围绕合肥市审计局的年初工作计划和区委、区政府的工作中心开展各项工作，坚持依法审计，切实履行审计监督职责，层层落实目标责任制，超额完成年初制定的审计项目计划。全年完成15个审计项目，其中：自定项目9个，经济责任审计项目4个，地方领导临时交办项目2个。全年查处违规问题金额1986万元、管理不规范金额 94789万元,上缴区财政金额168.63万元，提出审计建议45条,被采纳45条。同时，完成区政府临时交办固定资产投资审计项目6个，核减金额1335万元。2011年，蜀山区审计局先后荣获安徽省审计系统信息化先进单位、合肥市审计系统先进集体、蜀山区优化经济发展目标管理优质服务奖、蜀山区“五五”普法先进集体。

深化财政审计，促进加强和规范预算管理。2至5月，依据《合肥市蜀山区2011年本级预算执行和其他财政收支审计方案》，组织力量于对2010年区本级预算执行情况进行审计，并延伸审计区商务局、区人社局、区三里庵街道2010年度的财政财务收支。审计中，围绕增收节支，注重审计财政资金的使用效益，政府管理成本——部门预算、决算编制执行的合理性、合法性、合规性，强化预算的约束和管理，促进财政部门分配行为公开、透明和规范。通过财政预算执行审计，查处管理不规范金额45218万元。

探索领导干部经济责任审计新方法，健全权力约束机制。坚持“积极稳妥、量力而行、提高质量、防范风险”的经济责任审计工作方针，不断探索和完善经济责任审计新方法，将审计关口前移，逐步建立以任中审计为主、离任审计为辅，兼顾离任审计的审计模式，尽量避免“审用脱节”问题的发生。全年完成领导干部经济责任审计项目4个，其中任中审计项目3个，离任审计项目1个，并积极尝试党政领导干部“捆绑”审计新模式，查处违规金额1089万元（含上缴区财政金额168.63万元）、管理不规范金额5420万元。

加大行政事业单位审计力度，规范财政财务收支行为。结合预算执行审计和年初工作安排，有针对性地对区商务局、区人力资源和社会保障局、三里庵街道、区城投公司等资金量大的行政事业单位和国有企业开展审计，重点加强对财政预算资金、行政事业性收费和“收支两条线”管理的审查力度，促进行政事业单位加强财务管理、完善内控制度、降低行政成本、提高资金使用效益。全年完成行政事业单位审计项目4

个，国有企业审计项目1个，查处管理不规范金额37886万元，帮助被审计单位进一步加强资金使用管理，规范了财政财务收支行为，发挥了审计部门的监管作用。

加大专项审计（审计调查）比重，确保专项资金专款专用。加大专项资金审计调查的比重，重点调查专项资金（基金）筹集、管理、使用及配套情况，揭示政策执行各环节存在的问题，深入分析问题产生的原因，从管理、制度和体制等方面提出有针对性的意见和建议。全年安排专项审计调查项目5个，查处违规金额896万元、管理不规范金额6262万元。

拓宽审计思路，积极开展固定资产投资审计。固定资产投资审计，是近年来审计监督职责的延伸和拓展。随着区经济快速发展，政府投资的力度越来越大，区审计局精心准备，制定规章制度，为认真做好固定资产投资审计作了充足、完善的准备。全年完成计划外固定资产投资审计项目6个，送审金额7839万元，审定金额6503万元，核减额1336万元，核减率17.04%。

2011年工作成果一览表

审计单位（个）	查处违规金额（万元）	管理不规范资金（万元）	应缴财政（万元）	已缴财政（万元）	应归还原渠道资金（万元）	移送事项（件）	应调账处理金额（万元）	应自行纠正金额（万元）	审计报告、信息被批示采纳（篇）
15	1985	94789	168	168					45

2011年获奖情况

被省审计厅评为全省审计“信息化推进工程”先进单位

（撰稿人：康琴）

包河区审计局

包河区审计局内设办公室、财政金融审计科、行政事业审计科、经济责任审计局和基建审计科，现有编制13名，实有人员11名。

2011年包河区审计局机关人员配备情况表

单位 \ 内容	人数	性别		文化程度				职称			负责人
		男	女	研究生	本科	大专	大专以下	高级	中级	初级	
局领导	3	2	1		2	1			2		刘贤东
办公室	2	1	1		2				1		余国敏
财政金融审计科	2		2		2			1	1		
行政事业审计科											
经济责任审计局	2	1	1	1	1			1			唐　军
基建审计科	2	2			2					1	顾中鉴
合计	11	6	5	1	9	1		2	4	1	

2011年包河区审计局领导人员情况表

姓　名	性　别	职　务	职　称	任职时间
刘贤东	男	党组书记、局长		2007年4月
刘玉萍	女	副局长	会计师	2009年7月
漆维权	男	副局长	经济师	2010年7月

2011年12月31日在册人员名单

刘贤东 刘玉萍 漆维权 唐 军 余国敏 潘 薇 孔夏华 梅明泉 沈 岚 顾中鉴 潘秀华

2011年工作概况

2011年，包河区审计局紧紧围绕“十二五”规划目标，按照区委、区政府和市审计局的要求，结合区经济社会发展情况和审计工作实际，不断提升审计工作质量和水平，较好地发挥了审计在服务区域经济社会发展中的积极作用。全年完成财务审计项目23个，其中：财政预决算审计项目1个，企业审计项目1个，经济责任审计项目7个，审计调查项目2个，专项审计项目1个，配合参与的其他审计项目5个，卫生和教育系统债务清理项目2个，土地收储项目2个，城中村审计项目2个。基本建设投资审计项目300个。审计提出意见和建议50条，审计信息50篇，审计查处管理不规范资金20392万元。决算造价为44127万元，经审计核定造价为40499万元，核减3628万元，核减率8.2%。

财政审计。坚持预算执行审计的“永恒主题”地位，按照一体化的工作思路，积极整合审计力量，以构建“大财政”审计理念，将区本级预算执行审计与工程审计、经济责任审计、专项资金审计等相结合，将全部政府性资金纳入审计范围。延伸审计区民政局、区商务局和芜湖路街道3个部门（单位）预算执行情况和其他财政收支情况。针对审计发现的主要问题，提出了以下几方面的建议：进一步规范预算管理，强化预算意识，细化预算编制，不断提高预算执行率和部门预算的决算工作；加强区“大建设”“民生工程”专户资金的使用管理；减少财政资金的多头支出；加大税源培植和税收征管力度，实现财政收入可持续稳定增长；清理撤并相关财政账户，杜绝挤占、挪用、违规拆借专项资金问题的发生；进一步加强对项目资金的预算安排和监督，提高财政资金的使用效益。

政府投资审计。截止12月底，开展工程决算审计项目279个，原决算造价为41873万元，经审计核定造价为38560万元，核减3313万元，核减率7.9%。对包河区中小学校舍安全工程、包河区绿化大会战等区重点工程项目进行重点审计监督。一是对区大建设恢复点进行审计，包括民康葛大店花园在内的6个恢复点建设项目送审金额39433万元。对区美丹家园廉租房、贾大郢、京华世家复建点，精心组织力量进行全过程跟踪审计。二是对区绿化项目进行审计，送审金额4300万元。与区农林水务局及相关街镇共同对苗木的数量规格进行复核确认，并多次以施工单位身份赴苗木市场进行询价。三是对区文明示范小区创建项目进行审计，包括芜湖路街道、望湖街道、常青街道、包公街道五个小区治理，送审金额669万元。由于建设单位缺乏专业技术人员，区审计局在审计监督的同时做好审计服务工作，派专人指导建设单位做好管理工作。决算审计工作结束后获得区政府及相关街道的肯定。四是为了进一步规范政府投资行为，预防工程领域滋生腐败，从工程招投标阶段即开始介入，对招标文件，工程量清单进行审核，在招投标过程中，与纪检监察部门加强联系形成合力，共同对建设单位是否严格执行招投标程序进行监督。全年参加区级各类项目招投标70余次，赴广东、江苏、上海等地进行询价、跟踪监督。同时，审计人员还利用网上询价，以及装扮商人等办法对工程类主材、大宗服务商品的价格真实性进行了解。具不完全统计，此举间接节约区重点工程项目建设资金3000余万元，为有效降低工程成本、提高财政资金投资效益发挥了重要作用。

经济责任审计。按照区委经济责任领导小组的统一安排，对7个区级领导干部进行任期经济责任审计，坚持“一个投入，两个产出”的原则，在财务收支审计的基础上，分别从经济发展状况、遵守国家经济政策和财经法规情况、固定资产管理情况、重要经济决策情况、内控情况、经济指标完成情况、个人廉政建设情况等7个方面进行经济责任评价，更加侧重领导干部经济责任评价，也更为客观地对领导承担的责任予以界定。为此，区经济责任审计工作更加规范，在干部任用方面发挥了积极的作用。上半年，按照区委主要领导的指示和“区阳光村务工程”办公室要求，在征求意见的基础上，起草《包河区村居审计暂行办法》。这是包河区经济责任审计工作在继《包河区领导干部经济责任审计交接办法》后拟出台的又一项制度，它将为包河区村居领导任期经济责任审计工作奠定制度基础。

其他审计工作。一是完成领导交办的环城有线公司2002年2月至2010年12月资产、负债和损益情况审计。此项目是计划外领导交办的关于文化体制改革情况的摸底调查工作。通过审计提出关于体制建设方面的意见和建议，为下一步区文化产业集团整合、重组做好审计服务工作。二是接受组织部委托，对区二次党代会以来的全区党费收支情况进行审计。审计中将历年党费的结余对比，提出了加强党费管理的意见。三是参与政府债务交叉审计，审计中，潘秀华吃苦耐劳、克服家庭困难，始终坚守现场审计，用自己言行践行合肥市审计精神。潘秀华的出色表现得到了市审计局的赞许。四是会同区财政部门进行“小金库”的专项检查。五是积极参与全省养老保养的联动审计工作。六是参与对全省义务教育开展调查。七是配合工资改革，完成全区事业单位人员津补贴检查工作。八是完成土地收储和“城中村”改造项目审核。完成乌鲁木齐路加气站和包河工业区创业园蓝领公寓两个土地收储项目审核，对华中汽配城二期改造项目拆迁安置补偿费用和杨小郢“城中村”改造项目增加拆迁补偿费用审计，累计完成审计金额近3个亿元。九是对区直机关滨湖春天建设项目财务进行审计调查。

“信息化推进工程”。通过“三大平台建设、四大体系构建”，在审计业务和审计行政管理方面注入信息化元素，使审计各项工作得到推进，成果显著。为了更好地开展审计工作，为每位人员配备了笔记本电脑，每年预算都安排一部分经费用于电脑的更新换代。此外，局评审中心先后购买工程造价和审核正版软件2套。同时，投入4.9万元建成视频会商系统。审计信息化是审计发展的必然趋势，也是提高审计工作科技含量的重要途径，区审计局充分认识到计算机在审计中的重要性，要求审计业务人员通过参加培训、自学等方式，提高自身的计算机审计技能和水平。区审计局全体人员已顺利通过AO认证考试。一名审计业务人员通过自学，通过了11月份省审计厅组织的的审计计算机中级考试。至此，区审计局有3名业务人员取得了安徽省计算机审计中级资格证书，占审计业务人员的42%。中级职称人数占业务人员比例在全市排位第一，这也为2012年的审计“人才造就工程”打下了基础。在开展某项经济责任审计中，初步探索开展被审计单位信息系统审计，这既是审计“信息化推进工程”的要求，也是减少审计风险的必要措施。通过开展信息系统审计，对被审计单位审计数据软件进行各方面测试，为审计人员现场实施审计管理系统提供了数据支撑，并为数据导入和数据分析提供了帮助。今后，将在所有项目中陆续开展信息系统审计。此外，按照市审计局的要求，年初赴深圳南山区就联网审计进行学习考察，为开展联网审计做好前期调研和可行性研究。

党建工作。始终坚持以邓小平理论和“三个代表”重要思想为指导，围绕区委、区政府工作中心和全区经济社会发展大局，全面贯彻落实科学发展观，加大审计监督的力度，提高审计工作水平，在充分发挥审计保障国民经济社会运行“免疫系统”功能的同时，以开展“信息化推进工程”、“五级书记带头大走访”等活动为契机，积极推进文明单位创建活动，为促进全区物质文明、精神文明、政治文明、生态文明建设做出了积极贡献。第一，多措并举开展“五级书记带头大走访”活动。根据区委关于开展“五级书记带头大走访”部署，为扎实开展好“大走访”活动，采取五项措施开展“五级书记带头大走访”活动。一是成立机构、制定方案。及时成立包河区审计局“大走访”活动领导组和办公室，局长为组长，局领导班子成员为副组长，各科室、经济责任审计局负责人为成员，及时印发《包河区审计局开展以“访民情、汇民智、释民惑、解民忧、惠民生”为主题的“五级书记带头大走访”活动实施方案》。二是组织系列学习。组织全体党员干部认真学习党的十七届六中全会精神，学习毛泽东、邓小平、江泽民和胡锦涛同志关于党的群众工作的一系列重要论述，学习胡锦涛总书记“七一”重要讲话、区三次党代会精神等。三是开展广泛的调研走访活动。为认真开展区“五级书记带头大走访”活动，区审计局领导班子分别赴联系的望湖街道分路口社居委了解社情民意，着重了解拆迁户、困难群众和退休老党员生产生活情况，并送上慰问金2400元。截止11月底，共走访老村干、老党员、贫困户、信访户等6户，收集意见、建议6条。区审计局将根据所掌握的社情民意及时进行上报，尽力为群众解决实际困难。与此同时，结合工作开展走访活动，局党组书记刘贤东、副局长刘玉萍到区淝河镇老官塘社居委走访（涉及人员100多人），就安徽五金商贸城的资产重组等情况进行现场协调。针对五金商贸城的资产、债权债务及工程的审计情况和瑞丰会计师事务所及华融工程造价咨询有限公司进行对接；结合审计工作，区审计局提出依法审计、摸清家底、做好服务的相关意见，确保五金商贸城的审计工作合法、真实、全面；积极建言献策；走访与结对共建结合。联系结对帮扶单位——大圩余墩村，通过走访，送上村级经济发展资金2万元。通过调研走访，提出意见和建议：切实抓好农村基层组织建设；建立基层组织的经济监督体系；加大审计机关监督服务力度。第二，党风廉政建设常抓不懈。认真抓好党风廉政建设，在服务区域经济社会发展和推进反腐倡廉工作中发挥了重要作用。连续多年获全省审计系统精神文明创建先进集体；被评为全市“审计提升年”先进集体、 “审计信息化”建设先进集体。

廉政建设。一是坚持经常性廉政教育，审计人员意识不断提高。坚持把廉政教育贯穿于审计工作中，在全局营造出反腐倡廉的浓厚氛围。在教育内容上，将党政纪政条例、党风廉政建设政策理论与审计法律法规结合起来，学习有关反腐倡廉工作的重要会议精神和重大部署，使审计人员知晓法纪、明确规范、依法行政、廉洁自律。在教育手段上，通过开展专题讲座，发放廉政读物等形式，使廉政教育由灌输变为互动，由说教变为引导，由被动变为主动，由封闭变为开放。在教育方式上，运用上党课、观看教育片、组织党纪党规测试、参观革命传统教育基地、开展向先进典型学习活动、利用反面典型进行警示教育等，使审计人员树立廉政“生命线”意识。 由于区审计局将廉政教育放在首位，根据每个时期的要求，丰富教育内容，连续多年保持“零投诉”、“零举报”和“零案件”，得到了区委、区政府的肯定和被审计单位的认可。二是内外监督一并实施，审计质量水平不断提升。强化内部监督，落实党风廉政建设责任制，将党风廉政建设纳入绩效目标管理，并与审计工作同研究、同部署、同检查、同考核。自觉接受人大监督，坚持每年向人大报告财政预算执行情况审计结果和列入计划的专项资金审计结果。自觉接受上级审计机关和同级党委、政府监督，坚持相关审计结果报告的及时报送。自觉接受社会监督，扩大党务公开范围，执行审计公示制度，及时向社会公布相关审计结果。自觉接受被审计单位监督。坚持每个审计项目进点时宣布审计纪律，张贴审计公告，发放《审计人员廉政情况反馈卡》，认真执行审计项目回访制度。三是履行“审计为民”宗旨，服务民生工作不断深化。坚持把审计事关民生、维护群众利益的问题作为履行审计职能的宗旨，以查处和纠正损害群众利益的问题作为审计监督的主线，加大服务民生的力度。开展事关群众切身利益的专项资金的审计和审计调查。在开展的城乡卫生服务体系专项审计调查中提出的加强卫生服务制度化建设等审计建议被区委、区政府采纳，为服务政府决策发挥了作用。

精神文明建设。一是将文明创建与政风建设相结合。规范审计执法行为，坚持文明执法，用审计别人的标准来要求自己，处理好与被审计单位的关系，廉洁从审；积极推行政务公开，开展“阳光”审计，加大审计执法透明度；深入开展节约型机关建设活动，降低行政成本，改进会风、文风，做节约资源的模范。二是将文明创建与和谐机关建设相结合。通过文明创建活动，营造良好的工作和生活环境。积极参与省、市审计系统征文、演讲、乒乓球、摄影等比赛活动，既活跃了机关气氛又促进了人际和谐。

2011年获奖情况

被省审计厅评为全省精神文明创建先进单位

获得合肥市阳光村务工程先进集体

被市审计局评为“审计信息化建设”先进集体

被市审计局评为合肥市审计机关先进集体

被区直机关工委评为先进基层党组织

被区委、区政府评为区大建设先进单位

肥东县审计局

肥东县审计局内设办公室、财政金融审计科、行政事业审计科、农业审计科、经贸审计科、经济责任审计局和基建审计室，现有编制23名，实有人员20名。

2011年肥东县审计局机关人员配备情况表

内容 / 单位	人数	性别		文化程度				职称			负责人
		男	女	研究生	本科	大专	大专以下	高级	中级	初级	
局领导	4	4			4				2		茆建斌
办公室	4	4			2		2				阚向群
财政金融审计科	2	1	1		2				2		汪本兴
行政事业审计科	2	1	1		2				2		王锦秀
农业审计科	2	2			2				2		王茂森
经贸审计科	2	2			2				2		孙家照
经济责任审计局	2	2			1	1					郑亚东
基建审计室	2	2			1		1		1		张恒香
合计	20	18	2		16	1	3		11		

2011年肥东县审计局领导人员情况表

姓 名	性 别	职 务	职 称	任职时间
茆建斌	男	党组书记、局长	会计师	2007年3月
毕守水	男	副局长	审计师	1993年3月
程永高	男	副局长		1996年10月
郑亚东	男	副局长、经济责任审计局局长	审计师	2007年8月、2003年4月

2011年12月31日在册人员名单

茆建斌　程永高　毕守水　郑亚东　王锦秀　阚向群　黄永峰　陈建军　赵　军　孙家照　汪本兴　王茂森　袁彩萍　张恒香　袁世明　许高彬　汪　良　罗　敬　龚国银　顾大胜

2011年工作概况

2011年，肥东县审计局在上级审计机关和县委、县政府的正确领导下，坚持以邓小平理论和“三个代表”重要思想为指导，以科学发展观为统领，紧紧围绕促进肥东经济社会发展和县委、县政府的中心任务开展各项审计工作，依法履行审计监督职责，在维护财经秩序、加强廉政建设方面发挥了重要作用。全年完成171个审计项目（固定资产投资审计项目154个），查处违规金额2188万元、管理不规范资金24366万元。固定资产投资审计送审资金56360万元，审减6622万元，核减率11.7％ 。向地方党委政府、上级审计机关和各级新闻媒体报送审计信息128篇，提出审计建议53条。2010年，被省审计厅评为全省审计系统精神文明创建先进单位、获全省优秀审计项目一个；被合肥市审计局评为市审计系统信息宣传先进单位、获合肥市优秀审计项目两个；被县委、县政府评为文明单位。

进一步深化预算执行审计，促进预算规范管理。一是加强对财政资金的审前调查工作。财政审计组首先向有关部门了解项目资金的具体运作情况、项目资金的相关批复、计划文件及近两年相关工作总结等，然后收集相关项目资金管理使用制度规定，与实际情况进行对照比较，从而确定审计重点。通过审计调查，审计组对项目资金的立项、拨付、使用及管理等方面有了清晰的认识，在审计中也能及时发现存在的问题，并提出合理的意见和建议。二是在审计过程中充分利用计算机开展审计。如，在对地税税收征管审计中，审计组将地税业务数据作为计算机审计的数据源，运用SQL 语句和AO现场审计实施系统，对地税业务数据进行筛选和分析，审计实施阶段结束后，审计日记、证据、底稿、报告均在AO审计系统中生成，形成了一套完整的电子审计档案，审计效率得到大幅度提高，取得较好的审计效果。三是加强与被审计单位的双向交流。积极加强与被审计单位的沟通，了解当年的财政预算执行情况，听取被审计单位对预算执行审计工作的内容、重点和发现问题的意见，既突出审计重点和效果，得到被审计单位更大程度的理解、配合和支持，也能够使问题的定性和处理准确、客观。四是边审边改，促进健全制度，提升审计效果。针对审计发现的重大和带有普遍及倾向性的问题，能够深入分析原因，从体制、机制、制度、管理上提出审计意见和建议，促进建立规范行政权力、提高行政效能的长效机制。如，在对梁园镇原主要负责人的经济责任审计中，发现该镇虚列土地整理专项资金支出，挪用专项资金168.7万元，审计组实时提出建议，梁园镇及时归还了这笔专项资金。在对县人民医院原院长的经济责任审计中，发现该院存在违背会计岗位不相容职位应当分离制度，及时提出审计建议，得到县医院的肯定和支持，对会计人员的分工职责进行了重新调整。6月28日，肥东县审计局受县政府委托，向县人大常委会作了县本级预算执行和其他财政收支情况的审计工作报告，得到了高度好评。

切实加强经济责任审计，促进审计结果运用。开展领导干部经济责任审计工作，跟踪审计结论的落实，加强对领导干部行使权力的监督，促使领导干部提高自我约束能力、依法行政能力和经营管理水平。一是按照年初确定的审计目标和组织部门的委托积极开展经济责任审计。工作中，加强与纪委、监察、财政等部门的配合，及时使审计监督与纪检监察、组织监督和财政监督有效结合，努力抓好审计决定、意见和建议的跟踪落实，促进了审计结果的运用。县委组织部门要求经济责任审计结果报告要进入干部档案，为使用干部提供参考依据。二是加强审计项目的整合。对党政领导经济责任审计继续采取本级预算执行审计与部门领导干部经济责任审计相结合，实现审计信息和审计成果的共享。三是完善经济责任审计工作程序。邀请县委组织部的领导参加审计进点见面会和报告征求意见会、加强审前调查工作。在审计结论形成之前，加强与组织部门的沟通，进一步完善经济责任审计的工作程序。

积极吸纳社会中介组织参与投资项目审计，扩大固定资产投资项目审计范围。由于县城市建设项目数量、资金量逐年大幅增长，县政府拨付100万元专项投资审计经费，用于对政府性投资项目的审计工作。积极组织协审单位招投标工作，37家投标单位中标7家协审单位，极大增强了肥东县审计局的投资审计力量。一是弥补投资审计业务人员不足的问题，扩大审计覆盖面；二是审计局对审计结果进行最后把关，加强对协审单位业务质量的监督；三是在审计中建立建设、财政、审计等部门的沟通协作机制，进一步加强对施工企业计价行为的监督管理；四是建立审计业务协调会议制度，从审计实施阶段起，坚持每周都召开业务协调会，由相关审计人员参加，及时通报审计中存在的问题和需要解决的事项等。

认真完成上级审计机关和党委、政府交办的审计任务，发挥审计工作为党委、政府排忧解难的综合服务作用。全年高质量完成义务教育化债、地方政府债务、高中教育化债和基层医疗机构债务核查等审计项目，审计结果及时上报上级审计机关。7月，经政府会议研究决定要求，对肥东县经济开发区、撮镇镇2009年1月至2011年6月财务收支情况进行审计，并将审计结果上报县政府。此项工作得到了县委、县政府的高度肯定。

积极开展“信息化推进工程”，提高计算机审计应用水平。一是加强组织领导，完善制度建设。省审计厅和市审计局部署“信息化推进工程”后，县审计局立即成立了“信息化推进工程”领导组，由局长任组长，分管副局长任副组长，相关科室科长任成员，并把领导组办公室设在审计信息科。同时，结合县实际，制定 “信息化推进工程”实施方案，并将工作任务细化到科室和责任人，从而形成全局一盘棋、共同推进审计信息化工作顺利开展。加强AO与OA系统的深化运用。全年审计项目全部在OA中立项，然后由各审计组主审分解任务，制定审计项目文档。各审计组的电子数据由审计信息科统一从县财政局会计核算中心采集转换，整理好后分发给各审计组。各审计组在AO中编写相关的SQL语句对数据进行分析取证，并编制审计底稿，然后形成审计报告，最后对整个项目资料打包归集。同时，要求各审计组的主审，在完成审计项目1个月内，及时更新被审计单位的资料库，包括：被审计单位的基本信息、财务信息、业务信息和其他审计资料。县地税局的税收征管审计，是由局审信科负责，对地税征管信息系统也进行了审计，及时指出了地税征管系统存在纳税人重复登记等问题。县地税局组织专门力量对系统中的信息进行了清理。二是进一步加强公文拟稿、审批等从OA系统流转。肥东县审计局安排专人负责省审计厅、市审计局公文的传输入库。对于在审批过程中的公文及时清理、归档。要求办公室文书在公文流转状态中发现的废弃、过时公文及时删除，对没有及时签收的公文通知相关人员及时流转，直至进入公文库。公文流转已经完全做到无纸化和网络化；对相关公文进行分发、阅处，提高了公文系统运转的准确性和时效性。三是充分发挥审计网站的宣传作用。高度重视审计网站的宣传作用，2010年对网站进行改版，2011年按照市审计局要求在门户网站建立“信息化推进工程”专栏，不断充实和完善门户网站的相关栏目及内容，及时更新和发布审计信息。县审计局的门户网站已经成为发布审计动态、宣传审计信息的主阵地。四是不断加强审计信息化的硬件配置和软件管理。及时更新审计人员的笔记本电脑，并给每个科室配置一台台式电脑。为加强信息化软硬件管理，出台《肥东县审计局计算机管理办法》等文件，并加强对计算机、相关信息化物品的管理。五是不断加强审计人员的计算机技术培训工作。10月，邀请省审计厅信息办的有关专家到县审计局开展计算机审计和AO应用实例培训工作，较大地提高了肥东县审计局审计人员的计算机应用水平。

2011年工作成果一览表

审计单位（个）	查处违规金额（万元）	管理不规范资金（万元）	应缴财政（万元）	已缴财政（万元）	应归还原渠道资金（万元）	移送事项（件）	应调账处理金额（万元）	应自行纠正金额（万元）	审计报告、信息被批示采纳（篇）
171	2188	24366							4

2011年获奖情况

被省审计厅评为全省审计系统精神文明创建先进单位

被市审计局评为全市审计系统信息宣传先进集体

肥东县供销社2007至2009年财政财务收支审计被省审计厅评为全省优秀审计项目

汪良被省审计厅评为全省优秀审计能手

王茂森被市审计局评为优秀审计能手

（撰稿人：龚国银，审核人：程永高）

肥西县审计局

肥西县审计局内设办公室、财政金融审计科、行政事业审计科、农业审计科、固定资产投资审计科、经济责任审计局、财政投资评审中心、社会保障审计科和审计信息技术应用科，现有编制28名，实有人员28名。

2011年肥西县审计局机关人员配备情况表

单位 \ 内容	人数	性别		文化程度				职称			负责人
		男	女	研究生	本科	大专	大专以下	高级	中级	初级	
局领导	6	5	1	1	4	1			5		胡昌勇
办公室	5	4	1		2	1	2		2		唐　宁
财政金融审计科	3	3			1	2			2		桂守兵
行政事业审计科	2	1	1			1	1		1		汪玉琴
农业审计科	3	2	1		1	2			1		刘传东
固定资产投资审计科	3	3			3				2		汪永洲
经济责任审计局	4	3	1		2	1	1		3		陈　斌

财政投资评审中心	2	2			2				2		胡昌勇（兼）
社会保障审计科											
审计信息技术应用科											
合计	28	23	5	1	15	8	4		18		

2011年肥西县审计局领导人员情况表

姓　名	性　别	职　务	职　称	任职时间
胡昌勇	男	党组成员、局长		2006年8月
汪昌忠	男	党组书记		2007年4月
程运安	男	党组成员、副书记、副局长	会计师	2005年9月
吴其珍	女	副局长	审计师	2003年3月
姚则年	男	党组成员、副局长		2008年4月
王於能	男	党组成员、纪检组长	审计师	2009年10月

2011年12月31日在册人员名单

胡昌勇　汪昌忠　程运安　吴其珍　姚则年　王於能　陈　斌　汪　柏　唐　宁　秦传峰　费维霞　桂守斌　陈学稳　汪玉琴
刘传东　汪永洲　康升平　王　敏　毛文周　金红艳　蒋玉宽　张行才　汪海波　王文豹　黄　磊　沈少兰　陈　诚　刘其堂

2011年肥西县审计局特约审计员情况表

姓　名	性　别	工作单位	职　务	职　称	任职时间
汪厚云	男	肥西县政协	副主席		2004年1月
张慧平	女	肥西县财政局	副局长	会计师	2002年1月
胡　进	男	肥西县茧丝绸公司	工会主席		2004年1月
王冬梅	女	安徽省桃花源（集团）有限公司	副总经理		2004年1月

2011年工作概况

2011年，肥西县审计局在县委、县政府和市审计局的正确领导下，紧紧围绕县委、县政府工作中心和“创先争优”目标，坚持“依法审计、服务大局、围绕中心、突出重点、求真务实”审计工作方针，大力推进审计质量控制、审计信息化和审计干部队伍建设，进一步加大审计执法力度，机关的党建工作和政风行风建设逐步加强，全体人员的素质明显提高，各项审计任务圆满完成，充分发挥了审计“免疫系统”的作用。根据省、市审计工作会议精神和上级审计机关年度工作计划，结合县审计工作实际，着重深化预算执行审计，突出民生工程资金审计，推进固定资产投资跟踪审计，全面推行经济责任任中审计，及时完成领导交办任务。全年完成审计（审计调查）项目107个，查处违规金额299万元、管理不规范金额43606万元，处理应上缴财政299万元，已上缴财政299万元，已调账处理180万元，提出审计建议38条，被审计单位整改措施3项，出具审计报告和报送审计调查报告等107份，审计结论得到很好地贯彻落实。被省审计厅评为全省审计系统“信息化推进工程”先进集体。

积极探索同级财政审计工作的新思路和新方法。在同级财政审计大格局中，实现　“四个转变”，做到“五个结合”。一是转变确定审计目标的方式。年初，全面征求县人大、县政协等有关部门关于本年度同级审计的意见和要求，充分开展审前准备工作，在审计方案中将县人大、县政协等部门提出的重点资金和重点工程项目审计纳入同级财政审计的范围，报请县政府批准。二是转变同级财政审计的思路。从以往的查证预算执行的真实性、完整性向财政改革一系列制度执行和落实的有效性、及时性和正确性转变；由原来的财务审核向业务操作的核实转变。如：在县农业综合开发地方立项土地治理和产业化经营项目中发现：各项目计划建设内容与事实严重不符，县农业综合开发办公室在拨付资金时未对报账资料进行严格审核，被项目建设单位通过施工单位虚报项目套取财政资金155.86万元，其中66.77万元去向不明，审计中专题以“审计要情”报送相关的县领导，目前该项目已向纪检部门移送，纪检部门已立案处理。三是打破以往全局人员先审计地税和财政局，后审计部门预算执行和专项资金的格局，集中骨干力量进入县财政局，利用计算机审计，重点审计政策落实、业务操作，其他业务人员全面铺开部门预算执行审计。四是从以真实性、合法性审计为主，向真实性、合法性与绩效性并重的转变。对从财政局各相关科室采集的电子数据进行筛选分析，并对会计核算中心的业务操作的绩效情况进行了审计。在同级财政审计中，注重做好“五个结合”。一是加强专业审计与财政审计相结合。将政府重点投资的潭冲河防洪治污一期工程、卫星安置点一期工程等重点建设项目竣工决算情况审计与财政审计相结合。二是预算执行审计与绩效审计相结合，积极探索财政绩效审计的方法。三是经济责任审计和财政审计相结合。四是专项资金审计调查与财政审计相结合。五是计算审计的探索与财政审计相结合，提升审计质量和效率。

注重民生工程等专项资金及效益审计和审计调查。根据温家宝总理指示，在省审计厅统一组织下，全面完成寿县政府性债务情况专项审计调查，抽调7名业务骨干，历时一个多月，对六安市寿县地方性政府债务情况进行交互审计，摸清了当地政府性债务的规模、结构、资金投向和管理现状，分析了其债务的偿债责任归属，并提出了加强和规范政府性债务管理的合理建议。年初，组织对繁昌县的义务教育费用保障机制进行专项资金审计调查，全面了解义务教育费用保障机制专项资金情况，重点揭示资金管理和使用中存在的突出问题，分析原因，提出建议，确保义务教育费用保障机制专项资金得到安全有效地使用；对科技三项费专项资金使用、管理及效益效果情况进行审计。组织对中小学校舍安全工程实施情况进行跟踪审计。全年完成7个专项资金审计项目，审计专项资金金额36861万元，查处改变项目计划和资金用途30万元、资金滞留闲置411万元、管理不规范1059万元。

强化对重点项目的投资审计和评审等工作。继续抓好建设项目投资额1000万元以上项目的跟踪审计和50万元以上项目的竣工决算审计。同时，组织实施财政投资项目的概算、预算、竣工决算的评审；参与工程建设项目后评价等业务工作。全年完成竣工决算建设项目审计85个、价款结算59个，送审总金额共计107893万元，审计核定金额87450万元，核减金额20443万元，核减率19%；投资评审项目21个，评审投资额为14363万元，评审核定额12448万元，评审核减额为1915万元，核减率为13.3%；供电、供水等预算审计项目22个，送审金额为18156万元，核定价为12098万元，核减6058万元，核减率33.4%；在建工程变更会审项目27个，会审总额2569万元，取消变更会审项目5个，会审核减金额937 万元；跟踪审计项目23个，跟踪投资总额230281万元。通过审计，在一定范围内有效地遏制了建设项目高估冒算，虚报冒领等行为，提高了政府资金的使用效益，强化了审计的监督职能。

加强党政领导干部经济责任审计的力度和层次。不断加强对党政领导干部的监督管理，在不断扩大任中审计、党委主要领导干部经济责任审计的同时，相继出台《肥西县党政领导干部离任经济事项交接暂行办法》等相关规定，完善党政领导干部制度延伸和深化离任审计、任中审计，构建科学规范的运行机制。全年对18名乡镇党政一把手及县直部门主要领导进行经济责任审计，完成经济责任审计项目18个，其中：党委政府8个、党政部门9个、事业单位1个。查处违规金额15万元、管理不规范金额23024万元（其中：领导干部负直接责任的5560万元、负主管责任的17464万元）。在县经济责任审计工作领导小组成员调整中，为强化对经济责任审计工作的领导，县委出台的《关于调整肥西县经济责任审计工作领导小组成员的通知》（肥〔2011〕114号），确定县委书记、县人大常委会主任陈晓波任县经济责任审计工作领导小组组长，县委纪委书记、县委组织部长等担任副组长，经济责任审计工作力度进一步加大，组织管理不断加强，经济责任审计结果运用迈上新台阶。

出色完成县委、县政府交办的临时任务。围绕县委、县政府的“创先争优”目标，立足围绕中心、服务大局的思想理念，认真落实县委、县政府的各项规定，配合相关部门积极完成县委、县政府交办的临时任务。全年对党政领导交办的江淮分水岭综合治理开发资金使用情况、合肥桃花水泥有限责任公司破产清算财务收支情况审计等多项临时性审计任务，收回沉淀性财政资金294万元，出色完成县领导交办任务，得到了县政府的充分肯定。审计报告多次被县委、县政府领导批示，并对报告中提出的问题批转被审计单位认真整改，限时上报整改结果。

扎实开展审计“信息化推进工程”。认真贯彻落实全省审计机关的“信息化推进工程”和《合肥市审计机关开展“信息化推进工程”实施方案》。一是开展AO与OA的规范应用情况。依据《关于印发肥西县2011年度审计工作计划的通知》要求，将审计工作计划中的所有项目在审计管理系统中立项，全部进行交互。二是开展审计项目数字化试点工作。同级预算执行审计全面推行审计现场实施系统，交互率100%。按照电子化流程控制的要求，从立项分解、采集转换、分析数据、延伸取证、编制底稿等方面全面实施电子流程控制，所有项目报告和归集成果已归档。三是开展OA公文流转的规范应用和管理情况。县审计局自2008年1月1日起已实现机关公文编号自动化，所有文件都由审计管理系统自动生成文号，全面实行无纸化办公，实现公文流转1156份，公文传输网络化呈现常态化。四是开展审计网站的宣传。继续加大宣传工作力度，在提升稿件质量的同时，对局外网网站进行改版，在网站内新增“信息化推进工程”专栏。并对相关栏目进行优化调整，对于老版网站一些错误进行修正。全年通过《肥西县审计局信息网网站》对外发布信息526条，阅读人次20余万人次。全年县审计局发布的信息被审计署网站采用1篇、《中国审计报》采用6篇、国家审计网采用14篇、省审计厅信息网采用16篇、《安徽审计》杂志采用5篇、中安在线采用2篇、合肥审计局信息网采用16篇、县级媒体50余篇。1篇审计案例被国家审计网和《安徽审计》杂志采用。五是抓好信息化应用成果的总结。按照市审计局要求，获得中级证书的人员应提交3篇计算机审计方法和3篇信息化相关论文。六是更新计算机等信息化装备，制定相关制度规范使用。制定《肥西县审计局宽带网络管理暂行办法》、《肥西县审计局笔记本电脑管理暂行办法》、《肥西县审计局计算机设备维护管理办法》等一系列信息化工作规章制度，1月完成新一轮的计算机更新及配备工作，信息化硬件基础进一步夯实。七是加强审计信息化规划指导。在原来的《肥西县审计局信息化建设领导小组》和方案的基础上，调整《肥西县审计局信息化建设领导小组》和《肥西县审计局联网审计协调领导小组》的部分成员，结合县审计局实际制定“十二五”期间审计信息化和《肥西县审计机关开展“信息化推进工程”实施方案》，同时结合“同级审”工作，积极探索联网审计工作思路。

2011年工作成果一览表

审计单位（个）	查处违规金额（万元）	管理不规范资金（万元）	应缴财政（万元）	已缴财政（万元）	应归还原渠道资金（万元）	移送事项（件）	应调账处理金额（万元）	应自行纠正金额（万元）	审计报告、信息被批示采纳（篇）
107	299	43606	299	299	180		180		38

2011年论文发表情况统计表

报刊名称	时间(期数)	论文题目	作　者
《安徽审计》	第12期	《普通高中债务成因分析及建议》	陈学稳

2011年获奖情况

被省审计厅评为全省审计“信息化推进工程”先进单位

被省审计厅评为全省审计系统精神文明创建先进单位

被省审计学会评为先进团体会员

被市审计局评为信息化建设先进集体

被市审计局评为全市审计系统先进集体

被县委评先进基层党组织、党建工作优秀单位

被县委组织部评为基层党组织结对共建先进单位

被县文明办评为文明创建工作先进集体

2011年大事记

2月11日，举办首届集中学习周活动。

4月12日，阜阳审计系统到县审计局交流工作。

4月21日，滁州市审计局到县审计局交流工作。

6月27日，全国内部审计协会有关领导到县审计局指导工作。

7月1日，开展系列活动纪念建党九十周年。

8月20日，邀请南京特派办到县审计局指导AO运用。

肥西县审计学会领导及理事名单

会　长：胡昌勇

副会长：汪昌忠　吴其珍　黄宝仓　夏智新　李社生　王华余

秘书长：姚则年

副秘书长：唐　宁

常务理事：马亚华　马家权　马常应　王华余　刘　赓　刘劲松　王於能　陈　林　汪　柏　汪昌忠　吴其珍　杨　琦　张　珏　张宗元　张福权　欧宗成　林华旗　柏运久　胡昌勇　赵　霖　姚则年　夏伦云　夏拥军　秦国强　唐照太　黄宝仓　韩太红　程正华　夏智新　解光永　倪世树　柳尊江

理　事：丁　健　丁长生　马亚华　马家权　马常应　万宗文　万家标　毛晓玉　车家林　方留霞　王文山　王月思　王华余　王恒传　王新建　华　莉　许理书　任淑权　汤　杰　汤　惠　汤晋周　刘　赓　刘传东　刘劲松　刘国平　刘其堂　刘洪彬　孙云琳　孙汉荣　孙明柱　余　刚　邱家志　邵正年　何友才　何晓霞　李　祥　李　琴　李文胜　李辅华　陈　宇　陈　斌　陈先锋　陈国胜　汪　柏　汪　斌　汪永洲　汪玉琴　汪昌忠　吴　兵　吴　燕　吴华旗　吴其珍　杨　松　杨　俊　杨　琦　杨伟民　张　云　张　波　张　珏　张　慧　张永安　张训荣　张世海　张宗元　张建新　张福权　欧宗成　罗以耀　林华旗　孟令斌　柏运久　胡昌勇　胡家俊　高成林　姜文华　柳尊江　倪世树　赵　霖　姚则年　夏智新　夏伦云　夏拥军　耿学萍　秦国强　唐艾青　唐艳丽　唐照太　唐　宁　郭绍奇　桂守兵　黄守俊　黄宝仓　梁洪夏　韩太红　韩玉梅　程正华　程运安　褚晓玉　解光永　解远光　潘学军

肥西县内部审计协会领导及理事名单

会　长：胡昌勇

副会长：汪昌忠　吴其珍　黄宝仓　夏智新　李社生　王华余

秘书长：姚则年

副秘书长：唐　宁

常务理事：马亚华　马家权　马常应　王华余　刘　赓　刘劲松　王於能　陈　林　汪　柏　汪昌忠　吴其珍　杨　琦　张　珏　张宗元　张福权　欧宗成　林华旗　柏运久　胡昌勇　赵　霖　姚则年　夏伦云　夏拥军　秦国强　唐照太　黄宝仓　韩太红　程正华　夏智新　解光永　倪世树　柳尊江

理　事：丁　健　丁长生　马亚华　马家权　马常应　万宗文　万家标　毛晓玉　车家林　方留霞　王文山　王月思　王华余　王恒传　王新建　华　莉　许理书　任淑权　汤　杰

汤　惠　汤晋周　刘　赓　刘传东
刘劲松　刘国平　刘其堂　刘洪彬
孙云琳　孙汉荣　孙明柱　余　刚
邱家志　邵正年　何友才　何晓霞
李　祥　李　琴　李文胜　李辅华
陈　宇　陈　斌　陈先锋　陈国胜
汪　柏　汪　斌　汪永洲　汪玉琴
汪昌忠　吴　兵　吴　燕　吴华旗
吴其珍　杨　松　杨　俊　杨　琦
杨伟民　张　云　张　波　张　珏
张　慧　张永安　张训荣　张世海
张宗元　张建新　张福权　欧宗成
罗以耀　林华旗　孟令斌　柏运久
胡昌勇　胡家俊　高成林　姜文华
柳尊江　倪世树　赵　霖　姚则年
夏智新　夏伦云　夏拥军　耿学萍
秦国强　唐艾青　唐艳丽　唐照太
唐　宁　郭绍奇　桂守兵　黄守俊
黄宝仓　梁洪夏　韩太红　韩玉梅
程正华　程运安　褚晓玉　解光永
解远光　潘学军

2011年出台的地方审计规章目录

《关于加强内部审计工作的意见》（肥政办〔2011〕10号）

《关于印发肥西县内部审计工作规定的通知》（肥政办〔2011〕13号）

（撰稿人：秦传峰　审核人：胡昌勇）

长丰县审计局

长丰县审计局内设办公室、固定资产投资审计科、经济贸易审计科、财政金融审计科、行政事业审计科（农业社保审计科）和经济责任审计局，现有编制16名，实有人员19名。

2011年长丰县审计局机关人员配备情况表

单位＼内容	人数	性别		文化程度				职称			负责人
		男	女	研究生	本科	大专	大专以下	高级	中级	初级	
局领导	3	3			2	1			2	1	宋必杰
办公室	6	4	2		3	1	2		3	1	何露霞
固定资产投资审计科	4	4				1	3			4	崔民明
经济贸易审计科	1	1			1				1		王利平
财政金融审计科	2	1	1			2			2		李　权
行政事业审计科（农业社保审计科）	2	2			2				2		孟　进
经济责任审计局	1	1			1				1		李　明
合计	19	16	3		9	5	5		11	6	

2011年长丰县审计局领导人员情况表

姓　名	性　别	职　务	职　称	任职时间
宋必杰	男	党组书记、局长	助理会计师	2007年3月
李广庭	男	党组成员、副局长	助理会计师	2011年11月
闫　毅	男	党组成员、副局长	审计师	2009年9月
李　明	男	党组成员、经济责任审计局局长	审计师	2009年9月

2011年12月31日在册人员名单

宋必杰　李广庭　闫　毅　李　明　王成刚　王利平　孟　进　张贵业　何露霞　许晓薇　李　涛　李　权　崔民明　俞海云　杨吉如　徐志远　邵显国　颜庆奇　田永强

2011年长丰县审计局特约审计员情况表

姓　名	性　别	工作单位	职　务	职　称	任职时间
杜学华	男	县建设局设计室	主　任	工程师	2008年3月
林家俊	男	县文联	副主席		2008年3月
梁　峰	男	县重点项目办公室	主　任	会计师	2008年3月
杨　慧	女	县创业电脑学校	校　长		2008年3月
杨　磊	男	县建行信贷部	主　任	经济师	2008年3月
魏　莉	女	县双凤开发区财政所		助理会计师	2008年3月

2011年工作概况

2011年，长丰县审计局在县委、县政府和市审计局的正确领导和关心支持下，始终坚持“让党委政府满意、让人民群众满意”为最高工作目标，始终坚持“快速跟进抓落实、拉高标杆创省优”，以认真开展“创先争优”和“信息化推进工程”活动为抓手，积极履行审计职责，圆满完成了年度各项工作目标并取得了显著成效。

财政预算执行和其他财政收支审计。早谋划、早启动，完成对县财政2010年预算执行和其他财政收支；地税部门执行县级预算；县国土局、水务局、计生委、文广新局、招管办、信访局2010年度部门预算执行和其他财务收支情况的联动审计。重点关注2010年度土地复垦整治资金、农村安全饮用水工程资金、信访稳定资金、计划生育社会抚养费征收管理和使用情况审计，将专项资金及民生工程审计（审计调查）与同级财政审计合并进行，有效提高了工作效率。在本级预算执行审计中，紧紧围绕构建财政审计大格局，全面巩固县、乡、村三位一体的审计监督大格局，按照“财政资金运行到哪里，审计就跟进到哪里”，以资金流向为“主线”，全面加大对资金使用单位的延伸审计力度。

中小学校舍安全工程和舟曲救灾资金物资跟踪审计。根据省审计厅关于做好2011年校舍安全工程跟踪审计工作的通知和市审计局的工作部署，先后于3月、5月、6月、10月4次及时向上级审计机关、县委、县政府报送全县中小学校舍安全工程审计报告，聘请两家有资质、信誉好的中介机构对全县中小学校舍安全工程项目进行跟踪审计，县审计局负责牵头、监督。在实施审计中，揭示并反映了校安工程实施过程中部分项目未能及时完工、部分校安工程设计深度不足造成施工过程中变更较大、设计监理单位跟踪服务难以及时跟进、竣工项目验收进度较慢、不能及时编报竣工决算资料送审、大多数民办学校未重建加固等问题，先后提出15条审计建议，引起了县领导的高度重视。县长汤传信在县审计局提交的校安工程跟踪审计报告上批示：“校安工程事关重大：1.加大审计力度，特别是时效审计、过程审计；2.限期整改审计提出的问题，把问题合理分解到各部门；3.校安办速拿出解决问题办法，并不再发生类似问题，确保工程安全质量，资金效益，工程按时完成。”县教育体育局、“校安办”认真落实县领导批示精神，对审计报告提出的问题逐条分析、研究，分解细化，整改落实，确保校安工程顺利实施，圆满完成今年的校安工程任务。在对舟曲救灾资金物资跟踪审计中，重点审计县民政局及县慈善总会救灾资金物资的筹集、管理及拨付情况，报告了舟曲救灾资金物资没有违纪违规问题的客观事实。

城乡义务教育费用保障机制专项资金绩效审计调查和地方政府性债务情况专项审计调查。这两项任务是省审计厅和审计署统一安排的异地审计，工作时间紧、质量要求高，为完成好上级审计机关下达的任务，局领导高度重视、亲自挂帅，在市审计局的组织下，克服人员少、任务重的困难，选调业务骨干分别前往芜湖县、霍山县开展工作。在此期间既要做好异地审计工作，又要兼顾局机关其他工作，全体审计干部经常加班加点，不计得失，充分体现了局干部职工团结拼搏、爱岗敬业的良好作风。

政府性投资建设项目审计。为适应大建设、大发展的需要，更好地服务“双城带动”的发展战略，一方面积极开展全县31个重点建设项目跟进跟踪审计，另一方面组织实施各项政府性投资建设项目工程竣工决算价款审计，包括北城区基础设施建设工程项目、中小学校舍安全工程项目、县城市政设施工程项目，乡镇“村村通”工程项目，乡镇卫生院工程项目，县农业综合开发项目以及中央新增国债投资项目、乡镇组织实施的政府投资50万元以上的工程项目等。全年完成政府性投资项目决算价款审计280项，接审金额33199万元，审定金额28747万元，审计核减工程价款4452万元，审减率达13.41%。

经济责任审计。根据县经济责任审计领导组的安排和县委组织部的委托，对县造甲乡、吴山镇、畜牧水产局3个单位的5名党政主要领导干部进行经济责任审计，并联动开展两个乡镇2010年财务收支审计。审计过程中，在抓好被审计单位的财政财务收支真实合法性审计外，还特别注重对领导干部在廉洁自律等方面的审计，并针对审计发现的问题，对审计对象应承担的责任做出实事求是的界定和客观公正的评价，向被审计单位提出整改意见，对违规问题依法做出审计处理决定，为县委、县政府正确使用干部提供了可靠依据。

省、市审计机关和县政府追加的审计任务。根据省审计厅、市审计局、县委、县政府的工作部署，全年完成上级领导交办的审计项目9项，主要包括：安徽迪赛北城传媒有限责任公司2008年以来资产、负债和损益审计，长丰县合淮阜高速公路办公室2005年6月至2010年10月财务收支审计，长丰县2010年养老保险基金审计调查，2009至2010年长江防护林工程国债项目实施情况审计，长丰县中医院新院区工程项目审计（清算），长丰县普通高中债务审计，长丰县基层医疗卫生机构债务清理核实情况审计，杜集乡生态旅游项目前期建设费用审计，全县民生工程资金审计等。在完成追加审计项目中，审计组人员工作认真、严谨细致、一丝不苟，双休日不回家、不休息，深入项目现场，对照资料逐项察看、核对，并及时和被审计单位沟通、交流，力求做到分析透彻、依据充分、结论可靠、成因清晰、建议可行。审计报告及时上报有关部门，由于审计组人员的出色表现，受到了各级领导的一致好评。

“人、法、技”建设。一是始终坚持狠抓学习，不断加强自身建设。坚持每周一上午集体学习制度。在学习中，做到学政治理论与学业务知识相结合，集中学与个人学相结合，领导带领学与大家互动学相结合，学习理论与创新工作实践相结合，学习与总结、研究、布置工作相结合。通过“五个方面”的结合，及时发现工作中存在的问题，大家取长补短，互学互帮，既提高了政治、业务素质，又在很大程度上促进了工作，效果明显。建立党务公开栏，真正树立了“勤政、廉洁、务实、高效”的审计队伍形象。二是加大投资，不断更新信息化设备。为了更好地适应AO管理系统软件的要求，对于原先内存小、配置低、运速慢的笔记本电脑进行淘汰，投资9万余元购置15台内存大、配置高、运速快的笔记本电脑，保证审计人员人手一台台式机和一台笔记本电脑，工作效率进一步提高。9月，按照省审计厅和市审计局要求和部署，新增投资近5万元购置视频会商软件设备。三是强化干部人才工作，注重后备干部培养。把提高干部政治思想素质、培养年轻党员干部放在首位，有计划地加强年轻干部的理论培训和实践锻炼，适时选送到县党校或市审计局进行学习，并组织到经济相对发达地区、艰苦贫困地区考察学习，使他们增强党性，拓宽视野，提高战略思维能力和理论素养。通过安排年轻党员干部在重要工作岗位上磨炼，分配急、难、险、重的工作任务等，培养他们吃苦耐劳、勇挑重担的事业心和责任感。2011年，通过民主推荐提拔3名业务骨干担任业务科长，县委、县政府先后决定从长丰县罗塘乡交流一位人员到县审计局担任副局长职务，从义井乡政府选调一名年轻同志担任局办公室秘书。四是创新审计方式和手段。截止10月末，对项目计划实施的13个审计项目，全部通过OA管理系统立项分解，完成的8个项目全部采用AO开展现场审计，充实完善被审计单位资料库，且项目审计作业过程各个环节及相关资料在AO和OA中进行交互。单位的行政公文和业务公文63条全部通过OA管理系统流转，对于82条外部来文能够及时接收传输，并将33条本级政府和部门有关文件进行录入且作为阅件进行分发。6月，按照省审计厅部署要求，开展全县养老保险审计。该项目按照电子化流程控制要求，从立项分解、采集转换、分析数据、延伸取证、编制底稿、形成报告和归集成果档案等各个环节都进行规范操作，选择该项目编写3篇计算机审计方法，并将该项目制作成审计案例。对于扩内需政策执行情况和政府性投资建设项目的效益审计调查审计任务，在做好数据分析、资料整理的基础上，集中全局人员，分3个组深入到项目进行实地调查。切实加大审计整改力度，督促被审计单位对审计发现的问题限期整改，并按县领导的批示跟踪督查，及时汇总书面上报县委、县政府、县人大。五是加大审计结果公告力度，增强审计工作的透明度。8月11日，对县直6个单位2010年部门预算执行情况审计结果在县政府门户网、《长丰报》、县审计局门户网站上一次性集中对外公告。同时，对岗集镇、罗塘乡2009年度财政财务收支审计结果进行公告。六是召开全县审计工作会议。4月29日，县审计工作会议在县委党校召开，会议传达省市审计工作会议精神，总结2010年审计工作，安排部署2011年的工作任务。县政府领导成员和县委常委、纪委书记王永红等出席会议。县长汤传信做重要讲话。会议由县委常委、常务副县长杨祥生主持，各乡镇、县直各单位主要负责人共120余人参加了会议。会上，县委常委、副县长李红宣读县政府关于表彰县审计局以及长丰县内部审计工作先进单位和先进个人的通报。县审计局党组书记、局长宋必杰做了题为《乘势而为　锐意进取　奋力推动全县审计工作再上新台阶》工作报告。会上印发《长丰县2011年度审计项目计划》，双墩镇和公安局就内部审计工作做了书面经验交流。七是加大宣传力度，重视正面宣传引导。全面利用党务公开栏、局门户网站等载体，多方报导审计工作动态、审计人员先进事迹，提高公众感受度和知晓率，激发机关青年干部工作积极性，为推进机关争先进、赶先进、促和谐稳定发挥了很好地推动作用。八是建立健全审计整改长效机制，审计问题整改实行审查制和整改落实报告制。2011年，县审计局所有审计报告全部经县委、县政府领导批示，要求被审计单位在对问题整改情况向县政府报告的同时，抄送县审计局，县审计局对整改落实情况进行全面跟踪、审查。进一步完善与纪检（监察）、财政等部门的工作配合机制，形成了强大的审计整改合力。九是创新审计工作宣传方式，加大审计信息化建设。全面利用党务公开栏、局门户网站等载体，多方报导审计工作动态、审计人员先进事迹，编发审计信息39期共63篇，提高公众对审计工作的感受度和知晓率，激发机关青年干部工作积极性，为推进机关争先进、赶先进、促和谐稳定发挥了很好推动作用。

2011年工作成果一览表

审计单位（个）	查处违规金额（万元）	管理不规范资金（万元）	应缴财政（万元）	已缴财政（万元）	应归还原渠道资金（万元）	移送事项（件）	应调账处理金额（万元）	应自行纠正金额（万元）	审计报告、信息被批示采纳（篇）
112	117	2846	60	53	40	2	53		16

2011年论文发表情况统计表

报刊名称	时间(期数)	论文题目	作　者
《安徽审计》	第 5 期	《AO 系统采集方正春元财务软件备份数据方法简介》	李　涛

2011年获奖情况

被省审计厅评为内部审计管理先进单位

被省审计厅评为全省精神文明创建先进单位

被市审计局评为全市审计系统先进集体

被市审计局评为全市审计系统信息宣传工作先进集体

被市爱卫会评为全市卫生先进单位

被县委、县政府评为县综合治税先进单位

被县委、县政府评为效能建设先进单位

被县委、县政府评为信息宣传工作先进单位

被县委、县政府评为目标管理工作先进单位

被县委、县政府评为双拥创建工作合格单位

被县委、县政府评为发展开放型经济良好单位

长丰县罗塘乡领导干部经济责任审计被市审计局评为优秀审计项目

宋必杰被省审计厅评为全省审计系统先进工作者

2011年大事记

1月7日上午，省审计厅副巡视员、省审计学会副会长王运清在副秘书长黄克实和合肥市审计局调研员、审计学会副会长杨永华的陪同下，到长丰县调研指导审计和审计学会工作。县委常委、常务副县长杨祥生、县审计局局长宋必杰陪同调研。

1月24日，以宋必杰局长任组长、3名业务骨干为成员的审计组，赴芜湖县开展全省城乡义务教育费用保障机制专项资金绩效异地交叉审计调查工作。此次审计主要围绕“摸清情况，分清责任，揭示风险，提出建议”的总体要求，实现3个工作目标：一是摸清芜湖县2009年、2010年全省城乡义务教育资金收支总体规模情况，重点内容是义务教育经费保障机制建立情况、义务教育保障资金落实和拨付情况、义务教育保障经费使用情况、义务教育保障经费绩效情况以及义务教育经费管理责任追究制的建立和落实情况等；二是关注影响资金使用中存在的突出问题，揭示现行教育费用保障机制建设中存在的一些问题，促进加强财政专项资金的监督和管理，提高义务教育保障经费的使用效益；三是从管理体制、财政体制、资金运行机制等方面进行剖析，提出规范管理的建议，促进城乡义务教育均衡、健康发展。

3月8日，县审计局开展机关“优秀共产党员”、“优秀审计能手”、“先进工作者”评比表彰活动。

3月27日，县委常委、常务副县长杨祥生在县政府办公室副主任、县行政管理局局长董朝兵的陪同下，专程看望县审计局赴霍山县政府性债务审计组人员。

4月13日上午，县委常委、常务副县长杨祥生到县审计局调研指导审计工作。调研汇报会上，杨祥生副县长在听取宋必杰局长关于长丰县审计局2011年以来的工作及下一步工作安排情况汇报后，对县审计局工作给予充分肯定和高度评价。杨祥生副县长认为：近年来，县审计局在促进全县社会经济发展方面做了很多工作，取得的成绩受到县委、县政府和上级审计机关领导的肯定。其特点是，领导班子建设明显加强，干部队伍建设明显加强，审计力度明显加强，审计文化建设明显加强，各项工作成效明显。

4月29日下午，长丰县第五次廉政工作暨全县审计工作会议在县委党校召开。会议传达国务院和省市政府第四次廉政工作会议以及省市审计工作会议精神，总结2010年政府廉政工作和审计工作，安排部署2011年的工作任务。县政府领导成员和县委常委、纪委书记王永红等出席会议。县长汤传信做重要讲话。会议由县委常委、常务副县长杨祥生主持，各乡镇、县直各单位主要负责人共120余人参加会议。

7月4日，长丰县人民法院对县审计局移送司法机关立案查处的骗取合淮阜高速公路征地拆迁补偿资金一案进行判决。这是近年来长丰县审计局移送司法机关查处的最大一起经济案件。

7月19日，县审计局工作组成员冒雨前往左店乡永丰村大圣村民组圣保山家、董南村民组董国东家、董北村民组董光雨家等10户家庭生活困难户开展生活救助活动，逐户送去现金、大米、食用油，并为李传亮家庭送去新书包等学习用品。县审计局领导班子成员还与乡村两级干部共同探讨如何解决困难群众生产生活的问题。

7月26日上午，县九届人大常委会第三十八次会议审议并一致通过县审计局局长宋必杰受县政府委托所做的《关于长丰县2010年度本级预算执行和其他财政收支的审计工作报告》。会议认为，审计工作思路清晰，把握问题客观准确；审计工作报告内容翔实，所提意见和建议实事求是，具有较强的针对性和可操作性；审计程序和内容符合法律规定，对被审计单位提出的审计意见真实地反映了这些部门的财务情况；审计结果质量较高，在着力维护财政安全，防范财政风险，规范财政管理，提高财政绩效方面，切实发挥了审计的“免疫系统”功能。

8月25至28日，县审计局局长宋必杰带领财政金融审计科、农业社保审计科、行政事业审计科等一行5人赴浙江省桐庐县、宁波市北仑区审计局考察学习。此次考察的主要目的是学习交流财政审计大格局、政府投资审计、计算机审计和内部审计等工作情况。

9月7日，县审计局举办全县内部

审计人员业务培训会，来自全县各乡镇（区）、县直各单位的内部审计人员共70余人参加了培训。

10月10至25日，根据《国务院办公厅转发发展改革委、财政部、卫生部关于清理化解基层医疗卫生机构债务意见的通知》，审计署、教育部、财政部《关于开展普通高中债务调查的通知》要求，县审计局联合县教育局、卫生局、财政局，精心组织，快速行动，认真开展基层医疗卫生机构清理核实和审核认定以及普通高中债务调查工作。本次审计调查的目标是:摸清底数，锁定旧债，分类处理，逐步化解，分析债务资金的来源和用途，评估基层医疗机构和学校的偿债能力，揭示存在的风险隐患，提出加强债务管理，建立长效机制，进一步巩固县基层医药卫生体制综合改革成果和促进普通高中教育持续健康发展。

11月4日，市审计局调研员杨永华一行5人到县审计局，针对2008年以来审计法律法规执行情况、审计项目质量清理进行专项检查，并就当前和今后审计工作进行专题调研。

11月11日上午，长丰县人大常委会副主任李社久、财经工委主任杨德等4人到县审计局调研审计中发现问题整改情况。县国土资源局、计生委、招管办和水务局分管领导参加会议。

12月2日,县审计局组织人员走上街头开展审计法律法规咨询活动。通过陈列法律宣传图片、发放法律宣传资料、积极向过往群众宣传法律知识，取得了良好的宣传效果。

12月19至22日，根据县人大常委会安排，县审计局抽调3人在分管副局长带领下，参与县人大对2012年县直单位部门预算审查工作。

12月26日，省审计厅金融审计处张海珍处长带领全处人员，在市审计局党组成员、纪检组长张兴和的陪同下，到县审计局开展对口联系、调研指导工作。

2011年 领导批示、讲话摘要

县委副书记、县长汤传信对长丰县审计局向县委、县政府提交的岗集镇、罗塘乡主要负责人经济责任审计和2009年乡镇财政财务收支审计结果报告中针对审计中发现的项目资金管理不规范、往来款项长期挂账、村级财务管理混乱等问题，做出批示：岗集镇、罗塘乡政府对审计提出的问题，要认真总结、反思和整改，并在今后工作中不再出现，特别是对项目资金的管理和使用要规范合理，要强化责任意识；对审计提出的建议要认真采纳，规范管理，建章立制。

汤传信县长在县审计局提交的校安工程跟踪审计报告上批示：校安工程事关重大： 1. 加大审计力度，特别是时效审计、过程审计；2. 限期整改审计提出的问题，把问题合理分解到各部门；3. 校安办速拿出解决问题办法，并不再发生类似问题，确保工程安全质量、资金效益、工程按时完成。

长丰县审计学会暨内部审计协会

2011年，长丰县审计学会暨内部审计协会开展的主要活动：

一、为认真贯彻落实县委《关于印发长丰县2010年度乡镇及开发区千分制目标管理考核实施办法的通知》和《关于印发长丰县2010年度县直单位目标管理考核实施办法的通知》等文件精神，县审计局根据市委、市政府《关于实施审计监督“双百”制度的意见》和县政府《长丰县内部审计工作规定》，认真研究、精心组织，印发《2010年度内部审计工作和审计整改目标考核细则》。细则将考核内容分解为“领导重视和内部审计机构基础工作、内部审计计划总结及材料报送、内部审计工作开展情况、内部审计工作宣传、参加内部审计工作各项活动、审计发现问题整改情况、加分因素”等7个方面，重点对被考核单位内部审计工作组织机构建立情况、内部审计工作年度计划安排及完成情况、季度年度内部审计报表报送情况、审计过程中的新思路、新方法采用情况、实施审计过程的规范性以及审计发现的问题是否百分之百整改落实到位等进行综合测评，各单位考核结果进行汇总后上报县目标办，作为此项考核评分依据。

二、采取措施，强力推进全县内部审计工作开展。对全县乡镇、开发区和14个重点县直单位印发《内部审计工作联系点制度》。该制度将局机关审计人员联系对象进行详细、明确的分工，对联系人员的工作职责作了明确而又具体的要求。要求各联系人员每季度至少一次向联系对象了解工作开展情况，每年至少一次走访联系单位进行业务指导，与内部审计机构共同探讨、交流内部审计工作思路和方法，了解和掌握联系单位内部审计工作进展情况，督促完成年度审计项目计划和内部审计工作中发现问题的整改落实，参与联系单位接受政府审计机关审计的服务工作等。同时，对各审计人员联系工作情况进行考核，作为每年年底审计人员评先依据。

三、为认真做好考核工作。县审计局高度重视，主要领导全程参与，由分管领导牵头，成立两个考核组， 1月12至16日，对全县内部审计工作和审计发现问题整改结果进行全面考核。通过考核，为准确评价各单位工作、指导内部审计工作有效开展积累了丰富经验。

四、举办全县内部审计人员业务培训会。来自全县各乡镇（区）、县直各单位的内部审计人员共70余人参加了培训。培训会上，县审计局业务人员结合《长丰县内部审计工作规定》、《关于进一步明确内部审计时限规定的通知》、《长丰县政府投资建设项目审计暂行办法》、《长丰县内部审计工作操作指南》和审计实务以及典型案例，对内部审计操作程序进行全面系统的讲解，并对下一步内部审计工作提出了具体要求。参加培训的人员一致反映，本次培训具有很强地操作性，对今后更好地开展内部审计工作有指导意义，与会者纷纷表示将以县委九届一次会议精神为指导，紧紧围绕县委、县政府和本单位中心工作，结合本次培训内容，锐意创新，扎实工作，努力开创“十二五”时期长丰县内部审计工作新局面，为长丰县进军全国百强县作出更大贡献。

五、组织县直单位和乡镇有关内部审计机构38人参加全市内部审计协会在合肥举办的内部审计人员继续教育培训活动。

长丰县审计学会暨内部审计协会领导及理事名单

顾　问：徐作凤

名誉会长：曹光忠　钱久邦

会　长：沈成富

常务副会长：宋必杰

副会长：董善乐　杨　德　董朝兵　尹良举　尹良山　汤善柱　余长龙　程华银

秘书长：闫　毅

副秘书长：李　权　何露霞

常务理事：沈成富　陈德春　董善乐　朱继海　韦清虎　宋逸民　孙祥宝　余学连　尹良山　庞良怀　汤善柱　钟　斌　余长龙　周宗好　秦传玉　李广春　沈　良　沈模玉　董朝兵　宋必杰　程华银　闫　毅　李　明　孟　进　何露霞　王利平　林家俊　杨　德　尹良举　陈　斌　黄友仲

理　事：沈成富　陈德春　董善乐　顾正泽　周茂舜　孔忠云　朱继海　郑晓东　胡玉侠　秦玉林　韦清虎　宋逸民　杨琪祥　王邦之　倪　静　孙祥宝　赵岩本　孟　凡　余学连　刘传好　宋　庆　童友发　尹良山　朱正道　杨　军　庞良怀　杨道富　汤善柱　钟　斌　余长龙　孟凡宏　樊　峰　周宗好　卜　华　崔祝贤　杨良基　秦传玉　张树华　李广春　沈　良　沈模玉　董朝兵　宋必杰　程华银　闫　毅　李　明　孟　进　何露霞　王利平　俞海云　崔民明　李　涛　李　权　颜庆奇　邵显国　徐志远　魏　丽　米德富　陆士贵　黄友仲　林家俊　杨　德　尹良举　陈　斌　李昊光

巢湖市审计局

巢湖市审计局内设工会工委、人秘股、财金审计股、投资审计中心、经贸审计股、行政事业审计股、经济责任审计分局和综合法规股，现有编制30名，实有人员23名。

2011年巢湖市审计局机关人员配备情况表

内容 单位	人数	性别		文化程度				职称			负责人
		男	女	研究生	本科	大专	大专以下	高级	中级	初级	
局领导	4	3	1	1	2	1			4		昌献龙
工会工委	2	2			1	1		1			葛　武
人秘股	2	1	1		2			1			俞晓红
财金审计股	2	1	1		2						陈旭东
投资审计中心	4	3	1		4				1	2	葛　武
经贸审计股	3	3			1	2			3		杨金海
行政事业审计股	1		1		1				1		方薇薇
经济责任审计分局	4	2	2		1	2	1	1	1		徐经元
综合法规股	1		1			1			1		宋谊红
合计	23	15	8	1	14	7	1	3	11	2	

2011年巢湖市审计局领导人员情况表

姓　名	性　别	职　务	职　称	任职时间
昌献龙	男	党组书记、局长	经济师	2010年6月
张春莲	女	党组成员、副局长	会计师	2002年5月
毕早来	男	党组成员、副局长	会计师	2004年7月
任勇生	男	党组成员、副局长	经济师	2007年5月
徐经元	男	经济责任审计分局副局长（主持工作）	助理会计师	2004年8月

2011年12月31日在册人员名单

昌献龙　张春莲　毕早来　任勇生　王玉章　李晓斌　葛　武　俞晓红　杨金海　张文才　孙红兵　张芳芳　方薇薇　杨海涛　徐经元　宋谊红　张　丽　陈旭东　蒋尔柱　任　玲　陈　翔　周元元　吴　燕

2011年工作概况

2011年，巢湖市审计局在市委、市政府和上级审计机关的正确领导下，以邓小平理论和“三个代表”重要思想为指导，深入贯彻落实科学发展观，认真落实全省审计工作会议和全市审计局长工作会议精神，牢固树立科学的审计理念，以服务全市经济社会跨越式发展为目标，以提高审计质量为基础，以开展“审计质量建设和整改落实年活动”为契机，以建设学习型、创新型机关为载体，以增强干部队伍的综合素质为保证，坚持“依法审计、服务大局、围绕中心、突出重点、求真务实”审计工作方针，认真执行年初审计工作公开承诺和年度审计项目计划，明确项目责任，加强目标管理，细化工作措施，严格考核标准，较好地完成了年度目标任务。全年完成审计项目204个，查处问题金额30897万元，其中：违纪违规金额2568万元，管理不规范金额27959万元，损失浪费金额370万元，应罚没款50万元，已上缴财政50万元。其中：财政预算执行和其他财政财务收支审计项目已完成，完成经济责任审计项目21个，移送司法机关处理案件5起，挽回直接经济损失158万元，完成政府投资结算审计项目183个，为政府节约资金2732万元。提交审计信息、综合审计报告225篇，各类审计报告、信息被巢湖市委、市政府和上级审计机关采用140篇。

深入开展同级财政审计。以科学发展观为指导，在总结历年审计工作经验的基础上，构建财政审计大格局，对市财政预算的批准和在执行中调整变动情况的合法性及预算收支的组织完成情况进行全面审计，重点检查财税法规执行情况、人大批准的预算执行情况、细化部门预算情况、“收支两条线”执行情况、预算中重点支出安排情况和部门预算执行情况。对财政及部分预算执行部门在预算编制、执行、管理和专项资金使用、监督以及税收征管等方面存在的一些问题，加强审计整改监督。根据审计整改意见和建议，联合财政局、监察局、物价局等部门成立检查组，对全市所有乡镇、街道、行政事业单位的票据管理使用情况开展专项检查和清理。

稳步推进经济责任审计。加大任中审计比重，全年已审项目21个。完成离任交接审计5个。审计查处问题金额15868万元。其中：违纪违规资金2500万元、管理不规范资金13004万元、损失浪费资金364万元，收缴入库47万元。通过经济责任审计，使审计触角向基层延伸，把街道社区真正纳入经济责任审计范围；通过经济责任审计，明确了领导干部的主管责任、领导责任和直接责任，进一步促进了廉政建设。

不断加强政府投资审计。为加大对政府投资建设项目的审计监督力度，进一步规范投资行为，提高投资效益和安全，出台《政府投资建设项目审计监督暂行办法》，制定《建设项目审计操作程序（试行）》、《关于聘请社会中介机构参与政府投资建设项目决（结）算审计管理规定（试行）》和《政府性投资建设项目审计审定业务会议制度》等政府投资建设项目审计内部控制可操作性文件。同时，加大投入，投资5万元购置全站仪、测距仪等专业设备，使工程价款结算审计及时性、准确性得到了极大提升，有效控制了审计风险。在审计中，对工程变更等重点环节加大审计力度，全年审计的校安工程、民营经济园、中庙、水务等183个项目竣工结算审计，报审20437万元，审定金额17705万元，核减2732万元，核减率为13.4%。

扎实开展专项审计调查。立足监督民生资金的管理与使用，重点对涉及民生资金进行专项审计和审计调查。通过对采矿权价款及矿产资源补偿费资金审计调查，促进了采矿权价款按时足额征收；通过对家电下乡补贴资金审计调查，促进了政策落实；通过对良种补贴等涉农资金审计调查，严防套取涉农资金行为，确保了资金安全有效运行。

认真完成领导交办、群众反映强烈的审计任务。全年较好地完成了审计署部署的全国政府债务审计调查、省审计厅部署的全省义务教育费用保障机制专项资金绩效审计调查、市审计局部署的全市养老保险基金管理使用情况审计调查、普通高中债务审计调查、基层医疗机构债务审核调查等5个专项审计调查任务。完成了领导交办的散兵18家烟花爆竹关闭企业资产审计、槐林供销社财政财务收支审计、染织厂地块开发有关审计调查以及城市拆迁涉及到的审计任务。

全力实施“信息化推进工程”。推进审计信息化工作是一项复杂的系统工程，需要各个方面和各个环节的协作配合。为保证审计信息化工程的顺利推进，市审计局构建了一套工作机制，力求使审计信息化建设达到应有的效果。一是领导机制。成立“一把手”为组长的审计信息化建设领导小组，成立负责计算机审计工作的专门机构，配备专职计算机人员。二是投入机制。积极争取政府和上级审计机关支持，加大设备硬件投入和培训投入，确保审计信息化建设的需要。三是管理机制。研究和制定加强审计信息化管理的措施并狠抓落实，从而保证了审计信息化建设有序推进。四是奖惩机制。把信息化建设作为衡量审计工作的重要方面，纳入评选先进的重要内容。每年评选优秀审计项目时，对计算机审计开展较好的审计项目给予优先考虑并给予表彰和奖励，极大地调动了机关审计人员工作的积极性。近几年，利用计算机审计的数量和质量上都得到了极大提高，宋谊红的AO应用实例《XX局2009年度预算执行及其他财政财务收支审计》获得2010年度全省审计机关AO应用实例征集评选优秀奖和审计署鼓励奖；俞晓红编写的《项目投资计划完成情况审计方法》获得省审计厅优秀奖并入选审计署计算机审计方法目录。全年上报的6篇审计方案，在省审计厅的计算机审计方法评选中，有两篇获得优秀，1篇获得良好；上报的4篇计算机审计案例，其中1篇获得省审计厅优秀奖，3篇获得应用奖。

审计队伍整体素质得到提高。一是以建设学习型党组织为抓手，着力提高党员综合素质。深入开展纪念建党90周年宣传教育活动。组织党员重温入党誓词，加强党史教育和革命传统教育，回顾党的光辉历程，歌颂党的丰功伟绩。参加“唱红歌，促崛起”干部职工歌咏比赛，唱响热爱党、热爱祖国、热爱社会主义的主旋律。深入开展“创先争优”活动，切实抓好“集中核查、公开承诺、领导点评、群众评议”四项重点工作，充分发挥党支部的战斗堡垒和党员的先锋模范作用，切实加强党支部建设，全方位推进工作落实。二是以坚持民主集中制为核心，切实加强领导班子建设。加强理论武装，切实提高领导班子思想理论水平。开展以理想信念和作风纪律为主题的集中教育活动，教育班子成员，牢固树立正确的世界观、人生观、价值观。健全完善并长期坚持集体学习制度，把深入学习贯彻中国特色社会主义理论体系特别是科学发展观作为学习的中心内容，把解放思想、提升能力作为学习的目标要求，把解决工作中存在的实际问题作为学习的立足点和着眼点。三是以创建“六型”机关活动为载体，切实加强机关作风建设。拓宽思路，更新理念，强力推进“学习型、效能型、服务型、创先型、廉洁型、和谐型”审计机关建设，把规范工作程序、提高工作效率、落实工作责任作为加强和改进机关作风的重点，进一步严明工作纪律，增强机关干部的自律意识，完善机关管理制度，抓好制度落实，建立机关作风管理长效机制，加强考勤考核，严明工作纪律。四是以职业道德教育和业务技能培训为重点，不断夯实精神文明建设基础。把精神文明建设工作摆到重要位置，与审计工作作为一个有机整体，工作同时部署，任务同时落实，考核同时进行。不断加强审计干部的职业道德教育，将“严格依法、正直坦诚、客观公正、勤勉尽责、保守秘密”基本审计职业道德作为修身立信之本，努力建设一支有理想、有道德、有文化、有纪律的审计干部队伍。

2011年工作成果一览表

审计单位（个）	查处违规金额（万元）	管理不规范资金（万元）	应缴财政（万元）	已缴财政（万元）	应归还原渠道资金（万元）	移送事项（件）	应调账处理金额（万元）	应自行纠正金额（万元）	审计报告、信息被批示采纳（篇）
204	30897	27959	50	50	7	5	8177	417	140

2011年论文发表情况统计表

报刊名称	时间(期数)	论文题目	作者
《中国审计》	第17期	《巧用AO实现采矿权价款征缴管理情况的计算机审计》	张丽
《安徽审计》	第2期	《巧用AO实现采矿权价款征缴管理情况的计算机审计》	张丽
《安徽审计》	第3期	《行政单位往来款项存在的问题及对策》	张丽
《安徽审计》	第8期	《中国政府绩效审计的现状及发展前景》	张丽

2011年获奖情况

被巢湖市政府评为招商引资工作先进单位

宋谊红被省审计厅评为“信息化推进工程”先进个人

孙红兵被省审计厅评为优秀党员

方薇薇撰写的《农村贫困寄宿生补助发放计算机审计方法》被省审计厅评为优秀审计方法

宋谊红撰写的《虚报和超预算执行计算机审计方法》被省审计厅评为优秀审计方法

宋谊红撰写的《居巢区2010年度地税征管审计项目》被省审计厅评为优秀AO应用实例

张丽被合肥市审计局评为信息宣传工作先进个人

张丽同志撰写的《浅谈我国政府绩效审计的现状及发展前景》被合肥市审计局评为优秀科研论文

陈翔被评为巢湖市直机关党建工作优秀信息员

2011年大事记

5月，陈安侠退休。

8月，因区划调整，居巢区审计局更名为巢湖市审计局。

10月，因区划调整，俞晓红由地级巢湖市审计局调入县级巢湖市审计局。

12月，焦桂莲退休。

12月，俞晓红任办公室主任（副主任科员），孙红兵任工委副主任，宋谊红任综合股股长，陈旭东任财金审计股股长，任玲任财金审计股副股长。

2011年领导批示、讲话摘要

6月30日，原地级巢湖市委书记、市人大常委会主任陈强，专门就如何发挥审计监督作用，保障经济社会健康发展发表了重要讲话。陈强指出，在巢湖加快发展、加速转型的过程中，审计监督工作要积极融入经济发展大局，突出重点，创新思路，更好地发挥审计监督“免疫系统”功能。一要当好经济建设的“卫士”。坚持依法审计，切实加强对宏观经济政策、重点民生工程等执行情况的审计监督，主动担当、敢于碰硬，加大对违法违规问题的揭露、反映和处理力度，维护法律尊严，保障经济社会健康运行。二要当好反腐倡廉的“勇士”。加强对腐败现象易发多发的重点领域、重点部门和重点环节的审计监督，进一步规范和监督权力运行，注重发现大案、要案线索，更加有效发挥审计在惩治腐败方面的作用。三要当好领导决策的“谋士”。始终把促进发展作为履行审计职责的第一要务，积极参与到贯彻落实市委、市人大、市政府重大决策部署中来，参与到推进市重大战略建设中来，更加关注经济运行结构和质量，更加关注经济安全尤其是财政安全。要始终坚持从制度管理入手，去分析和反映审计发现的问题，去研究和揭示政策、法律、制度和管理中的问题和漏洞，提出深化改革、规范管理和健全制度的建议和意见，为市委、市人大、市政府决策提供有价值的参考依据。

巢湖市审计学会暨内部审计协会

2011年，巢湖市审计学会以审计科研为核心，在总结审计经验、丰富审计实践、扩大审计影响等方面将发挥着积极的作用；内部审计协会在规范和监督内部审计行为、加强各财务单位的交流和联系、推动服务区域内内部审计水平的整体提升等方面担负着重要的使命。

近年来，审计工作环境不断得到改善，审计影响力持续扩大。但审计终究以监督者身份出现，为加强与被审计单位联系，倡导审计工作的新理念，为审计工作顺利开展营造良好的外部环境，学会、协会是一个良好的沟通平台。学会、协会充分利用人员来自“五湖四海”的宣传资源优势，发挥好“喇叭”和“桥梁”作用。一方面推动被审计单位与审计机关的沟通交流，让他们更加理解和配合审计，认真整改审计发现的问题，不断完善制度加强管理，逐步形成了和谐共进的局面；另一方面通过积极宣传，为审计工作争取更多的社会公众和舆论的支持和关注，巩固审计干部依法审计、阳光审计、廉洁审计的良好形象。

巢湖市审计学会暨内部审计协会领导及常务理事名单

会　长：昌献龙

副会长：孙少刚　周　群　叶　青　李日寿　许永友　尹　明　张春莲　毕早来

秘书长：杨金海

副秘书长：张　丽

常务理事：王玉章　俞晓红　葛　武　孙红兵　杨金海　张　丽

（撰稿人：陈翔，审核人：昌献龙）

庐江县审计局

庐江县审计局内设人秘科、财政金融审计科、行政事业审计科、经贸农业审计科、基建外资审计科、经济责任审计局和投资审计中心，现有编制26名，实有人员29名。

2011年庐江县审计局机关人员配备情况表

单位＼内容	人数	性别		文化程度				职称			负责人
		男	女	研究生	本科	大专	大专以下	高级	中级	初级	
局领导	5	5			4	1			4	1	陈永久
人秘科	8	5	3		2	2	4			1	张晓丽
财政金融审计科	2	2			1	1			1		胡祥保
行政事业审计科	2	1	1			2				1	夏胜生
经贸农业审计科	2	1	1		1	1			1		卢正学
基建外资审计科	1	1			1						
经济责任审计局	3	3			3			1	1		夏则红
投资审计中心	6	5	1		3	3		1	2	3	
合计	29	23	6		15	10	4	2	9	6	

2011年庐江县审计局领导人员情况表

姓名	性别	职务	职称	任职时间
陈永久	男	党组书记、局长	会计师	2008年8月
张明委	男	副局长	审计师	2001年12月
鲍月明	男	副局长		2007年8月
周　炎	男	副局长	会计师	2009年5月
沈雨阳	男	纪检组长	会计师	2003年4月

2011年12月31日在册人员名单

陈永久　张明委　鲍月明　周　炎　沈雨阳　张仁明　张清跃　张晓丽　汪银岭　宫为保　张玉宝　胡祥保　丁　辉　夏胜生　卢正学　孙京霞　夏则红　张桂文　周朝晖　程向阳　汪红玉　张振东　章小兵　孔　敏　黄宝留　王　丽　许德奎　李小三　孟凡成

2011年庐江县审计局特约审计员情况表

姓名	性别	工作单位	职务	职称	任职时间
刘典松	男	县教育局	教研员	中学高级教师	2004年4月
吴争鸣	女	县建筑设计院	副院长	工程师	2004年4月
吴晓霞	女	县卫生局	副局长	工程师	2004年4月
夏应法	男	县地税局	科　长	经济师	2004年4月
邢应仓	男	县财政局	科　长	会计师	2004年4月

2011年工作概况

2011年，庐江县审计局完成审计项目84个（政府投资审计项目53个）。审计查处违规金额5275万元、管理不规范金额5289万元，指明要求上缴财政4126万元，应调账处理金额1596万元，归还原渠道资金11万元。

预算执行审计。按照构建财政审计大格局的要求，以推动健全完善公共财政制度、促进深化财政改革、优化财税运行机制、提高财税运行质量、规范资金分配行为、提高财政资金使用效益为目标，对县财政局具体组织的2010年度县级预算执行情况和县地方税务局2010年度税费征管情况进行审计。在审计实施过程中，认真编制审计工作方案和审计实施方案，合理调配审计人员，注重财政专项资金使用和涉税企业审计调查，关注财政管理和财政运行情况，关注政府性资金使用绩效，关注税费征管情况。5月，受县人民政府委托向县十五届人大常委会作审计工作报告，将郭河现代农业综合开发示范区项目跟踪审计情况、全县中小学校舍安全工程跟踪审计情况、政府投资建设项目审计情况纳入报告内容，就加强和改进财政管理工作提出有针对性的意见和建议5条。所作的报告得到县人大常委会的高度评价。县政府主要负责人和分管负责人对审计结果报告作了专门的批示，要求抓好审计整改落实，及时报告整改结果。

政府投资审计。按照县政府第19号令的要求，对所有政府投资建设项目实现审计全覆盖，其中投资额100万元以上的项目由县审计局直接审计。继续对全县校舍安全工程、郭河现代农业示范园等项目工程造价进行审计，对军二路改造、城东新区基础设施等工程项目实行跟踪监督。同时，按照《庐江县建设工程变更审批确认暂行办法》要求，牵头办理建设工程变更审核工作；对庐城拆迁企业资产评估、土地收储价款进行审核等。目前，已审结73个大项104个子项目，送审金额34048万元，核减5765万元，核减率为16.93%；在审81个大项目122个子项目，送审金额33614万元。

经济责任审计。全年安排经济责任审计项目15个。其中：县直单位负责人6名，镇党委、政府主要负责人2名，事业单位负责人2名，村级组织（社区）负责人5名。在计划安排中，突出任中审计，任中审计占计划安排数的53.3%。5月，会同县纪委等部门拟定《庐江县村级组织主要负责人经济责任审计暂行办法》，经县委、县政府同意，以县两办文件印发并实施，确定以镇党委、政府对村级组织实行“三年全覆盖”审计，县级审计机关和其他相关部门对重点村级组织实行重点审计的村级组织主要负责人的任期经济责任管理办法，进一步规范经济责任审计程序，推行经济责任审计纪检、组织、审计3部门联合进点，切实增强经济责任审计合力。

专项审计（审计调查）和效益审计。根据上级审计机关部署，抽调精干力量组成审计组，赴繁昌县、霍邱县、和县分别开展政府性债务、全省城乡义务教育费用保障机制专项资金和全市养老保险基金专项审计调查。根据县政府的安排，实施县拆迁工作组工作经费使用情况专项审计调查、全县城乡低保资金专项审计调查。通过审计调查，及时摸清项目实施情况，揭示专项资金在归集、管理和使用中过程存在的问题和不足，有针对性地提出审计意见和建议，保障国家有关宏观决策和民生工程的有效落实，确保资金发挥效益。根据上级审计机关统一部署，开展基层医疗卫生机构债务清理核实和普通高中债务专项审计调查工作，并及时上报相关报告。

县政府交办工作。根据县委、县政府的安排，会同县财政局等部门对全县惠农政策落实情况开展检查；会同县民生办等部门，对县民政局等16个牵头责任单位组织实施的民生工程进行综合督查；会同县纠风办、教育局等7部门开展治理中小学乱收费检查；定期、不定期对白山镇农村负担进行暗访、检查，及时向县减负办反馈情况；选派人员参加庐城大建设。

2011年工作成果一览表

审计单位（个）	查处违规金额（万元）	管理不规范资金（万元）	应缴财政（万元）	已缴财政（万元）	应归还原渠道资金（万元）	移送事项（件）	应调账处理金额（万元）	应自行纠正金额（万元）	审计报告、信息被批示采纳（篇）
84	5275	5289	4126	4126	11		1596		

2011年获奖情况

被合肥市审计局评为全市审计系统实施“信息化推进工程”先进集体

被县委、县政府评为政风行风评议先进单位

被县委、县政府评为党风廉政建设和反腐败工作先进单位

被县双拥工作委员会评为双拥创建合格单位

被县双拥工作委员会评为双拥模范单位

丁辉被省审计厅评为全省地方政府性债务审计先进个人

汪银岭被合肥市审计局评为全市审计系统实施“信息化推进工程”先进个人

卢正学被合肥市审计局评为全市审计系统信息宣传先进个人

张明委被县委评为优秀共产党员

胡祥保被县委评为十佳股长

2011年大事记

3月4日，县本级2010年度预算执行和其他财政收支情况审计进点。

3月9日，巢湖市审计局总审计师，巢湖市审计局赴六安市城乡义务教育费用保障机制专项资金绩效审计调查组组长沈少东，到承担霍邱县审计调查工作的庐江县审计局审计现场指导检查。

4月，县审计局两副楹联作品入选全省审计系统纪念中国共产党建党90周年楹联展。

5月13日，县直机关第四届运动会在庐江县体育中心开幕。县审计局组织23名运动员参加田径、羽毛球、乒乓球、拔河、环城跑、跳绳、自行车、扑克牌等8个项目的比赛。在首日结束的女子100米比赛项目中，县审计局选手获得第四名的好成绩。

5月19日，庐江县第十五届人民代表大会常务委员会第40次会议召开。会议听取并审议通过县审计局副局长周炎受县人民政府委托所作的《关于庐江县2010年度县本级预算执行和其他财政收支的审计工作报告》。

5月20日，局领导班子成员分别到罗河镇高桥、鲍店村和店桥社区开展“结亲帮扶”活动。

5月，庐江县正式出台《庐江县村级组织主要负责人经济责任审计暂行办法》。

6月10日，县审计局干部职工积极参加困难党员救助资金募捐活动。局主要负责人率先捐款，干部职工踊跃参与，募集款合计11300元。

6月14日，县审计局干部职工积极参加县党政机关无偿献血活动。张晓丽、张玉宝、胡祥保、丁辉、许德奎等5人共计献血1100毫升。

6月20日，县审计局干部职工参家县直机关工委庆祝建党90周年文艺演出活动。

6月25日，县审计局党支部召开庆祝建党九十周年表彰会。

7月27日，局党组书记、局长陈永久等一行3人，冒着高温酷暑，到局选派干部任职村罗河镇高桥村，看望慰问张先开、张解明等5位老军人，并给他们送去慰问金。

8月1日，局党组书记、局长陈永久等一行3人，到县消防大队看望慰问部队官兵。

8月18日，派员前往白湖监狱，参加县纪委组织安排的警示教育活动。

9月15日，县审计局干部职工在世纪大道参加铲草义务劳动。

9月28日，召开以“坚持以人为本执政为民理念，发挥审计‘免疫系统’功能，促进庐江经济社会快速健康发展”为主题的领导班子民主生活会。县委组织部派员参加指导会议。

10月2日，庐江县召开全县基层医疗卫生机构债务清理核实工作会议。县审计局、卫生局、财政局负责人和业务人员，各镇卫生院主要负责人、财务人员参加会议。

11月30日，庐江县、镇人大代表换届选举投票日，县审计局机关工作人员在财政金融选区第11投票站参加选举投票活动。

2011年
领导批示、讲话摘要

3月31日，县长刁吉润在×××负责人经济责任审计结果报告上批示：财经执行情况确实要引起重视，请叶志明部长重视，组织相关部门研究执行办法。

5月8日，县长刁吉润在 ×××负

责人经济责任审计结果报告上批示：请研究经济责任审计结果整改情况反馈机制。

5月24日，县委常委、常务副县长谢自信在2010年度县本级预算执行情况和其他财政收支情况的审计结果报告上批示：请审计局督促相关单位落实审计意见，财政局除落实自身整改外，应积极协助配合审计局做好其他审计意见的整改落实。

5月30日，县长刁吉润在2010年度县本级预算执行情况和其他财政收支情况的审计结果报告上批示：请报告所涉及的相关部门，按规定落实审计整改，6月份将听取整改结果情况汇报。

庐江县审计学会暨内部审计协会领导及理事名单

会　长：陈永久

副会长：张明委　张　华　钱　俊　王丙生　王国柱　何家华　丁金江　郭为明　夏泽银

秘书长：夏则红

常务理事：丁金江　孔德银　王友志　王丙生　王立志　王国柱　王宝存　刘和贵　孙明霞　孙柏涛　江世华　汤林波　何家华　吴福常　张　华　张明委　张晓明　李德胜　杨明志　杨咸春　汪　旗　汪歆明　沈雨阳　陈　东　陈永久　陈建生　陈春生　陈培林　周　炎　夏则红　夏泽银　夏柱胜　徐成喜　郭为明　郭志江　钱　俊　钱良贵　顾伟国　崔世泽　曹成志　鲍月明　魏元才

理　事：丁金江　丁跃刚　孔垂应　孔德银　尹春风　王友志　王文宏　王方伟　王丙生　王立志　王国柱　王宝存　卢正学　刘和贵　孙立菊　孙明霞　孙柏涛　朱　皓　江世华　汤林波　许侨珊　许德文　何友谊　何玉琼　何家华　吴子云　吴福常　张　华　张明委　张晓丽　张晓明　李海波　李善英　李德胜　杨明志　杨咸春　汪　旗　汪佐富　汪歆明　沈雨阳　陈　东　陈永久　陈建生　陈春生　陈培林　周　炎　周成荣　周朝晖　姚增盛　段宛迎　胡祥保　夏则红　夏泽银　夏柱胜　夏胜生　徐成喜　郭为明　郭志江　钱　俊　钱良贵　顾伟国　崔世泽　曹成志　曾建生　鲍月明　魏元才

淮北市审计局

淮北市审计局内设机关党总支、办公室、监察室、人事教育科、综合法规科、审计监督科、财政金融审计科、固定资产投资审计科、行政事业审计科、社会保障审计科、农业与资源环保审计科、企业审计科、经济责任审计局、计算机审计中心和投资审计中心，现有编制64名，实有人员63名。

2011年淮北市审计局机关人员配备情况表

单位＼内容	人数	性别		文化程度				职称			负责人
		男	女	研究生	本科	大专	大专以下	高级	中级	初级	
局领导	6	5	1	1	5			2	4		戎培阜
机关党总支	1	1				1			1		张立勇
办公室	10	8	2		2	4	4		1		尹红伟
监察室	2	2			2					1	黄治武
人事教育科	2	1	1		2				2		朱金亮
综合法规科	3	1	2		3				3		徐　萍
审计监督科	4	3	1		2	2			2	1	陈爱岚
财政金融审计科	3	2	1		2	1			2	1	胡国荣
固定资产投资审计科	3	1	2		2	1			3		高抗抗
行政事业审计科	4	2	2		4				2	1	闫德朗
社会保障审计科	3	1	2		3			1			张春远
农业与资源环保审计科	5	4	1		2	2	1	1	3		李秀玉
企业审计科	2	2			2				1	1	张曙光
经济责任审计局	6	4	2		6				4		李继友
计算机审计中心	2	1	1		2						李平恩
投资审计中心	5	1	4		5						
其他	2	2			2						
合计	63	41	22	1	46	11	5	4	28	5	

2011年淮北市审计局领导人员情况表

姓　名	性　别	职　务	职　称	任职时间
戎培阜	男	党组书记、局长	会计师	2008年2月
王家民	男	党组成员、纪检组长		2009年2月
徐　君	男	党组成员、副局长		2011年4月
李继友	男	党组成员、经济责任审计局局长	审计师	2004年3月
陈玉健	男	党组成员、副局长	高级审计师	2009年7月
周玉贞	女	总审计师	高级审计师	2010年7月

2011年12月31日在册人员名单

戎培阜　王家民　徐　君　李继友　陈玉健　周玉贞　张福矿　尹红伟　毛春华　高　阁　李建忠　朱金亮　高　茹　徐　萍
李平恩　徐　云　陈爱岚　孟祥群　诸立志　李元海　张曙光　荣　焱　胡国荣　许　蕾　陈　军　闫德朗　王　路　李　燕
韩　晨　李秀玉　吴　云　张晓军　郝传明　尤胜新　张春远　欧　波　李　明　高抗抗　李荣霞　项玉玲　赵永安　王金标
葛雪梅　刘丽云　张永华　张庆连　黄治武　王献忠　张立勇　罗　明　惠　意　吕　静　任　萍　吴大军　尹　纯　刘静波
王吉伟　王建设　孙敬民　刘学兵　吕本东　张全亮　曹　卉

2011年淮北市审计局特约审计员情况表

姓　名	性　别	工作单位	职　务	职　称	任职时间
徐登元	男	淮北市政协	副主席		2000年5月
谢连恒	男	淮北市政协	科教委主任		2000年5月
王绪业	男	淮北市政协	副秘书长		2000年5月
孙晓东	男	淮北市天地人集团	副总经理		2000年5月
霍佳雨	男	相山区政府办公室	主　任		2000年5月
刘静芬	女	相山区纪委	常　委		2000年5月
王　玫	女	濉溪县地税局	副局长		2000年5月

2011年工作概况

2011年，淮北市审计局在省审计厅和市委、市政府的正确领导下，以科学发展观为统领，坚持“依法审计、服务大局、围绕中心、突出重点、求真务实”审计工作方针，认真履行审计监督职责，着力抓作风建设提高效能、抓制度建设促进规范、抓质量管理提升水平、抓审计整改强化落实，切实加强财政财务收支审计，全面深化经济责任审计，重点推进政府投资建设项目审计、计算机审计，充分发挥了审计监督在维护财经法纪、促进廉政建设、推进依法行政、加强宏观调控等方面的作用，受到上级部门、领导的充分肯定和社会各界的好评。全年实际完成审计和专项审计调查项目43个（不含政府投资建设审计项目），查处违规金额89115万元、管理不规范金额201408万元、损失浪费金额36万元；提出审计建议151条，被采纳128条；提交审计专题、综合性报告和信息简报28篇，被批示采用18篇。

切实加强财政预算执行审计。按照“揭露问题、规范管理、促进改革、提高绩效、维护安全”的总体思路，采取“统一组织，集中领导，点面结合，上下互动”的方式，精心组织，突出重点，积极开展财政审计。一是以全部政府性资金为载体，以绩效审计和专项审计调查为手段，以促进公共财政体制改革、完善预算管理制度、落实国家宏观调控政策、防范财政风险、提高财政资金使用绩效为目标，对2010年度市本级预算执行情况进行审计。针对审计发现的问题，注重从体制、机制和制度层面揭示问题、分析原因，并提出规范财政预算编制，加强部门预算管理、加强非税收入管理、促进财政专项资金管理、完善政府采购管理等建议。6月，向市人大常委会报告2010年度市本级预算执行和其他财政收支审计情况，受到市人大充分肯定。市长牛弩韬对提交的审计结果报告做出批示，要求相关部门单位认真整顿，工作进一步细化、实化。二是以促进县（区）级政府进一步增强依法理财理念，规范财政收支行为，提高转移支付资金使用效益为目标，对烈山区政府2010年度财政决算进行审计。市长牛弩韬对提交的审计报告做出批示，要求市审计局督促区政府整改。三是以加强对部门预算执行的审计监督，不断深化部门预算改革，建立健全部门预算管理制度，促进财政部门加强预算执行管理为目标，对市科技局2010年预算执行情况及科技三项费用管理使用情况进行审计；对市物价局2010年预算执行情况及价格调节基金征管情况进行审计；对市食品药品监督管理局2010年预算执行情况进行审计。通过审计，注重从预算管理体制、机制层面深入分析原因，有针对性地提出审计意见和建议，不断提升预算执行审计的层次和水平。四是组织实施市地方税务局税收征管情况审计，重点审计房地产企业的企业所得税、营业税申报、入库情况；市地税局税收计划完成情况、税收解库情况、税收、基金征收管理情况；税务部门税收政策执行和税收征管是否严格、税务稽查是否到位、基金是否及时足额征缴，有无虚报、瞒报欠税，有税不征，多征或预征税收情况等，促进地税部门依法治税，严格履行职责，规范税收征管行为，提高税收征管质量。

着力推动政府投资建设项目审计。结合实际，积极探索和大胆实践政府投资建设项目审计，做出了特色，取得了成效。一是建立健全规章制度，注重政府投资审计规范运作。继《淮北市人民政府关于加强政府投资建设项目审计监督若干实施意见》（淮政〔2010〕21号）出台以后，市审计局出台《淮北市组织社会中介机构参与政府投资建设项目审计监督操作规定》、《淮北市政府投资建设项目跟踪审计操作规程》、《淮北市审计局政府投资建设项目审计廉洁自律规定》等一系列规范性文件，为政府投资审计工作的健康发展提供了制度保证。二是创新审计工作模式，实现政府投资审计全覆盖。以工程款审核为切入点，实现对投资活动的全过程控制监督。积极推进土地收储拆迁补偿资金审计。通过组织实施市经济开发区南部新区、龙湖开发区安置房等7个项目的征迁费用审计，初步摸索了一套有效的审计方法。三是加强中介机构管理，防范政府投资审计风险。通过公开招标、一年一聘、聘所定人的方式选聘信誉优、专业技术力量强的社会中介机构及事业心强、业务能力精和专业水平高的人员参与政府投资建设项目审计。对审计项目质量实行量化考核，淘汰落后的中介机构。四是严格审计工作纪律，抓好政府投资审计质量控制。在审计过程中，坚持一把尺子量到底，做到组织形式、审计标准、审计纪律、审计要求、审计内容五统一，并完善审计责任追究制。6月以来，重点对2010年以来新开工的116个政府投资建设项目或标段实施跟踪审计，对9个政府投资建设项目设计变更部分实施审计，对28个具备条件的决算项目实施工程决算审计，对滨河花园二期经济适用住房及安居住房项目销售价格实施认证审计，对市重点工程管理局移交的4项工程实施经费预算审计。截至年底，对经建设、监理单位核报的64152万元跟踪审计项目工程款进行审计，共核减工程款17787万元，核减率为27.73%；对经建设、监理单位核报的2764万元设计变更部分工程款进行审计，共核减工程款1149万元，核减率为41.55%；对经建设、监理单位核报的3722万元决算审计项目工程款进行审计，共核减工程款483万元，核减率为12.98%；对市重点工程管理局移交的4项工程经费预算进行审计，共核减工程款337万元，核减率为27.19%。5月，市委书记毕美家在报送市委的信息《市审计局加强政府投资项目审计监督》上做出批示。6月上旬，市审计局分别向市委常委会议、市政府常务会议专题汇报政府投资建设项目审计情况，受到市领导的充分肯定，并要求相关部门、单位全力支持、配合审计部门的工作，进一步规范市政府投资建设项目，提高政府投资绩效。

全面深化领导干部经济责任审计。围绕“守法、守纪、守规、尽责”的要求，进一步深化审计内容，拓宽监督范围，推行任中审计，注重结果运用。全年实际完成经济责任审计项目24个，查处违规金额2542万元、管理不规范金额5798万元、损失浪费金额36万元，移送纪检、监察部门处理案件线索1件。提交的审计结果报告被牛弩韬市长、叶露中常务副市长批示6篇，较好地发挥了服务干部监督管理、促进党风廉政建设的作用。一是加强组织领导，形成监督合力。为强化领导干部经济责任审计工作，建议市委、市政府调整市经济责任审计工作领导小组，由市纪委、市委组织部、市检察院、市监察局、市财政局、市人社局、市经信委、市审计局等部门、单位组成，市长任组长，经济责任审计工作的力度不断加大，在“管干部、正党风、促发展”中的职能作用日益彰显。二是完善制度建设，规范审计运作。认真贯彻落实由市委、市政府、经济责任审计工作领导小组先后出台的《淮北市领导干部经济责任审计暂行办法》、《淮北市领导干部任中经济责任审计暂行办法》、《淮北市领导干部离任经济责任事项交接暂行办法》、《领导干部经济责任审计进点程序规定（试行）》等一系列规范性文件，促进了经济责任审计工作制度化、规范化、法制化建设。三是不断拓宽范围，创新审计方式。巩固深化领导干部离任审计；大力推行任中审计，逐步建立以任中审计为主，任中审计与专项审计、离任审计相结合的经济责任审计工作新机制。注重把经济责任审计与财政预算执行审计相结合，审计与审计调查相结合，揭露问题与促进整改相结合等，使有限的审计资源得到了最大限度的利用。四是围绕尽责守法，注重突出重点。认真贯彻落实中央两办《党政主要领导干部和国有企业领导人员经济责任审计规定》，不断加大经济责任审计的力度，重点关注领导干部在履行经济责任过程中的贯彻落实科学发展观，推动经济社会科学发展情况；遵守有关经济法律法规、贯彻执行党和国家有关经济工作的方针政策和决策部署情况；制定和执行重大经济决策情况；与领导干部履行经济责任有关的管理、决策等活动的经济效益、社会效益和环境效益情况；遵守有关廉洁从政(从业)规定情况等。五是利用审计结果，服务干部监督管理。根据经济责任审计结果利用的有关规定，淮北市已将经济责任审计结果报告作为干部监督管理、考核、奖惩、任免的依据之一。同时，针对审计中发现的普遍性、倾向性、苗头性的问题，注重分析体制、机制、制度等方面的原因，帮助被审计单位和有关部门完善制度，加强管理，深化改革，促进领导干部正确履行职责。

注重发挥专项审计调查作用。充分利用专项审计调查的特点，紧紧围绕党委、政府工作中心开展专项审计调查。相继开展市城乡一体化建设项目及资金使用绩效情况，2010年度农村沼气建设工程，农村卫生服务体系建设，市农业综合开发资金，市本级土地出让金征收、管理和使用情况，市本级养老保险基金，房屋产权登记费的征收、管理情况，市招商引资情况，全市中小学校舍安全工程实施情况，全市中小学义务教育收费情况，市小额贷款公司发展情况等专项审计调查，向省审计厅、市政府等提交专项审计调查报告，并注重提炼审计调查成果，从宏观的角度提出改进意见及建议，为领导科学决策、加强资金管理、健全内控制度服务。提交的专项审计调查报告、编发的相关信息等引起市委、市政府领导的高度重视，其中8篇被批示。如：提交的市本级土地出让金征收、管理和使用情况专项审计调查报告，引起市政府主要领导的高度重视，要求相关部门、单位落实审计整改。6月上旬，向市政府常务会议专题汇报土地出让金专项审计调查及整改情况。市本级养老保险基金专项审计调查，揭示养老保险基金在筹集、运营、管理和使用环节中的问题和风险，提出完善养老保险体系的政策性建议等。叶露中常务副市长对提交的专项审计调查报告作了重要批示。此外，按照省审计厅统一部署，完成铜陵市政府性债务审计、马鞍山市城乡义务教育费用保障机制专项资金绩效审计调查、外国政府贷款项目效益审计调查、舟曲救灾资金物资跟踪审计、全市普通高中债务调查、全市基层医疗卫生机构债务清理核实和审核认定等工作。

不断加大审计整改力度。认真贯彻落实《关于进一步加强审计整改工作的实施意见》、《关于将审计整改工作纳入目标管理考核的通知》，通过加强审计整改，督促被审计单位和有关责任人认真执行审计结论，切实维护审计监督的严肃性和权威性；督促被审计单位建立健全内部控制制度、财务管理制度，维护正常的财经秩序；进一步提高领导干部依法从政意识，促进廉政建设。联合市纪委、市委组织部、市人大财经委、市目标办，先后两次对已到达审计整改规定期限的31个项目进行审计整改联合检查。审计整改结果表明，审计整改工作不仅关注财务管理和资金管理方面的整改，而且还关注资金效益和项目效益的落实；不仅关注被审计单位对审计发现问题的整改，而且重点关注被审计单位的制度建设与执行情况。审计整改的重点已从当初关注审计问题的整改，转移到关注被审计单位是否采纳审计建议，是否规范完善体制机制方面的问题。目前审计整改工作已触及到体制、机制、效益、效果等方面，审计监督服务经济社会发展的职能作用越来越明显，审计的建设性作用日益彰显。4月，市长牛弩韬在提交的审计整改工作情况报告上做出批示：相关部门要明确整改职责、时限，做好督查督办。11月，就市本级2010年度预算执行及其他财政收支审计整改情况向市人大主任会议作专题报告。会议认为，审计整改工作认真扎实，审计整改取得了很好的成绩。为进一步加强审计整改工作，成立审计监督科，负责审计整改的各项工作；修订、完善落实审计整改工作的实施意见、办法等，进一步落实审计整改报告制度、完善审计整改督查制度、严格审计整改目标考核制度、健全审计整改联动机制等。目前审计整改已形成人大监督、政府督办、审计指导督促、相关部门协调配合的工作机制。

“人、法、技“建设迈开新步伐。一是高度重视领导班子自身建设。局党组始终从加强执政能力建设着眼，积极研究和改进领导方法，规范权力运行机制，落实“依法审计、文明审计、和谐审计、廉洁审计”理念，着力提高审计工作水平。一是坚持民主集中，把加强领导班子建设的切入点放在增进团结、科学决策上。局党组始终注重领导班子自身建设，对重大决策，如干部任免、重大项目安排和大额资金使用，坚持集体研究，多沟通、多干事，求大同、存小异，严格执行局党组议事规则、局长办公会议制度和局务会议制度，保证局领导班子议事决策的民主化、科学化、规范化。按照依法执政、民主执政、科学执政的要求，坚持集体领导和个人分工负责相结合，切实发挥整体功能，不断提高决策水平。二是坚持正确导向，把选好人、用好人，作为检验领导班子建设成效的一个重要标准。严格按照《党政领导干部选拔任用工作条例》规定的环节和程序，深化干部任用制度改革，努力营造风清气正、干事创业的和谐氛围。6月，严格按照民主推荐、组织考察、党组研究决定、任前公示、审批等程序，在局机关范围内提任3名科长；12月，采取差额推荐、差额考察、差额酝酿、差额票决“四差额”方式提拔3名主任科员、3名副科长，充分调动了干部的工作积极性。同时，经市政府批准，公开招聘事业单位投资审计工作人员4人，以缓解投资审计任务繁重与投资审计力量不足的矛盾，为审计队伍增添了新的活力。三是坚持分片联系点制度，加强对区县审计工作的领导。定期开展调研活动，及时了解、掌握、指导区县审计局领导班子建设及审计工作开展情况，积极争取区县党委、政府对审计工作的重视与支持，努力解决区县审计工作中遇到的困难与问题，促进审计工作的均衡发展。结合区县审计工作实际，修订、完善《区县审计工作综合量化考核办法（试行）》，将区县审计业务工作完成情况、审计信息化建设、审计信息宣传以及审计工作主题活动等作为考核内容，并将考核结果通报区县政府。二是切实加强审计队伍建设。坚持以品格为核心、能力为重点、作风为基础、业绩为导向，全面提高审计人员依法审计能力和审计工作水平，努力把审计机关建设成为一个政治强、作风正、业务精、形象好的群体。第一，加强效能建设，改进机关作风。为进一步提高审计效能，增强审计人员的服务意识和“创先争优”意识，连续3年修订、完善《淮北市审计局岗位责任制考核办法》，把年度目标任务完成情况、审计质量控制和考核情况、审计信息宣传情况、信息化建设情况、廉政建设情况等作为岗位责任制考核的重要指标，并建立奖惩机制。第二，加强廉政建设，树立良好形象。始终将廉政建设作为审计工作的生命线与高压线，从完善制度、加强教育和强化管理等方面着手，进一步增强“依法审计、文明审计、和谐审计、廉洁审计”的意识和能力。认真贯彻落实《廉政准则》和审计署《关于加强审计纪律八项规定》，并制定具体的实施意见，建立和完善监督制约机制。坚持审前警示、审中提醒、审后讲评和廉政情况通报等；坚持审计公示制度、审计组执行审计纪律情况报告制度等；积极开展审计回访，加强对纪律执行情况的监督检查，促进廉洁从审；严格执行《淮北市审计局政府投资建设项目审计廉洁自律规定》，促进政府投资项目审计工作的健康发展；规范审计行政处罚案件自由裁量行为，建立和完善审计执法责任追究制度。第三，加强学习培训，提升人员素质。局党组始终高度重视学习型机关建设，引导广大审计干部树立全员学习、终身学习和全程学习的思想观念，不断提高审计队伍的政治素质、业务素质和职业道德素质。坚持周三、周五业务学习日制度，有计划、有组织地学习相关法律、法规、规范性文件、制度、办法及审计业务理论知识，并出台措施，建立督察、考试、考勤、通报、考核等制度，强化落实；扎实推进干部在线学习工作，增强学习的针对性，提高学习质量；注重加强审计能力建设，采取集中培训、专家讲座、专题研讨、网上教学、“周末讲坛”等多种方式开展各类培训，不断更新知识结构，适应形势发展需要。第四，认真贯彻落实《国家审计准则》，促进依法行政。组织开展为期20天的专题业务培训，并制定科学周密的保障措施、考勤制度、考核制度，确保学习实效；修订、完善审计项目计划管理、项目定量管理、送达审计资料管理、审计业务程序、简易审计程序、审计业务会议、审计专家组、审计结果公告、审计项目质量责任追究等方面的相关制度，把《国家审计准则》的新精神、新内容及时贯彻到审计业务工作中。为规范审计项目审理工作，出台《审计项目审理工作试行办法》，建立审计项目审理小组制度，实行“审核、复核、审理、复审”四级审理模式，进一步加强审计项目质量控制和管理，防范审计风险，规范审计行为；同时结合审计业务工作实际，对《国家审计准则》在执行过程中存在的问题进行认真梳理，进一步修订、完善审计项目质量控制制度。三是强力推进审计信息化建设。根据全省审计信息化工作的总体部署，在全市审计机关实施“信息化推进工程”，把推进审计信息化建设作为审计工作的重要组成部分。建立、完善信息化工作相关的制度、办法，不断推进审计信息化工作规范化、制度化建设；成立“信息化推进工程”领导小组，局主要领导任组长，市计算机审计中心负责具体工作，为“信息化推进工程”的有序实施提供了有力的组织保障；制定实施方案，明确重点工作，将各项任务分解到各县区审计局、市审计局各科室，并对每项工作提出办结时限，对未按时完成任务的部门，在年终考核中扣减相应分值，形成责任明确、协调配合的工作机制；将“信息化推进工程”工作情况作为专项考核纳入局机关科室岗位责任制考核及县区综合量化考核的范围，对年度信息化考核位列最后一名的科室、县区审计局实行一票否决制，取消年终评先评优资格。通过一系列行之有效的措施，市审计局“信息化推进工程”成效显著。第一，强化对审计项目实施和管理的数字化控制。加强OA和AO系统的交互应用，在全市审计机关实现二个100%，即100%的审计项目开展OA—AO交互，100%的审计人员使用AO进行作业；实行审计项目复核审理与OA—AO应用审核并行的“双审核”制、审计项目电子资料“审核——复核——审理”制，加强审计项目质量的控制与管理；继续做好OA系统公文流转的规范应用和管理，全市审计机关所有的非涉密公文全部通过OA流转，公文的登记、分发、批示、办文、阅文全部在网上实现，局机关事务均通过OA的通知栏、公告栏发布；完善电子档案归档管理，近3年的电子公文和审计项目归档数据包已全部归入OA的档案软件，并可以申请借阅。充分利用审计管理系统开展网上学习，全市全年已累计学习1800学时。第二，完善基础应用平台建设。审计专网迁移准备工作顺利结束，全市审计机关已全部完成电子政务外网测试，并配备必要的安全设备；完成新版AO软件的升级，组织新版AO软件培训；完善和拓展视频会商系统，辅助设备12月调试结束；对市审计局门户网站进行改版，美化版面，完善栏目，提高技术含量，增强了公共参与性。第三，积极探索信息系统审计、联网审计。结合审计项目安排，开展信息系统审计试点，选择养老保险基金专项审计调查和市妇幼保健院院长任中经济责任审计项目开展信息系统试点审计。通过审计，揭示信息系统安全存在的问题，并就数据保密制度、灾难异地备份建设等提出审计建议，引起了被审计单位的高度重视。同时，学习借鉴省审计厅和兄弟单位先进经验，积极推进联网审计。第四，注重信息化成果应用。做好信息化应用成果总结交流和理论研究工作，面向全市审计机关征集AO应用实例、计算机审计方法、信息化研讨文章等。市审计科局及各县区审计局抓住重点、选准项目、落实人员、注重质量，共向省审计厅报送计算机审计方法11篇、AO实例6篇。五是加强审计信息化培训。组织新版AO软件培训班、AO认证考试考前培训班，有效地提高了AO和AO操作水平；狠抓计算机审计中级培训，积极参加省审计厅计算机中级培训班学习。在全市审计系统组织计算机中级资格自学考试培训班，对45岁以下业务人员实行轮训制，增强学习的主动性、自觉性；组织计算机审计方法和AO实例撰写专题培训，为审计人员独立撰写审计案例奠定了基础。

2011年工作成果一览表

审计单位（个）	查处违规金额（万元）	管理不规范资金（万元）	应缴财政（万元）	已缴财政（万元）	应归还原渠道资金（万元）	移送事项（件）	应调账处理金额（万元）	应自行纠正金额（万元）	审计报告、信息被批示采纳（篇）
43	89115	201408	246	246	51	2	7967		18

2011年论文发表情况统计表

报刊名称	时间(期数)	论文题目	作　者
《中国审计报》	4月27日	《对审计报告救济途径的再认识》	胡国荣
《中国审计报》	11月9日	《对审计署8号令关于“听证要求”的思考》	张春远
《安徽审计》	第1期	《以改革创新精神深入推进审计机关惩治和预防腐败体系建设》	徐　萍
《安徽审计》	第2期	《“三措并举”全力推进绩效审计》	张春远
《安徽审计》	第7期	《经济责任审计报告的特点及审计成果的运用》	张立勇
《安徽审计》	第8期	《浅议联网审计》	李平恩

2011年获奖情况

被省委评为第九届安徽省文明单位

被省审计厅评为全省地方政府性债务审计先进集体

被省审计厅评为特色审计网站

被市委、市政府评为综合目标管理先进单位

被市委、市政府评为创建全国文明城市工作优秀单位

被市委、市政府评为中国（淮北）煤矿机械博览会组织工作优秀集体奖

被市委评为全市先进基层党组织

被市党风廉政建设责任工作领导小组评为落实党风廉政建设责任制暨推进惩治和预防腐败体系建设工作优秀单位

被市双拥工作委员会评为全市双拥优秀单位

被市委宣传部评为全市对外宣传工作先进集体

被市档案局评为全市档案工作优秀单位

高抗抗被审计署评为全国地方政府性债务审计先进公务员

闫德朗被省委组织部评为干部在线学习优秀学员

高抗抗被省审计厅评为全省地方政府性债务审计先进个人

张晓军被省审计厅评为全省“信息化推进工程”先进个人

黄治武被市委、市政府评为创建全国文明城市工作先进个人

徐云被市委宣传部、市人力资源和社会保障局、市司法局、市依法治市领导小组办公室评为全市依法治市和法制宣传教育先进个人

朱金亮被市委组织部评为干部网络培训优秀联络员

李秀玉被市委组织部评为干部网络培训优秀学员

徐萍被市委宣传部评为全市对外宣传工作先进个人

张春远、欧波撰写的《社保政策的现实问题与审计对策》论文在全省优秀科研论文评比中获二等奖

张春远撰写的《“三措并举”全力推进绩效审计》论文在全省优秀科研论文评比中获优秀奖

2011年大事记

1月14日，成立市审计局审计信息化工作考核领导小组。

1月21日，任命欧波为社会保障审计科副科长、王路为行政事业审计科副科长、张晓军为农业与资源环保审计科副主任科员。

2月1日，印发《淮北市审计局审计项目计划管理办法》、《简易审计程序》、《审计业务程序》、《送达审计资料管理规定》、《审计业务会议制度》、《审计专家组暂行办法》、《审计项目质量定量管理暂行办法》、《审计项目质量责任追究办法》、《审计结果公告办法》，成立审计项目审理小组。

2月8日，召开财政审计动员会，传达《淮北市审计局2011年市本级预算执行及其他财政收支情况审计工作方案》，明确审计目标、范围、内容和重点，2011年财政审计工作全面启动。

2月18日，召开关于加强村级主要负责人经济责任审计座谈会，认真学习省审计厅《关于加强村级主要负责人经济责任审计的意见》精神，对开展村级主要负责人经济责任审计的审计内容、审计方法及审计重点等进行讨论。

3月9日，省审计厅何结华总审计师等一行3人到铜陵市检查指导淮北市审计局赴铜陵市审计组政府性债务审计工作。

3月10日，省审计厅经济责任审计局局长刘春华一行到淮北市检查指导政府性债务审计工作。

3月22日，印发《关于在全市审计机关深入实施“五大工程”的意见》。

3月23日，印发《淮北市审计机关2011年度审计项目计划》。

3月23日，省审计厅刘战平厅长一行到淮北市检查指导政府性债务审计工作，并看望淮南市债务审计组人员。

4月19日，印发《全市审计机关开展“信息化推进工程”实施方案》。

4月27日，向市政府提交审计整改工作情况报告，市长牛弩韬做出重要批示：相关部门要明确整改职责、时限，做好督查督办。

4月27至29日，开展审计项目质量检查和优秀项目评比工作。

5月3日，安徽审计职业学院王雪峰副院长一行4人到淮北市审计局调研审计专业建设等相关情况。双方签订《安徽审计职业学院校外实习实训教学基地协议书》，并举行挂牌仪式，设立校外实习实训教学基地。淮北市审计局陈玉健副局长被聘任为客座教授。

5月4日，印发《淮北市审计局岗位责任制考核办法》。

6月8日，印发2011年党风廉政建设工作要点和任务分解表；同日，向市政府提交《关于淮北市2012年度本级财政预算执行及其他财政收支情况审计结果的报告》，市长牛弩韬做出批示，要求相关部门单位认真整顿，工作进一步细化、实化。

6月9日，向市人大常委会报告2010年度市本级预算执行及其他财政收支审计情况，得到市人大的充分肯定。

6月15日，印发《淮北市审计信息宣传工作管理考核办法》。

6月20日，印发《关于实行审计项目“双审核”制的通知》。

6月28日，任命张曙光为企业审计科科长、孟祥群为审计监督科科长（兼任固定资产投资审计科副科长）、徐萍为综合法规科科长、诸立志为审计监督科主任科员。

7月12日，印发《关于建立“五大工程”考核评价机制实施意见的通知》。

7月14日，印发《关于进一步落实审计整改工作的若干意见》、《淮北市审计局落实审计整改工作的暂行办法》。

7月27日，印发《淮北市审计局审计项目审理工作暂行办法》。

7月28日，任命李元海为审计监督科主任科员。

8月18日，印发《淮北市审计局督办工作制度》。

8月30日，公开招聘事业单位投资审计工作人员4名。

9月5日，任命张庆连为经济责任审计局主任科员。

9月19至23日，联合市纪委、市委组织部、市人大财经委、市目标办，对已到达审计整改规定期限的31个项目进行审计整改联合检查。

9月20日，任命王献忠为纪检组正科级纪检监察员。

10月28日，省审计厅胡海波副厅长到淮北市审计局调研指导审计工作。濉溪县、各区分管审计工作的领导，市财政局、地税局、教育局、卫生局分管审计工作的负责人，市审计局领导班子成员，濉溪县、各区审计局局长参加座谈会。

11月2日，就市本级2010年度预算执行及其他财政收支审计整改情况向市人大主任会议做专题报告。会议认为，审计整改工作认真扎实，审计整改取得了很好的成绩。

11月14日，印发《淮北市审计系统创建文明行业工作方案》，成立文明行业创建活动领导小组。

11月18日，向省审计厅上报《关于淮北市审计法律法规执行情况检查和调研的报告》。

11月25日，印发《淮北市“十二五”审计信息化建设发展规划》。

12月28日，召开全市审计系统创建文明行业动员部署大会，动员全市审计系统广大干部职工，统一思想，提高认识，全面推进审计系统文明行业创建工作。

2011年 领导批示、讲话摘要

5月29日，淮北市委书记毕美家在淮北市审计局报送的信息《市审计局加强政府投资项目审计监督》上批示：近年来，审计工作不断加强，特别是在政府项目审计监督方面成绩突出，向市审计局的同志们表示敬意。望大家继续努力，严格按规程办事，一把尺子量到底，在全市树立公正执法、无私奉献的良好形象，为加快淮北经济社会又好又快发展做出审计人的新贡献。

10月28日，省审计厅副厅长胡海波到淮北市审计局调研指导审计工作。胡海波副厅长首先肯定了与会人员对审计工作、对省审计厅工作提出的意见和建议，并对审计工作提出更高的要求。随着我国改革开放的不断深入，市场化程度的不断加深，中国不断地走向繁荣富强。面对新形势，审计工作也正在由传统审计向新型审计转变，审计机关要适应经济社会的发展，应着重从科学界定责任和客观公正评价、提高报告质量和重视结果利用、规范工作程序和扩大审计视野等方面加以研究，思考如何真实、客观、全面地反映审计结果，如何使评价结果能够符合客观实际等。审计人员要从自身学习开始，主动参与社会实践，提高自身能力，更好地适应新型审计工作。胡海波副厅长最后强调，在审计工作中，一要以支持和服务经济发展为根本；二要确保经济健康发展；三要以适当的方式积极主动地向主管领导汇报工作；四要培养一批精通业务的人员，有为才能有位。希望各级审计机关积极探索、勇于创新，把成功的经验变成规定，把成功的规定变成条例，把成功的条例上升为法律，推动审计工作的全面转型升级。

11月2日，淮北市市长牛弩韬在淮北市审计局上报的相关材料上批示：“审计局工作应予肯定，服务大局，围绕中心，尽心尽力，全力把关。望继续努力，再接再厉。”淮北市常务副市长叶露中批示：“市审计局的工作值得充分肯定和组织宣传，需要支持和创造环境。

淮北市审计学会 领导及理事名单

会　长：吴锡福

常务副会长：金　文

副会长：戎培阜　刘朝田　汪吾敬　杨传君　张其林

秘书长：李建忠

副秘书长：陈再新　刘　振　万　峰

顾　问：叶璋礼　赵敬成

常务理事：陈玉健　周玉贞　李拥军　赵　平　孙庆民　董　哲　吴子荣　胡茂流　马立峰　吴　才　程明锦　丁　勇　童宏兵　万　磊　仲伟军　翟建廷　王　泉　丘　丹　王生产　贾玉山　张平凤　孟建民　陈东军　叶森华　李建敏　官为敏　李坤华　刘文亚　邵长龙　王　健　刘士军　王富金　陈　明　李兴龙　汪成林　杨尤才　张　峰　关香云　王永丰　孙秋玲　吴遵杰

理　事：朱金亮　诸立志　尹红伟　郭学军　周玉贞　孙雪堂　赵永安　陈玉健　胡国荣　李秀玉　张春远　陈爱岚　高抗抗　闫德朗　李拥军　袁永军　李彩英　李大志　汪　强　赵书勤　李　胜　刘贤君　姚　琴　赵　伟　年海英　胡结根　李　玲　闵　飞　刘美玲　王金侠　朱有道　江　君　陈　甫　方开旺　张　军　杨曙光　刘　俭　余洪祥　秦　勇　乔桂芹　张　勋　郑灵莉　蒋秀清　张敬东　李　兵　李希峰　刘福蓉　薛生伟　邓伟强　曹　瑛　王　莉　张林英　张　超　魏　静　张学芬　林汉宁　周瑞顶　刘子龙　杜夫剑　林　伟　王振祥　仲丽亚　陈　伟　毛和平　刘慧莹　魏　森　高秀英　王玉梅　明玉章　朱　琼　朱　军　谷凤英　袁尊贤　柳桂梅　张杰勇

淮北市内部审计协会

2011年，淮北市内部审计机构和内部审计人员紧密围绕本部门、本单位的中心工作，把注意力转向制度建设和监控执行，充分发挥内部审计在加强管理中的建设性作用。积极开展内控制度评审和制度建设工作，利用对本单位、本企业的经营管理流程以及内控制度执行中的重要环节比较熟悉的优势，开展多项内控制度执行情况的评审工作；突出建设项目审计，全市各内部审计机构结合本单位的实际情况，节约建设资金，积极开展建设项目审计；继续完善财务收支审计，加强对财务收支真实性和合法性的检查监督，促使财务管理工作进一步规范；大力开展经济责任审计。

2011年，淮北市内部审计协会认真履行章程赋予的义务，全面实施协会年初制定的工作计划，按照省内部审计师协会的要求，创新思路，充分发挥好桥梁纽带作用，切实履行好管理、协调、服务、交流职责，积极做好内部审计协会的各项工作。一是认真总结以往对内部审计人员后续教育和管理工作的经验，改进措施，优化服务，积极做好全市内部审计人员年度后续教育培训工作。二是积极组织内部审计人员参加省内部审计师协会举办的内部审计经验交流会及理论学习、考察培训活动，学习借鉴兄弟单位的先进经验，拓宽视野，推进内部审计事业发展。三是严格按照《安徽省内部审计人员岗位资格证书年检办法》的要求，组织内部审计人员参加岗位资格证书年检。四是进一步重视内部审计宣传，充分运用淮北审计信息网、报刊等媒体，及时宣传有关内部审计的法规政策，宣传内部审计部门的工作动态和工作经验，进一步扩大内部审计工作的影响力。五是积极开展内部审计课题研究，提高内部审计理论水平，把科研工作的重点放在内部审计理论研究、实务工作探讨和经验交流上，着力宣传内部审计中的典型经验和做法，为内部审计人员提供学习和交流的平台。

淮北市内部审计协会 领导及理事名单

会　长：赵德荣

常务副会长：赵拥军

副会长：金　文　张福矿　范寅民　李继友　汪吾敬　刘朝田

秘书长：陈再新
副秘书长：万 峰 刘 振
常务理事：陈玉健 周玉贞 李拥军
赵 平 孙庆民 董 哲 吴子荣
胡茂流 马立峰 吴 才 翟建廷
童宏兵 万 磊 叶森华 李建敏
宫为敏 李坤华 程明锦 丁 勇
王 泉 仲伟军 丘 丹 王生产
贾玉山 张平凤 刘文亚 邵长龙
王 健 刘士军 王富金 陈 明
李兴龙 汪成林 孟建民 杨尤才
张 峰 关香云 王永丰 孙秋玲
吴遵杰
理 事：朱金亮 尹红伟 郭学军
高抗抗 周玉贞 孙雪堂 赵永安
陈玉健 李秀玉 张春远 陈爱岚
王献忠 闫德朗 胡国荣 李拥军
袁永军 李彩英 李大志 汪 强
李 胜 刘贤君 张宏彦 年海英
胡结根 姚 琴 赵 伟 李 玲
刘美玲 王金侠 朱有道 江 君
陈 甫 方开旺 张 军 闵 飞
杨曙光 刘 俭 余洪祥 秦 勇
乔桂芹 张 勋 郑灵莉 蒋秀清
张敬东 李 兵 李希峰 刘福蓉
薛生伟 邓伟强 曹 瑛 王 莉
张林英 张 超 魏 静 张学芬
林汉宁 周瑞顶 刘子龙 杜夫剑
林 伟 王振祥 仲丽亚 陈 伟
毛和平 刘慧莹 魏 森 高秀英
王玉梅 明玉章 朱 琼 朱 军
谷凤英 袁尊贤 柳桂梅 张杰勇

2011年出台的地方审计规章目录

《关于成立市经济责任审计工作领导小组的通知》（办〔2011〕37号）

（撰稿人：徐萍、惠薏，审核人：戎培阜）

烈山区审计局

烈山区审计局内设综合室、财政审计室、行政事业审计室、经济责任审计室和固定资产投资审计室，现有编制2名，实有人员9名。

2011年烈山区审计局机关人员配备情况表

单位＼内容	人数	性别		文化程度				职称			负责人
		男	女	研究生	本科	大专	大专以下	高级	中级	初级	
局领导	3	2	1		3				3		蒋祥力
综合室	2	2			1		1			1	徐 刚
财政审计室	1		1			1			1		刘红梅
行政事业审计室	1		1			1			1		罗凤琴
经济责任审计室	1		1			1			1		张丽侠
固定资产投资审计室	1	1				1					益贤立
合计	9	5	4		4	4	1		6	1	

2011年烈山区审计局领导人员情况表

姓 名	性 别	职 务	职 称	任职时间
蒋祥力	男	局长	会计师	2011年11月
赵德华	男	书记	会计师	2011年3月
李 蓉	女	副局长	会计师	2006年4月

2011年12月31日在册人员名单

蒋祥力 赵德华 李 蓉 张丽侠 刘红梅 徐 刚 罗凤琴 益贤立 崔丙仕

2011年工作概况

2011年，烈山区审计局在烈山区委、区政府和淮北市审计局的正确领导下，深入学习贯彻党的十七届五中、六中全会精神，紧紧围绕区委、区政府“大招商、大投入、大建设、大发展”的工作要求，以全面提升烈山综合竞争力为目标，突出“保增长、保民生、保稳定”的重点，努力创新审计理念和审计方法，切实履行审计监督职责，较好地完成了年度审计目标任务。全年完成审计和审计调查项目78个（其中财务类17个、基建类审计项目61个）。财务类审计完成17个，查处违规金额55万元、管理不规范金额1573万元，应归还原渠道资金13万元；固定资产投资审计共完成建设工程预（结）算审核项目61个，审核造价6366万元，审计核减988万元，审计核减率为16%。其中：完成烈山区本级预算执行和其他财政收支情况审计1项；上级审计机关安排的专项资金审计调查，完成烈山区招商引资情况专项审计调查、烈山区养老保险专项审计调查、烈山区义务教育收费专项调查、烈山区校舍安全工程跟踪审计、烈山区基层医疗卫生机构债务审核、烈山区高中教育债务审核等6项；经济责任审计完成审计项目12个；财务收支审计项目1个；区委、区政府交办及配合项目3项：烈山区三资检查，烈山区新农村建设工程项目验收等及配合淮北市、烈山区纪委查办案件1件；固定资产投资审计项目完成61项。

在“人、法、技”建设方面，以人为本，加大政治思想教育力度，建设一支高素质的审计队伍。始终坚持以人为本的原则，从抓班子、带队伍入手，坚持每周五理论学习日制度，定期召开党员民主生活会、干部交心谈心会等活动；依法审计，全面正确履行《审计法》。把审计业务工作逐步纳入规范化、法制化轨道，并结合实际，先后制定审计组长负责制、项目责任制、审计项目三级复核制等规章制度；强化培训，不断提高干部队伍审计技能。为了提高干部队伍的素质，提高干部队伍的计算机应用水平，人人配备笔记本电脑，并且实现与淮北市审计局联网，做到信息互通、资源共享。

2011年工作成果一览表

审计单位（个）	查处违规金额（万元）	管理不规范资金（万元）	应缴财政（万元）	已缴财政（万元）	应归还原渠道资金（万元）	移送事项（件）	应调账处理金额（万元）	应自行纠正金额（万元）	审计报告、信息被批示采纳（篇）
17	55	1573			13				

2011年获奖情况

被区委、区政府评为全区依法治区和法制宣传教育工作先进集体

2011年大事记

3月，赵德华调入区审计局任党组书记。

11月，蒋祥力调入区审计局任局长。

2011年出台的地方审计规章目录

《关于印发淮北市烈山区政府投资建设项目跟踪审计规定的通知》（烈政办〔2011〕7号）

（撰稿人：益贤立，审核人：徐刚）

相山区审计局

相山区审计局内设办公室，现有编制4名，实有人员5名。

2011年相山区审计局机关人员配备情况表

单位＼内容	人数	性别		文化程度				职称			负责人
		男	女	研究生	本科	大专	大专以下	高级	中级	初级	
局领导	2	1	1		2				1		赵　平
办公室	3	1	2		1	2			2	1	
合计	5	2	3		3	2			3	1	

2011年相山区审计局领导人员情况表

姓　名	性　别	职　务	职　称	任职时间
赵　平	男	局长		2003年8月
王　芳	女	副局长		2004年5月

2011年12月31日在册人员名单

赵　平　王　芳　李红红　孟复利　陈　琴

2011年相山区审计局特约审计员情况表

姓　名	性　别	工作单位	职　务	职　称	任职时间
郑浩坤	男	相山区城建局			2000年
侯　胜	男	市设计院			2008年
刘龙列	男	市第一建筑公司			2008年
梁敏成	男	市房地产开发公司			2000年
曹钦军	男	市第一建筑公司			2008年
陈文新	男	市水泥厂			2002年

2011年工作概况

2011年，相山区审计局在市审计局和区委、区政府的正确领导下，在区人大的监督支持下，继续坚持“依法审计、服务大局、围绕中心、突出重点、求真务实”审计工作方针，准确把握审计发展的阶段特征和客观形势，始终把严格执法、公正审计、维护民生、促进发展作为审计工作的出发点和立足点，更加注重从体制、机制、制度层面反映、揭示和分析问题，提出改进和完善的建议，积极推进依法行政和反腐倡廉建设，充分发挥了审计保障相山区经济社会健康发展的积极作用。全年完成审计项目258个，其中：财政“同级审”1个，专项资金审计5个，固定资产投资审计157个，控制价预审66个，跟踪审计7个，经济责任审计16个，区委、区政府临时安排的审计6个，审计资金总额215564万元，查处各类违规资金18829万元，为促进全区经济社会又好又快发展发挥了积极作用。

本级财政预算执行情况审计。按照“同级审”工作方案，以科学发展观为统领，紧紧围绕全区经济工作中心，以促进规范预算管理、提高财政资金使用效益为宗旨，以财政资金分配、使用和管理及重点领域、重点资金、重点部门的审计监督为主线，准确把握审计重点，深化审计内容，全面、系统地反映区本级预算执行、资金分配使用和专项资金管理中存在的问题，从宏观、效益、政策的角度提出针对性较强的意见和建议8条，获得了区人大常委会的认可与好评。同时，对区政府办、区计生委等9个单位进行延伸审计。通过财政“同级审”，建议区财政部门和有关预算执行单位，积极依法组织财政收入，加强财政支出管理，扎实推进民生工程建设，保障财政收入实现稳步增长。各预算执行单位在加强和完善内部管理，规范财政财务收支行为，执行国家财经法规的自觉性等方面得到进一步增强。

加大对民生专项资金的审计调查和其他项目资金的跟踪审计。一是校舍安全工程跟踪审计调查。根据审计署的要求，在省审计厅的统一部署下，5至11月，开展对全区中小学校舍安全工程两次跟踪审计调查。按照上级审计机关的工作方案，提前介入该项目的跟踪审计，共审计资金1410万元，其中：省级资金1092万元，市级资金218万元，区级配套资金100万元。从审计调查的情况看，区教育局校安办2011年3栋校舍重建计划，2栋已竣工验收，1栋进入外墙粉刷阶段。18栋校舍加固计划，已全部竣工验收。二是招商引资专项资金调查。根据市审计局工作安排对区涉及外资办、政府办、商务局、农水局等单位招商引资资金进行专项调查。审计金额504万元，查处违规资金10670万元。三是普通高中债务审计调查。根据《审计署、教育部、财政部关于开展普通高中债务调查的通知》，对区所属淮北市第四中学、第六中学债务余额、起始年、债务资金的来源和用途、发展变化、学校的偿债能力、存在的风险隐患、学校的资产状况、逐项、逐笔进行专项调查。审计资金261万元，核实债务121万元，提出6条合理化建议。四是中小学义务教育收费审计调查。根据市审计局《2011年全市中小学义务教育收费情况审计调查工作方案》的通知，采取抽样调查的方式对相山区10所学校中小学收费总体情况进行专项审计调查，审计金额357万元，查处违规金额3.53万元。五是根据《国务院办公厅转发发改委、财政部、卫生部关于清理化解基层医疗机构债务意见的通知》，完成临时追加的区基层医疗卫生机构债务清理核实和审核认定审计调查工作。

加大政府类投资审计力度。在投资审计领域做大胆的尝试和探讨，全面规范政府投资审计的操作规程，以区政府办公室名义分别于4月、12月出台《淮北市相山区政府投资项目跟踪审计规定（试行）》等6项制度的通知、关于印发《相山区小型建设工程招投标经审核合理低价随机抽取中标人规定（试行）》的通知。围绕工程招投标、合同签订、工程造价的真实性以及财务管理、资金使用等情况，因地制宜，加大对政府投资项目的跟踪审计和竣工决算审计力度，并按照规定严格实施，先后对淮北市文明城市创建7个自建小区等重大投资项目实施全程跟踪审计。同时，为了规范工程造价编制与审核，区审计局出台《淮北市相山区政府投资清单报价、组价前期审核管理规定》，对区文明城市创建新增66社区改造和办公用房工程进行控制价预审，报审控制价5027万元，审减692万元，审核率13.76%。全年完成固定资产投资审计项目157个，审计总投资金额6954万元，共核减工程投资566万元，审核率8.14%。

经济责任审计稳步推进。安排朱鹏等两位同志任期经济责任审计及乔清华等14位同志的离任经济责任审计。共审计资金18456万元，查处违规资金1287万元。针对存在的问题，审计建议应节约资金，按照有关规定管好、用好资金，提高资金使用效率。

认真完成区委、区政府临时安排的中心工作。一是根据区委、区政府工作安排，对区政府所属25个一级预算单位公务费支出情况进行专项审计调查。从审计调查结果看，总体费用支出数量较大，比例较高，车辆费用虽无规定比例限制，但也应予以严格控制。二是根据区委、区政府工作安排，区审计局派出4个工作组，分别对曲阳办事处刘庄社区，相南办事处翠苑小区、城里社区，东山办事处方安社区征地房屋拆迁补偿安置情况进行专项审计调查。共审计拆迁补偿安置户1679户，拆迁补偿宅基地面积317475平方米，审计资金47785万元，并分析4个小区的拆迁成本产生差距的原因，对审计调查中发现的问题，向区委、区政府提交了书面审计调查报告。三是根据区委、区政府工作安排，联合区纪委对区渠沟镇河北村2007至2011年6月的财务收支情况进行送达审计，审计资金537万元，查处违纪资金2万元，有关责任人已被追究刑事责任。四是根据区委、区政府工作安排，派专人参加由区纪委、国土局、财政局、审计局组成的工作组，对全区采煤塌陷、村庄搬迁、城中村改造、市区重点出让项目土地进行实地审核。五是根据区委、区政府工作安排，分别完成对方安小区、刘庄小区两个项目前期费用情况的审核工作。

“人、法、技”建设进一步加强。一是不断加强审计人员自身业务素质的学习。坚持业务学习第一的理念，积极参加省、市培训，鼓励自学成才，通过多种形式，牢固执法为民宗旨，公开审计、透明审计、廉洁审计、公正审计，自觉遵守审计职业操守，逐步推行计算机网络审计，避免人为因素影响，确保审计质量，全面提升工作水平与质量。积极贯彻全党开展的深入学习党的十七大精神，深入学习和贯彻科学发展观，始终将科学发展观落实到日常审计工作之中，重视支部建设，创建学习型支部，结合审计专业的特殊性，有针对性开展主题教育，不断提高审计人员的政策理论水平。二是完善规章制度，增强制约机构。进一步完善岗位责任制和内控制度，从工作学习到值日、考勤，都制定严格的行为规范，并分工明确，责任到人，促进了全局工作的顺利开展。三是加强局机关的“人、法、技”建设和廉政建设，增强审计队伍、审计人员、审计工作的科技含量，以对党、对国家、对人民的利益高度负责的态度对待审计工作，牢固树立实事求是、求真务实、严谨细致的工作作风，确保审计工作质量提高。在法制方面，认真贯彻《审计法》，结合实际，制定《淮北市相山区政府投资项目跟踪审计规定》等，并积极参加市审计局举办的《审计准则》培训。通过学习，审计人员的业务素质进一步提高。

2011年工作成果一览表

审计单位（个）	查处违规金额（万元）	管理不规范资金（万元）	应缴财政（万元）	已缴财政（万元）	应归还原渠道资金（万元）	移送事项（件）	应调账处理金额（万元）	应自行纠正金额（万元）	审计报告、信息被批示采纳（篇）
258	18829								258

2011年获奖情况

获区目标考核特别奖

获区招商引资工作项目服务奖

获区信访工作二等奖

获区房屋征收土地收储工作三等奖

被区委、区政府评为区创建全国文明城市优秀单位

被区委、区政府评为区依法治区和法制宣传教育先进集体

王芳被区委、区政府评为区依法治区和法制宣传、信访工作先进个人

王芳被区委、区政府评为区创建全国文明城市先进个人

郑浩坤被区委、区政府评为区依法治区和法制宣传、信访工作先进个人

郑浩坤被区委、区政府评为区创建全国文明城市先进个人

孟复利被区委、区政府评为区依法治区和法制宣传、信访工作先进个人

孟复利被区委、区政府评为区创建全国文明城市先进个人

（撰稿人：李红红，审核人：赵平）

杜集区审计局

杜集区审计局内设办公室和经济责任审计中心，现有编制7名，实有人员6名。

2011年杜集区审计局机关人员配备情况表

单位＼内容	人数	性别		文化程度				职称			负责人
		男	女	研究生	本科	大专	大专以下	高级	中级	初级	
局领导	1	1			1				1		孙庆民
办公室	2	1	1		1		1		1		
经济责任审计中心	4	2	2	1	2	1			1	3	
合计	7	4	3	1	4	1	1		3	3	

2011年杜集区审计局领导人员情况表

姓名	性别	职务	职称	任职时间
孙庆民	男	局长		2007年3月
刘颖	女	副局长	会计师	2003年4月

2011年12月31日在册人员名单

孙庆民　刘　颖　杨春聆　王海燕　刘　宁　王　兵　黄　影（不在岗）

2011年工作概况

2011年，杜集区审计局在区委、区政府的正确领导下，在区人大、区政协的监督下，在上级审计机关的业务指导下，以邓小平理论和“三个代表”重要思想为指导，以科学发展观为统领，坚持“依法审计、服务大局、围绕中心、突出重点、求真务实”审计工作方针，按照“求真、求实、求高、求精”的要求，紧紧围绕区委，区政府工作中心，积极履行宪法和法律赋予的审计监督职责，较好地完成了年度各项审计任务，取得了显着成效。全年完成审计项目89个，查处管理不规范金额1708万元，应减少财政拨款407万元，应自行纠正金额1708万元；已减少财政拨款407万元，已自行纠正1708万元。

财政审计。认真组织开展2010年度区本级财政预算执行情况审计，查处管理不规范金额1252万元，并针对存在问题提出了处理意见和建议。

经济责任审计。坚持以发展为中心，以廉政为重点的指导思想，按照“积极稳妥、量力而行、提高质量、防范风险”的经济责任审计原则，认真开展县级以下党政领导干部任期经济责任审计，不断加大任中审计力度。全年对乡镇及区直行政事业单位3个部门的负责人实施离任审计，对4个部门负责人实施任中经济责任审计。查处管理不规范金额456万元。通过审计，一是公平、公正、客观评价离任领导干部；二是揭示被审计单位存在的问题，如：白条列支、招待费过大、大额现金支付、公用支出管理漏洞大等，并针对存在问题提出审计意见和建议，督促落实整改，规范了财政财务收支行为；三是增强领导干部和相关人员的法治意识和财经纪律意识，促进了领导干部勤政廉洁和党风廉政建设的深入开展。

专项审计（审计调查）。一是开展招商引资专项审计调查。根据市审计局的统一安排，以规范政府招商引资行为为目标，以招商引资专项经费支出的真实性、合法性为主线，对区2010年度招商引资项目的真实性、合法性、效益性进行审计调查。通过审计调查，揭示杜集区在招商引资过程中存在的问题，客观评价招商引资行为政策执行的效果和产生的效益，有针对性地提出了审计意见和建议。二是开展中小学校安工程跟踪审计。根据审计署的要求，在省审计厅的统一部署下，开展对全区校舍安全工程的跟踪审计，完成跟踪审计项目29个（新建项目6个、加固项目23个）。三是开展普通高中债务调查。按照《审计署、教育部、财政部关于开展普通高中债务调查的通知》、《淮北市普通高中债务调查工作方案》的要求，10月，开展全区普通高中债务调查。根据普通高中债务调查的目标、内容、范围和对象，这次调查确定债务项目62个，债务金额1560万元（政府性债务1014万元、拖欠工程款546万元），并呈区政府批准上报省审计厅。四是开展养老保险基金专项审计调查。按照全省的统一部署，根据《全省养老保险基金审计调查工作方案》的要求，对区2010年度企业职工养老保险基金、被征地农民养老保险基金的筹集、管理、使用情况，养老保险政策的制定和执行情况全面展开审计调查。通过调查，摸清了各项养老保险基金的收支余规模、结余形态、经办管理以及养老保险制度建设和执行情况。五是按照淮北市审计局《2011年淮北市义务教育收费情况审计调查工作方案》的要求，开展对全区2010年秋季和2011年春季义务教育收费审计调查。六是按照省审计厅、省财政厅、省卫生厅关于印发《全省基层医疗卫生机构债务清理核实和审核认定工作方案》的通知精神，开展全区基层医疗卫生机构债务清理核实和审核认定工作。通过债务清理核实和审核认定，摸清底数，锁定债务，分类处理，划分责任，为有序推进基层卫生医疗机构债务化解工作，提供了准确可靠的依据。

固定资产投资审计。根据区政府的安排和有关部门的委托，完成孙庄村委会综合办公楼、双楼村新农村建设节能温室、开渠中学教学楼、多功能餐厅、八中学生公寓、开发区富强北路等72项工程竣工决算审计。工程报送总造价5580万元，审核后造价5173万元，审计核减407万元，核减率8%。

审计人员业务培训。为加快审计转型，改进审计方法，提高业务人员技能，7至8月，抽调1名审计人员参加省审计厅举办的计算机中级培训班。

其他审计事项。围绕区委、区政府的中心工作，认真完成领导交办的其他审计事项，如教育局、东兴投资公司的财务收支审核，山河智能项目朔里镇刘搂村拆迁补助审计，为杜集区经济发展、社会稳定、廉政建设和社会各项事业的发展发挥了作用。

信息宣传。为更好地发挥审计信息宣传工作，进一步加强信息宣传和科研工作，服务党政领导决策，宣传审计成果的作用，根据《淮北市审计系统宣传信息工作管理办法》，全年发审计信息18篇，其中：中国审计网1篇、安徽审计网2篇、淮北审计网13篇、《淮北广播电视报》2篇。

审计信息化建设。根据市审计局关于全市审计信息化工作的总体部署，按照市审计局全市审计信息化工作目标和任务，在各级领导高度重视和大力支持下，在市审计局的有力指导下，审计信息化建设取得新突破。被省审计厅评为全省审计系统“信息化推进工程”先进单位。

2011年工作成果一览表

审计单位（个）	查处违规金额（万元）	管理不规范资金（万元）	应缴财政（万元）	已缴财政（万元）	应归还原渠道资金（万元）	移送事项（件）	应调账处理金额（万元）	应自行纠正金额（万元）	审计报告、信息被批示采纳（篇）
89		1708						1708	

2011年获奖情况

被省审计厅评为全省审计“信息化推进工程”先进单位

（撰稿人：杨春呤，审核人：孙庆民）

濉溪县审计局

濉溪县审计局内设办公室、综合法规股、财政金融审计股、行政事业审计股、经贸审计股、农水环保外资审计股、经济责任审计分局、政府投资审计中心、百善中心所、韩村中心所和南坪中心所，现有编制12名，实有人员39名。

2011年濉溪县审计局机关人员配备情况表

单位＼内容	人数	性别		文化程度				职称			负责人
		男	女	研究生	本科	大专	大专以下	高级	中级	初级	
局领导	5	4	1		3	2			2		崔海波
主任科员	2	2			1	1					
办公室	2	2			2				1		张朝锋

综合法规股	1	1			1				1		朱　颖
财政金融审计股	1		1			1			1		周　侠
行政事业审计股	1		1		1				1		邓晓梅
经贸审计股	1	1				1				1	倪其龙
农水环保外资审计股	2	1	1			2			1	1	肖　云
经济责任审计分局	5	3	2		3	1	1		2	1	叶　森
政府投资审计中心	4	2	2		3		1		2		王君莉
百善中心所	4	2	2		3	1			3		徐道明
韩村中心所	6	2	4		3	3			2	1	余慧敏
南坪中心所	5	2	3		2	3			2	2	代长青
合计	39	22	17		22	15	2		18	6	

2011年濉溪县审计局领导人员情况表

姓　名	性　别	职　务	职　称	任职时间
崔海波	男	局长		2010年4月
袁文军	男	副局长	审计师	1998年11月
程振华	男	副局长		2010年11月
陆　青	女	纪检组长		2007年7月
叶　森	男	经济责任审计分局局长	审计师	2003年1月

2011年12月31日在册人员名单

崔海波　袁文军　程振华　陆　青　叶　森　管建民　潘廷安　张朝锋　蒋　伟　朱　颖　周　侠　邓晓梅　肖　云　丁在光　倪其龙　周林森　孙建民　郑淑香　赵　刚　王唯玲　王君莉　祁武云　丁艳华　张裕全　徐道明　刘　芳　程　红　刘　梅　余惠敏　吴桂玲　张　颖　王保东　张　慧　杨　红　代长青　孙永红　刘彩云　丁　艳　余　峰

2011年工作概况

2011年，濉溪县审计局审计项目320个，其中政府性投资建设项目审计295个，查处违纪违规金额3170万元、管理不规范资金20411万元，审减政府性投资7440万元，提出审计建议43条、被采纳36条，向上级审计机关和县政府提交专项审计调查报告和审计信息32篇，被批示采用21篇。

深化本级财政预算执行审计。以加强财政管理、完善预算制度，规范资金的分配行为、提高财政资金使用效益为目标，紧紧围绕对财政资金分配权力的制约和监督这一主线，进一步加大部门预算执行审计力度，加强对部门管理的预算外资金、专项资金和二次分配财政资金的审计。上半年，在审计县本级财政预算执行情况、税收征管情况外，延伸审计县商务局、人口和计划生育委员会、县国土局和临涣中学等单位，审计发现滞留财政资金、违规收费、私存私放财政资金等问题，查处违纪违规资金1191万元、管理不规范资金19473万元。同时，按照年度计划的安排，对刘桥镇、孙町镇、临涣镇2010年度财政决算进行审计。

深入开展专项审计调查和效益审计。一是按照省审计厅统一部署，2至4月，抽调6人对当涂县城乡义务教育保障机制专项资金绩效进行专项审计调查。二是按照省审计厅统一部署，3至5月，抽调8人对铜陵县政府性债务情况进行专项审计调查，摸清了铜陵县政府债务总体情况，揭示了存在的主要问题与运营风险，提出了审计意见和建议。三是按照市审计局统一部署，5至6月，以规范政府招商引资行为为目标，重点调查全县招商引资项目的合法、合规和效益等情况。四是按照市审计局安排，对全县农业综合开发项目和中小学义务教育收费情况进行专项审计调查。五是根据县政府安排，对县污水处理系统进行效益审计。六是按照审计署、教育部、财政部统一安排，对濉溪中学等4所高中债务情况进行审计调查。七是按照省审计厅、卫生厅、财政厅的统一部署，组成8个审计组，对全县18个卫生院债务情况进行审计。八是按照省审计厅统一安排，对全县社保资金的筹集、管理、使用情况和养老保险政策的制定和执行情况进行专项审计调查。

创新经济责任审计。以加强对党政领导干部的管理和监督，促进领导干部勤政廉政，全面履行职责为目标，受县委组织部的委托，分别对商务局原局长李新、县供销社原主任何维军，刘桥镇原党委书记张广华、镇长吴飞，临涣镇原镇长任明杰，孙町镇原党委书记张敬民进行了离任审计。经濉溪县经济责任审计领导小组同意，分别对县物价局局长、县总工会主席、县残联理事长进行任中审计。在审计过程中，突出4个特点：一是推行审计公示制度；二是履行纪检部门、组织部门、审计机关联合进点程序；三是实行监督机关、被审计单位和社会的互动监督方法，以寻求更多的审计线索；四是突出审计的时效性，充分发挥审计结果的利用水平。

规范和完善政府投资审计。一是加强委托审计，实现审计资源共享。6月初，通过县招标采购局面向社会招标，有10家社会中介机构中标，参与濉溪县政府性投资审计工作。二是加强制度建设，规范管理。为加强对重大项目的跟踪审计，规范中介机构的审计行为。7月，县政府出台《濉溪县政府投资建设项目跟踪审计实施办法》和《濉溪县组织社会中介机构参与政府投资建设项目审计监督规定》等规范性文件。同时，县审计局印制报审资料清单、业务流程图、工作宣传手册等，发送各工程管理单位、施工单位和中介机构，为规范审计管理提供了制度支持。三是增进沟通，形成合力。为进一步加强政府投资审计工作， 8月19日，县政府召开政府投资审计协调会议，5个工业园区、县政府相关部门共19家单位负责人参加了会议。县委常委、常务副县长姜颖到会并讲话。姜颖总结了近年来政府投资审计工作开展情况，指出当前存在的问题，对下一步政府投资审计工作提出了具体要求。为规范委托审计， 9月16日，县审计局组织由10家中标中介机构参加的座谈会，通报县政府文件精神，征求中介机构对审计工作的意见和建议，取得预期效果，保障了政府投资审计工作的规范运行。四是拓展审计内容，突出过程审计。在深化工程决算审计的基础上，积极开展预算审计、跟踪审计，先后对县医院综合楼、县医院安置楼、濉河路改造工程、新濉河公园二期工程进行跟踪审计，对濉永路、碱河路桥、新濉河二期景观工程进行预算审计，实现了由单一的工程预决算审计向多方位审计转变，由事后监督向事前和过程监督转变。五是加强质量控制，提升审计水平。为提高审计报告的客观性、公正性、权威性，县审计局把提高工程审计人员的技术水平和审计报告质量放在重要位置。对工程审计人员进行全员短期培训，全年开展两期业务培训班，在审计中，采取骨干带，高手教，一帮一的方式，对审计新手进行重点帮扶。同时，对技术含量高的工程项目与中介机构共同审计，使审计人员业务技能整体水平大幅提升。加强和完善审计组长、部门负责人两级复核和业务会议审理制度。对一般的工程项目必须经两级复核报分管领导审核后方可出具审计报告，重大工程项目必须经两级复核报经业务会议讨论审议后方可出具审计报告。两复核一审理制度的实施，保证了审计结果的公开透明和客观公正。

扎实开展“信息化推进工程”各项活动。一是健全机构，抓好落实。成立局长任组长，相关部门负责人为成员的领导小组，局办公室和局审计信息中心具体抓“信息化推进工程”年活动的组织、协调、督查、考核工作，局属各部门明确专人负责，为落实好、出成效提供了组织保证。二是抓制度建设，确保活动稳步推进。按照上级审计机关的要求，县审计局出台《濉溪县审计局2011年“信息化推进工程”实施方案》、《濉溪县审计局关于2011年信息化任务分解的通知》、《濉溪县审计局关于信息化建设奖惩办法》等，实现了在活动中统一认识，在共识中增加压力，在动力中推进发展。三是加强和完善工作机制。建立每周例会制度，每月通报制度，年度综合考评制度。通过调度，分析、研究和解决工作中存在的困难和问题；通过通报方式，鞭策落后，增强紧迫感；通过考评，落实奖惩。在2010年6人通过计算机中级考试的基础上，加大审计人员信息化水平的培训力度，又有两人通过了计算机中级考试。四是试行数字审计，筹备联网审计。按照省审计厅的要求，对临涣中学试行数字审计，在审计中探索数字审计的方式方法和审计模式，取得了初步成效；按照省审计厅要求，10月，县政府批准县审计局关于开展联网审计的报告。年底，联网审计建设已安装调试完毕，计划2012年正式实施。五是实施会商系统建设。10月，会商系统建设已经县政府同意，年底已全面完成项目建设并投入使用。六是强化宣传工作。成立宣传工作的机构，分解宣传任务，制定宣传稿件审批制度，审计宣传工作取得了很好成效。全年县审计局在各级媒体上发表审计信息300余篇。

2011年工作成果一览表

审计单位（个）	查处违规金额（万元）	管理不规范资金（万元）	应缴财政（万元）	已缴财政（万元）	应归还原渠道资金（万元）	移送事项（件）	应调账处理金额（万元）	应自行纠正金额（万元）	审计报告、信息被批示采纳（篇）
25	3170	20411	48	48		1	65		21

2011年获奖情况

被省审计厅评为全省审计“信息化推进工程”先进单位

被省审计厅评为县级审计网站优秀单位

政府投资审计中心被省文行委评为省级“文明窗口”

被县委、县政府评为目标责任优秀单位

被县委、县政府评为信访工作先进单位

刘方被省审计厅评为全省审计信息化建设先进个人

张朝锋被评为县目标管理先进个人

肖云被评为县民生工程先进个人

张朝锋被评为县综合治理先进个人

叶森被评为“项目建设推荐年”先进个人

2011年大事记

1月16日至3月4日，蒋伟、余峰、刘彩云、程红赴当涂县开展义务教育保障经费审计调查。

2月10至14日，全体人员进行新《国家审计准则》培训，并进行测试。

3月2日，袁文军、代长青、王宝东参加省审计厅组织的政府债务审计培训；丁在光、赵刚、刘方在市审计局参加培训。

3月3日，凤台县审计局高辉局长一行3人到县审计局参观交流。

3月5至6日，县审计局女同志一行15人，到山东沂水开展活动，庆祝“三八节”。

3月7日，袁文军任组长，代长青任主审，赵刚、王保东、丁在光为成员的审计组，到铜陵县开展地方政府性债务审计工作。

3月22日，张朝锋被任命为县审计局办公室主任。

3月23日，濉溪县审计局审计管理站经县编委批准，更名为濉溪县政府投资审计中心。

3月30日，经局长办公会议研究，邓晓梅、肖云、魏超、刘彩云、刘方被评为2010年度优秀。

4月15日，经局党组研究，王君莉任县政府投资审计中心主任，祁武云任县政府投资审计中心副主任。

5月28日，崔海波、邓晓梅当选为中国共产党濉溪县第十届党代表。

7月1日，张朝锋撰写的楹联“兢兢业业求学求新求发展，勤勤恳恳为党为国为人民”，被省审计厅选入参加在黄山市举办的全省审计系统楹联展活动。

7月27日至8月3日，程振华、魏超、丁艳参加审计署内部审计协会在长沙举办的固定资产审计培训班。

8月，王君莉被市审计局推荐为出席省党代会党代表候选人。

8月19日，召开政府投资审计工作协调会，县财政、城建、发改、交通及五个工业园区共18家单位的分管领导参加会议。县委常委、常务副县长姜颖到会并讲话。

8月20至27日，崔海波、王君莉、张颖参加审计署内部审计协会在成都举办的固定资产审计培训班。

8月28日，肖云、程红、王保东、杨红、余峰、刘彩云、周林森、蒋伟、魏超、丁艳、赵刚等12人赴合肥参加省审计厅组织的计算机中级考试。

8月31日至9月5日，张朝锋入选省审计厅专家库，并参加省审计厅组织的全省优秀审计项目评选。

9月9日，王君莉当选为省党代表。

9月13至14日，崔海波、袁文军、刘方赴界首市审计局学习联网审计工作。

10月29日至11月4日，省党代表王君莉赴合肥参加中国共产党安徽省第九届党代会。

11月9日，崔海波、袁文军、张朝锋、刘方，县财政局肖建生赴埇桥区审计局学习考察联网审计。双方就联网审计建设、会商系统建设、审计质量控制、审计机关建设、机制建设等方面进行交流。

11月底至12月初，县审计局联网审计系统和会商系统进入招标采购阶段。

12月1至8日，袁文军、张朝锋、朱颖、肖云参加审计署在昆明举办的经济效益审计培训班。

12月15日，应埇桥区审计局的邀请，崔海波局长、张朝锋主任参加埇桥区审计局召开的审计学会二届理事会暨内部审计协会成立大会。

12月14至22日，叶森、徐道明、周林森、孙建民参加审计署在哈尔滨举办的经济责任审计培训班。

2011年 领导批示、讲话摘要

8月19日，县委常委、常委副县长姜颖在县政府投资审计协调工作会议上指出：一要肯定成绩，濉溪县政府投资审计较快发展；二要正视不足，充分认识濉溪县政府投资审计工作的形势；三要突出审计重点，强化措施，提升政府投资审计工作水平。

濉溪县审计学会

2011年，濉溪县审计学会主要做了以下工作：一是召开理事会，完善审计学会管理办法、审计论文、稿件奖励办法等多项规章制度，为审计学会工作的正常开展提供了有利保证。二是组织开展投资审计、效益审计、经济责任审计、计算机审计和审计理论培训工作。全年集中24个半天进行计算机中级培训，两人通过了计算机中级考试。三是开展区域交流活动。在崔海波局长的带领下，赴界首市、埇桥区审计局学习考察联网审计。四是组织开展审计项目检查评比活动。12月，对全年完成项目进行检查评比，表彰了5个优秀审计项目。五是开展“木金杯”审计征文活动。取得的主要成果：一是审计理论紧密结合，撰写了《浅谈绩效审计》、《政府性投资审计的重点和方法》等论文。二是计算机专家经验、AO审计实例在审计署、省审计厅的评比中获奖。三是完善审计质量控制体系，审计质量进一步提升。

濉溪县审计学会 领导及理事名单

会　长：崔海波

副会长：袁文军　陆　青　叶　森　蒋　伟

秘书长：张朝锋

常务理事：崔海波　袁文军　陆　青　叶　森　张朝锋　朱　颖　周　侠　邓晓梅　倪其龙　蒋　伟　马　健　王德平　郜洪联　徐立峰　周宗华　赵　健　李金军　赵先美　陶延华　刘金光　蔡晓春

理　事：崔海波　袁文军　陆　青　叶　森　潘廷安　管建民　张朝锋　朱　颖　蒋　伟　邓晓梅　倪其龙　丁在光　肖　云　王君莉　余惠敏　徐道明　代长青　马　健　陆　蓉　赵先美　彭东军　刘金光　蔡晓春　牛心红　张纯胜　王　莲　李金军　郜洪联　秦振华　徐钦连　黄　山　赵　健　高　翔　张慧丽　郜树平　张　涛　王德平　周宗华　王成杰　朱美荣　马健康　赵　军　王湘溪　吕　敏　魏永新　徐　斌　刘婉侠　王　珂　魏任重　曹　军　黄树田　汪炳臣　孙红玲　王培杰　陈　晓　徐立峰　吴学玲

2011年出台的地方审计规章目录

《濉溪县政府投资建设项目跟踪审计实施办法》

《濉溪县委托社会中介机构参与政府投资建设项目审计管理办法》

《濉溪县人民政府关于加强审计工作的若干实施意见》

（撰稿人：张朝锋，审核人：乔爱富）

亳州市审计局

亳州市审计局内设办公室（计算机审计科）、综合法规科、财政审计科、农业与外资审计科、行政事业与社会保障审计科、经贸与金融审计科、经济责任审计局和固定资产投资审计中心，现有编制46名，实有人员39名。

2011年亳州市审计局机关人员配备情况表

单位 \ 内容	人数	性别		文化程度				职称			负责人
		男	女	研究生	本科	大专	大专以下	高级	中级	初级	
局领导	5	4	1	1	3	1			5		李迎春
办公室（计算机审计科）	8	6	2		5	2	1		1		李卫东
综合法规科	2		2		2				1		孙　博
财政审计科	4	2	2		3	1			3		陈松福
农业与外资审计科	3	1	2	2	1				2		袁　芬
行政事业与社会保障审计科	4	3	1		3	1			2		刘运伟
经贸与金融审计科	2	2			2				1		孙　建
经济责任审计局	5	5			5				3		赵　峰
固定资产投资审计中心	6	3	3		4	2			3		郑保建
合计	39	26	13	3	28	7	1		21		

2011年亳州市审计局领导人员情况表

姓名	性别	职务	职称	任职时间
李迎春	女	党组书记、局长	经济师	2009年6月
梁海波	男	党组成员、副局长	经济师	2009年8月
吴海波	男	党组成员、副局长	税务师	2010年8月
宋保众	男	党组成员、副局长		2011年12月
陈陵生	男	调研员	工程师	2009年7月
袁　芬	女	副调研员	经济师	2011年11月
赵　峰	男	经济责任审计局局长	审计师	2010年3月
和俊亮	男	党组成员、副局长	会计师	2001年12月任职（2011年4月调离）

2011年12月31日在册人员名单

李迎春　梁海波　吴海波　宋保众　陈陵生　赵　峰　刘运伟　曹　旭　李卫东　李　亚　张松峰　田　宇　柏　梅　李　月　张　峰　吴建忠　陈松福　袁　芬　许运好　朱丽娟　张海燕　孙　博　邢　磊　梁　爽　李立勇　孙　建　董　华　张　超　代鹏山　陈玉成　郑保建　王文临　任　峰　吴　昊　闵　兰　唐东亚　宋维龙　任　哲　凡　莉

2011年亳州市审计局特约审计员情况表

姓名	性别	工作单位	职务	职称	任职时间
张亚东	男	市人大财经工委	主任		
刘　阳	男	市政协经济委员会	主任		
张国芳	女	市工商联	主席		
刘云飞	男	市九三学社	副主委		
闫鸿雁	女	中国农业发展银行亳州分行资金计划部	副经理	经济师	
任　斌	男	市金鑫信用社	主任		

2011年工作概况

2011年，亳州市审计局在市委、市政府和省审计厅的正确领导下，深入贯彻落实科学发展观，紧紧围绕经济社会发展的主要目标任务，坚持“依法审计、服务大局、围绕中心、突出重点、求真务实”审计工作方针，认真履行审计监督职责，较好地完成了各项工作任务，在促进依法行政、维护财经秩序、推进廉政建设、服务经济社会发展方面发挥了积极作用。全年完成审计项目61个，查处违规问题金额3964万元、管理不规范金额267069万元、损失浪费金额6606万元，为政府增收节支1577万元。提交审计报告和信息143篇，向被审计单位和有关单位提出审计建议134条，被审计单位根据审计建议制定整改措施或出台整改制度64项。

财政审计。按照构建财政审计大格局的思路和要求，以全部政府性资金为主线，以规范财政预算管理、提高财政资金使用绩效、推进深化财政改革为主要目标，切实推进预算执行审计向更深层次发展。实施市本级财政预算执行审计、市本级地税征管审计、市交通运输局等8个部门预算执行情况审计和涡阳县人民政府2010年度财政决算审计。对审计发现的问题注重加强整改。市本级建立健全审计整改报告制度、督查回访制度和责任追究制度，修订完善《审计查处问题及审计整改情况纳入市直单位绩效考核的考评细则》，将审计整改情况纳入市直单位效能考核的内容，及时向市政府和市人大常委会报告审计整改落实情况，进一步提升了审计监督效果。

固定资产投资审计。为保证建设资金安全，促进项目规范管理，市政府出台《关于资金安全等四项安全工程实施意见》和《关于进一步加强政府投资项目监督管理的通知》，明确规定：“审计部门对所有政府投资项目实施全面审计，实现审计全覆盖”，“审计结果作为建设单位支付结算款项以及建设项目竣工后国有资产移交的依据。对核减率超过5%的，项目主管部门和建设单位要书面向市政府说明原因；核减率超过10%的，由市监察局会同相关部门调查原因，存在违规违纪问题的，将追究项目主管部门和建设单位主要负责人责任。”这些措施，为规范政府投资项目建设管理提供了制度保证。全年完成工程竣工决算审计和工程价款结算审计项目32个，核减工程价款847万元，平均审减率5.11%。实施对市南部新区征地拆迁资金使用管理情况的跟踪监督，选派3名业务骨干全程参与政府征用土地拆迁补偿的实地测算和监督。审核6项有关市本级土地收储项目的资产评估结果报告，审计核减金额515.37万元。

经济责任审计。市委、市政府调整充实市经济责任审计工作领导小组，各县（区）都成立经济责任审计工作领导小组或建立联席会议制度。市审计局认真学习贯彻中共中央办公厅、国务院办公厅《党政主要领导干部和国有企业领导人员经济责任审计规定》、《安徽省经济责任审计工作领导小组关于进一步规范经济责任审计程序的通知》等经济责任审计的新规定、新要求，先后组织培训7次，参训人员185人次。在审计计划、审计程序、审计评价、审计文书等方面的操作更加规范。在坚持财政财务收支审计的基础上，将审计重点调整到领导干部履行经济管理职能、贯彻执行党和国家经济工作的方针政策及决策部署、制定和执行重大经济决策情况等内容上来。探索开展县委书记、县长经济责任同步审计，并取得较好成效。全年全市对42名领导干部实施经济责任审计，其中，县处级领导干部9人，科级领导干部32人，国有企业领导人员1人。继续实行经济责任审计谈话制度，有力地促进了领导干部守法守纪，守规尽责。

专项审计和审计调查。市本级继续加大专项资金审计力度，重点组织实施全市中小学校舍安全工程、全市养老保险基金、全市普通高中债务、全市住房公积金、舟曲救灾资金物资跟踪审计、财政扶贫资金审计等10个专项审计（审计调查）项目。市审计局在对某县世界银行贷款农业科技项目审计时，发现存在套取、挪用项目资金等问题，审计专报被省政府领导批示，追回财政资金210万元，有关责任人也分别受到行政处分。按照审计署和省审计厅的统一部署，市审计局精心谋划安排，周密组织实施，抽调36名审计人员，成立5个审计组，对蚌埠市及其所辖县区8个年度的地方政府性债务进行交叉审计，查处管理不规范金额95213万元，提出进一步加强债务管理、防范和化解债务风险的审计建议，优质高效地完成了审计任务。市审计局人员编写的政府性债务报表校验SQL语句，被审计署采纳，并在全国推广应用；市审计局承担的地方政府性债务审计调查项目被审计署抽查复核，审计质量受到审计署的充分肯定和好评，为全省政府债务审计工作做出了积极贡献。市审计局获审计署颁发的全国地方政府性债务审计公务员集体嘉奖，并被省审计厅评为全省地方政府性债务审计先进集体。

市政府交办事项和其他重点工作。一是重视市长热线（行风热线）办理工作。二是重视加强市民论坛、阳光投诉工作。三是积极推行审计政务公开和执法公开。四是严格保密制度，规范公文运转和公文办理。在2002至2011年市直机关公文交换考评中，市审计局连续9年获得满勤，受到市委的通报表扬。五是认真做好工作日志制度落实。六是通过“六个结合”，促进“创先争优”活动的开展。把“争先创优”活动与转变作风、提高效率相结合，与推动审计创新、创一流业绩相结合，与对全市的重点项目建设、专项资金等方面的审计监督相结合，与促进“AO”和“OA”审计的应用相结合，与提升标杆、提高审计人员技能相结合，与基层帮扶捐助、关爱留守儿童、为弱势群体献爱心相结合，扎扎实实为群众谋发展，办实事。

审计信息化建设。全市审计机关大力实施“信息化推进工程”。一是加强领导。市县审计机关形成“一把手”亲自抓、分管负责人具体抓、专人办理、全员参与、市县联动、全面推进的审计信息化建设格局。二是精心组织实施。及时动员部署，分解任务，明确责任，狠抓落实。投资20多万元完成市审计局中心机房的搬迁改造，实现审计专网的迁移和市县审计专网的互联畅通，保证了审计管理系统和视频会商系统的正常运行。三是加强信息化人才培训。全市审计机关先后组织4期计算机审计专题培训。同时选派8人参加省审计厅举办的计算机审计中级培训班。目前，全市共有150人通过AO资格认证考试，13人具有计算机审计中级资格。四是深化审计信息技术应用。全市审计项目均实现OA与AO系统的全面交互，实行审计项目的复核审理和电子化流程管理“双审核”制。全年全市征集计算机审计方法22篇，被选入审计署计算机审计方法目录4篇；征集AO应用实例22篇，获全国应用奖2篇、鼓励奖4篇，获全省优秀奖8篇、应用奖4篇；市审计局门户网站被评为全省市级特色网站。

审计成果运用。一是切实加强领导。市政府领导高度重视，针对市人大常委会《关于2010年度市本级预算执行和其他财政收支情况的审计工作报告》提出的审议意见专门做出批示，要求切实抓好整改落实。二是及时开展督查。10月，对被审计单位审计整改情况进行督促检查。三是继续实行经济责任审计谈话制度。市政府常务副市长召集实施经济责任审计的市直部门主要负责人和离任负责人进行审计谈话，要求对审计发现的问题限期整改，并避免类似问题的发生。四是完善绩效考评制度。将审计整改情况纳入市直单位年度绩效考评内容，对审计决定落实不到位的单位，绩效考评时扣除相应的分值。五是实行审计整改问责制。对漠视审计意见、拒不落实审计决定的单位，由市政府通报批评、责令限期整改，纪检监察机关对单位负责人进行廉政谈话并追究责任。六是修改完善局机关管理制度，规范审计执法行为。

2011年工作成果一览表

审计单位（个）	查处违规金额（万元）	管理不规范资金（万元）	应缴财政（万元）	已缴财政（万元）	应归还原渠道资金（万元）	移送事项（件）	应调账处理金额（万元）	应自行纠正金额（万元）	审计报告、信息被批示采纳（篇）
61	3963	267069	232	232					73

2011年获奖情况

在审计署办公厅AO应用实例评选中获得1个应用奖、3个鼓励奖

获得全国地方政府性债务审计全国先进公务员集体奖

被省审计厅评为全省审计系统精神文明创建先进单位

被省审计厅评为全省审计信息化工作先进单位

在全省审计机关计算机审计方法征集评审中获得1个优秀奖、1个良好奖

在全省审计机关AO应用实例征集评审中获得3个优秀奖、2个应用奖

在全省审计机关网站综合测评中获得特色网站奖

被市委、市政府评为市直效能优秀单位

被市委、市政府评为全市档案工作优秀单位

被市委、市政府评为全市机关先进基层党组织

在全市建党90周年“药都银行杯”党史知识竞赛中获得优秀组织奖

2011年大事记

2月25日，全市审计工作会议召开。会议传达学习全国全省审计工作会议精神，总结2010年审计工作情况，安排部署2011年全市审计工作任务。

2月28日，组织开展全市审计法律法规电视大赛。

5月21日，全市审计信息化专题会议召开。

8月2日，省审计厅厅长刘战平到亳州市调研审计工作。

10月16日，全市审计法律法规执行情况检查和调研会议召开。

11月8日，省审计厅巡视员李长柱到亳州市调研审计工作。

12月4日，组织审计普法宣传。

2011年领导批示、讲话摘要

3月8日，市委常委、市政府常务副市长汪一光在市审计局《关于三联家私和液化气钢瓶检测站土地收储中建筑物信附属物评估报告审核情况的报告》上批示：请纪委副书记张学峰同志阅并调查了解情况，如属造假，要严肃处理。

7月11日，市委副书记、市政府市长沈强在省审计厅《关于反馈亳州市政府性债务审计结果的函》上批示：请财政局杨学国局长阅，并牵头制定债务资金管理办法。请送方书记阅示。

市委书记、市人大常委会主任方春明批示：同意沈市长意见（请办公室将来函附件复印一份给我）。

10月8日，市委常委、市政府常务副市长汪一光在市审计局《关于印发全省基层医疗卫生机构债务清理核实和审核认定工作方案的通知》上批示：审计牵头，财政、卫生紧密配合，要有利于下一步化解债务，减轻基层医疗卫生机构负担，手续要完备，时间要抓紧。必要的话，开个到县区的会。报沈市长阅知，请东亚秘书长注意协调。

市委副书记、市政府市长沈强批示：同意汪市长意见。

10月31日，市委常委、市政府常务副市长汪一光在市审计局《我市部分企业未能足额缴纳养老保险金》上批示：请人社局怀乾同志阅并督促各相关企业依法缴纳“五险”。

10月31日，市委常委、市政府常务副市长汪一光在市审计局《关于要求选调审计人员的请示》上批示：市审计局任务繁重，工作重要，但人员相对较少，专业结构性压力更大。拟同意市审计局意见，妥否，请骆部长、沈市长审定。

市委常委、组织部部长骆方平批示：请沈市长定，建议同意审计局意

见。

市委副书记、市政府市长沈强批示：请蔡怀乾局长阅办，配合审计局按相关程序操作。

亳州市审计学会

2011年，亳州市审计学会围绕全市审计工作大局，精心谋划学会活动，积极为审计中心工作服务。为提高审计人员业务素质和创新意识，市审计学会在网站上开辟读书专栏，搭建网络读书平台，促进信息互动和资源共享。为加强审计管理和效能建设，增强审计影响力，以效能和党风廉政建设为主题，采用问卷调查和网络投票的方式在全市范围内开展问卷调查活动，广泛征求社会各界对审计机关党风廉政建设、效能建设的意见和建议。同时在《亳州晚报》组织专版，宣传新修订的地方审计法规，以及亳州市审计机关“十一五”时期审计工作的工作成果，引导活动深入开展。2011年，亳州市审计学会被省审计学会评为先进团体会员。

亳州市审计学会领导及理事名单

会　长：陈陵生

副会长：王玉玺

秘书长：李卫东

理　事：陈陵生　王玉玺　李卫东　齐建华　贾新民　王洪杰　程效先　王玉红　张保红　屈文进　任爱丽　张文敬　胡树忠　孙会影　刘仲远　刘　明　陈显峰　孙玉山　沈振清　梁海波　陈松福　王　锴

亳州市内部审计协会

2011年，亳州市内部审计协会坚持协会宗旨，以服务内部审计机构和内部审计人员为中心，在省内部审计师协会和市审计局的领导下，在全市广大内部审计人员的共同努力下，协会的各项工作取得了显著成绩，为服务市经济建设大局，推动内部审计事业发展做出了积极贡献。

一、进一步加强理论研讨和经验交流，促进内部审计事业发展，提高内部审计人员素质。市内部审计协会积极探索内部审计理论，以不断提高内部审计工作质量，加速内部审计全面转型，促进内部审计事业健康发展为抓手，组织全市各有关内部审计机构及广大内部审计人员围绕如何全面推动内部审计工作全面转型这一主题，开展内部审计理论研讨活动，取得明显成效。全年推荐上报的内部审计论文在全省优秀论文评比中，共有4篇论文获全省优秀论文奖，其中市内部审计协会组织撰写的《“免疫系统”论框架下创新经济责任审计的思路与方法》荣获全省优秀论文评比一等奖，安徽古井集团撰写的《企业经济责任审计的意义和组织方式》获二等奖，市烟草专卖局撰写的《从审计程序看经济责任审计关键控制点》、亳州供电公司撰写的《浅谈经济责任内部审计面临的问题及解决途径》2篇获三等奖。特别是《“免疫系统”论框架下创新经济责任审计的思路与方法》荣获中国内部审计协会全国优秀论文评比提名奖。

二、积极鼓励广大内部审计人员参加CIA资格考试。市内部审计协会采取多种方式，提高内部审计人员素质和专业胜任能力。全年组织全市14人参加CIA资格考试。

三、深入调研，解决内部审计单位的问题，为内部审计提供指导。全年市内部审计协会组织调研10多次。给部分内部审计单位讲内部审计课，为内部审计单位“传经送宝”。 组织40多人次内部审计人员参加省内部审计师协会组织的培训学习。组织参加全市内部审计机构和人员参加全省“双先”评比工作交流会。

四、扩大内部审计宣传，完成《中国内部审计》杂志订阅任务。

亳州市内部审计协会领导及理事名单

名誉会长：杨光远

会　长：和俊亮

副会长：张俊奇

秘书长：赵　峰

理　事：和俊亮　张俊奇　李光明　朱卫军　王学良　许锦达　王立宏　高田运　黄　峰　程真义　王子斌　张锦花　郭　卢　袁　伟　江润霞　朱顺银　沈中伟　邵晓东　朱红燕　王少梅　王　玲　孙　建　郑保建　赵　峰　胡秋雯　刘运伟　秦家涛　侯宏伟

（撰稿人：孙博，审核人：李迎春）

谯城区审计局

谯城区审计局内设办公室、综合法规股、财政金融审计股、行政事业审计股、经贸审计股、经济责任审计局、中心审计所和固定资产投资审计中心，现有编制33名，实有人员41名。

2011年谯城区审计局机关人员配备情况表

内容 / 单位	人数	性别		文化程度				职称			负责人
		男	女	研究生	本科	大专	大专以下	高级	中级	初级	
局领导	5	2	3	1	4			1	4		闻国芬
办公室	8	6	2		5	2	1		2	6	祝　静
综合法规股	3	3			2	1			2	1	张鹤峰
财政金融审计股	2	1	1		1	1			2		刘　莉
行政事业审计股	2	2			1		1	1	1		田桂林
经贸审计股	4	1	3		2	2			2	2	汪明才
经济责任审计局	3	1	2		1	2			2	1	王艳红
中心审计所	9	5	4		6	2	1		6	3	何成军
固定资产投资审计中心	5	4	1		3	2				5	何成军
合计	41	25	16	1	25	12	3	2	21	18	

2011年谯城区审计局领导人员情况表

姓　名	性　别	职　务	职　称	任职时间
闻国芬	女	党组书记、局长	统计师	2009 年 10 月
孙玉光	男	副局长	高级审计师	2004 年 11 月
侯振宇	男	副局长	农艺师	2011 年 10 月
刘　莉	女	总审计师		2011 年 10 月
王艳红	女	经济责任审计局局长		2011 年 10 月

2011年12月31日在册人员名单

闻国芬　孙玉光　侯振宇　徐国华　尚继林　祝　静　王振东　赵继贞　陶新安　李冬梅　丁　龄　张鹤峰　高　伟　刘　莉
牛婷婷　马　杰　刘琼丽　叶　静　怀冬梅　娄海涛　田桂林　高　军　王艳红　朱　雷　吕　敏　王久龄　何成军　田化臣
汪明才　侯建新　李　静　陈丽丽　车艳丽　杨　卫　张　目　丁小婉　袁冰然　张坤坤　王护城　刘金波　王振宇

2011年工作概况

2011年，谯城区审计局开展审计项目42个，其中：预算执行审计项目8个、经济责任审计项目17个、专项审计调查项目6个、投资审计项目11个。查处违纪违规金额 12165 万元、管理不规范资金 27710 万元，上缴国库资金35万元，提出合理化建议107条，提交审计报告和审计信息92篇，制定整改措施11条。通过审计，进一步规范了财政财务管理，促进了廉政建设。

部门预算执行审计。开展2011年度区本级预算执行情况和其他财政收支情况审计，以及8个部门的预算执行情况审计。在继续做好预算执行审计的同时，重点向预算编制和预算执行效果两端延伸，注重审查预算编制的科学性和绩效性，把财政资金投入与项目进展和政策目标实现统筹考虑，促进降低行政运行成本，制止挥霍公款、铺张浪费等问题。

政府投资审计。全年开展政府投资审计项目11个，送审金额17289万元，核减463万元，核减率为2.68%。为弥补基层审计机关力量不足，政府投资审计工作委托社会中介机构，在核减工程造价，节约建设资金的基础上，加大对基建程序合法性、合规性、以及项目管理规范性的审计力度，既节约了建设资金，又规范和纠正了项目管理和基建程序上的违纪违规问题，得到了区委、区政府的重视和充分肯定，以及社会的好评。

经济责任审计。全年开展经济责任审计项目17个。主要是围绕领导干部任期内经济指标完成情况、预算内外资金财务收支情况、债权债务及资产变动情况、重大经济决策及内控制度情况、以及个人遵守财经法规情况等开展工作。在审计内容上由财务收支审计向领导干部履职情况审计转型，突出经济责任审计成果利用，建立健全综合分析反馈制度，促进权力监督制约和问责机制的建立。

专项资金审计。全年开展6项专项资金审计及审计调查，即：校安工程专项资金审计，失地农民养老保险专项审计，对宿州市砀山县2009至2010年城乡义务教育经费保障新机制资金及有关情况进行审计调查，对蚌埠市禹会区、蚌山区8个年度政府性债务情况进行审计，全区高中阶段学校债务审计调查，全区卫生系统债务审计调查。区审计干部以精湛的技能、严明廉洁的纪律、勤勉务实的作风赢得了被审计单位和当地政府的高度评价，充分发挥了审计监督职能，进一步规范了财政性资金的使用和管理。

审计信息化建设。及时修订、完善审计工作量化考核标准，制定审计项目质量管理流程，规定对具备计算机审计条件的审计项目都必须应用AO开展审计，所有审计项目文书审批都必须纳入OA系统管理。目前，每个审计项目均在OA中进行立项分解流转，基本实现无纸化办公，大大提高了审计效率，AO-OA运用成效显著。李静、牛婷婷撰写的AO应用实例获得审计署鼓励奖，其中牛婷婷撰写的计算机审计方法已入选审计署计算机审计方法。在信息化推进方面，及时成立“信息化推进工程”领导小组，实行“一把手”负责制；制定“信息化推进工程”实施方案，将各项工作任务进行分解细化；组织6名计算机审计人员先后成立计算机研讨攻关、计算机审计方法以及AO应用实例小组，进一步提升审计信息化应用水平；及时修订审计信息化工作考核标准，完善和改进考核办法。

2011年工作成果一览表

审计单位（个）	查处违规金额（万元）	管理不规范资金（万元）	应缴财政（万元）	已缴财政（万元）	应归还原渠道资金（万元）	移送事项（件）	应调账处理金额（万元）	应自行纠正金额（万元）	审计报告、信息被批示采纳（篇）
42	12165	27710	35	35					92

2011年论文发表情况统计表

报刊名称	时间(期数)	论文题目	作　者
《安徽审计》	第10期	《浅析应收账款十七种舞弊形式》	田桂林
《安徽审计》	第11期	《浅议国家审计促进经济发展方式转变的作用途径》	闻国芬
《中国审计报》	1月5日	《发挥审计独特职能　促进反腐倡廉建设》	田桂林

2011年获奖情况

被区委、区政府评为“综治工作”先进单位

区本级2010年度预算执行和其他财政收支审计被市审计局评为全市表彰审计项目

闻国芬被评为全市“三八”红旗手

闻国芬撰写的《构建财政审计大格局的若干实践与思考》论文获得全省优秀审计科研论文三等奖

丁龄被评为全区优秀党务工作者

赵继贞被评为全区普法依法治理工作先进个人

牛婷婷被省审计厅评为全省审计“信息化推进工程”先进个人

牛婷婷编写应用实例《漏征税款审计方法》获审计署鼓励奖，同时入选2011年审计署计算机审计方法

李静被市审计局评为全市审计“信息化推进工程”先进个人

李静编写的应用实例《某县局截留家电下乡销售网点补贴资金和体外循环资金的审计应用实例》获审计署鼓励奖，同时获得省审计厅优秀奖

田桂林撰写的《浅析任期经济责任审计存在的问题及优化途径》论文获全省优秀审计科研论文三等奖

2011年大事记

10月，侯振宇调区审计局任党组成员、副局长。

10月，经区委组织部考核，刘莉、王艳红分别被任命为区审计局总审计师和经济责任审计局局长。

10月，通过全省公务员招考，袁冰然考入区审计局。通过区人社局组织公开选拔全额拨款事业编制人员丁小婉、张坤坤、王护城、刘金波、王振宇等5人进入区审计局固定资产投资审计中心。全局人员配置更加年轻化、知识化。

11月，袁冰然、丁小婉、张坤坤、王护城、刘金波、王振宇等6人经培训，顺利通过AO资格认证考试。

涡阳县审计局

涡阳县审计局内设计算机审计股、综合法规股、财政预算审计股、经贸金融与外资审计股、行政事业审计股、农业与社会保障审计股、经济责任审计局和政府投资审计中心，现有编制26名，实有人员22名。

2011年涡阳县审计局机关人员配备情况表

内容 单位	人数	性别		文化程度				职称			负责人
		男	女	研究生	本科	大专	大专以下	高级	中级	初级	
局领导	4	3	1	1	1	2		1	3		王　瑞
计算机审计股	4	3	1		1	3			2		焦心洁
综合法规股	2	1	1		2				1	1	黄建华
财政预算审计股	1	1				1			1		王　军
经贸金融与外资审计股	3	1	2		2	1				2	唐　梅
行政事业审计股	2	2			2					1	沈海强
农业与社会保障审计股	1		1			1			1		陈永红
经济责任审计局	1	1				1			1		李凌燕
政府投资审计中心	4	2	2		3	1			1	2	孙学超
合计	22	14	8	1	11	10		1	10	6	

2011年涡阳县审计局领导人员情况表

姓名	性别	职务	职称	任职时间
王　瑞	男	党组书记、局长	高级审计师	2006年10月
张　超	男	党组成员、副局长	审计师	2009年3月
徐化飞	男	党组成员、副局长	助理审计师、经济师	2010年1月
魏素清	女	总审计师		2009年3月

2011年12月31日在册人员名单

王　瑞　张　超　徐化飞　魏素清　李凌燕　焦心洁　黄建华　孙学超　唐梅　沈海强　王文灿　马付标　杨彩燕　王　军　陈永红　胡广寒　刘常德　潘　攀　魏晓晓　张艳丽　陆羽洁　李文奎

2011年工作概况

2011年，涡阳县审计局审计64个单位（项目），查处违规金额201706万元、管理不规范金额43920万元、损失浪费金额3万元，查补税收金额35万元，核减政府投资结算金额2763万元，提交审计报告和信息71篇，提交审计建议94条，制定整改措施2条。

积极配合市审计局做好地方政府性债务审计工作。派出7人对蚌埠市高新技术开发区和怀远县政府性债务进行审计调查。通过对审计情况的深入分析，摸清了怀远县政府性债务的规模、结构、债务用途、债务资金来源到期偿还情况，提出了合理消化债务的意见和建议。

开展预算执行审计。一是开展县本级预算执行的财政、地税部门审计，查处管理不规范金额35034万元。二是开展部门预算执行审计。对县计生委、住建委、公安局、教育局、卫生局、民政局等部门开展预算执行审计，审计出会计账簿设置不全、部分预算收入未及时上缴国库、滞留专项资金、超限额使用现金等违规违纪问题，审计查处隐瞒国有资产收益106万元、未足额征收建设规费912万元、查补地方税收35万元等违纪违规问题。

强化领导干部经济责任审计。按照县政府安排，对涡阳县高炉酒厂厂长马锦华任职期间经济责任履行情况进行审计。审计发现国有资产被无偿占用、财务处理不规范，造成资产账实不符等问题。提出的审计意见和建议，引起县委、县政府高度重视。县委、县政府领导要求成立工作组对存在的问题积极整改。

开展固定资产投资审计。对县生活垃圾厂填埋一区防渗工程、园区标准化厂房等57个工程项目进行竣工决算审计，核减金额2763万元，查处管理不规范金额6025万元。

开展养老保险基金审计调查。6至8月，对全县养老保险基金进行审计调查。通过审计调查发现，养老保险存在参保人员信息不准确、参保单位信息不完整、失地农民社会保障补助资金不到位、企业少交养老保险金等问题。

2011年工作成果一览表

审计单位（个）	查处违规金额（万元）	管理不规范资金（万元）	应缴财政（万元）	已缴财政（万元）	应归还原渠道资金（万元）	移送事项（件）	应调账处理金额（万元）	应自行纠正金额（万元）	审计报告、信息被批示采纳（篇）
64	201706	43920				2			71

2011年获奖情况

被省审计厅评为全省“五年行动计划”先进单位

被县政府评为招商引资优质服务单位

被县政府评为民生工程组织实施保障单位三等奖

县建委部门预算执行审计、县本级预算执行审计被市审计局评为全市优秀表彰审计项目

黄建华被省审计厅评为安徽省地方政府债务审计先进个人、被县政府评为全县绩效考评先进个人、被县政府评为全县招商引资工作先进个人

王瑞被县政府记三等功

焦心洁被县政府评为全县信访工作先进个人

（撰稿人：杨彩燕，审核人：马晓东）

蒙城县审计局

蒙城县审计局内设经济责任审计局、基建审计股、行政事业审计股、财金审计股、农业审计股、企业审计股和人秘股，现有编制11名，实有人员26名。

2011年蒙城县审计局机关人员配备情况表

单位＼内容	人数	性别		文化程度				职称			负责人
		男	女	研究生	本科	大专	大专以下	高级	中级	初级	
局领导	7	7			4	2			4	1	苗桂民
经济责任审计局	3	2	1		2	1			3		张　浩
基建审计股	2	2			1	1			1		张文恭
行政事业审计股	2	2			1	1			1	1	董　诚
财金审计股	3	1	2		2	1			2	1	刘春林
农业审计股	3	2	1		2	1			1	1	陶万春
企业审计股	2	1	1		1	1			1	1	李纯龙
人秘股	4	3	1		2	2			1		陈传平
合计	26	20	6		15	10			14	5	

2011年蒙城县审计局领导人员情况表

姓　名	性　别	职　务	职　称	任职时间
苗桂民	男	局长	经济师	2009年7月
徐　勇	男	党组书记		2006年8月
鈕芳才	男	副局长	审计师	1998年1月
马　杰	男	副局长	农艺师	1996年11月
代　雷	男	副局长	造价师	2011年7月
戴明全	男	副主任科员		1999年11月
石学恒	男	主任科员		2003年8月

2011年12月31日在册人员名单

苗桂民 徐 勇 鈕芳才 马 杰 代 雷 戴明金 石学恒 张 浩 刘春林 李纯龙 董 诚 陶万春 陈传平 张文恭 刘 敏 韦素荣 徐兴芳 赵乐田 卢晓彩 陈 静 韦 勇 李 炎 杨 勇 童 渊 杨 扬 马小丹

2011年工作概况

2011年，蒙城县审计局在县委、县政府的正确领导和市审计局的大力支持下，坚持“依法审计、服务大局、围绕中心、突出重点、求真务实”审计工作方针，紧紧围绕“三大蒙城”建设工作中心，圆满地完成各项目标任务，在维护经济秩序、服务宏观调控、加强党风廉政建设、促进经济发展等方面发挥了积极作用。全年完成审计项目45个，查处违规资金3293万元、管理不规范金额3576万元，为被审计单位挽回或避免损失金额1541万元，收缴财政148.6万元，核减政府投资结算金额为1753万元，提交审计报告和信息312篇，提出审计建议126条，制定整改措施85条。

经济责任审计。对县农委（县粮食局）、县发改委（县物价局）、县房产局、立仓镇、篱笆镇等9个单位领导人员开展经济责任审计，查处违规金额758万元，其中：主管责任535万元，直接责任223万元。

政府建设项目审计。一是完成县垃圾填埋场一期工程、开发区标准厂房工程、城南新区路灯工程、县计生服务站等重点建设项目等17项竣工决算审计，审计核减1753万元。二是开展对中小学校舍安全工程项目、二院住院部医技楼工程、涡河三桥等建设项目重大投资项目的跟踪审计和审计调查，进一步加大政府建设项目审计力度。

财政审计。对县本级2010年度预算执行和其他财政收支情况、县地税局2010年度的税收征管情况进行审计。对振兴担保公司、城投公司、县交通运输局、县民政局、县住建委等5个单位2010年度预算执行情况以及国土局2010年度土地出让金及土地收储情况专项审计。2010年度财政预算执行审计工作报告受到县人大常委会充分肯定。

行政事业单位财务收支审计。开展对县二院、县一中、县高级职业学校等单位的财务收支审计。查处违规金额765万元、管理不规范金额848万元。针对存在的问题，从制度和管理层面提出改进意见和建议。

专项资金绩效审计调查。为强化涉农资金监督，提高民生资金的使用效益，按照上级审计机关的统一部署，对农业产业化资金、农村饮水安全工程、2010年度养老保险基金的管理和使用情况进行绩效审计和审计调查；开展城乡义务教育费用保障机制专项资金绩效审计；开展清理调查基层医疗卫生机构债务和普通高中债务审计调查。

审计整改。进一步健全和完善审计整改工作的长效机制，相继出台《蒙城县审计局审计项目跟踪回访暂行办法》和《关于进一步加强审计整改工作的意见》等制度和规定。县审计局向人大报告的审计整改情况满意度测评，连续两年获得全票通过。

审计信息化建设。一是加强应用管理。全局所有审计项目业务公文和行政公文均通过OA系统实行网上流转。二是加大投资，开通审计外网和审计专网。审计人员配置双电脑（台式机和手提电脑）。三是强化培训与交流，全面提升审计人员计算机案例编写水平。韦勇在全省计算机审计方法征集中荣获良好等次。四是强化审计信息的宣传报道。全年全局在各类网站和刊物发表信息267篇，其中有6篇重要信息被省政府和审计厅采用。

审计管理。一是强化内部协调配合，科学整合审计力量；二是强化审计工作规范化和法制化建设，倡导依法审计、文明审计；三是严格执行《国家审计准则》，全面推行细化审计操作规范，打造审计精品项目。

党风廉政建设。把党风廉政建设作为反腐倡廉的重要环节来抓，坚持一手抓审计质量，一手抓廉政建设。组织专门人员对被审计单位开展审计跟踪回访。认真贯彻落实《廉政准则》，加强廉政教育，严格执行《审计组廉政责任规定》和“八不准”纪律。认真执行党风廉政建设责任制，加强对审计组廉政建设情况的考核，监督各项廉政建设措施落到实处。积极同有关部门密切协作，构建反腐倡廉的监督体系。

学习型党组织建设。以加强基层组织建设为目标，不断提高文明审计水平。加强机关作风建设，努力打造学习型、廉洁型机关形象。认真开展“以人为本、执政为民”主题教育活动，不断强化审计人员的宗旨意识、责任意识、法制意识、廉政意识。

其他工作。加强组织建设，不断提高全员素质及机关工作效能；强化社会治安综合治理及普法工作，确保社会安全稳定；全面完成招商引资任务；扎实做好人口与计划生育工作；精神文明创建水平不断提升；积极到帮扶村开展抗旱和计划生育工作。扎实推进“三走进三服务”、“五级书记带头大走访”活动，“争先创优”、宣传报道等多项工作都取得可喜的成绩。

2011年工作成果一览表

审计单位（个）	查处违规金额（万元）	管理不规范资金（万元）	应缴财政（万元）	已缴财政（万元）	应归还原渠道资金（万元）	移送事项（件）	应调账处理金额（万元）	应自行纠正金额（万元）	审计报告、信息被批示采纳（篇）
45	3293	3576	148.6	148.6					216

2011年获奖情况

被省审计厅评为审计系统精神文明创建先进单位

被省审计厅评为全省审计“信息化推进工程”先进单位

被市审计局评为审计信息化工作先进单位

被县委、县政府评为招商引资优质服务先进单位

被县委、县政府评为社会治安综合治理先进单位

被县委、县政府评为精神文明创建先进单位

被县委、县政府评为社会抚育费征管先进单位

韦勇在全省计算机审计方法征集中获良好等次

2011年大事记

8月，代雷从县交通局调入任副局长、党组成员。

10月，马小丹通过公开招考进入审计局工作。

12月，组织对县二期“金审工程”自查总结。

（撰稿人：陈传平，审核人：代雷）

利辛县审计局

利辛县审计局内设办公室（计算机审计股）、综合法规股、财政审计股、行政事业与社会保障审计股、农业与外资审计股、经贸与金融审计股、经济责任审计分局、政府投资评审中心和乡镇中心审计所，现有编制37名，实有人员32名。

2011年利辛县审计局机关人员配备情况表

内容 单位	人数	性别		文化程度				职称			负责人
		男	女	研究生	本科	大专	大专以下	高级	中级	初级	
局领导	6	4	2		4	2			6		马　静
办公室（计算机审计股）	4	2	2			3	1		2	1	郑　影
综合法规股	1		1			1			1		李丽华
财政审计股	2	1	1		1	1				2	李燕敏
行政事业与社会保障审计股	2	1	1	1		1			1	1	张　杰
农业与外资审计股	2	2			1	1			1		刘广宏
经贸与金融审计股	1	1				1			1		吕季华
经济责任审计分局	3	1	2	1	1	1			2		陈　丁
政府投资评审中心	4	4			4				1	1	吕季华
乡镇中心审计所	7	3	4	2	1	4			2		刘同辉
合计	32	19	13	4	12	15	1		17	5	

2011年利辛县审计局领导人员情况表

姓　名	性　别	职　务	职　称	任职时间
马　静	男	党组书记、局长	经济师	2010 年 2 月
李晓光	男	副局长	会计师	2009 年 5 月
胡颖平	女	副局长	审计师	2008 年 9 月
刘　峰	男	副局长	会计师	2010 年 9 月
郑艳丽	女	党组成员	审计师	2002 年 10 月
汪　波	男	总审计师	审计师	2002 年 10 月

2011年12月31日在册人员名单

马　静　李晓光　胡颖平　刘　峰　郑艳丽　汪　波　陈　丁　郑　影　李丽侠　苏　丹　李彦彬　李丽华　刘广宏　张　杰　李　敏　李燕敏　穆　笠　秦　影　潘鹏程　吕季华　崔跃进　刘同辉　栗　勇　王文显　刘青云　袁　芳　马　利　王　敏　储云朋　管　伟　聂　俊　张艳旗

2011年工作概况

2011年，利辛县审计局在上级审计机关的关心支持和县委、县政府的正确领导下，紧紧围绕县委、县政府的中心工作，按照“依法审计、围绕中心、服务大局、突出重点、求真务实”审计工作方针，结合利辛经济发展和审计工作实际，突出对重点部门、重点资金的审计，不断提升审计质量和工作水平，认真履行审计职责，较好地发挥了审计监督职能。全年完成审计项目25个，占年初审计项目计划156%。审计查处违纪违规资金11434万元、管理不规范资金32531万元，收缴违规资金162万元，提出整改建议41条，上报审计信息并采用15篇。同时，配合市审计局完成扶贫资金项目审计和政府债务资金审计。

强化预算监督。以推动财政改革、加强预算管理为目标，以预算资金流向为主线，以部门预算执行和管理为重点，突出重点资金、重点部门的审计监督，扩大审计的覆盖面。在实施审计监督过程中，找准财政财务审计的切入点，突出审计内容和重点，延伸审计二、三级预算单位，将经常性财政审计与各项专项资金审计、基层单位财政收支延伸审计、领导干部任期经济责任审计相结合，加大审计执法、监督力度，财政预算执行审计趋向规范化。审计质量和效果得到逐步提高。

加大政府投资审计力度。实施审计监督中，以规范性程序为“重点”，在做“精”政府投资审计上下功夫，主要突出对工程量的真实性情况、工程招投标程序规范情况、施工单位工程施工质量和工程绩效以及投资资金管理使用和物资采购程序、工程合同订立、项目立项可行性等诸多方面的审计监督。对利辛县城关镇新建社区等4个项目进行竣工决算审计，工程核减额计938万元。

加强专项资金审计。继续以维护民生、促进和谐社会建设为目标，加强对关系经济社会发展、涉及人民群众切身利益的各种专项资金的审计和审计调查。分别对利辛县新农合基金和中职学校困难学生资助资金开展专项审计调查。

加强经济责任审计。按照年初计划安排，完成5名领导干部任期经济责任履行情况审计，重点围绕领导干部任期内履行部门经济职责、执行国家政策、重大经济决策执行程序和效果、财政财务收支的真实、合法和效益性及领导干部廉洁自律等方面开展审计，指出领导干部任期内存在的问题和应承担的责任，分析在经济管理工作中产生一些带有普遍性和倾向性问题的原因。针对存在的问题，分别依法做出处理处罚决定，并着力强化审计整改落实工作。对乡镇党政领导干部经济责任审计时，同步安排对村级负责人进行经济责任审计，每一个乡镇安排1至2个村。

积极开展“创先争优”活动。一是增强创新能力。自“创先争优”活动开展以来，以推动利辛经济发展、促进社会和谐、加强廉政建设、提高审计质量为目标，以“争创佳绩、服务群众、遵纪守法、弘扬正气为活动内容，完善活动工作方案，强化学习讨论、交流沟通等环节，推动审计业务“四个创新”（创新审计内容、创新审计方法、创新审计技术、创新审计管理），调动党员干部的积极性、主动性和创造性，使“创先争优”成为工作的动力，为争创一流的审计工作业绩打下了坚实基础。二是注重廉政建设。根据上级审计机关和县委关于贯彻落实党风廉政建设的有关文件精神，将党风廉政建设始终摆入局党组议事日程。定期组织审计人员学习传达上级有关精神，正确引导审计干部牢固道德思想防线，做到拒腐蚀、永不沾。加强对审计人员在审计监督过程中的廉政建设情况实施全程监督，利用每周一、周五集体学习时间，及时提醒每位审计人员要加强自身修养、提高拒腐防变能力，提高全体审计人员的自律意识。年初培训时专门邀请县纪检委领导为局机关审计人员上廉政建设课。由于采取教育引导、管理监督等措施，本年度没发生违法乱纪行为现象，树立了审计机关的良好形象。

大力开展“信息化推进工程”。按照省、市审计机关关于审计信息化工作的要求，结合实际，围绕中心，采取多项措施，强力实施“信息化推进工程”。本年度县审计局被评为全省审计“信息化推进工程”先进单位。一是深入学习，提高认识。利用业务会和集体学习时间，传达并贯彻省审计厅、市审计局关于开展“信息化推进工程”实施方案的文件精神。按照信息化建设工作的总体部署和要求，紧密结合局信息化工作实际，通过分组讨论的形式，充分掌握实施方案内容，有针对性提出建设性意见和建议。二是加强领导，明确责任。及时成立“信息化推进工程”活动领导机构和工作机构，成立以局长为组长、局领导班子成员为副组长、科室负责人为成员的领导小组。形成分工负责、责任明确、协调配合的工作机制。三是找准薄弱点，加快发展。认真贯彻落实《亳州市审计机关开展“信息化推进工程”实施方案》各项工作任务，并结合信息化薄弱环节，重点抓好以下几方面的工作：（1）围绕AO系统和OA系统深化应用，提升审计信息化应用水平，全面实行计算机审计。（2）继续开展计算机审计应用成果的征集、利用和共享工作。努力提炼“精品”项目。（3）加大审计信息化培训力度。改进培训方法，采取专题研讨、案例教学、以审代训、网络学习等多种方式开展培训工作。（4）加强计算机人才、硬件建设。招录计算机专业人才，投入30多万元用于机房的改造、网站的建立、电脑的配置与更新，视频会商仪器正在积极实施中。（5）加快推进联网审计工作。逐步形成具有特色的联网审计作业平台。

2011年工作成果一览表

审计单位（个）	查处违规金额（万元）	管理不规范资金（万元）	应缴财政（万元）	已缴财政（万元）	应归还原渠道资金（万元）	移送事项（件）	应调账处理金额（万元）	应自行纠正金额（万元）	审计报告、信息被批示采纳（篇）
25	11434	32531	162	162					15

2011年获奖情况

被省审计厅评为全省审计“信息化推进工程”先进单位

获全省审计机关网站测评优秀奖

获利辛县庆祝建党90周年“国税杯”篮球竞优秀组织奖

刘峰被省审计厅评为全省地方政府性债务审计先进个人

储云朋荣被市审计局评为全市审计“信息化推进工程”先进个人

吕季华被县委、县政府评为优秀共产党员

郑影获县综合评比先进个人

郑影被县政协评为政协工作先进个人

2011年大事记

9月，通过公开招考录用4名大学生充实到利辛县政府投资评审中心工作。

11月，县审计局从青年路（医药公司四楼）搬迁至原政府二楼。

（撰稿人：郑影、审核人：马静）

宿州市审计局

宿州市审计局内设办公室、综合法规科、人事教育与内部审计指导科、财政金融审计科、农业与资源环保审计科、社会保障审计科、行政事业审计科、企业与外资审计科、信息化管理科、领导干部经济责任审计局、固定资产投资审计局和纪检监察室，现有编制44名，实有人员36名。

2011年宿州市审计局机关人员配备情况表

单位＼内容	人数	性别		文化程度				职称			负责人
		男	女	研究生	本科	大专	大专以下	高级	中级	初级	
局领导	6	4	2	1	4	2			5		吴　健
办公室	2	2			2				1		张钰生
综合法规科	3	2	1		2			1	1		华颖涛
人事教育与内部审计指导科	1	1			1						张　挺
财政金融审计科	3	2	1		2	1			2		牛海宽
农业与环保资源审计科	2	1	1		2				1	1	吴　剑
社会保障审计科	1	1			1				1		熊晏锋
行政事业审计科	1	1			1				1		张　浩
企业与外资审计科	1	1			1			1			穆成利
信息化管理科	1	1			1				1		郑　卫
领导干部经济责任审计局	8	3	5	1	6	1		1	3	2	王金夯
固定资产投资审计局	3		3		3			1	2		王淑芸
纪检监察室	1		1		1					1	丁葵花
工勤人员	3	3				3		1	2		
合计	36	22	14	2	27	7		5	20	4	

2011年宿州市审计局领导人员情况表

姓　名	性　别	职　务	职　称	任职时间
吴　健	男	党组书记、局长	工程师	2009年4月
陈志强	男	副局长	讲　师	2002年8月
孙　勇	男	副局长	会计师	2009年12月
黄　莉	女	副局长	经济师	2009年12月
梁兆强	男	纪检组长		2002年9月
唐艳芳	女	总审计师	审计师	1999年11月
王金夯	男	经济责任审计局局长		2011年12月

2011年12月31日在册人员名单

吴　健　陈志强　孙　勇　黄　莉　梁兆强　唐艳芳　张　挺　丁葵花　王晓茜　许良叶　王　磊　穆成利　郭宏礼　郑　卫　张钰生　武　敏　周　成　华颖涛　吴欣芳　陈晓峰　王文峰　熊晏锋　吴　剑　凌传芳　牛香芹　王淑芸　巩伟平　张　浩　牛海宽　祝　建　洪拥军　李　影　吴国秀　王金夯　杨文静　俞劲松

2011年宿州市审计局特约审计员情况表

姓　名	性　别	工作单位	职　务	职　称	任职时间
李振荣	女	墉桥区计划发展委员会	纪检组长	高级经济师	1995年
沈维佩	女	宿州市工商联合会	副会长	高级会计师	1995年

2011年工作概况

2011年，宿州市审计机关全年完成审计（审计调查）项目173个，审计查处违规金额23090万元、损失浪费金额442万元、管理不规范金额269346万元，应上缴财政金额1536万元，已上缴财政资金1516万元，提出审计建议455条，被采纳的审计建议327条，被审计单位制定整改措施125项，提交审计专题、综合性报告和信息简报1564篇，被地方党委、政府和上级有关部门批示、采用1505篇。

进一步深化预算执行审计。预算执行审计较往年有了新的变化、新的突破。主要表现：一是审计思路新，努力从体制机制上提出可行性建议，催生市政府办公室出台《宿州市市级预备费管理办法》。二是审计目标新，突出围绕科学发展观，围绕民生工程，围绕重大建设项目，围绕重要部门，围绕重要资金。三是审计方式新，将经济责任审计、专项审计调查有机融合。四是审计报告新，注重报告的结构、层次性，对有问题的单位，首次点名。报告得到了市人大常委们共同的赞誉。审计部门向常委们分发的《2011年审计工作报告问卷调查》，满意票达100%。

深入开展专项资金审计调查。为适应审计工作转型，围绕中心工作和社会热点，充分发挥审计的建设性作用。全年全市审计调查专项资金项目30个，查处违规资金总额3143万元。对查处的违规问题均已建议有关部门进行整改。通过对全市养老保险基金专项审计调查，掌握各项养老保险基金的规模、管理以及制度建设等情况，揭露问题，并提出规范管理、促进安全、完善养老保险体系的政策性建议。萧县审计局围绕社会关注的热点问题开展 “三公”经费的专项审计调查，并提出《控制“三公”支出的几点建议》，得到了县委、县政府的高度重视。

认真贯彻经济责任审计新规定。在市纪检监察、组织、人事和审计等部门的共同努力下，全市审计机关共对74个单位93名领导干部进行任期经济责任审计。在经济责任审计中，各级审计机关本着客观公正、实事求是的原则，通过对被审计责任人在任期内单位的财政财务收支及重大经济活动的审计分析，科学地评价领导干部的经济责任。经济责任审计结果得到各级党委、政府的肯定和重视，为领导干部的任用起到了积极的参考作用。

不断创新投资审计新模式。全市投资审计工作紧紧围绕政府工作中心，以提高建设资金使用效益、规范建设秩序、促进提高政府投资管理水平为目标，采取重点项目全程跟踪审计、招标控制价审计、施工中现场决算审计等手段，取得明显成效。截止年底，已对市建设投资有限公司、经济技术开发区及部门单位的87个投资项目预决算进行审计，审计资金总额（送审额）144655万元，审计核减额11926万元，平均审减率8.24%。《中国审计报》对此进行了专版报道。

圆满完成审计署、省审计厅和市政府安排的审计项目。按照国务院的要求和审计署的统一部署，从市和县区两级审计机关抽调25名骨干，组织开展对亳州市地方政府性债务进行交叉审计。经过两个多月的艰苦奋战，圆满地完成审计任务，被省审计厅表彰为全省地方政府性债务审计先进集体，3人被评为先进个人。年初，按照省审计厅统一部署，市审计机关组织力量，赴滁州市开展城乡义务教育费用保障机制专项资金绩效情况审计调查，取得显著成绩。《安徽省本级2010年度预算执行和其他财政收支的审计工作报告》中引用了市审计的案例材料两个，得到省审计厅的充分肯定。另外，根据审计署、省审计厅统一部署和安排，全市审计系统还组织力量对舟曲救灾物资和校安工程跟踪审计、邮政储蓄银行审计、扶贫专项资金审计调查和外资项目审计等。

审计执法力度进一步加大。注重推进审计整改，审计成果利用更加深化。加大对违法违规问题和案件线索的查处力度。据统计，全年全市审计系统向纪检、公安机关移送案件线索4件。审计执法环境优化，为认真贯彻落实省政府办公厅《转发省审计厅关于进一步加强审计工作若干意见》，市政府第十七次常务会议已通过《关于进一步加强审计工作的意见》和《审计整改工作目标管理考核办法》等配套制度。推进审计结果公告，经市政府批准，2011年市本级先后在《拂晓报》、市政府网、局门户网站公告本级预算执行审计、民生审计、工程跟踪审计、专项审计调查等31个项目。

审计成果质量不断提升。针对改革中出现的新情况和新问题提出意见建议，审计报告的质量进一步提升，审计制约权力、揭示问题、改进工作的作用得到有效发挥。在全省质量检查考核中，取得了市级第三、县级第一的好成绩。《埇桥区水利局原局长任职期间经济责任履行情况审计》和《市本级2009年度预算执行及其他财政收支情况审计》分别荣获全国优秀和全省表彰审计项目。

审计信息化建设再上新台阶。市审计局以总分第二名的成绩，被省审计厅表彰为市级全省“信息化推进工程”先进单位，埇桥区审计局、灵璧县审计局被省审计厅表彰为县级全省“信息化推进工程”先进单位，2人被表彰为先进个人。加快推进联网审计建设，率先实现县区财政联网审计全覆盖；深化AO、OA两大系统应用，计算机审计成效明显。全市审计工作全部实现AO和OA交互，AO、OA应用普及率达100%。全年报送省审计厅计算机审计方法34篇、AO应用实例34篇。19篇AO应用实例荣获审计署奖项。创新理念，大胆尝试，开拓审计信息化工作新领域，市审计局网站被省审计厅评为市级优秀网站，砀山县、埇桥区、灵璧县审计网站被省审计厅评为县级优秀网站及特色网站。审计信息化队伍不断提高壮大。全市176名审计业务人员全部通过全国审计系统AO认证考试，提前完成省审计厅提出的工作目标;全市共有36人通过计算机审计中级考试，占全市审计业务人员的27%，为审计信息化建设提供了坚实的人才保障基础。

党风廉政建设进一步加强。制定《党风廉政建设工作要点》，认真落实领导干部廉洁从政“五个严禁”规定，扎实开展落实厉行节约“八项要求”工作。全市审计系统因公出国（境）、公务车辆购置及运行费用支出都按规定执行。公务接待和办公用水、用电、用油都能控制在规定的范围内。市审计局被省纪委、省监察厅命名为安徽省第二批“廉政文化建设示范点”单位。先后被评为全省审计系统精神文明创建先进单位、安徽省第九届安徽省文明单位、省级卫生先进单位、省级廉政文化建设示范单位；被市委、市政府评为党建目标责任制优秀单位、市直目标管理考核优秀单位、人口与计划生育工作先进单位、招商引资工作先进单位、城市重点工程建设先进单位、政务信息工作先进单位、社会治安综合治理工作优秀单位等。

2011年工作成果一览表

审计单位（个）	查处违规金额（万元）	管理不规范资金（万元）	应缴财政（万元）	已缴财政（万元）	应归还原渠道资金（万元）	移送事项（件）	应调账处理金额（万元）	应自行纠正金额（万元）	审计报告、信息被批示采纳（篇）
173	23090	269346	1536	972	727	2	1786		1505

2011年论文发表情况统计表

报刊名称	时间(期数)	论文题目	作　者
《宿州学院学报》	第5期	《论工程建设项目的跟进审计》	凌传芳
《宿州学院学报》	第9期	《专项审计调查的困境与出路》	凌传芳
《安徽审计》	第2期	《浅议工程项目“跟进”审计如何“跟得上”、“跟得深”》	凌传芳
《中国信息化管理》	第15期	《当前联网审计中存在的问题及其解决的建议》	郑　卫

2011年获奖情况

被省政府评为全省第九届文明单位

被省爱委会评为卫生先进单位

被省纪委评为全省廉政文化示范点

被审计厅评为全省审计信息化工作先进单位

被市委、市政府评为目标管理优秀单位

被市委、市政府评为全市第七届文明单位

被市政府评为全市计划生育工作先进单位

被市委评为党建工作目标责任制优秀单位

被市委评为全市党委系统信息工作先进单位

被市政府评为全市政务信息工作先进集体

2011年大事记

1月12日，市审计局举办城乡义务教育费用保障机制专项资金绩效审计调查审前培训班，并邀请市财政局、市教育局有关人员分别就城乡义务教育资金的总体规模、发展现状和难点、财务管理重点等作专题讲解。市审计局及各县区审计组参加培训。

1月13日，市审计局副局长、市义务教育专项资金审计组组长黄莉带领市、县、区审计局的审计组主要成员进驻滁州市，召开全市义务教育费用保障机制专项资金绩效情况审前调查座谈会。滁州市政府副市长朱云霞、所辖县（市）政府分管副县（市）长、财政、教育部门主要负责人参加会议。

1月25日，市审计局召开宿州市审计学会第四届、宿州市内部审计协会第二届会员代表大会。这次代表大会的主要任务：选举产生审计学会、内部审计协会新一届的理事、常务理事和会长、副会长、秘书长、副秘书长。

1月27日，市审计局党总支组织党员召开“创先争优”专题组织生活点评会。党总支部全体党员结合自己公开承诺和岗位实际，陈述自己对“创先争优”活动的认识，以及在活动中自己在思想、学习、工作等方面发生的变化、存在的不足，以及下一步应该加强的工作。第一、二支部书记对党员逐个进行点评。会议要求每位党员进一步加强学习、提高认识、端正态度，争做“五好”党员，争当“五带头”的模范，增强党员荣誉感、责任感和使命感，积极投身到创先争优活动中来。

2月19日，市审计局组织各区县局参加审计调查的各审计组组长或主审召开义务教育费用保障机制专项资金绩效情况审计调查座谈会。

3月7日，市人民政府召开第17次常务会议，专题听取市审计局党组书记、局长吴健审计工作情况汇报。会议就健全审计整改联动工作机制、加大审计结果公开和利用力度，建立审计行政问责以及进一步加强审计队伍建设等工作进行研究并形成决议。会上，市委副书记、市长张曙光作重要讲话。

3月23日上午，全市审计工作会议在市会务中心二楼第四会议厅召开。市委副书记、市长张曙光、常务副市长陈卫东、市政协副主席王胜华、政府秘书长何志中、副秘书长吕增华出席会议。局长吴健做了题为“认真履行审计职责、不断提升工作水平”的专题报告。各县、区政府主要负责人、分管负责人；市经济开发区管委会主要负责人；市、县区审计局领导班子成员；市直相关单位主要负责人、省属相关单位负责人及市局全体人员共计150余人参加会议。

3月23日，召开全市审计系统总结表彰及信息化会议。各县区审计局局长、分管副局长及信息化人员，市审计局全体人员参加会议。会议主要内容：总结 “五年行动计划”期间全市审计信息化工作成果和经验，明确“十二五”期间的工作目标和任务，表彰全市审计信息化工作先进单位和集体，交流审计信息化工作经验。唐艳芳总审计师做全市审计信息化工作报告，党组书记、局长吴健做重要讲话。

4月1日，召开审计工作调度会，局领导和各科室负责人参加会议。各科室负责人认真汇报审计任务进展情况、存在的问题及下一步工作安排意见。各分管领导对各自分管工作提出要求。会议对问题和建议进行认真研究，对下一步审计工作进行全面部署。党组书记、局长吴健做会议总结讲话。

4月1日，宿州市人民政府出台《进一步加强审计工作若干意见的意见》（以下简称《意见》）。《意见》围绕健全审计整改联动工作机制问题，提出建立审计整改联席会议制度、完善审计整改报告制度、完善审计整改跟踪检查制度、落实审计整改责任追究制度、健全和完善审计整改工作督查制度等规定；围绕加大审计结果公开和利用力度，提出完善审计结果公开机制、健全审计结果利用机制的新要求；围绕建立审计行政问责机制，提出问责的主要情形、规范审计问责的程序；围绕进一步加强审计队伍建设问题，提出审计队伍的专业化建设、干部教育培训工作、干部交流力度、审计机关机构建设、加强干部协管工作、从严管理审计干部队伍、内部审计制度建设、审计工作经费保障等8个方面的要求。

4月14日上午，为了进一步提升审计档案质量，在五楼会议室举办全市审计机关审计档案培训。市审计局全体人员及县区分管领导(总师)、综合股长、办公室主任及专职档案员参加培训。

4月26至29日，组织各县区审计局分管领导、信息化人员共13人赴青岛市、射阳县考察学习审计信息化工作。

5月10日下午，市审计局党总支按照市直工委统一部署，认真组织全体党员参加“地税杯”党的知识竞赛书面答题。

5月16日，召开争创“四型”机关、争做优秀公仆活动动员会议。市审计局全体人员参加会议。

5月27日下午，组织全局党员干部集中学习收看党史和廉政教育片。

6月27日，市审计局党总支按照市直工委的安排，在庆祝中国共产党建党90周年期间，局领导在萧县审计局和村、社区负责人的陪同下，带着生活慰问品对萧县杨楼镇张口行政村和龙城镇龙霄社区有困难的老党员进行慰问。

8月9日上午，召开全市审计工作座谈会。各县区局长、分管局长、经济责任审计局局长、信息化工作部门负责人及市审计局全体人员参加会议。市审计局党组书记、局长吴健出席会议并讲话。

8月12日上午，市区审计局干部职工60余人，赴安徽省女子第三监狱接受现身说法的警示教育。

8月21日，市创建文明行业活动指导委员会在市总工会四楼会议室召开全市第五届文明行业创建工作表彰大会，隆重表彰在创建文明行业工作中成绩显著、事迹突出的先进集体和先进个人。宿州市审计局再次被评为文明行业先进单位。

10月19日，在市审计局五楼会议室召开全市审计机关深入开展“治庸、治懒、治散、治娇、治骄、治暮”（以下简称“六治”）学习教育活动总结会议。各县区局长、综合股长、市审计局全体人员参加会议。会议由纪检组长梁兆强主持，党组书记、局长吴健做总结发言。吴健局长从4个方面对全市开展的“六治”学习教育活动进行全面、客观分析，指出在教育中存在的问题，明确下一步巩固和扩大活动成果的方法和手段。

2011年 领导批示、讲话摘要

3月7日，市政府召开第17次常务会议，专题听取市审计局党组书记、局长吴健审计工作情况汇报。会议就健全审计整改联动工作机制、加大审计结果公开和利用力度，建立审计行政问责以及进一步加强审计队伍建设等工作进行了研究并形成了决议。会上，市委副书记、市长张曙光做重要讲话。张曙光市长指出：审计工作始终围绕中心、服务大局、工作规范，在我市经济社会发展中发挥了应有职能作用。审计工作是党委和政府规范经济秩序的重要抓手和平台，必须重视和加强审计工作，提高对审计权威性认识，特别是对审计整改要高度重视，要充分发挥审计的免疫系统功能，把审计整改工作纳入岗位目标责任制考核，如果哪个单位被扣去考核2分的，纪检监察机关要追究单位主要负责人责任。

3月23日，市长张曙光在全市审计工作会议上对做好审计工作提出以下要求：

（一）加强对宏观调控政策和重大决策部署落实情况的审计监督。审计机关要全面把握和正确处理稳与进、好与快、保与压、投资与消费这一系列重大关系，自觉地服从和服务全市经济社会发展的大局。要有针对性地开展宏观调控政策落实情况的审计和调查，及时追踪反馈宏观调控政策的运行效果，促进全市各级坚决贯彻中央、省宏观调控的决策部署，确保政令畅通、令行禁止。加强对财政支出、政府投资的审计，切实关注财政支出结构和政府债务投向，积极推进转方式调结构，促进经济社会协调发展。要高度关注财政、债务、国有资产等方面的突出矛盾和潜在风险，加强审计分析，积极提出防范和化解风险的建议，维护财政安全。

（二）加强对财政预算执行的审计监督。按照“揭示问题、规范管理、促进改革、提高绩效、维护安全”的要求，强化对政府预算执行全过程、全方位监督。突出加强对财政部门“生财、聚财、理财、管财”各个环节的审计监督，关注财政收入、支出和分配等情况。加强对财政资金的预算分配管理、支出结构、各项财政改革推进情况和税收征管的审计。要扩大财政审计的覆盖面，在继续关注一般预算的基础上，加强对政府性基金、国有资本经营预算以及其他尚未纳入预算管理的所有政府性资金的审计监督，建立完整系统的政府预算体系。要关注预算执行效果，注意分析评价部门行政成本和支出水平，确保财政资金的安全和效益。要加快推进市本级财政联网审计步伐，为建立“透明财政”、“阳光财政”服务。

（三）加强对民生工程的审计监督。国务院和省政府要求，今年要对社会保障资金、保障性安居工程和农村中小学布局调整情况进行审计和调查，这些资金和项目关系到人民群众的切身利益，关系到社会和谐稳定和群众安居乐业。全市各级审计机关要按照统一部署，切实抓好跟踪审计，揭露社保资金在筹集、运营、管理和使用环节中的突出问题，跟踪检查保障性住房建设资金管理使用、建设质量等情况，抓好农村中小学布局审计调查。通过监督使这些用于老百姓的“吃饭钱、养老钱、救命钱”不被挪用、浪费甚至贪污，事关党和政府在人民群众中的形象，也是市委、市政府高度重视和广大老百姓十分关注的事情。各级审计机关必须以解决人民群众最关心、最直接、最现实的问题为己任，把“民生工程”列入审计的重点对象。重点揭示和反映落实政策不到位、政策目标未实现以及资金分配、管理方面存在的问题，确保各项惠民政策取得实实在在的效果。

（四）加强对重点投资项目的审计监督。今年我市继续坚持中心城市带动，加速推进城镇扩容。按照城乡一体、区域联动发展的理念，全面掀起园区和城乡建设突破年活动，投入180亿元，实施五大类277个重点项目，建成道路120公里、征收房屋220万平方米、新增绿地200万平方米。审计部门要切实发挥监督作用，加强对这些政策措施贯彻落实情况的审计监督。特别是大外环、高铁快速通道工程、体育馆、图书馆等一大批重点工程项目将陆续完工或开工建设，这些重点项目投资大、涉及面广、社会影响大，审计机关要加强对项目管理和工程质量等方面的审计监督，做好资金使用的效益性、建设项目的科学性和环保性评价，为建设精品工程、民心工程和廉政工程提供坚实保障。

（五）加强对权力运行的监督制约。加强对党政领导干部经济责任审计是审计机关的一项重要职能。要牢牢把握权力和责任两个重点，进一步拓展审计监督范围和层次。要加强对重点领域和关键环节的审计监督，加强对重大经济事项决策过程、经济责任目标完成情况和财经法规执行情况的审计，确保经济决策权、经济管理权和财经政策执行权等各项权力的阳光运作。要认真执行中办、国办《党政主要领导干部和国有企业领导人员经济责任审计规定》，要充分发挥经济责任审计联席会议作用，要不断扩大领导干部任中审计比例，逐步探索任前审计，积极推进党政领导干部同步审计，确保领导干部廉洁从政。

宿州市审计学会领导及理事名单

会　长： 吴　健

副会长： 陈志强　孙　勇　黄　莉　梁兆强　唐艳芳

秘书长： 华颖涛

副秘书长： 张　挺

常务理事： 吴　健　陈志强　孙　勇　黄　莉　梁兆强　唐艳芳　张　挺　华颖涛　王　标　武良坤　王金夯　张召灵　黄　彪

理　事： 王　标　郭　健　杜广华　邵长胜　刘昌礼　武良坤　于之春　王　武　王敬东　高　平　王金夯　吴孝千　李善文　王美玲　吴　强　李卫东　黄　彪　郭平书　童太守　张　弘　张召灵　蒋　侠　张　峰　姚瑞民　吴　健　陈志强　孙　勇　黄　莉　梁兆强　唐艳芳　张　挺　丁葵花　穆成利　张钰生　武　敏　华颖涛　吴　剑　熊晏锋　王淑芸　牛海宽　张　浩　祝　建　郑　卫　王晓茜　周　成　吴欣芳　陈晓峰　凌传芳　牛香芹　巩伟平　王文峰　洪拥军　李　影　郭宏礼　吴国秀

宿州市内部审计协会领导及理事名单

会　长： 梁兆强

副会长： 唐艳芳　刘会选　葛　鹏　杨传君　钟本联　陈新民　薛正垠

秘书长： 张　挺

副秘书长： 华颖涛

常务理事： 陈新民　纪厚元　段立松　刘会选　孙兆新　葛　鹏　叶兆富　刘华征　钟本联　童太守　于之春　姚瑞民　邵长胜　李善文　杨传君　薛正垠　梁兆强　唐艳芳　华颖涛　穆成利　王淑芸　张　挺　吴心峰　刁双喜　王显检　郭公娄

理　事： 刘素萍　杨道明　左开林　韩晓庆　王书侠　何祖林　王　丽　戴道平　叶兆富　娄成立　都怀仁　李　宁　陈多润　魏小玲　张　勇　李　东　程国亚　赵德群　刘华征　王之秀　郑　杰　张敏惠　张雪梅　纪厚元　陈　娜　侯业明　王法军　郑明丽　刘新元　马红君　张　辉　孙兆新　叶立新　谭晓燕　张百苏　邵延享　唐淑影　荀　燕　沈　会　丁　蕾　何　军　刘学杰　方　清　詹子升　黄慧珍　董金萍　朱良彬　李　影　朱海燕　张　梅　林　涛　欧　亚　吴义昤　谢长兰　刘　亮　王和敏　许成军

2011年出台的地方审计规章目录

《关于进一步健全审计工作的意见》（宿政〔2011〕3号）

《关于将审计整改工作纳入岗位目

标考核内容的通知》（宿政〔2011〕18号）

（撰稿人：张挺，审核人：吴健）

埇桥区审计局

埇桥区审计局内设办公室、财政金融审计股、行政事业审计股、固定资产投资审计监督中心、社会保障审计股、经济贸易审计股、农业与资源环保审计股、综合法规股、审计管理股、监察室、老干部股、经济责任审计局、审计一分局、审计二分局、审计三分局，现有编制58名，实有人员57名。

2011年埇桥区审计局机关人员配备情况表

单位＼内容	人数	性别		文化程度				职称			负责人
		男	女	研究生	本科	大专	大专以下	高级	中级	初级	
局领导	5	4	1		3	2			4		武良坤
办公室	13	10	3		4	5	4	1	9		时永生
财政金融审计股	2	1	1		1	1			2		蒋少银
行政事业审计股	2		2		1	1			1		马晓娟
固定资产投资审计监督中心	6	3	3		4	2			1	2	尹士营
社会保障审计股	2		2		1	1			1		张玉芹
经济贸易审计股	2	1	1		2				2		徐明发
农业与资源环保审计股	2		2		1	1			1	1	张桂华
综合法规股	4	1	3		3	1			3		张　静
审计管理股	2		2		1	1			1	1	路书贞
监察室	2		2			2			1	1	郑　平
老干部股	3	2	1		1	1	1			1	吕增山
经济责任审计局	5	3	2		4	1			3	2	曹贡献
审计一分局	3	1	2		2	1			2	1	梁　玲
审计二分局	2		2		2				2		徐　颖
审计三分局	2		2		1	1			1	1	杨峥嵘
总计	57	26	31		31	21	5	1	34	10	

2011年埇桥区审计局领导人员情况表

姓名	性别	职务	职称	任职时间
武良坤	男	党组书记、局长	会计师	2008年12月
于之春	男	副局长	审计师	2006年9月
王　武	男	副局长		2010年11月
王敬东	男	副局长		2010年11月
高　平	女	总审计师	审计师	2008年9月
曹贡献	男	经济责任审计局局长	审计师	2010年5月

2011年12月31日在册人员名单

武良坤 马步怀 孙夫征 居新民 于之春 王 武 王敬东 高 平 时永生 王莉敏 徐昭芳 刘贺年 朱 锐 郭 华
吕增山 熊长明 胡 静 张玉芹 王 钰 马晓娟 吴 静 张桂华 马天婴 蒋少银 刘 瑞 张 静 范建军 王 伟
徐明发 李 娟 路书贞 张 琼 郑 平 李雪梅 曹贡献 王谦新 张 艳 杨 晨 尹士营 苏 玲 程 勇 祝 敏
梁 玲 朱旭亚 赵 羚 徐 颖 郑荣华 杨峥嵘 吕晓峰 营 莉 侯东强 谢 冬 陶 赟 张莹莹 夏孝静 熊振东
耿 勇

2011年工作概况

2011年，埇桥区审计局在区委、区政府及市审计局的正确领导下，以科学发展为主题，以转型升级为主线，扎实有效地开展“信息化推进工程”、“创先争优”、“六治”和“四型”学习教育活动，把预算执行审计、任期经济责任审计、绩效审计、投资审计、信息化建设作为工作重点，大胆创新，积极探索信息系统审计，审计工作再上新台阶。全年完成审计（审计调查）项目160个，其中：预算执行审计8个、绩效及专项资金审计调查10个、经济责任审计7个，固定资产投资审计135个；查处违规金额1687万元、管理不规范金额 10185万元，核减工程投资额3899万元，应上缴财政229万元，已上缴财政229万元，应归还原渠道资金94万元，已归还原渠道资金94万元，审计提出建议93条，被采纳的审计建议75条，被审计单位制定审计整改措施55项，提交审计专题、综合性报告和信息简报232篇，被批示、采用560篇，向社会公告审计结果6篇，向埇桥区人民检察院移交案件线索一起。

以强化预算管理为目标，高标准开展财政审计。围绕构建“财政审计大格局”的要求，以促进公共财政体制逐步完善为目标，将全部政府性资金纳入财政审计范围，从资金面上和量上做到审计全覆盖。审计中，结合全区实际情况重点关注民生工程、财政转移支付资金、专项资金等问题。全年开展区财政局、区地税局、区农委、区总工会、区招商局、区房改办、区环保局、区民政局等8个单位的部门预算执行审计。通过审计查出未按规定征收、缴纳预算收入144万元，隐瞒转移截留预算收入464万元，政策性税收流失413万元，财政支出核算不实1551万元，违规改变资金用途34万元，超预算列支9万元，未落实收支两条线和专户管理规定2244万元，违规担保3220万元，其他问题217万元。针对存在的问题提出切实可行的整改意见，促进了财政资金的规范管理和有效使用。《关于埇桥区2010年度本级预算执行及其他财政收支的审计工作报告》得到了区人大常委会高度评价。

以监督权力运行为目标，不断拓展经济责任审计内容。全年对7个单位，8名党委、政府或单位主要负责人进行经济责任审计，共查处应负主管责任的违规金额601万元、直接责任的10万元；查处管理不规范金额负主管责任的1969万元、直接责任的32万元。在审计过程中，除抓好被审计单位财政财务收支审计外，还特别注重对领导干部在廉洁自律等方面进行审计，并做出客观评价；尝试将被审计单位的“全部政府性资产”纳入审计视野。通过对被审计责任人在任期内单位的财政财务收支、固定资产增减、债权债务的增减以及重大经济活动的审计分析，重点分清被审计领导应负有的主管责任和直接责任；努力推进经济责任审计结果的利用，更加科学地评价领导干部的经济责任。

以扩大内需建设项目为重点，继续做好政府投资审计。将固定资产投资审计作为突破口和着眼点，实行一把手负总责、分管领导具体抓的领导机制，确立立项、执行、复核工作机制，以局审计人员和外聘人员相结合的管理机制，重点保证对扩大内需建设项目和资金的全程跟踪审计。在继续发挥工程投资竣工决算审计优势的同时，依法开展工程量结算计价招标及标底预算审计。按照“抓住源头，审计关口前移”的原则，对新开工项目，开展工程发包前工程量结算及预算控制价和标底预算审计，不但进行投标价或工程量清单审计，还进行建设过程中的设计变更、现场变更签证审计。全年对135个新开工的项目进行预决算审计，送审投资总额33355万元，审定投资总额29456万元，核减高估冒算、多计工程量及多计材料调差价等3899万元。

以维护民生为己任，加强专项资金审计调查。继续以维护民生、促进和谐社会建设为目标，加强对关系经济社会发展、涉及人民群众切身利益的各种专项资金的审计。组织审计人员继续对全区中小学校舍安全专项资金审计调查、跟踪审计；开展全区2010年度新型农村合作医疗资金绩效情况审计、2010年度农村沼气工程建设绩效情况审计。在项目审计实施中，审计人员充分利用AO开展计算机审计，对卫生系统业务数据、财务数据进行筛选、对比、查询分析，审计查出疫苗及药品违规加价114万元、无依据收费154万元、未代扣代缴个人所得税46万元、不合规发票支出28万元、超标准列支招待费58万元、滞留专项资金289万元等问题。另外，结合财政大格局审计开展区新型农村合作医疗基金、政府采购、农村沼气工程建设、农民工技能培训等专项资金绩效审计调查，对查处的违规问题均已建议有关部门进行整改。审计促进了被审计单位规范专项资金的管理、提高资金的使用效益。另外，在对区2010年度农村沼气工程建设绩效审计调查中向区检察院移交案件线索一起。

以科学发展为主题，积极开展“信息化推进工程”各项活动。局领导高度重视“信息化推进工程”，召开局党组专题会议，将实施“信息化推进工程”摆上重要工作日程。认真贯彻市审计局关于《全市审计机关开展“信息化推进工程”实施方案》的总体安排，以科学发展为主题，创新审计信息化工作理念，提升审计信息化应用水平，全面推进“信息化推进工程”各项活动，推动全局审计工作再上新水平。在全省审计信息化总结表彰大会上，被评为全省审计系统先进集体。主要做法：一是加强领导，周密部署。为保障“信息化推进工程”顺利实施，成立了由局长武良坤担任组长的“信息化推进工程”领导小组，以及计算机研讨攻关小组，计算机审计方法、AO应用实例撰写小组，计算机审计理论使用文稿撰写小组，制定并开展“信息化推进工程”实施方案，并针对方案内容进一步细化任务、明确责任、抓好落实。二是继续加大计算机应用和培训力度。加强AO系统和OA系统的规范应用，提升审计信息化应用水平。为做好2011版现场审计实施系统的应用，订购《AO2011实用手册》16套，分发到各部门供全体审计人员学习培训，全面推进审计业务实施和管理信息化，并认真做好《宿州市审计局AO和OA交互应用手册》培训工作。全局实施的所有审计计划项目全部利用AO开展现场审计，利用OA进行审计管理。完善审计项目管理，做好审计取证的电子化，规范审计项目的电子化流程作业，确保审计作业过程各个环节及相关资料在AO和OA进行交互，形成完整的电子数据包OA及时归档。三是继续做好OA系统公文流转的规范应用和管理。确保电子公文流转畅通，提高审计行政管理水平。针对OA系统中的重复公文和废弃公文做好电子公文的清理、归档工作，严格按照公文系统流转的有关规定，及时接收、分发、阅处公文，提高公文系统运转的准确性和时效性。四是实行审计项目“双复核”制度。全年审计项目，严格按照审计署8号令的要求，由综合法规股对实施审计项目的业务进行复核。同时，局信息办按照区审计局《关于实行审计项目质量电子化控制的通知》要求对审计项目全过程的电子化流程管理情况进行再复核。全年所有的审计项目，都进行电子化流程双复核；对未实行电子化流程管理情况复核的审计项目，在OA系统给予通报。

积极实施联网审计，探索计算机信息系统审计。在已完成联网审计合同签约的基础上，加快完成与区会计中心、乡财中心及相关部门的协调工作，已完成联网审计的部署安装工作。同时，对新农合等部门开展计算机信息系统审计工作，积极探索计算机信息系统审计。

认真完成区委、区政府和上级审计机关交办的工作任务。一是根据区领导的安排，对区置换办和国土资源局及其所属有关单位的土地置换资金的管理和使用情况进行审计，公允地反映土地置换等资金的使用和管理情况，并提出切实可行的审计建议；为推动企业改制，对市第一针织厂和安徽轻工机械厂的资产、负债及损益情况进行审计。同时，积极响应区委、区政府号召，提前超额完成招商引资任务。二是组织参加省审计厅组织的对全省城乡义务教育费用保障机制专项资金绩效情况的审计调查工作；继续开展省审计厅组织的政府性债务专项审计工作，针对亳州市谯城区政府性债务的规模、用途、融资渠道和债务风险进行深入分析，查明债务管理、使用方面存在的问题，并针对政府债务审计调查发现的问题，就进一步促进政府和有关部门及资金使用单位加强政府债务的管理，提高资金使用效益，提出合理审计建议。组织完成全省基层卫生机构债务清理核实工作和普通高中债务核实工作。

机关制度、机制建设全面加强，全力推动工作能力提高。一是积极完善内部制度和机制建设。在全市审计系统率先开展对审计项目实行简易程序的探索与推行；积极探索推进联网审计；实行重大审计项目竞标制，充分发挥优势审计力量的作用，提升了审计质量和效能。全年健全完善审计质量管理控制制度、审计过错责任追究制度、审计业务制度、岗位目标考核办法、审计信息化考核办法、审计信息化定期通报制度等20多项制度，从而保障了审计执法安全高效进行。二是扎实开展“创先争优”、“六治”、“四型”、“树立社会主义核心价值观 筑牢思想道德防线”等学习教育活动，提高干部各项素质，促进依法行政能力的提高。紧密结合活动主题，围绕活动目标，认真开展系列活动；深入推进党组织和群团组织共建共进；认真组织落实党员志愿服务进社区工作；认真开展党组织和党员承诺工作，认真抓好对党员的承诺进行点评和评议工作，激发全体党员的“创先争优”意识，引导全局人员共同“创先争优”。

精品项目、审计科研、审计宣传工作取得显著成绩。全局人员牢固树立创新意识和精品意识，精心打造精品项目，积极开展审计科研、宣传工作。2010年预算执行审计和区水利局原局长任期经济责任审计被市审计局评为优秀审计项目；区水利局原局长任期经济责任审计项目获审计署优秀项目，这既是埇桥区审计局自建局以来首次获得的荣誉称号，也是宿州市审计系统第一次荣获审计署颁发的审计项目评选最高奖项。同时，认真组织审计科研课题研讨，积极向上级审计机关和有关报刊提交研讨论文，数篇被省市级以上报刊采用，其中，《中国管理信息化》采用1篇，《安徽审计》采用4篇，《安徽工运》采用2篇。审计信息被各级采用258篇（次），其中，国家审计网站采用1篇、省审计厅网站采用40余篇。

2011年工作成果一览表

审计单位（个）	查处违规金额（万元）	管理不规范资金（万元）	应缴财政（万元）	已缴财政（万元）	应归还原渠道资金（万元）	移送事项（件）	应调账处理金额（万元）	应自行纠正金额（万元）	审计报告、信息被批示采纳（篇）
29	1687	10185	229	229	94	1	2	0	560

2011年论文发表情况统计表

报刊名称	时间(期数)	论文题目	作　者
《安徽审计》	第7期	《忆往昔　峥嵘岁月稠》	曹贡献
《安徽审计》	第7期	《宿州市埇桥区审计局重点项目审计札记》	武良坤、曹贡献
《安徽审计》	第9期	《围绕中心　缜密运行　彰显财政审计大格局》	于之春
《安徽审计》	第11期	《谋发展　建业绩　埇桥审计在奋进中持续创先争优》	吕增山
《安徽工运》	第7期	《提升党建工作水平　增强"创先争优"活力》	武良坤、吕增山
《安徽工运》	第11期	《加强审计能力建设　服务"十二五"目标落实》	武良坤

2011年获奖情况

被省审计厅评为全省审计系统精神文明创建先进单位

被省审计厅评为优秀审计网站

省审计厅评为全省“信息化推进工程”先进单位

被宿州市审计局评为全市审计系统先进集体

被宿州市审计局评为审计统计工作先进单位

被区政府评为区直机关办公室工作考核先进单位

被区政府评为区岗位综合考核考核先进单位

被区政府评为区“五五”普法和依法治理工作先进单位

被区纪委评为全区党风廉政建设工作先进单位

被区政府评为区直机关办公室工作考核先进单位

被区委评为区直机关先进基层党组织

区水利局原局长任期经济责任审计被审计署评为优秀审计项目

区水利局原局长任期经济责任审计被省审计厅评为全省优秀审计项目

区水利局原局长任期经济责任审计被宿州市审计局评为全市优秀审计项目

本级预算执行及其他财政收支情况审计被宿州市审计局评为全市优秀审计项目

于之春被省审计厅评为全省地方性债务审计工作先进个人

武良坤被省审计学会评为全省审计学会先进工作者

高平评为市审计局评为“信息化推进工程”先进个人

范建军被市审计局评为全市审计“信息化推进工程”先进个人

2011年大事记

1月13日，王武副局长率领审计组赴定远县开展全省义务教育保障经费交叉审计工作。

3月3日，于之春副局长率领审计组赴亳州市区开展政府债务交叉审计工作。

3月9日，省审计厅信息办赵明副主任在市审计局唐艳芳总审计师陪同下到区审计局指导联网审计工作。

3月31日，市审计局张挺主任、丁葵花副主任到区审计局检查办公室工作。

4月1日，市审计局吴健局长、唐艳芳总审计师到区审计局指导精品项目整理工作。

4月7日，省委巡视组到区审计局调研审计工作开展情况。

4月26日，总审计师高平带领综合股、信息办人员到江苏省徐州市贾汪区、山东省青岛市等地学习交流。

5月26日，市审计局唐艳芳总审计师、华颖涛科长率队到区审计局检查业务质量。

6月3日，市审计局陈志强副局长、孙勇副局长到区审计局检查指导土地系统审计工作。

7月14日，全区依法行政暨审计工作会议在区政府礼堂召开。

9月27日，市审计局唐艳芳总审计师、综合科华颖涛科长到区审计局检查“信息化推进工程”活动开展情况。

10月28日，武良坤局长陪同区纪检会蒋翠萍书记到蒿沟乡开展“书记大走访”活动。

11月4日，市审计局唐艳芳总审计师、综合科华颖涛科长陪同省审计厅信息办领导区审计局指导联网审计工作。

11月9日，濉溪县审计局崔海波局长一行5人到区审计局交流联网审计工作。

12月25日，武良坤局长赴审计署参加2010年度优秀审计项目表彰大会。

2011年
领导批示、讲话摘要

8月17日，区委常委、副区长徐苏北在《关于埇桥区2010年度本级预算执行情况及其他财政收支的审计结果报告》上批示：请有关部门按照审计局提出的意见，抓紧制定整改方案。同意公告。

9月29日，区委常委、副区长徐苏北在《关于埇桥区2010年度养老保险基金资金的专项审计调查报告》上批示：请区人社局认真研究，并抓好整改。

埇桥区审计学会
领导及常务理事名单

名誉会长：徐苏北

会　长：武良坤

副会长：于之春　王　武　王敬东　高　平

秘书长：张　静

常务理事：于之春　马晓娟　王　武　王敬东　尹士营　吕增山　杨峥嵘　时永生　张　静　武良坤　范建军　徐　颖　高　平　曹贡献　梁　玲

（撰稿人：时永生、王莉敏）

灵璧县审计局

灵璧县审计局内设办公室、综合股、财政金融审计股、行政事业审计股、经济贸易审计股、基建投资审计股、经济责任审计局和固定资产投资审计监督中心，现有编制26名，实有人员18名。

2011年灵璧县审计局机关人员配备情况表

单位＼内容	人数	性别		文化程度				职称			负责人
		男	女	研究生	本科	大专	大专以下	高级	中级	初级	
局领导	4	3	1		3	1			4		朱永立
办公室	5	4	1		1	3	1	1	1		李新元
综合股	1	1			1				1		刘言方
财政金融审计股	1	1					1			1	彭凤领
行政事业审计股											张峰（兼）
经济贸易审计股	1	1			1				1		徐　进
基建投资审计股	1	1			1				1		张元林
经济责任审计局	5	2	3		5				3		田　波
固定资产投资审计监督中心											
合计	18	13	5		12	4	2	1	11	1	

2011年灵璧县审计局领导人员情况表

姓　名	性　别	职　务	职　称	任职时间
朱永立	男	党组书记、局长	经济师	2011年5月
蒋　侠	女	副局长	审计师	2003年1月
张　峰	男	副局长		2007年11月
姚瑞民	男	纪检组长	助理编辑	2007年10月
田　波	男	经济责任审计局局长	审计师	2007年12月

2011年12月31日在册人员名单

朱永立　蒋　侠　张　峰　姚瑞民　田　波　李新元　冷亚辉　徐　进　彭凤领　张元林　刘言方　王　宁　吴　琼　王双丽　何光银　李登化　刘焕谋　邱增礼

2011年工作概况

2011年，灵璧县审计局在县委、县政府和上级审计机关的领导下，紧扣科学发展主题和转变经济发展方式主线，围绕稳增长、控物价、调结构、惠民生、抓改革、促和谐，依法认真履行审计监督职责，加强对权力运行的监督和制约，严肃揭露和查处重大违法违规问题和经济犯罪案件，坚持从体制机制制度层面分析问题、提出建议，注重方式方法的探索创新，保质量、促规范，更好地发挥审计“免疫系统”功能，当好公共财政的“卫士”，为推动完善国家治理做出更大贡献。全年审计单位40个，查处违规行为金额5725万元，应上缴财政60万元，已上缴财政60万元，提出审计建议被采纳38条，提交审计专题、综合性报告和信息被批示采用73篇。

围绕积极财政政策的贯彻落实，提高财政审计的有效性和及时性。密切关注宏观经济政策的贯彻落实情况，及时揭示新情况、新问题，确保政策措施落实到位。“同级审”改变过去本级预算执行审计项目中安排十几个单位开展部门预算执行审计的方法，有重点的选择县卫生局、县教育局和县交通局等3个单位开展部门预算执行情况审计，将其他财政预算执行单位列为自定的财务收支经常性审计单位，在保证按时完成指令性审计项目的基础上穿插进行。这样做既保证本级预算执行审计按时完成，又不影响对行政事业单位财务经常化监督。在实施审计监督过程中，着力关注财政资金的使用绩效，实行本级支出与转移支付审计并重的审计模式，做到“财政资金运用到哪里，审计就跟进到哪里”，提高了财政资金的使用效益。8月31日，县十五届人大常委会33次会议审议通过了2010年度本级预算执行情况审计工作报告。

围绕对权力运行的监督制约，全面推进经济责任审计。认真落实中共中央办公厅、国务院办公厅颁布的《党政主要领导干部和国有企业领导人员经济责任审计规定》（以下简称“两办规定”），全面推进领导干部经济责任审计工作，努力建立和推行领导干部任期内轮审制度。实践中尽量安排任中审计，规范评价体系，充分运用审计结果，健全审计整改和督察联动机制；定期召开县经济责任审计工作联系会议，形成机制。在安排审计项目计划时，考虑到经济责任审计与预算执行、专项资金等其他审计相结合，既有结合又有侧重点，做到资源共享，提高了审计效能。在工作中，严格依照“两办规定”制定审计实施方案，确定审计目标、内容、重点，突出经济责任审计与财政财务收支审计的区别，规范审计内容和评价。审计中，牢牢把握权力与责任两个方面，对审计中发现的问题，逐条准确界定领导干部应当承担的直接责任、主管责任和领导责任，对经济责任审计结果报告要求简明通俗，与业务文书的审计报告严格区别，确保经济责任审计结果可信、可靠、可用，为县委、县政府正确使用和评价干部提供了参考依据。对33个乡镇、县直单位48名主要负责人进行任期经济责任审计，查出“截留财政收入、违反规定扩大支出范围”等违规问题20个，针对发现的问题依法进行处理处罚，提出审计建议被采纳95条，向县委组织部提交经济责任审计结果报告33份。

围绕优化结构和提高效益，深化政府投资审计和跟踪审计。一是加强对关系经济社会发展、涉及民生的各种专项资金的审计，完成对舟曲救灾资金物资跟踪审计。二是组织实施全县中小学校舍安全工程跟踪审计，围绕工程招投标、合同签订、工程造价的真实性以及财务管理、资金使用等情况，加大对政府投资项目竣工决算审计力度。审计人员核对资料，现场逐项查看核实并研究其效益性。全年决算审计项目193个，审计后的工程造价为11900万元，净核减工程造价为304万元，为政府节省了财政资金、减少了损失浪费。

围绕维护国家经济安全，做好地方政府性债务审计。按照审计署、省审计厅的统一部署和安排，以“见账、见人、见物，逐笔、逐项审核”为原则，注重揭示经济社会运行中的突出矛盾和风险。与泗县审计局审计人员共同组成审计组赴亳州市蒙城县开展全省地方政府性债务审计。地方政府性债务审计蒙城审计组于3月3日下午进驻蒙城后即与蒙城县政府、县财政局联系沟通，做好前期准备工作。3月4日上午，宿州市审计局驻蒙城县地方政府性债务审计组在县财政局举行蒙城县地方政府性债务审计进点见面会，县政府领导及县财政、审计、教育、卫生、交通、人行、发改委、开发区等有关部门单位负责人参加会议。会上，审计组向蒙城县政府送达审计通知书，介绍审计署、省审计厅、市审计局对此次审计的总体部署和要求，以及审计工作目标、范围对象，特别是债务范围的界定，提出审计工作方法和提供资料的总的要求。3月5日，审计组在深刻学习领会审计署、省审计厅审计工作方案、填表说明等及市审计局审计实施方案内容的基础上结合上次审计成果和财政部门有关资料，要求有关单位财会人员到场了解情况、填表；针对当地部分人员对这次地方政府性债务审计的重要性认识不足、准备的自查材料不全这一情况，审计组要求蒙城县政府组织召开由相关单位参加的会议，明确要求、布置工作；审计人员分头行动深入县教育局、卫生局、粮食局、王集乡、开发区等审计调查项目单位查阅核对资料、要求提供有关项目立项审批及财务资料等，对有关实物进行拍照取证，同时到县财政局会计中心、预算股等单位调查取证有关账表据资料。通过审计达到了摸清底数、反映成效、揭示问题、提出建议的目的，圆满地完成了任务。

围绕国家富民惠民政策的实施，加强对民生资金等专项资金审计。一是进一步加大对民生资金等专项资金审计的深度和力度，按照省市审计机关统一安排部署，派审计人员赴明光市等地开展义务教育经费保障机制资金绩效情况审计。二是开展养老保险基金和扶贫资金专项审计调查。通过审计发现“支出票据不规范、超范围开支、未按规定实行政府采购”等问题。10月，在审计署、省审计厅的安排部署下，在县政府领导下，与县财政局、县教育局共同对县8所地方公办普通高中截至2010年末高中债务余额情况进行调查。调查逐校、逐项、逐笔核实债务，查清截至2010年末高中债务余额、债务的起始年和1997年、1998年、2002年、2007年、2008年、2009年、2010年7个年度债务发展变化情况，分析债务资金的来源和用途，评估学校的偿债能力，揭示存在的风险隐患，同时了解学校的资产状况并分析普通高中债务的形成原因。

开展“信息化推进工程”，规范制度、提高审计人员素质和能力。认真组织全体审计人员深入学习《全省审计机关开展“信息化推进工程”实施方案》和市审计局有关文件精神，按照省、市关于信息化建设的工作部署和要求，结合信息化工作实际，对“信息化推进工程”活动进行认真研究和统筹安排；成立“信息化推进工程”活动领导小组，制定活动实施方案并将任务层层细化到人，做到组织领导到位、责任明确到位；印发《灵璧县审计局关于加强2011年审计信息化工作的意见》，制定和完善计算机和网络设备的使用管理规定、审计信息化工作考核办法等，形成完善的信息化工作制度。首先，要求全局实施的所有审计计划项目都要用AO开展现场审计，利用OA进行审计管理；加强OA系统公文流转的规范应用和管理；严格执行公文系统流转的有关规定，及时接收、分发、阅处公文；其次及时对本机关网站进行改版，重新设计体现地方特色的网页，测试新的网站。其次，积极开展计算机审计应用成果的征集、利用和共享工作。全局有3名业务人员参加计算机AO应用实例的撰写工作。最后，积极参与上级审计机关开展的审计信息化学习和考察活动，参加市审计局举办的2011年信息系统审计、计算机审计方法、AO应用实例撰写的培训和审计管理系统应用提高的培训，局负责信息化工作的人员赴青岛市、射阳县考察学习审计信息化工作。

深入推进审计队伍专业化建设，做到以责立志、以德立身、以能立业、以行立信。一是按照上级审计机关总体部署，积极动员，认真部署“治庸、治懒、治散、治娇、治骄、治暮”（以下简称“六治”）学教活动。成立了局“六治”学教活动领导小组，下设办公室和4个小组；结合局实际制定 “六治”活动实施方案，完善保障措施，做到工作安排具体、责任落实到人、经费保障有力、督促检查到位。通过 “六治”活动这一平台，开展审计队伍大练兵，切实转变审计队伍的思想作风和工作作风，不断提升审计干部的道德水平和职业修养。二是将审计人员的教育培训作为一项重要工作，科学安排培训教育计划，讲究培训质量的实效性，培训中大力弘扬“责任、忠诚、清廉、依法、独立、奉献”的审计人员核心价值观，要求审计人员以对国家和人民、对历史和法律高度负责的精神和态度，认真履行宪法和法律赋予的审计监督职责，充分发挥审计“免疫系统”功能，当好公共财政的“卫士”，切实维护人民利益和国家安全，推动完善国家治理，保障经济社会健康运行。同时，要求审计人员坚持依法审计、文明审计，做到以道理服人、用事实说话，善于听取各方面意见和建议，不讲粗话、大话、过头话，言行举止规范文明，实事求是、客观公正地反映和处理问题。加强机关内部管理制度建设，做到用制度办事、管人、理财，实现规范管理。三是认真落实审计署、人力资源和社会保障部、国家公务员局联合下发的《关于加强审计机关队伍专业化建设的意见》及其实施办法的要求，推进审计队伍专业化建设，建立分层分类人才培养机制，年轻干部注重实践历练，做到知识与能力兼备；老同志注重知识更新和实践经验的提炼，成为经验丰富的专家型人才；在审计实践中培育出更多的审计专业领军人才和骨干人才。全局15个在职在岗人员全部通过审计署、省审计厅统一组织的审计计算机应用初级资格考试，4人取得审计计算机应用中级资格，10人通过考试取得审计师等中级职称，全局有12人有大学本科文凭，占在职人员的三分之二。

2011年工作成果一览表

审计单位（个）	查处违规金额（万元）	管理不规范资金（万元）	应缴财政（万元）	已缴财政（万元）	应归还原渠道资金（万元）	移送事项（件）	应调账处理金额（万元）	应自行纠正金额（万元）	审计报告、信息被批示采纳（篇）
40	5725	49137	60	60					73

2011年获奖情况

被省审计厅评为全省审计“信息化推进工程”先进单位

获全省审计机关网站测评特色奖

被市审计局评为全市审计系统先进单位

张元林被市审计局评为全市“信息化推进工程”先进个人

田波被市审计局评为审计信息工作先进个人

2011年大事记

3至4月 在审计署、省审计厅统一部署下，市审计局统一安排灵璧县审计局派人到蒙城县开展地方政府性债务审计。

5月12日，县委组织部组干字〔2011〕91号文任命朱永立为灵璧县审计局党组书记。

5月17日，在县十五届人大常委会第31次会议上，朱永立被任命为灵璧县审计局局长。

8月31日，灵璧县第十五届人大常委会第 31 次会议充分肯定县审计局局长朱永立受县人民政府委托所做的《关于2010年度县本级预算执行和其他财政收支的审计工作报告》。

9至10月，在审计署、省审计厅统一部署下，开展地方普通高中债务审计调查和基层卫生院债务化解，按时圆满完成任务。

11月10日，省审计厅副厅长杨寿桃在市审计局局长吴健的陪同下，到灵璧县开展工作调研。

灵璧县审计学会领导及理事名单

会　长：张　峰

副会长：王　军　王锦钟　马仁福　陶双洁

秘书长：田　波

副秘书长：徐　进

常务理事：马仁福　王　军　王锦钟　田　波　杜　林　赵厚远　张　峰　张元贵　张桂鹤　徐　进　陶双洁

理　事：丁　健　马　建　马仁福　马修斌　王　军　王春阳　王锦钟　田　波　石　雪　刘君銮　孙荣才　吕要会　李祥荣　杜　林　李财金　张　峰　张元贵　张西胜　张建中　张桂鹤　卓万龙　钟　鸣　钟　昊　赵厚远　徐　进　陶双洁　崔　华　彭嘉庆　谢德科　解德勇　谭召连

灵璧县内部审计协会领导名单

会　长：姚瑞民

副会长：张　梅　高　燕　盛开宏

秘书长：李新元

（撰稿人：田波，审核人：朱永立）

泗县审计局

泗县审计局内设办公室、财政金融审计股、行政事业审计股、企业与外资审计股、农业与资源环保社会保障审计股、经济责任审计局和固定资产投资审计监督中心，现有编制21名，实有人员17名。

2011年泗县审计局机关人员配备情况表

单位＼内容	人数	性别		文化程度				职称			负责人
		男	女	研究生	本科	大专	大专以下	高级	中级	初级	
局领导	8	5	3		4	4		1	4	1	黄　彪
办公室	2	1	1		1	1					
财政金融审计股	1	1			1					1	
行政事业审计股	1	1			1				1		
企业与外资审计股	1	1				1			1		
农业与资源环保社会保障审计股											
经济责任审计局	3	2	1		1	2			1		
固定资产投资审计监督中心	1	1			1				1	1	
合计	17	12	5		9	8		1	8	3	

2011年泗县审计局领导人员情况表

姓　名	性　别	职　务	职　称	任职时间
黄　彪	男	局长		2007年5月
郭平书	男	总审计师	高级审计师	2007年11月
童太守	男	副局长	审计师	2007年11月
刘　惠	女	副局长	工程师	2011年8月
张　跃	男	纪检组长	统计师	2011年12月

2011年12月31日在册人员名单

黄　彪　郭平书　童太守　刘　惠　张　跃　李家俊　张　弘　徐　峰　丁娴敏　姚　建　张　波　许新成　付　超　桑　亚　马　利　杨　娟　董　娜

2011年工作概况

2011年，泗县审计局在县委、县政府的领导下，在省、市审计机关的指导下，以邓小平理论和“三个代表”重要思想为指导，深入贯彻落实科学发展观，紧紧围绕县委、县政府中心工作，以“信息化推进工程”为契机，充分发挥审计保障经济社会运行“免疫系统”功能和为宏观决策服务作用，不断转变观念，加大审计执法力度，拓宽审计监督的范围，提高审计质量，进一步加强党风廉政和机关精神文明建设，坚持“依法审计、服务大局、围绕中心、突出重点、求真务实”审计工作方针，积极履行审计监督职能，为全县经济社会健康发展发挥了积极的作用。全年完成审计（审计调查）项目42个，审计资金18.1亿元，查处违规资金1258万元、管理不规范资金7326万元，提出审计建议91条，被采纳79条，上报审计报告、文章信息116篇，被审计署、省审计厅、市审计局、县政府网站及各类报刊、杂志采用132篇（次）。

继续深化预算执行和税收征管审计。为做好2010年度预算执行和税收征管审计工作，县审计局积极组织力量，抽调人员，组成3个审计组，分别对县财政局2010年度县级财政预算资金的分配、管理、使用情况和地税部门税收征缴管理情况进行审计和审计调查，并延伸审计交通局。审计过程严格按照审计程序和审计操作规范，把“摸清财政家底，揭露存在问题、提出合理建议”作为重点审计内容，撰写了质量较高的审计结果报告，得到了县人大常委会的充分肯定。

扎实开展义保经费审计调查和地方政府性债务交叉审计。2月，根据省审计厅安排，抽调5人成立审计组，赴来安县开展义务教育费用保障机制专项资金绩效审计调查。4月，根据审计署安排，抽调3名审计人员与灵璧县审计局的2名审计人员组成审计组，赴蒙城县开展地方政府性债务审计。审计组克服各种困难，圆满地完成审计工作任务，得到了上级审计机关和被审计单位的好评。

积极推进固定资产投资审计。随着改革的深入和建设力度的加大，为了防止高估冒算，节约建设资金，切实保障资金高效使用，全年对江上青纪念园、开发区道路、泗县中学教学楼、校安工程等19个工程项目进行决算审计，审计工程造1.5亿元，审减工程造价2364万元，有效地提高了公共资金的使用效益。

深入开展经济责任审计。受县委组织部和县纪委委托，合理安排时间，坚持“积极稳妥、量力而行、提高质量、防范风险”的原则，积极做好经济责任审计工作。全年完成县人大办、司法局、商务局、人民医院、中医院等11个单位主要负责人的任期经济责任审计，查处违规资金57万元、管理不规范资金156万元、损失浪费金额160万元，提出审计建议24条。通过审计，有效地促进了全县党风廉政建设工作，为增强领导干部财经法规意识和经济责任意识发挥了积极的作用。

认真开展专项资金审计调查。根据工作安排，先后开展全县扶贫资金专项审计调查、全县中小学校舍安全工程实施情况审计调查、舟曲救灾资金及物资跟踪审计、城镇社保基金审计、普通高中债务调查以及乡镇医院债务核实审计等6个专项审计调查项目。这些专项审计调查在改进民生、保障教育质量等许多方面都取得了重大成效。其中，在乡镇医院债务核实审计方面取得重大进展。经过对全县19个乡镇医院和社保中心进行审计，截至2009年底，债务核实502万元，从2010年到2011年6月债务核实2286万元，并按时上报，取得了预期效果。

切实加强党风廉政建设。按照“建设一支作风过硬、经得起考验、高素质的审计队伍”的要求，围绕“抓好廉政促审计，抓好审计促廉政”这条主线，以开展“创建四型机关，争做优秀公仆”、“书记带头大走访”、“创先争优”和“机关效能建设”等活动为契机，以突出建设“廉政型机关”为重点，建立健全与审计工作相适应的教育、制度、监督并重的惩治和预防体系。大力加强党员干部的思想作风、学风、工作作风和生活作风建设，积极为提高全体党员干部的思想素质、政治素质和业务素质，提升拒腐防变能力再上一个新台阶而不断努力。由于措施得力，成效显著，被省审计厅评为全省审计系统党风廉政建设先进单位。

扎实开展“信息化推进工程”各项活动。根据省、市“信息化推进工程”实施方案要求，及时成立“信息化推进工程”领导小组，制定“信息化推进工程”实施方案。为确保活动顺利开展，积极筹措资金，购置设备，按标准搭建县财政联网审计系统和审计视频会商系统，并通过省审计厅及市审计局专家评审组的验收。通过活动的开展，进一步推进了审计创新，提升了审计信息化工作效能和水平。县审计局被市审计局评为“信息化推进工程”先进单位。

2011年工作成果一览表

审计单位（个）	查处违规金额（万元）	管理不规范资金（万元）	应缴财政（万元）	已缴财政（万元）	应归还原渠道资金（万元）	移送事项（件）	应调账处理金额（万元）	应自行纠正金额（万元）	审计报告、信息被批示采纳（篇）
42	1258	7326	53	53	281		13	573	132

2011年获奖情况

被省审计厅评为党风廉政建设先进单位

被市审计局评为全市审计“信息化推进工程”先进单位

被县委、政府评为全县法制宣传教育工作先进集体

被县直机关工委评为“创先争优”活动先进基层党组织

泗县2010年度财政预算执行情况审计被市审计局评为优秀项目

泗县经济开发区七路三桥工程造价审计被市审计局评为优秀审计项目

张波撰写的《住房公积金贷款重复发放》计算机审计方法被审计署评为鼓励奖

姚建撰写的《财政虚列支出转暂存》AO应用实例被省审计厅评为优秀奖

张波撰写的《住房公积金贷款重复放贷》AO应用实例被省审计厅评为应用奖

姚建被市审计局评为审计信息工作先进个人

张波被审计局评为全市审计“信息化推进工程”先进个人

姚建被县委、县政府评为优秀公仆

童太守被县人社局评为优秀公务员

2011年大事记

8月5日，县机构编制委员会批复成立泗县固定资产投资审计监督中心，隶属县审计局，为财政全额拨款事业单位，副科级建制，定编5名，领导职数1正1副两名。

8月17日，刘惠任县审计局副局长（泗政人〔2011〕6号）。

11月30日，张跃任县审计局党组成

员、纪检组长（试用期一年）（组干字〔2011〕85号）

12月8日，张弘任县审计局主任科员（泗政人〔2011〕12号）。

12月8日，姚建任县审计局副主任科员（泗政人〔2011〕12号）。

12月8日，徐峰任县固定资产投资审计监督中心主任（试用期一年）（泗政人〔2011〕13号）。

泗县审计学会领导及理事名单

名誉会长： 刘中平　程　波　毛学武

会　长： 黄　彪

副会长： 郭崇选　高成军　周士成　刘立春

秘书长： 郭平书

副秘书长： 孙　勇

常务理事： 王维义　刘立春　刘效平　孙　勇　周士成　周瑞玲　郭平书　郭崇选　高成军　黄　彪　薛　峰

理　事： 丁万刚　王　跃　王文华　王永安　王维义　邓斌博　史士同　石　宏　刘　虎　刘玉武　刘立春　刘效平　孙　勇　吴　杰　张　辉　张庆贺　李　刚　李　萍　李家俊　杨绪明　杨德宏　陈　峰　周士成　周瑞玲　易　军　徐　辉　郭平书　郭崇选　郭翠侠　高成军　黄　彪　潘海波　薛　峰

泗县内部审计协会领导及理事名单

名誉会长： 黄　彪

会　长： 童太守

副会长： 张　弘　蔡晨光　沈　辉

秘书长： 张　波

常务理事： 张　弘　张　波　沈　辉　单家礼　孟　旭　徐　辉　童太守　蔡晨光　薛兆杰

理　事： 丁敬科　王士民　王凤玲　孙　晔　孙　斌　宋德玉　张　弘　张　波　张从珍　李　云　李继侠　沈　辉　陈　景　陈恒阳　单家礼　孟　旭　房振宏　欧素平　姚　建　胡永廷　候　浩　倪大洲　徐　辉　郭贤孝　曹　杨　曹绍东　梁贤亮　童太守　蔡晨光　薛兆杰　戴　伟

萧县审计局

萧县审计局内设人秘股、综合法规股、财政金融审计股、经贸审计股、行政事业审计股、农水审计股、社会资源与环境保护审计股、固定资产投资审计中心、经济责任审计局和信息化指导股，现有编制45名，实有人员45名。

2011年萧县审计局机关人员配备情况表

单位＼内容	人数	性别		文化程度				职称			负责人
		男	女	研究生	本科	大专	大专以下	高级	中级	初级	
局领导	5	4	1		5				4		郭　健
人秘股	3	1	2			3			2		许崇华
综合法规股	2	1	1			2			2		刘　海
财政金融审计股	3	1	2		3				3		朱　飞
经贸审计股	3		3		3				2		苏爱丽
行政事业审计股	2	2			2				1		康海新
农水审计股	3		3		3				1		朱玉芳
社会资源与环境保护审计股	2	2				2			1		刘伯振
固定资产投资审计中心	10	7	3		7	3					李　申
经济责任审计局	6	4	2		1	5			1	2	王世干
信息化指导股	1	1			1				1		徐新建
其他	5	3	2		3		2		3	2	
合计	45	26	19		28	15	2		21	4	

2011年萧县审计局领导人员情况表

姓 名	性 别	职 务	职 称	任职时间
郭 健	男	副局长（主持工作）	政工师	1999 年 8 月
姜连杰	男	副局长		2011 年 9 月
徐钦侠	女	副局长		2011 年 9 月
杜广华	男	纪检组长		2008 年 2 月
刘昌礼	男	工会主席		1998 年 2 月
邵长胜	男	总审计师	经济师、工程师	2008 年 3 月
王世干	男	经济责任审计局局长	审计师	2008 年 3 月

2011年12月31日在册人员名单

郭 健 杜广华 刘昌礼 邵长胜 许崇华 王世干 刘伯振 康海新 蒋都峰 刘 海 王立新 朱玉芳 徐新建 刘 伟 郝朝浚 张艳玲 周卫东 王海庭 许 璐 周 颖 徐 丽 李 波 张宏运 谢朔超 陈明环 朱 飞 赵 影 李 申 苏爱丽 朱 伟 张 飞 赵金英 魏现哲 王 标 杜长胜 吴忠梅 刘慧婕 张 旆 王 啸 邓 丽 王 岩 胡彦琦 王司阳 田 涛 徐 圣

2011年工作概况

2011年，萧县审计局在县委、县政府和上级审计机关的正确领导下，深入贯彻省市审计工作会议精神，紧紧围绕县委、县政府的中心工作，以学习贯彻审计准则为主线，以积极开展“信息化推进工程”为抓手，以 “六治”活动和“争创四型机关”等主题活动为动力，突出财政预算执行审计、政府投资审计、领导干部经济责任审计和民生工程审计四项重点，进一步加大查处力度，大胆创新，求真务实，在促进依法行政、维护财经秩序、推进廉政建设、服务中心工作等方面发挥了积极作用，取得了显著成绩。全年完成审计项目 43个，查处违规金额 5133万元、管理不规范金额 655万元，核减工程造价4832万元，审计挽回损失146万元，提交各类审计信息、简报105 篇，提出审计建议 216 条。

积极构建财政审计大格局。围绕“构建财政审计大格局”的要求，以促进公共财政体制逐步完善为目标，将全部政府性资金纳入财政审计范围，将县直部门和乡镇纳入本次财政审计范围，从资金面上和量上做到审计的全覆盖。同时，在审计中结合萧县实际情况重点关注政府性债务、转移支付资金以及“三公经费”等的问题。审计促进了财政资金的规范管理和有效使用，县人大、县政府对此次审计给予了充分肯定。

强化民生工程审计。组织实施全县养老保险基金、医疗保险基金和新农合基金的审计和（审计调查）项目。审计表明，县民生工程领域项目资金管理使用整体上较为规范，国家一系列民生惠民政策得到了落实。对审计调查中发现的违规及管理不规范问题，依据有关法规政策进行了处理，并向相关单位提出了整改意见，积极促进了民生工程资金和项目的管理。

加强政府投资建设项目审计。针对审计发展的新形势及萧县近年重点市政工程建设加速提升的实际情况，进一步加大了投资审计力度。将市政建设项目作为审计重点，并对县中小学校舍安全工程实行全过程跟踪审计，做到问题及时发现、及时纠正、及时处理，充分发挥了政府投资审计“警示、鉴证、规范”的免疫性作用。全年开展投资审计项目35个，审计总金额为36325万元，核减工程资金4832万元。萧县审计局实施的县政府会议中心项目，被评为全省优秀项目，受到表彰。

进一步提升经济责任审计。经济责任审计以贯彻落实两办“规定”，以及省市关于落实意见为主线，紧紧围绕“守法、守规、守纪、尽责”的要求，坚持以领导干部所在部门和单位自身的发展过程为主线，重点关注引起社会、经济发展变化的重大事项、重点环节和重点资金的审计，正确评价领导干部履行经济责任的过程，切实规范领导干部的权利运行，积极促进领导干部行政绩效的提升。全年完成经济责任审计7个，查处违规资金697万元、管理不规范资金505万元、损失浪费资金189万元。

认真完成上级交办任务。一是开展全县基层医疗卫生机构债务清理核实和审核认定。经核定，截止到2009年底，清理核实后的债务余额1111万元，其中本金396万元，应付工程款692万元，应付利息23万元。截止2011年6月，债务余额为512万元，其中本金632万元、应付工程款为448万元。二是开展县普通高中债务调查。经调查，县8所公办高中截止2010年12月31日，举借债务总额为11880万元，其中政府负有担保债务为7627万元。三是开展义保经费和政府债务全省交叉审计。组成审计组赴滁州市凤阳县开展义保经费审计、赴亳州市涡阳县开展政府性债务审计，圆满完成了任务。

开展“信息化推进工程”。按照省市审计机关开展审计信息化工作的要求和开展“信息化推进工程”的部署，坚持审计创新，突出信息化的技术支撑作用，积极促进审计工作上台阶，审计工作大发展。第一，加强领导、周密部署。为加强对“信息化推进工程”的组织领导，成立以局负责人为组长，班子其他成员为副组长，股室负责人为成员的领导小组，并设立专门办公室。确立一把手负总责、分管领导具体抓、“推进年”办公室具体组织实施的领导机制和工作机制。领导组定期、不定期召开会议，对“推进年”活动进行安排、部署，及时了解、解决实施过程中出现的困难和问题。形成全局一盘棋、全力强推进的实施氛围。第二，加强培训、提高技能。一是年初认真制定信息化培训计划，结合全年审计业务工作开展的要求，将信息化工作各阶段技术要求，落实在信息化工作培训任务当中，使培训在时间上张弛有度，内容上环环相扣，应用上紧跟节奏。二是扎实开展全员春季计算机培训。按照省市两大系统交互的工作规范，结合审计项目需求，认真组织全局干部春季计算机技能及操作规范培训，将工作要求要点，结合具体审计项目进行演示，使大家每一步做到心中有标准、有尺度、有规范。三是积极参加上级审计机关组织开展的各种培训交流。为加强联网审计和信息系统审计，选派信息化人员参加市审计局组织赴青岛、射阳县的信息化学习交流活动，既开阔了计算机人员的视野、加强了开展工作的信心和决心，又为全局信息化工作的顺利开展打下了良好的基础。第三，认真实施、扎实推进。紧紧围绕实施方案的内容，分阶段认真实施各项目标任务。一是在机关管理和所有审计项目中，全面实施两大系统，深化应用水平。对全局审计项目开展“双复核”，坚持综合法规股审理和信息化流程复核。二是积极部署联网审计。按照市审计局“全市联网审计全覆盖”的统一要求，紧紧抓住实施联网审计大好机遇，按照联网审计的要求，认真开展联网审计的各项部署工作。完成新机房安装、调试以及与财政网络联通。日前，财政联网审计正式通过省审计厅验收。三是大力开展计算机审计。在安排年初计划时，就对适合开展计算机审计的项目进行有重点的安排；在项目实施中，中级计算机人员全程跟进，确保计算机项目开展的有声有色。上报的7篇审计方法被省审计厅评为2篇优秀、3篇优良，并全部推荐审计署参加评比。第四，加强考核、提升效能。实行信息化动态考核制度，每月一考核、一通报。实行信息化考核的“一票否决”制度，凡是信息化考核出现问题的股（局），取消当年评先评优资格，个人部分在考核中出现重大问题，同时取消评先评优资格。同时，对信息化工作取得优异成绩的先进集体和个人给予奖励，积极促进审计干部的争先进位意识。

开展“治慵、治懒、治散、治娇、治骄、治暮”学习教育活动。为贯彻落实全国、全省审计工作会议精神，配合“审计大练兵、全面提素质”为主题的素质提升年活动，按照市审计局部署，认真开展 “治慵、治懒、治散、治娇、治骄、治暮”（以下简称“六治”）学习教育活动，改进了工作作风，取得了明显的成效。为加强活动的组织领导，成立由局长任组长，其他班子成员为成员的领导小组。下设学习组、宣传组、后勤保障组、督促检查组，各组分工明确，各司其职，各负其责，目标任务和要求细化、量化，责任到人，任务到天；同时严格实行责任追究，发现问题，及时纠正，及时通报，凡是达不到目标要求的，限期整改，限时补课，确保了“六治”活动开展得有声有色、扎实有效。同时，开展 “学习型、服务型、效能型、廉政型”机关，争做优秀公仆活动，以开展“社会主义核心价值观”教育活动的为重点，全面提高审计队伍的思想政治和业务素质。按照县委要求，开展以“下基层、转作为、问民计、暖民心、促和谐、谋发展”为主题的“下基层大走访”活动。局领导带领党员干部深入到杨楼镇郝集等3个村走访看望致富带头人、留守儿童、孤寡老人、老党员和困难群众，走访254户，撰写民情日记12份梳理收集问题及建议29条，宣讲政策9次，发放资料335份，受教育群众670人次。通过开展一系列活动，机关内庸、懒、散、娇、娇、暮的现象得到有效遏制，干部作风进一步改进，为民服务能力进一步提升，有力推动了审计工作的全面开展。

2011年工作成果一览表

审计单位（个）	查处违规金额（万元）	管理不规范资金（万元）	应缴财政（万元）	已缴财政（万元）	应归还原渠道资金（万元）	移送事项（件）	应调账处理金额（万元）	应自行纠正金额（万元）	审计报告、信息被批示采纳（篇）
43	6004	655	146	146	247		1349	4509	105

2011年论文发表情况统计表

报刊名称	时间(期数)	论文题目	作 者
《中小企业管理与科技》	11月23日	《信息系统审计》	郭 健
《电脑编程技巧与维护》	11月2日	《浅谈审计数据与安全》	徐新建
《安徽审计》	第1期	《积极推进 创新突破 稳步提升》	邵长胜、徐新建
《安徽审计》	第9期	《国家审计准则与计算机审计》	刘 海

2011年获奖情况

被市委、市政府评为第七届宿州市文明单位

被市审计局评为全市审计“信息化推进工程”先进集体

被县委评为县直机关先进基层党组织

李申被省审计厅评为省审计厅“五年行动计划”先进个人

徐新建、郝朝俊被评为宿州市审计系统信息化工作先进个人

刘海撰写的《粮食收购环节压级压价问题计算机审计方法》、郝朝俊撰写的《漏计税源地税征管AO应用案例》、徐新建撰写的《维护农合安全护航医疗保障计算机方法》获审计署鼓励奖、省审计厅优秀奖

郝朝俊撰写的《漏计税源地税征管AO应用案例》、朱飞撰写的《1276万专项转移支付资金被滞留审计督促拨付发挥资金效益AO实例》、徐新建撰写的《维护农合安全 护航医疗保障AO实例》获省审计厅优秀奖

2011年大事记

1月7日，公布2010年度审计情况统计结果。

1月13日，全省义保经费审计组成员赴市审计局参加审前培训班学习。

1月15日，义保经费审计组赴滁州参加审前见面会。

1月19日，刘海、谢超通过安徽省计算机审计中级考试。

2月10日，开展全员春训活动。

2月25日，开始实施民生工程审计。

3月2日，开始实施全县同级财政预算执行情况审计。

3月3日，根据市审计局工作安排，王世干等4人赴亳州市涡阳县开展政府性债务审计调查。

4月25日，对1至4月份信息化工作动态进行通报。

5月10日，印发《关于成立萧县审计局“六治活动”领导小组的通知》。

5月11日，印发《萧县审计局关于五年工作总结和今后五年工作安排》报告、《关于成立“信息化推进工程”领导小组的通知》。

5月16日，印发《萧县审计局“六治”学习教育活动各阶段日程安排的通知》。

5月18日，印发《萧县审计局2011年度审计项目计划的通知》。

6月9日，印发《萧县审计局实行审计项目电子化流程管理情况复核的通知》、《萧县审计局关于成立计算机研讨公关小组的通知》、《萧县审计局关于成立计算机审计方法、AO应用实例撰写小组的通知》。

6月13日，转发《宿州市AO与OA应用手册的通知》、印发《萧县审计局审计结果公告基本流程的通知》。

6月22日，印发《萧县审计局2011年度上半年工作总结的报告》。

6月27日，组织全局党员前往湖南韶山开展党员教育活动。

7月1日，组织收看建党90周年庆祝大会。

7月3日，市审计局“六治活动”督查组到县审计局检查工作。

7月21日，郭健副局长受县人民政府委托，向县人大常委会做《关于萧县二〇一〇年度本级财政预算执行情况及其他财务收支情况审计工作报告》，并获全票通过。

8月1日，通报上半年信息化考核结果。

8月10日，县委常委、常务副县长崔宏广、县委常委、组织部长邱勇到县审计局检查指导工作。

8月16日，印发《萧县审计局关于制定深入开展“四型机关，争做优秀公仆活动实施方案的通知》。

8月18日，印发《萧县审计局关于在省审计厅网络论坛发帖的通知》。

8月20日，萧县县委决定，由郭健主持萧县审计局全面工作。

8月24日，开展AO软件2011升级版学习培训。

8月25日，印发《萧县审计局2010年度工作考核情况的通报》。

9月2日，宿州市审计局吴健局长到县审计局检查指导工作。

9月13日，召开中秋节老干部座谈会。

9月16日，印发《萧县经济责任审计局职能范围》。

9月18日，萧县县委任命姜连杰为县审计局党组成员、副局长，徐钦侠任县审计局副局长。

10月8日，组织全局人员参加“庆国庆、爱萧县”全民建设长跑活动。

10月13日，市检查组到县审计局局开展落实国家审计准则和审计质量检查。

10月21日，印发《萧县审计局人才造就、质量提升、环节优化、争先进位活动任务分解的通知》。

10月27日，县人副主任张广友到县审计局调研。

11月10日，印发《萧县审计局审计项目立项调研制度的通知》。

11月16日，印发《萧县审计局计算机及信息系统保密管理规定》。

11月17日，印发《萧县审计局审理项目审理工作办法的通知》、《萧县审计局审计项目审核规则的通知》、《萧县审计局审计组长审核规则的通知》、《萧县审计局审计项目时限管理责任追究制度的通知》、《萧县审计局审计业务会议制度的通知》、《萧县审计局审计项目时限管理办法的通知》。

11月21日，印发《萧县审计局关于信息化推进工程考核办法的通知》。

11月24日，召开财政联网审计联络会。

12月13日，印发《萧县审计局“六治”活动整改方案》。

12月19日，印发《萧县审计局2011年度工作总结》。

12月20日，召开财政联网审计验收会。

2011年
领导批示、讲话摘要

6月25日，县委常委、常委副县长崔宏广在审计信息《农村中小学生重复参保参合问题亟待关注》上批示：请卫生局牵头，会同社保局、教育局针对审计反映新农合双重参保问题，认真研究、完善制度、堵塞漏洞，切实防范民

生资金风险。

7月25日，县委常委、常委副县长崔宏广在《萧县审计局关于2010年度萧县预算执行情况的审计结果报告》上批示：转移支付滞留、漏记税源等问题应引起高度重视，请政府办牵头，会同财政、税务等有关单位对照审计发现问题，认真整改。

9月15日，县委常委、常委副县长崔宏广在《萧县2010年度养老保险基金管理使用情况专项调查报告》上批示：请人社局会同财政部门认真落实审计提出问题，并按有关规定做好养老保险基金管理工作。

10月15日，县委常委、常委副县长崔宏广在审计信息《税务代开发票应引起关注》上批示：请地税部门根据审计反映的事项，认真研究制定相关制度，切实把好开票关，抓好税源管理。

12月5日，县委常委、常委副县长崔宏广在审计信息《控制“三公”支出的几点建议》市批示：三公支出问题，要加强综合治理，对财政部门要加强预算管理，审计、纪检要加强监督，落实各项规定，实行支出公开制度。

萧县审计学会领导及理事名单

会　长：杜长胜

副会长：刘学勤

秘书长：刘学勤

常务理事：杜长胜　刘学勤　吴忠梅　赵　莉　郭　健　刘昌礼　邵长胜　王忠民　王智科　陈秀云　纪海涛

理　事：杜长胜　刘学勤　吴忠梅　赵　莉　郭　健　李振民　谢长健　邵长胜　康少思　王世干　刘伯振　刘昌礼　刘宪敏　刘　卡　许崇华　王海廷　朱　伟　王宗民　王于忠　邓惠芳　王少华　王智科　陈秀云　纪海涛　望双喜　纵瑞典　纵宇飞　李　影　许　方

（撰稿人：刘海，审核人：刘昌礼）

砀山县审计局

砀山县审计局内设办公室、综合法规室、计算机审计室、社会民生审计室、财金行政事业审计室、农业环保审计室、镇村审计室、投资审计局和经济责任审计局，现有编制49名，实有人员43名。

2011年砀山县审计局机关人员配备情况表

单位＼内容	人数	性别		文化程度				职称			负责人
		男	女	研究生	本科	大专	大专以下	高级	中级	初级	
局领导	6	5	1	2	4			2	4		王金夯
办公室	5	3	2		4	1			4	1	汪桂玲
综合法规室	2	2			2				1	1	孙广爱
计算机审计室	2	2			1	1			1	1	李　勇
社会民生审计室	3	2	1		2	1			3		李怀志
财金行政事业审计室	4	1	3		4			1	3		周玉成
农业环保审计室	3	1	2		3				3		王贤华
镇村审计室	2	1	1		2				2		黄圣诚
投资审计局	8	5	3		5	3			2	6	刘　鹍
经济责任审计局	8	4	4		6	2		1	7		李卫东
合计	43	26	17	2	33	8		4	30	9	

2011年砀山县审计局领导人员情况表

姓　名	性　别	职　务	职　称	任职时间
王金夯	男	党组书记、局长	中教一级	2007年4月
赵俊领	男	党组副书记	经济师	2011年4月
吴孝千	男	党组成员、副局长	审计师	2003年3月
陈鸣宇	男	党组成员、副局长	经济师	2002年3月
李善文	男	党组成员、副局长	会计师	2007年7月
王美玲	女	党组成员、总审计师	高级审计师	2008年4月
吴　强	男	党组成员、纪检组长		2009年8月

2011年12月31日在册人员名单

王金夯　赵俊领　吴孝千　陈鸣宇　李善文　王美玲　吴　强　李卫东　刘　鹍　孙广爱　吴　昊　魏素真　汪桂玲　张　涛
王居华　王贤华　李　勇　李怀志　黄圣诚　周玉成　李晓军　田晓梅　刘月梅　唐怀荣　孙安然　赵　妍　周艳花　周淑芹
周秀萍　宋淑丽　郭美艳　孙爱进　赵佳伟　高　超　苏小龙　张元宝　李　犇　胡晶晶　李　倩　阚厚情　朱刚强　杨惠中
唐世普

2011年砀山县审计局特约审计员情况表

姓　名	性　别	工作单位	职　务	职　称	任职时间
汪　丽	女	县政府	副县长	审计师	2007年3月
黄乔平	男	县财政局	总会计师	会计师	2007年2月
刘瑞莲	女	县葛集镇白蜡园村	党支部书记		2008年2月

2011年工作概况

2011年，砀山县审计局在县委、县政府的领导和上级主管部门的支持下，坚持以科学发展观为统领，紧紧围绕“依法审计、服务大局、围绕中心、突出重点、求真务实”审计工作方针，以《国家审计准则》为准绳，以《廉政准则》为标尺，以“信息化推进工程”为抓手，强化“人、法、技”建设，审计工作连创佳绩。全年完成审计（审计调查）项目42个，其中财政预算执行审计项目9个，专项审计调查项目5个，财务收支审计项目1个，经济责任审计项目8个，投资审计项目19个，查处违规资金242万元、损失浪费资金272万元、管理不规范资金102065万元，应上缴财政190万元，已上缴财政190万元，移送案件线索3起，被审计单位采纳审计建议80条，提交审计专题、综合性报告和信息简报217篇，其中被署、厅、市审计网及各类报刊、杂志采用227篇次。县审计局被评为全市审计“信息化推进工程”先进单位，组织实施的砀山县2009年度本级财政预算执行和其他财政收支审计被评为全市优秀审计项目，开展的砀山中学2009年度教育经费审计调查被评为全市表彰审计项目；李勇被评为全省审计“信息化推进工程”先进个人，王美玲、田晓梅被评为全市审计“信息化推进工程”先进个人。

多措并举，全面提升审计人员职业胜任能力。一是提升审计人员的学习力和宏观分析问题的能力。通过“学分制”考核、每天一小时自学读书活动、政治理论学习、计算机审计技能培训、“审计大课堂”、青蓝结对、外出培训学习、大讨论、业务交流会等方式，提升审计人员的学习力和宏观分析问题的能力，加快了推进审计转型的步伐。二是提升审计人员的创新力。积极引导审计人员树立科学思维方式、多维创新意识，创新审计工作方法；开拓知识面，提高业务素质，为审计创新能力的提高提供智力支持；培养勇于探索的精神，树立强烈的事业心和责任感，为审计创新提供了持久的内在动力。三是提升审计人员的沟通交际能力和审计队伍的凝聚力。通过演讲比赛、知识竞赛、“沟通日”联谊活动、体育锻炼比赛活动、健康知识讲座、象棋比赛等文体活动的开展，活跃工作氛围，丰富业余生活，改善身心健康、激发工作热情，提升了审计人员的沟通交际能力和审计队伍的凝聚力。四是开展“学先进、思奋进、强推进”活动，提升审计人员的思想境界和业务技能。走出去，赴江苏学习交流、破解计算机审计难题，提升全局计算机审计水平；请进来，向计算机审计能手郭兴强学习敢闯敢拼、坚忍不拔、奋勇争先的精神，对标赶超、“创先争优”；树立身边的典型，以业务能手为榜样，学习他们爱岗敬业的精神、严谨细致、高质高效的工作作风，提升审计工作技能和水平。

强化管理，提升审计工作层次和水平。审计质量是审计工作的生命线。规范审计行为、加强审计管理、防范审计风险、提高审计质量，是推动审计工作转型升级的关键所在。为进一步贯彻落实8号令，加强审计质量控制，县审计局注重从以下5个方面着力：一是制定完善各项审计质量控制制度。限时办结制、周报督查制度，业务会议制度、实质性审理制度、审计质量百分制考核制度。优势审计资源整合等制度的规范执行，真正落实了“用制度看守审计质量”。二是制定审计项目业务流程。对重点审计项目的审计工作方案或审计实施方案、审计报告初稿需经审计业务会议研究确定，审计组根据会议的要求将修改后的审计报告送达被审计单位征求意见。三是坚持双复核制度。所有审计项目的审计资料需上传给局计算机室，经过计算机室电子复核签署意见后，再将审计资料报送综合法规室审理。四是注重项目质量复查。年终对当年度实施的审计项目在审计程序、审计方案编制、违纪违规问题事实认定和定性等方面统一进行质量复查，并将复查结果纳入年度目标进行考核。五是注重审计回访，把握好“一查”、“二看”、“三促进”。“一查”，对已下达的审计决定的执行情况逐一检查，对未执行的查明原因，督促相关被审计单位执行。“二看”，看审计建议的采纳情况，看审计人员廉政纪律执行情况。“三促进”，要求审计回访在完善被审计单位内部财务管理、提高审计项目质量和改进审计工作方式方法这三个层面上要有所促进，达到“以审促帮”的目的。

开展“六治”活动，加强审计机关自身建设。积极开展“六治”（治庸、治懒、治散、治娇、治骄、治暮）活动，严格按照市审计局关于“六治”工作的具体要求，成立了领导小组，制定实施方案，在开展“六治”活动中注重“四个结合”。一是注重“六治”与“创先争优、争做新时期老实人”活动相结合。结合这项活动，“治暮”，增强审计人员的敬业精神、精品意识，提高了工作效率和执行力，促进了审计队伍的素质再提高、能力再提升。二是注重“六治”与“对标赶超”行动相结合。结合这项活动，“治庸”，增强审计人员的学习力，做到了学有目标、赶有方向，进而确保各项工作市内保先、省内争优。结合这项活动，“治娇”，克服畏难而退、畏首畏尾的状况，增强了审计人员的自信力和责任感，进而造就一批提笔能写、开口能讲、有事能办、无事能思的一专多能的审计人才。三是注重“六治”与“自警自省、深刻反思，加强审计机关建设”大讨论相结合。结合大讨论，“治懒”，意在发扬雷厉风行的工作作风，营造紧张有序、运转高效工作氛围。结合大讨论，“治散”，改变各行其是、自由散漫的状况，增强了审计队伍的凝聚力和向心力。四是注重“六治”与建党九十周年系列活动相结合。为庆祝党的九十华诞，开展了重温入党誓词、观看专题片《辉煌的历程》、召开誓师大会等系列活动。结合系列活动，“治骄”，克服骄傲自满 、我行我素的情绪，弘扬开拓创新、锐意进取的精神，真正做到少说多做不张扬、真抓实干不浮躁，增强了审计队伍的动力和活力。

加强审计文化建设，提升宣传工作的层次和水平。审计文化建设对于培育先进的审计理念、培养优良的机关作风、增强审计机关凝聚力、增强审计工作辐射力、提升审计“免疫系统”功能起着举足轻重的作用。县审计局始终注重审计文化软实力建设，积极探索，作了有益的尝试。一是举办培训班，以此为平台大力宣传推介审计。联合县纪委、县财政局举办两期审计、财经法规培训班，增强了会员的业务技能，强化了廉政、管理意识，加深了他们对审计工作的了解、认识和理解。二是创办《砀审文化》，加强审计文化建设。每季度一期，设置审计要情、审计在线、审计动态、审计论坛等栏目，并寄给相关领导和兄弟单位，以此为平台展示砀山审计风采、彰显审计文化软实力，既提升了县审计局全体人员的写作能力和水平，又进一步扩大了县审计的知名度和美誉度。三是聘请“三员”，监督、宣传、支持审计工作，扩大审计影响。从社会各阶层聘请10名审计监督员，定期倾听他们对审计工作的意见建议，了解社会关注的热点、焦点问题，接受他们对审计工作的监督；从教育界、知识界聘请10名审计宣传员，旨在加强审计文化研究、广泛宣传审计法规、扩大审计影响；从被审计单位聘请10名审计助理员，探索结对帮扶路子，促进内部审计效能提升。四是开展“审计走入社会、社会走进审计”主题活动，使社会广泛了解、认识、认可、理解、支持审计，最终达到文明审计、和谐审计。砀山中学领导班子和中层干部30人、县人大常委和部分人大代表做客审计局，观看了审计工作专题片，听取了审计基本知识、新颁布的《审计法实施条例》讲解及审计工作开展情况和取得的成效介绍。审计人员作了风采展示；与会人员填写了审计工作征求意见表和活动评价表。“审计走入社会、社会走进审计”活动取得了较好的效果。审计文化软实力建设为审计工作的发展提供了硬支撑。

筑牢廉政建设生命线，树立审计新形象。廉政是审计工作的“生命线”、“高压线”。筑牢“生命线”、架好“高压线”是治本之策，是有效规避审计廉政风险的根本途径。一是加强制度建设落实廉政监督保障，强抓审前廉政教育，构筑无形“防火墙”。通过廉政教育、组织观看警示教育片、聘请常年法律顾问、举办法律讲座、廉政警句、警言入室上墙，促使人人做到自警、自省、自励、自尊和自爱，时刻忍得住清贫、耐得住寂寞，使依法廉洁行政成为审计人员自觉行为。二是坚持“审计权利运行到哪里，党风廉政建设就跟进到哪里”。推行廉政监督全程“跟进”，注重把握权利运行的各个环节，有的放矢实施廉政监督。推行廉政监督与审计业务工作同部署、同检查、同考核，实现廉政跟着项目走，做到廉政监督与审计权利运行同步，严格落实廉政过错责任追究制度。三是实行外勤经费自理，切断与被审计单位利益链，树立审计机关清廉形象。县政府批准实施《砀山县审计局审计外勤经费管理办法》，被审计单位对审计工作零招待、零负担，确保了审计机关的廉洁性，使得审计“清水衙门”水更清、人更廉。四是实行廉政保证金制度，强化廉政考核。为确保审计人员正确行使审计监督权，推行了“廉政审计保证金制度”，凡发生违反廉政规定和审计纪律行为，受到本制度处理的，扣发廉政保证金，一律取消本人及所在科室评先、评优资格。以上举措的实施，加强了对审计人员的监督和约束，为廉洁从审提供了有力保障。

深化AO、OA系统应用，全面提升审计信息化应用水平。以AO2011的运用为契机，深化对审计项目实施和管理全过程的数字化控制，要求全年所有审计项目都要用AO开展现场审计，利用OA进行审计管理，确保审计作业过程各个环节及相关资料在AO和OA中进行交互，达到审计质量控制全过程的数字化、网络化；继续做好OA系统公文流转的规范应用和管理，提高公文系统运转的准确性和时效性。

启动财政联网审计平台应用，助推审计“信息化推进工程”上水平、上台阶。按照年度确定的项目计划，探索开展经济责任审计项目的联网审计，从实质应用上探索联网审计的新路子。同时，运用联网审计分析平台，对不进行联网审计的单位，开展数据采集审计分析，较好地发挥了审计的“免疫系统”的功能。

全新改版升级审计门户网站，着力提升审计信息化服务水平。为更好的提升新时期审计门户网站的宣传优势和服务功能，县审计局经过精心筹划，历时2个多月进行门户网站的该版升级，充实网站内容，新增审计结果公告、审计信息化等功能，使得网站内容更加丰富、功能更加完善、界面更加亲切，较好的发挥了审计门户网站的对外宣传效应。

整合审计资源，积极开展信息系统审计试点。结合2011年全县医疗卫生行业绩效审计调查项目，对县医院进行信息系统审计，重点关注被审计单位信息系统的可靠性和安全性，发现管理的薄弱环节和漏洞，以降低审计风险。

设立计算机网络管理岗位，明确信息化管理职责。为提高工作效率，保证信息化工程的正常有序运行，县审计局设立计算机网络管理岗位，配备专职人员，负责信息化网络的管理维护、计算机及外部设备的日常管理、故障维护，各类软件的使用指导、相关资料的整理归档等工作，为审计“信息化推进工程”提速、高效奠定了基础。

启动连接省、市审计视频会商系统，提高审计信息化交流新渠道。积极争取省、市审计部门的技术指导和支持，积极将资金筹集到位，汇缴省审计厅，力争早日开通视频会商系统，以利于组织收听收视有关会议，开展业务培训，实施审计会商，从而提高审计信息化应用的档次和水平。

组织撰写AO应用实例和计算机审计方法，提炼审计信息化应用经验和操作技能。根据省审计厅《关于开展征集计算机审计方法和AO应用实例评选活动的通知》的要求，积极组织有关人员，结合审计项目，认真撰写AO应用实例7篇和计算机审计方法7篇，并在全省评比中取得优秀和良好等级，为推进信息化建设提供了审计经验支持和审计技能方法，较好的实现了审计经验总结向整体方法体系的质量转变。

健全完善制度，实行审计信息化动态跟踪考核通报。将“信息化推进工程”各项任务进行具体安排，细化分解到人、到项目，形成分工负责、责任明确、协调配合的系统工作机制。对审计信息化工作开展情况、信息化建设的重大事项进行定期或不定期跟踪检查通报；对全员信息化运用的对标超越情况进行动态考核通报；对项目流程实行“双审核”管理制度，做到纸质项目档案与电子档案的同步对接，真正实现了审计质量控制全过程的数字化、网络化管控。

2011年工作成果一览表

审计单位（个）	查处违规金额（万元）	管理不规范资金（万元）	应缴财政（万元）	已缴财政（万元）	应归还原渠道资金（万元）	移送事项（件）	应调账处理金额（万元）	应自行纠正金额（万元）	审计报告、信息被批示采纳（篇）
42	242	102065	190	190	75	3	17		227

2011年论文发表情况统计表

报刊名称	时间(期数)	论文题目	作者
《中国管理信息化》	第217期	《如何快速应用ASL语言编写常规语句》	李犇
《中国管理信息化》	第217期	《信息化：审计事业发展的必然选择》	王美玲
《中国管理信息化》	第218期	《以“信息化推进工程”为抓手　推动审计工作转型升级》	王金夯
《中国管理信息化》	第218期	《关于基层审计机关开展联网审计的设想》	李勇
《中国管理信息化》	第218期	《信息系统下如何搞好县级养老保险基金审计》	周淑芹
《中国审计报》	10月26日	《砀山县审计局着力探索“三位一体”的投资审计新模式——安徽省砀山县投资审计纪实》	刘鹍
《中国审计报》	8月11日	《加快农村教育发展　缩小成效教育差别》	周玉成
《安徽审计》	第1期	《全面提升审计人员职业胜任能力是实现审计工作转型的关键》	王金夯
《安徽审计》	第12期	《审计人既要永远忠于理想又要时刻面对现实》	王金夯
《安徽审计》	第12期	《AO巧解医院特殊材料加价的“特殊性”》	王美玲

2011年获奖情况

被评为全市审计“信息化推进工程”先进单位

组织实施的砀山县2009年度本级财政预算执行和其他财政收支审计被评为全市优秀审计项目

组织实施的砀山中学2009年度教育经费审计调查被评为全市表彰审计项目

李勇被评为全省审计“信息化推进工程”先进个人

王美玲、田晓梅被评为全市审计“信息化推进工程”先进个人

2011年大事记

3月8日，砀山县《财政联网审计系统》项目验收会在审计局会议室召开，会议由副县长汪丽主持，省审计厅人教处、信息办，宿州市审计局以及中软国际负责人联合组成的验收领导小组与专家组成员对该项目建设情况进行了现场评审验收。在验收会上，验收小组的专家按照软件系统的测试准则进行了严格测试，认为砀山县审计局《财政联网审计系统》的软件运行情况稳定，达到了施工要求，一致同意通过验收。

7月27日，省审计厅副厅长杨寿桃率省审计厅有关部门人员，在宿州市审计局总审计师唐艳芳的陪同下，到砀山县审计局就基层审计信息化工作和“信息化推进工程”实施进展情况进行调研。

砀山县审计学会领导及理事名单

会　长：王金夯

副会长：吉瑞华　刘　建　汪亚光　吴孝千　王美玲　黄乔平

秘书长：李善文

副秘书长：李卫东

常务理事：毛立权　王玉秋　王金夯　王美玲　王敬礼　王　琦　王　超　刘　建　刘洪喜　吉瑞华　孙晓林　朱美侠　朱海超　吴孝千　吴爱英　张安全　张新纪　李　民　李洪雨　李善文　李新习　杨冬梅　汪亚光　陈春玲　孟　瑾　范孝平　祝　云　唐稳成　耿伟民　袁胜利　高　杨　黄乔平　阚曙光

理　事：毛立权　王　琦　王　超　王　鑫　王玉秋　王安鲁　王居华　王贤华　王金夯　王美玲　王海舟　王媛媛　王敬礼　付　浩　田晓梅　刘　昆　刘　亭　刘　锦　刘洪喜　孙广爱　孙庆幸　孙晓林　朱文杰　朱美侠　朱海超　祁晓慧　吴　昊　吴　强　吴孝千　吴爱英　宋巨光　张　剑　张　涛　张玉阁　张安全　张春立　张新纪　李　民　李　勇　李卫东　李红雨　李怀志　李荣花　李晓军　李善文　李新习　杨　林　杨冬梅　杨秀芝　汪　祥　汪秀田　汪桂玲　汪　鹏　肖鹏文　邵　丽　邵延强　陈　荣　陈　虹　陈兰英　陈争峰　陈春玲　陈秋玲　陈晓宇　周衍波　周艳花　孟　瑾　孟留旭　庞明月　范孝平　姜晓花　段　茜　祝　云　贺　侠　赵　方　赵响玲　唐怀堂　唐稳成　夏海莹　徐晓玲　徐爱英　徐爱彬　耿伟民　袁宗良　袁胜利　郭进良　高　杨　高　超　高慧芹　尉艳侠　戚冠学　梅　丽　黄子亮　黄圣成　黄乔平　彭文立　蒋　静　阚建光　阚曙光　薛继秋　魏素真

（撰稿人：胡晶晶，审核人：吴孝千）

蚌埠市审计局

蚌埠市审计局内设办公室、机关党委、监察室、人事教育科、内部审计协会、综合法规科、计算机审计科、财政审计科、金融审计科、行政事业审计科、企业审计科、社会保障审计科、外资运用审计科、固定资产投资审计科、农业与资源环保审计科、经济责任审计局、派出审计一室、派出审计二室和投融资审计中心，现有编制87名，实有人员76名。

2011年蚌埠市审计局机关人员配备情况表

单位＼内容	人数	性别		文化程度				职称			负责人
		男	女	研究生	本科	大专	大专以下	高级	中级	初级	
局领导	6	5	1		6			2	2		杨继顺
其他县干	3	3				3			2		杨继顺
办公室	7	5	2		2	3	2	4	1		金　刚
机关党委	2	2			1	1			1		温爱民
监察室	2	1	1		2						周　杰
人事教育科	2	2			1	1					张金柱
内部审计协会	1	1			1						陈　忠
综合法规科	4	3	1		4			2	2		陈前超
计算机审计科	3	3			3				3		邢广阔
财政审计科	4	3	1		4			1	3		周　毅
金融审计科	4	3	1		3	1			4		许瑞宁
行政事业审计科	4	2	2		3	1			4		董善金
企业审计科	3	3			2		1		3		乔华建
社会保障审计科	4	3	1		4				4		朱百云
外资运用审计科	4	2	2		4			2	2		张　麟
固定资产投资审计科	7	6	1	1	6			2	3		武　伟
农业与资源环保审计科	4	3	1		3	1		1	3		胡明瑛
经济责任审计局	7	4	3		6		1	2	4		韩继文
派出审计一室											
派出审计二室											
投融资审计中心	5	4	1		5				2		汪梅芳
合计	76	58	18	1	60	11	4	16	43		

2011年蚌埠市审计局领导人员情况表

姓　名	性　别	职　务	职　称	任职时间
杨继顺	男	党组书记、局长		2006年8月
徐德利	男	党组成员、副局长	会计师	2006年10月
周　波	男	党组成员、副局长	高级审计师	2005年3月
汤瑶泉	女	党组成员、总审计师	高级审计师	2009年1月
余建军	男	党组成员、纪检组长		2011年2月
韩继文	男	党组成员、经济责任审计局局长	审计师	2010年3月
张春林	男	副调研员		2011年2月
毛金龙	男	副调研员	审计师	2003年6月
戚大庆	男	副县级	审计师	2003年5月

2011年12月31日在册人员名单

杨继顺 徐德利 周　波 汤瑶泉 佘建军 韩继文 张春林 戚大庆 毛金龙 金　刚 袁国胜 高雅琴 王忠和 孙友祥
王金涛 沈　莺 陈前超 朱　杰 赵海桦 杨柏平 邢广阔 黄型君 江　峰 张金柱 毛国智 温爱民 周　杰 孙文会
陈　忠 周　毅 张　静 彭献实 李松兵 董善金 徐　斌 胡　敏 孙晓惠 许瑞宁 张　洁 陈育忠 杨丙刚 朱百云
罗　兵 张　萍 李京生 乔华建 王立志 王家奎 张　麟 李　莉 王立娟 李允立 武　伟 汪梅芳 胡永武 王　勇
赵稳业 吴　岭 鲁业强 胡明瑛 把中清 魏　奇 郭思生 王月荣 戚红宇 陈和民 翟永金 李世新 邵　晖 杨广徽
王占元 张万辉 郭秀芝 丁井余 曹爱民 尤　为

2011年蚌埠市审计局特约审计员情况表

姓　名	性　别	工作单位	职　务	职　称	任职时间
周本存	男	安徽财经大学		副教授	2008年7月
周继红	女	民革蚌埠市委	副主委		2008年7月
陈　郁	男	市国税局经济开发区分局	副科长		2008年7月

2011年工作概况

2011年，蚌埠市审计局紧紧围绕地方党委和政府工作中心，坚持“依法审计、服务大局、围绕中心、突出重点、求真务实”审计工作方针，依法有效履行审计监督职责，坚持揭露问题与促进整改并重，深入开展“创先争优”、精神文明创建和”信息化推进工程”等活动，较好地完成了各项工作任务。审计工作得到地方党委、人大和政府的高度重视，受到社会各界的好评。全年全市审计机关共完成355个审计和审计调查项目，查处违规金额1.2亿元、损失浪费金额1156万元、管理不规范金额51.1亿元，提出审计建议435条，出具审计报告和审计调查报告363篇，提交审计专题或综合性报告和信息简报657篇，被批示、采用340篇（次），移送司法、纪检监察机关处理事项9件，处理违法违纪4人，处理金额1628万元，移送其他部门处理事项5件。

深化预算执行审计，促进公共财政管理不断完善。重点对市本级预算执行和其他财政收支情况，市发改委、卫生局、科技局、食品药品监管局4部门预算执行情况进行审计。8月30日，市第十四届人大常委会第二十七次会议审议通过《2010年度市本级预算执行审计和其他财政收支审计工作报告》，并给予充分肯定和高度评价。审计发现的24个问题，至年底已经整改15个问题，3个问题部分整改，6个问题需以后规范。

加强民生工程资金审计和审计调查，促进专项资金使用绩效提升。全年全市审计机关开展专项审计和审计调查项目23个，审计专项资金131.8亿元，促进拨付资金到位8412万元。市审计局重点对市区廉租住房建设管理及绩效情况、市区国有土地出让金征收管理使用及绩效情况、全市住房公积金归集管理使用及绩效情况、全市养老保险基金筹集使用和管理情况、蚌埠市自主创新财政专项资金使用与管理情况和新型农村合作医疗专项资金等项目进行专项审计调查。审计调查结果得到市政府高度重视，市长周春雨、常务副市长张孝成、副市长江娅均对审计调查报告做出批示，要求相关部门认真整改。

强化政府投资建设项目审计，努力提高政府资金使用效益。全年全市审计机关完成投资审计项目539个（其中审计调查项目64个，跟踪审计项目296个，绩效审计项目18个），审计金额164963万元，核减工程价款8387万元。市本级主要开展胜利路、大庆路桥、西出口、高铁站前广场及配套设施工程、高铁基础设施拆迁、胜利东路保障房等7个跟踪审计项目，审计核减工程进度款21760万元，直接核减工程价款2848万元；完成南山路、张公岛、蚌埠渔港等9个市本级竣工决算项目审计，审计金额4099万元，核减工程价款537万元，核减率13.1%；组织指导和监督中介机构着重做好龙子湖生态治理、金融中心、马场湖棚户区安置项目等11个政府投资建设项目的审计监督工作，直接核减工程价款340万元，核减进度款24196万元。

积极推进经济责任审计转型，促进领导干部依法行政。全市经济责任审计以贯彻落实中办、国办下发的《党政主要领导干部和国有企业领导人员经济责任审计规定》为主线，围绕经济工作中心积极开展工作。全年全市审计机关实施审计项目41个，当年完成33个；审结经济责任人33人（其中县处级领导干部16人，科级干部17人）。审计查处违规金额和管理不规范金额总计15979万元，审计处理收缴财政275万元，责令被审计单位清退违规资金238万元。市审计局主要完成市发改委、民政局、人社局等16个单位领导干部经济责任审计，13份审计结果报告被市委、市政府主要领导批示，审计建议促使被审计单位出台和修订了部分管理制度。经济责任审计工作在加强干部管理监督、维护财经纪律、促进党风廉政建设等方面发挥了积极作用。

认真完成上级交办事项，努力服务于党委、政府中心工作。一是及时、高质量完成市政府交办的蚌埠市神工机械有限责任公司垫付安徽省淮河机器有限责任公司清算资金有关事项审计、淮河两桥收费情况审计、离休干部医疗费支出情况审计调查和蚌埠一中、蚌埠职教中心2009至2010年度学年经费收支情况的审计核查工作，为领导决策提供了有力参考。二是完成省审计厅安排的亳州市城乡义务教育费用保障机制专项资金绩效审计调查、阜阳市政府性债务审计，以及蚌埠市普通高中债务调查及基层医疗卫生机构债务情况清理核实和审核认定工作，审计结果得到省审计厅的充分肯定。其中：由蚌埠市实施的对阜阳市政府性债务审计被评为全国地方政府性债务优秀审计项目，市审计局机关被审计署评为全国地方政府性债务审计嘉奖公务员集体。

加强审计队伍建设，提高审计人员素质。蚌埠市投融资金审计中心成立后，通过公开招考和选调，先后吸收5名年轻的工程专业人员加入审计队伍，推进了审计队伍年龄和专业结构的改善；积极抓好审计人员的学习培训，连续12年利用年终岁尾举办“冬训班”，邀请安徽财经大学、市委讲师团和省审计厅专家到市审计局授课，重点学习十七届六中全会精神、领导干部经济责任审计新规定和审计质量控制等事关审计事业发展的新内容。市审计局先后选送30多人到安徽大学、合肥工业大学、省审计厅、市委党校和蚌埠学院参加各类学习培训，不断优化审计人员的知识结构。

加强审计业务管理，提高审计项目质量。坚持把审计质量提升贯穿于审计工作的全过程。从强化项目计划管理入手，在深入调研和广泛征求意见的基础上，科学合理地确定审计项目。加强审计过程的质量控制，着重抓好审计方案制定、审计实施、审计报告和审计建议形成等重点环节，全面贯彻《国家审计准则》，严格复核审理。坚持重大问题集体讨论研究决定，确保揭示问题全面、真实、准确，提出建议科学、合理、务实。审计业务质量在省审计厅组织的业务质量检查中在全省名列前茅，市审计局实施的《蚌埠神工机械公司垫付淮机公司清算资金有关事项审计项目》和《阜阳市政府性债务审计项目》被审计署评为全国地方优秀审计项目。

加强审计法制工作，提高依法审计水平。坚持以提高依法审计工作水平、提升审计质量和审计人员法律意识为目标，认真开展法制宣传和依法治理工作，审计法制化、规范化建设取得较好成效。市审计局机关被省委、省政府表彰为2006至2010年度全省依法治理和法制宣传教育工作先进集体，是全省唯一获此殊荣的市级审计机关。

加强审计文化建设，提高文明创建水平。以提高审计人员的道德素质和文明程度为核心，扎实开展学习沈浩、吴群等先进典型活动、主题演讲活动和歌咏比赛等系列活动，推动市审计局“四个不让”和“蚌埠要崛起、我该怎么办”大讨论活动深入开展。市审计局先后荣获安徽省第九届文明单位、蚌埠市第十四届文明单位和全市创建第二届省级文明城市先进单位等荣誉。

坚持硬件、软件两手抓，“信息化推进工程”成效明显。在全省审计机关审计“信息化推进工程”活动评比中，市审计局获得第四名。顺利完成全市审计专网和视频会商系统两大基础设施建设；强化OA、AO两大系统的规范应用，实现全市审计机关100%利用OA进行审计项目管理，100%利用AO开展现场审计并和OA进行交互；制定出台《蚌埠市审计管理系统应用管理办法》等6项工作制度，信息化管理制度体系更加完善；突出计算机审计应用，充分运用计算机技术对被审计单位的电子数据进行分析，查找出常规审计手段难以发现的问题，计算机审计方法征集数量再创历年新高，有26篇计算机审计方法被审计厅表彰，上报的9篇AO案例全部获得审计署表彰，质量居全省第一；建成异地冗灾备份中心，确保金审工程数据安全；坚持狠抓信息化人才培养，审计信息化队伍得到加强。全市审计机关共有20名审计干部取得了审计署、省审计厅颁发的计算机审计中级证书，有93名审计业务人员通过考试取得了AO认证，占全部审计业务人员的95%。

审计调查卓有成效，审计建设性作用进一步提升。市区廉租住房建设管理审计调查建议被政府和相关部门采纳后，促使市区廉租住房保障范围进一步扩大，新增保障户1700多户；住房公积金审计建议促进相关部门废除了执行10年之久的住房公积金与商业银行强制组合贷款制度，实行纯公积金贷款制度，并大幅度上调住房公积金贷款额度；土地出让金征收使用审计调查促进收回土地出让金5.6亿元。

强化审计结果利用，审计成果运用水平进一步提升。突出抓好审计决定与审计建议落实，加强审计成果开发利用，推进政务公开，在《蚌埠日报》全文向社会公告2010年市本级预算执行和其他财政收支审计结果及整改情况，取得了良好的社会效果。

加强审计法规建设，促进审计工作制度化。为进一步加强和规范市本级政府投资建设项目的审计监督， 9月，市审计局代政府起草的《蚌埠市政府投资建设项目审计监督办法》，经市十四届人民政府第37次常务会议审议通过，市长周春雨签署第28号政府令发布实施。为进一步加强和规范经济责任审计工作，市审计局积极建议市委办、市政府办联合发文出台《蚌埠市关于贯彻〈党政主要领导干部和国有企业领导人员经济责任审计规定〉的实施意见》、《蚌埠市关于贯彻落实〈关于进一步规范经济责任审计程序的意见〉的通知》和《蚌埠市经济责任审计分类管理办法》等文件；蚌埠市经济责任领导小组出台《蚌埠市党政主要领导干部和国有企业领导人员离任经济责任事项交接办法（试行）》、《蚌埠市经济责任审计工作领导小组议事规则》和《蚌埠市经济责任审计工作领导小组办公室工作规则》等制度。

2011年工作成果一览表

审计单位（个）	查处违规金额（万元）	管理不规范资金（万元）	应缴财政（万元）	已缴财政（万元）	应归还原渠道资金（万元）	移送事项（件）	应调账处理金额（万元）	应自行纠正金额（万元）	审计报告、信息被批示采纳（篇）
43	2062	367088	314	299		9	1242		245

2011年论文发表情况统计表

报刊名称	时间(期数)	论文题目	作 者
《中国审计报》	第 1798 期	《蚌埠审计催生两项"涉房"新规》	杨柏平
《安徽审计》	第 1 期	《代行政府职能的事业单位经费自给的弊端浅析》	汤瑶泉
《安徽审计》	第 1 期	《加强投资审计领域廉政建设 打造廉政风险防范体系》	汪梅芳
《安徽审计》	第 2 期	《房地产行业常见的违规问题及解决对策》	翟永金
《安徽审计》	第 3 期	《谈虚假背景银行承兑汇票及贴现的计算机审计方法》	许瑞宁
《安徽审计》	第 6 期	《更新理念 创新方法 不断提高经济责任审计工作质量》	韩继文

2011年获奖情况

被省委、省政府评为第九届安徽省文明单位

被省委、省政府评为2006至2010年全省依法治省和法制宣传教育先进集体

被审计署评为地方政府性债务审计嘉奖公务员集体

被省审计厅评为2008至2010年全省内部审计管理先进单位

市审计学会被省审计学会评为先进团体会员

被市政府评为全市人口和计划生育工作目标考核先进单位

市内部审计协会被蚌埠市民间组织管理工作领导小组评为全市社会组织先进单位

蚌埠神工机械公司垫付淮机公司清算资金有关事项审计被审计署评为全国地方优秀审计项目

阜阳市地方政府性债务审计被审计署评为全国地方政府性债务审计优秀审计项目

杨继顺被省审计学会评为先进工作者

汤瑶泉被省治理“小金库”专项治理工作领导小组评为全省“小金库”专项治理工作先进个人

陈前超被省社科联评为全省学会工作先进个人

杨柏平被省审计厅评为全省审计系统信息工作先进个人

徐斌、王勇被省审计厅评为全省地方政府性债务审计工作先进个人

汤瑶泉被市社会组织工作领导小组评为全市社会组织工作先进个人

沈莺被市政府评为全市档案工作先进个人

温爱民被市委评为全市优秀党务工作者

武伟被市委、市政府评为棚户区改造工作先进个人

陈忠被市民间组织管理工作领导小组评为全市社会组织工作先进个人

2011年大事记

1月28日，全市审计系统2011年迎新春联欢会在市民政大楼会议室举行。共建单位十三飞行学院、航华社区居委会代表和全市审计系统干部职工共200余人参加联欢会。

2月25日，“安徽财经大学研究生实践基地”签字暨揭牌仪式在市审计局举行。实践基地由市审计局、市内部审计协会与安徽财经大学共建。安徽财经大学副校长周加来、市审计局局长杨继顺、内部审计协会会长徐德利等领导出席签字及揭牌仪式。

3月24日，审计署副审计长石爱中、南京特派办特派员李玲、省审计厅厅长刘战平等一行检查、看望市审计局赴阜阳开展地方政府性债务审计组成员。

3月24日，全市审计工作会议召开。市委常委、常务副市长张孝成参加会议并作讲话。

3月29日，省审计厅副巡视员程家楷到市审计局调研政府性债务审计工作情况。局长杨继顺、总审计师汤瑶泉，亳州市审计局局长李迎春、副局长梁海波等有关领导参加座谈会并汇报了政府性债务审计工作开展情况。

3月30日，市政府出台《蚌埠市自主创新专项资金支持项目审计暂行办法》。

3月31日，市审计局机关共有12篇入选审计署计算机审计方法目录，受到审计署通报表彰。

4月11日，市2011年经济责任审计工作领导小组会议在市审计局召开。市委常委、市委组织部部长、市经济责任审计工作领导小组组长任予赞到会并讲话。会议讨论通过《蚌埠市党政主要领导干部和国有企业领导人员离任经济责任事项交接办法》。

4月25至26日，审计署及南京特派办工作组对蚌埠市地方政府性债务审计情况进行复核检查，整个抽查工作进展顺利。

4月30日，蚌埠市政府投融资审计中心设立，是市审计局所属正科级全额拨款事业单位，编制10名。

6月16日，省审计厅刘战平厅长到蚌埠市调研审计工作，在听取固镇县审计局工作汇报后，刘战平厅长围绕实施“五大工程”强调三点意见：第一，抓重点。集中优势兵力打歼灭战。第二，抓关键。一是投资审计，二是绩效审计，三是审计信息化建设，四是专项审计调查，五是经济责任审计。第三，抓队伍。一是加强培训，二是勇于实践。

6月18日，蚌埠市投融资审计中心公开招聘专业知识测试工作圆满结束。

6月20日，市审计局4篇AO应用实例获审计署通报表彰。其中1篇获应用奖、3篇获鼓励奖，获奖数量位居全省第二。

6月24日，市纪检委、市委组织部、市审计局、市国有资产管理委员会联合印发《蚌埠市党政主要领导干部和

国有企业领导人员离任经济责任事项交接办法（试行）》。

7月8日，省内部审计师协会会长王兴如一行3人到蚌埠调研指导内部审计工作，并深入到安徽财经大学进行实地调研。

7月21日，省审计厅金融审计处处长张海珍到蚌埠指导邮储银行审计工作。

7月25日，市长周春雨主持会议，专题研究市审计局对土地出让金征收、管理和使用情况专项审计调查发现的主要问题整改工作。常务副市长张孝成、分管副市长江娅等市政府领导，市辖各区和有关部门、单位负责人参加会议。

7月31日，市人大常委会副主任王岗率财经工委全体人员到市审计局调研财政“同级审”工作。

8月10日，市长周春雨主持召开市政府第36次常务会议，听取市审计局关于蚌埠市本级2010年度预算执行和其他财政收支审计工作汇报，对预算执行审计工作给予充分肯定。

8月23日，安徽审计职业学院蚌埠实习、实训基地在市审计局正式挂牌。安徽审计职业学院副院长胡孝东，市审计局党组书记、局长杨继顺共同在合作协议上签字。胡孝东副院长向市审计局陈前超、汪梅芳颁发 “安徽审计职业学院客座教授聘书”。

8月30日，蚌埠市第十四届人大常委会第二十七次会议听取并审议通过市审计局局长杨继顺受市人民政府委托所做的《关于2010年度市本级预算执行和其他财政收支情况的审计工作报告》。市人大常委会对审计工作报告给予了充分肯定和高度评价。

8月30日，市审计局领导班子带领局双拥办和全体军转干部到共建部队十三飞行学院训保处走访慰问，与部队官兵召开了“迎八一军民座谈会”。

9月13日，市长周春雨签署政府令第28号，发布实施《蚌埠市政府投资建设项目审计监督办法》。

9月15日，市政府周春雨市长主持召开专题会议，听取离休干部医疗统筹基金相关情况审计调查结果汇报。

10月12日，全省内部审计工作“双先”代表经验交流现场会在安徽丰原集团召开，来自全省16个地市局及企事业审计部门的120多名代表齐聚蚌埠。省内部审计师协会会长王兴如、省审计厅副厅长戴克柱，蚌埠市委常委、常务副市长张孝成出席会议。

10月27日，市审计局“金审工程”数据异地容灾备份中心在怀远县审计局成功部署，实现关键数据实时异地容灾备份。

10月27日，蚌埠市制定出台《蚌埠市自主创新专项资金审计暂行办法》。

10月28日，省审计厅总审计师何结华到蚌埠市调研贯彻《国家审计准则》情况。

10月31日，经蚌埠市政府批准，市审计局在《蚌埠日报》和政府公开网站同时公告2010年度市本级预算执行及相关审计调查项目审计结果和整改情况。

11月3日，省审计厅杨寿桃副厅长走访调研蚌埠审计工作，市政府副秘书长肖超陪同调研。

11月18日，蚌埠市人大常委会副主任陈桂林率财经工委一行5人到市审计局调研指导审计工作。

11月25日，AO认证考试蚌埠考点在蚌埠六中举行。来自淮北、滁州和蚌埠审计机关的审计人员参加。考试，马鞍山审计局受省审计厅委托到蚌埠监考。

12月7日，邀请省审计厅经济责任审计局副局长金秀慧做经济责任审计专题讲座。

12月20日，周春雨市长主持会议，专题研究经济责任审计工作。市纪委书记顾世平、市政府秘书长吴中尧和领导小组其他成员、办公室全体成员参加会议。会议讨论了《蚌埠市关于贯彻〈党政主要领导干部和国有企业领导人员经济责任审计规定〉的实施意见》、《蚌埠市经济责任审计对象分类管理办法》等经济责任审计地方规章、文件。

12月22日，邀请市保密局叶剑章副局长到市审计局讲授《保密法》。局机关全体干部职工参加学习。

12月28日，怀远县审计学会成立大会隆重召开。省审计学会副会长王运清，市审计局局长、市审计学会会长杨继顺，怀远县常务副县长邹运飞等领导参加会议并讲话。至此，蚌埠市所属固镇、五河、怀远三县审计学会全部成立。

12月28日，蚌埠市人大常委会举行第85次主任会议，听取市政府关于2010年度市本级预算执行和其他财政收支审计发现问题整改情况的报告。

12月30日，蚌埠市调整经济责任审计工作领导小组成员，组长由市委副书记、市长周春雨担任，市委常委、市纪委书记和市委常委、组织部部长及市政府秘书长担任副组长。成员包括市委组织部、市检察院、市监察局、市人社局、市财政局、市审计局等有关部门领导。领导小组下设办公室，市经济责任审计局局长兼任办公室主任。

2011年 领导批示、讲话摘要

1月11日，张孝成副市长在“市商务局局长陈建功任期经济责任审计结果报告”上批示:针对审计反映问题，抓紧整改，并完善相关制度。

1月14日，周春雨市长在“市见义勇为奖励基金会2003至2009年财务收支情况审计报告”上批示:同意孝成市长意见。请希平书记阅并布置整改。

1月19日，张孝成副市长在“全市农村村村通工程建设及管理情况审计调查报告”上批示:针对审计发现问题，要督促相关县区、职能部门整改到位。

1月28日，张孝成副市长在“蚌埠市神工机械公司垫付安徽淮河机器公司清算资金等有关事项的审计结果报告”上批示:请工商改革办商市中院就审计提出整改意见落实到位。

1月29日，周春雨市长在《蚌埠审计信息》“服务业统计口径应按新规定重新划定”上批示:请孝成市长并统计局善岐局长阅，服务业统计口径需尽快调整，服务业统计工作要尽快加强。张孝成副市长1月31日批示:请统计局抓紧筹备，年后上班即开会布置。

2月20日，周春雨市长在“市政府驻外办事（联络）处资产及财务管理情况调查报告”上批示:请孝成市长召开专题会予以布置。总体要落实审计意见，尽快完善房屋、资产权证；加大处置力度，能卖则卖；存单收缴财政。有关处理情况及结果向政府常务会报告一次。秦武副市长2月6日批示:同意中尧秘书长意见，结合市审计局提出的意见一并提出加强管理及整改的措施和意见。张孝成副市长2月17日批示:请政办牵头，针对审计问题逐项整改，并就办事处产权及财务管理提出意见。

2月28日，张孝成副市长在“市民政局局长凌建东2002年2月至2009年12月经济责任审计结果报告”上批示:针对审计问题逐条整改，并进一步完善内部管理制度。刘亚副市长2月24日批示:民政局应按审计局意见认真整改，严格按规定按纪律办事，确保不能出问题。

3月21日，张孝成副市长在《审计要情专报》“市城镇职工基本养老等五项基金年末结余资金应按规定投资实现保值增值”上批示:请市人社局商财政局负责人研处。

3月24日，市委常委、常务副市长张孝成在全市审计工作会议上充分肯定了2010年全市审计工作取得的成效，要求全市上下进一步认清形势，增强做好审计工作的责任感和使命感。

5月4日，周春雨市长在“市劳动和社会保障局局长陈菊阳2003年2月至2009年10月经济责任审计结果报告”上批示:按审计意见跟踪督促整改。张孝成副市长4月19日批示:存在问题应整改。

5月18日，周春雨市长在《蚌埠审计信息》“部分单位票据使用管理不规范应引起重视”上批示:请孝成市长阅批，财政局加强监督管理和检查。

5月20日，周春雨市长在“市住房公积金管理中心原主任郭守宇任期经济责任审计结果报告”上批示:同意审计意见。张孝成副市长5月6日批示:针对审计反映问题，完善内部制度。

5月20日，周春雨市长在“市文化局原局长谢克林任期经济责任审计结果报告”上批示:同意孝成、宏春市长意见。督促文化局按审计意见严肃整改。杨宏春副市长5月16日批示:对审计所列问题请文广新局并克林同志认真清理，切实整改。张孝成副市长5月16日批示:同意宏春市长意见，另请财政局要关注审计中发现的问题，加大资金绩效评估与考核。

5月25日，陈启涛书记在《审计要情专报》“企业住房公积金归集问题仍然突出”上批示:请陈桂阳同志研究文中建议，要尽力扩大住房公积金归集缴存覆盖面。

6月9日，周春雨市长在《审计要情专报》“安置房建设滞后造成的财政资金浪费问题不容忽视”上批示:请江娅市长看看具体审计报告，布置加大力度，加快安置房建设。

6月27日，省审计厅刘战平厅长在《审计要情专报》“破产行为尚需规范，法规制度有待完善”上批示:该项目做得较好。既揭示了问题，更重要的是深刻地反映了产生这些问题的重要原因，提出的建议颇有价值。综上，这是一份好的调查报告。请综合处考虑，类似问题在全省企业有无普遍性？若有，可专报省委、省政府领导同志引起注意。

7月4日，周春雨市长在“蚌埠市2010年国有土地出让金征收管理使用及绩效情况的专项审计调查报告”上批示:此事关系重大，近期我主持召开专题会研究督促，相关部门及区尽快准备。江娅副市长6月30日批示:请国土牵头，规划、住建等参加，就涉及问题核准查实，认真研究，形成意见报政府研究后切实整改完善，不断提高土地出让的水平和绩效。张孝成副市长6月30日批示:同意江娅市长意见，请财政局认真研究资金管理和使用效益。

7月22日，周春雨市长在“蚌埠市住房公积金归集、管理、使用及绩效情况的审计调查报告”上批示:要认真落实审计意见并整改。当务之急，要尽快纠正住房公积金组合贷款模式，开展纯住房公积金贷款业务；适度调高个人贷款限额，提高资金使用率。相关整改落实情况报我。江娅副市长7月7日批示:请桂阳主任认真阅研，并结合审计调查报告，就加强住房公积金归集、管理和使用以及提高绩效进一步总结经验，强化措施，提出建议，近日专题研究。

7月25日，市长周春雨在全市土地出让金征收、管理和使用情况专项审计调查发现的主要问题整改专题会议上充分肯定了审计调查成果，并指示国土、财政等有关部门要借鉴芜湖、合肥等地经验，进一步健全规章制度，解决土地出让合同管理、土地出让金预算管理等制度缺陷问题；有关领导要以严谨、认真的工作态度对待审计整改，高度重视并限期解决存在问题；对于土地出让金征管方面，要坚决做到老账快清、新账不欠——对9月底不能交清欠款的除依法处理外，将自10月1日起执行新的市、区财政分成体制。周春雨市长特别要求审计部门要对土地出让金清欠情况及时跟踪，并向政府专题报告责任单位的整改结果。

7月31日，市人大常委会副主任王岗调研财政“同级审”工作，在听取汇报和参与讨论后指出：上半年，市审计局在完成上级机关布置的亳州市义务教育经费保障专项资金审计调查和阜阳市政府性债务审计等项目的同时，克服审计任务重、审计人员严重不足和经费紧张等困难，有效整合审计资源，创新审计工作方法，保证了财政“同级审”工作顺利完成，取得了显著成效，发现了不少深层次问题，提出了相应的审计意见和建议，不仅节约了大量财政资金，也为党委、政府决策提供了有价值的参考，充分发挥了审计监督职能。王岗副主任要求进一步运用好审计成果，有关重要问题要专题报政府研究解决，继续抓好审计发现问题的整改工作。

8月10日，市长周春雨在听取市审

计局关于蚌埠市本级2010年度预算执行和其他财政收支审计工作汇报后，对预算执行审计工作给予充分肯定。周春雨市长在讲话中指出，一年一度的预算执行审计是一项重要的工作，是各部门自我对照检查、整改提高、总结完善的重要途径，市审计局高度重视，认真负责，做了大量工作，审计报告实事求是，反映的问题客观存在，审计发挥了很好的监督作用。针对审计发现的问题，周春雨市长提出三点要求：一是要继续严格整改。各部门要高度重视存在的问题，制定具体整改措施，严格按照审计要求逐项整改。二是认真分析问题的成因，特别是要注重从体制、机制和制度上进行分析研究，促进预算管理制度进一步完善，从源头上防止问题的产生。三是审计部门要跟踪问效，督促、帮助被审计单位进行整改，促进提高预算管理水平。

8月17日，周春雨市长在“市本级廉租房住房建设、管理及绩效情况的审计调查报告”上批示:同意江娅同志意见，抓紧整改完善。江娅副市长8月12日批示:请住建委牵头，各县及发改等部门配合，就存在问题深入研究，认真整改。并根据形势发展，进一步学习借鉴省内外经验，就廉租房建设、分配特别是管理制定相关意见和办法，以保障此工作上台阶。

8月18日，周春雨市长在“安徽金久投资有限公司等欠缴土地出让金问题整改情况的跟踪检查报告”上批示:抓紧拆迁交地，抓紧清缴资金。江娅副市长8月12日批示:市国土局按要求继续紧跟，进一步做好清欠和督促交地工作。拟就相关情况择日专题调度督查，请国土牵头做好相关准备。

8月30日，蚌埠市第十四届人大常委会第二十七次会议对市审计局局长杨继顺受市人民政府委托所做的《关于2010年度市本级预算执行和其他财政收支情况的审计工作报告》给予了充分肯定和高度评价。常委们一致认为，审计报告内容翔实、文风朴实，敢于揭露问题，原因分析透彻，注重从体制、机制和制度层面深入查找问题，提出切实可行的意见和建议，充分发挥了审计保障经济社会健康运行“免疫系统”功能。

9月8日，周春雨市长在《蚌埠审计信息》“我市事业单位工资收入差距较大现象严重”上批示:请孝成市长负责，召集财政、人社、审计、监察等部门研究，加大对自收自支单位收入管理，推新收入调剂办法。拿出意见后提请研究。

9月13日，周春雨市长在“市第三人民医院2010年度财务收支情况的审计报告”上批示:中尧安排，联同副厅级以上干部医疗补助问题，一同议一次。同意宏春同志意见。杨宏春副市长9月7日批示:请三院按照“审计报告”意见认真切实整改。对离休干部的处方问题，要认真研究，拿出办法，彻底纠正;对相关直接责任人要给予警示，依规处理。

9月14日，周春雨市长在“原橡胶厂等六宗地土地出让金清缴情况的审计跟踪检查报告”上批示:请国土局会同禹会区政府抓紧完成。审计局会同目标办跟踪督查。张孝成副市长9月13日批示:请国土局商禹会区政府抓紧拆迁，以清缴上缴土地出让金。

9月15日，市政府周春雨市长在听取离休干部医疗统筹基金相关情况审计调查结果汇报后，强调指出：离休干部是党和国家的财富，为革命和建设做出了巨大贡献，合理保障他们的医疗健康需求是我们的责任。一要搞好保障。二要加强管理。三要解决欠费。财政部门要积极研究离休干部医疗费超支欠账的解决办法，提出具体的解决意见和方案，在核实药、费比例和核销不实欠账的基础上，对离休干部欠费进行合理拨补，争取用一到两年的时间消化欠账，并通过减少开支、调整离休干部医疗统筹标准等措施防止新的欠账发生。

9月18日，周春雨市长在“关于蚌埠市离休干部医疗统筹基金相关情况的审计调查报告”上批示:过段时间，请孝成市长牵头，再检查一下落实情况，以解决这一突出遗留问题。张孝成副市长9月15日批示:按春雨市长9月15日上午召开专题会议要求，人社、卫生、财政等部门切实抓好落实。

9月28日，张孝成副市长在《蚌埠审计信息》“商业银行年末突击列支成本费用现象应引起重视”上批示:商业银行虚列成本费用，请财政局商税务部门研处。

9月30日，张孝成副市长在《蚌埠审计信息》“跟踪审计玻璃采购节约资金300余万元”上批示:工作就要做有心人。玻璃采购跟踪审计节约300万元，做得很好。请招投标局、城投公司、财政以及大建设项目办等主要职能部门都应学习，都做有心人，才能保证大建设既建设好、又节约财政资金。

9月30日，周春雨市长在“2010年度市本级预算执行和其他财政收支的审计结果报告”上批示:请财政局牵头，认真落实审计意见，认真整改。张孝成副市长9月24日批示:请市财政局丽敏局长研处，整改并规范工作。

10月12日，全省内部审计工作“双先”代表交流现场会在蚌埠召开。张孝成副市长在致辞中充分肯定审计工作为全市经济社会做出的积极贡献，要求全市审计战线以此次会议为契机，虚心学习先进，认真借鉴兄弟单位的工作经验，不断探索内部审计工作的新方式、新途径，推动蚌埠审计事业取得新发展。戴克柱副厅长在总结讲话中充分肯定了全省内部审计工作取得的成效，要求各级审计机关认真抓好新发布的《安徽省内部审计条例》的贯彻落实，重视、支持内部审计工作。戴克柱副厅长希望全省审计战线上的同志努力奋斗，为推动安徽审计事业科学发展、转型升级做出积极贡献。

10月12日，周春雨市长在“蚌埠市2011年度养老保险基金筹集使用和管理情况审计调查报告”上批示:请人社局牵头负责，按审计意见认真整改。张孝成副市长10月8日批示:针对审计存在问题，认真整改并指导县区整改到位。

10月28日，省审计厅总审计师何结华在调研蚌埠市贯彻《国家审计准则》情况时指出：蚌埠市审计局为贯彻新的《国家审计准则》在强化学习培训、按照新准则规范实施审计等方面做了大量工作，实实在在地推动了新准则的深入贯彻，提出的建议比较中肯。为进一步全面贯彻新准则，何结华总审计师提出5点要求：一是强化学习，提高认识；二是建章立制，完善制度；三是强力推进，保障新准则贯彻执行；四是加强沟通，注重协调，特别是审理部门与业务部门的沟通；五是优化结构，充实力量，特别是加强审理部门的力量。最后，何结华总审计师还通报了近期全省优秀审计项目评选情况，对即将开展的审计项目质量检查提出了准备要求。

11月18日，蚌埠市人大常委会副主任陈桂林率在调研指导审计工作时指出：市审计局2011年在民生工程、城市大建设、领导干部经济责任审计等方面加大了审计力度，赢得了市委、市政府主要领导的重视，较好地发挥了审计职能作用。同时，要求审计部门进一步加大审计整改力度，提高审计整改成效，继续采取措施加强财政审计工作，规范财政资金使用，推进领导干部认真履职。

12月20日，周春雨市长在全市经济责任审计工作专题会议上提出注重四个方面改革创新：一要从注重结果审计逐步转换到结果和过程并重，更加注重对过程的审计；二要从注重合规性审计逐步转换到合规和效果并重，更加注重对效果的审计；三要从注重全面审计逐步转换到全面和问题并重，更加注重对问题的审计；四是从注重单一审计逐步转换到单一和系统并重，更加注重对系统的审计。周春雨市长强调经济责任审计要进一步完善工作程序，特别注意在审计对象选择上与纪检监察和组织人事、信访等部门加强沟通，征求有关部门的意见并向政府报告审计的目的。审计工作要着力突出重点，进一步严格执法，尤其要对国有资产处置、虚报政府投资项目工程价款、土地出让金的征缴、政府部门委托中介机构服务高价付费、受托单位代政府征收规费等情况加强监督，加大处罚力度，不要怕得罪人。要综合运用司法鉴定等有关方面的检查结论，做到审计不遗漏、不交叉、不重复；在审计结果运用方面要与有关方面协调配合，着力形成有关部门齐抓共管的局面。

12月22日，周春雨市长在《蚌埠审计信息》“新农合定点医疗机构的监管亟待加强”上批示:请卫生局组织专项检查，就审计提出的问题认真落实整改，加强监管。

12月29日，市人大常委会党组书记、副主任何金良市在听取市政府关于2010年度市本级预算执行和其他财政收支审计发现问题整改情况的报告后，充分肯定了审计工作取得的成绩，要求进一步加大政府性资金使用情况的审计监督，加强审计发现问题整改的督办，强化审计监督的效果，提高财政资金使用效益。同时要加大审计发现问题的处罚，督促有关部门完善措施，形成政府各部门自觉遵守财经法律法规的良好环境。

12月30日，周春雨市长在“市物价局闻间局长任中经济责任审计结果报告”是批示:要认真落实整改，完善制度。张孝成副市长12月26日批示:请物价局善岐局长研处，整改到位，并完善相关制度。

12月30日，周春雨市长在“蚌埠广播电台原台长陈臻任期经济责任审计报告”上批示:同意孝成意见。张孝成副市长12月30日批示:针对审计发现的问题，望整改到位，并建立内部完善制度。

12月30日，周春雨市长在“禹会区法院院长晏宝光经济责任审计结果报告”上批示:同意孝成意见。张孝成副市长12月30日批示:审计发现的问题尽快整改到位，并完善内部制度建设。

12月30日，周春雨市长在“龙子湖区法院院长杜家素经济责任审计结果报告”上批示:同意孝成意见。张孝成副市长12月30日批示:审计发现问题要尽快整改到位。

12月30日，周春雨市长在“固镇县法院院长黄胜奎经济责任审计结果报告”上批示:同意孝成意见。张孝成副市长12月30日批示:审计发现问题要尽快整改到位。

12月30日，周春雨市长在“怀远县法院院长陈翔经济责任审计结果报告”上批示:同意孝成意见。张孝成副市长12月30日批示:针对审计发现的问题，望整改到位，并建立内部完善制度。

12月31日，周春雨市长在“市发改委原主任吴中尧任期经济责任审计结果报告”上批示:同意孝成市长意见，认真落实整改。张孝成副市长12月30日批示:请市发改委针对审计发现问题要认真整改，并建立有效完善的内部制度。

蚌埠市审计学会

2011年，蚌埠市审计学会在省审计学会和市社科联的领导和支持下，以科学发展观为统领，紧紧围绕地方党委、政府经济工作中心和审计工作中心，积极开展各项审计学术研讨活动，努力促进科研成果转化，为服务、促进和推动蚌埠市审计工作的发展发挥了积极作用，被省审计学会评为先进团体会员。

积极开展审计理论研究。一是制定计划，明确任务。按照省审计厅要求，对重点审计科研课题进行分解，根据课题内容和各单位职责，以正式文件分解、确定课题责任单位，明确任务。对没有承担重点研究课题任务的部门、单位，安排备选课题，要求必须完成1篇审计科研论文。市审计局对各县、区审计局和市审计局各部门实行目标管理，将各项必须完成的工作任务列入年度目标责任管理范围，年终进行严格考核。二是组织参加省审计学会重点课题招标，与安徽财经大学会计学院联合申报的《安徽特色审计监督体系研究》课题中标，经过8个月调研、收集资料，先后完成课题大纲和初稿写作。12月14日，在省审计厅科研所的指导下，与合肥市审计局进行交流，年底完成课题初稿，篇幅约10万字。三是组织开展考察调研活动，赴省内外审计机关学习交流先进审计工作经验。四是开展审计科研论文评选。开展在省级以上报刊发表的优秀审计论文评选活动，评出一、二、三等奖7篇，对获奖论文和作者予以通报表彰。推荐其中的5篇获奖论文参加全省优秀审计论文评选，全部获奖，其中二等奖2篇、三等奖1篇、优秀奖2篇。

积极开展审计理论与实践培训。主要开展《安徽省内部审计条例》培训和《党政主要领导干部和国有企业领导人员经济责任审计规定》培训讲座，分别邀请安徽财经大学安广实教授和省经济责任审计局金秀慧副局长主讲。此外，还围绕计算机审计、审计质量控制、《国家审计准则》等审计业务开展专题讲座，均取得了较好的效果。

加强审计学会机构建设。为贯彻全省审计学会座谈会精神，市审计学会将组建县级审计学会作为学会工作的一项重要任务。12月28日，怀远县审计学会经县社团登记机关批准成立，召开了成立大会。至此，三县审计学会全部成立。

蚌埠市审计学会领导及理事名单

会　长：杨继顺

副会长：盛明泉　林国立　宗　蓉　崔剑明　严　正　汤瑶泉

秘书长：陈前超

副秘书长：朱　杰

常务理事：王开孝　刘之祥　孙富春　安广实　朱元林　汤瑶泉　严　正　余成好　吴根献　吴鸿玲　张广际　张明祥　张武丽　李　超　杨继顺　陈前超　周　娟　周继星　宗　蓉　林国立　苗广媛　祝子荣　胡堂前　崔剑明　盛明泉　翟福灵

理　事：于　华　马　健　毛大忠　毛金龙　王　润　王开孝　王月荣　王立娟　王亚嘉　王謦天　卢佩彬　边　涛　刘　伟　刘之祥　刘巧云　孙　林　孙富春　安广实　朱　杰　朱元林　朱立政　朱百云　朱丽霞　汤瑶泉　达应奎　严　正　何小富　余成好　吴根献　吴鸿玲　张　舜　张　麟　张广际　张明祥　张武丽　张金柱　张春林　李　凯　李　莉　李　超　李世新　李建军　杨晓波　杨继红　杨继顺　汪梅芳　沈　俊　沈明仕　轩　骅　邵　晖　陆　芳　陈　玉　陈　忠　陈传奇　陈红斌　陈前超　陈钦安　陈淮浩　周　杰　周　波　周　娟　周　毅　周继星　宗　蓉　林国立　武　伟　竺　琪　苗广媛　郑维娜　金　刚　金保魁　祝子荣　胡永武　胡明瑛　胡堂前　徐立兵　徐德利　崔剑明　戚红宇　梁静华　盛明泉　章震宣　菅道德　惠　玲　温爱明　董善金　韩继文　翟福灵　蔡少龙

蚌埠市内部审计协会

2011年，蚌埠市内部审计协会在省内部审计师协会和蚌埠市审计局党组的领导和指导下，牢固树立并秉承为广大会员单位提供优质服务的宗旨，勇于实践，不断创新，着力推进内部审计法制化、制度化建设，着力加强协会体制和工作机制建设，着力推进内部审计职业化建设，着力强化内部送交转型和能力建设，在指导和监督并促进单位、企业内部管理、提高经济效益和加强廉政建设等方面发挥了重要作用，为蚌埠市经济社会发展作出了突出贡献。2011年，全市开展完成2598个内部审计项目（其中财务审计121个、效益审计37个、经济责任审计118个、基本建设审计1245个、专项审计152个、内控评审18个、其他907个），财务决算审签968个，查处损失浪费金额26万元，增加效益6006万元，提出建议意见被采纳1349条，发现大案要案线索2件，向司法机关移送案件线索2起，移送司法机关处理4人，建议给予行政处分19人。2011年，蚌埠市内部审计协会被蚌埠市民间组织管理工作领导小组评为全市社会组织先进单位，陈忠被为先进个人。

深入贯彻落实全省内部审计工作会议和全市审计工作会议精神。全市内部审计工作把贯彻落实全省内部审计工作会议和全市审计工作会精神作为首要任务来抓，在全市内部审计系统掀起一个学习、贯彻会议精神的新高潮。市内部审计协会采用走访、交流、座谈、调研和征求意见等多种形式宣传落实会议精神。徐德利会长一行5人分别去安徽科技学院、安徽方圆机电股份公司走访、调研和征求意见；与市地税、市国税、安徽财经大学审计处、安徽财经大学研究生处、蚌埠医学院审计处、蚌埠医学院附院、蚌埠医学院二附院等多家单位进行交流座谈，不失时机地帮助广大内部审计机构和人员提高认识。

逐步完善内部审计体系，不断提升内部审计质量。一是不断加强内部审计工作机构建设，保持与省内部审计师协会的联系和沟通，为内部审计工作顺利开展提供了组织保证。二是要求全市各级内部审计机构认真贯彻落实中国内部审计协会颁布的《 内部审计基本准则》 和27 个内部审计具体准则，严把审计质量关，有效规范内部审计工作。三是根据会员单位的特点，建立较为完善且适应本单位服务发展的内部审计规章制度，建立完备的内部审计工作机制，促进了工作的规范化、程序化和标准化，促进内部审计工作质量不断提升。

加速内部审计工作转型，服务经济崛起。一是加强内部审计基础管理，优化内部审计转型环境。内控制度是管理工作的基础，是预防和惩治腐败的重要环节，内控制度的完善与否直接关系到会员单位的生存发展，为有效地规范审计工作管理，要始终把制度建设摆在突出位置，充分发挥内部审计制度的积极作用和约束功能，在实践中不断完善，从而为有效地优化内部审计环境，规避内部审计风险，规范内部审计行为，提高内部审计质量。二是积极推进内部审计工作转型。以省内部审计师协会和蚌埠市审计局党组的工作重点为抓手，进一步增强协会的指导作用，积极推进内部审计转型，三是加大经济责任审计力度。内部审计机构将经济责任审计从原先的“离任审计”逐步向“任中审计”

推进，加强了对领导干部的监督管理，促进了廉政建设，也为主要负责人目标考核和奖惩提供依据。

注重理论研究，服务会员单位。一是理论研讨获得好成绩。根据省内部审计师协会的安排，2011年理论研讨暨经验交流的主题为“经济责任审计理论与实务”，接到通知后，及时向全市内部审计单位印发通知，并提出要求。全市内部审计单位共撰写13篇论文、2篇交流材料参加全省评选。安徽财经大学、安徽中烟工业有限责任公司蚌埠卷烟厂分别获论文一等奖，安徽省电力公司蚌埠供电公司、蚌埠医学院获分别论文二等奖，蚌埠市海事局获论文三等奖，蚌埠市内部审计协会获论文组织奖。二是建立“安徽财经大学研究生实践基地”。为提高内部审计人员理论水平，更好地指导内部审计工作。经过安徽财经大学、蚌埠市审计局、蚌埠市内部审计协会三家共同努力，于2月25日下午在蚌埠市审计局举行共建“安徽财经大学研究生实践基地”签字及揭牌。实践基地的建立，即充分发挥安徽财经大学的教育优势和蚌埠市审计局、蚌埠市内部审计协会的工作职能，又进一步加强相互合作交流，促进资源共享互补，为提升内部审计人才队伍质量，培养具有高素质的内部审计人员打下坚实基础。全年共有19名研究生参加署、厅、市 5个项目实习。三是开展《安徽省内部审计条例》宣传活动。《安徽省内部审计条例》顺利出台，不仅有利于加强法制建设，也是完善省内部审计法规体系，实现内部审计工作有法可依，促进部门单位全面依法履行职责，加强内部审计监督，更好地服务地方经济转型发展、开放发展、创新发展、和谐发展。

内部审计协会的指导作用进一步增强。以“管理、服务、宣传、交流”为方针，解放思想，积极探索，推动蚌埠市内部审计事业健康发展。通过开展教育培训、理论研讨、行业交流、参加国家审计，以及组织开展CIA 考试等多种方式，有力促进了内部审计人员理论素质和专业技能的提高，为内部审计工作的长远发展提供了有力的组织保障。一是召开全市审计工作会。全市各内部审计机构和广大内部审计工作者深入学习贯彻邓小平理论和“三个代表”重要思想，全面落实科学发展观，以服务单位经济目标，促进加强经营管理，提高经济效益，开展了大量工作，涌现出了一批先进单位和先进工作者。为总结经验，大力弘扬先进典型，积极宣扬全市内部审计先进单位和先进个人的事迹，充分调动全市内部审计人员的工作积极性和创造性，进一步推动全市内部审计事业的发展。根据蚌埠市内部审计先进单位和先进工作者评选标准，经评选，市审计局研究决定：对安徽中烟工业公司蚌埠卷烟厂审计科等12个内部审计先进单位、安徽省电力公司蚌埠供电公司审计部李申等12名内部审计先进工作者予以表彰。二是安徽省内部审计工作“双先”代表经验交流现场会在蚌埠市召开。10月12日下午，安徽省内部审计工作“双先”代表经验交流现场会在蚌埠市丰原集团召开，省内部审计师协会会长王兴如、省审计厅副厅长戴克柱，蚌埠市委常委、常务副市长张孝成出席会议，全省 16 个市的企事业审计部门的 120多名代表参加交流。安徽省丰原集团、滁州市电力公司、铜陵有色集团、安徽省中烟工业公司蚌埠卷烟厂4家单位的代表在会上做了交流发言。会议还部署《安徽省内部审计条例》的学习宣传工作，参观全国内部审计先进单位——安徽省丰原集团。三是与时俱进谋发展，认真做好协会日常工作。首先，认真抓CIA 的报名和考试工作。2011年，中国内部审计协会对CIA 考试工作进行重大改革，由以往的学员个人直接到市内部审计协会报名，改为学员网上报名。且报名时间紧，比往年推迟了1 个多月，任务非常繁重。针对这种情况，及时派出人员，参加报名软件培训班，不断熟悉报名的各种程序，确保26名学员按时参加考试。其次，大力开展培训工作。积极参加省内部审计师协会组织的岗位资格证书培训班，全市有13人参加培训并获证书。同时，积极参加省内部审计师协会组织的国家建设工程造价员考试考前培训班，有11名学员参加培训。另外，协助蚌埠市住房和城乡建设委员会成功举办内部审计培训班。积极参加省内部审计师协会组织的内部审计人员两次交流考察活动，完成了省内部审计师协会和其他上级部门下达的各项任务。

蚌埠市内部审计协会领导及理事名单

会　长：徐德利
副会长：毛金龙
秘书长：陈　忠
理　事：王　静　邹爱花　高政华
祝正华　何小富　倪润强　张晓燕
丁伟莉　金保魁　杨　玲　单　懿
汪莉萍　桑明德　朱克珍　胡清华
丁克良　孟令华　田　勇　丁贤凤
甘　霖　邓衍传　刘如林　朱玲玲
轩　骅　陈红斌　钱　梅　柳恩国
唐芝兰　钱玉萍　陈晓梅　杨继红
王　润　郑维娜　高　卉　徐　成
朱美玲　李　莉　李万祥　林兴华
刘德运　杨清安　艾建生　陈光璞
王謦天　刘西华　李国中　郭振东
沈先书　梁晓辉　胡堂前　孙富春
周　娟　王学国　吴鸿玲　孙祖康
赵大为　张武丽　吴强军　蒋昌荣
廖　勇　韩世英　张公业　钟兰惠
余成好　李慧淋　张　静　王开孝
王桂庆　陈晓群　李兰周　顾乃刚
王万年　王联帮　吕家雨　梁静华
刘　伟　刘巧云　朱丽霞　周继星
翟福灵　陈　玉　常　开　倪乃铁
朱百云　王月荣　张　琳　张金柱
李世新　刑广阔　许瑞宁　陈前超
周　杰　周　毅　武　伟　金　刚
胡明瑛　戚红宇　温爱民　董善金
韩继文　乔华建

龙子湖区审计局

龙子湖区审计局现有编制4名，实有人员5名。

2011年龙子湖区审计局机关人员配备情况表

单位＼内容	人数	性别		文化程度				职称			负责人
		男	女	研究生	本科	大专	大专以下	高级	中级	初级	
局领导	2		2		2					2	梁静华
办公室	3	1	2		3						
合计	5	1	4		5					2	

2011年龙子湖区审计局领导人员情况表

姓名	性别	职务	职称	任职时间
梁静华	女	局长		2008年3月
翁　畅	女	副局长	助理审计师	2006年7月

2011年12月31日在册人员名单

梁静华　翁　畅　郭　靓　徐蓓莉　陈　晴

2011年工作概况

2011年，龙子湖区审计局在区委、区政府和蚌埠市审计局的正确领导下，以“信息化推进工程”活动为抓手，紧紧围绕区委、区政府工作中心，进一步突出重点，认真履行审计职责，各项工作有了新的发展和进步。

紧紧围绕政府工作中心，着力深化预算执行审计。以预算执行审计为主线，以全部政府性资金审计为载体，以“摸清家底、规范预算、合理分配、揭露问题、提出建议”为工作切入点，以促进依法行政、维护群众利益、提高财政资金使用效益为目标，不断深化预算执行审计。审计中，严格按照审计程序和审计操作规范，在审计一般预算资金的同时，密切关注民生工程资金、涉农资金以及其他各项政府性资金的规模和收支情况及财政资金使用绩效。查找问题，分析问题，查处管理不规范金额742万元，提出切合可行的审计意见和建议10条。审计提出的意见和建议都已被采纳，存在的问题已全部整改。值得一提的是提出的《部分单位票据使用管理不规范应引起重视》信息简报被周春雨市长批示，引起全市各单位对票据管理不规范问题的关注。

完善经济责任审计，促进领导干部正确履行经济责任。根据区委和市审计局要求与授权，合理安排审计项目，认真履行工作职责，积极做好经济责任审计工作。全年完成区文化广电体育旅游局、区农林局、区住房和城乡建设局、区法院等4个单位主要领导的任中经济责任审计，查处违规违纪资金21万、管理不规范资金132万元，提出审计意见和建议16条，要求清退和上缴违规违纪资金共计21万元。经济责任审计，为加强领导干部管理与监督，促进领导干部正确履行职责，廉洁从政，依法行政，不断提高科学管理水平发挥了积极作用。

高度重视民生审计，努力维护社会和谐稳定。按照国家、省、市审计机关的统一部署，继续对区中小学校舍安全工程开展跟踪审计。严格按照审计实施方案要求，认真履行审计监督职责，局领导和审计组成员多次深入学校教学楼施工现场，对工程进度、质量、变更、施工、监理等情况全方位跟踪，对抗震排查、鉴定、工程规划、建设计划制定、任务落实、项目实施、资金筹集、拨付、管理进行全面审核，提交专题审计报告两篇。报告认真指出项目实施过程中存在的问题，提出审计意见和建议6条，督促相关单位及时整改，确保区中小学校舍安全工程安全顺利实施。8至9月，按照市审计局安排，积极派员参加全市新型农村合作医疗改革审计调查，在全力维护广大农民医疗权益的同时，也学习到了市审计局先进的审计程序管理和精湛的审计方法。随着国家投向民生工程资金的增多，各单位承担的民生工程任务也逐步增大，在进行领导干部任期经济责任审计时，将民生工程开展情况作为一项重要的考核指标，纳入到经济责任审计中来。如，区文体局农家书屋项目、农民健身工程，区农林局抗旱养殖补贴项目、动物防控项目、“菜篮子”工程，区住建局廉租房补贴项目等，在审计过程中予以重点关注，对发现的问题向审计对象提出审计意见和整改建议，并向市审计局提交专题报告，引起了不错的反响。通过加大对涉及群众切身利益的民生资金审计力度，更好地关注党委、政府关心，以及与人民群众利益息息相关的领域，反映宏观政策执行效果及政府性资金运行绩效，在更大范围和更高层次上发挥了审计对社会、经济运行“免疫系统”功能和建设性作用。

以提高资金使用效益为目的，强化工程建设投资审计。为了防止高估冒算、节约建设资金、切实发挥出财政资金使用效益，全年对11个固定资产投资和基建零星维修项目进行审计，报审金额52万元，核减金额6万元，核减率12.15%，有效地提高了公共资金的使用效益。

以实施“信息化推进工程”为抓手，全力提升审计信息化建设水平。加强组织领导，完善办事机构。在省、市审计机关关于开展“信息化推进工程”的实施方案出台后，区审计局立即组织全体审计人员召开筹划实施“信息化推进工程”工作会议，统一思想，提高认识，精心谋划，认真组织，会议研究并成立区审计局“信息化推进工程”领导小组（蚌龙审〔2011〕12号），确定人员的分工，实行一把手负责，力争提升领导水平，做到“信息化推进工程”组织得力、开展有序。一是继续加强审计项目电子化流程控制与管理。全年已经实施的审计项目均在审计管理系统（OA）中立项和分解，审计作业过程及相关资料均在现场审计实施系统（AO）中编制、归集，形成了完整的电子数据并及时归档。二是深化计算机审计的应用，高度重视AO2011的升级和培训工作，在AO2011推广使用后立刻将所有审计人员的AO升级至2011版本。全体审计人员放下手头所有工作参加市审计局组织的AO2011培训工作。同时，积极从审计署购买教材开展培训。全年实施的审计项目均运用了AO进行审计，同时全部实现了与OA的交互。三是OA公文流转不断规范。由于人员较少，机构较简单等实际情况，以往在OA公文流转方面，只注重接收外来公文，流转内部成文，而忽略了外来公文和内部成文分发，仅仅是口头或打印出来向领导或同事们传达。“信息化推进工程”开展以后，根据上级审计机关要求，努力做到了业务文书内部流转的无纸化、网络化，完成公文清理、归档工作，保证公文系统运转的准确、及时和高效。四是计算机审计工作初见成效。在现场审计实施系统（AO）环境下利用审计脚本语言（ASL）完成的《中小学校违规收费计算机审计方法》被选入《审计署计算机审计方法目录》，为全面促进AO软件在审计中的应用、促进计算机审计方法共享夯实了基础。全省计算机审计方法复核工作，审核通过了区审计局上报的《应纳未纳入专户管理的专项资金是否合理使用的计算机审计方法》和《财政预算拨款与实际支出数差异分析的计算机审计方法》，复核小组已将这两篇计算机审计方法上报审计署参加全国审计机关的评审。五是继续加大审计信息化建设软硬件设施的配备力度，结合局工作实际不断提高审计信息化水平，按照“信息化推进工程”要求，扎实有效开展审计信息化建设。已做到电脑、防火墙配备到位，审计软件安装到位，正版操作系统和办公软件已申请参加区政府统一采购。六是注重发挥审计网站的宣传作用。上半年，不断充实和完善区审计局信息公开发布平台相关栏目及内容，及时更新和发布审计信息，稳步推进政务公开。七是努力充实和完善被审计单位资料库建设工作，继续做好审计专家经验库更新升级工作。要求审计人员每审计一个单位，必须充实和完善被审计单位资料库。目前已经完成《应纳未纳入专户管理的专项资金是否合理使用》和《财政预算拨款与实际支出数差异分析》两条审计专家经验。八是不断加大审计信息化培训力度。通过AO认证培训考试的审计人员比例达到了100%，具有计算机审计中级资格的人数占审计业务人员的比例达到了25%。

认真发挥审计服务职责，积极配合有关部门做好服务工作。在做好自身工作的同时，主动配合有关部门做好各项工作。配合区纪委开展人民来信审计工作；配合区财政部门做好政府采购工作；配合有关部门做好专项资金管理、使用、监督工作以及基建项目的招投标和验收工作。

大力推进党风廉政建设。定期组织全局人员学习党风廉政建设有关规定和审计“八不准”纪律，不定期对廉政建设情况进行分析研究，责任到人，落实到事。在审计工作中严格执行省、市有关党风廉政制度规定，不接受吃请、不接受馈赠，积极实行审前公示和审计组廉政执行情况反馈制度，自觉接受被审计单位监督，保持了审计机关廉洁从审、洁身自好的形象。

2011年工作成果一览表

审计单位（个）	查处违规金额（万元）	管理不规范资金（万元）	应缴财政（万元）	已缴财政（万元）	应归还原渠道资金（万元）	移送事项（件）	应调账处理金额（万元）	应自行纠正金额（万元）	审计报告、信息被批示采纳（篇）
19	21	868	1.5	1.5	2		2		35

2011年获奖情况

被省审计厅评为全省审计“信息化推进工程”先进集体

被市审计局评为“信息化推进工程”先进集体

龙子湖区住房和城乡建设局局长汪元江同志任职期间经济责任履行情况的审计被蚌埠市审计局评为2011年度计算机审计优秀项目

郭靓被省审计厅、市审计局评为“信息化推进工程”先进个人

（撰稿人：徐蓓莉，审核人：翁畅）

蚌山区审计局

蚌山区审计局现有编制3名，实有人员4名。

2011年蚌山区审计局机关人员配备情况表

内容／单位	人数	性别		文化程度				职称			负责人
		男	女	研究生	本科	大专	大专以下	高级	中级	初级	
局领导	1	1			1				1		刘　伟
办公室	3	1	2		2	1			3		
合计	4	2	2		3	1			4		

2011年蚌山区审计局领导人员情况表

姓　名	性　别	职　务	职　称	任职时间
刘　伟	男	局长	经济师	2007年3月

2011年12月31日在册人员名单

刘　伟　王伟伟　李雅丽　朱焕永

2011年工作概况

2011年，蚌山区审计局在区委、区政府和上级审计机关的领导下，认真履行审计监督职责，精心组织各项审计工作，圆满完成了省、市审计机关和区政府布置的各项工作任务。全年完成审计项目9个。具体是区本级预算执行和财政收支审计项目1个，经济责任审计项目3个，专项资金审计项目2个，专项资金审计调查项目2个，财务收支审计项目1个。审计查处问题16个，提出意见和建议27条，查处管理不规范金额372万元。协调会计师事务所实施投资审计项目28个，核减工程款219万元。向上级审计机关和区政府提供审计报告7份、调查报告2份，审计结果报告5份，被采用的审计信息9篇。完成招商引资任务2000万元。

财政审计。对区本级2010年度财政预算执行和其他财政收支情况进行审计。主要审计区本级预算执行情况，非税专户等20个专户的资金情况，延伸审计区人社局的部门预算执行情况、中欣投资公司资产运营情况，并对区公共卫生服务和城乡医疗救助专项资金使用情况进行专项审计调查，对中小学校舍安全工程进行跟踪审计。作为审计成果应用情况的检查，首次代表政府向区人大常委会汇报2010年和2011年“同级审”查出问题的整改情况。两年的报告中提出19个问题，25条建议除3个问题正在整改外，其他都已基本整改完毕。区人大对区审计局的报告给予了较高评价，认为区政府和相关部门对整改工作较为重视，区审计局认真负责，督促有力，整改效果明显。

专项资金审计和审计调查。根据上级审计机关的安排和区人大、区政府的要求，对全区2010年底的政府性债务情况和土地出让金的征收管理及绩效情况专项审计调查和中小学校舍安全工程进行跟踪审计项目。政府性债务调查详细列出区政府性债务的总体情况、投向、分布，每笔债务的具体情况，债务风险和偿还分析，债务管理等问题，并针对问题提出对策，对政府今后的财政和举

债决策起到很好的参考作用，受到了区人大和政府领导的好评。土地出让金的调查中，对出让金的管理效益进行评价和分析，对现存的问题和工作中应予加强的方面提出6条建议，对今后的出让金管理工作具有很强的指导和启发作用。校安工程的审计报告提出可能制约项目实施的问题，希望引起有关领导和部门的重视。

经济责任审计。按照区委组织部委托，全年完成3个经济责任审计项目，分别是区住建委原主任王玉明、区民政局原局长吴薇和区统计局原局长冯淮南的任期经济责任审计。在审计中突出重点：住建委原主任的审计参考已有的审计结果，不重复审计，重点放在没有审计过的资金上；在对民政局原局长的审计中，着重对民政专项资金的使用进行审计，对资金使用的规范性进行检查；在对统计局原局长的审计中，重点审计专项资金，核实并检查统计局所涉及的经济责任事项执行情况和效果，并谨慎作出评价，尝试改变仅围绕财务进行评价的惯例。

财务收支审计。受区政府的委托，对区属集体企业市制刷厂2004年6月至2011年3月的财务收支情况进行审计。经过审计，理清收入支出的详细情况，查清资产和账务的基本情况，对审计期支出的真实合法性做出了评价。

固定资产投资审计。根据《蚌山区建设项目竣工决算审计规定》，对燕山乡垃圾中转站建设、去年竣工的各个校安工程等28个项目的工程决算进行审计，审计报审金额2200万元，核定工程款1980万元，核减工程款219万元，核减率9.97 %。对大型项目采取跟踪审计的方法，审计提前介入，保证隐蔽工程量的审核和审计质量。对全区重要专项工程，如，投资大厦的建设，委托鑫诚事务所全程跟踪审计，监督其控制工程造价和变更，取得了良好的效果。区审计局全面参与投资大厦的建设工作，为大厦建设提供及时服务和有力监督。经常和有关部门一起研究大厦工程建设方案，讨论招标方案，深度参与BT项目单位的招标、基础工程的变更、装修设计单位的议标、重要建筑材料、电梯、空调等设备的招标采购等工作。

2011年工作成果一览表

审计单位（个）	查处违规金额（万元）	管理不规范资金（万元）	应缴财政（万元）	已缴财政（万元）	应归还原渠道资金（万元）	移送事项（件）	应调账处理金额（万元）	应自行纠正金额（万元）	审计报告、信息被批示采纳（篇）
8		372							9

2011年大事记

3月，王伟伟从五河县审计局调至蚌山区审计局工作。

（撰稿人：刘伟，审核人：刘伟）

禹会区审计局

禹会区审计局现有编制4名，实有人员5名。

2011年禹会区审计局机关人员配备情况表

单位＼内容	人数	性别		文化程度				职称			负责人
		男	女	研究生	本科	大专	大专以下	高级	中级	初级	
局领导	2		2		2				2		刘巧云
办公室	3	2	1		3				2	1	
合计	5	2	3		5				4	1	

2011年禹会区审计局领导人员情况表

姓　名	性　别	职　务	职　称	任职时间
刘巧云	女	局长	会计师	1995年
唐少侠	女	副局长	会计师	2010年11月

2011年12月31日在册人员名单

刘巧云　唐少侠　张锡英　解海亮　孟　浩

2011年工作概况

2011年，禹会区审计局在区委、区政府的正确领导下，在蚌埠市审计局的指导下，坚持全面贯彻落实省、市审计工作会议精神，紧紧围绕区委、区政府经济工作中心，认真贯彻《国家审计准则》，不断加大审计工作力度，努力提高审计工作质量和效率，充分履行审计监督职能，较好地完成审计目标任务和领导交办的其他事项。全年完成48个审计（审计调查）项目，其中：区本级财政预算执行情况审计1个；经济责任审计1个；跟踪审计2个；专项资金审计调查2个；固定资产投资竣工决算审计42个。审计查处管理不规范资金162万元，提出意见建议11条。全年提交信息34篇，被市审计局采纳23篇、省审计厅采纳信息1篇。

预算执行情况审计。在财政预算执行审计工作中，以财政预算的编制、执行为切入点，揭示预算编制、执行、管理中存在的问题；以规范财政管理，提高资金使用效益，建立健全社会主义市场经济体制的公共财政为目标，对重点财政资金进行审计。同时延伸区财政局、区司法局等4个部门预算执行情况审计。把从各预算部门审计发现的问题作为线索，沿财政资金的流向追踪审查，揭露财政部门在资金拨付、分配、使用、管理中的问题。提出审计建议4条。

经济责任审计。接受市审计局授权对禹会区法院院长任期内履行经济责任情况进行审计。通过经济责任审计，明确领导干部的经济责任，进一步促进廉政建设，为组织部门使用干部提供了参考。

跟踪审计。为加强对校安工程资金的使用管理，全年两次对禹会区校安工程资金进行跟踪审计，既规范了资金用途又确保了专款专用。

审计调查。根据审计署统一部署，协调配合其他审计机关完成禹会区政府性债务审计调查工作，完成禹会区普通高中债务调查和基层医疗卫生机构债务核定工作。

固定资产投资审计。对政府投资建设项目，严把工程招投标、合同签订、工程造价等各个环节，认真审计这些环节的真实性以及财务管理、资金使用等情况，对有关施工合同、图纸、现场签证等结算资料进行认真审核，对与现场实际施工情况不符的工程量，高估冒算工程价款，予以扣减。全年相继完成42项政府投资结算审计，工程项目送审报审金额1172万元，审计核定价1010万元，审计核减额162万元，核减率13.84 %。

廉政建设。把廉政建设列为重要议事日程，专题讨论研究，精心部署落实。一是按照组织分工，实行主要领导、分管领导负责制，一级抓一级，层层抓落实，形成了齐抓共管的良好局面。二是始终坚持把党风廉政的建设和精神文明建设放在突出位置，常抓不懈。认真组织全体人员学习党风廉政建设有关规定、“十个严禁”和审计“八不准”纪律，强化廉政教育。三是学习《审计法》、《国家审计署关于审计质量控制办法》以及已经实施的《国家审计准则》等相关法律法规。通过学习，不断更新知识、转变观念，在思想解放上取得新的突破。四是鼓励职工参加各类专业技术学习。2011年，有两人参加省审计厅举办的“AO”计算机审计考试，1人参加审计署举办的地县级审计局长培训班。通过业务培训，既提高了审计队伍的业务素质，也为提高审计质量打下了坚实的基础。

2011年工作成果一览表

审计单位（个）	查处违规金额（万元）	管理不规范资金（万元）	应缴财政（万元）	已缴财政（万元）	应归还原渠道资金（万元）	移送事项（件）	应调账处理金额（万元）	应自行纠正金额（万元）	审计报告、信息被批示采纳（篇）
48		162	2	2					24

2011年获奖情况

被区委、区政府评为城市建设管理先进集体

（撰稿人：唐少侠）

淮上区审计局

淮上区审计局现有编制3名，实有人员5名。

2011年淮上区审计局机关人员配备情况表

单位＼内容	人数	性别		文化程度				职称			负责人
		男	女	研究生	本科	大专	大专以下	高级	中级	初级	
淮上区审计局	5	3	2		3	1	1		1	1	朱丽霞

2011年淮上区审计局领导人员情况表

姓名	性别	职务	职称	任职时间
朱丽霞	女	局长	助理会计师	2007年
邢士忠	男	副局长	审计师	2000年

2011年12月31日在册人员名单

朱丽霞　邢士忠　沈如会　何　娜　刘　超

2011年工作概况

2011年，淮上区审计局在区委、区政府和市审计局的正确领导下，以邓小平理论、“三个代表”重要思想和科学发展观为指导，积极贯彻省、市审计工作会议精神，深入开展“创先争优”活动，紧紧围绕区经济建设和政府工作中心，坚持“全面审计，突出重点”，认真贯彻《国家审计准则》，不断加大审计工作力度，努力提高审计工作质量和效率，充分发挥审计监督职能，较好地完成了全年各项审计任务。全年完成（配合完成）5个审计（审计调查）项目：中小学校舍安全工程第三次、第四次跟踪审计调查；2010年度区本级预算执行和其他财政收支情况审计；配合审计厅审计小组完成淮上区义务教育费用保障机制专项资金绩效情况审计调查；配合市审计局完成淮上区法院院长孔令元任期经济责任审计。此外，成立基层医疗机构债务清理核实和审核认定工作领导小组，由区审计部门牵头，区财政和卫生部门共同参与、积极配合，完成对区基层卫生医疗机构债务的审核和认定工作。全年查处管理不规范金额1796万元，向被审计单位提出审计意见和建议10条，提交审计信息被市审计信息采用31篇，向区政府提交信息50余篇。

本级预算执行情况审计。为做好预算执行审计，注重搞好审前调查，认真制定审计方案，确定审计范围和重点内容，为实施审计做好充分准备。在审计过程中，严格按照审计方案和程序依法审计，把问题查深查透，牢固树立质量意识和风险意识，努力提高审计工作质量，防范审计风险。审计结果表明，在区委、区政府的领导下，区财政以科学发展观为指导，紧紧围绕经济建设这一中心，认真贯彻落实国家和省市有关财政工作方针、政策，积极应对宏观经济形势变化，努力克服税收征管体制调整等不利因素影响，以组织收入为中心，以加强财政管理为重点，强化财政职能，建立健全激励机制，着力实施民生工程，扎实推进新农村建设，深化各项财政改革，较好地完成了全年度预算收支任务。但由于区财政收入规模小、增收渠道少，缺少对财政牵动性强的重大工业项目，乡镇税源基础薄弱，事业单位绩效工资改革、医疗卫生体制改革、民生工程配套、城市基础设施建设等财政支出刚性增长，财政收支矛盾十分突出，在一定程度上也造成区财政在资金调度和使用等方面存在一些违规问题。对审计发现的问题，区审计局按《审计法》规定向区财政局出具了审计报告，提出了审计建议。

专项资金审计。全年完成省定审计项目：中小学校舍安全工程实施和管理情况第三次、第四次跟踪审计。配合审计厅审计小组顺利完成淮上区义务教育费用保障机制专项资金绩效情况审计调查工作。省审计厅赴淮上区审计组于2月11日起对淮上区2009年、2010年两个年度义务教育经费保障机制情况进行审计调查，区审计局主动配合审计组的各项调查工作，在部门的协调和沟通方面做了积极的努力。这次审计主要调查对象是区财政局和教育主管部门及全部中小学校，调查覆盖面为100%。审计组采取调查和抽查相结合的方式，采集相关数据，充分使用计算机审计对数据进行筛选。审计结果表明，区政府按照要求确立“以县为主”的义务教育经费管理机制，国家和省政府的有关精神基本得以落实和执行。区政府的管理和监督职责明确，财政和教育部门能够定期对学校进行检查，并出台相应的制度和办法规范共用费用的分配和使用等。区教育部门对贫困家庭寄宿生生活费能及时、足额按标准发放；公用经费不存在用于基本建设投资和偿还债务问题，实行了教育公示制度。已安排使用的资金改善了学校的环境和办学条件，提高了办学质量，促进了义务教育均衡发展，有效推进了义务教育保障机制改革，保障了学校的正常运转。

经济责任审计。10月，在市审计局统一安排下，区审计局两人与市审计局外资审计科4人组成审计小组，开展对区法院院长孔令元2002至2010年任职期间单位财政财务收支情况、重要项目投资的建设和管理情况、重要经济事项管理制度的建设和执行情况以及有关经济活动管理监督情况的审计。

“人、法、技”建设。进一步加强制度建设，建立健全各项规章制度，加强审计质量管理和审计人员的培训，选派审计人员参加计算机审计、经济责任审计知识培训，提高了审计人员素质，为提高审计质量打下了基础。在做好业务工作的同时，认真组织审计人员开展政治学习，结合审计工作实际，积极开展“创先争优”、“四个不让”、党风廉政建设、政务党务公开、审计行政执法自查等活动，以达到“机关作风明显好转、办事节奏明显加快、工作质量和服务水平明显提高”的效能建设活动目标。按照“一审二帮三促进”的原则，努力改进工作作风，提高服务质量，为被审计单位加强管理、提高经济效益提出了针对性、可行性强的审计意见和建议，充分发挥了审计成果的最大效能。在工作中，审计人员牢固树立全心全意为人民服务的宗旨，严格遵守廉洁自律的有关规定和六项审计纪律、八项审计职业道德，做到自重、自省、自警、自厉。

2011年工作成果一览表

审计单位（个）	查处违规金额（万元）	管理不规范资金（万元）	应缴财政（万元）	已缴财政（万元）	应归还原渠道资金（万元）	移送事项（件）	应调账处理金额（万元）	应自行纠正金额（万元）	审计报告、信息被批示采纳（篇）
4		1654	73	73			69		31

2011年获奖情况

被区政府评为区综合治理和平安创建合格单位

被市政府评为蚌埠市双拥合格单位

被市审计局评为蚌埠市审计信息先进集体

被市审计局评为蚌埠市计算机审计应用鼓励奖

淮上区校舍安全跟踪审计调查被评为蚌埠市优秀审计项目

朱丽霞被市政府评为行政嘉奖三等功

何娜被市审计局评为蚌埠市“信息化推进工程”先进个人

朱丽霞被区委、区政府评为区党风廉政建设先进个人

朱丽霞被区政府评为计划生育工作先进个人

（撰稿人：何娜，审核人：刘超）

怀远县审计局

怀远县审计局内设办公室、财政金融审计科、农业与资源环保审计科、行政事业审计科、企业审计科、经济责任审计局和政府投资审计中心，现有编制29名，实有人员20名。

2011年怀远县审计局机关人员配备情况表

内容 单位	人数	性别		文化程度				职称			负责人
		男	女	研究生	本科	大专	大专以下	高级	中级	初级	
局领导	4	2	2		3	1		1		1	陈　玉
办公室	3	3			2	1					刘庆辉
财政金融审计科	3	1	2		2	1					焦利君

农业与资源环保审计科	2	2			2				1		赵　永
行政事业审计科	2	1	1		2						朱保陆
企业审计科	3	1	2		2	1					王　忠
经济责任审计局	1		1		1						朱咏君
政府投资审计中心	2	2			2						
合计	20	12	8		16	4		1	1	1	

2011年怀远县审计局领导人员情况表

姓　名	性　别	职　务	职　称	任职时间
陈　玉	男	党组书记、局长	高级审计师	2010 年 5 月
李　琳	女	党组成员、副局长		1993 年 9 月
朱咏君	女	党组成员、副局长、经济责任审计局局长	助理审计师	2011 年 2 月
朱　君	男	党组成员、纪检组长		2010 年 4 月

2011年12月31日在册人员名单

陈　玉　李　琳　朱咏君　朱　君　李广明　刘中俊　王　忠　朱桂平　赵　永　朱保陆　刘庆辉　焦利君　房修浩　马　欢　杨婷婷　苏　丹　胡暖诚　周爱萍　陶　李　陆　超

2011年工作概况

2011年，怀远县审计局完成审计项目15个，年末在审项目8个，向上级审计机关和县政府提交审计专题、综合性报告17篇，审计信息、审计要情专报25篇，被领导批示、采用20余篇。通过审计，查处违纪违规金额7330万元、管理不规范金额130378万元、损失浪费资金90万元，应归还原渠道资金28万元，应调账处理2335万元，核减工程价款1681万元。

部门预算执行审计。完成本级预算执行情况审计和县水利局、林业局等单位预算执行审计。在继续做好对预算执行环节审计的同时，重点向预算编制和预算执行效果两端延伸，更加注重审查预算编制的科学性、规范性、绩效性，把财政资金投入与项目进展和政策目标实现统筹考虑，促进降低行政运行成本，制止铺张浪费。通过审计，查处违纪违规金额2304万元、管理不规范金额100129万元。按照省审计厅的统一安排，抽出3人，参加蚌埠市审计局实施的地方政府性债务审计调查及新型农村合作医疗专项审计调查，圆满完成了工作任务。

经济责任审计。完成对原县文体局、原县广电局等单位领导干部的任期经济责任审计；另有5个经济责任审计项目年底正在实施中。在完成的审计项目中，查处违纪违规资金1568万元、管理不规范资金1752万元。县委、县政府领导高度重视审计结果，督促相关单位和部门认真落实整改审计发现的问题，为加强干部队伍监督管理、促进党风廉政建设发挥了积极作用。

政府投资审计。全年完成经济开发区部分建设工程竣工决算、怀远三中新校区竣工决算等项目的审计，指出工程在投资决策、概算执行、招投标和资金管理方面存在的问题，核减工程价款1681万元。另有两个工程竣工决算审计项目年底正在实施。

专项资金和民生工程资金审计。先后审计小农水资金、特大抗旱防汛经费、农村饮水安全资金、退耕还林资金、育林基金等专项资金，认真开展养老保险资金审计、城市社区医疗卫生服务体系建设专项资金审计以及农民工技能培训补贴专项资金审计调查，为促进提高专项资金和民生工程资金管理水平，提高资金使用效益发挥了积极作用。

专项审计检查。积极配合县纪委等有关部门继续开展"小金库"专项治理、"强农惠农"专项资金检查和建筑领域突出问题的治理工作；认真组织实施由县审计局牵头，县教育、卫生、财政等多部门配合的县基层医疗卫生机构债务清理核实认定和公办普通高中债务审核调查工作。

"人、法、技"建设。进一步加强业务培训，采取集中培训、以会代训、请进来教、派出去学等多种形式，实现了业务理论培训和工作实际的有效结合。通过培训，广大职工的业务素质普遍提高，OA和AO系统在工作中得到有效运用。结合审计工作发展需要，有针对性地加大对投资审计、经济责任审计、财政审计、审计质量管理等知识的学习，提高审计队伍的实战操作能力和创新能力；强化审计工作纪律，强调审计工作纪律和廉洁自律的有关规定，时刻绷紧反腐败这根弦；强化制度建设，用制度来管理人。

2011年工作成果一览表

审计单位（个）	查处违规金额（万元）	管理不规范资金（万元）	应缴财政（万元）	已缴财政（万元）	应归还原渠道资金（万元）	移送事项（件）	应调账处理金额（万元）	应自行纠正金额（万元）	审计报告、信息被批示采纳（篇）
15	7330	130378	797	12	28		2335		25

2011年获奖情况

被省审计厅评为全省审计系统精神文明创建先进单位

家电下乡计算机审计方法获审计厅优秀奖

被市审计局评为蚌埠市审计信息工作先进集体

被市委、市政府评为市第十四届文明单位

怀远县地税局办理2010年县本级预算执行情况审计被评为全市优秀审计项目

怀远县农民工技能培训补贴资金专项审计调查被市审计局评为计算机审计项目应用奖

赵永被省审计厅评为全省地方政府性债务审计先进个人

刘庆辉被市审计局评为“信息化推进工程”先进个人

2011年大事记

9月30日，周爱萍、陶李、陆超3人进入怀远县政府投资审计中心工作。

10月18日，省审计厅副厅长姜爱民一行到县审计局调研基层医疗卫生机构和普通高中债务审核工作。

10月19日，胡暖诚、苏丹、杨婷婷、房修浩、马欢5人进入怀远县审计局工作。

12月28日，怀远县审计学会成立大会暨第一次会员代表大会召开。

怀远县审计学会领导及理事名单

会　长：陈　玉

副会长：石富勤　朱咏君　刘家麟　邵志瑜　周　勤　焦发永　韩厚森　蔡云旺　霍兴会

秘书长：刘庆辉

常务理事：马景玲　王友芳　王守本　石富勤　刘庆辉　刘家麟　朱咏君　纪学保　李岱生　杜春用　杨　光　邵志瑜　陆　恒　陈　玉　陈迪清　陈　娜　陈春霆　卓　宏　周　勤　林　彬　金　林　侯建树　祝子荣　贾　坤　常　开　焦发永　韩厚森　韩春豹　蔡云旺　霍兴会

理　事：门坤峰　马景玲　王友芳　王少法　王会发　王守本　王　忠　石富勤　年光杰　朱文丽　朱　君　朱咏君　朱保陆　朱俊峰　朱　梅　刘庆辉　刘诗好　刘家麟　许　越　孙锦虹　纪学保　杜春用　李付玉　李岱生　李　萍　李　琳　杨　光　吴延超　余　进　张天博　张友明　陆　恒　陈　玉　陈迪清　陈春霆　陈　娜　邵志瑜　邵　罡　邵群杰　林　彬　卓　宏　易　进　金　林　周　勤　周　聪　赵九宏　赵文秀　赵　永　胡　霆　侯　军　侯建树　祝子荣　贾　坤　常　开　葛芳芳　韩春豹　韩厚森　焦发永　焦利君　腾永坤　蔡云旺　潘　红　霍兴会

2011年出台的地方审计规章目录

《怀远县党政领导干部和国有企业领导人员离任经济责任事项交接办法（试行）》（怀远审（2011）1号）

固镇县审计局

固镇县审计局内设办公室、行政事业审计科、财政金融审计科、经贸投资审计科、政府投资审计中心和经济责任审计局，现有编制21名，实有人员20名（含借调1人，招聘1人）。

2011年固镇县审计局机关人员配备情况表

单位＼内容	人数	性别		文化程度				职称			负责人
		男	女	研究生	本科	大专	大专以下	高级	中级	初级	
局领导	5	5			4	1			3		周继星
办公室	3	3			2		1				张　勇

行政事业审计科	3	3			3				2		刘凤亚
财政金融审计科	2	1	1		2				2		田道忠
经贸投资审计科	2		2		1	1			1		单永兰
政府投资审计中心	5	5			3	1	1		2	1	刘占丰
经济责任审计局											
合计	20	17	3		15	3	2		10	1	

2011年固镇县审计局领导人员情况表

姓 名	性 别	职 务	职 称	任职时间
周继星	男	局长		2006年11月
徐建舟	男	党组书记		2011年7月
戴传捷	男	副局长	经济师	2008年11月
党献文	男	纪检监察室主任	经济师	2006年08月
曹新生	男	总审计师	审计师	2009年12月

2011年12月31日在册人员名单

周继星 徐建舟 戴传捷 党献文 曹新生 金以怀 张 勇 田道忠 刘凤亚 刘占丰 陆 忠 单永兰 王 春 王爱华 万 迁 张吉松 刘 乐 蒋武楠 李 鑫 王玉柱

2011年工作概况

2011年，固镇县审计局在县委、县政府和上级审计机关的正确领导下，坚持以科学发展观统领审计工作，坚持以“信息化推进工程”为抓手，带领全体干部职工紧紧围绕全县经济工作中心，认真履行审计监督职能，大力推进审计创新，扎实开展各项工作，在推动依法治县、维护经济秩序、促进机关政风建设和加强廉政建设等方面发挥了重要作用，为促进固镇“大建设、大发展”做出了应有贡献。全年完成审计及审计调查项目59项，查处违规资金和管理不规范金额10550万元，为政府增加财政收入和节约财政支出429万元，核减政府投资建设资金支出2026万元，提出审计建议96条，被采用89条。

预算执行审计。按照《审计法》的要求，以预算收支真实性为基础，以规范分配秩序为重点，以促进各项财政收支改革政策落实为目标，继续开展县本级预算执行情况审计。同时，对地税部门2010年度预算执行情况进行审计，重点检查税务部门是否虚报税源、随意调节税收收入、违规减缓税等问题，促进其规范税收执法行为，健全制约机制。同时，对县法院、县检察院等部门2010年财政预算执行情况开展审计。

行政事业审计。完成对刘集卫生院、城关卫生院、湖沟卫生院、新马桥卫生院等4家乡镇医疗卫生机构2009至2010年度财务收支情况的审计，对查处的问题进行处理处罚，并就进一步加强财务管理工作提出了整改意见。

经济责任审计。从稳步推进经济责任审计转型和有利于干部监督管理工作的实际需要出发，对4名乡镇主要领导和县法院院长行经济责任审计。着眼于深化经济责任审计内容、规范经济责任审计评价、界定经济责任、关注效益审计等方面内容，推进经济责任审计从“财务型”向“绩效型”转变，并扩大任中审计比重。初步建立和完善经济责任审计操作规程和评价指标体系，健全经济责任审计结果的运用机制。

政府投资建设项目竣工决算审计。根据县政府安排，对园艺场教学楼、二中综合教学楼、浍河北堤堤顶建设及背水面护坡、开发区工业用电线路架设工程等项目竣工决算进行审计，审计工程结算价款总额18596万元，审计核减工程款2026万元，平均核减率11%。其中：县农村公益事业“一事一议”财政奖补项目工程造价报审总额2784万元，审计核减工程款831万元，核减率为30%；县二中新校区教学楼工程造价报审总额2253万元，审计核减工程款368万元，核减率为16%。

基层医疗卫生机构债务清理核实、审核认定和高中债务调查工作。经过严密组织、认真审核，核实基层医疗卫生机构债务规模、结构，为化解基层医疗卫生机构债务奠定了基础。同时，开展全县公办高中债务审计调查。结合上半年全国地方政府性债务审计结果，摸清县公办普通高中债务情况，分析普通高中债务的形成原因，提出加强普通高中债务管理、建立长效机制、促进普通高中教育持续健康发展的意见和建议。

全县养老保险基金审计调查。开展全县社会养老保险审计调查，摸清企业职工基本养老保险、新型农村社会养老保险和被征地农民养老保险基金的筹集、使用和管理情况，指出存在问题及改进建议，促进了党的惠民政策的落实。

“信息化推进工程”。按照“金审工程”建设的要求，结合工作实际，一方面，积极开展审计信息化建设工作，全面推进审计网络建设，全年投入资金20多万元，更新设备和电脑，开通视频会商系统，为信息化建设打下了坚实的基础；另一方面，不断加大审计人员计算机技能的培训力度，着力培养一支能适应新形势需要的新型审计干部队伍。全年运用计算机技术手段开展审计项目6个。在对全县养老基金专项审计调查、城关镇卫生院2009至2010年度财务收支审计等项目实施过程中，充分利用计算机审计，大大提高了审计效率和审计质量。撰写的《AO在乡镇卫生院中的应用案例》和《养老保险基金专项审计调查AO应用实例》被省审计厅评为应用奖；《新型农村社会养老保险政策执行违规问题审计方法》和《新型农村社会养老保险信息系统人员身份证合规性审查审计方法》两个计算机审计项目分别获得省审计厅优秀奖和良好奖。

审计机关队伍建设。以创建学习型机关为抓手，开展比学习、比干劲、比作风、比纪律、比思想、比协作、比效果、比服务的“八比”活动。从思想上引导全体干部职工树立正确的人生观、世界观和价值观；先后举办审计法规、投资审计、效益审计、计算机知识等专题培训20余次，使每位审计人员熟练掌握财务管理、审计、会计、法律、计算机等专业知识和技能；制定“541”计划，即每个审计干部每年做读书笔记5000字以上、写4条审计宣传信息、写一篇调研文章或者分析材料；鼓励审计干部参加各类自修、函授、脱产学习等后续教育，不断改善审计干部的文化知识结构。

机关作风建设和党风廉政建设。按照党风廉政建设责任制的要求，认真落实反腐倡廉工作责任制，制发《2011年党风廉政建设工作意见》，形成一级抓一级、层层抓落实的工作格局。积极开展“廉洁奉公、执政为民”主题教育，进一步修订、完善加强党风廉政建设责任制的实施意见。狠抓《党风廉政建设责任制》的学习贯彻，进一步加强审计干部的思想建设和作风建设，引导广大党员干部筑牢思想道德防线，审计人员依法行政、廉洁从审的意识明显增强，树立了审计人员良好的社会形象。

2011年工作成果一览表

审计单位（个）	查处违规金额（万元）	管理不规范资金（万元）	应缴财政（万元）	已缴财政（万元）	应归还原渠道资金（万元）	移送事项（件）	应调账处理金额（万元）	应自行纠正金额（万元）	审计报告、信息被批示采纳（篇）
59	2083	10550		166	263				12

2011年获奖情况

被省审计厅评为全省地方政府性债务审计先进集体

被省审计厅评为全省审计“信息化推进工程”先进集体

被市审计局评为全市审计“信息化推进工程”先进集体

被市审计局评为市第十四届文明单位

被县政府评为固镇县第八届文明单位

被县政府评为固镇县双拥模范单位

被县委、县政府评为固镇县党风廉政建设先进单位

被县政府评为固镇县优质服务成员单位

刘乐被省审计厅评为“信息化推进工程”先进个人

2011年大事记

5月，免去党献文局办公室主任职务，任命张勇为局办公室主任。

6月，徐建舟调入县审计局任党组书记。

6月，省审计厅厅长刘战平到县审计局调研。

8月，任命单永兰为经贸投资审计科科长。

10月，王玉柱通过公开招考考入县政府投资审计中心。

11月，杨寿桃副厅长到县审计局调研。

五河县审计局

五河县审计局内设办公室、财政和金融审计科、行政事业企业审计科、经济责任审计局和固定资产投资审计中心，现有编制19名，实有人员17名。

2011年五河县审计局机关人员配备情况表

单位＼内容	人数	性别		文化程度				职称			负责人
		男	女	研究生	本科	大专	大专以下	高级	中级	初级	
局领导	5	4	1		3	2			5		翟福灵
办公室	5	3	2			2	3	1	2	2	刘　梅
财政和金融审计科	1	1			1				1		顾顶成
行政事业企业审计科	1	1				1			1		刘健康
经济责任审计局	3	2	1	1	1	1			3		张奋战
固定资产投资审计中心	2	2				2			2		贾作同
合计	17	13	4	1	5	8	3	1	14	2	

2011年五河县审计局领导人员情况表

姓　名	性　别	职　务	职　称	任职时间
翟福灵	男	党组书记、局长	农艺师	2002 年 6 月
安　琪	女	副局长	审计师	2007 年 11 月
胡茂友	男	党组成员、副局长	审计师	2010 年 3 月
樊立强	男	党组成员、总审计师	会计师	2010 年 1 月
张奋战	男	党组成员、经济责任审计局局长	会计师	2010 年 3 月

2011年12月31日在册人员名单

翟福灵　安　琪　胡茂友　樊立强　张奋战　陈正健　沈延林　刘建康　刘　梅　胡玉玲　王亚浩　邓泽林　贾作同　邓波浪　邓传平　顾顶成　乔　伟

2011年五河县审计局特约审计员情况表

姓　名	性　别	工作单位	职　务	职　称	任职时间
马　辉	男	县财政局	副局长		2006 年 4 月
陆　勇	男	县地税局双庙分局	局　长	经济师	2004 年 12 月
凌应琴	女	县政府法制办公室	副主任	律　师	2009 年 9 月

2011年工作概况

2011年，五河县审计局在县委、县政府以及上级审计机关的正确领导下，坚持以邓小平理论和“三个代表”重要思想为指导，深入开展“创先争优”活动，紧紧围绕县委、县政府的决策部署，按照“依法审计、服务大局、围绕中心、突出重点、求真务实”审计工作方针，以加速审计工作转型升级为主线，以深入实施“五大工程”为抓手，创新思路，明确目标，优化措施，强化服务，全面提升审计工作水平，审计查处违规资金3438万元、管理不规范资金5751万元，核减投资金额2275万元，提出审计建议62条，提交审计信息被上级审计机关和县委、县政府采用28篇（次）。通过新开通的门户网站发布信息60条，通过政务公开发布平台发布信息40条，在维护地方经济秩序、严肃财经法纪、促进科学发展、构建和谐社会等方面发挥了重要作用。

抓主线，全面提升财政预算执行审计。紧紧围绕“预算执行”这一主题，以规范财政预算执行为为抓手，以财政收入的合法性和支出的合理性为重点。重点检查财政预算收支平衡情况、重点支出的安排和资金到位情况、预算超收收入的安排和使用情况、部门预算执行情况、政府采购、国库集中支付和收支两条线管理等财政改革情况、国有资产的管理处置情况、专项资金管理、使用及绩效情况等。促进被审计单位积极落实财政政策，加强财政管理、完善预算制度、规范资金分配行为、提高财政资金使用效益，县人大常委会及县政府对这次预算执行审计给予充分肯定，分管县长专门召开相关部门整改会议，确保审计意见和建议得到有效落实。

抓绩效，深入开展专项资金审计。按照省审计厅统一部署和县工作计划安排，先后对阜阳市颍上县8个年度政府性债务情况开展专项审计调查、亳州市涡阳县城乡义务教育费用保障机制专项资金开展绩效审计调查。为加强民生工程资金的管理，重点对固镇县新农合专项资金、五河县养老保险基金筹集、管理、使用情况进行审计调查。按照加快审计转型，提升绩效审计工作的要求，对全县中小学133个校舍安全工程实施情况开展审计调查，另外围绕政府现阶段中心工作，促进土地整治项目资金管理，推进项目建设顺利实施，对县东刘集等11个乡镇2011年土地整治专项资金筹集、拨付、管理、使用情况进行就地审计和审计调查。

抓质量，进一步加强经济责任审计。为加强对干部的监管，实现对权力的有效制约，进一步推进经济责任审计。受县委组织部委托，主要对5个乡镇领导干部以及县直有关单位共9位领导干部开展任期经济责任审计。通过审计，报告有关领导在履行经济责任方面存在的一些问题，促进了领导干部认真履行职责，增强依法行政意识，规范了被审计单位的财政财务收支行为。

抓成效，提升固定资产投资审计。以围绕工程结算价款真实性审计为中心，加强对政府投资项目合同签订、履行以及工程竣工决算的合法性、合规性监督。全年对138个政府投资项目开展审计，审计投资金额20947万元，审减金额2275万元，核减率11%。另外，根据2011年投资审计计划，委托社会中介机构对县5个重点工程进行审计。继续扩大政府投资项目跟踪审计范围和数量，对一批重点项目开展跟踪审计，有效地控制了工程建设领域中高估冒算、偷工减料、损失浪费及项目建设不规范等现象的发生。

抓服务，认真完成其他审计任务。按照审计署、省审计厅及有关部门统一部署，完成对县普通高中8个年度债务情况的审计调查，以及全县基层医疗卫生机构债务情况的清理核实和审核认定。

以人为本，全面加强机关建设。以“创先争优”活动为抓手，以纪念建党90周年为契机，全面加强机关建设，促进审计事业持续发展。一是加强组织学习教育。深入开展“创先争优”活动，积极推进学习型党组织建设，突出抓好局中心组及全体党员的学习教育，进一步激发党员、干部和职工干事创业的热情，弘扬昂扬向上的理想信念，确保党代会确定的各项目标任务的有效落实。积极开展“以人为本、执政为民”主题教育活动，紧密联系党员干部的思想和工作实际，引导党员干部特别是领导干部切实强化“五个意识”，着力解决“五个问题”，为审计工作科学发展提供了有力的政治保证、作风保证和纪律保证。二是强化党风廉政建设。领导率先垂范，做廉洁自律表率，并加强审计干部的教育和学习，增强依法审计、廉洁审计意识，始终保持局机关依法、文明、廉洁、高效的社会形象。三是推进机关效能建设。通过开展“服务提升行政提效年”活动，力求在转变职能上有新举措，在服务能力上有新提高，在工作作风上有新改进，在优化环境上有新突破。按照县委《关于治庸治懒治散从严管理干部的实施意见》要求，切实推进审计干部作风建设和行政效能建设，努力把审计机关建设成为求真务实、运转有序、廉洁高效的办事机构，为全县经济社会又好又快发展提供有力支持和服务保障。四是抓好精神文明创建。积极组织参加省、市、县举办的各项比赛，以丰富职工文化体育生活，为职工提供良好的工作环境。开展春节及迎“七一”、重阳节老干部慰问活动和帮扶村困难群众的慰问，为他们送去党的温暖，为促进社会和谐稳定发挥了积极作用。五是推行政务公开透明。深入开展“政务公开深化年”活动，不断拓宽公开领域，创新公开形式，深化公开内容，完善公开制度，提升政务服务质量，保障公众的知情权、参与权和监督权，努力打造廉洁、勤政、务实、高效的服务型机关。另外，由县审计局起草的《五河县审计结果公告制度》被县政府转发，对进一步推动局政务公开工作具有积极的意义。同时，积极推进党务公开工作，进一步加强党内监督，拓展党员参与党内事务的渠道，不断推进党内民主，促进机关党内民主的健康发展。

2011年工作成果一览表

审计单位（个）	查处违规金额（万元）	管理不规范资金（万元）	应缴财政（万元）	已缴财政（万元）	应归还原渠道资金（万元）	移送事项（件）	应调账处理金额（万元）	应自行纠正金额（万元）	审计报告、信息被批示采纳（篇）
156	3438	5751	5048.8	2743					9

2011年论文发表情况统计表

报刊名称	时间(期数)	论文题目	作　者
《安徽审计》	第5期	《浅议固定资产投资项目价款结算审计的方法》	贾作同

2011年获奖情况

被省审计厅评为全省审计系统精神文明创建先进单位

被省审计厅评为全省审计机关实施“五年行动计划”先进集体

被市委、市政府评为第十四届市文明单位

县地税局2010年度办理县级预算执行情况审计应用实例被省审计厅评为优秀奖

利用国库集中支付数据对单位拨入经费核算的计算机审计方法被省审计厅评为优秀奖

县本级预算执行情况审计被市审计局评为优秀审计项目

2008、2009年度城镇职工医保基金审计被市审计局评为计算机审计项目应用奖

县医院原院长任期经济责任审计被市审计局评为计算机审计项目优秀奖

胡茂友被省审计厅评为全省审计机关实施“五年行动计划”先进个人

翟福灵、刘梅获县委、县政府嘉奖

2011年大事记

1月9日，副局长安琪参加蚌埠市十四届人代会第四次会议。

2月18日，副局长安琪参加安徽省十一届人代会第四次会议。

7月19日，县人大副主任冯万荣率人大财经工委一行到县审计局就2010年度财政预算执行情况审计进行调研。

8月19日，县委常委、常务副县长倪涛主持召开全县审计整改工作会议。

10月18日，省审计厅姜爱民副厅长一行到县审计局调研基层医疗卫生机构债务核实情况。

2011年出台的地方审计规章目录

《五河县审计结果公告办法（试行）》（五政〔2011〕14号）

（撰稿人：刘梅，审核人：赵仁海）

阜阳市审计局

阜阳市审计局内设办公室、财政金融审计科、农业与资源环保审计科、经贸审计科、行政事业与社会保障审计科、监察室、综合法规科、人事教育科、机关党委、审计信息技术应用科、经济责任审计局和固定资产投资审计中心，现有编制60名，实有人员50名。

2011年阜阳市审计局机关人员配备情况表

单位＼内容	人数	性别		文化程度				职称			负责人
		男	女	研究生	本科	大专	大专以下	高级	中级	初级	
局领导	4	4			4			1			武　杰
办公室	8	5	3		4	2	2		2		岳　波
财政金融审计科	4	3	1		3	1			3	1	李安义
农业与资源环保审计科	3	2	1		2	1			2		贾　勇
经贸审计科	3	3			2	1		1	2		孙爱民
行政事业与社会保障审计科	4	1	3		2	2			3		张庆胜
监察室	2	1	1			2			1		李广柏
综合法规科	3	1	2		1	2			1	1	屈　杰
人事教育科	2	2			1	1					张　华
机关党委	1	1			1						黄　勇
审计信息技术应用科	2	2			2					1	陈　勇
经济责任审计局	4	1	3		2	2		1	3		李安义
固定资产投资审计中心	10	8	2		10			1	1	2	胡玲玲
合计	50	34	16		34	14	2	4	18	5	

2011年阜阳市审计局领导人员情况表

姓　名	性　别	职　务	职　称	任职时间
武　杰	男	党组书记、局长		2011年3月
马晓峰	男	党组成员、副局长	高级审计师	2007年3月
方向阳	男	党组成员、副局长		2009年5月
李援朝	男	党组成员、纪检组长		2007年6月

2011年12月31日在册人员名单

武　杰　马晓峰　方向阳　李援朝　岳　波　童明亮　周　莉　张春梅　杜友前　赵　璐　高　磊　肖　华　张　华　陈继国　黄　勇　屈　杰　江　敏　代　玉　李广柏　汪　莉　孙爱民　高　巍　王成杰　贾　勇　郭　丽　时　超　李安义　高　雅　王超群　王　磊　张庆胜　曹华琴　韩　苹　刘　凤　陈　勇　王志龙　王　亮　杨秀文　李　倩　董李娜　胡玲玲　张保华　明　亮　王　铎　张淮河　申欲飞　刘俊峰　杨　力　张明雁　朱　迅

2011年阜阳市审计局特邀审计监督员情况表

姓 名	性 别	工作单位	职 务	职 称	任职时间
张志峰	男	阜阳商厦股份有限公司	总经理	经济师	2008年1月
宁中伟	女	金种子集团	总经理	政工师	2008年1月
李如秀	女	阜阳市人大财经委	主 任	高级政工师	2008年1月
熊维兰	女	阜阳市	主 任		2008年1月
刘海洋	男	阜阳市财政局	科 长	经济师	2008年1月
李建言	男	阜阳市新华书店	副总经理	会计师	2008年1月
沈宁宁	女	阜阳市电视台	制片人	二级播音员	2008年1月
马 磊	男	徽行阜阳分行	行长助理	经济师	2008年1月
张金良	男	阜阳市二院	主 任	副主任医师	2008年1月
刘建东	男	阜阳市一院	主 任	副主任医师	2008年1月
刘 莉	女	工行方峰支行	副行长	会计师	2008年1月
潘江安	女	阜阳市国税局	副主任	税务师	2008年1月
陈晓东	男	阜阳师范学校		会计师	2008年1月
范沧波	男	阜阳市教育局	督 学		2008年1月
乔 森	男	阜阳市三中		高级教师	2008年1月
马 静	女	阜阳日报社		高级记者	2008年1月

2011年工作概况

2011年，阜阳市审计机关在市委、市政府和省审计厅的正确领导和高度重视下，坚持以科学发展观为指导，团结和带领广大审计人员，紧紧围绕党委、政府的工作中心，认真履行审计监督职能，积极推进“信息化推进工程”，审计各项工作取得了新的进展。全年全市完成审计（审计调查）项目444个，审计查处违规金额26667万元，应调账金额29800万元，挽回经济损失10922万元，已归还资金原渠道926万元，审计建议、审计专题报告、综合性报告和信息简报被批示、采用899篇次，向纪检、检察机关移送处理5人，提出审计建议被采纳的1122条，向社会公告审计结果14篇，充分发挥了审计系统“免疫系统”功能。

财政审计。全市预算执行审计共审计（审计调查）部门单位23个，查处违规金额9629万元。针对审计中发现的预算编制、组织收入、财政财务支出及核算方面存在的问题，提出了进一步完善预算编制、加强预算执行管理、强化税收征管、优化财政支出结构等建议。全市审计机关 “两个报告”都得到各级政府的肯定和人大好评。在预算执行审计中，注重做好“四个结合”：一是注重与经济责任审计相结合。二是注重与专项审计调查相结合。坚持部门预算单位审计和专项资金审计调查相结合，积极探索财政支出资金效益审计，进一步加大对专项资金的审计力度，不断提高预算执行审计的整体监督效果。三是注重与政府投资审计相结合。积极揭示政府投资领域存在的问题，提出整改意见，接受各界监督，促进投资管理，提高经济效益。四是注重审计与审计整改相结合。

经济责任审计。全市审计机关以贯彻中办、国办“规定”和省审计厅有关规定为契机，深化经济责任审计。全年全市审计机关完成经济责任审计项目80个，对77个单位进行审计，审计查处违规金额997万元、管理不规范资金10758万元。市审计局先后开展对原市商务局局长、阜阳职业技术学院院长、原市环保局局长等10个单位、部门党政领导的经济责任审计工作，对加强党政领导干部的监督管理发挥了积极的作用。一是认真学习贯彻落实中办、国办“规定”，进一步加强对经济责任审计工作领导。4月，市委、市政府重新调整阜阳市经济责任审计工作领导小组成员，由市委副书记、常务副市长李平任领导小组组长，进一步加大市经济责任审计工作领导小组的工作力度，发挥领导小组在组织、协调、统筹全市经济责任审计工作中的重要作用。2011年是中央两办新出台《党政主要领导干部和国有企业领导人员经济责任审计规定》和省审计厅《关于进一步规范经济责任审计程序的意见》的第一年，全市审计机关认真组织审计人员反复学习文件精神，提高了对经济责任审计工作的认识，增强了做好经济责任审计工作的责任意识。9月，举办全市青年干部及新录用审计人员培训班，邀请省审计厅专家对新规定进行专题讲座。在《阜阳日报》、《颍州晚报》、《阜阳审计》和阜阳市政府网站、阜阳审计网站广泛宣传中办、国办印发的《党政主要领导干部和国有企业领导人员经济责任审计规定》，使审计对象和社会各界对这项工作的重视和关注。二是对县委书记、县（区）长进行任中经济责任审计试点。根据年初计划安排，市审计局开展对颍上县委书记、县长任中经济责任审计和颍东区区委书记、区长经济责任审计的试点工作。该项领导干部经济责任审计，分别由市审计局分管副局长担任审计组长。市委组织部、市纪委监察局等领导小组主要成员单位都派员参加进点会，并对被审计单位和审计组提出了严格的组织纪律要求。三是加大任中审计力度，积极探索任前审计。推进事后监督向事前、事中和事后全过程监督转变，前移审计关口，任中经济责任审计的力度不断加大，力求尽早解决存在的问题，发挥了“治本”作用。全市任中审计占整个经济责任审计项目的45%以上。太和县积极开展任前审计工作。自2009年以来该县共开展13个单位的任前审计。积极探讨对拟调整干部试行先免后审再任的经济责任审计新思路收到较好的效果。同时，经济责任审计并不局限于发现和查处问题，而是对审计对象做出客观公正地评价，提出改进的意见和建议，较好地发挥了审计预警作用。

政府投资审计。全市审计机关认真贯彻落实审计署《政府投资项目审计规定》、省政府225号令，以服务城市大建设为重点，以规范建设单位行为、节约政府投资、提高投资绩效为目标，转变思维方式与工作模式，深化政府投资审计。全年全市审计机关完成固定资产投资审计项目230个，送审总金额91395万元，核减金额13326万元，核减率14.58%。市审计局对三角洲东岸人居环境综合治理工程、漯阜、阜六铁路阜阳段征地拆迁项目、市体育中心、颍上路泉河新大桥、城市道路改造工程、城市排水工程、园林绿化工程等政府投资项目实施审计，完成竣工决算审计2项、竣工结算审计32项，送审金额23432万元，审减造价4520万元，审定造价18912万元，审减率为19.29%。正在实施工程价款结算审计项目13项，正在实施跟踪审计的项目还有19项。对项目建设过程中出现的问题，提出建设性的审计建议，节约了政府资金，增强了审计效果。在实际工作中主要抓好“五个结合”：一是抓好事后审计和跟踪审计相结合，提高政府投资项目绩效。二是抓好工程财务审计、建设程序、制度审计和工程结算审计相结合。三是抓好审计建设单位、施工单位和延伸审计其他相关单位相结合，增强项目的联动性。四是抓好传统审计与计算机审计相结合，提高审计效率。五是抓好国家审计、社会审计相结合，提高审计效能。同时，针对审计发现的问题，要求相关部门、单位进一步完善制度，加强管理，堵塞漏洞，促进有关部门、单位建立健全制度23项，有效促进了项目顺利实施，发挥了审计系统的免疫功能作用。

民生工程和专项资金审计（审计调查）。在认真分析总结近年来参与民生工程资金审计监督做法的基础上，提升经验，固化做法，出台《阜阳市审计机关进一步加强民生工程资金审计监督的意见》，按照“十二五”审计工作发展规划要求，将34项民生工程任务纳入年度审计项目计划，明确审计监督的重点内容，将强化资金监督、确保工程质量、加大整改力度和强化责任追究列为监督的重点环节，为民生工程资金审计监督提供了制度保障。全年全市审计机关对31项专项资金进行审计（审计调查），审计查处管理不规范资金45076万元，促进资金拨付到位300万元。一是开展全市农业机械购置补贴资金专项审计调查，提高了资金补贴的透明度。全市审计机关审计调查32个乡镇、147个行政村、419个农户，审计调查资金总额7332万元，提出审计建议有29条被采纳。通过对中央、省及地方财政配套的农业机械购置补贴资金的投入、分配、管理、发放和效益情况，对农业机械购置补贴资金政策落实中有无拖欠、挤占挪用、弄虚作假等违纪违法问题的审计调查，促进了各级政府及有关部门和单位加强资金管理、完善相关政策、法规和制度，提高了资金使用效益，维护了广大农民的切身利益。二是开展全市被征地农民养老保险基金专项审计调查。一条审计建议，使八万农民受益。通过抽查被征地农民参保及待遇发放水平情况，针对被征地农民普遍反映的80元基本养老金标准偏低、农民参保缴费积极性不高的问题，审计部门及时提出审计建议。阜阳市人社局高度重视，按照审计建议，积极向市政府提出被征地农民养老金动态调整意见。在统一协调后，参照城镇低保和失业金的标准，制定挂钩联动实施办法，逐步提高被征地农民基础养老金保险待遇水平。截至目前，阜阳市被征地农民养老保险基础养老金已由原来的每月80元提高到每月120元，78791个参保农民直接受益。这一举措，进一步提高了参保农民的积极性，有利于吸纳更多的被征地农民参加养老保险并缴费，更好的促进被征地农民养老保险工作的顺利开展。三是开展全市校舍安全工程、社会保障性住房工程的跟踪审计。审计发现一些建设项目管理欠科学，部分工程项目存在设计单位缺项设计或重复设计工程子项目；施工单位投标时低价中标后再通过变更签证增加工程投资额；违背招标文件内容签订施工合同；超合同付款；工程变更签证手续不全影响工程竣工决算等问题。审计中，坚持边审计、边建设、边整改、边规范，寓监督于服务之中，并积极向市政府和相关部门政府提出相应的建议，促进有关部门建立健全制度39项，有效保障了校安工程项目顺利建成并发挥效益。四是开展住房公积金审计。在公积金审计中创新方式方法，审计中跳出以往审计中存在的视角微观、方法单一、单纯进行合法合规性评价的局限，更多的站在维护民生和促进住房公积金事业健康发展的高度，着眼全市住房公积金面上整体工作，积极运用计算机审计方法，更加注重从宏观层面分析住房公积金的管理使用绩效，提出了有针对性、建设性的审计建议，并首次开展对住房公积金信息管理系统的审计。

省审计厅统一组织的审计事项和市委、市政府交办的各项工作。一是完成对蚌埠市义务教育费用保障机制专项资金审计调查。根据省审计厅的统一部署，市审计机关开展对蚌埠市本级及县区义保经费保障机制专项资金绩效情况的审计调查。审计调查蚌埠市149所中小学校，审计资金总量9425万元。《关于蚌埠市义务教育费用保障机制专项资金审计调查情况的综合报告》，受到省审计厅的充分肯定。二是完成全省地方政府性债务实施异地交叉审计任务。按照省审计厅的安排，开展对宿州市及所属县区的地方政府性债务审计工作。为加强对这项工作的领导，市审计局成立对宿州市地方政府性债务审计工作领导小组，认真组织全市参审人员进行专题培训，结合实际制定具体审计实施方案。审计中严格按照“摸清规模，分清类型，分析结构，揭示问题，查找原因，提出建议”的工作思路，在规定的时间内完成了任务，向省审计厅提交了一份满意的答卷。三是以市委、市政府中心工作为主线，积极做好交办的各项工作。组织有关人员参加全市工程领域治理工作、“小金库”检查工作、民生工程政策的宣传、党政机关事业单位公务用车配备和庆典、研讨会、论坛专项治理工作，市人大议案和市政协提案办理等工作，得到了市委、市政府的充分肯定。

“信息化推进工程”。按照全市审计机关“信息化推进工程”总体部署，结合实际，围绕中心，重点突出，采取多项措施，全力实施“信息化推进工程”，为更好地发挥审计监督作用提供了强有力的技术支持和优质服务。一是加强领导，落实保障机制建设。为确保全市“信息化推进工程”顺利实施，成立 “信息化推进工程”领导小组，研究制定《全市审计机关开展“信息化推进工程”实施方案》，对各项任务都明确牵头主办单位、协作配合单位、具体责任人和完成任务时间。并于8月和11月分别召开全市“信息化推进工程”座谈会和“信息化推进工程”交流促进会，对该项工作进展情况进行通报，分析查找问题，促进了“信息化推进工程”的顺利开展。二是强化制度，力促信息化建设实施。市审计局出台《阜阳市审计局AO与OA信息交互管理办法》、《阜阳市审计机关参加省厅计算机审计中级培训暂行规定》、《全市审计机关审计信息化培训计划》，结合审计工作实际，修订和完善《计算机设备应用管理制度》、《机房管理制度》、《计算机管理人员职责》等制度；并对近年来全市出台的63项审计信息化规章制度进行梳理，整理成册上报省审计厅。同时，加大对制度的执行力，为进一步做好信息化推进工作奠定了基础。三是加大投入，强化信息化基础设施建设。全市审计机关积极争取政府和相关部门的支持，结合审计工作需要，有计划地添置、更新和调配一批计算机设备，保障各项审计业务和机关管理工作的正常运转。目前，全市已基本实现审计人员人手一台笔记本电脑；各县市区审计局也对机房和视频会议室进行改造，添购防火墙、交换机、服务器等设备为配合审计专网迁移和视频会商系统建设创造了条件。四是推广经验，加快联网审计及信息系统审计建设步伐。积极开展县区联网审计工作，在专项资金审计、部门预算执行审计等项目上认真探索“预算跟踪＋联网核查”的审计方式，提高计算机审计数据分析能力，形成具有阜阳特色的联网审计作业平台。8月，举行县区联网审计部署签约暨界首市联网审计验收仪式。颍东区、颍上县、阜南县、太和县审计局与中软国际信息技术有限公司签署联网审计部署协议，并对界首市审计局联网审计部署进行验收。5月，阜阳市政府印发《阜阳市2011年电子政务建设工作要点》，把联网审计和信息系统审计建设列为全市重点业务应用系统，为审计信息化建设创造了更为有利的发展环境。五是狠抓落实，深化AO和OA的应用。全市审计机关均已在OA中建立审计计划并进行项目分解，实现AO与OA的交互，并充分运用好OA平台，OA系统公文流转正常，应用趋于常态化，能按时接收省审计厅或市审计局的公文；机关审计文书内部流转的无纸化、网络化程度有很大提高，并完成公文清理工作，保证了公文系统运转的准确、及时和高效。六是创新培训，加大信息化人才培养力度。全市各级审计机关采取专题研讨、专家讲座、案例教学、以审代训、网络学习等多种方式开展培训工作，充分调动了广大审计人员参与审计信息化建设的主动性和创造性。同时，注重培养信息化中坚力量和复合型人才，全市选派11名审计业务骨干参加省审计厅举办的计算机审计中级培训班，选派3人参加新版AO 2011师资培训班，并组织阜阳、亳州两市共37人参加全国审计机关AO培训认证考试。5月，举办全市信息化专题讲座，邀请审计署“金审工程”专家组委员许林伟教授，介绍全国“金审工程”建设先进地区编撰AO应用实例和计算机审计方法的成功经验，讲解开展信息系统审计工作的要点以及宣传包装信息化建设成果的策略和方法，取得了较好的效果。七是制定措施，力促计算机审计成果转化。为促进审计成果转化，激发一线审计人员探索和积累计算机审计成果的热情，研究制定《阜阳市审计局审计业务工作成果奖励办法》，并积极组织参评AO应用实例和计算机审计方法，从计算机审计项目入手，强化AO系统的推广应用和经验总结。全年全市共征集上报计算机审计方法和AO应用实例各14篇，有10篇计算机审计方法经省审计厅专家组审核后上报审计署，其中4篇被省审计厅评为优秀、1篇被评为良好。

审计队伍建设。进一步抓好班子、带好队伍，切实加强思想政治工作，敢抓善管，从严管理教育，强化作风纪律，狠刹歪风邪气，营造风清气正的审计环境，打造凝心聚力、干事有为的审计队伍，着力推进审计机关管理工作，努力实现审计工作全面、协调、可持续发展。一是凝心聚力，团队精神进一步提升。着力加强 “五型机关”的建设，结合“以人为本，执政为民”主题教育、“争先创优”活动和建党90周年纪念活动，先后在全市审计机关开展以“传承优良作风，弘扬团队精神”主题红歌咏唱活动；开展“弘扬革命传统 重温入党誓词”等活动，武杰局长给大家做《充分发挥审计职能 促进社会管理创新》的专题党课报告，使大家的团体意识和作风纪律观念明显增强；举办依法行政专题讲座。通过一系列教育活动的开展，有效地调动了积极因素，对促进今年各项工作的完成起到了积极作用。二是注重实效，作风建设进一步增强。把“多学习、勤思考、重实践、讲实效”作为局机关加强思想作风建设的重要内容，先后开展党的十七届五中、六中全会精神、“十二五”纲要及《廉政准则》等专题学习；9月，对全市审计机关青年干部和新录用审计人员进行封闭式集中培训，培训的内容包括专题学习胡锦涛总书记“七一”讲话精神、依法行政知识、党风廉政建设和作风纪律建设、审计队伍建设与管理教育、审计业务知识、审计宣传信息写作以及审计案例介绍。市审计局领导班子及各有关科室负责人担任主讲和教学辅导员，并邀请市委党校、阜阳师范学院、省审计厅的专家进行授课，邀请劳动模范围绕爱岗敬业，服务社会作专题报告；积极推进机关文化建设，开展学党史、红色审计史为内容的“两史”读书活动，举办“终身受益常读书，学以致用活读书”读书心得体会演讲比赛活动；进一步强化会风会纪，改进会风文风，精简压缩会议文件，落实班子成员坚持走群众路线，深入联系点、加强调查研究，全面掌握审计工作和审计队伍作风建设情况，注重帮助基层审计机关解决实际问题，增强工作的主动性。局党组对基层联系点重新进行分工，局领导班子成员先后到县市区审计机关进行调研，进一步加强市县两级审计机关沟通联系和工作指导，促进了审计资源的整合、审计成果共享；建立审计业务考核奖励制度，建立完善各项规章制度，坚持用制度管人、理事、用权，制度面前人人平等，对事不对人等。在局机关强化考勤管理，坚持“两单一表”制度，把机关考勤与考核评比和表彰先进结合起来，奖勤罚懒，促进了作风建设，提高了机关效能。三是爱岗敬业，奉献精神进一步弘扬。局党组加强以“团结奉献、求真务实、诚实守信”为主要内容的学习教育和思想政治工作，开展经常性谈心活动，重视人文关怀，化解消极因素。采取多种形式，不断进行政治上的引导，思想上的疏导，心理上的劝导，生活上的指导，聘请专家学者举办《提高审计人员心理调适能力》等专题讲座， 把经常性思想政治工作渗透到审计工作的各个环节，准确把握审计干部全面发展的要求，用事业凝聚人心，把个人发展与审计事业发展统一起来，培养审计干部自尊自信、理性平和、爱岗敬业、积极向上的良好心态，增强了审计队伍的创造力和战斗力。四是廉政勤政，文明审计进一步深化。

始终坚持把廉政建设作为审计工作两条生命线之一。认真贯彻落实党风廉政建设责任制的工作机制，实行“一岗双责”，切实做到把党风廉政建设责任制与审计业务工作结合在一起，一同部署，一同检查，一同考核，一同奖惩，使党风廉政建设工作与审计业务工作真正融为一体，保障和促进了审计工作健康发展。同时，大力开展审计廉政文化进机关活动。通过开展读书活动，组织观看富有感染力的文艺作品和警示电教片，并充分利用《审计简报》、《阜阳审计信息网》、《阜阳审计》等教育、宣传载体，着力营造勤政廉政氛围，使全体审计人员爱岗敬业、廉洁自律意识进一步增强，文明审计进一步深化。

2011年工作成果一览表

审计单位（个）	查处违规金额（万元）	管理不规范资金（万元）	应缴财政（万元）	已缴财政（万元）	应归还原渠道资金（万元）	移送事项（件）	应调账处理金额（万元）	应自行纠正金额（万元）	审计报告、信息被批示采纳（篇）
56	12641	65301	665	582	276		15912		576

2011年论文发表情况统计表

报刊名称	时间(期数)	论文题目	作　者
《中国审计报》	1月	《漫谈审计与珠算文化》	李援朝
《工业审计与会计》	第3期	《用审计手段斩断“预付卡”腐败的链条》	韩　革
《中国内部审计》	第9期	《是工作，更是热爱》	陈　勇

2011年获奖情况

获安徽省第九届文明单位

被省审计厅评为先进单位

获阜阳市第七届文明单位

获阜阳市综合目标考核先进单位

获阜阳市纪检监察系统先进单位

获阜阳市双拥工作先进单位、阜阳市安全生产先进单位

2011年大事记

2月23日，阜阳市审计局召开全市审计工作会议。各县市区分管审计工作的负责人，审计局长，市直有关部门负责人，特邀审计监督员，市审计局全体人员参加会议。市委副书记、市长孙云飞到会并讲话。市委常委、副市长倪建胜，副市长黄珍，市政府秘书长李子鹏，市政协副主席陈继民等领导到会。市审计局党组书记、局长朱贺明做工作报告。市委常委、常务副市长李平主持会议。

3月24至25日，审计署石爱中副审计长在省审计厅刘战平厅长、刘大群副厅长的陪同下，到阜阳检查地方政府性债务审计工作。在听取蚌埠市审计局对阜阳市地方政府性债务，以及阜阳市审计局对宿州市地方政府性债务的审计工作情况汇报后，石爱中对两市的交叉审计工作所取得的进展给予肯定。石爱中强调，地方政府性债务审计是国务院作出的重大决策，是当前审计工作的重中之重，要精心组织，把握好政策，加强沟通协调，确保审计工作质量和进度，按时完成任务。

4月25日，阜阳市召开全市审计局长座谈会。各县、市、区审计局长和市审计局各科、室、局负责人参加会议。会议强调：凝心聚力，同舟共济，再创审计工作新局面。

6月29日，阜阳电视台演播大厅隆重举行全市审计机关“传承优良作风，弘扬团队精神”——庆祝中国共产党建党90周年红歌咏唱会。市人大、市政府、市政协和市直机关有关负责人莅临红歌咏唱会。全市审计机关9个代表队

近260名审计人员参加咏唱。参加红歌咏唱会的全体审计人员穿着鲜艳的服装，齐集红歌咏唱会，齐唱中华人民共和国国歌。

8月3日，省审计厅刘战平厅长带领省经济责任审计局副局长周仕东、厅办公室副主任费明清到阜阳调研。刘战平厅长在阜阳副市长刘绍太、市审计局局长武杰、颍东区区长刘洪杰等陪同下，到颍东区正午镇实地调研国家农机补贴政策的落实情况，并听取阜阳市审计工作情况汇报。

8月26日，市审计局党组书记、局长武杰受市人民政府委托，在市第四届人大常委会第五次会议上，做了《关于阜阳市本级2010年度年预算执行及其他财政收支情况的审计工作报告》，受到市人大常委会的充分肯定和高度评价。

10月10至11日，省审计厅杨寿桃副厅长在厅信息办赵明副主任的陪同下专程到阜阳调研指导审计信息化工作。调研期间，杨寿桃副厅长听取了阜阳市、县（市、区）审计局“信息化推进工程”开展情况工作汇报，并在市审计局局长武杰、纪检组长李援朝等同志的陪同下，深入界首市、太和县进行实地调研，与审计人员进行面对面的座谈，认真倾听基层审计人员对审计信息化工作的意见建议，并就大家关注的问题和存在的困惑等进行交流。

10月27日，省审计厅胡海波副厅长在投资审计处张斌副处长的陪同下到阜阳调研审计工作。调研期间，胡海波副厅长听取阜阳市审计工作情况汇报，并在市审计局武杰局长的陪同下，到颍上县进行实地调研，亲切看望慰问基层审计人员。胡海波副厅长在调研时指出，审计机关在新的形势下，面临着新的任务、新的挑战，需要从审计机关自身的转变、创新和提升等方面来做工作，才能真正适应正在发展的、变化的新形势。

11月12日，省审计厅李长柱巡视员、计划统计室徐向东主任到阜阳调研审计工作，并看望慰问了在阜阳审计的省审计厅派出审计组人员。

12月8日，省经济责任审计局局长刘春华一行到阜阳市审计局对全市经济责任审计工作进行专题调研。

2011年 领导批示、讲话摘要

2月23日，市长孙云飞在全市审计工作会议上指出：“十二五”时期是我市推进工业化、城镇化的加速期，经济社会发展的转型期，全面建设小康社会的黄金期。市四届人大一次会议，通过了市“十二五”规划纲要，确立了未来五年的宏伟蓝图。2011年是实施“十二五”规划的第一年，面对新形势、新任务，审计工作的内容在增多、范围在拓展、任务在加重。全市审计机关一定要清醒认识当前审计工作面临的形势和任务，自我加压，积极奋起，勇于创新。要加强对宏观经济政策措施执行情况的审计监督，密切关注宏观经济政策的贯彻落实情况，及时揭示和反映新情况、新问题，促进中央和省、市重大决策部署落实到位。要关注经济运行结构和质量，特别要关注经济安全尤其是财政安全。要切实加强对政府重大投资项目的审计监督，深入开展工程建设领域突出问题专项治理。要进一步完善经济责任审计制度，继续加大经济责任审计力度，切实强化对权力运行的审计监督，尤其要加强对行政审批、工程招投标、政府采购、土地转让、国有资产拍卖转让等重点领域和关键环节的监督，深化审计内容，提高审计质量，严肃查处重大违法违规问题和经济犯罪案件，促进各级领导干部树立正确的政绩观。

8月3日，省审计厅刘战平厅长到阜阳调研。在听取汇报后刘战平厅长指出，阜阳上半年各项审计工作完成得很好，尤其是在领导干部经济责任审计、投资审计和涉农方面的审计，都有一定的探索，并取得了成效。有些工作走在了全省的前列，比如领导干部任前审计，工作面很大，特别是太和县能开展任前审计十几例，应该说为全省领导干部经济责任审计进行了有力的探索，希望省经济责任审计局及时充分了解情况，在全省范围内进行推广。刘战平厅长强调，在新模式下要进一步关注、探索和研究经济责任审计工作。一要科学界定责任，客观公正评价。界定责任、客观评价是我们经济责任审计的难题，领导干部到底有什么责任，要有一个统一的认识。二要提高报告质量，重视结果利用。三要规范工作程序，扩大审计事项。

11月12日，省审计厅李长柱巡视员到阜阳调研审计工作，并看望慰问了在阜阳审计的省审计厅派出审计组人员。李长柱巡视员指出，在新的形势下，审计工作面临着新的任务、新的挑战，要从审计班子建设、队伍整体素质能力方面下功夫，才能真正适应新形势。一是审计工作要围绕中心、服务大局。只有紧紧抓住服务阜阳经济社会发展这条主线，全面发挥审计“免疫系统”功能。二要抓队伍建设。班子是领导核心，要抓班子、做表率、带队伍。班子成员要自觉维护“一把手”的权威，协助“一把手”做好各项工作，凝心聚力、相互协作，共同带好审计队伍。三是审计要有好的形象和风气。审计也是“窗口”单位，审计机关要遵守相关规定、按制度办事。特别是政府投资审计，审减的是“真金白银”，廉政风险较大，要切实加强这方面的党风廉政教育，防患于未然。四是领导班子要关心审计干部的生活，多做耐心细致的思想政治工作。要加强审计干部之间的思想沟通，班子成员要密切关心干部生活，注意化解各方面的矛盾。只有团结和谐、凝成一股绳，才能推动审计事业的发展

12月8日，省经济责任审计局局长刘春华一行到阜阳市审计局对全市经济责任审计工作进行专题调研。在听取全市经济责任审计开展情况和太和县对党政领导干部任前经济责任审计情况的汇报后，刘春华局长对阜阳的经济责任审计工作给予充分肯定。刘春华局长指出，一是认识到位。党委政府、纪检、组织部门和市审计局领导对经济责任审计工作都高度重视，并给予大力支持；经济责任审计程序更加规范；阜阳严格按照皖审经责办《关于进一步规范经济责任审计程序的意见》进行操作，取得一定成果。二是工作思路清晰。阜阳市领导干部经济责任审计领导小组制发

《阜阳市本级经济责任审计对象分类管理暂行办法》、《阜阳市领导干部离任经济事项交接暂行办法》等制度，更好的完善了中央两办“规定”的落实。三是宣传有力。通过新闻媒体、审计刊物和政风行风热线、法制宣传日进行审计法律法规宣传，营造良好的审计氛围，编印《阜阳市经济责任审计法规汇编》发给县处级领导干部人手一册，提高领导干部和全社会对经济责任审计的认识。四是积极探索任前经济责任审计。太和对拟提拔的领导干部按照先免、待岗、候审、再任的程序进行，审计结果得到县委、政府、和被审计领导干部本人的认可，为树立正确的用人导向提供了依据，提升了审计机关的影响力，树立了审计权威。

阜阳市审计学会

2011年，阜阳市审计学会在省审计学会和市审计局的关心、指导下，认真贯彻全国、全省、全市审计工作会议精神，积极组织会员围绕审计工作中心开展审计理论研究和审计宣传工作，加强与兄弟市审计学会的联系和交流，组织会员参加上级审计机关和国家、省审计学会举办的有关审计理论和业务知识培训班，提高会员的综合素质，促进审计工作水平的提高，较好地完成各项工作任务。

一是积极组织开展审计理论研究工作。按照《章程》规定，认真落实学会相关会议制度。积极组织和引导广大会员围绕近年来阜阳市加快审计转型步伐的新特点、新经验，有针对性地开展审计理论研究，尤其是加强“免疫系统”理论和深化审计转型工作中具有全局性、前瞻性问题的调研，以理论创新推动审计实务创新。同时，积极开展学术交流研讨活动，组织参加省市有关部门组织的相关研讨会、专题征文和优秀论文评选推荐等活动，拓展和完善各学组及学组间“小型、专题、多形式”的科研交流活动。

二是切实地加大审计宣传力度。着力加强审计宣传力度，配合审计机关扩大审计影响力，与局机关开办《阜阳审计》及《颍州晚报》审计之窗，学会会员积极撰稿投稿，以各级各类简报、报刊、广播、电视网络等为载体，不断扩大反映审计队伍建设、制度建设、经验成果等动态类信息的宣传范围，全方位、多角度、多渠道地宣传审计工作。

三是组织会员参加审计业务学习和培训。 为了提高会员的审计理论水平、实务操作能力和综合素质，市审计学会积极配合和参与省审计学会和市审计局组织的审计业务学习、审计业务论坛和审计理论和实务方面的培训班。通过多渠道、多形式的知识更新学习，会员的审计理论水平和审计实务能力明显提升，工作效率进一步提高，促进了审计工作的发展。

阜阳市审计学会领导名单

会　长：武　杰

副会长：马晓峰　李援朝　方向阳　侯永贵　锁仁凌　周天海　王春蕾　李明禄

秘书长：屈　杰

副秘书长：江　敏

阜阳市内部审计协会

2011年，阜阳市审计协会在省内部审计师协会和市审计局的领导下，在各区县内部审计协会的大力支持下，在广大会员单位和内部审计人员的热情参与下，努力为广大会员单位服务，为广大内部审计人员服务，为全市内部审计事业健康发展服务，促进了内部审计协会事业可持续发展。

一是加强理论研究。紧密联系当前内部审计工作和经济社会发展的热点、难点问题，联合审计学会选择重点课题，组织内部审计人员进行研究，并积极组织会员单位参加中国内部审计协会、省内部审计师协会开展的内部审计理论研讨和经验交流活动，着力推进理论创新，促进内部审计转型与发展。

二是结合内部审计向管理和效益审计转型发展的需要，以及市内部审计队伍素质现状，采取专题讲座、报告会、会员间学习观摩和外出学习考察等多种形式，创建更好的学习交流平台，促进提高内部审计人员素质。

三是加大内部审计指导力度。扩大内部审计宣传，以倡导转型为主旋律，着力宣传在转型与发展中的内部审计典型经验，使社会各界更加了解、关注和重视内部审计工作，并吸引更多的行政事业单位、国有企业、外资企业、民营企业内部审计机构和内部审计人员加入协会，使内部审计队伍不断巩固、发展、壮大。

四是加强协会基础建设。健全完善协会相关制度，使各项工作有章可循。积极做好新修订的《审计法实施条例》、《审计准则》以及《内部审计准则》等法律法规的学习宣传工作。

五是发挥协会的桥梁、纽带作用。加强与协会会员、理事的联系，以及与其他相关行业学会、协会的互动，拓展工作空间和活动形式，搭建交流平台，使协会真正成为全市内部审计机构和内部审计人员的“会员之家”。

阜阳市内部审计协会领导名单

名誉会长：宋家伟　武　杰　姜西民

会　长：张双华

副会长：王淑玲　侯永贵　汪　宁　王　玲　周天海　王春蕾　李明禄

秘书长：屈　杰

副秘书长：江　敏　傅新民　赵绍海　战利群　胡　军　代　玉

颍州区审计局

颍州区审计局内设办公室、综合法规股、财政金融审计股、行政事业与社会保障审计股、农业与资源环保审计股、企业基建审计股、经济责任审计局和乡镇审计所，现有人员24名。

2011年颍州区审计局机关人员配备情况表

单位＼内容	人数	性别		文化程度				职称			负责人
		男	女	研究生	本科	大专	大专以下	高级	中级	初级	
局领导	7	5	2			7			3		张传贤
办公室	4	2	2		1	3					王秀兰
综合法规股	2	1	1		2				1		谭振礼
财政金融审计股	3	2	1		1	2			2		武建提
行政事业与社会保障审计股	2		2		2						马咏红
农业与资源环保审计股	2		2		2					1	孙莉萍
企业基建审计股	4	4			3	1			1		王　愉
经济责任审计局											王秀兰
乡镇审计所											
合计	24	14	10		11	13			7	1	

2011年颍州区审计局领导人员情况表

姓　名	性　别	职　务	职　称	任职时间
张传贤	男	局长		2004 年 7 月
李坤岭	男	主任科员	经济师	1998 年 12 月
戴　军	男	副主任科员		1997 年 7 月
阮敬先	男	副局长		1998 年 9 月
刘淑芳	女	工会主席	审计师	1997 年 7 月
邵　华	女	副局长	会计师	2009 年 11 月

2011 年12月31日在册人员名单

张传贤　李坤岭　戴　军　阮敬先　邵　华　刘淑芳　王秀兰　王　愉　程兴洲　武建提　马咏红　刘　冰　孙莉萍　谭振礼　程　蕾　庄　严　印贺梅　魏婉君　黎治民　陈　宁　蔡　鹏　甘舒祺　蔡雅娟　韩　煜

2011年工作概况

2011年，颍州区审计局在区委、区政府和市审计局的正确领导下，认真学习贯彻党的十七届五中、六中全会精神，全面贯彻落实科学发展观，紧紧围绕区委、区政府经济工作中心和全省审计机关开展的“信息化推进工程”活动，切实转变审计理念，不断创新审计方式和提升审计工作水平，突出民生工程的审计监督力度，强化效益审计，重视提高审计质量，充分发挥了审计保障国家经济社会健康运行的“免疫系统”功能，为服务颍州和谐发展、全面转型、加速崛起、兴州富民做出了积极的贡献。全年完成审计单位62个，查处违规金额5万元、管理不规范金额1368万元、损失浪费金额170万元，核减工程款2386万元，提出审计建议意见168条，审计信息被采用30篇，较好地完成了全年的各项工作任务。

财政审计。以科学发展观为指导，在总结历年审计工作经验的基础上，树立大财政审计理念，对区2010年财政预算批准、执行中调整变动情况的合法性及预算收支的组织完成情况进行全面审计，并延伸审计6个预算单位。在审计中，按照党中央、国务院“扩内需、保增长、调结构、惠民生”的决策部署，围绕区委、区政府的中心工作，紧扣保持经济平稳较快发展和转变经济发展方式这条主线，加强对重大决策执行情况、重大投资项目和重点民生资金的跟踪审计，积极推进绩效审计，在严肃查处违法违规问题的同时，注重从体制、机制层面深入分析原因，着力保障中央和地方宏观经济政策措施的贯彻落实，维护群众利益和国家经济安全，推进反腐倡廉建设，在更高层面发挥审计的“免疫系统”功能。通过预算执行审计，发现存在预算编制内容不够完整、预算执行约束力不强，应纳入预算管理的非税收入未纳入预算管理、未建立政府性债务管理的相关制度、财政资金未及时清理结算、部门结余资金逐年加大等问题。对发现的问题，依照有关法律法规分别进行处理并提出建设性建议。针对预算执行审计中发现的问题，提出改变传统的预算编制模式，将预算管理的出发点和着力点转移到部门，以部门为依托，构建新的大财政预算管理体系的审计建议。建议财政部门要在对部门预算实行综合管理的基础上，将预算内外资金纳入政府综合财政预算管理范畴，编制综合财政预算。改变财政资金性质和按单位交叉管理的做法，将不同类别的财政性资金统一编制到使用资金的部门保证部门预算的完整性。针对政府债务存在的问题提出要加强政府债务管理，规范政府及其所属部门举借和偿还政府债务的行为，防范和化解政府债务风险的审计建议。为进一步规范预算编制行为，加强预算管理和领导决策提供了依据。6月15日，向区人大常委会做审计工作报告时，受到区人大常委们的好评。

涉农资金审计。为进一步贯彻落实中央、省、市、区强农惠农政策，更好地完善区农机购置补贴制度，根据市审计局统一部署，4月，对全区2010年农业机械购置补贴项目资金进行审计调查。通过审计调查，重点关注农业机械购置补贴资金的投入、分配、管理、发放和效益情况，以及农业机械关注补贴资金政策落实中有无拖欠、挤占挪用、弄虚作假等违纪违规问题的发生，为政府宏观调控提供决策依据。

政府投资审计。一是学先进，取长补短。新年上班的第一个星期，组织全体审计人员到颍泉区审计局学习他们好的经验与做法；并利用到蚌埠看望义务教育审计人员的机会，到五河县审计局学习其政府投资建设项目方面的工作经验。通过听讲解、看卷宗，开阔了视野，拓展了思维，缩短了大建设审计的摸索过程。二是用制度规范行为。《安徽省政府投资建设项目审计监督办法》(省政府225号令)下发后，区政府及时修订完善《颍州政府投资建设项目审计监督办法》。三是全面落实重大建设项目必审制和跟踪审计制，重点保证对扩大内需建设项目和资金的全程跟踪审计。特别是加强对社会事业发展、城镇建设、民生保障等资金投入的审计监督，最大限度地发挥资金的使用效益，为区委、区政府宏观决策提供可靠依据。四是借助中介机构对在建工程进行跟踪审计，及时掌握工程进度、工程量变更和完成情况。区审计局参与隐蔽工程验收，对隐蔽工程的工程量、价格变化进行核实确认；对工程施工过程中发生的设计变更、工程量、现场签证进行核实确认；对施工单位申报的已完工程量进行核验签证，确保工程进度款拨付的合理性；要求施工单位每月向区审计局递交工程月报，校对当月完成工程量和核对工程签证资料；对供货材料、设备等提前做好市场调查，直接掌握材料和设备的供货价格。五是严格工程决算审核，控制工程造价，节约建设资金。全年独立开展和组织审计中介机构协助实施的政府投资建设工程审计项目38个，送审金额18580万元，审定金额16194万元，核减金额2386万元，核减率12.9%，有效控制了工程建设中的高估冒算、偷工减料、损失浪费等现象。针对工程建设项目和资金使用及管理存在的问题，提出加强管理和改进的意见和建议，不仅为政府节约了资金，保障了政府投资建设项目工程质量，同时也充分发挥了审计监督在促进和谐社会建设、维护社会安定中的积极作用。

经济责任审计。中办、国办《党政主要领导干部和国有企业领导人员经济责任审计规定》(中办发[2010]32号下发后及时组织全体人员进行学习，并要求大家在实际工作中，把对干部的“问责”与“资金”的“问效”有效结合起来，进一步探索和规范经济责任审计方式、审计评价、审计建议，促进领导干部增强法律意识，及时纠正违规行为，加强自身约束和内部管理，真正做到依法行政、依法理财。积极完善任中审计与离任审计、经济责任审计与预算执行审计相结合的工作机制。同时，注重加强审计综合分析，对审计中发现的普遍性、倾向性、苗头性的问题，从制度上、机制上提出解决问题的措施和方法，写出有价值的综合报告，为区领导和有关部门提供决策依据根据区委组织部委托，对13名人员进行任期经济责任审计，查处违规金额5万元、管理不规范金额 723万元、损失浪费金额 50万元。

民生资金审计。以促进省市区政府实施的民生工程政策的贯彻落实、保证中小学校舍安全工程建设顺利实施为目标，根据省审计厅的统一部署，继续开展对颍州区、开发区中小学校舍安全工程进行跟踪审计。重点检查区、开发区中小学校舍排查、抗震排查、鉴定、工程规划和建设计划制定、任务落实、项目实施、资金筹集、拨付、管理和使用等情况。针对区部分施工单位设计图纸未经消防部门审核且未取得施工许可证；部分项目监理不到位，未按要求记录“监理日志”；开发区校安工程勘察、设计、监理未通过公开招标和工程完工未及时验收且未进行竣工决算审计等问题，提出建设性的审计建议。区校安办和开发区校安办接到审计报告后，立刻责令各相关单位进行整改，大部分意见和建议已得到落实。由于措施得力、方法得当，审计督促工作取得了较好的效果。

审计结果公告。5月12日，《关于颍州区2010年度农业机械购置补贴项目审计调查结果》正式发布，标志着区农业机械购置补贴项目审计调查结果公告制度正式实施。公告以电子文件的形式在区政务信息公告栏向社会公告。此次公告，揭示农机购置补贴资金项目中存在补贴资金严重不足、不能满足农民购机需求、资金未做到专户管理、部分农机使用效率偏低、少数农机质量状况有待提升和少数购机农户纸质档案管理不规范等问题。同时，对项目单位的整改情况也进行公告。审计公告有力地促进了问题整改，审计发现存在的问题基本得以较快纠正。实行审计结果公告制度，增加了审计工作的透明度，是促进政府行为公开和透明的必然要求，也是推动审计工作逐步做到公正、公开、公平的重要措施。为积极、稳妥推进此项工作，区审计局做了充分细致的准备，在加强审计质量控制的基础上，全面复核，严格把关，认真拟定公告文稿，严格履行审批程序，为区下一步全面实施审计结果公告制度奠定了良好的基础。

公办普通高中和基层医疗卫生机构债务核实和审核认定工作。根据《国务院办公厅转发发展改革委 财政部 卫生部关于清理化解基层医疗卫生机构债务意见的通知》（国办发〔2011〕32号）和《审计署 教育部 财政部关于开展普通高中债务调查情况的通知》（审财发〔2011〕155号）通知要求，经区政府同意，认真组织开展区公办普通高中和基层医疗卫生机构债务核实和审核认定工作。按照“制止新债、锁定旧账、明确责任、分类处理、逐步化解”的总体要求，认真开展清理核实和审核认定工作。通过财务审核、实地查看和召开座谈会等形式，基本摸清区公办普通高中和基层医疗卫生机构债务规模、债务余额机构和债务资金投向机构等问题，为下一步化解负债提供真实可靠的依据，促进区教育和医疗卫生事业健康发展。

“信息化推进工程”。一是加强组织领导。成立领导小组，制定实施方案，明确指导思想、主要目标、活动内容和具体措施。二是积极参加市审计局开展的“信息化推进工程”教育培训和省审计厅开展的计算机中级人员培训。三是逐步推进审计业务实施和管理的信息化。加强AO系统和OA系统的规范应用。开展审计项目“双审核”制，对审计项目实施全过程的数字化控制与管理。按照上述要求逐步采用AO开展现场审计，利用OA进行审计管理，审计作业过程各个环节及相关资料基本在AO和OA中交互，实施审计计划项目比例将逐步增大。积极开展审计项目数字化试点工作。选定区2010年度农业机械购置补贴项目审计调查项目，按照电子化流程控制要求，从立项分解、采集转换、分析数据、延伸取证、编制底稿、形成报告和归集成果档案等各个环节规范操作，将制作成审计案例，用于培训交流和示范推广。四是全面推进审计行政管理的信息化。一是做好OA系统公文流转的规范应用和管理。全年基本做到业务文书内部流转的无纸化、网络化，完成公文清理、归档工作，保证公文系统运转的准确、及时和高效。二是充分发挥审计网站的宣传作用。 进一步充实和完善审计机关门户网站和专网网站相关栏目及内容，及时更新和发布审计信息，积极稳步推进了政务公开。

“以人为本、执政为民”主题教育活动。5月以来，按照区委的统一部署，认真开展“以人为本、执政为民”主题教育活动，规范局党员干部的从政行为，增强审计干部的大局意识、服务意识、监督意识和自我约束意识，充分发挥了审计的“免疫系统”功能。一是加强领导，精心实施。为确保活动顺利开展，局党组高度重视，及时成立了由局长任组长的领导小组，制定周密计划，并要求全局党员干部要统一思想，提高认识，紧紧围绕“以人为本、执政为民”这一主题，从增强审计人员责任意识、公仆意识、服务意识入手，以“治庸提能力、治懒增效率、治散正风气”为重点，采取集中学习与警示教育相结合的方法，切实提高了学习效果。二是加强理论学习和警示教育相结合。首先，要求全局党员干部认真学习党的十七大和十七届五中、六中全会精神、《廉政准则》和《实施办法》等有关“以人为本、执政为民”主题教育活动文件精神，注重学习胡锦涛、贺国强、习近平、张宝顺、王宾宜关于“以人为本”的重要论述；其次，结合主题教育活动，组织干部职工利用一整天时间收看《欲盖弥彰——刘志华腐败案警示录》、《暴风雨中的忏悔——皮黔生渎职受贿案警示录》等一批反腐倡廉电教片，不断增强党员干部的党性修养，牢固树立党员干部正确的人生观、权力观，增强党员干部廉洁从政的坚定性和拒腐防变的自觉性。解决党员干部在工作、思想、作风和纪律方面存在的问题。三是对照检查，完善制度。通过主题教育活动的深入开展，结合实际，进 步完善《党风廉政建设意见》和《财务审批制度》等一系列规章制度，用来规范和约束审计人员的行政行为，确保审计工作质量。四是由于局主题教育活动工作开展扎实有效，规范审计干部的行为准则，增强审计干部“以人为本、执政为民”的责任感和使命感，杜绝“庸、懒、散”等行为，受到干部职工的好评，调动了广大职工工作的积极性，增强了审计队伍的战斗力和创新力，推动了局各项工作的顺利开展。

2011年工作成果一览表

审计单位（个）	查处违规金额（万元）	管理不规范资金（万元）	应缴财政（万元）	已缴财政（万元）	应归还原渠道资金（万元）	移送事项（件）	应调账处理金额（万元）	应自行纠正金额（万元）	审计报告、信息被批示采纳（篇）
62	5	1368							30

2011年获奖情况

被省审计厅评为全省审计系统精神文明创建先进单位

被省审计厅评为全省审计机关实施“五年行动计划”先进集体

被区政府评为全区民生工程组织实施工作先进单位

被区政府评为颍州区第二届文明单位

被区政府评为全区综治工作先进单

位

被区政府评为2010年度综治委优秀成员单位

区2007至2008年度农村公路建设和管理情况审计获全市表彰审计项目

王秀兰被省审计厅评为全省审计机关实施“五年行动计划”先进个人

印贺梅被市审计局评为全市审计能手

孙莉萍被市审计局评为全市优秀主审

王秀兰被市人社局、市审计局评为全市审计系统先进工作者

王秀兰被区政府评为颍州区第二届十大勤政廉政模范人物

2011年大事记

2月16日，因工作需要，经局长办公会议研究决定，设立综合法规股，由谭振礼负责。

3月4日，王秀兰任经济责任审计局局长。

3月9日，区政府批准审计局2011年度审计工作计划。

4月6至10日，张传贤、邵华参加全市赴合肥对接交流培训班。

4月13日，邵华、夏阜颖在全区科级领导干部综合考核中获得优秀等次。

4月19日，王秀兰赴山东潍坊参加全区科级干部素质提升培训班（第一期）。

4月26日，颍州区固定资产投资审计中心成立。

5月9日至13日，魏婉君、黎治民参加入党积极分子培训班。

6月21至24日，王秀兰出席、张传贤列席中国共产党阜阳市颍州区第四次党代会。

9月1日，陈宁、蔡鹏、甘舒祺、蔡雅娟分配到经济责任审计局工作

9月27日，邵华任区审计局副局长、党组成员。

10月20日，在区政府二楼一号会议室召开区第一次全区经济责任审计工作会议，会议由区委副书记、常务副区长张银军主持，颍州区经济责任审计工作领导小组成员、各乡镇（街道）行政主要负责人、区直各单位主要负责人，颍州经济开发区、工贸园管委会主要负责人参加会议。

2011年出台的地方审计规章目录

《批转区审计局关于贯彻落实<颍州区党组“一把手”“四不直接分管”>审计建议的通知》（阜州政办秘〔2011〕40号）

颍东区审计局

颍东区审计局内设办公室、财政金融审计股、行政事业审计股、经贸审计股、经济责任审计局和乡镇审计所，现有编制16名，实有人员22名。

2011年颍东区审计局机关人员配备情况表

单位＼内容	人数	性别		文化程度				职称			负责人
		男	女	研究生	本科	大专	大专以下	高级	中级	初级	
局领导	5	3	2		3	2		4	1		任俊喜
办公室	2	2			1		1	1		1	刘子峰
财政金融审计股	1	1			1				1		于慧斌
行政事业审计股	1	1			1				1		曹　刚
经贸审计股	1		1		1					1	齐　敏
经济责任审计局	8	5	3		6	2			3	1	李晓君
乡镇审计所	4	3	1		2	1	1			1	袁效文
合计	22	15	7		15	5	2	5	6	4	

2011年颍东区审计局领导人员情况表

姓　名	性　别	职　务	职　称	任职时间
任俊喜	男	党组书记、局长	高级经济师	2007年1月
郭黎红	女	主任科员		1992年12月
马兰森	男	副局长		2004年11月
郝芝敏	女	主任科员		2004年11月
许彦利	男	纪检组长	经济师	2004年11月
李晓君	女	经济责任审计局局长	助理会计师	2007年9月
袁效文	男	乡镇审计所所长	助理会计师	2005年8月

2011年12月31日在册人员名单

任俊喜　郭黎红　马兰森　郝芝敏　许彦利　王　颖　齐　敏　李晓君　袁效文　刘子峰　于慧斌　曹　刚　刘甦亚　王　充
白雪梅　胡　毅　刘黎明　王小宏　李茜茜　翟琰琰　张德才　吕　方

2011年工作概况

2011年，颍东区审计局在区委、区政府和上级审计机关的正确领导下，紧紧围绕区政府工作报告中提出的六大重点工作目标要求，不断强化大局意识、服务意识和责任意识，创新服务科学发展，发挥审计“免疫系统”功能，在维护经济秩序、加快经济发展、促进廉政建设、推进依法治区等方面工作发挥了应有的作用，

围绕中心，突出“四个着力”，服务科学发展大局。一是着力深化预算执行审计，推动审计工作迈上新台阶。坚持以促进落实积极财政政策的各项政策措施、加强财政管理、完善预算制度、规范资金分配行为、提高财政资金使用效益为目标，进一步增强财政审计的整体性、宏观性和建设性。本级预算执行审计呈现出4个特点：其一，审计理念进一步更新。确立以民本、效益、责任、管理和服务为核心，以监督检查财政资金使用效率、效果为重点的绩效审计新理念。其二，审计范围进一步拓展。除了对财政部门组织预算执行情况，地税部门税收收入完成与税收征收管理情况，教育、人口和计生委等部门预算执行及财务收支情况审计外，还重点关注国有资本经营预算、部分政府性基金管理及使用情况、重点专项资金管理和使用情况、重点民生工程项目实施情况、政府性投资项目建设管理及绩效情况等内容。其三，审计方法进一步改进。针对审计人员少、任务重的突出特点，分类优化组合审计力量，将财政审计同其他项目审计或审计调查充分结合起来，并积极推进AO应用，提高了审计效率和效果。其四，审计成果进一步扩大。在“两个报告”中，紧扣财政资金这条主线，关注民生、关注效益，既披露问题，又分析原因，并提出整改对策，得到了区人大、区政府充分肯定。二是着力完善经济责任审计，促进领导干部正确履行经济责任迈出新步伐。首先，根据中办、国办新颁布的《党政主要领导干部和国有企业领导人员经济责任审计规定》及省委、省政府办公厅印发的实施意见，区委、区政府充实调整经济责任审计工作领导小组，为经济责任审计工作开展提供了坚强的组织保证。其次，按照规范管理、明确责任、加大干部监督工作力度的要求，进一步加强制度建设，规范了审计行为。第三，以引导领导干部树立科学发展观和正确的政绩观，推动本地区、本部门、本单位经济社会科学发展为目标，根据区经济责任审计领导小组安排，对区卫生局、教育局、人口和计生委，以及部分乡、镇的7名党政领导干部进行经济责任审计，其中任中审计3人。同时，积极拓展审计领域，围绕加强涉农资金监督管理，促进村民自治，开展村级组织负责人经济责任审计试点工作，较好的发挥了经济责任审计在“管干部、用干部、促廉政、保发展”方面的作用。通过审计，查处违规金额333万元、管理不规范金额1477万元，应上缴财政17.2万元，应归还原渠道资金78万元，应调账处理273万元。三是着力加强民生审计，保障富民惠民政策落实取得新成效。根据《阜阳市审计机关关于进一步加强民生工程资金审计监督的意见》的要求，结合颍东区“十二五”规划发展目标，将民生项目和资金作为审计监督的重要内容纳入年度审计项目计划，并认真组织实施。先后对新型农村社会养老保险、“村村通”公路建设、农业机械购置补贴、城乡义务教育、校安工程、扶贫项目等专项资金、基金和专项经费，进行审计或审计调查；对普通高中债务、乡镇卫生院和社区卫生服务机构债务进行全面清理核实。审计中，既注意揭示资金管理和使用方面存在的问题，确保专款专用，又注意揭示在管理制度方面存在的漏洞，促进资金管理更加规范。审计成果在维护民生、服务决策、保障社会和谐稳定等方面发挥了积极作用。四是着力推进政府投资审计，服务颍东大建设实现新突破。针对固定资产投资持续快速增长的趋势，及时调整审计思路，坚持以服务城市大建设为重点，以规范建设单位行为、节约政府投资、提高投资绩效为目标，进一步加大对政府投资审计的力度。全年完成固定资产投资审计项目21个，其中乡镇垃圾转运站及其附属工程、济河南路（幸福路——颍河东路）道路及排水工程、插花镇袁寨镇计划生育服务站工程、程

文炳宅院二期修复工程、开发区厂房建设及振兴苑一期电力工程等工程造价审计项目7个；农村饮水安全工程、致富路工程，以及开发区中兴路及枣庄、正午和杨楼孜镇敬老院等工程竣工决算审计项目4个；污水管网二期和三期工程；幸福苑、振兴苑、訾营安置区工程、中小学校舍安全工程、阜六铁路（颍东段）征地拆迁等工程跟踪审计项目7个。同时，坚持边审计、边整改，提出审计建议15条，下达审计整改通知书1份。及时纠正项目执行建设程序、招标投标、质量管理、材料供应、合同管理、造价控制、进度管理等方面存在的问题，有效促进了项目建设的顺利实施。

改革创新，突出“四个注重”，促进审计转型升级。一是注重推进审计工作思路的转变，加快审计转型的步伐。集中学习温家宝总理、王三运省长、孙云飞市长关于审计工作的指示，以及省、市审计工作会议精神，明确未来五年实施“五大工程”，推动“五个转变”的基本工作思路。即按照省审计厅、市审计局的统一部署，大力实施“信息化推进工程”；推动审计目标由注重发挥防护性作用向更加注重发挥建设性作用转变；推动审计内容由真实、合法、效益并重向突出绩效转变；推动审计管理由单一内部控制向科学管理方向转变；推动审计手段由查账和计算机审计并重向全面信息化审计转变；推动审计队伍由单一专业结构向提高综合能力素质方向转变。二是注重推进构建财政审计大格局，促进了审计管理的科学化。积极构建以全部政府性资金为主线，以资金流向为抓手，以用款单位为载体，以资金管理为重点，以资金使用效果为目标，对政府性资金实施全过程、全覆盖、全方位监督的财政审计大格局。审计范围逐步涵盖了预算内和预算外、资金和资产、税收收入和非税收入、政府举债等。审计的组织方式逐步打破了内部股室界限、专业界限和单兵作战的传统方式。财政审计以“两个报告”为统领，实行滚动计划，使项目之间相互配合，审计成果得到了充分发挥。三是注重推进信息化建设，促进审计效能的提高。把做好“信息化推进工程”年活动这一开篇之作作为信息化建设的重要抓手，围绕省政府办公厅转发省审计厅《关于进一步加快实施审计信息化工程建设的意见》要求和审计信息化三大平台、四大体系建设目标，狠抓软硬件建设。在区委、区政府的大力支持下，完成了联网审计设备配置；通过选调、培训增强了专业骨干力量；坚持以应用为中心，不断扩大计算机审计覆盖面，审计信息化工作活力明显增强。目前，全局90%以上业务人员通过了审计署AO培训认证考试，3人获得了省审计厅计算机中级认证证书，提交计算机审计方法和AO应用实例7篇，均受到市局好评。四是注重推进审计整改，促进了审计成果利用的深化。按照区委、区政府主要领导关于加强审计整改工作、增强审计监督效果的指示精神，加大依法行政力度，狠抓审计建议的整改，审计决定执行率达和审计建议落实率得到了进一步提高。区委、区政府专门成立以刘洪洁区长为组长的审计整改工作领导小组，将审计整改协作机制扩展为九部门的联合监督执法，汇聚了部门的整改合力，促进了被审计单位落实整改建议的积极性和主动性的进一步提高。

以人为本，突出“两个加强”，提升审计工作水平。一是突出加强以“八不准”审计纪律为核心的廉政纪律建设。坚持教育倡廉、制度保廉和家庭助廉相结合，将党风廉政教育与开展“以人为本、执政为民主题教育活动”结合起来，与审计署提出的治理“庸懒散”、“娇骄暮”活动和“创先争优”、党员评星挂牌、庆祝建党90周年等活动结合起来，不断激活班子的思想源泉，形成思想同心、行动同步、事业同干的良好局面，保持了决策的高效、政令的畅通和昂扬向上的精神状态。二是突出加强审计队伍建设。坚持以能力建设为核心，以素质建设为重点，健全完善学习制度，认真执行党组学习制度、支部学习制度、业务学习制度和每周一例会制度，扎实推进学习型党组织和学习型机关建设。加大队伍学习培训力度，通过请进专家辅导学、送出培训上大学、政策激励自修学等多种形式，进一步优化了干部队伍的知识结构。到目前为止，具备与审计工作相关的计算机、建筑工程、经济管理专业的人员有16名，占全局人数的76%；具有会计师、注册会计师、经济师、国际注册内部审计师等专业技术资格、职称的有11人，占52%；大学本科以上文化程度的有14人，占67%。

2011年工作成果一览表

审计单位（个）	查处违规金额（万元）	管理不规范资金（万元）	应缴财政（万元）	已缴财政（万元）	应归还原渠道资金（万元）	移送事项（件）	应调账处理金额（万元）	应自行纠正金额（万元）	审计报告、信息被批示采纳（篇）
29	412	11097	59	59	78		58		18

2011年论文发表情况统计表

报刊名称	时间(期数)	论文题目	作　者
《安徽审计》	第1期	《浅谈如何深化村级干部经济责任审计》	王　充

2011年获奖情况

被省审计厅评为全省审计“信息化推进工程”先进单位

被区委评为五星级党组织

获全区政风行风评议第二名

被区政府评为区政府目标管理考核先进单位

被区委、区政府评为人口和计划生育先进单位

曹刚被市审计局评为全市审计机关优秀审计主审

王充被市审计局评为全市审计机关优秀审计主审

2011年大事记

5月25日，市审计局党组书记、局长武杰和综合法规科屈杰科长一行到区审计局调研指导工作。。

7月1日，区审计局局长、党组书记任俊喜和审计员刘黎明创作的“审计监督铸利剑，激浊扬清；免疫功能显神威，力保民生”、“志在人民，审计促风清气正；心怀天下，服务倡人和政通”两副作品在省审计厅举办的“皖审雅韵 徽墨幽香”——安徽省审计系统庆祝建党90周年楹联展活动中展出。

7月27日，区委组织部副部长马达、区直工委副书记刘民一行五人到区审计局检查指导“评星挂牌”和党员远程教育工作。对区审计局 “评星挂牌”和党员远程教育工作开展情况给予了充分肯定。

9月1日，阜阳市市直工委副书记白志斌带领市审计局及市直机关有关部门负责人一行7人在区直工委书记张利军的陪同下，到区审计局观摩指导党员“评星挂牌”工作。

10月9日，区审计局召开联网审计启动大会，中软国际代表张加玉、陈志文分别介绍联网审计系统及其实施过程。任俊喜局长阐述了开展联网审计工作的重要意义，对颍东联网审计的建设目标及开展联网审计工作提出了具体要求。

颍泉区审计局

颍泉区审计局内设办公室、财政金融审计股、行政事业审计股、经贸投资审计股、综合法规股、经济责任审计局和乡镇审计所，现有编制13名，实有人员17名。

2011年颍泉区审计局机关人员配备情况表

单位＼内容	人数	性别		文化程度				职称			负责人
		男	女	研究生	本科	大专	大专以下	高级	中级	初级	
局领导	3	2	1		2	1			3		张 玲
办公室											刘 凯
财政金融审计股	1		1		1				1		任晓燕
行政事业审计股	1	1			1				1		郝 刚
经贸投资审计股											韩 鹏
综合法规股											郭启华
经济责任审计局	1	1			1						
乡镇审计所	11	9	2		1	4	6	1	5		
合计	17	13	4		6	5	6	1	10		

2011年颍泉区审计局领导人员情况表

姓名	性别	职务	职称	任职时间
张 玲	女	局长	审计师	2010 年 9 月
刘 凯	男	副局长	审计师	2011 年 2 月
韩 鹏	男	副局长	会计师	2011 年 2 月

2011年12月31日在册人员名单

张 玲 刘 凯 韩 鹏 任晓燕 郝 刚 韩 亮 郭启华 王 映 王 林 姜同利 刘士立 姜少红 孙玉梅 王忠峰 邱 俊 张 震 胡亚军

2011年工作概况

2011年，颍泉区审计局坚持以邓小平理论、“三个代表”重要思想为指导，深入实践科学发展观，全面贯彻党的十七大，以及十七届三中、四中、五中、六中全会和中央、全省经济工作会议精神，继续坚持“依法审计、服务大局、围绕中心、突出重点、求真务实”审计工作方针，始终把推进法治、维护民生、推动改革、促进发展作为审计工作的出发点和立足点，严肃查处违法违规问题，注重从体制、机制、制度层面反映、揭示和分析问题，提出改进和完善的建议，促进国家各项政策措施的贯彻落实，为推动颍泉经济社会又好又快发展做出了新的贡献。全年开展29个单位的审计和审计调查，其中1个项目被评为全省优秀项目，1个项目被评为全市优秀项目；被评为全省审计系统精神文明创建先进单位，被市人社局、市审计局评为全市审计系统先进集体，被区委、区政府评为先进基层党组织、民生工程组织实施贡献奖、双拥创建合格单位、社会治安综合治理工作先进单位、全区保密工作先进单位、全区“五五”普法先进集体；有5人次分别受到省审计厅、市人社局、市审计局、区委、区政府的表彰。

财政预算执行情况审计。围绕“管理、改革、绩效”六字方针，把“同级审”作为审计项目重点， 以全部政府性财政资金为载体，关注在财政管理中出现的新情况、新问题和部门预算执行中存在的问题，着力构建“大财政审计”格局。在 “同级审”中，集中全局的业务力量，分成几个审计小组，明确各组的工作重点和审计监督范围，实现资源共享、信息互通，审计工作效率有了明显提高，审计的效果也得到了显现。财政审计实施阶段只用一个月的时间就结束了审计。通过此次审计，既锻炼了队伍，又为构建“大财政审计”格局进行了有益的探索。

专项审计(审计调查)和绩效审计。开展义务教育费用保障机制资金绩效异地审计调查、中小学校舍安全工程实施情况审计调查和以农机购置补贴为主的涉农资金专项审计调查，规范了资金使用渠道，提高了资金效益。

政府投资项目审计。按照《颍泉区政府投资建设项目审计监督办法》，对“一区四园”建设投资的部分项目及富安居工程等7个政府投资项目进行审计，为政府节约资金2478万元。审计中，积极探索，转变审计监督模式，先后对区廉租房建设、中市安置区项目、市第五人民医院病房大楼工程进行跟踪审计，适时进行监督，促进了工程规范操作。

经济责任审计。继续坚持“积极稳妥、量力而行、提高质量、防范风险”经济责任审计方针，加大任中审计比重，不断深化经济责任审计工作。全年完成对区计生委谭志刚等16位领导干部的经济责任审计。审计中查处领导干部负主管责任、主要问题金额414万元，发现4名其他人员涉嫌违纪线索1起，向纪检监督机关进行了移送。在审计中注重“三个结合”：一是经济责任审计与财政预算执行审计相结合；二是经济责任审计与审计调查相结合；三是经济责任审计与专项审计相结合。充分整合审计资源，一审多用，一花多果，既丰富了经济责任审计的内容、促进了其他专业审计的不断深化和完善，又减少了被审计单位的负担、节约了审计成本、提高了工作效率，缓解了审计人员力量不足与审计任务繁重的矛盾。

民生工程审计。实施农村沼气项目审计、农村敬老院工程审计，农村安全饮水工程项目审计。审计结果表明，上述民生工程项目的实施，使人民群众得到了实惠，受到人民群众的欢迎。但是，审计中也发现的一些问题，引起有关单位重视，先后制定和完善工程项目规范运行的后续管理制度，如《颍泉区农村沼气管理办法》、《农村敬老院房屋管理办法》、《颍泉区农村安全饮水工程资产管理制度》等。

审计信息化。继续加大信息化建设力度，更新6台电脑，购置两部数码相机，并对审计专网进行调试，进一步保障了推进审计信息化的基础。在软件方面，坚持以应用为导向，加大审计管理系统（OA）、现场审计实施系统（AO）操作技能培训，以考促学，以考保效，推进计算机技术与审计业务的全面融合应用，取得了较好的效果。开展的审计项目全部使用现场审计实施系统（AO）进行审计，并与OA进行交互应用，公文传输实现网上办理，大大提高了工作效率。全局业务人员中已有33%的人员取得审计厅中级计算机资格，全局人员100%通过AO资格认证考试。上报审计项目数字化案例1篇，完成AO应用实例1篇，上报计算机审计方法3条，实现了计算机审计案例、审计方法编写的突破。一是走出去，派出3人次参加审计厅、市审计局的计算机审计培训，以个人带全局。7月初，派出1名人员赴合肥参加省审计厅中级计算机培训。同时，派出业务骨干参与省审计厅对接处室计统审计处的项目审计，提高了审计信息化水平。二是请出来，不定期地组织全体审计人员，请局内计算机审计的业务骨干为大家进行操作讲解，并解答审计人员在实际操作中的遇到的问题，审计人员计算机操作技能进一步提高。三是每学完一个阶段的操作技能，就组织全体人员集中进行实际操作考试，以检验学习效果。

2011年工作成果一览表

审计单位（个）	查处违规金额（万元）	管理不规范资金（万元）	应缴财政（万元）	已缴财政（万元）	应归还原渠道资金（万元）	移送事项（件）	应调账处理金额（万元）	应自行纠正金额（万元）	审计报告、信息被批示采纳（篇）
29	132	9229				1			32

2011年获奖情况

被省审计厅评为全省审计系统文明创建先进单位

被市审计局评为全市审计系统先进集体

被区政府评为全区“五五”普法先进集体

被区政府评为全区民生工程组织实施工作贡献奖

被区政府评为双拥创建合格单位

被区政府评为综合治理先进集体

获全区保密工作先进单位

张玲被评为全市“三八”红旗手

张玲被评为全区招商引资先进工作者

郭启华被评为全区新型农村合作医疗工作先进个人

王映被评为全区新型农村合作医疗工作先进个人

王忠锋被评为全区“五五”普法先进个人

（撰稿人：刘凯，审核人：张玲）

临泉县审计局

临泉县审计局内设人秘股、财政金融审计股、行政事业与社会保障审计股、经济贸易审计股、固定资产投资审计股、外资运用审计股、农业与资源环境保护审计股和经济责任审计局，现有编制21名，实有人员22名。

2011年临泉县审计局机关人员配备情况表

单位＼内容	人数	性别		文化程度				职称			负责人
		男	女	研究生	本科	大专	大专以下	高级	中级	初级	
局领导	4	3	1	1	2	2			1		王　伟
人秘股	2	2			1	1					李培林
财政金融审计股	1	1			1						
行政事业与社会保障审计股	2	1	1		2						庞　刚
经济贸易审计股	2	2			1	1			1		王振华
固定资产投资审计股	2	1	1		2						王东华
外资运用审计股	2		2		1	1					岳　敏
农业与资源环境保护审计股	2	1	1	1	1						辛　磊
经济责任审计局	5	3	2		4	1			1		李鹏飞
合计	22	14	8	2	15	6			3		

2011年临泉县审计局领导人员情况表

姓名	性别	职务	职称	任职时间
王　伟	男	党组书记、局长		2002年6月
孟丽萍	女	副局长	会计师、审计师	2005年6月
方　舫	男	党组成员、副局长		2007年5月
刘　刚	男	党组成员、纪检组长		2010年8月
李鹏飞	男	经济责任审计局局长	审计师	2007年12月

2011年12月31日在册人员名单

王　伟　孟丽萍　方　舫　刘　刚　李鹏飞　王振华　王东华　岳　敏　庞　刚　李培林　辛　磊　李玉芝　时晓冬　钱树立　岳　影　李　伟　张昌慧　韦　昊　李永伟　牛晓艳　高　倩　孙学良

2011年工作概况

2011年，临泉县审计局在县委、县政府和上级审计机关的正确领导下，认真学习贯彻党十七大以及十七届五中、六中全会精神，坚持以科学发展观为指导，团结和带领广大审计人员，紧紧围绕县政府经济工作中心，认真履行审计监督职能，审计工作取得新的成绩，全面完成了年度工作计划和县委、县政府及上级审计机关交办的各项审计工作任务。

预算执行审计。预算执行审计工作紧紧围绕加快转变经济发展方式这一目标，以全部财政性资金为主线，进一步创新审计思路和方法。一方面深化财政体制改革的审计监督，注重对财政专户管理和使用情况进行监督，以促进财政专户制度的建立，实现财政专户管理的精简、统一、规范、高效。另一方面，积极构建财政审计大格局，把涉及财政性资金管理的部门都纳入审计监督的对象，把财政资金运行的每个环节都纳入审计监督的范围，逐步形成预算编制、执行、监督为一体的工作机制。审计和延伸审计33个单位和部门，查处管理不规范金额838万元，审计工作报告和审计结果报告质量进一步提升，预算执行审计的效果明显。

政府性投资审计。认真贯彻落实审计署《政府投资项目审计规定》、《安徽省政府投资建设项目审计监督办法》（省政府令第225号）和《临泉县政府性投资项目管理暂行办法》（临政〔2010〕11号），加大政府投资审计力度。全年完成审计项目36个，送审金额5.9亿元左右，核减资金5500多万元，有效地控制了建设成本，提高了投资效益。一方面强化对建设项目的初设概算审计，审减资金4400多万元；另一方面加强人民东路、裕泉路、廉租房等重点建设项目的竣工决算审计，审减资金1100多万元。

经济责任审计。完成经济责任审计项目6个，审计查处管理不规范金额154万元、违规金额3万元。同时，加大对中办、国办印发的《党政主要领导干部和国有企业领导人员经济责任审计规定》的宣传，促使审计对象和社会各界对这项工作的高度重视和关注。

专项资金审计（审计调查）。出台《临泉县审计局进一步加强民生工程资金审计监督的意见》，将34项民生工程任务纳入年度项目计划。同时，开展临泉县2010年度农业机械购置补贴资金审计调查、临泉县养老保险基金审计调查、扶贫资金审计调查等项目，其中养老保险基金审计调查追回少计的利息201万元，促进了利民惠民政策的进一步落实。

上级审计机关统一组织的审计事项。按照省审计厅和市审计局的统一部署，开展蚌埠市禹会区义务教育经费保障机制专项资金绩效情况的审计调查、宿州市泗县政府性债务审计、校舍安全工程跟踪审计，同时对临泉县高级中学债务和农村基层医疗机构负债进行核查和界定。

“信息化推进工程”。按照省审计厅和市审计局“五大工程”的总体部署，制定《临泉县审计局“信息化推进工程”实施方案》，分解工作任务，明确工作职责，制定工作措施。县审计局所有人员都配备一台便携式电脑，所有的审计项目都实现OA与AO的交互，审计内网、外网和投影室都已建成，开通与县政府OA协同办公功能，公文和审计项目在网上传输和批阅，实现了无纸化办公。AO的迁移工作已经完成，并按要求配备了防火墙。视频会商系统已建立并投入使用。2011年，AO认证考试通过率达到82%，上报市审计局4篇审计方法、4篇AO应用实例和两篇数字化试点案例，审计信息化工作取得了显著成效。

职业道德教育。以抓思想政治建设为根本，在平时的学习和工作中，大力倡导“以勤奋学习为乐、以知识更新为荣”的良好风气，教育干部职工要树立“终身学习、终身教育”的理念。通过开展职业道德和文明礼仪专题讲座，增强了干部职工对工作责任的使命感和紧迫感。

作风建设。一方面采取半封闭的学习方式，对全体干部进行学习培训。年初，利用10天的时间，由审计师和局里的业务骨干领学和讲解新修订的《国家审计准则》和中央两办颁布的《党政主要领导干部和国有企业领导人员经济责任审计规定》；每周一的学习例会上，采取轮流领学的方式，学习审计方面的法律、法规和审计案例，促使审计人员能及时掌握新的法律、法规，及时让审计人员学习好的审计方法和技巧，达到既能提高审计人员的语言表达能力，又能提高审计人员业务能力的目的。

信息宣传。县审计局网站发布126条审计工作信息。在政府信息公开宣传月活动中，组织16人次到城区繁华地段集中宣传《审计法》和《国家审计准则》等法律法规，发放宣传材料300余份。审计信息被《中国审计报》、《中国审计》、《安徽审计》、《颍州晚报》、《阜阳审计信息》、中国国家审计网、安徽省审计信息网等众多新闻媒体采用116篇次。

2011年工作成果一览表

审计单位（个）	查处违规金额（万元）	管理不规范资金（万元）	应缴财政（万元）	已缴财政（万元）	应归还原渠道资金（万元）	移送事项（件）	应调账处理金额（万元）	应自行纠正金额（万元）	审计报告、信息被批示采纳（篇）
56	3	992							6

2011年获奖情况

被阜阳市财政局、教育局评为义务教育经费保障机制先进集体

被市审计局评为全市审计系统综合目标考核优秀单位

被县政府评为民生工程组织实施优秀奖

被县委、县政府评为综合目标考评优秀单位

（撰稿人：李培林，审核人：顾立）

颍上县审计局

颍上县审计局内设办公室、监察室、信息办、农业与资源环保审计股、基建外资审计股、经贸审计股、行政事业与社会保障审计股、财政金融审计股和经济责任审计局，现有编制24名，实有人员24名。

2011年颍上县审计局机关人员配备情况表

单位＼内容	人数	性别		文化程度				职称			负责人
		男	女	研究生	本科	大专	大专以下	高级	中级	初级	
局领导	4	3	1		3	1			2		徐　彪
办公室	3	2	1			1	2		1		徐伯承
监察室	1	1				1				1	王仲元
信息办	2		2			1	1		1		刘　方
农业与资源环保审计股	2		2		1	1		1	2		马冬青
基建外资审计股	4	2	2		1	2	1		3		白树强
经贸审计股	2	1	1			2			1	1	李　强
行政事业与社会保障审计股	2	2				2					姜　峰
财政金融审计股	2	1	1			2			2		李　昶
经济责任审计局	2		2			2			2		刘卫东
合计	24	12	12		5	15	4	1	14	2	

2011年颍上县审计局领导人员情况表

姓　名	性　别	职　务	职　称	任职时间
徐　彪	男	局长		2011年8月
王　勇	男	副局长	审计师	1997年10月
蔡　利	女	副局长	审计师	1997年10月
徐伯承	男	副局长		2008年4月

2011年获奖情况

被省审计厅评为全省审计系统精神文明创建先进单位

被市委、市政府评为本级第七届精神文明单位

被市校安工程领导小组评为校安工程先进集体

被市委组织部、市老干部局评为全市离退休老干部“五好党支部”

获全市审计系统先进集体

获市审计机关、建党九十周年庆祝活动优秀集体

姜峰被省审计厅评为政府性债务审计先进个人

李强被市审计局评为优秀审计组长

蔡艳丽被市审计局评为优秀审计能手

李昶被县委、县政府评为新农合工作先进个人

王仲元被县委、县政府评为综合治理先进个人。

2011年大事记

1月5至12日，全体业务人员参加省审计厅组织的业务培训。

1月13日，县纪委副书记、财政局

长刘江淮到县审计局进行党风廉政责任制考核。

3月14日，市审计局方向阳副局长一行到县审计局调研。

6月1日，县审计局进行党总支、机关支部换届大会。

7月11日，全市审计机关开展庆祝建党九十周年唱红歌活动。

8月1日，徐彪局长一行去建颍乡祈庙区慰问走访活动。

9月17日，全市审计系统新进人员在方向阳副局长带领下到颍上参观指导工作。

10月9日，市审计局武杰一行到颍上县盛堂乡开展“书记带头大走访”活动，并进行慰问活动。

10月27日，省审计厅副厅长胡海波、固定资产投资审计处副处长张斌，在市审计局局长武杰、县长熊德超的陪同下，到颍上调研审计工作并看望县审计局全体人员。

11月9日，市审计局、财政局、卫生局组成联合检查组对颍上县基层医疗卫生机构债务开展清理核实认定工作。

12月14日，县党风廉政检查组在县纪委常委王军带领下到县审计局检查党风廉政工作。

2011年工作成果一览表

审计单位（个）	查处违规金额（万元）	管理不规范资金（万元）	应缴财政（万元）	已缴财政（万元）	应归还原渠道资金（万元）	移送事项（件）	应调账处理金额（万元）	应自行纠正金额（万元）	审计报告、信息被批示采纳（篇）
82	488	7216	74	74					

2011年工作概况

2011年，颍上县审计局坚持“依法审计、服务大局、围绕中心、突出重点、求真务实”审计工作方针，围绕县委、县政府中心工作，把推进法治、维护民生、推动改革、促进发展作为审计工作的出发点和落脚点，重点抓好财政预算执行情况审计、政府投资项目审计、领导干部经济责任审计、涉及人民群众利益的重要专项资金的审计调查以及省审计厅统一组织的审计项目。以“信息化推进工程”为抓手，强化自身建设，推进审计转型，不断提升审计工作水平，为促进县经济社会又好又快发展发挥了积极作用。

围绕中心，服务大局，深化预算执行审计，促进公共财政管理制度建设。审计工作以全部政府性资金为内容，以本级财政预算执行审计为统领，以政府投资审计为突破，以部门预算执行审计、惠民及涉农专项审计（审计调查）等为覆盖面，共审计（审计调查）项目113个，审计查处管理不规范金额7216万元，审计发现侵害人民群众利益资金74万元；审计后出具审计（审计调查）报告117篇，提出建议148条，被采纳148条；提交审计专题、综合性报告和信息简报19篇，被批示、采用15篇次。另外，完成省审计厅统一组织审计的项目2个。审计在维护财经秩序，规范财务管理，提高财政资金使用效益，推动廉政建设、维护社会稳定等方面发挥了“免疫系统”功能。

围绕促进完善公共财政管理体制，为宏观决策提供可靠依据。审计工作坚持“揭露问题、规范管理、促进改革、提高绩效”的审计思路，积极构建财政审计大格局，加大重点领域、重点部门、重点投资项目、重点专项资金的审计力度，在关注预算管理和执行情况的同时，注重分析、揭示和反映制度、体制方面的问题，促进健全公共预算制度，完善公共财政体系。在审计范围上，除对财政机关、税务机关进行重点审计的同时，还开展县检察院等3个部门预算执行审计、政府性债务等4项专项审计调查、政府投资建设等47项民生工程审计，力求最大限度地掌握财政资金归集、使用、管理情况。审计（审计调查）资金总额16840万元，审计提出问题资金总额4327万元，提出审计建议32条。在对上年度审计发现问题纠正和整改中，已归还、追加原渠道资金218万元，审计提出的意见和建议已整改78条。审计对发现的问题都提出了有针对性的意见和建议，为县委、县政府宏观决策、县人大审查和监督财政预算工作、县政府加强预算管理等方面提供了可靠依据和切实可行的建议。

围绕促进惠民政策落实和社会和谐，加大专项资金审计力度。开展2008、2009、2010年财政扶贫资金及项目管理费审计调查、政府性债务审计、普通高中债务调查、全省基层医疗卫生机构债务清理、全省城乡义务教育费用保障机制专项审计调查、农业机械购置补贴项目专项审计调查等，既有社会热点问题，又有涉民政策问题。通过审计，提出改进、完善政策性建议46条，充分发挥审计工作在执行国家宏观政策的监督作用，促进了涉民政策的落实，维护了人民群众的切身利益。

围绕促进资金使用效益、效率、效果，政府投资审计实现新突破。继续加大投资审计力度。工程造价审计完成96个，送审总金额35563万元，核减50533万元；继续开展重大投资项目跟踪审计，对新东方大道、城市防洪西大道工程、县医院等16个项目跟踪审计，资金规模6.4亿元；积极探索工程预算审核，开展对民生工程沼气池建设、疾病控制中心装饰工程、工业园区钢构厂房的预算（标的）审核，核减预算100多万元；与县教育局联合出台《关于颍上县中小学小型教育投资项目审计工作的实施意见》，对中小学小型教育投资项目实行委托中介机构审计，审计机关复核的办法，本年度已经开展10个项目，审计资金总额188万元，核减248万元。

围绕促进对权力的监督与制约，强化领导干部经济责任审计。为进一步规范经济责任审计工作，按照中办、国办《党政主要领导干部和国有企业领导人员经济责任审计规定》（中办〔2010〕

32号)及安徽省《关于贯彻<党政主要领导干部和国有企业领导人经济责任审计规定>的实施意见》，在年初确定审计重点的基础上，广泛调研，坚持以资金为主线，以各项指标完成情况及债权、债务、决策有无失误为着力点，以廉政建设为突破口，全年开展经济责任审计工作9项，已完成7项，正在实施2项。审计对象12人。审计查处主要问题331万元，审计提出建议32 条。

按照上级要求，认真完成省、市及地方交办任务。按照上级审计部门的要求，与县财政、教育、卫生等单位协同开展全县普通高中债务调查和全县基层卫生机构债务清理，配合南京特派办和省审计厅完成县慎城社区卫生院、古城及迪沟煤矿塌陷安置补助资金有关问题的审计项目。4月，按照县统一安排，抽调3名审计人员参与慎城詹家岗村案件的调查，为化解矛盾、维护稳定，起到了积极作用。10至11月，配合市审计局完成对县委、县政府主要负责人任中审计工作。

开展“以人为本、执政为民”主题教育活动，突出宗旨意识。为进一步强化审计队伍宗旨意识，开展 “以人为本、执政为民”主题教育活动。在开展活动过程中，加强领导、精心组织、周密安排，确保各项活动扎实开展。期间局党总支、机关支部、老干部支部成功换届。通过主题教育活动，全局党员干部的宗旨意识和群众观念，为民服务的意识，文明审计的理念得到进一步提高，特别是审计“八不准”廉政纪律的要求，整个审计队伍呈现出作风更加文明、行为更加廉洁、工作更加尽力的新风貌。县电视台对县审计局活动开展情况及成效进行专题报道。老干部支部被评选为市、县先进党支部，市老干部局对县审计局老干部工作进行专题调研。下半年，按县委、县政府要求，认真开展 “大走访”活动，走访群众27户，搜集反映问题12条。走访中，看望慰问特困户10户。通过大走访活动的开展，牢固树立了审计机关联系和服务群众观念，进一步加深了与人民群众感情。

强化干部培训和理论研究工作，突出素质意识。新年伊始，省审计厅为县审计局与阜南县审计局联合举办为期一周的审计业务培训班，取得了很好的效果。春节过后，县审计局又及时开展春训，学习中央两办“规定”和审计署新修订的《国家审计准则》等，传达贯彻全省、全市审计工作会议精神，积极推进审计理论研究。根据省审计厅、省审计学会2011年度重点研究课题安排意见，结合县审计工作实际，县审计局与学会及时印发文件，指定重点课题，落实牵头单位。

规范审计工作业务准则，突出审计质量意识。邀请市审计局抽调人员专门到对2010年审计卷宗质量进行检查，逐卷逐问题进行整改，验收合格后才能参与全局卷宗质量评比，规范审计文书格式。根据审计署印发的《审计文书种类和参考格式》，省审计厅印制的内部业务管理模板，在组织人员认真学习研讨的基础上，按照要求进一步规范，继续实行“月小结、周汇报”制度督促进度、提升质量。

实施“信息化推进工程”，突出创新意识。按照省市审计机关要求，结合县审计局实际，制定《颍上县审计局“信息化推进工程”实施方案》，明确目标任务，落实责任。一是积极探索和实施联网审计。经过精心准备和充分调研，争取县政府和财政部门的支持，积极实施联网审计平台建设。二是强化AO和OA运用。加强审计数据资源和信息资源建设，不断提升信息化环境下的审计监督能力。三是充分利用颍上审计网，开展审计宣传和政务公开，扩大审计影响。四是积极筹措资金，开通视频会商系统，提高工作效率。

严明纪律，突出管理意识。一是以制度约束领导班子的权力。制定领导班子民主议事等五项制度，实行人事财务工程建设和物资采购工作由副职分管的制度，进一步强化领导干部权力的监督制约。二是以制度促成良好的工作作风。实行严格工作考勤制度，完善绩效考评制度，奖勤罚懒、奖优罚劣。

强化审计整改和审计结果公告制度，突出服务意识。积极争取县政府的支持，加强与有关部门的沟通和协作，完善审计整改机制。根据县委办、县政府办印发的《关于进一步加强审计整改工作的意见》，建立健全审计整改机制，完善“六项制度”；审计整改结果纳入政府目标考核内容；实行审计整改责任追究制度。继续推进审计结果公告制度，以舆论监督促整改。通过审计结果公告，整改情况予以反映，利用社会舆论监督优势，增强纠错整改的自觉性，既提高审计人员的职业谨慎性，又促进被审计单位认真整改问题。

太和县审计局

太和县审计局内设办公室、综合法规股、财政金融审计股、经贸审计股、农业与资源环保审计股、行政事业与社会保障审计股、纪检监察室、工会、经济责任审计局和固定资产投资审计局，现有编制25名，实有人员30名。

2011年太和县审计局机关人员配备情况表

内容 单位	人数	性别		文化程度				职称			负责人
		男	女	研究生	本科	大专	大专以下	高级	中级	初级	
局领导	5	4	1		5				4		刘翔飞
办公室	5	2	3		1	4				1	
综合法规股	3	2	1		2	1			3		
财政金融审计股	4	3	1		3	1			3		
经贸审计股	3	1	2		2	1			3		
农业与资源环保审计股	4	3	1		1	3		1	1		
行政事业与社会保障审计股	3	2	1		2	1			2		
纪检监察室	2	2			1	1					
工会	1	1				1			1		
经济责任审计局											
固定资产投资审计局											
合计	30	20	10		17	13		1	17	1	

2011年太和县审计局领导人员情况表

姓名	性别	职务	职称	任职时间
刘翔飞	男	党组书记、局长	会计师	2011年3月
李成波	男	副局长、副书记	会计师	2010年3月
窦绍鹏	男	副局长	审计师	1994年5月
张超君	男	副局长	审计师	1997年7月
于　良	女	纪检组长		2011年4月

2011年12月31日在册人员名单

刘翔飞　李成波　窦绍鹏　张超君　李小平　于　良　王启明　王　宇　刘肖锋　马新华　王　峰　李佩新　昝　峰　韩　波　范飞鸿　汪文莉　徐茹娟　邱建萍　张君怡　王锦萍　魏　磊　徐晓峰　范　琪　刘玉华　张　萍　徐　兰　高曙光　赵　影　李　中　王万里

2011年工作概况

2011年，太和县审计局紧紧围绕县委、县政府中心工作，积极开展审计监督，圆满完成上级审计机关和县委、县政府交办的各项审计任务，审计工作迈上新台阶，实现新突破，受到了上级审计机关和县委、县政府的充分肯定。全年完成审计项目32个，占年度计划18个单位的 178%；查处各类违纪违规资金1698万元，其中：应上缴财政94.8万元，已全额入库；提出审计意见和建议62条，被审计单位采纳62条。

突出重点，深化同级财政预算执行情况审计。经县政府第44次常务会议研究同意，同级财政审计改以前年度由一个股室进行审计为全局联动审计，增加对义务教育经费绩效情况、新型农村合作医疗基金、土地置换复垦资金、民政低保资金等专项资金的管理使用情况审计。审计结果受到太和县人大和县政府的高度重视，在听取和审议同级财政审计结果报告后，县人大对审计工作客观公正、实事求是、敢于查处和揭露问题的做法给予了充分肯定和高度赞扬。

创新审计模式，强化经济责任审计。受县委组织、纪检部门的委托，全年对15个（其中：任前审计3个）单位领导干部任期经济责任进行审计。查处各类违纪违规金额926万元，为县委加强对干部的管理，以及组织部门考察使用干部、防止领导干部“带病上岗”、“带病提拔”等提供了参考依据。太和县的任前审计工作走在全省前列，得到省审计厅的充分肯定。

围绕提高政府投资绩效，大力开展投资审计。为了加强对政府投资建设项目的审计监督，规范投资行为，提高政府投资效益，根据省政府225号令和阜政发〔2009〕6号文件要求， 5月，县政府第44次常务会议研究同意，经县编办10月批准成立太和县投资审计局。全年对7个政府投资项目进行竣工决算审计。审计报送金额4.7亿元，核减金额1亿元，平均核减率21%（其中：县第八中学送审金额803万元，审计核减303万元，核减率高达37.8%）。通过审计，有效地规范了政府投资行为，提高了政府投资效益。为增强审计人员的“精品意识”，鼓励提交高质量的审计报告，将每一份审计报告都上报县领导审阅。据统计，全年审计报告被全省审计工作会议报告采用表扬、省经济责任审计局总结采用1处，被市审计局总结采用5处，被县领导批示5篇。

积极参与企业改制，维护社会稳定。根据县领导的安排，由县审计局牵头，积极参与全县企业改制工作，依法准确核定全县改制企业的债务数字，平息群众上访，促进社会稳定，受到了太和县委、县政府主要领导的好评。

积极开展审计“信息化推进工程”，推进审计信息化建设。按照省审计厅“信息化推进工程”要求，投资46万多元完成联网审计、审计专网平台迁移和审计会商系统等信息化建设项目。制定《太和县审计局关于加强2011年审计信息化工作的意见》，提出2011年审计信息化建设工作一系列措施。积极扩大《现场审计实施系统》的应用范围。目前，县审计局所有审计项目均运用AO系统进行项目管理和现场审计作业，成功实现OA、AO的交互应用，有力的推进了太和审计信息化建设的发展。

2011年工作成果一览表

审计单位（个）	查处违规金额（万元）	管理不规范资金（万元）	应缴财政（万元）	已缴财政（万元）	应归还原渠道资金（万元）	移送事项（件）	应调账处理金额（万元）	应自行纠正金额（万元）	审计报告、信息被批示采纳（篇）
32	1698		94.8	94.8					11

2011年获奖情况

被省审计厅评为全省审计系统精神文明创建先进单位

参与的安徽省基层卫生机构债务审核工作被省审计厅通报表彰

被市审计局评为全市表彰优秀审计项目

被县政府评为唱红歌比赛三等奖

被县政府评为全县民生工程组织实施工作贡献奖

李佩新被县政府评为民生工程工作先进个人

徐兰被县政府评为太和县“五五”普法先进个人

2011年大事记

5月11日，任命刘翔飞为县审计局局长（太和县第十四届人大常委会第四十次会议，太人常〔2011〕4号）。

5月，太和县政府第44次常务会议：同意成立太和县投资审计局；同意太和县2011年度同级财政审计方案；同意改善办公条件；同意实施审计信息化建设项目。

10月24日，成立太和县固定资产投资审计局（太编字〔2011〕号），为县财政全额拨款事业单位，副科级建制，隶属县审计局管理，人员编制10名，领导职数1正1副2名。

太和县审计学会领导及理事名单

会　长：赵国法

副会长：李成波　窦绍鹏　张超君

秘书长：昝　峰

副秘书长：王　宇

常务理事：王　宇　王　斌　王清泉　王世全　刘牧愚　刘翔飞　刘孟华　齐　斌　张超君　李成波　杨代军　赵国法　昝　峰　袁维彬　徐子朗　秦大庆　窦绍鹏

理　事：马新华　王　宇　王　峰　王　斌　王启明　王清泉　王世全　刘玉华　刘孟华　刘牧愚　刘翔飞　刘霄峰　齐　斌　张超君　张君怡　李成波　李佩新　陈玉建　杨代军　岳修杰　范飞鸿　昝　峰　赵　魁　赵国法　袁维斌　徐子朗　徐贺飞　徐晓峰　秦大庆　韩　波　廉　伟　窦绍鹏　潘如年

界首市审计局

界首市审计局内设办公室、人事教育股、综合法规股、计算机审计应用股、财政金融审计股、行政事业与社会保障审计股、经贸审计股、固定资产投资与外资运用审计股和农业与资源环保审计股，现有编制17名，实有人员17名。

2011年界首市审计局机关人员配备情况表

内容 单位	人数	性别		文化程度				职称			负责人
		男	女	研究生	本科	大专	大专以下	高级	中级	初级	
局领导	5	5			3	2		4	1		王建功
办公室	2	2				1	1	1			祝金章
人事教育股	1		1			1					朱 敏
综合法规股	2	2			1	1			1		张 华
计算机审计应用股	1	1			1				1		杨大鹏
财政金融审计股	1	1				1			1		梅铁华
行政事业与社会保障审计股	1		1			1			1		任玉琴
经贸审计股	2	1	1			2			1		杨 丽
固定资产投资与外资运用审计股	1	1			1				1		于志强
农业与资源环保审计股	1	1			1				1		陈 涛
合计	17	14	3		7	9	1	5	8		

2011年界首市审计局领导人员情况表

姓 名	性 别	职 务	职 称	任职时间
王建功	男	局长	高级工程师	2009 年 11 月
田 飞	男	副局长	高级审计师	2009 年 9 月
李雪松	男	副局长		2010 年 5 月
刘冠军	男	总审计师	高级审计师	2011 年 11 月
张 华	男	纪检组长	审计师	2011 年 11 月

2011年12月31日在册人员名单

王建功 田 飞 李雪松 刘冠军 张 华 祝金章 刘 宏 朱 敏 张征武 李士超 梅铁华 杨 丽 任玉琴 杨大鹏 于志强 陈 涛 刘志安

2011年工作概况

2011年，界首市审计局在市委、市政府的正确领导和上级审计机关的业务指导下，以科学发展观为指导，继续贯彻“依法审计、服务大局、围绕中心、突出重点、求真务实”审计工作方针，根据全省审计工作总体要求，积极加快审计转型，不断强化措施，狠抓工作重点，积极开展“信息化推进工程”，收到了明显的成效。全年完成审计单位48个，查处各类违规资金总额10067万元、损失浪费资金137万元，已上缴财政和归还原渠道资金5716万元，审计后挽回（避免）损失680万元。提出审计建议103条，促进被审计单位制定整改措施19项，提交审计专题、综合性报告和信息简报79篇。全年完成固定资产投资工程竣工决算审计项目45项，审计送审金额11713万元，审定金额10042万元，审计核减金额1671万元；审核招标代理机构编制的工程控制价73项审核资金9265万元，核减控制价金额541万元；审核土地收储及拆迁安置项目60宗，土地面积1786亩，审核资金发放11259万元。全年提交“信息化推进工程年”信息111篇，其中国家级采用7篇，省级采用24篇，市级采用80篇。

财政审计获得好评。借助财政联网审计平台，开展“同级审”工作。通过对会计核算中心、财政总预算会计、预算计划指标管理、国库集中支付等财政审计财务数据的实时联网采集，运用审计现场实施系统AO和审计管理系统OA的交互，提高了审计效率，实现了审计人员共享审计数据和信息的目标。以全部财政性资金为载体，突出重点审计。按照“构建财政审计大格局”的思想，制定审计工作方案和审计实施方案，对全部财政性资金开展审计，涵盖预算资金、专户资金、专项资金等内容。同时，将预算执行审计与部门预算执行、专项审计调查和经济责任审计结合起来，作为审计重点纳入 “同级审”范畴，使得审计结论更具客观性和权威性，审计意见和建议得到市委、市政府重视和采纳，审计问题落实获得市人大好评。

政府性投资审计成为审计工作亮点。围绕市“四重工作”做好政府性投资审计。结合市实际情况，先后制定并以界首市政府文件印发《界首市政府投资管理办法》、《界首市政府投资审计监督办法》等近十项制度和操作规程，促进市政府投资工程制度化、规范化。同时，大胆创新，在原有计算机软件辅助审计基础上，借助移动式GPS卫星定位测量系统，减轻审计人员实地测量工作量，提高了工程审计测量效率和精度。按照市委、市政府的要求，开展征地拆迁资金审核、控制价审核和竣工决算审计等项目审核审计工作。5年累计完成固定资产投资审计项目244个，审计项目资金总额45001万元，审计核减项目资金总额4919万元。

信息化建设取得突破性进展。按照省审计厅和阜阳市审计局的统一部署，及时成立领导组织，制定《界首市审计局开展“信息化推进工程”实施方案》。在2010年投资近80万元，建成内外物理隔离的互联网和审计专网工作平台的基础上，2011年年初，又与北京中软公司合作开展安徽省《县（区）财政联网审计》试点工作。根据本地区特色对县（区）财政联网审计的五大功能模块进行完善和修改，实现了审计署提出的“预算跟踪+联网核查”的计算机审计模式，与市财政部门相关数据保持了适时采集和适时监控。制定《联网审计平台操作流程》、《AO与OA交互使用方法》、《界首市审计局内外网安全管理办法》等13项信息化工作制度。对审计人员加大审计管理系统和审计实施系统的应用培训力度，改版更新审计门户网站，建立方便审计人员交流的QQ群，初步建立健全了审计管理、审计作业和信息交流三大平台。明确项目分工和任务分解，要求各股室对年度审计项目计划中列出的指令性审计项目和经济责任审计项目，必须在AO和OA中操作。按照规定实施项目审计和管理，上传现场审计资料，查看领导批复和反馈意见，按时完成审计资料的更新和计算机审计方法、AO案例的撰写，实现OA和AO的交互。在开展财政“同级审”项目时，实现利用“县（区）财政联网审计平台”在AO联机版状态下，完成财政局总预算会计，预算计划指标管理 ，国库集中支付等财政审计原始数据的采集；在AO单机版状态下，完成会计核算中心电子数据的采集，并通过联机审计软件的数据共享功能和AO与OA的交互，实现了项目组成员之间的审计数据和相关资料的共享以及审计组与局机关之间的项目交互流转。计划内项目已基本完成审计项目资料的打包上传工作。同时，实现所有公文及时在网上完成流转。另外，审计人员还利用在互联网建立VPN、DDN拨号的方式，实现了对新农保资金的联网审计。

2011年工作成果一览表

审计单位（个）	查处违规金额（万元）	管理不规范资金（万元）	应缴财政（万元）	已缴财政（万元）	应归还原渠道资金（万元）	移送事项（件）	应调账处理金额（万元）	应自行纠正金额（万元）	审计报告、信息被批示采纳（篇）
112	11058	14664	9149	5578	154		368		82

2011年论文发表情况统计表

报刊名称	时间(期数)	论文题目	作　者
《阜阳审计》	第5期	《如何编制审计实施方案》	田　飞

2011年获奖情况

被省审计厅评为全省审计“信息化推进工程”先进单位

被省审计厅评为审计机关网站综合测评先进单位

被省审计厅评为全省审计系统精神文明创建先进单位

被阜阳市政府评为先进集体

被阜阳市审计局评为审计项目质量检查评比第一名

在庆“七一”歌咏比赛中被阜阳市审计局评为优秀奖

被阜阳市审计局评为优秀项目单位

被阜阳市审计局评为先进单位

被界首市委、市政府评为党建工作先进单位

被界首市委、市政府评为计算机生育工作先进单位

被界首市委、市政府评为“创先争优”服务发展工作一等奖

公安局暂存款审计被审计署评为AO应用实例优秀奖

公安局暂存款审计被省审计厅评为审计方法优秀奖

公安局暂存款审计被省审计厅评为AO应用优秀项目

2011年大事记

1月20日，阜阳市“信息化推进工程”现场会在界首召开。

3月24日，审计署副审计长石爱中在南京特派办党组书记李玲、省审计厅厅长刘战平的陪同下，到界首市进行工作调研。阜阳市委书记宋卫平、界首市委书记刘玉健、市长李磊参与接待。界首市委书记刘玉健对界首的经济发展及审计工作进行汇报。

5月11日，市委组织部任命：李雪松为界首市审计局副局长；免去刘宏界首市审计局党组成员、副局长职务。

10月11日，省审计厅副厅长杨寿

桃、省审计厅信息办副主任赵明、阜阳市审计局李援朝一行到界首市审计局进行工作调研。界首市市委书记刘玉健参加调研。

11月18日，市委组织部任命：刘冠军为界首市审计局党组成员、总审计师；张华为界首市审计局纪检组长；刘亚丽为界首市经济责任审计局局长。

2011年 领导批示、讲话摘要

2011年，界首市委书记刘玉健在中共界首市第十二届纪律检查委员会一次会的讲话中指出：审计机关要紧紧围绕“守法、守规、尽责”的要求，继续加大经济责任审计的力度，要以创新的思路、改革的精神，进一步加强对权力运行的审计监督，尤其要加强对行政审批、工程招投标、政府采购、土地转让、国有资产拍卖转让等重点领域和关键环节的监督，严肃查处重大违法违规问题、经济犯罪案件和以权谋私、失职渎职等行为。要将经济责任与预算执行审计、金融审计、企业审计结合起来，积极推行任中审计、任前审计。建立健全责任追究制度，促进领导干部按照法定权限和程序履行职责，充分发挥审计监督的预警、约束和震慑作用。二是更加注重廉政建设。监督别人，首先要管好自己。审计部门要严把金钱关、人情关，时刻保持清醒头脑，不能有丝毫的麻痹和松懈。要坚持原则，坚持审计为公，严格执行“八不准”的审计纪律和各项廉政规定，坚持抵制和防止以权谋私等不正之风，树立为民、务实、清廉的良好形象。

界首市审计学会

2011年，审计学会主要完成以下工作：一是继续加强学会的组织建设，注重发展会员，注重培养理论研究骨干，把热爱审计事业、热心审计理论研究的各方面审计人员积极发展为会员，把那些有一定研究能力、水平的同志作为研究骨干，最大限度地把他们团结在学会组织的周围，共同开展审计学术理论研究。二是加强制度建设。完善例会制度、论文研讨、财务管理等项制度，逐步将学会工作走向制度化和规范化。三是组织学会会员外出学习，更新会计、审计知识。与江苏沭阳审计局联系，派出10多人赴沭阳考察学习经济责任审计；派出一名副会长赴厦门国家会计学院学习行政事业会计制度，将学到的知识在学会内交流传达，促进大家共同提高。

界首市审计学会 领导及理事名单

会　长：王建功

副会长：曹　丽　杨　杰　刘　宏　田　飞　李雪松　张　华

秘书长：刘冠军

副秘书长：刘亚丽　陈　涛

常务理事：许　丽　宁　森　丁　伟　张培印　饶　军　张友明　庞雪生　庞瑞生　李哲伦　张　超　王新峰　荣全军

理　事：刘海妹　杨学启　陈　坚　鲍文明　祝金章　朱　敏　李士超　杨　丽　梅铁华　任玉琴　于志强　杨大鹏　马　超　肖　彬　吕艳侠　王永峰

2011年出台的 地方审计规章目录

《界首市政府投资工程代建制管理办法》（界政秘〔2011〕13号）

（撰稿人：李雪松，审核人：李磊）

阜南县审计局

阜南县审计局内设办公室、财政金融审计股、行政事业审计股、工交商贸审计股、农业水利审计股、经济责任审计局、计算机审计股、法制股和工会，现有编制23名，实有人员22名。

2011年阜南县审计局机关人员配备情况表

内容／单位	人数	性别		文化程度				职称			负责人
		男	女	研究生	本科	大专	大专以下	高级	中级	初级	
局领导	6	6			6			1	4		聂　林
副主任科员	2	2					2				
办公室	3	3				3					李明和
财政金融审计股	1	1				1					张泽怀
行政事业审计股	2	2			1	1			1		丁金杰
工交商贸审计股	1		1		1						刘燕妮

农业水利审计股	2	1	1		1	1					吴　军
经济责任审计局	1	1				1					闫永才
计算机审计股	2	1	1		1	1					杨　敏
法制股	1		1		1						郭亚梅
工会	1		1		1						刘丽新
合计	22	17	5		12	8	2	1	5		

2011年阜南县审计局领导人员情况表

姓　名	性　别	职　务	职　称	任职时间
聂　林	男	局长	经济师	1999年8月
于颖亚	男	党组书记	会计师	2002年1月
张保新	男	党组成员（副主任科员）	高级审计师	1999年8月
郭怀亮	男	副局长		2000年8月
杨　森	男	副局长	审计师	2005年12月
刘　磊	男	总审计师	审计师	2011年10月

2011年工作概况

2011年，阜南县审计局坚持以邓小理论和“三个代表”重要思想为指针，以科学发展观为统领，认真贯彻党的十七大精神，紧紧围绕县委、县政府的中心工作和上级审计部门的业务工作，坚持“依法审计、服务大局、围绕中心、突出重点、求真务实”审计工作方针，加强“人、法、技”建设，认真履行审计监督职能，进一步加大对重点领域、重点资金、重大违规问题的查处力度，为促进全县经济社会又好又快发展、构建和谐阜南，发挥了积极作用。全年安排审计项目156个（其中政府投资审计项目132个），完成审计和审计调查项目162个；查处违规问题金额 12830万元，通过审计增加财政收入和纳入预算管理资金8664万元，核减固定资产投资1756万元，降低招标控制价2844万元； 提交审计报告和信息专报 98篇，被各级政府和领导采用和批示16篇次；提出审计建议80条，被采纳46条，促进了被审计单位建立健全规章制度18项。

财政审计。围绕构建财政审计大格局总体要求，坚持以规范预算管理、提高财政资金使用效益为目标，以预算执行为主线，以财政支出为重点，组织6个审计组，分别对县财政局、县民政局、县土地局等12个县级预算执行单位2010年度预算执行和其他财政收支情况进行审计。重点检查综合预算管理、国库管理、政府采购等各项改革的推进完善情况，预算执行绩效情况，各项民生工程政策的落实情况，以及有关厉行节约制度规定的执行情况等。同时，特别关注各部门贯彻落实国家和县委、县政府为加快转变经济发展方式出台的各项宏观调控政策情况，加强对部门管理的用于调整经济结构、促进经济增长的各项财政资金的分配、拨付、管理及使用情况的审计监督。

政府投资项目审计。为配合县城市大建设工作，贯彻温总理“财政资金运用到哪里，审计就跟进到哪里”的讲话精神，以节约建设成本，提高建设资金使用效益，发挥审计“免疫系统”功能为目标，改变以往投资审计侧重于阶段性和事后审计监督为主的做法，将事前、事中、事后监督有机结合起来，开展以立项、批复、项目概算、合同签订前备案等前期工作为基础的事前审计，以工程资金来源、工程造价结算、工程管理为主要内容的事中审计，以项目决算和工程绩效为核心的事后审计，取得了明显效果。全年开展50项工程审计，其中：公共工程项目送审金额8332万元，核实金额7178万元，审计核减政府公共财政拨付金额1756万元；控制价审计，报审金额32889万元，核实控制价30045万元，降低招标控制价2844万元。 同时，县政府重新修改制定《阜南县政府投资建设项目审计监督办法》，制定《阜南县政府投资项目工程变更管理办法》和《阜南县政府投资项目跟踪审计操作规程》。5月6日，县委、县政府召开全县固定资产投资项目审计专题工作会议，县长崔黎在大会上就县政府新制定的《阜南县政府投资项目工程变更管理办法》和《阜南县政府投资项目跟踪审计操作规程》如何贯彻执行进行安排部署，充分体现了县委、县政府对此项工作的高度重视，表明了县委、县政府抓投资项目审计工作的态度和决心。

绩效审计。按照全省审计会议精神，全面树立效益审计的理念，把效益审计作为全年审计工作突破的重点，争取在审计模式、审计手段、审计方式、方法等方面有所探索和创新，并争取在全省的评比中取得好的成绩。上半年，根据全省统一安排，先后完成对蚌埠市淮上区城乡义务教育费用保障机制专项资金绩效审计调查和宿州市踊桥区的政府性债务情况专项审计调查。在项目多、任务重的情况下，为了不增加自身审计成本，不拖延时间，抽调精兵强将，优化组合，做到全面审计与重点审计相结合，这样既提高了效率又保证了效果，确保了审计工作达到预期目标。同时，开展扶贫资金审计调查和全县中小学校校舍安全工程实施情况审计、全县中小学校校舍安全加固工程跟踪审计等，以加强县扶贫资金及重点建设项目工程管理，保证合理、有效使用建设资金，防止违纪违规行为和项目资金的流失。

经济责任审计。针对经济责任审计的特点，在总结往年经验的基础上，围绕县域经济发展的实际，把审计对象的经济指标完成情况、大项目完成情况、招商引资完成情况、地方税收增收情况等做为经济责任审计评价的重点，科学地评价在经济大跨越时期领导干部在经济主战场上发挥作用的情况，并结合民主测评结果全面、有效地为组织部门和县领导提供相关参考资料，做到阳光透明。

民生资金审计。围绕构建和谐社会目标，着重在老百姓的住和行上做文章：年初将33项民生工程全部列入审计计划，力求通过审计调查，反映专项资金管理、使用和运营情况，保证党和政府的各项安民、惠民、利民政策落到实处，同时为政府及有关部门完善有关政策措施提供决策依据。33项民生工程审计分别查出存在滞留资金、配套资金不到位、变更工程项目等问题，审计报告引起了县委、县政府领导的高度重视，县长崔黎在审计报告上专门作了批示，责成有关单位对存在问题限期整改落实到位。

“信息化推进工程”。为贯彻实施省审计厅实施“信息化推进工程”，完成“金审工程”二期建设任务，积极推进“金审工程”三期建设。4月27日，成立“信息化推进工程”领导小组，以确保“信息化推进工程”顺利实施。一是实施财政联网审计平台建设。12月14日，对财政联网审计平台工程进行验收。实施期间完成硬件采购、设备安装、审计局内外网络改造、财政联网审计软件安装、数据采集模块制作等工作。财政联网审计信息平台建设共耗资近70万元，内容包括联网审计软硬件设备、办公信息化设备、网络改造、专网迁移设备等。二是审计管理系统（OA）信息化办公平台建设。由于局信息化办公设备多年未更新，已非常落后，OA系统只能运行在无线局域网上，安全保密性很差。利用建设财政联网审计信息平台的契机，，购置了双网隔离微机，并对局域网重新进行改造，审计专网与互联网物理分离，部署硬件防火墙，保证OA系统在审计专网中安全运行，不被病毒、木马攻击。三是审计专网迁移线路及设备的安装。于11月10日把设备参数配置完成，将光纤与市审计局调试连通，OA办公系统运行正常，保证12月全省审计专网迁移工作的顺利实施。四是审计视频会商系统准备安装成功。五是审计管理系统（OA）实施情况与现场审计实施系统（AO）应用情况。为了让OA系统在全局完全实施应用，年初制定《OA系统公文流转及审计项目操作指南简介》。2011年，县审计局近80%的行政公文、业务公文除投资类外都在OA系统中进行流转。年初计划内项目基本都在OA系统进行立项、分解，预算执行审计、经济责任审计项目资料都进行AO—OA交互。

“人、法、技”建设。始终把落实党风廉政建设责任制放在各项工作的重要位置，从建设过硬队伍着眼，从提高思想认识入手，在落实上下功夫，突出抓好了以下几个方面的工作：一是实行“一把手”工程。局成立以党组书记为组长，分管领导为副组长，各股室负责人参加的党风廉政建设领导小组，加强对党风廉政建设的领导。签订目标责任书，采取局长与分管局长，分管局长与职能股室负责人签订责任书的形式，明确各项工作目标要求，形成了一级抓一级、一级对一级负责的良好工作作风。二是制定廉政措施。年初，召开党风廉政建设工作会议，研究制定《阜南县审计局党风廉政建设工作意见》和《阜南县审计局党风廉政建设工作责任分解表》，认真落实县纪委分解的党风廉政建设责任和任务。三是严格审计纪律。坚持做到“三常一带头”，即：常讲，廉政规定牢记心中；常查，跟踪监督不放松；常访，及时掌握廉政动态；一带头，领导带头做表帅。实行“三示”制度，即审前公示，审中现场提示，审后回访警示。2011年，局领导班子成员利用一周左右的时间，集中回访12家被审计单位，重点了解审计人员在工作过程中作风和廉政纪律的执行情况，同时征求被审计单位对审计工作的意见和建议，取得了较好的效果。四是强化廉政考核。凡是在廉政建设上违反规定的人员，实行“一票否决制”。通过经常性的教育，健全完善的制度，行之有效的措施，狠抓落实的决心，筑起了一道牢固的“廉政防火墙”，从而使审计机关的党风廉政建设得到了进一步加强，有力地促进了审计工作的开展。

2011年工作成果一览表

审计单位（个）	查处违规金额（万元）	管理不规范资金（万元）	应缴财政（万元）	已缴财政（万元）	应归还原渠道资金（万元）	移送事项（件）	应调账处理金额（万元）	应自行纠正金额（万元）	审计报告、信息被批示采纳（篇）
162	12830		90	90					116

2011年获奖情况

被市审计局评为全市审计工作优秀单位

李俊被省审计厅评为全省审计“信息化推进工程”先进个人

郭怀亮被县委、县政府评为项目工作先进个人

李明和被县委、县政府评为招商引资先进个人

奚应龙被县委评为“创先争优”优秀党员

刘燕妮被县委、县政府评为优秀政协委员

2011年大事记

1月，唐玲退休。

9月，杨光云调至安医附属医院工作。

10月，吴跃芳退休。

淮南市审计局

淮南市审计局内设办公室、人事教育科、监察室、党总支、综合法规科、计划财（审计）务科、计算机审计科、财政金融审计科、经济贸易审计科、社会保障审计科、行政事业审计科、农业与资源环保审计科、外资运用审计科、城市建设与固定资产投资审计科、科教文审计科、经济责任审计局、经济技术开发区直属分局、山南新区直属分局、审计学会与内部审计协会、审计干部培训中心和固定资产投资审计中心，现有编制71名，实有人员68名。

2011年淮南市审计局机关人员配备情况表

单位＼内容	人数	性别		文化程度				职称			负责人
		男	女	研究生	本科	大专	大专以下	高级	中级	初级	
局领导	9	9		3	5	1		3			陈　寅
办公室	6	6			3	3		1	1	1	范淮涛
人事教育科	2	1	1	1		1			2		朱　静
监察室	2	2			1	1			1		朱　利
党总支	1	1				1			1		朱新民
综合法规科	5	4	1		5				2		颜少凯
计划财务（审计）科	3		3		2	1		1		1	王宜君
计算机审计科	3	3			2	1		2	2		杨　文
财政金融审计科	3	1	2	1		2		1	1		舒　扬
经济贸易审计科	4	2	2		3	1		2	2		刘　莹
社会保障审计科	3	1	2		2	1			3		邵延远
行政事业审计科	3	3		2	2				3	1	刘　辉
农业与资源环保审计科	3	2	1	1	1	1			3		任　辉
外资运用审计科	2	1	1		1	1			2		胡　颖
城市建设与固定资产投资审计科	6	5	1			4	1	1	3	1	陆守法
科教文审计科	3	2	1		3			1	2		杨志田
经济责任审计局	4	2	2		2	2		1	3		陶保华
经济技术开发区直属分局	2	2				2			2		朱堂善
山南新区直属分局	2	2				1	1	1	1	1	胡东方
审计学会与内部审计协会	1		1		1				1		王　丽
审计干部培训中心											
固定资产投资审计中心											
离岗人员	1	1			1						盛明训
合计	68	50	18	8	33	25	2	14	35	5	

2011年淮南市审计局领导人员情况表

姓　名	性　别	职　务	职　称	任职时间
陈　寅	男	党组书记、局长	高级会计师	2010年4月
丁常宝	男	副局长		2000年9月
李长安	男	副局长	审计师	2003年7月
王　林	男	副局长		2005年10月
刘昌银	男	纪检组长		2005年5月
李宗林	男	总审计师	高级审计师	2007年2月
陶保华	男	市经济责任审计局局长	高级审计师	2005年8月
曹和平	男	调研员		2009年8月
杨庆国	男	副调研员		2005年8月

2011年12月31日在册人员名单

陈　寅　丁常宝　李长安　王　林　刘昌银　李宗林　陶保华　曹和平　杨庆国　范淮涛　孟　军　孙　凯　张友斌　徐　哲
何浚罡　朱　静　刘　群　朱　利　陈冬青　朱新民　颜少凯　方　平　孙志远　崔　燕　徐小龙　王宜君　王慧汇　丁惠娟
杨　文　周　彬　赵广龙　舒　扬　俞　兰　陈宏伟　刘　莹　胡俊永　刘　众　黄丽萍　邵延远　刘　静　乔锦秀　刘　辉
丁　利　刘　伟　任　辉　王卫东　张承云　胡　颖　徐国宝　陆守法　陈建奎　管要武　胡　云　李伯芳　杨　乐　杨志田
孙继萍　李株喆　刘在今　吴　军　叶晓冬　谢志娟　朱堂善　陈晓毛　胡东方　张春田　王　丽　盛明训

2011年淮南市审计局特约审计员情况表

姓　名	性　别	工作单位	职　务	职　称	任职时间
姚传勤	女	安徽理工大学土木建筑学院	副院长		2008年3月
黄　鹤	男	市国税局田家庵区	局　长		2008年3月
朱　平	女	淮南师范学院对外合作交流中心	副主任		2008年3月
李　梅	女	市第一人民医院西院麻醉科	主　任	主治医师	2008年3月
顾　红	女	市农科所组培室	主　任	高级农艺师	2008年3月
张培真	男	市广播电视局工会	主　席		2008年3月
李　萍	女	经济技术开发区财政	局　长	会计师	2008年3月
李洪光	男	市地税局	副局长		2008年3月
李雪莲	女	矿业集团财务有限公司	风险总监	经济师	2008年1月
许　洋	男	农行淮南分行营业部	个人理财经理	助理经济师	2008年3月
朱传军	男	市粮食局	党委副书记	政工师	2008年3月

2011年工作概况

2011年，淮南市审计局在市委、市政府和省审计厅的正确领导下，围绕中心，突出重点，团结拼搏，扎实苦干，较好地完成各项工作任务。全年审计（审计调查）839个单位，完成审计项目84个，查处违规金额13773万元，其中应上缴财政2393万元，应减少财政拨款或补贴8347万元，应归还原渠道资金2354万元，应调账处理金额448万元；已上缴财政2232万元，已减少财政拨款或补贴8341万元，已归还原渠道资金2354万元，已调账处理金额448万元。移送司法机关、纪检监察部门处理事项2起。提交审计工作报告、信息660篇，被采用511篇。市审计局第三次蝉联省级文明单位，连续5年荣获全市目标管理考核优秀单位且名列经济类第一名，被审计署评为地方政府性债务审计先进集体嘉奖，荣获全省审计机关“信息化推进工程”先进单位、全省优秀审计项目表彰和全省地方政府性债务审计先进集体。曹勇市长调研审计工作时用“审计工作地位非常重要、监督非常有效、工作非常辛苦”。这“三个非常”是对全市审计工作给予的高度的肯定和评价。

财政预算执行审计。以构建财政审计大格局为着力点，以全部政府性资金为载体，首次将国有资本经营预算、政府性基金预算等重要事项纳入财政审计监督的范围，同时把市本级财政审计与部门预算执行审计、专项审计调查、民生工程审计、资源环保审计、固定资产投资审计等融为一体，对全部政府性资金实施全过程审计。部门预算执行审计首创“10+X”模式，确定10个资金规模较大的部门实施连续审计，每年再选择2个以上其他部门预算执行进行审计，从而实现主要预算部门每年必审，一般部门周期轮审，不留监督死角的审计目标。审计结果引起市政府和相关部门的高度重视，市财政局针对审计报告中提出的“政府性基金和国有资本经营收支未完全纳入政府预算体系管理”、“财政资金存储管理不够合规合理”等问题，先后出台《关于编制2012年市本级政府性基金预算的通知》、《关于编制2012年市级国有资本经营预算的通知》，制定《淮南市市本级政府性资金存放商业银行管理改革实施方案》，为政府加强预算管理，人大加强预算监督，发挥了积极有效的作用。财政审计工作报告和审计整改工作报告已经人大常委会议审议通过，并通过《淮南日报》及门户网站全文向社会公告，收到了很好的社会评价。

政府重点投资绩效审计。紧扣市委、市政府“两型城市”、“一主两翼”、“大建设”等重大决策部署，不断加强政府重点投资绩效审计，着力构建了具有淮南特色的“制度办法引领、国家审计主导、社会中介参与、内部审计专家补充、全过程跟踪监督”政府投资审计新模式。为切实保障政府投资审计质量，规避审计风险，建立健全政府投资协审管理体系，制定出台《政府投资项目协审机构（人员）管理暂行办法》、《委托社会中介机构审计政府投资项目招投标管理办法》、《参与政府投资项目审计的社会中介机构及其人员审计守则》、《协审操作规程》、《协审机构业务考核办法》等5项协审制度，对社会中介机构参与投资审计的资格准入、操作规程、质量控制、审计绩效等进行全面规范和约束，为构建覆盖政府投资各个环节的“闭合系统”奠定基础。同时，进一步加大投资审计力度，全年对市全民健身馆、第一人民医院外科大楼等26项重点工程的竣工决算实施审计，对奥体中心、东西部第二通道等42项政府投资项目进行跟踪审计，对市中城建研发中心、朝阳东路延伸段下穿立交桥招标进行控制价审计，以上3项共核减资金51594万元，充分发挥了政府投资审计的“预警、预险、控制”作用。

经济责任审计。围绕促进领导干部贯彻落实科学发展观、树立正确的政绩观、切实履行经济责任、建立健全问责机制和责任追究制度，加大对权力大、资金流量多、资金运转时间长的部门审计监督力度。及时成立由市长曹勇任组长的市经济责任审计工作领导小组，代政府草拟《淮南市领导干部经济责任审计责任追究办法》，进一步完善了领导干部经济责任审计制度体系建设。首次单独下达年度经济责任审计计划，突出对宏观调控政策执行、贯彻落实科学发展观、领导干部“三权一廉”的审计监督。全年完成21名领导干部的经济责任审计，查处领导干部对违规行为负有主管责任和直接责任的问题金额1521万元。同时，充分利用《淮南日报》专版、市电台“行风热线”等方式深入宣传贯彻中办、国办颁布施行的《党政主要领导干部和国有企业领导人员经济责任审计规定》。

专项审计调查。牢固树立科学审计理念，围绕党委政府工作中心及民生热点问题，突出百姓安居、健康保障、环境保护三大主题，除保质保量完成审计署、省审计厅交办的全国地方政府性债务审计、义务教育费用保障机制专项资金等审计项目外，积极开展并完成镇村生态式污水处理工程建设资金、采煤沉陷区居民搬迁安置资金、城镇居民基本医疗保险专项资金等10余项涉及民生的专项审计（审计调查），审计专项资金总额856417万元，查处违规资金3460万元、管理不规范资金110319万元。在加大对专项资金管理使用中存在问题查处的同时，更加关注资金的使用绩效，针对体制机制制度层面问题提出意见建议。

“信息化推进工程”。按照省审计厅统一安排和部署，确立“以现场审计实施系统（AO）和审计管理系统（OA）为抓手，以AO应用、计算机审计、成果转化、制度建设和联网审计等为突破口，争取在年底省审计厅考核中迈入先进行列”的总体目标及16项具体活动内容。制定淮南市“十二五”审计信息化规划，出台《审计项目电子化流程控制办法》，修订《淮南市信息化工作考核办法》、《移动计算机使用管理办法》、《信息发布保密审查工作制度》等有关制度。积极探索和创新审计方式，全面提高信息化环境下的审计监督能力，实现淮南审计信息化跨越式发展。在全省审计系统门户网站评比中，市审计局和凤台县审计局门户网站分获“全省审计系统特色网站”和“县级优秀审计网站”；市审计局、八公山区审计局、凤台县审计局荣获全省审计机关“信息化推进工程”先进集体。

机关内部建设。以深入开展“创先争优”活动为抓手，以“创新审计理念，加快审计转型，服务淮南崛起”为目标，不断加强审计机关内部建设。一是加强3个重点层次人才的管理和培养。召开中层干部、后备干部及青年干部座谈会；先后选送机关干部职工参加市委党校主体班等各类培训；组织新招录3名职工参加省审计厅举办的新进审计机关人员培训班等。二是加强制度建设。制定《建设“资源节约型、环境友好型机关”的实施意见》、《淮南市审计局督查督办工作制度》等制度意见。三是加强廉政建设。制定淮南市审计局2011年党风廉政建设工作计划，严格执行审计程序和审计纪律，大力推进“四公开”，即审计项目公开、审计过程公开、审计结果公开、投资项目审计公开招投标，全力打造阳光审计。四是加强党建及文明创建工作，积极丰富审计文化内涵。深入开展“书记大走访”活动，扎实做好结对共建工作，建立机关干部下基层常态化制度；组织开展纪念中国共产党成立90周年活动，继续举办第三届书画摄影展，大力加强“书香机关”建设，开展“经典天天读”征文活动，积极创办“审计论坛”等。六是加强审计环境建设。以贯彻实施《审计法实施条例》、《党政主要领导干部和国有企业领导人员经济责任审计规定》为契机，开展全国法制宣传日活动，在市主要路段张贴标语、悬挂横幅，发放审计法制宣传材料，普及审计法律知识，解答公众问题。在《淮南日报》制作专版进行宣传，为审计工作的开展营造了良好的外部环境。

2011年工作成果一览表

审计单位（个）	查处违规金额（万元）	管理不规范资金（万元）	应缴财政（万元）	已缴财政（万元）	应归还原渠道资金（万元）	移送事项（件）	应调账处理金额（万元）	应自行纠正金额（万元）	审计报告、信息被批示采纳（篇）
839	13773	270708	2393	2232	2354	2	448		511

2011年论文发表情况统计表

报刊名称	时间(期数)	论文题目	作　者
《安徽审计》	第5期	《求真务实　知难而进　强力推进淮南市审计信息化建设》	陈　寅
《安徽审计》	第5期	《积极探索　规范行为　扎实开展村级主要负责人经济责任审计工作》	淮南市审计局课题组
《安徽审计》	第6期	《新准则的新变化》	李宗林
《安徽审计》	第10期	《扎实开展"五年行动计划"　全面推动审计工作转型》	陈　寅、颜少凯、崔　燕
《安徽审计》	第10期	《全审工程给力百里煤城——淮南市"信息化推进工程"纪实》	杨　文、周　彬、李殊喆
《安徽审计》	第10期	《住房公积金绩效审计初步探索》	刘　静
《审计月刊》	第3期	《当前地方政府债务问题解决对策》	王卫东

2011年获奖情况

被审计署评为全国地方政府性债务审计集体嘉奖单位

被中国审计报社评为全国审计系统宣传通联先进集体

被省委、省政府评为第九届省级文明单位

被省审计厅评为全省审计系统精神文明创建先进单位

被省审计厅评为内部审计先进集体

被省审计厅评为全省审计"信息化推进工程"先进单位

被省审计厅评为全省地方政府性债务审计先进集体

被市委、市政府评为全市目标管理考核优秀单位

被市委、市政府评为全市招商引资工作先进单位

被市政府评为报送信息工作先进单位

被市政府评为全市政务公开先进单位

被市委办评为全市党委系统督查工作先进单位

被市档案局、市人社局评为"十一五"期间档案管理先进集体

被市双拥办评为"双拥"工作优秀合格单位

被市直机关工委评为"文明机关"、"五型机关"

被淮南日报社评为先进报道组

局党总支被市委评为先进基层党组织

局办公室被市政府评为全市政府系统公文质量先进单位

局综合法规科被市政府评为政务信息工作先进单位、市直机关共产党员示范岗、"四好科室"

局农业与资源环境审计科被市政府评为污染减排工作先进集体

《审计复议制度探析》论文获省审计厅科研论文评比一等奖

《支出预算绩效执行情况审计的结构分析法》、《关于提升审计管理科学化水平的思考》论文获省审计厅科研论文评比三等奖

《审计反映：部分政府投资项目工程管理存在四方面问题》论文获淮南市"人力资源社会保障杯"优秀信息三等奖

毛集实验区工委书记及原管委会主任任期经济责任审计被评为全省表彰审计项目

杨文被省审计厅评为全省审计"信息化推进工程"先进个人

王卫东被省审计厅评为全省地方政府性债务审计先进个人

韩琴被省政府评为全省档案工作先进个人

颜少凯被市委、市政府评为民主评议"优秀"等次科处负责人

颜少凯被市委评为全市党委系统报送信息先进个人

王宜君被市委、市政府评为民主评议"优秀"等次科处负责人

任辉被市委、市政府评为民主评议"优秀"等次科处负责人

范淮涛被评为全市党委系统督查工作先进个人

范淮涛被市委评为第十七届中国豆腐文化节先进个人

朱堂善被市委、市政府评为招商引资工作先进个人

方平被市委、市政府评为2006至2010年依法治市和法制宣传教育先进个人

方平被市委评为优秀信息工作者

崔燕被评为市直机关优秀女性人才

崔燕被评为《淮河早报》、《淮南日报》优秀通讯员

2011年大事记

1月4日下午，市审计局全体干部职工及区、县审计局局长在市审计局九楼会议室，通过视频会商系统参加全省审计机关实施"五年行动计划"总结大会，听取厅长刘战平的总结讲话和部分

市审计局及省审计厅部分处室的交流发言。

1月5日下午，召开全体职工大会，对局党组织和党员在“创先争优”活动中践诺情况进行评议。首先由局党组成员、副局长李长安代表局党组通报局“创先争优”活动开展情况和近期计划安排情况，然后对局机关党组织和党员进行民主评议。

1月7日，受局党组委托，党组成员、总审计师李宗林前往凤台县尚塘乡看望困难职工，为他们带去了新春的问候。尚塘乡和凤台县审计局领导陪同进行慰问活动。

1月10日上午，市审计局全体人员到市体育馆，参观淮南市“十一五”城乡规划建设成就展。

1月11日上午，党组书记、局长陈寅，党组成员、副局长李长安及有关科室人员对职工遗属进行亲切慰问。值此新春佳节即将来临之际，向他们表达新年的问候，带去局党组的亲切关怀，祝他们新春快乐，身体健康，阖家幸福！

1月12日上午，党组书记、局长陈寅，党组成员、副局长王林，副调研员杨庆国率局双拥工作领导小组办公室成员来到田家庵区武装部开展春节双拥慰问活动。

1月12日下午，召开县区工作会议。党组书记、局长陈寅，党组成员、副局长丁常宝、李长安，党组成员、纪检组长刘昌银，党组成员、总审计师李宗林，副调研员杨庆国，市经济责任审计局局长陶保华，各县区审计局局长和市审计局计算机审计科、综合法规科、办公室负责人参加会议。各县区审计局汇报2010年工作总结和2011年工作思路，市审计局领导对下一步工作开展提出要求。

1月12至13日，市审计局有关人员前往曹庵村和徐湖村慰问困难户。

1月20日上午，2010年度市本级财政和部门预算执行审计见面会在市审计局九楼会议室举行。市审计局领导班子全体成员，市财政局、市地税局及列入市人代会审议的市经信委等12个部门的分管领导和财务主管参加会议。

1月20日下午，在局五楼会议室召开退休干部职工座谈会。

1月21日下午，首次职工子女在校大学生、研究生座谈会在五楼会议室举行。

1月26日下午，在局九楼会议室举办新春联欢会，喜迎新春的到来。党组书记、局长陈寅致新年贺词。

1月28日下午，在市审计局九楼会议室，由市审计局、市内部审计协会联合举办2011年全市内部审计新春联欢会。

2月10至11日，开展春季培训工作。党组书记、局长陈寅作动员讲话。

2月11日，市长曹勇在合肥参加全省审计工作会议期间，亲切会见市、县（区）审计部门负责人，认真听取全市审计工作情况的汇报，详细询问基层审计部门人员结构、队伍建设和工作开展等情况。曹勇市长对全市各级审计机关紧紧围绕市委、市政府中心工作，认真贯彻执行重大决策部署，加强宏观管理、维护财经秩序、保障群众利益、推进大建设实施、促进廉政建设等方面所开展的工作和取得的成效给予充分肯定，并向辛勤奉献在基层一线的全市审计工作者致以新春的问候！

2月11日，在全省审计工作会议上，市审计局喜获全省审计机关实施“五年行动计划”先进集体的殊荣，市审计局综合法规科科长颜少凯、凤台县审计局副局长胡琳被评为全省审计机关实施“五年行动计划”先进个人。

2月28日下午，淮南市迎接全国地方政府性债务审计准备会在市审计局召开，全市六区一县分管领导和市直有关部门的负责人参加会议。党组书记、局长陈寅受曹勇市长的委托主持会议，并通报审计署对全国地方政府性债务审计工作的安排，传达王三运省长、刘战平厅长和审计署南京特派办主要负责人，2月27日在合肥召开的全省地方政府性债务审计工作进点大会上的讲话。市审计局党组成员、副局长李长安结合审计方案就淮南市如何提前准备、积极配合好地方政府性债务审计提出意见。

3月3日下午，召开全市审计系统2010年度审计工作总结表彰大会，市审计局全体人员及县区审计局局长参加会议。会议由党组成员、副局长丁常宝主持，党组成员、副局长李长安宣读2010年以来受省审计厅及市委、市政府表彰文件，党组成员、副局长王林宣读市审计局表彰文件，随后对全市9个优秀审计项目和6个信息化先进进行颁奖。

3月7日上午，陈寅局长、李长安副局长为赴淮北参加地方政府性债务审计全体人员召开进点动员会。会上，陈寅局长强调此次审计工作异常艰巨、意义重大，要求全体人员要听从指挥、团结协作、克服困难，高质量完成这一审计署交办的重要审计任务。

3月8日，印发《淮南市审计局督查督办工作制度》，并正式实施。

3月8日上午，淮北市地方政府性债务审计进点见面会召开。淮北市市委常委、常务副市长胡海波，审计组组长、淮南市审计局党组成员、副局长李长安，淮北市政府副秘书长杨海，市财政局局长李晓光、市审计局局长戎培阜，审计组全体成员以及淮北市县区分管领导、财政局长，市直一级预算单位、投融资平台公司领导和财务负责人200余人参加会议。

3月10日，省经济责任审计局局长刘春华率省分析审核组人员一行莅临淮北市检查指导地方政府性债务审计工作。刘春华局长一行听取淮北市审计局戎培阜局长和审计组组长、淮南市审计局党组成员、副局长李长安关于工作开展情况的汇报，提出了具体要求。刘春华局长一行还赴审计工作现场看望淮南审计组人员。

3月10日，党组书记、局长陈寅率局领导班子一行前往新四军纪念林参加义务植树活动。

3月11日上午，市审计局组织科室（局）负责人进行述职，党组书记、局长陈寅主持会议。市审计局监察室主任朱利等19位人员就本部门的工作及个人工作、学习情况进行述职。

3月14日上午，举行民主评议科室（局）负责人测评大会。

3月15日，赴淮北市地方政府性债务组组长李长安到所辖各县区检查指导审计工作，帮助解决工作中遇到的困难和问题。

3月16日下午，市人大常委会预算工作委员会主任李亚等一行来到市审计局，检查指导同级财政审计工作。党组书记、局长陈寅及财金审计科的人员参加汇报会。

3月18日，市审计局积极开展新一年度党组织和党员公开承诺工作。

3月23日上午，党组书记、局长陈寅，副调研员杨庆国前往淮北市，亲切看望局赴淮北地方政府性债务审计的全体人员。局领导听取了工作开展情况的汇报，对审计人员的辛勤工作表示亲切慰问。

3月23日下午，省审计厅刘战平厅长率程家楷副巡视员，财政审计处许志宝处长等一行莅临淮北市检查指导地方政府性债务审计工作。刘战平厅长一行听取了淮南市审计局赴淮北市地方政府性债务审计组工作开展情况的汇报，对前一阶段的工作进展表示满意，对审计人员的工作精神表示肯定，对下一阶段工作提出了4个方面的具体要求。刘战平厅长一行还赴审计工作现场看望淮南审计组人员。淮北市审计局局长戎培阜，淮南市审计局局长陈寅、副局长李长安、副调研员杨庆国和淮南审计组的有关人员参加汇报会。

3月28日，市审计局2010年招商引资工作受到市委、市政府的表彰。

3月29日上午，市审计局科级以上干部通过视频会商系统，远程参加审计署召开的全国审计机关党风廉政建设会议。

3月30日上午，在市审计局五楼会议室召开2010年度“同级审”调度会，陈寅局长主持会议。

4月8日，在市政府第四次廉政工作会议上，党组书记、局长陈寅代表审计局做了题为《认真履行审计监督职能努力推进反腐倡廉工作》交流发言。

4月8日上午，市审计局总审计师李宗林以新修订的《国家审计准则》为主题，结合局实际就审计工作中涉及的主要审计文书参考格式及内容为全局干部职工作了详细解读，并要求审计人员提高认识，加强学习，严格按照新准则的要求来规范审计文书格式及相关内容，真正领会新审计准则的精神实质，为全面贯彻新修订的审计准则打下良好基础。

4月20日，市审计局为纪念中国共产党建党90周年举办第三届职工摄影比赛。

4月20日下午，市监察局、市财政局、市审计局、市国税局、市地税局和市公安局六部门联合就发票报销检查工作在市地税局6楼会议室与网民进行在线访谈，现场除成员单位外，还邀请了部分网民和淮南电视台、淮南广播电台、淮南日报社及中安在线等7家媒体的记者参加。

4月21日，在市直机关工委举行的“书香机关、引领阅读”主题活动启动仪式上，市审计局被评为“机关书屋”单位。党组成员、副局长丁常宝参加授牌仪式。

4月27日，曹勇市长率市政府秘书长张云廷、副秘书长李大松及市编办、市人社局、市财政局、市政府督察室等部门负责人到市审计局调研审计工作。

4月28日，市委印发《关于表彰2010年度目标管理工作优秀单位和“单项工作成绩突出奖”单位的通报》（淮发〔2011〕15号）文件，市审计局获全市2010年度目标管理考核经济类第一名。

4月29日，淮南市审计机关召开“信息化推进工程”动员大会。会上还传达曹勇市长到市审计局调研时的讲话精神。

4月30日，张道平、刘炎退休。

5月17日上午，市审计局召集区审计局计算机骨干人员，对《审计管理系统》的使用再次进行培训，市审计局总审计师李宗林与参学人员进行座谈。

5月18日，市审计局再次走进淮南人民广播电台行风政风热线直播间，陈寅局长全面介绍市审计机关2010年工作开展情况和2011年工作思路，并回答热心听众关于民生工程以及大建设审计等方面的提问。

5月26日下午，召开淮南市2011年经济责任审计集体见面会，市纪委、市委组织部以及被审计单位的领导和财务负责人参加会议。会议由市审计局副局长丁常宝主持，市审计局党组书记、局长陈寅就做好2011年经济责任审计工作提出要求。

5月30日，淮南市审计局部分干部职工远赴延安等地，参观宝塔山、杨家岭、枣园等革命旧址，追忆党的峥嵘岁月，缅怀革命先烈，激发部分党员、职工的党的宗旨意识、全心全意为人民服务的公仆意识、实事求是加强审计监督的意识，努力更好地服务于淮南的社会经济建设。

5月30日，行政事业审计科副科长李芳调合肥市蜀山区审计局工作。

6月10日上午，淮南市审计局全体干部职工及县区审计局局长在淮南市审计局分会场，远程参加省审计厅召开的全省审计机关实施“五大工程”暨“信息化推进工程”动员大会。

6月18日上午，由中国奥委会主办的2011年第25届奥林匹克日长跑活动在北京、深圳、海阳、天津、承德、厦门、大连、沈阳和淮南等9个城市同时联动，市审计局部分干部职工在局班子的带领下，冒雨参加活动。

6月20日上午，市审计局全体干部职工参加市直机关工委组织的“红歌献给党”歌咏比赛，演唱革命歌曲“我们走在大路上”，庆祝中国共产党成立90周年。

6月21日，省审计厅在合肥稻香楼宾馆召开“省内部审计师协会四届四次理事会暨2008-2010年全省内部审计‘双先’表彰大会”。淮南市内部审计协会获全省内部审计管理先进单位。

6月24日，在中国共产党成立90周年之际，组织局全体党员冒着大雨赴上窑新四军纪念馆，开展“缅怀先烈、重温誓词”专题活动。

6月28日下午，淮南市审计局参加淮南市庆祝中国共产党成立90周年歌咏大会。

7月1日上午，召开庆祝中国共产党成立90周年暨局“双优”表彰大会。大会由党组成员、副局长丁常宝主持，党组成员、副局长王林宣读表彰决定，局领导班子为局优秀共产党员、优秀党务工作者颁发奖状。党组书记、局长陈寅给全局党员干部上了题为“高举理想信念大旗，做坚定的共产主义战士”的党课，组织全体党员干部收看中共中央庆祝中国共产党成立90周年大会实况转播。

7月6日上午，召开上半年工作总结会议，局领导和各部门负责人参加会议。会上各部门负责人汇报上半年工作完成情况和下半年的工作打算。局分管领导对所分管的工作进行点评和布置。

党组书记、局长陈寅就上半年工作进行总结，对下半年工作提出具体要求。

7月8日上午，组织全体干部职工学习省委副书记、省政协主席王明方为省委办公室、省委政研室全体党员做的《坚定理想信念　增进人民福祉　创造美好人生》党课报告。市审计局党组成员、纪检组长刘昌银以《关于对审计机关党风廉政建设形势的认识与思考》为题为全局干部职工上了一堂党风廉政教育课。同时进行保密教育。

7月8日下午，省、市“双打”督查组到市审计局检查软件正版化使用情况，现场查看局软件授权证书，并随机查看软件的实际使用情况，督查组对局的软件正版化工作表示赞同。

7月8日下午，省内部审计师协会会长王兴如到淮南调研内部审计工作，局党组书记、局长陈寅陪同调研。

7月11日，召开党组中心组学习会，学习胡锦涛总书记在庆祝中国共产党成立90周年大会上的重要讲话，对贯彻讲话精神进行具体安排部署。

7月13日上午，淮南市加快转变经济增长方式监督检查工作领导小组第一次全体会议在我局召开，会上领导小组成员单位有关领导发言，市委常委、市纪委书记陆秀宗出席会议并讲话。

7月13日上午，举办了计算机审计方法、AO应用实例培训班，总审计师李宗林在学习前做动员讲话。本次培训将持续两天，市审计局业务部门，以及县（区）审计局的部分计算机审计骨干参加培训。

7月13日下午，召开县区审计工作上半年总结会议，市审计局领导和凤台县、各区审计局主要负责人参加会议。会上，凤台县、各区审计局主要负责人汇报了上半年工作中取得的成绩，好的经验、做法和存在的问题与困难，以及下半年的工作安排。市审计局分管领导对所分管的工作提出要求。党组书记、局长陈寅对县区审计上半年工作进行总结，要求下半年的工作从6个方面进一步强化和提高，真抓实干，保质保量的完成各项工作任务。

7月14日上午，市内部审计协会召开座谈会，征求部分内部审计单位负责人对制定《淮南市内部审计工作“十二五”规划》和《淮南市内部审计工作考核评比暂行办法》的意见和建议。

7月19日上午，受局党组委派，纪检组长刘昌银率局相关科室负责人赴局挂职干部陈冬青所在的潘集区泥河镇徐湖村开展座谈调研工作，为局即将开展的专访帮扶活动作前期准备。

7月28日上午，淮南市审计局紧紧围绕“五个一”主题，深入推进“集中帮扶月”走访慰问活动。党组书记、局长陈寅带队，局党组成员、纪检组长刘昌银陪同，并率相关科室人员带着局党组和全局职工的关爱前往局联系点潘集区徐湖村进行走访慰问。陈寅局长一行走访慰问了特困户、困难党员、老复员军人。

7月28至29日，2011年全省日元贷款项目审计业务培训班在淮南举行。省审计厅外资审计处严北英处长和淮南市审计局副局长王林出席会议。省审计厅项目主审讲解全省日元贷款项目审计方案，涉及项目的6个地市外资审计科科长及审计组成员对方案进行了讨论。

7月29日下午，在“八一”来临之前，局长陈寅，副局长丁常宝，副调研员杨庆国等代表审计系统干部职工到田家庵区武装部，亲切看望部队干部战士，送去市审计局全体职工的深情厚谊，并共叙军地友情。

8月1日上午，党组书记、局长陈寅，局党组成员、副局长丁常宝参加市直机关党代表大会。陈寅当选市第九届党代会代表。

8月2日下午，淮南市审计机关上半年工作总结大会召开，市审计局领导、全体职工，以及县区审计局局长参加会议。会议由副局长丁常宝主持，市经济责任审计局局长陶保华传达全省审计工作座谈会精神，总审计师李宗林总结上半年“信息化推进工程”工作，并对下半年相关工作进行安排，纪检组长刘昌银就党风廉政建设相关工作进行布置。局长陈寅进行总结发言。陈寅局长在肯定上半年工作成绩的同时，从5个方面部署下半年工作，要求审计机关全体人员咬紧工作目标，继续发扬上半年工作的强劲势头做好下半年工作。

8月4日，省审计厅纪检组长吴毅一行莅临淮南，检查指导行政执法和党风廉政建设工作。市审计局局长陈寅作工作汇报，副局长李长安、王林，纪检组长刘昌银参加工作汇报会。

8月5日，局长陈寅、副调研员杨庆国率相关科室人员到潘集区调研审计工作。潘集区区委书记蒋昌盛、副书记刘庆元会见陈寅局长一行，潘集区审计局相关同志参加调研。陈寅局长一行看望了在区审计局开展审计工作的基层审计人员，并对他们表示亲切慰问。

8月8至9日，省审计厅党组成员、副厅长姜爱民率交通建设审计室主任马绪忠到淮南看望审计组并调研指导基层审计工作。市委常委、常务副市长王诚会见姜爱民副厅长一行，并就淮南市沉陷区综合治理和审计工作开展情况进行广泛深入的交流。潘集区委书记蒋昌盛、区长潘奇志、凤台县代县长李大松、市审计局局长陈寅、副局长丁常宝等陪同调研。

8月16日上午，在局五楼会议室召开青年干部座谈会，就机关建设、队伍建设、党风廉政建设、领导班子建设、“审计信息化推进工程推进年”活动开展情况等内容广泛征求意见。座谈会由局党组书记、局长陈寅亲自主持。

8月16日下午，党组成员、副局长丁常宝率有关人员，在凤台县审计局召开扶贫资金审计协调推进会，凤台县审计局、财政局、发改委和扶贫办相关人员参加会议。

8月22日下午，市审计局领导班子召开专题民主生活会。民主生活会的主题：坚持以人为本执政为民理念，发扬密切联系群众优良作风。民主生活会由党组书记、局长陈寅主持。

9月2日上午，党组书记、局长陈寅在全局干部职工学习会议上，传达中国共产党淮南市第九次代表大会精神，以及市委书记杨振超在市委九届一次全会上的党课。

9月6日，教师节即将来临之际，副局长丁常宝、调研员杨庆国、人教科长朱静等人员到第十四中学慰问辛勤奋战在教育一线的人民教师，并送去5000元慰问金。

9月14日下午，召开“信息化推进工程”工作调度会，总审计师李宗林主持会议，市审计局各部门负责人及县（区）局领导和相关人员参加会议。

9月23日，省审计厅总审计师何结华率省审计厅办公室、人事教育处相关人员到淮南市调研新颁布的《国家审计准则》贯彻执行情况。市审计局副局长丁常宝、李长安，总审计师李宗林及财政金融审计科、经贸审计科、综合法规科、人事教育科相关人员参加调研。

9月29日，省审计厅在安庆市举办全省审计系统首届钓鱼比赛。比赛中，淮南市审计局在参赛16个队中取得团体第三名，丁常宝局长获得了个人总成绩第二名。

10月，新招录的事业编制人员杨乐、赵广龙、徐小龙3人正式进入审计局工作。

10月9日上午，召开工作调度会议，局领导和各部门负责人参加会议。会上各部门负责人汇报2011年以来的工作完成情况和下一步工作打算。局领导对审计局今后的各项工作进行具体安排和布置。

10月14日，按照市委“创先争优”活动领导小组安排，市审计局以“三亮、三比、三评”为主题，以推进审计机关党的思想、组织、作风建设为着力点，深入开展“窗口树形象、审计展风采为民服务‘创先争优’”活动，旨在促进“创先争优”活动成为群众满意工程。

10月21日上午，组织全体职工学习党的十七届六中全会精神。

11月，韩琴退休。

11月1日，为扎实推进学习型党组织和“书香工程”建设，弘扬文化传统，积极营造“多读书、读好书”的良好氛围，市审计局发出通知，在全局范围内开展“经典天天读”活动。此次活动历时3个月。活动结束后，市审计局将对全局职工撰写的学习心得体会和读后感进行评选，以推动“经典天天读”活动扎实开展，进一步提升审计干部人文素质和文化修养。

11月2日，副局长丁常宝、王林，总审计师李宗林率局“大走访”办公室部分工作人员到毛集实验区焦岗湖镇孙台村实地走访，先后与村支两委部分干部、明德小学教师进行座谈，并走访部分老党员、老干部、贫困户。

11月7日，经省审计厅评选，市审计机关上报的14篇计算机审计方法全部上报到审计署进行评选。

11月14日，省审计厅综合法规处方化龙副处长一行两人到淮南市审计机关检查审计法律法规执行情况。

11月15日，省审计厅副巡视员程家楷一行莅临市审计局，开展“审计领导大走访”活动。党组书记、局长陈寅和局领导班子成员以及县区审计局主要负责人参加座谈会。

11月21日，固定资产投资审计科人员在王林副局长的带领下，到寿光市审计局交流学习政府投资审计工作，寿光市审计局介绍近年来在固定资产投资审计制度及计算机审计中的一些好的做法，并进行交流和探讨。

11月21日，市委、市政府转发市审计局《关于进一步加强审计整改和审计结果利用的若干意见》。

11月21至25日，由纪检组长刘昌银率机关党总支、培训中心等一行4人赴山东省潍坊市、威海市审计局学习考察党务公开工作。

11月25日上午，组织全市审计系统27人参加全国审计机关AO2011认证考试。此次考试在安徽理工大学进行。

11月28日，编印《“信息化推进工程”计算机审计论文和方法汇编》。

12月2日上午，邀请法律顾问蒲光万律师，为全局人员进行法律知识讲座。

12月2日上午，开展全国法制宣传日活动，副局长李长安率综合法规科及办公室相关人员到淮舜中路开展法制宣传，向过往路人和前来咨询的人发放审计法制宣传材料，普及审计法律知识，解答公众问题。

12月7日上午，党组书记、局长陈寅率领有关科室人员冒雨来到谢家集芳草园社区，深入困难群众家庭，与他们促膝谈心，了解他们的疾苦，询问生活状况。陈寅局长表示：一定要将他们的困难，向上级党委、政府反映，并积极帮助解决。

12月9日下午，召开全市审计机关计算机审计论文交流会。会议由总审计师李宗林主持，全局人员参加会议。

12月9日上午，省经济责任审计局刘春华局长、周仕东副局长等一行3人到市审计局检查指导工作。陈寅局长汇报淮南市近年来经济责任审计工作开展情况。刘昌银纪检组长、李宗林总审计师、经济责任审计局陶保局长华参加座谈。

12月12日，开展“解忧帮困送关爱——慈善捐款”活动，筹得善款3960元。

12月14日下午，2011年淮南市内部审计经验、论文交流暨“双先”表彰会在市审计局召开。市内部审计协会会长、副会长、常务理事、理事及全市各内部审计单位审计工作分管领导、审计工作负责人近百人参加会议。省内部审计师协会会长王兴如和市审计局陈寅局长在会上分别讲话。

12月16日，市政风评议组一行到市审计局评议2011年政风建设。

12月16日，王林副局长率领投资审计科室负责人走进淮南市广电局直播间，通过“政风行风热线” 就淮南市投资建设领域的审计监督成效、审计实施程序以及相关法律法规等社会关注的问题进行重点讲解，回答听众问题，接受社会监督。

12月21日下午，对近期即将实施决算的项目以抽签的方式确实协审单位。王林副局长出席会议，重点对审计纪律、协审人员管理以及协审报告报送时间、协审质量提出要求。

12月27日，市人大研究会领导到市审计局调研审计工作。

12月28日，陈寅局长、王林副局长、杨庆国副调研员率局双拥工作领导小组前往淮南军分区开展春节慰问活动。

12月31日，盛明训退休。

2011年 领导批示、讲话摘要

2月11日，曹勇市长在合肥参加全省审计工作会议期间，亲切会见市、县（区）审计部门负责人，认真听取全市审计工作情况的汇报，详细询问基层审计部门人员结构、队伍建设和工作开展等情况。曹勇指出，审计机关作为经济综合监督部门，是政府工作的重要组成部分，随着社会经济形势的不断变化，审计工作监督性和建设性作用突显。审计部门要紧紧围绕政府中心工作，充分发挥“免疫系统”功能，预防为主、提前介入、全过程开展审计监督，使审计机关在开展各项工作时不犯错误、少犯错误。现阶段要重点抓好财政预算执行、重点投资项目、政府信贷和经济责任审计工作。曹勇强调，审计机关和审计人员要勤于学习思考，善于协调工作，要学会十个手指“弹钢琴”，既突出重点又兼顾全面。在财政预算执行审计中，不仅要审计财政组织收入的情况，更要关注财政资金支出投向的合理性、合法性、绩效性，保证有限的财政资金用在刀刃上；在经济责任审计工作方面，要建立一个完善的闭环管理机制，加大任中经济责任审计力度，对重点部门、关键岗位重点审计、随时审计，全过程全方位进行监督，同时加强审计整改、审计公开工作，建立健全审计结果综合运用机制；在推进城市大建设大发展上，要全程跟踪审计政府重点投资建设项目实施，加强监管、降减成本、体现绩效、防止腐败，保证市委、市政府重大决策部署顺利实施；同时要求审计部门高度关注政府债务情况，加强调查研究分析，实时监控，达到控制规模、防范风险、提高效益、有利发展的目标。

2月24日，市纪委召开八届七次全体会议，市委书记杨振超在讲话中多次强调，要加强审计监督力度，堵塞漏洞，防范风险。要高度重视审计监督发现问题的整改落实工作。杨振超要求市纪委要会同审计、法院等有关方面，将近些年发现和查办的违法违纪案件汇编成册，以此不断加强对各级党政领导干部和国家公职人员的警示教育。

3月23日下午，省审计厅厅长刘战平率副巡视员程家楷，财政审计处处长许志宝等一行莅临淮北市检查指导地方政府性债务审计工作。刘战平厅长一行对审计组前一阶段的工作表示满意，对下一阶段工作提出 “四点”要求：一要突出工作重心，审计组要在规定时间内锁定债务，由债务填报转入审核、校验和汇总，同时要梳理问题，分析地方政府性债务成因和存在问题的原因，针对性的提出建议，力求通过此次审计进一步促进财政体制的改革、促进公共财政体系的建立。二要加快工作进度，各审计组要倒排时间，工作要打提前量，希望审计人员要继续发扬前一阶段的良好作风，按照省厅规定时间要求推进工作。三要确保审计质量，由于各级政府对此次地方政府性债务审计存在认识上的差异，对具体问题审计组要做一定的宣传以便统一认识，不清楚的问题要及时向省厅请示。四要严格工作纪律，审计人员要严格执行审计纪律和廉政规定，未经批准，任何单位和个人不得对外披露审计情况和审计数据。

4月27日上午，市长曹勇在市政府秘书长张云廷及市编办、重点建设局、人社局、政府办、财政局、政府督办室等相关部门负责人的陪同下，到市审计局调研指导工作。曹勇指出，近年来，审计部门做了大量细致、卓有成效的工作，保障了全市经济社会健康运行、稳健发展，审计工作地位非常重要，监督非常有效、工作非常辛苦！曹勇强调，审计工作事关全市大局、工作重点和政府形象，审计部门要认真履行监督服务职责，继续当好政府的眼睛，利剑高悬，充分发挥审计“免疫系统”功能，要管得宽、把得严、盯得准、过得硬，不断提高审计绩效，加强审计结果的运用。最后，曹勇就审计干部队伍建设提出3点要求：一要勤勉尽责；二要精通业务；三要强化保障。相关部门要加大对审计工作的支持力度，在人才、经费上予以保障，当好审计机关的坚强后盾，全力以赴为审计部门创造一个良好的工作环境。

8月4日，省审计厅纪检组长吴毅率社保审计处、综合法规处、科研所相关人员到淮南调研指导审计工作。吴毅指出，市审计局新领导班子组建以来，在认真抓好审计业务工作的同时，重视抓好党风廉政建设，依法行政、依法审计、廉洁自律，各项工作全面开展，并取得了较好成绩，尤其是目标考核工作位列全市经济发展类第一名受到市委、市政府通报表彰实属不易。吴毅对淮南市局加强领导，健全机构，完善制度，不断加大审计业务和政务公开、重视审计外部监督、强化机关队伍建设、严格依法行政和信息化推进工程务实高效给予充分肯定。关于加强审计机关党风廉政建设，吴毅提出了4点要求：一是要认识到位。清醒认识审计部门党风廉政建设工作面临的形势和现状，科学加以分析研判，找出差距和薄弱环节，在抓审计业务工作的同时注重抓党风廉政建设工作，并且做到主动抓、自觉抓、经常抓、常抓不懈。二是要思路清晰。以惩防体系建设为主线，以廉政准则和审计纪律为主要内容，以党风廉政责任制为主要抓手，以保障推进“五大工程”和加速审计转型为目标，着力打造一支廉洁高效的审计队伍。三是要突出重点。党风廉政建设工作的重点是作风建设，要大兴求真务实，真抓实干；坚持原则，敢于较真；艰苦奋斗，勤俭节约；严谨细致，精益求精的工作作风，在各个环节约束规范审计权力运行。四是要措施具体。按照省厅每年的党风廉政建设工作重点，采取切实有效措施，有针对性的开展各项活动，确保党风廉政建设工作抓实抓牢。

8月8至9日，省审计厅副厅长姜爱民率交通建设审计室主任马绪忠到淮南看望审计组并调研指导基层审计工作。姜爱民指出，多年来，凤台县委、县政府和市审计局高度关心、重视、支持县审计局工作，为基层审计机关有效开展审计监督创造了良好的外部环境，并对县审计局各项审计工作扎实有效开展给予了充分肯定。最后，姜爱民希望凤台县审计局新一届领导班子在县委、县政府和市审计局的正确领导下，牢固树立科学审计理念，加速基层审计机关工作转型，强力推进实施“五大工程”，为地方经济社会平稳健康发展提供审计保障。

9月23日，省审计厅总审计师何结华率省审计厅办公室、人事教育处相关人员到淮南调研新颁布的《国家审计准则》贯彻执行情况。何结华对淮南审计局2011年以来各项审计工作开展和认真贯彻执行《国家审计准则》给予了充分肯定。何结华指出，淮南市审计局审计工作思路明确清晰，重点突出，在抓好审计业务工作开展的同时，以“三个强化”全面推进新国家审计准则的贯彻执行，积极探索审计项目审理工作新思路、新方法，不断夯实审计工作管理基础，提高审计工作质量，防范审计风险，取得了显著成效。关于进一步深入贯彻执行新国家审计准则和开展审计项目审理工作，何结华提出了5点具体要求：一要加强学习，提高认识。清醒认识到认真贯彻执行新国家审计准则是提高审计质量，防范审计风险，推进审计工作转型的重要保证；二要建章立制，完善制度。根据新准则的要求，结合审计工作实际需要做好法规制度的梳理、废止、完善、新建工作；三要认真落实，切实执行。将审计项目实施与项目审理工作放到同等重要位置，狠抓落实；四要加强沟通，注重协调。业务部门和综合法制部门在审计项目审理中要加强沟通协调，努力达成共识；五要优化结构，充实力量，在现有条件下，科学合理人员，优化资源配置，充实项目审理力量，不断提高审理人员素质。

12月9日上午，省经济责任审计局局长刘春华等一行3人到市审计局检查指导工作。刘春华指出，近年来，淮南市以服务于干部管理监督和促进党风廉政建设为主线，以“创新审计理念，服务淮南崛起”为主题，按照科学发展观的要求，进一步创新审计理念，拓展审计领域，突出审计重点，深化审计内容，改进工作方法，加大成果运用，扎实开展经济责任审计工作，取得显著成效。淮南的经济责任审计工作走在全省前列。刘春华要求，今后淮南市的经济责任审计工作要不断创新，勇于突破，做好经济责任审计转型工作，进一步提升经济责任审计质量和水平，更好地发挥经济责任审计在加强干部管理中的预警作用。

12月27日下午，市人大常委会原副主任晁文茂、市人大常委会秘书长韩丽荣率市人大工作研究会部分老同志到市审计局调研指导审计工作。市人大工作研究会领导用“团结的班子、一流的队伍、艰苦的工作、突出的成效”对市审计局各项工作开展给予了高度评价和肯定，并指出随着经济社会发展和民主法治建设不断向前推进，审计监督的地位和作用更加显现，希望审计部门紧紧围绕市委、市政府工作中心，充分发挥审计“免疫系统”功能，服务淮南经济社会发展，当好经济建设的卫士、反腐倡廉的尖兵。

淮南市审计学会领导及常务理事名单

名誉会长：张学田 于德华
会 长：李长安
副会长：丁常宝 王 林 陶保华 赵耀军 张瑞昌 陆福胜 顾莱葆 赵多凡 江文革
秘书长：王 丽
副秘书长：胡俊勇
常务理事：李长安 丁常宝 盛明训 曹和平 赵耀军 张瑞昌 陆福胜 顾莱葆 江文革 沈 刚 赵多凡 崔玉启 李勇强 郑福珍 徐淮萍 程晓玲 胡焕琪 徐 群 贾时祥 许 驰 胡德明 杨庆国 李宗林 朱 利 刘在今 杨志田 陶保华 邵延远 胡东方 舒 扬 刘 莹 陆守法 朱新民 吴 军 王宜君 王 丽

淮南市内部审计协会领导及常务理事名单

名誉会长：魏耀民 张学田 于德华
会 长：牛多云
副会长：李长安 盛明训 曹和平 杨庆国 张瑞昌 刘应淑 薛根木 江文革 程兴无
秘书长：王 丽
副秘书长：范淮涛 方 平
常务理事：李长安 盛明训 曹和平 杨庆国 张瑞昌 刘应淑 薛根木 江文革 程兴无 路福胜 陆 钢 管恒川 华节流 沈 刚 宋竟真 姜之勇 张增平 石秀光 许 驰 胡德明 张祥元 许少文 符修淮 王 焱 李 欣 陈新全

2011年出台的地方审计规章目录

《关于进一步加强审计整改和审计结果利用的若干意见》（淮办秘〔2011〕70号）

（撰稿人：徐小龙，审核人：颜少凯）

大通区审计局

大通区审计局现有编制4名，实有人员4名。

2011年大通区审计局机关人员配备情况表

单位 \ 内容	人数	性别		文化程度				职称			负责人
		男	女	研究生	本科	大专	大专以下	高级	中级	初级	
局领导	2		2	1	1				1		王　捷
其他人员	2	1	1		2				1		
合计	4	1	3	1	3				2		

2011年大通区审计局领导人员情况表

姓　名	性　别	职　务	职　称	任职时间
王　捷	女	局长		2007年5月
俞长洁	女	副局长	会计师	2010年8月

2011年12月31日在册人员名单

王　捷　俞长洁　王　烜　陈　莉

2011年工作概况

2011年，大通区审计局坚持以邓小平理论和“三个代表”重要思想为指导，深入贯彻落实科学发展观，以全面转型、加速崛起、富民强区为主线，紧紧围绕区委、区政府中心工作，继续坚持“依法审计、服务大局、围绕中心、突出重点、求真务实”审计工作方针，以提高审计能力和审计质量为重点，以作风建设促进审计工作，全局齐心协力，求真务实，扎实工作，切实履行审计监督职责，进一步加大审计执法力度，为维护经济秩序、加强廉政建设、促进大通区经济持续健康发展发挥了积极作用。全年完成审计项目99个，审计调查137单位，查处违规和管理不规范资金2328余万元，提交审计报告和信息120余篇、被采用118篇，向被审计单位及有关部门提出合理化意见及建议100余条。

预算执行审计。一是加强本级财政预算执行审计。通过审计，分析在区本级预算管理执行中存在的财政收支平衡基础脆弱、财政状况不容乐观，预算编制粗放、未实行部门预算，支出核算不实，总预算未设置预算指标账，部分预算内非税收入未纳入预算管理等问题，并针对问题提出改进意见和建议，为规范预算管理、促进宏观调控、服务领导决策发挥了应有作用。二是加强对重点部门预算执行情况的监督，对区教育局、区农林局、区卫生局、区招商局等4个部门预算执行情况实施审计。通过审计，指出部门预算执行中存在着购买固定资产未入“固定资产”账、部分工程建设未（预）决算审计等问题，并针对问题提出了改进意见和建议。被审计的部门单位积极支持配合审计工作，对审计提出的问题认真制定整改措施和改进意见，严格了执行财经制度，加强了财政财务收支的管理。

专项审计（审计调查）。对区农村沼气建设国债项目资金、区2009至2011年中小学校舍安全工程等项目开展审计（审计调查）。通过审计（审计调查），促进了被审计单位进一步完善制度、规范管理、防范风险、确保资金安全运作。

固定资产投资审计。完成上窑村新农村建设工程决算审计、上窑镇综合文化站工程决算审计、孔店乡综合文化站工程决算审计、区洛河镇抗旱保苗修沟渠工程决算审计、孔店乡大郢村2010年新农村建设工程决算审计等90个项目的审计，涉及项目投资额5152万元，审计核减工程造价1465万元，有效地防止了财政资金流失，促进了建设和施工单位不断提高工程质量和投资效益。

经济责任审计。根据区组织部的交办，对孔店乡、大通街道、区信访局等部门原主要负责人进行离任审计。审计中，把领导干部在任期间是否存在重大决策失误，单位财政、财务收支是否真实，领导干部个人是否廉洁自律作为审计重点。

征地拆迁补偿款发放审计。对田大南路拓宽改造项目、孔店乡马厂村用地增减挂钩试点项目、孔店乡土地挂钩项目区内拆迁补偿款、上窑镇小城镇建设土地征地及房屋等拆迁补偿款项目的拆迁补偿款进行审计。通过审计，核减掉不符合政策或核算不正确的金额，严格了有关政策，节约了资金。

审计信息化建设。根据省审计厅的要求，更新设备、增加信息化投入，并实施全员培训。4月，启用OA办公系统专网，所有的办公电脑联入上级审计机关OA办公系统专网，进行网上办文、网上发文、网上批文，实现审计系统全国联网、资源共享，全面推进无纸化、自动化办公。

2011年工作成果一览表

审计单位（个）	查处违规金额（万元）	管理不规范资金（万元）	应缴财政（万元）	已缴财政（万元）	应归还原渠道资金（万元）	移送事项（件）	应调账处理金额（万元）	应自行纠正金额（万元）	审计报告、信息被批示采纳（篇）
137	370	1958					370		118

（撰稿人：俞长洁，审核人：王捷）

田家庵区审计局

田家庵审计局现有编制4名，实有人员6名。

2011年田家庵区审计局机关人员配备情况表

单位 \ 内容	人数	性别		文化程度				职称			负责人
		男	女	研究生	本科	大专	大专以下	高级	中级	初级	
局领导	2	1	1		2				2		陈灯海
办公室	4	2	2	2	2				4		
合计	6	3	3	2	4				6		

2011年田家庵区审计局领导人员情况表

姓名	性别	职务	职称	任职时间
陈灯海	男	局长	经济师	2005年
叶正玉	女	副局长	会计师	1998年

2011年12月31日在册人员名单

陈灯海　叶正玉　黄　莉　康永霞　胡俊良　陈文光

2011年工作概况

2011年，田家庵区审计局在区委、区政府和市审计局的正确领导下，以邓小平理论和“三个代表”主要思想为指导，深入贯彻落实科学发展观和党的十七届四中、五中全会，以及中央及省、市经济工作会议精神，按照区委、区政府的总体部署，以科学发展为主题，以转型升级为主线，继续坚持“依法审计、服务大局、围绕中心、突出重点、求真务实”审计工作方针，始终把推进法治、维护民生、推动改革、促进发展作为审计工作的出发点和落脚点，立足建设性，坚持批判性，突出宏观性，更加注重从体制、机制、制度层面反映和分析问题、提出建议，促进体制制度创新和民主法治建设、反腐倡廉建设，为实现田家庵区科学发展、全面转型做出新的更大贡献。全年完成审计项目92个，审计调查项目2个，查处违规金额36万、管理不规范资金4800万元，应调账处理933万，已报送各类综合报告和信息21篇、发表19篇，充分发挥了审计“免疫系统”功能，为构建和谐田家庵，促进全区经济平稳较快发展做出了积极贡献。

深化财政审计，推动财政体制改革。在总结历年审计工作经验的基础上，树立构建大财政审计格局理念，对区2011年度财政预算批准和执行中调整变动情况及预算收支的组织完成情况进行审计，延伸区工业信息化委员会、区精神文明指导文员会、区司法局和区物价局等4个一级预算单位和相关二、三级预算单位。审计中，以促进健全公共预算制度，规范预算管理和财政资金分配行为，维护群众利益，促进财政资金使用更加合理、合法、高效为目的，注重从体制、机制和制度层面揭示问题、分析原因、提出建议。通过审计，进一步规范预算执行结果与年初预算存在差距、滞留专项资金、应缴未缴非税收入等行为，深入推进了部门预算、政府采购以及非税收入管理体制改革。

创新思路，深化经济责任审计。认真贯彻两办“规定”和中央五部委经济责任审计工作联席会议精神，以促进领导干部履行职责为出发点，以监督公共权力运行为核心，积极稳妥地开展经济责任审计工作。通过创新思路、完善制度、改进方法，不断扩大审计覆盖面，加大审计监督力度，不断深化和规范经济责任审计内容，提高审计质量，从体制、机制和制度层面揭示问题、分析原因、提出审计意见和建议。同时，注重加强对审计成果的合理运用，发挥经济责任审计的作用，对查出的问题依法依规进行处理，对责任人依法依规进行追究，有效地保护公有财产，维护单位的稳定，为组织人事部门考核任用干部提供了可靠依据。

探索“双审制”，强化政府投资审计。随着区政府对校舍维修、园区建设、民生工程等投资规模的不断扩大，及时调整工作思路，将投资审计作为服务大局的重要切入点，严格按照省政府225号令和淮府秘〔2009〕80号文件要求，坚持建设项目造价审计与建设项目质量审计相结合，跟踪调查与决算审计相结合的工作方法，探索试行“双审制”（招标前预算审计、竣工后决算审计）监督模式。全年完成安成、曹庵标准化厂房、10KV高压电力安装等审计项目和“双审计制”项目83个，审计核减金额4800余万元，有效地节约了建设资金，提高了政府的投资效益。区政府主要领导多次讲话、批示，充分肯定了政府投资审计的成绩。

加强审计整改，推动制度的建设及完善。对审计查出的问题进行整改，落实审计结论，是审计监督作用的最终体现。随着审计工作透明度的提高，审计整改工作也受到全社会越来越多的关注。区审计局注重协调各方关系，寓监督于服务之中，使审计工作得到广泛的理解、配合和支持。大多被审计单位能够认真落实审计结论，制定整改措施。区审计整改工作已形成“边审边改，全面整改”、审计整改力度大、审计结论落实情况好的良好局面。

关注人民群众切身利益，加强民生审计。认真贯彻落实科学发展观，围绕区委、区政府工作中心，高度关注民生事项，把维护好、落实好人民群众切身利益作为审计工作的重中之重，加大监督力度，揭示问题，督促整改，推动解决群众关心和反映突出的问题，在促进完善相关制度、落实惠民政策等方面发挥了保障作用。

追求质量和效率，认真完成区委、政府和上级审计机关交办的审计任务。积极参与全区“财务大检查”、“村级上访案件”、“曹庵和安成两个工业园区标准化厂房”审计、校安工程跟踪审计调查、田家庵区乡镇债务情况专项审计调查。对审计中发现的问题，提出审计意见和建议，并要求被审计单位进行整改。

以政治思想建设为先导，扎实开展“解放思想与田家庵发展”大讨论。按照区委统一安排，与深入贯彻落实科学发展观结合起来，与推进富民强区、构建和谐田家庵结合起来，与创造性地开展审计工作结合起来，一并安排部署，一并学习辅导，一并整改提高。通过活动，有力促进了审计工作的又好又快发展。

加强廉政建设，打造业务精、作风硬、清正廉洁的审计队伍。树立“建一流班子，带一流队伍，创一流业绩”理念，贯穿于工作始终，坚持诚信审计，打造精品审计项目，推进廉洁从审，保证审计质量。以廉政建设为抓手，认真贯彻落实党风廉政建设责任状，严格执行审计纪律“八不准”，加强“人、法、技”建设，促进了审计事业健康发展。

以“信息化推进工程”为契机，推进审计信息化建设。加快审计信息化步伐，第一，为每名审计干部配备台式电脑和手提电脑，完善硬件设施；第一，采取送出去培训的方式，学习OA和AO知识，不断熟悉OA办公管理系统和审计现场实施系统，积极培养计算机审计人才，为审计信息化创造了有利条件。第三，积极推行政府信息公开，在田家庵党政网开设审计专栏，实时报送审计工作开展情况，自觉接受群众监督。

2011年工作成果一览表

审计单位（个）	查处违规金额（万元）	管理不规范资金（万元）	应缴财政（万元）	已缴财政（万元）	应归还原渠道资金（万元）	移送事项（件）	应调账处理金额（万元）	应自行纠正金额（万元）	审计报告、信息被批示采纳（篇）
92	36	4800					933		21

2011年获奖情况

被区委、区政府评为效能考核优秀单位

田家庵区沉陷区治理征地拆迁费用审计被淮南市审计局评为优秀审计项目三等奖

陈文光被市审计局评为全市审计“信息化推进工程”先进个人

2011年
领导批示、讲话摘要

刘琦区长在田家庵区政府工作报告上批示：严格执行政府投资项目审计

“双审制”，对82个工程类项目进行了标签预审和竣工决算审计，核减资金4800余万元，全面开展财务大检查活动，不断规范财务管理。推进阳光村务工程，做好集体“三资”清理核实确认工作。实施廉政风险防控管理，加强惩治和预防腐败体系建设，抓好工程建设领域突出问题专题治理。

（撰稿人：陈文光，审核人：陈灯海）

谢家集区审计局

谢家集区审计局现有编制5名，实有人员5名。

2011年谢家集区审计局机关人员配备情况表

单位＼内容	人数	性别		文化程度				职称			负责人
		男	女	研究生	本科	大专	大专以下	高级	中级	初级	
局领导	2	2			2				1		吕庆成
其他人员	3	2	1		1	1	1		1	2	
合计	5	4	1		3	1	1		2	2	

2011年谢家集区审计局领导人员情况表

姓名	性别	职务	职称	任职时间
吕庆成	男	局长		2007年1月
张广忠	男	副局长		2010年11月

2011年12月31日在册人员名单

吕庆成　张广忠　周晓燕　杨　桦　朱佩国

2011年工作概况

2011年，谢家集区审计局在区委、区政府和市审计局的正确领导下，以“三个代表”重要思想为指导，以科学发展观为统领，认真贯彻全省、全市审计工作会议精神，紧紧围绕区党委、政府中心工作，依法履行审计监督职能，坚持全面审计、突出重点，进一步加大审计执法力度，充分发挥审计“免疫系统”功能，为推进依法治区、促进党风廉政建设、推动全区经济社会和谐发展发挥了积极作用。全年完成10个审计项目，累计审计32个单位，收缴入库资金6万元，为区委、区政府领导加强宏观管理提供了依据，为区域经济正常运行和社会良好发展做出了贡献。

财政金融审计。以科学发展观为指导，全面贯彻区委扩大会议精神，着眼于区经济社会发展实际，关注民生，讲求绩效，继续抓好对重点领域、重点部门、重点资金的审计。主要审计区财政具体组织区本级预算执行情况和其他财政收支情况；区教育局、区卫生局、区农林局、区民政局、区社会劳动保障局等10个单位部门预算执行情况；并对涉及民生工程的多项重点专项资金进行专项审计调查。报告对预算执行中存在的滞留预算收入、虚列财政支出、财政出借资金较大等问题进行分析，提出了6条有针对性的审计建议。两个报告得到区人大、区政府的认可。

经济责任审计。根据区委组织部委托，对淮钢管理委员会、谢家集区第一小学、第二小学领导进行任期经济责任审计。审计报告指出3家单位财务管理中存在的资产经营不规范、部分收入未入账、未及时清理往来款项等问题，并提出了8条审计建议。

固定资产投资审计。针对年初确定的工作思路，不断加强政府投资审计监督，取得了明显成效。全年累计对7个政府投资项目进行审计，其中：审计和审计调查项目1个，竣工决算审计项目6个。6个竣工决算项目审计施工单位报送金额6627万元，审计认定金额4916万元，审计核减金额1711万元。

专项审计调查。根据市审计局工作安排及《淮南市中小学校舍安全工程跟踪审计工作方案》的要求，对全区中小学校舍安全工程开展跟踪审计，主要审计区财政局、区教育局校安办，审计报告对校安工程资金缺口较大、重建项目进度较慢等问题提出了审计建议。同时，完成2010年校安工程年竣工决算审9计。根据《审计署教育部财政部关于开展普通高中债务调查的通知》（审财发〔2011〕155号）的要求，对全区所属的公办普通高中，债务发生的起始年、1997至2010年度8个年度的债务情况进行审计调查。调查报告对普通高中债务规模情况、债务产生发展情况、债务规模分年度变化情况、债务余额结构情况，债务的形成原因作了比较全面的分析，并对调查中发现的主要问题提出了相应的审计建议。根据《全省基层医疗卫生机构债务清理核实和审核认定工作方案》皖审发〔2011〕77号等文件精神，区审计局协同区财政局、区卫生局成立基层卫生医疗机构债务清理核实和审核认定工作小组，按照“直至新债、锁定旧债、明确责任、划分处理、逐步化解的”总体要求，对全区的基层医疗卫生机构债务情况进行逐项审核，报告还对基层医疗卫生机构债务形成原因，提出了两条化解建议。

2011年工作成果一览表

审计单位（个）	查处违规金额（万元）	管理不规范资金（万元）	应缴财政（万元）	已缴财政（万元）	应归还原渠道资金（万元）	移送事项（件）	应调账处理金额（万元）	应自行纠正金额（万元）	审计报告、信息被批示采纳（篇）
32	520	400	20	20		1			20

2011年获奖情况

被市审计局评为全市审计系统政府投资审计先进单位

2011年 领导批示、讲话摘要

洪渊区长在2011年区政府工作报告中指出：要加强对重点领域、重点部门、重点资金的监管和审计，完善招投标、政府采购、经济责任审计等制度。

洪渊区长在财政审计工作报告上批示：同意审计局的审计工作报告。去年的审计工作做得很好，为我区构建和谐社会作出了贡献。

（撰稿人：张广忠，审核人：吕庆成）

八公山区审计局

八公山区审计局内设办公室和内部审计学会，现有编制5名，实有人员4名。

2011年八公山区审计局机关人员配备情况表

单位＼内容	人数	性别：男	性别：女	文化程度：研究生	文化程度：本科	文化程度：大专	文化程度：大专以下	职称：高级	职称：中级	职称：初级	负责人
局领导	1		1		1						王桂芝
办公室	3	1	2		3						
内部审计学会											
合计	4	1	3		4						

2011年八公山区审计局领导人员情况表

姓名	性别	职务	职称	任职时间
王桂芝	女	局长		2007年5月

2011年12月31日在册人员名单

王桂芝　孔繁宏　王　燕　孙郁雯

2011年工作概况

2011年，八公山区审计局在市审计局、区委、区政府的正确领导下，认真贯彻落实党的十七届五中、六全会精神，围绕全年目标和年度项目计划，以“争先创优”和全省审计系统开展的“信息化推进工程”为契机，全面审计，突出重点，强化监督，提升质量和效率，较好地完成了全年各项工作任务。全年完成财政财务和专项审计12项；经济责任履行情况审计16项；完成政府投资峻工决算审计51项，审计金额10238万元，审计核减工程造价2057万元，核减率20%；跟踪城市建设拆迁补偿安置费用审计3项，审计金额2.8亿元。全年审计和审计调查单位56个，查处违规金额203万元、管理不规范金额345万元，审计提交各类综合报告和信息67篇，其中省委采用1篇、省审计厅采用16篇、《安徽审计》采用2篇，市审计局采用30篇。

在“人、法、技”建设方面，一是对审计项目严格按照省审计厅《关于进一步贯彻审计准则的实施意见》要求实施，并重新规范审计文书的格式，切实提高了审计质量、防范了审计风险。二是组织开展审计项目评优、审计质量自查，年终对审计主审工作开展评比，进一步促进了审计质量和审计水平的提高。三是在市审计局组织的审计法律执法情况检查中获得好评，在局内形成业务上水平、争创一流的氛围和精神。四是认真贯彻落实《党风廉政建设责任制》，完善内外监督机制，推行审计公示制度、聘请5位人大代表和政协委员当廉政监督员。五是实行民主理财，每笔支出全局有关人员都签字，半年公布一次经费收支情况，主动接受财政、会计中心和局全体人员的监督。六是严格执行审计署《审计组廉政责任规定》，制定并发放《审计组和审计人员执行审计纪律情况反馈表》，征询被审计单位的意见，对审计人员及聘用工程师进行及时有效的依法审计、廉洁从审的监督。七是审计中发现的案件线索及时移交纪委监察部门，并积极配合查办案件。

2011年工作成果一览表

审计单位（个）	查处违规金额（万元）	管理不规范资金（万元）	应缴财政（万元）	已缴财政（万元）	应归还原渠道资金（万元）	移送事项（件）	应调账处理金额（万元）	应自行纠正金额（万元）	审计报告、信息被批示采纳（篇）
56	203	345	203	203					32

2011年获奖情况

被省审计厅评为全省审计“信息化推进工程”先进集体

被市审计局评为全市审计“信息化推进工程”先进单位

被市审计局评为全市县区目标考核第二名

区法院财务收支审计被市审计局评为全市优秀审计项目

王桂芝被省审计厅评为信息宣传工作先进个人

王燕被省审计厅评为全省审计“信息化推进工程”先进个人

王桂芝被市审计局评为信息宣传工作先进个人

王燕被市审计局评为“信息化推进工程”先进个人

王桂芝被区政府评为优秀公务员

王燕被区政府评为度考核先进个人

2011年领导批示、讲话摘要

八公山区第十六届人民大会第一次会议上，区人大常委会向全体代表报告5年工作成效时高度评价和赞赏财政审计监督工作，报告指出：5年来，区人大常委会围绕中心服务大局，监督工作实效逐步提高，财政审计监督卓有成效。5年来，区人大常委会认真听取了各年度的区本级财政审计工作报告，对审计中发现的问题，常委会督促区政府相关部门认真整改，效果明显。针对少数单位措施不力、可行性不强等问题，提出了进一步强化财经纪律，确保非税收入按时入库；加强对财经人员培训提高依法理财水平，强化对政府投资项目管理，强化对专项资金管理的审议意见，确保了政府资金的安全运行和高效利用。

程小平区长在2011年度财政预算执行情况和其他财政收支审计结果报告上批示：请财政部门认真落实审计建议，进一步加强财政资金管理，请审计、财政、监察三部门负责同志召集被审计的10家单位领导及财务人员，指出问题，要求整改到位。

（撰稿人：王桂芝，审核人：王桂芝）

潘集区审计局

潘集区审计局内设办公室和审计学会，现有编制7名，实有人员7名。

2011年潘集区审计局机关人员配备情况表

内容 单位	人数	性别		文化程度				职称			负责人
		男	女	研究生	本科	大专	大专以下	高级	中级	初级	
局领导	2	1	1		2				2		周　华
办公室	5	3	2		3	1	1		2	3	
审计学会											
合计	7	4	3		5	1	1		4	3	

2011年潘集区审计局领导人员情况表

姓　名	性　别	职　务	职　称	任职时间
周　华	女	局长	会计师	2010 年 4 月
刘传彦	男	副局长	会计师	2010 年 4 月

2011年12月31日在册人员名单

周　华　刘传彦　金西秀　杨　武　王占彪　王桂侠　杨同礼

2011年工作概况

2011年，潘集区审计局在市审计局的正确领导下，以“三个代表”重要思想为指导，以科学发展观为统领，积极学习贯彻上级审计工作会议精神，认真履行审计监督职能，紧紧围绕市审计局工作中心，坚持“依法审计、服务大局、围绕中心、突出重点、求真务实”审计工作方针，突出对经济社会中的热点、难点，以及领导关注、群众关心的问题开展审计监督，加强审计信息化建设，推进党风廉政建设，为促进依法行政，维护财经秩序，优化经济发展环境服务等方面发挥了积极的作用，较好地完成了年度各项工作任务。全年审计及审计调查167个单位，查处各类违规金额1023万元、管理不规范资金3378万元，收缴财政资金63.74万元，向被审计单位提出合理意见及建议183条，向区政府及上级机关提交审计报告和信息被批示或采用97篇，其中：上报审计信息被上级采用86篇。

财政审计。在对本级和部门预算执行情况审计过程中，坚持做到以真实性、合法性审计为基础，加强对财政资金的监督，注重规范财政收支行为，优化财政支出结构，促进财政资金更加合理、有效地使用。对区财政局、发改委、建委、计生委、农林局和交通局等单位2010年度财政预算执行和其他财政收支情况进行审计，重点对预算分配、预算支出开展审计，加强了对部门预算、财政专项资金的审计监督。通过审计，发现部分应上缴入库的资金未及时入库，“暂存款”账户中存在应作收入而未作收入的项目，长时间挂账未及时清理，部门细化预算编制和审核工作的准确性有待提高，部门经费预算存在苦乐不均等问题。

领导干部经济责任审计。对区妇幼保健所所长、区档案局局长、区环保局局长、区卫生局局长、区教育局局长、区水利局局长、区交通局局长，以及架河镇党委书记、镇长等领导干部进行经济责任审计。审计发现，部分单位对财产、资金的管理使用不规范，往来款项没有及时结算清理，应交纳的税款没有按规定交纳，有的单位账存在户间资金管理不严格、随意调剂等问题。通过审计，促进了财务核算的规范和相关制度的建立和完善，增强了领导干部财经法规意识和经济责任意识，加强了对领导干部权力制约和监督，为区委管理、评价和考核使用干部发挥了积极作用。

专项资金审计调查。一是对区沼气建设、农村安全饮用水、中小学校校舍安全工程、石姚湾退建项目工程和区开发办2010年项目工程等财政专项资金的管理、使用及效益情况开展审计。二是配合市审计局对扶贫专项资金和新型农民养老保险专项资金进行审计。审计及审计调查121个单位，同时开展对150余户农村沼气、扶贫等项目的调查走访，审计资金总额达13977万元。通过审计调查，揭示了专项资金在归集、管理和使用中存在的问题，并有针对性地提出审计意见和建议，促进了被审计单位进一步完善制度、规范管理、防范风险，确保了资金安全运作。同时，也为领导机关提供了决策依据。

政府投资项目竣工决算审计。全年完成政府投资项目审计23个，其中：建设项目竣工决算审计17项，建设项目跟踪审计6项（标底控制价审计3项，跟踪审计3项）。审计资金总额33922万元，审计查处违规金额1374万元（核减工程价款）。17个建设项目竣工决算审计，报审金额9237万元，审定金额7863万元，审计核减1374万元。实施校舍安全工程标底控制价审计和项目工程跟踪审计。通过审计有效地控制了工程不必要的变更，以及标底控制价审核前后价格对比及施工单位提出的变更。审计部门给予驳回的项目金额达1000余万元，为政府节约了大量的资金，有效地发挥了审计的监督作用，促进了项目管理和建设成本控制，提高了工程项目的投资效益。

“人、法、技”建设。一是树立“人才强审”意识，切实提高审计队伍综合素质。进一步强化审计干部教育培训力度，调整审计人员的知识结构，完善审计人员的考核、奖惩机制，把审计队伍的素质建设作为提高审计工作水平的基础工程抓好抓实。力争打造成一支优秀的高素质审计队伍，提升审计质量和审计效益，努力打造审计精品。二是坚持从严治审，强化监督制约、廉洁从政教育，营造崇廉尚廉的良好风尚。局领导班子成员带头执行廉政建设各项制度、规定，从严治政，从严治审，要求审计人员严格按照法律法规履行监督职责，杜绝玩忽职守、滥用职权现象，杜绝“吃、拿、卡、要”等不廉洁行为。把党风廉政建设和反腐败工作与审计工作有机地结合起来，使党风廉政建设融会贯通于审计工作始终，为全面完成各项审计工作任务奠定了坚定的思想政治基础和强有力地制度保证。

“信息化推进工程”。一是成立组织，深入开展“信息化推进工程”工作。为深入开展审计信息化建设，区审计局成立“信息化推进工程”领导小组，制定“信息化推进工程”实施方案。“信息化推进工程”由局领导小组统一领导，会同审计实际共同组织实施，计算机审计业务人员具体负责，并开展相互的督促检查，确保“信息化推进工程”实施方案中的各项工作落实到位。同时，把“信息化推进工程”与各项具体工作有机结合起来，坚持以“信息化推进工程”带动各项工作，为实现“十二五”审计工作上水平的总体目标打牢基础，为加速审计转型升级贡献力量。二是强力推行现场审计实施系统（AO）和审计管理系统（OA）的规范应用。在现场审计实施系统（AO）应用方面，区审计局部分已开展的审计项目在现场审计实施系统中管理，即在现场审计实施系统中建立项目、引进审计通知书、分配人员管理，利用现场审计实施系统的各种查询、分析功能对被审计单位电子数据或其他资料进行查询分析、做审计证明材料、审计工作底稿、审计报告等文书资料，再进行打包上传存档。在审计管理系统（OA）应用方面，区审计局做到业务文书内部流转无纸化、网络化，同时严格按照公文系统流转的有关规定，及时接收、分发、阅处公文，提高了公文系统运转的准确性和时效性。三是加强审计网站建设，充分发挥审计网站宣传作用。为及时有效发挥审计网站对外宣传的窗口和“桥梁”作用，确定专职信息发布员，充实和完善审计机关门户网站相关栏目及内容，做到及时更新和发布审计信息，公告审计报告。为重大活动开辟专栏及时发布活动动态，把审计网站作为审计机关发布审计信息、推进政务公开和审计文化建设的重要平台之一。四是加大审计培训力度，提高审计人员的计算机应用能力。4月及10月，组织相关人员参加市审计局举办的计算机基础培训和AO案例应用实例，培训内容为如何在审计管理系统和现场审计实施系统中进行审计项目立项、分解、交付管理、数据分析、延伸审计取证、SQL程序语言编写。通过培训，参加培训的人员基本掌握从审计管理系统中下载审计项目信息，在现场审计实施系统中建立审计项目、做审计证明材料和工作底稿，并能够在审计项目结束时进行资料打包并上传至审计管理系统。7月初，组织人员参加省审计厅举办的2011版本AO专题培训工作，培训内容为新版现场审计实施系统的运用。11月25日，组织人员参加全国审计机关AO2011认证考试。通过形式多样的考试培训，夯实了审计人员业务基础，提升了审计人员计算机审计应用水平。

2011年工作成果一览表

审计单位（个）	查处违规金额（万元）	管理不规范资金（万元）	应缴财政（万元）	已缴财政（万元）	应归还原渠道资金（万元）	移送事项（件）	应调账处理金额（万元）	应自行纠正金额（万元）	审计报告、信息被批示采纳（篇）
167	1023	3378	71.85	63.74	114			98	86

2011年获奖情况

被市审计局评为“信息化推进工程”先进单位

被市审计局评为年度目标考核先进单位

被区委、区政府评为全区综治先进集体

区本级预算执行审计被市审计局评为县区优秀审计项目

王桂侠被审计厅评为地方政府性债务审计先进个人

杨武摄影作品获全市审计系统第三届摄影比赛三等奖

周华被被区政府评为年度目标考核优秀个人

刘传彦被区政府评为普法先进个人

刘传彦被区政府评为招商引资先进个人

潘集区审计学会领导及理事名单

名誉会长：袁先进
会　长：周　华
副会长：赵允龙　聂敬素　朱国伟　刘传佳　赵云宏　张　静
秘书长：杨　武
副秘书长：王桂侠　王占彪
常务理事：丁秀陆　王　平　刘传佳　朱国伟　张全亮　张　静　李克武　杨　武　赵允龙　赵允宏　聂敬素　周　华
理　事：丁秀陆　丁宗林　丁　浩　王占彪　王　平　王桂侠　王德侠　任印清　刘传佳　刘　兵　刘维田　吕永红　朱玉勤　朱国伟　许瑞武　张全亮　张　斌　张　静　李克武　李明泽　李炳军　李　琴　李殿林　杨　军　杨同礼　杨　武　汪传弟　陈传厚　陈道喜　金西秀　赵允龙　赵允宏　郭　伟　聂敬素　曹多军　盛明福　程玉祥　周　华

（撰稿人：王桂侠，审核人：周华）

毛集实验区审计局

毛集实验区审计局内设综合科，现有编制4名，实有人员4名。

2011年毛集实验区审计局机关人员配备情况表

内容/单位	人数	性别		文化程度				职称			负责人
		男	女	研究生	本科	大专	大专以下	高级	中级	初级	
局领导	2	1	1		2				1	1	王　磊
综合科	2	1	1		1	1				1	
合计	4	2	2		3	1			1	2	

2011年毛集实验区审计局领导人员情况表

姓　名	性　别	职　务	职　称	任职时间
王　磊	男	局长	会计师	2008年10月
牛家荣	女	副局长	会计师	2002年9月

2011年12月31日在册人员名单

王　磊　牛家荣　李树英　谢　苇

2011年工作概况

2011年，毛集实验区审计局完成审计项目63个，查处违规金额141万元、管理不规范资金261万元，应上缴财政6万元，已上缴财政6万元，应归还原渠道资金9万元，移送司法机关、纪检监察部门处理事项1件，建议有关部门处理事项1件，提交审计工作报告及调查报告63篇，提出审计建议为50条，撰写信息30篇，其中被采用27篇次。

行政事业审计。对实验区教育局2009年的财政预算执行情况进行审计，通过审计监督，使各单位在预算制定和执行上更加规范。

固定资产投资审计。随着重点工程建设步伐的加快，全局及时调整工作思路，突出投资审计特点，继续对全区重点工程建设实施全过程跟踪审计。全年完成工程项目审计54个，审计金额9248万元，审减金额1885万元，审减率为20.4%。

企业审计。开展对焦岗湖水产旅游开发有限公司以及毛集花木有限公司的财务收支审计。审计中，除抓好被审计单位的财政收支审计外，还特别注重对领导干部在廉洁自律等方面进行审计，并作出客观评价。在对毛集花木有限公司的审计中，针对发现的问题，提出了切实可行的审计建议。

经济责任审计。完成对焦岗湖水产旅游公司原总经理蒋书翔任期经济责任审计，提出5条审计建议，全部被被审计单位采纳。

专项资金审计（审计调查）。按照“财政资金运行到哪里，审计就跟进到哪里”的要求，对民生工程、移民建房、沼气建设、校安工程、毛集高中债务以及乡镇医疗卫生机构债务等进行专项审计。审计中，以资金为主线，首先从财政局摸清各专项资金的底数和流向，找出审计重点，然后再制定详实的审计方案，确保审计成效。其中对毛集高中以及乡镇医疗卫生机构的债务审计工作本着对政府以及学校、医院负责的态度，认真履职，严格按照要求，逐一核实债务，为以后的债务化解工作扫清了障碍。

2011年工作成果一览表

审计单位（个）	查处违规金额（万元）	管理不规范资金（万元）	应缴财政（万元）	已缴财政（万元）	应归还原渠道资金（万元）	移送事项（件）	应调账处理金额（万元）	应自行纠正金额（万元）	审计报告、信息被批示采纳（篇）
63	141	261	6	6	9		1		27

2011年获奖情况

被省审计厅评为全省审计系统精神文明创建先进单位

（撰稿人：谢苇，审核人：王磊）

凤台县审计局

凤台县审计局内设办公室、综合股、投资审计股、行政事业审计股、计算机审计股和经济责任审计分局，现有编制19名，实有人员17名。

2011年凤台县审计局机关人员配备情况表

单位＼内容	人数	性别		文化程度				职称			负责人
		男	女	研究生	本科	大专	大专以下	高级	中级	初级	
局领导	8	7	1		6	2		1	7		高　辉
办公室	2	2			1	1			1	1	王　勋
综合股											
投资审计股	2	1	1		1	1			2		李学玲
行政事业审计股	2	2				2			2		张士礼
计算机审计股	1	1			1				1		葛志强
经济责任审计分局	2		2		1	1			2		雷　影
合计	17	13	4		10	7		1	15	1	

2011年凤台县审计局领导人员情况表

姓　名	性　别	职　务	职　称	任职时间
高　辉	男	党组书记、局长	经济师	2010年10月
李　磊	男	党组副书记	经济师	2005年7月
胡　琳	女	副局长	高级审计师	2002年5月
李利亚	男	副局长	审计师	2002年5月
刘拥军	男	副局长	审计师	2007年6月
徐传柱	男	纪检组长	会计师	1999年8月
刘　松	男	总审计师	会计师、审计师	2008年12月
王　勋	男	党组成员	审计师	2008年7月

2011年12月31日在册人员名单

高 辉 李 磊 胡 琳 李利亚 刘拥军 徐传柱 刘 松 王 勋 张道顺 张士礼 雷 影 李学玲 李克广 葛志强 刘军年 相淮生 关圣扬

2011年工作概况

2011年，凤台县审计局在县委、县政府和上级审计机关的正确领导下，认真贯彻落实党的十七大精神，努力践行科学发展观，紧紧围绕县委、县政府中心工作，按照“抓转型、求创新、保民生、促发展”的工作思路，充分发挥审计在经济社会运行中的“免疫系统”功能，在审计理念、思路、方法、内容、管理和质量上不断创新，取得新的突破。全年围绕上级计划安排和县中心工作，安排了三大类11项，涉及50多个单位的审计及审计调查。现已审结报告110个（含政府及上级机关临时安排），查处违规金额1966万元、管理不规范金额16775万元，应上缴财政金额76万元，政府投资审计净核减4759万元，提出来合理化意见及建议168条，上报审计信息被采用100余篇次。

预算执行审计得到提升。积极拓展全部政府性资金审计，进一步扩大政府资金审计面及审计力度。审计及审计调查单位7个，收缴财政资金34万元，审计查处管理不规范金额4926万元。审计结果报告和工作报告得到县政府及人大的高度重视，要求切实加强审计整改。组成督查组进行专项督查。审计整改工作报告得到了县人大的高度好评，并将此项工作列入长效督查机制。

政府投资审计有所加强。明显特点是领导和建设单位逐步重视投资审计，交办的各种基建项目审计逐年增加。对此，县审计局长期聘请多名工程技术人员，并报经县政府同意成立了投资审计中心，以切实加强投资审计。全年审结政府投资建设项目46个，审计总投资26565万元，审计净核减工程造价4759万元，净核减率达18%。

经济责任审计实现突破。一是扩大任中审计比例，将监督关口前移，提升审计监督的时效性。全年完成23位领导干部任期经济责任审计，查处违规金额1931万元、管理不规范金额1422万元，对领导干部任职期间经济责任做出了客观公正的评价。二是进一步完善领导干部离任经济责任事项交接办法。全年完成领导干部离、转任交接工作18个，有效保障了经济责任审计工作积极稳妥开展。

专项审计逐步深入。全年完成13项专项资金审计，延伸审计调查单位21个，审计资金总额57198万元，查处管理不规范资金10009万元。

行政事业审计进一步细化。全年完成23个行政事业单位财政财务收支审计，查处违纪违规资金3257万元，上缴财政42万元。

领导交办重点工作完成出色。围绕县域经济建设工作中心，以服务大局为重点，及时完成县委、县政府及上级业务主管部门临时交办安排的近20个重点中心工作，主要包括：全县基层医疗卫生机构债务清理核实和审核认定、全县普通高中债务调查、全县工程建设领域突出问题专项治理调查、全县基层农技推广体系改革与建设示范县项目审计调查、全县养老保险基金审计调查等。

“信息化推进工程”积极实施。按照省、市“信息化推进工程”总体部署和安排，县审计局进一步加大提升审计信息化应用水平的力度，“信息化推进工程”取得明显成效。一线审计人员基本上都参加AO培训认证考试并顺利通过，两名业务骨干参加省审计厅举办的计算机审计中级培训并取得中级证书，想学、互学的良好氛围在一线审计人员中逐步形成，审计人员的AO应用能力得到了大大提升。在县城投公司财政财务收支、县人民医院经济责任、社保专项资金等多个审计项目中，从审计项目立项分解、采集转换、分析数据、延伸取证、编制底稿、形成报告，到归集成果档案等各个环节都规范操作，并制作成审计案例。局机关内部实现行政、业务文书流转无纸化和OA办公系统与AO审计操作系统的交互，审计工作网络化初步实现。

“大走访”活动认真开展。局党组成立组织，制定实施方案，明确任务，落实责任，为“大走访”活动有序开展提供了组织和制度保障。一是局党组书记及班子成员分别走访关店乡周店村、关店村，杨村乡后海村、刘庄村、岳张集镇小刘村等十几个村，局领导深入基层组织、深入基层农户、深入田间地头，与走访对象进行真诚的座谈、交流，详细了解他们在生产、生活等方面情况及存在困难，大力宣传党的惠民政策和党委、政府为群众办实事的的具体行动，并对部分困难党员、困难群众进行慰问。二是结合审计整改落实，与县纪委、县委组织部门抽调的人员组成整改督查组，对部分被审计单位进行调研回访，深入了解审计工作开展情况、审计结论落实情况，了解被审计单位对审计工作的理解和认识，了解被审计单位对审计的需求及审计组执行党风廉政责任制情况。

2011年工作成果一览表

审计单位（个）	查处违规金额（万元）	管理不规范资金（万元）	应缴财政（万元）	已缴财政（万元）	应归还原渠道资金（万元）	移送事项（件）	应调账处理金额（万元）	应自行纠正金额（万元）	审计报告、信息被批示采纳（篇）
110	1966	16775	76	76					87

2011年论文发表情况统计表

报刊名称	时间(期数)	论文题目	作　者
《中国审计报》	7月20日	《预算稳定调节基金的实施现状及完善设想》	刘　松

2011年获奖情况

被中国审计报社评为全国审计宣传通联先进单位

被省审计厅评为全省审计“信息化推进工程”先进单位

被省审计厅评为全省审计机关网站测评优秀奖

被市审计局评为综合目标考核先进单位

被县委、县政府评为目标考核先进单位

被县委、县政府评为全县推进依法行政工作先进单位

（撰稿人：周宏，审核人：高辉）

滁州市审计局

滁州市审计局内设办公室、综合调研科、财政金融审计科、法规审理科、经贸审计科、农业与资源环保审计科、社会保障审计科、投资外资审计科、纪检监察室、经济责任审计局和固定资产投资审计中心，现有编制62名，实有人员54名。

2011年滁州市审计局机关人员配备情况表

内容/单位	人数	性别		文化程度				职称			负责人
		男	女	研究生	本科	大专	大专以下	高级	中级	初级	
局领导	10	10			6	4		4	6		徐保月
办公室	11	10	1		5	6			8	3	潘小平
综合调研科	3	2	1		3			1	2		付卫民
财政金融审计科	3	3			3				1		谢道祥
法规审理科	2	2			2			1			张锡铭
经贸审计科	2	1	1		1		1		1		陈元舟
农业与资源环保审计科	3	1	2		2	1		1		1	郭德泉
社会保障审计科	2		2		2			1	1		戴　敏
投资外资审计科	2	1	1		2			1	1		郝玉瑰
纪检监察室	1	1			1						
经济责任审计局	3	2	1		2	1		1	1	1	宋洪波
固定资产投资审计中心	12	7	5		10	2			4	3	朱　哲
合计	54	40	14		39	14	1	10	25	8	

2011年滁州市审计局领导人员情况表

姓名	性别	职务	职称	任职时间
徐保月	男	党组书记、局长		2011年9月
杨庆毅	男	副局长		2011年9月
李庆彬	男	纪检组长		2002年10月
朱　哲	男	总审计师	高级审计师	2009年8月
宋洪波	男	经济责任审计局局长	会计师	2010年10月
黄本明	男	调研员		2010年1月
刁天石	男	副调研员	助理会计师	2011年10月
叶宏斌	男	副调研员	高级审计师	2010年1月
高中伟	男	副调研员	高级审计师	2004年8月
常树应	男	副调研员	高级审计师	2006年1月

2011年12月31日在册人员名单

徐保月　杨庆毅　李庆彬　朱　哲　宋洪波　黄本明　刁天石　叶宏斌　高中伟　常树应　潘小平　李国超　陈才建
叶桂鸿　李玉明　付卫民　孙尚平　魏顺荣　谢道祥　申怀忠　刘言才　张锡铭　卞晓虎　陈元舟　高庆玲　郝玉瑰
刘国军　戴　敏　葛　薇　郭德泉　张广鹏　周　密　徐　红　邹　林　徐合富　魏　翔　赵秋启　周光纯　方传尧
邵鹏飞　段国庆　王　艳　邵作成　王宗莲　陆登虎　丁丽枝　陈士春　杨　帆　王　经　谭　龙　王周延　单二磊
陈彭娟　王敬娴

2011年滁州市审计局特约审计员情况表

姓 名	性 别	工作单位	职 务	职 称	任职时间
赵可成	男	滁州市财政监督局	副局长	会计师	2010年8月
陈 龙	男	滁州市教育局	副科长	会计师	2010年8月
刘 涛	男	滁州市交通局财会科	科 长	会计师	2010年8月
柏 松	男	滁州市粮食局财会科	副科长	会计师	2010年8月
罗元成	男	滁州市水利局财务科	科 长	会计师	2010年8月
沈安龙	男	滁州市医保中心	副主任	副主任医师	2010年8月
戴 康	男	滁州市规划设计院	副总工程师	工程师	2010年8月
戴 弋	男	滁州市质监站	站 长	高级工程师	2010年8月
马 泓	男	滁州市自来水公司		审计师	2010年8月
张 莉	女	滁州供电公司审计部	部 长	会计师	2010年8月
王红群	女	滁州市地税局征管科	副科长		2010年8月
吴冬菊	女	滁州市物价局直属分局	局 长		2010年8月
王 瑾	女	滁州市定额站造价科	科 长	工程师	2010年8月

2011年工作概况

2011年，滁州市审计机关完成496个审计和审计调查项目，其中绩效审计项目217个，查处违规资金5432万元，应上缴财政和归还原渠道732万元，核减投资额14497万元，建议有关部门处理事项4件，提出审计建议905条，提交审计信息538篇，被批示采用331篇（次）。

全力以赴，按时完成上级部署的审计项目。一是圆满完成对合肥市地方政府性债务审计和义务教育保障资金审计任务，出具的地方政府性债务审计报告顺利通过南京特派办的审核，获得省审计厅地方政府性债务情况审计先进集体表彰。在城乡义教保障资金收支审计调查中，向省审计厅提交了审计专报，被省审计厅综合报告采用并列入向省人大的报告。二是开展邮政储蓄银行滁州市分行审计。三是按时完成普通高中债务核定和基层医疗卫生机构债务核定。

构建财政审计大格局，提升财政“同级审”水平。一是统一实施方案，明确审计重点、目标；二是统一人员调配，全局业务人员齐上阵；三是市县联动，统一提取地税业务数据，统一分发；四是拓展内容，从关注一般预算向关注基金预算拓展；五是实行不同类型项目结合；六是加强整改，借助市人大对工作报告的审议决议，督促有关单位整改到位；七是继续实施审计公告。

围绕“大滁城”建设，加大政府投资项目跟踪审计。在各级党委、政府的重视下，全市共成立8各政府投资审计机构，全年组织对278个已完工程结算造价进行审核，核减工程造价2.1亿元，综合核减率达14.72%。

贯彻两办“规定”，提升经济责任审计工作水平。全市全年完成经济责任审计项目132个，查处违规资金1310万元、管理不规范资金23269万元。同时，注重经济责任审计成果运用，市长先后在市审计局编发的两期经济责任审计专报和6份领导干部经济责任审计结果报告上作出批示，责成有关部门、单位按审计意见整改，有力地推动了经济责任审计成果的运用。

围绕政府工作中心，开展审计调查。结合预算执行审计，市审计局对2010年市本级土地出让金征收情况、市直财政专项资金及专户管理情况、滁州市城市生活垃圾处理费征收管理和使用情况等进行专项审计调查。同时，根据领导交办，针对社会关注的热点、难点问题，开展原市直下划13所学校经费保障情况审计调查、清流监狱资产划转审计、市本级拆迁资金审计调查。

注重审计实效，着力抓好审计整改。9月，市政府印发《关于建立市审计整改工作联席会议制度的通知》，建立了由市长为总召集人的市审计整改工作联席会议制度，进一步促进了审计整改工作的规范化、制度化。市审计局印发《关于加强对审计整改工作督办协办的通知》，要求审计人员提前介入审计整改过程，加强督办协办。

2011年工作成果一览表

审计单位（个）	查处违规金额（万元）	管理不规范资金（万元）	应缴财政（万元）	已缴财政（万元）	应归还原渠道资金（万元）	移送事项（件）	应调账处理金额（万元）	应自行纠正金额（万元）	审计报告、信息被批示采纳（篇）
39	2549	193919	141	141	17			1544	43

2011年论文发表情况统计表

报刊名称	时间（期数）	论文题目	作者
《安徽审计》	第2期	《滁州市审计局精神文明创建工作纪实》	朱哲

2011年获奖情况

被中国时代经济出版社评为全国审计系统审计宣传工作优秀单位

被省审计厅评为全省审计系统精神文明创建先进单位

被省审计厅评为审计信息宣传工作先进单位

被市政府评为双拥工作合格单位

付卫民被省审计厅评为“五年行动计划”先进个人

徐合富被省审计厅评为优秀审计主审

郭德泉被省审计厅评为审计能手

付卫民被省审计厅评为内部审计管理先进个人

黄本明被市工招园指挥部评为帮扶工作先进个人

汪明阳被市委、市政府评为“农歌会”先进个人

2011年大事记

4月29日，王成山调任定远县副县长、副书记，同时留任滁州市审计局局长、党组书记。

6月1日，审计署副审计长石爱中、机关党委副书记凌玉祥、南京特派办特派员李玲，省审计厅厅长刘战平等领导到滁州检查调研审计机关领导班子和审计干部队伍建设的总体状况，以及加强领导班子和干部队伍建设的具体措施，存在的主要问题及建议。全省12个县审计局和2个市审计局代表参加座谈，市委书记韩先聪、市长江山、副市长袁华、副市长李树陪同调研。

9月1日，市委组织部决定，徐保月任市审计局局长、党组书记，杨庆毅任市审计局副局长，免去王成山市审计局局长、党组书记职务。

11月1日，徐军调市监察局任职。

11月7至8日，省审计厅副厅长姜爱民、调研员钟维海等一行3人到滁州检查调研经济责任审计、“信息化推进工程”情况，并征求2012年“人才造就工程”意见和建议。

11月13日，汪明阳调市纪检委任职。

11月29日，省审计厅副厅长杨寿桃等一行16人到滁州考察调研承接产业转移示范区、大琅琊山旅游开发与建设情况，参观考察市城乡规划展览馆，并于1月30日赴凤阳县考察“四型”小岗建设情况。

2011年领导批示、讲话摘要

11月30日，江山市长在《关于原市下划13所学校经费保障的审计调查结果报告》上批示：请监察局安排一次督查，督查市直相应部门和两区对市委、政府决定事项的落实情况，同时也把发现的问题和建议一并提出。待市监察局督查结果和建议出来后，研究一个处理意见，上市长办公会研究完善。

12月28日，江山市长在《关于滁州实验中学原校长任期经济责任情况审计结果的报告》上批示：请审计、教育、财政对所存在的问题进行纠正与规范。请审计、财政、监察等对教育系统财务管理工作进行规范。加强队伍建设、加强人员培训与财务制度建设，增强针对性、科学性、重要性。

滁州市审计学会领导名单

会　长：徐保月

副会长：黄本明　杨庆毅　包遵诚　徐　军　贡植平　钱朝农

秘书长：付卫民

滁州市内部审计协会领导名单

会　长：刁天石

副会长：张贵龙　黄宁辉　张　莉　胡迎九　高维红　曹文武

秘书长：付卫民

琅琊区审计局

琅琊区审计局内设办公室、财政审计科（行政事业审计科）、社会保障审计科、投资审计科和经济责任审计局，现有编制11名，实有人员11名。

2011年琅琊区审计局机关人员配备情况表

单位＼内容	人数	性别		文化程度				职称			负责人
		男	女	研究生	本科	大专	大专以下	高级	中级	初级	
局领导	2	1	1		1	1			2		赵玉贵
办公室	2		2		1	1			1	1	朱亚双
财政审计科（行政事业审计科）	1		1		1				1		戈祯玲
社会保障审计科	1	1			1				1		王传奇
投资审计科	2	1	1		2				1	1	陈义平
经济责任审计局	2	1	1		1	1			1	1	吴光辉
机关工勤人员	1	1					1	1			
合计	11	5	6		7	3	1	1	7	3	

2011年琅琊区审计局领导人员情况表

姓名	性别	职务	职称	任职时间
赵玉贵	男	局长	会计师	2010年12月
杨玉荣	女	副局长	会计师	2008年10月

2011年12月31日在册人员名单

赵玉贵　杨玉荣　戈祯玲　王传奇　吴光辉　朱亚双　陈义平　夏学军　曹文舒　张玉峰　杨　敏

2011年工作概况

2011年，琅琊区审计工作在区委、区政府和市审计局的领导下，牢固树立科学审计理念，坚持把“求真务实、突出重点、围绕中心、服务大局、依法审计”作为审计工作的出发点和落脚点，紧紧围绕区委、区政府“四个年”活动和铸造“百亿琅琊”奋斗目标及全年工作目标任务，以审计“信息化推进工程”为抓手，进一步提升审计人员依法审计能力和水平，探索全部政府性资金审计，拓展审计内容，积极构建财政审计大格局，强化政府投资审计工作，充分发挥审计保障国家经济运行的“免疫系统”功能，在维护群众利益，推进廉政勤政建设等方面，取得了新的成效。2011年，被市纪委、监察局命名为全市第一批廉政文化建设示范点单位。

深化财政审计，努力构建财政审计大格局。在预算执行审计中，以全部政府性财政资金为载体，在预算收支真实性审计的基础上，以推进区建立健全公共财政为目标，以严格预算管理、规范资金分配行为、提高财政资金使用效益为重点，注重从体制、机制和管理层面发现问题，认真履行审计职责，深化财政预算执行审计，促进财政资金分配更趋公平、合理和注重效率，审计促进撤销、合并财政专户6个。同时，对区发经委、区民政局、区计生委、紫薇小学等4个部门2010年度部门预算执行情况进行审计。重点检查结余资金统筹使用、资产管理、债权债务清理、规范会计核算及各项改革的推进完善情况，预算执行的效果、各项民生工程政策的落实情况。通过强化监督约束机制，促进部门提高依法行政、依法理财水平，不断提高财政资金使用效益。8月2日，在区第四届人大常委员第三十四次会议上，区审计局代表区政府向人大常委会作《关于琅琊区2010年度财政预算执行和其他财政收支的审计工作报告》，再次得到与会人大常委和代表的高度评价，并梳理十一类32个问题要求被审计单位进行整改。区政府主要负责人和分管负责人对审计整改工作做出明确批示，要求所有涉及的单位，对照各自存在的问题认真整改，采取得力措施，切实加强和改进自身管理。各有关单位积极整改存在的问题，整改效果明显。

加强民生工程资金审计，促进国家惠民政策落实。按照温家宝总理提出的“财政资金运用到哪里，审计就跟进到哪里”的要求，加强对与人民群众生产、生活息息相关的各种民生资金的审计，审计覆盖面逐年扩大，监督深度不断加强。结合财政预算执行审计，重点开展对2010年度区实施的24项民生工程资金管理使用情况的审计调查。审计表明，区民生资金使用取得较好的社会效益，审计促进资金整合17万元，财政拨付上年城乡卫生服务体系建设资金144万元，卫生局拨付项目单位资金13万元。

注重专项审计调查，发挥审计建设性作用。围绕区委、区政府中心工作，加大专项审计调查的力度。先后完成区重点项目安置办资金来源管理使用、国资公司融资情况、扬子办事处拆迁安置资金等的审计调查。重点对有关单位贯彻执行区委、区政府决策部署落实情况进行审计调查。注重从体制、机制、制度和项目管理等方面揭示问题，促进有关单位完善制度、强化管理，并明确被审计单位审计整改的内容和时间节点，有效地发挥了审计的建设性作用。

强化领导干部经济责任审计，促进依法理财和依法行政。为进一步深化经济责任审计，提高经济责任审计工作的质量，促进廉政建设，根据区委、区政府党风廉政建设责任制和反腐败主要工作分工，区审计局坚持从实际出发，认真贯彻落实中央“两办”规定，按照“积极稳妥、量力而行、提高质量、防范风险”要求，积极开展经济责任审计。采取任中审计和离任审计相结合，更多的关注任中审计，经济责任审计与部门预算执行和财务收支审计等经常性审计相结合，提高审计效率。注重审计评价的全面性和规范性，对不同性质的部门评价内容进行分类管理，提高了审计效果和质量。全年完成经济责任审计4项，管理不规范资金80万元，对审计发现的问题已要求被审计单位及时纠正；受区委组织部委托，对8位离任领导干部开展审计。

强力推进政府投资项目审计，节约建设资金。根据区政府《琅琊区政府投资项目管理暂行办法（试行）》文件规定，加大政府投资项目审计力度。全年委托中介参与政府投资跟踪审计项目7项，总投资额约79634万元。区审计局负责跟踪审计项目8项，总投资额约15780万元。重点对项目资金使用情况进行监督检查，及时发现和解决问题，严格控制工程造价，节约政府建设资金。截至11月20日，按照年度工作目标任务分解要求，对已竣工验收并交付使用的国资大厦项目、工子小学加固项目、滁州市第五中学教学楼、滁州市第七中学加固项目、琅琊路小学南北教学楼等8个项目进行工程结算审计复核，送审金额2032万元，审计核减工程款347万元，为政府节约了大量建设资金

围绕中心工作，按时完成上级审计机关和区政府安排的审计任务。3至4月，根据省审计厅统一部署，克服审计人员少的困难，积极调整审计力量，抽调专人，分别参加肥西县义务教育保障机制和舒城县政府债务专项审计调查。派出的审计组工作认真负责，审计报告质量受到当地政府一致好评。合肥市审计局专门发函通报表扬区审计局债务审计工作人员。10月，组织对区中小学校舍安全、抗震排查、鉴定和建设计划制定、任务落实，以及资金筹集、拨付、管理使用等情况进行审计调查。审计发现，存在项目计划补助资金未落实到位、项目实际造价超计划造价部分资金未明确资金来源渠道等问题，建议区教育主管部门积极与有关部门协调，争取资金尽快落实到位。6月，根据市审计局统一部署，对区2010年企业职工养老保险基金和被征地农民养老保险基金的征缴、发放及管理情况进行审计调查，随后又对2010年失业保险基金资产、负责、结余情况进行审计，对审计发现的问题已督促被审计单位进行整改。通过审计回访，被审计单位整改情况较好。此次审计调查得到了市审计局的好评。10月，根据省统一部署及相关文件精神，按照“制止新债、锁定旧债、明确责任、分类处理、逐步化解”的总体要求，与区财政局和卫生局组成联合工作组对区6家基层医疗卫生服务机构债务进行清核工作和审核认定工作，同时根据《审计署教育部财政部关于开展普通高中债务调查的通知》（审财发〔2011〕155号）的要求，审计、教育和财政等部门组成联合工作组，结合上半年地方政府性债务的审计结果，对区属公办普通高中的债务情况进行调查。调查组从债务的规模、产生发展以及债务年度变化情况等方面对普通高中债务进行总体分析，对债务形成的原因作出客观、公正的评价，进一步完善了政府性债务偿还机制，更好地促进了普通高中持续健康发展；根据区政府领导的安排，集中审计力量，对区6家社区卫生服务中心医改后基药款收支情况进行专项审计调查，对拖欠基药款成因进行详细分析并提出及时支付基药款的审计建议。此外，配合区纪委、监察局、财政局在全区党政机关和事业单位中开展“小金库”专项治理工作，为建立健全区惩治和预防腐败体系、推进反腐倡廉建设发挥了积极作用。

多措并举，不断提升审计质量水平。积极推进审计信息化建设，从技术层面提高审计工作水平。年初，成立专门领导小组，制定实施方案，强力推进“信息化推进工程”的开展。一是加强基础建设。配备计算机，并配备专职网络管理人员，负责网络维护和网络安全。二是强化培训。以点带面，有计划安排计算机基础较好的审计人员到市审计局、省审计厅参加培训。三是规定所有审计项目通知书、审前调查、审计实施方案审计组必须利用计算机编制。四是提出利用计算机编制审计工作底稿和证明材料每个业务科不少于两个审计项目。五是规定审计组要将年初审计项目计划在OA中立项、分解，利用OA和AO及时交互审计资料。认真学习《廉政准则》，狠抓党风廉政建设，推进机关作风建设。审计机关处在反腐败工作的前沿。规范审计行为，抓党风廉政建设，事关审计事业全局。对此，区审计局认真做好干部队伍的思想政治教育和业务理论学习，狠抓局机关党风和作风建设。在党员干部中开展“让群众更满意、让党旗更鲜艳”的主题实践活动。结合主题实践活动，引导党员干部讲政治、讲大局、讲党性。一是严格执行换届纪律，自觉遵守“5个严禁、17个不准和5个一律”的纪律要求。二是围绕工作，实行工作公开承诺，确保按时间、节点完成。三是开展 “三比三带头”活动，即比业绩、比奉献、比效能，切实做到对照先进找差距，对照差距定措施，对照措施抓落实。继续开展“创先争优”活动，调动党员干部的工作积极性和创造性。推进“廉政文化”建设，打造廉洁审计环境。廉政建设是审计工作的生命力，区审计局始终高度重视“廉政文化进机关”建设工作，根据区纪委2011年反腐倡廉宣传教育工作意见，从打造“想干事、能干事、干成事、不出事”审计干部队伍的目标出发，着力从教育、机制、预防入手，深入开展廉政文化进机关活动，按照既继承又创新，既积极又稳妥，量力而行，循序渐进的思路，逐步推进，精心打造廉洁审计环境，为“十二五”规划开好局、起好步，铸造百亿琅琊，做出审计机关应有的贡献。

2011年工作成果一览表

审计单位（个）	查处违规金额（万元）	管理不规范资金（万元）	应缴财政（万元）	已缴财政（万元）	应归还原渠道资金（万元）	移送事项（件）	应调账处理金额（万元）	应自行纠正金额（万元）	审计报告、信息被批示采纳（篇）
22	1	52267	1	1	535				50

2011年获奖情况

被省审计厅评为全省审计系统精神文明创建先进单位

被市纪委、监察局命名为全市第一批"廉政文化建设示范点"先进单位

被区委、区政府评为全区精神文明创建先进单位

被区委、区政府评为全区"双拥"工作模范单位

财政预算执行审计被滁州市审计局评为全市表彰审计项目

2011年大事记

3月，李学勇退休。

4月，余尚于调离区审计局。

5月，成立政府投资审计中心。

10月，通过公开招考，曹文舒、张玉峰两人考入区审计局。

南谯区审计局

南谯区审计局内设人事股、行政事业与农业环保审计股、财政与社会保障审计股、经济贸易与投资外资审计股、经济责任审计局和政府投资审计中心，现有编制17名，实有人员15名。

2011年南谯区审计局机关人员配备情况表

内容 单位	人数	性别		文化程度				职称			负责人
		男	女	研究生	本科	大专	大专以下	高级	中级	初级	
局领导	4	2	2		3	1			1	1	杨曙北
人事股	4	4			1	1	2		1	1	索春梅
行政事业与农业环保审计股											杨旭红
财政与社会保障审计股	1	1			1						金福友
经济贸易与投资外资审计股											索春梅
经济责任审计局	4	3	1		3	1			4		贾如东
政府投资审计中心	2	2			2				1		金福友
合计	15	12	3		10	3	2		7	2	

2011年南谯区审计局领导人员情况表

姓名	性别	职务	职称	任职时间
杨曙北	男	局长		2006年6月
陈长安	男	党组书记、副局长	助理会计师	2011年6月
索春梅	女	党组成员	审计师	2011年4月

2011年12月31日在册人员名单

杨曙北　陈长安　赵泽中　谢传富　牛凤山　贾如东　杨旭红　金福友　索春梅　吕　钢　周晓勇　孙蓓蓓　胡忠康　韩宝玉　徐秀肆

2011年工作概况

2011年，南谯区审计局在区委、区政府和市审计局的正确领导下，以科学发展观为统领，以“创先争优”活动为契机，全面审计，突出重点，强化监督，提升质量，较好地完成了年度工作任务，被省审计厅评为全省审计系统精神文明创建先进单位。连续11年被区委、区政府评为党风廉政责任制先进单位。全年完成财务类审计项目40个，占年度计划的138%。审计查处违规金额224万元、管理不规范金额481万元，其中下达审计决定处理处罚应上缴财政224万元，已上缴财政224万元。完成政府投资审计项目100项，审减总额6215万元，29项投资跟踪审计工作正在按工程进度开展。审计提交各类综合报告和信息30余篇。

财政审计。按照“财政审计大格局”的要求，在财政“同级审”工作中，以全部财政资金为内容，以财政管理审计为核心，以政府预算为纽带，注重从宏观性、建设性、整体性层次整合审计成果，把财政资金投入与项目进展和政策目标实现统筹考虑。完成两个区直部门预算执行审计和4个镇财政决算审计工作。重点审计单位预算执行和决算的真实性，达到提高财政资金绩效水平的目标。

经济责任审计。在开展科级领导干部离任审计的基础上，将审计触角更深入地延伸至村级领导干部，完成9个科级及村级领导干部经济责任审计。全面客观地评价领导干部经济责任履行情况，为区切实加强领导干部的管理和监督，促进干部廉政勤政起到了积极作用。

部门财务审计。对工业园区管委会、八中等8个单位2010年度的财务收支情况进行审计。对审计中发现的问题，要求被审计单位整改，促进了被审计单位进一步规范部门财务管理。

专项审计调查与民生工程审计。一是完成上级审计部门安排的4个审计调查工作。与相关部门密切配合，通力合作，做到上报的数据真实、准确和完整，调查结果顺利通过了省审计厅和市审计局的复核。派出的业务骨干在工作期间，认真负责，严格执行工作要求，得到被审计单位的认可和好评。二是开展中小学校舍安全工程、农村居民最低生活保障等涉及民生的专项资金审计调查和专项资金跟踪审计。

政府投资建设项目审计。紧紧围绕建设资金安全有效使用和提高投资效益，加大对政府投资建设项目的监督力度，促进提高建设项目的管理水平，防止项目在实施过程中因管理疏漏造成投资损失浪费，有效促进了区委、区政府各项决策部署落到实处。全年完成政府投资审计项目100个，审减总额6215万元。其中：完成建设工程决算审计项目38个，审减额1168万元，最高审减率达54.85%，平均审减率为9.27%；完成集体土地征收和农户房屋拆迁补偿费审计项目30个，审减额5047万元，最高审减率达63.40%，平均审减率为9.3%；完成企业征收补偿费审计项目12个，审计结果7296万元；完成建设项目工程量清单及控制价编审项目20个，审核结果88785万元。

区委、区政府和上级审计机关交办的任务。一是围绕“大滁城”建设，做好房屋征收工作。二是超时间节点完成招商引资任务，完成招商引资3200万元，占全年任务的123%。三是配合有关部门开展专项检查，形成监督合力，积极发挥审计监督职能，如：参与区“小金库”专项治理、专项检查工作，配合区农委开展清理农民负担专项检查等工作。四是开展新农村建设帮扶工作。

党风廉政建设。为从源头上有效预防和遏制腐败行为的发生，促进审计机关党风廉政建设和保障审计事业的健康发展，积极探索廉政建设新模式，认真总结，大胆做出创新，率先在全区开展廉政风险点预控管理，制定《南谯区审计局廉政风险点预防及控制办法》。根据审计工作的特点和审计队伍建设存在的薄弱环节，围绕“风险点在哪里”、“风险点有哪些”、“风险点是什么”等问题进行深入排查，深刻剖析机关内部岗位职责、制度机制、机关作风等方面可能存在的“廉政风险点”问题，并制定相关的预控措施，大大提升了廉政监督的针对性、实效性，做到了“廉政风险点”早发现、早防控。

制度建设。为规范政府投资建设项目跟踪审计行为，促进提高审计质量，出台《南谯区审计局聘请社会中介机构参与政府投资建设项目审计工作实施办法（试行）》和《南谯区审计局关于加强政府投资建设项目跟踪审计工作的管理制度》。为加强对公务用车的管理，修订《南谯区审计局用车制度》。

2011年工作成果一览表

审计单位（个）	查处违规金额（万元）	管理不规范资金（万元）	应缴财政（万元）	已缴财政（万元）	应归还原渠道资金（万元）	移送事项（件）	应调账处理金额（万元）	应自行纠正金额（万元）	审计报告、信息被批示采纳（篇）
140	224	507	224	224				6215	30

2011年获奖情况

被省审计厅评为全省审计系统精神文明创建先进单位

被区委评为社会治安综合治理先进单位

被区委评为全区先进基层党组织

被区政府评为“重教支教”先进单位

南谯政务新区R8地块工程建设拆迁补偿资金审计被市审计局评为优秀审计项目

杨旭红被市总工会评为“创争活动”先进个人

贾如东被市审计局评为审计信息工作先进个人

2011年大事记

3月22日，省审计厅机关党委专职副书记王洪灯代表省审计厅为南谯区审计局颁发2009至2010年度精神文明创建先进单位奖牌。南谯区审计局是此次评选中，唯一获此殊荣的区级审计局。

（撰稿人：索春梅，审核人：杨曙北）

来安县审计局

来安县审计局内设办公室、综合股、财政金融审计股、行政事业审计股、企业审计股、投资审计股、经济责任审计局和固定资产投资审计中心，现有编制21名，实有人员16名。

2011年来安县审计局机关人员配备情况表

内容 单位	人数	性别		文化程度				职称			负责人
		男	女	研究生	本科	大专	大专以下	高级	中级	初级	
局领导	6	5	1	1	3	1	1	1	2	3	李文静
办公室	2	1	1		2					2	刘怀斌
综合股											
财政金融审计股	1	1			1			1			秦红刚
行政事业审计股	2	1	1		1	1		1		1	夏永贵
企业审计股	1		1		1				1		侯朝云
投资审计股	1	1			1				1		李泽海
经济责任审计局	3	1	2		3			1	2		
固定资产投资审计中心											
合计	16	10	6	1	12	2	1	4	6	6	

2011年来安县审计局领导人员情况表

姓名	性别	职务	职称	任职时间
李文静	男	局长、党组副书记	经济师	1997年10月
张智荣	女	党组书记	助理统计师	2006年7月
王正平	男	副局长		2001年7月
章道林	男	副局长	助理经济师	2007年7月
李泽海	男	副局长	审计师	2001年3月
朱华申	男	经济责任审计局局长	高级审计师	2002年12月（2011年2月调出）

2011年12月31日在册人员名单

李文静　张智荣　王正平　章道林　李泽海　侯朝云　秦红刚　徐海红　夏永贵　李兆惠　谭志忠　刘怀斌　卫　星　孙燕萍　薛保国　邹庭庭

2011年来安县审计局特约审计员情况表

姓　名	性　别	工作单位	职　务	职　称	任职时间
谷祖文	男	来安中学财务科			2011 年 3 月
李　荣	女	县国土局财务股	股　长	会计员	2011 年 3 月
何　惠	女	县建设局财务股	股　长	会计师	2011 年 3 月
孙本良	男	县粮食局内审股	股　长	会计师	2011 年 3 月
蒋传义	男	县交通局财务股	副股长	助理会计师	2011 年 3 月
曹金洲	男	县农委财务股	股　长	会计师	2011 年 3 月
胡永枝	男	县教育局财务股	股　长		2011 年 3 月
杨丽萍	女	县公路局财务股	股　长	助理会计师	2011 年 3 月
王永平	男	县公安局财务股	股　长	助理会计师	2011 年 3 月

2011年工作概况

2011年，来安县审计局认真贯彻省、市审计工作会议，以及县委、县政府重要会议精神，切实履行“一岗双责”，结合开展深入学习实践科学发展观活动，突出抓好重点工作的落实与开展，并取得了明显成效。

经济责任审计力度进一步加大。根据计划安排和委托交办，完成对县轻工协会原会长盛纪兴、县物价局原局长解小波、新城区管委会原主任张陶、县精神文明建设指导委员会办公室原主任侪明星、雷官镇原镇长张克友、半塔镇原党委书记张文华、半塔镇原镇长高彬、水口镇原党委书记吕功洋、县法院原院长时刻、新安镇原党委书记项若平、新安镇原镇长岳华、县开发区管委会原主任朱成龙等10个单位12名主要负责人的任期经济责任审计，查处违规资金264万元。对审计对象应承担的经济责任做出了实事求是的界定和客观公正的评价，向被审计单位提出了整改建议，对违规问题依法作出了处理处罚决定。

财政审计范围进一步拓展。从过去的单纯查地税局、财政局向纳税大户、重点一级预算单位、专项资金管理使用单位拓展延伸。重点检查是否存在偷漏税费、“小金库”问题，是否存在挤占、挪用、截留专项资金问题。对查实的问题，依法做出处理处罚决定，　并要求有关单位落实到位。在方式上采取与专项资金审计、经济责任审计、交办审计相结合，主要运用审计调查方法，重点开展了两个省级开发区企业纳税情况、土地出让情况、全县12个乡镇税收情况和重点企业纳税情况等4个专项审计调查。

专项资金审计进一步常态化。按照“资金运行到哪里，审计就跟进到哪里”要求，对中小学校安工程建设资金、2010年民生工程专项资金、2010年江淮分水岭综合治理开发省级专项资金、2010年工伤失业保险基金进行审计或审计调查。审计专项资金24766万元。从资金的管理看，总的情况是好的。存在的问题是，部分资金到位不及时，影响工程建设进度。针对这些问题，分别提出了建设性意见和建议，对进一步完善民生工程资金管理起到了积极作用。

投资审计绩效进一步明显。对三湾垃圾处理场封场工程、滁来路拓宽改造工程、汪塘机站重建工程、开发区第七期征地补偿资金、建阳南路征地补偿资金、县计生服务站迎接全省科技现场会添置辅助用房和设施工程、西外环交通信号灯及电子警察地下工程、西外环绿化工程及消防队人武部场地平整工程、滁来路改造工程东干渠征地费用等9个政府投资项目进行审计。此外，通过公开招标选择社会中介机构委托审计政府投资建设项目25个，总计送审价28294万元，审定价22510万元，审减5784万元，审减率20.4%。这两项共为政府节省了5784万元资金，较好的实现了审计的效益目标。

交办审计时效进一步提升。首先，抽调精兵强将赴合肥市蜀山区开展地方政府性债务专项审计调查，从5月10日驻点，历时一个月，顺利完成了省审计厅交办的一项重要审计任务。其次，根据上级审计机关的通知要求，及时组织力量对合肥市蜀山区义务教育费用保障机制专项资金进行绩效审计调查。国庆节期间及以后的半个多月，加班加点突击完成了审计署追加的普通高中债务调查和省审计厅追加的基层医疗卫生机构债务审核认定任务，受到县政府的充分肯定和高度赞扬。此外，完成政府交办的34项投资项目审计任务。

切实抓好招商引资工作。全年完成招商任务2亿元。进一步完善招商方法，采取主要领导招商与职工提供招商信息相结合、以商招商与委托招商相结合、电讯联系招商与外出招商相结合。发现招商目标就紧紧盯住不放，千方百计增加沟通互动机会，千方百计增加感情投入，千方百计表达真诚与耐心。做到不因招商失败而气馁、不因压力增大而放弃、不因完成任务而松气。经过不懈努力，与文广新局、检察院合引滁州新康达公司在县新城区做BT项目，总投资5.6亿元。

扎实实施“信息化推进工程”。一是统一思想，明确责任，为“信息化推进工程”有序开展提供保障。省、市审计机关“信息化推进工程”实施方案下达后，随即召开局领导班子会议和全体人员会议，及时传达实施方案内容，统一全局人员思想。成立以局长为组长，班子其他成员为副组长，各室负责人为成员的领导小组，并设立专门办公室，确保了“信息化推进工程”的顺利实施。二是夯实基础建设，提升审计信息化硬件配置。按照“信息化推进工程”实施方案要求，在资金紧张的情况下陆续更新、更换一批笔记本电脑及打印机等办公设备。目前，审计一线人员人均一台笔记本电脑、一台台式机电脑。配备打印机、数码相机、多媒体移动平台等现代化办公设备，基本达到了以OA、AO两大应用系统为核心的“金审工程”一期目标要求，保障了审计信息化建设的顺利实施。三是加强培训，不断提高审计人员运用技能。在“信息化推进工程”实施过程中，通过一系列的学教活动，着力提高审计人员的计算机应用实战能力。首先，认真制定信息化培训计划。结合全年审计业务工作开展的要求，将信息化工作各阶段技术要求，落实在信息化工作培训任务当中，使培训在时间上张弛有度、内容上环环相扣、应用上紧跟节奏。其次，积极参加上级审计机关组织开展的各种培训班。6月，在业务繁重的情况下，积极选派1名业务人员参加省审计厅举办的计算机审计培训。下半年，将每周五定为计算机知识学习日，安排AO与OA交互运用学习交流。通过培训和交流，激发了全局人员学习计算机审计的热情，克服了畏难情绪，树立了将“计算机审计进行到底”的信心和决心。四是认真实施、扎实推进，确保“信息化推进工程”各项任务落到实处。紧紧围绕实施方案的内容，分阶段认真实施各项目标任务。首先，实行审计项目“双审核”。在推广应用AO和OA开展审计工作的同时，对实施的审计项目全部实行电子化流程管理情况复核，切实做到纸质项目档案与电子档案的同步对接，实现了审计质量控制全过程的数字化、网络化。其次，大力开展计算机审计，积极探索信息系统审计。在安排年初计划时，就对适合开展计算机审计的项目进行有重点的安排。在项目实施过程中，由获得中级计算机审计证书人员全程跟进，以保计算机审计项目开展得有声有色。

2011年工作成果一览表

审计单位（个）	查处违规金额（万元）	管理不规范资金（万元）	应缴财政（万元）	已缴财政（万元）	应归还原渠道资金（万元）	移送事项（件）	应调账处理金额（万元）	应自行纠正金额（万元）	审计报告、信息被批示采纳（篇）
70	470	6738	116	28		5784			27

2011年论文发表情况统计表

报刊名称	时间(期数)	论文题目	作　者
《安徽审计》	第5期	《大格局下财政绩效审计的思考》	李文静
《安徽审计》	第3期	《政府BT投资工程清单计价存在的问题及对策》	谭志忠

2011年获奖情况

被省审计厅评为全省审计系统精神文明创建先进单位

被市审计局评为全市“五年行动计划”活动先进集体

被市审计局评为全市审计信息工作先进单位

来安县林业局原局长赵克热任期经济责任审计被市审计局评为市表彰项目

刘怀斌被市审计局评为全市审计信息工作先进个人

李兆惠被评为全县人口与计划生育工作先进个人

谭志忠被评为全县城乡建设工作先进工作者

2011年大事记

2月，朱华申调任县招标采购管理局副局长。

2月22日至4月12日，根据省审计厅的统一部署，派出义务教育保障经费绩效审计和政府性债务审计两个审计小组，由章道林带队前往合肥市蜀山区进行审计，分别历时7天和38天，圆满地完成审计任务。

4月13日，经来安县机构编制委员会批准，成立来安县固定资产投资审计中心，核定事业编制5名，中心主任可高配为副科级干部。截止年底选招一名工作人员。

6月17日，县第十三届党代会召开，章道林副局长当选为县纪委委员。

10月12日，县审计学会成立。市审计局局长徐保月、市审计学会会长黄本明和秘书长付卫民到会祝贺，县长焦义朝参加成立会议并讲话。来安县首届审计学会代表大会共有35个团体会员和43个个人会员参加，代表性较为广泛。大会顺利通过学会章程，选举李文静任县审计学会会长、刘怀斌任秘书长。

10月12日，派出两名人员组成审计组，配合县人大对县水利局工作进行评议。

10月28日，第八届苏皖九县（市、区）审计工作研讨交流会在来安县召开。参加会议的六合、仪征、盱眙、金湖、高邮、邗江、天长、明光、来安等地的审计同仁围绕财政审计大格局下的财政审计主题开展讨论与交流。县审计局对本次会议的筹备、举办，获得与会者的一致好评。

全椒县审计局

全椒县审计局内设人秘股、经贸审计股、财政审计股、行政事业审计股、投资审计股、政府投资项目审计中心和经济责任审计局，实有人员20名。

2011年全椒县审计局机关人员配备情况表

单位 \ 内容	人数	性别		文化程度				职称			负责人
		男	女	研究生	本科	大专	大专以下	高级	中级	初级	
局领导	4	3	1		4				4		章宗敏
人秘股	5	4	1			3	2		2		
经贸审计股	1		1			1			1		
财政审计股	2	1	1		2				1		
行政事业审计股	2	2			1		1		1		
投资审计股	1		1		1				1		
政府投资项目审计中心	4	3	1	1	3						
经济责任审计局	1		1		1						
合计	20	13	7	1	12	4	3		10		

2011年全椒县审计局领导人员情况表

姓名	性别	职务	职称	任职时间
章宗敏	男	党组副书记、副局长	审计师	1998年11月
李军	男	副局长、经济责任审计局局长	审计师	2011年8月
王勤	女	副局长	审计师	2011年8月
梁春	男	纪检组长	审计师	2004年5月

2011年12月31日在册人员名单

章宗敏 韦承元 李军 王勤 梁春 王辉 陈发芳 尹琴 王智文 陶泽俊 徐义春 於斌 夏金萍 应育嵘 何敏 刘玉杰 蒋银 吕少波 龚芳玲 陈远亮

2011年工作概况

2011年，全椒县审计局在县委、县政府和上级审计机关的正确领导下，围绕“市内增速争第一，省内人均进前列”目标，认真履行审计监督职责，全年完成财政财务收支审计项目23项，查处违规资金金额229万元、管理不规范资金金额8262万元，完成工程竣工决算审计项目18项，审核工程报价16711万元，核减工程价款2300万元，核减率13.76%。同时，对20项投资额31亿元的政府重点投资建设项目进行跟踪审计。

进一步丰富财政“同级审”。一是将全部财政性资金纳入审计范围，不但关注财政预算内资金，而且将政府性基金全部和其他财政收支纳入审计范围。二是把部门预算执行情况审计作为财政审计的延伸和拓展，从中发现财政管理和资金使用中存在的共性问题，做到点面结合。三是加大专项审计调查的力度，充分发挥审计的建设性作用。针对政府投资规模不断扩大，全椒县审计局结合政府投资建设项目跟踪审计，对建设项目的管理情况进行专项审计调查。通过审计调查，揭示了政府投资建设项目在建设管理中存在的责任缺失、工程管理人员匮乏，以及合同和招标采购管理存在漏洞、相关管理制度执行不到位等问题。对审计发现的问题，如实在审计工作报告中予以反映和披露，受到县人大常委会组成人员较高评价。县人大常委会作出决议，要求县政府相关部门采取措施加以改进和落实。

不折不扣地完成专项审计和调查。

一是完成审计署统一部署的肥东县地方政府性债务清查审计工作。二是按照省审计厅的统一部署，派出4名审计人员赴肥东县开展义务教育经费专项绩效审计。三是根据审计署的统一部署，组织对全县中小学校舍安全工程实施和管理情况开展审计调查。四是根据市审计局的统一安排，派出3名审计人员赴明光市开展世行贷款第三期加灌项目专项审计调查。五是根据上级审计机关统一安排，开展普通高中债务和基层医疗卫生机构债务清理核实工作。

积极组织实施领导干部经济责任审计。围绕“守法、守规、守纪、尽责”要求，强化对权力运行的审计监督。组织实施县机关事务管理局、县物价局、原县人事局、县政府接待处、原县劳保局、原县国土资源和房产管理局、县瓦山林场、武岗镇、十字镇和全柴集团等10个单位党政领导干部和企业负责人的经济责任审计工作。

认真开展政府投资建设项目审计。开展县开发区路网工程、中小学校舍安全工程、农村公路“村村通”工程、城市道路工程等18项政府投资项目审计，审核工程报价16711万元，核减额2300万元，核减率13.76%，为政府和建设单位节约了大量资金，提高了资金的使用效率。另外，为了加强对政府投资项目建设全过程的监督，关口前移，开展城东三角花园、龙腾三江、城南安置房建设项目，城南大道拓宽改造工程，襄河穿城段内环道路和景观工程、县人民医院迁址等20项县政府重点投资建设项目的跟踪审计。对项目建设的重点环节，如招投标、合同签订、工程变更和隐蔽工程施工、竣工验收等进行全程监督，为规范工程建设管理、提高政府投资效益发挥了积极的作用。

强力实施“信息化推进工程”。一是建立门户网站，为增强审计工作透明度、扩大审计影响搭建平台。二是突出AO系统和OA系统的规范应用。三是突出抓好信息化成果的总结和提炼。上报的3篇计算机审计方法和一篇AO应用实例顺利通过市审计局和省审计厅的测试，并全部上报审计署进行评比。在全省审计机关“信息化推进工程”先进集体评比中，被评为全省审计机关“信息化推进工程”先进集体。

不断提升审计服务水平。根据县委、县政府决策部署，以实施“名片工程”为契机，建立健全政府投资建设项目审计工作机制。一是实施政府投资项目审计全覆盖；二是实施政府重大投资项目跟踪审计制度；三是建立社会中介机构参与政府投资建设项目审计的协审机制。全年通过公开征集，选择3家甲级资质、7家乙级资质工程造价咨询机构进入协审单位备选库。为提高审计质量，规范审计行为，防范风险，明确责任，制定《全椒县审计局审计项目复核审理审定暂行办法》；为加强对聘请中介机构的管理，出台《全椒县审计局聘请中介机构参与建设项目工程价款结算审计管理办法》，对中介机构的选择、审计质量控制、审计时间等都作了明确的规定；为激发职工工作和学习的积极性、增强争先进位意识，出台《全椒县审计局获奖项目奖励办法》、《全椒县审计局信息和宣传工作考评奖励办法》、《全椒县审计局鼓励职工学历进修和获取相关专业技术资格若干规定》；为加强内部管理，制定《全椒县审计局电子设备管理规定》，《全椒县审计局请假和考勤办法》等规章制度。

2011年工作成果一览表

审计单位（个）	查处违规金额（万元）	管理不规范资金（万元）	应缴财政（万元）	已缴财政（万元）	应归还原渠道资金（万元）	移送事项（件）	应调账处理金额（万元）	应自行纠正金额（万元）	审计报告、信息被批示采纳（篇）
40	229	9539	29						107

2011年获奖情况

被省审计厅评为全省审计“信息化推进工程”先进集体

被市审计局评为全市审计系统先进单位

在全椒县目标绩效考核中被县委、县政府被评为优秀等次

2011年大事记

3月，章宗敏被任命为县审计局党组书记、局长。

3月，刘光富退休。

8月，李军被任命为县审计局党组成员、副局长、县经济责任审计局局长。

8月，王勤被任命为县审计局副局长。

10月，陈发芳被任命为县审计局经贸审计股股长。

10月，全椒县审计学会成立。

全椒县审计学会

根据省审计厅《关于进一步加强县级审计学会工作的指导意见》（皖审学会〔2008〕29号）文件精神，全椒县审计局于10月15日召开全椒县审计学会成立大会暨第一次会员代表大会召开。全椒县审计学会有单位会员18个、个人会员59名，第一届理事59名，常务理事27名，会长1名，副会长6名，秘书长1名。

全椒县审计学会领导名单

会　长：章宗敏

副会长：周小平　姜志山　马国友　张殿荣　宇庆忠　王　勤

秘书长：王　辉

天长市审计局

天长市审计局内设办公室、法规审理股、社会保障审计股、财政金融审计股、农业与资源环保审计股、投资外资审计股、经济责任审计局和政府投资审计中心，现有编制18名，实有人员21名。

2011年天长市审计局机关人员配备情况表

内容 单位	人数	性别		文化程度				职称			负责人
		男	女	研究生	本科	大专	大专以下	高级	中级	初级	
局领导	4	4			2	2			4		潘中勇
办公室	3	1	2		1	1	1		1		倪　萍
法规审理股	1	1			1			1			翁文基
社会保障审计股	1	1			1				1		程年生
财政金融审计股	2	2			1	1			2		周智慧
农业与资源环保审计股	2	1	1			2				1	唐传璧
投资外资审计股	1		1			1				1	闵秋兰
经济责任审计局	2		2	1	1				2		张小平
政府投资审计中心	5	5			5				2	3	陆文浩
其他											
合计	21	15	6	1	12	7	1	1	12	5	

2011年天长市审计局领导人员情况表

姓　名	性　别	职　务	职　称	任职时间
潘中勇	男	局长	会计师	2007年2月
董学林	男	副局长	经济师	1993年4月
梁　斌	男	副局长	审计师	2008年3月
殷德标	男	总审计师	审计师	2003年8月

2011年12月31日在册人员名单

潘中勇　董学林　梁　斌　殷德标　夏保平　周智慧　张永明　倪　萍　黄　萃　程年生　闵秋兰　陶　洁　唐传璧　戴　明　张小平　翁文基　陆文浩　李登林　刁文山　张　磊　马　力

2011年工作概况

2011年，天长市审计局审计项目计划六大类54个项目（单位），实际完成135个单位，占项目计划的250%。查处违规金额10万元、管理不规范金额23588万元，提出审计意见和建议150条，在各类媒体上发表审计信息、理论文章50余篇，移送税务部门处理事项3件。

上级部署审计项目圆满完成。坚持全局“一盘棋”，精心组织、周密部署，多措并举、扎实推进，圆满完成署定合肥市包河区政府性负债项目审计、天长市普通高中债务审计调查、天长市基层医疗卫生机构债务清理核实审计；省定的合肥市包河区城乡义务教育经费保障机制专项资金绩效审计调查、天长市中小学校舍安全工程审计调查、舟曲救灾资金物资审计、天长市2010年度养老保险基金审计调查；滁州市定的天长市2010年度工伤、失业保险基金审计。

财政审计建设性作用凸显。全年预算执行情况和其他财政收支情况审计共安排审计项目（单位）8个，除对财政、税务进行常规审计外，还安排对3个部门的预算执行情况和3个镇财政决算情况进行审计。在继续关注预算编制的科学性、预算执行的合法性、预算支出的效益性基础上，财政审计加大对财政专户管理规范性的检查力度，共抽查45个财政资金专户，涉及银行账户70

个。从专户的设立、管理、收支、核算等方面进行测试、审核，揭示了存在问题，提出了建设性意见。被审计单位采纳审计建议，共清理合并12个账户，撤销52个账户，促进了财政资金更加安全高效运行。

专项审计稳步实施。根据天长市人大要求，对天长市环保局和天长市药监局进行人大工作评议专项审计调查。重点审计调查专项资金和规费、罚没收入等资金的征收、管理、使用情况，以及上年审计意见整改落实情况。通过审计调查，及时提出审计意见和建议，确保了审计成效。

经济责任审计步入规范化轨道。认真贯彻落实新修订的《国家审计准则》和新颁布的中央两办“规定”，紧扣审计创新，立足审计转型，坚持以财政财务收支审计为基础，积极探索领导干部经济责任审计的新思路。从科学界定经济责任、客观公正评价、提高报告质量、重视结果利用、规范工作程序和扩大审计视野等方面不断加以研究。通过加强任中审计，突出审计重点，拓宽审计内容，严格审计程序等措施，不断规范审计操作，全面提升经济责任审计工作的质量和水平。

政府投资审计工作全面加强。市政府先后出台《天长市政府投资建设项目审计监督办法》和《关于组织社会中介机构参与政府投资建设项目审计工作的暂行规定》，对审计范围、审计内容、审计方法、审计程序，以及参与政府投资建设项目审计的社会中介机构等提出了规范性要求。全年对75个政府投资项目进行竣工结算审计，报审金额2.7亿元，核减额5423万元，平均核减率20.4%。同时，跟踪审计项目47个，涉及投资额14.6亿元。并实施政府投资项目审计调查11个，核减资金786万元。

领导临时交办任务及时完成。一是对釜山林场临时垃圾填埋场相关经费进行审计调查；二是对大通敬老院建设补助资金拨付情况进行审计调查；三是对天长市环卫处2010年度经费使用情况进行审计调查。

2011年工作成果一览表

审计单位（个）	查处违规金额（万元）	管理不规范资金（万元）	应缴财政（万元）	已缴财政（万元）	应归还原渠道资金（万元）	移送事项（件）	应调账处理金额（万元）	应自行纠正金额（万元）	审计报告、信息被批示采纳（篇）
135	10	23588	10.05	10.05		3			50

2011年论文发表情况统计表

报刊名称	时间(期数)	论文题目	作 者
《中国审计》增刊	第7期	《土地置换应加强引导和管理》	唐传璧
《审计项目质量控制》	3月	《审计重要性水平与审计风险评估》	翁文基

2011年获奖情况

被中国审计报社评为全国宣传通联工作先进单位

被省审计厅评为全省审计系统先进集体

被省审计厅评为全省审计系统精神文明创建先进单位

被滁州市委、市政府评为文明单位

被天长市评为城镇建设工作先进服务单位

被天长市评为市直民生工程推进工作先进单位

刁文山被天长市评为城建工作服务单位先进个人

梁斌、倪萍、陶洁被天长市委、市政府评为优秀公务员

天长市内部审计协会领导及理事名单

会　长：潘中勇

副会长：张祖国　王晓春　殷德标

秘书长：倪　萍

理　事：丁红戈　万　林　万如华　马昌虎　方桂庭　王仁富　王晓春　卢春阳　成怀志　张祖国　张永刚　张会玉　周亦春　陈晓燕　杨金林　郎明珍　郁　健　徐秀海　徐明堂　殷德标　董明生　焦舜尧　潘中勇　薛绮虹

2011年出台的地方审计规章目录

《天长市政府投资建设项目审计监督办法》

《关于组织社会中介机构参与政府投资建设项目审计工作的暂行规定》

定远县审计局

定远县审计局内设办公室、综合审计股、财经审计股、行农审计股、基建投资审计股、经济责任审计局和政府投资项目审计中心，现有编制26名，实有人员16名。

2011年定远县审计局机关人员配备情况表

单位 \ 内容	人数	性别		文化程度				职称			负责人
		男	女	研究生	本科	大专	大专以下	高级	中级	初级	
局领导	4	3	1		2	2			1	1	陈子祥
办公室	4	3	1		2	1	1	2	1	1	周晓三
综合审计股	1	1				1				1	
财经审计股	2	1	1		2				1	1	穆向东
行农审计股	2	1	1		1	1			2		张小平
基建投资审计股	2	2			2			1		1	季维勇
经济责任审计局	1	1				1			1		龚庆超
政府投资项目审计中心											
合计	16	12	4		9	6	1	3	6	5	

2011年定远县审计局领导人员情况表

姓名	性别	职务	职称	任职时间
陈子祥	男	党组书记、局长		2011年5月
孙帮德	男	副局长		2002年8月
倪正才	男	副局长	会计师	2007年5月
刘勤芳	女	副局长		2000年12月

2011年12月31日在册人员名单

陈子祥　孙帮德　倪正才　刘勤芳　管华中　龚庆超　穆向东　季维勇　范铭锦　周晓三　张小平　陈春梅　章文莉　马　雷　龚志刚　陈太凤

2011年工作概况

2011年，定远县审计局在县委、县政府的正确领导和上级审计机关的精心指导下，在县人大、县政协的高度重视和支持下，在有关乡镇、部门的积极配合下，以党的十七大精神为指导，深入学习实践科学发展观，认真贯彻落实上级审计工作会议精神，紧紧围绕县委、县政府工作中心，坚持“依法审计、服务大局、围绕中心、突出重点、求真务实”审计工作方针，进一步解放思想，凝心聚力，立高标杆，务实创新，认真履行审计职责，招商引资、效能建设、党风廉政建设、精神文明创建等各项工作都取得了明显成效，圆满完成全年各项工作任务，为维护经济秩序、加强党风廉政建设、促进社会稳定、推动全县经济又好又快发展发挥了积极作用，受到县委、县政府的充分肯定和上级审计机关的表彰。全年审计单位54个，查处违规资金2297万元、管理不规范资金12136万元，审计核减工程造价302万元，依法实施处理处罚37万元，审计提出建议81条，编发审计信息200余篇，被各级采用150多篇。

财政审计。精心组织，周密安排，整合资源，把握重点，对财政局和地税局具体组织县级预算执行情况、财政专项资金管理使用情况，以及县建设局、水务渔业局、招投标局、农委、经贸委、范岗乡等部门和乡镇预算执行情况进行审计。加强对非税收入、专项资金及二次分配资金的审计，突出审计重点，揭露存在问题，取得了较好效果。审计发现部分单位不同程度的存在未严格执行非税收入管理规定、挤占挪用专项资金、超标准超范围使用财政资金、往来资金管理不规范等问题，提出了加强专项资金监管、规范财政财务管理等审计建议。

行政事业审计。为进一步规范约束部门、单位财政财务收支行为，提高财政资金使用效益，促进部门、单位科学决策、加强管理、提高效益，县审计局组织对县工业园区、供销社、定远二中等3个单位财政财务收支情况进行审计，查处违规资金100万元、管理不规范资金3769万元，并对违规问题进行处理处罚，促进了财政财务收支规范化。

固定资产投资审计。积极适应新形势、新任务的需要，加强政府投资重点建设项目竣工决算审计。对县交通局岱徐路、永吴路、青能路，县体育局青少年体育训练中心、城区信号灯、拘留所等工程决算价款进行审计。通过审计，核减工程造价302万元，揭示工程建设中的高估冒算、偷工减料、损失浪费等现象，节省了财政资金，提高了政府投资的经济效益和社会效益。

经济责任审计。根据县委组织部委托，对县民政局、城管执法局、老干局、县直机关工委、界牌集镇、朱湾镇、七里塘乡、拂晓乡等8个单位、9名领导干部经济责任履行情况进行审计。查处问题资金373万元，其中：违规资金98万元，管理不规范资金275万元。通过审计，加强对领导干部权力的制约和监督，增强领导干部财经法规意识和经济责任意识，提高领导干部管理经济的能力，促进了领导干部廉洁从政。

专项审计与审计调查。根据省审计厅、市审计局统一部署和要求，组织精干力量，实施长丰县义务教育费用保障机制专项资金绩效审计调查、政府债务情况专项审计调查和全县普通高中债务情况审计调查、基层医疗卫生院债务清理核实审核认定工作。审计组认真履责，严格按照审计方案要求开展工作。在审计过程中严守纪律，加强协调，依法审计，圆满完成审计工作任务，得到了上级审计机关和被审计单位的好评。

县委、县政府领导交办的审计任务。根据定远县委、县政府主要领导批示，先后组织对原定远县棉麻公司改制情况和泉坞山水泥厂改制情况进行专项审计和审计调查。审计查出原县棉麻公司存在私设“账外账”、偷逃税款、未经国土部门审批，自行处理改制资产等问题，并移交县纪委等有关部门依法处理。同时，派出专门人员参加“小金库”专项治理检查、校舍安全工程检查、农村危房改造检查、民生工程检查、东园大市场拆迁等工作任务，为服务经济社会发展，促进社会和谐稳定发挥了积极作用。

“人、法、技”建设。积极适应审计转型的需要，把领导班子和审计队伍建设作为根本任务抓好落实，努力打造一支政治坚定、作风扎实、业务精湛的审计干部队伍。一是加强班子建设，发挥表率作用。局党组紧紧抓住班子建设这个核心不放松，坚持民主集中制，带头执行领导干部廉洁自律规定和审计工作纪律；坚持政务公开，自觉接受群众监督；在工作中务实创新，真抓实干，努力以好的作风、好的形象影响和带动全体审计干部转变作风，扎实做好各项工作。二是加强学习培训，提高人员素质。在坚持抓好经常性学习和倡导干部职工自学的同时，认真开展政治理论、思想道德、业务技能等方面的学习和培训，选派人员参加省审计厅举办的审计业务培训班，努力培养高素质专门人才和复合型审计人才，全面提高审计队伍的素质。三是加强制度建设，强化内部管理。结合工作实际，对业务制度、组织制度、管理制度进行修订完善，为科学管理、依法行政打下坚实的基础。局党组坚持定期检查制度执行情况，每月召开一次工作调度会，加大考核力度，年终对干部执行各项制度、履行岗位职责、完成审计业务目标进行综合考核，奖惩兑现，提高全局人员依法从审、服务群众的自觉性和主动性。四是加强组织领导，扎实开展“信息化推进工程”。按照省审计厅、市审计局部署和要求，以现场审计实施系统（AO）和审计管理系统（OA）为抓手，深化审计信息化应用，建立健全审计管理、审计作业和信息交流三大平台，构建完善基础支撑、安全运行、人才支持、制度保障四大体系，使县审计局审计信息化基础设施、工作机制和管理制度日趋完善，审计信息化应用水平逐步提高，信息技术对审计作业、审计管理、审计质量控制、审计决策的支撑作用明显增强。

2011年工作成果一览表

审计单位（个）	查处违规金额（万元）	管理不规范资金（万元）	应缴财政（万元）	已缴财政（万元）	应归还原渠道资金（万元）	移送事项（件）	应调账处理金额（万元）	应自行纠正金额（万元）	审计报告、信息被批示采纳（篇）
54	2297	12136	628	628					54

2011年获奖情况

被省审计厅评为全省审计系统精神文明创建先进单位

被市审计局评为“五年行动计划”活动先进集体。

被县委、县政府评为2008至2009年度县级文明单位

定远县房地产管理局有关事项审计被省审计厅评为表彰审计项目

定远县房地产管理局有关事项审计被市审计局评为优秀审计项目

周晓三被省审计厅评为全省审计机关优秀主审

龚志刚被省审计厅评为全省地方政府性债务审计先进个人

2011年大事记

12月26日，县机构编制委员会批复同意定远县审计局设置定远县政府投资

项目审计中心，为全额拨款事业机构，核定全额拨款事业编制6名。

定远县审计学会

11月8日，定远县审计局在县政府三楼会议室召开定远县审计学会成立大会暨第一次会员代表大会。省审计学会秘书长王羚、副秘书长程敏，市审计局正处级调研员黄本明，市审计学会秘书长付为民，县委副书记余成林，县人大常委会副主任梁蔚然，县政协副主席刘多良，以及来自明光市、凤阳县、肥东县、肥西县、长丰县等市、县审计局领导和全体审计学会会员参加会议。

大会审议通过《定远县审计学会章程》，选举产生定远县审计学会监事、第一届理事会理事、常务理事、会长、副会长、秘书长。县审计局党组书记、局长陈子祥当选为县审计学会会长。大会收到省审计学会、滁州市审计局、明光市审计局、来安县审计局、肥东县审计学会、长丰县审计学会暨内部审计协会发来的贺信、贺电。会上，省审计学会秘书长王羚，市审计局正处级调研员黄本明，县委副书记余成林分别讲话。

审计学会的成立，为全县广大审计人员、财务人员搭建了一个学习、交流的平台；为开展审计理论研究，用理论研究的成果指导审计实践、提升审计水平提供了重要途径，也必将为提升定远县审计理论研究水平、加速审计转型、服务定远经济社会跨越式发展发挥出新的更大的贡献。

定远县审计学会领导及理事名单

会　长：陈子祥

副会长：周　坚　刘勤芳　赵传升　许　倩　李让秀

秘书长：周晓三

常务理事：陈子祥　周　坚　刘勤芳　赵传升　许　倩　李让秀　周晓三

理　事：孙帮德　倪正才　徐又平　雍　会　倪家礼　吕春燕　姚吉贵　穆莉莉　穆向东　季维勇　李国军　沈　振　黄铁松　袁朝玺　叶建伟　朱国庆

监　事：张小平

（撰稿人:周晓三）

明光市审计局

明光市审计局成内设办公室、财政金融审计股、经贸审计股、行政事业审计股、经济责任审计局、政府投资审计中心和工会，现有编制16名，实有人员14名。

2011年明光市审计局机关人员配备情况表

单位＼内容	人数	性别		文化程度				职称			负责人
		男	女	研究生	本科	大专	大专以下	高级	中级	初级	
局领导	7	7			6	1		3			李仁标
办公室	2	2			2				1		王庆东
财政金融审计股	1	1			1						
经贸审计股	1		1		1				1		干木新
行政事业审计股	1	1				1			1		杨照东
经济责任审计局	1		1			1					巴　霖
政府投资审计中心											杨　扬
工会	1		1			1			1		武迎春
合计	14	11	3		10	4		3	4		

2011年明光市审计局领导人员情况表

姓　名	性　别	职　务	职　称	任职时间
李仁标	男	党组书记、局长	高级审计师	2006年9月
邓　兵	男	党组成员、副局长		2010年7月
巴　霖	男	党组成员、经责局局长	高级审计师	2010年9月
王庆东	男	副局长	高级审计师	2011年9月
欧建源	男	副主任科员	会计师	2011年1月
干木新	男	副主任科员	会计师	2011年8月
杨　扬	男	副主任科员	审计师	2011年10月

2011年12月31日在册人员名单

李仁标　邓　兵　巴　霖　王庆东　欧建源　干木新　杨　扬　武迎春　朱大芹　杨照东　阚乃波　徐　涛　彭来芹　程庆杰

2011年工作概况

2011年，明光市审计局积极服务于市“四个二”发展思路、“135”追赶跨越和打造皖江城市带承接产业转移示范区建设“第一方阵”目标，以“创先争优”、“信息化推进工程”活动为契机，认真履行审计监督职责，充分发挥审计保障国家经济社会健康运行的“免疫系统”功能。全年审计单位85个，占年度审计项目计划的155%，查处管理不规范金额4.6亿元、违纪金额275万元，应缴财政31万余，核减投资额1805万元，综合核减率11.43%；提出审计意见和建议167条，全年发表信息330篇；完成招商引资任务9030万元，超额完成2011年年度招商引资任务。

以财政审计大格局为理念，拓展本级预算执行审计视野。树立财政审计大格局理念，以加强财政管理、完善预算制度、规范资金分配行为、提高财政资金使用效益为重点，对市2010年度预算执行情况进行审计。通过分析财政资金运行的质量及效益情况，从体制机制上提出改进建议，重点关注农业、投资、民生、住房、政府融资平台等涉及群众切身利益领域和政府重大投资的资金的使用效果和社会效益。对市财政局、地税局、农委、人口计生委、畜牧兽医局、水务局2010年农村安全饮水项目，市发改委国家大型商品粮基地项目、建设局廉租房一期项目、交通局高速公路三界连接线项目进行审计。“同级审”报告，获得市人大和政府的充分肯定。针对存在问题，市政府督办室、监察局、审计组联合对被审计单位存在问题整改情况进行督察，督促问题进行整改。

以服务中心跟踪预警为目标，大力开展政府投资审计。投资审计工作以“新明城”建设工程为中心，在做好结算审计的同时，着力开展政府投资重大工程项目跟踪审计。认真查找和纠正工程建设管理重点部门和关键环节的突出问题，提出审计建议，发挥审计监督的预警功能。全年完成政府投资结算审计33项，核减投资额1805万元；完成6项政府投资跟踪审计，重点开展市文体中心二期、中医院迁建工程、垃圾处理厂跟踪审计、交通局双拥路南段改造工程、龙泉花苑小区跟踪审计工程、气象局迁建工程。为切实加强政府投资领域审计，用审计专报建议市政府出台《明光市政府投资项目建设工程预算审计监督办法》、《明光市政府投资项目建设工程招标后监督办法》。市长杨甫祥和副市长邹军在审计专报上做了批示。

以服从大局、协同一致为指导，圆满完成异地交叉审计。树立大局观念，始终与省、市审计部门保持同步，先后抽调6人参加瑶海区政府性债务审计、瑶海区义务教育保障经费审计、来安县世界银行加灌项目审计。一是摸清政府债务来源、形成、使用、结存情况；二是揭示政府债务和义务保障经费2.35亿资金在使用管理中存在的不规范问题；三是为世行三期项目圆满结束提供依据。

以服务民生为基础，及时开展专项审计（审计调查）。专项资金审计积极关注社会的难点、热点问题，围绕涉及群众切身利益的医疗卫生、社保基金、教育、农业资金等开展。将本年度的专项审计（审计调查）项目纳入重点类型进行管理，力求出精品。全年完成全市中小学校舍安全专项、养老保险、失业保险、城乡低保对校安资金、农村安全饮水项目的审计任务。

以完善机制为重点，大力推进经济责任审计。全年完成经济责任审计单位16个。进一步完善经济责任审计制度，建立《明光市党政领导干部经济责任分析评价体系》，评价内容包括一般评价、对行政单位、对事业单位和对乡镇领导干部任期经济责任的审计评价4个部分，每个部分都设置若干个相对数和绝对数指标，对领导干部任期决策的效益性、单位支出结构的合理性等进行重点分析。结合中办、国办《党政主要领导干部和国有企业领导人员经济责任审计规定》，起草《明光市市管领导干部经济责任审计结果整改督查暂行办法》、《明光市领导干部任中经济责任审计暂行办法》、《明光市领导干部离任经济责任交接办法》等七项制度，报市经济责任领导小组研究。

以服务政府中心工作为宗旨，着力开展乡镇超收分成检查和教育卫生债务清理核定、民生工程督察和招商引资工作。乡镇超收分成是关系到乡镇切身利益问题，为及时、客观公正兑现乡镇超收分成政策，市审计局树立大局观念，牵头对市乡镇税收情况进行全面检查，以事实为依据，严格检查乡镇实现的税收，剔除税收中的水分。查出影响市超收分成金额800余万元，为市政府公平兑现超收奖励提供可靠依据，充分发挥了审计“免疫功能”功能。本着实事求是原则，以债务形成的证据为依据，对市普通高中和基层医疗卫生机构债务进行清理核实。清理核实市普通高中债务3142万元、基层卫生医疗机构债务1424万元（其中2009年前债务1192万元）。加强民生工程的督导和检查，先后5次深入基层对市30多项民生工程进行督导和检查，对发现问题指导整改和落实，收到良好效果。把招商引资工作作为重要工作。一是引进2个亿元企业。二是帮助引资企业排忧解难，协调解决落户明光的企业用地、用水、用电和用工难问题。三是在提供优质服务的基础上开展以商招商工作，使得招商引资工作步入良性循环轨道。

以突出重点兼顾一般为核心，科学规划审计工作。积极实施“信息化推进工程”，除安排正常的财政“同级审”、经济责任审计、行政事业审计外，还突出以下特点：一是把民生审计作为一个大类单列出来，并列出四大项民生工程审计项目，项目涵盖市所有乡镇；二是拓展同级财政审计理念，树立财政大格局思想，把专项资金审计、工程结算、投资审计绩效纳入审计范围；三是加大投资审计力度，工程结算、项目跟踪审计比往年范围扩大；四是所有项目和计算机审计相结合，提高工作效率。

以“信息化推进工程”为契机，提升审计信息化水平。为切实提高现场审计实施系统和审计管理系统的运用程度，出台和修订《明光市审计局现场实施系统运用办法》和《明光市审计局AO与OA交互办法》，并大力推广两系统运用。结合审计人员计算机水平实际，采取分类培训、进修培训、远程培训、定期培训等方式对审计人员进行培训。同时，有针对性开展 “高手教”、“骨干带”、“一帮一”等活动，使局运用计算机审计水平、电子政务水平普遍提高。一是审计管理平台、审计作业平台、审计交流平台建设平稳有序。二是四大体系基础夯实，效益显著。基础支撑体系牢固。实现市县专网联网，并做到网络通畅；安全运行体系坚实，符合安全规定访问审计管理系统。人才支持体系稳定，形成培训、运用、维护完整体系。制度保障体系健全。修订和完善计算机等设备应用管理制度、机房管理制度、计算机管理人员职责等各项规章制度。制定明光市审计局“十二五”期间审计信息化建设规划。全年局85%以上项目实现AO和OA交互，开展计算机信息系统审计，出具专门的信息系统审计报告。为加强对信息化成果的利用，出台《明光市信息化成果奖励办法》，鼓励审计人员总结撰写计算机审计方法和计算机审计案例。全年报送4篇计算机审计方法，其中两篇获审计厅优秀，并被推荐参加审计署评优活动。

以“创先争优”为抓手，着力开展机关建设。通过“创先争优”活动，提升机关作风、能力、效能建设。一是联系审计工作，设定活动主题“积极投身‘创先争优’，不断提升审计工作能力和水平”。在市开展的“千人评股长”活动中，干木新获全市第三名，被评为明光人民最满意的股长。二是在全局设立 “党员先锋岗”，发挥党员先锋模范带头作用，巴霖被评为优秀共产党员，干木新被评为优秀党务工作者。三是提升专业素质。利用每周学习日，开辟领军人才论坛，在财务收支审计、投资审计、绩效审计、计算机审计、经济责任审计、专项审计调查、审计管理7个方面开展研讨。2011年，王庆东被评为滁州市知识型职工先进个人，干木新、杨杨在评选明光市“五星明光人”中被评为学习之星。四是审计项目进行任务分解，将全年所有审计项目计划所涉及的审计组长、审计进点时间、任务完成时间等都进行明确，以提高审计效能。五是加强廉政建设，严格执行市审计局制定的《国家建设项目审计工作廉政纪律的规定》、《明光市审计局关于对跟踪审计项目进行跟踪监察的暂行办法》、《明光市国家建设项目外聘人员管理暂行办法》、《明光市审计局投资审计PDCA廉政风险控制办法》、《明光市政府投资项目工程变更审计监督实施办法（试行）》、《明光市政府投资项目工程施工合同审查监督办法（试行）》等制度。通过不断努力，市审计局被评为滁州市党风廉政建设示范单位。六是 “五比五争”、“三民大走访”活动开展的有声有色， 取得明显效果，在“五级书记大走访”活动中，得到市委的认可，并在“五级书记大走访”推进会上作典型发言。七是开展“我身边道德模范人物评选”活动，大力弘扬爱岗敬业、诚实守信之风。杨扬、王庆东分别被评为爱岗敬业、诚实守信模范人物，两人的先进事迹均在《中国审计报》作了报道。

以实践为基础，大力开展审计理论研究。积极参加全省审计理论研究和全省审计系统课题招标活动。李仁标撰写的省审计厅招标课题《安徽特色审计文化研究》，系统地探讨了安徽审计文化。在审计实践中，一线审计人员围绕计算机技术与审计实务开展探讨和研究，撰写了《巧用AO审计市政工程造价》论文，并在《安徽审计》上发表。另外，撰写信息系统审计、计算机审计多篇文章在省市网站上发表。

2011年工作成果一览表

审计单位（个）	查处违规金额（万元）	管理不规范资金（万元）	应缴财政（万元）	已缴财政（万元）	应归还原渠道资金（万元）	移送事项（件）	应调账处理金额（万元）	应自行纠正金额（万元）	审计报告、信息被批示采纳（篇）
85	275	45800	31	31				28850	330

2011年论文发表情况统计表

报刊名称	时间(期数)	论文题目	作　者
《安徽审计》	第1期	《如何加强投资审计的廉政监督》	李仁标
《安徽审计》	第11期	《巧用AO审计市政工程造价》	杨　扬、王庆东

2011年获奖情况

被中国审计报表彰为宣传通联工作先进单位

被省委、省政府表彰为安徽省第九届文明单位

被省审计厅评为审计信息工作先进单位

被省审计厅评为“五年行动计划”先进集体

被滁州市评为先进基层党组织

被明光市委、市政府评为目标绩效考评先进单位

被明光市委、市政府、市人武部评为双拥工作模范单位

被明光市委、市政府评为党风廉政建设先进单位

被明光市委评为全市宣传思想工作先进单位

被明光市委评为城乡结对共建先进基层党组织

被明光市委、市政府评为目标绩效考评先进单位

被明光市委评为全市宣传思想工作先进单位

古沛小学财物收支审计被滁州市审计局评为优秀审计项目

王庆东撰写的《明光市工业园区管委会计算机审计案例》获审计署应用奖

李仁标被省人社厅、审计厅评为全省审计系统先进工作者

徐涛撰写的两篇计算机审计方法被省审计厅评为优秀计算机审计方法

干木新、杨扬被市委、市政府评为学习之星

王庆东被滁州市总工会评为知识型职工先进个人

干木新获明光市“千人评股长”第三名

干木新被明光市妇联评为明光市五好文明家庭

2011年大事记

1月26日，省审计学会王运清副会长到市审计局指导审计学会工作。

2月22日，对合肥遥海区义保教费和政府性债务进行审计。

2月28日，国土局欧建源调任审计局副主任科员。

3月11日，由市审计局牵头，市国地税、财政局参加对市乡镇超收分成审核，核减800余万元分成税款。

5月20日，市审计局中标省审计厅审计文化研究课题。

8月23日，干木新任市审计局副主任科员。

8月30日，市2010年预算执行和其他财政收支审计工作报告在市人大常委会第45次会议通过，并获得高度评价。

9月2日，王庆东任市审计局副局长。

10月18日，省审计厅副厅长姜爱明到明光市调研基层卫生医疗机构债务清理核实情况。

10月26日，滁州市审计信息工作现场会在明光市召开。

11月2日，杨扬任市审计局副主任科员。

11月30日，明光市联网审计实施方案在市政府45次常务会议获得通过。

12月11日，市政府出台《明光市政府投资项目建设工程预算审计监督办法》。

2011年
领导批示、讲话摘要

7月22日，市委书记李庆宁在《明光市文化广播新闻出版局纪检责任审计报告》上批示：年年都有干部离任，年年都搞离任审计，审计报告提出的问题，究竟解决了没有，处理了没有、纠正了没有，应该要建立纠正、处理、监督机制。建议有加政牵头、帮文、显忠、采友、审计、财政、监察参加。分上下半年听取对干部离任审计报告汇报，研究处理意见，督促纠正政改，这样审计结果就得到了很好的运用。

9月1日，市长杨甫祥在市审计局《审计专报》报送的应出台《明光市政府投资项目建设工程预算审计监督办法》和《明光市政府投资项目建设工程标后管理暂行办法》上批示：我认为出台这两个办法很好，可提交政府会议研究。

明光市审计学会
领导及理事名单

会　长： 李仁标

副会长： 徐华维　孙宗林　薛　花　刘玉成　阚　斌　赵英会

秘书长： 武红馨

理　事： 干木新　王业飞　王庆东　王家梅　巴　霖　孙宗林　李仁标　李春平　刘玉成　成亚梅　季　燕　邱良山　赵英会　赵锋贤　赵德龙　武红馨　胡红霞　胡霖玲　侯家青　欧建元　唐金三　彭　辉　徐华维　曹正强　阚　斌　薛　花　戴贤汝

2011年出台的
地方审计规章目录

《明光市政府投资项目建设工程预算审计监督办法》（明政〔2011〕39号）

（撰稿人：王庆东，审核人：李仁标）

凤阳县审计局

凤阳县审计局内设人秘股、行政事业审计股、财政金融审计股、基建投资审计股和经济责任审计局，实有人员19名。

2011年凤阳县审计局机关人员配备情况表

单位＼内容	人数	性别		文化程度				职称			负责人
		男	女	研究生	本科	大专	大专以下	高级	中级	初级	
局领导	5	4	1	1	3	1			4		王胜勤
人秘股	3	2	1		1	1	1		1	1	左宗林
行政事业审计股	3		3		1	2			1	2	王维芳
财政金融审计股	2	1	1		1	1			2	1	阮文敏
基建投资审计股	3	2	1		2	1			2	1	张树杰
经济责任审计局	3	2	1		1	1	1		2	1	王　斌
合计	19	11	8	1	9	7	2		12	6	

2011年凤阳县审计局领导人员情况表

姓　名	性　别	职　务	职　称	任职时间
王胜勤	男	党组书记、局长	经济师	2007 年 3 月
常道明	男	副局长	经济师	2003 年 6 月
陈　智	女	副局长	会计师	2008 年 10 月
刘明顺	男	主任科员	经济师	转岗
倪从银	男	主任科员	会计师	转岗

2011年12月31日在册人员名单

王胜勤　常道明　陈　智　刘明顺　倪从银　王　斌　阮文敏　刘言祥　张树杰　王维芳　张文跃　马宜双　时文芳　左宗林　衡泽彪　曾永梅　李传云　张学云　陈章琴

2011年工作概况

2011年，凤阳县审计局组织实施审计项目48项，其中：省定项目两项、自定项目46项（县级预算执行情况项目3项，民生工程及扩大内需项目8项，财务收支审计14项，经济责任审计17项）、完成年度审计项目任务的98%。另外完成领导临时交办项目12项。审计查处违纪违规金额211万元、管理不规范资金3604万元，已缴财政金额21万元，提出合理化审计建议82条，被采纳82条。向县政府和上级审计机关提交审计综合报告和审计信息45篇，新闻媒体采用38篇。

本级财政预算执行情况审计。在总结历年审计工作经验的基础上，构建大财政审计理念，除对财政、地税部门组织预算执行和其他财政收支情况审计外，还对重点部门、重点资金、重点项目预算执行情况进行审计。在预算执行审计中重点从以下3个方面开展审计：一是注重调整审计思路。把着力点放在促进加强财政管理和财政制度改革上来，推进依法理财、依法治税的进程，由查错纠弊向揭露问题、分析原因、提出建议上转变。二是注重突出审计重点。加强对财政部门内控制度、财政预算编制、财政资金分配的审计监督，注重以提高财政资金使用效益，建立公共财政制度为目标，紧紧抓住“预算执行”这条主线，实现由收支审计并重向支出审计为主转变。三是注重审计调查。在专项资金审计方面对县财政局各股室的资金管理、使用、结余、效益情况进行分析清理，对民生工程的落实情况进行延伸审计，保证强农惠农政策落到实处。审计处管理不规范资金1815万元，针对审计查出的预算执行不到位、年末结转支出较大，影响财政资金使用效益、工程预拨款超审计审核范围、预算往来款数额较大，未能及时清理、部分上年结转的专项资金安排使用不及时、部分土地出让金使用不规范等10个问题，建议县财政部门除了要加强财政收入征管，积极培植财源；加强财政支出管理，优化支出结构外；还要加强预算管理，科学测算预算盘子，从严控制预算追加，积极推进部门预算，及时下拨各项专项资金，加强对预算执行过程的监管，切实提高县财政资金使用效益，确保预算资金高效运行。

经济责任审计。结合《党政主要领导干部和国有企业领导人员经济责任审计规定》（中办发〔2010〕32号）有关要求，严格按照县委、县政府〔2009〕79号文件规定，继续探索经济责任审计方式、方法，加大任中审计比重，实行监督关口前移。全年开展经济责任审计项目17个，其中离任审计9个、任中审计6个。已经完成对临淮镇、大溪河镇、红心镇、县计生委、原县人事局等乡镇（部门）的审计。审计过程中，坚持抓好审前调查、审计进点会、审后座谈会等3个环节，特别突出对财务资料之外的会议记录、会议纪要等有关资料的审查，突出审计外调、突出工程建设及事项的绩效分析，注重对领导干部在廉洁自律等方面进行审计，使审计结果更加真实全面，审计评价更趋客观科学。同时，依照凤办字〔2009〕79号文件规定，采取量化指标评价和定性评价相结合的办法，在量化指标评价的基础上得出审计结论，对审计对象进行评分，根据评分结果向县组织、纪检等部门提出审计结果利用建议，为县委、县政府正确使用干部提供了可靠依据。审计查处违规金额241万元、管理不规范资金1346万元。经济责任审计查出的问题主要表现专项资金未实行专户核算、使用不及时，有的单位甚至挤占专项资金；部分乡镇或部门存在无依据或违规收费(宅基地款)211万元，借条（收据、白条）预付工程款，部分单位欠缴税金，不合规单据支付费用，在往来款中列支费用，大额费用现金支付，部分工程决算为通过政府审计等问题。针对存在的问题，对审计对象应承担的责任作出了实事求是的界定和客观公正的评价，向被审计单位提出了整改意见22条，对违规问题依法作出了审计处理决定。同时，要求被审计单位限期整改落实，在规定时间内把整改结果报送县审计局备案。

政府投资审计。为预防和惩治建设领域的腐败，发挥政府投资的效益，也为政府节约资金，以《凤阳县政府性投资建设项目审计办法》（凤政〔2008〕158号）和《进一步加强政府性投资建设项目审计监督工作有关规定》（凤政〔2009〕47号）等文件为依据，围绕工程招投标、合同签订、工程造价的真实性以及财务管理、资金使用等情况积极开展政府投资审计。全年完成政府性建设项目和拆迁补偿等135个，其中竣工决算和拆迁补偿审计项目129个（长安街东段改造工程、凤阳县污水主干管工程、临淮关朝阳大道工程、工业园伯牙路改造工程、计生委大楼土建工程、景观大道绿化工程等），送审金额39433万元，审定金额34951万元，核减4482万元，核减率达11.37%。跟踪审计项目6个（三纵两横道路工程、中都南苑安置小区2#、4#楼工程、板桥工业园基地大道扩建工程、新城区六条道路绿化一期工程等），总的送审金额14098万元，审定金额12485万元，核减1612万元，核减率达11.44%。竣工决算和跟踪审计两项总共核减6094万元。主要做法：一是依法开展工程结算造价审核。在审核过程中坚持做到理论计算工程量与审核人员现场勘测结果相结合，以实际完成工程量为依据；同时把好取费标准、材料价格和套用定额等关口，为政府投资节约资金、防止国有资产流失发挥了积极作用。二是依法开展政府重大投资项目招标控制价审核。针对固定资产投资领域出现的新问题，及时调整工作思路，按照“抓住源头，关口前移”的原则，积极开展政府投资建设项目招标控制价审核工作，既为领导决策、工程招投标提供了依据，又为政府投资把好了第一道关。三是依法开展工程项目程序审计。从招投标程序的合法性、概预算的真实性、建设项目合同的规范性、工程相关资料的完整性等方面入手，对建设项目程序进行审计，有效地控制工程不按规定招标等现象，促进了建筑市场的规范。四是对重大建设项目继续加大跟踪审计力度。针对存在的问题分别提出审计整改建议，从而有效控制了工程建设中的高估冒算、偷工减料、损失浪费等现象，进一步规范了建设程序，保证了建设资金真实、合法、有效的使用。通过审计，发现建设项目在设计、招标、合同签订以及项目实施管理过程中存在一定的问题：一是在设计方面存在设计方案有的不合理、设计部门违规作业，不实地勘查、图纸设计不严谨、不规范、设计变更过于草率，随意性较大，设计标准过高等问题；二是在招投标方面存在部分项目前期招投标资料不完整、招标图纸和施工图纸不一致等问题；三是在合同签订方面存在部分项目工程施工合同与招标文件不吻合、价款结算方式不合理、不严谨等问题；　四是在建设单位方面存在部分建设单位资料提供不真实，变更签证含糊，未能依法履行变更手续，业主代表变换频繁，缺乏连续性，交接手续不齐全，致使资料丢失，项目实施中未按合同条款规定履行等问题；五是在监理方面存在监理市场较为混乱，以及挂靠现象、无证执业、部分监理不作为等情况。针对存在的问题分别提出审计整改建议，从而有效地控制了工程建设中的高估冒算、偷工减料、损失浪费等现象，进一步规范了建设程序，保证了建设资金真实、合法、有效的使用。

民生工程审计。按照“财政资金运行到哪里，审计就跟进到哪里”的要求，对涉及民生的专项资金进行重点审计。全年有针对性地侧重安排10个项目，主要是城市低收入家庭住房困难保障资金、中小学校舍安全工程、中等职业学校困难学生资助资金、农村新型合作医疗资金、农村五保户供养机构建设等。目前已审计8个项目，在具体审计内容方面突出“三个重点”：一是资金管理情况。主要审查各项专项资金是否建立专账或明细核算；资金的拨付是否及时，手续是否完备，有无滞留、无故拖延等现象。二是资金使用情况。主要审查专项资金在使用中是否有挤占、挪用的现象，是否做到了专款专用，资金是否发挥了应有的效益。三是工程建设情况。主要审查建设工程是否执行基本建设程序，建设工程资料是否完善，工程造价结算是否真实等，确保资金安全有效使用。在审计程序方面，审计人员以资金为主线，首先从财政部门摸清各专项资金的底数和流向，找出审计重点，然后再制定详实的审计方案，注重入户调查走访，凡涉农专项资金都要达到30%入户率。在审计中发现部分民生工程在实施时不同程度的存在问题，如：在县廉租住房保障资金审计中，发现存在公房维修未进行工程竣工决算审计；在对县中小学校舍安全工程实施及管理情况进行跟踪审计中，发现存在少部分资金未纳入专户统一管理，部分校安工程配套资金用于配套工程建设；经审计延伸调查还发现部分涉农项目（政策性农业保险）群众政策知晓率低，需要扩大宣传，部分建设类项目重建设轻管理，后期管护工作跟不上等情况，对审计发现的问题，分门别类有针对性地提出了建设性建议和整改意见，并要求存在问题的单位上报整改结果。通过对专项资金从拨付到使用全过程的监督，进一步规范资金的管理，提高财政资金的使用效益，确保了党的各项惠民政策得到落实，确保了资金发挥应有的经济效益和社会效益。

县委、县政府和上级审计机关交办的审计任务。在县委、县政府领导交办审计任务方面：一是除了积极参与全县布置的拆迁工作外，并派专人对拆迁补偿资金的合同签订进行现场审核把关，同时对拆迁后的补偿资金进行全面审计（在征迁工作中县审计局获贡献奖，负责征迁的人员还被县委、县政府评为先进个人）。二是按照县委、县政府统一部署，积极配合县纪委开展对商委部门的8家企业改制经济责任审计，促使改制工作顺利进行。三是加强与纪检监察部门的沟通联系，利用业务优势，积极配合县纪委开展案件侦破调查。在上级审计机关安排任务方面：一是根据省审计厅、市审计局统一部署，派出由一名副局长带队两名审计人员组成的审计小组，完成对合肥市芦阳区政府债务专项资金和义务教育经费两个专项审计调查。二是积极开展其他事业单位工作人员工资收入分配情况清理核查工作。在各有关事业单位自查和有关主管部门核查的基础上，成立组织，抽调专人，组织力量，根据核查工作领导小组的相关要求，制定切实可行的专项审计方案，加班加点，对各有关事业单位清理核查结果和实际发放津补贴、奖金水平进行认真审核把关。三是组织力量，对人员重新分工，保质保量完成省审计厅下达的“全省基层医疗卫生机构债务清理核实和审核认定”和“全省公办普通高中学校债务清理核实和审核”工作。四是按照省、市相关领导要求，经过积极组织筹备，于10月份成立了凤阳县审计学会。

招商引资任务。3月22日，梁茂生副县长与县审计局引进的安徽元鼎建设工程有限责任公司正式签定《凤阳县政府城市公共设施项目融资采购框架协议》，签约资金达20600万元。项目采用分期付款采购方式建设，涉及图书馆、博物馆、市民广场、档案馆4个建设项目。

廉政建设。廉洁勤政是审计部门工作人员的生命线。为加强廉政建设，县审计局在坚持依法审计的前提下，积极倡导文明审计、廉洁审计，并通过开展一系列活动把这一理念变为实际行动，逐步提升审计干部廉洁意识。一是开展“讲党性修养、树良好作风、促廉洁自律”活动。通过活动的开展，进一步增强了全体审计人员的廉洁自律意识。二是着力倡导文明审计。要求审计人员做到：审计要依法并严格按法定程序，工作要遵守审计纪律，坚决杜绝门难进、脸难看、事难办的不良作风，遇事要讲耐心道理，言行举止要文明，不讲粗话、大话、过头话和伤害别人感情的话，审计情况要如实反映，处理问题要实事求是。三是践行“廉洁审计”。审计组每次在进点前，不仅要学习和熟悉相关的审计业务，而且要组织学习有关的审计工作纪律和廉洁自律的有关规定。审计前，要作出审计工作“八不准”公示，审计后，由局人秘股到被审计单位听取反馈意见，对审计人员依法审计、廉洁从审、秉公执法情况进行及时有效全方位的监督。

2010年工作成果一览表

审计单位（个）	查处违规金额（万元）	管理不规范资金（万元）	应缴财政（万元）	已缴财政（万元）	应归还原渠道资金（万元）	移送事项（件）	应调账处理金额（万元）	应自行纠正金额（万元）	审计报告、信息被批示采纳（篇）
76	211	3604	21	21	36				64

2011年大事记

8月，刘明顺退休。

11月，县审计学会成立。

六安市审计局

六安市审计局内设办公室、综合法规科、财政金融审计科、行政事业与外资运用审计科、农业与资源环保审计科、社会保障审计科、审计信息运用科、经贸审计科、投资审计局、经济责任审计局、监察室、机关党总支和内部审计协会，现有编制41名，实有人员35名。

2011年六安市审计局机关人员配备情况表

单位 \ 内容	人数	性别		文化程度				职称			负责人
		男	女	研究生	本科	大专	大专以下	高级	中级	初级	
局领导	7	5	2	1	5	1		1			余　泳
办公室	5	4	1		3	1	1		1		虞国彪
综合法规科	2	1	1		2				1		朱维清
财政金融审计科	2	2			1	1			1		肖之田
行政事业与外资运用审计科	1	1				1					张时方
农业与资源环保审计科	2	1	1		2				2		徐　超
社会保障审计科	2	1	1		2			1	1		崔久松
审计信息运用科	1	1			1				1		甘厂生
经贸审计科	2	1	1		2				1		刘仁华
投资审计局	6	4	2		6				2		左照宇
经济责任审计局	2	1	1		2				1		郭立刚
监察室	1	1				1			1		郑晓明
机关党总支	1	1			1				1		吕绍来
内部审计协会	1	1					1				张东崇
合计	35	25	10	1	27	5	2	2	13		

2011年六安市审计局领导人员情况表

姓　名	性　别	职　务	职　称	任职时间
余　泳	女	党组书记、局长		2010年4月
夏　云	女	党组成员、副局长		2003年12月
漆学敏	男	党组成员、副局长		2010年8月
胡正才	男	党组成员、总审计师		2010年8月
王家保	男	党组成员、纪检组长		2010年8月
冯六合	男	副调研员		2009年9月
窦祖武	男	副调研员		2002年10月

2011年12月31日在册人员名单

余　泳　夏　云　漆学敏　胡正才　王家保　冯六合　窦祖武　虞国彪　赵晓方　朱维清　杨家勇　刘仁华　左照宇
韩　羽　吕少来　张时方　崔久松　李　捷　曾　毅　甘厂生　江丕俊　卫倩倩　郑晓明　陈　瑶　金俊生　蔡锦虹
肖之田　徐　超　姚　芳　孔德和　郭立刚　张东崇　朱文静　喻　晓　王修炮

2011年工作概况

2011年，六安市审计局在市委、市政府、省审计厅的正确领导下，认真贯彻全国全省审计工作会议精神，扎实部署实施“五大工程”，以改善民生和科学发展为出发点，以学习贯彻审计准则为主线，以加强审计现场管理为突破口，进一步加大对重点领域、重点部门、重点资金的审计力度，充分发挥审计监督职能作用，为推进依法行政，促进党风廉政，服务地方经济建设等方面发挥了积极的作用。全年全市审计（审计调查）448个单位，查处违纪违规资金 53180万元、损失浪费金额 1750 万元、管理不规范资金 9834万元，决定处理处罚1190 万元，要求调账处理26533 万元，核减政府投资额2．5亿元；出具审计报告和调查报告448份，提交审计建议、信息345 篇（条），被地方党政领导和有关部门采用226篇（条），充分发挥了审计监督在维护财经法纪、促进廉政建设、服务宏观调控中的重要作用。市审计局先后被省审计厅评为全省审计系统精神文明创建先进单位，被市委、市政府及有关部门表彰为全市文明行业、全市依法行政先进单位、市直机关效能建设先进单位、市政府目标考核先进单位等。

贯彻构建财政审计大格局的思路，继续深化财政预算执行审计。按照审计署《关于进一步加强财政审计的意见》、着力推进构建财政审计大格局、促进财政审计工作深入开展的要求，经过认真调研，制定市本级2010年度预算执行情况审计工作方案，就2011年财政“同级审”工作，选派业务骨干先后去芜湖、蚌埠等地学习取经，学习他们开展财政“同级审”工作的做法经验，进一步拓展审计人员的视野和工作思路。2011年的财政“同级审”范围除对市财政局、地税局具体组织2010年度市级预算执行情况进行审计外，部门预算执行情况审计安排对六安开发区管委会、市公安局、市教育局、市民政局等部门2010年度预算执行情况进行审计。重点安排3个专项审计和审计调查，一是市城投公司、市重点办财务收支审计。二是对医疗保险基金、失业保险基金、公益性岗位专项补贴资金进行审计调查。三是对市本级土地存量审计调查，调查重点为摸清本市土地储备和开发利用的总体情况，土地资金使用管理情况，为政府和有关部门加强和改进土地资源的管理和控制提供决策依据。如审计中发现某开发商于2005年9月竞拍两地块时，应支付土地及拆迁补偿费用余额2204万元，审计组发现并督促被审计单位追回开发商欠缴土地补偿款1500万元。2011年度预算执行审计报告受到市人大常委会、市政府充分肯定，市政府成立了以常务副市长王胜为组长的审计整改领导组，下设两个小组，财政局长任整改小组组长，监察局长任整改督查组长，要求每月一调度，按月汇报审计整改情况，审计结果在《皖西日报》上公告。

集中力量安排部署重点工作，开展政府性债务审计、教育经费审计和教育卫生化债审核工作。一是根据省审计厅统一部署，组织全市审计机关对阜阳市城乡义务教育经费保障专项资金进行审计调查。审计查出的主要问题是资金拨付不及时、使用不符合规定、民办学校义务教育经费结存额较大、部分学校预算管理和财务管理薄弱等，按时上报省审计厅。二是根据省审计厅的统一部署，市审计局负责对滁州市政府性债务进行审计。局党组高度重视，从各县区审计局抽调30名业务骨干，组成9个审计组赴滁州市开展政府性债务审计。三是完成高中教育债务和全市基层医疗卫生化债审核工作。两项债务审核工作都得到市政府领导的重视支持。市审计局成立领导组，召开由审计、教育、卫生部门负责人参加的协调会，具体部署审核工作。在对全市156个乡镇卫生院和15个社区卫生服务中心上报债务审核中，市审计、财政部门共抽调9名业务骨干，分3个小组在10天时间内，核减不实债务1775万元，调账金额9461万元，及时上报审核报告。四是根据省审计厅的统一安排，对六安市国脉小额贷款有限责任公司、舒城县大众小额贷款有限责任公司、霍邱县万安小额贷款有限公司进行专项审计调查，重点审计调查3家小额贷款公司自开业以来至2011年6月30日的经营发展情况，并向有关部门提出促进小额贷款公司健康发展的意见和建议。

围绕政府工作中心，推动投资审计稳步扎实开展。全市审计机关认真贯彻执行《六安市政府投资建设项目审计监督办法》，进一步加大投资审计力度，全年对320多个政府投资项目预算审核和决算审计，共为政府节约投资2.5亿元。市投资审计局组织审计力量（异地），严格审计程序，严明审计纪律，对市七里站经济适用房A标建设工程、市皋城大厦改造等33个政府投资项目进行了结算审计，工程送审价7.6亿元，核减工程投资额1.7亿元，平均核减率为22.6%。查出部分工程未进行招投标、偷工减料、虚报工程价款等问题。通过审计，督促建设单位认真整改，促进建设市场规范程序，节约政府投资资金，取得了良好的社会效益和经济效益。

贯彻执行两办“规定”，推动经济责任审计进一步深化。按照“积极稳妥、量力而行、提高质量、防范风险”的方针，继续加强领导干部经济责任审计工作。全市审计机关对95个经济责任人进行审计，查处违规资金3470万元，其中应负直接责任681万元；查处管理不规范资金2789万元。市本级安排对市卫生局、市司法局、六安高级技工学校、市人民医院等14个单位主要负责人任期经济责任审计。在对霍邱县委、县政府负责人经济责任审计时，市纪委、组织部领导参加进点会、审计报告审议会，现场指导，提高了经济责任审计影响力。经市委、市政府领导同志同意，调整充实六安市经济责任审计工作领导组，市委副书记、市长张韶春亲自担任领导组组长，进一步健全完善经济责任审计工作联席会议制度。积极探索经济责任审计结果运用制度与纪律处分条例、廉洁从政准则、党内监督、问责追究等各项制度有机衔接的途径与办法。对审计中发现的违法违纪问题，严肃认真处理，纠正、整改到位。坚持标本兼治，把审计结果与完善制度、健全机制、推动科学发展结合起来。

紧紧围绕全市深入实施民生工程大局，加强对民生工程资金的审计监督。

全市各级审计机关认真贯彻省、市政府关于进一步加强民生工程实施意见的要求，不断增强责任感和使命感，思想上重视民生，思路上贴近民生，工作中关注民生，监督中服务民生。审计民生工程涉及农村居民最低生活保障经费、重度残疾人生活救助资金、病险水库加固、农村危房改造等11项56个单位；涉及民生工程专项资金12．5亿元，其中通过审计规范和节约财政资金4153万元；提交审计和审计调查报告32篇、审计情况和信息24篇（条），充分发挥了审计监督在促进和谐六安建设、维护社会稳定中的积极作用，切实保障了民生工程顺利实施和民生政策落到实处。

加强对专项资金的审计（审计调查），发挥审计服务宏观决策的作用。一是根据市领导交办，对市慈善协会2005至2010年度财务收支情况和“慈善一日捐”资金管理使用情况进行审计，并向社会公告审计结果。二是积极开展国外贷、援款项目的公证审计。市本级全年完成国外贷援款公证审计项目5个，主要项目是对省公路恢复和改建项目ⅢS310霍众段审计；对世行贷款霍邱县新农村生态家园富民工程项目审计。此项审计在AO外资版计算机审计运用方面进行了创新和突破，审计结果上报后受到省审计厅外资审计处的充分肯定和表扬。三是开展全市养老保险基金和全市城镇居民基本医疗保险基金的征缴、使用和结余情况以及相关政策措施的执行落实情况审计。四是根据上级审计机关统一部署，组织全市审计机关对2008至2010年扶贫资金的投入、使用及管理情况进行专项审计调查。调查中，除对扶贫资金相关财务、业务数据执行传统财务审计及计算机审计手段外，针对审计调查特点，结合具体项目抽查，分别采取查阅资料、现场勘察、走访群众、问卷调查、现场座谈等审计调查方法。

贯彻实施“五大工程”，审计信息化建设有序推进。一是领导重视，措施落实。先后召开全市审计信息化工作会议、调度会，分析研究信息化建设面临的问题，研究制定《六安市审计局2011年审计信息化工作意见》，确立实施“信息化推进工程”的思路，将审计信息化工作任务进行分解，确保“信息化推进工程”各项目标落到实处。二是开展调研，拓展思路。先后赴合肥、宿州、芜湖、蚌埠等地学习考察，就审计信息化建设有关问题进行研讨交流。三是增设机构，配备人员。全市各级审计机关均成立由局“一把手”负总责、分管领导抓落实的审计信息化工作领导小组。寿县、霍邱县、金安区等县区审计机关成立审计信息技术应用科，配备专职人员，其他县区审计局也都确定专职人员，明确由相关股室负责信息化工作。市审计局还抽调骨干人员成立计算机审计技术攻关小组，实行不定期的技术交流，研究解决如何促进计算机审计的深入开展。四是完善制度，强化措施。制定《六安市审计系统审计信息化工作考核办法》等，对全市审计信息化工作进行规范和跟踪。市审计局实行审计项目“双审核”制度，即审计项目必须先经过审计信息化应用情况审核把关后，才能提交局审理委员会审理。此项制度的实施，不仅扩大了AO与OA的交互应用覆盖面，同时也提升了审计人员的计算机应用能力。五是狠抓应用，强力推进。采取多渠道、多形式、多层次地开展培训，先后邀请了省审计厅、蚌埠市审计局、芜湖市审计局、南京审计学院、“金审工程”服务办等单位的专家，结合实例，分别就计算机基础知识、AO使用、OA与AO交互、数据采集、数据分析、数据库知识等内容，给全市审计系统100余人进行现场授课。以全国审计系统计算机基础知识和技能考试、AO认证考试为契机，分别组织全市审计系统参考人员举办计算机操作技能培训和AO应用培训，取得了明显的效果。全年全市有6人通过计算机审计中级培训考试，27人参加AO认证考试。全市业务文书内部流转实现公文入库2535篇，其中市审计局504篇，县区审计局2031篇；起草公文1150篇，其中市审计局224篇，县区审计局926篇；全市年度审计计划全部在OA管理系统中立项、分解，已开展的项目全部采用AO开展现场审计，审计作业过程各个环节及相关资料均在AO和OA中交互。市审计局成功地运用AO系统对全市社保资金、市人民医院医疗收费系统等海量数据业务项目开展计算机审计，运用数据库语言分析、查找核实问题，先后查处违纪金额2000多万元。在积极开展计算机审计项目的同时，还注重总结经验成果，全年组织编写计算机审计方法18篇，AO应用实例8篇，审计案例2篇；其中3篇计算机审计方法获省审计厅优秀奖，实现了计算机案例总结工作的突破。

全面加强队伍建设、质量建设和精神文明建设，提升审计机关整体水平。第一，队伍建设方面。一是加强领导班子和领导干部领导能力建设。班子结构不断优化，市委调整后的新一届领导班子年龄、知识结构进一步合理，提高了谋划发展、统筹发展、优化发展、推动发展的本领。二是强化与各县区党委和组织人事部门的协调联系，加大对下级审计机关领导干部的协管力度。市审计局党组书记、局长余泳专题到各县区与党委、人大、政协、组织部门负责人沟通，研究加强县区审计机关队伍建设问题。三是加大对业务骨干人才、急需人才、青年审计人才、复合型人才的培养力度，提高法律、工程、环境保护、计算机等相关专业人才比例，优化干部队伍的知识和能力结构。先后引进聘用10名法律、计算机、工程造价方面的人才，提高了审计干部队伍素质。四是加强干部教育，注重网络和案例学习培训。认真组织全体人员参加干部教育在线学习，通过了组织部门的考核。积极组织全体审计干部参加省审计厅举办的计算机中级培训班、审计准则培训班等。五是加强对内部审计的业务指导。市内部审计协会于8月19日召开内部审计工作经验交流会，市供电公司、市人民银行和市农业银行等单位先后作经验交流。第二，质量建设方面。一是加强对审计人员质量意识、责任意识和风险意识教育，使“质量立审”成为广大审计人员的自觉行动。二是深入贯彻实施《国家审计准则》。市审计局举办全市审计系统《国家审计准则》培训班，并对《国家审计准则》中最新修订的需要注意的事项进行重点讲解。市审计局各科室（局）、各县区分管领导、综合法规科负责人以及相关业务人员参加了培训。三是创新审计立项、计划编制方式。每年初都在六安审计网、市政府门户网站、《皖西日报》等媒体刊登审计项目立项建议征集通知，广泛听取社会各界意见。四是认真执行审理制度，完善审计业务会议和集体审定制度，严把审计质量关口。局所有项目均通过审理机构审理后提交局业务会议集体审定，全年业务会议审定审计项目42个。五是积极开展优秀审计项目评选，建立健全创新激励机制。组织开展全市审计项目质量检查工作。检查结束后，根据局集体研究决定，评比表彰3个优秀审计项目，并将检查结果进行通报。第三，精神文明建设方面。一是坚持以社会主义核心价值体系为引导，加强审计文化建设，彰显审计形象。春节前夕，举办城区审计干部迎新春联欢会，提高审计干部精神生活；在建党90周年之际，组织全体党员到皖西烈士重温入党誓词，邀请省审计厅领导为审计干部上党课；6月7日，余泳局长率局副科级以上干部前往市行政中心大礼堂，参观由市纪委、监察局举办的警示教育图片展，接受拒腐防变教育。二是开展思想大讨论，科学确定争先进位目标，完善考核评比机制。三是深化“创先争优”活动成果，发挥党组织在争先进位中的战斗堡垒作用和党员的先锋模范作用。11月17至20日，局近60名党员干部赴中国革命圣地延安开展以“发扬传统、坚定信念，提升素质、促进发展”为主题的革命传统教育培训活动。四是加强与新闻媒体的沟通，组织系列专版报道和专题活动，全方位、多角度加大对审计法律法规、审计工作成果及动态、重大审计事项的宣传，推进全社会更加了解和支持审计。在《皖西日报》开辟“审计在线”专栏， 以及通过市广播电台“政风行风热线”，在六安网站刊登审计信息等形式，宣传审计工作，扩大审计影响。五是加大审计结果公告力度，促进审计监督与社会监督、舆论监督的有机结合，形成监督合力。在《皖西日报》刊登“同级审”报告，在六安审计网公告投资审计项目、慈善基金会“一日捐”资金管理使用情况等。六是深入推进效能建设和精神文明创建，提高审计行政效能，努力建成文明和谐的审计机关。市审计局先后被市政府评为文明行业、市级文明单位、效能建设先进单位、政府目标考核先进单位等。六安新闻频道6月12日以《全市审计机关:坚持文明审计　弘扬审计精神》为题，报道了市审计机关精神文明创建工作。

2011年工作成果一览表

审计单位（个）	查处违规金额（万元）	管理不规范资金（万元）	应缴财政（万元）	已缴财政（万元）	应归还原渠道资金（万元）	移送事项（件）	应调账处理金额（万元）	应自行纠正金额（万元）	审计报告、信息被批示采纳（篇）
28	13270	562	350	310	1540		9850	587	154

2011年获奖情况

被省委、省政府评为安徽省第九届文明单位

被市委、市政府评为六安市第四届文明行业

被市效能办评为机关效能建设工作先进单位

被市政府评为全市依法行政先进单位

被市政府评为政府目标管理考核先进单位

2011年大事记

5月10日，市人大常委会副主任伍箴顺、财经工委主任杨炳兴、副主任郭希胜一行到市审计局就审计工作进行调研指导。市审计局领导班子成员参加调研汇报会。

5月14日，南京审计学院专家教授一行20余人到六安市与审计一线人员共同探讨新形势下审计工作。

6月7日，党组书记、局长余泳率局副科级以上干部前往市行政中心大礼堂，参观由市纪委、监察局举办的警示教育图片展，接受拒腐防变教育。

6月13日，党组书记、局长余泳带领全局党员干部共计30余人在大别山革命历史纪念馆举行　“缅怀先烈、重温誓词”活动。

7月1至2日，审计署驻南京特派员办事处党组书记、特派员李玲，党组副书记、纪检组长杨新民，副特派员刘利、徐勇率该办近60名党员干部到革命老区金寨县开展“为党旗增辉，为审计添彩”为主题的庆祝建党90周年活动。市政府秘书长刘连生、市审计局局长余泳、金寨县委书记沙圣虎等参加有关活动。

8月8至9日，全市审计工作座谈会在霍邱县召开。会议主要任务，传达贯彻全国全省审计工作座谈会精神，总结2011年以来工作，安排部署下半年全市审计工作，表彰全市审计系统先进集体和先进工作者，特别是研究部署经济责任审计工作。各县区审计局局长、经济责任审计机构负责人、信息化机构负责人、市审计局机关副科级以上干部参加会议。

2011年
领导批示、讲话摘要

2月6日，市委书记、市人大主任汤林祥在市审计局《关于近期投资审计工作情况汇报》上批示：继续努力。为政府节约了投资，为规范市场秩序提供了保障。1月30日，市委副书记、市长张韶春在市审计局《关于近期投资审计工作情况汇报》上批示：这几项投资审计工作做得是好的。请王胜、钟园同志研究处理：一是要按相关规定和程序做好后续工作；二是对弄虚作假或违反有关规定的要分清责任，追究相关单位和人员责任；三是投资审计工作的力度还要进一步加大，既促进建设项目的规范工作，又为政府节省投资。

市委常委、常务副市长王胜在全市审计工作座谈会上指出，近年来，我市审计工作在市委、市政府和省审计厅的正确领导下，全面落实科学发展观，认真履行审计监督职能，紧紧围绕市委、市政府工作中心，继续突出对经济和社会中的热点、难点和领导关注、群众关心的问题开展审计监督，为六安跨越式发展做出了突出贡献，在维护经济秩序、加强廉政建设、促进提高经济效益等方面发挥了重要作用。总结我市审计工作，我个人认为，主要可以概括如下特点：围绕中心、服务大局；认真履责、把握规律；关注重点，揭示问题；维护秩序、促进工作。具体工作体现在：预算执行审计影响进一步扩大。专项资金审计成效进一步明显。经济责任审计内容进一步深化。审计技术水平进一步提升。审计工作领域进一步拓展。

围绕中心，突出重点，为“十二五”审计发展开好局。2011年是实施“十二五”规划的开局之年，实现我市“十二五”发展目标，审计机关肩负重要职责。审计监督是政府工作的重要组成部分，是经济健康发展的重要推动力量，要把促进发展、服务民生摆到突出位置，把揭露矛盾、查处问题与健全体制机制、促进规范管理融合在一起，继续坚持依法审计，加大监督力度，强化工作措施，突出工作重点，发挥审计“免疫系统”功能和建设性作用：第一，高度关注宏观调控政策落实情况，为促进转变经济发展方式转变服务。第二，加强预算执行审计，推进财政预算资金的规范运转。第三，加强专项资金审计，促进经济社会又好又快发展。第四，加强民生工程资金审计，保障惠民利民政策得到真正落实。第五，以贯彻中央两办规定为抓手，着力深化经济责任审计。

开拓创新，积极进取，努力提高审计工作水平。加强领导是推动审计工作发展的重要保证。市委、市政府历来高度重视审计工作。随着经济社会的发展和改革的不断深入，审计机关承担的任务越来越繁重，发挥的作用越来越显著。县区党委、政府要切实加强对审计工作的领导，主要负责人要亲自分管和过问审计工作，经常听取审计工作汇报，高度重视审计部门反映的情况，既要给审计部门交任务、压担子，又要支持审计部门依法行使职权。市审计局要协助县区党委、政府加强对县区审计机关领导班子的考核与奖惩。要进一步改善审计工作条件，在经费、设施、人员等方面给予相应的保障，切实帮助审计机关解决困难和问题。各个部门要正确认识和处理审计与被审计的关系，理解审计，支持审计，自觉接受和配合审计工作。各级党委、政府要关心审计干部的成长，加大优秀年轻干部的培养力度，建立健全干部轮岗交流制度，完善干部选拔任用和考核评价机制，促进审计干部队伍建设。在新的形势下，审计机关的地位越来越重要，在经济社会生活中发挥着不可替代的监督作用。随着经济社会的快速发展，党委、政府对审计工作的要求会越来越高，人民群众的期望也会越来越高，各级审计机关要立足新起点，着眼新要求，忠诚党的事业，坚持“独立、客观、公正”的原则，切实加强自身建设，努力提高审计工作水平。全市审计机关要按照“对审计忠诚、为政府把关；树审计权威、让人民满意”的总体要求，进一步加强思想作风建设、业务能力建设和党风廉政建设。要自觉养成刚直、廉洁、效率、严谨的优秀品质，努力建设一支公正执法、勤政为民、依法审计、文明审计的干部队伍。要继续坚持把探索创新作为适应新形势、新要求的重要举措。审计工作要注重在以下几个方面创新：一是思想观念要有新境界。 二是审计内容要有新拓展。三是审计成果质量要有新提升。 四是审计管理要有新举措。

省审计厅厅长刘战平在六安市审计局报送的关于投资审计情况的审计简报上批示：投资审计是当前审计工作重点之一，望六安市审计局认真落实市委书记、市长批示精神，把投资审计工作继续推向深入，并在实践中探索经验、彰显特色。

六安市审计学会领导及常务理事名单

名誉会长：王　胜

顾　问：潘忠余　曹承芳　郭昌杰　张本渝

会　长：余　泳

副会长：张　维　杨光天　王德鸿　李明光　汤　前　冯六合　郑晓明

秘书长：郑晓明（兼）

常务理事：余　泳　张　维　杨光天　王德鸿　李明光　汤　前　冯六合　张启华　李　实　刘忠平　方良朋　袁传省　吴家长　程淑玲　许稼农　江　涛　余嗣俊　马　莉　杨德福　任长虹　王教斌　黄家佣　苏呈荣　虞国彪　朱维清　郑晓明

六安市内部审计协会领导及常务理事名单

名誉会长：伍箴顺　刘　黎　余　泳

顾　问：李修柱　刘养中　蒋应平　李光曙

会　长：夏　云

副会长：涂成富　胡海运　沈永平　李绪国　杜永庆　姚　健　吕少来　张东崇

秘书长：张东崇（兼）

常务理事：夏　云　涂成富　胡海运　沈永平　李绪国　杜永庆　姚　健　吕少来　张东崇　徐　峰　翁　萍　张　友　郑国庆　王亚美　王群国　程淑玲　李善涛　夏东升　王教斌　杨德福　方庆林　黄　萍　舒　明　任长虹

（撰稿人：朱维清）

金安区审计局

金安区审计局内设办公室、综合法规股、农业与资源环保审计股、经贸审计股、财政金融审计股、行政事业与社会保障审计股、固定资产投资与外资运用审计股、审计信息技术应用股、经济责任审计分局和投资审计中心，现有编制21名，实有人员21名。

2011年金安区审计局机关人员配备情况表

单位＼内容	人数	性别		文化程度				职称			负责人
		男	女	研究生	本科	大专	大专以下	高级	中级	初级	
局领导	5	4	1		3	2			1	2	韦文海
办公室	3	2	1		2	1			1		王艳（兼）
综合法规股											王兴运（兼）
农业与资源环保审计股	1		1		1						江显红
经贸审计股	1		1			1					陈丽华
财政金融审计股											陈斌（兼）
行政事业与社会保障审计股	1	1				1			1		胡义忠
固定资产投资与外资运用审计股	1	1				1					卫功友
审计信息技术应用股	1		1		1						胡平平
经济责任审计分局	4	2	2		2	2			1		陈丽华（兼）
投资审计中心	4	3	1		4						胡晓松
合计	21	13	8		13	8			4	2	

2011年金安区审计局领导人员情况表

姓　名	性　别	职　务	职　称	任职时间
韦文海	男	党组书记、局长	审计师	2010年4月
李善涛	男	党组副书记、纪检组长		2010年4月
陈文军	男	副局长	助理审计师	2006年5月
王　艳	女	副局长	助理审计师	2010年4月
陈　斌	男	总审计师		2007年4月

2011年12月31日在册人员名单

韦文海　李善涛　陈文军　王　艳　陈　斌　陈丽华　朱　玲　高良俊　王多成　胡义忠　卫功友　江显红　胡晓松　王兴运　叶开文　胡平平　张　敏　沈　磊　陈淑娴　张　炎　雷　鸣

2011年工作概况

2011年，金安区审计局在区委、区政府和市审计局的正确领导下，在区人大的关心和支持下，经过全局上下共同努力，较好地完成了全年审计任务和其他交办任务。全年完成审计项目38个，其中：财政财务收支审计19个，经济责任审计16个，交办任务3个。在财政财务收支审计和经济责任审计中，查处违纪违规金额1669万元、管理不规范金额6375万元，责令归还原渠道资金324万元，应调账处理6226万元，决定收缴区财政107.60万元。全年，政府投资审计完成工程竣工结算项目216项，控制价审核53项，专项资金审计调查127项，政府交办任务3项。竣工结算审计送审金额29834万元，审定金额26946万元，核减2888万元，核减率为9.68%；控制价审核送审金额34229万元，审定金额32858万元，审减1371万元。2011年，被市审计局和人力资源与社会保障局评为审计系统先进单位，机关党支部被区委评为先进基层党组织，市审计局组织的审计质量评比金安区审计局名列第二，有1人被省审计厅评为“审计提升年”先进个人，1人被市审计局评为先进工作者。

领导干部经济责任审计。全年区

委组织部下达16项任期经济责任审计任务，至12月20日已全部实施完毕。

固定资产投资审计。完成工程结算审计216项（其中：校安工程108项），跟踪审计6项，控制价审核53项（其中：校安工程46项），专项资金审计调查127项，政府交办任务3项。

交办审计事项。一是政府交办事项。根据区政府的要求和交办，全年开展汇文中学新校区基建审计、三十铺开发区威玛厂整体搬迁固定资产投资审计、解放北路安置房基建审计和六安皖西白鹅原种场整体出售资产负债损益审计。二是上级审计机关交办事项。根据上级审计机关统一安排，在业务人员十分紧张的情况下，抽调人员赴滁州市定远县开展地方政府性债务审计调查、赴阜阳市颖东区开展教育公用经费审计调查、赴寿县开展社保资金交叉审计。同时，完成省审计厅交办的区基层医疗卫生机构债务审计调查和普通高中债务审计调查。

机关建设。第一，思想政治业务学习。一是继续开展“创先争优”活动。根据区“创先争优”领导组的统一安排，结合实际情况，开展 “争创省市优秀审计项目”、“争创优秀审计主审”、“争创市先进单位”等活动，调动了广大工作人员工作积极性，取得了一定成效。二是加强审计人员廉政教育。坚持狠抓廉政纪律不放松，把廉政教育作为一项重要的日常工作，做到逢会必讲、警钟长鸣，使审计人员廉洁自律的意识不断增强，严格落实审计署审计工作纪律“八不准”要求。继续开展审计回访，由局纪检组牵头，选择7个被审计单位，组织人员进行审计回访。三是着力落实“信息化推进工程”建设。2011年是省审计厅“五个工程”实施第一年——“信息化推进工程年”。局机关上至领导班子，下至业务人员，对此项工作高度重视，多措并举促进审计信息化建设工作开展。采取的主要措施：抓组织领导。成立领导组，设立审计信息技术应用股，配备专人负责此项工作的开展。抓学习培训。采取多种方式对业务人员进行AO、OA系统应用、交互使用方面的培训。到金寨、舒城等计算机审计工作开展较好的兄弟县区审计局学习经验，摸索开展计算机审计，并取得了一定的成效。选派1名年轻的审计人员参加全省计算机中级培训班，弥补区审计局在计算机审计中的不足。抓交互使用。对全局内网情况进行检查，确保每位工作人员内网畅通。要求全部公文实行网上流转，年初审计工作计划中制定的审计项目全部要求在内网中立项、分解并定期上传，实现AO、OA的交互使用。抓信息宣传。指派专人负责搜集文字及图片资料，对门户网站进行定期更新，并对网站版面进行修改，对版块加以充实。鼓励全体工作人员撰写信息稿件，一经采用即给予一定的物质奖励。抓审计质量。为进一步促进审计人员牢固树立质量意识、精品意识，切实提高审计执法水平，制定《金安区审计局审计质量控制管理办法》，对每个审计项目从立项到归档全过程进行质量控制，力求又好又快地完成审计任务，多出精品。

党建工作。一是注重对单位新进人员的培养。由于工作需要，局机关近两年共招考、调入多名年轻工作人员，为加强对年轻人政治上的关心和培养，将其中3人发展为建党积极分子，并送他们参加相关培训。一名预备党员如期转正。二是开展形式多样的活动。结合建党90周年，组织全体在职党员缴纳特殊党费，开展“迎‘七一’慰问老党员”活动，对“整乡镇推进”帮扶村——张店镇永丰村的8名老党员及局机关的5名离退休老党员进行走访慰问，送上慰问金，让他们感受到党组织的关怀。三是实行党务公开。根据区纪委统一要求，在局门户网站上设立党务公开专栏，根据全面、真实、具体、合法的原则，认真确定党务公开的具体内容，将局中心工作、思想建设、组织建设、作风建设、制度建设等方面相关文件上传并公开。此举对融洽党群、干群关系，保持党员队伍的先进性起到了一定的积极作用。

效能建设。结合全区开展的机关效能建设工作，采取多种方式狠抓机关作风建设。召开全局工作人员动员会，对效能建设的相关工作进行安排和部署；成立以局长为组长的领导组，制定实施方案；购买指纹考勤机，健全考勤制度和奖惩制度；在局门户网站设立公开栏，对党务、政务及部分审计结果报告进行公开。

交办工作。一是帮扶工作。根据区里统一安排，区审计局“整乡镇推进回头看”联系帮扶村为张店镇永丰村，“市级新农村示范点建设”联系帮扶村为木厂镇三十铺村，扶贫村为木厂镇旗杆村。任务下达后，区审计局立即行动起来，明确工作措施，抓好工作落实，在人力、物力、财力及智力等方面给予帮助和支持，按照“缺什么补什么”的要求，落实帮扶措施。至帮扶工作开展以来，区审计局对张店镇永丰村村部新建工程扶持资金6万元，对木厂镇旗杆村村部新建工程扶持资金4万元，对木厂镇三十铺村新农村建设示范点基建工程进行决算审计，并扶持资金3万元。二是应区政府要求，配合和接待合肥市审计组、巢湖市审计组、舒城县审计组赴金安区开展审计工作，为他们提供优质服务，为外地审计组顺利开展工作提供了有力保障。三是根据区人大常委会工作安排，先后两次抽调5人参加财经工委开展的两项专项调查。四是招商引资工作。积极响应区委、区政府的号召，把审计与招商引资并重，当作大事来抓，千方百计想办法，利用一切有利因素，出实招、见实效，实现招商引资1650万元，超额完成了年度任务。

2011年工作成果一览表

审计单位（个）	查处违规金额（万元）	管理不规范资金（万元）	应缴财政（万元）	已缴财政（万元）	应归还原渠道资金（万元）	移送事项（件）	应调账处理金额（万元）	应自行纠正金额（万元）	审计报告、信息被批示采纳（篇）
38	1669	6375	107	88	324		6226		

2011年获奖情况

被市审计局和人力资源与社会保障局评为六安市审计系统先进单位

被区委评为先进基层党组织

叶开文被市审计局和人力资源与社会保障局评为六安市审计系统先进工作者

裕安区审计局

裕安区审计局内设办公室（内含综合法规股）、财政金融审计股、农业与资源环保审计股、行政事业与社会保障审计股和经济责任审计局，现有编制11名，实有人员15名。

2011年裕安区审计局机关人员配备情况表

内容 单位	人数	性别		文化程度				职称			负责人
		男	女	研究生	本科	大专	大专以下	高级	中级	初级	
局领导	6	5	1		5	1			4	2	夏东升
办公室	2	2					2			2	金开琦
财政金融审计股	2	1	1		1	1			2		戴绍兵
农业与资源环保审计股	1	1				1			1		侯远勤
行政事业与社会保障审计股	1		1		1				1		王　梅
经济责任审计局	1	1			1				1		金开琦
协理员	2	1	1		2				2		
合计	15	11	4		10	3	2		11	4	

2011年裕安区审计局领导人员情况表

姓名	性别	职务	职称	任职时间
夏东升	男	局长、党组副书记		2010年4月
黄子彪	男	党组书记		2011年7月
雷安宁	男	副局长、主任科员	会计师	2000年9月
刘成松	男	副局长	会计师	2005年11月
张文卫	男	副局长	审计师	2010年4月
左　云	女	纪检组长	审计师	2004年6月
金开琦	男	经济责任审计局局长	审计师	2003年3月

2011年12月31日在册人员名单

夏东升　黄子彪　雷安宁　刘成松　张文卫　左　云　金开琦　杨清好　魏庆隆　侯远勤　王　梅　戴绍兵　何德惠　卫功明　姚　云

2011年工作概况

2011年，裕安区审计局以邓小平理论和“三个代表”重要思想为指导，以科学发展观为统领，紧紧围绕区委、区政府工作中心，认真贯彻落实党的十七大和十七届四中、五中和六中全会精神，以财政审计为主线、经济责任审计为重点、“信息化推进工程”为契机，全面推进审计监督，提高审计质量，进一步加强机关精神文明建设，坚持做到依法审计、文明执法，不断提升审计机关形象，为构建和谐裕安，推进裕安区经济社会健康、有序发展做出贡献。全年实际完成审计项目199个，其中：完成计划安排项目27个，占计划任务的100%，计划外项目172个（卫生、教育债务审核2个，经济责任审计3个，政府投资建设项目最高限价审核137个，工程价款结算审计30个）。审计查处各类违规金额及管理不规范金额11782万元，决定处罚上缴财政84万元，已上缴财政84万元，应归还原渠道资金1231万元，指明纠正金额9067万元。

财政审计。一是全面完成本级预算执行情况审计。顺应公共财政体系建立的大趋势，树立构建财政审计大格局的理念，对现有审计力量进行整合，关注教育、卫生、社会保障等内容。注重加大对民生工程资金，土地出让金，机关经费支出中五项费用（会议费、招待费、邮电费、车辆燃修费、奖金福利费）的审计监督；对部分民生工程建设类项目进行现场查看和工程价款结算审计；对上年的问题进行跟踪、督促、整改，实现了审计目标，达到了预期效果，得到了区人大、政府的充分肯定。二是完成下级政府财政决算审计。为促进“乡财区管”财政体制的规范运行，对一个乡镇政府财政决算进行审计，推动了乡镇财政加强预算管理，提高了财政决算的真实性、合法性，促进了乡镇财政为地方经济社会的发展做好服务。

经济责任审计。在全面完成经济责任审计工作任务的基础上，根据中办、国办《党政主要领导干部和国有企业领导人员经济责任审计规定》，结合经济责任审计工作实际，向区政府及有关部门提出建立完善相关的组织机构和工作机制、加强与领导小组、联席会议各成员部门的密切配合的建议，进一步健全了审计评价体系，并结合区情，同时借鉴外地先进做法，重新修订经济责任审计工作领导小组、联席会议、部门职责、立项安排、审前公示、进点见面、审计内容、检查验收、结果运用等9项制度。

财务收支审计。完成4所中小学财务收支情况审计。重点关注中小学在收费政策、收支“两条线”原则及政府采购规定方面的执行情况、普通高中债务管理及中小学财务管理等方面内容，如实揭示存在的问题，督促整改，努力促进区教育事业的科学发展。

专项审计（审计调查）及绩效审计。先后完成地方政府性债务审计，城乡义务教育费用保障机制专项资金绩效审计调查，全市医疗和失业保险基金审计，基层医疗卫生机构债务审核，以及普通高中债务审计调查等五项任务。核实政府性债务、教育、社保基金的规模、资金投向及所取得的成效。针对发现违规集资等问题，站在宏观角度提出改进建议和措施，发挥了审计“免疫系统”的作用。

固定资产投资审计。加大对政府重大投资项目的审计力度，增强审计针对性。采取源头控制、同步跟进的审计方式，加强预算最高限价审核、工程价款结算审计，揭示高估冒算等获取不合法、不正当利益的行为，促进提高投资管理水平和投资效益。全年完成政府投资建设工程预算最高限价审计审核项目137项，预算报审价总额67176万元，审计核减预算价总额10935万元，综合核减率16.28%；完成投资项目工程价款结算审计30项，送审工程总造价18188万元，审计核减工程价款结算总额16331万元，综合审减率10.21%。同时，扎实开展校安工程跟踪审计，对新开工的23所学校的27个重建项目进行重点跟踪审计，并按上级审计机关的要求，全面完成跟踪审计任务。

“人、法、技”建设。加强“人、法、技”建设，始终是区审计局的工作重点之一。一是加强学习，促进“人”的素质全面提升。一方面加强党的理论学习，用党的理论武装审计人员的头脑，坚定为党的事业奋斗终身的信念；另一方面，加强审计理论及相关法律法规学习，提高审计人员业务素质，推动审计监督向更深层次发展。二是以“争先创优”活动为依托，着力提高审计人员政治素质。三是以“信息化推进工程”为抓手，扎实推进审计信息化建设和提高审计信息技术应用水平。广泛应用审计信息技术开展审计工作已成为一种趋势。根据自身现状，积极参加上级审计机关举办的各类培训，以此提高审计人员应用“OA”、“AO”的能力，提高审计技能，促进审计人员适应新形势下审计工作的需要。截至年底，累计投入近20万元进行人员培训、网络维护、设备购置等。进行门户网站改版和维护更新，筹备建设视频会商系统和审计专网网络迁移等工作。

2011年工作成果一览表

审计单位（个）	查处违规金额（万元）	管理不规范资金（万元）	应缴财政（万元）	已缴财政（万元）	应归还原渠道资金（万元）	移送事项（件）	应调账处理金额（万元）	应自行纠正金额（万元）	审计报告、信息被批示采纳（篇）
199	1082	11700	84	84	1231			9067	45

2011年大事记

7月，区政法委原副书记黄子彪调任区审计局专职党组书记；免去夏东升区审计局党组书记职务，任命其为区审计局局长、党组副书记。

9月，区审计学会暨内部审计协会成立。

裕安区审计学会暨内部审计协会

裕安区审计学会暨内部审计协会于2011年9月成立。同月，创办《裕安审计》刊物，并举行了首发式。《裕安审计》的顺利发行，为扩大审计宣传，提高审计影响提供了新的宣传媒介。截止年底，赠阅《裕安审计》近400份，并征订审计署刊发的各类刊物175份，对进一步加强审计宣传，营造良好地外部审计环境发挥出重要作用。

裕安区审计学会暨内部审计协会领导及理事名单

会　长：夏东升

副会长：田永胜　程　宏　陈良春　宋玉华　张恩平　黄子彪　余道乔　李祥炯　雷安宁　胡林枝

秘书长：张文卫。

常务理事：夏东升　田永胜　程　宏　陈良春　宋玉华　张恩平　黄子彪　余道乔　李祥炯雷安宁　胡林枝

秘书长：张文卫　胡千里　田从舟　李竹生　李祥武　潘升平　管章明　陈良玉　梅国松　许　超　陈卫萍　江　静　高　兰　李　胜　张伟胜　周　波　张荣智　程华权　叶明书　李传萍

理　事：夏东升　黄子彪　潘升平　潘长松　吴昌宏　李　胜　孟凡俊　陈　红　陈良玉　王桂勤　张继宏　吴　辉　鲍伟伟　管章明　张伟胜　周　波　段晓华　宣圣稳　王文富　程　玉　张恩平　余桂千　李竹生　周金鹏　张学连　陈卫萍　王　庆　许　超　李祥武　汪洪亮　张世余　高　兰　朱家忠　吕自胜　胡千里　吴启发　罗放时　蔡星球　程华权　张自才　赵本雨　邱　燕　崔　振　李传萍　邬宗敏　沙际娟　胡林枝　陈良春　张　静　田永胜　李晓芳　程　宏　王　雁　陈　瑾　田从舟　汪家武　王成业　余道乔　张荣智　赵永峰　宋玉华　连　威　金　露　江　静　叶明书　焦琪琦　李祥洞　陈永生　唐程娟　梅国松　曹翠平　谷伶俐　雷安宁　刘成松　张文卫　左　云　金开琦　戴绍兵　侯远勤　王　梅　何德惠　魏庆隆　杨清好

叶集改革发展试验区审计局

叶集改革发展试验区审计局内设综合办公室（法规科）、财政金融与经贸投资审计科、行政事业与社会保障农业审计科和经济责任审计分局，现有编制8名，实有人员6名。

2011年叶集改革发展试验区审计局机关人员配备情况表

单位＼内容	人数	性别		文化程度				职称			负责人
		男	女	研究生	本科	大专	大专以下	高级	中级	初级	
局领导	3	2	1		2	1			3		任长虹
综合办公室（法规科）	1		1			1				1	刘光杰
财政金融与经贸投资审计科											周厚年（兼）
行政事业与社会保障农业审计科	2	2				2			1		彭良才
经济责任审计分局											
合计	6	4	2		2	4			4	1	

2011年叶集改革发展试验区审计局领导人员情况表

姓　名	性　别	职　务	职　称	任职时间
任长虹	女	局长	会计师	2006年3月
周厚年	男	副局长	会计师	2008年2月
延光伟	男	副局长	会计师	2010年2月

2011年12月31日在册人员名单

任长虹　周厚年　延光伟　彭良才　刘光杰　李广沐

2011年工作概况

2011年，叶集改革发展试验区审计局坚持以区工委、区管委及上级审计机关确立的重大发展战略目标为重点，以改善民生和科学发展为出发点和落脚点，以学习贯彻审计准则为主线，以加强审计现场管理为突破口，紧紧围绕区政府中心工作，进一步加大对重点领域、重点部门、重点资金的审计力度，充分发挥审计监督职能作用，全面开展审计业务工作，在促进依法行政、维护财经秩序、推进廉政建设、优化经济发展环境等方面发挥了积极的作用。全年开展审计项目20个，其中财政预算执行审计3项，固定资产投资审计8项，经济责任审计2项，专项审计和审计调查7项。通过审计，查处违规金额7229万元、管理不规范金额 3268万元，（其中异地交叉审计查处违规金额7697万元、管理不规范金额2167万元），投资审计为政府审减建设资金2361万元，平均审减率为40.6%；提交审计工作报告、审计信息简报、审计专报共39篇(条)。

以预算执行为主线，深化财政审计。在继续做好对预算执行环节审计的同时，重点向预算编制和预算执行效果两端延伸，集中力量，整体联动，紧紧围绕财政资金的收支与管理使用这条主线，理清收支渠道，掌握管理使用政策，注重审查预算编制的科学性和绩效性，把财政资金投入与项目进展和政策目标实现统筹考虑，降低了行政运行成本。开展区本级预算执行审计和部门乡办预算执行审计。本级预算执行审计向预算编制和部门预算执行延伸，较好地发挥了预算执行审计的龙头作用。

以履行职责为重点，强化经济责任审计。根据区组织人事部委托，开展砂石管理处原主任，行政执法局原局长两个事业单位领导干部的离任审计。审计中，拓宽审计内容。从过去注重以被审计单位财政财务收支为主，转变为以关注领导干部在履行经济责任过程中贯彻落实科学发展观、执行党和国家有关经济工作的方针政策和决策部署等重大经济活动的社会效益和环境效益为主。注重审计评价，坚持客观公正、全面准确、谨慎的原则，以事实和数据为依据进行评价，并着力强化整改落实工作，促进领导干部执行财经法规的自觉意识和责任意识，提高领导干部的民主决策能力和当家理财的水平，为正确评价和使用干部提供了参考依据。

以维护民生为己任，注重专项审计。坚持以维护民生、促进和谐社会建设为目标，加强对关系经济社会发展全局、涉及人民群众切身利益的各类专项资金的审计。在中小学校舍安全跟踪审计中，将校舍抗震排查、鉴定、工程规划、落实，招标、投标和工程发包，资金筹集、管理和使用情况及工程建设管理情况等列为重要的审计内容。通过日常跟踪，着力促进相关方面加强工程管理、确保工程质量，提高资金使用效益；在扶贫、养老、医疗、失业审计调查过程中重点围绕基金的筹集、管理、使用以及制度建设、政策的制定和执行等方面进行深入、细致、全面的调查。在调查工程中，发现一些需要纠正和改进的问题，在深入分析原因的基础上提出了符合实际、操作性强的意见和建议。通过评价专项资金在投入、管理和使用方面的真实、合法、效益情况，促进有关部门、单位制定和完善相关规章制度，提高了资金使用效益。

以提高效益为目标，加大投资审计力度。在审计力量小与任务重的情况下，积极探索政府投资项目审计新路子，借助社会中介力量参与政府投资项目审计工作，充实对政府投资项目审计的力量，有效整合审计资源，提高政府投资审计工作效率。为加强对投资审计项目的管理和监督，实行背靠背审计方式，避免事务所与施工单位的接触，对可疑的签证事项，均亲自与建设方和施工方联系，必须要有事务所造价审核人员在场的，也由审计局直接安排核实签证事项。这样，既加强了监督又有效地防止了技术差错。同时，区审计局还向受托方灌输财务审计的理念，要求受托方在计算工程量时，注重对工程资料的真实性、合理性的审核，特别是注重对变更和隐蔽工程签证真实性、合理性的审核；在初审结束时，区审计局专门组织听取工程造价增减变动的内容和原因，对有疑点的、不充分的事项，展开内查外调。2011年，仅一项1500多万元的工程审计，审减金额就达到450多万元，大大提高了工程投资审计质量。

以审计质量为核心，全力实施异地交叉审计。根据审计署统一部署，省审计厅统一安排，圆满完成“滁州市琅琊区政府性债务情况的专项审计调查和阜阳市颍泉区城乡义务教育经费保障机制专项资金绩效审计调查”两个交叉审计项目，并提出针对性的整改意见和建议，引起了当地各级人民政府的高度重视。为解决审计局人力资源紧缺的矛盾，全力保障两项异地交叉审计工作的顺利开展，区领导特意从财政、教育部门及建投资公司抽调3名业务能力好、工作责任心强的人员配合审计部门的审计工作。

以服务为宗旨，积极发挥审计职能。整合人力，积极配合并参与区“小金库”专项治理、“指定车型车辆费用调查”等工作。通过与纪检、财政、有关部门相互配合，加强与各职能部门的沟通和联系，充分发挥审计的监督和反腐倡廉职能，进一步规范了财政性资金的使用和管理。下半年，牵头实施的全区基层医疗卫生机构债务清理核实工作，从前期核实上报，全力配合市级复核，到最终通过省级审核认定，为区基层医药卫生体制综合改革的巩固完善奠定了坚实基础。

以“创先争优”活动为载体，全面提升党建工作水平。按照“创先争优”活动的安排，扎实推进党组织建设，努力抓好党员干部的政治理论学习，把党的重要会议精神和有关文件、法律法规作为重要学习内容，积极组织学习。在建党90周年到来之际，结合“创先争优”活动，与结对共建村（镇区办东楼村）一起前往金寨县红军广场开展“缅怀革命先烈　重温入党誓词”的结对共建活动，与基层党组织60多名党员共同庆祝党的生日的到来。11月上旬，扎实开展进村入户“三级书记带头大走访”活动，并将大走访与叶集改革发展试验区审计局志愿者服务活动相结合，作为 “结对共建、创先争优”提升审计部门的服务水平和形象的一项新举措。通过开展结对共建活动，深化城乡党支部互帮互助，转变工作作风，帮助解决基层党组织的实际困难，提高服务意识和服务水平，推进了城乡基层党组织工作方式和活动方式的创新。

加强廉政建设，规范审计行为。一是认真学习贯彻落实《中国共产党党员领导干部廉洁从政若干准则》和《个人重大事项报告制度》，积极开展主要领导干部报告个人有关重大事项活动，加大反腐倡廉教育力度，建立廉政预警及监督机制，提高审计干部拒腐防变的能力。二是定期召开民主生活会，发挥党小组战斗堡垒作用。三是开展经常性的党风廉政建设"警示教育"，用典型案例警示审计人员，做到警钟长鸣。四是认真开展"廉政风险点"排查工作，通过结合审计工作实际情况，采取"自身找、群众帮、领导提、组织审"的方式，按照"对照岗位职责——梳理岗位职权——找准廉政风险——公示接受建议"的程序，深入细致查找风险点。同时，明确区审计局所有部门及岗位职责，并且以此为标准，通过多种途径入手，以查深、查透、查清、查准为原则，深入查找思想道德、岗位职责、制度机制等方面存在的风险点，确保查找工作的准确性、针对性、时效性和可操作性。五是加强对审计组的廉政监督，对审计组的事前、事中和事后进行检查。通过落实党风廉政责任制，增强了审计人员依法审计、文明审计、廉政审计的意识。连续多年区审计局未出现过违纪违规现象，机关党风廉政建设呈现出良好的发展态势。

加强精神文明建设，构建和谐审计机关。始终把精神文明创建工作当作一项重要工作来抓，把精神文明建设融入到各项工作之中，构建了和谐的审计机关。一是建立学习的长效机制，建设学习型机关。着眼于提高机关人员的综合素质，以建设学习型机关活动为载体，以全面提高执法水平，建设"学习型、效率型、服务型、廉洁型、和谐型"审计机关为目标，不断探索建立机关学习的长效机制，使学习成为机关人员的一种经常化、普遍化、制度化行为，创建学习型审计机关取得了一定成效。二是开展全民健身活动，丰富职工业余生活。利用节假日开展乒乓球、羽毛球、登山等活动，丰富干部职工的文化生活，增强了干部职工的体质，提高了工作效率。三是坚持不懈地开展精神文明创建活动，保持了省级文明单位的光荣称号。以创建诚信机关、和谐机关为目标，以知荣辱、讲正气、促和谐为主题，以创建文明机关、争做人民满意公务员为内容，以改善工作条件、美化工作环境为途径，深入开展精神文明创建活动，努力构建和谐审计机关。四是积极开展各项社会义务活动。在年初和"七一"前夕，开展 "扶贫帮困送温暖"活动； 8月，组建志愿者服务队，积极开展志愿者服务活动。

以夯实基础、深化应用为目的，全力实施"信息化推进工程"。按照市"信息化推进工程"工作方案要求，紧密结合自身信息化工作实际，对"信息化推进工程"进行认真研究和统筹安排，一是整合资源，加大配套设备的硬件投入，加强软硬件日常维护工作。为确保AO和OA系统的运行环境，年初，采取计算机及网络外包服务方式，加强了计算机及网络安全运行的日常维护。二是继续做好OA系统公文流转的规范应用和管理。3月初，在局机关业务会议上，要求办公室继续做好电子公文的归档工作，严格按照公文系统流转的有关规定，及时接收、分发、阅处公文，并要求所有科室继续做到业务文书内部流转无纸化，努力提高公文系统运转的准确性和时效性。三是强化对审计项目实施和管理全过程的数字化控制与管理。严格按照两大系统的使用规范，确保审计作业过程各个环节及相关资料在AO和OA中交互，加强了对审计质量控制全过程的监督。

以培训学习为平台，提高人员素质。随着审计力度的加大，审计公告制度的实行，对审计人员素质和能力要求越来越高。为进一步提高审计人员的政策理论水平，提高审计人员从政策理论的层次认识问题、分析问题的能力，从培养审计人员求真务实、严谨细致的工作作风入手，以学习贯彻党的十七大精神为契机，制定学习计划，采用集中学习和自学相结合的形式，实行学习抄笔记、体会写心得、"走出去请进来"和内部讨论的等方法，系统地学习有关法律、法规和条例，尤其是对照新的审计准则，进一步规范了审计程序、审计环节。积极参加上级审计机关举办的金融、法律、计算机培训班，并通过专题研讨、网络学习、岗位磨炼等方式，加快复合型人才培养。在全市率先全体通过审计署AO认证考试，队伍建设取得了新的成果。

以加强宣传、展示形象为手段，积极推进政务公开。重点实施局机关网站的改版和优化，以提升网站的感染力、吸引力为目的，优化版面、扩充信息容量、增强了互动功能。为妥善处理信息公开与安全保密的关系，制定《叶集审计局深化审计信息公开实施意见》，以市审计网、区政府网站、局机关网站、政府信息公开平台为主要宣传载体，落实责任制，并及时更新、发布审计信息、审计公示和审计报告。

2011年工作成果一览表

审计单位（个）	查处违规金额（万元）	管理不规范资金（万元）	应缴财政（万元）	已缴财政（万元）	应归还原渠道资金（万元）	移送事项（件）	应调账处理金额（万元）	应自行纠正金额（万元）	审计报告、信息被批示采纳（篇）
20	7229	32689	15	15	149		2167	7697	39

2011年获奖情况

被省审计厅评为全省审计机关精神文明创建先进单位

被区工委评为先进党组织

获得第二届区级文明单位

2011年大事记

2月11日，根据省审计厅的授权，组成审计组奔赴阜阳市颍泉区开展为期一个半月的城乡义务教育经费保障机制专项资金审计调查工作。

3月，根据省审计厅的授权，组成审计组奔赴滁州市琅琊区开展政府性债务审计调查工作。

3月19日，六安市审计局局长余泳、副局长夏云等一行人在区负责人的陪同下，利用周末休息时间赴滁州看望区审计局在滁州开展政府性债务审计组的人员。

5月，区审计局开展由审计署统一组织的“养老保险基金审计调查”工作。

6月29日，在建党90周年到来之际，结合“创先争优”活动，与结对共建村——镇区办东楼村一起前往金寨县红军广场开展 “缅怀革命先烈 重温入党誓词”的结对共建活动，与基层党组织60多名党员共同庆祝党的生日的到来。

8月，结合职能特点，动员、组织、凝聚全局力量成立“审计局志愿者服务队”。

8月15日，区工委副书记、管委常务副主任刘爱武到区审计局调研投资审计工作。

8月30日，召开以“坚持以人为本 执政为民理念 发扬密切联系群众优良作风”为主题的领导班子民主生活会。

9月13日，牵头实施 “叶集改革发展试验区基层医疗机构债务清理核实”工作。

9月，任长虹当选“中国共产党六安市第三次代表大会”代表。

11月，通过招考，录取李广沐到区审计局工作（事业编制人员）。

11月12日，到镇区办东楼村开展“结对共建送温暖、创先争优求实效”的主题志愿者活动。

2011年 领导批示、讲话摘要

1月17日，区工委书记、管委主任傅恬在听取审计局负责人关于“创先争优”活动开展情况的汇报后指出，审计局能够克服人少事多的困难，完成年度工作任务，“创先争优”活动开展有声有色，成绩应予肯定。

（撰稿人：刘光杰，审核人：周厚年）

寿县审计局

寿县审计局内设办公室、财政农水审计股、行政事业审计股、金融经贸审计股、工交审计股、财政金融审计股、综合法规股、审计信息技术应用股、经济责任审计分局和投资审计中心，现有编制 21名，实有人员 21名。

2011年寿县审计局机关人员配备情况表

内容 单位	人数	性别		文化程度				职称			负责人
		男	女	研究生	本科	大专	大专以下	高级	中级	初级	
局领导	7	7			2	4	1	1	1		王教斌
办公室	4	2	2			4			1		孙文文
财政农水审计股	1	1				1			1		李　远
行政事业审计股	1	1			1				1		赵全胜
金融经贸审计股	1		1			1			1		张祖华
工交审计股	1		1			1			1		刘　群
财政金融审计股	1		1			1					陶　然
综合法规股	1	1			1						姚家宝
审计信息技术应用股	1	1			1						田　原
经济责任审计分局											广圣常（兼）
投资审计中心	3	3			1	2			3		张　磊
合计	21	16	5		6	14	1	1	9		

2011年寿县审计局领导人员情况表

姓　名	性　别	职　务	职　称	任职时间
王教斌	男	党组书记、局长		2007年1月
张　成	男	党组成员、副局长		1995年1月
吴本君	男	党组成员、副局长		1998年7月
鲍忠厚	男	党组成员、副局长		2003年4月
阮双胜	男	党组成员、纪检组长		2001年5月
许传俊	男	党组成员	会计师	1996年10月
广圣常	男	党组成员、总审计师	高级审计师	2009年4月

2011年12月31日在册人员名单

王教斌　张　成　吴本君　鲍忠厚　许传俊　阮双胜　孙文文　广圣常　李　远　张祖华　赵全胜　李瑞鹏　张　磊
刘　群　孙　静　尹　超　王新宇　姚家宝　田　原　陶　然　孙怀平

2011年寿县审计局审计执法特约监督员情况表

姓　名	性　别	工作单位	职　务	职　称	任职时间
王永贤	女	县政府法制办	主　任		2009年12月
余澄清	男	县监察局	副局长		2009年12月
李　磊	男	县医院	院　长	副主任医师	2009年12月
孙文文	女	县审计局办公室	主　任	审计师	2009年12月

2011年工作概况

2011年，寿县审计局在县委、县政府和上级审计机关的正确领导下，以科学发展观为统领，坚持“依法审计、服务大局、围绕中心、突出重点、求真务实”审计工作方针，紧紧围绕县委、县政府中心工作，忠实履行审计监督职责，圆满完成各项工作任务，取得了显著成绩，得到了县委、县人大、县政府的充分肯定和社会各界的广泛好评。全年组织实施审计和审计调查项目144个，其中：预算执行审计项目2个，专项资金审计调查项目10个，行政事业审计项目9个，固定资产投资预（决）算审计项目123个；审计专项资金153298万元，查处管理不规范金额16942万元，核减工程造价6602万元；提出审计建议36条，被采纳的审计建议22条。审计信息多次被《新华网安徽频道》、《中国审计报》、《安徽日报》、《皖西日报》、六安新闻网等多家媒体刊发。

深化财政审计，优化财政支出绩效。为构建财政审计大格局，寿县审计局在2011年度财政“同级审”中，对县财政部门组织执行本级预算、地税部门税收征管和县国库办理预算资金收纳、划解和支付等情况进行审计，审计真实、全面地反映2010年度本级财政预算执行和其他财政收支情况。县审计局局长王教斌受县政府委托向县人大常委会所作的审计工作报告获得与会人员一致好评。

突出投资审计，提高财政资金使用效益。继续坚持政府投资建设项目工程结算（项目竣工决算）审计和工程预算（控制标底）审计齐头并进。全年组织完成政府投资建设工程预、决算审计项目123个，送审工程总造价达180624万元，审计后工程总造价为174022万元，核减工程造价6602万元，平均审计核减率4 %。通过加强政府投资建设项目审计工作，不仅核减工程造价、提高政府投资效益、维护国有资产的安全，同时也对规范政府投资行为、促进党风廉政建设，发挥了积极作用。一是政府投资建设项目工程结算（项目竣工决算）审计稳步推进。为了遏制政府投资建设领域高估、冒算、虚增工程量等套取国家建设资金的违规势头，县审计局扎实推进政府投资建设项日工程结算（项目竣工决算）审计工作，取得了良好成效。全年完成政府投资建设工程结算（项目竣工决算）审计项目67个，送审工程总造价16583万元，审计后工程总造价为15474万元，共核减工程造价1109万元。审计核减率为7%。二是政府投资建设项目工程控制标底（预算）审计成效凸显。为了防止政府投资建设项目因虚增工程造价经过招投标程序后，造成不可挽回的财政资金损失，县审计局在组织开展政府投资建设项目审计工作中，继续坚持监督关口前移，进一步加大工程控制标底（预算）的审计力度，为维护政府投资的安全完整，发挥了有效的“预警”作用。全年完成政府投资建设工程控制标底（预算）审计项目56个，送审工程控制标底（预算）总造价164041万元，审计后工程总造价158548万元，共核减工程造价5493万元，审计核减率为3%。

加强“三责联审”，规范领导干部行政行为。县委、县政府出台《寿县关于建立党政领导干部“三责联审”制度的实施意见》（寿办发〔2010〕44号），县委组织部、县编办、县审计局联合开展“三责联审”工作。县审计局整合审计力量，先后对八公山乡、安丰塘镇、正阳关镇、涧沟镇、众兴镇、小甸镇、保义镇等7个乡镇党政正职领导干部和县交通运输局、县房管局、县药监局、县宗教局、县行政服务中心、原县人事局等6个县直单位原任领导的任期经济责任履行情况进行审计，查处管理不规范金额1743万元。通过“三责联审”，使县委、县政府对领导干部履行经济责任情况有更全面的了解，及时纠正违纪违规问题，促进领导干部和有关部门依法理财，建立健全财务管理制度，减少了违法违纪问题的发生。

精心组织实施，认真完成地方政府性债务审计和专项资金审计调查。一是按照省审计厅、市审计局及县政府的统一部署，克服人员少、任务重的矛盾，成立以分管副局长任组长、4名业务骨干为成员的审计小组，赴明光市开展地方政府性债务审计，较好地完成了工作任务。二是协助肥西县审计局做好寿县政府性债务情况专项审计调查工作；完成省审计厅安排的赴太和县义务教育保障经费专项审计调查工作。三是完成市审计局统一安排的霍邱县医疗保险基金、失业保险基金审计工作。四是认真开展全县中小学校舍安全工程跟踪审计。五是完成2010年度养老保险基金专项审计调查。六是完成寿县普通高中债务调查。七是认真开展全县基层医疗卫生机构债务清理核实和审核认定工作。

强化组织领导，全力实施“信息化推进工程”。一是健全组织机构，制定实施方案。为确保“信息化推进工程”顺利实施，县审计局把“信息化推进工程”作为2011年“人、法、技”建设的工作重点，专门成立以党组书记、局长为组长，领导班子成员为副组长，相关部门负责人为成员的“信息化推进工程”领导小组，局计算机信息应用股具体负责考核的组织协调和实施工作；研究制定《寿县审计局开展“信息化推进工程”实施方案》，确保“信息化推进工程”有组织、有计划地稳步实施。二是加大资金投入，完善信息化技术软硬件装备。县审计局为强化审计人员现代化技术装备，打好“信息化推进工程”基础，通过县政府采购中心采购计算机、打印机等设备；建立局机关无线网络，所有审计人员每人配备一台便携式电脑，并架设能够在审计过程中实现现场审计的小型无线局域网，按质完成了全省“信息化推进工程”实施方案规定的目标任务。三是制定激励措施，力促计算机审计成果转化。为促进审计成果转化，按照《六安市审计信息化建设工作奖励办法》的规定，县审计局制定配套奖励办法，细化审计信息化的各项工作考核、奖励标准，激发一线审计人员积极探索实施计算机审计的热情。四是创造学习条件和培训条件，加强信息化人才的培养。为了加快审计人员计算机水平的提高，一方面抓住每次省审计厅、市审计局的培训机会，选派计算机基础好、接受能力强的审计人员走出去接受培训。7月，选派两名年轻人参加省审计厅举办的计算机脱产培训；9月，选派相关人员参加AO与OA 应用、计算机审计方法与AO应用实例、计算机网络等各类培训。五是深化应用，学用结合。在信息化应用中重点突出OA和AO的交互应用，着重加强新版现场审计软件AO2011的实践应用。始终坚持以应用为中心，把计算机技术应用到审计工作实践中去，提高了工作效率。

2011年工作成果一览表

审计单位（个）	查处违规金额（万元）	管理不规范资金（万元）	应缴财政（万元）	已缴财政（万元）	应归还原渠道资金（万元）	移送事项（件）	应调账处理金额（万元）	应自行纠正金额（万元）	审计报告、信息被批示采纳（篇）
144	187	16942	9	5	1681		2270	1743	22

2011年获奖情况

被省审计厅评为全省审计“信息化推进工程”先进集体。

被市人力资源和社会保障局、市审计局评为全市审计系统先进集体

被县政府评为全县依法行政工作先进单位

被县纪委、监察局评为全县纪检监察工作先进单位

广圣常被省审计厅评为全省地方政府性债务审计先进个人

阮双胜被县纪委、监察局评为全县纪检监察工作先进个人

2011年大事记

3月，寿县投资审计中心正式成立、运行。

9月23日上午，县审计学会暨内部审计协会第一届理事会成立大会在寿州宾馆隆重召开。县直有关单位负责人及审计学会、内部审计协会会员代表110人参加大会。省审计学会副会长王运清，市审计局副局长、市内部审计协会会长夏云，县委常委、常务副县长许支禄，县人大常委会副主任沈远峰，省、市审计学会及内部审计协会有关负责人出席会议。省、市审计学会及内部审计协会分别发来贺信。

2011年 领导批示、讲话摘要

5月13日，县委常委、副县长孟照红在《建设项目审计专报》（第4期）上批示：该项工作作用明显，望继续努力，更好地服务于全县经济社会发展的大局。

寿县审计学会领导及理事名单

名誉会长：许支禄
会　长：王教斌
副会长：张　干　李景练　王永贤　余澄清　杨　群　陶国庆　金德平　吴本君　鲍忠厚
秘书长：阮双胜
副秘书长：姚家宝
常务理事：荣继磊　于迎超　戈善超　文继臻　王永贤　王应康　王教斌　孙文文　朱兆启　阮双胜　余　斌　余晓晨　余澄清　吴本君　宋　瑾　张　干　李宏光　李景练　杨　群　陈春华　范开友　金德平　陶国庆　徐庶胜　鲍忠厚
理　事：于迎超　马晓原　戈善超　文继宏　文继臻　王　格　王永贤　王应康　王教斌　史学胜　田国周　孙　静　孙文文　孙怀平　朱兆启　朱丽芳　权习良　纪　华　阮双胜　余　斌　余晓晨　余澄清　吴本君　宋　瑾　张　干　李宏光　李景练　李德刚　杨　群　杨明怀　杨新云　陆　涛　陈春华　周文浩　林志祥　范开友　金　辉　金德平　姚家宝　洪　申　荣继磊　徐本莉　徐庶胜　袁绪江　陶国庆　黄晓英　程　红　程　娟　鲍忠厚

寿县内部审计协会领导及理事名单

名誉会长：沈远峰　张成龙　夏　季　韩　涛　王教斌
会　长：张　成
副会长：张士才　孙　宏　周经刚　张远明　汪宝全　夏承东　魏　超　张克锦　许传俊
秘书长：广圣常
副秘书长：田　原
常务理事：广圣常　刘　辉　孙　宏　朱维龙　许　刚　许传俊　吴　刚　张　成　张士才　张克锦　张远明　张贤祝　张祖华　张衍青　汪宝全　沈树宝　周经刚　赵　华　夏承东　徐广俊　鲍广峰　魏　超
理　事：广圣常　方　梅　王安开　史秀宝　田　原　刘　辉　刘　群　孙　宏　孙长辉　朱兆祥　朱维龙　权贵良　许　刚　许传俊　吴　刚　宋中考　张　成　张　磊　张士才　张克锦　张远明　张明秀　张贤祝　张祖华　张衍青　李　远　李天仁　杨　飚　杨永军　汪保全　沈树宝　陆明元　陈　静　周经刚　罗宏连　范　丽　郑义书　段　莉　胡志兰　赵　华　赵全胜　夏承东　徐广俊　陶　然　陶道伟　曹恒玉　鲍广峰　戴　锋　魏　超

（撰稿人：阮双胜，审核人：吴本君）

霍邱县审计局

霍邱县审计局内设办公室、财政金融审计股、行政事业审计股、审计信息技术应用股、政策法规审理股、经济责任审计股、经济责任审计局和政府投资审计中心，现有编制33名，实有人员32名。

2011年霍邱县审计局机关人员配备情况表

单位＼内容	人数	性别		文化程度				职称			负责人
		男	女	研究生	本科	大专	大专以下	高级	中级	初级	
局领导	5	3	2		3	2			3		杨德福
办公室	2	2			1		1		1	1	章　浩
财政金融审计股	1		1		1				1		卢燕敏
行政事业审计股	1	1		1						1	李声有
审计信息技术应用股	1	1			1				1		
政策法规审理股	2	1	1		1	1					
经济责任审计股											
经济责任审计局	6	3	3		6					2	
政府投资审计中心	14	13	1		14				2	4	周祥涛
合计	32	24	8	1	27	3	1		8	8	

2011年霍邱县审计局领导人员情况表

姓 名	性 别	职 务	职 称	任职时间
杨德福	男	局长		2009年4月
纪本俊	男	党组书记		2006年5月
彭 明	男	副局长		2006年5月
刘 敏	女	副局长	会计师	2008年3月
关家玲	女	总审计师	审计师	2010年7月

2011年12月31日在册人员名单

杨德福 纪本俊 彭 明 刘 敏 关家玲 李声有 余少清 卢燕敏 周祥涛 张 娣 郑小龙 黄进伟 陈 涛 章 浩 丁丹丹 张克娜 余 璐 史长虎 朱志远 刘永彪 冯 扬 顾胜明 王新颖 陈武义 刘 汪 汪金鹏 王益凤 卢 林 骆有胜 常先琴 胡时明 梁昌友

2011年工作概况

2011年，霍邱县审计局在县委、县政府和上级审计机关的正确领导下，坚持“依法审计、服务大局、围绕中心、突出重点、求真务实”审计工作方针，紧紧围绕县委、县政府工作中心，服从服务于经济社会发展大局，认真履行审计监督职责，取得了良好成效。全年完成审计和审计调查项目50个，出具审计报告、审计调查报告和审计结果报告68份，提出审计建议已采纳66条，制定整改措施20项，建立健全规章制度4项。通过审计，查处违规和管理不规范资金10044万元，其中：基层医疗卫生机构和7所普通高中核减虚假债务金额6462万元，归还原渠道资金1306万元，应调账处理1258万元，投资审计审减工程结算价款3016万元。获得全省审计工作先进集体、全省审计系统精神文明创建先进单位；被评为全市文明行业先进单位，在全市审计项目综合考评和“信息化推进工程”考评中名列前茅；获得县委、县政府目标管理综合考评、党风廉政建设、精神文明创建、党支部建设、双拥工作、扶贫工作、政风行风评议等先进单位。班子、队伍建设工作在审计署进行经验交流发言，受到好评。《运用高程数据和签证数据计算合同内挖填方的计算机审计方法》作为专家经验在全省推广，政府投资审计项目获全省优秀项目奖。信息、简报被国家和省、市审计网，以及相关的报刊杂志刊登采用47篇次。其中，《创新四项工作制度努力推进创先争优》、《坚持严把三关阳光审计审减工程价款3500万元》先后被中央创先争优网、中央党校《科学社会主义》杂志、省审计厅信息网刊登。县委、县政府主要领导在县委办《信息专报》和有关汇报材料多次进行批示，对审计工作给予充分肯定。

深化预算执行审计。围绕“同级审”，树立“一盘棋”的思想，着力构建财政审计大格局。成立“财政和地税审计”、“部门预算执行和经济责任审计”、“专项资金审计调查”、“政府投资审计”4个审计组，做到整体推进，协调一致，制定以民生工程、政府投资审计为切入点的彰显效益审计的工作方案，人力、时间统一安排，资源共享。通过预算执行审计，查处违纪违规金额211万元、管理不规范金额3371万元，移送税务部门处理16万元，审计提出意见建议33项，被采纳的审计建议23项，促进被审计单位建立健全规章制度4项，较好地发挥了审计机关的监督服务作用。县人大常委会听取审计结果报告后给予高度评价，认为“同级审”全面深入，提出的建议积极可行，揭示的问题深刻，整改成效显著。

推进政府投资监督审计。完成大成路水泥砼道路及排水工程、西湖中路沥青砼道路改造工程、吴集外环水泥砼道路工程审计、滨湖路砼道路（一期）工程、烈士陵园扩建改造二期工程、污水处理厂工程综合楼和厂区水泥砼道路工程等审计项目20个，审计政府投资总额17571万元，审减政府投资金额3016万元，其中：审减工程结算价款2735万元、审减工程概算资金281万元。竣工价款结算审计中，始终坚持以真实、合法性为原则，针对不同类型审计项目，均能做到因项制宜、对症下药、剖解难题、提升质量、防范风险。一是对高估冒算工程材料价款的，采取市场询价取证，核实工程材料价格，客观审定工程造价，减少损失。二是实测实量，审核虚假签证。三是钻芯解剖、电子版审核，双管齐下解难题。四是对隐蔽工程剥露检查，确认实体工程量。五是对虚假签证打破砂锅追到底，避免建设资金流失，为政府投资节约大量资金，提高了财政资金使用效率。

强化民生专项资金及效益审计。对2008至2010年3个年度的全县扶贫资金、社保资金、中小学校舍安全工程、农民健身工程、农业综合开发资金、生态家园富民工程项目等15项专项资金的投向、管理、使用、效果情况进行审计监督，并对34项民生工程进行综合督查。通过审计和督查，揭露管理方面存在的问题，提出合理化建议12项，确保国家惠民政策落到实处，充分发挥资金使用效益。

加强经济责任审计。全年完成经济责任审计项目8例（其中：离任审计7例、任中审计1例）。查处管理不规范金额274万元，其中：负主管责任204万元，负直接责任70万元，追回收缴违纪资金及罚款12万元。经济责任审计，为组织部门考核、使用干部提供了依据，为党风廉政建设发挥了积极作用。

高质量完成国家、省、市交办的审计任务。按照国务院、省、市的统一安排，组织审计力量全力以赴，按时按质完成滁州市南谯区地方政府性债务审计、界首市城乡义教经费绩效审计调查、新农村生态家园富民工程世行贷款项目公正审计，赴金寨县开展4项基金审计，均圆满完成任务。按国务院的统一安排，对全县7所普通高中和基层医疗卫生机构进行债务清理核实审计。全县上报普通高中自查债务金额10853万元，审计核实为6829万元，核减超范围、虚假发票金额3901万元，综合核减率为37.08%；全县基层医疗卫生机构上报项目债务10172万元，审计核实长期债务金额7611万元，核减2561万元，核减率为25.18%。受到到了省、市有关领导的好评。

审计整改工作取得实效。审计共查处应整改资金3366万元，已整改到位资金3366万元，应缴入库资金3351万元，实际入库3351万元，两项整改落实率100%。从体制、机制和财政、财务管理等方面深刻剖析问题产生的根源，提出措施，督促整改，不断规范财政财务收支管理。

积极开展审计“信息化推进工程”。认真落实省、市审计局信息化工作会议精神，根据实际，制定和完善10多项制度，细化审计信息化的各项工作考核标准，加强考核实效性，完善和落实审计信息化工作责任机制，严格实行信息化“一票否决制”。全年审计项目在OA中立项、分解率100%，运用AO进行审计或辅助审计率100%，OA与AO交互应用率100%，投资项目审计信息化运用率100%，得到了上级主管部门的充分肯定。

努力完成县领导临时交办的审计事项。本着服从、服务于县域经济发展和稳定大局的原则，克服人手少、任务重的困难，主动参与中心工作，积极完成上级临时交办的事项。一是与纪检、监察、财政等职能部门，对全县“小金库”清理、退二进三、招商引资奖励资金、34项民生工程督查、村村通工程、通乡油路建设等实施监督检查；二是开展全县校安工程、土地整理等工程的投资审计调查，并对全县农村公路建设、县污水处理厂等进行了跟踪审计；三是局领导深入扶贫村，了解社情民意，帮助群众解决生产生活中的困难和问题；四是积极配合完成村级换届选举工作。通过审计监督，使一些事关全县经济建设和群众切身利益的热点、难点问题得到了有效解决。仅全县普通高中和基层医疗卫生机构纳入国家化债金额就达1.4亿元，为县发展、稳定发挥了重要作用。

扎实推进审计机关管理。一是健全机构、充实人员。中办发〔2010〕32号文件下发后，县委、县政府对贯彻落实文件精神高度重视，县委书记、县人大常委会主任权俊良批示，要求抓紧贯彻落实。3月31日，县委召开常委会研究决定成立霍邱县经济责任审计局，编制6名，全额财政拨款，主要负责人高配为副科级，专司经济责任审计工作；政府投资审计中心在原有的基础上增加全额财拨事业编制10名。面向社会公开招考本科以上学历的专业人员，为县审计事业快速健康发展注入了巨大的生机和活力，标志着县审计工作迈入了专业化和规范化发展阶段。二是充实完善制度，加强机关效能建设。年初，为进一步完善审计业务综合考核，明确目标任务，量化指标，落实责任。在原有规章制度的基础上，补充、修订、完善相关制度，结合实际出台《关于加强机关效能建设的若干办法》、《加强党风廉政建设》、《审计信息化工作动态跟踪管理办法》等10多项工作制度，并确保制度执行到位，做到用制度管人、用制度管事、用制度管权，促进机关建设全面提升。三是注重审计信息宣传，提升霍邱审计影响力。主办《霍邱审计》，刊登审计工作24篇。根据情况适时编制《审计专报》，为领导决策提供参考依据；在原有内部局域网的基础上，又重新开通霍邱县审计局互联网站，适时更新审计工作动态，积极宣传“信息化推进工程”活动的经验做法，扩大审计影响力。全年审计工作和做法被上级有关部门和新闻媒体报道47篇（次），其中：被国家及审计署报刊和网站报道9篇（次）、省审计厅杂志和网站报道6篇（次）、市级报刊和网站报道8篇（次）、市审计局审计通讯和网站报道24篇（次）。四是强化审计质量。成立审计质量控制小组，统一审计项目的质量标准；明确审计实施时限，推行精细化管理，将行政成本观念引入到审计工作中；加大计算机在审计业务的应用，审计项目全面实行AO系统审计，实现了AO与OA交互工作常态化；开展“创先争优”活动，促进实施“审计精品”工程。“枣高路工程造价审计”项目被评为全省优秀项目。五是加强党风廉政建设。以“学习廉政准则，争做勤廉表率”为主题，要求全体审计人员强化风险意识，严格控制项目质量风险和自身廉洁从审风险，坚持依法审计，拒腐防变；把审计权力贯穿于党风廉政建设和反腐败工作，从项目确定、项目实施和审计处理等环节控制审计风险；坚持谁主管、谁负责的原则，建立从主要领导、分管领导到股室负责人的三级党风廉政建设责任体系，认真开展“533”模式推进廉政风险排查；加强内控机制建设，进一步完善项目审理和纪律监督措施，坚持一手抓审计质量，一手抓干部廉政；教育审计干部对照廉政准则8个方面，规范自己的从政行为；严格执行党风廉政建设责任制和审计纪律八项规定，做到了审计质量无复议，机关行为无违纪，党风廉政无举报。六是全面开展“创先争优”活动。局领导高度重视该项活动，制定详细的工作方案，按照“为民、务实、清廉”的要求，大力改进思想作风、工作作风、服务作风，使审计机关办事效率得到明显提高，工作作风有了明显改进，履职能力明显增强，服务经济社会发展水平进一步提升。七是改善办公条件、营造良好的工作环境。针对单位办公设施差的实际，克服经费不足的困难，先后投入40万多元改善办公条件。

2011年工作成果一览表

审计单位（个）	查处违规金额（万元）	管理不规范资金（万元）	应缴财政（万元）	已缴财政（万元）	应归还原渠道资金（万元）	移送事项（件）	应调账处理金额（万元）	应自行纠正金额（万元）	审计报告、信息被批示采纳（篇）
50	3582	10044	3350.88	3350.88	1306		1258	1258	26

2011年获奖情况

被省审计厅评为全省审计“信息化推进工程”先进单位

《运用高程数据和签证数据计算合同内挖填方的计算机审计方法》作为专家经验在全省推广

被评为六安市第四届文明行业

被评为县机关效能建设先进单位

获县直单位目标管理综合考核先进单位并获二等奖

被县委、县政府评为县扶贫工作先进集体

政府投资枣高路工程价款结算审计被省审计厅评为全省优秀项目

2011年大事记

5月19日，省审计学会副会长王运清在副秘书长黄克实和市审计局副局长夏云的陪同下，到霍邱县调研审计学会工作。

6月1日，审计署在滁州市召开审计系统班子、队伍建设工作会议。会上，县审计局杨德福局长做了题为“建设好队伍、力创新局面”的经验交流发言，得到国家审计部门及与会者的一致好评。审计署副审计长石爱中对县审计机关班子、队伍建设和履职尽责取得的成效给予充分肯定。

6月29日，召开县审计学会暨内部审计协会成立大会，省内部审计师协会会长王兴如，六安市审计局局长、审计学会会长余泳，市审计局副局长、内部审计协会会长夏云，县委常委、常务副县长梁国金，县人大常委会副主任屠新贵，县政协副主席郑世和等领导出席会议。

7月27日，受县政府委托，县审计局局长杨德福在县十五届人大常委会第39次会议上做《关于霍邱县2010年度预算执行和其他财政收支的审计工作报告》。

8月8至9日，全市审计工作座谈会议在霍邱县召开。市委常委、常务副市长王胜出席会议并讲话，市政府副秘书长黄文应主持会议。

10月3日，县机构编制委员会批准成立霍邱县经济责任审计局，编制6名，主要负责人高配为副科级，专司经济责任审计工作；同时，为县政府投资审计中心增加全额财拨事业编10名。

11月4日，经县人社局统一组织公开招考15名审计人员全部到位。

2011年领导批示、讲话摘要

2月，县审计局2010年审计工作县政府办以《信息快报》报县委、县政府领导，县长刘胜批示：审计工作成效明显，审计工作在人、财、物上还应加强，请各位县长传阅。

3月16日，县长刘胜在贯彻落实中办发32号文件精神的汇报材料上批示：审计工作日显重要，审计力量应逐年增强，尽快实现政府性投资审计全覆盖。

金寨县审计局

金寨县审计局内设办公室、综合法规股、财政金融审计股、行政事业和社会保障审计股、经贸审计股、农业和资源环保审计股（外资运用审计股）、投资审计中心和经济责任审计局，现有编制19名，实有人员15名。

2011年金寨县审计局机关人员配备情况表

单位＼内容	人数	性别		文化程度				职称			负责人
		男	女	研究生	本科	大专	大专以下	高级	中级	初级	
局领导	5	5			1	4		1	1		葛德轩
办公室											
综合法规股	1	1				1				1	姚　辉

财政金融审计股	3	2	1		2	1			2	1	张浩宇
行政事业和社会保障审计股	2	1	1	1		1			2		石　磊
经贸审计股											
农业和资源环保审计股（外资运用审计股）	1	1					1		1		张富俊
投资审计中心	3	3			3					1	姚　辉
经济责任审计局											漆学坤
合计	15	13	2	1	6	7	1	1	6	3	

2011年金寨县审计局领导人员情况表

姓　名	性　别	职　务	职　称	任职时间
葛德轩	男	局长		2003 年 3 月
罗学志	男	党组书记		2003 年 3 月
漆学坤	男	副局长	审计师	1998 年 3 月
舒　明	男	党组成员	高级审计师	2007 年 7 月
史贤森	男	党总支书记		2007 年 7 月

2011年12月31日在册人员名单

葛德轩　罗学志　漆学坤　舒　明　史贤森　石　磊　张富俊　梅报春　张浩宇　姚　辉　陈　红　解　明　余程琳　施文欣　刘友胜

2011年工作概况

2011年，金寨县审计局完成审计项目32个，审计查处各类违纪违规资金31832万元，财政支出核算不实资金24160万元，未按规定征收、缴纳预算收入1412万元，收缴财政6万元，为各被审计单位提出内部管理和整改建议142条，向上级审计机关和县委、县政府及有关部门提交审计报告、审计信息32篇(条)，为维护县域经济秩序、服务宏观调控做出了积极贡献。

财政审计。重点审计县财政局预算执行及其他财政财务收支情况，对县交通运输局、县体育局、县卫生局、县委党校2010年度部门预算执行情况进行延伸审计。在县十五届人大常委会第35次会议上报告2010年度县本级财政预算执行及其他财政收支情况的审计工作，得到县人大常委会、县政府领导的充分肯定。10月下旬，开展为期一周的审计意见落实情况督查，五个被审计单位对审计意见的整改落实高度重视，做到“三到位”。一是整改到位。进一步深化以县长、审计局长、审计组长、被审计单位局长（乡镇长或主任等）“四长”联动为核心的审计意见整改落实责任机制。县长根据县人大常委会第35次会议的要求，立即召开被审计单位局长和分管局长参加的审计意见整改落实专题会议，明确整改的内容、措施、责任和时限，下发文件，各被审计单位局长亲自抓落实。二是整改措施到位。各被审计单位根据审计意见，结合自身实际，制定规章制度，规范财政财务管理。三是整改资金到位。县财政局对未及时入库的契税收入1412.83万元已入库，多付的契税手续费年底结算时予以扣回。县交通运输局调整账务，调增专项结余755万元、调增固定资产17万元。对往来款项长期不清理问题安排专人逐户逐笔进行清理核实，一直追溯到10年前。通过清理核对，结转工程款105万元，明确到工程项目挂账800余万元，收回职工欠款22万元，确认呆账2万元。县卫生局2010年滞留的执业医师到乡镇卫生院试点项目补助资金44万元已全部拨付到位，对滞留的村卫生室建设资金239万元，除梅山镇怀里村5万元和响洪甸镇全山村5万元外，已全部拨付到项目。

民生工程审计。完成5项民生工程项目审计，提交5份专项审计（审计调查）报告得到县领导的高度重视，县有关部门对审计提出的意见正在组织整改落实。

经济责任审计。完成经济责任审计项目16个，其中：乡镇7个、县直单位9个，占全年审计项目计划47.06%。查处各类违规违纪资金978万元，依法收缴上缴县财政4万元。向县委、县政府、县纪委、县委组织部及有关部门单位提交审计结果报告16篇，向被审计单位提出健全内部控制制度、加强国有资产管理、完善会计基础工作、改进会计核算和财务管理等审计建议49条。

绩效审计。完成投资审计项目202个，送审造价12202万元，审计确认造价11108万元，审减造价1094万元，审减率8.97%。其中：财政涉农专项资金建设项目价款结算审计项目84个，报审造价7295万元，审计确认造价6594万元，审减造价701万元，审减率9.62%；大中型水库移民后期扶持项目价款结算审计项目42个，报审造价1069万元，审计确认造价1030万元，审减造价38万元，审减率3.6%；校安工程项目审计完成53个项目，报审造价481万元，审计确认造价458万元，审减造价23万元，审减率4.8%；金寨县影剧院工程竣工决算审计，审减造价331万元，审减率11.03%；县城新区已竣工验收22个重点工程价款结算审计，审减造价1万元，平均审减率0.28%。

2011年工作成果一览表

审计单位（个）	查处违规金额（万元）	管理不规范资金（万元）	应缴财政（万元）	已缴财政（万元）	应归还原渠道资金（万元）	移送事项（件）	应调账处理金额（万元）	应自行纠正金额（万元）	审计报告、信息被批示采纳（篇）
32	31832	24160	6	6					32

2011年论文发表情况统计表

报刊名称	时间(期数)	论文题目	作　者
《中国审计》	第20期	《巧用SQL数据库审计财政预算专款分配情况》	张浩宇

2011年获奖情况

被省审计厅评为全省审计系统精神文明创建先进单位

葛德轩被省人社厅、省审计厅评为全省审计系统先进工作者

葛德轩被省审计厅评为全省审计系统精神文明建设先进个人

张富俊被市人社局、市审计局评为全市审计系统先进工作者

漆学坤被县委评为全县优秀共产党员

石磊、舒明被县委、县政府评为全县优秀公务员

葛德轩被县政协评为优秀政协委员

罗学志被县扶贫开发领导小组、县委组织部评为扶贫开发工作先进单位

2011年大事记

1月7日，县政府以金政〔2011〕4号文印发《金寨县政府投资建设项目审计监督办法》。

2月11日，省审计厅组织城乡义务教育保障机制专项资金绩效审计调查，县审计局派审计组到临泉县开展该项审计调查，含山县审计局派审计组到金寨县开展该项审计调查。

3月2日，审计署组织地方政府性债务审计，金寨县审计局派审计组到天长市开展审计，合肥市审计局派审计组到金寨县开展审计。

4月25日，市审计局组织失业保险基金、医疗保险基金（城镇职工基本医疗保险基金、城镇居民基本医疗保险基金、新型农村合作医疗基金）审计，县审计局派审计组到霍山县开展审计，霍邱县审计局派审计组到金寨县开展审计。

5月19日，省审计学会副会长王运清、省审计学会副秘书长黄克实，在市审计局副局长夏云陪同下，到县审计局进行调研成立审计学会暨内部审计协会情况。

5月31日，市审计局副局长漆学敏率到金寨县检查指导审计信息化、投资审计、医保基金（城镇职工基本医疗保险基金、城镇居民基本医疗保险基金、新型农村合作医疗基金）和失业基金审计等工作。

6月29日，省内部审计师协会会长王兴如在省内部审计师协会副会长兼秘书长张早明、六安市审计局副局长、六安市第一届内部审计师协会会长夏云等陪同下，到金寨县审计局调研。

6月30日，组织全局党员和机关干部20余人，以观看杨善洲同志事迹报告会的形式上了一堂生动的党课。同日，局领导班子成员在局长葛德轩率领下，带着局机关全体党员的真情厚意，到金寨县特教学校捐款2000元。并与校长林志超等特教学校班子成员及教师代表进行座谈。

7月1至2日，审计署驻南京特派员办事处党组书记、特派员李玲率党组副书记、纪检组长杨新民，副特派员刘利、徐勇以及综合处室和赴安徽省省长经济责任审计组的近60名党员干部到革命老区金寨县开展“为党旗增辉，为审计添彩”为主题的庆祝建党90周年活动。六安市政府秘书长刘连生、市审计局局长余泳、金寨县委书记沙圣虎等参加有关活动。

8月11日，开展县扶贫资金专项审计调查工作，县政府领导安排县审计局扶贫资金专项审计调查组主审人员在全县扶贫开发工作会议上，向与会的县级扶贫资金主管部门和所有乡镇共60余人详细解读省审计厅统一部署的全省扶贫专项资金审计调查工作方案，传达省审计厅副厅长戴克柱8月8日在霍山县扶贫资金专项审计调查进点会上的讲话。

8月23日，县政协主席史连生主持召开县政协八届二十四次常委会议。县政协副主席及秘书长出席会议，县政府副县长杨传银，县政府办、人口计生委、民政局、审计局负责人应邀出席会议。县审计局局长葛德轩报告近年来的审计工作。

9月28日，省审计厅副厅长胡海波在省审计厅固定资产投资审计处处长胡健等陪同下，到县审计局调研。

10月19日，金寨县审计学会暨内部审计协会第一次会员代表大会在梅山召开，县民政局副局长曹新化首先宣读关于成立金寨县审计学会暨内部审计协会的批复，县审计局党组书记罗学志

宣读省审计厅和市审计局的贺信，县审计局副局长漆学坤报告金寨县审计学会暨内部审计协会筹备情况。会议审议通过《金寨县审计学会暨内部审计协会章程》，选举产生金寨县审计学会暨内部审计协会第一届理事、常务理事、会长、副会长、秘书长。省审计学会副会长王运清，市审计局副局长、市内部审计协会会长夏云，县委常委、常务副县长赵权到会祝贺并讲话。县人大常委会副主任刘湘林、县政协副主席陈先平到会祝贺。

10月21日，市审计局副局长漆学敏率市审计局有关科室负责人到金寨县检查指导普通高中债务调查、基层医疗机构债务核实与审核认定、审计信息化工作。

11月10日，省审计厅副厅长戴克柱在厅办公室副主任戴波、六安市审计局副局长漆学敏的陪同下，到金寨县开展"审计领导大走访"活动暨2012年审计计划安排的调研。

11月3、6、10日，江苏省审计厅干部职工180余人分3批在厅领导的率领下，到革命老区金寨县开展"走进革命老区，弘扬革命传统"主题教育实践活动。

金寨县审计学会暨内部审计协会领导及理事名单

会　长：葛德轩

副会长：胡　浩　卢厚炯　漆学坤　舒　明

秘书长：舒　明

常务理事：葛德轩　胡　浩　卢厚炯　漆学坤　舒　明　许优来　袁自明　曹作义　江　桦　张洪勤　郑才刚　胡玉东　肖浮沉　何恩来　李定炎　胡俊平　倪小平　方建国　许佑文　胡国富　袁端华

理　事：葛德轩　胡　浩　卢厚炯　漆学坤　舒　明　许优来　袁自明　曹作义　江　桦　张洪勤　郑才刚　胡玉东　肖浮沉　何恩来　李定炎　袁端华　方建国　许佑文　胡国富　孟祥明　胡　拥　熊　涛　许常洲　王　豹　江涛声　漆仲甫　姜新云　文家胜　田　耿　刘同军　袁文刚　张经楼　张经喜　王　萍　祝学俊　胡绍友　程鹏飞　林　国　吴功安　胡友志　郭红宏　程贤国　王景玉　左　林　方临宝　胡俊平　董策伟　吴　翔　陈长虹　涂德洲　高业祥　王　月　黄秀玲　郝家富　倪小平　蔡海琼　杨　鹰　余正良　金家存　胡　水　谢　军　付临宣　郑其东　许满红　郑晓方　罗学志　史贤森　张富俊

2011年出台的地方审计规章目录

《金寨县政府投资建设项目审计监督办法》（金政〔2011〕4号）

（撰稿人：史贤森，审核人：葛德轩）

霍山县审计局

霍山县审计局内设办公室、财政审计股（行政事业审计股）、经贸审计股、农业与投资审计股和经济责任审计局，现有编制16名，实有人员14名。

2011年霍山县审计局机关人员配备情况表

单位＼内容	人数	性别		文化程度				职称			负责人
		男	女	研究生	本科	大专	大专以下	高级	中级	初级	
局领导	6	5	1		6				4	2	陈爱萌
办公室	2	2			1		1		1	1	孙义胜
财政审计股（行政事业审计股）	2	2			2				1	1	肖金国
经贸审计股	1	1			1				1		何家宝
农业与投资审计股	2	2		1	1			1		1	徐华松
经济责任审计局	1	1			1				1		徐　宏
合计	14	13	1	1	12		1	1	8	5	

2011年霍山县审计局领导人员情况表

姓 名	性 别	职 务	职 称	任职时间
陈爱萌	男	党组书记、局长	经济师	2003年10月
谢家保	男	副局长	助理会计师	2003年10月
沈 君	女	副局长	审计师	2011年2月
章正友	男	纪检组长	审计师	2003年10月
程先福	男	总审计师	审计师	2007年3月
徐 宏	男	经济责任审计局局长	审计师	2007年3月

2011年12月31日在册人员名单

陈爱萌 谢家保 沈 君 章正友 程先福 李宏斌 徐 宏 肖金国 徐华松 何家宝 孙以明 鲍远斌 孙义胜 翁绍森

2011年工作概况

2011年，霍山县审计局以邓小平理论和“三个代表”重要思想为指导，深入贯彻落实科学发展观，紧紧围绕省审计厅、市审计局审计工作会议精神，以及县委、县政府工作安排，以科学发展为主题，以加快转变经济发展方式为主线，继续坚持“依法审计、服务大局、围绕中心、突出重点、求真务实”审计工作方针，按照“控数量、保质量、抓重点、出精品”总体要求，大力推进以专项审计和绩效审计为核心的目标型、效率型审计模式，着力开展政府投资审计和领导干部经济责任审计，实现年度计划与发展规划的有机融合，较好地完成全年审计工作任务，有效地维护了全县的经济秩序。全年完成28个审计项目。审计查处违规资金8155万元、管理不规范资金4743万元，追缴财税资金5269万元，为财政节约资金3928万元；向被审计单位或有关单位提出审计建议96条、其中被采纳78条；提交审计专题、综合性报告和审计信息52篇，被上级批示、采用18篇；被审计单位根据审计建议制定整改措施54项，建立健全规章制度27项。为进一步加大对政府投资项目的审计监督，全年安排投资和效益审计项目6个，已审结4个，送审金额10737万元，定案金额9698万元，为政府节约财政资金1039万元，审减率达到9.68%。

预算执行审计。一是完成县地方税务局2010年税收征收情况审计，抽审4个企业纳税情况，并对县旅游局、县民政局、县经信委部门预算执行情况进行审计。二是完成县财政2010年度财政预算执行情况审计。审计内容涉及县级预算执行情况、重大投资项目资金、县级政府性债务情况、国有资产管理情况及“二园”建设资金和项目管理情况。通过预算执行审计，查处问题资金7857万元，追缴财政税收4043万元。针对存在的问题，提出审计建议，并下达审计决定，10月份相关问题已整改到位，审计结果报告得到了县人大及县政府的充分肯定。

专项资金审计。一是认真开展跟踪审计和专项审计调查。做好中小学校舍安全工程项目资金的跟踪审计，每月就跟踪发现的问题及时向有关单位（部门）提出整改建议并督促整改，以促进跟踪项目的实施和管理规范。3至7月，对省交办项目分别赴来安县和阜南县开展政府性负债情况及全省城乡义务教育费用保障机制专项审计，5至6月对市交办审计项目赴裕安区开展社会保障性基金审计，审计结果及建议得到被审计单位及省市审计机关的充分肯定。二是积极协调配合上级审计机关开展专项审计。对舟曲救灾捐赠资金进行跟踪审计。8至9月，省审计厅对县扶贫专项资金进行审计，在此期间，县审计局积极做好协调配合工作。三是积极参加县政府交办的经济检查。先后参加县纪委组织部牵头的“小金库”监督检查、经济形式监督检查工作，县委组织部牵头的招商引资考核以及嘉利达担保公司资产清理、迎驾集团上市、园区企业财务清理。10至11月，与县财政，卫生、教育等部门共同对全县基层卫生机构债务清理核实和普通高中教育债务清理核实工作进行清理，圆满地完成了上报汇总工作。四是配合做好县民生工程资金的使用情况检查验收工作和县工程建设领域突出问题的专项治理审计工作。实施全县重度残疾人生活救助资金的专项审计，2006至2009年度农村饮水安全工程资金，新型农村社会养老保险专项审计及2010年度县农业综合开发项目审计等，民生工程资金的审计进一步促进了财政专项资金的配套到位、及时拨付，提高了民生资金管理水平和使用效益。五是认真开展政府投资建设项目审计。完成政府投资建设项目4个、核减财政资金1039万元。在与相关部门共同努力下，县政府于8月出台《霍山县政府性投资审计管理办法（试行）》规范性文件。

经济责任审计。为强化领导干部监督管理，促进领导干部依法行政、廉洁勤政，科学界定领导干部任期经济责任，突出抓好领导干部经济责任审计。按照上级要求，安排对县交通运输局、住建局、卫生局3个单位主要领导干部进行任中经济责任审计，并积极探索经济责任审计的评价、责任界定、结果运用。受县委组织部委托，对下符桥镇、太阳乡、物资协会等离任领导干部开展任期经济责任审计。审计中，除抓好被审计单位财政财务收支审计外，还特别注重对领导干部在科学依法行政、廉洁自律等方面进行审计，并做出客观评价，为党委、政府正确使用干部提供了参考。通过经济责任审计，查处违规资金376万元、管理不规范资金119万元。领导干部任期经济责任审计，对促进县领导干部增强法律意识、责任意识、廉政意识，提高经济与行政管理水平均起到了积极的推动作用。

“信息化推进工程”。结合全省审计系统“信息化推进工程”及市审计局“机关效能建设”活动，局党组把学习与业务工作同安排、同部署、同推进，成立领导小组，并抽调力量组建活动办公室，负责日常工作。6月，对审计门户网站进行改版，加强审计信息的宣传发布工作，同时对审计专网使用进行细化考核，加大AO与OA的交互使用。全年编制计算机审计方法两例及AO应用实例两篇。在审计过程中，强化计算机审计的辅助运用，基础建设力度不断加大，投入10余万元建设全省审计机关视屏会商系统及专网搬迁工作。围绕提升审计队伍素质，加强业务培训及学习，改进审计计划管理和质量控制，强化审计信息技术和计算机审计专业培训。在活动中，坚持联系实际、统筹安排的原则，严格做好学习和审计业务两不误、两促进。全年开展专题辅导、计算机审计讲座、业务质量评比等活动8次。其中，局班子成员专题辅导3次，开展学习交流3次。信息化建设虽然进展顺利，但仍存在着一些问题和矛盾：主要是极少数人员思想认识不到位，人员知识水平不均衡特别是计算机水平，其次是拥有高水平计算机审计能手少，带动作用不明显，总体业务人员缺乏系统的培训，“工、学”矛盾仍很突出。

审计质量和依法行政。一是按照依法行政的实施方案，围绕提升审计队伍素质和专业化水平、推进审计管理和手段创新，积极开展质量评比及考核工作，加强审计执法和整改力度。二是加强对新修订的《审计法实施条例》的宣传学习。派员参加上级审计机关组织的《审计法实施条例》培训班；同时印刷《审计法实施条例》宣传小册子200份，积极开展“12•4”法制日宣传。三是按照行政职权，认真梳理审计执法权限及廉政风险防控流程图，排查与防控相结合，在单位网站公开审计职权流程，广泛开展宣传，营造良好的审计工作环境。

县审计学会暨内部审计协会。为健全完善内部管理机制，规范财政财务行为，提高经济效益和社会效益，加强党风廉政建设，强化内部控制、搭建审计交流学习平台，经全体审计人员两个月的努力，在全县相关单位的支持和配合下，在省审计厅、市审计局的指导和关心下，于9月底成立县审计学会暨内部审计协会。学会（协会）的成立，进一步提高全县审计工作质量，提升审计工作水平，推动审计工作科学发展，在为县经济社会发展保驾护航方面发挥了更大的作用。

机关建设。第一，深入开展“创先争优”活动。按照中央和省、市、县委关于在党的基层组织和党员中深入开展“创先争优”活动的工作部署，按照《“创先争优”活动实施方案》，扎实推进。一是加强领导班子建设。制定和落实领导班子创“五好”活动规划，把创“五好”纳入制度化轨道，建设“学习、团结、务实、勤政、廉洁”的领导班子；坚持民主集中制，严格执行《党组议事规划》，重大问题集体讨论，民主决策。二是加强学习实践。加强审计人员依法审计能力、沟通协调能力、自我约束能力建设，提高审计队伍的综合素质。三是加强思想教育。进一步加强审计人员的政治思想教育，严格遵守职业规范和审计纪律，培育审计人员求真务实、严谨细致、艰苦奋斗、淡泊名利、乐于奉献的良好品质，打造一支政治过硬、业务精湛、作风踏实、清正廉洁、团结高效的审计队伍，维护审计权威和良好形象。第二，加强党风廉政建设。始终坚持把党风廉政建设放在突出位置，常抓不懈，并将党风廉政建设责任制落到实处，形成了将党风廉政建设融入到日常审计工作中去的良好氛围。组织干部职工观看警示教育片，接受警示教育，做到警钟长鸣。制定落实党风廉政建设责任制相关制度，执行《廉政制度》、《审计工作八项纪律》和定期审计回访等措施，加强对一线审计人员的监督，防患于未然。第三，加强精神文明建设。首先，从文明办公、依法从审抓起，大力培育和谐审计，倡导文明审计理念。其次，深入开展节约型机关建设，积极参加“‘创先争优’我先行志愿服务为大家活动”。积极开展义务植树、文明创建城市环境整治等义务劳动；积极参加志愿者行动、开展帮扶留守儿童志愿者等活动。三是积极开展形式多样的文化、体育活动，营造生动活泼、团结祥和的氛围。继续开展文明单位、卫生单位、平安单位等创建活动，深化精神文明建设成果。第四，加强机关作风和效能建设。坚持把机关各项管理制度纳入到机关作风和效能建设工作中，做到有章可循、按章办事，用制度来保证机关作风和效能建设工作落到实处。局班子率先垂范，带头遵守各项制度，加强管理。结合工作实际，先后修订完善《霍山县审计局行政执法投诉制度》、《霍山县审计局重大行政处罚决定备案审查制度》、《霍山县审计局效能建设九项工作制度》等制度规定，强化管理，严格督查，实现了工作整体提速增效。第五，积极开展扶贫帮困、招商引资工作。继续将扶贫帮困、招商引资工作作为全局的一项重要工作紧抓不放，主要领导亲自抓，联系工作实际，加强帮扶力度，认真开展“书记大走访”活动。全年联系帮扶3个社区、4个自然村。近两年克服自身经费困难，捐赠帮扶村、社区各项资金达13万元。同时，全力开展招商引资工作。一是做好上年度招商项目的跟踪服务工作，及时解决项目建设中遇到的困难和问题。二是积极追踪新项目，引入招商主体。新引资霍山天正工贸有限公司及霍山新雅建材有限公司，总投资2500万。11月底，已创利税近650万元。

2011年获奖情况

获六安市第四届文明行业先进单位

获六安市第六届文明单位

获全市审计系统优秀审计项目先进单位

获全市地方性债务审计项目先进集体

获县第三届全县文明标兵单位

被县委、县政府评为全县依法行政优秀单位

被县委评为全县先进基层党组织

程先福被评为全省审计系统审计能手

孙义胜被评为全市审计机关先进工作者

章正友、徐宏被县委评为优秀党员

陈爱萌、程先福获全县优秀公务员

舒城县审计局

舒城县审计局内设办公室、财政金融审计股、行政事业审计股、经贸投资外资审计股、经济责任审计分局和投资审计中心，现有编制21名，实有人员20名。

2011年舒城县审计局机关人员配备情况表

内容 单位	人数	性别		文化程度				职称			负责人
		男	女	研究生	本科	大专	大专以下	高级	中级	初级	
局领导	6	6		1	5				5		束晓茹
办公室	4	3	1		1	3			2	1	
财政金融审计股	1	1			1				1		
行政事业审计股	1	1			1				1		
经贸投资外资审计股	1	1			1				1		
经济责任审计分局	2	2			1	1			1		
投资审计中心	5	4	1		5				1		
合计	20	18	2	1	15	4			12	1	

2011年舒城县审计局领导人员情况表

姓名	性别	职务	职称	任职时间
束晓茹	男	局长	经济师	2011年8月
许志荣	男	副局长	助理审计师	2001年8月
卜宜湘	男	副局长	审计师	2007年5月
黄祖涛	男	副局长	经济师	2010年3月
韦宗奇	男	总审计师	审计师	2003年11月
毛用法	男	经济责任审计局局长	审计师	2008年8月

2011年12月31日在册人员名单

束晓茹　许志荣　卜宜湘　黄祖涛　李安全　韦宗奇　程正远　杨庆贵　韩　林　苏少成　李永三　毛用法　吴光皓　曹学友　汪　柳　吴峰越　郭灿灿　吴本国　邬卫兵　贾运东

2011年工作概况

2011年，舒城县审计局在县委、县政府和上级审计机关的正确领导下，牢固树立科学审计理念，紧紧围绕县委、县政府的工作中心，认真贯彻落实省、市审计机关总体部署，坚持“依法审计、服务大局、围绕中心、突出重点、求真务实”审计方针不动摇，锐意进取，开拓创新，有效地履行审计监督职责，不断提高审计工作质量和审计服务水平，在推动依法行政、维护财经秩序、推进廉政建设、优化经济发展环境、服务大局等方面发挥了积极作用。先后被省委、省政府评为安徽省第九届文明单位，被六安市委、市政府评为第六届市级文明单位，被舒城县委、县政府评为第十一届县级文明单位，被省审计厅、市审计局评为审计“信息化推进工程”先进集体。全年实施审计项目48个，完成上级审计机关和县委、县政府临时交办的事项15项，审计查处违纪违规金额1210万元、管理不规范13844万元，收缴财政17.98万元，核减政府投资审计工程造价587万元，为政府节约资金587万元，发出审计报告及信息96份，提出审计建议和整改意见111条。

突出财政审计，促进依法理财。紧跟县级财政体制改革的步伐，进一步深化财政审计的内容，创新审计方法，深刻揭示和分析体制机制及管理方面存在的漏洞，为政府加强预算管理，人大和社会公众加强预算监督提供第一手资料，更好、更有效地发挥审计“免疫系统”功能。一是精心制定严密科学的审计方案。在项目安排、方案设置上，确保审计的深度和广度。二是坚持依法查处与服务并重。依法对挪用财政资金、虚报冒领财政补贴、损失浪费和体外循环财政资金等违纪违规行为进行认真查处。同时，注重强化对政府性债务、国有资产运营、转移支付制度、政府采购制度、国库集中支付制度等管理运行情况的审计及审计调查，揭示财政运行过程中存在的问题和风险，从体制和制度层面提出审计建议和意见，切实维护财政安全，促进财政管理水平提升，服务经济社会和谐发展。三是着力促进审计成果的转化。2011年的财政“同级审”报告反映的问题得到县人大、县政府领导的高度重视和认可，多次作出批示要求财政及相关部门抓好整改。县人大先后4次听取“同级审”项目单位审计意见和决定落实情况汇报，并对相关问题多次展开督查，县长金德元，县委副书记陆纯和常务副县长赵强对审计查处的问题要求相关单位及时做好整改，并对相关问题的主要责任人进行诫勉谈话，审计意见、建议和整改引起方方面面的关注，审计执法的有效性、严肃性、权威性进一步提升。

强化政府投资审计，提高资金使用效益。全年开展投资审计项目57个，截止12月末完成审计项目24个；仍在实施的项目28个，跟踪审计项目5个。已完成的20个工程价款结算审计项目送审金额2633万元，审计核定金额2101万元，核减工程价款532万元，平均核减率20.21%。审计中突出抓了以下几个方面：一是积极探索投资审计方法。在抓好竣工价款结算审计的基础上，抽调精干力量，加强校安工程和县医院东区扩建项目工程、万佛湖快速通道工程、城区梅河路改造工程、万佛湖滨湖公园一期工程等重点工程的跟踪审计，积极探索阶段性跟踪、重点环节跟踪、现场实施跟踪等多种跟踪审计方法，实现竣工价款结算审计与跟踪审计的有机结合，达到了资源共享、提高效率的目的。二是加强审计全过程的质量管理。重点是把好登记预审、业主承诺、方案实施、现场核实、协调调度、审理复核6个关口，环环紧扣，有的放矢。三是抓好审计人员的监督和约束。投资审计涉及到业主、施工、监理、材料供应等方方面面，审计中，注意抓投资审计纪律、抓审计现场管理、强化制度约束，确保审计全过程程序规范、公开、透明。

抓好民生项目审计，促进惠民惠农政策落实。把关注民生问题和构建和谐舒城放在十分重要的位置，出台《关于加强民生工程资金审计监督意见》，先后组织开展扶贫资金、养老保险事业基金审计及舟曲救灾物资跟踪审计、全省义务教育费用保障机制绩效审计和失业保险、医疗保险基金、地方政府性债务等多个项目审计及审计调查。坚持以资金为主线、以项目为载体，始终把党和国家政策措施的贯彻落实情况作为审计的重要内容，全面关注民生项目资金管理使用的规范性、安全性和有效性。针对发现问题及漏洞，提交审计报告10多份、审计建议40条。相关部门根据审计意见及建议抓整改、定制度、强管理，有效促进了各项惠民资金的规范使用。

稳步推进经济责任审计，加强对权力约束和监督。认真贯彻中央五部委关于经济责任审计工作联席会议精神和中办、国办两个“规定”，结合省审计厅、市审计局要求和审计工作实际，以促进领导干部履行职责为出发点，以监督公共权力运行为核心，按照积极稳妥、量力而行、提高质量、防范风险的原则，稳步推进领导干部经济责任审计工作。全年完成10个单位的主要负责人任期经济责任审计，查处违纪违规金额1167万元、管理不规范金额1331万元，向县委县政府提交审计报告20份，提出审计建议46条。鉴于经济责任审计涉及面广、情况复杂，县审计局积极争取县委、县政府、县纪检、县组织、县监察、县财政等部门的支持，健全制度，形成有效的工作机制，从制度层面上进一步规范经济责任审计的运作程序。县纪检、县组织、县监察等经济责任审计领导小组成员单位高度重视经济责任审计成果的运用，按照《舒城县乡科级党政机关、事业单位领导干部任期经济责任审计结果运用办法（试行）》中的规定，组织部门把审计成果与干部考核、任用、定格相挂钩，纪检监察部门把审计成果装入干部廉政档案，进一步突显了经济责任审计在干部监管中的作用和地位。

积极参与中心工作，服务全县发展大局。在组织完成好省、市、县交办的审计业务工作的同时，紧紧围绕县委、县政府中心工作，围绕服务经济建设大局，积极参与招商引资、计划生育、综合治理、扶贫救灾、重点工程拆迁、文明县城创建、企业破产改制、信访维稳等工作，各项工作都达到预定目标。

加强审计信息化建设，不断提升审计效率。主动转型，积极探索新的审计方法，努力适应新时期审计工作的需要，着力加强审计信息化建设，大力推进计算机审计，想方设法提高审计效率，力求更好地发挥审计效能，服务大局。一是加大经费投入。全年投入25余万元专项经费用于审计办公软硬件的改善，开通审计专网，利用《现场审计实施系统》和《审计管理系统》，实现网上办公，极大地提高了审计效率。二是抓培训。一方面适时精选中青年审计骨干去审计署、审计厅、市审计局及相关部门脱产培训，一方面聘请专家授课，采取走出去等多种形式和方法，着力提升审计人员计算机审计能力。目前，舒城县审计局有3名审计业务骨干获得省审计厅计算机中级资格认证，90%以上的审计人员通过审计署AO认证考试。三是抓应用。积极推动AO软件在审计项目中的应用，在财政预算执行审计，地税税收计划完成情况及医疗、卫生、养老保险审计中大胆尝试，利用AO对电子数据进行采集和转换、利用软件的审计分析功能进行审计查证，查实少征漏征税款、税收入库人为调节及超标准收费、重复收费等问题。县审计局撰写的《某医院计算机审计案例》、编制的计算机辅助审计方法分别在省审计厅AO案例和AO审计方法评比中获得优秀，同时被审计署采用并编入《计算机辅助审计方法目录》，舒城审计信息化建设已步入发展的快车道。

抓支部建设，发挥好战斗堡垒作用。县审计局领导班子调整到位后，立即对党支部进行改选，充实力量，着力强化战斗堡垒的规范化建设，坚持高标准要求、高质量推进。通过抓党员承诺、党员先锋岗设立和党员学习、“创先争优”活动、三会一课制度的严格实施，不断增强党支部的战斗力、向心力。全局上下在党员的先锋模范作用和典型引领作用的示范带动下，争创一流工作业绩，争做模范审计人已蔚然成风。

注重班子团结，在建设领导核心上下功夫。县审计局领导班子历来重视团结，发挥整体力量。2011年新的领导班子组成后，通过定期召开成员碰头会、通气会，重大工作事项集体研究、民主决策、政务透明，有利于团结的话多说，有利于团结的事多做，按照党内准则协调处理好班子成员之间的关系，凝聚共识，把思想统一到工作上来，讲奉献，谋大局，干实事，团结补台，着力提升领导班子的核心领导力和驾驭复杂审计局面的能力。领导班子率先垂范、干部职工“创先争优”，整体战斗力有了进一步提高。

加强党风廉政建设，塑造清廉审计形象。廉政建设是审计的生命线。始终绷紧廉洁从审这根弦，多措并举，狠抓干部的党风廉政建设。一是强化学习，提高认识，筑牢思想防线。深入学习各级党风廉政建设文件，领会精神实质。及时组织全员观看反腐倡廉影像资料，以正面教育、反面警示来增强审计人员的廉洁自律意识。二是建立健全各项制度，用制度管人，用制度管事。按照中共中央《建立健全教育、制度、监督并重的惩治和预防腐败体系实施刚要》要求，不断总结经验，完善各项规章制度，构筑防火墙。同时，针对工作中可能出现或存在廉政风险的部位和环节，及时制定防控措施，做到防患于未然。三是加强监督，跟踪检查，严格奖惩。即对审计组实行审前谈话、审中督查、审后回访制度，适时跟踪。同时，审计组长与局签订廉政承诺书，承担审计期间的一切廉政风险。审后通过回访，广泛听取被审计单位对审计组执行审计纪律的反馈意见，并记录在案，装入审计人员个人廉政档案，作为年终评先评优和审计项目质量评比的依据，着力锻造一支业务精良、作风过硬、清正廉洁审计队伍。

严格审计程序，在审计规范化建设上动脑筋。一是从强化审前调查入手，要求审计组在审前详细了解被审计单位基本情况，使制定的审计方案有的放矢、统揽全局，确保审计工作的高效率和高质量。二是实行严格的三级复核制度和审计业务会议制度，对审计项目进行全面质量把关，并按照审计项目质量考评办法加强对审计项目质量的总体把关、审核，降低和避免了审计风险。三是坚持审计公告制度，把审计工作置于审计监督之下，规范审计行为，确保审计质量。

重视审计文化建设，在构建和谐审计机关上做文章。结合党支部规范化建设和文明单位、文明行业创建等活动，自我加压，自我完善，着力推动审计文化建设。一是组织关怀到位。通过“三八”节召开贤内助座谈会，“七一”党的生日、“八一”建军节组织党员干部重温入党誓词，开展“双拥”、钓鱼、扑克、乒乓球比赛，九九重阳节慰问老人等活动。春节更是把党组织的关怀送到每一位退休干部和每一户遗属家庭。形式多样、内容丰富的主题教育和暖心活动，既愉悦了心情、净化了心灵，又达到凝聚人心、共同提高、促进发展的目标。二是创建思路明晰。提出人人都是文明创建的第一责任人，人人都必须在审计工作体现创建理念，进一步推进文明审计，依法审计，展示审计人积极向上、公正严明的良好形象。三是硬件配套跟上。全年投入1.5万元用于办公区美化、亮化，呈现花卉盆景葱绿，窗明几净养眼景象，同时聘用物业维护办公宿舍区治安及卫生保洁，使干部职工身处良好的工作生活环境，做到专注于工作、专注于发展，审计文化建设取得扎扎实实的效果。2011年县审计局蝉联省级文明单位称号，受到省委、省政府通报表彰。

2011年工作成果一览表

审计单位（个）	查处违规金额（万元）	管理不规范资金（万元）	应缴财政（万元）	已缴财政（万元）	应归还原渠道资金（万元）	移送事项（件）	应调账处理金额（万元）	应自行纠正金额（万元）	审计报告、信息被批示采纳（篇）
48	1210	13844	17.98	17.98					56

2011年论文发表情况统计表

报刊名称	时间(期数)	论文题目	作　者
《中国审计报》	12月19日	《舒城审计文明创建结硕果》	杨庆贵
《皖西日报》	12月5日	《舒城着力提升投资审计工作水平》	杨庆贵

2011年获奖情况

被省委、省政府评为安徽省第九届文明单位

被省审计厅评为全省审计“信息化推进工程”先进集体

被市审计局评为全市审计“信息化推进工程”先进集体

被市委、市政府评为第六届六安市文明单位

被市审计局评为全市地方政府性债务审计先进集体

被县委、县政府评为第十一届县级文明单位

马鞍山市审计局

马鞍山市审计局内设办公室、综合调研科、党总支、法规审理科、审计执行科、内部审计指导科、计算机审计中心、固定资产投资审计科、工程价款结算审计中心、财政金融审计科、经济社会审计科、经济责任审计局和开发区审计分局，现有编制58名，实有人员50名。

2011年马鞍山市审计局机关人员配备情况表

单位 \ 内容	人数	性别		文化程度				职称			负责人
		男	女	研究生	本科	大专	大专以下	高级	中级	初级	
局领导	8	5	3	1	7			1	4		夏光明
办公室	6	4	2		1	2	3		1		卢文久
综合调研科	2	1	1		2				2		何祥俊
党总支	1	1				1			1		余志伟
法规审理科	2	1	1		2				1		朱荣海
审计执行科	1	1			1				1		蒋胜愚
内部审计指导科	2	1	1		1	1		1			范丽霞
计算机审计中心	2	1	1	1	1			1			管毓骅
固定资产投资审计科	3	2	1		3			1	1	1	曹福和
工程价款结算审计中心	7	2	5		7						胡罗晨（兼）
财政金融审计科	5	3	2	1	4			1	4		汪丽新
经济社会审计科	4	3	1		4			1	2		王　新
经济责任审计局	4	1	3		2	2			2		尹晓菊
开发区审计分局	3	2	1		2			1			马友发
合计	50	28	22	3	37	6	3	7	19	1	

2011年马鞍山市审计局领导人员情况表

姓名	性别	职务	职称	任职时间
夏光明	男	局长	审计师	2008年2月
潘淑琴	女	党组书记、副局长		2011年10月
王明营	男	副局长	高级审计师	2006年12月
汤德生	男	纪检组长	中学一级教师	2007年8月
陈陆林	男	副局长	审计师	2008年7月
金桂兰	女	副局长	会计师	2009年7月
尹晓菊	女	经济责任审计局局长		2007年2月
姚国振	男	副调研员		2009年6月

2011年12月31日在册人员名单

夏光明　潘淑琴　王明营　汤德生　陈陆林　金桂兰　尹晓菊　姚国振　卢文久　张　静　张朝云　于　力　游跃生　魏　明
任　杰　曹福和　蔡光红　胡罗晨　王　新　薛　丽　芮绍文　高　巍　蒋胜愚　何祥俊　徐　岩　范丽霞　武德聪　汪丽新
谢厚森　王景春　邓　娟　许平松　朱荣海　张林俊　倪　玲　刘　明　赵莉敏　胡爱香　马友发　欧阳海福　张　健　管毓骅
余志伟　童来平　邢　雷　施梅香　吴　宏　李　丽　周凌燕　徐　铭

2011年马鞍山市审计局特约审计员情况表

姓 名	性 别	工作单位	职 务	职 称	任职时间
郑晓玲	女	马鞍山市农行		经济师	
钱 韵	女	马鞍山矿山研究院		工程师	
徐 刚	男	马鞍山市国税局			
赵 娟	女	安徽工业大学	主任科员	会计师	
刘为鲜	女	马鞍山市雨山区民政局		高级会计师	
杨宏丽	女	马鞍山市国资办	科 长	会计师	
孙 梅	女	马鞍山市康迪实业公司	副经理		

2011年工作概况

2011年，马鞍山市审计局在市委、市政府和上级审计机关的正确领导下，紧紧围绕党委、政府中心工作，突出重点，认真履行审计监督职责，超额完成年初确定的各项目标任务，并取得了积极成效。全年完成审计和审计调查97项，节省政府投资11641万元，提交各类审计报告信息172篇，被各级党委、政府和部门采用175篇（次）。

预算执行审计力度继续深化。紧紧围绕全市经济社会发展大局和关系人民群众利益的重大事项，按照财政审计大格局的思路，以全部政府性资金审计为基础，进一步加大对民生工程、公益性项目建设、土地征迁等重点项目资金的审计力度，着力促进党委、政府重大决策的贯彻落实，着力促进公共财政体系的健全完善，着力维护财政资金的安全高效。在市本级一般预算收支审计的基础上，对政府性基金、社会保障基金、预算外非税收入等其他财政收支情况进行审计；在加大对重点部门审计监督的同时，进一步加大对部门所属二、三级预算单位的审计监督力度，并延伸审计13个单位；加强对财政重点资金、重点项目审计监督，针对资金使用、项目管理中存在的问题，注重从宏观上进行综合分析和研判，提出改进和完善的审计意见，得到市政府的高度重视。

经济责任审计稳步推进。按照中办、国办的《党政主要领导干部和国有企业领导人员经济责任审计规定》的要求，认真谋划经济责任审计工作。结合本市实际，及时出台《关于贯彻〈党政主要领导干部和国有企业领导人员经济责任审计规定〉的实施意见》，认真落实市经济责任审计领导小组会议精神，不断拓展经济责任审计的广度和深度，全年完成14个单位主要负责人经济责任审计，继续推动主管部门对其下属单位主要负责人开展任期经济责任审计，先后协调、指导和推动市教育、住建委等主管部门对其所属17个二级单位负责人开展经济责任审计工作，继续推进领导干部离任交接制度，努力从制度层面实现审计全覆盖。通过审计，对领导干部履行经济责任情况进行科学评价，为加强领导干部的管理和监督，促进干部勤政廉政发挥了积极作用。

专项审计（审计调查）取得积极成效。紧紧围绕政府中心工作和上级审计机关要求，针对党委政府、社会关注的热点，加强对关系人民群众切身利益的专项资金的审计和审计调查。按照全市审计项目计划的安排和市政府交办任务，完成对马钢合钢环保搬迁等项目的土地征迁审计任务；开展对市本级76个一级预算单位公务用车情况的专项审计调查，为加强全市公务用车管理提供了翔实的数据资料，为领导决策提供了重要的参考依据。针对审计调查中发现的公务用车编制核定不规范、公务用车管理不到位等问题，提出审计建议，审计结果报告和审计专报，分别得到市长和市纪委书记的批示。继续做好土地利用情况审计调查后期的成果开发，针对审计调查中发现的土地闲置、使用效益低和管理不到位等问题，以审计专报形式上报市政府，市长等3位市领导在审计专报上作出批示，有力地配合了全市闲置土地清理处置工作，推动市政府出台《关于进一步加强节约集约用地的实施意见》，为规范国有土地出让发挥了建设性作用。全市审计机关开展舟曲泥石流救灾款物收支情况审计调查，对捐赠、捐助的救灾款物和各级财政部门拨付的救灾资金进行审计调查，促进管好用好捐赠款物和救灾资金。

政府投资建设项目审计成效显著。按照《安徽省政府投资建设项目审计监督办法》（省政府225号令）、《马鞍山市政府投资建设项目审计办法》（市政府第41号令）的规定，积极开展政府投资建设项目绩效审计工作，继续发挥审计监督在规范政府投资项目管理、提高建设资金使用效益等方面的积极作用。全年完成政府投资审计58项，为政府节省投资1.1亿元。进一步加大了跟踪审计力度，在继续开展中小学校舍安全工程等4个市重点工程项目的全程跟踪审计的基础上，又将市体育中心项目、314省道改扩建项目、宁安铁路站前广场及配套建筑项目纳入跟踪审计计划范围。通过对这些重点建设项目全过程跟踪审计，及时掌握项目进度、项目管理和资金拨付状况，及时提出审计意见和建议，并督促建设单位及时落实，把问题解决在施工现场，审计中发现案件线索1条，相关部门已做出处理。

全面完成上级审计机关组织及市领导交办的审计任务。在全面完成年初确定的审计项目任务的基础上，保质保量地完成上级审计机关统一组织和本级党委、政府领导批示交办的审计任务。组织全市审计机关圆满完成淮南市地方政府性债务审计，荣获全国债务审计公务员集体嘉奖；完成对铜陵市城乡义务教育保障机制资金的审计调查工作；根据市政府要求，统一组织市、县（区）审计力量，对全市31家融资平台公司2010年度资产负债损益情况进行审计，对审计中发现的融资平台公司在运营管理中存在融资主体分散、融资能力受到制约、部分融资平台公司已超出其实际偿债能力、债务风险加大以及政府性债务管理缺乏有效机制等问题，提出审计意见和建议，审计专报被市政府领导批示。同时，推动政府出台《马鞍山市政府债务管理暂行办法》；主动调整全年审计项目计划，一般项目让位于市领导交办的土地征迁审计任务，按时完成马鞍山长江大桥土地征迁项目、马钢和尚桥铁矿项目一期审计调查以及湖南新村危旧改拆迁项目、三峡外迁移民安置资金决算审计等5个审计项目任务。开展世行贷款农民工培训与就业公证审计项目，实施完成市养老保险审计调查和市邮储银行的资产负债损益审计。

审计制度建设进一步加强。在加强审计管理、促进审计业务规范化方面积极探索，勇于创新，取得较好成绩。结合市实际，草拟并通过市委、政府印发《马鞍山市关于贯彻落实审计监督“双百”制度的意见》，制定出台《审计中发现的预警线索移送暂行办法》，试行审计项目网格化管理。根据市一江两岸发展的新形势，着手开展对《马鞍山市政府投资建设项目审计办法》（市政府41号令）的修改。

2011年工作成果一览表

审计单位（个）	查处违规金额（万元）	管理不规范资金（万元）	应缴财政（万元）	已缴财政（万元）	应归还原渠道资金（万元）	移送事项（件）	应调账处理金额（万元）	应自行纠正金额（万元）	审计报告、信息被批示采纳（篇）
97	188	188				1			172

2011年论文发表情况统计表

报刊名称	时间(期数)	论文题目	作　者
《审计月刊》	第6期	《政府投资工程造价控制存在的问题和对策》	夏光明
《安徽审计》	第2期	《村级财务管理存在的问题及审计思考》	金建伟
《安徽审计》	第4期	《转变职能　突出重点　提高经济责任审计质量》	张　静
《安徽审计》	第5期	《开发园区土地利用情况审计调查的实践与思考》	张　键
《安徽审计》	第7期	《苦练内功　筑基础　扬帆远航　强作用》	夏光明

2011年获奖情况

获全国地方政府性债务审计先进公务员集体

获安徽省第九届文明单位

获全省审计系统档案评比优秀单位

获全市政务公开工作优秀单位

获全市保密工作先进单位

获全市党组织中心组学习先进单位

获市直机关先进党组织

开发区土地利用专项审计调查被评为全省优秀审计项目

李丽被评为全市保密工作先进个人

余志伟被评为市直机关优秀党务工作者

汪丽新被评为全市政务信息宣传先进个人

2011年大事记

1月4、7日，对新修订的《国家审计准则》开展培训和考试。

1月11日，召开2010年度工作总结暨述职述廉大会。局机关全体工作人员参加会议。

1月25日下午，迎新春茶话会在雨山湖饭店隆重举行。市审计局全体工作人员以及三区一县审计局领导共约80人参加茶话会。

2月23日，市考核组到市审计局开展2010年局领导班子和领导干部综合考核。

2月28日下午，召开全市审计工作会议。

3月15日上午，市委书记郑为文到市审计局调研。

4月25日下午，市委常委、常务副市长魏尧到市审计局，亲切看望审计干部，并与局领导班子座谈、交流审计工作。

5月5日，省经济责任审计局局长刘春华一行莅临市审计局，调研指导市经济责任审计工作，并重点就《安徽省党政领导干部和国有企业领导人员任期经济责任审计办法(征求意见稿)》与局领导班子进行座谈交流。

5月12日，召开“以人为本、执政为民”主题教育活动动员会议。全体干部职工参加会议，党组书记、局长夏光明做动员讲话。

6月1日，市审计局党组书记、局长夏光明为全局干部职工上了一堂“以人为本、执政为民、提升审计水平”的党课。

6月3日上午，举办全市审计信息人员的审计信息写作培训班，邀请省审计厅及市委信息科室相关负责人围绕上级审计机关、地方党委信息需求的重点和要点作了精彩的讲解。

7月12日上午，召开工作务虚会，总结回顾上半年全局工作并对下半年审计工作谋划部署。

7月13日下午，组织全体审计干部赴市党风廉政教育中心，参观市反腐倡廉教育展，接受廉政教育。

7月15日下午，市委常委、常务副市长魏尧到市审计局参加2011年度党员领导干部民主生活会。

7月18至19日，邀请宿州市审计局5位专家评委对2010年申报项目进行为期两天的评审。

7月21日上午，市委常委、市委副书记訾金雷在市委副秘书长徐太保等的陪同下，到市审计局调研。

7月28日，市审计局及招标采购监督管理局选举出席市第八次党代会代表，夏光明局长高票当选。

8月8日，召开动员会，启动建立公共权力规范运行预警机制工作。全局在职人员参加动员会，夏光明局长出席会议并作动员讲话。

8月22日，安徽省政府宣布撤销原地级巢湖市，其所辖和县、含山县因区划调整划归马鞍山市，马鞍山市审计局同两县审计部门对接工作正式开始。

8月26日，省审计厅胡海波副厅长在省审计厅办公室人员陪同下，到市审计局调研指导审计工作，并与局领导班子进行座谈交流。

8月30日下午，和县审计局局长鲁本全，党组书记、副局长王同兴到局汇报工作，进行审计工作对接。

8月31日，含山县审计局裴吉炳局长一行到市审计局汇报工作，进行审计工作对接。

9月9日，市审计局局长夏光明带领局领导班子以及局各科室负责人到和县、含山县审计局调研两县审计局工作情况。

9月23日，组织召开建立公共权力规范运行预警机制培训会。

11月8日，省审计厅姜爱民副厅长在省审计厅交通建设审计室有关人员陪同下，赴马鞍山市开展“审计领导大走访”活动，围绕如何推进审计工作转型升级和如何谋划好2012年全省审计工作开展调研。

11月18至19日，召开全市审计工作务虚会。会议由市审计局局长夏光明主持，局领导班子全体成员、三县三区审计局、市审计局各部门负责人参加会议。

11月29至30日，由省审计厅副厅长胡海波任团长的省审计厅2011年度集中培训参观考察团一行，对市城市建设和经济社会发展情况进行参观考察。

12月上旬，市审计局班子集中开展“书记大走访”活动。

2011年 领导批示、讲话摘要

1月12日，市长张晓麟在《市经济技术开发区和慈湖经济开发区部分企业土地闲置状况严重》专报上批示：请从勇同志处理，结合三项行动一并处理。抄正耀同志。

金庆丰副市长批示：请少华、志品同志阅。抓紧研究安全处置的措施，借全市三项行动之机，解决遗留问题。

1月17日，张晓麟市长在《市“校安工程”监理工作亟待加强》专报上批示：请晓炎同志重视。

王晓炎副市长批示：请市教育局立即按市审计局的意见抓紧整改，加强管理，确保校安工程质量、进度。

副市长金庆丰批示：请市校安办督促整改。

1月24日，张晓麟市长在《市经济技术开发区和慈湖经济开发区土地利用率有待提高》专报上批示：这份信息有价值，请两区负责同志思考并采取措施逐步解决。办开发区的目的是什么一定要非常明晰并始终为之而努力，不要偏离。抄正耀同志。秀山、滨江示范区负责同志。

2月17日，张晓麟市长在《关于马钢“十一五”后期调整规划项目土地征迁情况的专项审计调查结果的报告》上批示：请郎平、志品同志阅并抓紧推进。

2月22日，金庆丰副市长批示：请雨山、金家庄区继续加紧推进拆迁、置换地征迁等工作。市审计局跟踪审计。

2月28日，市长张晓麟在全市审计工作会议上强调，审计是监督，更是服务，审计的目的是发现问题，促进问题得到有效整改，同时也是为了保护干部、及时纠正各种错误行为，审计不是找被审计单位的茬，审计的本质是服务，各级领导干部和各被审计单位要积极主动的配合审计、积极主动的落实审计意见；审计工作要突出重点，当前要重点做好政府性债务和融资平台等审计工作；政府性资金的审计监督要实现全覆盖，做到“两个百分之百”，即对市级财政供给的副处以上单位每五年要做到百分之百的审计，对审计发现的问题要做到百分之百整改。全市各级审计机关要进一步加强队伍建设，建设一支政治过硬、业务精通的审计干部队伍，在全市大规划、大建设、大发展中争先进位、创先争优，努力实现全省争第一、全国争先进的奋斗目标。

3月10日，金庆丰副市长在《我市土地征迁审计存在的问题及建议》审计专报上批示：同意所提建议，建立制度，确保落实。

3月15日上午，市委书记郑为文在市审计局调研时强调：审计部门是一个朝阳部门、是一个日趋强化的部门，经济社会越发展，越要加强审计工作。郑为文在调研中指出，近年来，特别是2011年以来，审计部门在人少事多的情况下，始终坚持审计工作原则，审计成效显著，队伍素质不断提升，为保证财政资金安全、合规、节约使用，促进制度建设等方面作出了积极贡献，特别是在审计全覆盖、工作机制改革等方面积极探索，创造出了一些好的经验和做法，审计质量效果进一步提高。

在谈到“十二五”审计工作规划和2011年的审计任务安排时，郑为文说，马鞍山市的审计工作指导思想明确、目标科学、保障措施具有很强的针对性。郑为文指出，做好新形势下的审计工作，关键要做好“两头”、带好中间，即一头抓好预算审计、经济事项审计，为政府决策服务，另一头抓好审计整改落实、审计成果运用，促进相关单位完善制度基础，实现由传统财务审计向管理审计转变，中间则要实现财政资金审计的全覆盖。审计部门要进一步提高计划编制的科学性，切实加强队伍建设，积极开展优秀审计项目评比工作，鼓励审计人员提高专业学历层次，提升审计能力和业务水平；要强化审计结果运用，确保审计发现的问题整改到位。

郑为文最后强调，审计部门是经济安全的监督保障部门，经济社会越发展，越要加强审计工作。各级各部门及其领导干部都要积极支持审计部门依法开展审计监督工作，这既是对党委、政府负责，也是对干部本身负责。

4月25日下午，常务副市长魏尧到市审计局座谈交流审计工作。魏尧指出，审计是政府决策重要的参谋和助手，审计工作很辛苦，也很重要。魏尧强调，审计发现问题、查处问题是能力，分析问题、解决问题同样也是审计能力的体现；在具体审计工作过程中，既要坚持制度，又要根据新形势、新情况，锻造正确的审计思维，积极创新制度，不断改进审计理念和方式方法，更好地为经济社会发展大局服务。

4月29日，张晓麟市长在《我市市本级76个一级预算单位年人均公务用车费用达1.9万元》上批示：魏尧：公车改革要提前调研。抄正耀同志。

5月6日，省经济责任审计局局长刘春华一行莅临市审计局，调研指导市经济责任审计工作。刘春华充分肯定了马鞍山市经济责任审计工作所取得的成绩，对马鞍山市审计局就《安徽省党政领导干部和国有企业领导人员任期经济责任审计办法(征求意见稿)》提出的意见和建议，表示将认真分析研究，加以吸收利用。刘春华指出，经济责任审计不同于常规的财政财务收支审计，对审计发现的问题，要明确责任界定，做到以权定责、以责定审、以审定评；在审计项目选择、人力资源调配上，要突出重点，每年要确定1至2个项目进行重点打造，进一步提升经济责任审计的层次和水平。

6月3日，市长张晓麟在《我市水资源费征管工作有待加强》专报上批示：请李海同志重视。

副市长龙李海批示：请昭旭同志重视加强征管工作。

7月15日下午，常务副市长魏尧参加马鞍山市审计局2011年度党员领导干部民主生活会。对全市审计工作和民主生活会召开情况给予了充分肯定。接着，就全市审计工作提出了具体要求：一是审计工作要紧紧围绕服务全市经济发展大局，切实做到职能与服务有机相融；二是全体审计人员，要牢固树立创新意识、责任意识和奉献意识，在打造精品上下功夫，为全市经济社会发展做出更大贡献；三是要进一步加强政府投资项目审计、民生工程审计、财政预算执行审计、领导干部经济责任审计等各项审计工作。最后，寄语全市审计工作：认真履行职责，打造过硬队伍，走在全省前列。

7月21日上午，副书记訾金雷在市审计局调研时，对市审计局的工作给予了充分肯定，并对广大审计人员的辛勤工作表示慰问。訾金雷强调：审计不仅要加强监督，更重要的是为促进经济建设发展服务。我市正处在新一轮大发展时期，投入了大量的资金，审计部门要加大审计力度，监管到位，保证资金使用的安全、高效，为我市的经济建设快速发展保驾护航。

8月26日，省审计厅副厅长胡海波到市审计局调研指导审计工作，并与局领导班子进行了座谈交流，对近年来马鞍山市审计工作取得的成绩表示祝贺，并就进一步做好审计工作提出要求。胡海波强调，审计工作要始终围绕经济发展这个中心，服务、促进地方经济持续、快速、健康发展，为经济发展保驾护航；要统筹兼顾、把握重点，审计任务越重，越要讲究工作方法，越要提高人员素质。

11月8日，省审计厅副厅长姜爱民在“审计干部大走访”活动调研马鞍山市审计局时指出，今年是我省市县审计机关审计任务较为繁重的一年，不仅地方政府交办的项目多，而且上级又安排追加了一些联动审计项目，并且这些项目体量大、要求高、时间紧。马鞍山市两级审计机关不畏困难，科学谋划，统筹安排，连续作战，任劳任怨，有序推进各项审计工作，圆满完成了高强度的审计任务。而且工作重点突出，特色明显，经验做法耳目一新。市县两级审计机关围绕中心、服务大局意识进一步增强，项目安排和工作重点都紧紧围绕各地党委政府的经济工作中心，民生审计、政府投资项目审计得到普遍重视，尤其政府投资项目审计成效日益凸现，不仅规范了投资行为，还为政府节约了大量资金，得到了党委政府的重视和支持。今年以来，马鞍山市的审计信息化推进力度加大，成效明显。审计管理工作也更加精细科学，经济责任审计分层次进行数据化管理，迈上了新台阶。适值年底，希望大家既要做好今年各项工作的收尾，全面完成好今年的各项任务。同时，也要提前谋划好明年审计工作。2012年全省审计机关将实施“人才造就工程”，更希望在这方面早谋划、多思考、出新招，努力培养一支高素质的审计队伍，为审计事业的可持续发展提供人才保障和智力支持。

马鞍山市审计学会

2011年，马鞍山市审计学会主要完成以下工作：

第一，认真组织开展审计理论研讨，用理论指导实践，用实践检验理论。一是审计科研工作与学习实践科学发展观活动相结合，科研理论工作与审计实践工作相结合，用理论指导实践，用实践指导理论，推动科研工作向更高层次发展。 二是领导重视，狠抓落实，是做好审计科研工作的关键。一年来主要科研成果：夏光明撰写的论文在《中国审计》第4期发表，汪丽新撰写的《马鞍山市审计局预算执行审计从六个方面提升工作质量》在《安徽审计》第2期发表，金建伟撰写的《村级财务管理存在的问题及审计思考》在《安徽审计》第2期发表，经济责任审计局撰写的《转变职能 突出重点 提高经济责任审计质量》在《安徽审计》第4期发表；张健撰写的《开发园区土地利用情况审计调查的实践与思考》在《安徽审计》第5期发表。

第二，加强与兄弟学会的联系和协作，广泛开展学术交流活动。组织审计学会科研业务骨干到省内、外参加学习交流，借鉴其他学会在组织管理、审计科研方面的成功经验。

第三，超额完成《中国内部审计》等报刊征订工作，为扩大审计工作的影响发挥了积极作用。

马鞍山市审计学会领导及理事名单

会　长：夏光明

副会长：王明营　钱年根　吴　斌

秘书长：范丽霞

副秘书长：武德聪　张　静

常务理事：夏光明　王明营　钱年根　蒋利平　吴　斌　范丽霞　寇建国　杨立权　范万柱　刘素珍　邵　云　李迎庆　喻　舜　钱红梅　王　俞　丁荣玲　胡东学　许庆华　吴本斌　袁业汉　唐　静　史　奇

理　事：夏光明　王明营　蒋利平　陈陆林　金桂兰　汤德生　姚国振　尹晓菊　马友发　余志伟　蒋胜愚　朱荣海　范丽霞　武德聪　何祥俊　管毓骅　倪　玲　曹福和　汪丽新　王　新　张　静　于乐清　李元兰　许迎春　曹　虹　张　兵　吴　斌　胡东学　吴本斌　袁业汉　罗　兰　夏　晖　李　萍　喻　舜　韦曾香　李吉安　裴世清　许庆华　吴政文　张秀芳　房玉杰　胡家明　肖　泳　丁荣玲　李迎庆　胡振华　王　俞　洪元忠　陶爱萍　李尚云　孟祥玲　刘　玲　李琼飞　钱年根　刘素珍　王先进　邵　云　寇建国　张海宁　范万柱　李德斌　杨立权　钱红梅　任俊元　陈卫平　胡守慧　司春萍　刘根宝　唐　静　史　奇　孙　勇　钮　军　戴克梅　董培林　杨文娟　田玉敏　夏冬梅　余成松　张有霞　李小青　杨家彬　周代仁　邓素兰　甘德清　秦　进　周木兰

马鞍山市内部审计师协会

2011年，马鞍山市内部审计师协会在上级协会的正确领导和市审计局的指导下，根据省内部审计师协会年度工作计划，结合市实际，制定和积极组织实施年度工作计划，严格按照协会章程要求开展各项活动。全市各内部审计机构和广大内部审计人员以科学发展观为指导，创新观念，努力工作，发挥了内部审计机构加强监督、规范管理的重要作用，同时积极配合协会开展各项活动，各项工作开展得有声有色。

第一，开展规范化管理与建立健全工作机制。一是加强组织基础建设，二是进行财务收支审计，更换协会法定代表人，完成协会年检、更换了企业代码证等工作。

第二，组织开展内部审计理论研讨。一是鼓励有一定理论水平的内部审计人员积极参与理论研讨，进一步调动广大内部审计人员钻研审计理论的热情。二是将“关于开展安徽省内部审计理论研究暨经验交流活动”等科研任务列入年度工作计划。三是在广泛征求意见的基础上，确定市内部审计科研课题和承担者。广大内部审计人员紧密联系自身工作实际，开展分析研究，认真撰写论文，在规定的时间内提交《经济责任审计理论与实务》科研成果参加省内部审计师协会组织的理论研讨活动 。马钢（集团）控股公司、中国十七冶集团有限责任公司、中冶华天工程技术有限公司、安工大、市公安局等参加研讨活动。

第三，考核报送省内部审计师协会组织的三年一次先进单位、先进个人评比工作。根据全市内部审计机构及内部审计人员工作情况以及取得的成果，推荐马钢（集团）控股公司、中国十七冶集团有限责任公司、中冶华天工程技术有限公司、市总工会、市人民银行、市供电公司等6家内部审计机构为先进单位；报送、刘立彦、刘玲、胡东学、郑培毓、童宗学、余成松等8人为先进个人。上述单位被省内部审计师协会评为2008至2010年全省内部审计系统先进单位，丁荣玲等8人被省内部审计师协会评为2008至2010年全省内部审计系统先进个人。

第四，组织开展内部审计调研工作。调研的目的：掌握和了解市内部审计现状，总结内部审计工作经验，分析内部审计形势，研究内部审计发展方向，加强对内部审计工作的指导与监督，为推动和指导市内部审计工作提供依据。调研的主要内容：一是内部审计工作开展情况，了解和掌握企业和政府部门内部机构审计项目的类型、审计查出问题的类型、审计建议与意见的落实情况；二是内部审计工作中遇到的困难和问题；三是对内部审计协会（内部审计指导科）的意见、建议以及要求等等。

第五，实施内部审计人员岗位资格证书年检工作。将此项工作作为一项重要任务，采取集中收证与个别联系的方式，全市共有265人参加年检，年检率达90%以上。

第六，认真组织实施CIA考试的报名工作。第一时间将报名通知电话通知各成员单位和上年考试未通过的人员，并提供咨询服务，协助他们解决工作与考试中遇到的困难，扩大CIA考试宣传工作的力度和覆盖面，并鼓励和支持在校大学生和社会各行业人士积极报考，先后两次到省内部审计师协会购买CIA考试用书，圆满完成了马鞍山地区的CIA报名工作，为提高市内部审计人员素质提供了热情服务。

第七，统筹安排好广大内部审计人员外出学习考察活动。为开阔内部审计人员视野，增长见识，建立相互构通、信息交流的平台。 2011年组织40余人次先后到内蒙古、贵州等地学习考察。

第八，积极完成省内部审计师协会布置的其他任务。一是组织参加省内部审计师协会举办的岗位资格证书培训、内部审计经验交流会；二是组织内部审计人员参加省内部审计师协会举办的各类审计业务培训班。三是组织联系市内部审计机构人员参加省内部审计师协会组织到西藏、台湾等地外出学习考察活动；四是在广大会员单位的支持下超额完成《中国内部审计》的征订任务。

马鞍山市内部审计师协会领导及理事名单

会　长：王明营

副会长：寇建国 钱年根 杨立权 范万柱

秘书长：范丽霞

副秘书长：武德聪

常务理事：王明营 蒋利平 范丽霞 钱年根 寇建国 杨立权 范万柱 刘素珍 喻 舜 李德斌 任俊元 刘 玲 钱红梅 王 俞 丁荣玲 夏 晖 胡东学 吴本斌 陈卫平 司春萍 李元兰 胡家明 肖 泳 吴政文 唐 静

理 事：夏光明 王明营 蒋利平 汤德生 陈陆林 金桂兰 尹晓菊 姚国振 马友发 余志伟 蒋胜愚 朱荣海 范丽霞 武德聪 何祥俊 管毓骅 倪 玲 曹福和 汪丽新 王 新 张 静 于乐清 李元兰 许迎春 曹 虹 张 兵 吴 斌 胡东学 吴本斌 袁业汉 罗 兰 夏 晖 李 萍 喻 舜 韦曾香 李吉安 裴世清 许庆华 吴政文 张秀芳 房玉杰 胡家明 肖 泳 丁荣玲 李迎庆 胡振华 王 俞 洪元忠 陶爱萍 李尚云 孟祥玲 刘 玲 李琼飞 钱年根 刘素珍 王先进 邵 云 寇建国 张海宁 范万柱 李德斌 杨立权 钱红梅 任俊元 陈卫平 胡守慧 司春萍 刘根宝 唐 静 史 奇 孙 勇 钮 军 戴克梅 董培林 杨文娟 田玉敏 夏冬梅 余成松 张有霞 李小青 杨家彬 周代仁 邓素兰 甘德清 秦 进 周木兰

2011年出台的地方审计规章目录

《中共马鞍山市委 马鞍山市人民政府关于实施审计监督“双百”制度的意见》（马秘〔2011〕41号）

《马鞍山市人民政府办公室关于贯彻落实审计监督“双百”制度的通知》（马政办〔2011〕107号）

花山区审计局

花山区审计局现有编制4名，实有人员8名。

2011年花山区审计局机关人员配备情况表

单位＼内容	人数	性别		文化程度				职称			负责人
		男	女	研究生	本科	大专	大专以下	高级	中级	初级	
局领导	2	2			1	1				1	许迎春
其他人员	6	3	3	1		3	2			1	
合计	8	5	3	1	1	4	2			2	

2011年花山区审计局领导人员情况表

姓 名	性 别	职 务	职 称	任职时间
许迎春	男	局长		2007年11月
葛善清	男	副局长		2008年3月

2011年12月31日在册人员名单

许迎春 葛善清 纪珊珊 滕 慧 庞金禄 赵良曹 何 广 张 弦

2011年花山区审计局特约审计员情况表

姓 名	性 别	工作单位	职 务	职 称	任职时间
何桂芳	女	马鞍山市财政局	总会计师	会计师	2002年
杨宏丽	女	马鞍山市国资办	科 长	会计师	1999年
徐 岩	女	马鞍山市审计局	副主任科员	会计师	1994年
李俊陵	女	马鞍山矿院	工程师	工程师	2008年
洪 敏	男	马钢医院		主任医师	2008年

2011年工作概况

2011年，花山区审计局在区委、区政府和市审计局的正确指导下，认真贯彻党的十七大和十七届四中全会精神，以科学发展观为指导，紧紧围绕区委、区政府中心工作，坚持“依法审计、服务大局、围绕中心、突出重点、求真务实”审计工作方针，认真学习贯彻《审计法实施条例》，加强“人、法、技”建设，强化审计监督和服务职责，充分发挥审计免疫系统功能，加强机关效能建设，审计工作质量和工作成效有了显著的提高。

财政审计。按照构建财政审计大格局思路，全面贯彻区经济工作会议精神，以区人大批准的2010年区级预算资金流向为主线，突出对重点部门、重要专项资金开展审计，客观评价区级财政管理工作的主要成效，揭示存在的突出问题，并从体制、制度层面提出改进预算管理的建议，保障中央、省、市、区重大经济决策部署的贯彻落实。全年开展区财政局组织区级预算执行和其他财政收支审计、区住建委部门预算执行审计、全省政府性债务情况审计调查以及政府投资项目审计。9月，向区人大提交审计工作报告，并受区政府委托向区人大常委会作专题汇报，区人大常委会也下发了决议。

经济责任审计。根据区委组织部的委托，对区住建委、珍珠园小学等8个单位的党政领导干部开展离任和任中经济责任审计。审计中，除抓好被审计单位的财政财务收支审计外，还特别注重对领导干部在廉洁自律等方面开展审计，并做出客观评价，为区委、区政府正确使用干部提供了依据。区主要领导对上述审计报告结果均给予肯定并多次批示，如在珍珠园小学原校长任期经济责任履行情况审计报告上区长批示：请珍珠园小学规范财务制度，及时清理报告中提出的问题（2个月内），并向审计局和教育局报告。

联动项目审计。按照上级审计机关要求，对区融资平台资产负债损益情况、区农委四项专项资金资金收支情况、花山经济开发区资金管理使用情况、政府负债情况等进行专项审计，确保了各项资金规范使用。在区融资平台资产负债损益情况审计报告上区委书记批示：区建投公司资产做实问题一定要尽快解决，防止久拖账目不清，无融资功能。10月，配合市审计局进行团结广场西北角征迁项目审计成本核实工作。积极配合做好省基层医疗卫生机构债务清理核实和审核认定工作，为有序推进基层医疗卫生机构债务化解工作提供了准确可靠的依据。

民生审计。为改善城市服务功能和群众生产、生活条件，区委、区政府在“三农”、就业、环保、民生工程等方面采取一系列措施，注入大量资金，通过审计监督，保证了政策措施的有效实施。对农业综合开发2010年项目、东方红水库除险加固工程、花山法院综合审判庭工程等财务决算进行审计。

投资审计。全年计划开展政府建设投资审计项目136个，送审总金额2.3亿元，独立完成和审计中介机构配合完成的项目有121个，审金额1.1亿元，审定金额9254万元，审减金额2046万元，平均审减率为18.11%。

跟踪审计。一是多次参与区重点项目，如安置房、廉租房、张庄中心村建设、软件园项目、校舍安全工程、老旧小区整治工程等专题协调会，并到建设项目现场实地勘测、核查，严把工程造价关，积极做好跟踪审计服务工作。二是开展校舍安全跟踪审计。认真执行《花山区中小学校舍安全工程跟踪审计工作方案》，强化对中小学校舍安全工程跟踪审计力度，聘请专业的会计师事务所专业人员，对全区13所学校需要加固的校舍安全工程开展全程跟踪审计。为进一步加大审计力度，安排局专业人员任总监，同时对审计人员进行严格管理。

区委、区政府交给的中心任务。积极完成区委、区政府交给的多项任务，如：团结广场西北角征迁、光明新村征迁、霍里三姚村征迁、牛奶厂征迁等，并协助其他部门开展相关工作。根据区政府工作安排，派员参加31个招投标事项；配合区纪委、区财政局开展民生工程检查；参加红东村委会信访资产处置一事。

“信息化推进工程”。一是重视全员培训。为切实提高审计人员的计算机审计水平，主要采取“走出去”和“请进来”相结合的培训方式。市审计局组织开展的相关计算机培训，区审计局无论工作任务多繁重，每次必定派员参加。同时，针对审计人员在实际运用过程中不能解决的疑难问题，不定期邀请市审计局计算机科的技术骨干到区审计局答疑解惑或现场教授，提高了全局人员的计算机运用能力。

“人、法、技”建设。一是按照区委统一部署，开展“创先争优”活动，制定活动实施方案，加大宏观经济知识、审计业务、法规制度和计算机审计培训力度，将审计质量建设引向深入。采取集中学习与自学相结合、自学与培训相结合、业余学习与集中学习相结合的方法，收到了较好的学习效果。开展专业技术知识培训，促使大家钻研业务，增强开拓创新能力，进一步提高审计水平和审计质量。组织学习、贯彻《审计法实施条例》，增强审计人员法制观念，提高审计人员依法行政、依法审计的水平。二是开展“以人为本、执政为民”教育活动。进一步加强党性锻炼，增强宗旨意识；进一步坚持科学发展，增强实干意识；进一步提高工作能力，增强责任意识；进一步坚持依法审计，增强法纪意识；进一步坚持制度约束，增强效率意识。三是开展结对共建和“四城同创”活动。一是深入结对共建村——前进村开展调研，了解民情，宣传政策。与前进村两委班子成员、党员群众代表座谈，宣传党的惠农政策和 “1255”城市发展战略，并征求他们的意见，了解村情民意。同时，走进群众家庭，了解拆迁户诉求。共同讨论结对帮扶事项和下一步需要解决的主要问题。二是开展形式多样的创建活动，为“四城同创”增光添彩。认真扎实做好“四城同创”宣传工作。积极开展卫生扫除活动，组织党员干部深入到新岗社区清扫道路、清理垃圾，铲除“牛皮癣”，清除杂草。进行办公室大扫除，并摆放植物花卉，净化美化机关办公环境。三是积极参加共建“美好清洁新家园”活动。为深入推进“创先争优”活动，加快城乡一体化进程，满足农民对美好生活的期待，按照区委统一部署，通过开展活动，使结对共建村公共环境卫生状况进一步改善，农村群众卫生观念进一步转变，健康文明的生活习惯进一步养成，努力打造“生态文明、清洁健康、规整有序、优美和谐”的农村居住环境。四是贯彻落实《关于建立公共权力规范运行预警机制的意见》，切实加强对公共权力运行的监督和制约，开展建立公共权力规范运行预警机制各项工作。把建立公共权力规范运行预警机制作为一项重大任务列入重要议事日程，加强领导，周密部署，认真实施。并根据工作方案的要求，明确职责，协调推进，全面覆盖，努力把公共权力规范运行预警机制融入到业务工作全过程，覆盖到所有行使和具有权力的岗位，使公共权力规范运行预警机制工作取得实实在在的成效。

廉政建设。在坚持依法审计的前提下，积极倡导文明审计、廉洁审计，并通过开展一系列活动把这一理念变为实际行动，逐步提升审计干部的廉洁意识。一是按照区委统一部署，开展“讲党性修养、树良好作风、促廉洁自律”活动。通过开展活动，进一步增强了全体审计人员的廉洁自律意识。二是着力倡导文明审计。要求审计人员做到：审计要依法并严格按法定程序，工作要遵守审计纪律，坚决杜绝门难进、脸难看、事难办的不良作风，遇事要讲道理，言行举止要文明，不讲粗话、大话、过头话和伤害别人感情的话；审计情况要如实反映，处理问题要实事求是。三是践行“廉洁审计”。审计组每次在进点前，不仅要学习和熟悉相关的审计业务，而且要组织学习有关的审计工作纪律和廉洁自律的有关规定。审前要做出审计工作“八不准”公示。

2011年工作成果一览表

审计单位（个）	查处违规金额（万元）	管理不规范资金（万元）	应缴财政（万元）	已缴财政（万元）	应归还原渠道资金（万元）	移送事项（件）	应调账处理金额（万元）	应自行纠正金额（万元）	审计报告、信息被批示采纳（篇）
17		2046						2046	26

2011年获奖情况

在全市审计系统目标考核中获得优秀等次

花山区民政局2009年度预算执行及原局长经济责任审计被市审计局评为全市审计机关表彰审计项目

纪珊珊被省审计厅评为全省审计机关审计能手

2011年领导批示、讲话摘要

在《关于马鞍山市珍珠园小学原校长庄庆松同志任职期间经济责任履行情况的审计报告》上周区长批示：请珍珠园小学规范财务制度，及时清理报告中提出的问题（2个月内）并向审计局、教育局报告。

在《花山区住建委2010年部门预算执行及原主任郭兴元任期经济责任审计报告》上杨书记批示：请刘斐同志对审计中指出的问题责成区住建委完善制度，加强内控，对工程已完成的尽快决算并转为固定资产；区审计局回头看。

周区长批示：请建委逐条整改，并拿出整改方案上报，财政局帮助完善财务制度，审计局督办。

在《审计专报-1#》上杨书记批示：特别是区建投公司资产做实问题一定要尽快解决，防止久拖，账目不清，无融资功能；迎春同志获得荣誉室可惜的，也要加大外宣力度，去媒体上宣传。周区长批示：审计分析这种形式非常好，要继续做下去，为政府提供参考。

在《审计专报-2#》上杨书记批示：好！要始终坚持，适当时候可以回头看。

在《审计专报-3#》上区委方书记批示：审计工作责任重大，要敢于坚持原则，此项工作做得不错，值得表扬。

在《关于成立马鞍山市花山区政府投资审计中心的请示》上周区长批示：请编办、人社局积极争取，并提出意见。

2011年出台的地方审计规章目录

《花山区经济责任审计结果追究暂行办法》（花办〔2011〕30号）

（撰稿人：张弦）

雨山区审计局

雨山区审计局现有编制3名，实有人员5名。

2011年雨山区审计局机关人员配备情况表

单位 \ 内容	人数	性别		文化程度				职称			负责人
		男	女	研究生	本科	大专	大专以下	高级	中级	初级	
局领导	1		1		1				1		曹　虹
工作人员	4	2	2		3	1					
合计	5	2	3		4	1			1		

2011年雨山区审计局领导人员情况表

姓　名	性　别	职　务	职　称	任职时间
曹　虹	女	局长	审计师	2007年3月

2011年12月31日在册人员名单

曹　虹　杨武玖　唐海燕　谷道林　许　艳

2011年工作概况

2011年，雨山区审计局在区委、区政府的坚强领导下和市审计局的正确指导下，紧紧围绕区委、区政府中心工作，深入贯彻全国、全省和全市审计工作会议精神，突出“争先创优”，狠抓审计工作质量，加强审计队伍自身建设，进一步拓宽审计监督范围，树立科学的审计理念，审计工作质量和水平进一步提升。全年开展各类审计项目20个，涉及单位28个，查处管理不规范金额15082万元，组织协调社会中介机构开展工程（已完结）价款审计54个，送审金额2901万元，审定金额22261万元，审减金额675万元，审减率23.26%。

深化预算执行审计。以全部政府性资金为载体，促进财政政策落实，推动完善预算管理制度，规范资金分配行为，提高财政资金使用效益；促进部门提高依法理财能力，深化部门预算改革，推动部门预、决算公开透明；促进各项民生工程政策的落实情况，以及有关厉行节约制度规定的执行；推进法治政府、责任政府、效能政府的建设。

关注财政性投资。一是进一步加大政府投资项目跟踪审计力度，及时提出审计建议，促进提高政府投资的经济性、效率性和效果性。加强政府投资建设项目招标投标管理和监督，以及建设过程中的跟踪督查，及时解决建设单位和施工单位工作中遇到的困难和争议，寓监督于服务之中。二是全面实施政府投资建设项目价款结算审计和部分中央投资建设项目跟踪审计。

推进省市联动项目审计。一是按照市政府统一要求，开展区融资平台公司2010年资产、负债和损益情况审计。二是按照审计署署定计划和省审计厅统一部署，开展区中小学校校舍安全工程实施情况审计调查和舟曲救灾资金物资跟踪审计。三是按照省审计厅统一要求和市审计局统一安排，组织委派社会中介机构赴铜陵市开展全省城乡义务教育保障机制专项资金绩效审计调查、赴淮南市开展全省政府性债务情况专项审计调查异地交叉审计。四是协调和配合市审计局开展马钢合钢环保搬迁项目马钢置换地征迁项目及马钢和尚桥铁矿征迁资金费用跟踪审计工作。

扎实开展领导干部经济责任审计。坚持以决策透明、制衡领导权益、当好领导参谋为指导思想，加大经济责任审计力度。根据各单位实际，采取行之有效的方法，认真总结和完善不同类别领导干部任期经济责任审计的内容和重点，密切结合审计内容和审计机关的职责权限做出客观评价。及时上报审计结果，为领导干部的任用提供参考依据。

促进民生工程做好、做实。一是加强对重点民生项目和资金的审计监督，促进向民生领域倾斜的公共资源更加合理地配置，关注民生改善情况、国家政策落实和执行情况，以及资金支付分配和使用效益情况，切实维护人民群众的利益。二是积极与区相关部门配合，开展区政府实施的民生工程和为民办实事项目的专项督查工作。

加强审计队伍建设。一是制定局干部全年学法计划，不断提高审计人员的法律知识水平，推进依法行政。二是进一步落实党风廉政建设责任制。三是以能力建设和作风建设为核心，坚持履行审计监督职责与加强审计队伍建设相结合，不断提高审计队伍的综合素质。四是积极参加业务培训，树立科学审计理念，切实用于审计实践。

完成区政府交办的工作任务。根据区政府交办任务，进一步拓宽审计监督范围，尝试性地开展土地征迁项目成本结算审计。全年完成亿丰时代购物广场用地集团项目成本结算审计。

2011年工作成果一览表

审计单位（个）	查处违规金额（万元）	管理不规范资金（万元）	应缴财政（万元）	已缴财政（万元）	应归还原渠道资金（万元）	移送事项（件）	应调账处理金额（万元）	应自行纠正金额（万元）	审计报告、信息被批示采纳（篇）
28		15082							6

2011年获奖情况

被省审计厅评为全省审计“信息化推进工程”先进单位

在市审计局组织开展的全市县区审计机关综合目标考核中获先进单位

（撰稿人：曹虹，审核人：唐海燕）

金家庄区审计局

金家庄区审计局现有编制3名，实有人员4名。

2011年金家庄区审计局机关人员配备情况表

单位＼内容	人数	性别		文化程度				职称			负责人
		男	女	研究生	本科	大专	大专以下	高级	中级	初级	
局领导	1	1			1				1		张　兵
其他人员	3	1	2		3				1	1	
合计	4	2	2		4				2	1	

2011年金家庄区审计局领导人员情况表

姓　名	性　别	职　务	职　称	任职时间
张　兵	男	局长		2007年3月

2011年12月31日在册人员名单

张　兵　侯家萍　王立明　张　颖

2011年工作概况

2011年，金家庄区审计局在区委、区政府和上级审计机关的正确领导下，以“三个代表”重要思想为指导，以科学发展观为统领，积极贯彻上级审计工作会议精神，紧紧围绕区委、区政府工作中心和经济社会中的热点、难点和领导关注、群众关心的问题，制定《金家庄区2011年度审计项目计划》；认真履行审计监督职能，坚持“依法审计、服务大局、围绕中心、突出重点、求真务实”审计工作方针，全面完成年度各项工作任务，在促进依法行政、维护财经秩序、推进廉政建设、优化经济发展环境服务等方面发挥了积极的作用。

政府投资建设项目审计成果显著。对区校安工程建设工程等30个政府投资建设项目开展工程决算审计，已完成校安工程等25个项目，合计送审金额3267万元，审定金额2556万元，审减711万元，审减率达22%。

土地征迁审计取得突破进展。根据区政府要求及土地征迁工作的需要，对区沿江大道、红旗北路、慈湖工业园海螺力等11个项目的土地征迁资金管理使用情况进行委托专项审计。为了保证此项审计工作顺利开展，制定详细的审计实施方案，拟定《土地征迁资金审计实施方案》，在审计过程中逐步规范、统一“征地补偿费用总表”、“项目资金平衡表”、“项目指挥部资金收支余表”、“村资金收支余表”等数据表格，对中介机构的审计数据进行多次复核，并将审计报告初稿提交征迁项目组及所涉村委会复核。金安小区土地、海螺立白、沿江大道、红旗北路项目已审计结束。通过审计，检查土地征迁政策的执行情况，找出存在的问题，保证各项征迁资金合规有效使用，促进了项目指挥部和村委会土地征迁资金的管理规范化。

专项资金审计深入扎实。始终把专项资金审计作为每年的重点工作。在专项资金的审计调查中，制定周密的审计实施方案，以资金拨付流向为主线，以资金分配、管理、使用及政策目标的实现为重点，审计检查挤占挪用、损失浪费等影响资金管理和使用效益的问题，促进完善相关政策制度。对区慈善协会善款资金、区校安工程专项资金、舟曲灾区专项捐款专项资金实施审计调查，对资金的使用管理、建设项目管理、政策目标实现等情况做出分析评价，对发现的问题提出审计建议，基本实现了规范管理、维护财经秩序、提高资金使用效率、促进廉政建设、优化经济发展环境的工作目标。

预算执行审计进一步深化。注重通过对区财政部门具体组织预算执行情况的审计，核实2010年度本级财政收支情况，反映评价预算管理和财政政策的落实情况，揭示预算过程中存在的不合法、不规范等问题，促进政府收支分类改革，政府采购、转移支付、非税收入管理等预算管理制度改革的进一步深化和有效运行，规范财政资金分配、支付、使用和管理，提高了财政资金使用绩效。

财务收支审计富有成效。完成对区土地征迁事务管理局、江东街道、区慈善协会善款财务收支审计。财务收支审计的重点是对财务收支的“真实性、合法性、有效性”进行评价，努力尝试在财政资金的有效性方面有所突破，对存在问题提出审计建议。根据市审计局安排，组织对区工业园有限公司，区危旧改开发有限公司、区建设投资发展有限公司的资产负债、损益情况实施审计。对在资产负债管理、资金管理方面发现的7项问题，提出了审计建议。

经济责任审计稳步开展。根据区委组织部审计事项任务通知书，对沈春霞、张先清、杜存新、钱德俭、申克勤、郑继祥等6位离任的部门负责人进行经济责任审计。审计重点是区委、区政府下达的经济责任制目标完成情况、年度财务收支情况，审计发现部分单位对财产、资金的管理使用不规范，往来款项没有及时结算清理，有的单位采购物资未按规定实施政府采购等问题。通过审计，促进了财务核算的规范和相关制度的建立和完善，增强了领导干部财经法规意识和经济责任意识，加强了对领导干部权力制约和监督。

政府第五支部主题教育学习活动统筹安排。6月，根据区委部署，由区审计局作为第五支部牵头单位，区审计局、司法局、文体局组成政府部门综合第五支部学习组，联合参加“创先争优”学习活动，区审计局克服人手少、任务重、压力大的困难，投入了大量的精力，精心组织，精心筹划，统筹安排学习活动，获得区“七一”红歌演唱、幸福之花艺术节机关文艺专场”两个一等奖。

审计信息发布数量增加、质量提高。全年通过《马鞍山日报》、《皖江晚报》、市审计局审计信息等媒介，发表区审计信息计4篇。

2011年工作成果一览表

审计单位（个）	查处违规金额（万元）	管理不规范资金（万元）	应缴财政（万元）	已缴财政（万元）	应归还原渠道资金（万元）	移送事项（件）	应调账处理金额（万元）	应自行纠正金额（万元）	审计报告、信息被批示采纳（篇）
15									21

当涂县审计局

当涂县审计局内设办公室、综合执行股、财政行政事业审计股、经济社会建设审计股、经济责任审计局和政府投资审计中心，现有编制21名，实有人员21名。

2011年当涂县审计局机关人员配备情况表

内容 / 单位	人数	性别		文化程度				职称			负责人
		男	女	研究生	本科	大专	大专以下	高级	中级	初级	
局领导	7	6	1		4	3		1	3		于乐清
办公室	2		2		1	1				1	汤红梅

综合执行股	1	1			1				1		熊盛祥
财政行政事业审计股	2	2			1	1			1		尹　干
经济社会建设审计股	1	1			1					1	李晓兵
经济责任审计局	3	2	1		3				1	2	高家文
政府投资审计中心	3	3			2	1		1		2	高关平
工会	2	2				1	1		1		朱利福
合计	21	17	4		13	7	1	2	7	6	

2011年当涂县审计局领导人员情况表

姓　名	性　别	职　务	职　称	任职时间
于乐清	男	局长、党组副书记		2010年1月
姚晓东	男	党组书记、副局长		2010年1月
汪财文	男	党组成员、副局长		2007年11月
刘　进	男	党组成员、副局长		2011年4月
李元兰	女	党组成员、纪检组长		2003年7月
高关平	男	党组成员、副主任科员		2010年9月
熊盛祥	男	党组成员、总审计师		2010年9月
高家文	男	经济责任审计局局长		2010年9月

2011年12月31日在册人员名单

于乐清　姚晓东　汪财文　刘　进　李元兰　高关平　熊盛祥　高家文　李晓兵　朱利福　黄永飞　胡　媛　蒋光富　鲍邦兵　尹　干　杨贤武　汤红梅　孙长峰　王学武　晋　涛　汪　洋

2011年当涂县审计局特约审计员情况表

姓　名	性　别	工作单位	职　务	职　称	任职时间
徐维旭	男	当涂县职教中心		工程师	2010年1月
周昌风	男	马鞍山市和合工程技术咨询有限责任公		高级工程师	2010年1月
杨桂保	男	中国十七冶集团有限公司		工程师	2010年1月
方　军	男	中国建设银行马鞍山分行		工程师	2010年1月
汤玉树	男	安徽江南工程咨询有限公司		工程师	2010年1月
宁润生	男	当涂首创水务		造价员	2010年1月
祖学福	男	当涂县地基公司		造价员	2010年1月
滕晓静	女	中国十七冶集团有限公司		工程师	2010年1月
金　欢	男	安徽江南工程咨询有限公司		造价员	2010年1月
江　平	女	安徽江南工程咨询有限公司		工程师	2010年1月
陶昌明	男	当涂县政府投资审计中心		技术员	2010年1月
储邵龙	男	当涂县政府投资审计中心		工程师	2010年1月
周宝义	男	马鞍山市和合工程技术咨询有限责任公		工程师	2010年1月
郁为民	男	马鞍山市中诚造价咨询公司		工程师	2010年1月
夏玉龙	男	中国十七冶集团有限公司		高级工程师	2010年1月
陈二保	男	马鞍山姑孰工程咨询有限公司		工程师	2010年1月
钟志庆	男	当涂县水利设计院		造价员	2010年1月
吕金保	男	当涂县政府投资审计中心		造价员	2011年1月
秦启奉	男	当涂县政府投资审计中心		造价员	2010年1月
沙开松	男	中国十七冶集团有限公司		造价员	2010年1月

许瑞西	男	马鞍山市和合工程技术咨询有限责任公司		造价员	2010 年 1 月
张德忠	男	当涂县水利设计院		造价师	2010 年 1 月
万　萍	女	马鞍山市中诚造价咨询公司		造价员	2010 年 1 月
王　蓉	女	当涂县政府投资审计中心		造价员	2011 年 1 月
吴开凤	男	马鞍山姑孰工程咨询有限公司		造价员	2010 年 1 月

2011年工作概况

2011年，当涂县审计局在县委、政府和上级审计机关的正确领导下，紧紧围绕党委、政府工作中心，突出重点，认真履行审计监督职责，为实现"全省争第一、中部争十强、全国争百强"战略目标，为"加快全面转型，打造幸福当涂"，充分发挥审计在国家治理中的重要作用，进一步提高审计工作服务经济建设发展大局的水平，超额完成年度目标任务，发挥了积极作用。全年完成审计和审计调查246个，其中，预算执行审计1个，经济责任审计28个，专项资金审计（审计调查）25个，行政事业单位审计7个，企业审计3个，政府投资审计182个。审计查处违纪违规资金65万元、管理不规范资金89649万元、损失浪费金额1333 万元，已收缴违纪违规资金65万元(开发区自行上缴财政62万元)，为政府节省投资10172万元，促使财政增收1060万元，出具审计报告246份，提出审计建议223条。

预算执行审计。对县财政、地税、国土部门开展审计，并延伸审计广播电视台、林管站、竹木检查站等单位,为加强财政管理、完善预算制度、规范资金分配行为发挥了积极作用。审计表明，全县财政预算执行和其他财政收支情况总体较好，财政宏观调控和保障作用进一步增强，财政管理和改革取得新进展。县域经济快速发展，民生工程和"三农"财政投入力度加大，推动了民生和新农村建设，促进了社会和谐。存在的问题：预算管理及执行水平有待进一步提高，部门综合预算与执行有待进一步规范，县乡财政管理体制亟待进一步完善，银行账户与财政专户需要进一步清算清理，土地出让金未按规定足额计提"四项基金"、国有土地收益基金、农业土地开发资金、城镇廉租住房保障资金、县级土地置换专项资金没有足额计提，土地出让金收支管理需进一步规范，地税征管需加强，部分城建税、教育费附加未及时征收到位，重点工程建设项目税收征管不到位，政府性负债管理需要进一步加强。

经济责任审计。全年完成28个经济责任审计项目，提出审计建议82条，其中对县开发区、县国土局、县教育局、县交通局、县妇联、县拆迁办、县交警大队、县医院，太白、姑孰、黄池、新市、乌溪镇，年陡、大陇、江心、湖阳乡等单位领导干部经济责任开展审计；对资金量大、债权债务较多的姑孰镇武联村、太白镇宁兴村主要负责人经济责任进行审计。审计中，围绕县域经济发展中心，突出重点，深化审计内容，强化审计监督服务，提升审计质量。对乡镇审计掌握财政管理及国有资产管理现状，找出制约乡镇经济发展的主要因素，促进依法履行职责，规范财务收支行为,为乡镇的可持续发展提供审计服务，加强了对领导干部权力的制约和监督，保障了权力运行的公平公正，促进了廉政建设。

政府投资建设项目审计。全年完成政府投资项目审计182个（其中跟踪审计6个），审减不合理报价10172万元（其中跟踪审计核减2817万元），平均核减率为21%,审计查处偷工减料、高估冒算、虚增成本等违纪违规问题，为政府节省了大量财政性资金。对县廉租房一期、一五圩泵站、百峰水土保持工程、塘南镇卫生院，大陇乡、护河镇、丹阳镇综合文化站、年陡乡计生站、龙华垃圾填埋场、农村公路改造和黄池食品集团万头养猪场大型沼气工程、抑螺防病林和血吸虫病农业综合治理、农技中心、污水处理厂、农电改造、西河中心学校新建教学楼工程等176个项目开展审计。审计发现的问题：一些工程前期勘探不到位，设计深度不够，为后期工程大量变更留下隐患；人为规避招投标，工程变更量大增加工程造价；招标代理机构工作不严谨，从项目开始就造成了工程造价的不实；建设单位、监理单位现场人员责任心不够，工程签证不规范严谨，导致增加工程造价；建设手续不完善，无法实施正常的工程验收；部分单位和乡镇对政府投资审计工作重视不够。通过公开招标方式选择审计力量强、职业操守较好的中介机构，对护城河综合治理工程、五星佳苑安置房工程、一中新校区建设工程、青山路工程、青山河工业园工程和经济开发区廉租房工程等6个项目进行跟踪审计，涉及项目总投资近数亿元。五星佳苑安置房工程防水材料核减315万元，卵石核减486万元。某重点工程门窗、幕墙工程由南京一甲级资质的代理机构做招标代理，审计组对招标控制价复核，其控制价2736万元，审核为2305万元，误差率达15.75%。

专项资金审计和审计调查。重点了解有无侵占、挪用专项资金，有无重大损失浪费等问题。一是对全县基层卫生医疗机构债务清理和审核认定，对全县普通高中债务开展审计调查，对县城投公司、开发区、土地收储中心、太白、博望、石桥镇6家政府融资平台公司2010年度资产负债损益审运营现状，凤台县政府性债务、铜陵县义务教育费用保障开展审计。二是对养老保险基金开展审计调查，指出征收、使用和管理突出问题，提出整改意见，防范潜在风险。三是对校安工程债务审计和项目资金开展审计，促进校舍安全、稳固，推动教育事业发展。完成送审项目94个，送审金额5392万元，审减1182万元，平均核减率21%。四是对救灾救济资金、全县送温暖献爱心资金、甘肃舟曲泥石流救灾资金、全县2010年冬至2011年春困难群众生活救助款物、2011年新灾应急救助款物和2011年倒塌民房重建补助资金等进行审计，重点检查救灾款物的接收、登记、拨付、使用、发放情况，公示与监督情况。五是对强农惠农政策落实和资金使用情况进行监督，揭示涉农项目终止或完工结余款长期挂账滞留，部分工程款结算票据不规范、农业综合开发专项资金配套不及时、涉农补贴多头开户、专户资金相互转拨、部分专项资金滞留闲置等问题，提出了整改意见。六是对农村沼气国债项目开展审计。七是配合全县大征迁、大拆违、大建设、大投入、大发展工作，对205国道、现代农业示范园、314省道、青山河工业园区等征地征迁安置专项资金开展审计，审查资料的真实、完整性，促进征迁安置资金专款专用。审计发现，补偿花名册不全，部分被征地农户应安置人员标准尚未规范，部分拆迁协议应补偿未扣除超面积应补购房款、部分少拆迁房屋宗地图、部分同一项目拆迁户厨房折算不统一，以及会计核算不完善等问题。八是对三峡移民、退耕还林等资金开展审计。

其他审计监督。一是参与县经济监督。参与政府投资重点建设项目工程执法监察，县城区环卫作业全面市场化运营工作；配合省审计厅对市长离任、交警经费开展审计；配合铜陵、淮北审计组对县政府性债务、教育费用开展审计。二是完成上级交办任务。对县国土局、人社局新农保资金开展人大评议审计。针对新农保资金审计揭示重复参保、医药费补偿审核不严、挤占基金、定点医疗机构和卫生室管理不到位以及信息系统中存在的突出问题，提出了7条合理化意见。三是对大陇乡拖欠工程款省信访件进行审计。四是对石臼湖螃蟹节、农委测土配方、驻点招商、白象山矿经费、中天供水公司国债使用、水泥厂托管中心等财务进行审计。四是参加国有和集体企业改制。对丝织厂、药材公司改制，顺得利、县担保公司改制进行审计。

“人、法、技”建设。加强内部管理，树立当涂审计良好社会形象。一是依法行政。重大决策、重要干部任免、重要项目安排和大额资金使用，都经过局党组集体决策。二是开展学习教育活动，提升依法行政能力。开展“以人为本、执政为民”主题教育活动、“建设全域马鞍山，我们怎么看；推进城乡一体化，当涂怎么干”解放思想大讨论活动、创建“学习、责任、服务、创新、廉洁型”五型机关活动、“机关作风整顿提升年”等项活动，加强廉政文化、责任文化建设。三是举办审计业务培训班，组织学习审计理论、案例；开展政府性投资审计项目及经济责任审计项目专项业务指导；加强党风廉政建设教育，开展警示教育活动；组织全县部分内部审计机构人员就全县内部审计方面的问题展开学习、交流。四是严格实行三级复核制度，明确专人对业务人员的执法情况进行复核检查。对2010年审计项目进行评比，发现问题，查找不足。对评出的10个优秀审计项目进行表彰。五是提拔任用1名股级干部、两名副股级干部。六是加强法制建设。出台《关于进一步加强机关作风效能建设的若干意见》、《当涂县审计局政府投资建设项目审计业务操作办法》、《当涂县政府投资项目审计业务复核办法》、《当涂县政府投资项目审计人员违纪违规责任追究办法》、《当涂县审计局政府投资建设项目审计人员报酬支付办法》、《当涂县审计局经济责任审计内部操作规范》、《当涂县审计局优秀审计项目奖励办法》、《当涂县审计项目质量管理办法》、《涉密计算机和非涉密计算机保密管理制度》、《涉密和非涉密移动移动存储介质保密管理制度》等管理制度，建立审计决策、财务管理、业务规范的制度管理体系，构建权责明确、行为规范、监督有效、公正透明的审计执法体制和廉政工作机制。七是抓法制宣传，开展“12·4”法制宣传日活动。在东城水岸广场搭制宣传咨询台，制作两块宣传展板在街头展出宣传，印刷红黄绿三色《审计法实施条例》、《党政主要领导干部和国有企业领导人员经济责任审计规定》、《安徽省内部审计条例》各200份，购置《中国审计》等杂志供社会公众学习，营造了良好的审计执法环境。八是实行审计公开。在市政府信息公开网、当涂审计网站、党务政务公开栏公开审计工作，全年未发生一起行政复议、行政诉讼案件。

“信息化推进工程”。一是成立领导小组，下设技术组，制定实施方案。二是明确工作职责，量化工作任务。在设备维护、采购更新方面投资15万元，并更新手提电脑。每人台式、手提电脑各1台。内网、外网的计算机严格分开，确保数据安全。三是加大培训力度，让“身边人讲身边事”，派员参加省审计厅、市审计局组织的各类培训。四是加强AO和OA系统的规范应用。实行审计项目双审核制，强化对审计项目实施和管理全过程的数字化控制与管理。五是按照电子化流程控制要求，从立项分解、采集转换、分析数据、延伸取证、编制底稿、形成报告和归集成果档案等各个环节规范操作。六是做好OA系统公文流转规范应用和管理，内部资料流转无纸化、网络化；做好电子公文的清理、归档，入库电子公文于年底前归集到档案系统；及时接收、分发、阅处公文。七是加强审计网站宣传工作。八是做好信息化应用成果总结提炼，撰写计算机审计方法、AO应用实例和计算机审计理论文章并上报，提高了计算机审计应用水平。

2011年工作成果一览表

审计单位（个）	查处违规金额（万元）	管理不规范资金（万元）	应缴财政（万元）	已缴财政（万元）	应归还原渠道资金（万元）	移送事项（件）	应调账处理金额（万元）	应自行纠正金额（万元）	审计报告、信息被批示采纳（篇）
246	65	89649	65	65					9

2011年论文发表情况统计表

报刊名称	时间(期数)	论文题目	作　者
《安徽审计》	第8期	《提升县级经济责任审计工作水平之管见》	李元兰
《当涂县学习型党组织简报》	第9期	《三问当涂怎么办》	姚晓东

2010年获奖情况

被省审计厅评为全省审计系统信息宣传工作先进单位

被市审计局评为全市审计系统先进集体

被县委、县政府评为目标管理考核一等奖

被县委评为全县“创先争优”先进基层党组织

被县委、县政府评为2006至2010年全县依法治县和法制宣传教育工作先进集体

被县政府评为全县无偿献血工作先进集体

局办公室被县妇联、工会评为县“巾帼文明岗”

政府投资审计中心被县创建青年文明号领导组命名为县级青年文明号

县本级2009年度预算执行和其他财政收支审计被市审计局评为全市审计机关优秀审计项目

熊盛祥撰写的《融资平台公司政府性债务计算机审计方法》入选审计署计算机审计方法库

李元兰被省审计厅评为全省地方政府性债务审计先进个人

李元兰被省审计学会评为全省审计学会先进工作者

李元兰被评为全市纪检监察系统先进工作者

李元兰被市审计局评为优秀审计信息员

汪财文被评为县优秀科级干部

李元兰撰写的《提升县级经济责任审计工作水平之管见》被评为县纪检监察调研成果三等奖

李晓兵被评为县级优秀公务员

汤红梅被评为县优秀职工

尹干被评为县优秀职工

2011年大事记

1月20日，市审计局局长夏光明一行到县审计一线，看望融资平台审计人员，并检查相关工作、督促工作进度。

1月24日，召开新老审计干部茶话会，畅谈审计大计。

1月28日，开展“迎新年庆新春”职工文体联谊活动，举行乒乓球、桌球、象棋等比赛活动。

2月9日上午，县委常委、常务副县长张志强到县审计局调研。

2月18日，对内部审计单位进行财经法规培训。审计中发现部分单位负责人及财务人员财经法规知识有待提高。本着一审二帮三促进的原则，举办由县住建委等7部门、太白镇等3乡镇内部审计人员参加的岗位资格后续教育业务培训。

2月24日，省纪委宣传教育室主任项性礼一行到县审计局检查指导廉政文化建设。

3月8至22日，派出审计组对凤台县政府性债务发生的起始年、1997年、1998年、2002年、2007年和2010年等8个年度政府性债务进行审计。

3月14日，省审计厅副厅长杨寿桃一行到淮南审计现场指导工作。

3月21日上午，凤台县县长赵春阳看望凤台县政府性债务专项审计人员。

3月初开始，配合铜陵市审计局审计组，对当涂县政府性债务情况实施专项审计。

4月20日，刘进任局党组成员、副局长。

5月19日，组织12名职工赴重庆等地考察学习。

5月24日，组织8名职工赴北京等地考察学习。

6月29日，于乐清局长等一行赴江苏省沭阳县审计局考察学习政府投资审计工作的主要做法和先进经验。

7月1日，党组书记、副局长姚晓东为党员上了一堂“加强党性修养、坚守审计立场”党课。

7月1日，全体党员重温入党誓词。

7月1日，公开招考聘用秦启奉、吕金保、王蓉3人参加政府投资审计工作。

7月15日，杨善斌县长，易茂林、戴修明副县长深入县审计局调研。

7月18至29日，与县纪委、物价局组成检查组，对江心乡、湖阳乡、乌溪镇政府、石桥法庭、看守所、水上派出所、婚姻登记中心、县粮食局、黄池卫生院、县史志办、新丰中心学校等11个党政机关、事业单位开展“小金库”专项治理工作重点检查。

7月29日，县人大副主任胡庆甫、汪玉春到县审计局调研。

8月11日下午，省审计厅厅长刘战平一行到县审计局调研。

8月15日起，到甜润米业、楚江冷轧带钢厂、华吉实业有限公司、永光金属制品厂等4家企业开展调研帮扶。

8月19日，省审计厅副厅长姜爱民到县审计局调研。

8月25日，组织人员到铜陵县审计局考察学习政府投资审计工作。

9月1日，通过全县事业单位招聘考试，按程序公开招聘晋涛、汪洋为财务审计人员，以充实审计力量。

9月28日下午，含山县审计局一行8人，到县审计局考察交流审计工作。

10月24日，组织职工体检。

11月5日，成立当涂县政府投资审计中心。该中心为县审计局所属副科级事业单位，财政全额拨款，核定事业编制6名，领导职数为主任1名。

11月15日，市审计局党组书记潘淑琴率队对县审计局2008年以来审计法律法规执行情况进行专项检查和调研。

11月30日，省审计厅副厅长胡海波率调研组一行到县审计局调研指导园区

建设及审计工作。

12月6日下午，市审计局党组书记潘淑琴一行3人深入县审计局开展“书记大走访”活动。

12月16日起，参加县财口部分单位迎新春联欢活动。组成3对选手参加扑克牌比赛，组织男女各3名选手参加乒乓球、羽毛球比赛。

12月21日下午，省审计厅巡视员李长柱一行到县审计局调研。

2011年 领导批示、讲话摘要

1月20日，市审计局局长夏光明一行，冒雪到县审计一线，看望融资平台审计人员，并检查审计工作、督促进度，现场解决了存在的困难和问题。夏光明强调该项目审计要求高、范围广、时间紧，要求各审计组严格按照统一的工作方案实施审计，确保实现审计目标；把存在的问题搞清楚，尤其是管理机制上的问题，要分析透彻，全面如实地上报。要求被审计单位按照审计组的思路给予积极支持配合，确保质量和进度。

2月9日上午，县委常委、常务副县长张志强到县审计局调研时要求县审计局，要提出更高的工作目标和更有力的保障措施，提高审计建设性；审计干部发扬优良作风，发挥审计监督 “免疫功能”作用，全力推动全县经济社会又好又快发展。

2月24日，省纪委宣传教育室主任项性礼到县审计局检查指导廉政文化建设时肯定了县审计局的工作，希望抓住重点岗位、关键环节人员教育，营造氛围；推进廉政文化向深层次发展，使广大干部不愿腐败；在增强普通群众监督意识上下功夫，在制度建设上下功夫，提高约束和制衡能力，使领导干部不能腐败。

7月15日下午，县长杨善斌深入县审计局调研时要求县审计局，要进一步严格审计，确保审计质量；拓展业务，努力实现审计全覆盖，以财政资金使用、重大基础设施建设、领导干部经济责任、征迁安置、村级资产等作为监督重点，不留“死角”；加大审计力度，顶真碰硬；加大审计结果运用，及早报告苗头性、倾向性问题及潜在风险；加强审计队伍建设，特别是外聘人员管理，提高审计人员依法审计、科学判断、监督保障、宏观服务和促进发展能力。

8月11日下午，省审计厅厅长刘战平一行在市审计局局长夏光明，县委常委、常务副县长易茂林，县委常委、副县长黄传琥的陪同下，到县审计局调研。刘战平肯定了当涂县审计局在人员少、任务重的情况下仍然做了大量的工作，实属不易，充分说明审计人员精神状态好，有想干事、干成事的作风。刘战平要求当涂县审计局要全面审计，突出重点，注重实效；解放思想，勇于探索，转型升级；加强建设，提高素质，锻炼队伍。

11月30日，省审计厅副厅长胡海波率调研组一行到县审计局调研指导园区建设及审计工作。胡海波建议当涂县审计局要用更高更长远的眼光加快发展，搭建好三个平台，建好“园区平台”，提升承载力；建好“融资平台”，强化支撑力；建好“创新平台”，增强创新力。抓好招商引资第一要事，抓好已签约项目跟踪服务，促进签约项目早开工，快建设。同时，要求县审计局要发挥职能作用，促进依法行政，保障经济安全，切实维护人民群众的切身利益，不断完善体制机制，提高审计工作质量，促进廉政建设。

12月6日下午，市审计局党组书记潘淑琴一行3人深入县审计局开展“书记大走访”活动。在与县审计局党组领导班子进行座谈后，潘淑琴要求县审计局要继续做好审计工作，加大宣传面，锻造审计人才，为经济社会大发展发挥审计应有的作用，体现出审计工作的重要性。

12月13日，县委书记操隆山在《审计专报》“近年县域经济责任审计工作的几点体会与思考”上批示:审计局的这篇文章写得很有见地，很有针对性。望财政部门要针对审计提出的建议，逐一制定措施，堵塞财政漏洞，尤其是要加强对县属部门和乡镇财政的监督，逐步走上科学化、规范化、制度化、法制化的轨道。

12月21日下午，省审计厅巡视员李长柱一行在市审计局有关领导的陪同下，到县审计局调研。李长柱要求当涂审计要围绕中心、服务大局，认真履行审计职责，提升审计工作地位；改进审计方法，提高审计工作效率，提升审计服务水平；抓好审计队伍建设，精诚团结，形成合力，改善办公条件，制定激励机制，调动审计人员的工作积极性。

当涂县审计学会 领导及理事名单

名誉会长：詹传平　杨善斌
会　长：于乐清
副会长：张从柏　姚晓东　朱凤财　江　华　汪财文
秘书长：李元兰
副秘书长：朱利福
理　事：于乐清　张从柏　邢润平　朱凤财　郑生才　江　华　许丛明　施长斌　王玲华　黄崇清　郑立然　王义明　褚绍周　车恒梅　魏功明　章成锁　陶继模　胡旺萍　姜占成　滕　青　孙宗平　陈晓霞　姚晓东　汪财文　李元兰　高关平　熊盛祥　高家文　朱利福

当涂县内部审计协会 领导及理事名单

名誉会长：詹传平　杨善斌
会　长：李元兰
副会长：江　华　黄崇清　胡旺萍　魏功明　章成锁　邵长海　汤晓芳
秘书长：李元兰（兼）
副秘书长：高关平
理　事：江　华　黄崇清　许丛明　尹晓华　丁成岗　唐月明　胡旺萍　魏功明　章成锁　陈晓霞　邵长海　汤晓芳　邢晓尉　池小芬　姚晓东　李元兰　高关平

2011年出台的地方审计规章目录

《关于2011年度全县审计项目安排计划》（当政办〔2011〕50号）

《关于做好其他事业单位清理津贴补贴工作的通知》（当人社〔2011〕18号）

（撰稿人：李元兰，审核人：姚晓东）

和县审计局

和县审计局内设办公室、综合法规股、财政金融审计股、行政事业审计股、经贸审计股、乡镇审计室、投资审计中心和经济责任审计局，现有编制27名，实有人员25名。

2011年和县审计局机关人员配备情况表

单位＼内容	人数	性别		文化程度				职称			负责人
		男	女	研究生	本科	大专	大专以下	高级	中级	初级	
局领导	6	5	1	1	2	2	1		5	1	鲁本全
办公室	6	5	1		4	2		1	3	1	严忠年
综合法规股	1		1			1			1		敬　敏
财政金融审计股	1	1			1				1		严　军
行政事业审计股	1	1			1				1		宋至宏
经贸审计股	1	1				1			1		张永华
乡镇审计股	3	1	2		3				1	1	汪　春
投资审计中心	4	4			3	1			2	1	张业兵
经济责任审计局	2	1	1			2			2		沈俊才
合计	25	19	6	1	14	9	1	1	17	4	

2011年和县审计局领导人员情况表

姓　名	性　别	职　务	职　称	任职时间
鲁本全	男	局长	助理会计师	2007年3月
王同兴	男	党组书记、副局长	经济师	2007年3月
李安木	男	副局长	工程师、助理会计	1996年9月
包家军	男	副局长	审计师	2008年4月
杨　平	男	副主任科员	审计师	2008年3月
王　盈	女	总审计师		2011年3月

2011年12月31日在册人员名单

鲁本全　王同兴　李安木　何夕法　包家军　严忠年　张永华　杨　平　王　盈　张业兵　沈俊才　杨文利　王圣瑜　汪　春　宋至宏　严　军　陈　萍　林木森　敬　敏　王良成　仇圣光　王桃娣　解梅梅　巫仕祥　李　闯

2011年工作概况

2011年，和县审计局完成审计（审计调查）项目32个，审计查处违纪违规金额463万元、管理不规范金额9012万元，建设项目审计20个，送审15035万元，核减3139万元。向司法机关移送案件3起，出具审计（审计调查）报告32篇，提出建议98条。

财政预算执行审计。立足重大收支，强化财政预算审计，完善公共财政制度。围绕强化对财政分配权利的制约和监督这一主线，注意分析把握预算执行的总体情况，揭露财政财务管理不严格、不规范、不合法等突出问题，从体制上分析原因，提出建议，促进完善管理，为实现全县经济社会事业持续、快速、健康发展发挥了积极作用。一是注重调整审计思路。实现由查错纠弊向揭露问题、分析原因、提出建议转变。二是注重突出审计重点。三是注重审计调查。由以会计核算中心查账，从上至下顺延审计为主,向注重审计延伸、抓住重点线索、发现问题、由下向上各个突破转变。预算执行审计中，促进增加税收1000万元，发现“小金库”1个，移交案件线索2起。预算执行审计工作报告得到县人大的高度评价。县第十五届人大常委会第35次会议认为：审计报告敢于正视问题、揭露问题，对存在问题的单位和部门敢于碰硬，不遮不掩，审计内容和深度一年胜过一年。

经济责任审计。受县委组织部的委托，对3名党政领导干部、4所县办中学校长、2所医院院长开展任期经济责任审计。审计中，除抓好被审计单位财政财务收支审计外，特别注重对领导干部在廉洁自律等方面进行审计，做出客观评价，为县委、县政府正确使用干部提供了可靠依据。在所审计的项目中，查处违规资金96万元、管理不规范金额631万元。针对存在的问题，对审计对象应承担的责任做出了实事求是的界定和客观公正的评价，向被审计单位提出整改意见，对违规问题依法做出审计处理决定。

审计信息化建设。局领导高度重视，全局动员，全员参与。一是成立审计“信息化推进工程”领导组，制定审计“信息化推进工程”方案。二是加强现场审计实施系统（AO）和审计管理系统(OA)的规范应用。年度内，所实施的审计项目均在OA中立项，符合审计条件的一律使用AO实施现场审计，确保审计作业过程各个环节在AO和OA中进行交互，实现审计质量全过程控制。在和县某医院的计算机审计中，发现其违规收费65万元。三是强化计算机软硬件建设，投入2万元购买正版操作系统和正版办公软件，投入近8万元安装视频会商系统，添置4台台式电脑及3部笔记本电脑。

政府投资审计。积极服务于县委、县政府中心工作，加大对政府性投资审计。对重点建设项目实行（概）预算，在建、竣工决算全过程跟踪审计，事前、事中审计与事后审计并重。对一般建设项目实行竣工决算审计；对小的建设项目由社会中介机构审计，审计局备案。全年完成政府投资项目审计20项，送审投资总额15035万元，审计核减金额3139万元。

专项审计调查。全年审计署和省审计厅交办的审计任务特别繁重， 县审计局不等不靠，精心组织实施，积极创造条件，圆满完成任务。一是开展异地交叉审计。3至4月，抽调9人组成两个审计组，先后开展芜湖县政府性债务审计、寿县义务教育费用保障机制专项资金审计。审计揭示出芜湖县政府性债务管理和使用中存在的偿债准备金未全部纳入专户管理、县政府为县建投公司贷款提供担保、融资平台公司存在问题，深刻分析该县政府性债务的成因，提出了分阶段、按步骤妥善化解存量债务等针对性建议，为保持经济平稳较快发展提供保证。查出寿县义务教育费用保障机制专项资金实施中存在7个问题，查出、移送案件线索1起。二是开展县公办普通高中负债情况审计调查工作。10月，抽调5人，逐校、逐项、逐笔核实债务，截至2010年末，高中债务余额19900万元，通过对债务的起始年和7个年度债务变化情况的审计调查，分析债务资金的来源和用途以及债务形成原因，提出加强普通高中债务管理、促进普通高中教育持续健康发展的意见和建议。三是开展基层医疗卫生机构债务清理审核工作。10月，抽调4人开展这项工作，审计人员逐院、逐笔审计核实债务，按照“制止新债、锁定旧债、明确责任、分类处理、逐步化解”的要求认真进行清理核实，为县委、县政府和上级机关宏观决策提供了第一手资料。四是抽调4人参加省审计厅组织的对含山县新型农村养老保险专项审计调查工作，审计人员的工作得到省审计厅、市审计局的肯定。

专项资金审计。以维护民生，促进和谐社会建设为目标，加强对关系经济社会发展、涉及人民群众切身利益的各种专项资金的审计。对县商务局、县粮食局系统的企业改制资金情况进行审计，对县环保局进行财务收支审计，重点关注排污费的征收、使用、管理情况；对新农保资金、乡镇被征地农民养老保险金、农业综合开发配套工程进行审计，揭示出新农保参保率低、部分乡镇的被征地农民养老保险没有纳入县级统筹、农用地征收补偿标准各不相同、农业综合开发配套工程未跟进等问题，向政府和有关部门提出了针对性的改进意见。

审计法规贯彻执行情况。加大对重点领域、重点部门、重点资金和人民群众关注的热点、重点问题的审计执法力度，进一步增强依法行政的透明度，审计质量明显提高。在具体行政行为方面，认真执行审计程序，全面执行审计公示、罚缴分离等制度；审计程序上，从制定审计工作实施方案、编制审计工作底稿、取得的审计证据、向被审计单位出具审计报告、做出审计决定等环节都严格按照审计准则和规定的程序要求进行操作。对全部审计报告、审计决定书实行3级复核制度，审计决定由审理委员会集体研究决定，减小审计处罚自由裁量权，按规定实行罚缴分离，罚没收入由被审计单位直接上缴县财政专户，从未发生行政复议、应诉与赔偿事项。

2011年工作成果一览表

审计单位（个）	查处违规金额（万元）	管理不规范资金（万元）	应缴财政（万元）	已缴财政（万元）	应归还原渠道资金（万元）	移送事项（件）	应调账处理金额（万元）	应自行纠正金额（万元）	审计报告、信息被批示采纳（篇）
32	436	9012	128	119	685	3	483	665	15

2011年获奖情况

被省审计厅评为全省审计系统精神文明创建先进单位

被省审计厅评为全省审计“信息化推进工程”先进集体

被巢湖市委、市政府评为巢湖市文明单位

被县委、县政府评为文明单位

王良成被省审计厅评为全省审计“信息化推进工程”先进个人

2011年大事记

11月9日，省审计厅副厅长姜爱民到县审计局调研。

8月30日，和县审计局与马鞍山市审计局工作对接。

7月，公开招录两名工作人员

2011年领导批示、讲话摘要

8月31日，和县第十五届人大常委会第35次会议在审议2010年度和县财政预算执行和其他财政收支情况的审计报告时指出：审计报告敢于正视问题、揭露问题，对存在问题的单位和部门，敢于碰硬，不遮不掩，审计的内容和深度，一年胜过一年。

县长朱来友对在和审专（2011）02号上批示：审计发现的问题要高度重视，要对全县所有国有公房统一管理，公示制度，公开拍租，争取资产收益最大化。同时，针对房地产企业税款未及时入库问题，税务部门要加大稽查力度，防止税款流失，确保应收尽收。

和县审计学会领导名单

会　长：王同兴

副会长：鲁本全　陈向东　金家林　梅兴林

和县内部审计协会领导名单

会　长：鲁本全

副会长：王同兴　陈向东　李安林　鞠子潮

秘书长：王　盈

（撰稿人：林木森，审核人：王盈）

含山县审计局

含山县审计局内设办公室、行政事业审计股、财政金融审计股、经贸投资审计股、经济责任审计分局和投资审计中心，现有编制20名，实有人员20名。

2011年含山县审计局机关人员配备情况表

内容 单位	人数	性别		文化程度				职称			负责人
		男	女	研究生	本科	大专	大专以下	高级	中级	初级	
局领导	4	3	1		2	2			2	1	裴吉炳
办公室	2	1	1			2			1		汤学贵
行政事业审计股	1	1			1				1		吴万年
财政金融审计股	2	1	1		1	1			1		陈　卓
经贸投资审计股	1	1					1		1		郭忠贵
经济责任审计分局	8	3	5		4	4			1		周　源
投资审计中心	2	2			2				2		
合计	20	12	8		10	9	1		9	1	

2011年含山县审计局领导人员情况表

姓 名	性 别	职 务	职 称	任职时间
裴吉炳	男	党组书记、局长		2011年3月
王守珍	女	副局长	助理工程师	2002年1月
徐慕道	男	党组成员、副局长	会计师	2005年6月
李大付	男	党组成员、纪检组长	价格鉴证师	2007年9月
周 源	女	经济责任审计分局局长	会计师	2004年7月

2011年12月31日在册人员名单

裴吉炳 王守珍 徐慕道 李大付 汤学贵 吴金花 周 琳 张 静 吴 万 王 欣 周 源 崔忠美 李安云 陈 卓 孙 兰 郭忠贵 卫劲松 官灵杰 蒯亚虎 王 军

2011年含山县审计局特约审计员情况表

姓 名	性 别	工作单位	职 务	职 称	任职时间
梁由霞	女	县监察局	副局长	审计师	2005年7月
郎传荣	男	县设计院	院 长	高级工程师	2005年7月
宋茂枝	女	县建行	稽核监督员		2005年7月
曾春来	男	含山审信造价咨询事务所	所 长		2005年7月
刘仕红	女	含山楚天会计师事务所			2005年7月
洪茂保	男	安徽竞成会计师事务所			2005年7月
丁淑媛	女	县财政局	科 员	会计师	2005年7月
李红莲	女	含山县第二建筑公司	会 计	会计师	2005年7月

2011年工作概况

2011年，含山县审计局认真履行审计工作职责，在人员少、任务重的情况下，完成既定工作任务，取得了较好工作成绩。全年完成审计或审计调查项目121个，查处管理不规范金额1379万元、违纪违规金额148万元，应归还原渠道资金95万元，应上缴财政21.19万元，已上缴财政21.19万元，向被审计单位提出并被采纳审计建议41条。固定资产投资审计出具审计报告107份，送审金额3.3亿元，核减额4836万元，为政府节约了大量建设资金。全年被上级审计机关网站、刊物和县政府网站采用信息68篇次，移送县地税局有关企业、单位漏税案件2件。

以强化预算管理为目标，做“深”财政大格局审计。以科学发展观为指导，在总结过去财政预算执行审计工作经验的基础上，逐步构建大财政审计理念，重点审计中央扩大内需资金以及各种涉农补贴资金，延伸调查资金使用单位和部分镇、村、农户。同时，对县地税局2010年度税费征管情况、城投公司财政财务收支情况、其他有关部门年度预算执行情况进行审计。审计中，做到“三个注重”:一是注重调整审计思路。把着力点放在促进加强财政管理和财政制度改革上。二是注重突出审计重点。加强对财政预算编制、财政资金分配的审计监督，注重提高财政资金使用效益，紧紧抓住“预算执行”这条主线，实现由收支审计并重向支出审计为主转变。三是注重审计调查。抓住财政资金流向这条主线，注重审计延伸、抓住重点线索、从而发现管理上的薄弱环节。财政预算执行审计揭示和反映县在民生工程资金和各种涉农补贴发放上存在的问题，引起各有关单位的高度重视，纷纷采取措施积极进行整改。如，审计查出少数单位挪用专项资金和漏税行为分别移送给主管部门和税务机关处理，从而维护了财经法规的严肃性。预算执行审计报告得到县人大和县委、县政府领导的充分肯定。

以监督权力运行为目标，做“优”经济责任审计。根据县委组织部委托，对县交通运输局、县委党校、运漕中学、市容局、药监局、环峰小学等6位负责人任中（离任）经济责任进行审计。审计中，除抓好被审计单位财政财务收支审计外，还特别注重对领导干部在廉洁自律等方面进行审计。并对审计对象应承担的责任作出实事求是的界定和客观公正的评价。

以扩大内需建设项目为重点，做“大”政府投资审计。全年完成政府投资审计项目107项，接受送审投资总额3.3亿元，审计核减金额4836万元，核减率14%。存在的主要问题：概预算编报不规范、监理不到位、工程变更较大等。在核减投资额的同时，提出改进政府投资项目管理的意见和建议20余条，对改善投资环境、规范政府投资项目管理和建设成本控制起到了很好的促进作用，为政府节约了资金，提高了工程项目的投资效益。

以维护民生为己任，做“强”专项资金审计。继续以维护民生，促进和谐社会建设为目标，加强对关系经济社会发展、涉及民生的各种专项资金的审计。组织开展9年义务教育债务、政府性债务进行审计。组织审计人员参加省审计厅统一组织的中小学校舍安全专项资金审计。按照市审计局统一安排，对捐助汶川、玉树灾区救灾资金款物开展审计。派出人员参加市审计局统一组织的养老保险资金审计调查。对县城投公司每年度城市建设资金使用情况进行审计。

以县委、县政府工作为中心，做“好”交办的各项工作。一是在做好审计工作的同时，在人手十分紧张的情况下抽出4人，参加含城拆迁工作。二是服务含城大建设。局分管政府投资建设的负责人和投资审计股人员全力以赴，参与含城建设规划、项目招标和建设市场的管理服务、投资审计工作。三是抽调人员积极配合县民生办做好民生工程的日常监督和调查工作。四是局主要负责人亲自联系招商引资工作，圆满完成招商引资任务。五是组织力量及时完成县政府交办的大平公司老厂房土地置换整体搬迁损失评估报告的审核工作。

抓党风廉政建设，确保廉洁审计。一是认真抓党风廉政建设工作的组织领导。成立党风廉政建设领导小组，专门召开机关党风廉政建设工作会议，学习传达上级审计机关党风廉政建设工作会议精神。二是抓党风廉政建设责任制落实。局党组书记与党组成员、各股负责人签订责任状，层层抓落实。三是组织全体党员干部认真学习有关党纪条规。四是实行审计纪律公示制和回访制，从严管理审计队伍，确保廉洁从审。审计期间，不定期到被审计单位调查回访审计人员遵纪守法情况，以此加强审计人员的廉政执法监督。

围绕审计信息化建设，扎实开展“信息化推进工程”。一是成立由主要负责人为组长的领导组，制定《含山县审计信息化推进工程实施方案》。二是加强培训。组织开展6次专项交流学习活动，并派出业务人员参加省审计厅和市审计局举办的培训。三是积极实施计算机审计。财务类审计项目都能利用计算机开展审计，AO与OA交互项目达70%。已对一个项目开展信息系统审计并制作相关证明材料和底稿，编写计算机审计方法两篇。四是加大硬件投入。全年共投资19万元更新计算机，确保了AO2011正常使用。

2011年工作成果一览表

审计单位（个）	查处违规金额（万元）	管理不规范资金（万元）	应缴财政（万元）	已缴财政（万元）	应归还原渠道资金（万元）	移送事项（件）	应调账处理金额（万元）	应自行纠正金额（万元）	审计报告、信息被批示采纳（篇）
121	6364		21.19	21.19		2			85

2011年获奖情况

被县委、县政府评为县直机关岗位责任制先进单位

被市审计局评为全市审计系统先进单位

获县纪委、监察局评为纪检监察工作创新三等奖

被县直机关工委评为机关党建工作先进单位

获含山县第十一届文明单位

周琳被省妇联评为三八红旗手

2011年大事记

1月14日，局党支部大会讨论通过王欣、崔忠美两同志按期成为中共正式党员。

1月18日，经县政府同意，新购上海帕萨特轿车一辆。

2月22日至3月20日，根据省审计厅的统一部署，派出由周源、陈卓、李安云组成的审计组，赴金寨县开展全省城乡义务教育费用保障机制专项资金绩效审计调查工作。

3月8日至4月13日，根据省审计厅的统一部署，派出由王守珍、陈卓、崔忠美、李安云组成的审计组，赴芜湖市三山区、镜湖区开展地方政府性债务审计。

3月8日，含山县审计局原局长曹文调任县房管局党组书记，裴吉炳调任含山县审计局党组书记（含组干字〔2011〕36号）。

3月11日，张静、宫灵杰见习期满，转正定级（含人社〔2011〕28号）。

3月15日，县人大常委会第482号任命书，任命裴吉炳为县审计局局长。

4月22日，将牌照为皖Q—59411（过渡性牌照）桑塔纳小轿车上缴县政府集中处理。

4月，王夕保退休（含组干字〔2011〕80号）。

5月4日，因局领导班子成员调整，经研究，领导班子成员工作分工如下：裴吉炳主持全面工作，分管财务、人事、审计信息化建设、精神文明建设和经济责任审计分局工作；王守珍分管经贸投资审计股工作，负责妇女、计生工作；徐慕道分管财政金融和行政事业股工作，负责综合、审计学会暨内部审计协会工作，协管审计信息化建设工作；李大付分管办公室、党风廉政建设、党支部、工会、老干部工作，协管经济责任审计分局工作（含审字〔2011〕12号）。

5月17至26日，党组书记、局长裴吉炳参加审计署举办的2011年度地县审计局长第一期培训班学习（北京怀柔培训基地）。

5月31日，县编委批复，同意设立含山县投资审计中心，隶属县审计局，事业单位，股级建制，财政全额供给，

核定人员编制6名，设主任1名，高配为副科级（含编（2011）16号）。

5月31日，县政府办公室含政办（2011）75号《关于印发县审计局主要职责内设机构和人员编制规定的通知》核定局机关行政编制14名。其中：局长1名，副局长2名，总审计师1名，股长（主任）4名。机关党、团、工会、妇女组织和纪检（监察）机构的设置，按有关规定执行。所属事业单位设置、职责和编制事项另行规定。

6月19日，局长裴吉炳被选为县第十三届纪委委员。

8月16日，周琳从陶厂镇政府正式调入局工作（含人字第000511号干部介绍信）。周琳党组织关系同时转入。

9月19日，丁家如退休（含组干字（2011）136号）。

9月25日，经县人社局招考，蒯亚虎、王军两人到局投资审计中心工作（含人字第000542号干部介绍信）。

11月3至4日，马鞍山市审计“信息化推进工程”培训会在含山县举办。为进一步提升含山及和县审计局审计信息化业务水平，加速两局与市审计局审计信息交融，增强含山县及和县审计局业务人员之间的交流，由市审计局计算机审计中心牵头，邀请省审计厅计算机专家到县审计局为含山县、和县两局共50余人进行计算机审计技能培训。

含山县审计学会暨内部审计协会领导及理事名单

会　长：裴吉炳

副会长：裴小勇　杨国龙　庄组仁　杨贤勤　刁筠荣　徐慕道

秘书长：陈　卓

副秘书长：吴万年

常务理事：后先玲　王守珍　李大付　张衍利　葛贵来　胡成兵　黄荣贵　裴炳林　萨贤文　卢　勇　郑　飞　吴志成　胡纯堂　司家玉　黄诗成　朱世发　吴本源　曾春来　杜　娟　贺万春　郭丰海

理　事：周　源　汤学贵　郭忠贵　郭世涛　吴金花　王　虎　乔能彬　丁绍兵　马　伟　贾斯文　俞守梅　汤文龙　乔业仕　陈家敏　吕性仓　窦永祥　王朝仓　张宏莲　张家斌　胡彦霞　琚泽文　宋茂枝　李兴华　刁向峰　胡家鸣　唐泽玲　方林红　迟庆红　凌　宏　王正菊　王志华　黄文娟　郑贤陆　宋家飞　贺　明　尹其二　李　娟　郭佩献　李伏森　撒孝兵　黄荣宗　崔　海

（撰稿人：汤学贵）

芜湖市审计局

芜湖市审计局内设办公室、法制科、财政审计科、金融审计科、行政事业审计科、经贸审计科、农业与资源环保审计科、社会保障审计科、固定资产投资审计科、外资运用审计科、内部审计指导监督科、人事教育科、经济责任审计局、监察室和计算机审计中心（固定资产投资审计中心），现有编制59名，实有人员58名。

2011年芜湖市审计局机关人员配备情况表

内容 单位	人数	性别		文化程度				职称			负责人
		男	女	研究生	本科	大专	大专以下	高级	中级	初级	
局领导	10	5	5	1	9			3	5		周　明
办公室	6	4	2		4	1	1	1	1		陈蔚中
法制科	4	1	3		4			2	2		韩　伟
财政审计科	5	3	2		3	2		2	2		范家琪
金融审计科	3	1	2		3			1			王艳清
行政事业审计科	3	2	1		2	1			3		白小宁
经贸审计科	3	2	1		1	2		1	2		王少杰
农业与资源环保审计科	3	2	1		3				2	1	王保华
社会保障审计科	3	2	1	2	1			1	2		李　莉
固定资产投资审计科	5	4	1	1	4				3		吴长明
外资运用审计科	3	2	1		3			1	1		黄拔荆
内部审计指导监督科	1	1			1				1		罗守东
人事教育科	1	1			1			1	1		靳伦宽
经济责任审计局	4	3	1		2	2		1	2	1	吕荆海
监察室	2	2			2			1	1		刘　伟
计算机审计中心（固定资产投资审计中心）	2	2			2					2	王　正
合计	58	37	21	4	45	8	1	15	28	4	

2011年芜湖市审计局领导人员情况表

姓　名	性　别	职　务	职　称	任职时间
周　明	男	党组书记、局长	高级审计师	2004 年 12 月
韩小平	女	副局长	审计师	2007 年 5 月
王　钢	男	副局长	高级审计师	2008 年 5 月
陈　军	男	副局长		2007 年 7 月
杨　凛	女	副局长	会计师	2011 年 4 月
徐　坚	男	纪检组长	经济师	2010 年 11 月
张自道	男	副局长		2011 年 9 月
张文清	女	总审计师	高级审计师	2008 年 4 月
吕荆海	男	经济责任审计局局长	审计师	2002 年 11 月
杨小慧	女	助理调研员	审计师	2003 年 12 月

2011年12月31日在册人员名单

周　明　韩小平　王　钢　陈　军　杨　凛　徐　坚　张自道　张文清　杨晓慧　陈蔚中　许卫东　焦凤平　庄皖江　叶名煜
胡媛媛　韩　伟　陶国明　方　军　肖　艳　范家琪　陶贵平　张达胜　沈　剑　苑小明　白小宁　王丽云　陶海军　罗守东
王　正　杨　鹏　王少杰　许千松　鲍亦红　王保华　姚　钧　乔　梁　李　莉　高　俊　邱　威　吴长明　范向辉　刘明荣
孙雅芳　李子善　范向辉　黄拔荆　胡　靖　靳伦宽　吕荆海　樊　勇　纪圣红　陈祥兵　黄义兴　许继芬　王艳清　李　丹
刘　伟　焦中青

2011年芜湖市审计局特约审计员情况表

姓　名	性　别	工作单位	职　务	职　称	任职时间
胡庆十	男	安师大经济法政学院	讲　师	高级工程师	2003年3月
潘　军	男	环城西路小学总务处	副主任	统计师	2003年3月
汪　浩	男	市职业技能开发中心培训科	科　长		2003年3月
杨　欣	男	安徽商贸职业技术学院会计系	副主任	副教授	2003年3月
朱雪鸿	男	芜湖市统计局计算机站		工程师	2003年3月
傅世东	男	芜湖市民进会	副科长		2006年9月
徐佩瑾	女	芜湖市民革	副主任		2006年9月
单　琳	女	芜湖市工商联	副主任		2006年9月

2011年工作概况

2011年，芜湖市审计局在市委、市政府和省审计厅的正确领导下，深入学习贯彻党的十七届五中、六中全会精神，认真学习胡锦涛总书记在庆祝中国共产党成立90周年大会上的重要讲话，积极开展建设学习型组织、“创先争优”活动，以科学发展为主题，以“全面转型、率先崛起、富民强市”为主线，认真履行职责，强化效能建设，严格审计执法，加快审计转型和创新，努力提升审计执行力，全力服务于全市经济社会科学发展。全市全年完成审计项目1138个（其中审计机关直接组织审计417个），查处违规及管理不规范资金191899万元，为政府增收节支110156万元（市审计局：69386万元），其中：核减工程造价64836万元，核减拆迁费用、经营性用地开发成本等21747万元，追缴土地出让金及税收23573万元。向公安、检察、纪检机关移送案件线索12起。提交审计专题、综合性报告和信息403篇。制定出台《芜湖市政府投资建设项目审计监督办法操作规程》和《对全市房屋征收补偿实行审计验收的通知》。荣获第九届全省文明单位、省审计系统“五年行动计划”先进集体、省审计系统审计信息化先进集体、芜湖市劳动竞赛先进集体等荣誉。

城市大建设审计。一是全市审计机关对政府投资建设项目实行审计监督全覆盖。根据《芜湖市政府投资建设项目审计监督办法》、《关于加强工程建设领域审计监督的意见》等规范性文件，结合全市大建设、大发展的实际情况，市审计局会同相关部门制定颁布《芜湖市政府投资建设项目审计监督办法操作规程》，对政府投资建设项目审计的计划管理、中介机构准入、任务分配、审价时限、联合确认、审价质量复查、责任追究、工程价款结算管理等做出规定，构建了政府投资建设项目审计全覆盖体系。实施审计机关直接审计，组织中介机构审计，审计、财政部门联合审核确认，审计机关抽审审价质量等举措。全年全市完成投资项目审计931个，审计项目资金550677万元，核减工程造价、节约政府投资64836万元，综合核减率12.15%。县区审计局加大投资审计力度，审计成效进一步体现。芜湖县审计局当年投资项目核减工程造价19125万元，综合核减率28.69%。其中对新芜经济开发区28个地块、12家施工企业土石方工程决算价款审计，决算价37978万元，审计确认价24304万元，核减工程价款13674万元，核减率36%。无为县审计局组织开展投资项目审计278个，核减工程造价783万元；南陵县审计局坚持工程决算审计和预算造价审计同步开展，核减工程造价和项目预算资金7013万元；繁昌县审计核减工程造价5245万元；三山区审计局坚持政府投资建设项目审计全覆盖，当年组织开展投资项目审计150余个，核减工程造价3102万元；镜湖区审计局组织开展投资项目审计近百个，核减工程造价1730万元；弋江区审计局审计核减工程造价1057万元；鸠江区审计局审计核减工程造价573万元。二是稳步推进对经营性用地开发建设项目实施第三方审计。市政府成立“市加强工程建设领域审计监督工作领导小组”，建立经营性用地开发建设项目审计联席会议制度。联席会议由市长主持、相关市领导和部门领导参加，研究制定经营性用地开发建设项目年度审计计划，定期听取审议审计工作情况汇报，研究问题，依法提出处理意见。市审计局在领导小组的领导下，制定“经营性用地开发建设项目审计工作方案”，编制完成 “市区经营性用地开发建设项目统计调查表”，组织开展对8个经营性用地项目审计。通过审计，揭示房地产开发过程中提高容积率、虚增成本费用、漏缴税费等问题，应追缴土地出让金及税费6500余万元。繁昌县审计局开展对房地产开发企业土地出让金审计调查，追缴土地出让金2300余万元；无为县审计局开展对房地产开发企业税收审计调查，追缴税款260余万元。三是拆迁安置项目审计全面推进。根据市领导指示精神，市、县、区审计局全面开展拆迁安置项目审计。市审计局完成对保兴埠工程拆迁安置资金审计，左岸1#、2#地块拆迁安置成本费用审计，莲塘小区剩余地块和亿万多地块征地费用审计，镜湖区拆迁事务所财务收支审计及相关地块拆迁费用审计，鸠江区汽车零部件工业园建设成本审计，宁安城际铁路征地拆迁费用全程跟踪审计。镜湖区审计局组织开展房屋征收摸底结算审计8项；鸠江区审计局开展房屋征收补偿项目审计和拆迁事务所资产负债审计；三山区审计局在三华山路征地拆迁资金审计中，揭露并移送涉案人员5人，涉案金额180万元。

预算执行审计。全市财政审计围绕“揭露问题、规范管理、促进改革、提高绩效”工作目标，以全部政府性资金为载体，以财政预算执行审计为主线，对部门预算执行绩效情况及重点财政专项资金进行审计或专项审计调查，进一步增强财政审计的整体性、宏观性和建设性。市审计局重点审计非税收入资金管理情况，揭示了土地出让收入缴库不及时、银行占压资金等问题。市政府指示财政部门立即进行整改，加强监管。全年市审计局对13个预算单位的预算执行绩效情况开展深度审计分析，重点关注预算执行效果，关注财政资金投入与项目进展，事业发展和政策目标实现程度，关注“三公”经费的支出状况，并就少数单位在“公务员津补贴”和政府采购方面存在的问题上报三期《审计要情》，市委、市政府主要领导分别做出批示，市纪监机关调查处理，相关责任部门积极整改落实。芜湖县部门预算执行审计查出未按规定征收缴纳预算收入1868万元，财政收入核算不实13826万元。按照市领导关于“财政资金运行到哪里，审计就跟进到哪里” 的要求，市审计局与芜湖经济开发区管委会联合组织对其所属街道办事处的26个社区居委会近3年资产、负债及财务收支情况进行审计，揭示街道及社居委在财务收支核算、票据使用、集体资产处置、债权债务管理、工程项目建设、土地补偿收入管理等方面存在的问题，提出针对性的审计意见和建议，为促进规范街道及社居委财务管理、推进阳光村务工程建设、避免集体资产流失发挥了积极的作用。

经济责任审计。全市审计机关认真贯彻落实中央“两办”颁布的《党政主要领导干部和国有企业领导人员经济责任审计规定》，着力规范和深化领导干部任期经济责任审计。关注责任和绩效，突出制度审计，重点围绕“四用制度”、“收支两条线”制度、政府招标采购制度、规范公务员津补贴制度、对县处级党政正职监督办法等5项制度的执行情况进行监督。对领导干部守法、尽责、绩效等情况作出实事求是、客观公正的评价，促进规范行政行为，完善权力制约机制。全市对120名领导干部开展任期经济责任审计。弋江区审计局结合村级组织换届，完成对20个行政村30名村主要负责人的经济责任审计；镜湖区、三山区审计局对领导干部经济责任审计结果在政府网站进行公告。从审计结果看，全市绝大多数领导干部在守法、尽责、绩效等方面表现良好，应予肯定。但有少数村级组织负责人和事业单位负责人存在违法违纪行为，全年领导干部任期经济责任审计移送案件6起。

上级审计机关统一组织的审计任务和上级审计机关到芜湖市审计的协调配合工作。全市审计机关圆满完成审计署及省审计厅组织的地方政府性债务审计、义务教育保障经费绩效审计、普通高中债务专项审计调查、基层医疗卫生机构债务清理核实和审核认定、中小学校舍安全工程等重要审计任务，完整、全面、规范、客观地反映上报芜湖市教育和基层医疗卫生机构债务情况，为下一步政策化债争取国家财政支持奠定了基础。当年审计署南京办先后对芜湖市开展土地出让和土地整理审计、养老基金审计、公务员津补贴专项审计、产业政策审计调查等多项审计，审计项目多、时间长。市审计局，以及芜湖县等相关县区审计局，在市领导的直接指挥下，积极做好审计组的协调、沟通服务工作，较好地完成了任务。

专项审计调查。一是积极服务公立医院改革，精心组织对市城镇职工医保基金和城镇居民医保基金的全面审计。对弋矶山医院、市一院、市二院、市中医院等4家医院药品收支情况进行审计调查。这两项审计运用计算机联网审计技术，全面反映芜湖市医保基金的收支规模和运行情况，深入分析医保基金的支出结构、现行医保政策对基金收支的影响、城镇职工医保和居民医保报销水平及个人承担比例、医保基金支撑能力，揭示了医保基金运行管理中存在的问题和风险。药品收支审计重点分析芜湖市4家医院药品收入占医院医疗总收入的比重、城镇职工医保药品费用的药占比以及门诊与住院费用占总医疗费用的比例及原因，为芜湖市实行药品销售零差率提供了数据信息。二是组织开展对市属事业单位工资收入清理专项审计，客观反映事业单位工资收入分配现状，揭示部分特殊行业的事业单位在执行工资总量限高政策、全额预算拨款单位津补贴执行标准等方面存在的问题，分析存在问题的原因，提出了有针对性的意见和建议。开展对县区及市经济开发区、大桥开发区统一公务员津补贴政策执行情况的专项审计调查。三是会同市财政局开展对市保安公司及其分公司资产负债损益审计，揭示保安公司在资金、资产管理使用上存在的不合规等问题，提出了规范保安公司经营管理和资金、资产管理的审计建议。组织完成对市科学技术咨询服务中心、少年宫、牙防所、第三人民医院、技师学院等特定事项的审计任务。

审计信息化建设。芜湖市、镜湖区、无为县、繁昌县审计局荣获全省审计“信息化推进工程”先进集体；市审计局开发的“芜湖市财政联网审计项目”荣获芜湖市科学技术奖三等奖；《芜湖市社保联网审计建设方案》通过市专家组评审，系统建设基本结束，并在芜湖市的医保资金审计中发挥了重要作用。南陵县审计局方心富编写的《Oracle数据库入门》入选审计署计算机审计中级培训后续课程培训大纲；市审计局和南陵县审计局各有一篇审计方法入选审计署计算机审计方法目录库；

镜湖区、鸠江区、三山区审计局各有一篇计算机审计案例荣获审计署AO应用实例鼓励奖；市审计局以及南陵县、鸠江区、镜湖区审计局各有一篇计算机审计方法和案例获省优秀奖并上报审计署。

审计队伍建设。全市审计机关深入开展“创先争优”活动，建设学习型党组织，以提升审计人员素质和审计执行力为目标，开展全员学习培训，不断提升审计人员的思想政治觉悟、政策法规知识、审计业务技能。围绕庆祝建党90周年活动，组织开展“缅怀先烈伟业、铭记神圣使命”，“执政为民、廉洁从审、提升审计执行力”，“治庸提能力、治懒增效率、治散正风气”等多项主题教育活动。组织全市审计系统开展“纪念建党90周年，审计人‘创先争优’在行动”征文和演讲竞赛活动，得到全市审计人员的积极响应。重视审计机关党风廉政建设，认真学习贯彻廉政准则，研究制定审计工作廉政风险点及防控措施。牢固树立廉政建设是审计工作生命线，审计纪律是审计工作高压线，自觉遵守审计人员职业道德，廉洁从审，秉公执法。关注审计文化建设，完成省审计厅组织开展的审计文化建设课题研究任务，紧扣党的六中全会主题，完成《审计文化创新与审计精神培育》课题的撰写。

社会审计和内部审计。全市的社会审计和内部审计工作积极健康发展，社会审计在工程审价、资产评估、企事业单位财务审计等方面发挥着重要作用。市县内部审计协会认真组织指导内部审计工作，内部审计在单位的绩效管理和内部控制等方面发挥着不可替代的作用，同时也弥补了审计机关力量的不足。奇瑞公司强化内控体系建设，审计关口前移，对国内外投资项目实行建设全过程控制，开展投资绩效后评价工作，全年完成升级项目50多个，节约资金6000多万元。芜湖县在5个镇配备专职内部审计人员，加强对村级组织审计监督。鸠江区各办事处内部审计工作成效显著，全年审计工程项目220个，核减工程造价4203万元。

2011年论文发表情况统计表

报刊名称	时间(期数)	论文题目	作　者
《安徽审计》	第2期	《“四个突出”、“四个创新”推动芜湖经济责任审计上水平》	吕荆海
《安徽审计》	第4期	《以改革创新精神　积极推进经济责任审计工作》	吕荆海
《安徽审计》	第5期	《改革转型、跨越发展、服务崛起》	韩　伟
《安徽审计》	第10期	《计算机技术在邮储银行个人贷款审计中的应用》	王艳清、沈　剑

2011年获奖情况

获第九届全省文明单位

被省审计厅评为全省审计系统“五年行动计划”先进集体

被省审计厅评为全省审计“信息化推进工程”先进集体

获市劳动竞赛委员会、市总工会颁发的“五一劳动奖状”

市审计局机关离退休党支部获全市“五好”离退休干部党支部

2011年大事记

1月14日，召开农业、资源与环境审计工作座谈会。

2月17日，市经济责任审计工作领导小组第十四次会议召开，市委常委、市纪委书记、市经济责任审计工作领导小组组长张海林主持会议。

3月4日，芜湖市政府召开全市审计工作会议。杨敬农市长要求做到“公共权力运行到哪里，审计就跟踪到哪里”、“政府资金投入到哪里，审计就跟踪到哪里”、“城市开发建设延伸到哪里，审计就跟踪到哪里”。

3月9日，省审计厅厅长刘战平调研政府性负债审计组织开展情况。

4月28日，市审计局与财政等相关部门共同实施“联合”审计，顺利完成牙防所项目的审计工作。

5月10日，制定《芜湖市政府投资项目审计监督办法操作规程》，使全部政府性投资项目实施进度动态情况得以有效控制，全部工程项目投资结果纳入审计监督范围。

6月29日，组织机关全体党员干部前往神山烈士陵园祭扫，开展“缅怀先烈伟业、铭记神圣使命”主题教育活动。

7月5日，派出审计组开展对保兴埠综合整治工程沿岸红线内征地拆迁专项审计。

7月25日，市委、市政府调整市经济责任审计工作领导小组。成立由市长杨敬农为组长，市委常委、组织部部长胡邦明、市委常委、纪委书记张海林和市政府秘书长汪健为副组长，纪检、组织、审计、监察、人力资源和社会保障、财政、信访、检察等部门主要负责人为成员的芜湖市经济责任审计工作领导小组。

8月24日，党组书记、局长周明赴无为县审计局开展区划调整后的调研和指导工作。

9月7日，与巢湖市审计局顺利完成扶贫资金专项审计交接工作。

10月31日，市检察院技侦综合楼建设项目竣工决算审计全面展开。

11月22日，市审计局机关党组织积极响应并开展“五级书记带头大走访”活动。

11月25日，芜湖市本级和四县、四区及开发区中小学校安工程项目全面完成。

12月9日，周明局长、王钢副局长深入南陵县河湾镇河湾村，走访村民。

2011年 领导批示、讲话摘要

1月28日，杨敬农市长在《关于纬五路以北1、2号地块土地出让金缴纳及滞纳金情况的的审计调查报告》上批示：各类审计集中听一次汇报，请市审计局准备。

1月28日，赵馨群副市长在《关于芜湖市弋江区新兴铸管有限责任公司建设用地征地拆迁费用的审计报告》上批示：拟同意审计报告意见。建议对全市安置房、廉租房、棚户区改造全部纳入分期审计范围并结合拆迁补偿一并审计。

洪建平副市长在《关于芜湖市弋江区新兴铸管有限责任公司建设用地征地拆迁费用的审计报告》上批示：拟同意审计意见。同时建议弋江区就核减的情况向市政府做出书面说明。

杨敬农市长在《关于芜湖市弋江区新兴铸管有限责任公司建设用地征地拆迁费用的审计报告》上批示：同意馨群同志意见。

2月17日，赵馨群副市长在《关于芜湖市滨江公园项目临江桥工程造价专项审计报告》上批示：同意审计报告意见。请滨江公园建设办公室严格按照审计意见办理决算。该项目有一定的技术难度，平均造价控制在0.65万每平方米内是较为经济合理的。希望市重点局总结成功和不足经验，抓好今后的重点工程建设。

杨敬农市长在《关于芜湖市滨江公园项目临江桥工程造价专项审计报告》上批示：同意报告和馨群同志意见，希望市重点局认真总结整改。

2月17日，杨敬农市长在《关于芜湖卷烟厂都宝技改项目用地土地置换征地拆迁费用的审计报告》上批示：对三户拆迁安置违规问题请市监察局会同市审计局调查并提出处理意见，其他同意报告意见。希望弋江区政府对市政府投资的重大项目要实事求是，不要弄虚作假。

2月22日，杨敬农市长在《关于市福利彩票发行中心财务收支及彩票公益金专项资金的审计报告》上批示：同意审计报告意见。请市财政局、民政局落实到位。市民政局要加强财务核算管理，市财政局要加强监督检查；行政机关人员不得从中拿津补贴；市民政局要规范福彩销售行为、集体决策、严格管理。

3月3日，杨敬农市长在《关于万春路建设有关情况的汇报》上批示：请市监察局会同市审计局了解道路质量是怎么验收的？谁验收的？（仅仅5年就压成这样！）工程决算是谁做的？是谁审的？资金是如何拨付的？

5月24日，陈树隆书记在《芜湖市审计局关于对市行政办公业务用房及配套用房和外环境工程进行竣工决算审计的报告》上批示：预算价、招标价、送审价各多少？为何有差距？行政楼综合造价？与预算差距多少？请审计局反馈。

6月27日，杨敬农市长在《关于上报芜湖市第三建筑工程公司整体挂牌转让方案的请示》上批示：原则赞成。请市住建委按6月7日专题会议精神修改善后，尽快挂牌。

8月27日，陈树隆市长在《关于官陡街道三名村干部经济问题的调查报告》上批示：同意敬农同志意见。请各方认真研究，完善基层资金、资产、资源管理制度，加强上级监管。市审计局要指导县区审计局委托中介机构对街道、镇、村加强审计，堵塞漏洞。各县区党委政府要举一反三，引以为戒，加强管理，对反复出现的问题要追究县区党政主要负责同志的责任。

芜湖市审计学会

2011年，芜湖市审计学会在省审计学会和市审计局的关心和指导下，以邓小平理论和“三个代表”重要思想为指导，认真贯彻党的十七大精神，以及全国、全省、全市审计工作会议精神，积极围绕审计工作中心开展审计理论研究和审计宣传工作，组织会员参加省审计厅和省审计学会举办的有关审计理论和业务知识培训班，在促进提高审计工作水平、总结审计实践经验、服务审计事业发展方面发挥了积极的作用。被省审计学会评为先进团体会员。

加强学会的组织建设。根据芜湖县等4县审计局自身实际情况，积极创造条件筹建县审计学会，截止11月，芜湖市县级审计机关全部成立审计学会。目前，全市市、县级审计学会都做到了有机构、有人、有场所。

完成审计科研任务。成立由局长挂帅的审计科研课题小组，做到一把手亲自抓，分管局长具体抓，并将各项科研任务具体安排到人，确保重点科研课题的研究。在具体实施重点科研课题的研究过程中，局领导多次听取汇报、出谋划策、加以指导，圆满地完成《审计文化创新与审计精神的培育》课题论文。同时，市审计局撰写的《关于在实践中如何充分发挥审计免疫系统功能的思考》和《谈审计创新是审计转型的关键》等两篇论文获全省优秀审计科研论文二等奖。

参与组织审计质量管理。一是开展审计项目质量检查工作。市学会积极参与组织开展的对市审计局和县区审计机关审计项目质量抽样检查工作。通过听取汇报、调阅审计案卷和相关资料，检查各科室和县区审计局审计项目质量。参与审计业务会议集体审议会议，推进复核审理制度落实，促进审计规范化水平和项目质量的提高。二是开展优秀审计项目评选活动。根据省审计厅优秀审计项目评选办法，组织人员集中时间，开展优秀审计项目评选活动。

开展学术研讨活动。积极开展创新转型理论研讨和创新业务培训等一系列活动。一是围绕“纪念建党90周年，审计人‘创先争优’在行动”这一主题，在全市审计系统组织开展征文和演讲比赛活动。二是组织全市审计干部积极参加第二届全国审计青年论坛的活动。三是在芜湖审计网站上开辟审计创新专栏和网上论坛，全体审计人员献计献策，共同谋划审计的转型发展。

做好学会日常工作。一是积极选

派业务骨干参加审计署、省审计厅和市直机关举办的依法行政、法律法规和计算机审计等专项业务学习，促进依法行政水平和审计工作质量的提高。二是组织审计质量讲座和计算机审计培训等工作，邀请省审计厅和芜湖市有关学者、专家以及局业务骨干讲课。三是做好学会日常工作，加强与各理事单位联系。四是充分利用省厅审计信息网、《芜湖审计》刊物和芜湖审计信息网，地方新闻媒体和政府网站，宣传审计法规和审计工作，在 "江淮普法行”和“12•4”法制宣传日活动中，市审计局精心制作审计宣传展板，印发宣传资料，上街宣传《审计法》和开展法律咨询。

芜湖市内部审计协会

2011年，芜湖市内部审计协会在局党组的正确领导下，在省内部审计师协会的有力指导下，全面落实科学发展观，以“ 芜湖崛起，加速审计转型”为目标，围绕省审计厅“十二五”实施的“五大工程”，进一步提升内部审计工作水平，推动全市内部审计事业发展，较好地完成全年的工作任务。同时，加强思想工作和自身建设，积极参加机关效能建设活动，切实改进工作作风，提高办事效率，树好审计形象，严格遵守党风廉政制度和审计纪律，签定《党风廉政建设责任书》并遵照执行，较好地完成全年工作任务。

一是完成市内部审计协会的年检工作。

二是加强内部审计单位间的相互学习和交流，积极指导各内部审计协作组开展活动，活跃了内部审计工作氛围。积极组织内部审计人员参加国家审计，以干代培。

三是认真贯彻内部审计职业准则，积极组织内部审计人员参加省内部审计师协会举办的岗位资格培训班，组织人员41人；组织内部审计机构负责人参加省内部审计师协会理事会和在蚌埠市召开的内部审计工作现场经验交流会。

四是积极组织参加全省内部审计理论研讨暨经验交流，积极推荐内部审计优秀论文和经验交流材料，并在芜湖审计网站上刊载。

五是组织CIA报名考试和内部审计资格证书年检工作。全市CIA报名考试人员达28名。协会认真地为报名考生和内部审计人员做好服务工作，耐心细致答复咨询。

六是组织芜湖地区的“双先”评比工作。芜湖市评选出10家内部审计先进单位和10名先进个人。

七是将《内部审计条例》及其宣传提纲印发至全市各单位，并组织部分内部审计机构负责人开展座谈、讨论，认真学习、贯彻落实《安徽省内部审计条例》。

2011年出台的地方审计规章目录

《芜湖市政府投资建设项目审计监督办法操作规程》

《芜湖市经济责任审计工作领导小组工作制度》

《芜湖市经济责任审计工作领导小组组成部门职责》

《任期经济责任审计报告及结果报告规范（试行）》

镜湖区审计局

镜湖区审计局现有编制5名，实有人员8名。

2011年镜湖区审计局机关人员配备情况表

单位＼内容	人数	性别		文化程度				职称			负责人
		男	女	研究生	本科	大专	大专以下	高级	中级	初级	
局领导	3	1	2		3				1		程少红
工作人员	5	1	4		4	1					
合计	8	2	6		7	1			2		

2011年镜湖区审计局领导人员情况表

姓名	性别	职务	职称	任职时间
程少红	女	局长	会计师	2011年1月
崔　清	女	副局长		2011年1月
罗心林	男	副局长		2011年1月

2011年12月31日在册人员名单

程少红 崔 清 罗心林 石 群 林华裔 贾 蓉 陈忠琴 伍 超

2011年工作概况

2011年，镜湖区审计局根据区委、区政府和上级审计机关的要求，积极将审计工作融入区域经济社会发展全局，认真履行审计监督职责，全面提升审计工作质量和水平，在围绕区委、区政府中心工作，维护经济秩序，严肃财经法纪，促进科学发展，构建和谐社会等方面，充分发挥审计监督的建设性作用，特别是在财政财务收支审计和经济责任审计领域更加注重从体制、机制、制度层面揭示、分析和反映问题，取得了明显的成效。全年完成审计项目40个，其中：部门预算和财政财务收支审计6个，经济责任审计15个，专项审计调查7个，房屋征收摸底、结算审计8个，工程复核审计4个，向区委、区政府提交审计报告40篇，多篇报告得到区委区政府主要领导的批示肯定和评价。

全面加强审计监督，审计工作成效突出。进一步深化2010年区本级预算执行审计，探索构建财政审计大格局，有效促进依法理财，规范财政管理行为，为人大加强预算管理和监督提供了依据；完成区卫生监督所、区环卫所等6个部门预算和财政财务收支审计，针对单位和部门存在的共性问题以及屡审屡犯的问题，从体制机制层面分析原因，有针对性地提出审计意见和建议，促进预算单位完善相关制度，厉行节约；完成经济责任审计15个，审计的广度和深度不断拓展，审计结果公告、联动经济责任审计制度基本确立，并注重与纪委、组织、监察等部门之间的协调与配合，完善会商机制，形成监督合力，提升了审计结果利用水平；完成专项审计调查7个，最大限度的节约了财政资金，为政府财政资金支出把好关；完成房屋征收摸底、结算审计8个，严格规范房屋征收工作中存在的资料收集不完整、现场初审工作不细致、未严格界定航拍房与自建房等问题，进一步改善管理、堵塞漏洞、规范房屋征收行为；完成工程复核审计4个，重点排查招投标、变更设计、调整概算、工程分包、材料采购、工程质量管理、社会造价审计等环节。通过排查，进一步认清了工程建设管理上的漏洞、制度上的缺失以及不同表现形式的廉政风险

加大审计信息宣传，扩大审计社会影响。把信息宣传工作作为扩大审计监督影响、促进审计成果转化、服务区域经济建设、促进审计工作质量的一项重要工作来抓。首先，部门网站进行全新改版，以清新、方便、快捷的原则调整局网站版面，在局内严格执行宣传信息考核奖励规定，把撰写、采用审计信息的数量和质量作为考核个人的重要依据，把任务落实到人，撰写审计信息16篇，数篇被各级宣传媒体刊用。在省审计厅组织的“纪念建党90周年弘扬审计文化”主题楹联征集活动中，区审计局两幅楹联入选。在市审计局开展的纪念建党90周年“审计人创先争优在行动”主题征文比赛中，区审计局3篇作品全部获奖。通过一系列的宣传工作，扩大了审计影响，提升了审计机关的形象。

完善创新审计制度，强化审计监督职能。推进审计结果公告制度，在政府门户网站设置审计结果公告专栏，切实让社会公众了解审计、关注审计，满足社会对审计的知情权，使社会公众更大范围的了解审计结果情况，增强审计监督透明度，有效地发挥了社会监督的作用；严格审计报告质量制度，充分利用社会审计资源，积极引入社会审计力量参与审计，严格审计程序和质量控制标准，做到依法审计、文明审计、廉洁审计；建立审计整改与问责制度，健全责任问责机制，落实审计结论，对整改不认真、不落实的追究其责任；健全干部离任交接制度，由区监察局牵头，在领导干部离任时清理单位财政、财务、资产情况以及个人使用的公有财物，办理离任交接手续并报区经济责任领导小组；实行集体见面会制度，由组织部牵头召开被审计单位的领导和财务负责人参加会议，使领导干部充分认识到任职期间履行经济责任情况应当依法接受审计监督，积极支持、主动配合经济责任审计，营造良好的审计环境。

积极推广计算机应用，提高审计工作效率。继续加大计算机技术推广应用力度，着力提高审计人员信息化素质，充分发挥信息技术在提高审计质量和效率、提升审计工作水平中的作用。一是继续抓好OA系统的应用，所有项目都充分运用OA系统进行审计，并全面推行OA与AO系统的交互应用。二是加强人员素质建设，通过以老带新，在本局内组织新进人员OA培训，帮助新进人员尽快提高计算机审计能力，并派人员参加省审计厅组织的计算机中级培训，以点带面，提升全局计算机审计水平。全局取得审计计算机中级资格1人，AO考试通过率达到85%。三是明确审计方法、AO案例审计案例的编报任务，做到责任到人。全年向市审计局提交AO审计实例1篇、计算机审计方法2篇，并被推荐到省里参加评选。四是充实计算机硬件基础，在局经费紧张的情况下，挤出资金进行计算机设备更新，为信息化推进工作提供了保障。

加强审计队伍建设，提升人员综合素质。在认真做好各项审计业务工作的同时，多措并举努力提升审计队伍素质、提高审计管理水平，有力地推动了审计工作的顺利开展。一是加强审计知识学习。积极组织审计业务培训，除针对新修订的《审计法实施条例》、《国家审计准则》及其他新出台的省市法规规定进行专项学习外，并聘请专业老师开展审计业务专题讲座，切实提高了审计人员专业知识水平。二是积极选配人员参加各类审计业务培训，进一步提高审计人员专业化水平。三是参与省市联动项目审计，满足审计业务需求，在实战中培养新进审计人员的实际操作能力。四是结合工作实际，制定《镜湖区审计局2011年度审计工作考核激励办法》，不断适应科学发展和审计转型的要求，积极挖掘个人潜力、充分调动全局人员的积极性，以提高审计工作质量和效能。

2011年工作成果一览表

审计单位（个）	查处违规金额（万元）	管理不规范资金（万元）	应缴财政（万元）	已缴财政（万元）	应归还原渠道资金（万元）	移送事项（件）	应调账处理金额（万元）	应自行纠正金额（万元）	审计报告、信息被批示采纳（篇）
149	23	22184	9	9		1			25

2011年获奖情况

被省审计厅评为全省审计“信息化推进工程”先进集体

弋江区审计局

弋江区审计局现有编制5名，实有人员8名。

2011年弋江区审计局机关人员配备情况表

单位＼内容	人数	性别		文化程度				职称			负责人
		男	女	研究生	本科	大专	大专以下	高级	中级	初级	
局领导	2	1	1		2				1		张　鉴
工作人员	6	3	3		3	3			1	3	
合计	8	4	4		5	3			2	3	

2011年弋江区审计局领导人员情况表

姓　名	性　别	职　务	职　称	任职时间
张　鉴	男	局长		2002年8月
王海英	女	副局长	会计师	2010年2月

2011年12月31日在册人员名单

张　鉴　王海英　徐　伟　熊申来　张　宁　孙　骏　茆玉立　严　敏

2011年工作概况

2011年，弋江区审计局在市审计局的领导、支持下，以科学发展观为统领，围绕全区工作中心，贯彻“依法审计、服务大局、围绕中心、突出重点、求真务实”审计工作方针，不折不扣完成全年工作任务。全年完成审计项目31个（预算执行项目1个、经济责任审计项目27个、财务收支审计项目3个）。审计发现问题146个，提出审计意见和建议140条，查处管理不规范资金11287万元、违规资金264万元，核减工程款12万元，提供案件线索1条，协助办案2起，送审项目70个，送审价9975多万元，核减工程款1057万元。

全力开展重点项目审计。根据区领导交办，开展对高新区、重点办的财务收支审计。审计发现问题7条，提出审计意见和建议5条，查处管理不规范资金6749万元。

努力做好区本级预算执行审计。紧紧围绕全区工作中心，突出保民生、保增长、保稳定主题，以区本级预算执行的科学性、绩效性、政府负债风险等做为审计重点，努力保证区人大常委会加强对政府预算执行情况审议监督的需要，达到促进和加强预算管理、提高财政资金使用效益的目的。工作报告在区十五届人大常委会第三十八次会议上获得全票通过，并在分组讨论及会议决议中给予了好评。

认真开展经济责任审计。根据年度计划安排和区经济责任审计领导小组的布置，完成火龙岗镇书记陶定跃、镇长张勇，商务局局长胡光军，教育局局长郭骏，人口和计划生育委员会主任恽廷洪，、马塘街道办事处主任王宇航，卫生局局长丁宛庆，住建委主任邢革生等领导的经济责任审计。特别是开展对村级组织主要负责人经济责任审计，严格按照《芜湖市村级组织主要负责人经济责任审计暂行办法》规定，采取区审计局、中介机构、基层内部审计三结合的办法共同开展，做到早计划、早安排。全区20个行政村30名村主要负责人经济责任审计全部完成，为区第八届村民委员会换届选举提供了审计保证。通过经济责任审计，发现问题133个，提出审计意见和建议129条，查处管理不规范资金3971万元、违规资金264万元。提供村负责人案件线索1条，协助办案（村负责人）两起。区领导高度重视村主要负责人经济责任审计工作，区委、区政府主要领导专门召开会议听取审计情况汇报，并就审计问题整改提出了明确要求。区纪委主要领导多次过问审计情况，关心支持村主要负责人经济责任审计工作的开展。

继续开展基建工程审计及其他审计。继续强化对中介机构准入和备案制度的贯彻落实，加强对中介机构审计质量的监督，开展对中山南路、芜石路的复审工作。全年开展小规模基建工程项目审计9个，送审价116多万元，核减工程款11万元。送审项目70个，送审价9975多万元，核减工程款1057万元。抽调两名审计人员分赴黄山市、安庆市配合市审计局进行地方政府性债务审计及义务教育经费审计（徐伟获全省地方政府性债务审计先进个人）。校舍安全工程专项审计、失地农民保障检查、阳光村务日常检查等。积极参加招商引资、文明创建等工作，充分发挥审计工作职能，积极服务于全区各项经济、社会事业的健康发展。

积极开展“创先争优”活动和党风廉政建设。坚持以邓小平理论和“三个代表”重要思想为指导，全面落实科学发展观，深入贯彻各级纪委和上级审计部门有关廉政建设工作要求，积极参加“创先争优”活动，抓好教育、制度和监督“三位一体”的廉政工作体系，建设一支能战斗的审计队伍。一是继续深入学习党的十七届四中、五中、六中全会精神，胡锦涛总书记“七一”重要讲话精神，抓住正面教育不放松。在审计工作任务重、时间紧的情况下，始终对党风廉政教育高度重视，提出越是审计工作繁忙越要开展党风廉政教育。参加区纪委组织的廉政集中学习、观看录像、有关测验等。认真学习贯彻中央纪委《关于严格禁止利用职务上的便利谋取不正当利益的若干规定》。对上级纪委和审计部门有关廉政建设的文件精神进行学习、贯彻，努力提高审计人员拒腐防变能力，打牢廉洁从审思想基础。通过开展审计人员落实《关于加强审计纪律的规定》情况检查，审计中未发现违反规定的情况。二是积极开展“创先争优”活动，按照机关工委和机关党支部的安排，完成 “创先争优”各项活动。同时参加“自愿者活动”，走访慰问困难户。三是认真执行各项廉政规定，切实加强审计机关作风和效能建设。大力提倡勤俭节约的风气，坚决制止奢侈浪费行为，严禁用公款大吃大喝、游山玩水和高消费娱乐活动。全年严格控制各项支出，局负责人及审计人员多次拒绝吃请等。四是发扬求真务实精神，克服形式主义、官僚主义，认真落实审计机关办公和办事限时制度，提高机关办事效率。

2011年工作成果一览表

审计单位（个）	查处违规金额（万元）	管理不规范资金（万元）	应缴财政（万元）	已缴财政（万元）	应归还原渠道资金（万元）	移送事项（件）	应调账处理金额（万元）	应自行纠正金额（万元）	审计报告、信息被批示采纳（篇）
31	264	11287					100		4

2011年大事记

1月，新进严敏、茆玉立两名人员。

（撰稿人：孙骏）

鸠江区审计局

鸠江区审计局现有编制5名，实有人员7名。

2011年鸠江区审计局机关人员配备情况表

单位＼内容	人数	性别		文化程度				职称			负责人
		男	女	研究生	本科	大专	大专以下	高级	中级	初级	
局领导	3	2	1		3				2		周春霞
工作人员	4	3	1		3	1			1		
合计	7	5	2		6	1			3		

2011年鸠江区审计局领导人员情况表

姓名	性别	职务	职称	任职时间
周春霞	女	局长	审计师	2007年5月
邓立明	男	副局长	经济师	2009年5月
邹忠贵	男	副局长		2011年7月

2011年12月31日在册人员名单

周春霞　邓立明　邹忠贵　胡友树　班　伟　董　雷　俞光琳

2011年工作概况

2011年，鸠江区审计局认真落实全国、全省以及全市审计工作会议精神，坚持“依法审计、服务大局、围绕中心、突出重点、求真务实”审计工作方针，把“推进法治、改善民生、推动改革、促进发展”作为审计工作的出发点和落脚点，全面履行审计职责，为推动全区现代化新城区建设发挥了积极作用。全年安排审计项目16项，完成审计项目16项，其中：预算执行审计1项、固定资产投资审计7项、经济责任审计4项、专项资金审计3项、街道财政资金审计1项，查处管理不规范金额30268万元，提出建议136条。

深化预算执行审计，规范财政收支行为。以完善公共财政体系，规范预算管理，规避政府债务风险和提高财政资金使用绩效为目标，以全部政府性资金的安全性和效益性为主线，认真履行审计监督职责。按照审计工作方案审查区财政执行预算的批复、调整、拨付和支出情况；对城市维护费、教育费附加、科技自主创新和政府采购等专项资金进行审计和审计调查；对校安工程进行跟踪审计，对城乡义务教育经费保障机制改革和城市低收入家庭住房困难保障民生工程进行延伸审计调查；对4个单位开展部门预算执行效果以及资产管理情况进行延伸抽查；对政府负债情况进行调查。

开展经济责任审计，加大审计监督力度。继续坚持“积极稳妥、量力而行、提高质量、防范风险”的原则，在规范行为、突出重点、保证质量上下功夫，不断提高经济责任审计工作质量和水平。全年完成了4项经济责任审计，累计查处管理不规范金额1270万元。在对区、街、村（居）三级经济组织实施审计时，以财政财务收支为基础，以全部政府性资金为主线，重点关注资金、资产、资源的运行与绩效，通过检查测试内控制度建立和执行情况，现场盘点资金和资产，分析评估资源性国有资产，全面监督各经济组织资金、资产、资源管理使用情况，对发现的问题和薄弱环节，通过专题报告、审计要情和审计建议等形式，促进各经济组织规范管理、健全机制、提高绩效，实现资金资产资源审计全覆盖，充分发挥了审计监督保障政府性资金资产安全的作用。

强化投资审计，提高固定资产投资效益。为加强全区投资建设项目的审计监督和房屋征收补偿工作的监管，先后拟定《鸠江区政府投资建设项目审计监督办法》和《鸠江区房屋征收补偿项目审计验收操作规程》草案，并通过区政府印发各相关单位执行。这两个文件的出台，加强了对房屋征收项目的审计监督，切实发挥了审计保障国民经济健康运行的“免疫系统”功能，保障了政府性资金的安全使用，提高了政府投资效益。全年完成固定资产投资审计7项，报审金额6871万元，审定价6298万元，核减额573万元，核减率8.3%，保证了建设资金真实、合法和有效使用。

严把专项资金审计关卡，确保财政资金专款专用。以检查专项资金收支是否真实、合法、合规和有关政策是否得到有效落实为目的，根据年初计划和上级审计机关部署，完成中小学校舍安全工程等3项专项资金跟踪审计，审计资金总额达200485万元，提高了专项资金的管理水平和使用效益，保证了专项资金的安全使用。

开展街道财政资金审计，促进基层财政财务管理。以全部政府性资金为主线，以经济管理制度和国有资产管理情况为重点，完成对四褐山街道财政资金的审计，促进街道加强预算管理、加大往来款清收力度和完善资产管理，进一步规范了基层财政、财务的管理。

指导内部审计工作，推动审计工作全面发展。全年全区内部审计机构共实施固定资产投资审计220项，报审价67544万元，审定价63342万元，核减额4203万元，核减率6.2%；企业审计两项，查证管理不规范金额6万元；行政事业单位财务收支审计1项。一是按照省、市内部审计工作要求，组织区内部审计机构工作人员赴省审计厅参加内部审计人员岗位资格证书岗前培训。二是为了进一步体现内部审计工作成效，对内部审计报表进行修改和完善，重新确定了内部审计情况报表的填报方式，由原来的年报改成季报，加强与各内部审计机构的联系和沟通。三是加大宣传，以“12•4”法制宣传日为契机，通过开设法律咨询点、印制宣传展板和发放宣传材料等方式向群众宣传《安徽省内部审计条例》，让群众进一步了解审计，感受审计。四是推动内部审计机构信息宣传工作，鼓励内部审计机构加大审计宣传力度。开发区和官陡街道报送的两条审计信息被省内部审计师协会门户网站采用。五是积极谋划新划入沈巷镇内部审计机构的建立，推动内部审计工作的开展，促进全区审计工作均衡发展和全面提升。

严格执行整改，确保审计成果落实。为提高审计工作成效，按照《鸠江区审计结果落实暂行办法》，会同区监察、财政部门根据区政府主要领导批示要求，全年召开整改会议7次，要求被审计单位限期向区政府作出书面整改报告，并对各单位审计整改工作实行“回头看”，检查审计整改落实及成效。被审计单位报送整改报告10份，提出整改落实措施88条，并在予以积极落实整改。

重视政务公开，推进审计信息化建设。根据省审计厅审计“信息化推进工程”部署，扎实推进审计信息化建设。一是将原来的审计信息网更换升级，重新设置网站栏目，创新公开形式，推进审计信息化工程建设，有效的深化政务公开内容，提升政务服务质量。二是为贯彻执行“信息化推进工程”，精心部署，抢抓机遇，通过省审计厅统一招标采购审计视频会商系统主要设备。三是“信息化推进工程”取得显著成果。报送的“拆迁审计案例”和“廉租房实物配租及租金补贴审计方法”，分别被审计署和省审计厅评为鼓励奖和优秀奖，一名同志被省审计厅评为“信息化推进工程”先进个人。

狠抓廉政建设，争创先进审计机关。对党风廉政建设和反腐败主要工作任务进行分解，实行“一把手”负责制，以保证党风廉政建设责任制真正落到实处。领导班子严格执行廉政规定，主动发挥模范带头作用，注重自身建设，做到清正廉洁、遵纪守法，树立了良好的党员领导干部形象。全局人员自觉学习《审计人员廉洁从政手册》。坚持廉政监督员制度，在审计过程中，要求审计人员严格执行审计“八不准”，增强勤政廉政意识，廉洁从审，秉公执法，使审计机关在党风廉政建设、落实责任制和领导干部廉洁自律等方面都收到好的效果，树立了良好的审计队伍形象。

2011年工作成果一览表

审计单位（个）	查处违规金额（万元）	管理不规范资金（万元）	应缴财政（万元）	已缴财政（万元）	应归还原渠道资金（万元）	移送事项（件）	应调账处理金额（万元）	应自行纠正金额（万元）	审计报告、信息被批示采纳（篇）
16		30268				1			27

2011年获奖情况

被省审计厅评为全省审计系统精神文明创建先进单位

被区政府评为目标任务考核一等次

《拆迁审计案例》获审计署鼓励奖

《廉租房实物配租及租金补贴审计方法》获全省审计机关优秀奖

周春霞被省审计厅评为全省审计系统精神文明创建工作先进个人、全省审计机关实施“五年行动计划”先进个人

周春霞被区政府评为公务员年度考核优秀等次

邓立明被省审计厅评为全省审计“信息化推进工程”先进个人

邹忠贵被省审计厅评为全省审计机关优秀审计能手

邹忠贵被区政府评为公务员年度考核优秀等次

2011年大事记

1月20日，市审计局副局长陈军一行到区审计局检查考核。

1月24日，区经济责任审计工作领导小组召开会议。

3月23日，区审计局召开区财政预算执行审计进点会。

6月24日，区政府印发《鸠江区政府投资建设项目审计监督办法》。

10月12日，区政府印发《鸠江区房屋征收补偿项目审计验收操作规程》。

三山区审计局

三山区审计局内设经济责任审计局，现有编制5名，实有人员7名。

2011年三山区审计局机关人员配备情况表

内容 / 单位	人数	性别		文化程度				职称			负责人
		男	女	研究生	本科	大专	大专以下	高级	中级	初级	
局领导	4	4		1	2	1			2		戴　文
工作人员	3	1	2		2	1			2	1	
经济责任审计局											俞定怀（兼）
合计	7	5	2	1	4	2			4	1	

2011年三山区审计局领导人员情况表

姓名	性别	职务	职称	任职时间
戴　文	男	局长	经济师	2011年8月
汪祖发	男	副局长		2006年7月
陶　林	男	副局长		2009年3月
俞定怀	男	副局长、经济责任审计局局长	会计师	2010年10月

2011年12月31日在册人员名单

戴　文　汪祖发　陶　林　俞定怀　郭　玲　严　芸　丁恩友

2011年工作概况

2011年，三山区审计局在区委、区政府和上级审计机关的领导下，立足“依法审计、服务大局、围绕中心、突出重点、求真务实”审计工作方针，坚持以科学发展观为指导，以“信息化推进工程”为抓手，全面推进审计工作升级转型，为区经济建设和社会发展发挥了积极作用。全年完成各类审计项目23个，其中财政预算执行审计项目1个，经济责任审计项目4个，专项审计调查7个，投资自审项目1个。审计查处违规资金650万元、管理不规范资金9978万元，出具审计（审计调查）报告13篇，向被审计单位提出审计建议29条，均被采纳。撰写审计论文及信息等被《安徽审计》、《芜湖日报》以及省、市审计信息网站等刊物、媒体采用42篇。另完成委托审计的投资项目190个，工程送审额为26635万元，核减工程造价2511万元，核减率为9.43%。所有项目都进行了审前调查和审计结果公告。

依托审计转型，积极构建财政审计大格局。继续以规范预算管理、推动深化财政体制改革、促进健全公共财政体系、维护财政资金安全、提高财政资金绩效管理水平为目标，对2010年度区财政预算执行情况进行审计。审计中，按照审计署提出的财政审计大格局要求，以全部政府性资金为主线，围绕区委、区政府中心工作和区域经济发展大局，立足于发挥审计“免疫系统”功能，突出通过基础管理工作，创新完善现有预算模式的审计分析，突出对重点资金、预算外融资资金以及土地资金等的审计监督。同时，加大绩效审计力度，注重从体制、机制和制度层面揭示问题、分析原因、提出建设性意见和建议，促进深化改革和规范管理。

监督权力运行，开展村级经济责任审计。按照省审计厅印发的《关于加强村级组织主要负责人经济责任审计的意见》及芜湖市经济责任审计工作领导小组印发的《芜湖市村级组织主要负责人任期经济责任审计暂行办法》等规定，结合实际，分别开展对三山村、峨桥村、鲁港村和黄垅村等4个村支书的任期经济责任审计，重点审计财务收支的真实、合法及资产管理的效益情况，推动了全区村级经济健康、规范发展。

强化管理，开展好投资项目竣工决算审计。从建设单位规范送审资料和中介机构严格审计质量以及考核等三方面着手，开展投资项目竣工决算审计。一是邀请区住建委、开发区管委会等10

家建设单位的分管领导及现场施工代表召开座谈会，就各建设单位在工程建设管理以及工程送审过程中存在的一些代表性问题进行通报、讨论，为创新审计工作方法、提高审计工作效率、促进审计成效打下了基础。二是组织召开相关造价审核机构主要负责人及联络人参加的工作会议，进一步规范中介机构参与区政府投资审计行为，提高审计工作效率，保障审计项目质量。三是制定出台《中介机构参与三山区政府投资审计考核细则》，就工作效率、工作效益、书面成果、组织协调和职业道德等内容进行考核评价，对审计时效高、质量好、服务到位、协作良好的中介机构给予表扬。

推进审计转型，提升审计管理机制和手段。紧紧围绕改进项目计划管理、健全项目质量控制、提升审计质量以及推进审计信息化建设等方面内容，积极探索审计管理机制和手段创新。一是在改进项目计划管理方面：进一步完善审计资料数据库建设工作，定期或不定期地对审计对象进行研究分析，以确定不同时期、不同阶段的重点项目。二是在健全项目质量控制方面：规范项目审前调查和审计方案的制定、审批管理，进一步细化项目实施方案，准确把握审计重点方向和重点内容。同时，进一步完善审计业务工作程序，在项目审计全部运用AO现场操作系统的基础上，不断规范审计方案、审计取证、底稿编制、审计日记编写和审计报告等作业程序，强化项目管理效果，防范审计风险。三是在提升审计质量方面：更加注重审计业务会议制度的常态化，每个项目在审计组拿出初稿后，召开审计业务会议讨论，实行集体决策，确保审计项目事实清楚、定性准确、处理得当、程序规范、意见和建议科学合理。同时，坚持与被审计单位充分交流沟通，认真听取他们的反馈，使审计报告的意见和建议更利于被接纳与整改。四是在推进审计信息化建设方面：更新一批新的计算机设备，安装调试审计管理OA系统网络和审计现场AO实施系统，并多次组织专题、专人培训，使审计质量得到明显提升；进一步做好AO与OA的基础与整体功能运用，所有行政公文和业务公文都通过OA管理系统处理，公文得到及时办理，进一步推进AO审计现场实施系统在审计中的运用，全年经由AO和OA交互完成的审计项目实现了100%，推动了审计方式转型。

多措并举，加大对外宣传力度。一是改版升级区审计信息网站，进一步丰富各个栏目的功能和内容，更加突出审计动态、审计结果公告以及“五大工程”等专题，使之成为对外宣传区审计成果以及与外界沟通交流的窗口和平台。二是宣传质量得到明显提升，《安徽审计》连续两次宣传报道区在推进审计信息化进程中好的做法；当地主流媒体《芜湖日报》报道了区审计局“信息化助力审计‘免疫系统’发挥作用”文章；省审计信息门户网站在“五大工程”专栏中专题报道了区审计局认真做好关于信息化建设的有关文章，不断推进审计信息化建设。三是审计信息报送积极性得到提高。制定《关于在各级媒体、刊物上刊发新闻稿件、审计成果的奖励意见》，大家写稿、投稿的积极性得到很大提高。全年共撰写被采用审计信息稿件42篇。

坚持全员学习制度，努力建设学习型机关。在建设学习型机关的过程中，始终坚持两项制度：一是全员学习制度。将学习活动列入重要的议事日程，并由专人负责安排管理，领导带头，全员参与，审计干部轮流担任各学习日主持人，负责学习内容的安排和领学。二是目标保障制度。年初，制定全年学习计划，一方面加强科学理论学习，提升审计干部用科学的方法看待问题、分析问题和解决问题的能力；另一方面注重法律法规、业务知识以及审计方法的学习。修订完善《区审计局文明审计制度》、《区审计局党风廉政建设制度》、《区审计局保密制度》、《区审计局计算机管理与维护制度》、《区审计局限时办结制度》等5项制度，做到按制度办事、用制度管人，审计公开透明。

加大人才培养，提升审计队伍综合素质。始终坚持在提升理念的基础上，充分利用每人的专长，调动工作积极性，同心同德干事业，营造昂扬积极的工作氛围。一是加强审计领导班子建设。在局主要领导人事变动后，及时调整局机关各项工作领导小组人员，并对班子成员的分工做出相应调整，进一步明确工作职责。10月，新上任的局长参加审计署举办的2011年度第四期地县级审计局长培训班。二是不断加大干部培训教育的力度，努力提高审计人员的思想政治素质和业务素质。采取“走出去”和“请进来”的方式，就计算机审计的运用实例及AO的实际操作方法等进行培训和现场交流，效果明显。三是切实强化审计队伍的作风建设，进一步加强对审计行为的制约和监督，严格执行审计“八不准”纪律，为审计工作提供了有力的思想保障。

加强党风廉政建设，构筑拒腐防变的思想道德防线。继续以高度的政治责任感，将党风廉政建设和反腐败工作做为推进审计事业发展的监督保证措施，及时调整完善党风廉政建设领导小组，实行“一把手负总责”，目标明确，责任到人。严把审计权力运用这条主线，从项目确定、项目实施和审计处理等环节控制审计风险，坚持一手抓审计质量，一手抓干部廉政，强化廉洁意识。同时，分别与每一名审计人员签订党风廉政建设责任书，按照谁主管、谁负责的原则，建立从主要领导、分管领导到审计人员的三级党风廉政建设责任体系，强化责任意识，使廉洁从审成为审计人员的自觉行动。全年全局审计人员做到了审计质量无复议、机关效能无违纪、党风廉政无举报。

加强党建工作，提升服务水平。一是认真开展 “手拉手、心连心，百名干部入千户”访民情活动，局党员干部深入基层，走入农家，宣传区情，了解民意，建立党员与群众、干部与农户的有效联动机制，帮助解决群众的实际困难。二是注重发挥党员干部的先锋模范作用。围绕审计抓党建，抓好党建促审计，在机关形成一种争当先进、争学先进的良好氛围。

2011年获奖情况

俞定怀获区依法治区和法制宣传教

育先进个人

2011年大事记

3月，陶林、丁恩友赴安庆参加全省义务教育资金审计。

3月，郭玲赴黄山市参加全国地方政府性债务资金审计。

4月，陶林到亳州市挂职。

4月，省委第一巡视组到三山区审计局检查指导工作。

7月，郭玲赴马鞍山市参加马鞍山市长任期经济责任审计。

8月，戴文任区审计局长，陈红琴调任三山建设公司董事长。

10月，戴文赴北京参加审计署举办的2011年度第四期地县级审计局长培训班。

12月，市委组织部对汪祖发拟任三山区政协副主席进行考核。

芜湖县审计局

芜湖县审计局内设办公室、财政金融审计科、行政事业社保审计科、农业与资源环境审计科、固定资产投资审计中心、经济责任审计局、内部审计协会和审计学会，现有编制30名，实有人员24名。

2011年芜湖县审计局机关人员配备情况表

内容 单位	人数	性别		文化程度				职称			负责人
		男	女	研究生	本科	大专	大专以下	高级	中级	初级	
局领导	3	2	1	1		1	1		2		潘昌彪
办公室	3	2	1		3				1		李家春
财政金融审计科	3	2	1		1	2			2		陶晓群
行政事业社保审计科	2	1	1		1	1			1		王秀莹
农业与资源环境审计科	2	1	1			2			1	1	左瑞民
固定资产投资审计中心	6	2	4	1	3	2			1		文太旭
经济责任审计局	3	2	1	1		2			2		王若平
内部审计协会	1	1			1				1		蒋福根
审计学会											蒋福根
调研员	1	1				1			1		
合计	24	14	10	3	9	11	1		12	1	

2011年芜湖县审计局领导人员情况表

姓名	性别	职务	职称	任职时间
潘昌彪	男	党组书记、局长	会计师、审计师	2011年2月
王艳梅	女	党组成员、副局长	会计师	2011年2月
汪级云	男	党组成员、纪检组长		2006年10月

2011年12月31日在册人员名单

潘昌彪　王艳梅　汪级云　董光玉　李家春　陈安斌　王若平　王　俊　文太旭　左瑞民　王秀莹　陶晓群　陶桂芳　蒋福根　毕　芳　徐晓夏　王　琦　朱　超　周冬冬　赵雅琼　李新璐　李　云　熊荣琳　吴　睿

2011年工作概况

2011年，芜湖县审计工作以邓小平理论和“三个代表”重要思想为指导，以科学发展观为统领，认真贯彻全国和省、市审计工作会议精神，全面落实县委、县政府的决策部署，坚持“依法审计、服务大局、围绕中心、突出重点、求真务实”审计工作方针，始终把“推进法治、维护民生、推动改革、促进发展”作为审计工作的出发点和落脚点，认真履行审计职责，不断提升审计执法能力和水平，为推动县经济又好又快发展、保障和改善民生、维护社会公平和正义、推进反腐倡廉建设发挥了积极的作用。全年完成审计项目60个，占全年审计任务的111%。审计查处各类违规资金211万元（其中：应缴未缴税金137万元）、管理不规范资金48332万元，依法做出收缴决定211万元，节省政府性投资18450万元,提交审计专题、综合性报告61篇，被批示采用的审计专题、综合性报告8篇。

预算执行审计。全年完成审计项目3个，查处各类违规资金10万元，依法做出收缴决定10万元。未按规定征收、缴纳预算收入1868万元，财政收入核算不实13826万元，超预算列支160万元。

固定资产投资审计。全年完成审计项目25个，审计政府性投资工程决算额64312万元，核减工程造价款18450万元,核减率达28.69%。

经济责任审计。全年完成审计项目20个，审计查处各类违规资金3万元、管理不规范资金14062万元，依法做出收缴决定3万元。

财务收支审计。全年完成审计项目2个，审计查处各类违规资金6万元，依法做出收缴决定6万元。

专项资金审计和审计调查。全年完成审计项目2个，审计专项资金总额2441万元。

企业审计。全年完成审计项目3个，审计查处各类违规资金192万元、管理不规范资金258万元，依法做出收缴决定192万元。

其他审计。全年完成财政决算审计项目2个、行政事业审计项目3个，以及上级审计机关统一安排实施的全省义务教育保障专项经费和全省地方政府性债务审计工作。

其他工作。一是加大宣传力度，扩大审计影响。年初、年中及时向省、市审计机关报送 “审计建设年”活动情况，扩大该活动在全省的影响。截止12月20日，省审计信息网采用信息2篇、芜湖审计信息网采用信息7篇、芜湖《每日快报》采用信息1篇、县政务信息网采用信息10篇。建立审计信息平台，更新芜湖县审计信息网页，在审计信息平台上面向全县宣传《审计法》及其实施条例、《国家审计准则》以及有关审计知识和信息。在被审计单位主动公开审计通知书、审计内容和审计纪律。对芜湖县2009年度城乡居民养老保险基金收支情况审计调查结果和芜湖县2009年度新型农村合作医疗基金收支情况的审计调查结果向社会进行公告。对全县中小学校舍安全工程实施情况、陶辛初级中学2010年财务收支和花桥镇卫生院2010财务收支等三个项目的审计结果向社会进行公告，让公众了解审计、接受审计、配合审计。二是制定业务文件，规范审计行为。为县委、县政府草拟《关于深入开展“审计建设年”活动的意见》，指导全年的审计工作。为县政府草拟《芜湖县国有投资建设项目审计办法》，实现县域范围内政府投资建设项目决算审计统一归口县审计局管理，规范了政府投资审计行为。召开全县经济责任审计工作领导组会议，会议研究通过由县审计局草拟的《芜湖县党政领导离任经济事项交接实施办法》和《芜湖县村级组织主要负责人经济责任审计暂行办法》，首次对4个村组织主要负责人任期经济责任进行审计。制定《芜湖县审计局审计业务操作规程》、《芜湖县党政主要领导干部经济责任审计操作规范》、《芜湖县审计局绩效审计操作规范》、《芜湖县审计局国有投资建设项目跟踪审计操作规范》、《芜湖县审计局审计项目审理工作规程》、《委托造价咨询服务机构和聘用造价专业人员开展国有投资建设项目审计暂行办法》和《投资审计廉政风险点及防控措施》，修订完善审计复核制度、审计业务会议制度等。三是加强干部培训，提高业务素质。针对审计人员新手多，计算机审计技巧应用较差的现状，派出3批8名业务骨干参加省市审计机关组织的审计业务操作及计算机培训班学习，对局全体干部开展为期5天的封闭式强化培训，认真、系统地学习法律法规、《国家审计准则》、审计知识、计算机审计知识等。按“缺什么补什么”的原则，不定期、不定人地在机关开展以会代训，进一步提高审计人员的操作技能，为全面、高质量完成全年审计任务打下了基础。全局25名审计人员中有24人通过自学或函授学习获得大专、本科或研究生学历，1人通过注册会计师考试，1人通过国家司法考试，13人通过会计、审计等中级职称考试，7人达到计算机中级以上水平，为审计转型储备了专业人才。四是注重计算机审计，推进审计信息化。县审计局对实施“信息化推进工程”高度重视，严格按上级审计机关的要求实施。全年实施的所有审计项目资料均在OA（审计管理系统）中立项、分解、归集，对绝大部分审计项目运用AO（审计实施系统）进行现场审计。与上年相比，全局干部的计算机审计水平有了明显提高，初步扭转了不利的局面。五是整合审计资源，形成整体合力。加强对内部审计工作的指导和管理。争取县编委支持，批准设立5个镇审计站。指导各镇审计站开展对镇财政资金和村（社区）集体经济组织审计。召开县内部审计协会一届二次理事会，指导教育、卫生等系统内部审计机构开展日常审计工作，提高内部审计工作质量。充分发挥了社会审计中介的作用。通过招标的方式，选择6家优质造价咨询服务机构参与政府性投资造价审计，聘请造价审计专家参与重大投资项目审计，确定合理的收费费率，并加强了对中标服务机构审计质量再监督。成立芜湖县审计学会，为县级审计机关、内部审计机构、社会审计机构的审计人员提供一个学习、研究、交流和提高审计理论、审计实务的平台。六是加强组织建设，保障事业发展。加强领导班子自身建设。以打造学习型机关为目标，以中心学习组学习为抓手，大力推进学习的制度化、经常化，不断拓宽视野和知识面，着力提高班子成员的政治理论素养。局领导班子成员牢固树立“一条心”、“一盘棋”的思想，做到职责上分、思想上合，任务上分、目标上合，权限上分、力量上合。建立健全《芜湖县审计局党组会议议事规则》、《芜湖县审计局局长办公会议议事规则》、《芜湖县审计局党组理论中心组学习制度》等一系列规章制度，使班子形成团结一致、同舟共济的良好局面。局党组始终把解放思想、更新观念作为助推审计工作发展的先导，深入探究和把握审计事业发展规律，及时转变班子成员的工作思路，鼓励班子成员在实践中不断创新工作方法，促使班子成员焕发出真抓实干、求真务实的勃勃生机。加强党建工作。认真组织开展“创先争优”活动。积极开展“转型升级、率先发展”大讨论活动。认真开展纪念建党90周年“六个一”主题实践活动。积极开展与基层党组织结对共建结对帮扶活动。

2011年工作成果一览表

审计单位（个）	查处违规金额（万元）	管理不规范资金（万元）	应缴财政（万元）	已缴财政（万元）	应归还原渠道资金（万元）	移送事项（件）	应调账处理金额（万元）	应自行纠正金额（万元）	审计报告、信息被批示采纳（篇）
60	211	48332	211	211		1	39	83	8

2011年获奖情况

被省审计厅评为全省内部审计管理先进单位

被市委、市政府评为芜湖市第十届文明单位标兵

被县委、县政府评为依法治县和法制宣传教育先进集体和先进基层党组织

2011年大事记

2月1日，县委组织部门宣布潘昌彪任县审计局党组书记、局长，王艳梅任党组成员、副局长。

8月29日，审计中心招聘的李新璐、李云、熊荣琳正式上班。

11月2日，芜湖县审计学会成立。

2011年领导批示、讲话摘要

芜湖县第十五届人大常委会第三十三次会议认为：县人民政府及其审计部门高度重视2010年同级财政审计工作。年初研究制定了审计工作和实施方案，今年的同级财政审计工作，以规范预算管理、提高资金使用效益、落实财政改革政策为目标，强化了组织预算收支、完成地税收入计划、部门预算执行、国有资本经营的审计。工作报告突出重点，公正客观地反映了2010年县本级预算执行和其他财政收支情况，深入细致地分析了发现问题产生的原因，审计评价准确精炼。

芜湖县审计学会领导及理事名单

会　长：潘昌彪

副会长：徐修宏　王艳梅　汪级云　蒋福根

秘书长：蒋福根（兼）

常务理事：潘昌彪　徐修宏　王艳梅　汪级云　蒋福根　杨东平　梁琴　王万田　谢　磊

理　事：王万田　王晓明　王若平　王邦新　王艳梅　左瑞民　刘延林　李家春　许光梅　杨东平　汪级云　陈国传　骆腊梅　周玉莲　徐修宏　陶晓群　梁　琴　蒋克俊　蒋福根　彭香萍　谢　磊　谢德庆　潘昌彪

芜湖县内部审计协会领导及常务理事名单

副会长：徐修宏　周贤升　文太旭　蒋福根　苏德敏　陈其宣　谢德庆

秘书长：蒋福根（兼）

副秘书长：鲁忠华

常务理事：徐修宏　周贤升　文太旭　蒋福根　苏德敏　陈其宣　谢德庆　鲁忠华　王万田　王文波　汪海荣　李业才　李道前　梁　琴　陶　敏　董修巧　武兴旅　周赞三　董思标　蒋克俊　陈国传　陈鸿飞

南陵县审计局

南陵县审计局内设办公室、行政事业审计科、财政金融审计科、经济责任审计局和基建投资审计中心，现有编制22名，实有人员18名。

2011年南陵县审计局机关人员配备情况表

单位＼内容	人数	性别		文化程度				职称			负责人
		男	女	研究生	本科	大专	大专以下	高级	中级	初级	
局领导	3	2	1		1	2			2	1	周翠霞
办公室	3	2	1		1	1	1		2	1	秦云霞
行政事业审计科	2	1	1		2				2		恽秋兰
财政金融审计科	2	1	1		1	1			1		方心富
经济责任审计局	3		3		2	1			3		何维花
基建投资审计中心	5	5			3	2			1	2	吴　健
合计	18	11	7		10	7	1		11	4	

2011年南陵县审计局领导人员情况表

姓名	性别	职务	职称	任职时间
周翠霞	女	党组书记、局长	会计师	2007年4月
李正一	男	副局长	助理会计师	2002年5月
强祁文	男	副局长	会计师	2007年6月
何维花	女	经济责任审计局局长	会计师	2007年6月

2011年12月31日在册人员名单

周翠霞　李正一　强祁文　吴　健　何维花　张　荣　秦云霞　刘　健　方心富　恽秋兰　杨　骅　王　慧　朱小红　朱江宏　张　波　何单干　周仲伟　张小亮

2011年工作概况

2011年，南陵县审计局在县委、县政府和市审计局的正确领导下，认真贯彻落实科学发展观，坚持“依法审计、服务大局、围绕中心、突出重点、求真务实”审计工作方针，坚持解放思想和创新审计工作相结合，紧紧围绕县委、县政府中心工作，突出解决经济社会热点、难点和领导关注、群众关心的问题，扎实履行审计监督职能，全面开展审计业务工作，在服务宏观决策、促进依法行政、维护财经秩序、推进廉政建设、优化经济发展环境等方面发挥了积极的作用。全年完成审计项目184个，其中预算执行审计8个，经济责任审计12个，专项审计（审计调查）4个，县政府及上及部门临时交办项目7个，政府投资工程决算审计153个（含委托审计50万元以下项目58个），政府投资工程预算审计25个，审计查处违规金额1124万元、管理不规范金额10251万元，应收缴财政40.79万元，核减工程决算造价4199万元，综合核减工程预算造价2814万元，提出审计意见及建议286条，提交各类审计工作报告183篇、审计要情1篇，提供审计信息252篇次。

以预算执行审计为主线，进一步深化财政资金审计。紧紧围绕财政资金的收支、管理与使用这条主线，统筹审计力量，开展年度预算执行审计。分别对2010年度县本级财政预算执行及其他收支情况和县地税征管情况进行就地审计，对县国土局、县交通管理大队、县农业技术中心、县家发中学、三里镇中心小学、许镇镇黄墓中心小学的预算执行情况及其他财政收支进行审计，对上年度预算执行审计查处问题的整改落实情况进行检查，并分别向县政府、县人大提交审计结果报告和财政预算执行情况工作报告。预算执行审计中，查处各类违规金额96万元、管理不规范金额3128万元，应缴财政金额5.89万元，提出有效审计意见及建议34条。在县人大的重视和有关单位的配合下，积极协助被审计单位就审计查出的问题进行整改落实，为促进财政预算管理规范化、制度化和法制化建设发挥了积极作用，确保了财政性资金使用的真实性、合法性和效益性。

有序推进经济责任审计，促进领导干部依法履行职责。为有效开展经济责任审计工作，县审计局认真贯彻落实2011年省、市、县经济责任审计工作有关要求，认真学习《党政主要领导干部和国有企业领导人员经济责任审计规定》，积极探索村级组织主要负责人经济责任审计，加强部门协调，形成监督合力，促进审计成果转化利用。全年受县委组织部委托及年初计划安排，完成经济责任审计项目12个，查处违规金额983万元,应缴财政金额34.9万元，查处管理不规范金额7120万元，提出审计意见及建议53条，并着力强化整改落实工作，进一步促进领导干部执行财经法规的自觉意识和责任意识，提高领导干部的民主决策能力和当家理财的水平。

加强项目资金审计（审计调查），促进提高项目资金的管理水平和使用效益。完成县政府交办的中小学项目资金使用和公务接待支出情况的专项审计调查，摸清南陵县中小学公务接待支出总情况，揭露各校专项资金使用过程中存在的问题，责令被审计单位加强项目资金管理，充分发挥资金使用效益。完成县2008至2010年土地出让情况的专项审计。完成省审计厅统一安排的全县中小学校舍安全工程专项资金跟踪审计，及时报送县校安工程自实施以来至2011年10月31日的建设资金和项目管理、工程建设验收结果等情况。

加强投资项目审计，为国家节约建设资金。根据《南陵县政府投资建设项目管理办法》规定，采取工程竣工决算审计和工程预算审计相结合的方式，对政府性投资项目进行审计。加强重点建设工程的项目管理，监督建设资金使用合理性及效益性，促进县重点工程建设顺利进行。全年完成工程竣工决算审计95个（不含50万元以下项目），原送审决算价为38405万元，审计后工程造价为34206万元，审计核减造价4199万元，核减率为11%。完成工程预算审计项目25个，原送审工程预算价为72152万元，审计后工程预算价为69338万元，综合审计调减预算价2814万元（其中调减3322万元，调增508万元），综合调减率为4%，并提出审计意见和建议183条。

围绕中心、服务决策，认真完成县政府及上级部门临时交办任务。一是根据县政府《关于加快推进县职教中心建设有关问题的会议纪要》（第32号）的要求，成立以南陵县审计局为牵头责任单位的原芜湖理工学校资产清算工作组，按时完成原芜湖理工学校的资产债务审计清查工作，提交审计要情1篇，加快推进了南陵县职教中心建设，充分体现了审计为政府宏观政策服务的职能。二是根据县纪委临时交办，认真完成许镇镇黄塘初中账外收支审计调查项目，查处违规资金45万元。三是根据南陵县政府〔2011〕1号审计工作交办通知的要求，完成南陵县三峡库区移民专项资金使用和管理情况的专项审计，查处管理不规范资金2万元,提出审计建议3条。四是在审计人员十分紧缺的情况下，根据省审计厅临时交办，派出3人审计组，对休宁县和祁门县的地方政府性债务进行交叉审计，并从规范县级政府债务管理，防范县级债务风险等方面提出5条切实可行的审计建议。五是根据省政府办公厅、省审计厅、省财政厅、省卫生厅及市政府的统一部署，由县审计局牵头对县基层医疗卫生机构截止2009年12月31日发生于业务用房、辅助用房建设维修和医疗设备购置等与基层医疗卫生机构发展建设直接相关的债务进行清理核实和审核认定。同时，对全县基层医疗卫生机构2010年1月1日至6月30日形成的债务进行清理核实。六是根据《审计署关于开展普通高中债务调查的通知》（审财发〔2011〕155号）及市审计局的统一要求，对县所属公办普通高中1997年等8个年度的债务情况进行调查，并及时上报审计调查报告，提出4条债务化解工作措施及建议。七是根据市审计局《关于印发全市新增廉租住房建设项目专项审计调查工作方案的通知》（芜审投〔2011〕124号），对县2011年新增廉租住房情况的建设规模、资金来源及使用、项目建设程序和组织管理情况进行专项审计调查，对资金管理等方面存在的问题提出4条审计意见和建议。

切实加强机关建设，进一步提高审计执法水平和审计质量。坚持着力抓好机关管理工作，加快审计基础建设步伐，全局呈现出积极向上、奋发有为、求真务实的新局面。第一，坚持以人为本，抓好队伍建设，打造一支思想先进、业务过硬的审计队伍。一是以政治思想建设为先导，进一步增强学习意识。认真学习实践科学发展观，以及省、市、县经济工作会议精神，以“加速审计转型，服务南陵经济”为总体目标，树立科学的审计理念，充分发挥国家审计的“免疫系统”功能，强化审计责任、增强大局意识，突出审计重点，不断创新审计思路和方法，坚决摈弃影响审计工作的陈旧观念和传统习惯，广泛学习同行先进经验，严格依法办事、文明审计，更好地为改革和发展服务。二是以队伍建设为根本，加大教育培训力度，增强审计队伍整体素质。立足于提高依法审计能力，积极开展创建学习型支部和学习型机关活动，狠抓继续教育及审计业务培训工作，通过组织开展宏观经济知识、审计法律法规、审计实务、计算机审计知识等学习与培训，进一步完善审计队伍知识结构，提高审计干部业务素质和工作能力。三是加强审计队伍作风建设和党风廉政建设。倡导求真务实的工作作风，局领导班子团结进取，作风民主，营造了良好的工作氛围。同时，以贯彻《廉政准则》为抓手，大力开展宗旨教育和廉洁从审教育活动，树立廉政意识，认真完成全县“小金库”治理及公务用车治理工作，严格做到不私设“小金库”、按规定配备及使用公务用车。并根据2011年党风廉政建设工作要点，对党风廉政建设的主要工作任务进行分解落实，明确责任人员和责任科室，严格执行各项廉政制度，严格落实执行“审计八不准”工作纪律，建立中层干部廉政档案，局领导与科室之间签订党风廉政责任状，并把党风廉政建设纳入目标考核，使责任制落到实处。第二，进一步加强法制建设，不断提高审计执法水平。一是加强组织领导，积极做好依法行政的基础工作。为加强法制建设，专门成立了局长为组长、副局长为副组长，各科室负责人为组员的依法行政领导小组，负责对全局依法行政工作进行规划、指导，对审计执法过错进行确认和追究。二是严格依法行政，不断提高审计执法水平。对每项审计都严格按照《审计法》及审计署制定的各项审计规范要求的程序实施。同时，建立以审计进点见面会、审前公示、审计复核、审计报告预审、审计纪律反馈、审计质量责任追究等为主线的一系列内部控制制度，确保各项审计工作程序合法、文书规范。审计处罚严格按照法律法规进行，做到处罚程序合法、审计罚缴分离。三是积极建立和推行行政执法制度建设。依法履行审计监督职责，规范审计执法行为，自觉接受社会各界的监督，保证审计机关公正执法，并制定《审计执法公示制度》，根据规定将审计项目相关资料在被审计单位醒目处进行公示。进一步加强审计执法，明确审计责任，提高审计质量，制定《审计执法责任制办法》，明确责任主体及范围，并且对审计执法错案和过错责任的追究作出了明确规定。第三，扎实开展“信息化推进工程”，全面提高信息化环境下的审计监督能力。一是深化OA、AO两大系统的应用。严格落实审计项目“双审核”制和审计信息化动态跟踪考核制。所有的年度计划项目都要利用AO开展现场审计，并利用OA进行审计管理，确保审计作业过程各个环节及相关资料在AO和OA中进行交互，实现审计质量控制全过程的数字化和网络化；各业务部门按照电子化流程控制的要求，从立项分解、采集转换、分析数据、延伸取证、编制底稿、形成报告和归集成果档案等各个环节规范操作，形成审计案例。同时，确保电子公文流转畅通，提高审计行政管理水平。做到行政、业务文书内部流转无纸化、网络化；做好电子公文的清理、归档和重复、废弃公文的清理工作。二是不断创新计算机审计技术，积极探索联网审计模式。通过服务器合理应用资源，实现数据共享；编制数据采集模板，让审计人员均能掌握财务数据的采集方法，轻松完成任何财务数据的采集转换工作，提高审计效率；积极开展信息系统审计，充分运用数据库技术，对系统的安全性、数据处理的准确性及权限分配等多方面进行审计调查与检测，从而更高效的实现审计目标；着手财政预算、支付数据、地税数据及非税数据审计模型的设计，努力构建联网审计模式。五是积极参与审计署中级培训后续教育大纲撰写，认真编写计算机审计方法。三是充分发挥审计网站及政府信息发布平台的宣传作用，做好审计宣传。不断加强审计网站宣传，除涉及商业秘密及工作秘密的信息外，有关工作动态和其他重大事项均及时在审计信息网站及电子政务平台发布。县审计局门户网站建立“信息化推进工程”专栏，动态栏目更新每月不少于两次，专栏类信息更新每月不少于5条，所有栏目信息更新总数每月不少于5条。做好审计业务、“创先争优”、机关作风提升、纪律教育等活动的宣传报道工作，总结工作亮点，并制作宣传专栏开展审计工作、廉政教育等宣传。积极撰写和报送信息，对科室提供的信息择优报送至省、市、县信息刊物和网站。全年在各类载体上发布信息252篇次，其中被省审计厅信息网采纳1篇，被市审计信息网采纳7篇，被中国南陵网采纳5篇，被《芜湖日报——南陵周刊》采纳两篇，被《芜湖审计》采纳3篇，信息报道工作取得明显进步。及时做好审计信息网的信息维护工作，并建设工程建设领域项目信息和信用信息共享专栏，及时发布1篇信息，积极做好工程建设领域信息发布工作。第四，加强信息化人才培养，计算机审计队伍不断壮大。多次安排审计人员参加计算机审计培训，进一步提升计算机审计业务水平。其中派出4名审计人员参加市审计局组织的全市审计机关业务培训会，认真学习计算机审计方法的编写方法，熟悉计算机档案归档规范。派出3名人员参加市审计局组织的计算机中级培训，其中两人顺利通过考试并取得计算机审计中级证书，实现了上级审计机关的15%的比例要求。审计人员除参加省市组织的种类培训外，在日常工作中能够坚持不断学习、不断探索，进一步创新先进的计算机审计技术、审计模式。第五，增加硬件投入、加快审计会商系统建设，确保审计信息化工作的实施。为审计一线人员更新5台性能较高的笔记本电脑和4台台式电脑，为新招聘的3名工作人员及时配备笔记本电脑，为审计信息化工作创造了有利的工作条件。根据省审计厅《关于印发全省审计机关审计会商系统建设指导书的通知》（皖审办〔2011〕73号）及市审计局统一要求，投入近5万元用于审计会商系统建设设备购置，并重新装修了局会议室。

统筹兼顾，确保各项中心工作齐头并进。一是深入开展“创先争优”活动。在机关“创先争优”领导小组的正确领导下，有计划、有步骤地在机关党组织和党员中深入开展“创先争优”活动，并根据县“创先争优”领导小组办公室的要求，组织职工深入开展向杨善洲同志学习的活动，积极参与县创先办及市审计局组织的关于纪念建党90周年“创先争优在行动”征文、演讲比赛，并获得了优异成绩。认真贯彻落实县创先办《关于开展纪念建党90周年“六个一”主题活动的通知》精神，积极开展慰问退休老干部、老党员，重温入党誓词、上党课等活动。同时，认真落实扶贫帮困工作，组织开展“大手牵小手”关注留守儿童活动、结对帮扶社区及村活动，送去党的关怀、组织的祝福，全年向结对帮扶对象捐助慰问款达3.6万元。认真贯彻落实《南陵县开展“五级书记带头大走访”活动实施方案》，党组书记、局长周翠霞一行前往何湾镇何湾村开展“大走访”活动，在广泛听取群众的意见和建议的基础上，认真做好总结，积极向上级部门汇报反映群众的实际困难，努力为该村争取修建村级道路的项目资金，充分体现了知民情、解民忧、惠民生、暖民心的“大走访”活动宗旨。二是切实加强机关效能建设。一方面成立机关效能建设领导小组，加强对局效能建设工作的领导；另一方面结合实际，制定县审计局机关效能建设具体实施意见，从制度上保障审计人员依法履行审计职责，改进机关作风，提高工作和办事效率。三是不断推进精神文明建设。首先，以文明创建为龙头，着力开展精神文明建设，构建和谐机关。加强思想道德教育一直是县审计局常抓不懈的工作。为巩固县文明创建成果，争创省级文明县城，县审计局组织志愿者定期上路对建责任路段进行文明劝导，大大提升了全县文明创建水平，提高了广大群众的文明程度。县审计局连续荣获市第七届、第八届、第九届文明单位标兵和全省审计系统精神文明创建先进单位，并在2011年荣获第十届市级文明单位标兵。其次，积极组织职工参与文体活动，营造紧张活泼的工作氛围。全年组织职工参加县工会组织的庆祝建党90周年南陵县职工乒乓球赛、羽毛球赛，在机关内部积极开展“纪念建党90周年弘扬审计文化”主题楹联征集活动，并与县供电局、县总工会、县武警中队共同举办2012年迎春联欢晚会。通过各类文体活动丰富了广大职工的文体生活，提高了职工的团队合作精神、工作积极性和工作效率。最后，加大内部审计协会和审计学会工作的指导、监督力度。为加强县的内部审计工作，促进内部审计工作再上新台阶，充分发挥内部审计工作领导组的作用，进一步加强对内部审计工作的指导，健全全县内部审计网络，充实内部审计队伍，积极组织内部审计人员参加省市内部审计后续教育培训，进一步促进县内部审计工作的发展。11月，筹备成立南陵县审计学会，为进一步推动全县审计工作的发展，创造了一个交流、培训、研究和发展的平台。

2011年工作成果一览表

审计单位（个）	查处违规金额（万元）	管理不规范资金（万元）	应缴财政（万元）	已缴财政（万元）	应归还原渠道资金（万元）	移送事项（件）	应调账处理金额（万元）	应自行纠正金额（万元）	审计报告、信息被批示采纳（篇）
184	1123	10250	40	40					25

2011年获奖情况

被市委、市政府评为全市第十届文明单位标兵

被县委、县政府评为县目标考核良好单位

被县双拥工委评为双拥合格单位

被县直工委评为“创先争优”先进基层党组织

方心富撰写的《Oracle数据库入门大纲》入选审计署计算机技术中心的计算机审计中级教材

方心富编写的《财政总预算信息系统方法》、《农村义务教育经费预算指标审查审计方法》、《个人所得税审计方法》入选审计署计算机审计方法目录

王慧获全市审计系统纪念建党90周年“审计人创先争优在行动”演讲比赛一等奖、征文比赛三等奖

张晨获全市审计系统纪念建党90周年“审计人创先争优在行动”征文比赛一等奖

秦云霞被评为全县”创先争优”优秀共产党员

秦云霞被评为全县依法治县和法制宣传教育先进个人

王慧获全县纪念建党90周年“创先争优在行动”演讲比赛三等奖

张晨获全县纪念建党90周年“创先争优在行动”征文优秀奖

2011年大事记

1月28日，召开2010年度审计工作年终座谈会，会上对2010年度全局的总体工作情况进行报告，对2010年机关支部工作进行详细说明，通报2010年全局财务收支余及资产负债净资产等情况，并组织中层干部进行述职。

3月15日，《南陵县人民政府关于批转县审计局2011年审计项目计划的通知》（南政〔2011〕8号），继续坚持“依法审计、服务大局、围绕中心、突出重点、求真务实”审计工作方针，注重从体制、机制、制度层面反映、揭示和分析问题，提出改进和完善的建议，充分发挥审计保障南陵经济社会健康发展的积极作用。

3月29日，清明节来临之际，县审计局组织5名志愿者来到家发镇李家发烈士陵园，深刻缅怀革命先烈，进一步坚定人生理想。

4月19日，传达、贯彻省审计厅厅长刘战平在全省审计工作会议上的讲话精神、全市审计工作会议精神、市长杨敬农在全市审计工作会议上的讲话精神、全县党风廉政工作会议精神和县委书记凤剑峰的工作报告。

5月25日，市审计局副局长杨凛一行到县审计局检查指导南陵县土地出让金审计工作。

6月28日，深入开展纪念建党90周年活动，在建党90周年即将来临之间际，组织开展新党员宣誓、老党员重温入党誓词、慰问退休老党员、上党课等一系列纪念活动。

7月19日，县人大一行到县审计局调研、指导财政“同级审“工作，听取2010年县本级及各部门预算执行审计情况汇报，充分肯定审计工作取得的成效。

8月2日，开展“大手牵小手，一起向前走”关爱留守儿童活动。局每位职工结对帮扶一名留守儿童，关心他们的生活、心理健康、学习情况，并为他们送去慰问金。

8月12月，县人大跟踪调研财政“同级审”发现问题的整改落实情况。调研中，县审计局报告这次审计发现的问题及提出的审计意见和建议。

8月15日，组织职工参加县纪委主办的反腐倡廉知识竞赛活动。通过竞赛，进一步加强广大审计人员反腐倡廉意识，充分发挥审计工作对全县党风廉政建设工作的促进作用。

8月17日，市审计局局长周明到县审计局检查指导“信息化推进工程”开展情况。

9月6日，无为县审计局到县审计局交流、考察审计工作开展情况。

9月21日，在县审计局门户网站上开设“工程建设领域项目信息和信用信息公开共享专栏”，及时将基建投资审计工作情况予以公开。

10月12日，为更好地开展审计人“创先争优”主题教育活动，组织退休及在职党员干部前往小岗村悼念小岗的好书记沈浩同志。

11月8日，召开南陵县审计学会成立大会。

12月9日，局党组书记、局长周翠霞一行前往何湾镇何湾村开展“大走访”活动，广泛听取群众的意见和建议，认真做好总结，做到深入实际、深入群众，充分体现知民情、解民忧、惠民生、暖民心的大走访活动宗旨。

12月16日，省审计厅文卫审计室主任曹毕生一行到县审计局开展审计结对指导工作。

南陵县审计学会领导及常务理事名单

名誉会长：吴宗财
会　长：强祁文
副会长：吴　丹　李立新　姚　辉　方向阳　吴　健
秘书长：张　荣
副秘书长：王　慧
常务理事：何维花　恽秋兰　方心富　秦云霞　孙中华　朱银水　吴海民　秦贤科　廖必学　凌　强　杨洁楷　何翠兰　孙迎春　郗立贵　彭芙蓉　刘卓琼　戴其宝　刘从志　丁立霞　何金秀　贾　亮

南陵县内部审计协会领导及常务理事名单

名誉会长：黄　梅
会　长：李正一
副会长：吴　健　张幼平　钱德祥
秘书长：金康庄
副秘书长：张　荣
常务理事：李正一　方心富　朱大秀　许　萍　朱银水　刘继光　刘惠民　杨洁楷　吴　健　吴海明　张　荣　张幼平　张江西　孟　力　何金秀　金康庄　赵　明　徐　文　袁佳华　夏　凯　凌　强　钱德祥

（撰稿人：秦云霞，审稿人：强祁文）

繁昌县审计局

繁昌县审计局内设办公室、财金审计科、行政事业审计科、投资审计科、综合法规科、经济责任审计局和投资审计中心，现有编制20名，实有人员19名。

2011年繁昌县审计局机关人员配备情况表

单位＼内容	人数	性别		文化程度				职称			负责人
		男	女	研究生	本科	大专	大专以下	高级	中级	初级	
局领导	5	3	2		2	3			3	1	张尚斌
办公室	5	4	1		1	3		1	2		鲍桂兰
财金审计科	2	1	1		2				2		徐国强
行政事业审计科	1		1		1				1		王翠微
投资审计科	4	4			2	2			4	2	张士成
综合法规科											
经济责任审计局	2	2			2				1	1	夏孝飞
投资审计中心											
合计	19	14	5		10	8		1	13	4	

2011年繁昌县审计局领导人员情况表

姓　名	性　别	职　务	职　称	任职时间
张尚斌	男	党组书记、局长		2010年8月
邢美华	女	党组副书记		2008年5月
滕兢岚	女	党组成员、副局长		2004年5月
方光雷	男	党组成员、副局长	会计师	2008年5月
夏孝飞	男	党组成员、经济责任审计局局长	审计师	2008年5月

2011年12月31日在册人员名单

张尚斌　邢美华　滕兢岚　方光雷　夏孝飞　董勤业　徐华珊　鲍桂兰　罗　杰　张士成　王翠微　吴明银　徐国强　孙克仪　汪　鹏　陈章烈　万　源　刘亚莉　方宏诚

2011年工作概况

2011年，南陵县审计局在县委、县政府及上级审计机关的正确领导下，锐意进取，开拓创新，认真履行审计监督职责，始终以促进经济社会发展为己任，坚持依法审计，围绕县委提出的“发展要大招商、城市要大建设、项目要大推进”要求，突出对重点领域、重点部门、重点资金的审计监督，较好地完成年度工作任务。全年荣获省委、省政府第九届省级文明单位，获繁昌县委先进基层党组织。主要做法：一是坚持集体领导，提高科学决策水平。坚持日常思想教育，打牢团结的思想基础，用党性原则、上级指示、审计事业来统一班子成员的思想。把民主政治建设作为增强班子创造力、凝聚力和战斗力的重要保证，严格按照“集体领导、民主集中、个别酝酿、会议决定”的原则，坚持大事开会碰头、小事互相通气，重大事项由局长办公会研究决定，真正做到协商于决策之前，统一行动于决策之后。主要领导率先垂范，以身作则，注重与班子其他成员的沟通和交流，虚心听取不同意见和建议，力争集思广益，科学决策。领导班子广泛征求各方面意见，谈心交心，查摆问题，并就工作中存在的问题和不足，进行深刻剖析和认真总结，明确工作思路，发挥班子整体功能和核心作用，不断提高决策水平。二是坚持突出重点，提升审计服务水平。认真落实县政府批复的2011年度审计计划，采取有效措施，强力推动项目审计工作。加强对重点项目和交办项目的审计，更好地服务经济社会大局。全年完成审计项目149个，查处违规金额451万元，核减投资额5245万元，提交审计信息119条，圆满完成县政府下达的各项审计工作任务。

加强财政资金审计，促进依法理财水平不断提高。科学安排，合理调配，年初组织所有审计人员开展县本级财政审计工作。突出强调对财政资金的管理使用效益情况的审计，密切关注预算编制的合理性、政府采购程序履行的合法性、国库集中支付的真实性、投资建设项目的合规性和效益性，并注重从机制、体制和制度建设以及管理层面提出审计意见和建议，促进政府依法理财水平的不断提高。县财政预算执行审计实施工作完成后及时报县政府和县人大，县人大对财政审计工作报告给予了充分肯定。

深化经济责任审计，促进领导干部权力运行不断规范。按照党的十七大提出的“重点加强对领导干部特别是主要领导干部经济责任审计”的要求，不断扩大审计覆盖面，贯彻离任必审原则，对所有离任的正科级单位主要负责人任期经济责任情况进行审计，并把财政财务收支审计、专项资金审计、效益审计与经济责任审计相结合，在揭露具有苗头性、倾向性问题，预防贪污腐败行为的同时，不断深化经济责任审计内容。开展对村级组织负责人任期经济责任审计。全年完成10名科级以上领导及4名村级组织主要负责人的经济责任审计。

强化重点领域审计，服务全县工作大局。为满足“城市大建设”工作需要，通过县招标中心公开招标，聘请7家社会中介机构参与建设项目投资审核工作。将投资项目委托给中介机构开展审核工作，并对审核结果进行监督。全年对112个政府性投资工程项目进行审计，审计总金额4.8亿元，经审计核减工程造价5245万元，为县镇两级财政节约了大量建设资金。对重点工程实行跟踪审计。增加审计力量，抽调人员，对县重点工程从项目的招投标到项目实施中的内容调整及项目完工价款结算审计全过程参与监督。全年参加建设项目协调会40余次，保证了重点工程建设的顺利进行。开展对县内房地产企业项目用地补交土地出让金评估报告审核工作，核增了2300多万元土地出让金，增加了财政收入；对征用企业补偿评估报告进行审核，核减补偿款近200万元，节约了拆迁资金支出。通过管理体制转变，缓解审计机关建设审计项目过多、审计力量不足的矛盾，解决经费不足的困难，开创了县建设项目审计新局面。

落实审计整改工作，提高审计工作约束力。少数部门和领域违反财经法纪的行为，屡审屡犯、屡禁不止，与被审计单位整改工作不力密切相关。县政府出台《加强审计工作意见》将被审计单位审计整改情况列入县政府对各单位的年度综合考核内容之一，彻底改变了以往重审计、轻整改的现象，提高了审计效果。当年还完成上级审计机关临时安排的全省义务教育保障经费、地方政府性债务异地交叉审计、非义务教育阶段和基层医疗单位债务情况审核工作等6个审计项目。

坚持和谐发展，营造风正气顺环境。结合审计工作实际，开展党风廉政建设。一是加强廉政思想教育。开展各项反腐倡廉学习、培训工作，提高廉政意识，班子成员主动听取群众意见，廉洁自律，自觉接受群众监督和社会监督。二是加强制度建设。建立“教育、制度、监督”并重的廉政工作体系，将廉政建设作为审计队伍建设的核心内容。制定《2011年落实党风廉政建设责任制实施方案》，局长与各科室负责人签订了党风廉政责任书，并层层分解，形成“一级抓一级、层层抓落实”的工作机制。落实廉洁自律各项规定，严格执行《中央纪委关于严格禁止利用职务上的便利谋取不正当利益的若干规定》和审计署“八不准”规定。认真落实《关于开展廉政风险防控管理工作的实施方案》，深入贯彻落实科学发展观，以“防范在前、预警在先”为出发点，以排查廉政风险为基础，以制约和监督权力运行为核心，以完善制度机制为重点，创新方式方法，最大限度地降低廉政风险，不断提高预防腐败工作的科学水平，推动全局反腐倡廉建设深入开展。三是加强工作督查。对审计完成的项目积极开展审计回访工作，由局纪检组牵头，不定期深入被审计单位进行审计回访，了解掌握审计人员对各项审计纪律和廉政规定的执行情况，查看审计人员有无不廉洁的行为，有效地规避审计风险，建立起风正气顺的审计环境，树立审计机关的良好形象。不断丰富精神文明建设载体。开展一系列活动，与新港镇克里村、县人武部签订结对共建协议书，制定工作计划。在经费紧张的情况下，拿出2.6万元用于结对共建帮扶工作。与县人武部开展军民共建联谊活动。把结对共建与市民“大走访“工作相结合，对14户居民进行逐一走访，大力宣传党的路线方针政策，确保党的政策家喻户晓、深入人心。化解矛盾，把群众反映的突出问题作为“大走访”活动的着力点，访民情、解民忧、惠民生。重视职工业余体育煅炼，成立羽毛球、乒乓球协会，开展经常性体育锻炼。积极参与繁昌县第一届全民健身运动会活动。节日里，组织审计人员开展登山运动、扑克牌比赛等一系列的文体活动，以缓解审计人员的工作压力、丰富职工文化生活、营造文明和谐的机关工作秩序。

2011年工作成果一览表

审计单位（个）	查处违规金额（万元）	管理不规范资金（万元）	应缴财政（万元）	已缴财政（万元）	应归还原渠道资金（万元）	移送事项（件）	应调账处理金额（万元）	应自行纠正金额（万元）	审计报告、信息被批示采纳（篇）
149	451	8471	8	8		1			119

2011年获奖情况

被省委、省政府评为第九届省级文明单位

被省审计厅评为全省内部审计先进单位

被县委评为先进基层党组织

被县双拥工作委员会评为双拥合格单位

被县政府评为年度综合目标考核一等单位

繁昌县审计学会领导及常务理事名单

会　长： 张尚斌

副会长： 滕兢岚　罗　杰　周能文　潘寒梅　胡忠布　王齐英

秘书长： 潘尚生

常务理事： 艾　馨　洪智勇　江继新　王树槐　赵　青　陈益霞　周能文　胡忠布　潘寒梅　罗彦顺　滕兢岚　罗　杰　王齐英　万启兵　汪　涛

繁昌县内部审计协会领导及常务理事名单

会　长： 张尚斌

副会长： 滕兢岚　罗　杰　周能文　潘寒梅　胡忠布　王齐英

秘书长： 潘尚生

常务理事： 艾　馨　洪智勇　江继新　王树槐　赵　青　陈益霞　周能文　胡忠布　潘寒梅　罗彦顺　滕兢岚　罗　杰　王齐英　万启兵　汪　涛

无为县审计局

无为县审计局内设办公室、综合法规审计股、行政事业与社会保障审计股、农业与资源环保审计股、投资审计中心、财政金融审计股、经济责任审计局和农村审计中心，实有人员41名。

2011年无为县审计局机关人员配备情况表

单位＼内容	人数	性别		文化程度				职称			负责人
		男	女	研究生	本科	大专	大专以下	高级	中级	初级	
局领导	6	4	2	1	2	3			3	1	汪玉华
办公室	1	1			1				1		陈军丽
综合法规审计股	1		1			1					钱　力
行政事业与社会保障审计股	1	1				1			1		林再宽
农业与资源环保审计股	1	1				1				1	刘成明
投资审计中心	4	4					4		2		邢东升
财政金融审计股	2	2			1	1			2		潘　庆
经济责任审计局	8	5	3		8				5		王玉林
农村审计中心	17	12	5		5	12			7	4	陈　曦
合计	41	30	11	1	17	19	4		21	6	

2011年无为县审计局领导人员情况表

姓 名	性 别	职 务	职 称	任职时间
汪玉华	男	党组书记、局长		2006 年 1 月
丁以豪	男	党组成员、副局长	助理审计师	1996 年 6 月
周仕保	男	党组成员、副局长	审计师	2002 年 2 月
曹 静	女	党组成员、副局长		2010 年 11 月
孙达胜	男	纪检组长		2011 年 5 月
肖 群	女	总审计师	审计师	2011 年 7 月
王玉林	男	经济责任审计局局长	审计师	2009 年 3 月

2011年12月31日审计局在册人员名单

汪玉华 丁以豪 周仕保 曹 静 孙达胜 肖 群 王玉林 刘吉玉 陈晓方 汪卓清 陈 曦 钱 力 林再宽 刘成明 潘 庆 王世新 陈军丽 王裕玲 俞 菁 孙兰湖 巫佩洋 刘 江 鲁传宝 季 飞

2011年工作概况

2011年，无为县审计局在县委、县政府和上级审计机关的领导下，深入贯彻落实科学发展观，严格按照省、市审计工作会议要求，紧密围绕县委、县政府工作中心，积极履行审计监督职责，努力开拓创新，充分发挥“免疫系统”功能，在促进依法行政，维护财经秩序，推进廉政建设，服务经济发展等方面发挥了积极的作用。全年完成116个项目，审计查处违规违纪及管理不规范资金7648余万元，审计直接收缴财政260余万元；开展工程类审计项目216个，累计核减工程造价8000余万元；报送县委、县政府综合分析报告、审计专报4份；移送纪检、检察、税务等相关部门查处案件线索5件；对外发布工作信息180多篇，其中被省、市审计网站、县政府网站以及《中国审计报》、《安徽审计》等媒体采用160多篇次。

围绕提高财政管理水平，深化预算执行审计。全年对县国土局、房产局、住建局、药监局、市容局、公安局、总工会、体育局等8个县直部门进行预算执行审计，对汤沟镇、开城镇、蜀山镇、陡沟镇、泉塘镇和洪巷乡等6个乡镇开展财政决算审计。同时，结合审计工作实际，不断创新和完善财政预算执行审计新模式、新方法。一是构建财政审计大格局。将全部财政资金纳入审计范围，整合全局审计力量，在开展县本级财政预算执行审计的同时，重点加强部门预算、乡镇财政决算和专项资金审计，对县直部门做到“三至五年”轮审一遍、对乡镇做到“三年”轮审一遍，力促县直部门和乡镇规范预算管理、提高资金使用效益、提升财政管理水平。二是注重重点资金的调查。全年开展土地出让金、新农合资金、养老保险基金、中等职业教育补助资金、送温暖资金等多项全县各界关注的重点资金审计调查，提高了资金的管理和使用水平。三是强化审计问题的整改。县委、县政府领导高度重视审计发现问题的整改工作，专门召开整改动员和汇报会议，听取各相关部门整改结果汇报，对整改工作进行研究部署，并向县人大作审计整改结果报告。

围绕促进党风廉政建设，强化经济责任审计。一是采取离任、任中和离任交接相结合。全年对县房产局、住建局、药监局、市容局、公安局、总工会、统计局等12名县直单位主要负责人和6名乡镇主要负责人开展经济责任审计。对县信访局等9名县直单位主要负责人实施离任交接。通过强化离任审计、加大任中审计和实施离任交接，查处违纪违规及管理不规范资金1780余万元，发现截留挤占专项经费、收支两条线执行不严格、违规收费、报账不规范、滥发奖金、欠漏交税金、政府采购和招投标政策执行不到位、挪用征地补偿款等问题，移送县检察院挪用征地补偿款案件1件。二是建立协作机制。加大与县纪检、监察、司法机关的联系，对发现的问题，在依法做出审计处理决定的同时，将涉嫌违纪违法人员移送纪检和司法部门查处。三是整合审计资源。在审计中，注重将经济责任审计与部门预算执行审计、专项资金审计、投资审计等进行有机结合。如，在开展县总工会原主席离任经济责任审计时，同步对该单位开展部门预算执行审计和送温暖资金专项审计调查，实行审计项目“三合一”。通过整合资源，审计质量和效率得到明显提高。四是进行综合分析。对领导干部经济责任履行情况做出客观评价，对审计中发现的问题进行责任分析和界定，对被审计单位的目标完成情况和对问题突出的，以及带有普遍性、倾向性问题进行综合分析，向县委、县政府及相关部门提供经济责任审计综合分析报告，切实增强被审计的领导干部廉洁自律、依法行政的意识，促进被审计单位建章立制、规范管理。五是开展村干部审计。全年对12名村干部开展经济责任审计，从村级财务收支的真实、合法、效益、村干部廉洁自廉等8个方面进行，为出台“无为县村干部经济责任审计办法”积累了经验，促进了村干部经济责任审计逐步制度化。

围绕提高财政资金效益，加强政府投资审计。11月，在县委、县政府和上级审计机关的大力支持下，成立投资审计中心，政府性投资审计力量得到明显加强。一是扩大审计覆盖面。依据《无为县政府性投资建设项目审计监督办法》和县政府的要求，对县政府投资的工程项目全部由审计机关审计。全年对216个工程项目（不含校安工程）进行审计，累计核减工程造价8000余万元。二是实施跟踪审计。围绕工程招投标、合同签订、工程造价的真实性以及财务管理、资金使用等情况，对重点政府性投资项目从立项、招投标、施工、验收等方面实施全过程、全方位跟踪审计监督。全年组成5个跟踪审计组，对县中医院、同心小区安置房、无为经济开发区道路、无为新一中、无为植物园等县重点工程进行跟踪审计，成效较为明显。三是强化投资审计手段。在投资审计中积极运用计算机和设备仪器辅助审计，加大投资审计人员计算机审计的培训力度，特别是现场审计实施系统、造价软件的运用，有效提高了审计效率和质量。四是突出问题综合分析。在对投资决策、工程设计、招投标质量监管、工程鉴证和工程验收等方面的问题进行纠正和处理的同时，将突出问题进行综合分析，形成政府投资审计情况综合分析报告上报县委、县政府。提出强化投资控制制度、强化建设项目招投标制度、强化教育培训、强化监管职责等一系列建议，切实提高了政府建设资金使用效益。

围绕推进构建社会和谐，突出民生资金审计。一是突出重点资金。为认真落实民本审计理念，年初专门制定《关于进一步加强民生工程资金审计监督的意见》。全年对全县低收入家庭住房困难保障资金、控拆违资金、送温暖资金、中等职业教育补助资金和全县重点民生工程资金，如中小学校舍安全工程资金、水库除险加固工程资金、“绿色家园”工程资金及二坝安置房一期工程资金等进行重点审计。二是突出揭示问题。通过审计，揭示部分低收入家庭住房困难保障资金、控拆违资金、送温暖资金等民生资金管理中存在的问题。及时督促相关部门进行整改，推动城镇低收入家庭廉租住房制度得到贯彻落实，确保控拆违资金真正运用到城市大拆迁大建设中，确保民生资金专款专用和群众利益不受损害，有力促进了民生政策的贯彻落实。三是突出延伸审计。为了使民生资金审计具有深入性和代表性，在开展民生资金审计时，派出多个审计组深入到乡镇、行政村、农户和项目实施企业开展民生资金延伸审计，有效增强了民生资金审计影响力，扩大了民生资金审计成果。

围绕提升审计工作水平，加强审计队伍建设。坚持以人才强审理念为指导，不断加大人才发展投入，创新人才培养载体，优化人才发展环境。通过上挂与下派相结合锻炼人才、培训与交流相结合培养人才、招考与选调相结合引进人才、教育与考核相结合激发人才，在人才培养方面成绩突出，建设了一支“能力强、作风正”的优秀审计队伍，并积极将人才优势转化为发展优势，为审计事业的发展提供了坚强的人才保证。一是加强领导班子建设。努力加强“学习型、活力型、创新型、和谐型、廉洁型”领导班子建设，班子成员做学习的带头人，团结协作，齐抓共管，按照分工各司其职、各尽其责，确保各项工作全面推进。班子成员注重深入一线调查研究，及时发现并解决工作中的新情况、新问题。同时，通过加强班子成员之间的交流沟通，增强领导班子讲正气、稳大局、谋发展的凝聚力，树立团结、创新、务实的领导班子形象，不断提高对审计工作的驾驭和创新能力。二是狠抓队伍教育培训。全年组织开展10多次机关集中学习和外出考察调研活动，派出多名审计人员参加省审计厅、市审计局集中培训，并邀请多名专家到县审计局开展关于审计方法、审计法律法规、计算机审计等教学活动，切实提高了审计人员理论和业务水平。同时，积极参与上级审计机关组织的交叉审计、专项审计调查等活动，全年累计派出20多人次参加省、市审计机关组织的政府性债务资金、养老保险资金、扶贫资金、高中教育化债等多项审计工作，在实践中培养了一批审计能手、计算机应用高手。目前，全局一线审计人员平均年龄在40岁以下，具有中级职称的占60%以上，有6人获得计算机审计中级证书，所有审计人员均取得计算机审计AO认证资格，审计队伍年轻化、知识化、专业化水平进一步提升，专业结构、知识层次进一步优化，当好公共财政的“卫士”的能力进一步增强。三是搭建人才成长平台。县审计局历来注重对优秀审计人员的培养、选拔和重用，积极为审计人员营造良好的成长环境，创造广阔的发展空间，做到任人唯贤，不拘一格选选拔人才。2011年，全局有两名优秀审计人员被提拔到副科级领导岗位，有1 名副局长被县委、县政府提拔为正科级领导干部，另有1名副局长被县委、县政府调任重要部门岗位。同时，为更多的年轻审计人员创造锻炼机会，帮助他们拓展视野、增强才干、提高综合素质。选派1人到省审计厅挂职、选派两人到行政村挂职，另有10人参加全省养老保险和高中教育债务审计工作。

2011年工作成果一览表

审计单位（个）	查处违规金额（万元）	管理不规范资金（万元）	应缴财政（万元）	已缴财政（万元）	应归还原渠道资金（万元）	移送事项（件）	应调账处理金额（万元）	应自行纠正金额（万元）	审计报告、信息被批示采纳（篇）
116	7648			260		5			180

2011年获奖情况

被中国审计报社评为全国宣传通联工作先进单位

被省审计厅评为安徽省审计机关网站优秀奖

被省审计厅评为全省审计“信息化推进工程”先进单位

被县委、县政府评为无为县县直目标管理综合考核先进单位

被评为无为县政风评议先进单位

被评为无为县创建文明行业活动先进单位

被评为县人口和计划生育工作先进集体

县商务局局长方平任中经济责任审计被省审计厅评为表彰审计项目

2011年大事记

2月，周仕保确认为县审计局正科级领导干部（任无为县宜居公司总经理）。

3月7日，县妇联联合县“创先争优”活动领导小组办公室在铁山影剧院举办无为县首届“十大巾帼先锋”颁奖典礼暨“歌唱共产党　巾帼抒情怀”演唱会。县审计局全体审计干部踊跃参加，演唱《走进新时代》，以高昂的歌声、饱满的热情庆祝“三八”节，展现了当代审计人的风采。

3月，舒城县副县长余靖在县审计局局长黄萍、教育局局长蒯文友的陪同下，到无为县审计局考察交流审计工作。

4月，刘吉玉任县审计局主任科员，免去其县审计局党组成员、纪检组长职务。

5月，孙达胜任县审计局纪检组长。

5月，安徽审计职业学院校外实习实训基地在无为县审计局正式挂牌成立，安徽审计职业学院副院长胡孝东、巢湖市审计局副局长张自道、无为县审计局局长汪玉华等领导出席挂牌仪式。

5月，县审计局召开机关党支部换届选举会议。会议听取上届党支部的工作报告，选举产生新一届党支部委员，并就新一届支部工作提出明确要求。

6月，巢湖市审计局局长潘淑琴率县审计局有关人员应邀赴吉林省松原市开展考察学习交流活动。

6月，丁以豪调县国土局任副局长。

7月，肖群任县审计局总审计师。

7月，县人大常委、财经工委主任耿松林，民宗侨外工委主任柏毅生，城建环资工委主任李先喜一行到县审计局调研财政审计开展情况。

8月，县审计局划入芜湖市。芜湖市审计局党组书记、局长周明在办公室主任陈蔚中的陪同下赴县审计局调研和指导审计工作。

9月，和县审计局党组成员杨平一行到无为县审计局考察交流审计工作。

11月，芜湖市审计局局长周明率领导班子全体人员到县审计局调研审计工作。

12月，省内部审计师协会会长王兴如，省审计厅财政审计处处长许志宝、副处长周善涛，省内部审计师协会副秘书长杨凌云、朱卫明到县审计局调研。

12月，县审计局8名审计人员参加由县政府举办的2011年度“中国体育彩票杯”千人万米越野长跑比赛。

12月，县审计局党组书记、局长汪玉华，副局长曹静，总审计师肖群等一行，赴鸠江区审计局进行考察学习。

2011年
领导批示、讲话摘要

3月，县委书记林绪文在县审计局报送的《2010年度领导干部经济责任审计情况综合分析报告》上批示，并对审计结果运用提出明确要求：一是要求对审计发现的问题要跟踪督办、按期整改、及时报告、形成机制；二是要求建立责任追究制度；三是要求将审计成果与领导干部考核、使用紧密结合起来。

8月31日，县委书记林绪文在听取并审议县政府关于2010年财政预算执行情况和其他财政收支审计报告时，就审计发现问题的整改落实情况强调：一要认真梳理，分析原因；二要不折不扣，严肃整改；三要建章立制，强化监督。

（撰稿人：陈军丽）

宣城市审计局

宣城市审计局内设办公室、综合法规科、财政与农业资源环保审计科、金融与外资审计科、企业与社会保障审计科、审计信息技术运用科、经济责任审计局和政府投资审计中心，现有编制37名，实有人员33名。

2011年宣城市审计局机关人员配备情况表

内容 单位	人数	性别		文化程度				职称			负责人
		男	女	研究生	本科	大专	大专以下	高级	中级	初级	
局领导	6	5	1	2	3	1		2	1		蔡修定
办公室	3	3			1	1	1		1	1	黄卫华
综合法规科	2	1	1		2				1		吴明华
财政与农业资源环保审计科	3	3			3				1		李诗银
金融与外资审计科	2	1	1		1	1		1			程国成
企业与社会保障审计科	2	1	1		1	1			1	1	李冬保
审计信息技术运用科	4	3	1		4				1		肖远会
经济责任审计局	3	1	2		2	1			1		汪晓田
政府投资审计中心	8	6	2	1	7				2		程　林
合计	33	24	9	3	24	5	1	3	9	2	

2011年宣城市审计局领导人员情况表

姓名	性别	职务	职称	任职时间
蔡修定	男	党组书记、局长		2011年3月
章　捷	男	副局长		2007年12月
王　翔	男	副局长	高级审计师	2009年6月
查燕萍	女	纪检组长		2009年2月
丁宏林	男	副局长	高级审计师	2011年7月
汪晓田	男	经济责任审计局局长	审计师	2011年7月
肖远会	男	总审计师		2011年11月
黄卫华	男	副调研员	会计师	2007年12月
刘　星	女	副调研员	审计师	2011年7月

2011年12月31日在册人员名单

蔡修定　章　捷　王　翔　查燕萍　丁宏林　肖远会　汪晓田　黄卫华　刘　星　王达平　陈家杰　程国成　段　青　李诗银
程　林　李冬保　郑　益　杨　军　吴明华　赵成英　易永红　王明峰　唐静灵　邓　璇　朱南松　秦清思　邵　灿　江　帆
周　敏　赵作平　吴　刚　王寅子　徐丽莎

2011年工作概况

2011年，宣城市审计机关在市委、市政府和省审计厅的正确领导下，紧紧围绕市委、市政府工作中心，以“创先争优”为主线，以实施“五大工程”为抓手，坚持把推进法治、维护民生、推动改革、促进发展作为审计工作的出发点和落脚点，充分发挥审计保障经济社会运行的“免疫系统”功能，在促进审计转型升级和科学发展上努力迈出新步伐，为服务宣城跨越发展做出了新贡献。全年全市审计机关审计（审计调查）项目721个，查处违规金额5738万元、损失浪费329万元、损益（收支）不实2917万元、侵害人民群众利益2019万元，审计上缴财政2620万元，核减投资额20545万元，挽回经济损失20598万元，移送司法、纪检监察案件3起，涉案人员3人，移送其他部门事项2项。全市审计机关提出审计建议1594条，被审计单位采纳1100条，提交综合报告和信息607篇，被采用和批示558篇次，较好地发挥了国家审计的职能作用。

财政审计。积极探索构建“财政审计大格局”，不断深化预算执行审计，取得了明显成效。一是审计内容不断深化。市本级首次对市国投公司预算执行情况进行审计，就规范运行、提高效率、加强监管、防范风险提出建设性意见和建议，得到了市政府领导和市人大常委会的充分肯定。二是审计方式不断改进，对电算化程度较高的财税及政府有关部门开展计算机审计。三是研究出台《关于加强政府性资金绩效审计的意见》，进一步推动审计转型升级。

政府投资项目审计。一是拓展跟踪问效范围。全面实施城市建设重点项目跟踪审计。对宛溪河综合整治（一期）工程、梅溪公园工程、环城大道工程、向阳大道、合工大宣城分校、宣城中学新校区、奥体公园等重大市政建设项目实施跟踪审计。对政府投资兴建的宛溪河综合整治（二期）工程、扬子鳄湖核心景区（一期）工程、宣狸公路改建工程等52个新建、续建重点项目实行全过程、零距离、不间断的审计监督，涉审概算总投资超过100亿元，基本实现对城市建设重点项目跟踪审计“全覆盖”。同时，创新跟踪审计模式，努力做到工作到位而不越位、有所为有所不为，显示跟踪审计“迅速反馈，及时纠偏”独特功效，促进了有关方面改进管理和政府投资效益的提高。通过参加领导组、指挥部等方式，参与市政府重大建设项目组织协调工作，及时了解了市重点项目建设情况。开展政府投资项目绩效审计。先后对市政府投资的老小区综合整治工程、市区污水主干网管道工程等多个建设项目开展绩效审计，着重从项目决策、建设管理、竣工运行等方面入手，揭示和分析项目建设和管理中存在的突出问题，促进建设项目管理水平和投资效益提高。二是继续开展竣工决算审计。市审计局先后组织开展对市政府等办公楼外墙面装饰改造工程、市区污水主干网管道工程等9个政府投资建设项目竣工决算审计。已审结项目16个，涉审投资总额43313万元，审计核减投资额890万元。针对审计发现的问题，依法依规进行处理处罚，同时督促涉审单位及时整改。三是加强固定资产投资专项审计核查。市审计局根据市领导交办先后对宣古路、宝成路、奥体公园项目、殷村水库、宣中新校区、双桥物流园区等项目的征地、拆迁和补偿安置进行专项审计核查。特别是对双桥物流园区所在办事处和社区2008年1月至2011年6月的财务情况进行专项审计中，市、区两级共抽调22名人员参审，大家不顾高温酷暑，克服工作和生活上的诸多困难，加班加点，以饱满的精神和高昂的士气，积极主动、廉洁高效，用短短一周的时间，圆满完成市政府交办的任务，得到了虞爱华市长的高度肯定。虞爱华市长在汇报材料上批示：“此项审计专项活动，行动快、工作实、效果好，说明市审计局是一个十分能实战、十分能吃苦的团队，值得充分肯定。”为净化投资环境，全市各级审计机关积极参与工程建设领域突出问题专项治理工作，县、市、区审计局普遍对参与国有投资项目造价审计的中介机构实行招投标，对中介机构出具的报告进行复核把关，加大对社会中介机构投资项目审计结果的抽查复审力度，确保审计质量。

经济责任审计。一是加强组织领导。重新调整经济责任领导组，定期召开会议，研究经济责任审计工作。二是不断扩大审计范围，逐步消除经济责任审计的盲区。三是不断规范审计行为。中央两办颁布实施《党政主要干部和国有企业领导人员经济责任审计规定》后，市审计局及时安排专题培训，并在《宣城日报》等媒体上进行宣传。同时，根据新颁布的《国家审计准则》，结合新规定，进一步完善经济责任审计实施方案，细化经济责任审计的内容，明确经济责任审计评价依据，界定经济责任划分范围。四是坚持任中审计，全面实施离任交接。市审计局实施的8个经济责任审计项目全部是任中审计，按照《宣城市领导干部离任经济事项交接实施办法（试行）》，完成对10位领导干部的离任交接工作。

专项审计。圆满完成对巢湖市政府性债务审计和巢湖市义务教育保障资金审计调查。全市抽调50余名精干人员组成赴巢湖市审计组，按照省审计厅要求认真负责地完成各项任务。政府性债务审计建议被南京特派办采用，审计结果受到省审计厅表扬。审计组的工作作风、精神状态、敬业精神、工作效率等也受到巢湖市有关方面和省审计厅的肯定。另外，如期完成国外贷援款项目公证审计，市审计局组织广德县、宁国市、绩溪县审计局开展三县市的世行赠款白蚁防治项目审计，并独自开展世行贷款广德县生态家园富民项目审计；顺利实施市本级2010年度社会养老保险基金专项审计调查；基层医疗卫生机构债务复核认定、普高教育债务、小额贷款公司经营情况审计调查项目也已完成。

“信息化推进工程”。2月，召开全市审计信息化工作现场会，要求推动全市审计信息化工作再上新台阶。及时研究出台《全市审计机关开展“信息化推进工程”实施方案》，并成立全市审计信息化建设领导小组，加强“信息化推进工程”的领导。一是注重加强审计信息化基础设施建设。以办公楼搬迁为契机，合理布局信息化网络和设备的安装，重点抓好省、市、县三级审计视频会商系统建设、审计专网整体迁移至外网等工作。现已顺利完成对新大楼综合布线安装调整、会议室和机房改造、空调通风系统更新等工作，为“金审工程”二期建设夯下坚实基础。二是注重深化AO和OA系统应用。坚持所有审计项目都在OA系统中立项、分解并下载到AO软件中进行数据分析，实行AO、OA全面交互，并加强被审计单位资料库建设。为进一步提升计算机审计成果转化效率，成立由局主要领导担任组长的计算机审计方法和AO应用实例征集领导小组，加强审计案例的编报工作，在保证案例数量的同时不断提高上报方法和案例的质量。截止年底已完成22篇计算机审计方法及8篇审计项目数字化试点案例和8篇AO应用实例的撰写。三是注重审计信息化水平的提升。全市审计机关以审计信息化建设为抓手，注重审计信息化水平的提升。四是注重加强审计信息化工作动态考核。坚持执行计算机审计审理制度和审计信息化动态跟踪考核管理办法，所有审计项目都必须经过审计信息技术应用科对其数据采集、语句编写和交互资料上传情况进行审理，并在审计项目业务会上通报审理结果。每季度开展一次计算机审计兴趣小组会议，组织交流学习计算机审计技术并对全市审计机关当前阶段信息化工作开展情况进行量化评分，排定名次，按比例纳入年末审计信息考核。

“创先争优”活动。在认真调研和广泛征求意见的基础上，市审计局党组研究制定《关于构建创先争优活动长效机制的意见》，将“创先争优”活动贯穿于审计建设的各个环节、各个方面，着力提升审计干部政治业务素质、提高审计工作质量和水平、塑造审计机关的良好形象。一是着力加强审计干部队伍建设。认真开展各项主题学习教育活动，围绕提高素质、增强能力、加强组织、锤炼作风，不断夯实履行好职责的思想组织基础；以纪念建党90周年为主题，机关党支部还组织开展“九个一”系列活动，进一步加深党员干部和职工对党的全面认识，增强党组织的凝聚力、向心力和战斗力；同时，加强机关内部管理，积极打造“学习型、服务型、效能型、廉洁型”审计机关，严格执行各项制度和纪律，深入开展干部谈心、谈话活动，积极引导党员干部讲党性、重品行、作表率，进一步激发爱岗敬业、干事创业的热情。期间，市审计局还委派两名干部参加市委组织的“千名干部下基层”活动，到基层开展帮扶工作。另外，有两名党员干部被市直工委命名表彰为“共产党员先锋岗”。先后出台《市审计局部门目标考核办法》和《市审计局科级及以下工作人员考核实施办法》。其中，部门目标由公共目标、业务目标和部门形象三部分构成，每部分规定具体的考核内容及评分标准；《市审计局科级及以下工作人员考核实施办法》则对机关工作人员年度工作推行量化考核，突出工作实绩。两个办法的实施，不仅有利于进一步加强机关效能建设，而且保证在“公正、公平、公开”的原则下，形成有序良性竞争，进一步鼓励审计干部自我提升素质、提升能力，继而提升审计干部队伍的整体素质。2011年，有一名2009年新聘的年轻干部获得人事部门颁发的审计师证书、有两名刚参加工作不久的年轻审计人员获得初级工程造价预算员资格。二是着力加强审计质量建设。审计质量是审计工作的生命线，也是“创先争优”的关键所在。为全面贯彻落实《国家审计准则》，加强审计质量体系建设，以优秀审计项目标准为目标，以审计质量控制为核心，按照“依法、程序、质量、文明”的要求，落实审计责任，加强控制管理，强化质量考核。采取多种方式深入学习。市审计局在组织收看专家视频讲座、集中学习讨论基础上，分专题由分管领导进行讲解，现场答疑，促使干部职工尽快把握、熟练运用。加强审计质量体系制度建设。为规范审计行为，确保依法进行审计处理处罚，进一步提高审计质量，市审计局出台《宣城审计局审计质量控制及其责任追究办法（试行）》以及《宣城市审计局审计项目审（复）核审理（定）办法（试行）》两个重要业务规范制度，《宣城审计局审计质量控制及其责任追究办法（试行）》，按照审计质量分级控制，对审计组成员、审计组长、主管业务部门、审理机构以及审计机关负责人的职责及其相应承担的责任进行明确的划分，对审计项目审计质量责任追究的提起以及责任人的处理等做出具体的规定。《宣城市审计局审计项目审（复）核审理（定）办法（试行）》，对审计组长的审核、主管业务部门的复核、综合法规科和审计信息技术应用科的双重审理以及审计业务会议审定的程序、内容、各自承担的责任等做出明确的规定。根据该规定，重新制定审计组长审核意见单、主管部门复核意见单、审理机构审理意见书、审计报告征求意见、审计业务会议的提请等文书格式。根据审计署、省审计厅的安排和部署，组织对各县（市、区）审计局进行审计质量检查；实行审计项目审理定期通报制度。市审计局决定对所有审计项目推行复核审理情况在机关学习例会上进行全面通报，同时围绕审计措施的执行、审计证据的获取以及审计报告编审等重要环节的新规定、新要求，对《国家审计准则》再次进行集体研学，并开展讨论交流，使审计人员能及时了解在贯彻审计准则过程中存在的问题和不足，加深对新准则的理解和掌握，有力地促进项目审计质量的提升；加强全员实务培训，特别是对新进人员采取“以会代训”、“以老带新”、“以审代教”等形式开展岗位培训，为促进年轻干部的成长发挥积极作用。三是着力加强审计机关形象建设。全市各级审计机关按照“提高水平、提升素质、树立形象”的总体要求，着力加强审计机关形象建设。市审计局党组多次召开专题会议，研究和部署廉洁从审工作。组织学习胡锦涛总书记在党的十七届中纪委六次全会上讲话、温家宝总理在国务院第四次廉政工作会议上讲话、刘家义审计长在全国审计机关党风廉政建设工作视频会上讲话，深刻领会精神实质，按照省审计厅和市政府的统一部署认真抓好2011年党风廉政建设工作任务。加强审计队伍廉政建设，要求领导干部首先要以身作则，模范遵守“廉政准则”和廉洁自律各项规定，自觉接受各界监督，做遵纪守法的表率。强化审计干部的日常管理和教育，完善审计机关内部监督和制约机制，增强审计干部的自律和责任意识。深入开展以“创先争优”、“党员先锋岗”和“加强作风建设，弘扬风清气正”为主题的作风建设专项教育活动，加强制度的执行力。贯彻中央重新修订的《关于实行党风廉政责任制的规定》，抓好责任落实，实行责任追究。狠抓《审计八不准》、《审计组廉政责任规定》、《审计公示制度》、《审计回访制度》等制度的监督检查。按照局《机关干部“八小时以外”监督管理暂行办法》和《宣城市审计局关于进一步加强机关效能建设意见》，加强对机关干部职工“八小时以外”监督管理和机关效能建设各项制度的监督检查。四是坚持依法文明审计。严格遵守审计法律法规，严格执行新颁布的《国家审计准则》和审计法规，以规范审计行为。加强与被审计单位的沟通，虚心听取意见，客观公正地做出审计评价。在实际工作中，坚持落实以审计机关主要负责人为第一责任人的“一岗双责”制，认真执行审计廉政谈话等相关制度，加大审计回访等检查监督力度，确保廉洁从审。全年全市审计机关尚未发生审计干部违纪或被投诉的情况，有效地树立了审计良好的社会形象。在加强审计机关形象建设方面，市审计局还通过《宣城日报》、市政府门户网等媒介，广泛开展审计宣传工作，并适时地与被审计单位开展交流互动，积极塑造审计公正执法、服务社会的良好形象。为扩大社会知情权，主动接受社会监督，出台《宣城市审计局审计结果公告试行办法》，按照省审计厅和市政府党务公开、政务公开的要求，将2011年预算执行审计、固定资产投资审计、民生工程审计等审计结果按公开计划有序推行。

2011年工作成果一览表

审计单位（个）	查处违规金额（万元）	管理不规范资金（万元）	应缴财政（万元）	已缴财政（万元）	应归还原渠道资金（万元）	移送事项（件）	应调账处理金额（万元）	应自行纠正金额（万元）	审计报告、信息被批示采纳（篇）
721	5738	212689	2620	2457	7446	3	545	212689	558

2011年获奖情况

被省审计厅评为政府性负债审计先进集体

被市委、市政府评为市直单位目标管理考核优秀单位

被市委评为优秀下派工作队

被市委评为双拥合格单位

被市政法委评为综合治理先进单位

被市委办评为全市党委系统信息工作先进单位

被市纪委评为先进派驻（出）纪检组、监察室

被市直工委评为市直单位“创先争优”先进基层党组织

被市直工委评为“最佳党日活动”党组织

郑益被省审计厅评为政府性负债审计先进个人

吴明华被市委办评为全市党委系统信息工作先进工作者

张文勤、刘星、汪晓田、陈志荣被市委组织部、人力资源与社会保障局记三等功

李诗银被市直工委评为优秀共产党员

唐静灵、吴明华被市直工委评为市直单位共产党员先锋岗

2011年大事记

1月4日，汪志良局长带领全市审计局长参加全省“五年行动计划”总结大会。

1月17日，省审计厅姜爱民副厅长到宣城市看望外资审计组人员。

2月9日，韩永生常务副市长到宣城市审计局调研，在听取审计工作情况汇报后，充分肯定了审计工作所取得的成绩，要求进一步发挥审计职能作用，为地方经济社会建设服务。

2月11日，韩永生常务副市长率全市审计局长赴合肥参加全省审计工作会议。

2月12日，汪志良局长参加全省审计学会会议。

2月21日至3月21日，王翔副局长到省行政学院学习。

2月28日，召开全市审计信息化工作会议。

2月28日，蔡修定任市审计局党组书记，免去汪志良党组书记职务。

3月4日，召开全市政府性负债、义务教育工程审计会议。

3月8日，省审计厅厅长刘战平到市审计局调研地方政府性负债审计工作。

3月16日，市人大常委会任命蔡修定为宣城市审计局局长，免去汪志良宣城市审计局局长职务。

4月20至22日，省审计学会副会长王运清到宣城市检查指导学会机构组建工作。

4月26日，召开全市信息化工作会议。

5月4日，市委组织部副部长彭少鸣一行6人到市审计局考核领导班子及市管干部。

6月18日，召开全市社会保障审计工作会议。

6月22日，蔡修定局长参加全省内部审计工作会议。

7月1日，市人大常委会陈世跃副主任一行7人到市审计局对市本级预算执行审计情况进行初审。

7月12日，市纪委案件管理室主任刘星调市审计局任副调研员。

7月15日，市政府任免通知，丁宏林任市审计局副局长，不再担任总审计师；汪晓田任宣城市经济责任审计局局长（副处，试用期一年）。

7月19日，召开上半年全市审计信息化工作情况通报会。

7月21至22日，蔡修定局长参加上半年全省审计工作座谈会。

8月27日，蔡修定局长参加市政府考察团赴日、韩学习考察。

8月30至31日，省审计厅纪检组长吴毅到宣城市检查指导行政执法工作。

9月29日，组织3人参加省审计厅首届钓鱼比赛，获得团体第二名，个人总量第一名、第五名。

10月20日，市审计局机关从市政府大院内搬迁至市行政服务中心综合楼。

10月28日，召开全市审计局长座谈会。

11月4日，省内部审计师协会会长王兴如到市审计局调研。

11月7日，召开市审计局全体退休人员座谈会。会上，蔡修定局长通报全市审计工作情况，会后组织退休人员参观市容市貌。

11月8日，省经济责任审计局局长刘春华到市审计局调研2011年工作开展情况及2012年工作思路。

11月20日，肖远会任市审计局总审计师。

11月21至29日，蔡修定局长参加省审计厅集中培训。

11月28日至12月7日，章捷副局长赴南非、马达加斯加考察审计工作。

11月29日，省审计厅副厅长姜爱民到市审计局检查指导工作。

11月29日，省审计厅总审计师何结华一行19人到宣城市考察。

12月13日，召开全市第三次审计学会暨第二届内部审计协会换届工作大会。

12月23日，省审计厅副厅长胡海波到市审计局检查指导工作。

12月26日，召开全市经济责任审计工作会议。

12月29至30日，蔡修定局长参加全省审计信息化工作会议。

2011年 领导批示、讲话摘要

市委常委、常务副市长韩永生在市审计学会、内部审计协会理事会换届大会上的讲话中指出：

（一）坚持围绕中心，牢固树立服务大局意识。我市各级审计机关坚持以科学发展观为指导，认真贯彻“依法审计、突出重点、围绕中心、服务大局、求真务实”的审计工作方针，以加速审计转型为统领，以开展审计机关“五年行动计划”和“五大工程”活动为抓手，不断加大审计执法力度，着力提高工作水平和质量，全市审计工作取得了显著成效。较好地发挥了审计工作的职能作用。市审计学会、内部审计协会也不断拓宽工作思路，主动适应经济社会发展的要求，为审计机关搭建了一个管理与服务、交流与宣传、自律与发展的平台，在推动创新、服务转型、促进发展等方面发挥了建设性作用。一要提升审计工作高度。要以科学发展为主题，以加快转变经济发展方式为主线，以维护和改善民生为落脚点，推动审计工作更好地服务中心、服务大局。二要挖掘审计工作深度。要加快审计转型步伐，提高审计发现问题的能力，通过审计揭示深化改革和经济运行中的体制、机制等深层次问题。要强化审计整改，切实强化审计成果运用，提高财政资金使用管理水平。三是增强审计工作精度。突出重点，统筹兼顾，科学制定审计工作计划，增强审计监督的针对性、有效性，努力出精品、出成果、出效益，为维护经济秩序、促进廉政建设和加快经济社会发展提供强有力支撑。

（二）开拓创新，积极发挥学会和协会的职能作用。一要注重发挥服务宏观管理的作用。要紧紧围绕经济发展与影响社会稳定的热点、难点问题，开展调研活动，从体制、机制、管理等方面有针对性地提出解决问题的建议，为市委、市政府宏观决策当好参谋。要加大与纪检监察、组织人事、财政、税务等部门的联系，就政府投资审计、经济责任审计、审计整改落实、重大案件线索移交移送以及建立部门间长效协调机制等事项开展理论研究，发挥审计理论研究对审计实践的指导作用，为依法审计创造有利条件。二要牢牢把握工作的着力点。要围绕全市经济社会发展的中心工作，服务于全市经济社会发展的大局。要围绕当前审计工作的时代特征，合理安排学会、协会工作，立足“转型和创新”发展定位，对遇到的理论问题进行深入研究，对实践经验进行系统总结，使理论研究成果与实践经验总结相结合，成为推进审计机关转型的强大动力。要突出学会和协会的基层特色，更多地关注操作层面的基础研究，多出有关基层审计工作的研究成果，客观地反映我市审计工作的实绩。三要注意加强内外沟通交流。市审计学会、内部审计协会要做好对会员单位的指导工作，加强与会员单位的联系和沟通，通过搭建学术平台、组织审计活动、开展理论研讨和业务交流，相互学习、相互借鉴、共同提高。要加强与兄弟市县的联系和沟通，吸取外地成功经验做法，取长补短。总之，要通过开展一系列活动，把学会、协会的工作搞活搞好，增强学会、协会的凝聚力，更好地发挥内外联系的桥梁和纽带作用。

（三）夯实基础，切实提升自身建设水平。一要强化自律管理。坚持严格依法依规办事，强化会员服务工作，建立以会员为中心的自律管理机制。要严格内部管理，规范自身行为，加强组织建设、作风建设和能力建设，做到内部管理制度化、工作流程规范化、指导监督常态化、服务管理科学化，不断提升学会、协会推动审计科学发展的能力和活力。二要抓好队伍建设。事业兴衰，关键在人。必须抓好学会、协会队伍建设。要坚持以人为本，加强专业审计科研队伍建设，提高审计科研人员素质，同时注意充实新生力量，适应审计科研任务的需要。要完善人才培养机制，结合全省审计系统实施的“人才造就工程”，加大人才培养力度，营造有利于人才成长的良好环境，凝聚一批热心、关心和支持审计事业发展的理论工作者和实际工作者。特别是要加强对青年审计理论研究骨干的培养，调动他们的积极性、主动性和创造性，为我市审计理论研究的长远发展奠定基础。三要积极争取关心支持。审计学会、内部审计协会工作是审计工作重要组成部分，各级党委、政府要关心支持学会、协会工作。审计机关要切实加强对学会、协会工作的指导，把学会、协会工作摆上重要议事日程，积极探索开展工作的有效形式和方法。同时，要支持学会、协会参与相关的审计活动，使学会、协会能够及时了解审计工作动态，为审计理论研究和内部审计工作开展创造良好的条件。各有关部门也要关心支持学会、协会的建设和发展，相互支持配合，共同开创审计学会、内部审计协会工作新局面。

宣城市审计学会

2011年，宣城市审计学会开展的主要活动和取得的主要成果有以下几个方面。

第一，围绕“五大专题”，积极开展审计理论研究。一是围绕财政审计大格局开展探索研究。近年来，全市各级审计学会积极探索财政绩效审计方式，重点对财政绩效审计的程序、内容及成果的考核评价体系进行有益的尝试和探索，积累了很多经验和方法，为有关部门制定相关的管理规定提供了很好的意见和建议。二是围绕审计机关“五年行动计划”开展专题研究。市审计学会领导带队组成5个专题调研组，围绕“审计如何为地方经济建设服务”、“如何加快推进我市计算机审计”、“如何进一步深化审计队伍廉政建设”等课题开展专题调研。三是围绕经济责任审计转型开展研究。围绕经济责任审计转型，对经济责任审计制度、对县、乡党委书记的审计、村级负责人经济责任以及干部任前审计开展了理论研究，促进了经济责任审计的转型。四是围绕审计专项调查开展应用研究。为充分发挥专项审计调查的建设性作用，市审计学会组织县级审计学会及团体会员单位围绕地方党委、政府重点工作，立足社会经济生活中的热点、焦点、难点问题，开展了大量的专题调研。如，围绕校舍工程安全、医疗废弃物处置等课题进行调研，提交《扎实推进校舍安全建设》、《我市医疗废弃物处置存在较大安全隐患》专题调研文章。五是围绕计算机审计开展规范研究。为研究解决如何促进计算机审计的深入开展和AO与OA两大系统的深层次应用问题，破解计算机审计实务中遇到的难题，市、县审计局（审计学会）成立计算机审计推广应用小组和计算机兴趣小组。近两年，提交28篇计算机审计方法、8审计项目数字化试点案例、16篇AO应用实例。此外，在开展学术交流方面，市审计学会还推荐部分会员参加全省和区域性、全国性审计理论研讨会，组织或积极参与苏浙皖13县（市、区）审计理论与实践研讨会，及时沟通审计信息，交流审计工作情况，探讨审计工作思路，为推动宣城市审计学会工作发展发挥了积极作用。

第二，强化科研组织，保障审计科研工作开展。为及时总结审计实践经验，服务审计事业科学发展，进一步发挥审计理论对审计创新、审计转型的指导作用，市审计学会每年结合省审计科研工作的安排，下达年度审计科研课题任务，及时成立课题研究小组，并且将任务落实到人，提出具体要求。同时，强化科研组织，一是选定课题执笔人，由执笔人组织课题小组成员设计课题的基本框架，并形成课题初稿；二是课题研究小组组长以及课题组成员对课题初稿的内容进行审阅，并提出意见，供课题组执笔人进一步修改时参考；三是召开课题研讨会进一步完善定稿。同时，市审计学会对审计科研任务落实、工作进展等情况开展定期检查、督促，年终进行严格考核评比，对审计科研工作成绩突出的予以表彰。

第三，抓审计业务培训，提高学会人员素质。市审计学会一直把培养和锻造审计理论研究人才作为重要工作来抓。通过开展业务培训、举办审计专题讲座等形式提高会员科研能力。一是组织会员参加审计署、省审计厅举办的新任局长培训班，审计法规培训班，投资审计、计算机审计等专题培训班，先后有100多人次参加各种类型的培训。全市已有28名会员通过计算机中级认证资格考试。二是举办审计理论专题讲座。市、县审计学会多次聘请高等院校教授、省审计厅计算机审计专家授课。三是开展审计业务知识培训。市审计学会每周一安排一次业务学习，每月组织一次审计理论专题学习，岁末年初安排集中培训，有针对性地组织审计人员学习业务技能。四是以审代训。从2009年开始，市审计学会从市住建委、交通局、水务局等部门聘请学会会员为特约审计员，参与、协助开展市政投资建设项目审计。

第四，加强宣传，扩大审计社会影响力。市审计学会坚持为发展审计事业和服务经济社会发展服务。通过与市审计局、内部审计协会联办《宣城审计信息》，积极宣传审计工作，不断交流学会工作经验，加强审计技术和方法研究，收到较好效果。每年都有较多的信息被审计署、省委、省政府及省审计厅采用。在全市党委、政府系统信息工作中，一直保持较好位次，每年都有10多篇信息被市委、市政府领导批示。

第五，主动适应形势发展需要，推动县级审计学会机构建设。根据省审计厅和省审计学会的要求，宣城市县级审计学会组建工作全部如期完成。市审计局党组十分重视县级审计学会组建工作，几次召开党组会议专题研究县级审计学会成立事宜，要求县市区进一步增强抓学会筹建工作的主动性和责任感，并对县级审计学会成立排出时间表，提出严要求，下达硬任务，同时加强督促检查，指导学会筹建工作。各县（市、区）审计局高度重视，精心准备，主要负责人亲自挂帅，并安排分管领导专门负责学会筹建工作。宣城市县级审计学会的全面组建，为县级审计机关打造了一个管理与服务、交流与宣传、自律与发展的平台，对全市审计工作产生了积极的影响。

宣城市审计学会领导及理事名单

会　长：蔡修定

副会长：左卫星　张慧民　罗少彬　曹应祥　章　捷　程双幸　黎志耕

秘书长：吴明华

常务理事：王　勇　王　智　左卫星　苏月宏　肖远会　吴永木　吴明华　岑　香　汪明星　张辉华　张慧民　邵期静　罗少彬　项道根　曹应祥　章　捷　程双幸　舒　勇　蔡修定　黎志耕

理　事：王　勇　王　智　左卫星　田家刚　苏月宏　李成元　李诗银　肖远会　吴永木　吴明华　岑　香　佟　昆　汪明星　张辉华　张慧民　陈　丽　邵期静　罗少彬　项道根　曹应祥　章　捷　程　林　程双幸　舒　勇　蔡修定　黎志耕

宣城市内部审计协会

2011年，宣城市内部审计协会开展的主要活动、取得的主要成果有以下几个方面。

第一，内部审计工作地位日益突出。全市内部审计机构紧紧围绕地方党委、政府工作中心，以及部门、单位工作目标，以促进加强内部管理、提高经济效益为目的，不断加大内部审计工作力度，有效发挥了内部审计的参谋和监督作用。随着内部审计工作的逐步深入，内部审计成果越来越受到行业、部门和单位领导的重视，内部审计建议得到有效采纳，树立了内部审计工作的权威，进一步提升了内部审计工作的地位。

第二，内部审计工作转型积极推进。市内部审计协会和各内部审计机构积极推进内部审计工作转型，内部审计领域进一步拓宽。一是着力改进审计方法，积极探索事前、事中审计路子，前移内部审计关口。二是加大部门、单位经济责任审计力度，推行任期经济责任和离任经济责任审计制度，为单位主要负责人目标考核和奖惩提供了依据。三是试点开展绩效审计和管理审计。四是重视内部审计工作转型理论研究。市内部审计协会先后组织开展理论研讨活动,收到、理论文章12篇,经专家组评审、推荐论文两篇参加全省内部审计论文评比，其中获奖1篇。

第三，内部审计工作质量不断提升。全市各内部审计机构严格遵守国家内部审计基本准则和内部审计操作指南，认真学习贯彻《安徽省内部审计条例》，依法履行内部审计职责。同时，建立健全内部审计质量控制制度和责任追究制度，严格内部审计程序，加强内部审计复核，严把审计质量关，并提出切实可行的审计意见和建议，提高了内部审计工作的水平。全市有8家内部审计机构被评为全省内部审计先进单位，12名内部审计人员和2名内部审计协会工作人员被评为全省内部审计工作先进个人。

第四，内部审计工作体系逐步完善。市内部审计协会积极适应形势发展需要，着力加强内部审计队伍建设，推动县（市、区）内部审计协会机构建设。随着宣州区内部审计协会的成立，市、县（市、区）内部审计协会组建任务全部圆满完成。目前，全市已有专职或兼职内部审计机构近百个、内部审计人员200多人,其中：已成为市内部审计协会团体会员的内部审计机构53个、个人会员的内部审计人员117人。市、县（市、区）内部审计协会的全面组建，为县级审计机关打造了一个管理与服务、交流与宣传、自律与发展的平台，对县（市、区）内部审计工作产生了积极的影响。

第五，协会的指导职能进一步凸现。近年来，市内部审计协会认真贯彻“管理、服务、宣传、交流”的工作方针，解放思想，积极探索，通过开展教育培训、理论研讨、行业交流，以及组织有关人员参加国际注册内部审计师考试等途径，促进了内部审计人员理论素质和专业技能的提高。市内部审计协会按照省内部审计师协会部署组织开展内部审计人员岗位资格、国际注册内部审计师等考试和各类内部审计业务培训。通过培训和考试,全市已有169人取得了内部审计上岗资格证、21人取得了国际内部审计师执业资格。

宣城市内部审计协会领导及理事名单

会　长：丁宏林

副会长：王守平　朱　炜　刘　星　齐美生　张万福　郑肥生　袁桂林　章吟秋

秘书长：程国成

常务理事：丁宏林　王守平　王玲玲　吕辉林　朱　炜　刘　星　齐美生　江爱民　许　峰　李　刚　余长明　汪晓田　张万福　张文勤　陈安顺　易宏兵　郑肥生　胡学军　袁桂林　夏明秋　章吟秋　程国成

理　事：丁宏林　刁云慧　王守平　王玲玲　吕兰珍　吕辉林　朱　炜　朱秀英　任　凭　刘　兵　刘　星　齐美生　江爱民　许　峰　李　刚　严双根　余长明　冷　冰　汪晓田　张万福　张文勤　陆　俊　陈光磊　陈庆华　陈安顺　周　虹　易宏兵　郑肥生　胡学军　荀　东　夏明秋　袁　磊　袁桂林　莫少俊　章吟秋　章荣鑫　程国成　鲁林冲

宣州区审计局

宣州区审计局内设办公室、综合科、财金农水审计科、行政事业审计科、经贸投资审计科、经济责任审计局和投资审计中心，现有编制22名，实有人员21名。

2011年宣州区审计局机关人员配备情况表

单位＼内容	人数	性别		文化程度				职称			负责人
		男	女	研究生	本科	大专	大专以下	高级	中级	初级	
局领导	7	5	2		6	1			5	2	张辉华
办公室	1	1			1					1	江建平
综合科	1		1		1						孙晓红
财金农水审计科	2	2			1	1				2	程杭军
行政事业审计科	2	2			1	1			1	1	曹树建
经贸投资审计科	3	3			1	2			1	2	张志平
经济责任审计局	2		2		2				1	1	马友禾
投资审计中心	3	2	1		3					3	刘光根
合计	21	15	6		16	5			8	12	

2011年宣州区审计局领导人员情况表

姓　名	性　别	职　务	职　称	任职时间
张辉华	男	党组书记、局长	经济师	2007年5月
江爱明	男	党组成员、副局长		2007年5月
沈明清	男	党组成员、副局长	助理会计师	2007年8月
许亚军	女	副局长		2009年9月
汪长松	男	党组成员、纪检组长	审计师	2005年12月
马友禾	男	党组成员、经济责任审计局局长	助理会计师	2009年12月
孙晓红	女	总审计师	审计师	2011年6月

2011年12月31日在册人员名单

张辉华　江爱明　沈明清　许亚军　汪长松　马友禾　孙晓红　张晓庆　荣　进　程杭军　曹树建　张志平　刘光根　江建平
吴　庆　曹振芳　钟　羹　王继昊　杨贤武　徐贤枝　蔡显青

2011年工作概况

2011年，宣州区审计局在区委、区政府和市审计局的正确领导下，紧紧围绕区委、区政府工作中心，以“创先争优”为主线，以实施“五大工程”为抓手，坚持把推进法治、维护民生、推动改革、促进发展作为审计工作的出发点和落脚点，充分发挥审计保障经济社会健康运行的“免疫系统”功能，在促进审计转型升级和科学发展上迈出了新步伐，为服务宣州经济跨越发展做出了新的贡献。全年完成审计(审计调查)项目103项，查处违规金额2798万元、管理不规范资金11658万元，已收缴财政1226万元，审计后挽回损失1161万元，移送纪检监察、司法机关案件线索3起，移送主管部门案件线索1起，提交审计(审计调查)报告112篇，提出审计建议226条，撰写审计相关信息82篇(次)，被各级媒体采用54篇(次)。

预算执行审计。积极探索研究构建“财政审计大格局”，不断深化预算执行审计，组织开展对区财政局、区地税局、区金库2010年度预算执行审计(审计调查)，并延伸审计调查区农委、区民政局、区住建委3个部门2010年预算执行情况。审计中发现，本级预算执行和部门预算执行及财政财务收支中，存在一些违规和管理不规范问题，针对非税收入未及时解缴入库、支出超预算、无依据收费、专项资金使用不规范等问题提出审计处理意见和建议，并对违规资金进行收缴。

领导干部经济责任审计。继续坚持“积极稳妥、量力而行、提高质量、防范风险”的经济责任审计方针，积极试行经济责任交接制度，着力加大任中经济责任审计，全面促进经济责任审计工作转型。全年组织实施区科技局等13个单位的领导干部任期经济责任审计。对领导干部任期内社会贡献和经济实绩进行客观评价，并对审计中发现的问题如实披露，对两起案件线索进行移送。通过审计，加强对领导干部权力制约和监督，增强领导干部财经法规意识和经济责任意识，为促进领导干部认真履行职责和加强廉政建设起到了积极作用。

政府投资审计。进一步加大基建投资审计力度。一是紧紧围绕促进区委、区政府各项重大决策的贯彻落实安排投资审计项目。二是突出民生工程安排投资审计项目，选择重点行业、重点资金和热点、难点问题开展审计。三是围绕加强对权力的制约和监督。特别在政府公共工程的招标投标、变更签证、设备材料采购等方面，强化了审计监督。全年完成东苑新村拆迁安置房等63项工程的竣工决算审计，工程决算申报价18361万元，审计核减额1161万元。通过审计，揭示和分析项目建设和管理中存在的突出问题，促进建设项目管理水平和投资效益的提高。

民生项目资金审计。重点加大对涉及群众切身利益专项资金的审计监督力度，确保专项资金的专款专用和国家政策的贯彻执行，切实维护人民群众的根据利益。组织实施中小学校安工程、城乡社会养老保险、三峡工程移民安置、新农村土地整治、经济开发区及分区等12个项目的专项资金审计。通过审计，揭露资金管理和使用方面存在的一些问题，并提出建设性的意见和建议，确保资金专款专用，提高资金使用效益，有效地促进了和谐社会建设。

领导和上级审计机关交办事项。根据区领导指示，克服在人员少、任务重的矛盾，组织开展对夏渡林场、市十二中、水阳镇惠民村、洪林镇南湖村财务收支审计。审计中发现违法违纪案件线索两起，并向纪检监察机关移送，涉案人员两人。2月，按照省审计厅和市审计局要求，抽调4名人员组成审计组，对居巢区政府性债务和义务教育保障资金进行了审计。审计组认真完成了各项任务，得到了上级审计机关肯定。10月，与区教育、卫生、财政部门精诚合作，圆满完成基层医疗卫生机构和普通高中债务清理核实工作。

“信息化推进工程”。按照全省审计机关实施“信息化推进工程”的要求，采取多项措施扎实有效地保障“信息化推进工程”顺利实施。一是全面推进OA的深化应用，强化审计项目电子化流程控制及管理。全局所有审计项目均在OA中立项、分解，审计作业过程各个环节及相关资料都在OA系统中编制、归集，并形成完整的电子数据包及时归档。局机关所有非涉密公文必须在OA系统中进行流转应用和归档管理。不断细化工作责任、完善作业流程、优化系统运行，对各类公文、信息等进行分类签收、流程批处、归档入库、规范管理。加强公文和审计业务电子档案归档工作，推广应用OA系统审计档案管理软件，着力完善电子档案资料库，以实现审计资源的有效共享和充分利用。二是扩大现场审计实施系统的应用范围，所有审计项目均运用AO系统进行项目管理和现场审计作业，并积极实行AO和OA的交互应用。三是加强被审计单位数据库管理，各业务科室负责被审计单位基本资料数据库的及时更新和维护。四是制定和完善计算机信息系统安全管理规定、涉密计算机及网络管理制度、计算机使用管理办法、审计信息化工作考核办法等规章制度。五是积极派员参加省审计厅、市审计局安排的计算机审计等各项培训；并聘请专家和局业务骨干对审计人员开展培训，不定期的举办审计相关实务、法律法规讲座，努力培养一专多能的复合型人才。六是加大信息化基础设施和设备的投入，先后累计投资50余万元用于网络设备、电脑、扫描仪、网络布线等信息化基础设施建设。

队伍建设。第一，加强廉政建设，树立廉洁意识。一是强化审计干部的日常管理和教育，加强对机关干部“八小时以外”的监督管理，要求全体审计人员强化风险意识，严格控制项目质量风险和自身廉洁从审风险，坚持依法审计，保持清醒头脑，做到警钟长鸣，拒腐防变。二是坚持谁主管、谁负责的原则，落实主要负责人为第一责任人的“一岗双责”制，建立从主要领导、分管领导到科室负责人的三级党风廉政建设责任体系。三是加强内控机制建设，进一步完善项目审理和纪律监督措施，坚持一手抓审计质量，一手抓干部廉政。四是教育审计干部对照《廉政准则》8个方面和新颁布的《国家审计准则》，规范自己的从政行为。五是严格执行党风廉政建设责任制和审计纪律“八不准”规定，加大审计回访等检查监督力度，确保廉洁从。通过以上举措，做到了审计质量无复议、机关效能无违纪、党风廉政无举报，有效地维护了审计机关良好形象。第二，以“创先争优”为契机，着力提升干部能力。以推动科学发展、促进社会和谐、加强基层组织为目标，按照“五个好”党组织标准，完善活动方案，强化学习讨论、交流沟通等环节，完成党员承诺、民主评议等规定动作；深化“创先争优讲奉献，提升能力促服务”主题实践活动，着重提升党员干部写作能力、计算机应用能力、组织协调能力、审计业务能力、开拓创新能力、廉洁自律能力、依法行政能力、服务人民能力，调动党员干部的积极性、主动性和创造性，使“创先争优”成为工作的动力，为争创一流的审计工作业绩打下坚实基础，有力地推动了审计事业发展。

2011年工作成果一览表

审计单位（个）	查处违规金额（万元）	管理不规范资金（万元）	应缴财政（万元）	已缴财政（万元）	应归还原渠道资金（万元）	移送事项（件）	应调账处理金额（万元）	应自行纠正金额（万元）	审计报告、信息被批示采纳（篇）
103	2798	1165	1226	1226		3			54

2011年获奖情况

被省审计厅评为全省审计机关“五年行动计划”先进集体

被省审计厅评为全省审计系统精神文明创建先进单位

被市审计局评为全市审计信息化工作先进单位

被市审计局评为全市审计系统目标管理考核管理优胜单位

被区委评为全区招商引资工作先进单位

被区政府评为民生工程先进单位

被区委评为文明单位

被区委评为全区党建工作示范点

被区政府评为依法行政工作先进单位

被区委评为目标管理考核先进单位

被区委评为2006至2010年度全区依法治区和法制宣传教育先进集体

孙晓红被省审计厅为全省审计机关优秀审计主审

程杭军被区直工委评为度优秀共产党员

2011年大事记

3月1日，徐贤枝从宣州经济开发区调入区审计局投资审计中心工作。

4月19日，陈婉丽退休。

6月21日，孙晓红被提任为区审计局总审计师。

9月30日，成立区审计局团支部。

10月8日，筹备成立宣州区审计学会、内部审计协会。

郎溪县审计局

郎溪县审计局内设办公室（综合法规科）、财农外资审计科、审计信息技术应用科、政府投资审计科、国家建设项目审计中心和经济责任审计局，现有编制25名，实有人员25名。

2011年郎溪县审计局机关人员配备情况表

单位 \ 内容	人数	性别		文化程度				职称			负责人
		男	女	研究生	本科	大专	大专以下	高级	中级	初级	
局领导	5	3	2		2	3			2	2	杨明珍
主任科员	1	1				1			1		程敷卓
办公室（综合法规科）	3	3			3				1		朱晓林
财农外资审计科	3	1	2		2	1			1		宗守恒
审计信息技术应用科	2		2	1	1				1	1	陈少芬
政府投资审计科											
国家建设项目审计中心	9	7	2	1	7	1			1	3	魏金海
经济责任审计局	2	1	1		1	1				1	张　兵
合计	25	16	9	2	16	7			7	7	

2011年郎溪县审计局领导人员情况表

姓　名	性　别	职　务	职　称	任职时间
杨明珍	女	党组书记、局长		2011年12月
杨和国	男	党组成员、副局长		2007年4月
易宏兵	男	党组成员、副局长		2009年4月
庞建华	女	党组成员、纪检组长		2011年7月
宗文群	男	党组成员、总审计师		2008年5月

2011年12月31日在册人员名单

杨明珍　杨和国　易宏兵　庞建华　宗文群　程敷卓　张　兵　朱晓林　陈少芬　宗守恒　芮红华　魏金海　徐　宽　陈　真　张　健　丁　艳　瞿　瑞　璩长胜　孙聚武　卢卫民　席永逵　程诗聪　孙　燕　涂立东　王　孛

2011年郎溪县审计局特约审计员情况表

姓　名	性　别	工作单位	职　务	职　称	任职时间
徐桃荒	男	郎溪县公兴会计事务所			2009年11月
程　度	男	郎溪县新世纪建安公司		造价员	2005年8月
秦　健	男	宣城市公路局郎溪县分局		工程师	2007年6月
周　扬	男	宣城市造价站		高级工程师	2011年3月
李文革	男	宣城市造价站		工程师	2011年3月

2011年工作概况

2011年，郎溪县审计局在上级审计机关和县委、县政府的正确领导和支持下，深入贯彻落实科学发展观，以审计"信息化推进工程"为抓手，紧紧围绕"突出审计重点、服务经济发展"大局，把促进发展、服务民生摆在突出位置，进一步深化预算执行审计，积极探索经济责任审计，全力实施政府投资建设项目跟踪审计，强化专项审计调查，注重审计成果的运用；进一步推进审计信息化建设，创新审计信息宣传方式，积极开展"服务效能提升年"、"创先争优"等活动。同时，加强审计队伍建设，内强素质，外树形象，全面推进文明和谐机关建设，充分发挥了审计保障经济社会运行的"免疫系统"功能。全年完成审计项目70个，其中：财政财务收支审计17个，政府投资结算审计项目53个；完成上级审计机关下达的审计项目13个，县政府交办的审计项目57个，牵头或配合政府及其他部门工作10项，查处违规问题金额1432万元，收缴财政530万元，政府投资建设项目竣工结算审计直接核减投资额9759万元，提交审计报告、审计调查报告、跟踪审计建议函及审计信息155篇，提出审计意见建议206条，被省市信息、报刊、各级网站采用90余篇次；提出审计建议推动政府制定规范性文件3件。

创新审计方式方法，着力发挥审计建设性作用。2011年是审计署提出构建财政审计大格局的第二年。为此，在财政审计工作中，进一步拓宽审计视野，力求审计范围的全覆盖，立足于全部政府性资金，做到围绕主线、突出重点、明确目标，彰显成效。年初，开展审计调研，将调研结果与地方实际相结合，制定详细的、具有指导性的审计工作方案并报县长批准实施，重点强调4个“强化”：一是强化对财政风险的关注。积极开展对县国有资产投资运营公司和开发区投资发展公司两个政府融资平台公司的审计，着重围绕资金的“借、用、管、还”4个方面开展专项审计，摸清其融资规模、管理、使用以及偿债能力，促进融资平台公司的规范运作和加强内部管理。同时，根据审计署统一部署，实施对无为县政府性债务审计。二是强化民生工程的审计。全年开展民生工程建设类审计项目单位20个。同时，与资金管理使用审计加以结合，对农村饮水项目资金、家电下乡补贴资金、新型农民培训等民生工程资金开展专项审计调查，并根据上级审计机关安排，对无为县义保经费管理使用情况开展专项审计调查，保障了国家民生政策落到实处。三是强化专项审计调查。除了持续关注民生工程资金的专项审计调查外，一方面，将土地出让金的管理方式、支出渠道和使用情况作为本年度财政审计的一项重要内容，并根据县政府的要求，开展对全县土地整治项目资金管理使用情况的专项审计调查。针对管理使用中存在的薄弱环节，提出加强土地整治项目资金规范管理和提高使用效益的审计建议。另一方面，结合财政审计，开展对全县22个县直机关和所有12个乡镇的政府性资产以及全县布局调整后农村中小学闲置校园校舍的专项审计调查，根据审计提交的调查报告，县政府两次召开县长办公会议，专题研究审计反映的问题和提出的意见建议。四是强化审计在促进规范管理中的推手作用。围绕人民群众关注的热点问题、县域经济发展的难点问题，积极开展审计工作和专项审计调查，先后促使政府研究出台加强政府性资源统一管理和行政事业单位国有房产出租管理的办法，制定教育闲置资产处置管理的实施意见；通过对开发区的审计，推动政府加强其工程项目建设管理和财务核算管理等基础性工作；通过政府投资建设项目审计，提请政府出台《进一步加强和规范工程变更管理的通知》，审计工作有力地推动了政府完善制度建设和长效管理机制，充分发挥了审计的建设性作用。

深化经济责任审计内容，进一步贯彻落实经济责任审计规定。以认真贯彻落实《党政主要领导干部和国有企业领导人员经济责任审计规定》为契机，着力深化经济责任审计内容，全年开展对县交通局等6个县直部门和东夏镇、新发镇乡镇党委书记、镇长的任期经济责任审计，经济责任审计特点体现在：一是组织协调工作得到加强。建立政府领导下的多部门参与的经济责任审计联席会议制度，计划项目由组织部门拟出意见，会商审计、纪检等部门，报经济责任联席会议领导组审定后纳入项目计划实施；并与纪检等部门建立协作配合机制，加强审计查处过程中的联动配合和审计成果的深化运用。二是审计内容和范围得到一定的转变拓展。经济责任审计已由单纯的财务收支审计向领导干部经济责任履行情况审计转变，重点关注事关区域经济发展、决策的事项。如，在新发镇审计中，明确土地政策执行、工程建设规范性、新农村建设等审计重点，并延伸至重点村，审计报告中对查出的问题进行深入剖析，受到县委、县政府高度重视，书记、县长均二次批示，要求落实审计意见建议，镇政府就审计结论落实情况专题向政府作报告。三是领导干部离任经济事项交接工作已形成常态化。继2010年出台《郎溪县领导干部离任经济事项交接办法》后，县审计局与县组织部、县纪检委及县财政局协调配合，在首批12名领导干部离任交接工作后，又对5名领导干部离任经济事项开展交接工作。在监交小组的统一安排下，离、接任领导明晰了经济事项，做到了“交得清，接得明”，得到了县领导的充分肯定。

把好工程建设关键环节，政府投资建设项目审计作用发挥愈加明显。为了进一步规范政府投资建设项目跟踪审计，年初制定出台《郎溪县政府投资建设项目跟踪审计操作规程》，从工程预算编制、建设项目招投标、建设实施以及竣工决算4个阶段，明确并细化政府投资建设项目全过程跟踪审计的目标、任务、重点内容和职责要求，加强对建设项目的全程监控管理，跟踪审计深入推进，取得了明显效果。一是全力参与县开发区建设、城市建设的日常监督工作。为了与“两区”建设形成及时有效的对接，局抽调专门力量全程参与两区建设日常监督把关工作，及时掌握“两区”建设动态，有计划、有重点地安排审计力量进行跟踪审计，做到及时、快捷地解决问题，提高了工作效率。主要做法：抽调分管局长担任城建指挥部监督审计办副主任，全程参与城建指挥部每周例会，汇报跟踪审计相关情况和日常审计中发现问题，提请会议研究，并随时接受指挥部领导安排任务；抽调纪检组长常驻县城建指挥部，专门负责征迁的日常审核工作；抽调投资审计中心骨干力量参与城建指挥部重点项目办的日常工作，负责工程造价等方面的审核把关；安排专人常驻县经济开发区投资审计分中心，参与县经济开发区基础设施建设日常会议和招投标、询价等相关建设活动。二是开展招投标阶段控制价的审核把关。为了从源头上控制好工程造价，一方面，投入相当一部分力量加强对工程预算的审核工作。全年开展“两区”83个项目的预算审核，审核金额14.5亿元，出具预算审核建议函15份。同时，与县招投标中心、县监察局、县国投公司、县住建委等相关单位按照“4+1”的模式建立联动机制。另一方面积极参与项目招标前招标文件会审工作，在合同价款的调整方式、主要建筑材料价格的确定、风险费用的约定、工程履约保证金的规定以及工程进度款支付方式等方面，及时通过会审提出改进意见。全年完成招标文件会审项目109项。三是加强建设过程现场的跟踪把关。对“两区”建设所有项目都建立台账进行动态管理，年初下发跟踪审计通知书，对每一个在建项目都安排专人进行全程跟踪，责任到人，并就变更增减造价进行现场审核把关，对重大隐蔽工程进行现场监督。对“两区”和其他重点工程共计92个项目的隐蔽工程和工程变更开展现场跟踪审核，出具现场跟踪审计建议函8份，为政府直接节约投资数百万元，审计绩效得到了及时地体现。四是坚持以决算审计为抓手。一年来，一方面充分调动现有审计力量；另一方面积极有效地整合和利用社会审计资源和外聘审计专业力量，把好工程造价确认的最后一道防线。全年出具工程结算审计报告41份，审计金额32289万元，直接核减投资额5641万元。

完善长效工作机制，审计整改和审计结果公告取得突破性进展。一是认真落实审计整改良性机制。建立并完善多部门参与的审计整改联席会议制度，形成领导重视、及时批示整改、审计部门经常性督促、部门间联动配合、县委政府督查督办的良性工作机制。全年审计报告被书记、县长批示达15次。在政府统一协调下，审计与财政、纪检监察等部门协作配合，所有审计项目均整改落实，处理处罚资金到位，并催生了涉审部门、单位一批制度和长效管理办法的完善。该项工作得到县领导的充分肯定，邵书记、余县长在新发镇的审计结果报告和整改上报意见中批示：审计结论整改有力、有效，说明了审计在规范管理、严肃财经纪律中所发挥的不可替代的作用。二是积极推进审计结果公告制。根据县政府出台的《关于进一步加强审计工作的意见》的要求，县审计局认真落实审计结果公开机制，年初根据审计计划，拟定了审计结果公开计划，包括审计结果公开的项目、重点、内容和方式；年中拟出本级预算执行、专项审计调查以及政府投资建设项目审计等项目公开清单，采取定期和不定期的形式在报经县政府批准后对外公开。至11月，已在县政府信息网站上公布审计报告12份，在局机关网站上公布审计报告28份，审计公开得以有效落实，在社会上引起了一定的反响。

强化审计手段的运用，稳步实施审计“信息化推进工程”。审计信息化是实现传统审计向现代审计转变的重要手段，在上级审计机关的重视和部署下，通过不懈努力，县审计局的审计信息化建设工作取得了长足的发展，在全市审计信息化动态考核中一直处于前列。一是基础性工作更加规范。为保障“信息化推进工程”的顺利实施，及时成立领导小组，出台《郎溪县审计局开展“信息化推进工程”实施方案》，修订和完善计算机等设备应用管理、机房管理等各项规章制度。同时，进一步规范OA的应用和OA与AO的交互。实现了所有行政与业务公文均在OA中起草、流转、签发，并形成纸质文稿存档。 10月末，在OA中建立的33个项目均实现与AO交互，并与被审计单位挂接，现场数据包及时上传便于领导对项目实施情况审核，信息技术应用科会同办公室每季度不定期对AO与OA的交互情况进行跟踪动态检查，并及时通报检查结果，将其纳入年度考核，夯实了基础应用。二是计算机审计经验总结取得丰硕成果。2010年提供的关于农民工技能培训审计方法在2011年审计署组织的全国评比中获得优秀奖，是获此殊荣的全省唯一一个县级审计机关；提交的《多种方式调节税收入库AO审计实例》被审计署评为鼓励奖。立足早安排、早落实，将AO实例与计算机审计方法的撰写安排到人，落实到项目，全年报送审计方法3篇、审计实例2篇、报送1篇数字化审计案例，在报送的3篇审计方法中《农村劳动力转移培训审计方法》在全市审计信息化会议上进行交流并获得全省优秀奖，另两篇获得良好奖。提交的信息化建设方面的信息先后被《中国审计报》、《安徽审计》、省审计厅《“五大工程”活动简报》、《宣城审计信息》及相关媒体采用。三是力求创新突破，使“信息化推进工程”向纵深发展。通过调研，确立自主开发经济责任审计动态管理系统的方向，并且成立研发小组，自主开发《经济责任审计动态管理系统》，目前，已准备进入测试阶段。首次尝试对地税部门税收征管系统的信息系统审计，通过计算机审计评价信息系统的有效性和分析数据的真实完整性。

进一步强化审计队伍建设，提高审计干部的综合素质。一是加速审计队伍年龄结构和知识结构的转型。近年来，采取招考、外请和聘用等多种手段，加强审计专业技术力量。到目前为止，已通过公开招考、调用、聘请8人，一批工程、计算机、财务等具备专业技术且年龄在30岁左右的中青年工作人员被充实到审计一线，队伍知识结构和年龄结构更加优化，初步实现了审计队伍的转型。二是将学习型机关建设引向深入。继续深化“一带一，传帮带”活动，细化实施细则和措施，完善动态考核办法。根据“缺什么，补什么”的原则，注重针对性和实用性，按月制定详细的学习计划，坚持每周“学习日”集中学习政治理论和业务技能实例讲解。同时，结合“创先争优”活动，健全以评选“学习标兵”为主的考核激励措施，注重培训学习实效，提高整体应用能力和水平。积极组织人员参加省、市安排的审计方法和审计实例撰写、AO2011升级培训、全市审计信息化交流等。同时，在“机关学习日”上定期开展AO的运用与OA交互、计算机审计方法和审计实例撰写思路、邀请省审计厅专业老师讲解AO2011的升级安装及使用、AO认证考试等专业知识。县审计局8名新进人员报名参加了审计署组织的AO认证考试，实现全局所有人员都通过AO认证考试的目标。三是不断强化廉洁从审的自觉性。加强对审计人员的教育管理，以纪念建党九十周年为契机，通过党组书记上党课，定期组织开展思想交流、岗位廉政和警示教育，结合“服务效能提升年”活动，积极开展“效能提升先进科室”评选，不定期地跟踪检查回访等活动，从严教育管理审计人员，树立审计人员清正、严谨、扎实的工作作风。继续实行审计组长负责制、三级复核制、审计业务会议制、责任追究制等内部制约机制。严格落实审计业务会议制度，做到每份审计报告都必须经过审计业务会议集体研究决定，确保审计报告客观公正，提高审计报告质量，降低审计风险。实施廉政风险管理和防控工作。通过审计人员缴纳一定数额的风险金与廉政从审紧密挂钩，加强廉政风险的日常管理。同时，强化廉政风险防控工作，从审计一线人员特别是从事工程审计人员以及热点岗位人员入手，分清责任主体遍查风险点，严格划分风险等级，及时制定防控措施，实行台账式管理，将风险防控贯穿于审计业务和日常工作的全过程。开展行之有效的家庭助廉活动。通过发放《致全局党员干部家属助廉倡议书》、签定《家庭助廉协议书》、开展“案例警廉”教育和向党员干部家庭发送《创建廉洁家庭》家庭助廉教育读本等活动，使全局党员干部家属都能认识到腐败对党和国家、对社会和家庭的严重危害，有效进行家庭监督，常吹家庭廉政风，管好家庭廉政账，把好家庭廉政关，提高党员干部家庭成员的廉洁意识、法律意识和自警意识，切实把家庭建设成反腐倡廉的一道牢固防线。

开展形式多样的文明创建，全面推进文明和谐机关建设。长期以来，一直把机关文明单位创建作为“一把手”工程来抓，纳入审计工作目标管理，千方百计构建载体狠抓精神文明建设，使得文明和谐机关建设全面推进。一是加强文明礼仪的宣传教育。在强化日常文明礼仪宣教的同时，邀请县委党校及交警大队的宣教人员为全体干部职工举办文明礼仪、交通法规知识宣讲会，进一步普及文明礼仪、交通法规常识，提升干部职工文明素质和礼仪修养。在全局机关干部中开展“经典天天读”活动，购买订阅一批健康有益的书籍和刊物供干部职工阅读。二是全面推行挂牌上岗制。制作台卡和胸牌，实行八小时挂牌上岗制，加强机关作风和上下班考勤等日常管理的督促检查，发现问题及时纠正，提高了工作效率和文明形象。三是积极开展内容丰富的文体活动。抓住节点，积极与民政、地税部门开展棋牌比赛；参加“体彩杯”郎溪县第一、二届石佛山登山、春季长跑和合唱节等活动。特别是在第二届郎溪合唱节活动中，克服年底审计任务忙、时间紧的困难，在人手少的情况下，全局干部职工全员参与，利用业余时间反复排练。目前，在由13支县直单位参加的第一轮预赛中，取得了第三名的好成绩，即将参加第二轮决赛的角逐。通过这样的活动，充分展示了郎溪审计人顽强拼搏、奋发向上的精神风貌，表现了全局上下团结协作的精神和强烈的集体荣誉感。

2011年工作成果一览表

审计单位（个）	查处违规金额（万元）	管理不规范资金（万元）	应缴财政（万元）	已缴财政（万元）	应归还原渠道资金（万元）	移送事项（件）	应调账处理金额（万元）	应自行纠正金额（万元）	审计报告、信息被批示采纳（篇）
10	1432			530					155

2011年获奖情况

陈少芬被省审计厅评为全省审计“信息化推进工程”先进个人

张兵被省审计厅评为全省地方政府性债务审计先进个人

魏金海被县城市建设与管理工作指挥部评为优秀个人

易宏兵被中共郎溪县直属单位工作委员会评为优秀党务工

2011年大事记

7月13日，县人大副主任戴修顺带领县财经工委一行6人，就县审计局2010年度的财政“同级审”工作进行调研。

9月、12月，通过公开招聘分别录用了孙燕，涂立东、王李。

11月9日，省经济责任审计局局长刘春华赴郎溪县调研审计工作，市审计局副局长章捷，县委常委、组织部长陈向阳陪同走访调研。

2011年领导批示、讲话摘要

省经济责任审计局局长刘春华到郎调研时充分肯定郎溪审计工作。刘春华指出，郎溪的审计工作开展得“实”，基础工作做得实实在在；突出在“新”，特别是预算执行审计和审计报告公示等方面的工作有新意，具有前瞻性；信息化建设方面扎实推进，成果显著。

刘春华强调，面对审计工作加速转型和科学发展的需要，基层审计机关：一要从思想上摆脱束缚，不断开拓视野，提高驾驭能力。二要积极探索，重点从“六个方面”把关，在领导干部经济责任审计方面走出单纯的财务收支的套路，加速转型。三要加强干部队伍建设，从政治思想教育、业务培训、廉政建设等方面入手，打造一支一流的审计队伍。四要深入推进创先争优活动，加强精神文明建设，积极构建载体搭建平台，努力建设和谐审计机关。

郎溪县审计学会领导及理事名单

会　长：杨明珍

副会长：罗新满　童菊芳　刘演军　董国华　洪俊华　杨和国　肖书荣

秘书长：宗文群

常务理事：杨明珍　罗新满　童菊芳　刘演军　董国华　洪俊华　肖书荣　杨和国　夏玉福　白金根　佘　平　李　萍　陈玉平　张　勇　赵　强　张　兵　宗文群

理　事：杨明珍　罗新满　童菊芳　刘演军　董国华　洪俊华　肖书荣　杨和国　夏玉福　白金根　佘　平　李　萍　陈玉平　张　勇　赵　强　张　兵　宗文群　姜文生　韦乘莹　何　昇　肖成玉　严陈芳　王霞凌　张　华　李欢欣　晋本联　吴　晓　刘文涛　许兴华　黄　平　李家超　周光辉　钟世庆　程德荣　岑志峰　汪启华　陈维江　黄罗八三　汪发莹　芮红华　陈少芬　宗守恒　魏金海

郎溪县内部审计协会领导及理事名单

会　长：杨明珍

副会长：罗新满　童菊芳　刘演军　董国华　洪俊华　杨和国　肖书荣

秘书长：宗文群

常务理事：杨明珍　罗新满　童菊芳　刘演军　董国华　洪俊华　肖书荣　杨和国　夏玉福　白金根　佘　平　李　萍　陈玉平　张　勇　赵　强　张　兵　宗文群

理　事：杨明珍　罗新满　童菊芳　刘演军　董国华　洪俊华　肖书荣　杨和国　夏玉福　白金根　佘　平　李　萍　陈玉平　张　勇　赵　强　张　兵　宗文群　姜文生　韦乘莹　何　昇　肖成玉　严陈芳　王霞凌　张　华　李欢欣　晋本联　吴　晓　刘文涛　许兴华　黄　平　李家超　周光辉　钟世庆　程德荣　岑志峰　汪启华　陈维江　黄罗八三　汪发莹　芮红华　陈少芬　宗守恒　魏金海

（撰稿人：杨和国）

宁国市审计局

宁国市审计局内设办公室、财政审计科、经济社会事务审计科、经济责任审计局和固定资产投资审计中心，现有编制22名，实有人员21名。

2011年宁国市审计局机关人员配备情况表

单位＼内容	人数	性别		文化程度				职称			负责人
		男	女	研究生	本科	大专	大专以下	高级	中级	初级	
局领导	6	6		3	1	2			2	1	项道根
办公室	5	4	1		1	4				2	黄明军
财政审计科	2	1	1		1	1				1	王　黎
经济社会事务审计科	2	1	1			2			1	1	张晓琴
经济责任审计局	2	1	1			2			1		宋　健
固定资产投资审计中心	4	3	1	2	2					2	黄明军（兼）
合计	21	16	5	5	5	11			4	7	

2011年宁国市审计局领导人员情况表

姓　名	性　别	职　务	职　称	任职时间
项道根	男	党组书记、局长		2007年3月
吴怀农	男	副局长	助理审计师	2003年7月
李　刚	男	副局长	经济师	2007年3月
万　水	男	总审计师	审计师	2004年8月
刘　斌	男	纪检组长		2007年6月
宋　健	男	经济责任审计局局长		

2011年12月31日在册人员名单

项道根　吴怀农　李　刚　万　水　刘　斌　张世平　谌富贵　黄明军　陈绪斌　王　捷　王　黎　张　薇　张晓琴　曹福安　宋　健　邵敏海　聂清敏　崔爱四　华　赟　张　凡　马　静

2011年工作概况

2011年，宁国市审计局在上级审计机关和市委、市政府的正确领导下，按照“从严治审、廉洁从审、秉公执法”的原则，认真贯彻全省审计工作会议精神，服务大局，切实履行审计工作职责，扎实开展审计工作，认真完成上级审计机关和市委、市政府交办的各项审计任务。全年完成审计项目50个，其中署定项目4个，省定项目6个，自定项目16个，政府投资审计24个；审计查出管理不规范金额11832.1万元，挽回经济损失2475.1万元。

做好市本级预算执行审计。主要从两方面强化财政“同级审”工作。一是对预算资金全覆盖审计。市本级预算执行审计紧紧围绕“依法审计、服务大局、围绕中心、突出重点、求真务实”审计工作方针，以促进落实积极财政政策、加强财政管理、完善预算制度、规范资金分配行为、提高财政资金使用效益为目标。特别是对开发区和港口工业园区进行审计，积极探索财政审计大格局，进一步推动公共财政体系的建立，从体制机制层面分析原因，提出加强管理、进一步深化财政管理制度改革的意见和建议，为宁国经济发展服务。并围绕政府关注和群众关心的民生问题，选择市住建委、交通局、发改委、科技局、规划局、旅游局、商务局和药监局等8个重点部门、重点项目、重点专项资金预算执行情况进行审计。二是强化对预算收入执行审计。在二、三产业中选择9家企业进行延伸审计调查，重点关注税源情况及税收征管情况，通过审计，调查了解、分析税源情况及经济总体发展趋势，为市委、市政府的下一步经济工作部署提供了有力参考价值。

强化专项资金审计。一是根据省审计厅的统一部署，对庐江县政府地方性债务和义务教育费用保障机制专项资金绩效开展审计调查，同时配合完成世行贷款农业综合开发农业科技—宣城圩区审计项目，规范了相关资金的管理。二是结合财政“同级审”，强化对民生领域的审计监督，重点审计高速拆迁及廉租房资金、中小学校舍安全工程、科技专项资金、城乡居民合作医疗等项目，关注惠民政策的实施效果，以及政策落实过程中存在的各种问题，重点揭露挤占挪用、滞留截留、损失浪费等重大违法违规行为，揭示政策执行不到位、目标未实现的突出问题，促进完善政策制度，提高民生专项资金使用绩效，保证各项民生政策落到实处，推动和谐社会建设。

完善经济责任审计。一是重新成立宁国市领导干部经济责任审计领导小组，定期召开会议，商讨、交流经济责任审计成果、经验，不断完善经济责任审计工作。二是进一步规范经济责任审计工作，根据《宁国市领导干部任中经济责任审计暂行办法》，强化从事前监督入手，加强领导干部任中审计力度，9个经济责任审计中任中审计占5个。在审计中紧紧把握审计重点，突出对领导干部权力运行过程中的监督与制约，强化对经济决策权、政策执行权、经济管理权、资金分配权的监督制约。结合宁国市的实际情况，开展村级和社区的经济责任审计试点工作。

加强政府投资审计。一是创新审计方式。投资审计从原先单一的工程造价审计转变为造价审计和重大项目跟踪审计相结合。有选择的对重点大型工程项目实施全过程跟踪审计，如宁港公路、仙霞路桥工程、高速公路征迁资金等。二是加强对中介机构质量的控制。通过招投标，选择信誉好、资质深、质量高的中介结构充实基建审计力量，并对其出具报告进行复核把关，提高审计质量；在对原中鼎橡塑制品有限公司和邦宁制药有限公司拆迁损失审核中，在原中介机构评估报告的基础上再核减303万元。全年完成审计项目24个，送审造价27862万元，核减工程造价2475万元，核减率为8.9%，为国家节约了建设资金。审计结果得到市委、市政府主要领导的充分肯定。

推进审计信息化建设。深入实施省审计厅“信息化推进工程”，采取多项举措全面提升审计信息化工作水平。一是实行领导分工负责机制。成立由局长任组长的活动领导小组，下设办公室，由分管领导具体抓组织落实，协调全局信息化工作。二是强力推行任务分解机制。根据全省审计机关“信息化推进工程”实施方案，制定《宁国市审计局信息化考核办法》，将各项目标任务根据各科室及具体工作人员的工作职能进行分解，明确各自的目标任务，强化考核力度。三是采取配对服务指导。局计算机兴趣小组采取配对服务的方式，将小组人员分别配对相对计算机操作薄弱的工作人员，现场进行计算机技能指导，严格按照审计机关现场实施与办公操作规范要求，指导审计人员应用计算机进行日常办公。四是采取监督检查机制。采取每个季度考核和不定期专项检查的办法，对审计人员计算机审计重点任务的落实情况进行检查。对发现的问题，积极督促相关人员及时整改。五是采取争先激励机制。对年末审计信息化工作专项考核评比获优的人员进行通报表彰，并给予一定的物质奖励；同时规定审计项目如未应用计算机技术的不得参加当年优秀审计项目评比；对在当年年末考核中审计信息化工作考核末位人员实行“一票否决”机制。六是采取深化应用机制。规定全局审计项目，均应用计算机开展审计。七是采取强化培训机制。积极选派审计人员参加计算机审计中级培训，采取“请进来、走出去”的方法，到计算机审计应用水平较高的兄弟县市取经学习、组织经验交流，着力提高全局计算机审计整体水平。

开展审计学会和内部审计协会活动。根据上级审计机关部署和自身审计活动的要求，市审计局将成立审计学会和内部审计协会做为一项重要工作来抓，在省审计学会、宣城市审计局、宁国市民政局的精心指导下，在发起人单位和理事单位的大力支持下，筹备登记工作顺利完成，并于6月3日成功召开了成立大会。

加强机关党风廉政建设。结合机关效能建设活动，深化规章制度建设，加快审计机关干部队伍建设制度化、法制化、规范化进程，重点建立完善关于理论学习、联系群众、党内监督、干部生活作风、绩效考核奖励等方面的规章制度。通过机关干部“争先创优”活动，提高干部职工工作积极性、主动性和创新意识，强化审计队伍素质建设、审计质量、效益管理，全面提升市审计局整体水平。

2011年工作成果一览表

审计单位（个）	查处违规金额（万元）	管理不规范资金（万元）	应缴财政（万元）	已缴财政（万元）	应归还原渠道资金（万元）	移送事项（件）	应调账处理金额（万元）	应自行纠正金额（万元）	审计报告、信息被批示采纳（篇）
50		11832						11832	42

2011年获奖情况

被省审计厅评为全省审计系统精神文明创建先进单位

被市委、市政府评为民生工程组织实施工作先进单位

被市委、市政府评为目标管理先进单位

被市委、市政府评为文明单位

被市直工委评为先进党组织

王黎被评为全省审计机关实施“五年行动计划”先进个人

2011年大事记

6月3日，成立审计学会暨内部审计协会。

宁国市审计学会暨内部审计协会领导名单

会　长：项道根

副会长：陈新爱　徐东晖　王世峰　俞卫东　开跃立

秘书长：李　刚

副秘书长：黄明军

（撰稿人：黄明军，审核人：刘斌）

泾县审计局

泾县审计局内设办公室、财金农水审计股、经贸投资审计股、行政事业与社会保障审计股、经济责任审计局和固定资产投资审计中心，现有编制22名，实有人员25名。

2011年泾县审计局机关人员配备情况表

单位＼内容	人数	性别		文化程度				职称			负责人
		男	女	研究生	本科	大专	大专以下	高级	中级	初级	
局领导	5	4	1		2	3				1	王　勇
办公室	4	2	2		3	1			2		项　菲
财金农水审计股	3	1	2		2	1			1	1	孙　林
经贸投资审计股	4	2	2		3	1			1	1	查立新
行政事业与社会保障审计股	3	2	1		3				2		赵雪梅
经济责任审计局	3	2	1		1	2			2		胡学军
固定资产投资审计中心											
主任科员室	3	3				3			1		
合计	25	16	9		14	11			9	3	

2011年泾县审计局领导人员情况表

姓　名	性　别	职　务	职　称	任职时间
王　勇	男	党组书记、局长	会计师	2005年6月
郝家定	男	党组副书记、副局长	经济师	1998年3月
李　靖	男	副局长		2011年9月
佘学军	男	党组成员、副局长	助理会计师	2008年8月
刘家华	女	纪检组长		2007年6月

2011年12月31日在册人员名单

王　勇　郝家定　刘家华　李　靖　佘学军　胡学军　张文为　朱同义　叶茂枝　祝永贵　查立新　项　菲　朱思源　裴文兵　张　华　叶　莲　叶　琼　孙　林　曹　锋　赵雪梅　朱晓庆　董晓清　林　媛　王　珊　付晶薇

2011年工作概况

2011年，泾县审计局依法审计，突出重点，圆满完成全年审计工作任务，有效地发挥了审计监督在规范和整顿市场经济秩序、促进依法行政、加强廉政建设、促进经济发展等方面的积极作用。全年完成审计（审计调查）项目71个，其中预算执行审计4项，企业审计1项，专项资金审计2项，行政事业审计（经济责任审计）8项，固定资产投资审计56项。审计查出损失浪费金额20万元、管理不规范金额11074万元，应归还原渠道资金7300万元，应调账处理230万元，审计核减固定资产投资2181万元，提出审计建议143条，被审计单位采纳审计建议134条，被审计单位制订整改措施4项、健全规章制度1份，提交并被采用各类信息24篇。

围绕促进规范预算管理和财政体制改革，深化预算执行审计。对县财政局具体组织执行县本级预算情况、县地税局税收征管情况进行审计；对县国土局土地出让金征收情况、县人行经理县国库有关情况进行审计调查。通过审计发现，私设“小金库”、账外账等现象尚未杜绝，预算管理有待于进一步加强；税收新政宣传滞后，税收成本过高，税收管理有待于进一步完善；国有土地使用权出让指导价标准与土地市场实际情况存在差异，交付约定方式不符合相关规定，价款交付方式违反相关规定；国有土地管理、土地出让金管理还需进一步加强等。县人大常委会对审计工作报告所反映的问题和提出的意见十分关注，在批准2010年县本级财政决算的决议和审议审计工作报告时明确要求县政府要进一步加强预算管理、促进提高科学理财水平，要更加突出审计地位、进一步发挥审计监督作用。要求县政府对审计部门查出的问题予以高度重视，责成有关部门认真整改，严格责任追究，要从体制和机制上解决问题，强化管理，建立长效机制。县政府对审计报告反映的问题和县人大常委会的意见高度重视。县长王华在县审计局上报的2010年县本级预算执行审计结果报告上批示：对审计查出的相关问题请左银海常务副县长督促整改。常务副县长左银海要求县财政局、国土局等针对存在的问题抓好整改，县审计局要按照县政府研究的整改意见抓好落实。截至目前，县政府及各有关部门单位已制定《关于核定国税等部门征管经费的通知》等4项相关的管理制度和办法，补缴预算收入7306.59万元，调整账务230万元。

围绕促进领导干部正确履行职责，深入开展经济责任审计。继续坚持“积极稳妥、量力而行、提高质量、防范风险”经济责任审计方针，统筹规划，坚持从实际出发，不断深化审计内容，扎扎实实推进经济责任审计工作。全年实施8位领导干部任期经济责任履行情况审计。通过审计发现，账外账或“小金库”仍有存在，且更加隐蔽、难查处；招待费居高不下，部分招待费转向工会、协会及二级机构财务列支；单位门面房等出租资产管理及税费管理仍需加强。根据审计对象应承担的责任，对其做出客观公正、实事求是的评价，并提出相应的整改意见和建议。

围绕促进规范管理、提高资金使用效益，推进固定资产投资审计。紧紧围绕“保增长、扩内需、调结构、促发展”的宏观经济政策目标，加大对基础设施和公益性项目等政府重大投资项目的审计力度。根据县政府领导指示，将6月份定为“固定资产投资审计突击月”，选择安排对中小企业创业园工程、县城市防洪堤工程、中小学校舍安全加固工程、李村北路延伸段道路工程、起步区财富路一标段工程、起步区蔡村路工程、县污水处理厂一期成套设备供货及安装工程、行政大楼装饰工程、通乡公路中村至郭峰段改建工程、205国道改造路基一标段工程10个项目实施审计。同时，对全县应当纳入审计范围的建设项目进行调查摸底，进行台账登记，为2012年固定资产投资项目审计计划的拟定打好了基础。全年实施固定资产投资审计56项，审计发现工程价款不实多计2181万元，充分发挥了政府投资审计服务地方经济发展的建设性作用。

围绕促进完善有关管理体制和机制，加大专项资金及效益审计（审计调查）。一是实施2010年度养老保险基金审计调查。通过审计调查发现：县养老保险信息系统存在缺陷，数据库基本信息不够完整准确；个人账户空账运行且存在个人账户记录错误；县社保部门不能提供全县企业职工养老应参保人数等问题。二是根据省审计厅统一部署和安排，对泾县中小学校舍安全工程进行跟踪审计，摸清了县中小学校舍安全、抗震排查、鉴定、工程规划和建设计划制定、项目实施，资金拨付、管理和使用等基本情况。通过审计调查发现，校舍规划与鉴定面积不衔接，工程竣工验收不及时，工程款支付进度不够等问题。从跟踪审计的重建项目来看，部分项目未能按合同计划确定的时间完成相应的工作量。审计针对发现的问题进行了原因分析，并提出了切实可行的审计建议。

围绕中心、服务大局，按时按质地完成领导交办工作。一是完成中国宣纸集团公司企业年薪审计。二是参加县文广新局和县电视台财产、财务清理工作、全县“小金库”专项治理检查、泾县公办普通高中债务调查等工作。三是抽调人员配合市审计局完成异地交叉全省城乡义务教育费用保障机制专项资金审计调查、全省政府性债务情况专项审计调查、对泾县2008至2010年度扶贫资金的审计调查。

科学谋划，精心实施“信息化推进工程”。2011年是省审计厅在全省审计机关深入实施“五大工程”中的第一年，即“信息化推进工程年”，根据省审计厅《关于在全省审计机关深入实施“五大工程”的意见》、全省审计工作会议精神及全市审计信息化会议等要求，县审计局科学谋划，精心实施，认真抓好“信息化推进工程”，进一步推动和促进了泾县审计信息化工作，提升了审计信息化水平。一是加强组织领导，认真制定贯彻意见和措施。成立县审计局“信息化推进工程”领导组，制定《泾县审计局2011年审计信息化工作实施意见》、《泾县审计局信息化推进工程实施方案》、《关于审计信息化推进工程年及全市审计信息化工作会议贯彻意见》，确保完成省审计厅提出的“信息化推进工程年”活动各项目标任务。二是积极推进OA系统及AO系统的应用。根据市审计局制定的《审计机关OA和AO信息交互管理试行办法》的要求，积极推进OA系统及AO系统的应用，通过OA和AO交互功能的应用，加强审计公文管理和审计现场实施系统的应用，行政办公效率和审计业务综合管理水平进一步提高。三是加强审计信息、宣传工作。经局长办公会研究，修改《泾县审计局信息宣传奖励制度》。要求各业务股室每月至少要上报一篇审计信息。积极撰写计算机审计方法和实例及数字化案例，按要求上报两篇计算机审计方法、两篇AO应用实例和1篇数字化案例。四是加强审计信息化队伍建设。通过公开招考，招录一名本科学历的计算机专业人员，专职负责信息化和网络管理等工作。加强培训，选派一名业务骨干参加省审计厅7月份组织的计算机中级培训班；组织5名审计干部参加AO认证考试；积极参加全市计算机审计兴趣小组的各项活动，互相交流经验。五是加强基础设施的建设和更新。为新招录的4名人员，统一配备高配置的笔记本电脑，并集中采购6台打印机和更新一台高配置的复印机等设备，视频会商系统相关设备也正在按要求采购之中。

2011年工作成果一览表

审计单位（个）	查处违规金额（万元）	管理不规范资金（万元）	应缴财政（万元）	已缴财政（万元）	应归还原渠道资金（万元）	移送事项（件）	应调账处理金额（万元）	应自行纠正金额（万元）	审计报告、信息被批示采纳（篇）
71		11074			7300		230		24

2011年获奖情况

被省审计厅评为全省审计系统精神文明创建先进单位

被市委、市政府评为市文明单位

被县委、县政府评为县目标管理考核优秀单位

刘家华被县委评为优秀党务工作者

项菲被县委评为2006至2010年全县依法治县法制宣传教育先进个人

曹锋被县委评为县优秀下基层干部

2011年大事记

3月7日至5月7日，王勇局长参加市委党校中青年干部培训班学习。

4月14日，曹锋作为下基层干部，到黄村镇紫阳村工作。

7月3日至8月31日，朱思源参加全省审计机关第六期计算机审计中级培训班学习，并通过全省计算机审计中级水平考试，取得安徽省计算机审计中级资格证书。

9月1日，县政府《关于方洪宝等同志工作职务的通知》（县政府人事任免文件泾政人〔2011〕7号），任命李靖任县审计局副局长（正科级），叶茂枝任县审计局主任科员，免去叶茂枝县审计局正科级总审计师职务。

9月5至30日，项菲参加市委党校第三期女干部班学习。

9月13日，泾县固定资产投资中心招录的工作人员董晓清、林媛、王珊到局报到上班，付晶薇被组织部借调。

9月22日，县委组织部《关于凤军等同志工作职务的通知》（组干〔2011〕110号），项菲任县审计局党组成员。

10月25日，曹一新退休。

11月4号，县委组织部、县人社局《关于聘用何天贵等三十二位同志为我县事业单位工作人员的通知》（泾人社〔2011〕210号文件），王姗、董晓清、林媛、付晶薇等4人为泾县固定资产投资审计中心聘用人员，时间从2011年9月份算起。

11月21至29日，经济责任审计局胡学军局长参加安徽省2011年度县域经济培训（合肥）班学习。

泾县审计学会领导名单

会　长：王　勇

副会长：朱同义　郝家定

秘书长：叶茂枝

（撰写人：项菲）

广德县审计局

广德县审计局内设办公室(审计信息技术应用科)、综合法规科、财政与农业资源环保审计科、金融外资与社会保障审计科、经济责任审计局和固定资产投资审计中心，现有编制27名，实有人员25名。

2011年广德县审计局机关人员配备情况表

单位＼内容	人数	性别		文化程度				职称			负责人
		男	女	研究生	本科	大专	大专以下	高级	中级	初级	
局领导	5	3	2		2	2	1		3		吴永木
办公室（审计信息技术应用科）	3	3			2	1			1		王启锋
综合法规科	2	1	1		1	1			1		李树培
财政与农业资源环保审计科	1		1		1						
金融外资与社会保障审计科	2	1	1			2				1	章春虹
经济责任审计局	2	1	1		1	1			1	1	张蔚青
固定资产投资审计中心	7	5	2		6	1			1	1	李树培
其他	3	2	1		3				1		
合计	25	16	9		16	8	1		8	3	

2011年广德县审计局领导人员情况表

姓名	性别	职务	职称	任职时间
吴永木	男	党组书记、局长	审计师	2002年1月
陈安顺	男	副局长		2003年2月
刘家富	男	副局长	审计师	2003年2月
江　艳	女	纪检组长		2006年10月
王晓敏	女	总审计师	会计师	2007年6月

2011年12月31日在册人员名单

吴永木　陈安顺　刘家富　江　艳　王晓敏　王建岚　徐祖安　张蔚青　林顺祥　李树培　章春虹　程乐涛　王启锋　陈　彦　方忠斌　陈茂林　杨凤琴　宋帮萍　邓媛媛　熊国军　雷年明　李宝玉　任江锋　韩　彬　邹庆山

2011年工作概况

2011年，广德县审计局在县委、县政府和上级审计机关的正确领导下，紧紧围绕县经济建设和社会发展大局，着力创新审计理念，进一步强化审计监督，圆满完成全年审计工作任务。全年完成审计项目156个，查处违规问题金额29万元、管理不规范金额15460万元，核减决算工程款6211万元，提交审计报告、审计调查报告156篇，撰写审计信息96篇，被省市县信息、报刊、各级网站采用156篇次，牵头或配合政府及其他部门工作6项，审计工作成效显著，亮点频频。先后获得省审计厅精神文明创建先进单位、县文明单位、县法制宣传教育先进单位、县双拥合格单位、全县先进基层党组织等荣誉称号。

预算执行审计。以加强财政管理、完善预算制度、规范资金分配行为、提高财政资金使用效益为重点，以促进落实积极财政政策为目标，对县财政局、地税局、交通局、卢村乡政府、县委党校等5个单位的预算执行情况实施审计。审计工作报告和审计结果报告均分别受到县人大、县政府的好评。

经济责任审计。强化领导干部任期经济责任审计，是新时期加强干部监督管理的一项重要环节，县审计局高度重视此项工作，年初就与纪检、组织等部门联系，布置全年工作计划。全年先后对卢村乡党委书记、乡长、县委党校校长、县住建委主任、县发改委主任进行经济责任审计，审计查处违规金额29万元、管理不规范金2874万元。工作中不断拓展经济责任审计的范围和内容，积极推进经济责任审计由财务型向绩效型的转变，进一步扩大了审计范围和覆盖面。

固定资产投资审计。随着改革的深入和建设力度加大，投资审计越来越成为政府节省财政资金、减少损失浪费、规范投资秩序的重要关口。为此，县审计局不断加强固定资产审计队伍建设，在县政府的重视下招录工程技术人员，并对原财务审计人员进行培训转岗。通过各种方式增强县政府投资审计中心自主审计力量，改变以往主要依靠委托社会中介机构进行投资审计的局面，逐渐形成县审计局自主审计为主和委托社会中介机构审计为辅的新局面。同时，采取合理措施加大对中介机构审计项目的监管。围绕工程招投标、合同签订、工程造价的真实性以及资金使用等情况，因地制宜，加大对政府投资项目的竣工决算审计力度，成效较为明显。全年完成建设工程审计项目137个，核减工程投资6211万元，核减率15.93%，有效控制了工程建设中的高估冒算、损失浪费等现象。通过审计，进一步规范建设单位基本建设秩序，保证了建设资金真实、合法、有效的使用。另外，开展经济适用房成本审计，为政府决策提供了参考。同时，对广安路Ⅰ标段和Ⅱ标段的招标控制价进行审核，在原控制价的基础上，核减600余万元。

跟踪审计及领导交办审计。一是根据县政府要求，围绕重点工程、重点项目和重点领域进行全程审计，关口前移，变事后审计为事前、事中、事后审计监督。除抽两区人员对两区项目开展全程跟踪审计外，还开展校安工程跟踪审计。针对发现的问题，及时提出整改意见，为造价管理和减少后期结算争议发挥了作用。二是根据县长交办对开发区开发有限公司财务收支及建设资金管理使用情况、旅游发展公司财务收支情况、交通运输总公司财政财务资金收支情况、《今日广德》报社财务收支情况、村（社区）财务收支情况等项目进行审计。配合相关部门开展“小金库”专项检查等工作。另外，抽调人员组成审计组赴和县开展为期近两个月的地方政府性债务审计、义务教育保障经费审计，配合市审计局完成省审计厅组织的外资世行贷款项目审计，积极完成了省审计厅交办的审计项目。

“信息化推进工程”。根据省审计厅统一部署，把“信息化推进工程”摆上重要议事议程，成立领导小组及办公室，研究制定具体的实施方案，提出目标任务，明确责任要求。一是充分应用审计管理系统（OA）和现场审计实施系统（AO），并实现AO与OA的交互，实现审计机关业务、管理和决策的一体化。二是实现计算机技术、网络技术在审计实施、管理中的普及应用，为提高审计项目质量和管理水平提供技术支持。三是加强审计网站建设，充实网站内容，实时更新网站信息，不断健全完善广德审计网站，使其成为与社会、公众沟通，以及发布审计信息、公告等内容的绿色通道，成为展示审计成果的载体和平台。四是鼓励机关人员开展有利于推动审计信息化发展的各项活动，成立信息撰写小组和计算机兴趣小组，对计算机系统应用和计算机审计中疑难问题进行理论探讨和集体攻关，增强信息化技术应用及创新的吸引力和凝聚力。全年完成5篇审计方法的报送，有3篇被省审计厅评为良好。

“创先争优”和文明创建工作。根据县委要求，县审计局积极开展“创先争优”活动，始终把开展“创先争优”活动当作一件大事来抓，紧紧围绕“爱岗敬业、争先进位，提升审计质量，创争一流工作业绩”等活动主题，紧密结合审计工作实际，强化措施抓落实，取得很好的实际效果。在开展“创先争优”活动的同时，把“创先争优”和机关文明建设活动紧密结合，努力树立团队意识，打造文明和谐机关。“五一”期间组织全体机关人员开展以登山、骑行等为内容的庆“五一”活动，丰富了职工业余生活。

审计学会、内部审计协会工作。为促进审计科研工作开展，规范和监督内部审计行为，推动审计事业的发展，根据上级审计机关的统一部署，于7月成立广德县审计学会暨内部审计协会，共吸收会员单位40个，会员62人。借助学会、协会，将广德县社会审计组织、内部审计机构纳入审计组织体系，凝聚全县审计力量，整合审计资源，切实负担起保障地方经济社会健康发展的保驾护航作用。

2011年工作成果一览表

审计单位（个）	查处违规金额（万元）	管理不规范资金（万元）	应缴财政（万元）	已缴财政（万元）	应归还原渠道资金（万元）	移送事项（件）	应调账处理金额（万元）	应自行纠正金额（万元）	审计报告、信息被批示采纳（篇）
156	29	15460							108

2011年获奖情况

被省审计厅评为全省审计系统精神文明创建先进单位

被市审计局评为全市审计系统精神文明先进单位

被市审计局评为目标管理优胜单位

被市审计局评为全市审计信息宣传先进单位

被市审计局评为全市外资审计工作先进单位

被市审计局评为全市投资审计工作先进单位

被市审计局评为全市审计科研工作先进单位

被市审计局评为全市审计统计工作先进单位

被广德县评为县文明单位

被广德县评为全县双拥合格单位

被广德县评为法制宣传教育先进单位

被广德县评为全县党委系统信息工作先进单位

局党支部被广德县评为全县先进基层党组织

杨凤琴被省审计厅评为全省审计信息宣传先进个人

王晓敏被市审计局评为地方政府性债务审计先进个人

杨凤琴被市审计局评为全市审计信息宣传先进工作者

张蔚青被广德县评为优秀共产党员

杨凤琴被广德县评为全县党委系统优秀信息工作者

2011年大事记

7月20日，省审计厅副厅长杨寿桃一行到县审计局调研“信息化推进工程”开展情况。

7月26日，广德县审计学会暨内部审计协会成立。

11月29日，省审计厅何结华总审计师率厅各处室领导到广德考察，了解广德承接产业转移示范区建设成效情况。

广德县审计学会暨内部审计协会领导及理事名单

会　长：吴永木

副会长：罗正军　谢志坚　张先明　胡安文　贾苏红　洪　涛　裴智海　李国祥　李传强　刘绍珣　陈安顺

秘书长：林顺祥

常务理事：吴永木　罗正军　谢志坚　张先明　胡安文　贾苏红　洪　涛　裴智海　李国祥　李传强　刘绍珣　陈安顺　刘家富　江　艳　王晓敏　张蔚青　林顺祥　胡永保　彭荣前　胡小马　杜家升　王中阳　陈　毓　乌家芳　喻晓钟　储建中　左宏声　李迪江　刘　平　刘合意　李　霞　陈　宏　巫　惢　杨志勇

理　事：吴永木　罗正军　谢志坚　张先明　洪　涛　胡安文　贾苏红　裴智海　李国祥　李传强　刘绍珣　陈安顺　刘家富　江　艳　王晓敏　张蔚青　林顺祥　胡永保　彭荣前　胡小马　杜家升　王中阳　陈　毓　乌家芳　喻晓钟　储建中　左宏声　李迪江　刘　平　刘合意　李　霞　陈　宏　巫　惢　杨志勇　王燕燕　李　静　夏春秀　李少春　张　军　李开伟　吕　萍　李天芳　奚向群　张益明　王庆福　李光义　郑　兴　候华胜　石传宏　吴万清　陈　林　蒋　伟　赵永华　王启锋　章春虹　李树培　程乐涛　杨凤琴　周志广　邓立群　沈克会　沈美青

（撰稿人：杨凤琴）

旌德县审计局

旌德县审计局内设办公室、财金审计股、行政事业审计股、经济责任审计局和建设项目投资审计中心，现有编制16名，实有人员18名。

2011年旌德县审计局机关人员配备情况表

内容 单位	人数	性别		文化程度				职称			负责人
		男	女	研究生	本科	大专	大专以下	高级	中级	初级	
局领导	6	6			1	4	1		5	1	汪明星
办公室	4	2	2		2		2		2	2	张　琦
财金审计股	1	1			1				1		傅　寒
行政事业审计股	1		1		1				1		刘月琴
经济责任审计局	2	2			2				2		赵世惠
投资审计中心	4	3	1		2	2			3	1	朱永建
建设项目投资审计中心											
合计	18	14	4		9	6	3		14	4	

2011年旌德县审计局领导人员情况表

姓　名	性　别	职　务	职　称	任职时间
汪明星	男	局长	经济师	2006年2月
程观明	男	正科级干部	会计师	2007年3月
吕辉林	男	副局长	审计师	2007年7月
傅　寒	男	副局长		2011年11月
陈小林	男	纪检组长	审计师	2008年3月
张时鹏	男	总审计师	审计师	2006年2月

2011年12月31日在册人员名单

汪明星 程观明 张时鹏 吕辉林 陈小林 赵世惠 傅 寒 张 琦 彭颂勇 朱永建 曹宝全 刘月琴 花日凤 刘 甜 胡安新 程亚军 王德华 李银兰

2011年工作概况

2011年，旌德县审计局在县委、县政府和上级审计机关的正确领导下，以科学发展观为统领，以启动“十二五”规划为抓手，解放思想、实事求是、与时俱进，围绕经济建设中心，服务改革发展稳定大局，牢牢把握和领会省、市审计工作会议精神，始终以促进经济社会发展为已任，突出对重点领域、重点部门、重点资金的审计监督，做好落实文章，各项工作取得了较好的成效，为维护财经纪律，促进廉政建设，推进经济发展等发挥了积极作用。全年完成审计项目79个，查处违纪违规金额1088万元，提交审计报告和信息157篇，提出各类审计意见和建议165条。

创新开展财政“同级审”。进一步创新审计工作方式方法，使“同级审”工作常审常新。一是主题鲜明。围绕预算执行这条主线，以预算编制为切入点，以财政支出为关口，通过审计，揭示出财政工作中存在预算约束力不强，财政支出管理和控制机制有待健全等问题，客观分析存在问题的原因，并就进一步规范预算管理，加强财政监管等方面提出了切实可行的审计建议。二是内容丰富。做到“同级审”与部门预算执行审计相结合、与经济责任审计相结合，每年在联动项目安排上结合任期经济责任审计以及群众关心的热点项目、民生工程项目，确保每年都有新的内容。一年来，选择群众关心的的医药收费问题、资金较多的公安、卫生等部门以及部分乡镇作为联动项目进行审计。同时，在审计过程中有目的的选择部分专项资金进行调查。通过审计，查出的问题主要表现在以下方面：违规收费、违规改变资金用途、存在账外资产的情况、超标准超计划支出和白条支出漏缴税款。对上述问题，对相关单位提出针对性、可行性的审计意见和建议，并对违规行为作出严肃处理。县人大常委会审议并通过《县政府关于2010年度县级财政预算执行和其他财政收支情况的审计工作报告》，并对审计工作给予高度评价：“在财政预算执行审计中，县审计局严格按照《审计法》的要求，认真贯彻“全面审计、突出重点”的方针，紧紧围绕财政工作重点和群众关注的难点、热点问题，不断拓展审计领域，延伸审计内容，工作积极进取，较好地发挥了审计监督的职能作用。”审计结果得到被审计单位的认可。

有效开展固定资产投资审计。着眼宏观，立足资金安全和效益，将民生和城市建设项目工程作为审计重点，切实加强对资金管理使用情况的监督。一是深化事后审计。全年完成固定资产投资决算审计项目62个，送审金额6416万元，核减工程款359万余元。其中核减4个水库除险加固工程项目造价款8万元；核减2个廉租住房工程项目造价款约16万元。问题主要表现在：变更设计调整价格或者以工期延误、支付误工费等增加工程款；决算时套高定额，取费标准就高，故意放大工程量等。二是深化事前监督。根据县政府9月出台的《旌德县城市建设项目审计监督暂行办法》中要求审计机关应当对城市建设项目招投标的标底进行审计复核的有关规定，对两个城市建设项目标底进行审核，送审标底价6720万元，审计核减269万元，有效维护了被审计单位的利益、国家建设资金的安全，防止了国有资产的流失，促进了城市建设和管理。

确保其他各项工作齐头并进。经过全体干部职工的共同努力，在保持省级文明单位基础上，审计工作在围绕县委、县政府工作方面更加紧密，机关形象得到进一步的提升。在全县百名股长和满意机关评比中，各项指标均位居前列，被县委、县政府评为人民满意机关。一是抓好招商引资工作，完成全年招商工作任务。围绕“招商、稳商、活商、强商”工作思路，努力在转变职能，提高效率，搞好服务上下功夫：多措并举做好招商工作；对已引进外商投资企业遇到的问题和困难，主动上门搞好服务。下半年，通过县人民法院为引进的旌丰铜业有限公司积极协调货款纠纷，利用法律手段，挽回经济损失130多万，为进一步优化旌德投资环境做出了积极的贡献。二是大力开展“信息化推进工程”活动。根据上级审计机关的部署和要求，以现场审计实施系统（AO）和审计管理系统（OA）为抓手，深化审计信息化应用，围绕“夯实基础、提升应用、创新举措、突出亮点”方针，努力加快审计信息化工作步伐。主要表现在以下几个方面：第一，加强AO和OA系统的应用，要求审计业务人员将审计作业过程各个环节及相关资料在AO和OA中进行交互，并进一步加强了公文内部流转网络化，严格按照OA系统流转的规定，及时接收、分发、阅处公文，提高公文运转的准确性和时效性。第二，加大审计信息的宣传，通过建立和执行信息通报和考核制度，切实提高全局工作人员撰写信息的自觉性和责任感。全年提交各类信息70余篇，在相关网站公开，有的已被上级审计机关采用，有效地提炼了审计成果，促进了宣传工作的开展。第三，落实信息化应用成果任务。将上级审计机关部署的任务分配到3个业务股室，具体由各股室主要负责人承担，做到分工到位、责任明确，形成了有效的工作格局。第四，加强计算机设备的管理与维护。通过建立和完善相关制度，进一步提高工作人员管理和维护计算机设备的责任意识，保障各项审计业务和机关管理的正常运行。

认真学习贯彻《国家审计准则》。一是采取在局门户网站刊登新准则、审计组向被审计单位进行宣传等多种方式让社会各界更进一步了解审计、理解审计、支持审计。二是明确以集中学习、个人自学、集体讨论的学习方式，将准则修订的主要内容作为重点，深刻领会、认真把握，做到领导带头学，人人撰写学习笔记，做到活学活用，以用促学。三是将学习准则与当前审计工作实际紧密结合，以准则作为审计机关和审计人员履行法定职责的行为规范，严格按照准则规定开展审计工作，全面提升依法审计能力，防范审计风险，为审计工作的转型打下基础，力促审计工作质量和水平再上新台阶。

加强审计队伍建设。一是通过人事部门向社会公开招考的方式引进两名工程审计专业人才。二是组织人员参加省审计厅举办的计算机审计中级培训。三是鼓励广大干部职工采取自学、互学、网上学等多种形式，学习有关法律、法规和审计业务知识，进行审计业务探讨交流，切实提高审计队伍的整体素质，为审计事业的发展提供根本保障。

加强党风廉政建设。一是开展以人为本、执政为民专题教育。通过学习、考核、监督等方式，引导全局干部职工切实强化宗旨意识、民主意识、责任意识、法治意识、廉政意识，着力解决作风不端正、行为不廉洁、办事不公道、工作不尽力、解决实际问题能力不强等问题，促进牢固树立群众观点，尽职尽责地做好审计及其他各项工作，为推进旌德经济社会科学发展，加快“实力旌德、秀美旌德、幸福旌德”建设做出积极的贡献。

稳步推进廉政风险防控管理。按照法律法规、有关文件和制度的要求，仔细梳理和归集县审计局的行政权力，梳理出行政职权类62项，其中：行政处罚权47项、行政强制权3项、其他行政权12项；内部管理权类2项。确立相应的风险点，并采取前期预防、中期监控、后期处置等三项具体措施，确保防控管理工作取得实效。

规范党务公开。从党内情况通报、党内情况反馈、重大决策征求意见、党内事务公开咨询、党员密切联系群众、党员定期评议基层党组织领导班子成员、例行公开、主动公开、依申请公开、党务公开意见建议收集办理及反馈、党务公开监督检查、党务公开考核评价、党务公开责任追究等13个方面建章立制，进一步规范党务公开工作。一是规范内容。实行局党组织思想建设、组织建设和作风建设全覆盖，主要包括党建工作年度计划、重点任务目标及年度目标完成、党建责任制落实，党员理论学习、业务培训、专题教育、党员发展，党费收缴、党员创先争优、党员干部下基层走访等情况。二是规范程序。对需要公开的事项，按照提出、审核、公开、反馈、归档的流程稳步实施，确保党员群众对公开事项知情、参与和监督。三是规范形式。坚持公开内容与形式相统一的原则，采取会议、文件、网站三种主要公开形式，并辅之其他形式，以取得最佳的公开效果和效应。四是规范时限。根据内容和公众需求，分门别类采取长期、定期、逐段、临时公开的时限，使党务公开永葆生机活力。

深入开展“创先争优”活动。一年来，根据县委的统一部署和要求，局全体党员干部以高度的政治责任感和饱满的政治热情，继续深入扎实开展”创先争优“活动。一是狠抓学习，提高认识。组织党员干部以自学和集中学习相结合的形式，深入学习中央、省、市县领导有关“创先争优”活动的重要讲话精神和文件。二是公开承诺，明确责任。每个党员结合自己的职责任务和岗位实际进行书面承诺，做到公开、透明，并接受群众监督和领导点评，使公开承诺成为党员的一种责任。 三是学习先进，提升境界。组织党员干部观看杨善洲同志先进事迹报告会，并进行学习讨论、使党员干部深入了解杨善洲同志永葆本色、矢志不移的坚定信念，无私奉献、淡泊名利的高贵品质，艰苦朴素、苦干实干的优良作风，生命不息、奋斗不止的革命精神，切实提高党员干部忠于职守、爱岗敬业、服务人民的意识。三是加强宣传，浓厚氛围。通过公开栏、信息、自办网站等形式进行宣传，使“创先争优”活动人人皆知，营造了浓厚的活动氛围。四是丰富载体，突出特色。以争创先进股室为载体，着力推进审计创新，实现在审计规范上有新进展、在审计处理上有新成效、在计算机审计上有新突破、在审计作用发挥上有新建树、在服务群众上有新举措的“五新”目标；以争创“五好”审计组为载体，着力打造依法文明、廉洁自律、审计成果、审计整改、群众评价“五好”目标，争创一流审计业绩；以争当优秀共产党员活动为载体，着力提升党员素质，使党员树立学习、服务、法制、创新和廉洁“五种”意识，实现带头学习提高、带头争创佳绩、带头服务群众、带头遵纪守法、带头弘扬正气“五带头”，发挥党员的先锋模范作用，带动全局干部“创先争优”。

积极做好综合治理、新农村建设等工作。做好对办公区的安全防范，加强综治教育，把综治工作引向深入。在新农村建设方面，一是结合开展百名干部下基层活动，拿出数千元并积极协调相关部门全力帮助局下基层干部联系的兴隆乡三峰村解决好村内道路整治及水利建设；二是结合开展三级书记大走访活动，局领导班子成员到三溪镇建强村对老干部、老党员、及致富带头人进行走访，认真听取群众诉求，并对贫困户进行了扶持和慰问。

2011年工作成果一览表

审计单位（个）	查处违规金额（万元）	管理不规范资金（万元）	应缴财政（万元）	已缴财政（万元）	应归还原渠道资金（万元）	移送事项（件）	应调账处理金额（万元）	应自行纠正金额（万元）	审计报告、信息被批示采纳（篇）
79	256	832	6	6					35

2011年获奖情况

被省委、省政府评为第九届安徽省文明单位

被市审计局评为全市审计统计工作先进单位

被县评议人民满意机关活动领导小组评为人民满意机关

工伤保险审计被市审计局评为全市优秀项目

汪明星被县直工委评为优秀共产党员

张琦被县社会治安综合治理委员会评为综治工作先进个人

陈小林被县纪委、县监察局评为全县优秀纪检监察干部

刘月琴被县民主评议百名股长活动领导小组评为优秀百名股长

在县直单位“招商引资”考评中被县委、县政府评为二等奖

汪明星、赵世惠、张琦、刘月琴被县党政群机关工作人员年度考核委员会评为考核优秀人员

2011年大事记

2月11日，汪明星局长出席在合肥召开的全省审计工作会议。

8月2日，在梓山宾馆隆重召开县审计学会暨内部审计协会成立大会。

8月9日，通过县人力资源和社会保障局向社会公开招聘工作人员，经笔试、面试、体检、政审、公示等程序，来自铜陵的胡安新和来自宣城的刘甜被聘用为建设项目投资审计中心工作人员（旌人社秘〔2011〕51号）。

9月29日，提请县政府出台《旌德县城市建设项目审计监督暂行办法》（政办〔2011〕98号）。

10月19日，傅寒被县委任命为县审计局党组成员（组干〔2011〕40号）。

11月1日，傅寒被县政府任命为县审计局副局长（旌政人〔2011〕9号）。

绩溪县审计局

绩溪县审计局内设办公室（审计信息化办公室）、财政农水审计股（资源环境审计股）、经贸金融审计股、经济责任审计分局和固定资产投资审计中心，现有编制24名，实有人员18名。

2011年绩溪县审计局机关人员配备情况表

内容 单位	人数	性别		文化程度				职称			负责人
		男	女	研究生	本科	大专	大专以下	高级	中级	初级	
局领导	5	5			4	1			5		邵期静
办公室（审计信息化办公室）	4	2	2		2	1	1	1		1	章一梅
财政农水审计股（资源环境审计股）	2	1	1		2					2	汪宇辉
经贸金融审计股	1	1			1					1	许利翔
经济责任审计分局	3	2	1		3				1		章新培
固定资产投资审计中心	3	2	1		3					2	许利翔
合计	18	13	5		15	2	1	1	6	6	

2011年绩溪县审计局领导人员情况表

姓名	性别	职务	职称	任职时间
邵期静	男	党组书记、局长	经济师	2005年8月
汪齐放	男	副局长	经济师	1998年2月
许峰	男	副局长	会计师	2002年4月
穆大硕	男	纪检组长	经济师	2005年9月
汪永勤	男	总审计师	审计师	2010年11月
章新培	男	经济责任审计分局局长	会计师	2010年8月
许利翔	男	投资审计中心主任	会计师	2011年11月

2011年12月31日在册人员名单

邵期静　汪齐放　许　峰　穆大硕　汪永勤　章新培　章一梅　汪宇辉　许利翔　陈细如　胡茜云　赵培培　唐洪滨　程海鹏　黄　芳　赖昱升　周炎东　章希如

2011年工作概况

2011年，绩溪县审计局审计业务步入以计算机审计、信息系统审计、联网审计为主要特征的信息化时代。全年完成审计和专项审计调查项目176个，审计提交信息、简报71篇，被采用81篇次，审计理论文章在《安徽审计》发表2篇，完成审计科研课题论文1篇 ；参与完成全省地方政府性债务审计调查项目和全省城乡义务教育费用保障机制审计项目全省交叉审计工作；政府投资效益审计、同级财政绩效审计经验和方法被选入全省工作会议上交流，领导干部离任经济责任事项交接种审计调查制度被列入省《经济责任审计工作指导意见》重点推广，自主研发的政府投资和经济责任审计项目数字化管理系统处于同行业领先水平，修撰完成近30万字的《审计专业志》评议稿。被省人社厅、省审计厅评为全省审计系统先进集体，被省审计厅评为全省审计系统精神文明创建先进单位，被县政府评为县政风建设和效能建设先进单位，连续5年获全市审计系统目标管理综合考评先进集体并排名第一，连续两届获市级文明单位。

财政审计。经过多年实施，经过多年实践，开始全面进入财政审计大格局实施阶段并初步完成向同级财政绩效审计的转型。完成省审计厅招标课题《地方财政绩效审计大格局构建方法研究》。全年完成财政预算执行绩效审计项目12个，专项资金审计调查项目54个。在审计内容上作重大调整：一是改变以往传统以“总预算+地税+国库+部门预算”为审计内容的审计方式，使审计范围、内容受限的局面得到有效改变，逐步完善形成以“财政管理绩效+税收征管绩效+社保基金管理绩效+部门预算单位行政事业费管理绩效+专项资金使用管理绩效+政府债务投融资管理绩效+国有资本经营管理绩效+政府投资资金使用管理绩效”为主的审计内容，使财政“同级审”内容更加全面、数据更为翔实、审计建议更具针对性。二是从以往的更多针对单项资金、单一部门的审计，转变到站在“维护国家财政安全、金融安全、能源安全、国有资产安全”的角度进行思考、安排审计项目。通过审计查补税收近500万元、收回财政资金约2000万元，3人被调离原工作岗位。

投资审计。政府投资审计实现“全跟踪、全覆盖”，在完善竣工结算审计的基础上，以投资项目动态管理信息系统为基础，将进入招投标程序的所有政府投资建设项目纳入全程跟踪审计范围，实现政府投资项目跟踪审计全覆盖，有效化解投资项目审计中预算、招标、合同、签证、变更等环节给事后决算审计带来的风险。《绩溪县政府投资项目审计管理系统》软件进一步提高完善。全年审计政府投资项目76个，审计资金总额17298万元，核减工程造价2180万元，平均核减率12.60%。对74个政府投资项目实施跟踪审计，招标预算投资资金总额1.9亿元。其中，对招标文件及招标控制价跟踪审计72次，对施工合同签订前跟踪审计20次，在项目实施过程中跟踪审计35次。出具跟踪审计意见书119份，提出审计建议257条。

经济责任审计。领导干部离任经济责任事项交接和审计调查制度列入省《经济责任审计工作指导意见》重点推广，经济责任审计实现任中审计为主模式与离任经济事项交接审计调查同步推进。以离任领导干部经济责任事项交接为基础同步实施审计调查，以调查报告的形式反馈问题、提出整改意见，以此解决“逢离必审”难题。同时，年度经济责任审计计划以任中审计为主，以此有效规避离任审计结果应用的难题。全年完成审计项目11个、部门单位9个，乡镇1个，社区 1个，查处违规金额19万元、管理不规范金额114万元。向县委、县人大、县政府和县纪委、县委组织部提交审计结果报告12份。全年完成领导干部离任经济事项交接审计调查项目22个，提交审计报告及审计结果报告各11份，向县委、县政府报送领导干部履行经济责任情况等次的报告9份，下达审计决定3份，向被审计单位提出审计意见建议56条，为领导决策和纪检监察机关、组织部门的干部监督管理、选拔任用、表彰奖励等工作提供了重要依据或参考。

审计信息化。进一步推动审计工作向现代化转型。全年审计信息化呈现“四大亮点”：一是自主研发的审计项目数字化管理平台顺利建成。实现政府投资项目、经济责任审计项目、专项资金项目计划、等管理业务的数字化。不断完善《政府投资项目审计动态管理系统》、调试运行《经济责任审计项目管理系统》。二是城镇职工医疗保险联网审计查询系统初步建成。在城镇职工医保管理信息系统率先完成“数据同步”，通过前置服务器和VPN网络通道实现医保信息备份数据的同步传送。在此基础上，开发业务定义，初步建成覆盖业务数据的信息查询功能模块，实现医保数据审计的实时查询。三是成功实践信息系统审计。根据年初财政“同级审”计划，对县新型农村合作医疗管理信息系统、县城镇职工医疗保险管理信息系统实施硬件环境、软件设计、运行安全等内容的信息系统审计；根据审计署计划，对县社保基金管理信息系统实施信息数据、内部控制、传输转移等环节为主要内容的信息系统审计，均取得良好效果。四是AO实例与计算机审计方法撰报实现提升。在强化AO2 011版培训应用的前提下，注重计算机审计技术与经验的研究和总结，形成5篇计算机审计方法、3篇AO应用实例上报市审计局。

2011年工作成果一览表

审计单位（个）	查处违规金额（万元）	管理不规范资金（万元）	应缴财政（万元）	已缴财政（万元）	应归还原渠道资金（万元）	移送事项（件）	应调账处理金额（万元）	应自行纠正金额（万元）	审计报告、信息被批示采纳（篇）
176	290	6154	12	12		3			81

2011年论文发表情况统计表

报刊名称	时间(期数)	论文题目	作　者
《安徽审计》	第10期	《财政大格局的项目构建方法》	邵期静

2011年获奖情况

被省审计厅评为全省审计系统先进集体

被省审计厅评为全省审计系统精神文明创建先进单位

被市审计局评为全市审计系统目标管理优胜单位

被市审计局评为经济责任审计先进单位

被市审计局评为审计信息化先进单位

被市审计局评为审计科研先进单位

被市审计局评为审计信息先进单位

被县委评为全县目标管理优秀单位

被县委评为优秀基层党组织

绩溪县2009年度本级预算执行和其他财政收支审计获省审计厅表彰审计项目

邵期静被省审计厅评为全省审计系统精神文明工作先进个人

邵期静撰写的《绩溪县“1+N”同级财政绩效审计的实践》、《“审计提升年”如何结合审计现代化出招》分别被省审计厅评为全省审计科研论文三等奖、优秀奖

章一梅被市审计局评为审计信息化先进个人

汪宇辉被市审计局评为审计信息先进个人

邵期静、章新培、汪宇辉获县优秀公务员嘉奖

2011年大事记

1月2至4日，陈细如参加政协绩溪县八届五次会议。

1月4日，邵期静局长赴市审计局参加全省信息化工作视频会议。

1月12日，许利翔、黄芳赴宁国市参加全省白蚁防治项目交叉审计。

1月26日，省投资审计中心主任芮黄顺一行3人在市审计局总审计师丁宏林陪同下到县审计局调研。

2月10至12日，邵期静局长参加全省审计工作会议。

2月28日，全市审计信息化工作会议在绩溪宾馆召开。常务副县长汪拥到会并致辞。

3月7日，副局长许峰、总审计师汪永勤一行4人赴巢湖市含山县参加全省地方政府性债务审计调查和城乡义务教育保障机制专项资金绩效审计调查。

3月9日，省审计厅刘战平厅长在市审计局汪志良局长的陪同下到县审计局调研地方政府性债务审计。

3月10日，邵期静局长赴宣城市参加全市地方政府性债务审计调查进点会

3月10日，安庆市岳西县审计局一行3人到绩溪县进点。

3月31日，县编委绩编〔2011〕7号文：同意县审计局所属县投资审计中心主任按副科级配备，并增设1名副主任职数（股级）。

4月1日，县审计局参加全县2011年“全民读书月”活动启动仪式，并向板桥头乡蜀马村捐赠1000元图书。

4月20日，汪永勤被抽调参加全县“百名干部下基层”活动。

4月22至23日，全局审计人员赴浙江省嘉兴市审计局考察学习联网审计、财政审计，并到南湖开展“重温入党誓词”支部活动。

4月27至29日，唐洪滨参加全县党外干部培训班。

5月10日，龙江省审计厅总审计师张翠萍一行4 人到县审计局考察调研。

5月14日，县审计局审计人员12人赴黄山市参加新颁布的《国家审计准则》培训。

5月20日，县审计局申报的《统筹构建县（区）级财政审计大格局和财政绩效审计的方法研究》被确定为省审计厅2011年度全省立项科研课题。

5月31日，邵期静局长带领汪宇辉、胡茜云、汪伟康赴滁州市审计局学习交流地税征管审计。

6月1日，邵期静局长在滁州市审计局参加由部分市、县审计局主要负责人参加的由审计署组织召开的安徽省审计机关班子及队伍建设情况调研座谈会。石爱中副审计长参加座谈。

6月2日，邵期静局长带领汪宇辉、胡茜云、汪伟康赴宿州市审计局学习优秀AO应用案例、审计方法和经济责任审计业务操作办法、评价办法。

6月10日，邵期静局长和许峰副局长到市审计局参加全省审计信息化建设年动员大会视频会议。

6月16至18日，邵期静局长参加县第十四次党代会。

6月18日，许峰副局长带领汪宇辉赴市审计局参加全市2010年社会养老保险基金专项审计调查工作会议。

6月27日，受县政府委托，邵期静

局长向县人大常委会作《关于我县2010年度财政本级预算执行和其他财务收支绩效审计的工作报告》。

6月29日至7月1日，邵期静局长赴黄山市参加全省审计通联工作会议。

8月1日，赖昱升、周炎东经招考被县审计局录用。

8月1日，汪永勤、程海鹏到市审计局参加全市扶贫资金审计工作会议。

9月2日， 市审计局副局长章捷、科长肖运会一行3人到县审计局督查信息化建设情况。

9月2至9日，邵期静局长赴西安参加中国审计报社2011年通联宣传工作会议。

9月15至16日，章一梅、胡茜云参加全市计算机审计培训班。

9月28日，副局长许峰、办公室主任章一梅赴市审计局参加审计署关于开展普通高中债务调查培训视频会议。

10月14日，江苏省审计厅副巡视员谈惊一行5人到县审计局调研。

10月28日，邵期静局长赴市审计局参加全市审计局长座谈会。

11月4至7日，江苏省审计厅全体人员分三批到绩溪县组织开展主题教育活动。

11月9至10日，省审计厅文化教育卫生审计室主任曹毕生到县检查卫生医疗债务锁定工作。

11月11日，审计署郑州特派办一行4人在省审计厅综合处处长方正陪同下到县考察指导。

11月16日，县政府印发政办〔2011〕114号文：《关于建立审计整改工作联席会议制度的通知》。

12月13日，县审计局邀请江苏省审计厅计算机审计处处长高华清、南京市审计局和宿迁市审计局计算机审计专家一行3人开展计算机审计方法和AO实例知识讲座。

12月13日，邵期静局长参加市审计学会会议。

12月29日，邵期静局长赴省审计厅参加全省审计“信息化推进工程”总结大会，并作典型发言。

绩溪县审计学会暨内部审计协会领导名单

会　长：邵期静

副会长：王威麟　洪　波　夏庆玖　柯宁宁　邵名孝　程文虎

秘书长：许　峰

副秘书长：胡晓红　吴雪芬　高道平　汪宇辉

铜陵市审计局

铜陵市审计局内设办公室、综合法规科、财政金融审计科、计算机审计科、企业审计科、行政事业审计科、农业和资源环保审计科、投资审计科、农村经济审计科、社会保障审计科、检察室和经济责任审计局，现有编制44名，实有人员51名。

2011年铜陵市审计局机关人员配备情况表

内容 单位	人数	性别		文化程度				职称			负责人
		男	女	研究生	本科	大专	大专以下	高级	中级	初级	
局领导	9	7	2	1	8			2	7		王仁海
办公室	6	3	3		2	1	3		2		张飞飞
综合法规科	4	2	2		3	1		1			王秀莲
财政金融审计科	5	2	3	1	3	1			3		何素珍
计算机审计科	3	1	2		3				1		张宝林
企业审计科	3	2	1		3				3		王　强
行政事业审计科	4	2	2		2	2			2		阮应保
农业和资源环保审计科	3	2	1		3				2		左敬东
投资审计科	3	3			3				3		刘剑敏
农村经济审计科	2	2		1	1				1		吴　雷
社会保障审计科	3		3		3				2		刘崧梓
监察室	3	2	1		2	1			1		孙自勤
经济责任审计局	3	1	2		3				1		毛庆艺
合计	51	29	22	3	39	6	3	3	28		

2011年铜陵市审计局领导人员情况表

姓名	性别	职务	职称	任职时间
王仁海	男	局长	经济师	2006年4月
陶和平	男	副局长	高级审计师	2000年9月
李丛林	男	调研员		2008年7月
宋同英	女	副局长		2000年9月
陈延友	男	副局长	会计师	2000年9月
王　华	男	总审计师	审计师	2006年11月
朱永宏	男	经济责任审计局长	审计师	2008年11月
李应刚	男	纪检组长		2011年12月
何素珍	女	副调研员	高级审计师	2008年11月

2011年12月31日在册人员名单

王仁海　陶和平　李丛林　宋同英　陈延友　王　华　朱永宏　李应刚　何素珍　徐维国　阮应保　左敬东　刘剑敏　钱四新　丁　峰　黄宗胜　路冬梅　孙自勤　黄蓉蓉　张宝林　周元文　方金霞　毛庆艺　张飞飞　王　强　王秀莲　刘崧梓　沐学文　吴　雷　董　巍　黄　斌　姚　军　吴柳娟　孙宏奇　缪跃东　任红玉　李　莉　陈　丽　凌　虹　汪　宁　胡　军　王　珊　沈学刚　何　翠　张泽丰　鲁　燕　董　晶　王伯中　古　芳　汤长华　周　亚

2011年铜陵市审计局特约审计员情况表

姓 名	性 别	工作单位	职 务	职 称	任职时间
叶金民	男	市港华燃气有限责任公司财务部	经 理	会计师	2008年9月
朱闩根	男	市人民小学	校 长		2008年9月
朱前定	男	市房地产开发公司	经 理	高级工程师	2008年9月
马克和	男	铜陵学院科技处	处 长	教 授	2008年9月
许建胜	男	市西瓦有限公司财务部	经 理		2008年9月
佟秀梅	女	市铜化集团公司审计部	部 长		2008年9月
陈 明	男	市人民医院医务处沟通办	主 任	主治医师	2008年9月
陈 浩	男	市交通局工程科	科 长		2008年9月

2011年工作概况

2011年，铜陵市审计机关完成审计项目234个，查处违规资金6471万元，为政府增收节支1.75亿元。

财政预算执行审计。市本级预算执行审计反映预算编制不够完整细化，预算追加较多，部门在预算执行中存在经费超支、专项经费拨付不及时、执行财经制度不严；部分税款入库级次不准确，存在混级混库现象；开发区对外投资收益不大且可能存在损失风险等问题。审计查出的大部分问题已得到整改。

民生等专项审计。审计校安工程、菜篮子建设工程、住房维修基金、社区整治工程、农村卫生服务体系建设资金等关系民生的项目，反映部分项目进展较为缓慢等问题。开展部分项目征迁资金专项审计，发现虚报补偿安置资金等问题，促进了征地补偿安置政策的落实。开展市直部门公务用车货币化补贴经费支出情况审计调查，反映了管理中存在的一些问题，为领导决策提供了参考依据等。

投资建设项目审计。重点开展2008至2009年政府性投资项目建设管理情况的审计调查，在对123个建设项目调查中，重点关注项目建设程序、进度和建设资金使用情况，针对发现的问题，提出进一步加强项目建设管理等建议，为改进政府投资建设项目管理发挥了积极作用。对长江二路、体育中心、国际会展中心、市人民医院改扩建等25个重点建设项目进行全过程跟踪审计，提高了建设资金的使用效益。

企业和金融审计。审计铜化集团、市建设投资公司、工业投资公司2010年度经营业绩情况，重点关注企业损益的真实性、国有资产保值增值、投资和融资管理情况，为市政府对企业经营业绩考核与管理提供了依据。重点审计调查3户小额贷款公司，揭示执行贷款投向政策、贷款业务管理方面的问题以及少计收入、少提贷款损失准备金等，并提出审计建议。

经济责任审计。全市对37名领导干部开展任期经济责任审计，审计反映部分单位收入未缴入财政专户，专项资金使用效率不高，对下属单位监管不够到位等方面的问题。市审计局组织全市教育系统的经济责任审计，市委、市政府高度重视审计查出的问题，多位领导做出了批示。

“信息化推进工程”。充分运用OA审计管理与AO审计实施操作系统，促进信息化与审计业务融合。建设投资审计信息化平台，对投资审计过程进行信息化管理，提高投资审计效率和质量。按照上级统一要求完成审计会商系统的建设任务。建立审计项目基础数据、审计法律法规等数据库。

机关内部建设。全市审计机关坚持审计业务工作与党建、创建工作紧密结合、同步推进，进一步加强班子建设和队伍建设，积极开展“四百工程”、“大走访”、“执政为民专题教育”等活动，加强审计干部培训教育，促进了审计监督职能的全面履行。市审计局加强廉政风险防范和廉政建设，出台《关于加强投资项目审计廉政风险防范工作的意见》。该意见被省审计厅转发各市审计机关。市审计局被评为安徽省文明单位。

2011年工作成果一览表

审计单位（个）	查处违规金额（万元）	管理不规范资金（万元）	应缴财政（万元）	已缴财政（万元）	应归还原渠道资金（万元）	移送事项（件）	应调账处理金额（万元）	应自行纠正金额（万元）	审计报告、信息被批示采纳（篇）
45	5700		49			1	15		85

2011年论文发表情况统计表

报刊名称	时间(期数)	论文题目	作 者
《安徽审计》	第10期	《构建财政审计大格局背景下改进审计管理的思考》	何素珍

2011年大事记

1月10日，举办为期一周的全市审计干部培训班。

1月24日，开展市直部门内部经济责任审计考核工作。

2月21日，市审计局在全省审计机关 实施“五年行动计划”综合考核中获全省第一。

3月8日，进驻马鞍山开展政府性债务审计工作。

3月29日，召开全市审计工作会议，市领导唐世定、倪玉平、王纲英，省审计厅副厅长刘大群出席会议

3月30日，全面开展“四提四促”解放思想大讨论活动。

4月27日，市经济责任审计工作领导小组出台《铜陵市领导干部经济责任审计问题整改办法》。

5月3日，市审计局与铜陵学院会计系签署全面合作框架协议，举行了“铜陵市审计局人力资源培训基地”和“铜陵学院教学研究室基地”揭牌仪式

5月20日，义乌市审计局到铜陵考察学习审计工作。

8月18日，市审计局出台《关于加强投资审计廉政风险防控管理的意见》，加强对政府性投资项目审计中重点环节风险点的控制，确保审计权力规范运行，推进审计机关廉政建设。

9月30日，组织开展审计项目质量检查工作。

10月24日，开展“百名干部下基层，深入群众大走访”活动。

11月7日，省审计厅总审计师何结华到铜陵市开展“审计领导大走访”调研活动。

铜陵市审计学会

2011年，铜陵市审计学会主要做了以下工作：

一是加强审计工作创新转型研究。组织开展村级经济责任和财务审计以及两院系统审计等审计工作思路、方式方法研讨，有效地指导了审计实践。积极参与省审计学会组织的各项活动，在方案制定、活动安排、工作推进等方面做了大量工作。

二是加强专项审计调查工作研究。组织开展“专项审计调查工作研讨会”，邀请厅领导参加，市、县、区审计人员总结工作、交流经验，取得了积极成果。

三是组织开展审计业务培训工作。与综合法规等部门按照局机关培训教育和学会工作计划，开展审计业务集中培训。

铜陵市内部审计协会

2011年，铜陵市内部审计协会主要做了以下工作：

一是积极开展内部审计工作，逐步提高社会影响力。市内部审计机构围绕本单位、本部门经济工作中心，积极开展内部审计工作，切实维护财经秩序，促进财务管理规范化，强化干部管理。在省审计厅开展的全省内部审计先进单位和先进工作者得评比中，市有色公司审计部、铜化集团审计部等多个单位被评为全省内部审计先进单位，多人被评为安徽省内部审计先进工作者。通过全市广大内部审计人员辛勤、有效工作，内部审计的影响力逐步扩大，内部审计的地位逐年提升。很多单位领导十分重视、关心内部审计工作，经常听取审计工作汇报，亲自审阅审计报告并作出批示，审计机构负责人参加单位有关经济决策的重要会议已成为制度。

二是严格遵守协会章程，加强制度建设。制度建设事关长远，制度是否完善，是内部审计管理工作是否规范的重要标志。市内部审计协会围绕自身建设和管理，加强对内部审计工作的指导，先后制定《铜陵市内部审计协会民主选举制度》、《铜陵市内部审计协会会员大会（会员代表大会）制度》、《内部审计协会理事会制度》、《铜陵市内部审计协会财务管理制度》、《铜陵市内部审计协会重大活动备案报告制度》、《铜陵市内部审计协会信息披露制度》、《铜陵市内部审计协会会费管理办法》等多项规章制度，对规范协会工作，提高管理水平，促进内部审计工作健康发展，起到了积极的作用。

三是加强理论研究工作，探索建立内部审计理论体系。加强理论研讨和经验交流，是促进内部审计事业发展、提高内部审计人员素质的重要途径。按照省内部审计师协会的统一安排，市内部审计协会组织全市内部审计机构积极开展审计科研活动，广大内部审计人员积极参与。理论研讨活动的开展，促进了市内部审计工作扎实有效的开展。

四是开展内部审计专业培训，推进内部审计职业化建设。建设一支高素质的内部审计职业化队伍是现代内部审计的一个重要标志，也是内部审计协会的一项重要任务。市内内部审计协会本着学以致用的原则，采取切实有效的措施，不断加大教育培训力度。并积极组织内部审计人员参加CIA考试。

铜官山区审计局

铜官山区审计局现有编制4名，实有人员6名。

2011年铜官山区审计局机关人员配备情况表

单位＼内容	人数	性别		文化程度				职称			负责人
		男	女	研究生	本科	大专	大专以下	高级	中级	初级	
局领导	3	1	2		3			1			李庆梅
其他人员	3	1	2		3				2	3	
合计	6	2	4		6			1	2	3	

2011年铜官山区审计局领导人员情况表

姓名	性别	职务	职称	任职时间
李庆梅	女	局长		2012年3月
李正旺	男	主任科员	高级审计师	2003年2月
梁　莉	女	副局长		2010年11月

2011年12月31日在册人员名单

李庆梅　李正旺　梁　莉　戴徐鋆　秦　毅　左言敏

2011年工作概况

2011年，铜官山区审计局在区委、区政府以及上级审计机关的正确领导下，坚持以邓小平理论和“三个代表”重要思想为指针，以科学发展观为统领，认真贯彻党的十七大精神，紧紧围绕区委、区政府中心工作，按照全国、全省、全市审计工作会议精神，坚持“依法审计、服务大局、围绕中心、突出重点、求真务实”审计工作方针，业务求精，执法求严，工作求实，方法求新，质量求高，认真履行审计监督职能，积极开展审计服务和审计监督，进一步加大对重点领域、重点资金、重大违法违规问题和经济案件的查处力度，在维护地方经济秩序、严肃财经法纪、促进科学发展、构建和谐社会等方面发挥了重要作用，为推动铜官山区的经济建设发展做出了巨大的努力。全年完成审计及专项审计调查项目89个，其中：工程竣工决算审计项目62 个，经济责任审计项目24个，农村集体经济财务收支审计项目1个，其他项目2个。

本级财政预算执行情况审计。为认真贯彻落实全国、全省、全市审计工作会议精神，做好同级财政预算执行情况审计，区审计局以“促进规范预算管理，提高财政资金使用效益，建立社会主义公共财政制度为目标，以预算执行审计为重点，逐步实现由收支并重向以支出审计为主转变，积极探索财政资金效益审计的新路子”为总体目标，按照工作方案要求，对区财政局、建设局、教育局、民政局、国有资产运营中心进行审计。审计结果表明：2010年区本级预算执行和其他财政收支情况总体良好，运行平稳，财政收支平衡，略有节余，较好地完成了预算任务；财政体制改革稳步推进，财经纪律、依法治税和税收征管不断加强，部门预算、国库集中支付、政府采购、集中管理非税收入等制度进一步健全，财政依法聚财理财的水平进一步提高；预算执行单位不断加强和完善内部管理，规范财政财务收支行为，执行国家财经法规的自觉性进一步增强。但仍存在一些不容忽视的问题。如：支出调整后未先报区人大批准后实施等。

固定资产投资审计。围绕工程招投标、合同签订、工程造价的真实性以及财务管理、资金使用等情况，因地制宜，加大对政府投资项目的跟踪审计和竣工决算审计力度，成效较为明显。全年完成建设工程审计项目62个，送审金额1879万元，核减工程投资171万元，核减率达9.10%，有效控制工程建设中的高估冒算、偷工减料、损失浪费等现象。通过审计，进一步规范建设单位基本建设程序，促进政府相关政策的出台，保证了建设资金真实、合法、有效的使用。

其他项目审计。一是根据市审计局统一部署，组织力量完成对兴隆社区农村集体经济财务收支审计。二是根据区政府工作安排，组织人员对五交化公司改制前债权、债务及房租收入进行清理。进一步强化对社会审计中介机构开展审计工作的指导和监督。在组织中介机构参与的审计项目上，区审计局始终把对中介机构开展工作进行指导监督作为一项重要工作来抓：从日常开展工作中抓起，随时掌握其工作进度和情况，了解工作中存在的问题和困难，及时协调解决；严把质量关，从审计调查、取证，到最后出具的审计报告都必须按相关审计程序操作。通过对中介机构的工作上的指导和监督，规范社会中介机构审计执业行为，提高中介机构的业务质量，推进了中介机构规范管理、健康发展。

党风廉政建设。认真做好干部队伍的思想政治教育和业务理论学习，很抓局机关的党风廉政建设。一是强化理论学习。继续深入学习贯彻党的十七大精神，重点抓《关于建立健全教育、制度监督并重的自治和预防腐败体系实施纲要》的学习。二是强化审计工作纪律。审计组每次在进点前，不仅要学习和熟悉相关的审计业务，而且还要组织学习有关的审计工作纪律和廉洁自律的有关规定，时刻绷紧反腐败这根弦。三是强化法规和业务学习。为提高审计人员依法行政能力，专题召开会议研究制定学习、宣传、贯彻落实方案，明确由局长亲自抓，把学习、宣传内外结合起来，认真组织学习《审计法》以及审计署1至6号令。宣传《审计法》，逐步实行审计公开，强化审计监督。另外，分两批选派人员参加省审计厅组织的业务培训，不断提高审计业务水平。通过3个强化，审计工作质量有了进一步提高，审计干部工作作风进一步转变、组织纪律明显增强，在工作中自觉做到依法办事、严格执行“八不准”，自觉维护党的纪律和国家政策、法律、法规，甘于清贫，乐于奉献。

2011年工作成果一览表

审计单位（个）	查处违规金额（万元）	管理不规范资金（万元）	应缴财政（万元）	已缴财政（万元）	应归还原渠道资金（万元）	移送事项（件）	应调账处理金额（万元）	应自行纠正金额（万元）	审计报告、信息被批示采纳（篇）
27	14	800					800		41

（撰稿人：戴徐鋆，审核人：李庆梅）

狮子山区审计局

狮子山区审计局现有编制3名，实有人员6名。

2011年狮子山区审计局机关人员配备情况表

内容 / 单位	人数	性别		文化程度				职称			负责人
		男	女	研究生	本科	大专	大专以下	高级	中级	初级	
局领导	2	1	1		2				1		谈必成
其他人员	4	1	3			4			3		
合计	6	2	4		2	4			4		

2011年狮子山区审计局领导人员情况表

姓名	性别	职务	职称	任职时间
谈必成	男	局长		2009年1月19日
朱迪音	女	副局长		2011年1月25日

2011年12月31日在册人员名单

谈必成　朱迪音　伍海燕　曹琴芬（聘用）　沈曙武（聘用）　朱小芳（聘用）

2011年工作概况

2011年，狮子山区审计局全面完成年初计划安排的18个审计（审计调查）项目和区政府临时交办的2个审计项目。通过审计，查处管理不规范资金5382万元，提出审计建议10条，提交审计专题、综合报告和信息简报8篇，被领导批示采用3篇。此外，还对72个政府性投资建设项目实施了竣工决算审计。

履行审计职责，全面完成审计目标任务。深入开展本级财政预算执行情况和下级政府财政决算审计，规范预算管理。根据《审计法》、《安徽省预算审查监督条例》的规定以及狮子山区政府批转的《本级预算执行和其他财政收支审计工作方案》，依法对2010年度区本级预算执行和其他财政收支进行审计。审计以维护财政安全、推进依法行政、促进提高财政资金使用效益为目标，以财政资金管理、分配总体情况为依据，以财政资金流向为主线，围绕财政收入征管、财政管理、部门预算执行、财政专项资金环节，进一步深化财政预算执行审计，分别对区财政局、区建设局、区卫生局2010年度预算执行情况进行审计。重点检查部门预算编制的科学性、完整性，预算收入、支出的真实性、合法性和执行“收支两条线”规定的情况。同时，对区卫生局和区建设局2010年度承办的民生工程资金管理使用情况、对全区政府性债务情况进行审计。审计表明：狮子山区的财政工作，坚持依法理财，科学理财，合理用财，完成了年初确定的各项目标任务，财政实力迈上新的台阶。同时进一步加强财政监督，在财政资金安排和使用上体现“以人为本、关注民生、城乡统筹、促进发展、收支平衡、略有结余”的原则，较好地促进了全区经济社会各项事业平稳较快发展。为监督下级政府贯彻执行国家各项方针政策情况，促进下级政府加强财政管理，根据《审计法》以及区政府批转的《狮子山区2011年审计项目计划安排意见》（狮政〔2011〕61号），对区西湖镇政府2009年、2010年财政决算情况进行审计。审计结果表明：在镇党委和镇政府的领导下，通过全镇上下的共同努力，西湖镇的财政收入基本实现了稳中有增。财政决算基本真实，财政运行状况基本正常。在财政资金的安排上，体现以人为本、关注民生的原则，较好地促进了全镇经济社会事业的发展。

加强行政事业单位财务收支和专项资金审计（审计调查），保证资金规范使用。继续加强对专项资金、重点工程的审计监督。安排对区人社局专项资金管理使用情况的审计调查；对安置房项目部项目资金使用情况进行审计；对龙湖路建设领导小组财务收支情况进行审计；对联盟一期安置点征迁项目资金进行审计；对区建设局、区卫生局2010年度的财务收支情况进行审计；结合2010年民生工程，对全区学校校舍安全工程的实施情况进行跟踪审计调查。针对发现的问题及时提出整改意见，并督促有关部门健全内控制度、规范资金运作，有效地提高了资金的使用效益。

经济责任审计不断推进，促进党风廉政建设。积极贯彻落实中共中央办公厅和国务院办公厅联合下发的《党政主要领导干部和国有企业领导人员经济责任审计规定》和区委组织部的安排，对区政府办、区招商局、区文体广电局、区统计局原部门负责人的任期经济责任履行情况进行审计；对区国土资源管理局、区机关事务管理局、区卫生局、区建设局、市七〇一小学、新庙村村两委主要负责人任中经济责任履行情况进行审计。通过审计，全面客观评价领导者的业绩，对于完善领导干部管理和监督机制、促进惩治和预防腐败体系建设具有重要意义，为组织部门考核评价领导干部提供了依据。同时，为准确界定领导干部经济责任行为，制定《狮子山区领导干部离任经济责任事项交接办法（试行）》，增强领导干部依法履行经济责任意识，促进了狮子山区党风廉政建设。

加大固定资产投资审计力度，提高政府投资效益。对72个政府性投资建设项目实施审计，项目送审金额7306万元，审定金额6290万元，核减金额1016万元，平均核减率13.9%。通过审计，有效地节约政府性资金，进一步提高政府性资金的使用效益，规范投资行为。同时，结合政府性投资建设项目审计中发现的情况，及时编印《审计动态》专刊，为区委、区政府和相关部门宏观决策提供依据。

积极开展其他项目审计，提出针对性强的建设性意见。根据区政府的安排，对全区已完成的23个征迁项目资金和狮子山区农贸市场服务处财务收支情况进行审计。通过审计，及时、客观、公正地反映了发现的问题，提出了建设性意见，为政府决策提供依据。

抓审计机关自身建设，促进队伍素质提高。深入开展党风廉政建设和反腐败工作，确保审计工作有序开展。坚持审计组廉洁自律规定、坚持在每个项目通知书后附发《审计人员在审计工作中六条规定》，并在审计项目结束后对其执行情况实行回访制度，切实把党风廉政建设落到实处；通过灵活多样的学习、宣传形式，机关作风进一步改进，党群干群关系进一步密切，确保了工作的有序开展；科学发展观和正确政绩观进一步树立和落实，各项工作取得新的进展。

围绕本职工作，积极做好服务。克服人手少、任务重的困难，在努力完成好审计项目的同时，抽调人员（2人次）参与省审计厅的审计项目，获得省审计厅和市审计局的高度评价。同时还服务于经济工作大局，积极响应区政府号召对外开展招商引资，为前来狮子山区的投资者提供方便、快捷、优质的服务。

审计基础建设迈出新步伐，推动审计工作发展。继续大力加强审计工作的基础建设，有力地保证各项审计任务的顺利完成，审计工作的质量和水平有了新的提高。一是加强审计项目质量管理。完善审计业务制度规范，严格按照审计准则的要求，实行全员全过程审计质量管理，认真执行审理制度，完善审计业务会议和集体审定制度，严格审计质量管理，进一步提高了审计工作效率。区审计局实施的《狮子山区2008年度区本级预算执行和其他财政收支审计》被省审计厅评为全省表彰审计项目、《郊区法院院长任期经济责任审计》被市审计局评为优秀审计项目。二是严格执法，树立审计良好形象。认真贯彻审计署《关于加强审计纪律的决定》，坚持在每个审计项目实施时附发《审计人员在审计工作中六条规定》并严格遵照执行；坚持被审计单位承诺制度，有效的防范了审计风险；坚持审计回访制度，自觉接受被审计单位监督。三是认真开展“信息化推进工程”。积极探索计算机审计，成立“信息化推进工程”领导机构，制定“信息化推进工程”实施方案，逐步加大《现场审计实施系统》的应用，进一步强化AO与OA的交互使用，大力推进办公自动化建设。同时，利用互联网方便快捷的优势，加大审计宣传力度，审计信息化建设取得了新成果。四是努力加强文明创建工作。把文明创建作为树立自身素质和良好形象的重要环节，不仅积极参加全区的精神文明创建活动，而且局机关内部也定期结合业务工作，召开会议研究部署精神文明创建工作，注重审计文化建设，开展多种形式的积极健康的文化活动，陶冶了情操，增强了审计部门凝聚力。

2011年工作成果一览表

审计单位（个）	查处违规金额（万元）	管理不规范资金（万元）	应缴财政（万元）	已缴财政（万元）	应归还原渠道资金（万元）	移送事项（件）	应调账处理金额（万元）	应自行纠正金额（万元）	审计报告、信息被批示采纳（篇）
39		5382							3

2011年获奖情况

区2008年度区本级预算执行和其他财政收支审计被省审计厅评为全省表彰审计项目

郊区法院院长经济责任审计被市审计局评为铜陵市优秀审计项目

2011年大事记

4月25日，拟定《狮子山区领导干部离任经济责任事项交接办法（试行）》，并由区经济责任审计工作领导小组印发。

2011年领导批示、讲话摘要

区委书记蒋叶贵在《狮子山区征迁安置房工程建设项目管理部项目资金收支审计》上批示：审计报告反映出管理上存在着严重的漏洞，监管不力，须高度重视。对审计出的问题，要认真查实，并拿出整改、处理意见。

区委常委、区长陈元中在《狮子山区征迁安置房工程建设项目管理部项目资金收支审计》上批示：要对存在问题逐一限期整改到位。

区委常委、常务副区长汪庆辉在《狮子山区征迁安置房工程建设项目管理部项目资金收支审计》上批示：一是我区政府投资项目管理要严格按照市政府的相关规定执行。二是项目变更登记要按程序批准，不得随意变更。三是安置房项目要加强资金管理，项目建成后要办理竣工决算，资金要自求平衡。四是审计整改意见要立即落实。

区委常委、常务副区长汪庆辉在《新庙村两委主要负责人经济责任审计》上批示：请审计局牵头，对此报告中涉及我区的事项要求相关单位整改到位。财政局今年内组织一次村级单位财务会计培训班。

区委书记蒋叶贵在《东山小学塑胶运动场工程竣工决算审计》上批示：请审计局将全区政府性投资项目，重点是学校改建、扩建项目的审计进行综合分析报我。

狮子山区审计学会领导及理事名单

会　长：谈必成
副会长：黄颂青　姜　风
秘书长：方　莉
常务理事：谈必成　黄颂青　姜　风　方　莉　王红梅　阮权平　柯秀佳　倪　恒　薛永红
理　事：谈必成　黄颂青　姜　风　方　莉　王红梅　阮权平　柯秀佳　倪　恒　薛永红　朱立贵　刘孝芸　张小玲　李栋明　张国和　周会林　洪宝国　姚成景　赵玲玲　査日春　赵志军　陶　莹

2011年出台的地方审计规章目录

《狮子山区领导干部离任经济责任事项交接办法（试行）》（区经济责任审计工作领导小组印发）

（撰稿人：朱迪音，审核人：谈必成）

郊区审计局

郊区审计局内设办公室和业务室，实有人员5名。

2011年郊区审计局机关人员配备情况表

单位＼内容	人数	性别		文化程度				职称			负责人
		男	女	研究生	本科	大专	大专以下	高级	中级	初级	
局领导	2	2			2			1	1		万建强
办公室	1		1		1					1	唐　萍
业务室	2	2			2				2		胡平文
合计	5	4	1		5			1	3	1	

2011年郊区审计局领导人员情况表

姓名	性别	职务	职称	任职时间
万建强	男	局长	经济师	2011年7月
帅　华	男	副局长	会计师	2009年8月

2011年12月31日在册人员名单

万建强　帅　华　汪政兵　胡平文　唐　萍

2011年工作概况

2011年，郊区审计局在区委、区政府和市审计局的领导下，以邓小平理论、“三个代表”重要思想为指导，紧紧围绕区经济建设和政府工作中心，不断加大审计工作力度，努力提高审计工作质量和效率，较好地完成了全年各项审计任务。

财政预算执行审计进一步深化。进一步树立“大财政”观念，积极构建财政审计大格局，坚持以全部政府性资金审计为载体，揭示财政管理中出现的新情况、新问题，重点检查预算管理、分配和绩效情况，财政支出的结构情况，年初预算编制细化情况，政府采购、“收支两条线”情况，预算执行绩效情况，各项民生工程政策落实情况。特别是进一步加大本级财政预算执行审计，把所有政府性资金全部纳入审计监督视野，坚持资金运用到哪里，审计就跟进到哪里，集中优势力量开展好审计监督，不仅重点审查所有收入和支出的真实、合法性，更注重审查效率和效果，审计报告揭示问题深刻透彻，促进了政府和有关部门积极整改，提高了科学理财、依法理财的水平。财政预算执行情况审计结果报告受到区人大的高度评价。

经济责任审计实现新突破。始终以强化对权力运行的监督和制约为核心，创新方法，规范操作，探索经济责任审计新路子，深化经济责任审计内容，改进审计方法，采取审计与审计调查相结合、经济责任审计与部门预算执行或部门财务收支审计相结合，提高了审计效率。相继出台《郊区领导干部经济责任审计办法》、《领导干部任期经济责任审计结果运用实施办法》等多个加强经济责任审计的制度。与组织部共同完成对7名正科级干部的经济责任审计，且取得了良好效果。

政府投资审计实现跨越式发展。适应发展的要求，大力推动政府性投资项目的审计监督机制、制度建设，积极研究和开展重大建设项目跟踪审计。在3家社会中介组织参与政府性投资项目的审计情况下，有效提升区政府性投资项目的审计专业化、规范化，较好地实现了审计监督和服务职能。对区校安工程项目继续实行跟踪审计，在探索重大项目跟踪审计的工作思路、介入时间、具体流程等方面总结了一些有效的做法。强化政府性投资项目的审计监督，为政府财政节约了大量的建设资金。审计工作受到区委、区政府的重视和支持。区政府性投资项目审计监督已形成稳步、健康发展的良好局面。

涉及民生的专项资金审计调查和专项资金跟踪审计力度不断加大。一是根据上级审计机关的工作安排，组织对全区中小学校舍安全工程进行专项跟踪审计。二是结合区实际，对区征地拆迁专项资金进行专项审计调查。通过专项审计调查，提出建设性的审计建议，促进相关部门进一步完善专项资金的管理制度，提高了专项资金规范管理和使用效率。

2011年工作成果一览表

审计单位（个）	查处违规金额（万元）	管理不规范资金（万元）	应缴财政（万元）	已缴财政（万元）	应归还原渠道资金（万元）	移送事项（件）	应调账处理金额（万元）	应自行纠正金额（万元）	审计报告、信息被批示采纳（篇）
12	663	4099	469		185		10	4099	5

2011年获奖情况

被省审计厅评为全省审计“信息化推进工程”先进单位

铜陵县审计局

铜陵县审计局内设办公室、财政金融审计股、行政事业审计股、社会保障审计股、投资审计股、经济责任审计局、政府投资审计中心和农村集体经济审计中心，现有编制23名，实有人员25名。

2011年铜陵县审计局机关人员配备情况表

内容 单位	人数	性别		文化程度				职称			负责人
		男	女	研究生	本科	大专	大专以下	高级	中级	初级	
局领导	5	3	2		2	2	1		5		方旺德
办公室	4	3	1		2	1	1	1	3		崔庆国
财政金融审计股	2	2			1	1			1	1	崔庆国
行政事业审计股	3	3				3			3		何　梅
社会保障审计股	2	1	1		1		1	1	1		殷志华
投资审计股	2	2			1		1		1	1	李建华
经济责任审计局	2	1	1		1	1			2		何　梅
政府投资审计中心	3	3			3					3	崔庆国
农村集体经济审计中心	2	2			2				2		邵岚岚
合计	25	20	5		13	8	4		18	5	

2011年铜陵县审计局领导人员情况表

姓　名	性　别	职　务	职　称	任职时间
方旺德	男	党组书记、局长	会计师	2007年2月
贺志毅	男	党组成员、副局长	审计师	1998年11月
张启平	男	党组成员、副局长	会计师	2007年4月
余海霞	女	副局长		2008年3月
李建华	女	党组成员、纪检组长	审计师	2009年7月
何　梅	女	党组成员、经济责任审计局局长	审计师	2010年3月

2011年12月31日在册人员名单

方旺德 贺志毅 张啓平 佘海霞 李建华 何 梅 姜 鸣 张卫平 查日升 殷志华 刘一珉 崔庆国 王 峰 姚红兵 邵岚岚 崔贤才 李根胜 周晓朔 郭娟娟 伍积磊 韩 为 褚 明 朱国荣 王先志 刘 龙

2011年工作概况

2011年，铜陵县审计局在县委、县政府和上级审计机关的正确领导下，坚持以科学发展观为指导，坚持“依法审计、服务大局、围绕中心、突出重点、求真务实”审计工作方针，紧紧围绕县委、县政府中心工作，不断创新思路，提升审计水平，有效地履行审计职责，全面地完成了审计任务。全年安排财政财务收支、专项资金绩效、经济责任、农村集体经济、政府投资建设等五大类24个审计项目，以及上级审计机关年中追加安排的普通高中债务、基层卫生机构债务审计调查2项。

以促进完善公共财政体制、实现依法理财为目标，预算执行审计不断深化。按照“揭露问题、规范管理、促进改革、制约权利、提高效益”的工作要求，牢固树立“大财政审计”理念，坚持审深、审透、审细、审严的原则，对县本级预算执行和其他财政收支、税收征管、部分政府投资项目、地方政府性债务、城乡义务教育专项资金进行审计，延伸审计调查部分民生工程资金和水利建设资金。在审计中，以促进规范预算管理、科学安排预算执行为目标，不断拓展审计范围和深度，在关注财政收支的真实性、合法性的基础上，更加关注财政专项资金的使用方向、使用效益。审计结果报告和工作报告，分别提请县政府和县人大常委会审议，并按照相关规定，在多种载体进行公告，得到县委、县政府领导及社会各界的一致好评，财政审计真正成为了地方党政调控的“手”、县委人大监督的“眼”。

以强化项目管理、提高投资效益为目标，政府投资建设项目审计全面推进。以促进城市基础设施建设项目的规范管理、提高政府投资建设项目效益为目标，进一步强化项目管理，规范建设行为，加强对重点建设项目的审计监督，并不断加大跟踪审计的力度。在对建设项目基本情况、资金管理使用情况和质量管理等方面查错防弊的同时，重点监督和揭露工程项目中的违法违规、决策不当、管理不严、损失浪费等问题。全年送审项目74项，送审金额16569万元。审结项目62项，送审金额15900多万元，审定金额13000多万元，核减额2000多万元，平均核减率14%，取得了良好的审计效果。

以规范权力运行、促进廉洁从政为目标，经济责任审计稳步发展。以促进依法行政和反腐倡廉为目标，以提高制度执行力为核心，根据审计项目计划和组织部门委托，坚持“积极稳妥、量力而行、提高质量、防范风险”经济责任审计工作方针，拓展领域，创新机制，推进转型，形成了“领导有力，目标明确，协调到位，审计规范”的良好局面。全年完成乡镇及部门领导干部任期经济责任审计项目9个，出具审计报告、审计结果报告及专题报告15篇，查处违规资金2000多万元、管理不规范资金3700多万元，提出审计建议34条。出台《县领导干部经济责任审计结果利用办法》、《县领导干部经济责任审计交接办法》等法规制度，从机制和制度上不断完善和强化了审计工作。

以反映民生民情、服务社会和谐为目标，专项资金审计监管进一步加强。始终以维护民生为重点，加强对关系经济社会发展、涉及百姓切身利益的各种专项资金审计调查力度。全年安排地方政府性债务、城乡义务教育保障机制专项资金、养老保险基金、内河清淤工程专项资金、校舍安全工程资金和农村卫生服务体系建设资金等专项资金的审计和审计调查，出具审计(审计调查)报告11篇，提出审计意见及建设28条，查处违规使用资金2430万元、闲置资金5300余万元，得到县委、县政府高度重视和充分肯定。对审计调查发现的问题进行专题研究，按照县委、县政府的要求，查处和纠正民生专项资金在管理和使用上的不真实、不规范的行为，并要求有关单位限期整改，切实做到专款专用、实惠于民。

以“信息推进工程”为主线，不断创新提升，推进信息化建设深入发展。以“信息化推进工程”为主线，加大计算机审计的力度与深度，加强审计信息化基础建设和管理运用，不断提高审计效率，全面提升审计质量。一是成立信息化建设领导小组、计算机兴趣开发研究小组，制定方案和相关制度规范，从机制和制度上予以规范和完善，并积极落实上级审计信息化建设要求，定期进行自查和接受上级核查，全面实现信息化建设任务。二是以动员会、研讨会、推进会、整改会等多种方式推进、督促各项工作的开展与落实，加大人员、资金的投入，加强信息化基础设施建设。通过培训和招录，配置兼职和专职的计算机人员，并通过审计门户网站建设，扩大宣传，拓展空间。三是以新修订的《国家审计准则》为标准，将信息化建设全方位融入到审计项目之中，加强AO、OA的熟练运用与拓展，加强审计项目管理和质量控制，加强审计现场实施管理、复核审理和项目档案考核评审，严把质量关，不断提升审计水平，争取出精品、出成果、出效应。四是加强审计成果运用，加强与相关部门协调配合，探索和推行审计结果公告制度。以《审计情况》的形式向县党政领导报告审计发展形势和环境，在《今日铜陵》报上以专版刊登宣传审计法规，将领导干部审计法规和内部审计条例等编印成册发放各单位、各部门以及相关领导，使得审计工作在更多层次、更广范围得到理解和支持。

以人为本，打造过硬队伍，实现审计事业持续前进。为打造政治过硬、业务精通、作风优良、廉洁自律、文明和谐的审计干部队伍，坚持以树立干部正确的世界观为出发点，强力推进精神文明建设，不断加强政治思想学习和党风廉政建设，以扎实履行审计工作职责为着力点，不断加强审计干部队伍的大局意识、业务知识、专业技能和科学审计理念的培养和学习。一是坚持“围绕中心抓党建，抓好党建促发展”的总体思路，把领导班子建设摆在党建工作首要地位，局领导积极带头参与各种政治、业务学习，切实做到身先士卒、率先垂范，局班子成员精诚团结、求真务实、廉洁自律，全局上下形成了和谐发展、全面发展的良好势头。二是以廉政建设为抓手，认真提高干部队伍政治素质，严格执行“八不准”审计纪律，向社会实行廉洁自律公开承诺，加强审计回访和执法监察，将廉政纪律列入股室目标责任考核，确保审计人员廉洁从审。三是加强综合知识和审计业务知识培训，建立定期学习制度，采取集中学习和自学相结合的方式，做到有学习有目标，学习与实践相结合，营造良好的学习氛围，提高了干部队伍综合素质和业务能力。四是以“争先创优”活动为指导，认真开展“我的岗位我负责，我的工作请放心”主题实践活动。通过深化大局意识、服务意识，不断提高机关效能，树立科学审计理念。五是依托发展平台，充实审计力量。通过公开招考、公平竞争、严格考察，为县审计局农村集体经济审计中心招录两名专业人员，补充了审计力量，提高了战斗力。六是加强党的组织建设，增强凝聚力。党支部以科学发展为目标，以建党九十周年为契机，积极开展“四百”工程、“百家单位千名干部走访万家”等活动。同时，加强党风廉政建设，培养了1名预备党员和1名入党积极分子，为组织上输送了新鲜血液，激发了全局人员的工作热情。

2011年获奖情况

被省审计厅评为全省审计系统先进集体

被省审计厅评为全省审计系统信息化先进集体

被县委、县政府评为全县文明行业

被县档案局评为档案管理优秀单位

被县纪委评为“十一五”期间全县纪检监察系统先进集体

2011年大事记

1月，崔庆国任铜陵县政府投资审计中心主任。

11月，邵岚岚任铜陵县农村集体经济审计中心主任。

11月，招录两名铜陵县农村集体经济审计中心工作人员。

池州市审计局

池州市审计局内设办公室、综合法规科、财政审计科、行政事业审计科、经贸审计科、农业与资源环保审计科、审计信息技术应用科、经济责任审计局和政府投资审计中心，现有编制28名，实有人员27名。

2011年池州市审计局机关人员配备情况表

内容 单位	人数	性别		文化程度				职称			负责人
		男	女	研究生	本科	大专	大专以下	高级	中级	初级	
局领导	5	5			5				4		徐树生
办公室	4	3	1	1	1	2			2		陈锦旗
综合法规科	2	1	1		1	1			2		桂良友
财政审计科	3	1	2		3			1		1	孙　凌
行政事业审计科	3	2	1		2	1			1	2	凌庆萍
经贸审计科	2	1	1		1		1		2		刘圣祥
农业与资源环保审计科	1	1			1						刘志芳
审计信息技术应用科	1		1		1						石小娟
经济责任审计局	2		2		2			1	1		王孟春
政府投资审计中心	4	3	1		4				1	1	汪冰冰
合计	27	17	10	1	21	4	1	2	13	4	

2011年池州市审计局领导人员情况表

姓　名	性　别	职　务	职　称	任职时间
徐树生	男	党组书记、局长	会计师	2011年7月
吴明楣	男	副局长		2002年11月
吴熙祥	男	副局长、纪检组长	会计师	2006年12月
胡以民	男	副局长	会计师	2009年12月
杨正发	男	总审计师	审计师	2009年5月
桂良友	男	助理调研员	审计师	2004年6月
汪冰冰	女	助理调研员		2011年10月

2011年12月31日在册人员名单

徐树生　吴明楣　吴熙祥　胡以民　杨正发　桂良友　汪冰冰　陈锦旗　韩静杨　何艳红　刘晓祥　查菲菲　孙　凌　李　晶　周　杰　凌庆萍　蒋昌嵬　王　平　刘圣祥　方　婧　刘志芳　石小娟　王孟春　王维婷　汪　晖　陈启东　张林森

2011年池州市审计局特约审计员情况表

姓　名	性　别	工作单位	职　务	职　称	任职时间
刘安泉	男	池州市住建委	科　长		2004年4月
吴　军	男	池州市公路局	科　长		2004年4月
陈广明	女	池州市中级人民法院	副主任		2004年4月
叶晓峰	男	池州市非税收入管理局	副局长		2004年4月
许　蕾	女	池州市人力资源与社会保障局			2004年4月

2011年工作概况

2011年，池州市审计局坚持以“三个代表”重要思想和科学发展观为指导，大力推进审计信息化建设，切实提高审计质量，提升审计成果运用水平，为改革开放和经济发展服务，为加强党的执政能力建设服务，为“加快发展，富民强市”、全面建设小康社会贡献力量。全年审计单位56个，查处违规资金1138万元、管理不规范资金316966万元，应上缴财政73万元，已上缴财政73万元，应归还原渠道资金820万元，提交审计工作报告、审计信息58篇，被党委、政府领导批示及新闻、信息媒体采用38篇。

围绕“四条主线”，构筑监督重点。坚持按照宪法和《审计法》规定，全面履行审计监督职责，重点加强4个方面的工作：一是围绕政府性投资这条主线，重点关注运行规范与资金绩效。全年安排15个建设项目进行竣工决算或跟踪审计，占年度任务的33%。二是围绕经济运行这条主线，重点关注执行效率与经济安全。在摸清财政家底基础上，对16个部门（单位、事项）预算执行和资金使用效率情况进行审计或审计调查，占年度任务的35%；三是围绕民生资金这条主线，关注政策落实与执行效果。全年安排病险水库除险加固等7项涉及水利、农业、教育、养老保险方面的民生工程（资金）开展审计调查，占年度任务的15%。四是围绕干部监督这条主线，关注工作效能与经济责任。全年对8位市管领导干部经济责任履行情况开展审计，占年度任务的17%。

细化预算执行审计，突出“五大主题”。重点检查细化预算要求的落实情况，财政性资金使用的合规性、合法性和效益性，揭露预算执行过程中的违纪违规现象，打击违法犯罪行为，预算执行审计重点突出“五大主题”：一是突出加强预算管理主题，围绕市本级2010年度预算收入完成情况、财政运行质量、预算保障能力分析等重点内容，对组织预算收入的部门开展审计和审计调查。二是突出规范部门财政收支这个主题，对8个预算执行部门和单位预算资金的使用真实性、合规性、效益性等重点内容进行审计。三是突出提高政府性投资资金使用效益主题，对环平天湖道路等11项市政重点建设工程决算开展审计。四是突出保障和改善民生主题，对政策性农业保险资金、病险水库除险加固工程、校安工程、残疾人保障金、经济困难学生资助资金的管理、使用情况开展审计调查。五是突出强化规费征管主题，对人防工程易地建设费、房产交易收费的征管用情况及房地产开发规划容积率调整对收入的影响情况开展审计调查。

深化经济责任审计，促进建立廉洁高效的行政管理体制。按照市委、市政府统一部署，从干部监督管理工作需要和审计工作发展状况出发，本着“积极稳妥、量力而行、提高质量、防范风险”的原则，合理安排审计计划，以财政收支为主线，向领导干部的经济决策权和资金的分配权、审批权、使用权等方面深化，不断拓展经济责任审计内容，为加强干部监督管理和党风廉政建设服务，促进了社会主义物质文明、政治文明和精神文明协调发展。全年完成8名市管领导干部经济责任审计，查处违规金额132万元，提出审计建议26条。在加强干部监督管理、促进党风廉政建设和保障经济平稳较快发展等方面发挥了积极作用。

探索政府投资审计模式，促进公共资金的投资效率。按照积极探索、稳步推进、大胆实践，总结提高的原则，创造条件，积极实行以审计单项工程决算为起点，先易后难，先小后大，探索路子，逐步提高，使政府投资审计在池州市得以全面、正常的开展，为节约公共资金、提高投资效率发挥了积极作用。采取勘量与核价结合、事中监督与事后审计结合的方法，完成对老干部活动中心等11项市政重点工程的竣工决算审计，送审金额21609万元，审减定金额16523万元，在有关机构审核的基础上，审计再核减投资项目结算不实金额5086万元，平均核减率25%，并要求建设单位加强项目建设管理，及时整改项目建设过程中存在的招投标程序控制不规范、勘察设计不到位、现场签证不完整和不规范等问题。对九华山机场等重点建设工程，派驻人员实行跟踪监督，在工程招投标、现场核实、工程计价等方面发挥早发现、早处理、早预防的作用，实现了节约投资与促进管理的双重效果。

完善基础设施，强化审计信息化建设。按照软硬件相匹配，人与物相适应的原则，继续加大投入，完善基础设施建设，构筑审计信息化的工作平台：一是全面推进AO系统和OA系统的规范应用。全年实施的所有审计计划项目都应用AO开展现场审计，利用OA进行审计管理。严格按照两大系统的使用规范，确保审计作业过程各个环节及相关资料在AO和OA中进行交互。全面完成立项项目被审计单位资料库建设。二是充分发挥审计网站的宣传作用。全面完成市审计网站的改版。新版网站进一步充实和完善各项信息内容，及时更新和发布审计信息，真正成为审计机关发布审务信息和推进政务公开的主要平台之一。三是超额完成征集遴选计算机审计案例。局领导高度重视计算机审计技术方法研究，以充分展现计算机审计成果为“落脚点”，着力打造计算机审计案例精品。市审计局报送9篇计算机审计方法，超额完成省审计厅布置的5篇任务。经省审计厅专家评审，2篇获得优秀，5篇获得良好。

以人为本，着力实施“五大工程”。一是审计围绕中心、把握大局的能力显著提升，审计监督层次和水平与池州经济社会发展的大局相适应。二是审计在服务经济社会科学发展、促进深化改革和民主法治建设、维护国家经济安全、推进反腐倡廉建设方面迈上新台阶，审计职能作用得到更好发挥。三是审计制度、机制更加科学完善，审计法治化、规范化、科学化和信息化建设取得更大成效，转型升级成果显著。四是审计干部队伍管理更加科学有效，建成一支政治坚定、业务精湛、作风优良、廉洁文明、结构合理、团结和谐的干部队伍，为审计事业科学发展提供了坚实的思想政治保证、人才保证和智力支持。

完善制度建设，提高工作效能。以行为规范、运转协调、公正透明、廉洁高效为目标，继续完善各种管理制度。“五招”抓工作效能：一是“统”。打破科室专业界限，将全年任务综合平衡后统一分配、统一调度，平衡各科室工作量。二是“减”。根据财政管理和审计技术状况，将常规项目的审计组人数由3人减为2人，单个项目减员率为33%。三是“加”。提升审计目标，由查错纠弊向加强和完善管理的层面提升，加大工作的含“金”量。四是“问”。分管领导对审计进度实时过问，并对审计项目组长（主审）实行效能问责。五是“考”。按项目类型定效能考核基数，对工作效能情况实行量化考核。

2011年工作成果一览表

审计单位（个）	查处违规金额（万元）	管理不规范资金（万元）	应缴财政（万元）	已缴财政（万元）	应归还原渠道资金（万元）	移送事项（件）	应调账处理金额（万元）	应自行纠正金额（万元）	审计报告、信息被批示采纳（篇）
56	1138	316966	73	73	820		124		38

2011年论文发表情况统计表

刊物名称	时间（期数）	论文题目	作者
《安徽审计》	第7期	《当前内控制度审计存在的问题与改进方法》	孙凌
《安徽审计》	第8期	《经济责任审计风险及防范》	孙凌
《池州日报》	8月12日	《试探市县财政如何做到均衡支出》	孙凌
《安徽经济报》	8月19日	《关于非税收入管理的思考》	孙凌

2011年获奖情况

被省审计厅评为全省审计系统精神文明创建先进单位

被市政府评为全市文明行业

市审计局党支部被市直机关工委评为先进基层党组织

杨正发被省审计厅评为内部审计管理先进个人

王维婷被省审计厅评为全省审计机关优秀主审、“五年行动计划”先进个人

陈锦旗被评为全市优秀共产党员

王维婷被评为全市优秀党务工作者

李晶被评为全市文明行业先进个人

2011年大事记

1月30日，召开全体职工会议暨春节团拜会。

2月28日，举办春季审计法规培训，全局审计人员和县（区）局股（室）以上负责人近40人参加培训。

5月4日，市经济责任审计工作领导小组办公室召开2011年度首次会议，市纪委、市委组织部、市人社局、市财政局、市国资委、市审计局等成员单位出席会议。会议由市审计局副局长胡以民主持。

7月4日，市人大任命原市财政局副局长、市国资委主任徐树生为市审计局局长、局党组书记。

7月11日，徐树生局长主持召开专题学习会议，认真学习贯彻胡锦涛总书记“七一”重要讲话精神。

7月26日，徐树生局长深入东至县尧渡镇黄泥村走访，真帮实扶，自觉践行群众工作路线。

9月7日，举办计算机应用专题培训班，来自全市一线18名业务人员参加培训。

9月19日，胡以民副局长在市委党校县处级领导干部培训班上作题为“领导干部经济责任审计”专题讲座，从经济责任审计的概念及依据、审计制度的发展历程、审计对象与程序、内容与重点、评价与责任划分，以及领导干部如何履行好经济责任等，向学员们作了系统介绍，使大家对经济责任审计有了全面了解，进一步增强了对经济责任审计的认识。

11月3日，省审计厅总审计师何结华一行到池州市开展“审计领导大走访”暨2012年审计计划安排调研活动。

12月2日，池州市审计学会和内部审计协会换届选举大会隆重召开，市政协副主席周海铭出席大会，会议由吴明楣副局长主持，会议听取了吴熙祥副局长代表“两会”第一届理事会所作的工作报告，通过了新修改的学会章程和内部审计协会章程，选举产生了“两会”第二届理事、秘书长、副会长、会长。徐树生局长当选为“两会”会长。

12月3日，成功举办科级职位竞争上岗演讲会，公开竞争3个科级领导职位。

12月6日，组织人员开展宣传法律活动，现场接受咨询30人次，发放法律宣传册80份。

2011年领导批示、讲话摘要

5月4日，市经济责任审计工作领导小组办公室召开2011年度首次会议。会上，赵馨群市长强调，开展领导干部任期经济责任审计，对进一步增强领导干部的责任意识、依法行政意识和自律意识，健全干部选拔任用和监督管理机制，促进党风廉政建设具有十分重要的作用。要求领导小组要充分发挥领导和协调作用，成员单位之间要切实强化整

体联动工作机制，增强信息交流和业务沟通，健全联合办案制度，形成审计监督合力。审计部门要切实加强对领导干部经济责任审计工作的组织实施，坚持依法依规审计，敢于碰硬，力求查深查透，查细查实，弄清情况。要从关心爱护干部出发，善于发现一些苗头性问题，举一反三，防患于未然，发挥审计的免疫系统功能；要突出审计重点，以领导干部履行经济决策权、执行权、监督权的经济事项为主线，摸清家底、核实政绩、查明问题、界定责任，使干部的“显绩”分得清、“潜绩”看得见，正确评价领导干部经济决策能力、经济管理能力、执行政策能力和自我约束能力，做到以权定责、以责定审、以审定评；要进一步加强审计队伍建设，通过教育培训提高审计人员的综合素质，要通过引进社会中介机构，增强经济责任审计力量，进一步提高经济责任审计质量，积极履行好法律所赋予的责任和使命。

池州市审计学会

2011年，池州市审计学会遵守宪法、法律、法规，贯彻国家方针、政策，遵守社会道德风尚，坚持以马列主义、毛泽东思想、邓小平理论和“三个代表”重要思想为指导，坚持实事求是、理论与实践相结合的原则，贯彻“百花齐放、百家争鸣”的方针，积极开展审计学术研究和交流活动，为促进有中国特色的社会主义审计事业、促进池州经济社会发展发挥了积极作用。一是积极组织和推动全市审计学术研究，调查研究审计工作中出现的新情况、新问题并提出对策，以推动审计工作的不断发展。二是宣传普及党和国家有关审计、财经方面的方针、政策和法规。三是开展审计学术交流活动，学习和研究国内外先进的审计理论、方法和经验。四是开展审计培训、咨询等活动，为社会提供服务。五是维护审计人员正当利益，向有关部门反映其意见和建议。六是指导、协调单位会员和个人会员的审计学术活动。七是承担省审计学会和有关管理机关委托的任务。八是与池州市审计局合办《池州审计信息》。

池州市审计学会领导及理事名单

会　长：徐树生

副会长：吴明楣　胡以民　莫助国　朱正平　汪庆乐

秘书长：桂良友

副秘书长：陈锦旗

理　事：尚　励　高　峰　孙章虎　纪　平　章国林　张　明　吴多祥　方福生　杨林喜　吴翠凤　何　敏　左　晔　汪靖晟　包熙彪　黄　河　吴照贵　曹宏宇　任春生　程顺霞　刘颖越　汪　涛　吴熙祥　杨正发　汪冰冰　刘圣祥　王孟春

池州市内部审计协会

2011年．池州市内部审计协会遵守宪法、法律、法规，贯彻执行国家方针、政策，对池州市内部审计工作实行行业自律管理，按照管理、服务、宣传、交流的职能，为内部审计机构和内部审计人员提供职业指导专业服务活动，以促进提高内部审计人员素质和内部审计工作质量。

池州市内部审计协会领导及理事名单

会　长：吴熙祥

副会长：石春利　杨正发　舒　畅　孙章虎

秘书长：刘圣祥

副秘书长：孙　凌

理　事：杜旭东　方东霞　周小杰　吴永恒　张元生　江守国　张　立　范　云　余旭凤　邵　锋　江慧光　吴广岭　王善文　陈　斌　江中雯　张立文　包熙彪　钱学虎　董双河　刘颖越　张　明　钱　峰　金泽胜　方福生　吴翠凤　桂良友　刘圣祥　王孟春　孙　凌

（撰稿人：韩静杨，审核人：徐树生）

贵池区审计局

贵池区审计局内设办公室、综合审计科、财金经贸审计科、行政事业审计科、社会保障审计科和经济责任审计局，现有编制14名，实有人员15名。

2011年贵池区审计局机关人员配备情况表

内容 / 单位	人数	性别		文化程度				职称			负责人
		男	女	研究生	本科	大专	大专以下	高级	中级	初级	
局领导	6	4	2		4	1	1				张　明
办公室	3	2	1			2	1	2			胡校红
综合审计科	2	1	1		1	1			1		陈宜春
财金经贸审计科	2	2				2					章生清
行政事业审计科	2	1	1			2			1		江高明
社会保障审计科											
经济责任审计局											刘胜红（兼）
合计	15	10	5		5	8	2	2	2		

2011年贵池区审计局领导人员情况表

姓名	性别	职务	职称	任职时间
张　明	男	局长	助理会计师	2010年3月
鲁　亮	男	主任科员	助理会计师	2010年6月
吴姬芳	女	副局长	助理会计师	2007年12月
刘胜红	男	副局长	助理会计师	2010年6月
陈宜春	男	副局长	助理会计师	2010年6月
牛向阳	女	纪检组长	助理会计师	2010年6月

2011年12月31日在册人员名单

张　明　鲁　亮　吴姬芳　刘胜红　陈宜春　牛向阳　章生清　江高明　胡校红　陈炳元　唐　敏　陈晓丽　陈加友　程建生　方　杰

2011年工作概况

2011年，贵池区审计局在区委、区政府和上级审计机关的领导下，与时俱进，开拓创新，围绕经济社会发展，强化审计监督，认真履行工作职责，圆满完成全年工作任务，为地方经济发展做出了应有贡献。

深化部门预算执行审计，推进财税体制改革和规范预算管理。对2010年度区本级预算执行情况和其他财政收支情况进行审计，对区财政局、计生委、林业局、科技局、地税局、卫生局、商务局、教体局等8个部门的预算执行情况进行审计。在继续做好预算执行审计的同时，重点向预算编制和预算执行效果两端延伸，更加注重审查预算编制的科学性和绩效性，把财政资金投入与项目进展和政策目标实现统筹考虑，促进降低行政运行成本，制止挥霍公款、铺张浪费等问题。全年查处违规金额780多万元、管理不规范金额4亿，提出整改意见5条。从审计结果看，区财政收入结构更趋合理，财政综合实力明显增强，公共资源整体配置效率提高，其中8个预算执行部门2010年的预算执行情况总体情况很好。但是仍然存在预算编报到位率不高、预算调整审批手续不全、隐瞒国有资产收益、违规扩大开支范围、超标准收费、挤占专项资金等不合规问题。区审计局于10月向区人大、政府提交了审计报告和审计结果报告。

加强政府投资项目审计，提高政府投资效益和促进城市建设管理。根据区政府领导指示，组织对啤酒厂与工人路安置房工程结算价款审计、工业园区棠溪大道等3个标段工程结算价款审计。其中啤酒厂与工人路安置房工程送审金额13766万元，最终审计核定工程造价为10858万元，核减工程价款2908万元，核减率为21.13%；工业园区棠溪大道等3个标段工程送审金额8085万元，最终审计核定工程造价为6990万元，核减工程价款1095万元，核减率为13.54%。审计发现的问题集中表现为：招标文件及施工合同管理不规范、部分配套设施执行标准不具体、施工方工程决算报价高估等。这些问题经审计反馈后，引起区政府领导高度重视，区长办公会专题听取有关投资审计情况汇报，并要求区审计局要加大投资审计力度，完善政府项目监管机制，提高政府投资效益。审计监督已经成为区政府投资监督体系中一支不可或缺的重要力量，对于进一步完善区政府投资项目监管机制，推动区重点建设项目的顺利进行发挥着积极作用。

加强专项资金审计，促进提高专项资金管理水平和使用效益。对区卫生局牵头实施的六项民生工程选择若干项目资金使用情况予以审计调查；对区计生委牵头的计划生育家庭奖励扶助制度等民生工程资金使用情况予以审计调查；对区教体局牵头的中职学校和普通高中家庭经济困难学生资助制度、农村留守儿童之家建设、农民体育健身工程民生工程资金使用情况予以审计调查。审计发现，有关部门实施民生工程呈现很多亮点。如，区卫生局将农村卫生体系建设与区委组织部实施的“为民服务中心”项目结合起来实施，有力提升了农村综合性服务能力和水平。但在少数项目中存在政策宣传不全面、资金发放不规范的现象。区审计局及时提出审计建议和意见，对违规行为要求限期整改，确保民生工程资金“廉洁高效透明公开”。

加强领导干部经济责任审计，规范权力运行。印发《贵池区党政领导干部及国有企业领导人经济责任审计实施办法》，开展对唐田镇、涓桥镇、牛头山镇等3位领导干部的经济责任审计并结合下级财政决算审计，分析被审计领导人任期间经济事项决策、经济责任目标管理、遵守并执行法规法纪等情况，做出科学公正地评价，为政府组织部门的人事考察提供了必要的依据。

抓好省审计厅组织的交叉审计项目并配合有关部门开展专项检查，形成监督合力。根据省审计厅安排、市审计局组织，派出审计组于3月赴黄山市进行义务教育经费保障审计，派出审计组于4月赴潜山县开展政府性债务审计。通过异地交叉审计，增强了监督合力，提高了审计效率，有利于客观公正地反映数据、揭露问题、提出建议，为地方政府决策提供了参考依据。审计组敬业的工作精神和成绩，得到当地政府有关部门的充分肯定。此外还进行贵池区捐赠舟曲救灾资金物资专项审计调查、贵池区2010年养老保险基金审计调查以及贵池区卫生系统债务审计调查、贵池区高中学校债务等审计调查。

围绕提升审计质量和效果，重点抓好信息化管理。第一，创新管理方法，加强重点环节审计质量控制。面对审计任务重、审计力量相对不足的矛盾，更加重视审计质量控制。在审计方案制定、审计实施情况通报、审计查出问题分析、审计报告撰写、审计回访检查等重点环节上，统筹考虑、统一部署、同步实施。在审计回访工作中，联合区监察局组成审计回访工作组，对2011年度实施的审计项目开展回访活动，取得了明显成效。一是促进整改。认真对审计报告、审计决定书的执行情况进行检查，进一步解决存在的问题，落实各项措施；听取被审计单位介绍执行和落实整改的情况，了解落实措施的实际效果，确保审计整改不打折扣。二是增强沟通。回访工作中，与被审计单位就审计决定执行、改进审计工作等问题进行深入交流探讨，形成共识。三是促进廉政建设。通过回访，被审计单位对审计工作及审计人员的工作作风和遵守审计廉政纪律方面给予充分肯定，对加强和改进审计工作及审计机关政风、行风建设提出了很好的建议。在审计方式手段上，更加注重运用信息化推动审计技术方法创新，以计算机审计为重点探索数字化联网审计方式。第二，加快推进“金审工程”，努力实现审计内网一体化。年初，为了配合市审计局要求省、市、县（市、区）审计系统联网，区审计局在经费紧张的情况下，加大信息化建设力度，针对局域网建设滞后、电脑设备不配套等现状，组织计算机技术人员检查网络开通情况，购置防火墙、交换机、路由器，更新计算机7台、打印机2台，租用电信光缆共计投入经费73100元 ，确保审计内外网平台的开通，保证每个办公室有1台公用电脑登陆审计内网，既满足了审计管理系统的运用需求，又实现了审计内部公文在OA系统中流转和无纸化办公。

围绕塑造高素质复合型人才，加强审计干部队伍建设。始终坚持以人为本，加大审计干部教育培训力度，提高审计人员的综合素质，把干部队伍素质建设作为提高审计工作水平的基础工程抓好抓实。一是利用中心组学习、集中培训、优秀项目交流等方式，不断提高审计人员的业务技能和专业素质。年初，积极参加市审计局的组织的春训活动，以及省审计厅组织的内网培训，鼓励审计干部自学或脱产培训审计业务，切实提高审计干部的政治素质和业务水平。全年安排3名干部参加区青干班、科干班和党外干部培训班进行脱产学习，机关干部整体素质得到了较大提升。局审计骨干参加省审计厅为期3个月的计算机审计中级培训班，同时被省审计厅评为全省审计机关审计能手。局机关被评为“审计提升年”先进单位。二是成立区审计学会暨内部审计协会，既为审计科学理论研究、总结审计经验提供了学习和交流的平台，也为审计开创了新的发展空间。

围绕政府中心工作，努力完成各项交办任务。一是积极参与区委、区政府开展的“访民情、听民意、解民忧、惠民生”活动，成立领导小组，组织实施方案，制定调研月活动安排表，定期到驻点村进行调研，将了解到得民情、民意、民忧及时反馈给区领导及相关部门，切实做好民生工作。二是积极参与梅龙“江南集中区”征地拆迁工作，应区委、区政府安排，1名副局长长期抽调到征地拆迁点工作。三是根据区主城区重点工程拆迁活动安排，对4户未签协议拆迁户实行包保责任，局拆迁攻坚活动工作组深入被拆迁户家中，做深入细致地思想工作，完成了4户的包保任务。四是积极参与“五级书记大走访”活动，进一步了解民情、民生，切实把群众工作放在党的工作更加突出的位置，促进领导干部深入基层，明确审计方向，确定审计重点。在审计本身业务工作繁重的情况下，出色地完成了政府交办的中心任务。

2011年工作成果一览表

审计单位（个）	查处违规金额（万元）	管理不规范资金（万元）	应缴财政（万元）	已缴财政（万元）	应归还原资金渠道（万元）	移送事项（件）	应调账处理资金（万元）	应自行纠正金额（万元）	审计报告、信息被批示采纳（篇）
18	780	40000	5	5	460		3025		45

2011年获奖情况

被省审计厅评为全省审计系统精神文明创建先进单位

被区文明行业活动委员会评为第五届创建文明行业先进单位

江高明被省审计厅评为全省审计机关审计能手

江高明被市审计局评为全市审计系统优秀审计主审

2011年大事记

8月，成立贵池区审计学会暨内部审计协会。

贵池区审计学会暨内部审计协会

2011年，贵池区审计学会和内部审计协会着重抓好审计业务培训工作，积极组织审计学会会员、协会内部审计人员开展各类业务培训。在培训的内容上，涉及内部审计法规、现代内部审计理论与实务、经济责任审计、内部审计准则、行政事业单位预算执行审计、固定资产投资审计、审计信息化建设等多个相关领域，进一步促进了审计专业业务水平的提高、审计程序的规范，审计学会会员和内部审计人员整体素质得到普遍提高。

一、坚持理论研究与审计业务工作实践相结合，组织开展政府性投资审计理论研究工作，在调查中发现工程招标文件及合同管理不规范、配套设施执行标准不具体、施工方工程决算报价高估等现象普遍存在。针对这些突出问题形成了调研报告，并草拟《关于加强贵池区政府性投资审计的工作建议》，引起区党委、区政府的高度重视，区长办公会听取专题汇报，要求转发建议，并建立完善政府项目监管机制，使审计理论研究成果得到进一步推广。

二、指导各内部审计机构开展财务收支审计，加强对基层单位财务的监督，重点指导区卫生局、教体局和计生委等部门组织实施的10项民生工程专项审计。审计项目主要涉及农村卫生服务体系和卫生服务中心建设、重大传染病及晚期血吸虫救治、妇儿健康和婚检、计生三项政策奖励、困难学生资助、农村留守儿童之家、农民体育健身工程等，进一步放大了审计效应，提高了审计监督力度。

贵池区审计学会暨内部审计协会领导名单

会　长：张　明

副会长：许孝怀　高　飞　陈宏亮　赵世忠　胡仲生　胡长春　张先卫

秘书长：章生清

东至县审计局

东至县审计局内设办公室（综合法规股、审计信息技术应用股）、财政审计股（行政事业审计股、社会保障审计股）、经贸审计股（金融审计股、投资审计股）、农业与资源环保审计股（外资运用审计股）和经济责任审计局，现有编制16名，实有人员17名。

2011年东至县审计局机关人员配备情况表

单位 \ 内容	人数	性别		文化程度				职称			负责人
		男	女	研究生	本科	大专	大专以下	高级	中级	初级	
局领导	8	8			2	4	2		1	1	吴多祥
办公室	3	2	1			2	1			1	王丽丽
财政审计股	2	2			1	1		1	1		方文生
经贸审计股	1	1					1		1		张志务
农业与资源环保审计股	1		1			1			1		查福霞
经济责任审计局	2	2			1	1			2		刘向阳
合计	17	15	2		4	9	4	1	6	2	

2011年东至县审计局领导人员情况表

姓 名	性 别	职 务	职 称	任职时间
吴多祥	男	局长		2012年2月
金泽胜	男	主任科员	会计师	2011年12月
刘国华	男	副局长		2003年3月
徐 恺	男	纪检组长	会计师	2010年7月
刘向阳	男	经济责任审计局局长	审计师	2003年7月

2011年12月31日在册人员名单

吴多祥 徐 恺 王丽丽 檀顺发 汪华贵 柴兆华 方文生 查福霞 金泽胜 曹小华 饶 平 刘国华 张金泉 张志务 刘向阳 朱海荣 郑 浏

2011年工作概况

2011年，东至县审计局认真贯彻落实县委、县政府的一系列战略部署和省、市审计工作会议精神，积极开展审计服务和审计监督，加强“人、法、技”建设，牢固树立人争先进、事争一流的目标，加大对重点领域、重点资金、重大违法违规问题和经济案件的查处力度，为构建和谐社会作出了一定的贡献。全年完成审计项目41个，查处违规资金177万元、管理不规范资金10779万元，政府性投资核减资金197万元。

统筹审计机关内部资源，加强审计干部队伍建设。一是整合资源，提高审计人员的综合素质。坚持以人为本，把干部队伍素质建设作为提高审计工作水平的基础工程抓好抓实。以学习型机关为抓手，以读书活动为契机，利用局中心组学习、集中培训、优秀项目交流等载体，不断提高审计人员的业务技能和专业素质，按照省、市审计机关的要求，规划“十二五”人才工作的发展方向，明确人才建设目标、培养措施等，全面提高审计人员综合素质，努力打造新时期审计复合型人才。 二是推进审计信息化，建设“金审工程”。积极推进现代审计技术的运用力度，大力推行计算机审计力度，不断提高审计信息化水平。一年来，克服经费困难，投入十几万元推进审计信息化建设。投资建成审计内网、东至审计门户网站，为一线审计人员全部配置笔记本电脑、购置AO和OA审计系统软件，基本达到了审计信息化要求。三是加强党风廉政建设，提高机关效能。始终把审计纪律和廉政建设作为审计工作的高压线，坚持审计监督贯穿于审计工作全过程。以审计组廉政建设作为审计现场监督的着力点，坚持从严治理审计队伍，严格落实党风廉政建设责任制和审计组廉政责任制。通过自查、询查、审计组廉政检查的形式，对审计人员执行职业道德准则和审计准则规范情况以及执行审计“八不准”规定情况加强监督检查。实行主审负责制，要求主审不但要对审计质量负责，还要对廉政情况负责。通过实施四项制度，切实增强审计干部的政治意识、大局意识、忧患意识、风险意识和责任意识，不断提升审计干部的政治素质、道德水平、作风素养和职业修养，着力推进审计机关反腐倡廉工作和惩防体系建设，树立了审计机关“科学、依法、文明、清廉、高效”的良好形象和勤政廉政的良好风范。在机关效能建设中，以规范化、标准化、科学化为目标，建立健全股室岗位责任制，制定《东至县审计局服务承诺制度》、《东至县审计局审计公示制度》等制度，坚持把机关各项管理纳入到机关效能工作中，加强机关内部协调，精简办事程序，做到件件工作有人抓、有人管，事事有着落，在全局形成“按规定办事，按制度管人”的良好的工作局面。

突出重点，稳步推进各项审计工作开展。一是开展财政预算执行审计。以政府预算执行审计为重点，同时开展部门预算执行审计、财政转移支付审计等，有机结合不同类型审计项目，从宏观性、建设性、整体性的高度分析问题，提出意见和建议。在预算执行审计中，突出对预算执行合法性、规范性以及重点部门和重点资金的审计监督，采取检查、分析、整改和落实等方法。查处违规资金137万元、管理不规范资金870万元元，提出整改意见20条。此外，通过财政预算执行审计，分析地方收入结构的合理性，以及税收体制运行情况，向县政府及财税部门提出建议和意见5条。

积极稳妥，探索政府投资绩效审计。对政府投资绩效审计进行了人胆探索。主要开展全县中小型水库除险加固工程、血防工程和政府投资的其他水利工程，审计调查施工、监理、资金管理、建筑材料供应等。通过审计，分析评价财政投资管理，履职效能等，以利于政府投资功能的科学化、规范化、现代化、效率化。全年完成政府性投资审计18项，平均资金核减率15%以上。通过投资绩效审计，大大提高了审计监督服务意识，创新了工作思路。

提升质量，发挥经济责任审计监督作用。经济责任审计工作在县委、县政府的直接领导下，在县委组织部的大力支持下，勇于创新，建立和完善一系列制度，做到以制度规范行为，以管理提升成效，取得了明显成果。全年对8位县直、乡镇和部分事业单位主要负责人进行经济责任审计，以确保重点行业、部门和单位领导干部经济责任审计工作的开展。主要做法：一是关口前移，发挥经济责任审计预警作用。加大任中经济责任审计比重，前移监督关口，发现问题及时提醒、及时纠正，起到预防和警示作用。二是大胆创新，努力提升审计质量。三是突出重点，着力加强对权力运行的监督。在审计实施中，拓宽审计内容。从过去注重以被审计单位财政财务收支为主，转变为以关注领导干部在履行经济责任过程中贯彻落实科学发展观、执行党和国家有关经济工作的方针政策和决策部署等重大经济活动的社会效益和环境效益为主。扩大审计取证范围，从过去只从被审计单位取证，转变为从被审计单位取证与相关职能部门取证相结合，注重审计评价。

树立民本思想，加大民生工程专项资金审计。围绕构建和谐社会，始终把民生工程专项资金审计作为重点工作之一。在安排审计工作时，重点突出农业和农村、民生工程等社会关注的热点。结合预算执行审计，开展对社保基金、校安工程、城乡义务教育费用保障机制和农村最低生活保障等4项专项资金的审计和审计调查。对民生工程实施单位存在的问题提出审计意见和建议38条，促使有关部们进一步加强专项资金使用管理，为县民生工程顺利实施发挥了应有的作用。

2011年工作成果一览表

审计单位（个）	查处违规金额（万元）	管理不规范资金（万元）	应缴财政（万元）	已缴财政（万元）	应归还原渠道资金（万元）	移送事项（件）	应调账处理金额（万元）	应自行纠正金额（万元）	审计报告、信息被批示采纳（篇）
25	177	10896	8	8	9900				2

2011年获奖情况

被县创建文明行业活动指导委员会评为第四届创建文明行业活动先进单位

被县档案局评为档案工作先进单位

预算执行审计被市审计局评为三等奖

2011年大事记

4月29日，省审计学会副会长王运清、副秘书长黄克实，在市审计局副局长吴明媚的陪同下，到县审计局调研。

8月22日，东至县县长办公会议纪要〔2011〕10号批准审计津贴调整。

12月8日，县民政局东民管子〔2011〕16号、〔2011〕15号文，批准东至县审计学会暨内部审计协会成立。

石台县审计局

石台县审计局内设办公室、综合法规股（审计信息技术应用股）、财政审计股（行政事业审计股）、经贸金融审计股、农业与资源环保审计股（外资运用审计股）、政府投资审计中心和经济责任审计局，现有编制16名，实有人员15名。

2011年石台县审计局机关人员配备情况表

单位＼内容	人数	性别		文化程度				职称			负责人
		男	女	研究生	本科	大专	大专以下	高级	中级	初级	
局领导	4	4			2	2			1		方福生
办公室	3	1	2		1		2			1	汪志军
综合法规股	1	1			1				1		郑顺伍
财政审计股	1		1		1						吴爱华
经贸金融审计股	1	1			1						陆　俊
农业与资源环保审计股	1	1			1						吴永芳
政府投资审计中心	4	2	2		3	1		1	1	2	刘　蕾
经济责任审计局											许日超
合计	15	10	5		10	3	2	1	3	3	

2011年石台县审计局领导人员情况表

姓　名	性　别	职　务	职　称	任职时间
方福生	男	党组书记、局长	会计师	2010年6月
蔡道忠	男	党组副书记、副局长		2009年8月
许日超	男	党组成员、副局长、经济责任审计局局长		2011年10月
汪志军	男	党组成员、纪检组长		2009年6月

2011年12月31日在册人员名单

方福生　蔡道忠　许日超　汪志军　黄卫蓉　吴爱华　吴永芳　郑顺伍　陆　俊　刘　蕾胡　淑丹　吴晓华　陆　军　朱引娣　舒　智

2011年工作概况

2011年，石台县审计局在县委、县政府和上级审计机关的正确领导下，紧紧围绕县委、县政府工作中心，全面贯彻《审计法实施条例》和《国家审计准则》，深入推进“信息化推进工程”和“审计质量创优工程”，大力开展“四民”、“五级书记带头大走访”主题教育活动，着力发挥审计在严肃财经法纪、规范经济秩序、加强党风廉政建设、促进县域经济社会快速健康发展方面的“免疫系统”功能。全年完成37个审计（审计调查）项目，涉及68个部门单位，审计查处违规资金240万元、管理不规范资金 832万元，查补税收13万元、节约财政资金约1500万元，提出审计建议38 条，对有关单位处以罚款3.5万元，并就相关重要事项或问题向县委、县政府提交专题报告6篇，领导批示交办5次，对外发布审计信息13期。审计学会暨内部审计协会成立大会隆重召开，审计理论研究迈上新台阶。

财政预算执行审计进一步深化。以促进落实积极财政政策，提高财政资金使用效益为目标，以全部性财政资金为依托，在揭示税款征收不及时、专户资金冗沉过大、挤占专项资金、改变预算资金用途等问题的同时，更多地关注财政支出结构的合理性和绩效性。提出加强建安企业税收排查、减少资金冗沉、加强专项资金管理等审计建议，客观地反映县本级财政预算执行和其他财政收支的实际情况，为规范财务收支行为、推进可持续发展发挥了建设性作用。

专项资金审计（审计调查）不断加强。全年完成民生资金审计或审计调查项目5个。先后交叉完成黟县2009至2010年度城乡义务教育费用保障机制专项资金绩效审计调查，石台县2010年度职工基本养老保险基金的筹集、管理、使用情况审计调查，2003年铜汤高速启田段征地二次补偿相关事项审计调查，石台县2010年新农合医疗基金的筹集管理使用等情况的审计调查和“7.8”洪灾专项资金使用情况专项审计调查。审计结束后，各相关单位积极采纳审计建议，完善内控制度，加强内部管理，取得了较好成效。期间，结合县义教经费专项审计调查发现的问题，整理形成审计专报，引起县政府主要领导的重视，县政府领导责成相关部门对有关问题进行了严肃处理。

政府投资审计强势推动。一是强抓审计专业人员队伍建设，积极争取县委、县政府的重视和支持，公开招考的两名专业审计人员已到岗。二是加强政府投资审计制度建设，修订实行《石台县政府投资项目审计暂行办法》。同时强抓制度执行。县政府召开全县政府投资审计工作会议，认真宣传和贯彻《石台县政府投资项目审计暂行办法》等制度。三是主动作为，努力拓展投资审计的深度和广度，切实把好工程预算、质量监督、工程结算3个关口。全年审计核减额超过1500万元。其中已完成的9项政府投资建设工程竣工决算审计送审金额6908万元，平均核减率22.9%。及时纠正项目执行建设招标投标、质量管理、材料供应、合同管理、造价控制等方面存在的问题，有效提高了项目建设质量和效益。

经济责任审计稳步推进。一是认真贯彻中办、国办《党政主要领导干部和国有企业领导人员经济责任审计规定》，拟定《石台县关于贯彻〈党政主要领导干部和国有企业领导人员经济责任审计规定〉的实施意见》报县委、县政府审查后印发。二是加强经济责任审计规范化建设，健全经济责任审计机制。县委已结合人事调整，对县经济责任审计工作领导小组成员单位进行了充实和调整。全年开展经济责任审计项目7个，审计查处出违纪违规资金122万元、管理不规范资金35万元，查补漏缴税费10.5万元。

审计整改力度逐步加大。全面贯彻落实《安徽省人民政府办公厅转发省审计厅关于进一步加强审计工作若干意见的通知》精神，与县纪委监察局组成联合检查回访组，于7月，对2010年10月份后完成且已到达审计整改期限的单位审计整改情况进行专项检查，督促各有关部门单位健全机制，维护审计监督的严肃性，较好发挥了审计在严肃财经纪律、维护国家经济安全、促进党风廉政建设等方面的作用。

“人、法、技”建设深入开展。一是队伍建设方面。建立健全学习培训、考核评优制度，强化干部职工参加上级机关组织的各项培训活动。公开招考的两名专业审计人员已到岗。干部职工参加上级机关组织的专业技能培训班3人次。深入开展“创先争优”、“四民”、“两有两评”、“五级书记大走访”活动，进一步加强机关作风和效能建设，不断健全廉政风险防控机制，并蝉联第六届市级文明单位。在全县三级干部会议上，县审计局获全县党风廉政建设先进集体表彰。二是法制建设方面。组织学习《审计准则》、中办、国办《党政主要领导干部和国有企业领导人员经济责任审计规定》，推进《石台县政府投资项目审计暂行办法》的修订工作和《石台县关于贯彻<党政主要领导干部和国有企业领导人员经济责任审计规定>的实施意见》印发前的准备工作。审计计划管理和质量控制进一步加强，审计项目的规范化水平明显提高，全年两个项目获市项目质量评比表彰。三是信息化建设方面。基础建设不断巩固，一线审计人员AO培训认证考试通过率达100%。积极参加省审计厅计算机审计方法、AO应用实例征集活动，《住院定点医疗机构新农合扣款计算及执行审计方法》、《AO2011在基本养老保险基金专项审计调查中的运用》实例被评为全省优秀。获全省“审计信息化推进工程”先进单位表彰，一人获全省审计“信息化推进工程”先进个人。

2011年工作成果一览表

审计单位（个）	查处违规金额（万元）	管理不规范资金（万元）	应缴财政（万元）	已缴财政（万元）	应归还原渠道资金（万元）	移送事项（件）	应调账处理金额（万元）	应自行纠正金额（万元）	审计报告、信息被批示采纳（篇）
37	240	832	17	17					5

2011年获奖情况

被省审计厅评为全省审计系统先进集体

被省审计厅评为全省审计系统精神文明创建先进单位

石台县工会原主席唐钦华同志任期经济责任审计被市审计局评为全市审计质量检查评比三等奖

石台县2009年度预算执行和其他财政收支审计被市审计局评为全市审计质量检查评比三等奖。

郑顺伍被审计署评为计算机审计方法应用奖

刘蕾被省审计厅评为全省审计机关实施“五年行动计划”先进个人

郑顺伍被省审计厅评为全省审计机关审计能手

吴爱华被市政府评为市政府民生工程组织实施工作先进个人

吴爱华被市审计局评为全市审计能手

陆俊被市审计局评为全市审计能手

汪志军被县委、县政府评为全县纪检监察工作先进个人

吴永芳、吴爱华获县机关事业单位工作人员年度考核委员会年度考核优秀等次

2011年大事记

2月17至18日，县审计局2011年春训会议在东柱宾馆召开。全体审计干部职工参加会议，市审计局副局长吴明楣、县长李军、县人大副主任潘集根亲临会议并讲话。

3月7日，根据县政府批复（石政秘〔2011〕15号、石政秘〔2011〕16号），县审计局组织印发《石台县2010年度县本级预算执行和其他财政收支情况审计工作方案》及《石台县审计局2011年度审计项目计划》。

3月31日，省内部审计师协会会长王兴如一行3人到石台调研，市审计局局长刘永忠陪同调研。

5月11至12日，省审计厅副厅长戴克柱一行4人到石台调研，市审计局局长刘永忠、总审计师杨正发陪同调研。

7月14日，按照3月17日县政府专题会议布署和要求，县审计局牵头组织开展《石台县政府投资项目审计暂行办法》等政府投资规范管理6个暂行办法的起草和修订。办法经多次讨论、征求和修改，由6月18日县政府第七次常务会议讨论通过，并报县委常委会审定后印发实行。为做好办法贯彻落实，县审计局及时将办法翻印成册，免费赠送有关部门和单位。

8月1日，筹备并成功召开全县政府性投资审计工作会议。14个部门主要负责人及分管负责人参加会议。会议由潘红卫副县长主持，李军县长到会并讲话。

11月10日，接石台县人民政府《关于徐继文等同志工作职务的通知》（石政人〔2011〕7号），许日超任县审计局副局长（试用期一年）。

11月22日，石台县审计学会暨内部审计协会成立大会在牯牛降大酒店召开，省审计学会副会长王运清、市审计局副局长吴熙祥、县委副书记胡学慧、县人大副主席潘集根、县政协副主席李林参加会议。会议由县政府常委副县长周翔飞主持。池州市各县区审计局长应邀参加大会。

11月22日，接石台县机构编制委员会办公室《关于齐应琳等十六位同志入编的函》（石编办函〔2011〕77号），陆军、朱引娣两位同志纳入县审计局所属政府投资审计中心全额拨款事业编制管理，自2011年10月起执行。

11月25日，接石台县人力资源和社会保障局《关于黄珍宝同志退休的批复》（石人社退〔2011〕34号），黄珍宝退休，从2011年12月1日起执行。

11月28日，印发《关于刘蕾等同志工作职务的通知》（石审组〔2011〕3号），刘蕾任县政府投资审计中心主任，吴晓华任县政府投资审计中心副主任。

11月28日，印发《关于陆俊等同志工作职务的通知》（石审组〔2011〕4号），陆俊任经贸金融审计股股长，胡淑丹任审计局办公室副主任。

12月21日，接石台县委组织部《关于吴永芳同志工作职务的通知》（石组干〔2011〕60号），吴永芳任县经济责任审计局副局长。

2011年 领导批示、讲话摘要

1月10日，李军县长在《关于X037芦红路红石至芦岭段通乡油路改造工程资金延伸审计情况的汇报》上批示：请监察局牵头，抽调有关部门人员，组成调查组，查清楚：1．为何项目设计有问题依然能施工，导致一年即出现破损？2．为何超合同拨付建设资金，不按合同执行？3．增加工程量手续是否合法合规？4．为何在工程未决算完工时，上报县政府审批资金，虚假报告工程已完工？

2月10日，李军县长在《关于安徽省石台县粮食产业园平房仓工程竣工决算的审计决定》上批示：审计把关严格，效果显著，望继续严格把关，当好“守门人”。此审计也暴露出了县政府投资性项目中的许多问题，请审计多提意见，以利政府规范管理。

7月6日，李军县长在《石台县城乡义务教育经费保障机制审计调查情况汇报》上批示：请监察局针对反馈问题，牵头核查，结果报政府。

7月21日，李军县长在《关于检查审计整改工作情况的通知》上批示：严格检查，结果通报。

8月1日，李军县长出席全县政府投资项目审计工作会议，就《政府投资项目规范管理六个暂行办法》贯彻落实和加强政府投资项目审计工作提出要求。李军县长指出：“六个办法”由县政府常务会议讨论通过，经县委常委会审定，凝聚着集体智慧的结晶，各部门要高度重视，认真研究学习，做好办法贯彻落实。李军县长要求，审计部门专业力量要加强，财政、审计部门要主动作为，搞好服务。各部门之间要相互制约、相互监督，要理解财政、审计部门工作，各负其责，共同做好政府投资项目规范管理工作。

11月22日，胡学慧副书记在石台县审计学会暨内部审计协会成立大会上的讲话中指出，审计学会和内部审计协会的成立，是在新形势下贯彻落实科学发展观，有效适应市场经济发展、完善审计体制、加快审计转型升级，推动审计创新发展、科学发展的一项重要举措。学会和协会的成立，是发挥审计工作在经济社会发展中建设性作用的迫切要求，也是推动审计工作科学发展的现实需要。

胡学慧副书记要求，学会、协会要切实发挥理论指导作用和服务功能，全面发挥学会和协会的职能；要通过强化行业管理、加强队伍建设、提高业务水平，切实推进学会和协会的自身建设。

胡学慧副书记强调，学会和协会是一个新生事物，富有挑战，希望广大工作人员振奋精神，抢抓机遇，不断开创石台县审计工作新局面，为促进石台经济社会又好又快发展作出新的更大贡献。

12月22日，李军县长在《关于全县基层医疗卫生机构债务清理核实及普通高中债务调查情况的汇报》上批示：此次基层医疗卫生和高中债务核实上报工作，全力争取，取得一定成效，但也暴露了事先准备缺失等问题。请兴来县长召集教育、卫生、文化、广电、财政、审计等部门专题研究布置，工作做到前面，掌握主动。

石台县审计学会暨内部审计协会

2011年，为全面贯彻落实全国、全省审计工作会议，进一步加快审计工作转型升级，完善审计监督体系，加强审计理论研究，提升审计工作水平，石台县审计学会暨内部审计协会在石台县委、县政府及上级审计机关的坚强领导和正确指导下，在县民政局的监督管理下，于11月22日召开成立大会。学会和协会的成立对于健全完善我县审计体系、开展审计理论探索和创新、强化内部审计工作，具有十分重要的意义，对于促进县经济社会更好、更快地发展将起到积极的作用。会议一致通过《石台县审计学会暨内部审计协会章程》、第一届理事会理事人选建议名单及会长、副会长、秘书长人选的建议名单。

学会和协会将在上级有关部门的指导下，认真开展审计科研和审计学会工作，始终保持昂扬向上的精神状态，始终坚持勤奋务实的工作作风，始终把握围绕中心、服务大局的工作基调，进一步增强创新发展的紧迫感，深入开展富有成效的学术活动，更好地促进石台审计事业不断向前发展。

石台县审计学会暨内部审计协会领导及理事名单

会　长：方福生

副会长：柯晓敏　黄学真　蔡道忠

秘书长：吴永芳

理　事：丁仕镇　马祖怀　方福生

刘　蕾　许日超　吴永芳　吴亚虎

吴爱华　张李贵　李　敏　汪志军

周　侃　郑红霞　郑顺伍　柯晓敏

黄学真　蔡道忠

2011年出台的地方审计规章目录

《石台县政府投资项目审计暂行办法》（石政〔2011〕20号）

（撰稿人：胡淑丹）

青阳县审计局

青阳县审计局内设办公室、综合法规股、财经审计股（行政事业审计股、社会保障审计股）、企业审计股（固定资产投资审计股）、经济责任审计局和政府投资审计中心，现有编制17名，实有人员16名。

2011年青阳县审计局机关人员配备情况表

单位＼内容	人数	性别		文化程度				职称			负责人
		男	女	研究生	本科	大专	大专以下	高级	中级	初级	
局领导	4	4			3	1					杨林喜
办公室	3	2	1		1	1	1			1	王六四
综合法规股	1	1				1					王德荣
财经审计股	1		1			1			1		胡翠安
企业审计股	2	1	1		2					1	王东升
经济责任审计局	2	1	1			2			1	1	罗　珺
政府投资审计中心	3	2	1		3						王东升
合计	16	11	5		9	6	1		2	3	

2011年青阳县审计局领导人员情况表

姓　名	性　别	职　务	职　称	任职时间
杨林喜	男	局长		2009年7月
周桃松	男	副局长		2007年5月
钱　峰	男	副局长		2002年8月
刘来胜	男	副局长、纪检组长		2010年8月、2007年
罗　珺	女	经济责任审计局局长		2011年8月

2011年12月31日在册人员名单

杨林喜　周桃松　钱　峰　刘来胜　李立正　赵从贵　王东升　王六四　王德荣　胡翠安　罗　珺　杨　莹　朱秀冬　杨　锐　谈华忠　张　媛

2011年工作概况

2011年，青阳县审计局在县委、县政府和市审计局的坚强领导下，认真贯彻落实县委十二届十五次全体（扩大）会议和省、市审计工作会议精神，进一步统一思想，增强发展意识、责任意识和服务意识，紧紧围绕县委、县政府提出的“三大重点工作”中心，扎实开展全省审计机关“五大工程”活动，认真履行审计职能，圆满地实现如期目标。全年完成审计项目16个，在审项目32个，审计查处违规资金2222万元、管理不规范资金22721万元，调账处理1105万元，核减、节约财政资金346万元，提交审计（审计调查）报告16篇，作出审计决定4份，审计建议37条，被采纳18条，编印《审计信息》11期，《审计专报》2期，《专题信息》2期。

突出重点，狠抓质量，加强对重点项目、重点行业、重点资金和领导交办项目的审计。一是认真组织财政资金审计。以全部政府性资金收支真实性为基础，以预算收支真实性为重点，在2010年度财政预算执行情况审计中，进一步扩大审计覆盖面，延伸审计县国库、公安局（延伸审计下属单位县交警大队、县保安服务有限公司）预算执行情况，县地税局税收征管情况。对审计发现的问题依法作出审计处理处罚，促使相关单位进一步严格预算管理，规范资金运行行为，提高财政资金使用效益，促进完善公共财政体系。二是着力开展政府投资审计。已完成对县南六公路等21个路段农村公路工程竣工决算、东风等五座小型水库除险加固工程竣工决算、新河土地复垦和童埠圩一道路竣工决算等4个投资项目的审计。光明新村一期工程39个项目竣工结算、县污水处理厂一期（厂区）工程结算、11处校安工程竣工结算、4个财政分局（所）办公楼工程竣工决算等55个投资项目在审。投资审计以工程造价和工程质量审计并重，同时关注各有关单位执行县政府青政〔2010〕13号及县政府办青政办〔2010〕74号情况，揭露项目建设中违法违规问题和损失浪费现象，规范政府投资行为。三是稳步推进经济责任审计。按照《中国共产党党员领导干部廉洁从政若干准则》及领导干部责任审计规定，对县发改委原主任、县粮食局局长等任期经济责任进行审计，进一步拓展了审计范围、深化了审计内容。领导干部经济责任审计对于加大干部监督力度，拓宽干部监督渠道，增强领导干部任职期间的经济责任意识，做到科学决策，依法行政，自觉遵守财经纪律和各项廉政纪律起到了很好的促进作用，为县委、县政府管好用好干部提供了依据。四是积极开展专项审计调查。充分发挥审计的监督作用和保障经济社会运行“免疫系统”功能的本质作用，努力解决教育、医疗、卫生、社会保障等人民群众最关心、最直接、最现实的切身利益问题，从有利于县域经济发展、维护社会稳定的高度，思考和分析审计中发现的带有普遍性、倾向性的问题，积极开展专项审计调查。完成国家农业综合开发2009年庙前镇土地治理项目审计。开展对县新型农村合作医疗基金、农村养老保险基金、县建设监理公司资产负债损益审计和市政工程拆迁安置房专项审计调查。五是努力完成上级交办的各项审计任务：完成全省（赴黄山区）城乡义务教育经费保障机制审计调查；赴怀宁县完成全省政府性债务情况审计工作；积极参与县自来水厂清产核资及回购事宜；积极做好2007至2010年度民政专项资金使用审计调查；完成普通高中债务调查；完成基层卫生机构债务清理核实和审核认定工作。

强化管理，加强作风、政风建设，夯实文明单位形象。围绕“业务立局、素质强身”标准，加大培训教育力度，提升审计队伍整体素质，建设政治坚定、业务精湛审计队伍，展示审计机关公正、高效、文明、清廉、人民满意的良好形象。一是召开全县审计工作会议，扩大审计影响。3月4日，县政府主持召开全县审计工作会议，县直各单位及各乡镇主要负责人出席会议。印发《关于建立青阳县审计整改联席会议制度的通知》，进一步统一思想，提高对审计整改工作的重视，增强了主动执行各项财经制度的自觉性。二是持之以恒，打造学习型机关。坚持每周一上午集中学习日制度不动摇，学习重要时政和新出台的法律法规及业务知识，定期举办业务讲座，由业务人员结合自身工作在会上讲解并组织职工讨论；领导班子成员积极参加网上在线学习并认真作业和考试；积极参加省审计厅、市审计局组织的各种培训活动通过学习和培训，全员素质得到进一步提高，为扎实做好审计工作打下了坚实的基础。三是开展专题活动，树立民本意识。紧扣审计中心，积极通过开展“访民情、听民意、解民忧、惠民生”、权利公开透明运行试点工作、群众观点主题教育活动、“以人为本、执政为民”等专题活动，进一步教育干部职工树立正确的权力观、时刻牢记宗旨意识、服务意识。四是加强内部管理，提升整体形象。继续加强党风廉政建设和机关作风建设。严格执行审计工作“八不准”和有关廉洁、廉政规定，加强队伍建设，对新参加工作的人员进行岗位从业培训。对一名不合格、不能胜任审计工作的人员坚决予以辞退，整肃了机关作风，净化了审计队伍。五是加快审计信息化建设步伐，提高工作效率。开通审计专网，购置工程审计专用设备，不断改善工作条件。出台“信息化推进工程”实施方案，严格考核，加大计算机审计力度，进一步提高工作效率和工作质量。

2011年工作成果一览表

审计单位（个）	查处违规金额（万元）	管理不规范资金（万元）	应缴财政（万元）	已缴财政（万元）	应归还原渠道资金（万元）	移送事项（件）	应调账处理金额（万元）	应自行纠正金额（万元）	审计报告、信息被批示采纳（篇）
16	2222	22721	103	4			1105		13

2011年获奖情况

被省审计厅评为全省审计机关实施“五年行动计划”先进集体

被省审计厅评为全省审计系统精神文明创建先进单位

刘来胜被省审计厅评为全省审计系统精神文明工作先进个人

王东升被审计厅评为全省审计机关优秀审计主审

2011年大事记

3月4日，召开全县审计工作会议。县领导王春生、杨晓兵、江龙珠、张卫平出席会议，市审计局吴明榻副局长参加会议。

6月24日，县审计局党支部召开庆祝建党90周年暨新党员宣誓大会。

9月28日，召开“五级书记带头大走访”活动动员会，全面部署以“访民情、汇民智、释民惑、解民忧、惠民生”为主题的“大走访”活动。

12月19日，召开审计学会暨内部审计协会成立大会。市审计局副局长、市审计学会副会长吴明榻等领导参会。

安庆市审计局

安庆市审计局内设办公室、人事教育科、综合法规科、财政审计科、金融和社会保障审计科、行政事业审计科、企业审计科、农业与资源环保审计科、固定资产投资审计科、外资运用审计科、审计信息管理科、机关党总支、审计学会与内部审计协会秘书处、经济责任审计局、经济技术开发区审计分局和投资审计中心，现有编制65名，实有人员68名。

2011年安庆市审计局机关人员配备情况表

单位＼内容	人数	性别		文化程度				职称			负责人
		男	女	研究生	本科	大专	大专以下	高级	中级	初级	
局领导	9	7	2	1	6	2		1	3		何家虎
办公室	8	7	1		3	4	1				靳伦谊
人事教育科	3	2	1		1	2					叶　青
综合法规科	5	1	4		5			1	1		许绪利
财政审计科	5	2	3		4	1		1	1		徐伟强
金融和社会保障审计科	3	3			2	1			2		许正劲
行政事业审计科	3	3			3				2		沈遵如
企业审计科	4	3	1		2	2			3		檀满节
农业与资源环保审计科	3	3			1	2		1	2		吴英苗
固定资产投资审计科	8	5	3		5	3			5		蒋泽贤
外资运用审计科	2	2			2				2		姜　淮
审计信息管理科	4	4			4			1			昂劲松
机关党总支	1	1				1			1		潘雪平
审计学会与内部审计协会秘书处											叶　青
经济责任审计局	7	4	3		4	3			3		尚晓玲
经济技术开发区审计分局	3	2	1		2	1			2		苏　勇
投资审计中心											蒋泽贤（兼）
合计	68	49	19	1	44	22	1	5	27		

2011年安庆市审计局领导人员情况表

姓　名	性　别	职　务	职　称	任职时间
何家虎	男	党组书记、局长	会计师	2009 年 2 月
唐东风	男	党组成员、副局长		2010 年 12 月
朱菊云	女	副局长	会计师	2005 年 9 月
尚晓玲	女	党组成员、副局长	审计师	2005 年 8 月
邱银台	男	党组成员、纪检组长		2010 年 12 月
汪定节	男	党组成员、总审计师	高级审计师	2011 年 4 月
倪桂林	男	调研员		2009 年 5 月
陶林根	男	副调研员		2005 年 8 月
蔡继平	男	副调研员		2010 年 9 月

2011年12月31日在册人员名单

何家虎 唐东风 朱菊云 尚晓玲 邱银台 汪定节 倪桂林 陶林根 蔡继平 靳伦谊 程　靖 卢　玲 张文友 汪亚鹏
陈兴华 韩五豹 方继志 叶　青 刘　苹 谢　强 许诸利 王　晖 殷海荣 石　林 周　飞 昂劲松 江东东 刘江涛
胡小峰 徐伟强 赵长虹 宋　芳 周建华 马海燕 许正劲 江　海 韩　双 沈遵如 徐国明 汪小林 檀满节 王美银
许文圣 任晓宇 吴英苗 吴桂平 徐国富 蒋泽贤 潘宜生 丁胜东 方卫东 王　瑞 王　瑛 金　瑞 赵亚娜 姜　淮
杨继东 潘雪平 于　兵 苏　琳 黄晓红 吴自顺 包　权 曹幸福 谢　芳 苏　勇 陶　然 刘　彬

2011年安庆市审计局特约审计员情况表

姓　名	性　别	工作单位	职　务	职　称	任职时间
潘晓玲	女	迎江区新和路办事处			2006年2月
孙　川	男	安徽城信会计师事务所	副所长		2006年2月
胡晓敏	女			会计师	2006年2月
金　慧	女	中国外运安庆公司	财务副经理	会计师	2006年2月
张宜生	男	安徽理工学院	高级教师		2006年2月

2011年工作概况

2011年，安庆市审计机关在市委、市政府和省审计厅的正确领导下，深入贯彻全国、全省审计工作会议精神，紧紧围绕党委和政府工作中心，坚持以科学发展观为统领，围绕中心、服务大局，科学统筹，合理规划，超额完成年度审计工作任务，实现了“十二五”辉煌的开局。全市全年完成审计单位604个（其中：市本级40个），审计调查单位121个（其中：市本级35个），审计经济责任人133个。审计查处违规金额3.1亿元（其中：市本级596万元）、管理不规范金额27.6亿元（其中：市本级1.59亿元）、损失浪费金额495万元（其中：市本级465万元）、侵害人民群众利益金额1331万元；为国家增收节支9161万元（其中：市本级2837万元），其中：上缴财政1374万元，减少财政拨款或补贴4137万元，归还原渠道资金3650万元；核减投资造价2.2亿元（其中市审计局核减8472万元）。通过审计，向有关机关提交审计专题、综合性报告和信息简报797篇，其中被上级采用485篇。同时，圆满完成市政府下达的招商引资任务，深入开展“创先争优”活动，大力实施“信息化推进工程”，机关管理、队伍建设、党建工作等也取得了明显成效。全年向社会公告两项审计结果，首次将年度审计项目计划在门户网站上公告。市审计局实施的某局系统财务收支审计项目被评为全国优秀审计项目，在2011年初全国审计工作会议上受到审计署表彰，《中国审计》对该项目做了专题报道。被省审计厅评为全省审计“信息化推进工程”先进单位、精神文明先进单位、内部审计管理工作先进单位、省审计学会先进团体会员，被市委评为全市先进基层党组织，被市政府评为民生工程优质服务单位、2011年度安庆市养老保险基金统收统支工作目标责任考核先进集体，被市纪委、市委组织部等评为全市纪检监察工作先进单位，被市委办公室评为党务宣传工作先进单位。市审计局实施的某集团公司资产负债审计项目获全省表彰项目，撰写的审计科研论文获全省优秀审计科研论文二等奖一篇、优秀奖一篇。局主要负责人受邀在两期审计署市县审计局长培训班上做审计工作经验介绍，在省审计厅集训和“信息化推进工程”总结大会上分别交流创建学习型机关和实施“信息化推进工程”的经验。8月17日，《安徽日报》以《安庆强化“三公”经费监督》为题报道了市审计局加强“三公”经费审计的情况。

预算执行及财政决算审计。全市完成审计单位50个(其中预算执行审计43个,财政决算审计7个)，审计调查单位6个，查处违规金额9829万元、管理不规范金额15.6亿元。在查处的违规金额中,应上缴财政245万元，已上缴财政242万元，应归还原渠道资金5001万元,应调账处理金额551万元。制定《年度财政预算执行和其他财政收支审计工作方案》，完成对财税部门组织预算执行情况及市建委、市民政局、市物价局、市档案局、市宗教局、市土地收储中心和团市委、市妇联预算执行及财务收支情况的审计，开展国有资本经营预算、政府性基金、重点民生工程项目实施情况等审计调查。7月28日，市审计局受市政府委托向市人大常委会所作的审计工作报告，提出“健全政府预算体系，细化一般预算，强化基金预算管理，建立国有资本经营预算收支管理制度”、“严格财政资金管理，提高财政资金”、“加快完善国有资产监管体系”、“建立民生工程信息管理共享平台”、“严格建设项目的基建程序，完善财务管理制度”、“加大对第三产业发展的政策扶持力度”等6条意见，具有很强的针对性和建设性，得到市人大和市政府的充分肯定，引起了市政府和有关部门的高度重视。

行政事业审计。全市审计机关围绕中心、突出重点，加强对领导重视、社会关注、人民群众关心的重点单位、重点项目、重点资金开展审计。全年完成行政事业单位审计（审计调查）207个，查处违规金额1.2亿元、管理不规范金额4.81亿元，审计发现侵害人民群众利益1331万元，应上缴财政618万元，已上缴财政515万元。行政事业单位拥有大量国有资产的占有、使用权力，审计机关应继续加大审计监督力度，促进其完善内控制度建立与执行，提升其财务管理水平，对违法违规行为要加大处理处罚力度，保障财政资金高效安全使用。

固定资产投资审计。在《安庆市政府投资建设项目审计监督办法》实行和市两级固定资产投资审计中心的成功组建的强力推动下，市政府投资审计取得了显著成效。全年全市审计机关对339个政府投资项目进行审计或审计调查，审计项目数较上年增长10个百分点，占全市审计项目数的56%，审计投资完成金额17.8亿元（其中市审计局审计90959万元），比上年增长64%，审计核减工程造价2.2亿元（其中市审计局核减8472万元），首次突破2亿元大关，平均核减率12%。其中，《关于安徽黄梅戏新校区建设项目实施情况调查报告》被市长肖超英批示。跟踪审计范围不断拓展，组织实施炼化一体化还建点、公安应急指挥中心、皇冠路、霞虹路、勇进路、东部新城综合写字楼等工程跟踪审计项目12个，总投资达21.5亿元。在项目数量、完成投资额、参审人数等方面均开创投资审计开展以来新的局面。同时，对协审中介机构的管理和质量控制不断完善。改进、规范审计资料移交方法，针对久拖不决仍不具备审计条件的项目实行“停审制”；对审价结果采取“函告”方式确认；推行跟踪项目《审计月报》制、成果交流例会制；编印《审计要情》、《投资审计工作情况简报》、《安庆审计》投资审计专刊，方便有关方面及时了解和掌握投资审计动态。

专项资金审计。印发《关于进一步加强民生工程审计监督的意见》。2011年是历年来安排民生工程审计（审计调查）项目最多的一年。完成对涉农培训工程、城乡卫生服务体系建设、提高妇女儿童健康水平、帮扶就业困难人员就业再就业、城乡低保、家电下乡等多项民生工程的审计调查。对全市中小学校安工程跟踪审计项目顺利推进。充分利用计算机审计技术，采集公安、车辆、社保、房产等多系统数据，进行比对、分析，查处骗取低保、涉农培训机构虚报冒领财政补贴等系列问题，发出的《审计要情》、《审计建议》引起市领导和有关部门的高度重视。编发的《涉农培训工作亟需加强》、《城乡低保存在骗保现象，管理亟待加强》、《中小学校安工程建设需进一步加强》、《家电下乡政策亟待完善》等要情和建议，以及《国有资本经营预算情况审计调查报告》和《城市基础设施配套费征收管理和使用情况专项审计调查报告》，肖超英市长、汪莹纯常务副市长等市领导做重要批示。根据相关审计调查结果撰写的基本养老保险、涉农培训资金、家电下乡、新农合、城乡低保等7篇计算机审计方法在全省审计机关计算机审计方法征集评审中被评为优秀，上报审计署。

领导干部任期经济责任审计。根据中共中央办公厅、国务院办公厅《党政主要领导干部和国有企业领导人员经济责任审计规定》，结合实际，制定《2011年安庆市经济责任审计工作指导意见》和《安庆市审计局2011年经济责任审计工作方案》。全市全年完成审计单位117个，审计经济责任人133人（其中：党政领导87人，事业单位领导46人）。在审计的133位领导干部中：县处级领导13人，县处级以下领导120人。审计查处违规金额8158万元、管理不规范金额22848万元。根据市经济责任审计领导小组安排，对市妇联、市住房公积金管理中心、市卫生局领导进行任中经济责任审计，对市二中、市七中、市委、市政府接待处、市立医院、市产权处、市国土局领导进行离任经济责任审计。

其他审计。首次开展对市直20余家行政事业单位的信息化环境专项审计调查。针对发现的问题，提出《必须高度重视信息资源安全高效应用》的审计建议，被省委办公厅及《安徽审计信息》采用。根据市委、市政府领导交办，及时安排力量对安庆市水利局财务收支情况、安庆市交通局管理的农村公路建设、养护资金情况和安庆市2009至2010年度家电下乡情况、原市玻璃公司华中西路地块收购出让及资金收付情况、安徽黄梅戏艺术职业学院新校区建设项目情况实施专项审计或审计调查。发现案件线索一起，依法移送两人至纪检监察机关。审计调查结果受到市委、市政府领导高度肯定。6月，制定《安庆市审计局绩效审计暂行办法（试行）》，促进了绩效审计的规范运行。全年市审计局完成绩效审计项目15个，占完成审计项目总数的30 %以上。同时，在经济责任审计、投资审计等项目中，引入绩效评价指标，丰富了审计评价的内容。

“人、法、技”建设。重视加强审计文化建设、增进机关凝聚力，注重制度建设，促进审计管理科学化、规范化，加快创新步伐，提高审计信息化水平，加强学习型机关建设，提升审计人员综合素质，共同推进机关各项工作全面稳健提升。一是强化措施，优化机制，审计“信息化推进工程”效果显著。市审计局以省审计厅实施“信息化推进工程”为契机，大力推进审计信息化工作，取得了显著成效。成立以局“一把手”为组长的领导小组。制定和完善《安庆市审计局审计项目质量电子化流程控制办法》、《安庆市审计局计算机等设备使用管理制度》等制度。采用动态考核，对信息化工作定期或不定期通报，实行“末位一票否决”，突出考核的指挥棒效应。加大基础建设投入，先后投入200多万元用于审计专网迁移、部署视频会商系统、计算机及网络设备等信息化基础设施建设，实现全市审计机关门户网站全面开通。依托“审计讲坛”平台，举办6期专题讲座，提高审计人员撰写审计方法和AO应用实例的能力和积极性。报送计算机审计方法和AO应用实例数量与质量取得新突破。全市报送64篇，为历年之最。其中，在省审计厅征集的AO应用实例中，上报率达100%，优秀AO应用实例7篇，优秀率达41%，高于全省平均水平，受到省审计厅通报表彰。实行审计项目书面档案资料与电子化数据资料“双审理”。积极探索联网审计和信息系统审计。市审计局通过远程采集养老保险数据，开展联网审计；采取观察法、调查表法、测试数据法等方法对安庆市立医院业务信息系统及财务核算系统进行审计。宿松县、桐城市、枞阳县也积极探索联网审计。市审计局被省审计厅评为全省审计“信息化推进工程”先进单位。12月29至30日，在全省审计机关召开的“信息化推进工程”总结大会上，市审计局作为2个市级代表，党组书记、局长何家虎做了《明确目标 整体推进 全面提升审计信息化应用水平》为主题的发言，省审计厅刘战平厅长对安庆市审计局首次开展的审计信息化环境调查等给予了积极的评价。二是立足“创先争优”，创新工作理念，机关各项建设取得新突破。积极开展“创先争优”和“万名干部下基层，争当群众贴心人”活动，以及开展唱红歌、楹联征集、重温入党誓词等系列活动，局领导班子成员分别带领党员干部到宜秀区砂桥社居委等走访和帮助困难群众40多户；出面协调市有关部门，为砂桥社区实施农网改造工程；开展创建学习型机关和学习型党组织活动，继续开设每月一期的“审计讲坛”；开展创建文明行业和文明单位活动，力争2013年前把全市审计机关建设成市级文明行业和省级文明单位；审计干部队伍建设取得新进步，市审计局产生3名副县级领导干部，提拔任用3名正科级2名副科级干部。三是推进依法行政，深化政务公开，审计工作规范化和透明化程度进一步提升。认真组织开展“依法行政推进年”活动，以制度建设为抓手，注重发挥依法行政示范作用，将依法行政理念贯彻到机关各项工作中。对1月1日起施行的新颁布的《国家审计准则》举办多期专门培训。更新完善机关多项审计业务制度，完成与新准则的对接工作，保障审计执法的严谨和权威。制定《安庆市审计局审计结果公告暂行办法》，提升审计工作透明度。积极探索投资绩效审计和经济责任审计规范化建设，制定多个指导性文件。全年通过市政务公开网发布信息270篇，与安庆人民广播电台联办“审计之窗”51期，系统宣传审计工作情况。全年上报信息797篇，被采用和批示485篇（次），超额完成政务信息报送和采用任务。市审计局被市委办公室评为全市党务宣传工作先进单位。在审计信息化工作、审计业务工作、机关基础设施建设、干部队伍建设、法制建设等工作取得显著成效的同时，市审计局的内部管理、机关党建、审计质量控制、内部审计协会、审计学会、审计科研和宣传等方面也取得了较好成绩。

2011年工作成果一览表

审计单位（个）	查处违规金额（万元）	管理不规范资金（万元）	应缴财政（万元）	已缴财政（万元）	应归还原渠道资金（万元）	移送事项（件）	应调账处理金额（万元）	应自行纠正金额（万元）	审计报告、信息被批示采纳（篇）
40	11885	227861	342	342	5263	1	4067		359

2011年论文发表情况统计表

刊物名称	时间(期数)	论文题目	作　者
《中国审计报》	4月13日	《审计报告不能取代审计决定》	殷海荣

2011年获奖情况

被省审计厅评为全省审计“信息化推进工程”先进单位

被省审计厅评为全省精神文明创建先进单位

被省内部审计师协会评为全省内部审计管理工作先进单位

被省审计学会评为先进团体会员

被市委评为全市先进基层党组织

被市政府评为民生工程优质服务单位

被市政府评为安庆市养老保险基金统收统支工作目标责任考核先进集体

被市纪委、市委组织部评为全市纪检监察工作先进单位

被市委办公室评为全市党务宣传工作先进单位

某集团公司资产负债审计项目获全省表彰项目

江东东被省审计厅评为全省审计“信息化推进工程”先进个人

叶青被省内部审计师协会评为2008至2010年全省内部审计管理先进个人

于兵被省委组织部评为全省“干部在线学习”优秀学员

胡小峰被省审计学会评为全省审计学会优秀个人

殷海荣被市委、市政府评为2006至2010年全市依法治市和法制宣传教育先进个人

2011年大事记

1月4日，印发《安庆市审计局开展创建学习型党组织和学习型机关活动的实施方案》。

1月4日，何家虎局长在全省“五年行动计划”总结大会上做《厚积薄发彰显成效，锐意进取正逢盛世》交流发言。

1月10至11日，召开机关工作务虚会。

1月18至19日，审计署印发《关于表彰2009年度优秀审计项目的决定》，市审计局局长何家虎作为全国优秀审计项目单位代表参加全国审计工作会议，接受审计署表彰。

1月底，第二次全国审计系统AO培训认证考试成绩公布，安庆市审计机关考试合格率逾95%。

2月11日，全省审计工作会议召开，安庆市审计局作为全省2010年获得全国地方优秀审计项目的单位受到表

彰，并接受省长王三运授牌。

2月14日，市审计局2011年度为期5天的春训周拉开帷幕。

2月23日，省审计厅姜爱民副厅长深入世行贷款安徽公路恢复改建项目安庆子项目实施现场检查指导工作。

2月25日，召开“万名干部下基层，争当群众贴心人”动员大会。

3月8日，省审计厅刘战平厅长深入市审计局赴宣城地方政府性债务审计组检查指导工作。

3月11日，市政府召开全市审计工作会议，省审计厅党组成员、纪检组长吴毅，市委常委、常务副市长汪莹纯，市人大常委会副主任刘斌，市政协副主席殷金福出席会议。

3月，安庆人民广播电台跟踪报道市本级预算执行审计。

3月31日，市审计局首次将《安庆市审计机关2011年度审计项目计划》在机关门户网站和市政务公开网站上公布。

4月，制定《2011年度经济责任审计工作方案》。

4月15日，组织全体干部职工前往安庆监狱接受职务犯罪警示教育。

4月25日，接到上级通知，汪定节自2011年4月起任市审计局党组成员、总审计师。

4月28日，召开全体干部职工大会，启动正科级职位、市固定资产投资审计中心副科级职位竞争上岗暨机关内部干部轮岗交流工作。

4月28日，部署“干部在线学习竞学月”活动。

5月初，制定《关于进一步加强“三公”支出管理的意见》。

5月初，安庆市所有审计机关全部成立审计学会和内部审计协会。

5月11日，何家虎局长率队深入宜秀区大桥街道砂桥社区，开展“万名干部下基层，当好群众贴心人”活动。

5月，举办纪念中国共产党建党90周年楹联展活动。

5月，在省审计厅组织的2011年度重点科研课题招标活动中，市审计局课题组申报的“构建财政审计大格局研究”课题中标。

5月22至24日，组织市县联网审计考察组赴江苏宿迁考察学习。

5月30日，举办审计信息化专题讲座。

6月初，市审计专网平台迁移工作正式启动实施。

6月初，制定《安庆市审计局绩效审计暂行办法》。

6月8至9日，市审计局在省审计厅社会保障审计理论研讨会上作交流发言。

6月14日，组织党员到岳西县烈士陵园开展“重温入党誓词”活动。

6月，市常务副市长汪莹纯批示，高度肯定市审计局民生工程审计工作，认为市审计局“高度关注民生工程，工作主动，善于发现问题，并提出了有价值的建议”，要求其他相关部门、单位学习借鉴，不断改进民生工作。

6月，召开党组会专题研究部署“信息化推进工程”工作。

6月21日，安徽省审计厅召开2008至2010年全省内部审计先进单位和先进工作表彰大会，安庆市有11个单位和11名个人受到表彰。

7月1日，安徽省审计系统纪念建党九十周年楹联展活动揭幕，市审计机关13幅楹联入选。市审计局总审计师汪定节作为全省楹联作者代表致词。

7月8日，常务副市长汪莹纯到市审计局听取2011年财政“同级审”工作情况汇报。

7月，常务副市长汪莹纯在市审计局国有资本经营预算审计调查报告上批示。

7月，市长肖超英在《全市中小学校舍安全工程建设需进一步加强》的审计建议上批示：要求有关部门单位抓好问题的整改工作。

7月17日，何家虎局长在审计署2011年度地县级审计局长培训班上做了题为《夯实基础，明确目标，努力打造优秀审计项目》的专题讲座。

7月28日，安庆市第十五届人民代表大会常务委员会第十八次会议听取并审议通过市审计局局长何家虎受市人民政府委托所做的《关于安庆市本级2010年预算执行和其他财政收支情况的审计工作报告》。

8月3日，市内部审计师协会召开第二届第三次理事会。

8月29日，市审计局在《安庆日报》上全文发布关于2010年度安庆市本级预算执行和其他财政收支情况的审计公告。

9月27日，召开专题会议，认真贯彻落实中共安庆市第十次党代会精神。

9月，全省审计系统首届钓鱼比赛在安庆市举行。

10月，首次对村级财务管理情况进行专项审计调查。

11月8日，《区县财政联网审计系统》项目正式实施。

11月18日，全省“构建财政审计大格局”课题研讨会在市审计局召开。

11月26日，何家虎局长在省审计厅机关年度集训培训中专题介绍学习型机关建设经验。

11月29日，省审计厅厅长刘战平率考察团在安庆考察皖江城市带承接产业转移示范区建设。

12月16日，召开全市审计工作务虚会议，回顾总结2011年审计工作，谋划2012年工作思路和措施。

12月，组织部长汪卫东在听取审计工作汇报时提出：审计工作要成为保障经济社会持续健康发展的啄木鸟。

12月29至30日，市审计局在全省“信息化推进工程”总结大会上作交流发言。

12月，首次开展信息化环境专项审计调查。

2011年 领导批示、讲话摘要

3月11日，省审计厅纪检组长吴毅在2011年安庆市审计工作会议上指出：2010年，安庆市审计工作在安庆市委、市政府的正确领导下，经过广大审计人员的艰苦努力，取得了显著成绩。对安庆市去年的审计工作，可以用三句话加以概括：

首先，解放思想，勇于实践，审计工作中有创新。总的感觉是，2010年安庆审计工作目标明确，特点鲜明，这是成绩显著。正如家虎同志在工作报告中所说的，在审计工作上坚持了“四个围绕”；在推进审计的转型升级上，做到了“四个注重”；在提升审计工作水平上，突出了“四个强化”。这些成效，顺应了形势发展和审计工作转型的客观要求，为安庆审计工作在“十二五”取得更大的成效奠定了坚实的基础。

其次，着眼长远，夯实基础，队伍建设上有作为。我觉得安庆市审计机关包括县（市）区局这两级的领导班子和审计干部，精神是振奋的，作风是扎实的，在工作当中有一股劲。安庆市审计局认真开展了“创先争优”活动和创建学习型机关、学习型党组织活动，开设“安庆审计讲坛”，积极倡导和谐奋进、廉洁高效的审计文化，得到了市委、市政府的肯定，也得了省审计厅刘战平厅长的赞许。去年，安庆市两级审计机关全面组建了投资审计中心，市本级新成立了开发区分局，充实了审计人才队伍，完善了审计机关的内部机构。市审计局还被市委、市政府评为全市人才工作先进单位。

第三，真抓实干，锐意进取，“审计提升年”活动有声有色。全市审计机关通过开展“审计提升年”活动，促进了机关各项工作的普遍提升。市审计局被省厅评为全省审计机关实施“五年行动计划”先进集体。特别值得一提的是，去年安庆市审计局实施的一个审计项目，再次荣登全国地方优秀审计项目，在今年年初召开的全国审计工作会议上受到表彰。安庆市成为安徽省审计系统在“十一五”期间唯一两次获得全国地方优秀审计项目的市审计局，也是全国为数不多的获得两次以上全国地方优秀审计项目的市级审计机关。

安庆市审计机关能够取得这样好的成绩，除了我们审计系统广大审计人员努力奋斗以外，更重要的是市委、市人大、市政府、市政协及有关部门的高度重视、有力支持，没有这些支持，审计事业寸步难行。在此，我代表省审计厅对安庆市所有关心、重视、支持审计工作的各级领导、有关部门表示衷心的感谢！向长期以来奋战在审计战线上的审计工作人员致以崇高的敬意！

吴毅强调，“十二五”是我国全面建设小康社会的关键时期，是安徽大有可为的黄金发展期，也是加速我省审计工作转型升级的攻坚期。为推进“十二五”安徽审计事业科学发展，省厅党组决定，在巩固提升“十一五”审计机关“抓建设、练内功、提效能”五年行动计划成果的基础上，在全省审计机关依次重点实施“信息化推进”、“人才造就”、“质量提升”、“环境优化”和“争先进位”五大工程。希望安庆审计机关在“十一五”审计工作取得突出成绩的基础上，按照市委、市政府和省厅党组的部署，做好今年和今后一段时期的审计工作。

一是以实施“五大工程”为抓手，合理布局，全面加速审计工作转型升级。

省审计厅已于日前下发了《全省审计机关深入开展“五大工程”的实施意见》。省厅在全省审计机关实施的“五大工程”以加速审计工作转型升级为主线，相互关联，相辅相成。信息化是转型升级的技术手段和重点突破口，造就人才是转型升级的智力支撑和关键所在，提升质量是转型升级的内在要求和坚实基础，优化环境是转型升级的现实需求和重要保障，争先进位是转型升级的目标定位和阶段性成果。每年围绕一个主题重点实施一项工程，统筹兼顾其他四项工程。今年，全省审计机关实施“信息化推进工程”，希望安庆市审计机关围绕“利用现代技术，提高审计能力”的主题，把普及应用与开发应用相结合，把硬件建设与软件建设相结合，将系统运用与总结提升相结合，切实把工作做深做细，推进全市两级审计机关信息化水平得到全面提升。

二是以构建财政审计大格局为抓手，统筹安排，提升审计工作的层次和水平。

审计署提出构建财政审计大格局的理念，就是对现有审计力量进行整合，优化资源配置，使各个单一的审计项目有机地形成一个整体，从而实现审计项目的整体效应。去年省厅下发了推进构建财政审计大格局的实施意见，年底的财政审计工作会议上，省厅又提出了“六个统一”的要求，现在已经按照这种新的模式开始运行。财政审计是永恒的主题，是龙头，全局性、牵动性、示范性都很强。我们一定要把这个龙头舞好，带动审计工作整体上水平，进一步推动公共财政体系的建立，让公共财政的阳光更全面地普惠民生。

要关注经济安全尤其是财政安全。审计署今年统一组织了对地方政府性债务进行专项审计，审计署今年把这项工作作为审计工作的第一要务。全省地方政府性债务审计已经全面展开。我省除省本级和合肥市由审计署特派办审计外，其他市、县由省审计厅组织全省各级审计机关进行交叉审计。前不久，审计署南京特派办审计组已在安徽进点。根据省厅的统一安排，安庆市由池州市审计，安庆市审计宣城市。我们高兴地看到，安庆市政府对这项工作非常重视，汪市长亲自担任地方政府性债务审计协调领导小组组长，各县（市）区政府的领导和市直有关部门的领导也参加了协调领导小组的工作。地方政府性债务审计工作正在有序开展，希望大家高度重视，积极配合，按时按质按量完成任务。

三是要以加强审计能力建设为抓手，着力建设一支高素质的审计队伍。

人是社会发展最活跃、最重要的因素，决定着事业的兴衰成败，审计事业要实现转型升级和科学发展，关键要靠一支政治过硬、业务熟练、执法公正、清正廉洁的审计队伍。审计机关处在经济监督的前沿，要注重增强四种能力：一是增强政治鉴别力。要树立政治意识、大局意识，做讲政治的表率。二是增强学习能力。注重学习新知识，特别要注重学习改革发展中的大政方针和政策规定，学习业务知识。三是增强廉政从审能力。各级审计机关要牢记廉政建设是审计工作的“生命线”，廉政纪律是不可触摸的“高压线”。既要注重对审计组的廉政教育，更要注重自身管理，真正做到正人先正己，打铁先要自身硬。四是增强分析研究能力。注重将审计中发现的针对性、倾向性的问题进行提炼，为党委、政府决策提供可靠依据。

站在“十二五”新的历史起点上，安徽审计事业面临着大有可为的发展机遇期。我们一定要抓住机遇，在各级党委、政府和上级审计机关的正确领导下，解放思想，开拓奋进，努力推动审计工作转型升级，进一步提升审计工作水平，奋力谱写“十二五”审计事业新篇章，为促进经济平稳较快发展和社会和谐稳定做出新的更大贡献！

3月11日，常务副市长汪莹纯在安庆市审计工作会议上指出：2010年，面对极为复杂的国内外经济环境，全市上下在市委、市政府的正确领导下，加快推进经济发展方式转变，准确把握宏观调控的重点、力度、节奏，国民经济平稳增长，结构调整积极推进，经济社会向好势头进一步巩固。2010年，我市地区生产总值达988亿元，同比增长13.6%；固定资产投资809.39亿元，同比增长34.6%；财政一般预算收入121亿元，同比增长25.8%；全市规模以上工业增加值368.6亿元，同比增长25%。42项民生工程进展顺利，确保人民真正得到实惠，生活水平切实得到有效改善。能够取得这样的成绩，是全市上下共同努力的结果，其中也凝聚着审计干部职工艰苦的劳动和辛勤的汗水。

2010年，全市审计机关坚持以邓小平理论和“三个代表”重要思想为指导，深入贯彻落实科学发展观，紧紧围绕市委、市政府工作中心，在省审计厅的重视和指导下，努力提升审计工作的层次和水平，大力推进审计转型，取得了显著的工作成效。

一是注重从体制机制上揭示问题、分析原因，为市委、市政府决策发挥了参谋助手作用。市审计局实施的地方政府性债务、行政事业单位经营性房产、四项公务费用、第三产业发展状况等专项审计调查结果报告，既揭示了问题，又分析了产生问题的原因，同时也提出了具有操作性的建议，为市委、市政府宏观决策提供了依据。

二是注重政府投资工程审计，为财政节约了大量的“真金白银”。2010年，我市固定资产投资突破800亿元，比上年增长34.6%，政府性投资也呈现加快增长态势。大批政府投资建设项目，涉及范围广，政府关心，人民群众关注。全市审计机关通过开展竣工决算及投资效益审计，审计政府性投资完成额逾20亿元，核减工程投资额2.2亿元，其中市本级核减额达到1.3亿元，为节约政府财政资金，提升工程项目质量，净化建设市场秩序做出了贡献。

三是注重经济责任审计，加强对权力的制约和监督。经济责任审计的覆盖面进一步提高，全市接受经济责任审计的各级领导干部168名，比上年增加30%。在拓展审计广度和深度的同时，审计机关将经济责任审计关口前移，逐步扩大任中审计的比重，推动经济责任审计从事后监督向事前、事中防范监督转变。开展领导干部经济责任审计，从一定意义上讲，既是对领导干部的监督，更是对领导干部的保护，是为了防患于未然，避免工作中出现重大过错和失误，增强了领导干部的法律意识、责任意识和危机意识，同时也为考察任用干部提供了可靠的依据。

四是注重打造优质审计产品，审计质量不断提高。全市审计机关牢固树立服务意识、成果意识和精品意识，以打造具有较高使用价值的优质审计产品为目标，积极推进审计项目精细化、规范化管理，审计报告的质量进一步提升，审计制约权力运行、揭示问题、改进工作的作用得到有效发挥。去年，市审计局实施的审计项目受到国家审计署和省审计厅的表彰，充分说明我们的审计项目质量是高的，说明我市审计机关是具备出精品的素质的。

实践证明，我市广大审计干部是一支政治强、业务精的优良队伍，是一支敢于攻坚、善打硬仗的队伍。市委、市政府对审计部门的工作是满意的，对你们的成绩是充分肯定的。在此，我代表市委、市政府向在审计战线上辛勤工作的全体干部职工表示诚挚的慰问和衷心的感谢！

今年是“十二五”的开局之年，做好今年的工作，对于安庆未来发展至关重要。全市审计机关必须紧扣市委、市政府的工作中心，抓住财政资金、重点建设资金等重点领域，抓住那些容易失去监督的关键环节和可能影响社会稳定的突出问题，积极服务于改革、发展、稳定大局。市委、市政府对审计工作寄予厚望，社会各界对审计工作的期望值越来越高。希望全市审计机关和广大审计干部要认清形势，进一步振奋精神，提升能力，锤炼作风，为经济平稳较快发展和社会和谐稳定做出更大贡献。

（一）合理布局，构建财政审计大格局

预算执行每年必审，每次都会发现新问题，提出新建议。预算执行审计的重点在哪里，如何适应构建财政审计大格局的要求需要我们各级审计机关进一步研究和实践。目前，我们开展的预算执行审计主要的重点可能还在于它的合法性，而合理性、科学性审计还有待加强。人大以及社会各界要求预算要细化，审计工作要跟上、要推进。要以推动公共财政管理体制和预算制度改革为出发点，对财政预算执行情况和改革措施落实情况进行适时监督，提高预算的约束力，对发现问题要及时上报、及时处理，确保预算执行公平、有效和及时。

（二）整合资源，保障政府投资工程项目审计有效实施

随着皖江城市带承接产业转移示范区建设的大力推进，我市的政府投资项目规模将越来越大，如何保证政府资金有效投入、高效投入，避免和纠正政府投资中的问题，审计部门责无旁贷。审计部门围绕政府投资建设项目的审计任务会更加繁重。《安庆市政府投资建设项目审计监督办法》已于去年3月1日起实施，这对审计机关提出了新的更高的要求。面对繁杂的政府投资工程项目，如何保证政府投资建设项目“必审制”的实施，一方面审计部门要更新观念，创新方法，加大力度，确保我市政府投资工程项目审计在2011年有新的更大作为；另一方面，单靠审计部门自身的力量是有限的，必须借助中介机构和社会各方面的力量来协助参与这项工作。审计机关要采取措施，加强对审计质量的控制，规范中介机构和社会各方面力量协助审计工作的行为。对不讲诚信、违反职业道德、违法违规的社会中介机构及相关人员，审计机关应将其列入黑名单予以公告，限制或禁止其参与政府投资审计项目审计，这个原则不能松。我们现在由于机制还不是很完善，被审计单位和中介机构有可能形成利益共同体，中介机构的客观公正性难以保证。审计机关要研究制定正确的政策和制度，形成一个正确的政策导向，鼓励秉守职业道德、业务精湛、效率高的中介

机构参与审计，对那些不能够履行好职能或者是不能够真实地提供审计报告的中介机构和有关人员通过有关行业主管部门和有权限处理的机关，给予其必要的处理处罚，直至取消从业资格。

（三）完善机制，进一步深化经济责任审计

经济责任审计是推进依法行政、加强领导干部廉政建设的重要手段。审计机关要本着“积极稳妥、量力而行、提高质量、防范风险”的原则，从监督权力运行入手，对领导干部履行经济发展责任、经济管理责任、经济决策责任、个人经济行为和廉洁自律等情况进行审计，重点查处决策失误或严重渎职造成的损失浪费问题和个人经济问题。要加大对重大违法违纪问题和大案要案的查处力度，增强领导干部的法律意识、责任意识和危机意识，为正确评价干部提供可靠的依据。要特别关注被审计单位的制度建设，如果一个单位几万、几十万、乃至上百万元的支出，一两个人就能说了算，那这个单位迟早要出问题。因此要从制度和机制上查找存在问题的原因，搞好对领导干部的审计评价，促进领导干部按照法定权限和程序行使权力、履行职责。通过经济责任审计，让廉洁奉公的干部清清白白地离任，同时对不廉洁问题予以曝光以警示教育干部，发挥审计监督在反腐倡廉中的积极作用。

（四）公开透明，提高审计工作的公信力和威慑力

政务公开透明是大势所趋、人心所向。审计机关在这方面做了很多实际工作，去年经市政府批准，将预算执行审计情况在《安庆日报》上首次进行了公告，这是一次重大突破和有益尝试。县级审计机关也要积极推进这项工作。安徽省政府办公厅去年印发的《关于进一步加强审计工作的若干意见》，明确要求审计结果公告必须稳步向前推进。要营造氛围，提供平台，依法提升审计工作公开透明程度，让人民群众更容易、更直观、更详细地了解审计，支持审计。只有这样，审计工作才会拥有更加坚实的群众基础，审计水平和质量也才能得到大幅度提升。

（五）注重工作导向，加大处罚、问责和督促整改的力度

审计工作要为社会树立一种风向标，什么行为是值得提倡的，什么行为应该坚决予以杜绝，要奖罚分明，张弛有度，在自己的职权范围内，要依法及时予以惩处。要加大审计监督的力度，强化问责机制，让违规者付出代价，让违规行为受到必要的惩罚。针对那些严重的违法犯罪行为，要及时与纪检监察机关和司法部门联系，加强合作，该移送的及时移送，决不手软。

审计监督职责的有效发挥，不仅仅在于审出了多少问题，更主要的是要让问题得到及时的纠正和整改，并且要举一反三，促进制度和机制建设。要加大抓整改、抓审计成果的开发应用，加强后续跟踪检查力度，督促被审单位积极整改。对于普遍性、苗头性、潜在性问题要及时汇总分析，形成书面文件上报市委、市政府，充分发挥审计监督的建设性作用。

（六）加强自身建设，进一步提升审计工作水平

一是要加强能力建设。核心是提高审计队伍的综合素质。市审计局在创建“学习型”机关、深化人员素质教育培训方面有很多好的做法，取得了较好的成效，希望不仅要坚持，而且要创新，领导要带头。各级审计机关要加强对现有人员的培训，要挖掘内在潜力，不断提高审计人员判断问题的能力、揭示问题的能力和分析处理问题的能力，培养一批精通业务、熟悉法规、善于管理、能够担当重任的复合型人才。二是要加强效能建设。各级审计机关要坚持从审计工作的实际出发，不断充实完善各项审计监督和管理制度，及时把实践中的一些好做法以制度的形式固定下来，特别是要抓好各项制度的落实，形成“用制度管权、按制度办事、靠制度管人”的良好局面，保障审计机关高效运转、审计工作有序开展和审计任务的圆满完成。三是要加强廉政建设。审计部门虽然不直接管钱、管物、管项目，但在实际工作中，经常要与掌握这些权力的部门打交道，同时审计工作也体现政府的社会公信力，希望审计干部时刻保持清醒头脑，始终做到坚持原则，审计为公，敢于较真，敢于碰硬。要严格执行审计纪律和各项廉政规定，坚决抵制和防止以权谋私等不正之风，树立为民、务实、清廉的良好形象。

3月15日，何家虎局长在全市审计工作会议上做了题为《拉高标杆　着力提升　努力实现全市审计工作再上新台阶》报告。何家虎指出：

这次审计工作会议的主要任务是：认真学习贯彻全国、全省审计工作会议精神，总结2010年审计工作和过去五年审计工作取得的基本经验，表彰先进，研究部署“十二五”和今年的审计工作。市领导对这次会议非常重视，会前，肖超英市长、汪莹纯常务副市长专门听取了市审计局的工作汇报。汪市长及市人大、市政协领导，省审计厅党组成员、纪检组长吴毅同志出席了这次会议。等一会汪市长、吴毅组长等领导还将作重要讲话，我们一定要深入学习领会，认真贯彻落实。下面我代表市审计局讲三点意见。

一、提高标杆，着力提升，2010年各项工作圆满完成

2010年，全市审计机关在市委、市政府和上级审计机关的正确领导下，在市人大、市政协的关心、支持和监督下，依法履行审计监督职责，各项工作有了新的发展和进步，审计基础建设进一步夯实，审计工作服务大局意识进一步增强，审计转型升级步伐进一步加快。

（一）履职尽责，审计工作服务大局的意识进一步增强

去年全市共审计和调查708个单位，查处各类违规问题资金26559万元，通过审计处理，上缴财政1234万元，减少财政拨款或补贴1348万元，归还原渠道资金2557万元，审计后挽回损失5670万元；审计政府投资工程决（结）算项目309个，工程总投资20多亿元，审减、节约财政支出2.2亿元。

一是围绕促进规范预算管理，不断深化预算执行审计。按照探索全部政府性资金审计的新要求，我市审计机关密切关注各项政府性资金的规模和收支情况及财政资金使用绩效。市审计局围绕构建财政审计大格局的整体思路，进一步凸显财政审计的综合性和宏观性，由

重点揭弊向批判性、建设性并重转变，着力发挥审计在推进体制机制建设中的作用。市审计局依法在《安庆日报》上公告了预算执行审计工作报告。各县（市）区审计局努力拓宽财政审计的视野，成效显著。大观、枞阳、怀宁、宿松审计局把多项政府性基金（资金）的审计纳入财政“同级审”的范畴。

二是围绕服务经济社会发展大局，拓展专项审计调查覆盖面。2010年市本级开展的专项审计调查占全部审计项目的比重达到了50%以上。市局实施的行政事业单位经营性房产、四项公务费用、第三产业发展状况等专项审计调查，贴近党委、政府中心工作要求，审计调查结果倍受关注，对规范财政专项资金和国有资产管理起到了参谋助手作用。根据行政事业单位经营性房产审计调查结果撰写的《审计建议》，得到了市委、市政府领导的高度重视。《事业单位兴办经济实体问题亟待规范》的《审计建议》被省委办公厅、省政府办公厅、省审计厅和市委、市政府等多方采用。我市第三产业发展状况专项审计调查报告，得到了市领导的充分肯定，朱书记、肖市长等6位市领导做出重要批示。市委以《要情专报》、市政府以《安庆政务内参》印发了市审计局的专项审计调查报告。市局在对某商业银行审计中，促进收回银行少计社会养老保险基金账户利息390多万元。市局还积极参加市纪委“以案说法、以案说纪”活动。

各县（市）区审计机关服从和服务于党委、政府中心工作，取得了较好成效。潜山县审计局当年审计了106个单位（项目）。宜秀区审计局连续3年被评为全区优质服务单位。望江县审计局开展了对改制企业成本的审核和对土地征用补偿情况的审计。太湖县审计局组织开展了全县15个乡镇财务运行状况和政府债务控消情况的审计。

三是围绕促进建立健全对权力的制约和监督机制，开展了领导干部经济责任审计。党政领导及国有企业领导人员任期经济责任审计工作一直都是审计工作的重要组成部分。2010年，全市审计机关共审计经济责任人168人，审计领导干部人数比上年增长逾30%。各县（市）区积极拓展经济责任审计领域，加大审计成果的公开和利用力度。望江县经济责任审计结果由纪检、组织部门领导到被审计单位通报。岳西县将经济责任审计情况汇总形成年度审计结果报告，向县委、县政府领导专题报告，得到了县领导的肯定。

四是围绕提高财政资金使用效益，政府投资工程审计成果显著。近年来，我市的投资审计获得了加速发展。特别是《安庆市政府投资建设项目审计监督办法》于2010年3月起的正式实施和全市审计机关投资审计中心的全面设立，从制度上和审计力量、经费上有力地保障了政府投资审计工作的顺利开展。2010年全市审计机关共完成投资审计项目309个，审计的工程项目投资完成额超过20多亿元，核减投资额22083万元，其中市审计局核减工程投资额首次突破亿元，达13516万元。迎江区、望江县等审计机关投资审计核减额超过了1000万元。我市两级审计机关还积极探索开展跟踪审计。政府投资审计工作已成为提高政府投资效益、规范政府投资工程管理的有力武器。

（二）解放思想，开拓创新，全力促进审计转型升级

全市审计机关以计划为龙头，以执行为抓手，创新方式方法，深化成果利用，推进审计的转型升级。主要做到了“四个注重”：

一是注重推进财政审计大格局构建，审计管理更加科学。市审计局财政审计以“两个报告”为统领，按照“对市本级一级预算单位、部分重点二级预算单位以及重点国有企业至少三年轮审一遍；对所辖县（市）区和市经济技术开发区五年一届任期至少轮审一遍；对重大财政专项投入或人民群众关注的专项资金的筹集、管理和使用情况全面实行专项审计（审计调查）；对政府投资项目逐步实行必审制”的工作目标，实行滚动计划，将审计与专项审计调查、财政财务收支审计与经济责任审计等有机结合，使项目之间相互配合，审计范围逐步涵盖了财政资金和国有资产、税收收入和非税收入、政府举债和国企融资，审计成果得到了充分利用。同时市本级注重深入推进审计整改工作。11月，市政府召开了年度审计整改工作会议。市局对2009年下半年以来实施的审计项目全部进行了审计整改回访。

二是注重推进信息化建设，审计技术手段更加科学。从去年开始，市局在全市审计机关的综合考核中，推行了审计信息化工作“一票否决制”。全市审计管理系统全面推广运行，市和大部分县级审计机关基本实现无纸化办公、公文网上流转，审计项目质量逐步朝全程电子化控制方向迈进。全市审计机关和审计人员运用计算机技术实施审计的能力和水平进一步提高。宿松县、桐城市、枞阳县审计局信息化应用水平在全省产生了一定影响。

三是注重审计结果公告工作，稳步推进审计机关工作的公开透明。市审计局加大了政府信息公开工作力度，主动公开各类信息298篇，基本上做到了审计动态信息“不公开为例外”。经市政府法制办审理同意，印发了《安庆市审计局审计结果公告办法（试行）》，审计结果公告已走上了制度化的轨道。

四是注重引导，内部审计工作得到了发展。市局积极在全市审计机关推进审计学会和内部审计协会建设，目前除个别县外，各县（市）均成立了审计学会和内部审计协会。内部审计机构努力拓宽审计领域，不断创新审计方法，开展审计科研，在完善内部机制、规范内部管理等方面发挥了重要作用。安庆供电公司审计部等10个内部审计单位被评为全省内部审计工作先进集体，安庆市审计局被评为全省内部审计管理先进单位。部分单位内部审计机构还积极抽调专业人员，协助审计机关开展工作。

（三）以人为本，以学促用，全力提升审计工作水平

2010年，全市审计机关通过认真组织开展“创先争优”活动和“审计提升年”活动，从创建学习型机关、提升审计工作水平入手，重点突出了“四个强化”：

一是通过开展“创先争优”活动，强化审计机关争先进位意识。全市审计机关以“创先争优讲奉献，提升能力讲服务”为主题，扎实开展了“创先争优”活动。市委组织部、市直工委在市审计局召开了市直机关“创先争优”活

动现场会。市直工委将局党总支作为市直机关创建学习型党组织示范点。

二是通过开展“审计提升年”活动，强化审计工作服务大局的能力和水平。根据省审计厅统一部署，全市审计机关精心组织开展了“审计提升年”活动。在全省审计工作座谈会和全省“五年行动计划”总结大会上，安庆等6个市审计局作了活动经验交流发言。2010年，安庆市审计局实施的某系统财政财务收支审计项目荣获全国地方优秀审计项目，受到了审计署的通报表彰。市审计局被省审计厅评为全省审计机关“十一五”工作先进集体，桐城、枞阳、迎江审计局被评为全省审计机关“审计提升年”先进集体，宿松县审计局还被省审计厅和省人社厅表彰为全省审计系统先进集体。潜山县审计局徐劲民、枞阳县审计局杨甲平、望江县审计局王中元同志被表彰为全省“审计提升年”先进个人。

三是通过打造学习型机关，强化审计文化建设和廉政建设。市局开设了“安庆审计讲坛”，交流文稿汇编成册并予印发，成为安庆审计人用自己的工作经验编撰的学习教材，刘战平厅长专门题写了书名，市委常委、常务副市长汪莹纯欣然作序。市局与安庆人民广播电台联办《审计之窗》，每周一期，对扩大审计工作影响，起到了较好的作用。安庆市审计局被评为全省审计机关精神文明先进单位，怀宁县审计局被命名为市级文明单位。全市审计机关积极推进建立廉政风险防控管理机制，努力做到廉洁高效。

四是通过加大审计专业人才引进力度，强化审计干部队伍建设。市局积极推进所辖县（市）审计机关全面组建了投资审计中心，积极引起审计工作急需的专业人才，为审计人才队伍建设开辟了新渠道。市审计局开发区分局成功组建，促进了开发区经济监督体系的健全和完善。市审计局被市委、市政府评为全市人才工作先进单位。

过去的一年，成绩斐然，捷报频传，为“十一五”收官划上了一个圆满的句号！这些成绩的取得，是市委、市人大、市政府、市政协和上级审计机关坚强领导和深切关怀的结果，是各级、各部门和被审计单位理解、配合、支持的结果，也是广大审计干部和内部审计人员自我加压、辛勤劳动的结果。在此，我代表市审计局向关心和支持审计工作的各位领导、各有关部门和各界人士表示衷心的感谢，向辛勤工作的广大审计人员致以崇高的敬意！

在总结成绩的同时，全市审计机关应当冷静分析审计工作面临的形势和挑战，客观认识工作中存在的问题和不足。这些问题突出表现在：审计任务重与审计力量不足的矛盾仍比较突出；县（市、区）审计机关的发展还不够平衡；审计监督工作的力度和审计建设性作用发挥的程度有待进一步加强；审计机关与其它管理机关形成有效合力方面还有待提升；审计信息化工作的能力和水平还难以适应新形势的要求，与全省先进市相比差距有所扩大。这些问题，需要我们在今后的工作中开拓创新，改进自身的工作。

二、认清形势，明确目标，推动“十二五”审计工作转型升级

“十一五”期间是安庆审计工作加速发展、取得辉煌成就的五年。五年来的实践和创新，使审计工作在主动服务地方经济建设和改革发展中取得了令人鼓舞的成绩。通过扎实实施“五年行动计划”，我市审计工作步入了快速发展的快车道，持续保持了在全省审计机关先进位置，为安庆经济社会发展做出了积极贡献。过去的五年，审计影响不断扩大，队伍素质不断提升，审计质量显著提高，内部管理不断规范，审计信息化建设得到了快速发展，审计文化建设日渐丰富多彩，审计创新转型的基础进一步夯实。

“十二五”时期是安庆全面建设小康社会的关键期，安庆发展处于可以大有作为的重要战略机遇期，审计工作既面临着宝贵的机遇，也面临着复杂形势和艰巨任务。市委、市政府确定“十二五”时期要以科学发展为主题，以全面转型、加速崛起、富民强市为主线，坚持工业化城镇化“双轮驱动”，大力实施工业强市、三产兴市、创新推动、园区带动、城乡统筹、和谐发展战略，推动经济社会又好又快发展，争取走在皖江发展前列，为实现经济繁荣、人民富足、生态良好的发展目标，为全面建成小康社会奠定坚实基础。省审计厅也决定从2011年开始，在全省审计机关依次实施“五大工程”——“信息化推进工程”、“人才造就工程”、“质量提升工程”、“环境优化工程”和“争先进位工程”。全市审计机关一定要围绕党委、政府中心工作和上级审计机关的部署，切实增强政治意识、大局意识、忧患意识、风险意识和责任意识，充分认清审计工作面临的形势，深刻理解肩负的使命，准确把握机遇和挑战，推动全市审计工作再上新台阶，为推动科学发展、加快经济发展方式转变提供更加强有力的保障。

站在新的历史起点，“十二五”期间安庆审计工作要努力实现“五个转变”：

一是形成财政审计大格局，使审计目标由注重发挥批判性作用向批判性、建设性并重，更加注重发挥建设性作用转变。审计署提出构建财政审计大格局的理念，就是对现有审计力量进行整合，优化资源配置，使各个单一的审计项目有机地形成一个整体，从而实现审计项目的整体效应，形成以“两个报告”为载体，以预算执行审计为核心的财政审计新模式。未来五年，要重点在拓宽审计范围、延伸审计内涵、深化审计分析、加大审计力度、推进结果公告、强化督查整改上下功夫。

二是全面推进绩效审计，使审计内容由真实、合法、效益并重向突出绩效转变。继续坚持以真实合规性审计为基础，全面推进绩效审计。未来五年，绩效审计要逐步成为主要审计形式，在投资、民生、农业、环保等关键领域着力；要促进绩效审计的规范化，研究建立绩效审计方法和评价体系。

三是努力提升审计管理水平，使审计管理从以内部控制为主向内部控制与外部监督并重转变。以贯彻《审计法实施条例》和《国家审计准则》为推手，深化和推广科学的业务管理和组织管理方式。建设审计质量保证体系，着力构建审计计划、审计实施与项目审理相互促进、相互制约的业务管理模式，力争“十二五”期间安庆继续有审计项目跻身“全国优秀审计项目”之列。注重审

计执行力建设，强化审计整改落实。加大结果公告力度，提高审计工作的开放性和透明度，促进依法行政和政务公开。

四是强势推进审计信息化建设，使审计手段由查账和计算机审计并重向全面信息化审计转变。积极探索联网审计的技术和方法，逐步提高联网审计财政资金的覆盖面。大力探索信息系统审计。探索电子数据、信息系统、系统内部控制“三位一体”的审计模式。信息化专业人才占比和信息化成果转化力度进一步增加。加快审计信息化数据库建设，促进实现全市审计资源充分共享和协同作业。

五是切实加强审计队伍建设，使审计队伍由单一专业结构向提高综合能力素质方向转变。要逐步建立健全适应审计工作发展需要的干部管理和人力资源管理机制，健全审计职业教育、职业化管理和科学的考评体制，培养审计复合型人才。加强机关党建和廉政建设，严格执行新“八不准”等审计纪律和各项反腐倡廉规定，进一步规范审计权力运行。

三、锐意进取，扎实工作，力争开局之年开好头起好步

2011年，是“十二五”发展新征程的开局之年。全市审计工作的总体思路是：以邓小平理论和“三个代表”重要思想为指导，全面落实科学发展观，深入贯彻全国、全省审计工作会议精神，紧紧围绕市委、市政府中心工作，以加速审计转型、全面提升水平为目标，以开展“创先争优”活动、“万名干部下基层，当好群众贴心人”活动和实施“信息化推进工程”为抓手，切实履行审计监督职责，重点关注当前经济社会发展中的热点、焦点、难点问题，在加大查处重大违法违规问题力度的同时，注重从体制、机制、制度、效益层面上发现和分析问题，提出改进、完善政策的建设性意见，为我市经济社会科学发展做出新的贡献，努力实现“十二五”开好局起好步。

按照这个总体思路，在审计工作中我们要切实做到紧扣“一条主线”，抓住“两个关键”，突出“四个重点”，推进“三项建设”：

——紧扣“一条主线”。紧紧围绕服务安庆经济社会又好又快发展这条主线。我们要更加自觉地把审计工作融入于全市的发展大局之中，始终把促进发展作为履行审计监督职责的第一要务，切实增强为促进经济平稳较快发展和经济发展方式转变服务的主动性。

——抓住“两个关键”。一方面，要狠抓依法审计。必须严格遵守《国家审计准则》，确保审计执法过程的公开、公平、公正，确保审计行为的文明规范。另一方面，要狠抓审计整改和审计成果的开发利用。在坚决查处和揭露各类违法违规问题的同时，要善于用全局的眼光看待问题，善于从宏观的角度分析问题，善于从体制、机制、制度的层面审视问题，发现和提炼有价值的审计信息，并有效转化为政府采信、社会认可和群众期待的终极产品。

——突出“四个重点”：

（一）构建财政审计大格局。去年审计署下发了《关于进一步加强财政审计的意见》，省审计厅印发了《关于推进构建财政审计大格局，深化财政审计的实施意见》，在去年底的全省财政审计工作会议上，又提出了“六统一”的要求。为适应构建财政审计大格局的要求，今年市本级除组织对财税部门组织预算执行情况和市建委、民政、物价、宗教、档案、团市委、妇联、土地收储中心的预算执行情况进行审计外，还将组织开展国有资本经营预算情况、部分政府性基金管理及使用情况、重点专项资金管理和使用情况、重点民生工程项目实施情况、政府性投资项目建设管理及绩效情况的审计调查。

此外，审计署今年将统一组织对地方政府性债务进行专项审计。审计署今年把这件事作为审计工作的第一要务。我省除省本级和合肥市由审计署特派办审计外，其他市、县由省审计厅组织全省各级审计机关进行交叉审计。希望各县（市）区政府领导和审计机关高度重视这项审计工作，特别是各县（市）区政府的领导要加强对迎审工作的领导，妥善做好迎审、配合及沟通协调工作。

（二）加强政府投资审计。当前的投资布局、方向和规模，在很大程度上决定着未来的经济结构、发展规模和发展水平。去年，安庆市政府投资项目审计监督办法颁布实施，确立了对政府投资工程项目的必审制度，为投资审计的开展提供了制度保障。在当前投资审计力量不足的情况下，必须整合各方面的审计资源，特别是要合理利用中介机构和专业人员协审。审计机关要加强对协审机构和人员的管理，完善奖惩措施，形成具有安庆特色的投资审计组织模式。要深入开展公共投资项目的跟踪审计，对重大项目做到及时跟进、全程监督。要高度重视投资审计领域的风险防控，坚持违反廉政建设“一票否决制”。各县（市）区审计局要积极争取当地党委政府支持，加快投资审计人才队伍建设，努力整合和充实审计力量资源，促进投资审计向更高目标迈进。

（三）强化民生工程和财政专项资金审计。加强对民生工程的监督，是审计机关义不容辞的责任。各县（市）区除完成上级审计机关统一组织的项目外，还要结合本地实际，加大对重点民生工程开展专项审计，有效保证各项惠民政策落实到位。要主动掌握党委、政府关于民生工作的安排，主动与民生工作管理部门和实施部门进行对接，主动开展工作。

（四）深化经济责任审计。去年底，中共中央办公厅、国务院办公厅向社会公布了《党政主要领导干部和国有企业领导人员经济责任审计规定》，标志着我国经济责任审计工作进入了新的发展阶段。我们要认真学习宣传两办“规定”，以贯彻落实“规定”为契机，进一步完善工作机制，健全审计评价体系，稳步推行拟提拔领导干部任前审计，认真开展村级组织主要负责人经济责任审计，逐步探索推行领导干部经济责任审计结果公告，提高审计结果运用水平，推动经济责任审计进一步深化。根据市经济责任审计工作领导小组的安排，今年市审计局将对7个单位原主要负责同志进行离任经济责任审计，对6个单位现任主要负责同志进行任中经济责任审计，对1个县的党政主要领导同志进行任期经济责任审计。今年是我市基层政府的换届之年，各县（市）区审计局要加大经济责任审计力度，为政府换届工作提供审计服务。

——推进“三项建设”：

（一）信息化建设。以全省审计机关实施“信息化推进工程”为契机，实现安庆审计信息化工作的新突破，切实做到“两个并重”：即推广应用AO系统与研究开发审计模型、总结专家经验并重，加强AO系统应用广度和深度的研究，探索联网审计；坚持推广应用OA系统与信息资源开发并重，加强系统数据库建设，形成规模效应，提高审计工作管理水平。各县（市）区审计局要有切实的紧迫感，要把信息化建设工作作为“一把手”工程和事关审计事业发展的大事来抓，抓出成效。市局要加强对各县（市）区信息化工作的指导和考核工作，坚持信息化工作末位一票否决制。

（二）审计队伍建设。加强审计队伍建设的核心，一是思想建设，二是能力建设。

在思想建设方面，一要注重加强思想教育。要继续加强社会主义核心价值观的教育，大力弘扬奋发有为的蓬勃朝气、与时俱进的昂扬锐气、严格执法的浩然正气；要积极倡导爱岗敬业的奉献精神，求真务实的实干精神，清正廉洁的自律精神。二要大力推进审计文化建设。要充分汲取先进经验，丰富机关文化活动，加强学习型机关和学习型党组织建设，弘扬“依法、求实、严格、奋进、奉献”的审计精神。要以发挥群体效能、增强凝聚力为目标，注重增强职工归属感，引导和激励审计人员建立健康纯洁、积极进取的同志关系，营造团结友爱、互助协作、和谐温馨的氛围。三要切实加强廉政建设。各级审计机关要牢记廉政建设是审计工作的“生命线”，廉政纪律是不可触摸的“高压线”，真正做到正人先正己，打铁先要自身硬。

在能力建设方面，一要增强学习能力。我们处在大发展、大变革的时代，新知识、新法规、新政策层出不穷，对此，我们要有“知识恐慌”感，加强学习、及时“充电”。二要增强分析能力。审计署强调要加强“四手”能力建设，即“查核问题的能手、分析研究的高手、计算机应用的强手、内部管理的行家里手”，在这“四手”中，最缺乏的就是分析研究的高手。因此，要注重对审计人员分析研究能力的培养，将分析研究贯穿于整个审计过程。三要增强协调能力。现在很多审计项目往往是多个部门联合作战，有的还是全省、全市联动审计项目，需要各级审计机关的通力合作，形成审计监督的合力。要健全工作报告机制，对重大事项、专项信息要及时报告、实时反馈，保证下情上达、信息畅通。上级要加强对下级、牵头部门要加强对参与部门的业务领导和工作指导，注意了解情况，总结经验，提高指导水平，使全市审计工作能够均衡发展、整体推进。

（三）审计基础建设。

一是要抓好结合，认真组织开展“创先争优”活动。紧密结合审计工作实际，实施动态承诺，量化承诺内容，强化履诺和考核，努力在审计机关形成争先进位的浓厚氛围。要按照市委、市政府的部署，认真组织开展“万名干部下基层，争当群众贴心人”活动，做密切联系群众的楷模。要巩固和发挥基层党组织的战斗堡垒作用，发挥党员干部的模范带头作用。

二是要以实施国家审计准则为契机，进一步规范审计行为。新修订的国家审计准则已于今年1月1日起施行。全市审计机关和广大审计人员要吃透精神，把握实质。要抓紧对机关业务管理的规范性文件进行清理，及时修订完善。

近几年来，我市审计质量控制工作得到了审计署和省审计厅的充分肯定，保持了良好的发展势头。全市审计机关一定要增强审计产品的价值观念和质量意识，努力打造更多、更具影响力的“审计精品”。要强化审计时效意识，加强人力资源和审计时限控制，推动机关效能建设。要探索审计工作量化管理办法，逐步实现对项目实施过程的量化管理。

三是要切实加大审计执法力度，进一步提升审计效应。真实性、合法性审计永远是审计工作的基本职责，是发挥审计监督作用和保证审计质量的前提。必须把查处重大违法违规问题作为重要任务，加大查处力度。要切实纠正和防止屡审屡犯、屡禁不止的现象，进一步重视和加强审计整改工作。各县（市）区要加强审计整改工作制度化建设，建立健全审计整改工作的长效机制，努力树立审计监督的权威。

四是要进一步加大结果公告力度。去年省政府办公厅印发的《关于进一步加强审计工作的若干意见》，要求2011年，向社会公告年度审计项目计划、部门预算执行情况审计结果、民生工程专项资金审计结果和政府重大投资项目审计结果；2012年起，所有纳入审计结果公开的审计项目都应向社会公告。形势的发展，要求我们把审计结果公告提上更加重要的议事日程。我市审计机关要坚持在党委、政府领导下，积极推进审计结果公告工作。要切实树立审计风险意识，把问题查深查实，把程序做准做细，保证万无一失。

五是要进一步加强对县（市、区）审计工作的领导。要整合审计资源，密切工作联系，充分发挥全市审计机关的整体合力。各县（市）区审计机关要进一步增强执行力，确保上级审计机关统一部署的各项工作圆满完成。市局将进一步完善县（市）区审计机关年度绩效考核办法，加强对县（市）区审计机关业务指导和目标考核工作，依据规定积极参与和推动县（市）区审计机关干部队伍和班子建设。市局还将启动帮带工程，根据县（市）区要求，安排基层审计机关年轻审计人员参与市局审计组的审计，在审计一线帮助培养专业审计人员。

六是要加强对内部审计工作的业务指导。内部审计是我国审计体系的重要组成部分，对依法属于审计机关审计监督对象的内部审计工作的业务指导和监督是国家审计机关的法定职责。要依托审计学会和内部审计协会，切实加强对内部审计工作的业务指导和培训工作。各部门（单位）要进一步重视发挥内部审计工作在部门（单位）管理中的重要作用。

何家虎局长在市政府廉政工作会议上做了题为《切实履行审计监督职责为反腐倡廉建设做出积极贡献》的发言。何家虎强调：

一、强化责任意识，充分发挥审计监督的职能作用预防和惩治腐败是我国审计机关的一项法定职责。按照《审计法》的规定，审计监督的职能作用，是“维护国家财政经济秩序，提高财政资金使用效益，促进廉政建设，保障国民经济和社会健康发展”，其中重要的一个职能作用就是促进廉政建设。实践证明，审计机关作为重要的经济监督部门，是预防和惩治腐败斗争中的一支重要力量，发挥着不可替代的重要作用。

多年来，我市审计机关严格按照党风廉政建设责任制的要求开展工作，在坚持审计批判性作用的同时，发挥审计在推进体制、机制、制度完善方面的建设性作用，积极参与和推动预防和惩治腐败体系的建设。去年，全市共审计和调查708个单位，查处各类违规问题资金26559万元。通过审计处理，上缴财政1234万元，减少财政拨款或补贴1348万元，归还原渠道资金2557万元，审计后挽回损失5670万元；审计政府投资工程决（结）算项目309个，工程总投资20多亿元，审减、节约财政支出2.2亿元。

一是围绕加强财政资金管理，财政审计的范围得到了拓展。按照探索全部政府性资金审计的新要求，我市审计机关密切关注各项政府性资金的规模和收支情况及财政资金使用绩效，进一步凸显财政审计的综合性和宏观性，由重点揭弊向批判性、建设性并重转变，着力发挥审计在推进体制机制建设中的作用。去年，市本级除安排对财政、地税、国库和部分财政预算执行单位进行常规审计或审计调查外，还对本级政府债务情况，地方重点财政资金效益，市直15个行政事业单位会议费、考察费、招待费、小车购置及使用费等四项费用情况和10个行政事业单位经营性房产管理使用处置情况开展专项审计调查，审计和审计调查涉及单位30多个。根据《审计法》和上级审计机关的要求，经市政府批准，去年市审计局依法在《安庆日报》上公告了预算执行审计工作报告。

二是围绕服务经济社会发展大局，拓展了专项审计调查覆盖面。2010年，市本级开展的专项审计调查占全部审计项目的比重达到了50%以上。市局实施的行政事业单位经营性房产、四项公务费用、第三产业发展状况等专项审计调查，贴近党委、政府中心工作要求，审计调查结果倍受关注，对规范财政专项资金和国有资产管理起到了参谋助手作用。根据行政事业单位经营性房产审计调查结果撰写的《审计建议》，得到了市委、市政府领导的高度重视。市审计局还积极参加市纪委“以案说法、以案说纪”活动。

三是围绕加强对权力的制约和监督，开展了领导干部经济责任审计。党政领导及国有企业领导人员任期经济责任审计工作一直都是审计工作的重要组成部分。去年，全市审计机关共审计经济责任人168人（其中市审计局审计18人），审计领导干部人数比上年增长逾30%。

四是围绕提高财政资金使用效益，政府投资工程审计成果显著。近年来，我市的投资审计获得了加速发展。2010年，全市审计机关共完成投资审计项目309个，审计的工程项目投资完成额超过20多亿元，核减投资额22083万元，其中市审计局核减工程投资额首次突破亿元，达13516万元。我市两级审计机关还积极探索开展跟踪审计。政府投资审计工作已成为提高政府投资效益、规范政府投资工程管理的有力武器。

二、突出工作重点，加大审计监督力度，努力为我市经济社会发展保驾护航

2011年是“十二五”开局之年，我市审计工作将紧紧围绕市委、市政府中心工作，突出工作重点，加大监督力度，切实为促进我市经济平稳较快发展和经济发展方式转变服务。

一是突出对财政资金运行情况的审计监督，努力拓展审计监督的覆盖面。按照“对市本级一级预算单位、部分重点二级预算单位以及重点国有企业至少三年轮审一遍；对所辖县（市）区和市经济开发区，五年一届任期至少轮审一遍；对重大财政专项投入或人民群众关注的专项资金的筹集、管理和使用情况全面实行专项审计（审计调查）；对政府投资项目逐步实行必审制”的工作目标，市审计局实行长期规划和年度计划相结合的计划管理模式，统筹安排审计项目计划，扩大了审计监督覆盖面。今年市本级除组织对财税部门组织预算执行情况和8个部门（单位）的预算执行情况进行审计外，还将组织开展国有资本经营预算情况、部分政府性基金管理及使用情况、重点专项资金管理和使用情况、重点民生工程项目实施情况、政府性投资项目建设管理及绩效情况的审计调查。

二是突出对政府投资工程项目的审计监督，保障项目顺利实施和尽早发挥效益。去年，安庆市政府投资项目审计监督办法颁布实施，确立了对政府投资工程项目的必审制度，为投资审计的开展提供了制度保障。我市投资审计工作要切实加强对政府投资和使用国有资金建设项目的审计和审计调查，揭示和查处违背国家产业、土地和投资政策、重大铺张浪费、损失浪费等问题，促进提高财政资金的使用效益。在开展竣工决算审计的同时，我们将以加强重点项目工程管理，保证合理、有效使用建设资金，促进重点基础设施建设顺利进行为目标，加大对建设项目全过程跟踪审计的力度。

三是突出对行政权力运行的审计监督，进一步深化领导干部经济责任审计。经济责任审计是审计机关的一项重要职责。去年年底，中办、国办向社会公布了《党政主要领导干部和国有企业领导人员经济责任审计规定》，标志着我国经济责任审计工作进入了新的发展阶段。我们要以学习和贯彻落实“规定”为契机，进一步完善工作机制，健全审计评价体系，稳步推行拟提拔领导干部任前审计，逐步探索推行领导干部经济责任审计结果公告，提高审计结果运用水平，推动经济责任审计进一步深化。根据市经济责任审计工作领导小组的安排，今年市审计局将对7个市直单位原主要负责同志进行离任经济责任审计，对6个市直单位现任主要负责同志进行任中经济责任审计，对1个县的党政主要领导同志进行任期经济责任审计。今年是我市基层政府的换届之年，我们要求各县（市）区审计局加大经济责任审计力度，为政府换届工作提供必要的纪律保证和审计服务。

四是突出对民生工程和资金的审

计监督，促进社会和谐稳定。加强对民生工程和资金的监督，是审计机关义不容辞的责任。我们将进一步加强对“三农”、科技、教育、卫生、文化、社会保障等重点民生项目和资金的审计，揭示和反映落实国家政策不到位、政策目标未实现以及严重影响和损害群众利益的问题，规范资金管理和运行，促进各项惠民政策落实到位。

五是突出加大对重大违法违规问题的查处力度，深入推进反腐倡廉建设。发挥批判性作用是审计工作的基础。今年我市审计机关将把查处大案要案与开展工程建设领域突出问题、“小金库”等专项治理工作相结合，进一步突出对重点领域、重点项目、重点资金的审计监督。在审计工作中，审计机关将加大对重大违法违规问题的查处力度，进一步加强与纪检监察、公安、检察和司法等部门的协调配合，努力形成监督合力。

六是突出加大对体制机制性问题的揭示和反映力度，促进规范管理。审计工作有监督、预防、惩戒、促进四个方面的作用，最终目的是要起促进作用，既要坚持不懈地查处经济违法违规问题，又要持之以恒地推进机制体制完善。根据省政府办公厅去年印发的《关于进一步加强审计工作若干意见》和政务公开工作的要求，今后审计结果公开工作力度将进一步加大，重点是向社会公开年度审计项目计划、部门预算执行情况审计结果、民生工程专项资金审计结果和部分政府重大投资项目审计结果。

安庆市审计学会

2011年，安庆市审计学会在市审计局和学会负责人的坚强领导下，注重学习，开拓进取，务实创新，较好地发挥了审计理论科研工作的重要指导作用，成绩突出，被省审计学会评为2011年度省审计学会先进团体会员。2011年，审计科研工作以科研人才、科研成果并重为指导思想，学会秘书处扎实开展了对各项重点课题的研讨。11月18日，在安庆市审计局专门召开全省“构建财政审计大格局”科研课题研讨会。5月，随着怀宁县审计学会的成立，安庆市已全面成立审计学会。安庆市审计学会将继续保持旺盛的科研精神，扎实奋进，在全市营造出良好的学习和研讨氛围，为安庆市审计工作“围绕中心，服务大局”提供前沿的理论指导。

安庆市审计学会领导及理事名单

名誉会长：汪莹纯

会　长：何家虎

副会长：周继庆　刘同柱　邱银台　汪定节　聂雅雅　毛可友　汪元初　朱宗明　万先亮

秘书长：叶　青

常务理事：何家虎　邱银台　汪定节　聂雅雅　曹　青　汪元初　毛可友　叶斌宜　周继庆　华鹏飞　叶高林　魏虎生　张　亮　万先亮　赵汪苗　朱宗明　刘同柱　叶　青

理　事：何家虎　邱银台　汪定节　聂雅雅　曹　青　刘建华　张东虹　胡安明　汪元初　张宁燕　王中部　毛可友　叶斌宜　叶远明　周继庆　华鹏飞　杨凤霞　叶高林　张大林　魏虎生　李　谊　黄雪莲　陈启讲　江　群　蔡根坚　王中元　汪双俊　李超玉　杨甲平　林成虎　贾　华　徐劲民　戴家庆　张　亮　陆　定　马　峻　黎志耕　鲍泽霞　林国义　施　翔　万先亮　赵汪苗　朱宗明　张连福　汪　群　刘同柱　汪桂林　蔡继平　昂劲松　徐伟强　靳伦谊　于　兵　潘雪平　王　春　叶　青

安庆市内部审计协会

2011年，安庆市内部审计协会在市审计局领导和协会会长的坚定指导下，及时有效贯彻落实省、市两级审计工作会议精神，认真学习贯彻《安徽省内部审计条例》，在全市全面成立内部审计协会，强化引导、监督和服务职能，为全市内部审计工作的发展和完善提供了良好的环境和社会支持。经单位推荐、市审计局考核、省审计厅审批，安庆市供电公司审计部、安庆市供电公司审计部、中国电信安庆分公司审计室、安徽省烟草公司安庆市公司审计科、安庆市立医院审计室、中国工商银行安庆分行内控合规部、安庆监狱审计科、安庆师范学院监察审计处、安徽曙光化工集团审计处、安庆市地方税务局财务监督科、安徽桐城农村合作银行审计稽核部等10个单位为2008至2010年全省内部审计先进单位；安庆供电公司审计部叶斌宜、中国电信安庆分公司审计室李谊、安徽省烟草公司安庆市公司审计派驻办曾细莉、安徽省安庆市立医院审计室王天九、安庆市地税局财务监督科汪海生、安庆师范学院监察审计处李新建、安庆市自来水公司邱文莉、安徽省安庆市盐业有限公司财务审计科汪求来、安徽华茂集团有限公司审计处杨科明、安庆市潜山县教育局财审科姜彬等10人为2008至2010年全省内部审计先进工作者；经省内部审计师协会考核评比，安庆市审计局为2008至010年全省内部审计管理工作先进单位，叶青为2008至2010年全省内部审计管理先进个人。

2011年，省内部审计师协会通报表彰了安庆市内部审计师协会组织推荐参加评比的内部审计理论研讨论文：《风险导向审计在电力系统工程管理审计中的应用》、《风险导向审计实务探索》获二等奖；《对国家建设项目跟踪审计的几点思考》、《开展风险导向审计实践的几个现实问题探析》获三等奖；《浅析现代风险导向审计在经济责任审计中的应用》、《谈风险导向内部审计在地税系统内部控制中的应用》、《浅析我国现代风险导向审计存在的问题与对策》、《行业内部审计风险及其防范》、《医院风险导向内部审计的探索》获优秀奖。

同时，协会秘书处在市审计局门户网站上开设“内部审计园地”。通过“园地”建设，大力宣传内部审计工作，增强交流互通。秘书处利用“园地”发布通知、广泛宣传全国CAI考试，效果明显。

安庆市内部审计协会领导及理事名单

名誉会长：刘　斌

会　长：倪桂林

副会长：朱菊云　尚晓玲　徐基发　王思丰　施宜萍　殷绪峰　陶林根

秘书长：叶　青

常务理事：倪桂林　朱菊云　尚晓玲　陶林根　王思丰　徐基发　汪海生　赵　霞　钱宁阳　毛可友　殷绪峰　叶斌宜　朱代根　杨凤霞　施宜萍　魏虎生　洪　苗　杨科明　鲍泽霞　邱文莉　叶　青

理　事：倪桂林　朱菊云　尚晓玲　陶林根　王思丰　陈冬冬　徐基发　汪海生　刘建华　张东虹　赵　霞　钱宁阳　毛可友　殷绪峰　叶斌宜　叶远明　何　必　华鹏飞　杨凤霞　施宜萍　方　虹　魏虎生　洪　苗　黄雪莲　陈启讲　江　群　蔡根坚　王中元　汪双俊　李超玉　杨甲平　林成虎　贾　华　徐劲民　黎志耕　杨科明　鲍泽霞　吴跃东　操礼智　朱肆新　邱文莉　赵汪苗　王胜德　江　兵　朱代根　王一顺　王红星　吴鸣凤　胡以超　王贵教　何申友　汪求来　张连福　严延军　王天九　许正劲　徐国民　檀满节　吴英苗　蒋泽贤　姜　淮　沈遵如　叶　青　王　春

（撰稿人：殷海荣，审核人：汪定节）

迎江区审计局

迎江区审计局内设办公室和经济责任审计局，现有编制4名，实有人员8名。

2011年迎江区审计局机关人员配备情况表

单位＼内容	人数	性别		文化程度				职称			负责人
		男	女	研究生	本科	大专	大专以下	高级	中级	初级	
局领导	3		3		3			1	1	1	黄雪莲
办公室	5	4	1		4		1		1	3	
经济责任审计局											汪劲梅
合计	8	4	4		7		1	1	2	4	

2011年迎江区审计局领导人员情况表

姓　名	性　别	职　务	职　称	任职时间
黄雪莲	女	局长	高级审计师	2003年4月
邵江娣	女	副局长	会计师	2008年1月
汪劲梅	女	经济责任审计局局长	助理会计师	2009年1月

2011年12月31日在册人员名单

黄雪莲　邵江娣　汪劲梅　苏传和　童　智　陈莉萍　方向前　李光艮

2011年工作概况

2011年，迎江区审计局紧紧围绕区委、区政府工作中心和上级审计工作会议精神，坚持“依法审计、围绕中心、服务大局、突出重点、务实创新”审计工作方针，全面贯彻落实新修订的《审计法实施条例》和《国家审计准则》，以审计转型升级为主线，以推进“五大工程”建设为载体，以加强审计信息化建设为契机，坚持服务优先，强化监督职能，圆满地完成了各项工作任务，取得了良好的社会赞誉。全年开展46个审计项目，查处违规违纪金额185万元、管理不规范金额3710万元，固定资产投资预（决）算审减1849万元，收缴财政资金38万元，提出合理化审计建议89条，提交审计报告、审计工作报告和信息简报101篇次。

财政预算执行审计。以着力构建财政审计大格局为目标，不断强化区财政预算执行审计的整合力度，将区本级财政预算执行、基金、基建及31项民生专项资金审计、3个一级（区法院、区财政局、区人社局）部门预算单位延伸审计、3个（全区房产、政府采购资金绩效、校安工程资金）专项审计调查等项目综合通盘考虑，充分体现预算执行审计的宏观性和针对性。在发现和揭露个案问题的基础上，更加注重反映共性问题、更加注重整体的分析和把握、更加注重从体制、机制上找原因，从宏观上提出意见建议，较好地发挥了审计保障国家经济社会健康运行的“免疫系统”功能。通过审计，查出应缴财政资金46万元，挽回或避免损失104万元，提出审计整改建议23条。区人大常委会对区财政预算执行和其他财务收支的审计报告给予了充分肯定。审议意见认为，报告把握主体、突出宏观、关注效益，客观反映了预算管理、部门预算执行、专项资金使用、房产管理，政府采购等方面存在的问题，提出的加强预算管理的意见符合实际。

重点工程跟踪审计。近年来，相继开展东部新城商务区一期、二期北片、二期南片、菱湖风景区和东部新城商务区三期共5个还建点70多万平方米还建房的跟踪审计。为把此项工程建成一流的形象工程、惠民工程、廉政工程，通过强化组织领导、健全规章制度、规范审计流程、突出审计重点等措施办法，加强对重点项目建设的事前、事中、事后全过程审计控制，并取得较好的审计效益，累计降低工程投资额8913万元，其中，仅2011年就降低工程投资额861万元，从而真正为政府把好关、守好门，较好地实现了政府投资项目由真实、合法性审计向效益性审计的转变。

任期经济责任审计。认真贯彻落实中办、国办关于《党政领导干部和国有企业领导人员经济责任审计规定》和上级经济责任审计工作会议精神，坚持“积极稳妥，量力而行，提高质量，防范风险”的原则，稳步推进全区经济责任审计工作不断向前发展。全年开展并完成经济责任审计项目12个。其中任中审计3个、离任审计9个，共查处违规资金81万元，提出合理性的审计建议20条。在工作中，坚持审计成果分析制、坚持报告整改落实制、坚持廉政警示预防制。通过审计，对维护正常的经济秩序、增强领导干部财经法规意识起到了积极作用。

民生资金专项审计。在连续3年对全区校安工程资金运用各个环节进行跟踪审计监督的同时，2011年又对14个教学楼抗震加固工程进行竣工决算审计。通过严格把关，核减工程造价452万元，核减率达到32%。同时，开展对卫生债务清理核实和审核认定情况调查、农村公路“村村通”工程、农村饮水安全项目工程等一系列民生审计工作，通过创新审计方法，采用AO现场审计系统加强审计分析，提高了审计质量和工作效率，进一步规范了民生资金的有效运作。

审计信息化建设。2011年是安徽省审计机关实施“五大工程”建设的开局之年，即“信息化推进工程”建设年。为强力推进审计信息化建设工作，全面提升审计信息化工作水平，努力实现迎江区审计信息化工作的追赶跨越，区审计局及时成立“信息化推进工程”活动领导小组，科学制定《迎江区审计局“信息化推进工程”实施方案》。同时，创新思路，狠抓管理，把“信息化推进工程”与全年审计项目计划和各项审计工作有机结合起来，做到相互融合又各有侧重。一是加强审计网络建设。投入12万元，开通审计专网，安装防火墙，新购6台笔记本电脑，使一线审计人员的审计设备得到更新，以适应新形势下AO现场审计系统软件升级的需要。二是加强审计系统应用。所有公文在OA上传输，实行OA审计管理系统和AO现场审计系统的交互运用。三是加强审计方法研究。强化对计算机审计专家经验和案例的探讨，一篇审计案例得到上级审计机关的肯定。四是加强审计信息宣传。利用安庆“审计之窗”这个平台，积极投稿宣传迎江审计工作特色、展现迎江审计人员风采。全年编发及被各级采用的审计信息20篇。通过大量优质的审计信息宣传，努力放大审计工作成果，创造浓厚的审计工作氛围，扩大审计影响面和威慑力。

2011年工作成果一览表

审计单位（个）	查处违规金额（万元）	管理不规范资金（万元）	应缴财政（万元）	已缴财政（万元）	应归还原渠道资金（万元）	移送事项（件）	应调账处理金额（万元）	应自行纠正金额（万元）	审计报告、信息被批示采纳（篇）
46	185	3710	46	38		1	1849		28

2011年获奖情况

被市审计局评为全市审计工作先进单位

区检察院2009年财务收支审计被市审计局评为全市优秀审计项目

童智被区政府评为优秀公务员

2011年大事记

迎江区审计局被确定为安徽审计职业学院实习实训基地。

2011年领导批示、讲话摘要

7月4日，区委书记李玉萍在《全区行政单位房产专项审计调查报告》上批示：此次专项审计调查非常好，审计的落脚点是审计结果的利用，对审计中发现的问题要指定相关联系部门牵头，自查自纠，督促整改落实。

2011年出台的地方审计规章目录

《迎江区关于进一步加强审计整改工作的意见》（迎政办〔2011〕31号）

（撰稿人：童智，审核人：黄雪莲）

大观区审计局

大观区审计局现有编制4名，实有人员6名。

2011年大观区审计局机关人员配备情况表

单位＼内容	人数	性别		文化程度			职称			负责人
		男	女	研究生	本科	大专以下	高级	中级	初级	
局领导	3	3			2	1		1		江　群
其他岗位	3	3			2	1		2	2	
合计	6	6			4	2		3	2	

2011年大观区审计局领导人员情况表

姓　名	性　别	职　务	职　称	任职时间
江　群	男	局长		2007.3
陈小华	男	副局长	助理会计师	2011.8
王顺生	男	纪检组长	统计师	2011.8

2011年12月31日在册人员名单

陈小华　王顺生　江兴建　乔　军　江　群　李广涛

2011年工作概况

2011年，大观区审计局坚持以科学发展观为指导，坚持把服务经济又好又快发展和社会和谐进步作为主要目标，把促进体制、机制完善和管理规范作为重要任务，紧紧围绕各级审计工作会议精神和区委、区政府中心工作，充分发挥审计监督职能作用，深入开展“信息化推进工程”，积极推进审计信息化工作，为促进大观经济快速健康发展发挥了积极的作用。

深化预算执行审计，促进公共财政管理。对2010年度区本级预算执行情况和其他财政收支情况、区民政局部门的预算执行情况开展审计。结合“同级审”对政府采购资金效益情况进行审计调查，探索绩效审计路子。在继续做好对预算执行审计的同时，重点向预算编制、预算执行效果以及政府重大项目、重点工程等重大资金支出项目延伸，更加注重审查预算编制的科学性和绩效性，把财政资金投入与政策目标实现统筹考虑，提高财政资金绩效水平。7月26日，受区政府委托向区人大常委会做2010年度本级预算执行情况和其他财政收支的审计报告。报告经区人大审议通过，受到较好的评价。

加强专项资金审计，促进提升专项资金管理水平和使用效益。根据审计署、省审计厅、市审计局和区委、区政府的要求，立足审计监督职能，全年开展对安庆城西污水处理厂项目审计调查、大观新城建设指挥部资金运用情况审计调查、全区林业专项资金审计调查、全区小额贷款担保公司发展情况审计调查、全区中小学校舍安全工程实施情况跟踪审计。通过各类专项审计和审计调查，揭示各种专项资金使用和管理中存在的问题，加强对专项资金的监管，规范各专项资金安全高效运行，促进了各项民生工程政策的的稳步推进和贯彻落实。

推进经济责任审计，促进权力监督制约和“问责”、“问效”机制的建立。全年组织对高琦小学、海口中心学校、市十七中等原负责人的离任经济责任审计。对区海口卫生院院长、区玉琳路办街道事处负责人进行任中经济责任审计。经济责任审计的不断深入和拓展，加强了对干部权力制约和监督，为区委更好的管理、评价、考核和使用干部提供了服务。促进被审计单位内部全面加强和规范财务管理与核算，建立和完善一系列制度建设。增强干部财经法规意识和经济责任意识。

加强政府投资项目审计，提高政府投资效益。积极探索审计关口前移的新模式，变事后为事前监督，改以往只进行工程决算审计为事前标底审计、事中的工程管理审计和事后的竣工决算审计相结合，重点检查项目建设进展、资金筹集管理使用、建设管理、建设质量和安全管理、执行建设标准等情况，科学评估项目建设效益。全年继续对丁香路、皇冠路建设项目的跟踪审计，以及“还建房”建设项目的跟踪审计。启动大观区政务大楼建设项目跟踪审计。开展海口镇土地整理建设项目、李公祠等五条市政道路改造工程竣工决算审计等。全年实施跟踪审计项目4项，完成竣工决算审计项目12个。审计竣工工程项目投资额4441万元，审计核减投资额9021万元，平均核减率为20.32%。审计在核定造价同时，对各建设项目在资金的使用和财务管理，建设施工管理和招投标、建设成本控制与核算、应缴税金等方面存在的问题提出了审计意见和建议。

创新管理方法，加强重点环节审计质量控制。面对审计任务重、审计力量相对不足的矛盾，更加重视审计质量控制，在审计方式、审计手段上，更加注重运用信息化推动审计技术方法创新，以“信息化推进工程”为契机，积极推进计算机审计，利用AO与OA交互，实行无纸化办公和公文网上流转。

强化审计整改，确保审计成果有效落实。进一步加强审计回访、审计建议的落实反馈以及审计整改情况的跟踪报告，对审计成果进行深加工、精加工，提升审计成果利用层次。对审计查出的问题及时梳理、深入研究，综合分析，切实抓好整改，堵塞管理漏洞，不断健全管理体制。

全面发挥审计监督功能，服务于全区工作大局。继续树立监督也是服务的审计理念，坚持服务于全区工作大局，努力做好各项协调配合工作，扩大审计监督影响力。一是配合区纪委对违纪违法案件的查处。二是参与对专项工程建设招投标等政府采购项目和国有企业改组改制的审计监督。三是积极参与做好清理化解基层医疗卫生机构债务工作以及对全区普通高中债务调查工作。四是积极配合做好村级换届选举审计监督指导以及“阳光村务”督察检查工作。五是作为民生工程建设领导小组成员单位，积极参与全区民生工程实施的各项检查和督察。六是参与区总工会经费审查委员会对本级总工会的“同级审”工作，以及对下级工会经费审查工作。七是协调配合市审计局对全区低保专项资金、“家电下乡”专项资金等项目的延伸审计。

加强审计干部教育培训力度，提高审计人员的综合素质。一是坚持以人为本，把干部队伍素质建设作为提高审计工作水平的基础工程抓好抓实，充分利用外出审计、省市学习培训、优秀项目交流等载体，不断提高审计人员的业务技能和专业素质。二是以党建推进业务工作开展。以建党90周年为契机，组织学习党章、党史知识和沈浩、杨善洲等优秀共产党员先进英雄事迹。通过多种形式的学习，进一步激励机关党员牢记党的宗旨，更加坚定理想信念，促进了审计项目完成得优质高效。三是强化党风廉政建设，坚持廉洁从审。大力弘扬“依法、求实、严谨、奋进、奉献”的审计精神，着力打造一支政治合格、纪律严明、业务精通、作风过硬的行政执法队伍。坚持审计人员“八不准”，廉洁从审，规范执法，严格执行审计工作纪律，不徇私情，注意维护审计形象，保持了局党风廉政建设先进单位风貌。四是着力实施好“信息化推进工程”。在市审计局统一部署和要求下，进行专网平移，对专网实施防火墙建设，“安庆市大观区审计局”官网正式对外运行，并成功注册中文域名。不断提高对审计专网利用率，审计中努力试行计算机AO现场审计系统，并积极组织审计人员参与培训与审计署认证考试，加大审计信息化硬件购置和投入，现代审计工作手段和水平不断提高。五是加强内部审计和社会审计的网络建设，实现审计资源共享。加强内部审计组织和人员管理，及时办理内部审计人员资格证书的年检工作，充分发挥内部审计监督作用。积极协调利用社会中介机构，充分发挥社会审计力量的服务职能，为区经济建设服务。特别是充分发挥社会中介机构力量在企业改制和行政事业单位审计工作中的重要补充作用。

2011年工作成果一览表

审计单位（个）	查处违规金额（万元）	管理不规范资金（万元）	应缴财政（万元）	已缴财政（万元）	应归还原渠道资金（万元）	移送事项（件）	应调账处理金额（万元）	应自行纠正金额（万元）	审计报告、信息被批示采纳（篇）
31	13	251	13	13					32

2011年大事记

8月，中共大观区委批准成立大观区审计局党组。

8月，江群被任命为大观区审计局党组书记。

8月，陈小华被任命为大观区审计局党组成员、副局长。

8月，王顺生由大观区统计局副局长调入，被任命为大观区审计局党组成员、纪检组长。

（撰稿人：江兴建）

宜秀区审计局

宜秀区审计局内设办公室、业务股和经济责任审计局，现有编制6名，实有人员12名。

2011年宜秀区审计局机关人员配备情况表

单位＼内容	人数	性别		文化程度				职称			负责人
		男	女	研究生	本科	大专	大专以下	高级	中级	初级	
局领导	5	4	1		4	1			1	1	陈启讲
办公室	3	1	2		2		1				倪雪梅
业务股	3		3		2		1		1	2	杨海燕
经济责任审计局	1		1		1						陈　莉
合计	12	5	7		9	1	2		2	3	

2011年宜秀区审计局领导人员情况表

姓名	性别	职务	职称	任职时间
陈启讲	男	党组书记、局长	经济师	2006年
金　华	男	党组成员、副局长		2010年
汪　斌	男	党组成员、副局长		2008年
陈　莉	女	党组成员、经济责任审计局局长		2010年
刘春雷	男	党组成员、纪检组长		2010年

2011年12月31日在册人员名单

陈启讲　金　华　汪　斌　陈　莉　刘春雷　倪雪梅　王　幽　刘李平　杨海燕　张桂明　徐　丹　汪海霞

2011年工作概况

2011年，宜秀区审计局坚持“依法审计、服务大局、围绕中心、突出重点、求真务实”审计工作方针，按照“依法、程序、质量、文明”的要求，把推进法治、维护民生、促进发展作为审计工作的出发点和立足点，坚持监督与服务并重，充分发挥审计的“免疫系统”功能，不断提高依法审计能力和水平。全年完成审计（审计调查）项目36个，其中政府投资项目和民生工程项目26个，送审造价10673万元，核减1187万元，核减率达11%，出具审计（审计调查）报告36份，提出审计建议32条，上报审计信息13篇，采用3篇。

强化预算管理，深化预算执行审计。财政预算执行审计，主要审计区财政局具体组织区本级预算执行情况；区财政局、区人口计生委、大桥开发区2010年度的预算执行情况以及大桥开发区建设投资公司、北部新城建设投资公司的财政财务收支与政府性投资项目建设管理审计情况。重点加强对政府投资项目、民生资金和惠民政策执行的审计，注重把握总体情况，揭示突出问题，提出意见建议，促进规范管理，充分发挥审计作为保障经济社会运行“免疫系统”的建设性功能。

突出政府投资审计，拓展投资审计领域。按照“规范投资行为、提高投资效益”的总体思路，扩大审计范围，实现投资项目全覆盖，开展25项政府性投资建设项目审计，工程送审造价10316万元，核减造价1083万元，平均核减率10.5%，出具综合审计报告1份，单项审计报告25份，提出审计意见和建议5条，节约了大量政府建设资金，促进了建设项目管理规范化，实现了投资审计量的突破和质的提升。

关注民生工程，加强专项资金审计调查。根据上级的统一部署，组织和配合市审计局对区2010年度农民工技能培训、城乡医疗救助制度、农村用户沼气、计划生育家庭奖励扶助制度、校舍安全、病险水库加固等民生工程的制度执行及其资金的管理与使用情况进行审计和审计调查。其中校舍工程送审造价358 万元，核减104万元，核减率达29.05%。

加强对权力运行的监督，深化经济责任审计。区委、区政府高度重视经济责任审计工作，坚持把这项工作作为党风廉政建设、提高干部选拔任用和监督管理水平、维护经济秩序、推动经济又好又快发展的重要举措来抓。一是年初及时召开全区经济责任审计工作领导小组会议，对全年经济责任审计工作进行安排部署，并对经济责任审计工作提出明确要求。二是定期召开经济责任审计联席会议，通报经济责任审计情况，提出整改意见和下一步工作措施。三是重要问题区领导亲自过问，研究解决问题的办法。

加强计算机审计，深入推进审计信息化建设。将审计信息化工作作为推动审计工作创新和转型的重要抓手，一方面加强硬件建设，人手配置一台电脑，另一方面不断加大人才培训力度，培养适应新形势需要的计算机审计能手，初步实现了OA与AO的交互。

强化机关管理，促进审计工作科学发展。一是创新理念，明确发展思路和重点。坚持以“强化创新理念，加快审计转型、服务宜秀跨越”为主题，深入学习实践“三个代表”重要思想和科学发展观，使干部职工思想观念得以更新升华，增强了对审计在经济社会运行中发挥免疫系统功能和建设性作用的认同，牢固树立了大局观、民本观、服务观，进一步明晰区审计发展思路和重点。二是创新实践，提高审计质量和效率。创新计划管理，统筹安排全年各项工作；拓展审计内容，竭力当好经济发展卫士；改进审计方法，提高服务水平。三是创新管理，加强机关“人、法、技”建设。创新队伍管理，夯实发展基石；改进学习方法，提高整体素质；探索干部选拔机制，促进优秀人才脱颖而出；推进制度建设，坚持用制度管人理事。四是加强机关党的建设，为审计事业发展提供重要保障。积极开展“创先争优”活动，全面推进机关党员干部的思想建设；认真开展以“五个好”为目标的先进党组织创建活动，加强组织建设；积极开展以制度为保障的党风廉政工作，加强作风建设。

2011年获奖情况

被区政府评为民生工程工作优质服务奖

怀宁县审计局

怀宁县审计局内设办公室、综合法规股、财政金融和企业审计股、行政事业审计股、固定资产投资审计股、经济责任审计办公室和固定资产投资审计中心，现有编制25名，实有人员22名。

2011年怀宁县审计局机关人员配备情况表

单位 \ 内容	人数	性别		文化程度				职称			负责人
		男	女	研究生	本科	大专	大专以下	高级	中级	初级	
局领导	5	4	1		1	4			1		贯　华
办公室	2	2				2					汪方球
综合法规股	2	2				1	1		1		陈　桥
财政金融和企业审计股	1	1			1				1		汪国钧
行政事业审计股	2	2			1	1			2		江　鸿
固定资产投资审计股	2	1	1			2			2		程翠珍
经济责任审计办公室	2	1	1			2			1	1	李志坚
固定资产投资审计中心	4	3	1		4						
主任科员	1	1				1					
副主任科员	1	1					1				
合计	22	18	4		7	13	2		8	1	

2011年怀宁县审计局领导人员情况表

姓名	性别	职务	职称	任职时间
贾华	男	局长		2006年8月
江涛	男	党组书记		2009年4月
王武	男	副局长		2006年8月
汪国钧	男	副局长	审计师	2009年7月
程晓飞	女	纪检组长		2006年8月

2011年12月31日在册人员名单

贾华　江涛　王武　汪国钧　程晓飞　潘成庚　汪方球　刘林杰　陈桥　郑丹　江鸿　王易苗　黄龙翔　程翠珍　郑长琦　李志坚　潘静　胡普旺　孙蕾　陈培培　李亮　何红兵

2011年工作概况

2011年，怀宁县审计局在上级审计机关和县委、县政府正确领导下，坚持以邓小平理论和“三个代表”重要思想为指导，认真贯彻落实党的十七大、十七届五中、六中全会精神，坚持“依法审计、服务大局、围绕中心、突出重点、求真务实”审计工作方针，紧抓省审计厅实施“五大工程”活动契机，加快审计工作转型和创新的步伐，以科学发展观为统领，加强“人、法、技”建设，加强党风廉政建设，不断提高审计能力和审计质量，审计工作得到县委、县人大和县政府以及上级审计机关的充分肯定，为促进县域经济科学发展和党风廉政建设发挥了重要作用。全年完成审计项目41个，查处违纪违规金额5484万元，审计工程总投资6914万元，核减工程造价997万元，为县级财政和被审计单位节约资金近千万元，向地方党政，上级审计机关和各级新闻媒体报送审计信息48篇，提出审计建议59条，充分发挥了审计“免疫系统”功能。

财政审计。坚持树立“大财政审计”理念，坚持以政策为导向、以预算为抓手、以资金为主线、以支出为重点、以效益为目的，有效整合审计资源，制定目标统一、内容衔接、层次清晰的财政审计工作方案。一是改进审计计划管理模式，以财政本级预算执行审计项目计划为龙头，集中配置审计项目。二是审计内容的安排注重预算收支组织和管理的规范性，关注非税收入和上级补助收入的安排、使用。三是树立科学审计理念，提升财政审计内涵。运用财政审计大格局思路，主要着眼于公共制度的建立和完善，着眼于维护财政资金安全及使用效益等，关注全部政府性资金。查处违规金额271万元、管理不规范资金5729万元，在揭示问题的基础上，为宏观层面提出了建设性意见和建议，发挥了审计的“免疫系统”功能。

固定资产投资审计。贯彻落实《审计法》、《安徽省审计监督条例》、《安徽省建设项目竣工决算审计规定》，以建设资金到位的真实性和项目资金使用的合法性为主线，加大对政府性投资建设项目的审计力度，重点关注投资效益情况。全年完成投资审计项目9个，审计投资额6914万元，核减工程价款997万元，为政府和有关单位提出了20多条切实可行的意见建议，得到了县政府主要领导的充分肯定。

经济责任审计。组织部门委托经济责任审计项目11个，审计对象从单纯行政领导干部向党务领导干部扩展。在审计过程中，县审计局认真贯彻执行中办、国办2010年出台的《党政主要领导干部和企业领导人员经济责任审计规定》，进一步加大经济责任审计工作力度。一是加强法规宣传，扩大社会影响。二是规范审计行为，防范审计风险。三是提高报告质量，强化成果运用。四是县纪委、监察局派员参与项目实施。通过审计，揭露和查处了部分领导干部所在单位违反财政收支管理规定、管理不规范等问题，并督促相关单位限期整改，规范了部分领导干部的财务管理行为。

行政事业审计。紧紧围绕县政府提出的“创优环境、及时纠偏、着眼发展、预防腐败”的审计目标，坚持依法审计，积极发挥审计监督职能，全年完成14个审计项目，查处违纪违规资金5000多万元。积极创新审计工作方式方法，在审计内容上由财务收支审计向风险绩效审计转型，在审计模式上由单纯的审计监督向监督服务并重转型，在审计方法上由传统的手工审计向计算机审计转型。一方面严格执法，严肃查处违反国家财经法规行为；另一方面注重服务，根据被审计单位的实际情况，提出操作性强的审计意见和建议，从规范管理制度入手，帮助被审计单位提高财务管理水平，取得了较好的审计效果。通过审计，促进被审计单位加强内部管理、规范收支行为、严格执行收费政策、落实收支两条线规定、从而提高资金使用效益。

专项资金审计（审计调查）。围绕中心，关注宏观，把握热点，主动服务，按照上级审计机关的工作部署和本级政府的工作安排，开展地方政府性债务、校安工程、义务教育保障机制经费、社会保障基金、农村安全饮水、廉租房等民生工程资金的审计调查和专项审计，联合相关部门牵头开展公办普通高中债务调查、基层医疗卫生机构债务清理核实和审核认定、本县融资平台公司清产核资等工作，审计成果得到县政府和上级审计机关的高度重视。县政府和部分项目单位采纳审计建议，制定和出台一系列制度，审计的建设性作用得以体现。

队伍建设。注重对全局审计业务人员进行培训，不断充实审计力量，努力建设一支政治思想合格，审计综合业务素质过硬的审计执法队伍。在加强全局干部职工思想建设的同时，不断提高全局干部职工的业务水平。每年制定政治理论和业务知识学习计划，坚持每月2个学习日制度，组织学习《审计法》、《审计法实施条例》、《安徽省审计监督条例》、《国家审计准则》等基本法律知识。结合平时审计业务工作的开展，组织全局审计业务人员学习审计业务知识、计算机基本知识、计算机联网审计以及OA、AO系统运用有关知识和审计专题学习讨论。在内部采取集中培训、专题研讨、经验交流、以审代训等多种方式开展各类培训，不断更新审计人员的知识结构。鼓励干部职工参加各种形式的文化进修学习和各种职称考试，不断提高审计人员的综合素质。上半年，经县政府批准，局固定资产投资审计中心面向社会公开招考工程建筑类、会计审计类、计算机技术类本科以上学历人员6名。8月末， 5名大学毕业生通过招考报到上岗，为县审计队伍注入了新鲜血液，改善了县审计队伍专业结构、年龄结构、学历结构。局支部被评为“先进党支部”，有一人被评为优秀党员，有一人被评为县第五届青年标兵。

党风廉政建设。党风廉政建设和反腐败工作，以邓小平理论和“三个代表”重要思想为指导，全面贯彻落实科学发展观，紧紧围绕县委、县政府和上级审计机关的中心工作，按照中央纪委、省纪委及省、市审计机关党风廉政建设工作意见部署和有关会议精神，狠抓工作落实。一是制定《党风廉政建设和反腐败工作意见》，建立党风廉政建设责任制，将党风廉政建设的任务层层分解，明确目标、职责，形成了廉政建设一级抓一级、层层抓落实的格局。二是加强全局干部职工反腐倡廉教育。在学习计划中，安排一部分反腐倡廉教育和警示教育内容，使之警钟常鸣。工作中，严格审计纪律，不断促进领导干部和审计人员遵守廉洁自律纪律的意识，促进局党风廉政建设和反腐败工作。三是发挥审计在反腐败斗争中的批判性、建设性作用，在审计项目上敢于揭露问题，做好与执法执纪部门的协作配合。

审计信息化建设。为实现 “两个完善、两个提高、一个探索”的审计信息化建设工作目标，不断探索计算机审计新路子、新方法，选择重点项目开展业务数据分析，强力突破，克难攻坚；实现省审计厅征集计算机审计方法和AO应用实例撰写上报的新突破。有5人取得计算机审计中级证书，所有业务人员都通过全省审计机关AO认证考试。一是不断加大审计信息化硬件投入。及时淘汰一批旧设备，投入30多万元新配备37台便携式、台式计算机和其他信息化设备，实现了网络光纤扩容改造。二是进一步强化审计信息化“软件系统”建设。成立“信息化推进工程”领导小组，设立审计信息化办公室。三是建立和完善审计信息化工作制度和业务操作规范。相继出台《怀宁县审计局OA与AO业务操作流程》、《怀宁县审计局计算机网络管理制度》、《怀宁县审计局AO-OA交互及AO系统、OA系统审计项目资料管理规范（试行）》等文件，对年度审计信息化提出了明确要求和考核标准。四是进一步规范OA系统和AO系统的运行，提高审计信息化水平，提升信息化工作成效。局上报的5篇计算机审计方法有4篇通过省审计厅专家组评审并上报审计署参评；局上报的2篇AO应用实例通过省审计厅专家组评审并上报审计署参评，获得审计署鼓励奖。

审计质量管理。认真贯彻执行审计署新修订的《国家审计准则》，对审计项目全面推行项目质量控制和考核办法，严格实行审计现场管理制度、审计项目审理制度和审计业务会议制度，明确审计执法责任，优化审计项目质量控制。一是修订完善《怀宁县审计局审计项目质量考核办法》，严格审计项目质量考核。二是实行审计项目审理制度和审计业务会议制度。所有审计报告都必须经审计业务会议审理。三是认真落实行政执法责任制，推进依法行政。在审计执法中，严格执行《审计执法过错责任追究制度》，对审计执法中故意或者过失造成主要事实不清、证据不足、适用依据错误、违反法律程序、超越或者滥用职权的，要依照《审计执法过错责任追究制度》的规定，追究有关人员的责任。

2011年工作成果一览表

审计单位（个）	查处违规金额（万元）	管理不规范资金（万元）	应缴财政（万元）	已缴财政（万元）	应归还原渠道资金（万元）	移送事项（件）	应调账处理金额（万元）	应自行纠正金额（万元）	审计报告、信息被批示采纳（篇）
41	5484	3262			64		2627		44

2011年获奖情况

被审计署评为全国地方政府性债务审计先进公务员集体

被省审计厅评为地方政府性债务审计先进集体

被市审计局评为全市审计工作先进单位

被市审计局评为全市审计信息宣传工作先进集体

被县政府评为全县新型农村合作医疗工作先进单位

被县委评为先进党支部

王易苗撰写的两篇AO应用实例获审计署鼓励奖

王易苗被省审计厅评为全省审计信息化工作先进个人

黄龙翔撰写的《用制度来保障“免疫系统”功能发挥》论文被评为全省优秀审计科研论文

2011年大事记

3月10日，省审计厅何结华总审计师一行4人到怀宁调研指导工作。

3月16日，省地方政府性债务审计组进驻怀宁。

6月1日，购笔记本电脑16台、取证工具16台。

6月6日，购台式电脑16台。

8月31日，招录5名固定资产投资审计中心技术人员。

9月5日，购笔记本电脑5台。

枞阳县审计局

枞阳县审计局内设办公室、固定资产投资审计股、企业审计股、行政事业审计股、经济责任审计局和固定资产投资审计中心，现有编制19名，实有人员24名。

2011年枞阳县审计局机关人员配备情况表

内容 单位	人数	性别		文化程度				职称			负责人
		男	女	研究生	本科	大专	大专以下	高级	中级	初级	
局领导	5	5			2	3			1	1	杨甲平
办公室	7	6	1		2	4	1		3	1	丁翀
固定资产投资审计股	4	4			2	2					徐庆阳
企业审计股	1	1				1			1		方疏虎
行政事业审计股	4	1	3		2	2					方晓珊
经济责任审计局	3	2	1		2	1			3		江怀安
固定资产投资审计中心											
合计	24	19	5		10	13	1		8	2	

2011年枞阳县审计局领导人员情况表

姓名	性别	职务	职称	任职时间
杨甲平	男	局长、党组副书记		2002年元月
吴立贤	男	党组书记		2011年4月
唐亮义	男	党组成员、副局长		2000年8月
荣海鹏	男	党组成员、副局长		2011年10月
刘旭龙	男	党组成员、纪检组长	审计师	2011年9月

2011年12月31日在册人员名单

杨甲平　吴立贤　唐亮义　荣海鹏　刘旭龙　江怀安　吴才和　张文友　唐礼南　程　莉　陆晓楚　汪晓玲　方疏虎　徐庆阳　方晓珊　丁　翀　王海永　胡娟娟　汪　利　杨爱国　丁少万　方　锐　张　阳　林　俏

2011年工作概况

2011年，枞阳县审计局在县委、县政府和上级审计机关的正确领导下，以邓小平理论、“三个代表”重要思想为指导，深入学习实践科学发展观，全面贯彻党的十七大、十七届六中全会精神和上级经济工作会议精神，继续坚持“依法审计、服务大局、围绕中心、突出重点、求真务实”审计工作方针，结合全省开展审计“信息化推进工程”活动，以人为本，不断加强“人、法、技”建设，不断提高审计质量，紧紧围绕经济社会发展的大局和关系人民群众切身利益的重大事项，牢牢把握发展这个第一要务，以服务县域经济发展为重点，以加快审计转型为核心，以夯实基础、规范管理为手段，抓好队伍建设，抓好信息化建设，抓好制度建设，抓好审计质量，积极履行审计监督职能，全面提高依法审计的能力和水平，充分发挥审计“免疫系统”功能，为加速审计转型，促进依法理财，维护财经秩序，推进廉政建设，服务枞阳崛起作出了重要作用，审计工作得到县委、县人大和县政府以及上级审计机关的充分肯定。全年完成审计及专项审计（审计调查）单位31个，查处违规违纪金额1080万元、管理不规范资金4625万元， 应上缴财政125万元，已上缴财政金额125万元，应归还原渠道资金616万元，提出审计意见和建议61条，被上级审计机关和县委、县政府采用61条，向县政府和市审计局提交审计工作报告及信息40篇。

财政预算审计。3月，开展县本级2010年度预算执行情况和其他财政财务收支情况审计以及县财政局、扶贫办、商务局等3个部门预算执行情况审计，重点审计财政预算管理、资金分配和绩效情况、年初预留资金安排管理使用情况、转移支付结构是否合理、项目设置是否过多过散、资金多头管理交叉重复等情况以及政府性基金、社保资金等情况，查处管理不规范金额425万元，提出审计意见及建议9条。通过审计，进一步细化项目支出预算，提高预算编制质量，增加预算约束力，提高预算管理水平，健全财政预算管理制度，夯实预算编制基础，加强对财政专项资金的管理监督，确保专款专用，防范财政资金风险，提高了资金使用效益。预算执行单位依法理财理念进一步增强，内控制度进一步完善，执行国家财经法规的自觉性进一步提高。

投资审计。为促进和改善县重点工程建设顺利实施，加强建设资金管理，提高政府资金投资效益，县审计局努力创新，克服困难，组建投资审计中心，积极探索多种形式和方法，对建设项目的各个环节加强监督，提高审计效率和效果，为政府节约大量投资资金,为完善投资决策提供重要依据,有效地提高了公共资金的使用效益，遏制了投资与建设领域的腐败现象。全年完成固定资产投资项目审计7个，核减工程价款180余万元。重点检查项目资金来源、工程造价和项目建设等方面情况以及有关政策的执行情况，针对存在的问题提出建议，揭露和处理存在的违规违纪问题，以促进各项管理、堵塞漏洞，提高了投资效益。通过审计，有效控制工程建设中的高估冒算、偷工减料、损失浪费等现象，提高公共资金的使用效益，遏制投资与建设领域的腐败现象，有效地维护了投资市场经济秩序。

专项资金审计。加强财政专项资金管理，强化财政专项资金使用监督，提高财政资金使用效益，确保财政资金切实用在“刀刃”上，以推动社会主义新农村建设的各项支农惠农政策落在实处。围绕县委、县政府工作中心，时刻把握发展第一要务，积极探索新路子，根据安排，对广德县政府性债务进行专项审计调查、望江城乡义务教育费用保障机制专项资金绩效审计调查、枞阳县扶贫资金专项审计调查、中小学校舍安全工程情况实施了专项审计（审计调查）、舟曲救灾资金物资跟踪审计，提出审计意见及建议8条。通过审计，切实维护广大人民群众的根本利益，确保了社会的稳定。通过审计调查，促使加强领导，落实责任，严格程序，完善制度，进一步加强专项资金管理，促进县各项支农惠农政策落实到位，提高了财政资金使用效益。

行政事业单位审计。以促进行政事业单位规范财务核算，完善单位内控制度，加强固定资产管理，确保资金和财产安全完整为目标，对县发改委等11个单位2010年度财务收支情况进行审计，审计查处管理不规范金额3130万元，收缴财政20万元，提出审计意见及建议47条。重点检查财务收支的真实性、合法性，检查其执行国家财经政策规定情况，国有资产管理保值增值情况，非税收入的管理使用情况以及财务管理和内控制度的健全性、有效性情况等。通过审计，促使被审计单位加强内控制度，保障国有资产的安全和完整；加强廉政建设，规范行政事业单位加强财务管理，规范经济活动，提高财政性资金的使用效益。

经济责任审计。继续坚持“积极稳妥、量力而行、提高质量、防范风险”的审计原则，继续探索任前经济责任审计，积极试行经济责任交接制度，着力加大任中经济责任审计，不断完善经济责任审计制度，科学制定经济责任审计工作方案，准确把握政策尺度，创新经济责任审计方式方法，从体制、机制和制度层面揭示问题、分析原因、提出审计意见和建议，注重经济责任审计成果的合理运用，发挥经济责任审计的作用，为相关部门评价和选拔任用干部提供了重要依据。全年完成县房地产管理局等9个单位10名负责人的经济责任审计，查处违规金额842万元，处罚收缴财政98万元，有效地促进领导干部经济决策的科学性，切实增强领导干部的责任意识、廉洁从政意识，并为组织部门选拔任用干部提供了重要参考依据。

2011年工作成果一览表

审计单位（个）	查处违规金额（万元）	管理不规范资金（万元）	应缴财政（万元）	已缴财政（万元）	应归还原渠道资金（万元）	移送事项（件）	应调账处理金额（万元）	应自行纠正金额（万元）	审计报告、信息被批示采纳（篇）
31	1080	4625	125	125	616				40

2011年论文发表情况统计表

报刊名称	时间(期数)	论文题目	作　者
《安徽审计》	第6期	《廉租住房补贴资金审计的业务数据分析》	王海永

2011年获奖情况

被省审计厅评为全省审计“信息化推进工程”先进单位

被市审计局评为全市审计信息化工作先进单位

被县政府评为民生工程工作优质服务奖

枞阳县审计学会领导及理事名单

会　长：杨甲平

副会长：唐亮义　王柏松　胡新华　胡四新　慈龙生　周桃林　刘旭龙

秘书长：丁　翀

常务理事：王晓西　刘寿南　李月平　汪晓玲　汪　磊　陈云舟　陶　虎　唐礼南　唐兆传　程　莉　慈龙兴　潘乔英

理　事：丁少万　方卫东　方晓珊　王海永　方疏虎　王　敏　王　荣　王玉正　王　洪　刘海峰　许　峰　江怀安　邹燕锋　张文友　杨爱国　吴才和　汪晓琴　吴月秀　何文炳　何　强　陆晓楚　汪　利　吴福胜　周雄飞　姚佐平　胡娟娟　徐志胜　高党生　唐智取　钱奕鹏　唐传友　徐庆阳　殷　舟　章薇生　章爱国　黄海莲　程玉谋

枞阳县内部审计协会领导及理事名单

会　长：吴立贤

副会长：方明生　唐义胜　施爱兵　荣海鹏　左敏生　查国元

秘书长：丁　翀

常务理事：方胜利　伍永辉　张曙红　张　磊　张文友　陆晓楚　汪振清　吴才和　周学才　胡晓慧　盛广德

理　事：丁少万　方睿锋　方晓珊　方文胜　方疏虎　方立新　王根平　王胜刚　王海永　左养思　叶霜绿　李学斌　江怀安　朱长信　吴义白　吴其龙　陈启发　陈石五　张晓阳　杨爱国　汪晓华　汪晓玲　汪　利　胡芬兰　胡娟娟　周柯云　唐礼南　唐义长　徐庆阳　钱俊芳　高志桂　章书涵　章文杰　程　莉　程既云　董年发　蔡新亚

潜山县审计局

潜山县审计局内设办公室、行政事业审计股、财政金融审计股、经贸外资审计股、固定资产投资审计股、经济责任审计局和固定资产投资审计中心，现有编制18名，实有人员21名。

2011年潜山县审计局机关人员配备情况表

单位＼内容	人数	性别		文化程度				职称			负责人
		男	女	研究生	本科	大专	大专以下	高级	中级	初级	
局领导	8	8			3	5		1	5	1	徐劲民
办公室	2	2			1		1			1	李和清
行政事业审计股	2	2			2				1		张祥平
财政金融审计股	2	1	1		1	1			2		王　伟
经贸外资审计股	2	2			1	1				1	储　智
固定资产投资审计股	1	1			1			1			汪长江
经济责任审计局	1	1			1					1	江和平
固定资产投资审计中心	3	2	1		2	1			1		
合计	21	19	2		12	8	1	2	9	4	

2011年潜山县审计局领导人员情况表

姓　名	性　别	职　务	职　称	任职时间
徐劲民	男	局长	高级统计师	2005年11月
梅笃锋	男	副局长	经济师	1993年2月
刘天伦	男	副局长	经济师	2002年10月
沈泽沛	男	副局长	经济师	2005年7月
朱　波	男	纪检组长	审计师	2006年12月
江和平	男	经济责任审计局局长	助理会计师	2007年3月
汪长江	男	总审计师	高级审计师	2009年11月

2011年12月31日在册人员名单

徐劲民　梅笃锋　刘天伦　沈泽沛　储怡山　江高福　姜敬学　钱　炼　李和清　王世俊　朱　波　张祥平　王　伟　余　力　储　智　尹志刚　汪长江　江和平　王晓星　李　严　程为节

2011年工作概况

2011年，潜山县审计局在市审计局和县委、县政府的正确领导下，以科学发展观为指导，深入贯彻全国及省、市审计工作会议精神，紧紧围绕县委、县政府中心工作，以加速审计转型、全面提升为目标，以开展“创先争优”活动、“机关干部下基层，争当群众贴心人”活动和实施“信息化推进工程”为抓手，切实履行审计监督职责，在坚持审计批判性的同时，充分发挥审计建设性作用，为潜山经济跨越式发展做出了新的贡献。全年完成审计（审计调查）单位61个，查处违规金额917万元、管理不规范金额2455万元，经审计处理收缴财政金额177万元，核减工程投资（结算）额702万元，提交审计专题报告、综合性报告和信息简报25篇，被党政领导和有关部门批示、采用15篇（次）。

预算执行审计。紧紧围绕构建财政审计大格局的新要求，树立对全部政府性资金审计的工作理念，安排和实施财政预算执行审计。针对审计发现的问题，在坚持批判性作用的同时，充分发挥审计的建设性作用，进一步增强财政审计的整体性、宏观性和建设性。一是监督范围进一步拓展。除对财税部门组织预算执行情况审计、部门预算执行及财务收支情况审计外，还开展部分政府性基金管理及使用情况审计、重点专项资金管理和使用情况审计、重点民生工程项目实施情况审计调查、政府性投资项目建设管理及绩效情况审计等。二是审计资源进一步整合。树立“一盘棋”的工作理念，集中抽调全局9名业务人员，组成5个审计组，积极利用社会资源参与“同级审”工作。三是审计方式方法进一步创新。将财政财务审计、专项审计调查、绩效审计相结合，将就地审计与送达审计相结合，将财务数据审计与业务数据审计相结合，将计算机审计与账册审计相结合，既充分利用了审计结果又提高了审计效率。四是建设性作用进一步凸显。由重点揭弊向批判性、建设性并重转变，着力发挥审计机关在推进体制、机制建设中的作用。针对审计中发现的具有普遍性倾向性的问题，向县政府做出专题汇报，受到县领导的充分肯定和高度重视，对建立健全长效机制发挥了参谋助手作用。针对财政体制和国有资产管理的深层次矛盾和问题，分析原因，提出建议，凸显了审计作为较高层次经济监督工作所发挥的建设性作用。按照县人大要求，及时向县政府、县人大报告审计结果。财政“同级审”结果报告在肯定成绩的同时，揭示县本级预算执行以及部门和单位财政财务收支中存在的三大类12个方面的问题，得到了县人大、县政府的充分肯定。

经济责任审计。贯彻落实中共中央办公厅、国务院办公厅《党政主要领导干部和国有企业领导人员经济责任审计规定》。在县委、县政府统一领导下，在纪检监察机关和组织等部门积极配合下，继续坚持“积极稳妥、量力而行、提高质量、防范风险”的原则，以服务干部队伍建设和廉政建设为主线，进一步突出审计重点，深化审计内容，改进工作方法，不断深化经济责任审计工作。全年对14个单位15位领导干部任期经济责任情况进行审计，其中：行政机关领导干部5人，事业单位8人，乡（镇）书记、乡（镇）长2人。查处违规金额21万元、管理不规范金额1643万元。对存在的问题分清责任，实事求是地进行了审计处理。同时，以领导干部“经济责任”为重点，在审计职权范围内审慎评价被审计事项，出具有分量的审计报告。

政府投资工程效益审计。针对当前公共支出大幅增加、政府投资力度加大的新情况，着力加强对民生工程、基础设施、生态环境建设等重大工程建设和项目资金使用的审计监督，以促进加强项目管理，保障投资效果。全年完成工程投资审计项目34个，审计投资完成额6627万元，查处违规金额824万元、管理不规范金额522万元，审计处理收缴财政118万元，审计核减投资造价额702万元。

民生工程和财政专项资金审计。根据省、市统一部署，继续将涉及民生的各项专项资金审计作为工作重点纳入全年审计项目计划，安排扶贫资金专项审计调查、中小学校舍安全工程实施情况审计调查，积极参与市审计局组织的社保资金审计，有力地保障了民生工程建设资金的安全有效。抽调3人，参加省审计厅组织的对旌德县政府性债务交叉审计工作。同时，加强与上级审计机关和外县审计组的沟通、配合，做好协调工作，努力维护地方经济发展大局。根据上级审计机关的统一部署，组织力量，圆满完成对全县六所高中、31个乡镇基层卫生院债务清理工作。应余井镇党委、政府的请求，抽调人员组成审计小组，对余井镇马道村2005年1月至2011年8月村级财务收支情况进行清理审核，如实出具审计结果报告。

“创先争优”和“领导干部下基层，当好群众贴心人”活动。根据县委统一部署，为扎实开展“领导干部下基层，当好群众贴心人”活动，县审计局制定实施方案、成立领导小组，引导党员干部访民情、解民困、聚民心。为基层群众办实事，推动“创先争优”活动深入开展。紧扣“调研走访知民心，促进发展聚民心，帮贫济困暖民心，化解矛盾安民心”课题，结合工作实际，开展国家惠民政策和民生工程是否落实到位、资金是否发放到位、基层群众是否得到实惠等一系列问题调研走访活动，发挥党员干部的自身优势，丰富活动内容，确保党员干部人人参与，力求在服务基层、服务群众、服务发展上多做实事、多办好事。实行“一把手”负责制、定期报告制、督查问责制，确保调研走访、促进发展、帮贫济困、化解矛盾的任务落到实处。同时，党员领导干部针对下基层征求意见、建议，认真开展讨论活动，并公开做出承诺，扎实履诺、严格评诺，把评诺情况作为年终日评定工作的重要依据，把活动开展情况纳入机关年度目标绩效考核和领导干部年度考核内容。县审计局领导班子和活动领导小组成员深入所联系的天柱山镇天寺村开展“领导干部下基层，当好群众贴心人”活动。一是召开村两委班子和各类型代表座谈会，了解涉农资金的发放及国家惠民政策的落实情况。二是了解该村经济发展情况，脱贫致富思路和设想。三是走访了解低保户、贫困户家有哪些困难和要求，生产生活中有哪些需要亟待解决的实际问题。四是听取他们对审计局的帮扶工作有哪些意见和建议。活动采取进村入户走访、党员干部座谈等形式，全方位、多渠道地收集群众意见。共走访低保户、贫困户7户，送去慰问金6100元。

“信息化推进工程”。根据省审计厅统一部署，紧密结合潜山审计信息化工作实际，以进入全市信息化先进行列为目标，进一步深化认识，明确目标，强化六项措施，强力实施“信息化推进工程”，一改全市审计信息化建设位次落后的局面。一是加强领导，统筹规划。出台7个信息化工作相关文件，进一步建设、完善和应用审计管理系统、现场审计实施系统，全面实现电子化流程管理和网上办公，加强审计信息化队伍的建设。二是继续完善审计信息化基础设施建设。根据固定资产购置管理的规定和审计工作的需要，有计划地添置、更新和调配一批计算机及设备，加强计算机技术装备的购置与管理，根据AO2011系统的配置需要，新采购配置较高的笔记本电脑10部、台式电脑3台，发到一线审计人员，进一步完善硬件配置；完成内网硬件防火墙的配备工作，制定和完善审计信息发布、数据存储、系统备份等运行管理机制和相应的安保设施建设措施，加强网络信息管理系统与数据存储安全体系建设；实现专网迁移。三是全面提升审计管理的信息化应用水平。完善《审计管理系统》（OA）的深化应用；开通县审计局门户网站，并做好维护、更新工作。四是推进计算机审计的深化应用。推进《现场审计业务系统》（AO）应用；积极鼓励业务人员围绕计算机审计工作和AO、OA应用，开展专题研究。五是加强审计信息化专业培训。继续做好计算机审计中级培训工作和AO认证考试培训工作；积极安排计算机审计业务骨干参加市局组织开展的审计信息化先进技术与科学管理学习活动；利用双休日组织开展审计信息化业务培训达10次。六是加强审计信息化制度建设和工作考核。制定县审计局审计信息化工作考核办法和审计信息化工作考核内容与计分标准；完善审计信息化工作的规章制度建设。11月，组织开展审计信息化工作考核，对考核前3名的机构进行通报表彰。

审计干部队伍建设。在县委、县政府的关心下，推进审计人才队伍建设。县投资审计中心新招录两名专业人员；同时，从庐江县审计局调入1名专业技术人员，有效地改善了审计机关干部队伍的年龄结构、专业结构、知识结构。

政务公开“深化年”活动。加大审计结果公告力度。根据县政府办《关于开展全县政务公开深化年活动的通知》（潜政办秘〔2011〕46号）和《安庆市审计局审计结果公告办法（试行）》（宜审综〔2010〕68号）部署，结合工作实际，制定潜山县审计局政务公开“深化年”活动实施方案，切实推进审计计划和审计结果公开工作。将2011年度审计项目计划、预算执行情况审计工作报告、黑河大桥工程竣工决算审计结果在县审计局门户网站及政府信息公开网站进行公开，社会反响很好。

2011年工作成果一览表

审计单位（个）	查处违规金额（万元）	管理不规范资金（万元）	应缴财政（万元）	已缴财政（万元）	应归还原渠道资金（万元）	移送事项（件）	应调账处理金额（万元）	应自行纠正金额（万元）	审计报告、信息被批示采纳（篇）
61	917	2455	177	177					15

2011年获奖情况

李和清被省审计厅评为全省审计“信息化推进工程”先进个人

张祥平被省审计厅评为全省地方政府性债务审计先进个人

2011年大事记

3月23日，市审计局局长何家虎一行到潜山县审计局赴旌德县地方政府性债务审计现场检查指导工作。

10月28日，省审计厅纪检组长吴毅一行到潜山县审计局调研。

11月12日，省审计厅厅长刘战平到潜山县开展“五级书记大走访活动”，市委常委、市纪委书记刘大群，县委常委、县纪委书记方立洋陪同。

潜山县审计学会领导及常务理事名单

名誉会长：储怡山

会　长：沈泽沛

副会长：贾成旺　王生海　储卫宏

秘书长：李和清

常务理事：王　龙　石　俊　江和平　朱　俊　汪长江　贾华旭　宋李成　郑银节　胡碧玉　储龙云　操家海

潜山县内部审计协会领导及常务理事名单

名誉会长：徐劲民

会　长：梅笃锋

副会长：王高潮　聂银锋

秘书长：王世俊

常务理事：王　丹　孙黄杰　江丽敏　朱　波　朱文华　刘天伦　余迎春　李平生　姜　彬　聂咸川　徐胜利　储昭华　鲍海东

（撰稿人：李和清）

太湖县审计局

太湖县审计局内设办公室、农业和经贸审计股、财政和行政事业审计股、固定资产投资审计股、经济责任审计局和固定资产投资审计中心，现有编制20名，实有人员20名。

2011年太湖县审计局机关人员配备情况表

单位＼内容	人数	性别		文化程度				职称			负责人
		男	女	研究生	本科	大专	大专以下	高级	中级	初级	
局领导	5	6			1	3	2		6		蔡根坚
办公室	4	3	1		1	1	2		1		汪克琳
农业和经贸审计股	1	1				1			1		陈得访
财政和行政事业审计股	2	2			1	1			1		唐茂林
固定资产投资审计股	1	1				1			1		章四华
经济责任审计局	2	1	1			3			2		卢秀坤
固定资产投资审计中心	4	4			4					4	
合计	20	18	2		7	10	4		12	4	

2011年太湖县审计局领导人员情况表

姓　名	性　别	职　务	职　称	任职时间
蔡根坚	男	局长	经济师	2003年9月
严雪权	男	党组书记	经济师	2006年1月
徐贵生	男	副局长	会计师	2004年2月
杨　琮	男	副局长		2008年1月
周立新	男	纪检组长	审计师	2004年2月
卢秀坤	男	经济责任审计局局长	审计师	2004年2月

2011年12月31日在册人员名单

蔡根坚　严雪权　徐贵生　杨　琼　周立新　卢秀坤　汪克琳　黄国中　储昭亮　朱礼安　陈得访　唐茂琳　胡栋武　章四华　叶庆新　李成如　刘远超　韦祚哲　董育中　汪金龙

2011年工作概况

2011年，太湖县审计局坚持“依法审计、服务大局、围绕中心、突出重点、求真务实”审计工作方针，坚持解放思想和创新工作相结合，围绕县委、县政府中心工作，把推进法治、维护民生、推动改革、促进发展作为审计工作的出发点和落脚点，重点抓好财政预算执行情况审计、政府投资项目审计、民生项目资金审计、领导干部经济责任审计、涉及人民群众利益的重要专项资金的审计，以及全省统一组织的授权审计项目。审计查处违纪违规金额1289万元、管理不规范金额326万元，审计处理处罚金额72万元，审计核减工程款680万元。

预算执行审计。牢固树立财政审计“一体化”的新理念，以完善财政政策和规范财政管理为目标，深化财政预算执行审计，较好地促进了规范预算管理和依法行政，为进一步推动财政改革、规范预算管理、维护财经秩序，更好地为党委、政府宏观经济决策提供了真实、可靠的参考依据。在本级预算执行情况审计中，从财政部门具体组织县级预算执行情况、地税部门税收征管情况入手，并延伸审计县农委、医保中心、就业局和民政局生救办等县直单位以及寺前镇、牛镇镇、天华镇等乡镇部分村的扶贫、涉农等专项资金管理使用等情况。审计结果表明，财政收入结构进一步优化，财政支出得到有效保障，预算的编制质量、执行效果和管理水平有了进一步提高。在全面审计的基础上，主要体现“四个突出”：一是突出预算完整性的审计，检查单位的收支是否编入预算及财政批复的预算是否执行有关规定。同时，对部分县直部门公用经费情况进行分析，指出单位间公用经费实际支出与预算安排中存在的等问题，并提出审计建议。二是突出对审计重点的把握，对重点项目、专项资金的管理和使用情况的审计，掌握财政收支的真实情况。三是突出对资金使用单位的延伸审计，以资金为主线，共延伸审计8个单位，掌握了大量的一手资料。四是突出对县本级支出与转移支付并重审计，采取“一条线”审计模式，对财政专项转移支付资金，一般性转移支付补助，以及民生政策措施新增资金的管理、使用和效益情况进行审计。通过审计，促进和规范预算管理和依法行政，为进一步推动财政改革、规范预算管理、维护财经秩序，更好地为党委、政府宏观经济决策提供了参考依据。提交的“两个报告”内容充实，问题揭露充分，整改建议针对性和可操作性强，得到了县人大常委会和县政府领导的充分肯定。同时，注重往年预算执行审计查出问题的整改工作情况，审计建议取得了良好的效果。

经济责任审计。继续积极探索经济责任审计方式、方法，加强同领导干部经济责任审计领导小组成员单位的协调配合。全年完成15名经济责任人的经济责任审计。通过审计，查处违纪违规金额698万元，主要表现在各种收费以及非税收入管理和挤占专项资金。在对领导干部开展经济责任审计的同时，安排乡镇资金的审计。加大从源头上治理腐败力度，围绕强化对权力运行的监督和制约，加强对领导干部经济责任审计，促进依法履行职责。

投资审计。围绕工程招投标、合同签订、工程造价的真实性以及财务管理、资金使用等情况，因地制宜，加大对政府投资项目的跟踪审计和竣工决算审计力度。全年完成投资项目13个，审计金额7200多万元，通过审计审减金额680万元。通过审计，加强在建设管理、招标投标、工程价款、监理的执行等方面实施监督，有效控制工程建设中的高估冒算、偷工减料、损失浪费等现象。特别是在校安工程审计中，坚持摸清情况，反映问题，分析原因，提出审计意见和建议，促进及时落实建设资金和完善工程管理，确保工程质量和资金安全，检查前期跟踪审计时提出问题的整改落实情况，较好地发挥了审计的“免疫系统”功能。通过审计，进一步规范了建设单位基本建设程序，保证了建设资金的真实、合法、有效的使用。

专项资金审计。继续以维护民生，促进和谐社会建设为目标，加强对关系经济社会发展、涉及人民群众切身利益的各种专项资金的审计调查。严格按照省审计厅审计方案要求，按时完成省审计厅下达的对桐城市政府性债务、岳西县城乡义务教育费用保障机制专项资金，以及太湖县扶贫专项资金的专项审计调查。开展全省中小校校舍安全工程和社会保障资金的专项审计调查，较好地按照省审计厅的要求完成审计调查任务。同时，按照省审计厅和有关部门的整体部署完成全县9所高中教育债务和15个乡镇基层医疗卫生机构的债务审计核实工作。

审计信息化建设。按照省、市“信息化推进工程”的总体部署，围绕中心，结合实际，采取多项措施，扎实推进审计信息化建设。一是切实提高认识，加强组织领导。全市审计信息化工作现场会后，县审计局及时召开党组扩大会议，专题研究信息化建设工作，认真分析信息化工作存在的问题，切实强化对审计信息化工作的认识，进一步提高不掌握审计信息化技术将“失去审计资格”的风险意识。要求全体人员正视现实，振奋精神，积极推进审计信息化建设。及时调整、充实信息化工作领导小组和专职人员，制定相关制度和奖惩措施。二是保障经费投入，完善基础设施。投入15万元用于更新配备手提电脑17台、台式电脑5台，安装隔离卡，增添部分设备和门户网站费用。三是强化目标任务，整体稳步推进。年初，将市审计局提出的强化“两个应用”、开展

"三项征集"、发表"一篇文章"的要求，结合太湖实际，确定工作目标，任务分解到股室，重点突破整体推进。3月，全面运行OA审计管理系统，入库公文305件，其中接受市审计局文件197件，内部成文108件，分发外部文件35件，办件46件，实现了通过OA系统收发和处理所有公文的无纸化办公的目标。全年开展并实施15个计算机审计项目，按照市审计局要求在OA中实行项目立项、分解，在OA系统中下载项目信息，利用OA和AO及时交互审计资料，项目结束后打包归档。所有在OA系统中立项的项目，都能及时更新被审计单位资料。完成3篇计算机审计方法和AO应用实例，其中1篇被审计厅评为优秀计算机审计方法。7月，开通县审计局门户网，完成内网硬件防火墙的配备工作。11月，完成审计专网整体迁移工作。四是加大培训力度，强化监督管理。所有业务人员全部通过AO认证考试，3人取得计算机审计中级证书，2人参加省审计厅组织的面授学习，2人参加远程教育在岗学习，其他人员都能在应用中不断学习提高，使计算机审计面得以迅速扩展，促进了审计人员运用水平的提高。同时，注重建立健全各项信息化管理制度，切实有效地抓好各项安全保密等技术防范工作。五是加大考核力度，注重协调推进。

2011年工作成果一览表

审计单位（个）	查处违规金额（万元）	管理不规范资金（万元）	应缴财政（万元）	已缴财政（万元）	应归还原渠道资金（万元）	移送事项（件）	应调账处理金额（万元）	应自行纠正金额（万元）	审计报告、信息被批示采纳（篇）
45	1289	326	72	72	323		256	206	2

2011年获奖情况

被市审计局评为审计信息化工作争先进位奖单位

刘远超被省审计厅评为"信息化推进工程"先进个人

汪克琳被县委评为优秀党员

2011年大事记

11月，省审计厅厅长刘战平到太湖考察。

太湖县审计学会领导及理事名单

名誉会长：李　琳

会　长：蔡根坚

副会长：杨　琼　周立新　吴仙桃　周振江

秘书长：陈得访

常务理事：蔡根坚　严雪权　徐贵生　杨　琼　周立新　卢秀坤　吴仙桃　曹北立　胡文进　辛刘应　周会满　孟曙东　马师梅　朱群燕　陈得访

理　事：蔡根坚　严雪权　徐贵生　杨　琼　周立新　卢秀坤　黄国中　吴仙桃　张霞严　沈叶林　曹北立　胡文进　范　霞　马家新　石晓伍　辛刘应　周会满　周振江　袁国汉　孟曙东　马师梅　朱群燕　徐学贤　占结群　严安平　汪克琳　陈得访　唐茂林　章四华　叶庆新　李成如　储昭亮　朱礼安　胡栋武　朱克俭　罗焱明　喻雪平　石四华　唐君芳　周兰萍　余晓琼　程红梅　阳建中　安警桥　张银娥　丁玉萍　龚　捷　董凯颂　刘声德

太湖县内部审计协会领导及理事名单

名誉会长：王旺来

会　长：严雪权

副会长：徐贵生　卢秀坤　张霞严　孟曙东

秘书长：陈得访

常务理事：蔡根坚　严雪权　徐贵生　杨　琼　周立新　卢秀坤　张霞严　孟曙东　沈叶林　范　霞　马家新　石晓伍　袁国汉　徐学贤　占结群　陈得访

理　事：蔡根坚　严雪权　徐贵生　杨　琼　周立新　卢秀坤　黄国中　吴仙桃　张霞严　沈叶林　曹北立　胡文进　范　霞　马家新　石晓伍　辛刘应　周会满　周振江　袁国汉　孟曙东　马师梅　朱群燕　徐学贤　占结群　严安平　汪克琳　陈得访　唐茂林　章四华　叶庆新　李成如　储昭亮　朱礼安　胡栋武　朱克俭　罗焱明　喻雪平　石四华　唐君芳　周兰萍　余晓琼　程红梅　阳建中　安警桥　张银娥　丁玉萍　龚　捷　董凯颂　刘声德

宿松县审计局

宿松县审计局内设办公室、综合股、经济责任审计局、行政经贸审计股、财金农业审计股、投资外资审计股和固定资产投资审计中心，现有编制18名，实有人员23名。

2011年宿松县审计局机关人员配备情况表

内容 单位	人数	性别		文化程度				职称			负责人
		男	女	研究生	本科	大专	大专以下	高级	中级	初级	
局领导	7	7			5	2		1	1		李超玉
副主任科员	1	1			1						
办公室	4	2	2		1	1	2				李文斌
综合股	2		2			2					姚其平
经济责任审计局	1	1				1			1		赵宏志
行政经贸审计股	3	2	1		2	1			1		贺春安
财金农业审计股	2	2			1	1			1		唐功长
投资外资审计股	3	2	1		2	1			1		李　键
固定资产投资审计中心											
合计	23	17	6		12	9	2	1	5		

2011年宿松县审计局领导人员情况表

姓名	性别	职务	职称	任职时间
李超玉	男	局长		2004年8月
朱承陆	男	党组书记		2004年8月
邓向东	男	副局长		1999年6月
李道松	男	副书记		2012年3月
张　华	男	副局长		2002年7月
赵宏志	男	经济责任审计局局长	审计师	2003年12月
张青松	男	总审计师	高级审计师	2010年5月
王玉水	男	副主任科员		2009年8月
李　键	男	副主任科员	审计师	2011年12月
贺春安	男	副主任科员	审计师	2011年12月

2011年12月31日在册人员名单

李超玉　朱承陆　邓向东　李道松　张　华　赵宏志　张青松　王玉水　李　键　贺春安　李文斌　姚其平　唐功长　程春知　吴荣琼　张永穆　石晓燕　熊　斌　朱结松　李小舞　方忠良　郑玲玲　赵　欣

2011年宿松县审计局特约审计员情况表

姓　名	性　别	工作单位	职　务	职　称	任职时间
尤永平	男	宿松县人大财经委员会	主　任		2010年4月
王先连	男	宿松县政协委员会	秘书长		2010年4月
张朝阳	男	宿松县纪委	主　任		2010年4月
蒋　旭	男	宿松县人民法院行审庭	庭　长		2010年4月
汪　翔	男	宿松县人民检察院反渎职侵权局	副局长		2010年4月
张　磊	男	宿松县公安局法制科	科　长		2010年4月
张华国	男	宿松县财政监督局	副局长		2010年4月
洪礼平	男	宿松县长欣会计师事务所	所　长		2010年4月
黎承平	男	宿松县第二中学	主办会计		2010年4月
吴　钢	男	宿松县规划建筑设计院			2010年4月

2011年工作概况

2011年，宿松县审计局在县委、县政府和上级审计机关的正确领导下，认真贯彻落实全国、全省、全市审计工作会议精神，以“三个代表”重要思想为指导，以科学发展观为统领，以开展“五大工程”为契机，不断强化中心意识、大局意识和服务意识，切实加强领导班子建设、干部队伍建设和机关作风建设，全面提高审计队伍的综合素质，坚持“依法审计、服务大局、围绕中心、突出重点、求真实务”审计工作方针，把推进法治、维护民生、推动改革、促进发展作为审计工作的出发点和落脚点，认真履行宪法和《审计法》赋予的神圣职责，为维护经济秩序、服务经济建设、促进全面构建社会主义和谐社会发挥了较大作用。全年完成审计项目单位106个。审计查处主要问题金额15062万元，其中：违规金额6158万元、管理不规范金额8904万元。审计发现侵害人民群众利益金额1363万元，应归还原渠道资金1077万元，已上缴财政157万元，提交审计报告106篇，审计信息26篇，被省、市审计机关和其他媒体采用24篇（次）。

固定资产投资审计。完成工程审计项目单位46个，查处主要问题金额1165万元，其中：违规金额1095万元、管理不规范金额720万元。核减工程价款1798万元。对校安工程、廉租住房等重点项目实行跟踪审计监督，派专人跟踪询价采购、派专人到隐蔽工程现场摄像，建立隐蔽工程资料库。通过审计，进一步规范建设单位基本建设程序，保证了建设资金真实、合法、有效地使用，同时也为政府投资节约了资金。

专项资金审计。对县2008至2011年度国债农村沼气民生专项资金等工程进行专项审计，审计专项资金31084万元，查处管理不规范金额628万元。

财政预算执行审计。以构建财政审计大格局，覆盖全部政府性资金，提高财政资金效益为着力点，开展审计监督，主要审计县财政局、国税局、地税局、住建局、人社局、国土局、卫生局、民政局、工业园区、东北片区指挥部等部门预算执行情况，并对土地出让金、政府部门负债情况、财政转移支付、重点民生工程开展专项审计和审计调查。针对审计范围、内容不断拓展的需求，在审计重点、审计方式、方法和手段的不断创新，审计程序不断规范。预算审计报告既如实披露上年度预算执行中存在的突出问题，又对如何改进这些问题提出审计建议。财政“同级审”工作报告在肯定成绩的同时，揭示县本级预算执行以及部门和单位财政财务收支存在的问题，得到县人大常委们的充分肯定和高度评价。受县政府的委托，向县人大常务委员会做了《关于2010年度财政预算执行和其他财政收支情况的审计工作报告》。县人大常委们一致认为：审计工作报告内容丰富、重点突出，既肯定了成绩，又指出了问题，比较客观地反映了2010年度县级预算执行和其他财政收支情况。会议指出，2010年度预算执行和其他财政收支存在的一些问题应引起县政府及有关部门高度重视；并要求加大《审计法》的宣传力度，增强遵纪守法意识；加大对重大违纪违规行为的查处力度，维护审计法律法规的严肃性；督促有关部门加强建章立制工作，做到有章可循；继续加强审计监督，以监督促整改，充分发挥审计职能作用。

经济责任审计。针对经济责任审计涉及的单位多、涉及被审计的经济责任人员多、实施审计时间短等特点，对23个单位、32位领导干部任期经济责任进行审计。由于许多单位在领导干部任期内已经接受过审计，县审计局确定充分利用以前年度审计成果，不重复进行审计。由于合理地整合审计资源，推行审计成果共享、利用，大大地节约了审计实施时间，提高了工作效率。经济责任审计共查处问题金额4746万元，其中违规金额4621万元、管理不规范金额125万元。通过审计，使被审计单位进一步严肃财经纪律，维护了经济秩序；进一步强化了领导干部约束机制，促进了依法行政；增强了领导干部廉政意识，促进了党风廉政建设；拓宽了干部管理监督渠道，促进了领导干部队伍建设。

企业审计。对县自来水厂等7个企业资产、负债、损益等情况进行审计。通过审计，查处主要问题金额1552万元，其中：违规金额155万元，管理不规范金额1397万元。

领导交办事项。根据县政府领导批

示，对县粮食局、摩托车公司、农机公司等企业改制成本进行审计，通过审计查出主要问题金额22万元，对存在的问题提出了合理化建议和意见，为领导决策提供依据。

“信息化推进工程”。以全面运用OA和AO管理审计项目实施过程，强力推进“信息化推进工程”，促进联网审计创新审计方式。为全面贯彻省审计厅和市审计局的统一部署，制定《宿松县审计局开展“信息化推进工程”实施方案》，着力加强审计专网迁移、计算机网络设备更新改造、视频会商系统建设等审计信息化基础设施建设，完善审计信息化基础建设；突出解决在已全面运用审计管理系统（OA）管理审计公文和审计项目的基础上全面应用审计现场实施系统（AO）实施审计项目、加强AO与OA信息及时交互、深化AO应用以及运用计算机审计方法拓展审计思维等重点问题，全面加速审计工作转型升级；积极探索审计项目数字化管理和质量控制，以实施联网审计和信息系统审计提升信息化审计监督能力。

其他工作。一是为全面贯彻落实宿松县三干会议精神，根据县委、县政府文件精神，结合县审计局2011年招商引资工作情况，成立招商引资领导小组和招商引资小分队。采取的主要措施：创新招商方式，拓宽招商渠道；转变工作思路，加大宣传力度；加强学习，深刻理解政策；实行招商引资工作月通报制；加大招商引资投入，制定奖惩办法。二是根据县委、县政府《关于进一步加强人口和计划生育工作的决定》，把帮扶计划生育后进村工作作为一项重要工作任务来抓，并当自己份内的事抓紧抓好。确定一名班子成员具体分管帮扶工作，并确定一名工作人员具体抓落实，强化相关人员责任。三是扎实开展“创先争优”、“万名干部下基层、当好群众贴心人”活动：完善学习制度，提升审计人员整体素质，坚持每周一上午集中学习，每次学习都有主题，有学习笔记，有讨论，改变过去那种学而不谈，学而不用的现象，努力做到学有所思、学有所行、学以致用、学有收获。注重业务管理，谋求科学发展。按照审计署提出的树立科学审计理念，发挥审计监督“免疫系统”功能的新要求，提出业务工作重在规范、重在提升、重在效果的基本要求。构建和谐机关，展示文明审计。大力加强审计人员廉洁自律和文明审计素养培育，营造团结和谐，风清气正的良好氛围。开展“万名干部下基层、当好群众贴心人”活动，到局扶贫村趾凤乡团林村进行走访调研活动，深入农户调查了解民声民意，并详细记录特困户生活遇到的困难和问题，为8位特困户送去慰问金。

制度建设。一是出台《审计机关审计项目质量控制办法（试行）》等制度。特别是《审计机关审计项目质量控制办法（试行）》的出台，对规范和指导审计工作，增强审计干部的风险意识、质量意识和责任意识，起到了较好的促进作用。二是坚持科学立项，突出审计重点，确保审计工作有的放矢。11月，在制定年度审计工作计划前，邀请部分县级离退休老干部、人大代表、政协委员、特邀审计监督员座谈、通报审计工作情况，征求对审计工作意见建议。参加座谈会的同志对宿松县审计局的工作给予了高度评价和充分肯定，并对今后的审计工作提出了建议。一致认为：涉农资金、道路等基础设施建设、政府重点工程、政府债务、退耕还林、土地复垦资金等应作重点审计内容；对公款请客送礼、招待费超支严重等问题应引起关注；要加强事前、事中监督，更好地发挥审计监督作用；要加大换届时离任审计力度，经济责任审计向经济、社会效益扩展；要在查处大要案的工作上做出贡献；要注重对执纪、执法等权力部门的监督，特权单位更要审计；要加大审计结果的落实整改和运用力度；要加强审计队伍建设，提高人员素质。

机关效能建设和党风廉政建设。一是加强对审计人员的职业操守和廉政警示教育，特别是为了防止投资审计的廉政风险，加强对聘请的中介组织审计人员的管理，规定所有的投资审计项目必须是审计机关人员担任主审，审计组中所聘请的工程专业审计人员只负责审计不负责处理，不得私自或单独与被审计单位人员或工程相关人员接触，联系被审计单位或工程相关人员进行工作协商或取证，必须由审计组长或主审安排并通知。经常听取被审计单位的意见，了解审计组人员的工作情况，发现有违反审计工作纪律、审计工作程序的苗头及时采取措施，防微杜渐。所有审计人员不得对本人有关联的工程项目进行审计，包括组织施工、监理，编制招投标文件、施工及竣工决算文件或与项目实施者有亲朋关系等，要求审计人员主动申请回避。二是制定投资审计相关的制度和操作细则，要求审计组所有人员必须遵守“八不准”审计纪律，必须严格遵守基本审计准则、建设项目审计准则、审计质量控制规定和政府投资审计管理办法等政策法规；严格审计复核制度，对聘请中介机构工程专业审价人员的投资审计项目实行四级复核，即在审计机关专职复核人员、审计组所在部门、审计组长的复核之前，工程造价中介机构的注册造价师要对实施价款结算审计的工程专业人员的审价结果进行复核，并出具专项审核报告。三是加强审计宣传和审计文化建设，积极宣传、贯彻《审计法》和《审计法实施条例》，加大审计宣传工作力度，每年召开较大规模的全县审计工作会议，大张旗鼓的宣传审计工作，扩大审计工作影响。四是制作《回眸十一五》宿松审计工作画册，系统展示县审计局5年来的工作情况和所取得的成果，增强了审计工作的宣传效果，提高了宿松审计在省市各地的知名度。

2011年工作成果一览表

审计单位（个）	查处违规金额（万元）	管理不规范资金（万元）	应缴财政（万元）	已缴财政（万元）	应归还原渠道资金（万元）	移送事项（件）	应调账处理金额（万元）	应自行纠正金额（万元）	审计报告、信息被批示采纳（篇）
106	6158	8904	162	157	1077				24

2011年获奖情况

县审计局门户网站获省审计机关网站测评优秀奖

被省内部审计师协会评为全省内部审计管理先进单位

被市审计局评为安庆市审计系统审计信息化工作先进单位

被县政府评为人力资源和社会保障工作先进单位

县审计局党支部被县委评为全县先进基层党组织

宿松县政府投资保障住房专项审计调查被市审计局评为全市审计系统优秀审计项目

贺春安被省审计厅评为全省地方政府性债务审计先进个人

李小舞被省审计厅评为全省审计“信息化推进工程”先进个人

张永穆、石晓燕、郑玲玲被县政府评为全县审计工作先进个人

李文斌被县委、县政府评为全县招商引资工作先进个人

李超玉连续三年获全县优秀公务员记三等功

李键被县委组织部评为优秀公务员等次。

2011年大事记

1月4日，办公室主任李文斌参加县招商引资工作考核组（乡镇），对全县22个乡镇2011年度招商引资工作进行考核。

1月26日，县审计局领导慰问离退休老干部。

2月，出台《宿松县审计局审计业务工作及审计质量内部控制具体操作规程》。该规程共八章36条，自2011年3月1日起在局机关施行。

2月10日，李超玉局长参加全省审计工作会议。

2月18日，局党组研究决定，经济责任审计局副局长姚其平兼任综合法规股股长。

2月22日，党组书记朱承陆一行4人到安徽省九成监狱管理局慰问公安干警。

3月3日，向全县各乡镇、县直机关各单位印发200份《宿松县审计局公开承诺书》，公开承诺：一是围绕中心，服务大局；二是依法审计，客观公正；三是实事求是，落实责任；四是文明审计，热情服务；五是审计回访，接受监督；六是严明纪律，廉洁从审。

3月7日，召开全体干部职工会议，传达学习全国、全省审计工作会议精神和全县三级干部工作会议精神。

3月10日，根据省审计厅的统一部署，由副局长邓向东带队，派出贺春安、唐功长、方忠良3名审计人员，赴宣城市开展义务教育化债审计。

3月31日，召开“万名干部下基层、当好群众贴心人”活动动员大会。

4月8日，局党组副书记李道松在局办公室主任李文斌陪同下，到局计划生育帮扶村——许岭镇碎石村进行调研。

4月9日，县审计局对聘用的合肥、安庆市几个事务所业务人员进行业务培训。

4月19日，李超玉局长带领班子成员、股室负责人到局扶贫村——趾凤乡团林村开展“万名干部下基层、当好群众贴心人”活动，并为8户特困户送去慰问金。

4月19日，开展政府投资建设项目审计操作技能培训班。

4月25日，李超玉局长带领局全体班子成员及二级机构负责人专程去安庆市审计局办理省直管县相关对接工作。

5月17日，市审计局何家虎局长率局领导班子成员，人教科、办公室负责人到宿松县调研，对宿松县划为省直管县后有关审计业务工作进行指导和相关衔接，县长王华会见何家虎局长一行，并就省直管县对接有关工作进行座谈。

5月20日，姚其平参加县直工委党代会。张青松当选为县党代表。

5月21日，成立内部审计组，对局机关2008至2011年度财务收支情况进行审计。

5月22日，副局长张华、投资外资审计股股长李键到江苏宿迁市审计局去学习考察。

5月22日，副局长邓向东到北戴河参加全国纪检干部培训班，历时3个星期。

5月22日，台湾老板一行3人到宿松县察看投资环境，县招商管理局副局长彭莹，县审计局党组书记朱承陆、办公室主任李文斌陪同。

5月23日，局长李超玉、党组书记朱承陆到安徽省审计厅省直管县联系相关对接工作。

6月7日，审计署在滁州市召开研讨会，石爱中副审计长主持会议，县审计局副局长张华参加署研讨会。

6月7日，投资外资审计股李键股长参加省审计厅审计组，对蚌埠市主要负责人进行经济责任审计。

6月8日，成立县审计局“五大工程”领导小组。

6月15日，县纪律检查委员会，县财政局、县民政局对宿松县审计局内部审计工作进行检查。

6月20日，召开全体干部职工大会，传达贯彻省审计厅“五大工程”暨“信息化推进工程”动员大会会议精神。会上宣读 “五大工程”和“信息化推进工程”领导小组，学习 “五大工程”实施意见和“信息化推进工程”实施方案。

6月22日，党组成员、总审计师张青松参加全省内部审计工作表彰大会。

6月24日，中国内部审计协会专家委员会一行12人到宿松县进行调研考察，省内部审计师协会秘书长张早明，省审计厅固定资产投资审计中心副主任朱碟青，县审计局总审计师、内部审计协会秘书长张青松全程陪同。

6月24日，召开全县审计工作会议，李超玉局长作报告。会议由县委常委、常务副县长梅耐雪主持，市审计局局长何家虎、县长王华到会并讲话。会上对县财政局10个单位、王先奎等18位同志进行表彰。

6月30日，熊七香退休。

7月1日，县审计局全体党员集聚一堂，纪念中国共产党成立九十周年。

7月4日，局长李超玉代表县人民政府向县人大常务委员会做了《财政预算执行和其他财政财务收支审计工作报告》。该报告反映了宿松县被征地农民养老保险未做到应保尽保问题，引起

宿松县人民政府的高度重视，随后出台《宿松县被征地农民基本养老保险暂行办法》（松政〔2011〕39号）。

7月6日，受省审计厅委托对华阳河农场一名退休职工反映的一些情况进行取证查证。

7月8日，省审计厅副厅长戴克柱、省内部审计师协会秘书长张早明一行7人到县审计局检查指导工作。

7月11日，县直工委副书记史江水一行到县审计局对朱结松入党进行谈话。

7月14日，县政府办公室批转《宿松县审计局2011年审计工作意见的通知》。

7月15日，县总工会发文：李文斌任县审计局工会主席（宿工字〔2011〕127号）。

7月24日，工会主席李文斌到省总工会干校参加为期12天的基层工会主席培训班。

8月18日，局长李超玉和省审计厅考察组一行到台湾进行考察。

8月11日，涡阳县审计局一行到县审计局考察交流审计工作。

8月29日，局长李超玉参加安庆市审计工作座谈会。

9月8日，李键参加省审计厅视频会商会议。

9月8日，怀宁县审计局贾华局长一行6人到县审计局考察交流审计信息化建设工作。

9月8日，县招商引资工作督查组到县审计局就2011年招商引资工作进行督查。

9月9日，对全县完中及县城所属学校及县电大开展教师节慰问。

9月13日，召开全体干部会议，贯彻落实宿松县委十三届二次全体（扩大）会议精神。

9月29日，县委组织部发文：宿松县审计局李超玉连续三年获全县优秀公务员记三等功、李键同志获2010年度优秀公务员等次。

9月29日，省审计厅纪检组长吴毅、纪检监察室主任史守信、市审计局纪检组长邱营台一行到县审计局检查指导工作。

10月5日，局办公室人员到局离退休老干部家开展“重阳节”慰问活动。

10月16日，财金农业审计股股长唐功长参加省审计厅卫生系统化债审计组。

10月17日，总审计师张青松、办公室主任李文斌到市审计局参加全国审计法律法规执行情况检查和调研视频会议。

10月19日，省审计厅文卫审计室和安庆市审计局领导一行7人到宿松县检查卫生系统化债审计工作情况。

11月1日，邀请县级离退休老干部、县人大代表、政协委员、审计特约员召开座谈会，对宿松县2012年审计项目征求意见。参加座谈会的人员对宿松县的工作给予了高度评价和充分肯定，并对今后的审计工作提出建议和意见。

11月7日，县委组织部到县审计局对后备干部进行考察。

11月9日，省审计厅、财政厅，市审计局、财政局一行8人到宿松县检查卫生系统化债审计工作情况。

11月11日，省审计厅纪检组长吴毅，市审计局纪检组长邱营台一行到县审计局检查指导工作。

11月21日，副局长邓向东参加省审计厅举办为期10天的冬训培训班。

11月22日，经济责任审计局局长赵宏志、工会主席李文斌参加县工会第十一届十一次全委（扩大）会议。

11月26日，固定资产投资中心招聘考试在宿松县松兹小学开考。

11月30日，总审计师张青松参加全县科协代表大会。

12月1日，工会主席李文斌参加全县工会第十二次代表大会。

12月11日，安庆市委组织部在宿松县委组织部的陪同下，对李超玉局长进行副县级人选考察。

12月18日， 办公室主任李文斌参加县招商引资工作考核组（县直），对全县县直机关单位2011年度招商引资工作进行考核。

12月，李键、贺春安任县审计局副主任科员（县委组织部组干字〔2011〕312号）。

12月，制作《回眸十一五》宿松审计工作画册。该画册系统地展示了宿松县审计局五年来的工作情况和所取得的成果，增强了审计工作的宣传效果，提高了宿松审计在省市各地的知名度。这既是宿松审计发展史上的一件大事，也是审计文化建设的一项丰硕成果。

2011年 领导批示、讲话摘要

宿松县人民政府县长王华在县许屋垅廉租房1#-8#楼工程竣工决算审计决定书上批示：请审计局跟踪监督决定落实。

宿松县委常委、常务副县长梅耐雪在“三峡工程移民资金决算情况审计”审计报告上批示：请发改委、复兴镇认真落实整改意见，确保三峡移民工作办实办好。

宿松县审计学会 领导及理事名单

名誉会长：周法初
会　长：张　华
副会长：吴火明　赵宏志　余爱国　蔡默雷　尹雪芳　王贵华　黄伟平　余长才　严实求
秘书长：李　键
理　事：马迎庆　王先奎　王贵华　方忠良　邓志海　尹　睿　尹雪芳　石向军　石先武　朱来春　朱结松　刘民生　齐长英　齐长贵　许　钊　杨国光　李　键　李小舞　李文斌　严实求　吴在红　吴四驹　吴火明　吴荣琼　余三延　余长才　余爱国　张　华　张永穆　张龙应　张迎新　张华国　张青松　张晚元　陈有名　陈保才　周法初　周国正　郑正祥　胡　勇　赵金牛　赵宏志　查黎丽　洪　安　洪礼平　祝和艳　姚其平　贺行槐　贺春安　徐文明　徐文胜　郭东亮　高　飞　高春林　唐功长　梅兴祥　梅晓阳　黄伟平　黄胜华　曹　彬　程绍文　蔡默雷　黎承平　潘　晖

宿松县内部审计师协会领导及理事名单

会　长：李超玉

副会长：朱承陆　吴灿华　余锡刚　吴　穹　张　平　吴灼平　余三延　高晓谋　林新国　张淑香

秘书长：张青松

副秘书长：祝和艳

常务理事：王玉华　石　俊　吴存焰　吴飞鸣　吴　刚　张向荣　唐　东　曾传彩　詹雄征

理　事：马迎庆　王玉水　王家生　王玉华　邓向东　邓志海　尹　睿　尹科传　石　俊　石焰炉　甘　霖　朱承陆　朱爱文　朱结松　朱来春　齐泽皓　齐长贵　许　钊　安松祥　李超玉　李文斌　李　键　余锡刚　余三延　余学珍　吴　穹　吴灼平　吴灿华　吴存焰　吴荣琼　吴松柏　吴飞鸣　吴　刚　张　平　张　华　张淑香　张青松　张青松　张福庆　张晚元　张可祥　张碧旺　张向荣　张建华　杨贤军　杨庆丰　何爱国　陈方明　林新国　郑玲玲　周国政　金先庚　贺春安　贺行槐　胡颂保　赵宏志　赵金牛　姚其平　洪礼平　祝和香　祝和艳　唐汪波　唐　东　唐功长　徐文胜　徐文明　徐　歆　徐学立　高　飞　高晓谋　高春林　郭　桢　郭　林　郭东亮　郭文瑞　夏效群　梅兴祥　梅其江　梅晓阳　曹　彬　黄胜华　曾传彩　董晓梅　程绍文　詹雄征　詹玉林　虞旺国　蔡风梅　黎承林　黎承平

2011年出台的地方审计规章目录

《宿松县审计局审计业务工作及审计质量内部控制具体操作规程》

《宿松县被征地农民基本养老保险暂行办法》（松政〔2011〕39号）

岳西县审计局

岳西县审计局内设办公室、经济责任审计办公室、行政事业经贸审计股、财政审计股和投资审计股，现有编制17名，实有人员20名。

2011年岳西县审计局机关人员配备情况表

内容 单位	人数	性别		文化程度				职称			负责人
		男	女	研究生	本科	大专	大专以下	高级	中级	初级	
局领导	7	7		1	4	2			2		陈杰昌
办公室	5	4	1		2	2	1				王亚中
经济责任审计办公室	2	1	1		1		1		1		崔　鑫
行政事业经贸审计股	2	2			1	1				1	
财政审计股	2	1	1			2				1	
投资审计股	2	2				2				1	
合计	20	17	3	1	8	9	2		3	3	

2011年岳西县审计局领导人员情况表

姓　名	性　别	职　务	职　称	任职时间
陈杰昌	男	党组书记、局长		2010年5月
刘五一	男	党组副书记		2005年8月
程志刚	男	党组成员、副局长		2008年5月
程常迪	男	党组成员、副局长		2000年12月
王启明	男	党组成员、副局长	审计师	2000年12月
方　意	男	党组成员、副局长、纪检组长	助理工程师	2009年10月
夏岳峰	男	总审计师	审计师	2005年4月
崔　鑫	男	经济责任审计办公室主任	审计师	2010年12月

2011年12月31日在册人员名单

陈杰昌 刘五一 程志刚 程常迪 王启明 方 意 夏岳峰 崔 鑫 王亚中 王琼旭 范建平 储瑞桃 张苏娟 刘文言 储宏波 丁 旭 余永祥 徐琼芳 王贤桉 张立强

2011年工作概况

2011年，岳西县审计局认真贯彻落实上级审计机关和县委、县政府的工作部署，按照“依法审计、围绕中心、服务大局、突出重点、求真务实”审计工作要求，进一步深入开展“创先争优”活动，扎实推进审计信息化建设，努力为全县经济社会事业发展服务，充分发挥审计“免疫系统”功能。全年安排审计项目计划39项，新增省审计厅交办项目3个，实际完成审计项目106个（含基建类子项目63个、超计划村级审计1个），查处违规资金23万元、管理不规范资金809万元，归还原渠道资金13万元，审计处理处罚上缴财政50万元，核减工程造价180万元。

县本级预算执行审计。重点审计县本级预算执行及财政局管理的其他资金使用的真实性、合法性、效益性，延伸审计县城投公司建设资金、国土局和县土地收储中收储成本财务收支情况、2010年度政府保障性住房建设资金、2010年度城市低保资金管理专项审计调查。审计指出，至2011年4月底，尚有14家收购挂牌地欠缴土地出让金7917.8万元，已责成县国土局加力清收。审计注意分析预算执行总体情况，揭示财政财务管理中存在的问题，提出加强收入征管，确保重点支出、提高资金使用效益、科学编制预算、提高预算约束力等方面的审计建议，得到县人大常委会的充分肯定。

专项审计（审计调查）。一是按照省审计厅部署，先后派出两个审计组赴东至县开展城乡义务教育经费保障机制绩效审计调查，赴绩溪县开展政府性债务专项审计调查，按时保质保量完成工作任务。同时，受县政府安排，全程协调省审计组到岳西县开展的地方政府性债务审计调查工作，保证了工作顺利进行。二是完成2010年度城市居民最低生活保障资金审计调查。审计查明，上级拨入县城市低保金618万元，全年支付595.79万元，保障了1615户2786人的基本生活，保障面达到城市居民6%。审计查出全县涉及15户32人不符合领取条件，从审计发现之日起已停发其低保金。三是根据省审计厅统一部署，完成全县社保基金专项审计调查，全县基层医疗卫生机构债务清理核实，全县普通高中债务调查工作，并上报了结果。社保基金调查表明，2010年度，全县企业职工参保1.23万元、实际缴费1.11万元，缴费率90.2%；事业单位参保0.5万元，实际缴费0.5万元。审计发现存在企业职工参保个人信息不准确555条；事业保险存在虚收虚支行为，并挤占养老保险金42万元；农村被征地农民养老金未缴入农村社保局管理等问题，并提出有针对性的审计建议。基层医疗机构债务清理工作，审查核定债务数额为4012万元，分析形成债务的原因，提出了化解了债务的措施与建议。

经济责任审计。注重把握相关领导人员经济决策、工作目标实现、财政经济运行、国有资产管理、个人廉洁自律等方面情况。县政府安排河图镇、黄尾镇、和平乡、姚河乡、财政局、计生委、巍岭乡、团县委等8个单位主要领导的经济责任审计。审计实施工作已全面结束，向县委、县政府提交了经济责任审计综合报告。

固定资产投资审计。实施的审计项目包括敬老院工程、农村公路工程、校安工程、基层医疗卫生工程、市政与开发区基础工程五大类。完成竣工决算工程审计63个，审计投资总额1.4亿元，核减工程造价180万元。

民生工程审计。为加强对民生工程审计，制定《关于进一步加强民生工程审计监督的意见》，明确审计内容和重点、组织保障、责任追究与结果公告等监督措施。文件印发到各乡镇和县直各单位。已开展民生工程审计涉民政敬老院、农村安全饮水、农发项目、农村路政、城市低保、住房保障等方面，促进了惠民政策的有效落实。

企业退城进区专项审计。本着公正、公平、依法、谨慎的原则，通过现场勘测、清查、取证，完成对西平造纸厂、银桥纸业有限责任公司、曙光造纸厂、华昌纸业有限公司等4个企业房地产权属资产评估审核，并出具了审计报告。参与开展天馨集团等4家企业退城进区专项审计工作。

“信息化推进工程”。采取有效措施力推审计信息化发展。一是完善设施建设。为了适应信息化办公需要，改造维修局办公室，进行网络线路的维护更新，配备和更新办公设备，拥有手提电脑24台、台式电脑5台、照相机5台，基本适应信息化审计工作需要。二是完善制度保障机制，局党组高度重视这项工作，把它作为审计业务工作重中之重来抓。成立以局长为组长的领导小组，审计人员全员参与，研究制定《关于加强2011年全局审计信息化工作的意见》、自信化管理相关制度等，建立激励和考核机制，让每一个审计人员工作有目标，行动有方向，考核有标准。三是完善人员培训机制，鼓励审计人员学习计算机审计知识和技术，从基础工作起步，狠抓薄弱环节，采取传帮带的学习方法，全局审计人员边学边用，学用结合，并依据市审计局每月动态考核情况及时补缺补差。安排专项经费，选派人员参加省、市计算机审计培训班，增强务实操作能力。四是完善项目带动机制，在分解全年审计项目时，明确各股室必须有2个计算机审计重点项目，在完成立项、更新、打包、交互的同时，加大财务和业务数据分析力度，提升计算机审计水平。五是完善经验交流机制，每一个计算机重点审计项目结束后，组织参审人员分析总结，积极撰写《土地出让金征管审计》等专家经验、《城市居民低保资金审计方法》、《新型农村合作医疗专项基金审计调查》AO应用实例，形成自己的“专家经验库”。已上报4篇。现在局已全面应用

OA审计管理系统与AO审计实施系统办公，全年审计项目计划在OA中立项分解，各审计组方便快捷地从OA系统中下载审计项目资料包，提高了工作效率。在OA系统中按时接收省审计厅、市审计局公文，局所有公文在OA系统内运行，从审计通知到审计报告和审计结果报告，及部分审计底稿等都在OA中运行。应用AO系统开展审计，审计人员按照规定的程序，及时、有效地取得审计数据、底稿和证据资料，将电子档案包上传OA系统，实现AO与OA交互。项目结束后，及时更新被审计单位项目资料库。岳西审计网站建成并投入使用。

“创先争优”活动。按照县委的部署要求，在局和党员干部中进一步深入开展“创先争优”活动。组织党员干部职工学习党的十七届四中、五中全会精神，以及胡锦涛总书记“七一”重要讲话，积极开展“万名干部下基层，当好群众贴心人”活动和党员“创先争优“承诺。研究制定《县审计局关于开展“访民情解民困聚民心”活动实施方案》、《县审计局党组关于开展“书记带头大走访”活动实施方案》，走访贫困户、五保户、党员中心户等24户家庭，帮助协调解决这些家庭的子女上学、发展资金、创业技术等生产、生活上的困难。

党务政务公开。成立局党务公开工作领导小组，研究制定《县审计局关于党务公开工作实施方案》、《县审计局政务信息公开实施方案》、《岳西县审计局党组织党务公开实施细则》、《岳西县审计局党组党务公开目录》、《岳西县审计局支部党务公开目录》、《党务公开运行流程图》、《岳西县审计局党组织党务公开工作责任制度》等七项规章制度，明确责任，规定公开的内容、形式、程序、时间，以及管理办法、责任追究等。开辟党务公开专栏，及时在政府信息平台公开相关审计信息，公告年度审计项目计划等审计事项。

2011年工作成果一览表

审计单位（个）	查处违规金额（万元）	管理不规范资金（万元）	应缴财政（万元）	已缴财政（万元）	应归还原渠道资金（万元）	移送事项（件）	应调账处理金额（万元）	应自行纠正金额（万元）	审计报告、信息被批示采纳（篇）
106	23	809	50	50	13				10

2011年获奖情况

2010年度新型农村合作医疗审计调查被市审计局评为安庆市优秀审计项目

丁旭被省审计厅评为全省审计“信息化推进工程”先进个人

2011年 领导批示、讲话摘要

10月26日，省审计厅纪检组长吴毅到岳西县审计局调研指导工作时指出：一要加大审计公开力度；二要贯彻两办关于经济责任审计的规定；三要进一步推进审计信息化建设；四要廉政建设常抓不懈。

岳西县审计学会 领导及理事名单

会　长：陈杰昌
秘书长：丁　旭
常务理事：刘五一　程志刚　程常迪　方　意
理　事：王琼旭　夏岳峰　王亚中　崔　鑫

岳西县内部审计协会 领导及理事名单

会　长：陈杰昌
秘书长：丁　旭
理　事：李爱群　王英淼　洪晚生　方国安　张厚玉　刘　煜　刘五一

望江县审计局

望江县审计局内设办公室、行政事业审计股、农业经贸审计股、财政金融审计股、固定资产投资审计股、经济责任审计局和固定资产投资审计中心，现有编制20名，实有人员23名。

2011年望江县审计局机关人员配备情况表

单位＼内容	人数	性别		文化程度				职称			负责人
		男	女	研究生	本科	大专	大专以下	高级	中级	初级	
局领导	5	4	1		1	4					王中元
办公室	5	5			2	3					江洁云
行政事业审计股	2	1	1		1	1					范锡彪
农业经贸审计股	1	1				1					何庆春
财政金融审计股	1	1				1					丁先根
固定资产投资审计股	2	1	1			2					聂　明
经济责任审计局	3	2	1			2	1				黄彤彪
固定资产投资审计中心	4	3	1		3	1					
合计	23	18	5		7	15	1				

2011年望江县审计局领导人员情况表

姓名	性别	职务	职称	任职时间
王中元	男	局长	经济师	2001年4月
甘国清	男	党组书记	工程师	2010年2月
吴　群	男	副局长	经济师	2005年6月
余书文	男	副局长	审计师	2008年4月
江洁云	女	纪检组长	审计师	2008年4月

2011年12月31日在册人员名单

王中元　甘国清　吴　群　余书文　江洁云　张　林　张启友　方　向　范秋生　方洁君　范锡彪　刘文娟　何庆春　丁先根　聂　明　金　洁　李　林　黄彤彪　项丽萍　谢盛春　陈竹青　张小红　王　军

2011年工作概况

2011年，望江县审计局在县委、县政府和上级审计机关的正确领导下，认真贯彻落实年初全国、全省、全市审计工作会议精神，积极践行科学发展观，加快审计转型升级，扎实开展审计“信息化推进工程”，紧紧围绕全县工作中心，突出解决领导关注、群众关心的经济社会热点、难点问题，认真履行审计监督职能，为促进依法行政，维护财经秩序，推进廉政建设，优化经济发展环境等方面发挥了积极的作用。全年完成审计和审计调查项目82个，完成年初计划的215.78%。通过审计，查处违纪违规金额1440万元、管理不规范金额5463万元，已归还原渠道资金786万元，已调账处理金额68万元，已收缴财政112万元。受县委、县政府委托，对50个政府投资建设工程项目的预算和标底价进行审核，审核总金额28009万元，审后造价金额24235万元，为政府节约投资3774万元。提出审计意见和建议161条，提交专题报告、综合报告和审计信息25篇，基本得到采纳和落实，取得了较好的效果。

围绕促进财政资金管理规范，进一步深化预算执行审计。集中力量，整体联动，紧紧围绕财政资金的收支与管理使用这条主线，理清收支渠道，掌握管理使用政策。揭示存在的问题：部分支出预算编制不细化、列支挂暂存、部分预算收入未及时解缴国库、部分项目实施进度缓慢、社会保险基金增值率仍然较低等问题。对查出的问题，依照有关法律法规进行处理处罚。并就县级预算执行情况，向人大常委会作了专题报告，并提出相关建议，为促进财政预算管理规范化、制度化和法制化建设发挥了积极作用。

促进依法履行职责，进一步完善经济责任审计。为强化领导干部监督管理，促进领导干部依法行政、廉洁勤政，根据中办、国办印发的《党政主要领导干部和国有企业领导人员经济责任审计规定》和《审计法》相关规定，科学界定领导干部任期经济责任，突出抓好领导干部经济责任审计。年初，经征求县纪检、组织等部门意见，计划并开展对太慈镇、县商务局、县民政局等

6个单位党政领导干部任中经济责任审计。县纪检、组织、审计等部门在审计计划、审计实施、审计处理、审计结果运用等方面做到相互配合、相互支持，全面构建起全方位、立体化的监督网络，提升了经济责任审计工作的质量和水平。通过审计，促进领导干部执行财经法规的自觉意识和责任意识，提高领导干部的民主决策能力和当家理财的水平。同时，也为组织和纪检监察机关提供了较为详实的情况，使审计结果切实变成干部任用、奖惩等全面考核的依据，也为逐步完善干部考核、评价打下了坚实的基础。

紧跟全县发展建设步伐，进一步强化政府投资项目审计。随着县域经济的快速发展和大县城的建设，政府性固定资产投资规模不断加大，为加强对项目建设审计，促进提高政府投资项目的投资效益，县审计局紧紧围绕全面履行经济监督职责，积极探索，大胆创新，不断完善投资审计新机制、新制度，审计监督逐步由原先单一的事后决算审计监督，向事前概算审计、标底审计、事中变更审计及事后决算审计转变。同时，对重点项目进行全过程跟踪审计，做到事前介入指导、事中参与服务、事后监督检查。据统计，全年完成政府投资预决算审计项目50个，审核总金额28009万元，审后造价金额24235万元，为政府节约投资3774万元。

关注群众切身利益，进一步加大专项审计和重点资金审计。不断加强对关系经济社会发展全局、涉及人民群众切身利益的各类专项资金的审计。一是重点组织和实施企业职工基本养老保险、城镇职工医疗保险、新型农村合作医疗、农村饮水安全工程、中小学校舍安全工程、农业综合开发、扶贫、退耕还林、廉租房、城市低保、农村低保及五保补助等各种专项资金的审计和审计调查。通过审计和审计调查，进一步规范专项资金的使用与管理；二是加大对涉及群众利益的以及容易激发矛盾的问题的监督力度。全年安排对县城周边4个社区（村）的土地征用补偿及业务费使用情况审计。通过审计，维护群众利益，化解社会矛盾，对维护社会稳定起到了积极作用。

强化审计监督职能，进一步加大行政事业单位审计力度。一是紧紧抓住敏感行业、重点行业开展审计。继续加大对卫生和教育行业的审计，开展对县妇幼保健所、县疾控中心、望江中学、望江三中等7个单位的财务收支审计。通过审计，揭示卫生和教育行业执行收费和价格政策方面存在的问题，着力分析成因，从制度上、体制上提出审计意见和建议，为加强公共卫生及教育体制建设服务，切实维护了人民群众合法利益。二是抓住资金量大、社会影响力大的部门进行审计。全年组织开展对卫生、教育、农业、民政等部门的财政财务收支审计。通过审计，提高财政性资金的使用效益，保障国有资产的安全、完整，促进廉政建设和部门单位资金的规范管理，为国家宏观调控和望江经济健康稳定发展充分发挥了免疫系统作用。

2011年工作成果一览表

审计单位（个）	查处违规金额（万元）	管理不规范资金（万元）	应缴财政（万元）	已缴财政（万元）	应归还原渠道资金（万元）	移送事项（件）	应调账处理金额（万元）	应自行纠正金额（万元）	审计报告、信息被批示采纳（篇）
82	1440	5463		112	786	2	77		25

2011年获奖情况

被省审计厅评为全省审计“信息化推进工程”先进集体

被市审计局评为全市审计工作先进集体

望江县公安局2009年财务收支审计被市审计局评为优秀审计项目

桐城市审计局

桐城市审计局内设办公室、行财审计科、经贸审计科、投资审计科、综合审计科、经济责任审计分局和固定资产投资审计中心，现有编制29名，实有人员26名。

2011年桐城市审计局机关人员配备情况表

内容 单位	人数	性别		文化程度				职称			负责人
		男	女	研究生	本科	大专	大专以下	高级	中级	初级	
局领导	7	7			7			1	6		张早林
办公室	2	1	1		2						吴　昭
行财审计科	3	3			2	1			1		程根杰
经贸审计科	1		1			1			1		章　明
投资审计科	5	3	2		4	1			1		马　晖
综合审计科	3	3				3			1	1	方晋秦
经济责任审计分局	3	2	1		1	2		1			张李根
固定资产投资审计中心											
主任科员	1	1			1				1		
副主任科员	1	1			1				1		
合计	26	21	5		18	8		2	12	1	

2011年桐城市审计局领导人员情况表

姓名	性别	职务	职称	任职时间
林成虎	男	局长	经济师	2007年12月
张早林	男	副书记、副局长	政工师	2011年3月
吴默佑	男	副局长	经济师	2002年3月
王　奎	男	副局长	经济师	2001年3月
刘永生	男	副局长	政工师	2009年7月
杨卫东	男	纪检组长	审计师	2010年10月
朱和炬	男	总审计师	高级审计师	2010年10月

2011年12月31日在册人员名单

林成虎　张早林　吴默佑　王　奎　刘永生　杨卫东　朱和炬　刘思明　陈贤高　吴　昭　章建文　张李根　胡章胜　程敏敏　程根杰　叶诗平　程　丁　章　明　马　晖　施小凤　方金晶　叶　玟　崔静芳　方晋秦　张朝晖　江　志

2011年桐城市审计局特约审计员情况表

姓名	性别	工作单位	职务	职称	任职时间
李春明	男	桐城市科技局			
张四清	男	桐城市金融办			
李青盛	男	桐城市农委			
叶俊琳	女	桐城市妇联			
胡　艳	女	桐城市中星会计师事务所			

2011年工作概况

2011年，桐城市审计局紧紧围绕市委、市政府和省市主管部门的工作中心，以中国特色社会主义理论为指导，以科学发展为主题，以“创先争优“活动为载体，以促进审计转型升级为主线，坚持”依法审计、服务大局、围绕中心、突出重点、求真务实”审计工作方针，与时俱进，开拓创新，充分发挥审计“免疫系统”功能。全年安排审计和审计调查项目79个，完成审计和审计调查项目79个，查处违纪违规金额1478万元、管理不规范资金额2149万元，已上缴财政31万元，核减政府性投资项目资金3443万元，出具审计报告和报送审计调查报告79份，提交专题报告、综合报告和信息简报67篇，被上级审计信息网、本级党委政府和有关部门采用20篇，其中各级领导批示8篇次。

扎实推进财政审计，“免疫系统”功能得到充分发挥。在市本级预算执行和税收征管审计中，按照“揭示问题、规范管理、促进改革、提高效益、维护安全”的指导思想，充分运用AO审计软件，不仅提高了工作效率，同时也揭示出存在的问题。在市十四届人民代表大会常务委员会第34次会议上，市审计局对2010年度预算执行和其他财政收支审计工作的报告，得到市委、市政府的高度重视。召开专门会议，研究审计整改工作，进一步巩固审计成果。相关单位先后出台《桐城市财政专项资金函告制度》、《桐城市财政局财政专户管理办法》，撤销各类银行账户35个，划转至预算内资金1379万元，缴库1875万元，结算往来资金1343万元。

认真贯彻落实两办“规定”，扎实推进经济责任审计。以学习宣传《党政主要领导干部和国有企业领导人员经济责任审计规定》（以下简称《规定》）为着力点，增强经济责任审计的责任意识和大局意识。将《规定》印发给全体审计人员，人手一份。积极派员参加省审计厅举办的培训班，帮助审计人员学习理解《规定》，提高审计人员的政治素质和政策水平。，局领导多次到市纪委、组织等部门，经过沟通、商讨、共同推进了《规定》的贯彻落实。

以民生工程为导向，加大对专项资金的审查力度。根据民生问题涉及领域广、覆盖范围大、审计监督内容多的特点，坚持树立正确的群众利益观，以审计监督手段切实维护群众利益，尤其是困难群众最关心、最直接、最现实的利益。把服务民生贯穿审计全过程。在实施审计中，充分利用计算机审计，整合全市各部门数据信息资源，进行横向比对，从中找出民生资金管理使用中存在的问题，确保民生工程的经济效益和社会效益，保证财政资金安全。

进一步规范政府投资审计管理，加大投资审计力度。为了更好适应新形势下投资审计工作要求，对投资审计工作的制度进一步加强，审计实施程序更进一步的规范，使投资审计工作更加科学化、合理化。主要采取以下措施：一是明确投资审计中心主要职责，制定和完善组织社会中介机构审计操作规程及其协审政府投资建设项目业务考核办法。二是科学整合审计人力资源，为缓解审计机关人力资源不足，招考一批专业技术人才，更好地发挥社会审计的作用。截止12月底，投资审计中心审计政府投资建设项目55个，审计投资额56856万元，核减投资额3443万元，提出审计意见与建议12条。同时，以服务大局为己任，积极尝试跟踪审计，主动将审计关口前移，拓展政府投资新空间，对体育中心、校安工程、文博园等项目实行全程跟踪审计。

以“人、法、技”建设为主线，锻造一支高素质的干部队伍。通过思想教育、学习培训、鼓励自学等方式，不断提高审计人员的综合素质，着力打造一支政治过硬、业务精湛、清正廉洁的高素质审计干部队伍。一是开展经常性思想政治教育、理想信念教育，用党的十七大精神、科学发展观等先进理论来武装审计人员的头脑，坚定正确的政治方向，树立正确的世界观、人生观和价值观。二是组织参加各类业务培训，以“请进来、走出去”为主要方式，邀请省市有关领导、专家对审计人员进行法律法规、计算机审计、绩效审计等专题培训。同时，积极派员参加审计署、省审计厅举办的各类专题培训班，学习先进技术，提高审计能力。截止12月底，派出4人参加省审计厅计算机中级培训班，有5人通过考试，大大提高了全局计算机审计水平。三是积极开展各种自学活动，要求审计人员认真学习各类专业知识和法律知识，掌握计算机审计应用知识，注重计算机审计成果应用。已有一人通过自学获得计算机中级职称。

加强审计信息化建设，审计工作效能进一步提高。高度重视科学技术对审计发展的巨大推动作用，积极改进审计方法和技术手段，不断提高审计工作效能，推动审计事业可持续发展。市审计局局在实施“信息化推进工程”中，十分注重计算机审计工作以及AO、OA应用成果的总结和提升。明确要求各审计组在对重点计算机审计项目进行业务审计的同时，必须提高相应的计算机审计方法或应用实例。由于全体审计人员的共同努力，全年提交计算机审计方法两篇，AO应用实例1篇，发表计算机审计论文3篇，其中有1篇AO应用实例获审计署鼓励奖，两篇计算机审计方法获全省优秀奖。

2011年工作成果一览表

审计单位（个）	查处违规金额（万元）	管理不规范资金（万元）	应缴财政（万元）	已缴财政（万元）	应归还原渠道资金（万元）	移送事项（件）	应调账处理金额（万元）	应自行纠正金额（万元）	审计报告、信息被批示采纳（篇）
79	1478	2149	31	31	42		121	80	20

2011年论文发表情况统计表

报刊名称	时间(期数)	论文题目	作者
《安徽审计》	第10期	《组织利用中介机构参与政府投资审计风险控制》	马晖

2011年获奖情况

被省审计厅评为全省审计“信息化推进工程”先进单位

被安庆市审计局评为全市审计工作先进单位

被安庆市审计局评为全市审计信息化工作先进单位

被安庆市审计局评为全市审计信息宣传工作先进集体

被桐城市委、市政府评为社会帮扶工作先进单位

被桐城市政府评为民生工程组织实施工作最佳服务单位

2011年大事记

2月下旬，固定资产投资中心公开招聘5名工作人员。

3月4日，张早林任市审计局党组副书记。

6月中旬，组织建党90周年庆祝系列活动：参加市里统一组织的唱红歌比赛，在活动中取得了较好的名次；组织全体党员赴欧家岭瞻仰烈士墓，怀念先烈们的丰功伟绩。

9月中旬，桐城市固定资产投资审计中心正式挂牌成立，为市审计局下属财政全额供给事业单位。

9月下旬，在新型农村合作医疗基金审计中，大胆尝试，采用联网审计的方式成功对该中心服务器中业务数据进行采集，迈开了计算机联网审计的第一步。

2011年出台的地方审计规章目录

《关于贯彻〈党政主要领导干部和国有企业领导人员经济责任审计规定〉的实施意见》的通知　（桐办发〔2011〕25号）

黄山市审计局

黄山市审计局内设办公室（审计信息技术应用科）、综合法规科、财政金融审计科、行政事业审计科（农业资源环保审计科）、经贸审计科、基本建设审计科、社保外资民生审计科和经济责任审计局，现有编制26名，实有人员25名。

2011年黄山市审计局机关人员配备情况表

内容 / 单位	人数	性别		文化程度				职称			负责人
		男	女	研究生	本科	大专	大专以下	高级	中级	初级	
局领导	6	5	1	2	3	1			4		徐东海
办公室（审计信息技术应用科）	5	2	3	1	2	1	1		3		梅文秋
综合法规科	4	4			2	2			1	1	戴晓武
财政金融审计科	2	2			2				2		汪江九
行政事业审计科(农业资源环保审计科)	2		2		2				1		陈绍隽
经贸审计科	2		2		2				2		孙卫宁
基本建设审计科	2	1	1		2				2		徐春晖
社保外资民生审计科	1		1		1				1		方　洁
经济责任审计局	1	1			1				1		汪利兵
合计	25	15	10	3	17	4	1		17	1	

2011年黄山市审计局领导人员情况表

姓　名	性　别	职　务	职　称	任职时间
徐东海	男	党组书记、局长		2010年2月
孙凤琴	女	调研员、副局长		2002年7月
夏明东	男	副局长	会计师	2010年5月
程浩良	男	副局长	审计师	2010年4月
汪利兵	男	经济责任审计局局长	审计师	2010年5月
余根长	男	总审计师	审计师	2010年11月

2011年12月31日在册人员名单

徐东海　孙凤琴　夏明东　程浩良　汪利兵　余根长　李金前　梅文秋　汪江九　方　洁　黄　峰　陈绍隽　孙卫宁　金泽芳　戴晓武　徐春晖　柯家华　王　皓　方华英　曹　武　潘　干　夏　曙　叶　莉　汪海燕　王　新

2011年黄山市审计局特约审计员情况表

姓　名	性　别	工作单位	职　务	职　称	任职时间
胡秀玲	女	市人大财经工委	副主任		2007年3月
吴灵强	男	市监察局	副局长		2007年3月
杨建琦	男	市政府法制办	副调研员		2007年3月
江　洁	女	市教育局陶研办	副主任	会计师	2007年3月
钱　海	男	市工商银行技术保障部	副主任	经济师	2007年3月
张泽辉	男	黄山市旅游集团公司	财务总监	高级会计师	2007年3月

2011年工作概况

2011年，全市审计机关在省审计厅和市委、市政府的正确领导下，坚持以邓小平理论和“三个代表”重要思想为指导，深入贯彻落实科学发展观，紧紧围绕市委、市政府“十二五”规划宏伟目标，按照全省、全市审计工作会议精神，牢牢把握“依法审计、服务大局、围绕中心、突出重点、求真务实”审计工作方针，认真履行审计监督职能，充分发挥审计保障国家经济社会健康运行的“免疫系统”功能，为加快黄山市崛起和建设现代国际旅游城市发挥了应有的作用。全年审计（审计调查）782个单位，审计查处违规金额2441万元、管理不规范金额65820万元，应上缴财政117万元，提交审计专题、综合性报告691篇、信息简报331篇，被批示、采用145篇，其中：被省委采用4篇，被省政府领导批示1篇，被省审计厅采用15篇，被市委、市政府领导批示14篇。

关注制度建设，不断深化财政审计。根据审计署关于构建财政审计大格局理念和省审计厅关于财政审计“六个统一”的要求，以加强财政管理、完善预算制度、规范资金分配行为、提高财政资金使用效益为重点，以促进落实积极财政政策为目标，开展对市财政局、地税局、统计局、教育局、水利局的预算执行情况审计。在具体工作中，尝试按照新的模式开展审计，一是围绕公共财政的公共性开展审计。重点关注科技、教育、卫生、社会保障等普惠制资金的规模，了解掌握普惠制资金占整个财政支出的比例，不断扩大公共支出在整个财政支出中的比重情况。二是围绕公共财政的民本性开展审计。更多关注公共利益，关注人民群众的福祉，关注与群众利益密切相关的专项资金的使用管理情况。三是围绕公共财政的效益性开展审计。进一步推动公共财政体系的建立，让公共财政的阳光更全面地普惠民生。审计工作报告得到市委、市人大和市政府的肯定。

关注民生福祉，不断强化专项审计（审计调查）。全市审计机关牢固树立“以人为本、以民生为重”的理念，把人民群众关心、关注的热点、难点问题作为审计工作的“方向盘”和“指南针”，把贯彻落实市委、市政府重大决策部署和维护广大人民群众的根本利益作为审计工作的出发点和落脚点，根据省审计厅统一部署，进一步加大对政府性债务、农业、教育、扶贫、社会保障和救灾资金等涉及政府形象和人民群众切身利益的领域和专项资金的审计力度，完成全省政府性债务情况、城乡义务教育费保障机制、全市中小学校舍安全工程实施情况等专项审计调查，以及舟曲救灾资金物资跟踪审计。同时，根据市委、市政府的要求，参加全市多项民生工程的督察和审计工作。

关注地方建设，不断深化政府投资审计。市、县（区）两级审计机关在积极服务好市委、市政府实施的“十大工程”、“四区建设”的前提下，在加强建设工程项目造价审计的基础上，根据实际情况出台一系列制度和规定，强化对建设项目计划管理、概预算、工程招投标等各个环节的监督，并积极探索实施政府投资效益审计和跟踪审计，试行对市级重大建设项目实行全过程的审计监督。全市完成投资审计项目685个，送审造价总额128917万元，核减造价总额17393万元，平均核减率为13.49%，其中：市审计局完成投资审计项目87个，送审金额27411万元，核减金额3559万元，核减率12.98%。出具审计报告685份。通过审计，进一步规范建设单位基本建设程序，促进政府相关政策的出台，保证了建设资金真实、合法、有效使用。同时，根据工作计划安排，积极参与市委、市政府有关部门牵头的各项中心工作和民生工程项目，强化对协审中介机构的管理和约束，继续开展对新安江中心城区延伸段综合开发项目、黄山市高铁等项目实施跟踪审计。

关注“履职履责”，不断深化经济责任审计。2010年年底，中共中央办公厅、国务院办公厅颁布《党政主要领导干部和国有企业领导干部经济责任审计规定》，标志着我国经济责任审计工作进入新的发展阶段。以贯彻落实两办的“规定”为抓手，把领导干部重大经济事项决策执行情况、重要经济政策法规执行情况、财经纪律执行情况、财政资金的管理使用情况，以及为履行部门职能所采取的有关经济措施及事业发展情况作为监督重点，积极稳妥地推进经济责任审计。积极探索任前经济责任审计，着力加大任中经济责任审计力度，不断完善县（市、区）委书记经济责任审计，全面深化经济责任审计工作。同时，突出经济责任审计的宣传和成果利用。多种途径将审计与巡视工作相结合，加强审计讲评、培训制度等，促进推行党政领导干部问责制。并充分依托市干部监督和经济责任联席会议平台，拓宽经济责任审计职能互补、合力推进的工作途径和方式，建立健全综合分析反馈制度和运用情况督查机制，促进领导干部依法执政、科学管理能力的提升。

关注审计基础建设，强力推进审计“信息化推进工程”。4月，及时召开全市审计信息化工作座谈会，成立领导组，局长任组长，出台《黄山市审计局2011年审计信息化工作方案》，把审计信息化推进工程纳入年终考核指标，实行末位一票否决制。各区县审计局也相应成立领导组，制定“信息化推进工程”的工作方案或计划。同时，采取定期不定期督查通报，查找不足，促进整改提高。市审计局出台鼓励全市审计干部自学计算机审计知识奖励办法，并对通过中级考试的人员给予重奖。年初，在审计项目没开始前，就本着“用什么学什么，缺什么学什么”原则，及时组织审计人员开展春训。6月，为提高全市审计人员AO应用实例和计算机审计方法的撰写水平，举办一期培训。通过不断的学习培训，提高了一线审计人员的应用能力，促进了全市审计信息化工作的提高。7月1日，为隆重纪念中国共产党成立90周年，由省审计厅主办、屯溪区阜新社区协办、市审计局承办，全省审计系统纪念中国共产党建党90周年楹联展活动在黄山市成功举办。通过举办楹联展活动，充分展示我省审计成果和审计干部的精神风貌，进一步推动黄山市审计文化建设，大力弘扬了徽州文化、廉政文化、社区文化。

2011年工作成果一览表

审计单位（个）	查处违规金额（万元）	管理不规范资金（万元）	应缴财政（万元）	已缴财政（万元）	应归还原渠道资金（万元）	移送事项（件）	应调账处理金额（万元）	应自行纠正金额（万元）	审计报告、信息被批示采纳（篇）
782	2441	65820	117	117	351	2	6641		145

2011年获奖情况

获审计署全国地方政府性债务审计公务员集体嘉奖

被省审计厅评为全省审计系统精神文明创建先进单位

被市政府评为全市民生工程组织实施工作优秀单位

被市政务公开领导小组评为政务公开、政府信息公开工作先进单位

被市推进依法行政工作领导小组评为2008至2010年度依法行政工作先进单位

市审计局党支部被市直属机关工作委员会评为先进党组织

梅文秋被省审计厅评为全省审计机关优秀主审

叶莉被省审计厅评为全省审计机关审计能手

2011年大事记

1月21日，开展科级领导岗位竞岗演讲。

1月21日，市政府政务公开考核组到市审计局检查指导，考核组由杨建奇带队。

1月27日，市综合治理考核组到审计局检查指导，考核组由歙县政法委吴书记带队。

2月11日，徐东海局长等人到合肥参加全省审计工作会议。

2月12日，徐东海局长到合肥参加安徽省审计学会六届一次常务理事会。

2月14至16日，派人到合肥参加全国债务审计视频培训。

2月16至18日，省审计厅副巡视员程家楷陪同西藏自治区审计厅厅长贵桑一行到黄山市考察。

2月18日，机关年度考核，市审计局全体人员在六楼会议室述职、测评。

2月21日，赴宣城义务教育保障经费审计组进驻宣城审计，审计组组长孙凤琴，主审黄峰。

2月24至25日，市经济责任审计局局长汪利兵、综合科夏曙到合肥参加全省经济责任审计工作会议。

2月25日，全市政府性债务审计视频培训。

2月27日，徐东海局长到合肥参加全省债务审计进点见面会。

2月28日，市机关作风整治活动考核组吴灵强一行5人到市审计局考核2010年机关作风整治情况。

3月2日，柯家华、曹武到合肥参加全省地方政府性债务审计业务培训。

3月2日，市财政局、发改委、交通局、教育局、卫生局、国资委、人民银行、银监局、经济开发区、城投公司等部门到市审计局参加视频培训。

3月3日，赴宣城义务教育审计组完成审批实施回黄山市。

3月7日，在市政府第二会议室召开芜湖市债务审计组审计进点见面会。常务副市长万以学到会讲话。

3月7日，赴池州市政府性债务审计组进驻池州市审计，审计组组长孙凤琴，主审柯家华。

3月9至10日，省审计厅刘战平厅长在省审计厅副巡视员程家楷、省审计厅财政审计处处长许志宝的陪同下，到黄山市调研债务审计工作。

3月21日起，余根长总审计师参加市委学校县干班学习，学习时间两个月。

3月27至28日，徐东海局长陪同芜湖市审计局周明局长到屯溪区、休宁县、歙县看望债务审计人员。

3月28日，省政府打击侵权假冒专项行动督查组到市审计局检查指导，市政府副秘书长夏永根、市商务局副局长叶小明陪同检查。

3月29日，局长徐东海，副局长夏明东、程浩良、经济责任审计局局长汪利兵和局中层干部参加全国审计机关廉政建设工作会议。

4月8日，市经济责任审计局局长汪利兵到市委党校给县干班学员上课，主题：《党政领导干部和国有企业领导干部经济责任审计规定》。

4月9至10日，省审计厅财政审计处王金红副处长等人到黄山市检查债务审计工作。

4月14日，赴池州政府性债务审计组完成审计实施回黄山市。

4月17至18日，局长徐东海、财金审计科长汪江九到芜湖市审计局协调政府性债务审计事项。

4月20日，召开黄山市审计局长暨机关党风廉政建设工作会议。

4月22至24日，芜湖市审计局一行17人，到黄山市考察。

4月22至26日，省审计厅纪检组长吴毅、办公室副主任戴波陪同湖南省审计厅副厅长一行到黄山市调研考察。

4月25日，省纪委《关于命名全省第二批廉政教育基地和廉政文化建设示范点的通报》，黄山市审计局为安徽省廉政文化进机关示范点。

4月26日，省审计厅办公室张劲东陪同延安市审计局原办公室主任白发元一行4人到黄山市考察。

4月26至27日，省审计学会副会长王运清一行3人到黄山市歙县、黟县、祁门县督查县级审计学会情况。

5月11至12日，省审计厅副厅长戴克柱一行4人到黄山市检查指导工作。

5月12日上午，市委常委、常务副市长万以学检查指导审计工作及安徽省审计系统楹联展工作。

5月12至14日，省审计厅办公室副主任戴波陪福建省审计厅领导到黄山市调研。

5月13日，徐东海局长、夏明东副

局长参加黄山市第四届纪委检查委员会第六次会议，梅文秋列席会议。

5月24至25日，徐东海局长、程浩良副局长和社保外资审计科及区县审计局参加养老保险审计人员参加审计署举办的养老保险审计培训。

5月26至27日，省审计厅厅长刘战平一行4人到黄山市检查指导全省审计系统楹联文化展，并对屯漆器工艺、歙砚、徽墨等徽文化建设工作进行调研。

5月30日至6月1日，方华英到合肥参加全省审计宣传骨干培训班。

6月8至9日，黑龙江省鸡西市审计局局长一行4人在省审计厅办公室张劲东陪同下到黄山市考察。

6月9至10日，社保外资民生审计科科长方洁到合肥参加全省社会保障审计工作会议。

6月12至13日，内蒙古审计厅钱梅海副巡视员一行7人在省审计厅社保审计处副处长毕伟陪同下，到黄山市考察。

6月14至16日，内蒙古自治区兴安盟审计局孙局长一行3人在省审计厅新闻广电室副主任徐辉陪同下，到黄山市考察。

6月16至17日，经济责任审计局局长汪利兵、副局长黄峰到合肥参加《党政主要领导干部和国有企业领导人员经济责任审计规定》培训班。

6月20日，社保审计科开展全市养老保险审计培训。

6月21至22日，副局长夏明东、综合科夏曙到合肥参加全省内部审计师协会会议。

6月23日，邀请中软公司技术人员到市审计局举办计算机审计和审计档案培训。

6月27日，综合科夏曙到合肥参加全省审计信息工作会议。

6月29日至7月1日，副局长夏明东、综合科副科长戴晓武在黄山市参加省审计厅举办的2012年度全省审计宣传通联工作会议。

7月1日，全省纪念建党90周年楹联展活动在黄山市碧桂园酒店成功举办。

7月5日，河南省审计厅副厅长李笃明、监察室陈新一行4人到黄山市考察。

7月6日，四川省遂宁市审计局副局长邓兵一行8人到黄山市考察。

7月6至8日，夏曙到合肥参加全省审计综合法治工作会议暨审计准则培训班。

7月8日，召开黄山市审计局长座谈会。

7月11日，市人大常委会副主任汪秀娟一行4人到市审计局调研预算执行审计情况。

7月13至26日，副局长夏明东与黟县审计局汪建新参加审计署在怀柔培训基地举办的审计局长培训班。

7月16至20日，组织部分职工到张家界、韶山开展建党90周年爱国主义教育。

7月20至22日，总审计师余根长、经贸审计科叶莉到合肥参加全省审计机关AO软件2011版师资培训班。

7月21至22日，徐东海局长、经济责任审计局局长汪利兵、信息科曹武到合肥参加全省上审计工作座谈会。

7月25至31日，组织部分职工到北京、天津开展建党90周年爱国主义教育。

7月27至28日，行政事业科科长陈绍隽到合肥参加全省扶贫资金专项审计调查培训会议。

7月28至30日，社保外资民生审计科科长方洁、屯溪区审计局江宝琴到淮南参加全省外资审计专业会议。

7月31日，局长徐东海、办公室主任梅文秋、行政事业科科长陈绍隽到祁门县参加审计署驻南京特派办祁门县审计组基层医疗卫生体系建设情况审计情况通报会。

8月2日，局长徐东海、副局长夏明东到黟县、歙县督查县级审计学会筹备情况。

8月4日，陕西省审计厅外资处处长欧阳一行3人到黄山市考察。

8月5日，组织黄山市审计局及区县审计人员在六楼视频会议室收看AO软件2011版视频培训。

8月11日，中共黄山市委组织部黄组干字［2011］84号文件批准汪利兵任经济责任审计局局长。

8月18日，市委组织部选派副局长夏明东、经济责任审计局副局长黄峰分别到屯溪区博村、和歙县徐村指导村两委换届工作。

8月19至21日，武汉市新洲区审计局邹新林局长一行5人到黄山市考察。

8月23日，徐东海局长在市五届人大常委会第31次会议上，报告黄山市本级2010年度预算执行和其他财政收支审计工作情况。

8月24日，局长徐东海、综合科副科长戴晓武到歙县参加歙县审计学会成立大会。

8月25日，副局长夏明东、综合科夏曙到祁门县参加祁门县审计学会成立大会。

8月25日，副局长夏明东、综合科夏曙到黟县参加黟县审计学会成立大会。

8月27日，举办全市经济责任审计培训，邀请浙江省审计厅经济责任审计处高占江处长授课。

9月5日，重庆沙坪坝区内部审计协会秘书长谭议一行11人到黄山市学习考察。

9月6日，局长徐东海参加市直机关工委党代表培训。

9月6日，祁门县县委书记张敏经济责任审计和县政府财政决算审计进点。

9月7至10日，局长徐东海出席中国共产党第五次代表大会。

9月8至9日，总审计师余根长、审计信息技术应用科曹武去合肥参加全省审计系统视频会商系统二期建设工作部署会议。

9月15至16日，开展黄山市审计质量暨审计档案检查工作。

9月23至27日，审计署南京特派办资源环保审计处陈跃处长一行人到黄山市开展高尔夫项目延伸审计。

9月28至29日，副局长夏明东带队，参加全省审计系统钓鱼比赛。

10月8至20日，徐东海局长赴合肥随省审计厅代表团去美国、加拿大考察。

10月8日，程浩良副局长参加市委党校县干班培训（2个月）；陈绍隽科长参加市委党校科干班培训（1个月）。

10月12至14日，综合科夏曙到蚌埠参加全省内部审计会议。

10月15至16日，办公室主任梅文秋到合肥参加省发改委举办的综合专家库专家入库培训。

10月17日，副局长夏明东、各科室负责人，区县审计局分管综合法规的领导参加审计署法律法规执行情况和调研视频会议。

10月18至21日，曹武到省审计厅参加全省计算机审计方法和案例评审。

10月20日，广东省佛山市审计局纪检组长一行10人，到市审计局开展审计业务交流。

10月21日，江西省审计厅厅长王殿军一行3人到黄山市考察。

10月22至25日，省审计厅副厅长姜爱民陪同华东暨特邀地区审计厅（局）长一行30余人到黄山市考察。

10月26日，市纪委康宣贵一行到市审计局督查廉政风险防控管理试点工作。

10月27至28日，总审计师余根长、行政事业审计科科长陈绍隽到合肥参加全省基层医疗卫生机构债务清理审核工作座谈会。

11月2日，省审计厅科研所副所长章笑春陪同青海省审计厅审计学会韩有忠一行9人到黄山市考察。

11月2日，北京市审计局张海坤副局长一行16人到黄山市考察。

11月8日，省审计厅厅长刘战平、副巡视员程家楷、人教处副处长罗照耀到黄山市开展“审计领导大走访”活动。

11月13至14日，开展黄山市审计信息化工作检查。

11月15日，徐东海局长到黟县督查审计信息化工作。

11月16日，市双拥办主任程学军等到市审计局考核双拥工作。

11月20至29日，徐东海局长到合肥参加省审计厅机关全员集中培训。

11月21日，市审计局机关人员在六楼视频会议室参加省审计厅机关全员集中培训。

11月21日，沈阳市审计局局长毕华峰、办公室主任康健等一行3人到黄山市考察。

11月22日，市审计局机关人员在六楼视频会议室参加省厅机关全员集中培训。

11月23至26日，省审计厅文卫审计室副主任许迎春带队到黄山市及所属区县核实基层卫生债务情况。

11月25日，机关及屯溪区审计局部分审计人员在六楼视频会议室参加省审计厅机关全员集中培训。

11月26日，厦门市审计局副局长花育明一行9人到黄山市考察。

11月27日，省内部审计师协会张早明秘书长陪同内蒙古自治区审计厅刘厅长到黄山市考察。

11月28日，市审计局机关及屯溪区审计局部分审计人员在六楼视频会议室参加省审计厅机关全员集中培训。

12月4日，省审计厅办公室沈建民陪同西藏自治区山南地区审计局一行12人到黄山市考察。

12月7至9日，市审计局办公室梅文秋等人到马鞍山参加全省审计档案检查。

12月20日，市文明办李月军带队到市审计局开展机关文明创建考核检查。

12月26日，市纪委刘勇一行4人到市审计局考核2011年度党风廉政建设工作。

2011年 领导批示、讲话摘要

宋国权市长在市政府第七次全体会议暨廉政建设工作会议上指出，审计工作事关科学发展大局，事关反腐倡廉建设，责任重大、任务艰巨。过去的一年，全市审计系统做了大量卓有成效的工作，为全市经济社会平稳较快发展做出了积极贡献。新的一年，全市各级审计机关要紧贴中心，突出重点，牢固树立科学审计理念，不断加强队伍和能力建设，认真履行审计职责，突出抓好社会保障资金、各类专项资金的审计，重大项目及项目竣工审计，领导干部经济责任审计，加强对审计和调查情况的研究分析，强化审计结果的运用，更好地服务科学决策，更好地保障人民群众合法权益，更好地促进领导干部廉洁从政。各级政府要切实加强对审计工作的领导，支持审计机关依法开展工作，帮助解决工作中存在的困难和问题。被审计单位要自觉接受、主动配合，正确对待审计结果，认真落实审计决定和整改措施。审计机关也要主动加强与各有关部门的联系，合力营造审计事业发展的良好氛围。

黄山市审计学会 领导及理事名单

顾　问：胥　俊　项长淦　黄正义　吴树仁

名誉会长：鲍小如

会　长：徐立秋

副会长：徐金武　汪理文　胡黎明　宋生钰　孙凤琴　程浩良

秘书长：李金前

副秘书长：戴晓武

常务理事：徐立秋　徐金武　李金前　吴新民　方玉璋　王慧萍　方素娟　崔高生　潘世华　汪　川　汪理文　胡黎明　吴灵强　宋生钰　孙凤琴　程浩良　王接根　唐得金

理　事：徐立秋　徐金武　宋生钰　孙凤琴　程浩良　李金前　吴新民　方玉璋　王慧萍　方素娟　崔高生　潘世华　汪　川　汪理文　胡黎明　吴灵强　汪家声　王接根　唐得金　汪泽球　刘　鸣

黄山市内部审计协会

2011年，黄山市内部审计协会在局党组领导下，牢牢把握内部审计协会工作主线，充分发挥“管理、服务、宣传、交流”的职能作用，不断强化优质服务和行业指导意识，认真贯彻《审计法》和《安徽省内部审计条例》，推动了内部审计事业的发展。

一是为了更好地适应内部审计工作的需要，提高内部审计人员的素质和专业胜任能力，积极组织内部审计人员参加省内部审计师协会组织的培训班和经验交流会。二是为了加强对全市内部审计人员后续教育，使内部审计人员能够获得更多的学习机会，按照省内部审计师协会的要求，组织内部审计人员参加省内部审计师协会举办的上岗资格培训及继续教育，提供各种学习培训机会和相关资料。三是为了更好地推动黄山市内部审计职业化进程，提高内部审计人员的综合素质，认真做好国际注册内部审计师资格考试的宣传、报名工作，鼓励更多符合条件的人员参加考试。全年有9人报名参加考试，2 人取得CIA资格证书。四是根据省内部审计师协会的要求，积极部署理论研讨和经验交流工作。五是协助编发《黄山市审计信息》、《审计专报》19期，提交审计专题、综合性审计报告和信息简报179篇，被批示、采用145篇。六是加强对区县和内部审计的指导，深入内部审计单位进行调研，了解各内部审计机构的现状和工作开展情况，热情做好咨询、解答工作。

黄山市内部审计协会领导及理事名单

会　长： 戴德铨

副会长： 李金前　何益飞

秘书长： 李金前

副秘书长： 金泽芳

常务理事： 戴德铨　李金前　闪　耘　方玉璋　崔高生　潘世华　汪　川　方素娟　王慧萍　何益飞　仇海英　张味英　张泽辉　戴爱媚　王华林　凌道坤　黄　春　刘一雄　吴亚莉　唐得金　曹梦萍　汪家声　吴　伟

理　事： 戴德铨　李金前　何益飞　闪　耘　方玉璋　崔高生　潘世华　汪　川　方素娟　王慧萍　仇海英　张味英　张泽辉　戴爱媚　王华林　凌道坤　黄　春　刘一雄　吴亚莉　唐得金　曹梦萍　汪家声　吴　伟　吕　建　陆积成　凌海东　张华旗　方志闲　叶荣森　孙建秀　罗时正　许传眉　黄　敏　门健华　汪巍萍　鲍燕玲　燕根水　方仲林　杨　华　吴合陵

屯溪区审计局

屯溪区审计局内设办公室、综合科（审计信息技术应用科）、财政金融审计科（固定资产投资审计科）、行政事业审计科和经济责任审计局，现有编制4名，实有人员10名。

2011年屯溪区审计局机关人员配备情况表

单位＼内容	人数	性别		文化程度				职称			负责人
		男	女	研究生	本科	大专	大专以下	高级	中级	初级	
局领导	3	2	1		1	2			1		吴新民
办公室	1	1			1					1	张佩忠
综合科（审计信息技术应用科）	1		1			1			1		孙爱武
财政金融审计科(固定资产投资审计科)	1		1			1					江宝琴
行政事业审计科	1		1			1				1	鲁　欣
经济责任审计局	1	1			1				1		余敦彪
其他（离岗）	2	1	1			1	1		1		
合计	10	5	5		3	6	1		4	2	

2011年屯溪区审计局领导人员情况表

姓名	性别	职务	职称	任职时间
吴新民	男	党组书记、局长		2005年7月
邵春华	女	副局长		2003年3月
闪　耘	男	副局长	审计师	2003年3月
余敦彪	男	经济责任审计局局长	审计师	2005年7月

2011年12月31日在册人员名单

吴新民　邵春华　闪　耘　张佩忠　江宝琴　鲁　欣　余敦彪　孙爱武　朱晓明　李寿官

2011年屯溪区审计局特约审计员情况表

姓　名	性　别	工作单位	职　务	职　称	任职时间
胡宝华	男	区工行	主　任		2010年10月
胡　慧	女	奕棋镇政府	副镇长		2010年10月
王莺燕	女	区民生办	副主任	会计师	2010年10月
江小文	男	区旅游公司	财务主管	会计师	2010年10月

2011年工作概况

2011年，屯溪区审计局在地方党委、政府的坚强领导和上级审计机关的正确指导下，紧紧围绕地方党委、政府的工作中心，坚持“依法审计、服务大局、围绕中心、突出重点、求真务实”审计工作方针，强化审计监督，严格依法审计，为维护财政经济秩序、促进廉政建设、加快推进“首善之区”建设发挥了重要职能作用。全年完成75项审计任务（包括区委、政府临时交办任务），占全年计划数190%，其中：区本级财政预算执行审计1项、全省政府性债务情况专项审计调查（交叉审计）1项、城乡义务教育费用保障机制专项资金绩效审计调查（交叉审计）1项、全省中小学校舍安全工程实施情况审计调查（阶段审计）1项、全省养老保险资金专项审计调查1项、廉租住房保障资金专项审计1项、基层医疗卫生机构债务审计1项、村级财务收支审计6项、黎阳老街旧城改造专项审计调查1项、领导干部经济责任审计4项、固定资产投资审计57项。审计查处违规金额32万元、管理不规范金额3708万元、核减投资额919万元，同时提出审计建议27条，被采纳19条，促进被审计单位制定整改措施7项、健全规章制度3份。

积极推进财政审计创新。以促进规范财政预算管理、提高财政资金使用效益为目标，扩大审计覆盖面，全面把握财政资金分配、管理、使用情况，促进完善和提高财政资金的管理、分配和使用效益，重点对财源建设、乡镇财政、行政成本方面开展审计。

稳步推进领导干部经济责任审计。以强化对领导干部权力的制约和监督为目标，按照经济责任审计的“十六字”方针，重点突出对重大经济和社会发展决策事项、执行国家财经政策法规情况、政府性资金管理使用情况等开展审计。同时，扩大审计视野，积极探索党务领导干部经济责任审计的途径和方式，促进“问责”制和责任追究制的落实。

不断加强机关自身建设。以建设“学习型、创新型、规范型、效率型、和谐型、廉政型”机关为主要内容，从完善机关内部规章制度，强化外部监督制约机制入手，内提素质，外树形象，严格落实“敢、实、高、细、快、严”的要求，坚决叫响“我的岗位我负责，我的岗位请放心”，大力发扬“5+2”和“816”工作作风，倡导以治庸提能力、以治懒增效率、以治散正风气，切实提高执行力，不断提升审计工作质量水平，树立了“依法、求实、严谨、奋进、奉献”的审计新形象。

进一步加快审计信息化建设步伐。认真贯彻落实省、市审计信息化建设要求，迎难而上，坚持不懈地加强审计信息化建设，倡导全体审计人员树立信息化审计理念，积极组织人员参加省、市计算机审计知识培训学习，利用审计管理系统进行非涉密公文运转，积极探索利用计算机系统开展审计的方法和途径。在预算执行审计等项目上，对采集的数据进行转换、分析、处理，取得了较好成效。

2011年工作成果一览表

审计单位（个）	查处违规金额（万元）	管理不规范资金（万元）	应缴财政（万元）	已缴财政（万元）	应归还原渠道资金（万元）	移送事项（件）	应调账处理金额（万元）	应自行纠正金额（万元）	审计报告、信息被批示采纳（篇）
75	32	3708							27

2011年获奖情况

被区委、区政府评为双拥合格单位

张佩忠被区委评为优秀党务工作者

（撰稿人：张佩忠，审核人：吴新民）

黄山区审计局

黄山区审计内设办公室（审计信息技术应用科）、财政金融审计科、行政事业审计科（经贸审计科）、社保外资审计科、固定资产投资审计科、经济责任审计局和固定资产投资审计中心，现有编制7名，实有人员13名。

2011年黄山区审计局机关人员配备情况表

单位 \ 内容	人数	性别		文化程度				职称			负责人
		男	女	研究生	本科	大专	大专以下	高级	中级	初级	
局领导	4	2	2	1	1	2			2	2	王慧萍
办公室（审计信息技术应用科）	2	1	1		1	1				1	程秀英
财政金融审计科	1		1			1					俞明明（兼）
行政事业审计科（经贸审计科）	1	1				1					余中元
社保外资审计科	2	1	1		1	1			1	1	汪苹
固定资产投资审计科	1	1					1		1		徐成发
经济责任审计局	2	1	1		1	1		1		1	孟庆君
固定资产投资审计中心											
合计	13	7	6	1	4	7	1	1	4	5	

2011年黄山区审计局领导人员情况表

姓名	性别	职务	职称	任职时间
王慧萍	女	党组书记、局长	经济师	2005年7月
刘祥永	男	党组成员、副局长	会计师、审计师	1997年10月
张邦明	男	党组成员、副局长	助理会计师	2006年4月
吴兆华	男	党组成员、纪检组长	助理统计师	2008年9月
俞明明	女	党组成员		2010年9月
孟庆君	男	经济责任审计局局长	高级审计师	2010年9月

2011年12月31日在册人员名单

王慧萍　刘祥永　张邦明　吴兆华　俞明明　程秀英　陈罕晨　孟庆君　苏　萤　汪　苹　叶泽民　徐成法　余中元

2011年黄山区审计局特约审计员情况表

姓名	性别	工作单位	职务	职称	任职时间
王莉莉	女	区纪检委	纪委副书记		2009年2月
李　源	男	区地税局	纪检组长		2009年2月
吴良斌	男	黄山区太平新源电建有限公司	经　理		2009年2月
余秀秀	女	区法制办	副主任		2009年2月
谢丽华	女	区财政局预算科	副科长		2009年2月

2011年工作概况

2011年，黄山区审计局完成常规审计项目20个，完成固定资产投资工程造价审计项目129个，审计查处违规金额318万元、管理不规范资金9834万元，上缴财政70万元，核减工程造价4646万元，审计提出建议75条、采用70条，提交审计综合报告2份、审计专报3份，报送信息103条，被省、市审计机关和区委办采用81条。

财政审计。以提高财政资金绩效为重点，完成对区财政局2010年本级预算执行和其他财政收支审计、区地税局2010年税收征管情况审计、区农委2010年部门预算执行审计、区发改委2010年部门预算执行审计和三口镇政府2010年度财政决算审计，以及10个单位部门决算草案草签等。预算执行审计工作报告得到区人大常委会一致好评。

经济责任审计。以促进领导干部履职为核心，坚持离任审计与任中审计相结合，加大任中审计力度，注重审计效果。全年完成5名领导干部经济责任审计，其中，任中审计3个，任中审计比率达全部经济责任审计的60%。

固定资产投资审计。以提高政府投资效益为重点，加大对政府重大投资基建项目、重点工程审计监督力度。全年完成基建审计项目129个，报审总金额为26744万元，审计确定金额为22098万元，审减4646万元，平均审减率为17.37%（其中：完成民生工程审计67个，报审总金额7183万元，审计确定金额6197万元，审减986万元，平均审减率为13.73%）。同时，加大跟踪审计力度，按照区政府工作要求，积极参与区重点工程项目建设，对重点工程和民生项目建设过程实施跟踪审计，及时发现问题，并提出整改意见和建议，促进建设工程管理规范，提高资金使用效益。

专项资金审计。以加强民生审计为重点，完成全省政府性债务交叉审计调查、全省义务教育经费保障机制专项资金绩效审计调查、农村中小学危房改造项目资金管理情况交叉审计调查、黄山区扶贫资金专项交叉审计调查、2010年区级财政安排的专项资金绩效审计调查、区水利局2007至2010年水土保持资金绩效审计调查、2008年病险水库财务收支审计、全省养老保险基金审计调查、全省廉租房审计调查和全省普通高中债务调查等10个专项审计项目。

审计整改。加大审计整改力度，维护审计严肃性，切实提高审计成果转化利用水平。区审计整改检查组于5月9至11日，分两个检查小组，分别由区政府办主任姚志宏、区委组织部副部长汪琦带队，深入被检查单位，采取听取被检查单位主要领导汇报、查看有关账簿凭证和相关资料、实地检查等形式，对2010年度审计决定、审计报告所涉及的谭家桥镇人民政府、黄山工业园区（筹）管委会、及7个区直单位的14个审计项目整改落实情况进行专项检查，检查面达100%。检查结果上报区政府，区长徐立秋在报告上批示，区政府督办室对没有整改到位的单位发出督办通知，督促整改到位。

2011年工作成果一览表

审计单位（个）	查处违规金额（万元）	管理不规范资金（万元）	应缴财政（万元）	已缴财政（万元）	应归还原渠道资金（万元）	移送事项（件）	应调账处理金额（万元）	应自行纠正金额（万元）	审计报告、信息被批示采纳（篇）
12	318	9834	70	70	10	1	6276	0	121

2011年获奖情况

被省审计厅评为全省审计系统先进集体

被省审计厅评为全省审计系统精神文明创建先进单位

被市委、市政府评为市级第九届文明单位

被市审计局评为全市信息工作先进单位

被市审计局评为审计项目质量优秀单位

被区政府评为全区民生工程组织实施工作优秀单位

被区政府全区依法行政工作先进单位

被区巾帼建功领导组评为巾帼建功先进集体

被区委评为第十二届文明单位

区审计局党支部被区组织部评为“创先争优”先进党组织

被区委评为平安单位

被区财政局评为全区财务工作评比二等奖

孟庆君被省审计厅评为全省审计系统优秀主审

王慧萍被市审计局评为全市审计系统楹联展活动先进个人

程秀英被市审计局评为全市优秀审计信息先进个人

孟庆君被市审计局评为全市审计系统优秀主审

俞明明被市审计局评为全市审计系统优秀审计能手

张邦明被区政办党委评为优秀共产党员

俞明明被区政府评为优秀领导干部

程秀英被区组织部评为全区优秀共产党员

陈罕晨区政办党委评为优秀共产党员

汪苹被区政办党委评为优秀党务工作者

2011年大事记

1月4至6日，余中元参加省审计厅举办的AO外资培训班。

1月，王慧萍局长一行4人赴乌石乡长芦村开展“书记引领工程”牵手共建系列活动。

1月10日下午，召开退休老干部“迎新春”座谈会。

1月11日上午，王慧萍局长一行4人带着节日慰问品和审计局干部职工的浓浓深情，到长芦村开展节日慰问活动。

2月11至18日，开展审前春训会。

2月13日，区考核组到区审计局考

核领导班子。

2月21日至3月4日，组织审计组（主审：叶泽民、组长：刘祥永、组员：汪苹、徐成发）到绩溪县教体局、财政局开展全省业务教育保障机制资金绩效审计。

2月25日上午，区经济责任审计工作领导组召开会议，研究部署2011年度经济责任审计工作。区经济责任审计工作领导组组长、区长徐立秋主持会议，区委常委、区纪委书记王震新出席会议，区委办、区政府办、区纪委（监察局）、区委组织部、财政局、人社局、审计局等经济责任审计工作领导组成员单位负责人参加会议。

3月，组织债务审计调查组（组长：吴兆华、主审：孟庆君、组员：苏萤）开展对贵池区政府性债务审计调查。

3月8日上午，俞明明、汪苹、程秀英、焦满香（原审计培训中心职工）、孙媛（见习生）、张邦明、余中元参加区政办系统“三八”女职工跳绳活动。汪苹参加个人单跳绳，取得第三名。

3月下旬，区审计整改落实情况专项检查拉开帷幕。

4月21日上午，召开党风廉政建设会议，学习贯彻市审计局党风廉政建设会议和区纪委会议精神。吴兆华纪检组长通报区审计局2010年党风廉政考核情况，并就2011年党风廉政责任制内容进行分解。

4月26日上午，组织开展“创先争优活动要为‘十二五发展提供动力和保证研究’”专题理论研讨会。

4月26日下午，区审计学会2011年常务理事工作会议在区司法局会议室召开。这是区审计学会2010年11月份成立以来第一次常务理事工作会议。参加会议人员：区人大副主任、区审计学会名誉副会长范茂盛、政协副主席、区审计学会名誉副会长方星海、区审计学会会长、副会长和常务理事、区审计局特约审计员。会议由副会长刘祥永主持人。

5月25日，区委党校和区审计局共同举办一期《党政主要领导干部和国有企业领导人员经济责任审计规定》专题培训班。参加培训的98名学员来自全区科级干部与中青年干部。培训班上，邀请市经济责任审计局局长汪利兵讲授《党政主要领导干部和国有企业领导人员经济责任审计规定》等审计法律法规。

5月，黄山区、黟县审计局开展支部共建活动，组织全体党员干部参观“中国工农红军北上抗日先遣队”纪念馆。

6月23日，陈罕晨、程秀英、叶泽民3人参加市审计局举办的AO应用实例撰写培训班。

6月27日上午，市审计局副局长孙凤琴一行莅临区审计局督查指导审计信息化工作。

6月28日晚，黄山区举办“盛世太平、红歌嘹亮”——黄山区纪念中国共产党成立90周年“省房杯”红歌比赛活动。王慧萍、汪苹、苏萤、程秀英、刘祥永、陈罕晨参加政办党委代表队演唱。演唱的曲目是《七律、长征》和《在希望的田野上》，获得三等奖的好成绩。

6月29日，召开庆祝建党90周年党员大会。全局党员、干部参加会议。会上，王慧萍局长为全体党员干部上了题为《修身养性，努力增强转变机关作风的自觉性》党课。

6月29日上午，区隆重召开庆祝中国共产党成立90周年暨表彰大会，区审计局党支部获得“创先争优“先进党组织表彰，局办公室主任程秀英获得优秀共产党员表彰。

7月1日上午省审计厅和市审计局主办的全省审计系统楹联展活动在黄山市凤凰大酒店举行。王慧萍局长的作品“黄山甲天下　徽墨写春秋　”和纪检组长吴兆华的作品“审真伪维稳定完善民主法制　计是非保健康推进廉政建设　”两副作品参加楹联展。

7月22日下午，区人大副主任姚羚泳、周忠建、范茂盛、黄卫三，区委常委、常务副区长江善良莅临区审计局调研2010年度区本级预算执行和其他财政收支审计工作。人大办主任陈震龙、人大财经工委主任陈跃华、人大内务司法工委主任郑建农、财政局副局长夏拥军、地税局副局长郑哲及区审计局领导班子成员、各科室负责人参加调研汇报会。

7月25日上午，召开2011年度领导班子民主生活会。王慧萍局长代表局领导班子通报2010年度民主生活会上查找的问题整改落实情况。班子成员围绕“坚持以人为本执政为民理念、发扬密切联系群众优良作风”主题，就工作、学习、思想方面存在的突出问题做了深刻剖析，分析原因，提出解决方法，明确今后努力的方向。同时，班子成员之间认真开展批评与自我批评。王慧萍局长对班子成员的发言进行点评，并就查找出来的问题，提出了整改要求。

7月28日上午，刘祥永、吴兆华等一行4人到乌石乡慰问抗美援朝老军人周松林，并为他送去慰问金。

7月28日上午，刘祥永、吴兆华、程秀英等一行4人，受区审计局全体党员委托，走访、看望乌石乡长芦村的“留守儿童”，并送去学习用品。

7月29日上午，区审计局党支部召开全体党员大会，圆满完成支部换届选举工作。选出新一届支部委员：吴兆华任支部书记，汪苹和陈罕晨负责纪检、组织宣传工作。

7月29日下午，副局长张邦明一行到永丰乡进行慰问，并为永丰乡送上慰问金5000元。

8月10日上午，召开廉政风险防控管理工作动员大会，局机关全体工作人员参加会议。

8月27日，市审计局邀请浙江省审计厅高占江处长到黄山市举办经济责任审计专题培训讲座，全体审计人员参加培训。

9月8日上午，区总工会主席谢亦鸣率区机关作风、行业行风及纠风工作第二督查组到区审计局检查指导工作。

9月28日，副局长张邦明、纪检组长吴兆华在龙西社区书记曹若梅的陪同下，走访慰问了龙西社区空巢老人胡玉乐，并送去慰问金和慰问品。

10月14日下午，市审计局副局长夏明东，总审计师余根长，综合法规科副科长戴晓武一行到局检查指导审计工作。局领导班子成员、各科室、经济责任审计局负责人参加工作汇报会。

10月25至30日，余中元、孟庆君、陈罕晨、苏萤、叶泽民参加省审计厅组织的新进公务员培训班学习。

11月9日下午，省审计厅厅长刘战

平在厅办公室、人教处负责人的陪同下到区审计局走访慰问基层审计人员，开展“审计领导大走访”活动，广泛听取意见和建议。市审计局局长徐东海、区长徐立秋参加调研座谈会。

11月12至13日，“2011年度黄山区全民健身运动会”在区政务新区广场隆重举行。

11月22日下午，召开全体干部职工会议，传达贯彻全市“七保”工作电视电话会议精神。

12月9日，区审计学会举办首次审计理论研讨会。

12月14日下午，市审计局总审计师余根长、信息中心主任曹武到区审计局考核2011年度信息化工作。

12月28日下午，以区机关工委副书记刘爱华为组长的区党建工作督查组一行5人到区审计局检查指导机关党建工作。

黄山区审计学会领导及理事名单

会　长：王慧萍

副会长：王西贵　刘祥永　张邦明　陈跃华　林安宁　林成寿　项其镇　胡邦全　洪　涛

秘书长：程秀英

副秘书长：陈罕晨

常务理事：王玉舟　叶荣森　宁三九　邢　军　汤宇静　杜　萍　杜五四　李和平　汪晓文　周海源　孟庆君　胡义生　俞明明　徐　冬　翁道旺　曹　峰　曹四文

理　事：王　瑜　王文兵　王玉舟　王西贵　王社会　王锦根　王慧萍　方　奇　方永辉　方贞良　方佩华　方金美　方常胜　叶泽民　叶荣森　叶科进　叶晓芳　宁三九　邢　军　毕宏敏　刘　鲲　刘祥永　江　鹏　汤宇静　许克华　孙同琴　纪跃龙　苏　萤　杜　萍　杜五四　李　源　李和平　杨保国　吴兆华　何　莉　何兴复　余中元　汪　苹　汪金梅　汪晓文　张　健　张邦明　张亚英　张克建　张昔明　陈　红　陈罕晨　陈法治　陈建华　陈跃华　陈鸿新　陈锦霞　林安宁　林承寿　周海源　郑银枝　孟庆君　项其镇　赵青云　胡小红　胡义生　胡邦全　胡良刚　胡恒春　胡朝瑞　俞明明　洪国来　洪　涛　宫德晟　姚丽宏　钱来娣　徐　冬　徐成发　翁道旺　陶　亮　陶能明　黄君辉　黄建国　梅卫东　曹　锋　曹　蔚　曹四文　崔　黎　崔小宝　崔金兰　章震强　程秀英　鲍熙梅　潘善伦

徽州区审计局

徽州区审计局内设办公室、财金行政事业审计科、经贸基建审计科和经济责任审计局（经济责任审计科），现有编制3名，实有人员8名。

2011年徽州区审计局机关人员配备情况表

单位 \ 内容	人数	性别		文化程度				职称			负责人
		男	女	研究生	本科	大专	大专以下	高级	中级	初级	
局领导	3	2	1		2	1			1	1	詹秋琴
办公室	1		1			1					汪军花
财金行政事业审计科	2		2		1	1				2	梁　萍
经贸基建审计科	1	1			1	1			1		洪金利
经济责任审计局（经济责任审计科）	1		1			1					毕　华
合计	8	3	5		4	5			2	3	

2011年徽州区审计局领导人员情况表

姓　名	性　别	职　务	职　称	任职时间
詹秋琴	女	局长		2007 年 1 月
胡君斌	男	党组书记	会计师	2011 年 1 月
马玉辉	男	副局长	助理审计师	2001 年 7 月
洪金利	男	经检组长	会计师	2011 年 3 月
毕　华	女	经济责任审计局（科）长		2005 年 4 月

2011年12月31日在册人员名单

詹秋琴　胡君斌　马玉辉　洪金利　毕　华　梁　萍　张　卉　汪军花

2011年徽州区审计局特约审计员情况表

姓　名	性　别	工作单位	职　务	职　称	任职时间
谢其进	男	区人大财经工委	主　任		2007 年
吴万顺	男	区统计局	局　长	经济师	2007 年
郑良录	男	区财政局	纪检组长	会计师	2007 年

2011年工作概况

2011年，徽州区审计局在区委、区政府和上级审计机关的领导下，按照年初确定的工作思路和工作目标，全面履行审计监督职责，推进审计工作创新，较好地发挥了审计在国家治理中的作用。全年完成审计项目85项，其中财务收支项目5个，专项审计调查项目5个，领导干部任期经济责任审计项目5个，查处违规金额85万元、管理不规范资金221万元，应归还原渠道资金 56万元，应调账处理金额108万元；完成固定资产投资审计项目68个，其中完成工程竣工结算审计58项，审核工程报价13448万元,核减工程价款901万元，核减率6.7%；开展标前预算审核10项，审核金额23878万元，核减不合理预算1275万元，核减率5.34%；核增漏项预算121万元，纠正错漏项152项；编报各类审计信息16篇，审计专报两篇，被领导批示5篇次，撰写审计论文5篇。

围绕中心，突出重点，审计工作服务经济、促进发展的建设性作用进一步加强。一是抓重点。按照综合财政管理的要求，积极探索财政预算执行审计的“两个转变”，强化财政预算执行审计与部门预算执行审计、专项资金审计的结合。以大财政审计理念为指导，将预算执行审计内容贯穿到各专业审计当中，并增加关于效益审计方面的内容。“同级审”报告在总结以往经验的基础上进一步深化和发展，重点更加突出，效果更加明显，社会影响进一步扩大。区人大常委会对此给予充分肯定，并要求财政等相关部门对报告中提出的问题进行切实整改和落实。区政府成立审计整改领导组，区组织、纪检（监察）、财政、审计部门对被审计单位整改落实情况进行了专项督查。二是抓特色。组织开展对已完工的政府性投资项目标前预算审核和跟踪审计。重点审查建设项目管理的科学性，项目资金管理的合规性，投资成本的真实性，以及因决策失误、管理不善造成重大损失浪费等问题。对10个政府性重点工程开展标前审计，涉及金额2.4亿元，核减金额1275万元。通过审计,较好地规范工程招投标及工程管理中存在的不规范行为，为提高工程建设管理水平，规范建筑工程秩序发挥了积极的促进作用。同时，根据区城市建设需要， 先后对自来水厂二期、污水处理厂、徽州人家安置小区一至四期，新四军军部旧址周边环境整治项目一期，新四军军部旧址红色文化纪念馆等重大投资项目进行跟踪审计，准确定位并合理把握跟踪审计介入时间，把审计监督融于服务之中。注重从绩效的角度拓展审计视野，对建设项目成本不实、管理不善导致重大损失浪费、不按规定招投标、监理和设计单位未认真履责等一系列问题进行揭示，并分析原因、提出审计建议，帮助建设单位加强管理、规范行为和提高资金效益。三是抓机制。区委先后制定、印发《徽州区党政领导干部任期经济责任审计暂行办法》、《关于不胜任领导干部调整的规定》及《徽州区党政领导干部经济责任审计成果利用办法（试行）》《徽州区党政领导干部离任经济事项交接办法》等规范性文件。进一步完善党政领导干部经济责任审计评价办法，明确经济责任审计计划的制定、审计实施、领导干部的述职和测评、审计谈话、审计结果运用等程序，通过机制创新，制定标准化的经济责任审计规范体系，完善对领导干部的激励与约束机制。四是抓落实。第一，深入贯彻落实科学发展观，强化审计服务意识。明确规定在全年所有的审计项目中都要体现绩效审计的内容，并选择若干重点审计项目（审计调查），全面探索绩效审计，关注体制机制障碍、政策制度缺失和管理漏洞以及资金管理使用效益，及时为领导提供全方位、多层次的宏观决策依据，提高服务大局的执行能力。第二，改进审计技术方法，提高信息化运用水平。进一步强化对审计人员使用AO、OA的培训，提升人员使用信息化技术的能力。第三，完善内部管理制度，强化审计质量控制。通过进一步健全和完善审计项目计划管理、质量控制、责任追究、整改落实、目标考核、审计纪律等方面的制度，推行岗位责任制、审计限时制、审计组长负责制等，进一步规范审计执法行为。第四，加强审计科研信息工作，提高审计理论水平。对审计揭示的问题，从微观到宏观、从局部到全局、从苗头到趋势，进行深层次的分析、揭示和反映，为区委、区政府决策提供有针对性的、合理化的意见和建议，促进法律、法规、制度的落实和完善。将审计免疫系统功能和审计监督宣传到位，充分发挥审计“谋士”作用。第五，加大审计结果运用，提高审计公信力。根据《徽州区审计结果公告暂行办法》，对校安工程和廉租房审计情况对外进行公告，增强审计工作的透明度；开展对审计整改情况的督查，加大审计决定的落实力度，切实提高审计执行力和公信力。

统筹兼顾，服务大局，做好招商引资和其他各项工作。一是做好招商引资和项目服务工作。努力拓宽招商渠道，将招商引资任务分解到个人，强化招商引资措施。按照区委、区政府提出的“三个三分之一”要求，积极外出招商。引进宁波客商投资的黄山金地电子有限公司、浙江客商投资的“黄山明徽亮化工程有限公司”及“黄山双星工程咨询公司”三个项目，项目投资额9300万元，超额完成区委、区政府下达的招商引资任务。二是根据区领导批示，积极做好基层医疗卫生服务机构债务和普通高中教育债务清理工作，并按时上报清理结果。三是为完善企业经营机制，促进国有资本健康运行，对国有资本投资的区供热公司和双益公司资产负债情况进行审计，全面剖析企业生产经营中存在的困难和问题，并有针对性地提出审计建议。四是认真完成上级审计机关交办的审计工作。根据省审计厅统一安排，组织审计人员赴广德和池州开展为期3个月的义务教育经费保障机制和政府性债务交叉审计工作。

精心组织，周密安排，深入实施审计“信息化推进工程”。按照全省、全市审计信息化工作安排，开展“信息化推进工程”的各项工作。重点抓好AO的应用与提高，狠抓OA的部署和应用，推进“三小”软件的开发与推广，做好专业审计计算机审计模型及专家经验的开发与提炼，进一步加强信息化基础设施的建设，强化计算机审计人员的业务培训，全面推进审计信息化建设步伐，并取得了一定成效。派出3人参加省审计厅举办的计算机审计中级培训，均取得中级资格证书，两人获得优秀学员称号，4篇计算机审计方法分获审计署和省审计厅表彰。第一，加强领导，强化管理。审计的信息化建设不仅涉及人、财、物的投入，而且涉及人们思想观念、传统管理方式以及工作习惯的变革。局领导班子高度重视审计信息化建设，充分调动广大审计干部的积极性和主动性，在资金紧张的情况下，一方面争取区财政部门的支持，一方面压缩经费支出，优先保障审计信息化建设的资金投入。为保证审计信息化建设的顺利进行，成立以局长为组长，以具有计算机专长的业务骨干为成员的审计信息化建设领导小组，制定《徽州区审计局计算机管理和操作守则》、《徽州区审计局信息化考核办法》和《徽州区审计局信息考核办法》，促进了审计“信息化推进工程”的稳步推进。第二，强化培训，提高素质。针对计算机领域的宽泛性、抽象性、专业性强等特点，结合职工年龄状况、技术水平、培养方向等多方面情况，采取灵活多样的培训方法，培养和造就了一支技术过硬、爱岗敬业的审计干部队伍。一是加强外部培训。在人员少、审计任务繁重的情况下，多次派出计算机基础比较好的审计人员到省审计厅进行中级计算机知识培训，取得了较好成效。二是加强内部“帮”、“带”。根据计算机学科实践性强的特点和审计任务完成情况，采取自学和集体学习相结合的方式，让全体审计人员及时掌握新的、必要的计算机知识。通过内部再培训，达到以点带面的效果，使得中级计算机知识能在局内及时推广和在审计实践中广泛应用。三是加强推广运用。坚持计划管理、稳步推进的原则，学好用好省、市审计机关推荐的审计应用软件。在审计实际业务中积极运用审计署，以及省、市审计机关开发的《审计辅助作业系统》、《审计台账与统计报表处理系统》、《法规检索查询系统》、《财政总预算会计计算机辅助审计系统》、《地税审计作业软件》等实用型的应用软件，提高了审计工作的质量和效率。

强化管理，积极创新，机关“人、法、技”建设取得新成就。第一，以促进加强内部管理为重点，开展机关作风建设。坚持“内抓管理，外树形象”，进一步推进“人、法、技”建设。一是抓好审计机关作风建设。围绕 “四大整治”工作要求，结合审计工作实际，深入开展各类学习活动，开展践行“八荣八耻”活动以及“强化作风建设，服务发展大局”的专项行动。二是狠抓审计质量建设。以贯彻《审计法》、审计署8号令为契机，全面实施审计质量控制，组织开展优秀审计项目评选活动。三是狠抓审计技能建设。在加强审计干部普法学习和教育培训的基础上，加大以计算机审计为重点的业务操作和技能培训力度，推进现场审计实施软件在实务中的运用和总结、提高。四是狠抓审计机关廉政建设。认真贯彻有关廉政建设工作会议精神，研究制定《审计人员廉洁从审的规定》等制度，加强对党风廉政建设责任制的落实，树立了审计机关廉洁从审的良好形象。第二，以提升审计质量为重点，开展“创先争优”活动。围绕提升审计队伍素质，加强审计队伍专业化建设；围绕提升审计科学化、规范化水平，推进审计管理和手段创新；围绕提升审计监督效应，加大审计执法力度；围绕提升审计工作层次，强化审计结果利用；围绕提升审计事业可持续发展能力，加强审计文化建设和审计理论研究。积极发挥每位审计干部的创造性，形成“能争第一争第一，争不了第一创唯一”的良好氛围，促进了审计工作的全面提升、提速和提效。第三，以促进城乡基层党建工作为重点，开展支部共建活动。按照“创先争优”活动要求，充分发挥联合党委的作用，结合机关党建工作特点，开展形式多样的基层党组织共建活动。一是与容溪村共商发展村级集体经济的思路，在结合本地资源发展特色经济的同时，积极利用村级招商的优惠政策，协助村两委外出招商引资，新引进项目两个。项目投产后，增加村级集体经济100万元，提前达到了区委提出的“村村集体经济超50万元”的目标。二是开展“访贫问苦”活动，主动与帮扶村和文峰社区开展贫困计生母亲的结对帮困活动。三是不定期的开展“驻村夜访”活动，深入基层，贴近群众，帮助群众排忧解难。四是以支部为载体和社区开展形式多样的共建活动。 第四，以推进机关“四大整治”为重点，加强党风廉政建设和精神文明建设。将党风廉政建设责任制进行层层分解、责任到人，并融入到日常审计工作之中。组织干部职工观看警示教育片，接受警示教育加强廉政教育，做到警钟长鸣。制定进一步落实党风廉政建设责任制相关制度，执行审计工作纪律、审计组廉政制度、审前公示和定期审计回访等措施，加强对一线审计人员的监督，防患于未然。与各科室签订《党风廉政建设责任书》，推动党风廉政建设责任制的落实。狠抓文明机关创建工作，建设一支政治素质好、业务能力强、办事效率高、大局意识强的审计干部队伍，做到依法从政、廉洁从审，促进了审计工作迈上新台阶。

2011年工作成果一览表

审计单位（个）	查处违规金额（万元）	管理不规范资金（万元）	应缴财政（万元）	已缴财政（万元）	应归还原渠道资金（万元）	移送事项（件）	应调账处理金额（万元）	应自行纠正金额（万元）	审计报告、信息被批示采纳（篇）
85	177	221	1	1	56		108		5

2011年获奖情况

被省审计厅评为全省审计“信息化推进工程”先进集体

被市审计局评为全市“信息化推进工程”先进集体

被市审计局评为审计廉政楹联展活动先进集体

被区委、区政府评为招商引资工作先进单位

区审计局党支部被区委评为公正执法之星

区审计局党支部被区直机关工委评为先进基层党组织

2010年度财政“同级审”被市审计局评为优秀项目

张卉撰写的《丧葬费抚恤金发放计算机审计方法》被审计署评为鼓励奖、《廉租住房制度审计调查审计AO应用实例》被审计署评为应用奖

梁萍撰写的《家电下乡资金审计AO应用实例》、《农村居民最低生活保障资金审计AO应用实例》被审计署评为鼓励奖

梁萍被省审计厅评为省第六期计算机审计中级培训班优秀学员

梁萍撰写的《家电下乡资金审计AO应用实例》被省审计厅评为优秀奖

张卉撰写的《丧葬费抚恤金发放计算机审计方法》、《总工会预算执行和其他财政财务收支审计AO应用实例》被省审计厅评为优秀奖

马玉辉被市审计局评为全市审计信息工作先进个人、审计廉政楹联展活动先进个人

詹秋琴被区委、区政府评为项目服务“三比”工作先进个人

张卉被区依法治区工作领导小组评为2006至2010年全区依法治区和法制宣传教育先进个人

2011年大事记

4月29日，省审计厅纪检组长吴毅到区审计局指导工作。

5月27日，省审计厅刘战平厅长在区审计局指导审计工作，区委书记张武、区委副书记王毅陪同。

6月22日，市审计局副局长孙凤琴率市信息化中心负责人到区审计局检查指导审计信息化工作。

9月23日，重阳节前夕市审计局组织部分离退休干部参观考察。

2011年 领导批示、讲话摘要

5月30日，区委书记张武在《对领导干部经济责任审计中出现违规问题的几点建议》上批示：请纪委书记夏建萍同志牵头结合上级有关规定对某些建议提出可行性意见。

5月31日，程红区长在《关于岩寺镇镇长王军同志任期经济责任审计结果报告》上批示：对审计发现的问题，请岩寺镇政府切实加以整改。加强对村级财务管理，提升阳光村务工程水平，规范政府资金使用，确保财经纪律等各项规定在基层的执行和落实。

7月27日，区委书记张武在《徽州区审计局2011年上半年工作总结和下半年工作安排》上批示：审计工作在推进依法行政，维护群众利益，促进廉政建设等方面发挥了积极作用。要进一步围绕区委、区政府中心工作，提升预算执行审计的层次和水平，加大对政府投资项目跟踪审计监督力度，当好“经济卫士”。

（撰稿人：马玉辉，审核人：詹秋琴）

祁门县审计局

祁门县审计局内设办公室、经贸投资审计科、行政事业审计科、财政金融审计科、经济责任审计局和固定资产投资审计中心，现有编制14名，实有人员12名。

2011年祁门县审计局机关人员配备情况表

内容 单位	人数	性别		文化程度				职称			负责人
		男	女	研究生	本科	大专	大专以下	高级	中级	初级	
局领导	2	2			1	1					程宏彬
办公室	2	2			1		1		1		胡伯林
经贸投资审计科	2	1	1		2				1	1	汪进龙
行政事业审计科	1		1		1				1	1	丰玉英
财政金融审计股	1		1			1				1	杨晓莺
经济责任审计局	4	3	1		2	2			2		倪五龙
固定资产投资审计中心											
合计	12	8	4		7	4	1		5	3	

2011年祁门县审计局领导人员情况表

姓名	性别	职务	职称	任职时间
程宏彬	男	局长		2011年11月
方向	男	党组书记		2000年2月
倪五龙	男	经济责任审计局局长	审计师	2003年4月

2011年12月31日在册人员名单

程宏彬 方 向 倪五龙 胡伯林 汪进龙 蒋永年 丰玉英 杨晓莺 谢强旺 程素华 康学松 黄胜武

2011年工作概况

2011年，祁门县审计局在市审计局和县委、县政府的正确领导下，更新观念，与时俱进，积极围绕加强宏观调控、提高财政资金使用效益、构建和谐社会等目标，不断加大审计执法力度。获得全省“信息化推进工程”先进集体，县委、县政府表彰的民生工程贡献奖。全年完成审计和专项审计调查52个（其中投资审计项目28个），查处违规问题金额1765万元、管理不规范金额13367万元。通过审计，为国家增收节支1549万元，应上缴财政款29万元，应归还原渠道资金247万元。

2011年工作成果一览表

审计单位（个）	查处违规金额（万元）	管理不规范资金（万元）	应缴财政（万元）	已缴财政（万元）	应归还原渠道资金（万元）	移送事项（件）	应调账处理金额（万元）	应自行纠正金额（万元）	审计报告、信息被批示采纳（篇）
52	1765	13367	29	29	247				63

2011年获奖情况

被省审计厅评为全省审计“信息化推进工程”先进集体

被省审计厅评为全省审计系统精神文明创建先进单位

被市审计局评为全市审计信息工作先进单位

被县政府评为全县民生工程工作贡献奖

被县直机关工委评为先进基层党组织

获全县财务考评先进单位

胡伯林被评为市审计信息工作先进个人

李超群被县政府评为优秀公务员

2011年大事记

1月19至20日，方向书记，经济责任审计局局长倪五龙参加县政协会议。

1月20至21日，李超群局长参加县人大代表会议。

2月，方向书记在合肥参加全省审计工作会议。

2月16日，县政府祁人〔2011〕2号文件，任命胡伯林为局副主任科员。

4月28日，省审计学会副会长王运清、副秘书长黄克实，市审计局局长徐东海到县审计局检查指导审计学会工作。

6月17日，市审计局副局长孙凤琴，总审计师余根长一行到县审计局检查指导审计信息化工作。

6月，李超群局长当选县十三届党代会代表。

6月，李超群局长出席县十三届党代会。

6月，李超群局长当选县经委委员。

6月30日，省审计厅副厅长杨寿桃到县审计局调研审计信息化工作。

7月1日，李超群局长到屯溪参加全省审计系统庆祝建党90周年楹联展活动。

7月28日，李超群局长受县政府委托向县十五届人大三十四次会议做《关于2010年县级预算执行情况和其他财政收支的审计工作报告》。

8月3日，祁门县审计学会成立，李超群任会长，胡伯林任秘书长。

11月10日，县编委祁编〔2011〕21号文件批准设立“祁门县固定资产投资审计中心”，为股级全额事业单位，编制2人。

11月24日，县人大常委会祁人常字〔2011〕16号文件任命程宏彬为审计局局长，免去李超群县审计局局长职务。

2011年 领导批示、讲话摘要

祁门县政府杨龙县长在审计督查报告上批示：审计部门要继续加强对审计整改情况跟踪督查，确保成效。财政等相关部门要针对报告中反映的突出问题有针对性地采取措施加强管理。

省审计厅副厅长杨寿桃在祁门县调研审计信息化工作时指出：一、祁门县的审计信息化工作基础较好。二、要深化对计算机审计、联网审计的理解，要开阔视野，拓展思路，要广泛借鉴别人先进经验，成熟做法为我所用。三、要认真抓好“信息化推进工程”年各项活动，进一步提高审计信息化应用水平。四、要进一步加强审计信息化培训。从调研情况看，基层对计算机培训热情很高，这是好事，省厅将进一步研究如何适应基层需要加强审计信息化培训工作。但仅靠上级培训是远远不够的，基层审计机关要结合审计工作实际加强自身培训，基层审计人员要加强自学，只有多方结合才能不断提高信息化应用水平。

杨龙县长在祁门审计学会成立大会上指出：成立祁门县审计学会是为了更有效地适应经济发展需要、扩大审计交流采取的一项重要举措。一是要突出重点，切实加强重点行业、重点部门及“三农”、教育、卫生、社保等专项资金审计；二是要开拓创新，努力探索行业管理的新路子，加强协调，切实发挥学会的服务功能；三是要加强交流，建立信息沟通渠道，积极开展理论研究，切实提高学会理论研究水平。

市审计局副局长孙凤琴在祁门检查指导审计信息化工作时指出：一、祁门县的审计信息化工作基础扎实，全员参与程度高，应用成效好。二、要认真抓好“信息化推进工程”年各项活动，进一步提升审计信息化工作，特别是信息技术应用工作。三、要注意总结经验，要扬长避短，如抓好计算机审计方法、审计案例的编写，要在审计项目开始实施时就应有方案，注意收集资料，编写时要一定要做到与众不同，突出创新。四、要进一步培养审计干部计算机应用兴趣，加大全员参与力度，达到普及应用、熟练应用、创新应用水平。

县人大副主任王震在调研财政预算执行审计时指出：今年的财政审计工作，取得了不错的成绩，反映的问题比较细致、真实，对促进财政局规范管理，发挥财政资金效益发挥了一定的促进作用；财政审计还要继续按照“财政资金运用到哪里，审计就跟进到哪里”的要求，坚持“揭露问题、规范管理、促进改革、提高绩效、维护安全”的思路，围绕县委县政府中心工作，以全部政府性资金为载体，不断增强财政审计的整体性、宏观性和建设性，构建财政审计大格局，充分发挥审计的“免疫系统”功能，促进公共财政制度的逐步完善，规范预算管理和提高财政资金使用效益，不断深化财政审计工作。

祁门县审计学会

8月25日，祁门县审计学会成立暨第一届理事会在祁门县城聚龙阁商务大酒店会议室召开。大会表决通过了《祁门县审计学会章程》，选举产生了第一届理事会理事，学会会长、副会长、秘书长。

省审计学会副会长王运清、副秘书长黄克实，市审计局副局长夏明东，县长杨龙，县人大常委会副主任王震，黄山市兄弟区县审计局负责人以及县直、乡镇会员100多人参加了会议。

大会选举祁门县审计局局长李超群任会长，聘请县长杨龙为名誉会长、县人大副主任王震为名誉副会长。

会上，省审计学会王运清副会长对祁门县审计学会的成立表示热烈祝贺，希望祁门县审计学会要认真学习贯彻党的方针路线，不断提高审计工作水平。县长杨龙在大会上肯定了成立祁门县审计学会是为了更有效地适应经济发展需要、扩大审计交流采取的一项重要举措。

祁门县审计学会 领导及理事名单

会　长：李超群

副会长：张再辉　方　向　程国胜　洪小平　程春伟　曹庆生　江红娟

秘书长：胡伯林

理　事：方　向　王昭艳　江红娟　李超群　张再辉　邵玉玲　郑晓云　周　群　洪小平　胡永丰　胡伯林　胡晓红　胡爱芹　姚　勇　倪五龙　曹庆生　蒋德润　程春伟　程国胜　鲍　瑜

黟县审计局

黟县审计局内设办公室、财政金融审计股、行政事业审计股、基建审计股和经济责任审计局，现有编制10名，实有人员9名。

2011年黟县审计局机关人员配备情况表

单位＼内容	人数	性别		文化程度				职称			负责人
		男	女	研究生	本科	大专	大专以下	高级	中级	初级	
局领导	3	3			1	2				1	汪建清
办公室	2	1	1		1	1				1	吴　洁
财政金融审计股	1	1				1					廖立新
行政事业审计股	1		1		1						韩蓓蓉
基建审计股	1	1				1					王海水
经济责任审计局	1	1			1						钱明宝
合计	9	7	2		4	5				2	

2011年黟县审计局领导人员情况表

姓　名	性　别	职　务	职　称	任职时间
汪建清	男	党组书记、局长		2010 年 9 月
叶　龙	男	副局长		2006 年 4 月
舒建平	男	副局长		2011 年 11 月

2011年12月31日在册人员名单

汪建清　叶　龙　舒建平　汪国清　吴　洁　廖立新　王海水　韩蓓蓉　钱明宝

2011年工作概况

2011年，黟县审计局创新审计思路，改进审计方法，提高审计工作质量，充分发挥审计的“免疫系统”功能。全年审计（审计调查）单位77个，审计查处违规金额546万元、管理不规范金额7282万元，基本建设投资审计核减财政资金投入1000多万元，较好完成了全年各项审计工作任务。

财政“同级审”。根据《审计法》和《安徽省预算执行情况审计监督暂行办法》的规定，坚持“揭露问题、规范管理、促进改革、提高绩效、维护安全”的总体思路，按照财政审计大格局的要求，紧紧围绕县委、县政府中心工作以及社会关注的热点、难点问题开展审计监督，推动完善预算管理制度，提高财政绩效水平。按照工作方案要求，对县财政局、地方税务局和县妇联、县司法局、县文广新局、县统计局等4个部门预算单位进行审计。审计表明，2011年度县级预算执行的情况是好的，较好地完成了县人大批准的年度预算任务，财政依法聚财理财的水平进一步提高。预算执行单位不断加强和完善内部管理，规范财政财务收支行为，执行国家财经法规的自觉性进一步增强。

经济责任审计。做好“六个一”：部署好“一个年度计划”，开展好“一次审计前调查”，制定好“一个审计实施方案”，召开好“一次进点会议”，撰写好“一个审计报告”，巡访好“一次审计回访”。全年完成遗产办原主任胡荣荪，美溪乡原党委书记、乡长胡晓虹离任和交通局汪兆良任中经济责任审计工作。同时，抓紧组织实施对县住建委、县民政局、宏村镇政府、县劳动局等单位领导干部和县安监局、发改委等领导干部任期经济责任审计。在审计中，除抓好被审计单位的财政财务收支审计外，还特别注重对领导干部在廉洁自律等方面进行审计，并做出客观评价，为县委、县政府正确使用干部提供了可靠依据。从审计结果看，存在部分专项资金管理不规范、固定资产未及时登记入账、往来款长期挂账、文物长期借出不收回等问题。针对存在的问题，及时向县委、县政府作了汇报，对审计对象应承担的责任做出实事求是的界定和客观公正的评价，并向被审计单位提出整改意见。

固定资产投资审计。加大对政府投资项目的跟踪审计和竣工决算审计力度，实行工程标前预审工作，基建投资审计成效明显。全年开展工程审计项目100余个，核减工程投资1000多万元，核减率为13%，有效控制了工程建设中的高估冒算、偷工减料、损失浪费等现象。开展对县公安指挥中心大楼、碧阳小学迁址重建工程、文体科普中心等项目跟踪审计；完成县广播电视服务中心装饰工程、漳河滨水景观带三期工程、美溪至宏潭公路等9个项目的标前预审工作。同时，对工程建设过程中存在的问题和矛盾都力争解决在萌芽状态，确保了工程建设的顺利开展。

专项资金审计调查和专项资金跟踪审计。根据上级审计机关的统一安排和部署，完成政府性债务情况专项审计调查、舟曲救灾资金物资跟踪审计、全县中小学校舍安全工程项目的专项审计，全省养老保险专项审计调查、普通高中债务审计、基层医疗卫生机构债务清理核实工作、市政府交办的廉租房项目审计。

审计信息化建设。进一步充实和完善审计数据中心，由基础设施建设向业务应用转变。充分发挥审计数据中心在审计项目的制定、实施和管理方面的突出作用，加快推进审计信息化建设步伐。在项目开展中，加快项目实施进度，提高项目质量，充分彰显了审计数据中心的作用。随着审计数据中心内容的不断扩大，数据安全保密管理问题也凸显出来，分析审计项目开展流程中形成的大量电子数据存在的管理隐患，及时总结并撰写《审计项目电子档案安全保密管理应引起高度重视》一文，分别被《中国审计》杂志、省审计厅《审计简报》采用。加强对审计干部计算机审计的培训力度，已有3人获计算机审计中级资格。

其他项目审计。一是按照省审计厅的工作安排，派出审计组赴宣城市开展义务教育费用保障机制专项资金的绩效审计调查、池州市政府性债务审计，按时完成了工作任务。二是完成县政府交办的渔亭工业园清查核资工作和县医药公司经理离任审计工作。三是积极配合县有关部门开展工作。四是参与对全县民政救灾资金检查、村两委换届财务清理工作。水利局组织的全县新建水利工程验收工作。通过检查，对存在的问题从审计的角度提出了建议和意见，并要求主管部门及建设单位完善相关资料。四是做好审计署外资中心对2007至2011年黟县实施中国白蚁防治氯丹灭蚁灵替代示范项目审计、南京特派办对黟县农村医疗卫生服务体系建设及部分医疗卫生机构财务收支审计、省审计厅对黟县义务教育费用保障机制专项资金的绩效审计调查的协调配合、后勤服务工作。

审计报告和审计信息。根据审计报告和审计信息为党委、政府提供决策依据的要求，针对审计过程中发现的情况和问题，及时提出审计意见和建议，并报送各类审计工作信息。全年向县委、县政府报送审计报告60份，审计结果报告5份，报送各类信息50余篇，为领导决策提供了相关依据。针对审计中发现的问题，及时向县委、县政府和有关部门提出建议。在财政“同级审”中，发现县妇联借出应收款3.5万元长期挂账，经检察院介入，目前该笔借出款项已全部收回。在领导干部任期经济责任审计中，发现县遗产办部分文物长期外借，审计后，遗产办采取措施及时收回了长期外借文物。对工程审计中发现问题及时提出意见，为县政府出台《黟县政府投资项目监督管理暂行办法》、《黟县政府投资项目工程变更决策工作制度》等相关制度提供了依据。

审计工作指导。由于组织中介机构参与的工程审计项目较多，始终把对中介机构开展工作进行指导、监督作为一项重要工作来抓。一是从日常开展工作中抓起，随时掌握其工作进度和情况，了解工作中存在的问题和困难，及时协调解决。二是严把质量关。从审计调查、取证，到最后出具的审计报告都必须按相关审计程序操作。通过对中介机构工作上的指导和监督，规范了社会中介机构审计执业行为，提高了中介机构的业务质量。三是加强对委托的社会中介机构和聘请的相关人员的管理和监督。与委托的社会中介机构和聘用人员签订《委托审计协议》，对工程造价审计的期限、审计的质量风险、审计的法律风险提出明确的规定。

2011年工作成果一览表

审计单位（个）	查处违规金额（万元）	管理不规范资金（万元）	应缴财政（万元）	已缴财政（万元）	应归还原渠道资金（万元）	移送事项（件）	应调账处理金额（万元）	应自行纠正金额（万元）	审计报告、信息被批示采纳（篇）
77	546	7282				1			10

2011年论文发表情况统计表

报刊名称	时间(期数)	论文题目	作者
《中国审计》	第24期	《审计项目电子档案安全保密管理应引起高度重视》	钱明宝

2011年获奖情况

韩蓓蓉被市审计局评为“信息化推进工程”先进个人

2011年大事记

2月21日至3月10日，叶龙、舒建平、廖立新、钱明宝赴宣城市参加2009至2010年度义务教育费用保障机制专项资金的绩效审计调查。

3月7日至4月14日，舒建平、钱明宝赴池州市参加地方政府性债务审计。

7月4日至9月1日，韩蓓蓉参加省审计厅组织的计算机审计中级资格培训。

7月13至25日，汪建清局长参加审计署2011年度地县审计局长培训班。

7月25日，黟县审计学会成立。

2011年 领导批示、讲话摘要

1月，徐玉宝县长在2011年第01号审计报告上批示：请组织、人事部门根据审计报告，督促被审计人整改到位，特别是借出文物藏件要追回，否则，调动手续缓办。县委组织部部长杨林批示：鉴于胡荣苏同志正在办理调动手续，请朝晖部长商遗产办就审计中提出的问题与胡对接后再出县调动证明。

4月，洪建春县长在《县审计2011年政府投资跟踪审计项目初审意见的回复》上批示：所有县政府投资建设的项目，在招投标前需进行标前预审；建设完工后需进行决算审计并据此拨付工程款。“跟踪审计”只是对少数项目的全过程审计，与标前预审、决算审计不完全一致。

黟县审计学会 领导及理事名单

会　长：汪建清

副会长：叶　龙　王　亮　汪国清　汪建新　马　翠　汪彩兰

秘书长：叶　龙（兼）

副秘书长：吴　洁

常务理事：马　翠　方来诚　王　亮　叶　龙　孙敬东　余国富　汪国清　汪建清　汪建新　汪彩兰　柯志华　常爱珍　舒建平　廖立新

理　事：丁建业　马　翠　方小海　方来诚　王　亮　王光琴　王志远　王海水　王曙光　叶　龙　叶隆珍　叶钟洪　刘莎娜　孙敬东　余国富　吴可为　吴叶涵　吴光伟　吴茂新　吴　洁　汪国洪　汪国清　汪建锋　汪建清　汪建新　汪承成　汪彩兰　汪奇志　邵碧丹　陈辉军　范子燕　金小玲　柯志华　柯峙峰　胡　辉　胡文兰　胡志强　胡国庆　胡景松　胡朝阳　倪晓燕　钱明秀　钱明宝　陶　静　常爱珍　梁　磊　黄永玲　程　哲　程　瑾　程春晖　舒　侬　舒建平　韩蓓蓉　詹永忠　廖立新　操基枝

休宁县审计局

休宁县审计局内设办公室、财政金融审计股、行政事业审计股、经贸审计股、固定资产投资审计股、经济责任审计局和政府投资审计中心，现有编制16名，实有人员14名。

2011年休宁县审计局机关人员配备情况表

内容 / 单位	人数	性别		文化程度				职称			负责人
		男	女	研究生	本科	大专	大专以下	高级	中级	初级	
局领导	3	2	1		3				2	1	张国平
办公室	3	2	1		1		2		1		金　毅
财政金融审计股	1	1				1					胡有根
行政事业审计股	1	1				1				1	程　耘
经贸审计股	1		1		1					1	方淑珍
固定资产投资审计股	2	2			2				1		胡有根
经济责任审计局	3	2	1		2	1			1		胡永强
政府投资审计中心											
合计	14	10	4		9	3	2		5	3	

2011年休宁县审计局领导人员情况表

姓　名	性　别	职　务	职　称	任职时间
张国平	男	局长	政工师	2010年6月
余青峰	男	副局长	审计师	1998年5月
潘秋霞	女	副局长	初级审计师	2011年4月
胡永强	男	经济责任审计局局长	审计师	2007年6月

2011年12月31日在册人员名单

张国平　余青峰　潘秋霞　胡永强　陈爱东　程　耘　叶建华　程建中　方淑珍　胡有根　金　毅　汪德辉　朱海君　方文龙

2011年工作概况

2011年，休宁县审计局在县委、县政府和上级审计机关的正确领导下，围绕实现“一都一城四化”目标，认真履行审计监督职责，按照年初工作计划的方案，积极实施各项工作任务。全年完成审计和审计调查项目267个，审计查处违规金额500万元、管理不规范金额8928万元，提交审计专题、综合性报告和信息简报265篇。

丰富财政“同级审”内容。一是将全部财政性资金纳入审计范围。审计过程中，不但关注财政一般预算内资金，而且将政府性基金等全部财政性纳入审计范围。二是把部门预算执行情况审计作为财政审计的延伸和拓展，从中发现财政管理和资金使用存在的共性难题，做到点面结合。对审计发现的问题，如实在审计工作报告中予以反映和披露，受到了人大常委会的较高评价。

不折不扣地完成各项专项审计和审计调查。一是完成审计署统一安排的东至县地方政府性债务清查审计工作。二是按照省审计厅的统一安排，派出4名审计人员赴郎溪县开展义务教育经费专项绩效审计。三是根据审计署的统一安排，组织对全县中小学校舍安全工程实施和管理情况的审计调查。四是按照省审计厅统一安排对县普通高中债务以及基层卫生机构建设债务情况进行审计调查。五是根据市审计局的统一方案，对县廉租房建设和管理情况开展专项审计调查。

积极组织实施领导干部经济责任审计。围绕“守法、守规、守纪、尽责”要求，加强对权力运行的审计监督。认真组织实施县农机局原局长、水务局局长、计生委主任、茶业局原局长、源芳乡原党委书记、陈霞原党委书记、五城镇原党委书记等7个单位领导干部的经济责任审计工作。

认真开展政府投资项目审计。立足于增强服务意识、改进服务措施、增强服务能力，将审计力量向县重点项目、民生工程倾斜，有力地推动了工程项目的进展。一是不断健全各项制度。随着审计工作情况不断发展和形势不断变化，制定《休宁县审计局工程建设领域突出问题专项治理工作实施方案》，坚持将政府投资审计作为规范工程建设领域市场的交易行为和领导干部从政行为，维护社会主义市场经济秩序，不断深化政府投资审计在党风廉政建设中的作用。出台《休宁县政府政务新区建设项目跟踪审计办法》，建立健全重大项目跟踪审计管理办法和实施细则。根据县委、县政府安排，对政务新区项目工程进行全过程的跟踪审计。审计人员团结协作，克服人员少、时间紧、任务重等困难，采用预算审核、现场勘查等方式，有效防止了虚报工程量和通过设计变更随意扩大建设规模，较好地完成了阶段性审计工作。对政务新区会议中心实施跟踪审计，主要审计隐蔽工程、变更和施工现场签证手续、材料价格等内容，有效保证了工程造价计量与核算的真实性、准确性及合规性，跟踪审计初现成效。全年受理工程签证联系单19份，涉及金额132万元；不予认可签证6份，涉及金额63万元；退回重新办理签证3份，涉及金额14万元，审阅施工及设备采购合同3份，提出修改和补充完善合同条款12处。在跟踪审计实施过程中，重点抓住对项目合同管理、变更签证两大关键环节的审核：加强对合同条款的审核，依据招投标文件审阅合同条款，帮助建设单位加深对合同相关条款的认识，以减少因失误、错漏等原因引发的合同管理风险，从源头上加强投资造价控制。加强对施工现场的监督，及时帮助建设单位解决实际施工中遇到的困难并提供相关技术服务，促进加强管理。加强对工程中期付款的审核，对工程进度款进行审查或复核，使建设资金依据合同和工程实际进度合理拨付。二是以民生工程项目审计为重点。在固定资产投资审计中，坚持以民生工程为导向，审计力量向民生工程倾斜，确保人民群众利益不受侵害。全年完成投资审计项目247个，其中民生工程审计项目124个（含村村通项目52个、基层站所建设项目31个、廉租房及经济适用房建设项目5个、校安工程项目5个、新农村建设基本建设项目32个），占完成投资审计项目的近50%。

强力实施“信息化推进工程”。一是加强组织领导，成立专门机构。二是建立健全长效机制，强化管理考核。三是夯实基础，添加硬件设备。

认真做好专项检查。全年配合县纪检、监察、财政、民政等部门开展对阳光村务、惠农资金、救灾款物等各项专项资金的重点检查以及“小金库”专项检查工作。

积极开展招商引资。认真贯彻县委、县政府关于招商引资工作精神，树立“一岗双责”，重逼加压，加大工作力度，创新招商方法。全年引进休宁县大衍投资管理有限公司项目，到位资金达3000万元。

2011年工作成果一览表

审计单位（个）	查处违规金额（万元）	管理不规范资金（万元）	应缴财政（万元）	已缴财政（万元）	应归还原渠道资金（万元）	移送事项（件）	应调账处理金额（万元）	应自行纠正金额（万元）	审计报告、信息被批示采纳（篇）
267	500	8928	2	2	9		81		265

2011年论文发表情况统计表

报刊名称	时间（期数）	论文题目	作者
《安徽审计》	第10期	《村级财务公开存在的问题及对策》	潘秋霞
《安徽审计》	第12期	《各类协会（学会）财务管理不容忽视》	胡永强

2011年获奖情况

被省审计厅评为全省审计系统精神文明创建先进单位

被市爱国卫生运动委员会评为黄山市卫生先进单位

被县委办评为2008至2009年度县级文明单位

潘秋霞被安徽省干部网络培训管理中心评为干部在线学习优秀学员

胡有根被省审计厅评为全省审计系统“五年行动计划”活动先进个人

2011年大事记

3月24日，县委组织部（休组干字〔2011〕12号）关于李安民等同志工作职务的通知：免去汪东标县审计局党组成员职务。

3月30日，县政府任免通知（休政人〔2011〕2号）关于李安民等通知工作职务的通知：免去汪东标县审计局副局长职务。

4月17日，县委组织部（休组干字〔2011〕31号）关于吴谦敏等同志工作职务的通知：县委决定免去潘秋霞县审计局纪检组长职务。

4月21日，休政人字〔2011〕4号文件关于陈英敏等同志工作职务的通知：决定任命潘秋霞为审计局副局长。

8月29日，休宁县编办（休编字〔2011〕23号）关于设立休宁县政府投资审计中心等事项的批复：同意撤销休宁县工程造价事务所，设立休宁县政府投资审计中心，为局下属股级全额预算事业单位，定全额预算事业便是3名，设主任1名（按副科级配备）。

10月27日，休宁县人力资源和社会保障局（休人社秘〔2011〕443号）关于同意聘用杨琼等十五位同志的通知：根据县编委会议决定，同意聘用朱海君、方文龙两位同志到县经济责任审计局工作。

休宁县审计学会领导及理事名单

名誉会长：朱学军　程宜男　郑利华

会　长：汪　川

副会长：吴文霞　汪金生　汪春发　余青峰　陈春香　陈辉铭　黄国宁

秘书长：潘秋霞

副秘书长：方淑珍

常务理事：方明来　方徽文　陈春香　陈辉铭　李　霞　汪　川　汪东标　汪金生　汪春发　汪高峰　吴文霞　吴福昌　余青峰　余春林　张世军　张红日　金卫国　黄国宁　黄　莺　章迎春　韩雪骅　潘秋霞

理　事：方林平　方明来　方金根　方彩霞　方淑珍　方徽文　王玉明　王　珍　王　剑　邓丽仙　宁一俊　宁　红　卢建国　叶建华　刘四芹　朱秀琴　朱美丽　陈林祥　陈春香　陈建军　陈国强　陈爱东　陈辉铭　李　玲　李　霞　汪　川　汪东标　汪秀蓉　汪雨萍　汪秀华　汪社文　汪金生　汪春发　汪秋云　汪高峰　汪践红　汪爱萍　汪德辉　吴文霞　吴福昌　吴新宝　吴新祥　余青峰　余春林　余　敏　郑建光　杨有华　杨银飞　肖鲁霞　张世军　张红日　张贡献　张荣贵　金卫国　金　毅　范欣端　胡兰萍　胡永强　胡有根　胡志辉　胡秋生　项振生　凌新爱　黄仁彪　黄　安　黄红英　黄建平　黄国宁　黄　莺　曹佩珍　章迎春　章春芳　韩雪骅　谢爱玲　程年生　程伟平　程保东　程建瑜　程建中　程智民　程　耘　雷　瑛　詹光辉　潘秋霞

2011年出台的地方审计规章目录

《关于印发休宁县政务新区建设项目跟踪审计办法的通知》（休政办〔2011〕7号）

歙县审计局

歙县审计局内设综合办公室、财政金融审计股、行政事业农林水审计股、基本建设投资审计股和经济责任审计局，现有编制12名，实有人员17名。

2011年歙县审计局机关人员配备情况表

内容 单位	人数	性别		文化程度				职称			负责人
		男	女	研究生	本科	大专	大专以下	高级	中级	初级	
局领导	3	2	1		2	1			3		方永华
综合办公室	5	4	1		2	3			3	2	
财政金融审计股	2	2			1	1			1	1	程范围
行政事业农林水审计股	2	1	1			2				2	徐明强
基本建设投资审计股	3	3			3				2	1	汪　华
经济责任审计局	2	1	1		2				2		汪丽萍
合计	17	13	4		10	7			11	6	

2011年歙县审计局领导人员情况表

姓　名	性别	职　务	职　称	任职时间
方永华	男	党组书记、局长		2007年3月
谢黎阳	男	副局长	会计师	2003年4月
曹胡翠	女	副局长	审计师	2007年10月
汪丽萍	女	经济责任审计局局长	会计师	2008年6月

2011年12月31日在册人员名单

方永华　谢黎阳　曹胡翠　汪丽萍　胡发青　程范围　叶庆利　徐明强　张　红　汪　华　方光泉　汪海彬　张黎群　张绳平　汪红杏　钱孝云　程　伟

2011年歙县审计局特约审计员情况表

姓　名	性　别	工作单位	职　务	职　称	任职时间
何文明	男	县人大财工委	主　任		2008年5月
邵灵花	女	县委组织部干监科	科　长		2010年7月
孙耀辉	男	县监察局	副局长		2010年7月
汪　峰	男	县财政局	纪检组长		2006年5月
李玉成	男	县计生委	副主任		2006年5月
胡琦凯	男	县司法局	副局长		2010年7月
吕　阳	男	县地税局	副主任科员		2010年7月
潘淑玉	女	县农委农技推广中心	副主任		2006年5月

2011年工作概况

2011年，歙县审计局完成审计和审计调查项目20个，查处违规资金778万元、管理不规范资金2430万元，应上缴县财政8.03万元；完成政府性投资审计项目329个，送审金额5.6亿元，核减工程造价7398万元，平均核减率达13.28%；提出审计建议57条，编发审计信息23期，被审计署网站采用 3 条，省审计厅《信息简报》、《安徽审计》采用9条，省审计厅网站采用11条。县委、县政府主要领导多次在审计报告上作出批示，要求被审计单位认真落实审计意见和审计决定。

以规范财务收支为着力点，深化预算执行审计。继续抓住财政审计这根主线，以努力构建财政审计大格局为目标，深化财政预算执行审计。全年完成县财政局、地税局、国土局、水利局、交通局、经信委等6个部门和单位的财政预算执行审计。从县本级预算执行审计情况来看，主要有3个方面的特点：一是强化支出审计。针对歙县财政收支矛盾较突出，财政支出压力较大等情况，重点检查有关部门超预算拨款、无预算拨款现象，以及随意追加支出等问题，对深化财政支出改革、优化支出结构、完善支出定额标准体系发挥了积极作用。二是突出预算执行审计重点。继续紧扣预算和预算执行这个中心，有针对性地检查各执收执罚部门执行“收支两条线”规定及收入解缴金库或财政专户情况；针对县直部门财政财务管理行为逐步规范、下属单位存在问题相对较多的情况，突出加强对二级机构预算单位财务收支情况的监督。三是加大专项资金的延伸审计。在预算执行审计过程中，重点延伸审计调查土地出让金专项资金、农业综合开发专项资金、经济建设专项资金、社会保障专项资金的筹集、分配、拨付、使用及效益情况，促进了预算收支及管理的进一步规范。

以推进民生工程为出发点，突出专项资金审计。根据审计署和省审计厅的计划安排，抽调精干人员，在完成全省地方政府性债务情况专项审计调查和全省城乡义务教育费用保障机制专项资金绩效审计调查的同时，继续把民生工程作为审计工作的重点，先后研究出台《关于进一步加强民生工程资金审计监督的意见》、《歙县审计局实施民生工程责任追究暂行办法》，强化对农业、教育、社保、医疗等专项资金的审计监督，确保各项惠民政策落到实处。全年完成养老保险基金、舟曲救灾资金、县农业委员会2008年巩固退耕还林成果农村能源项目资金、2010年农村沼气民生工程项目资金、2010年财政支农资金整合情况、扶贫资金、义务教育经费保障等7个项目的专项资金审计和审计调查。研究出台《关于加强对抗洪救灾资金物资监管的通知》，对财政和社会捐赠款物的筹集、分配、拨付、使用及效益进行全过程跟踪审计，确保了救灾款物真正用于灾区、惠及受灾群众。

以提高投资效益为着重点，拓展政府投资审计。成立政府性投资效益审计领导组，进一步完善规范政府性投资项目审计监督办法，加强与县发改委、财政、建设、教育、交通、卫生、移委等单位的沟通联系，建立全县政府性投资建设项目库，开展政府性投资建设项目审计情况专项检查。同时，加大政府性投资建设项目监督力度，前移监督关口，开展标前审计。对政府投资较大的徽州府衙修复工程、歙县循环经济园区项目实行跟踪审计。对县交通运输指挥中心大楼、歙县循环经济园区基础设施建设、农业综合开发等项目实行标前审计，并取得了较好的效果。切实加强对社会中介机构的管理。引入竞争机制，对政府投资1000万元以上重大项目，实行公开招标形式来确定社会中介机构，并派员全程跟踪监督，加强对审计风险的控制，对审计结果报告在政府网进行公示，接受社会监督。

以加强干部监督为切入点，抓好经济责任审计。年初，及时召开经济责任审计联席会议，研究确定全年的任期经济责任审计计划，进一步明确经济责任审计联席会议各成员的职责和分工，发挥了经济责任审计联席会议的作用。全年完成对原水利局局长仇敬标、原交通局局长洪淦虎、国土资源局局长王逸、扶贫办主任王德济等4位同志经济责任审计及富堨工业园区法人代表叶志宏任职期间的资产移交手续离任审计。根据县委纪检、组织部门的要求，组织人员完成对深渡镇定潭村党支部书记和村委会主任的任中审计。在审计中，把领导干部科学民主决策、推动发展、严格管理、政策执行以及廉洁自律等内容列为审计重点，对审计出的问题，及时提出有针对性审计意见和审计建议，要求被审计单位将审计整改情况书面反馈县审计局。同时，对审计中发现的一些重大问题，及时形成《审计专报》呈报县委、县政府领导审阅，并对审计对象应承担的责任作出实事求是的界定和客观公正的评价。

以“信息化推进工程”为突破点，提升信息化应用水平。按照省审计厅和市审计局有关信息化建设工作要求，全力实施“信息化推进工程”。一是加大信息化硬件投入。根据审计“信息化推进工程”的要求，与电信部门开通审计内网专线，对局内各股室网络进行重新整合，投入7.2万元，更新笔记本电脑6台，添置台式电脑7台、扫描仪5台，为“信息化推进工程”打下了良好的基础。二是强化审计信息化知识培训。结合审计“信息化推进工程”，举办两期审计信息化培训班，开展“结对帮扶”活动，增强审计人员的信息化应用能力，解决审计管理系统和审计现场实施系统使用中的困难。三是加大公文流转和项目现场实施应用。全年实施的6个预算执行审计项目、4个经济责任审计项目全部在OA中立项分解，在AO中实施，完善公文网上流转程序，并实现AO和OA间交互使用，并开展审计数字化试点项目。四是严格落实信息化工作责任制。及时调整信息化建设工作和考核领导组织，制定《歙县审计局审计信息化工作考核办法》，进一步细化信息化工作考核内容，实行审计信息化工作通报和一票否决制度。五是总结提炼信息化工作成果。在“信息化推进工程”中，对取得较好的计算机审计成果的项目，及时总结归纳。分别撰写上报《税收征收经费提取的计算机审计方法》和《县地税局2010年度预算执行情况审计项目AO应用实例》，其中推荐的审计方法获省审计厅优秀奖。

围绕审计整改，组织对2010年的审

计意见、审计决定执行情况进行检查。为维护国家财经秩序，促进党风廉政建设，维护审计监督工作的严肃性和权威性，根据县政府办《关于开展审计意见和执行审计决定情况专项检查的通知》精神，从县人大财经工委、县政府办督办室、县纪检委、县委组织部、县审计局等单位抽调专人，组成3个检查组，联合对2010年度实施的审计项目，各被审计单位落实审计意见和执行审计决定情况进行专项检查。通过专项检查，全县纠正管理不规范资金3046万元，上缴县财政58.4万元，挽回经济损失27万元，清收土地出让金760万元，纪检、监察机关根据审计移送违法违纪线索给予1名财政干部党纪、政纪处分。县政府及相关职能部门根据审计建议先后出台6个关于加强财务管理及专项资金管理的制度，有效堵住了管理漏洞，为提高行政管理水平、确保经济社会健康运行发挥了积极作用。

围绕县委的统一部署，着力开展“创先争优”活动。以邓小平理论和“三个代表”重要思想为指导，深入学习实践科学发展观，以“推动科学发展、促进社会和谐、服务人民群众、加强基层组织”为总体目标，按照县委关于在党的基层组织和党员中深入开展创建先进基层党组织、争当优秀共产党员活动的要求，结合县审计局实际，研究制定实施方案。通过一系列主题实践活动，推进了“创先争优”活动的深入开展。

围绕县委、县政府工作中心，认真组织开展招商引资及相关工作。高度重视招商引资工作，将招商引资工作列入年度工作计划，同部署、同落实。局领导多次带队奔赴浙江、江苏、上海等地联系、洽谈招商事宜，亲自陪同外地客商来歙实地考察。通过以情感人，以诚动人，以行信人，先后引进广和建材有限公司和凯邦科技有限公司落户于园区，超额完成招商引资任务。积极参加丰乐河综合治理拆迁工作，认真做好对口乡镇联系工作，积极参加该乡镇的计划生育、结对共建、困难扶助等工作，积极帮助基层解决一些实际问题。扎实推进机关党的建设，认真开展党员培训、社区共建、向困难党员献爱心及各种文体娱乐活动，陶冶干部情操，活跃工作氛围。

以提高干部素质为着眼点，构建和谐审计机关。坚持以人为本，积极探索，努力构建和谐、高效、廉洁的审计机关。一是加强领导班子和干部队伍建设。根据县委、县政府的统一部署，着重围绕迎接中国共产党成立90周年开展“创先争优”活动。坚持抓好学习实践活动整改落实后续工作，兑现向群众做出的承诺，建立健全深入学习实践科学发展观的长效机制，积极参与市委举办的“创先争优”征文比赛，并荣获了优秀奖。二是认真组织开展建党90周年活动。在积极参加省、市审计系统举办的建党90周年楹联展和书画展的同时，开展丰富多彩的纪念活动，先后与市文联、市摄影家协会共同举办纪念中国共产党成立90周年“审计杯”摄影大赛；组织党员参加重温入党誓词宣誓仪式。召开离退休老党员干部建党90周年座谈会，回顾党的历史，展望党的业绩，坚定党的信念。三是开展机关文明创建活动。组织全体干部职工踊跃投身争创全国文明县城行列，在主动抓好文明机关大院创建工作的同时，自觉投身所在社区共建活动。积极开展文明行业（系统）创建活动，并连续两届荣获市级文明单位。

2011年工作成果一览表

审计单位（个）	查处违规金额（万元）	管理不规范资金（万元）	应缴财政（万元）	已缴财政（万元）	应归还原渠道资金（万元）	移送事项（件）	应调账处理金额（万元）	应自行纠正金额（万元）	审计报告、信息被批示采纳（篇）
349	778	2430	8.03	8.03					15

2011年获奖情况

被市审计局评为“信息化推进工程”先进集体

被市审计局评为“审计楹联展”先进集体

歙县王村镇2008年度财政决算及原党委书记（镇长）任期经济责任审计被省审计厅评为表彰审计项目

方永华被市审计局评为“审计楹联展”先进个人

叶庆利被市审计局评为“信息化推进工程”先进个人

2011年大事记

1月21日，张黎群从郑村镇调入县审计局工作。

2月21日，赴宁国市教育经费保障审计组进点。

3月7日，赴青阳县地方政府性债务审计组进点。

3月9日，省审计厅厅长刘战平一行到歙县调研地方政府性债务审计情况。

4月13日，邀请市审计局叶莉到县审计局开展OA与AO交互审计培训。

4月27日，省审计学会副会长王运清到县审计局调研。

5月27日，省审计厅厅长刘战平一行到歙县就“信息化推进工程”进行调研。

7月1日，方永华局长参加全省审计系统楹联展。

8月24日，召开歙县审计学会成立大会。

11月8日，省审计厅厅长刘战平到歙县进行“五级书记大走访”活动。

2011年
领导批示、讲话摘要

1月12日，县委书记滕祁源在《富

堨镇政府2009年度财政决算审计报告》上批示：对乡镇存在财务方面尤其在执行财经制度方面存在的问题要高度重视、加强监管，严格执行有关规定，发现问题要限期整改。

歙县审计学会领导及理事名单

名誉会长：李　忠　叶显邦　黄高少

会　长：方永华

副会长：叶章来　吴秋惠　何文明　曹胡翠　谢黎阳

秘书长：汪丽萍

副秘书长：张黎群

常务理事：方永华　叶章来　吴东海　吴秋惠　何文明　汪丽萍　汪锦辉　汪　峰　徐　宁　曹胡翠　谢黎阳

理　事：方永华　方永新　方光泉　方佳明　方润日　方筑路　叶庆利　叶春雷　叶章来　朱万佳　江卫东　江勇民　江智民　李玉成　吴正杰　吴正忠　吴东海　吴光玉　吴秋惠　吴增华　何文明　余永忠　汪　华　汪丽萍　汪锦辉　汪海彬　汪　峰　邵灵花　张　红　张来法　张剑云　张敏云　张黎群　杨银飞　郑小平　郑毅华　胡发青　胡志辉　胡灶燚　胡海峰　侯　侃　洪四清　姚广荣　姚兰芬　夏明泰　钱孝云　徐　宁　徐明强　凌　晨　曹胡翠　程　伟　程范围　程菊英　谢黎阳　鲍　杰

内部审计

安徽省内部审计师协会团体会员名单

序号	团体会员单位名称	内设审计机构	内部审计机构负责人
1	中铁四局集团有限公司	审计处	方文胜
2	中国联通安徽分公司	审计处	杨兆余
3	武警安徽省总队后勤部	审计处	罗会强
4	武警安徽省消防总队	审计处	王探昌
5	中国银行安徽省分行	监察稽核处	周名丰
6	中国工商银行安徽省分行	稽核部	葛业寿
7	农业银行安徽省分行	审计处	叶 珲
8	安徽省电力公司	审计部	吴本长
9	安徽省人民政府外事办公室	人秘处	项昌明
10	安徽省财政厅	预算处	孟照红
11	安徽省公安厅	审计处	李 筠
12	安徽省安全厅	审计处	陈 李
13	安徽省交通厅	审计办	浦锦华
14	安徽省教育厅	计财处	石金明
15	安徽省国土资源厅	计财处	胡继贵
16	安徽省文化厅	计财处	房蒲生
17	安徽省国家税务局	财务处	杨清芬
18	安徽省地方税务局	财监处	金啟钟
19	安徽省供销社	审计处	王和义
20	安徽省总工会	审计处	章 旗
21	安徽省气象局	审计处	张 竝
22	安徽出入境检验检疫局	审计处	方咏梅
23	安徽省地质矿产勘查局	审计处	王 刚
24	安徽省信息产业厅	财务处	汪 丽
25	华东冶金地质勘查局	审计处	张 耀
26	安徽省地方海事局	审计处	蒋满林
27	安徽省地震局	审计处	葛松印
28	安徽省国防科工办	财务处	朱海鹰
29	安徽省监狱管理局	审计处	傅洪平
30	安徽省劳教局	财务处	李再发
31	安徽煤田地质局	监察审计处	钱永胜
32	安徽省机械设备成套局	财务处	陶元庆
33	安徽省国际交流中心	财务部	祝 浩
34	安徽省烟草公司	审计处	孙 焕
35	安徽日报报业集团	监审室	费学信
36	安徽省国元控股（集团）有限责任公司	稽核审计部	许昌渊
37	国元证券有限责任公司	稽核部	程凤琴
38	安徽国元信托投资有限公司	审计处	朱先平

序号	团体会员单位名称	内设审计机构	内部审计机构负责人
39	中国科学院合肥物质研究院	监察审计室	朱振宇
40	中国科学技术大学	审计处	张　荣
41	合肥工业大学	审计处	孙保群
42	安徽大学	审计处	刘　静
43	安徽农业大学	监审处	高翠芝
44	安徽医科大学	审计处	彭大枝
45	安徽中医学院	审计室	马　勇
45	中国计算机函授学院	审计室	张志平
47	安徽医科大学第一附属医院	审计科	孙邦浩
48	安徽省劳教局南湖劳教所	审计科	牟艳华
49	安徽省立医院	审计科	操乐勤
50	安徽省疾病预防控制中心	财务科	叶肥生
51	安徽中烟工业公司	审计部	华　惠
52	安徽省社会科学院	审计科	左　媛
53	安徽省农业科学院	纪　委	李本会
54	东华工程科技股份有限公司	审计处	方传益
55	中国石化股份公司安徽石油分公司	审计处	向　青
56	中国电信股份有限公司安徽分公司	审计室	胡新民
57	中国移动通信集团安徽有限公司	审计监督部	施为克
58	安徽省农垦集团公司	审计处	陈万树
59	安徽叉车集团公司	审计科	曲晓敏
60	安徽商之都有限责任公司	财务审计部	张清平
61	中国人民财产保险股份有限公司安徽省分公司	审计部	陆中枢
62	中国人寿保险股份有限公司安徽省分公司	稽核部	倪耀明
63	徽商银行	审计部	蒋凤芹
64	安徽省农村信用社联合社	审计稽核部	刘学华
65	安徽新华书店集团有限公司	审计部	马常好
66	安徽省交通投资集团有限责任公司	审计部	王洁林
67	安徽省医药公司	审计部	陈冬梅
68	安徽电建一公司	审计部	刘　敏
69	安徽华源发展有限公司	审计监督部	唐　静
70	中国电子科技集团公司电子第四十三研究所	审计处	梁　锋
71	中国电子科技集团公司第三十八研究所	纪审室	程菊芳
72	合肥皖安航空装备有限责任公司	审计处	许慧懿
73	安徽江淮航空供氧制冷设备有限公司	预算审计处	张庆法
74	合肥发电厂	监察审计部	陈　燕
75	安徽华诚工程造价事务所		王　乐
76	安徽安建会计师事务所		陈建华
77	安徽申信工程造价事务所	办公室	郑晓阳
78	安徽华鹏工程造价咨询有限责任公司		张云云
79	安徽省人民政府驻京办事处	办公室	蒋义芳
80	中国大唐集团公司安徽分公司	监察审计部	佘　进
81	安徽科大讯飞信息科技有限公司	审计部	吴德海
82	合肥师范学院	审计室	葛柏枫
83	安徽徽商集团公司	审计处	刘应红
84	安徽送变电工程公司	审计部	张兴川
85	安徽工商职业学院	审计科	王国强

序号	团体会员单位名称	内设审计机构	内部审计机构负责人
86	安徽正一会计师事务所	综合部	吕蓉君
87	安徽省公路桥梁工程公司	财务审计部	张　红
88	中国农业发展银行安徽省分行	内部审计处	丁　亚
89	合肥黄山大厦酒店管理有限公司	财务部	王　敏
90	安徽省能源集团有限公司	审计法规部	沈春水
91	安徽省皖能股份有限公司	监察审计部	李劲红
92	安徽省投资集团有限公司	法律审计部	王守四
93	华安证券有限责任公司	稽核部	杨　军
94	合肥市审计局	内部审计协会	陈向东
95	合肥供电公司	审计科	杨晓荣
96	合肥市农业委员会	监察审计室	朱永仁
97	合肥卷烟厂	审计科	夏　明
98	合肥美菱股份有限公司	审计法务部	王绍卓
99	合肥百货大楼股份有限公司	审计部	陈文达
100	合肥市热电集团公司	审计监察部	袁　昕
101	合钢集团公司改革发展部	审计科	陈思源
102	合肥华泰集团公司	审计部	姚从云
103	芜湖市审计局	内部审计协会	罗守东
104	南陵县审计局	内部审计协会	李正一
105	繁昌县审计局	内部审计协会	汪安宁
106	芜湖长江轮船公司	财务审计处	方红慧
107	芜湖南京新百大厦有限公司	监察审计室	沈　青
108	安徽师范大学	审计处	张春杨
109	皖南医学院附属医院（弋矶山医院）	审计科	姚　勇
110	安徽工程科技学院（安徽机电学校）	审计处	郭兴众
111	安徽省电信有限公司芜湖分公司	审计部	耿函婷
112	上汽集团奇瑞汽车有限公司	审计部	杨　虹
113	芜湖港储运股份有限公司	监察审计部	杨学伟
114	芜湖发电厂	审计室	秦和平
115	安徽海螺集团公司	审计部	张　昇
116	滁州市审计局	内部审计协会	付卫民
117	天长市审计局	内部审计协会	陆晓华
118	中国人民保险公司滁州分公司		
119	安徽科技学院	审计处	王永富
120	滁州市粮食局	审计科	陈启梅
121	滁州供电公司	审计部	张金强
122	滁州市营造实业有限公司	审计科	王伟平
123	天长市粮食局	审计科	张胜超
124	滁州学院	监审处	高维红
125	蚌埠市审计局	内部审计协会	周　杰
126	安徽财经大学	审计处	周善文
127	蚌埠学院	审计处	倪长连
128	蚌埠医学院	监察审计处	张武丽
129	蚌埠医学院第二附属医院	监察审计科	卢少荣
130	蚌埠医学院附属医院	审计科	徐来银
131	安徽丰原集团公司	审计部	易开敏
132	六安市审计局	综合科	郭立刚

序号	团体会员单位名称	内设审计机构	内部审计机构负责人
133	裕安区供销社	财务科	
134	六安市地方税务局		丁 端
135	中国人民银行六安中心支行		王安君
136	安徽巢东水泥集团有限责任公司	审计处	姚善福
137	安徽皖维集团有限责任公司	监审处	崔建伟
138	巢湖市建设委员会	审计科	王传璧
139	巢湖市烟草局	审计科	施开运
140	中国人民银行巢湖中心支行	稽核部	陶亚明
141	安徽省农业银行驻巢湖办事处	审计办	李 力
142	巢湖供电公司	审计科	洪小平
143	安徽省白湖监狱管理分局	审计科	夏登发
144	巢湖学院	审计处	黄志圣
145	淮南市审计局	内部审计协会	王 丽
146	凤台县审计局	办公室	
147	淮南市田家庵发电厂	审计科	段宗跃
148	淮南矿业集团	审计处	李凤成
149	淮南师范学院	审计处	许 驰
150	安徽理工大学	审计处	曹光保
151	安徽淮化集团有限公司	审计部	王金荣
152	淮北市审计局	内部审计协会	陈再新
153	淮北矿业集团有限责任公司	审计处	汪吾敬
154	淮北发电厂	审计部	张 峰
155	中煤特殊工程公司	审计部	张其林
156	中煤第三建设公司	审计处	杨传君
157	淮北供电公司	审计科	关香云
158	铜陵市审计局	内部审计协会	刘崧梓
159	铜陵有色集团公司	审计处	邵宗建
160	铜陵化学工业集团有限公司	审计部	佟秀梅
161	铜陵市交通局	财务科	李茂龙
162	铜陵供电公司	审计科	吴长炳
163	铜陵市建设委员会	审计室	李大鹏
164	铜陵市铜峰电子集团公司	审计部	严永旺
165	池州市审计局	内部审计协会	杨正发
166	池州市杰达集团资产经营有限公司	财务部	
167	青阳县审计局	综合科	张益平
168	池州市公路局	审计科	邢长付
169	安徽九华山旅游发展股份公司	审计督察部	李 清
170	池州供电公司	审计部	杨永波
171	中国人民银行池州中心支行	内部审计科	邹贵龙
172	黄山市审计局	内部审计协会	李金前
173	黄山旅游发展股份有限公司	审计部	谢积金
174	黄山供电公司	内控合规部	吴 伟
175	黄山市地方税务局	审计室	戴爱媚
176	黄山风景区管委会	审计室	仇海英
177	马鞍山市审计局	内部审计师协会	范丽霞
178	当涂县审计局	内部审计协会	李元兰
179	马钢集团有限公司	审计部	寇建国

序号	团体会员单位名称	内设审计机构	内部审计机构负责人
180	十七冶金建设公司	审计部	吴金玉
181	安徽工业大学	审计处	钱年根
182	马鞍山供电公司	审计部	司春萍
183	马鞍山市农业委员会	审计处	杨丽华
184	中冶华天工程技术有限公司	审计处	范万柱
185	马鞍山市人民医院	审计科	刘　玲
186	宣城市审计局	内部审计协会	李东保
187	宣城供电公司	审计科	鲁林冲
188	宣城市粮食局	审计科	陈经平
189	中国工商银行宣城分行	稽核部	马晓明
190	阜阳市审计局	综合科	屈　杰
191	阜阳市电信公司	审计部	王　强
192	阜阳卷烟厂	审计科	田　丽
193	阜阳供电公司	审计科	傅新民
194	安徽金牛实业股份有限公司	审计部	周玉强
195	阜阳师范学院	审计处	陆　军
196	中国农业发展银行阜阳市分行	内控审计部	徐雁冰
197	宿州市审计局	内部审计协会	张　挺
198	皖北煤电集团	审计处	汪维奇
199	宿州市埇桥区审计局	办公室	李淑华
200	宿州市粮食局		葛　鹏
201	亳州市审计局	内部审计协会	赵　峰
202	亳州市交通局	审计科	程龙海
203	亳州供电公司	审计科	张　进
204	亳州供电有限责任公司	审计部	张锦花
205	安徽古井集团有限责任公司	审计部	叶长青
206	亳州市烟草专卖局	审计科	朱普宇
207	安庆市审计局	内部审计协会	叶　青
208	桐城市审计局	办公室	徐晓珠
209	安庆供电公司	审计科	姚发登
210	安庆师范学院	纪　委	毛可有
211	中国石油化工股份有限公司安庆分公司	审计部	许光东

安徽省内部审计师协会第四届理事会理事名单

序号	姓　名	性　别	工作单位	职　务
1	王兴如	男	安徽省内部审计师协会	会　长
2	戴克柱	男	安徽省审计厅	党组成员、副厅长
3	江　燕	女	安徽省国有资产监督管理委员会	党委委员、总会计师
4	杨本清	男	安徽省商务厅	副厅长
5	姚厚贵	男	安徽财经大学	党委常委、纪委书记
6	耿学梅	女	安徽省工商业联合会	副会长
7	高晋生	男	马钢集团公司、马钢股份公司	副总经理、党委常委
8	王建培	男	皖北煤电集团	副总经理
9	王才焰	男	安徽江淮汽车集团有限公司	总会计师
10	周建成	男	芜湖南京新百大厦有限公司	副总经理

序号	姓名	性别	工作单位	职务
11	张早明	男	安徽省审计厅	省内部审计师协会秘书长
12	吴鲁滨	男	安徽省审计厅	企业审计处处长
13	程家楷	男	安徽省审计厅	副巡视员、办公室主任
14	王念义	男	安徽省审计厅	人教处处长
15	王洪灯	男	安徽省审计厅	机关党委专职副书记
16	方　正	男	安徽省审计厅	综合法规处处长
17	黄传琥	男	安徽省审计厅	行政事业审计处处长
18	严北英	男	安徽省审计厅	外资审计处处长
19	胡　健	男	安徽省审计厅	投资审计处处长
20	刘　村	男	安徽省审计厅	农业与资源环保审计处处长
21	许志宝	男	安徽省审计厅	财政审计处处长
22	张海珍	女	安徽省审计厅	金融审计处处长
23	李曙光	女	安徽省审计厅	社会保障审计处处长
24	史守信	男	安徽省审计厅	监察室主任
25	徐向东	男	安徽省审计厅	计统审计室主任
26	范新国	男	安徽省审计厅	科教审计室主任
27	陶　飞	男	安徽省审计厅	劳动保障审计室主任
28	马绪忠	男	安徽省审计厅	交通建设审计室主任
29	吕同仁	男	安徽省审计厅	农业审计室主任
30	骆安君	男	安徽省审计厅	经济审计室主任
31	曹毕生	男	安徽省审计厅	文化卫生审计室主任
32	夏瑜宝	男	安徽省审计厅	新闻广电审计室主任
33	白宏葵	男	安徽省审计厅	机关服务中心主任
34	周仕东	男	安徽省经济责任审计局	副局长
35	徐　锋	女	安徽审计职业学院	党委书记
36	胡孝东	男	安徽审计职业学院	副院长
37	王　羚	男	安徽省审计科研所、省审计学会	所长、秘书长
38	方文胜	男	中铁四局集团有限公司	审计部部长
39	吴本长	男	安徽省电力公司	审计部主任
40	王探昌	男	武警安徽省消防总队	审计处处长
41	司武超	女	中国石化股份安徽石油分公司	审计处处长
42	杨兆余	男	中国联通安徽分公司	审计部部长
43	胡新民	男	中国电信安徽省电信公司	审计部主任
44	王维平	女	安徽移动通信有限责任公司	审计部总经理
45	章　旗	女	安徽省总工会	经审办主任
46	陶国群	男	安徽省国有资产监督管理委员会	统计评价处调研员
47	李　筠	女	安徽省公安厅	审计处处长
48	石金明	男	安徽省教育厅	计划财务处副处长
49	张有怀	男	安徽省安全厅	审计处处长
50	胡继贵	男	安徽省国土资源厅	财务处处长
51	王和义	男	安徽省供销社	审计处处长
52	汪　丽	女	安徽省信息产业厅	办公室副科长
53	江敏如	男	安徽省地方税务局	内部审计处处长
54	余大兴	男	安徽省地方税务局	内部审计处调研员
55	方咏梅	女	安徽检验检疫局	审计处副处长
56	王　刚	男	安徽省地质矿产勘查局	审计处处长
57	张　竝	男	安徽省气象局	监审处处长

序号	姓　名	性　别	工作单位	职　务
58	周金玲	女	安徽省地震局	审计处处长
59	房蒲生	男	安徽省文化厅	财务处处长
60	徐敬启	男	安徽省交通厅	财务处处长
61	蒋满林	男	安徽省地方海事局	审计处处长
62	朱海鹰	男	安徽省国防科工办	财务处处长
63	吴　诚	男	安徽省监狱管理局	审计处处长
64	李再发	男	安徽省劳教局	助理调研员
65	张东阳	男	安徽省劳教局南湖劳教所	审计科科长
66	王　静	女	安徽省烟草专卖局	审计处副处长
67	张　耀	男	华东地质勘查局	审计处处长
68	陈万树	男	安徽省农垦集团公司	审监处处长
69	王守四	男	安徽投资集团有限公司	审计法律部副经理
70	华　惠	女	安徽中烟工业公司	财审部部长
71	唐　静	女	安徽华源发展有限公司	审计部部长
72	马常好	男	安徽新华发传媒股份有限公司	审计部主任
73	李　昌	男	安徽省能源集团有限公司	审计部主任
74	徐　琳	男	安徽叉车集团公司	总会计师
75	方传益	男	化工部第三设计院(东华工程公司)	财务部副主任
76	梁　锋	男	信息产业部电子第43研究所	审计处处长
77	刘万程	男	安徽省农业科学院	计财处处长
78	左　媛	女	安徽省社会科学院	财务处科长
79	费学信	男	安徽日报报业集团	监察审计室主任
80	周名丰	男	中国银行安徽省分行	稽核部总经理
81	黄深厚	男	农业银行安徽省分行	稽核处处长
82	刘学华	男	安徽省农村信用联合社	审计稽核部部长
83	许昌渊	男	安徽国元控股(集团)有限责任公司	审计部部长
84	朱先平	男	安徽国元信托投资公司	审计部经理
85	程凤琴	女	国元证券有限责任公司	稽核部经理
86	邹海瑛	男	中国人民财产保险安徽分公司	审计部经理
87	倪耀明	男	中国人寿保险公司安徽省分公司	稽核部经理
88	张　荣	男	中国科学技术大学	监察审计处处长
89	唐卫东	男	合肥工业大学	审计处处长
90	刘　静	男	安徽大学	监察审计处处长
91	赵　莉	女	安徽农业大学	监察审计处处长
92	彭大枝	男	安徽医科大学	审计处处长
93	武　刚	男	安徽中医学院	纪检监察审计处处长
94	孙邦浩	男	安徽医科大学第一附属医院	监察审计处副处长
95	操乐勤	男	安徽省立医院	审计科科长
96	张志平	女	中国计算机函授学院	财务总监
97	朱振宇	女	中国科学院合肥物质研究院	审计主管
98	刘　敏	男	安徽电建一公司	审计部主任
99	施长江	男	安徽省医药公司	审计部部长
100	叶肥生	男	安徽省疾病预防控制中心	财务科副科长
101	顾　平	女	合肥江航飞机装备有限公司	审计处处长
102	王　乐	男	安徽华诚工程造价事务所有限公司	所　长
103	陈昌云	男	安徽宝申会计师事务所	所　长
104	吕蓉君	女	安徽正一会计师事务所有限公司	所　长

序号	姓 名	性 别	工作单位	职 务
105	王 敏	女	黄山大厦酒店管理公司	副总经理
106	宋德润	男	合肥市热力公司	副总经理
107	方 欣	男	安徽化工学校	财务科科长
108	解慧琴	女	徽商银行	审计部总经理
109	顾 强	男	合肥市审计局	总审计师、市内部审计协会会长
110	陈向东	男	合肥市审计局	市内部审计协会秘书长
111	茆建斌	男	肥东县审计局	局长、县内部审计协会会长
112	宋必杰	男	长丰县审计局	局长、县内部审计协会副会长
113	杨晓荣	女	合肥供电公司	审计部主任
114	张 玲	女	合肥卷烟厂	审计科科长
115	陈文达	男	合肥百货大楼股份有限公司	审计部部长
116	何长群	男	合肥钢铁集团有限公司	审计科科长
117	姚从云	女	合肥华泰集团公司	审计部部长
118	俞 真	男	丰乐种业股份有限公司	审计部副主任
119	刘 俊	男	合肥市公安局	审计处处长
120	陈 军	男	芜湖市审计局	纪检组长、市内部审计协会会长
121	罗守东	男	芜湖市审计局	管理指导科科长、市内部审计协会秘书
122	李正一	男	南陵县审计局	副局长、县内部审计协会会长
123	滕兢岚	女	繁昌县审计局	副局长、县内部审计协会会长
124	章北光	男	芜湖县审计局	副局长、县内部审计协会会长
125	沈 青	女	芜湖南京新百大厦有限公司	审计部主任
126	余捍华	男	安徽省电信公司芜湖分公司	审计部主任
127	王爱民	男	安徽师范大学	审计处处长
128	胡小宝	男	芜湖弋矶山医院	审计科科长
129	杨 虹	女	奇瑞汽车股份有限公司	审计部部长
130	叶宏斌	男	滁州市审计局	总审计师、市内部审计协会会长
131	付卫民	男	滁州市审计局	市内部审计协会秘书长
132	潘中勇	男	天长市审计局	局长、市内部审计协会会长
133	王永富	男	安徽技术师范学院	审计处处长
134	张 丽	女	滁州供电公司	监审部部长
135	徐德利	男	蚌埠市审计局	副局长、市内部审计协会会长
136	陈 忠	男	蚌埠市审计局	市内部审计协会秘书长
137	周善文	男	安徽财经大学	审计处处长
138	张金标	男	安徽财经大学	纪委副书记
139	安广实	男	安徽财经大学	会计研究所所长
140	张武丽	女	蚌埠医学院	纪委副书记、监审处处长
141	高如银	男	安徽丰原集团公司	审计部部长
142	蒋昌荣	男	蚌埠医学院第二附属医院	纪委书记
143	窦祖武	男	六安市审计局	副调研员
144	张东崇	男	六安市审计局	综合法规科科长
145	丁瑞州	男	六安市地税局	纪检组长
146	王安君	男	中国人民银行六安市中心支行	副主任科员
147	郑国庆	男	安徽长安电子集团有限公司	审计室主任
148	戴德铨	男	黄山市审计局	调研员、市内部审计协会会长
149	李金前	男	黄山市审计局	市内部审计协会秘书长
150	吴 智	男	黄山市工行	内控合规部经理
151	曹梦萍	女	黄山供电公司	审计部主任

序号	姓名	性别	工作单位	职务
152	戴爱媚	女	黄山市地税局	审计室主任
153	仇海鹰	女	黄山风景区管委会	审计室主任
154	杨凌云	女	巢湖市审计局	调研员、市内部审计协会会长
155	欧阳海福	男	巢湖市审计局	市内部审计协会秘书长
156	钱　黎	男	巢湖供电公司	审计部主任
157	李　力	男	巢湖市农业银行	审计办主任
158	郑清泉	男	巢湖市地税局	纪检组长
159	陶林芳	男	中国工商银行巢湖市分行	内控合规部经理
160	施开运	男	巢湖市烟草专卖局	审计科长
161	赵建南	男	巢湖市居巢区审计局	局　长
162	黄志圣	男	巢湖学院	审计处处长
163	牛多云	男	淮南市审计局	市内部审计协会会长
164	王　丽	女	淮南市审计局	市内部审计协会秘书长
165	杨建新	男	大唐淮南田家庵发电厂	审计部主任
166	江文革	男	淮南矿业集团	审计处处长
167	曹光保	男	安徽理工大学	审计处处长
168	许　驰	男	淮南师范学院	审计处处长
169	赵德荣	男	淮北市审计局	市内部审计协会会长
170	李元海	男	淮北市审计局	市内部审计协会秘书长
171	宫为敏	男	淮北矿业集团有限责任公司	审计处处长
172	张　峰	男	大唐淮北发电厂	审计部主任
173	洪桂兰	女	铜陵市审计局	副调研员、市内部审计协会会长
174	王素贤	女	铜陵市审计局	市内部审计协会秘书长
175	方旺德	男	铜陵县审计局	局长、县内部审计协会会长
176	邵宗建	男	铜陵有色集团公司	审计部主任
177	佟秀梅	女	铜陵化学工业集团有限公司	审计监管部部长
178	李茂龙	男	铜陵市交通局	财务科科长
179	程长久	男	池州市审计局	调研员、市内部审计协会会长
180	杨正发	男	池州市审计局	总审计师、市内部审计协会秘书长
181	邹贵龙	男	中国人民银行池州中心支行	内部审计科科长
182	杨永波	男	池州供电公司	审计部主任
183	李　清	男	安徽九华旅游股份公司	审计督察部经理
184	蒋丽萍	女	马鞍山市审计局	调研员、市内部审计师协会会长
185	武德聪	男	马鞍山市审计局	市内部审计师协会副秘书长
186	李元兰	女	当涂县审计局	纪检组长、县内部审计协会会长
187	寇建国	男	马钢集团有限公司	审计部部长
188	杨立权	男	中国十七冶金建设公司	审计部部长
189	范万柱	男	中冶华天工程技术有限公司	审计部部长
190	钱年根	男	安徽工业大学	审计处处长
191	吴本斌	男	马鞍山市教委	审计科科长
192	汪志良	男	宣城市审计局	局长、市内部审计协会会长
193	李冬保	男	宣城市审计局	经贸审计科科长、市内部审计协会秘书
194	鲁林冲	男	宣城供电公司	审计部副主任
195	陈新春	男	宣城市粮食局	财务审计科科长
196	马晓明	男	中国工商银行宣城分行	总稽核
197	张双华	男	阜阳市审计局	副局长、市内部审计协会会长
198	王森林	男	阜阳市审计局	综合科科长、市内部审计协会秘书长

序号	姓名	性别	工作单位	职务
199	王　强	男	阜阳市电信公司	审计部主任
200	周玉强	男	安徽金种子酒业有限公司	审计部经理
201	徐雁冰	女	中国农业发展银行阜阳市分行	内控审计部经理
202	梁兆强	男	宿州市审计局	纪检组长、市内部审计协会会长
203	石玉刚	男	宿州市审计局	内部审计管理科科长、市内部审计协会
204	汪维奇	男	皖北煤电集团公司	监察审计处处长
205	葛　鹏	男	宿州市粮食局	副局长
206	杨传君	男	中煤矿山建设集团有限公司	审计处处长
207	和俊亮	男	亳州市审计局	副局长、市内部审计协会会长
208	赵　峰	男	亳州市审计局	经济责任审计局局长、市内部审计协会
209	张　进	男	亳州供电公司	审计部主任
210	金　波	男	亳州供电有限公司	党委书记
211	叶长青	男	安徽古井集团有限责任公司	审计部副经理
212	朱普宇	女	亳州市烟草专卖局	审计部主任
213	倪桂林	男	安庆市审计局	调研员、市内部审计协会会长
214	叶　青	男	安庆市审计局	人教科科长、市内部审计协会秘书长
215	李超玉	男	宿松县审计局	局长、县内部审计协会会长
216	林成虎	男	桐城市审计局	局长、市内部审计协会会长
217	梅笃锋	男	潜山县审计局	副局长、县内部审计协会会长
218	吴　群	男	望江县审计局	副局长、县内部审计协会会长
219	叶斌宜	男	安庆供电公司	审计部主任
220	毛可有	男	安庆师范学院	监察审计处处长

安徽省内部审计师协会第四届理事会常务理事名单

序号	姓名	工作单位
1	王兴如	安徽省内部审计师协会
2	戴克柱	安徽省审计厅
3	江　燕	安徽省国有资产监督管理委员会
4	杨本清	安徽省商务厅
5	姚厚贵	安徽财经大学
6	耿学梅	安徽省工商业联合会
7	高晋生	马钢集团公司、马钢股份公司
8	王建培	皖北煤电集团公司
9	王才焰	安徽江淮汽车集团有限公司
10	周建成	芜湖南京新百大厦有限公司
11	张早明	安徽省审计厅（省内部审计师协会）
12	吴鲁滨	安徽省审计厅
13	程家楷	安徽省审计厅
14	王念义	安徽省审计厅
15	方　正	安徽省审计厅
16	许志宝	安徽省审计厅
17	顾　强	合肥市审计局（市内部审计协会）
18	陈　军	芜湖市审计局（市内部审计协会）
19	叶宏斌	滁州市审计局（市内部审计协会）
20	徐德利	蚌埠市审计局（市内部审计协会）

序号	姓名	工作单位
21	戴德铨	黄山市审计局（市内部审计协会）
22	杨凌云	巢湖市审计局（市内部审计协会）
23	牛多云	淮南市审计局（市内部审计协会）
24	赵德荣	淮北市审计局（市内部审计协会）
25	洪桂兰	铜陵市审计局（市内部审计协会）
26	程长久	池州市审计局（市内部审计协会）
27	蒋丽萍	马鞍山市审计局（市内部审计师协会）
28	梁兆强	宿州市审计局（市内部审计协会）
29	倪桂林	安庆市审计局（市内部审计协会）
30	张双华	阜阳市审计局（市内部审计协会）
31	汪志良	宣城市审计局（市内部审计协会）
32	和俊亮	亳州市审计局（市内部审计协会）
33	窦祖武	六安市审计局
34	方文胜	中铁四局集团有限公司
35	吴本长	安徽省电力公司
36	王探昌	武警安徽省消防总队
37	章　旗	安徽省总工会
38	陶国群	安徽省国有资产监督管理委员会
39	李　筠	安徽省公安厅
40	石金明	安徽省教育厅
41	张　竝	安徽省气象局
42	周金玲	安徽省地震局
43	胡继贵	安徽省国土资源厅
44	吴　诚	安徽省监狱管理局
45	江敏如	安徽省地方税务局
46	房蒲生	安徽省文化厅
47	徐敬启	安徽省交通厅
48	蒋满林	安徽省地方海事局
49	王　静	安徽省烟草专卖局
50	华　惠	安徽中烟工业公司
51	张　荣	中国科技大学
52	刘　静	安徽大学
53	赵　莉	安徽农业大学
54	李　昌	安徽省能源集团有限公司
55	王守四	安徽投资集团有限公司
56	马常好	安徽新华传媒股份有限公司
57	胡新民	中国电信安徽省电信公司
58	王维平	中国移动安徽分公司
59	杨兆余	中国联通安徽分公司
60	周名丰	中国银行安徽省分行
61	费学信	安徽日报报业集团
62	许昌渊	安徽省国元控股（集团）有限责任公司
63	刘　敏	安徽电建一公司
64	彭大枝	安徽医科大学
65	王　敏	黄山大厦酒店管理公司
66	解慧琴	徽商银行
67	陈文达	合肥百货大楼股份有限公司

序号	姓 名	工作单位
68	宋德润	合肥市热力公司
69	沈 青	芜湖南京新百大厦有限公司
70	张金强	滁州供电公司
71	黄志圣	巢湖学院
72	张金标	安徽财经大学
73	安广实	安徽财经大学
74	张武丽	蚌埠医学院
75	江文革	淮南矿业集团公司
76	宫为敏	淮北矿业集团公司
77	邵宗建	铜陵有色集团公司
78	汪维奇	皖北煤电集团公司

2011年度安徽省国际注册内部审计师（CIA）资格考试通过人员名单

杨 景 王建利 余 芬 马 玲 李允清 郑青舟 周化新 陈 皎 吴显军 岳建波 许良英 张艺渊 徐晶晶 楚 群
李晓渝 李 艳 刘学军 武旭霞 徐 庆 赵振龙 路 凯 周文妤 程 琼 陈晓银 梁 瑛 王连峰 李 过 赵 丹
汤舒凌 曹 凯 张一飞 季小燕 方 明 吴 璟 王秀梅 李 峻 李 晨 渠 洁 孙益梅 张培红 杨丽敏 朱晓妍
苗振民 张五平 宋晓光 李 莹 陈胜峰 万丽娟 姜纪东 王伦俊 王 鑫 蔡世强 李必剑 束 青 叶松林 储保平
梁 艳 王楠楠 张 玲 王 烨 彭 佳 罗晓娟

安徽省内部审计机构名单（部分）

合肥市公安局审计处
负责人：王 俊
地 址：合肥市寿春路200号
电 话：（0551）62928373

合肥市教育局财务审计处
负责人：徐凤云
地 址：合肥市政务区天鹅湖路558号合肥市广电中心A区
电 话：（0551）63505138

合肥市卫生局计划财务处（审计处）
负责人：曹 静
地 址：合肥市政务中心A座0807
电 话：（0551）63537638

合肥公交集团有限公司审计处
负责人：许寒芸
地 址：合肥市和平路272号
电 话：（0551）64459605

合肥供水集团有限公司审计处
负责人：王 华
地 址：合肥市屯溪路70号
电 话：（0551）64421793

合肥燃气集团有限公司纪检审计室
负责人：赵 明
地 址：合肥市阜阳北路61号
电 话：（0551）65558401

合肥市盐业有限责任公司审计部
负责人：黄继萍
地 址：合肥市亳州路240号
电 话：（0551）65611450

合肥供电公司审计部
负责人：杨 翼
地 址：合肥市宿松路133号
电 话：（0551）3882166

合肥烟草公司审计科
负责人：王 华
地 址：合肥市蜀山经济开发区创业大道3号
电 话：（0551）65396824

合肥百大集团股份有限公司审计部
负责人：陈文达
地 址：合肥市长江中路150号
电 话：（0551）65771033

合肥丰乐种业股份有限公司审计部
负责人：王继榜
地 址：合肥市长江西路丰乐大厦
电 话：（0551）62239558

合肥华泰集团审计总监
负责人：姚从云
地 址：合肥市合肥经济技术开发区莲花路32号
电 话：（0551）62227003

肥西县农委财审科
负责人：王世宏
地 址：肥西县上派镇巢湖路
电 话：（0551）68841273

肥西县水务局内审科
负责人：王月思

地　址：肥西县上派镇上三路
电　话：（0551）68841359

肥西县粮食局内审科
负责人：赵　峰
地　址：肥西县上派镇巢湖路
电　话：（0551）68841429

肥西县教育局审计室
负责人：柳尊江
地　址：肥西县上派镇巢湖路
电　话：（0551）68850072

肥西县供销社财审科
负责人：李维海
地　址：肥西县上派镇巢湖路
电　话：（0551）68842137

肥西县交通局财审科
负责人：耿学萍
地　址：肥西县上派镇巢湖路
电　话：（0551）68842413

肥西县经济委员会财审科
负责人：万宗文
地　址：肥西县上派镇人民西路
电　话：（0551）68841991

人民银行肥西县支行稽核科
负责人：张立新
地　址：肥西县上派镇人民西路
电　话：（0551）68841221

皖北煤电集团公司监察审计部
负责人：汪维奇
地　址：宿州市浍水路171号
电　话：（0557）3981932

淮北矿业（集团）有限责任公司监察审计处
负责人：官为敏
地　址：淮北市煤城路4号
电　话：（0561）4956561

淮北发电厂监察审计部
负责人：张　峰
地　址：淮北市濉溪路
电　话：（0561）3262532

淮北供电公司审计科
负责人：关香云
地　址：淮北市淮海路288号
电　话：（0561）3233065

淮北市工商银行稽核部
负责人：张敬东
地　址：淮北市淮海路90号
电　话：（0561）3053602

中煤三建审计处
负责人：杨传军
地　址：宿州市汴河路181号
电　话：（0557）2177776

安徽口子集团审计部
负责人：魏　静
地　址：淮北市濉溪路
电　话：（0561）6899225

淮北市人民医院审计科
负责人：张雪芬
地　址：淮北市淮海路66号
电　话：（0561）3055156

中煤特殊工程公司
负责人：孟建民
地　址：淮北市东山路
电　话：（0561）3093026

淮北市邮政局审计监察室
负责人：聂恒飞
地　址：淮北市淮海路79号
电　话：（0561）3023183

萧县人民医院内部审计股
负责人：欧红梅
地　址：萧县人民医院
电　话：（0557）5022428

萧县教育局内部审计股
负责人：王　伟
地　址：萧县教育局
电　话：（0557）5021545

萧县粮食局内部审计股
负责人：李　影
地　址：萧县粮食局
电　话：（0557）5022011

萧县公安局审计部
负责人：张　梅
地　址：萧县公安局
电　话：（0557）5022016

萧县供电有限公司审计监察部
负责人：许成军
地　址：萧县供电有限公司
电　话：（0557）5022701

萧县卫生局内部审计股
负责人：陈晓明
地　址：萧县卫生局
电　话：（0557）5021524

萧县农业委员会审计部
负责人：朱海燕
地　址：萧县农业委员会
电　话：（0557）5019795

天长市商务局内部审计股
负责人：杨锦方
地　址：天长市南市区商务中心大楼6楼
电　话：（0550）7770626

天长市中医院内部审计股
负责人：柏　玫
地　址：天长市新河南路
电　话：（0550）7042258

天长市司法局内部审计股
负责人：邱晓梅
地　址：天长市石梁西路
电　话：（0550）7021437

天长市电力公司内部审计部
负责人：樊　维
地　址：天长市广陵路
电　话：（0550）7039122

天长市林业局内部审计股
负责人：李怀义
地　址：天长市南市区商务中心大楼3楼
电　话：（0550）7770326

天长市住建局内部审计股
负责人：薛绮虹
地　址：天长市天康大道
电　话：（0550）7312408

天长市公安局内部审计股
负责人：李德斌
地　址：天长市天康大道
电　话：（0550）7313520

天长市民政局内部审计股
负责人：陈小平
地　址：天长市南市区商务中心大楼4楼
电　话：（0550）7770405

天长市卫生局内部审计股
负责人：吴　舒
地　址：天长市广陵路
电　话：（0550）7331316

安徽天康集团内部审计部
负责人：夏保平
地　址：天长市经济开发区
电　话：（0550）7308839

天长市财政局内部审计股
负责人：朱文红
地　址：天长市南市区商务中心大楼5楼
电　话：（0550）7770509

天长市国税局内部审计股
负责人：伯德林
地　址：天长市天康大道
电　话：（0550）7306205

天长市教育局内部审计股
负责人：王正峰
地　址：天长市广陵路
电　话：（0550）7331225

天长市粮食局内部审计股
负责人：周新智
地　址：天长市南市区商务中心大楼2楼
电　话：（0550）7770206

天长市总工会内部审计股
负责人：顾之东
地　址：天长市石梁东路298号
电　话：（0550）7035402

天长市检察院内部审计股
负责人：崇培琴
地　址：天长市广陵路
电　话：（0550）2391016

安徽省天长中学内部审计室
负责人：吴云飞
地　址：天长市永福东路
电　话：（0550）7093333

天长三中内部审计室
负责人：陶伯文
地　址：天长市石梁西路84号
电　话：（0550）7022614

金寨县地税局内部审计委员会
负责人：夏建科
地　址：金寨县梅山镇新城区
电　话：（0564）7356516

金寨县教育局内部审计股
负责人：杜继同
地　址：金寨县梅山镇史河路
电　话：（0564）7064427

金寨县信用联社审计稽核部
负责人：朱仁芳
地　址：金寨县梅山镇史河路19号3楼
电　话：（0564）7061057

金寨县粮食局财会股
负责人：汪承本
地　址：金寨县梅山镇南溪路37号
电　话：（0564）7062561

金寨县卫生局财务股
负责人：贾全山
地　址：金寨县梅山镇新城区
电　话：（0564）7356356

响洪甸水库管理处审计工作组
负责人：戴运春
地　址：金寨县麻埠镇齐云村
电　话：（0564）7315172

梅山水库管理处监察（审计）室
负责人：周勇国
地　址：梅山水库管理处综合自动调度楼4楼
电　话：（0564）7053207

当涂县博望镇内部审计组
负责人：关　锋
地　址：当涂县博望镇
电　话：（0555）6761001

当涂县姑孰镇内部审计组
负责人：成为录
地　址：当涂县姑孰镇
电　话：（0555）6711381

当涂县太白镇内部审计组
负责人：吴开义
地　址：当涂县太白镇
电　话：（0555）6671006

当涂县黄池镇内部审计组
负责人：王日飞
地　址：当涂县黄池镇
电　话：（0555）6191255

当涂县乌溪镇内部审计组
负责人：周时木
地　址：当涂县乌溪镇
电　话：（0555）6781096

当涂县石桥镇内部审计组
负责人：陈志刚
地　址：当涂县石桥镇
电　话：（0555）6215656

当涂县塘南镇内部审计组
负责人：吴贤龙
地　址：当涂县塘南镇
电　话：（0555）6131010

当涂县大陇乡内部审计组
负责人：汤复金
地　址：当涂县大陇乡
电　话：（0555）6271530

当涂县护河镇内部审计组
负责人：魏塘明
地　址：当涂县护河镇
电　话：（0555）6791212

当涂县年陡乡内部审计组
负责人：查承英
地　址：当涂县年陡乡
电　话：（0555）6471001

当涂县新市镇内部审计组
负责人：成之华

地　址：当涂县新市镇
电　话：（0555）6141301

当涂县丹阳镇内部审计组
负责人：刘明忠
地　址：当涂县丹阳镇
电　话：（0555）6915001

当涂县江心乡内部审计组
负责人：许亚虎
地　址：当涂县江心乡
电　话：（0555）6858714

当涂县湖阳乡内部审计组
负责人：徐为红
地　址：当涂县湖阳乡
电　话：（0555）6112001

当涂工业园区管委会内部审计组
负责人：姜占成
地　址：当涂县工业园区
电　话：（0555）6612858

当涂县经贸委内部审计组
负责人：谷明才
地　址：当涂县姑孰镇
电　话：（0555）6711491

当涂县建委内部审计组
负责人：王义明
地　址：当涂县姑孰镇
电　话：（0555）6711212

当涂县计生委内部审计组
负责人：汪祖凤
地　址：当涂县姑孰镇
电　话：（0555）6711475

当涂县农委内部审计组
负责人：邢晓蔚
地　址：当涂县姑孰镇
电　话：（0555）6711436

当涂县财政局内部审计组
负责人：江　华
地　址：当涂县姑孰镇
电　话：（0555）6711471

当涂县公安局内部审计组
负责人：蔡旭东
地　址：当涂县姑孰镇
电　话：（0555）6711435

当涂县教育局内部审计组
负责人：汪　平
地　址：当涂县姑孰镇
电　话：（0555）6711255

当涂县水利局内部审计组
负责人：白新华
地　址：当涂县姑孰镇
电　话：（0555）6711501

当涂县国土局内部审计组
负责人：卜宗林
地　址：当涂县姑孰镇
电　话：（0555）6712619

当涂县交通局内部审计组
负责人：蒋立爱
地　址：当涂县姑孰镇
电　话：（0555）6711279

当涂县劳保局内部审计组
负责人：章兴志
地　址：当涂县姑孰镇
电　话：（0555）6711396

当涂县民政局内部审计组
负责人：徐克才
地　址：当涂县姑孰镇
电　话：（0555）6711226

当涂县粮食局内部审计组
负责人：邵长浩
地　址：当涂县姑孰镇
电　话：（0555）6712675

当涂县供销社内部审计组
负责人：陈昆华
地　址：当涂县姑孰镇
电　话：（0555）6713497

当涂县卫生局内部审计组
负责人：王德林
地　址：当涂县姑孰镇
电　话：（0555）6711256

当涂县供电公司内部审计组
负责人：叶　青
地　址：当涂县姑孰镇
电　话：（0555）6711313

当涂县工商局内部审计组
负责人：汪国家
地　址：当涂县姑孰镇
电　话：（0555）6713455

当涂县国税局内部审计组
负责人：尹德富
地　址：当涂县姑孰镇
电　话：（0555）6711437

当涂县地税局内部审计组
负责人：明庭顺
地　址：当涂县姑孰镇
电　话：（0555）6714341

当涂县农行内部审计组
负责人：王传新
地　址：当涂县姑孰镇
电　话：（0555）6711603

当涂县医院内部审计组
负责人：陶月英
地　址：当涂县姑孰镇
电　话：15605552899

当涂县城乡建设投资公司内部审计组
负责人：车恒梅
地　址：当涂县姑孰镇
电　话：13965611898

当涂县首创水务公司内部审计组
负责人：胡旺萍
地　址：当涂县姑孰镇
电　话：13955560686

当涂县化工厂内部审计组
负责人：朱琦英
地　址：当涂县姑孰镇
电　话：（0555）6735500

奇瑞汽车股份有限公司内部审计科
负责人：杨　虹
地　址：芜湖市长春路8号
电　话：（0553）7532402

芜湖港储运股份有限公司内部审计科
负责人：杨学伟
地　址：长江中路港一路16号
电　话：（0553）5840015

芜湖卷烟厂内部审计科
负责人：高丽萍
地　址：芜湖市南湖路140号
电　话：（0553）4816868

芜湖市建设投资公司内部审计科
负责人：杨　蓉
地　址：芜湖市九华中路20号
电　话：（0553）5992156

省核工业勘查技术总院内部审计处
负责人：包尊平
地　址：北京东路润翔商务中心
电　话：（0553）2213093

安徽师范大学审计处
负责人：谢文珊
地　址：芜湖市花津南路
电　话：（0553）5910331

芜湖市第一医疗集团内部审计科
负责人：黄　勇
地　址：芜湖市吉和北路19号
电　话：（0553）3996042

解放军第5720厂内部审计科
负责人：张树江
地　址：芜湖市湾里新村
电　话：（0553）720016

安庆市供电局审计部
负责人：叶斌宜
地　址：安庆市人民路170号电力大厦
电　话：（0556）5281088

安庆市电信局审计部
负责人：洪　苗
地　址：安庆市人民路235号电信大楼
电　话：（0556）5513200

安庆石化总厂审计处
负责人：汪元初
地　址：安庆市大观区
电　话：（0556）5376676

安庆市交通银行审计部
负责人：鲍泽霞
地　址：安庆市龙山路99号
电　话：（0556）5546945

安庆市工商银行审计科
负责人：叶高林
地　址：安庆市人民路348号
电　话：（0556）5545574

枞阳县粮食局内部审计股
负责人：齐美满
地　址：枞阳县
电　话：（0556）2811457

枞阳县教育局审计室
负责人：王胜刚
地　址：枞阳县
电　话：（0556）2811172

枞阳县水利局内部审计股
负责人：刘寿南
地　址：枞阳县
电　话：（0556）2813488

宿松县教育局审计室
负责人：吴灼平
地　址：宿松县
电　话：（0556）7813473

宿松县卫生局财务股
负责人：王先奎
地　址：宿松县
电　话：（0556）7821202

宿松县公安局审计室
负责人：余三延
地　址：宿松县
电　话：（0556）7821270

宿松县交通局财务股
负责人：马迎庆
地　址：宿松县
电　话：（0556）7816852

安徽省新锦丰投资集团宿松分公司财务部
负责人：张淑香
地　址：宿松县
电　话：（0556）7848982

宿松县人民医院审计科
负责人：洪　安
地　址：宿松县
电　话：（0556）7821997

社会审计

安徽省注册会计师、资产评估协会工作概述

2011年，安徽省注册会计师、资产评估协会（以下简称：协会）以“服务发展年活动”为契机，大力推进行业党建，加强人才培养，提升行业诚信，开展分级管理，重考核、提效率、优服务，行业发展和自身建设取得新成绩。截至年底，共有会计师事务所242家，评估机构77家。执业注册会计师2542人，执业注册资产评估师722人，注册会计师非执业会员3755人，注册资产评估师非执业会员215人。全省行业业务收入8.4亿元，增长率为35.16%。其中注册会计师行业业务收入7.53亿元，较上年增长37.35%，资产评估行业业务收入8600万元，较上年增长18.67%；

深化行业党建，荣获全国先进荣誉称号。省注册会计师行业党委先后4次获财政部、省委和财政厅领导的批示肯定。1月20日，省财政厅党组书记、厅长陈先森在《关于中国注册会计师行业党委（扩大）会议精神的汇报》上做出重要批示：“目前已有很好基础，希望继续增强行业的凝聚力、战斗力，新年要有新局面。”5月20日，财政部党组成员、副部长王军在《安徽省行业党委以创先争优综合评价指标体系为基础，推进事务所分级分类管理》上做出重要批示：“先森厅长：此项工作抓得有声有色，谢谢您的支持与帮助。”5月23日，省委常委、组织部长段敦厚在《关于我省注册会计师行业党建工作的汇报》上做出重要批示：“财政厅党组高度重视注册会计师行业党建工作。在‘创先争优’活动中，推进三项建设，狠抓党建工作规范化，推进‘四个一’工程，突出党建工作实效化，开展五项活动，行业党建工作呈现常规化，很有实践特色，成效明显。请创先办总结推广。”9月2日，省委常委、组织部长王炯在《大力实施“四个一”工程，积极推进注册会计师行业党建工作》上作出重要批示：“亚东、何军同志：‘创先争优’活动中大力推进注册会计师行业党建工作经验良好，要充分借鉴以促进我省其他‘两新’组织党建工作迈上新台阶。”同年，中组部、中国注册会计师行业党委“注册会计师行业系统党建调研组”来皖调研时，对全省行业党建工作给予了充分肯定。在建党90周年之际，省行业党委被中国注册会计师行业党委授予“全国先进注册会计师行业党组织”荣誉称号。

加强制度建设，统筹规划行业发展。协会指导全省事务所共建立2202项制度，在管理处层面上，修订完善了行业管理和服务制度50项；建立岗位设置管理基本制度，将在编工作人员纳入岗位设置管理，完成全员聘用合同的签订工作，管理处内部管理制度已基本完善。按照《安徽省会计师事务所综合评价暂行办法》、《安徽省资产评估机构综合评价暂行办法》的要求，在行业全面开展执业机构综合评价工作。评选出A级会计师事务所20家、资产评估机构10家，B级会计师事务所30家、资产评估机构20家。有力引导、促进了执业机构做大做强、做精做专，为社会各界合理选聘执业机构提供依据。年初，管理处邀请各界专家学者、业内精英，研究制定了《安徽省注册会计师行业发展规划（2011-2015）》和《安徽省资产评估行业发展规划（2011-2015）》。明确今后五年内注册会计师行业总收入年均增长15%以上，全行业业务收入翻一番，资产评估行业年收入突破1亿元，培育5家左右具有国内一流水准的会计师事务所，扶持1至2家在全国范围内具有较强竞争力的评估机构，使全省行业综合竞争力显著增强，人才队伍素质显著提高，自律和执业监管取得重大进展的发展目标。

强化行业管理，推进行业诚信建设。在会员管理上，协会认真做好各项日常管理和服务。完成2396名注册会计师的任职资格检查、699名注册资产评估师的年检；为13家新批会计师事务所和17家会计师事务所股东变更做好资格审查，为14名转外省申办新所注册会计师出具执业经历证明；为资产评估机构办理审批备案手续1家，办理变更备案手续4家，发放（更换）机构执业证书4家；完成141名注册会计师、30名资产评估师的注册，完成1040名注册会计师和443名资产评估师换证工作；办理转所232人次，为执业机构发布招聘启事157则；为3456名注册会计师非执业会员换发证书，办理非执业会员转会23人次，办理新入会28人，转非执业11人。在行业监管上，充分发挥行业管理职能，认真开展执业质量检查。自主检查了11家会计师事务所和15家资产评估机构，对系统风险、两师任职资格、财务状况进行重点检查。通过检查，综合评价了执业机构的内部质量控制和职业道德情况，对部分机构和人员进行了行业惩戒，提升了行业的公信力。加强了诚信档案管理，共为客户单位和申报作为股东（合伙人）的注册会计师、资产评估师提供诚信证明材料195份；严格防伪标识管理，截至12月31日，已累计发放防伪标识83.63万枚。理事会、常务理事会和专门（专业）委员会正常运转。全年共召开协会常务理事会2次，自律委员会1次，专业技术咨询委员会1次。完成全省60周岁以上拟做股东（合伙人）综合能力考评题库建设。在人才建设方面，在省注册会计师考试委员会的领导和省财政厅纪检监察室的大力支持帮助下，顺利完成了全省注册会计师考试工作，其中专业阶段考试报

名人数为26257人，综合阶段考试为125人，英语测试18人；继续教育方面，在省财政厅人教处和干教中心的指导帮助下，高规格举办了全省机构负责人培训班，256家执业机构的负责人参加了3位全国行业资深专家授课的培训班，受到了职业道德、内部治理、领导能力与沟通技巧方面的全面培训，得到了业内的广泛好评；全面完成2011年度行业培训工作计划，共举办注册会计师培训班11期，培训注册会计师 1999名；举办资产评估师培训班5期，培训资产评估师538名；谋划草拟了《安徽省注册会计师、资产评估行业人才培养基金管理办法》，树立以人为本的理念，安排专项基金，从政策、业务、荣誉等方面支持行业精英人才培养，吸引高学历、高素质的优秀人才加盟注册会计师行业，形成尊重知识、尊重人才的良好氛围。

加强宣传交流，推进行业文化建设。协会非常重视行业间的交流，积极组织参与行业的各种交流活动。作为东道主，成功承办中评协中东部会长会议，高效的组织工作得到上级领导和兄弟省市同行的赞誉；受邀参加华北地区行业交流会；帮助广西注协在安徽开展主任会计师培训；组织各市考办负责人赴贵州交流考试工作；参加华东地区行业交流会；接待了云南、河南等地同行来皖考察。创造条件全方位开展省内行业政策、业务交流。在宣传工作上，采取主动宣传、大局宣传、渠道宣传、借力宣传和常态宣传“五大举措”，得到财政部副部长王军的充分肯定。在构建社会主义和谐社会的大环境中，积极倡导并引领全省行业建设和谐行业文化，开展各类主题活动，大力培育行业的文明道德风尚，带领行业科学健康发展。举办行业2011年新春联欢会；召开“巾帼建功座谈会”，组织全行业的女支部书记、女所长学习六安市注册会计师行业创先争优活动经验，激励行业“半边天”建功“十二五”、巾帼创伟业；开展建党90周年“重温入党誓词，重走红军路”系列活动，以“和谐奋进”为主题开展行业发展成果图片展；组织行业第三届“诚信杯”羽毛球比赛。行业和谐文化氛围初步形成。

加强自身建设，提高服务管理水平。在做好业务工作的同时，注重加强管理处队伍建设、思想建设、制度建设和组织建设，不断提高服务意识和管理水平，培育和谐高效的协作工作机制。加大了内部处室交流轮岗力度，促进干部多岗位锻炼和合理流动，形成“人岗相适”的和谐用人机制；以开展“学习提升年”活动为契机，督促全体员工按时按量完成网络培训课程；积极组织开展课题调研活动，研究行业发展问题；开展了审计软件的研究、开发、运行等情况调研，为行业和协会全面开展信息化建设打好基础。加强了协会基本建设，购置了房产，拟建设成服务行业科学发展的基地。

（安徽省注册会计师、资产评估协会供稿　王克法执笔）

安徽省注册会计师、资产评估协会机构设置情况

安徽省注册会计师、资产评估协会设三部两室，秘书处领导及各部室负责人：

秘书长：季必英

副秘书长：张行宇　张顺建　胡正中

办公室：孙爱华

党　办：王克法

注册部：卢　宇

综合监管部：宋中锋

考试培训部：文字牧

安徽省2011年度注册会计师任职资格检查结果

一、任职资格检查合格的注册会计师 2484人

合肥市

会计师事务所87家，注册会计师1237人

华普天健（北京）会计师事务所有限公司安徽分所

注册会计师：134人

李友菊　汪　群　何本英　朱宗瑞
聂志国　陈媛媛　张　婕　庞红梅
梁　瑛　任德慧　王　荐　许根普
翟大发　张全心　詹铁华　张良文
张旭军　罗　斌　陈生学　程晓玲
穆峻柏　陶小平　陈美丽　罗周彬
储士升　李　艳　刘自清　卢　珍
李军文　胡新荣　姚跃文　许治国
杜　鹤　付劲勇　吴家凤　陈娅静
朱祖龙　丁　新　王鹏飞　束学林
方小霞　蔡　颖　杨　勇　吴素琴
董　飞　徐国志　吴燕英　熊江波
胡朝进　张传艳　钱奕兵　李生敏
胡乃鹏　赵婷婷　褚诗炜　崔世泽
刘　钢　刘　勇　陈志萍　廖传宝
周先宏　黄丽芬　郁向军　张　峰
刘　磊　黄亚琼　洪美琳　徐向阳
姚木霞　钟能圣　陶红霞　朱修发
付成林　张　扬　郭学勤　胡文亮
朱　武　马学廷　王　静　汪　健
俞秀根　方　强　程绍秀　江厚兵
高元松　孟晓艳　屈倩倩　姚玉洁
李云华　施琪璋　杨少杰　齐利平
郑婷婷　舒　鹏　魏启家　高　平
孙　淑　周仲东　李晓晓　胡　姗
杨化利　储召忠　韩庆兵　汪玉寿
宣陈峰　徐国友　童孝勇　唐　颖
郑少杰　叶润邦　万文娟　葛彭胜
黄晓奇　张　霞　黄平清　马建平
王彩霞　鲍灵姬　马　莉　孔晶晶
左　元　桂　迎　韩　飞　高　晨
时　磊　郑贤中　金　柱　陈　君
赵　群　何　薇　章朝阳　王艳萍

陶 宏 史化锋

安徽中安会计师事务所

注册会计师：17人

陈学纯 郭德余 刘德田 张克宏
陈有志 陈文举 张文栋 陆惠芳
王海涛 王 冉 褚维兵 孙小燕
何翠英 姚 华 马 平 王尔岚
王志美

天健正信会计师事务所有限公司安徽分所

注册会计师：11人

章正芳 汪仲华 赵自林 马有海
巫绪祥 吴 锴 温汉清 周珍芝
汪 沛 沈梅林 卫立治

安徽华安会计师事务所

注册会计师：42人

陈茂浏 张思镇 孙方社 孙章春
徐中海 汤增林 方 峰 王伟民
章 徽 付小勇 郑本兵 戴 敏
徐新安 闫 伟 赵国光 罗晓雯
代垒垒 章温磊 方 然 胡 杰
肖家富 俞 超 项文晓 袁宗祥
张宏文 朱 萍 唐福红 朱结根
陈 洲 程建武 张学侠 李晓岚
夏 军 朱伟光 张 梅 郭艳花
孙实发

蚌埠分所：

蔡 雨 陈 凯 闫之文 齐 伟
胡学言

安徽财苑会计师事务所

注册会计师：24人

赵成龙 毕家宜 王雅仙 蒋拥华
王曼珍 石宁果 王 秋 方士萍
刘义秀 许 颖 王伟武 陈 娜
顾安全 顾福祥 钱安凤 史继武
余光权 赵玉玺 刘春辉 张建生
金国定 张锡铭 郑全荣 孙宁生

安徽九通会计师事务所

注册会计师：28人

丁同义 贾 虎 陈婉容 吴双全
刘剑辉 万 铭 叶善荣 冯晓霞
丁 榕 胡 静 邵 丽 赵文瑞
房 靖 疏 娟 赵 斌 殷志明
王先斌 吴 昊 孙仁发 张 丽
蒋 琴 吴文杰 胡 海 徐子芳
蔡智愚 张义伟 吴延柱 钱 莉

安徽皖资会计师事务所

注册会计师：17人

陈爱林 程兆敏 盛作年 王克勤
杨 悦 朱 宏 陈晓玲 汤太平
徐东升 叶朱兵 沈 剑 关凤翔
王亚勇 余 云 苏成芬 向 明
李 飞

安徽凯吉通会计师事务所

注册会计师：16人

袁 骥 吴正红 王 燕 方旭华
董慧琴 徐本涛 许海霞 余 军
卞征峰 邱 擎 杨星桂 屈志远
方 红 吕晓青 吴 琪 李俊峰

安徽华鹏会计师事务所

注册会计师：23人

孙朝文 桂恒莲 任晓宇 霍昌荣
余国泉 黄万余 袁之芬 刘 林
陈志祥 阚劲松 薛正勇 吴安泉
李宗敏 钱旭波 牛忠耀 秦永发
张富生 孙 萍 戴春明 周成宝
孙业奎 夏登桥 刘其荣

安徽嘉华会计师事务所

注册会计师：11人

檀革江 韩家金 费勇强 陈庆年
张立松 刘 莉 张小兵 文再兴
严成根 钱强连 姚天宝

北京中证天通会计师事务所有限公司安徽分所

注册会计师：25人

董春兰 袁 林 刘新兴 蔡报春
吴 静 王学端 贾 梅 戚明俊
吴 磊 钱元美 赵 璟 汪晓志
谢 飞 夏 阳 邓宜琳 鲁玲瑜
蔡正威 阮 阳 陈 进 吴大平
吴孝俭 汪家骥 宋鸿文 罗永梅
张苗苗

安徽安瑞会计师事务所

注册会计师：26人

王明勇 陈 溢 何宗明 汪诗山
朱纯文 王丽燕 刘良文 夏 天
江家银 韩伯良 张道学 张传兵
管 凯 胡年海 杨 震 徐 飞
袁先刚 李 杨 吴正刚 季维梁
张德俊 张春阳 周晓慧 张成志
孙国英 韩贵彬

安徽安建会计师事务所

注册会计师：25人

陈建华 宋家瑜 汪云花 李 红
郑秀兰 陈国华 段立永 李海燕
王 欢 周仕明 李 锐 金慧敏
陈国辉 陈二莲 张 勇 徐业满
朱焱武 方 静 韩振忠 解光梅
王继成 于忠山 于晓燕 余 庆
周愚默

安徽永安会计师事务所（合伙）

注册会计师：3人

席 坚 贾成俊 王存军

中一会计师事务所安徽分所

注册会计师：6人

王津豪 吴桂兰 吴绿茵 盛桂娣
付春芳 梅 强

安徽通达信会计师事务所

注册会计师：18人

朱军旗 胡 宾 夏兆云 陈义胜
胡连滨 朱云松 董含功 黄志友
杨荣梅 李如发 韩文发 龚德明
申义华 叶丽英 浦锦华 杜克胜
李云曦 方忠秀

安徽宝申会计师事务所

注册会计师：36人

陈昌云 张杨清 李开银 梁春强
刘娟娟 牛孝敬 孙广兴 朱永荣
李 娜 刘 红 张 莉 李 亚
吴大进 童春松 胡 斌 张运华
孟德怀 吴红斌 朱丽英 姚小辉
叶道岚 张爱瑛 张薇薇 胡凌云
王砚平 丁家富 唐文洁 李德军
杨 瑀 李姝红 徐正淮 伍 军
朱炳武 周翰醇 黄 伟 陆跃庭

安徽新安会计师事务所

注册会计师：20人

杨瑞全　黄玉莲　吴东升　周凤宝
方宗义　刘叔坤　周庆忠　张书萍
沈长俊　杜　匀　秦秀兰　王立群
刘智勇　徐拂晓　王　群　黄昌武
晋英平　沈　蓉　王道春　纪秀华

合肥信皖会计师事务所

注册会计师：5人

王宪林　马海英　张少兵　朱裕宽
刘　彪

安徽庐东会计师事务所

注册会计师：25人

干兴来　钱泽华　王成刚　李　琼
宫介荣　钟志年　李守宝　马艳珍
潘华洲　付　春　吴忠信　赵　斌
崔　进　俞海云　陈言云　李守国
袁中梅　王文山　邵正年　潘仁存
王锦秀　姚卫东　周　冰　刘　娟
李立坤

安徽瑞丰会计师事务所

注册会计师：6人

罗国全　武　玲　谢瑞麟　石定华
秦传卓　徐作凤

安徽永健会计师事务所

注册会计师：25人

王　琦　王　飞　汪群亮　温　良
魏　红　张惠娟　李金叶　李彩静
赵玉仑　马洪彩　彭卫理　江丽桂
潘金友　王学科　黄晓丽　李梅梅
陈红梅　王维东　肖东生　查　俊
李有贵　徐瑞柱　盛业勇　周增玉
吴金龙

安徽诚勤会计师事务所

注册会计师：20人

陈　梅　许　群　鲁满兰　丁　炜
路广军　余力行　邵代志　朱先平
张成元　陈凤云　徐尚谦　王　霞
唐小元　高　锋　樊昌飞　李华玉
陈　杰　朱绍猛　李永忠　曹春桂

安徽国信会计师事务所有限公司

注册会计师：22人

许春芳　丁同兵　徐　凤　尤　巍
史　慧　景　婕　杨根娣　崔可立
高　胜　蒋泽华　王　毅　张建刚
阚　瑞　何　涛　单宇翔　王逸刚
王子贞　李庆年　韦邦琴　陈学功
李　玲　黄　静

安徽九州会计师事务所（合伙）

注册会计师：22人

潘茂权　施正平　阮玉珍　郑光华
何翼飞　郑东风　黄庆文　张勤昌
高昌庆　代　标　郭立身　陈在琨
王平华　汪世侠　梁　莉　郭忠琪
戴　坤　李玉荣　强晓敬　夏东平
司松武　程玉军

合肥源坤会计师事务所（合伙）

注册会计师：6人

范义康　张玉芬　杨海燕　荆　琼
杨宗良　王小玲

安徽清合会计师事务所（合伙）

注册会计师： 9人

李　东　范必萱　卞育青　向从稳
鲁忠华　汪泽平　朱　勇　李君安
邱　波

安徽大成会计师事务所

注册会计师：11人

周凤莲　何东文　吴兆聪　姚大兵
汪美鹏　吴克掌　许有源　李永烈
任学照　夏育发　李德勇

安徽华审正大会计师事务所(合伙)

注册会计师：25人

张　辉　柴纪修　庄继平　俞锡水
孙世斌　于治川　于冬梅　吕芳英
刁俊辉　吴　艳　束爱泉　陈锡平
王　昕　王卫军　刘　兵　刘昌苗
张云霞　汪荣花　唐柱信　韦生武
何兰芳　李勤农　韦　鹏　郭军玉
鲍时满

安徽中健会计师事务所

注册会计师：16人

何继胜　李思伦　王玉瑛　陈春强
宋惠茹　程华清　李家玲　王亿正
程　鎏　张红涛　韩胜利　黄莉丽
柯玉协　苗同文　陈　丽　刘明礼

安徽中天健会计师事务所(合伙)

注册会计师：14人

姚其健　李爱跃　周学雷　朱立强
朱先兰　郭建国　石云芳　陈富金
詹宏远　严　飞　李孟刘　郭一安
朱石明　郝云启

安徽华建会计师事务所（合伙）

注册会计师：10人

付　明　徐丽娟　金受廛　解永龙
童乃琴　吕长军　邓小军　邓余堂
尤运洋　李家锐

安徽兴郢会计师事务所（合伙）

注册会计师：12人

计同林　汪邦跃　张庆华　彭守贤
费业惠　刘天奇　叶　勇　刘华忠
董吉文　周　慧　邹连进　程志跃

安徽万国通宝会计师事务所

注册会计师：9人

王　刚　刘松林　徐海峰　陈乐都
孔祥英　王春典　张　惠　朱建民
杨本英

安徽华洲会计师事务所(合伙)

注册会计师：30人

周逢满　程徽沍　陈平安　祝年化
王怡纯　何祖兰　李　明　陈光晓
张薇薇　刘　森　陈孝起　黄志成
曹国富　楚小碧　高尚俊　刘　标
徐　茹　张　良　盛国勇　林　兵
陶天亮　汪军峰　刘移风　程时远
汪秀华　毕鸣鸣　詹政友　程　华
刘新华　王海宁

安徽安联信达会计师事务所有限公司

注册会计师：16人

苏爱学　刘明发　王　书　鲍灿云
冯蕙田　郑　军　李方亮　方　伟
周心白　陈双红　易莉娅　周　敏
仇立生　李　颖　张　蔚　吴兆芹

安徽永证会计师事务所(合伙)

注册会计师：8人
方国权　凌晓茹　施常发　魏　琴
胡学定　屠继奎　闫红星　屈连焕

合肥万事达会计师事务所(合伙)

注册会计师：6人
郭景海　李立海　束维忠　万家标
叶　云　王　英

国富浩华会计师事务所有限责任公司安徽分所

注册会计师：22人
何　晖　梁　艳　江　勇　曾玉红
仇　云　汪　莉　邱　梅　宁　昭
姚　毅　刘　玲　徐　兵　袁德章
田　炜　陈水兵　杨　丽　毛　伟
程小虎　刘利芳　张　楚　李　敏
安家好　史少翔

安徽华晨会计师事务所(合伙)

注册会计师：10人
吕贤莲　曹永刚　韩宏利　施夕华
翟　刚　赵大泉　潘敬广　陈　勇
疏信保　李　彬

安徽恒谊会计师事务所(合伙)

注册会计师：6人
陆哲夫　王忠遊　陆广枢　刘　淼
王云樵　金　亚

安徽正一会计师事务所（合伙）

注册会计师：36人
吕蓉君　方玉琴　盛敏莉　唐永红
郑桂林　余　欢　汪玉霞　张　红
王琦丽　王　欢　赵文理　童小平
李舒巢　金文林　徐　青　姚晓燕
朱剑山　刘　云　鲁　政　苏文博
李洁志　甘传庆　刘淮昌　刘永海
刘　超　刘安敏　权每霞　周银学
陈尚文　刘　蕾　彭　娣　李立一
彭海龙　韦国栋　杨　荔　唐春梅

安徽普诚会计师事务所（合伙）

注册会计师：5人
樊满生　张挺峰　李志芬　张邦泰
苏传来

安徽谐和会计师事务所（合伙）

注册会计师：8人
裘晓伟　夏英燮　王连娣　程　制
傅贤海　刘竹节　张泽高　白笑梅

安徽一通源会计师事务所(合伙)

注册会计师：6人
程江龙　王茂祥　史　维　王文墨
刘金巴　吴福忠

合肥易德会计师事务所（合伙）

注册会计师：7人
张洪源　马山坡　李四海　蒋　伟
韩二明　马徽远　吴　军

安徽华皖会计师事务所（合伙）

注册会计师：22人
吴小亚　周　兰　许益民　胡　迅
吴纯杰　杨春艳　张言平　李玉园
苏　岚　蔡保枝　单兴洲　郑东亚
黄世兰　张文英　李红燕　李家佚
孙志红　安利君　王银汉　张忠瑞
陈　静　夏　繁

天职国际会计师事务所有限公司安徽分所

注册会计师：25人
周学民　叶晓梅　王洪声　林　晨
杨丽中　门东琪　朱福义　张应安
王维政　王　军　陈朝晖　李增三
龙　霞　文冬梅　郑　云　余成松
周宗凤　范成山　闫　柳　张剑寒
刘素萍　胡建军　汪　斌　李　梅
王　明

安徽安业会计师事务所（合伙）

注册会计师：3人
邱泽跃　武理芬　严淑华

安徽合众利华会计师事务所(合伙)

注册会计师：6人
俞鉴峰　王志鹏　付成山　徐道路
郑　旭　朱　明

安徽润兴会计师事务所（合伙）

注册会计师：3人
吴锡海　王树才　刘辉义

天健会计师事务所(特殊普通合伙)安徽分所

注册会计师：26人
乔如林　马章松　余光芳　郑家盼
张　革　张大勇　伍章余　杜洪伟
杨付华　王　莉　刘运彪　孙　涛
卢冠群　余　智　苏静东　李光明
王武俊　朱雪梅　杨文志　张亚飞
蒋竹燕　苏东升　杨晓明　朱保丛
韩胜永　韦黎英

安徽安和会计师事务所（合伙）

注册会计师：11人
何元英　席素平　周福齐　钟　艳
黄士明　储长应　丁　艳　刘业权
罗雪琴　张辉星　葛　萍

安徽皖瑞会计师事务所

注册会计师：28人
周江林　丁　静　蒋丽美　王　兵
王　莉　吴添华　汪　兵　程　燕
吴媛媛　黄必馥　叶　海　茆世平
沈　昱　周承斌　陶金旺　彭为作
王明文　吴　静　王在云　苏　爽
鲍红艳　蒋凤梅　邵　斌　艾和毅
王　莉　陈海波　邱胜久　朱光军

安徽安鼎会计师事务所（合伙）

注册会计师：11人
刘要红　龚仁良　凌必红　翟应武
嵇小玲　江莲芳　顾丹丹　王道珊
吴　胜　姚雪斌　五体颂

安徽华一会计师事务所有限公司

注册会计师：7人
刘绍平　罗放时　刘定萍　田立治
孟　光　黄顺玉　倪文斌

安徽中宸会计师事务所（合伙）

注册会计师：3人
张　平　庄凤珍　朱腊英

安徽辰龙会计师事务所（合伙）

注册会计师：6人

解正安 朱永华 蔡 连 高林成
王 刚 解 伟

江苏苏亚金诚会计师事务所安徽分所

注册会计师：5人
王 凯 李本友 郭 金 盛太勇
程劲松

安徽建英会计师事务所（合伙）

注册会计师：2人
朱国兴 赵四方

安徽安平达会计师事务所(合伙)

注册会计师：8人
郑关平 徐建中 刘德锁 张汉钊
陈家军 诸历峰 曹 静 许良英

中兴华富华会计师事务所有限责任公司安徽分所

注册会计师：8人
李占杰 贾福田 王志民 解殿英
朱杏棉 邱正国 何雪峰 沈金海

安徽创富会计师事务所（合伙）

注册会计师：3人
王平凡 黄其长 何忠涧

安徽申维会计师事务所（合伙）

注册会计师：6人
高 原 李北斗 张天聪 左家飞
王傲雪 陈军刚

合肥枫华会计师事务所（合伙）

注册会计师：3人
赵鹏程 黄敏如 崔 巍

安徽和嘉会计师事务所（合伙）

注册会计师：4人
何生德 杨远德 詹 怿 翟恩宏

北京兴华会计师事务所有限责任公司安徽分所

注册会计师：26人
张汝升 高 直 魏 翔 伍 璠
武宝兵 张永华 朱昌广 谢碧辉
曹莉芳 陈鸿友 杜 宾 高前文
葛 进 候东升 黄爱群 刘凤亮
鹿长春 孙光天 孙胜友 孙益梅
陶文革 汪和俊 王 宏 王 薇
王旭生 曾 琦

中审亚太会计师事务所有限公司安徽分所

注册会计师：21人
方自维 司 靖 黄 波 许卫红
陶月爱 吕淮海 胡传友 孟 利
储正红 王大宇 郑 珺 黄祥麟
刘长银 吴少华 许 辉 陈 敏
纪瑞东 李安安 丁 轶 芦其发
曹小丽

安徽国强会计师事务所（合伙）

注册会计师：5人
李中华 马利敏 顾 兰 刘 军
万和国

安徽一凡会计师事务所（合伙）

注册会计师：6人
郑玉来 毕建华 耿 红 赵 敏
刘 宾 孙永柱

安徽安泰普信会计师事务所有限责任公司

注册会计师：23人
郭守团 唐小冬 朱长玉 李红伟
邓 亮 蒋 奇 张凤臣 杨廷文
姜 红 张保元 郑树良 任学丰
张 成 陈 莉 王曙光 路子超
马凤利 葛雪君 陈 凯 吴 霞
郑玉辉 张文建 李万友

大华会计师事务所有限公司安徽分所

注册会计师：17人
陈红梅 汪世和 崔春梅 周华伦
董启凤 王光临 张卫峰 宫晓兰
袁立新 宁 静 张 俊 宋秀英
吕 勇 程 军 袁荣芬 邢昌磊
潭汝建

亚太（集团）会计师事务所有限公司安徽分所

注册会计师：5人
陈 浩 曾 玉 陈 刚 蔡泽鹏
徐华燕

上海沪港金茂会计师事务所有限公司安徽分所

注册会计师：1人
范德杰

安徽华昊会计师事务所（合伙）

注册会计师：2人
韩 萍 李光群

安徽协和新程会计师事务所(合伙)

注册会计师：2人
吴全荣 鲍秉军

安徽晟丰会计师事务所（合伙）

注册会计师：2人
许红艳 刘 勇

安徽明远会计师事务所（合伙）

注册会计师：2人
管孝东 殷宗江

合肥德创会计师事务所（合伙）

注册会计师：4人
丁 芸 王传俊 纵 珂 陶泽民

安徽华荣会计师事务所（合伙）

注册会计师：2人
罗授仓 赵 芬

上海众华沪银会计师事务所有限公司安徽分所

注册会计师：5人
郭学兴 刘菊仙 商宜洲 吴志成
姚 婧

巢湖致通会计师事务所

注册会计师：9人
尹炜晖 杨 朴 方 干 程月年
程代银 吴珍和 吴德才 李治平
陈 明

巢湖兴华会计师事务所

注册会计师：9人
龚拥军　孙立安　白雅真　吴卫东
刁旭东　朱　敏　洪　星　余乐飞
胡德宏

巢湖联邦会计师事务所（合伙）

注册会计师：5人
茆诗玖　詹业宏　杨启刚　詹先照
葛郑华

巢湖广晟会计师事务所（合伙）

注册会计师：5人
陈世祥　鲁加宏　夏爱萍　张雪莲
许建生

庐江潜川会计师事务所

注册会计师：6人
曹成志　徐自荣　王关怀　李必飞
刘式宝　姚忠发

庐江中信会计师事务所

注册会计师：11人
孙明霞　高自福　许友元　洪海龙
方玉生　周　炎　吴　勇　赵素琴
左月霞　沈仁宏　吴建军

阜阳市

会计师事务所15家，注册会计师111人。

安徽中鑫会计师事务所

注册会计师：15人
陈卫华　吕　敏　陈　丽　张雪青
姚如宏　刘广海　张守鹏　田金虎
王　伟　杨四光　张晓光　陈　鹏
孙满英　高　清　丁　静

安徽正诚会计师事务所

注册会计师：20人
杨治理　卢传亮　傅丽荣　王晓东
凌玉华　宋崇汤　武伯宁　李　军
汤　玲　解非洲　刘　威　母连杰
张春奎　吕　英　闫　伟　程　龙
李　萍　储刘欣　李晓影　郭　侠

安徽大正会计师事务所（合伙）

注册会计师：11人
田雪颖　曹振明　王胜利　郑礼刚
尹志刚　王夫龙　栾福志　刘传新
杨聚利　朱志业　王兰霞

安徽金泉会计师事务所

注册会计师：12人
赵显泽　刘素华　魏哲兵　郑　涛
刘贺成　胡章彬　李玉洲　李　奎
赵　杰　秦　晋　张早应　陈华丽

阜南众成会计师事务所（合伙）

注册会计师：2人
刘志远　陈　刚

安徽联城会计师事务所（合伙）

注册会计师：4人
吴家华　郭喜云　郭国臣　李方纲

安徽智邦会计师事务所（合伙）

注册会计师：7人
蔡永杰　马　影　葛绍刚　范晓燕
李　淼　安喜良　葛昊秋

安徽杰信会计师事务所（合伙）

注册会计师：6人
杨　杰　于养勤　张俊芳　吴新华
王森林　郭光兰

太和县和泰会计师事务所(合伙)

注册会计师：3人
宫俊岭　何怀锦　陈　龙

阜阳欣泰会计师事务所（合伙）

注册会计师：4人
魏春和　赵爱华　范小东　刘　相

安徽欣阳会计师事务所（合伙）

注册会计师：13人
韦彦平　韩劲松　武士德　丁学勇
朱明霞　张　琪　于　鹏　李文兰
李莉娟　马　峰　谭　莉　张超群
田志平

安徽财审会计师事务所（合伙）

注册会计师：3人
龚学林　王效华　凌　李

安徽公泰会计师事务所（合伙）

注册会计师：6人
郭建伟　赵文革　鲍秋菊　张　敏
高志彧　张中保

安徽华禧会计师事务所（合伙）

注册会计师：3人
张明华　任学刚　宁　宁

安徽正广泰会计师事务所(合伙)

注册会计师：2人
刘海民　徐天贺

亳州市

会计师事务所2家，注册会计师4人。

亳州君信会计师事务所（合伙）

注册会计师：2人
王丽娜　韩　筠

安徽崇文会计师事务所（合伙）

注册会计师：2人
周开云　韩家明

淮北市

会计师事务所8家，注册会计师98人。

安徽淮信会计师事务所

注册会计师：32人
赵　杰　张志梅　方卫东　官为敏
叶森华　姜侃靖　汪吾敬　朱连城
张淑萍　李　娟　朱士宽　杨志军
黄　陟　谢　斌　赵德学　李阿姣
杨　璐　庄永军　魏全民　边晓如
赵先亮　卜鹏程　周连营　王自安
施黔松　王艳洁　吴　才　许　蕾
葛　莉　许敬民　吴子荣　温士杰

安徽世诚会计师事务所

注册会计师：18人
蒋相甫　魏世森　刘玉忠　吴宇峰

段大才 王又英 朱进美 余和琦
李大权 姜 峰 陈法英 李 勇
翟洪绪 余德文 张全才 赵凤玲
刘 奎 蔡林波

安徽申正会计师事务所有限公司

注册会计师：7人
马 建 陆 蓉 丁正华 杨玉朗
杜木兰 史西光 林 静

淮北恒正会计师事务所（合伙）

注册会计师：4人
沈蓉芳 梁永红 刘 振 万 红

淮北毅诚会计师事务所（合伙）

注册会计师：8人
孙少群 江林超 姚 清 石 震
颛 勇 孔祥兵 李明海 张文件

安徽华亚会计师事务所（合伙）

注册会计师：18人
刘孟侠 胡正武 沈维连 张立良
马海燕 边洁如 唐 韬 沈德群
杨宏志 倪 辉 朱仲琦 牛 峰
张 健 王晓礼 朱木兰 王振祥
杜大建 王 英

安徽智联会计师事务所（合伙）

注册会计师：9人
王传鹏 余之礼 白志辉 张 朋
余祥胜 刘学勤 解德前 周俊英
崔 萍

安徽金元会计师事务所（合伙）

注册会计师：2人
赵 乐 熊向荣

宿州市

会计师事务所11家，注册会计师75人。

宿州同信会计师事务所

注册会计师：10人
王汉群 赵 杰 冯 燕 袁少春
江学良 沙丙胜 王汝坤 程学芳
邱 春 雷 琪

宿州拂晓会计师事务所

注册会计师：10人
文高冉 吴妍妍 王西良 窦明辉
郭 斌 高 燕 杜 飞 许 立
李 娜 张良坤

安徽求是会计师事务所

注册会计师：15人
王 浩 刘新会 刘现贞 闵四清
马里志 李晓燕 王淑云 唐艳芳
孟凡杰 张凤兰 李淑华 牛海宽
王刚奎 穆成利 纵 实

安徽淮海会计师事务所

注册会计师：6人
马守新 朱素珍 张 颖 纵 昆
于兆萍 李长云

宿州方正会计师事务所

注册会计师：7人
杨传君 余孝坤 张琳娜 王瑞淮
贾瑞卿 张 斌 郭永艳

砀山梨都会计师事务所

注册会计师：3人
李秀伦 唐成启 何 勇

萧县萧淮会计师事务所（合伙）

注册会计师：3人
赵德奎 郑玉春 张长军

安徽省一一会计师事务所(合伙)

注册会计师：6人
桑 亚 汪谟峰 朱 雷 李存利
钱永庆 王海涛

泗县永兴会计师事务所（合伙）

注册会计师：3人
胡永廷 李家俊 郭平书

安徽辰星会计师事务所（合伙）

注册会计师：5人
邵明松 邓惠芳 刘 超 李 云
潘明桃

砀山梨郡会计师事务所（合伙）

注册会计师：7人
陈秋玲 张素美 张清显 毛会敏
卢发强 汪桂玲 赵献勤

蚌埠市

会计师事务所8家，注册会计师80人。

安徽鑫诚会计师事务所

注册会计师：22人
周 娟 史小萍 余国安 柏德林
刘大山 陈新玲 何 群 宋晓华
任利华 朱安国 邹娟华 曹素云
王桂明 邹道远 张彩云 温秀平
邹兴元 孙玉梅 成德玉 王公计
朱鄂皖 吴秀梅

安徽珠城会计师事务所

注册会计师：8人
孙富春 袁美珍 于忠德 肖宗荷
张建新 何厚军 张胜仁 陈 强

安徽华宇会计师事务所

注册会计师：12人
李 超 马祥兰 李长年 金良全
宋焕亮 夏永海 胡春亮 吴新章
郭万万 吴 用 曹利伟 王鹏涛

安徽永合会计师事务所

注册会计师：10
胡堂前 陈 键 徐鸿儒 夏广英
达应奎 胡 影 韩文利 沈琳玲
吕彦花 范静红

安徽天成会计师事务所

注册会计师：8人
刘之祥 怀 梅 张幼华 芦 润
李延成 赵桂林 韩燕萍 李 莉

怀远经纬会计师事务所

注册会计师：8人
李岱生 许舒俊 宋长侠 魏世朗
陈保富 常振磊 蔡蜀宁 邵学妹

蚌埠市天仪会计师事务所(合伙)

注册会计师：9人
张祖喜　郜衍衡　夏友增　杨　彪
吴强军　张　勇　邵　虹　张建华
周莉敏

安徽展望会计师事务所（合伙）

注册会计师：3人
汪孟良　汪升友　刘世悦

淮南市

会计师事务所10家，注册会计师62人。

安徽众信会计师事务所

注册会计师：14人
胡安民　沈宏伟　于学杰　杨显祥
昝建启　王国树　童朝河　王卫萍
姚　刚　童　杰　黄庆禄　褚海涛
张立瑛　陈　静

淮南联华会计师事务所

注册会计师：7人
洪兰燕　张　珩　杨裴飞　刘　宇
薛　悦　靳言清　杨冬丽

淮南实诚会计师事务所

注册会计师：6人
李克武　李冠山　苏克诚　张家保
冯志英　张引风

安徽华伟会计师事务所（合伙）

注册会计师：2人
岳俭仁　束学荣

凤台大公会计师事务所

注册会计师：5人
刘中彦　赵本领　樊永辉　朱得宽
徐梓屏

淮南星华会计师事务所（合伙）

注册会计师：2人
杨修龙　胡林生

淮南九盛会计师事务所（合伙）

注册会计师：7人
李　学　张定胜　孙　平　高玉霞
王　静　尹　琴　田金荣

淮南稳健会计师事务所（合伙）

注册会计师：4人
刘连生　王传璟　武世莹　武学军

安徽金海会计师事务所（合伙）

注册会计师：11人
尹良春　杨大政　王宗明　严笑社
冯镭刚　吴其梅　刘　文　王慧燕
刘万春　杨　剑　顾文宇

安徽天健会计师事务所（合伙）

注册会计师：4人
王　辉　方　勇　李红云　张淑红

滁州市

会计师事务所12家，注册会计师59人。

滁州鸿基会计师事务所（合伙）

注册会计师：4人
查满来　曹鸿泉　陆永红　刘　荣

安徽明都会计师事务所（合伙）

注册会计师：5人
孙卓敏　赵　林　叶宏江　汪　成
郑婷婷

全椒永正会计师事务所

注册会计师：4人
高学华　杨玉宝　沈天福　周仕文

定远中远会计师事务所（合伙）

注册会计师：5人
穆莉莉　周兰英　何素文　段成敏
蒋鹏飞

来安守信会计师事务所（合伙）

注册会计师：5人
徐壮照　沈　平　朱桂云　喻闰基
王丽华

滁州恒立信会计师事务所(合伙)

注册会计师：6人
童有宝　徐玉玲　毛如龙　程秀梅
许亚清　周发安

滁州时中会计师事务所（合伙）

注册会计师：3人
王晓时　韩玉梅

安徽明信会计师事务所（合伙）

注册会计师：4人
凌清汇　张承安　喻晓兵　黄加生

安徽宏庆会计师事务所（合伙）

注册会计师：5人
刘芙蓉　邓庆荣　陈宝林　焦长芹
许　芳

滁州欧立特会计师事务所(合伙)

注册会计师：2人
陈　兴　张敏秋

安徽天华会计师事务所

注册会计师：14
徐秀海　杨国金　施　治　陈茂侠
孙长兰　王定坤　肖　斌　戴以信
柏文林　王大军　缪言祥　吴秀华
郭建中　陈殿平

天长市华云会计师事务所(合伙)

注册会计师：2人
俞家云　华　勇

六安市

会计师事务所15家，注册会计师101人。

六安财立达会计师事务所

注册会计师：10 人
周竹林　袁仁贵　郭子芳　江绍俊
洪继芬　顾正祝　史金华　陈家三
刘仁敏　何　鲁

六安金裕会计师事务所

注册会计师：13人

陈克宝 郑国章 田天铎 黎克元
李明光 倪秀环 朱学松 宣圣稳
张 平 任红云 凌友利 叶 炜
张多堂

六安才兴会计师事务所

注册会计师：12人
陈卫萍 史跃芳 李才善 赵祛尘
汪双琴 何世林 万晓燕 刘国志
陈德富 陈士强 王厚庆 张广超

安徽公信会计师事务所

注册会计师：11人
许佑文 李惠传 程群峰 杨立全
周子昂 谈荣富 涂祖贤 王永江
唐 漫 户业宏 林志仕

安徽万成会计师事务所（合伙）

注册会计师：5人
郝万祥 黄承玲 莫循辙 张积贵
毕 云

霍邱天和联合会计师事务所(合伙)

注册会计师：3人
赖景成 杨 彬 姚国锐

霍邱诚欣联合会计师事务所(合伙)

注册会计师：3人
台大学 裴世友 王 新

舒城安泰会计师事务所（合伙）

注册会计师：7人
章家莹 窦祖平 黄敦银 章立圣
贾中财 赵勋宏 吴向东

安徽求真会计师事务所（合伙）

注册会计师：4人
丁家珍 段从林 张时方 肖之田

六安思则会计师事务所（合伙）

注册会计师：6人
周贤忠 李爱明 孟庆华 杨少国
陆 密 张敦阳

六安新桥会计师事务所（合伙）

注册会计师：6人
马 强 刘开莱 戴明勇 马 超
何廷敏 王山道

寿县靖淮会计师事务所（合伙）

注册会计师：5人
陈 曙 韩祖祥 许梁冬 马 燕
孙 宏

六安皋城会计师事务所（合伙）

注册会计师：3人
陈继珍 邱家荣 王向红

霍山衡达会计师事务所（合伙）

注册会计师：5人
程希礼 朱广华 陈 婧 刘传华
方传发

安徽舒审会计师事务所（合伙）

注册会计师：8人
夏义芬 张远伦 许传久 张修龙
许 晖 罗会川 杨世树 钟大强

安庆市

会计师事务所19家，注册会计师138人。

安庆信德会计师事务所

注册会计师：12人
胡孝武 王之华 杨宜兰 苏传琴
黄卫红 叶李发 王祝生 张海燕
汪全英 李 莉 陈 昊 吴 炜

安徽诚信会计师事务所

注册会计师：16人
孙 川 张庆枢 江启宁 何爱明
吴跃东 钟 诚 童化雨 孙松林
王 娟 吴涤非 唐琪安 李根富
韩大治 方 明 马肇乾 齐传福

安庆誉诚会计师事务所

注册会计师：7人
吴鸣凤 周华培 刘进修 黄继东
王 春 任 远 高权生

安庆新兴会计师事务所

注册会计师：7人
章太宁 黄德苗 肖 莉 钱奕元
方 梧 任剑飞 施力菲

安徽天柱会计师事务所

注册会计师：7人
许成杰 程劲松 王诗明 鲍海东
王晓龙 金国祥 朱剑平

安徽中诚会计师事务所

注册会计师：7人
徐学贤 罗焱明 查文华 胡旭芳
朱克俭 李昭练 牧邦恒

岳西华岳会计师事务所

注册会计师：6人
方元文 吴 辉 储敬群 王佑宏
储松苗 杨贤伟

桐城鑫烨会计师事务所（合伙）

注册会计师：5人
叶夕岚 汪碧霞 汪张强 倪申琦
章卫东

望江鑫苑会计师事务所（合伙）

注册会计师：6人
虞毅群 曹公巍 李 响 邢旭中
钱银国 李新权

枞阳长江会计师事务所（合伙）

注册会计师：4人
程既云 邹燕峰 史大庆 吴开阳

怀宁中宁信会计师事务所(合伙)

注册会计师：6人
陈同贵 程北贵 叶柏高 潘 红
汪名和 章陈群

桐城中星会计师事务所（合伙）

注册会计师：9人
胡汝久 刘华生 郑效连 张道志
许桂明 朱学华 倪道平 方锦超
余宜庆

宿松长欣会计师事务所（合伙）

注册会计师：3人

张宗应　洪礼平　许南朝

安庆昌德会计师事务所（合伙）

注册会计师：10人

王贵教　吴自铭　王菊荣　王　尹
储　健　王宜生　许正圣　全海川
王腾跃　彭春华

安庆金惟信会计师事务所(合伙)

注册会计师：9人

徐金龙　方金满　韩久荣　严伟芳
刘　进　汪永鑫　王　林　吴兆才
温朝亚

安庆恒健会计师事务所（合伙）

注册会计师：9人

李万春　汪　艳　何旺水　胡　萍
江龙民　王江民　曹能琴　蔡　剑
李茂增

怀宁全维会计师事务所（合伙）

注册会计师：6人

阮渭冰　李　庆　徐庆生　姜　剑
刘　佳　张志辉

安庆振风会计师事务所（合伙）

注册会计师：6人

洪惠玲　边夏凤　程　钢　汪永杰
江凤琴　赵　娟

安徽天弈会计师事务所（合伙）

注册会计师：3人

章　晖　檀富洲　吴福来

芜湖市

会计师事务所11家，注册会计师135人。

安徽新中天会计师事务所

注册会计师：36人

杨宠怀　严云友　宛文华　唐士林
朱晓军　李红政　胡海红　陈治荣
王树青　何玉龙　王忠平　郑　虹
韩万里　时凤华　张冬花　王凤祥
徐天军　李江柏　刘绪功　施立海
钱　程　汤贵宝　陈克强　郭文霞
钱　毅　周旭红　董　吾　杨　晶
黄福平　谢秀正　方其林　梁银霞
曲秀丽　何成根　许大好　桂玲玲

安徽新平泰会计师事务所

注册会计师：22人

杨树杰　宋淑雪　曹学友　周雪平
陶锦乡　符远健　刘建林　孙　平
姬　青　陈文军　董良海　王庆来
王　榕　魏　巍　高　强　张翠华
张天云　姚文林　戴学林　吕庆凤
韩　清　李永萍

芜湖永信会计师事务所（合伙）

注册会计师：10人

刘忠宝　郭小英　鲍　琦　陆新宇
马方平　鲁翠莲　邢思明　水从贵
童宗银　金丽芳

芜湖恒盛会计师事务所

注册会计师：10人

王家海　史青先　袁道仁　高耀华
束海水　杜荣庆　王昭彪　潘道珍
季德兵　孙志文

安徽春谷会计师事务所

注册会计师：13人

钟秀春　王柏林　庄传宏　骆正义
张炳红　毛成明　赵春芽　许　群
汤　咏　徐冬燕　刘修林　钟令托
王正旭

安徽徽瑞会计师事务所（合伙）

注册会计师：11人

蔡　军　汪重楠　宁一俊　汤德裕
杨培静　潘友仁　孙音捷　程　群
严　群　杨　荣　邵庆华

安徽芜南会计师事务所（合伙）

注册会计师：3人

崔南庭　张觉秀　澳维奇

芜湖振诚会计师事务所有限公司

注册会计师：9人

刘友才　谷　平　胡涛春　王成新
鲁　俊　夏建军　童宏卫　张文恭
赵翠萍

芜湖市凯帆会计师事务所(合伙)

注册会计师：2人

徐志发　胡　方

无为华廉会计师事务所

注册会计师：12人

朱世贵　方世银　丁绍来　卞英才
陈　军　鲍家祥　周　娟　唐　林
赵海兵　周安生　蒋俊荣　王德云

安徽智成会计师事务所

注册会计师：7人

方应柳　袁则仁　王军勇　汪兴义
孙永秀　丁　云　谢道银

铜陵市

会计师事务所7家，注册会计师84人。

铜陵华诚会计师事务所

注册会计师：25人

尹礼龙　程德元　王　保　查和森
朱兴华　谢　珺　曾汉洲　王丽娟
黄　彦　方　华　胡永茂　潘海峰
方金仁　陈世华　李善胜　王周生
高　军　王茂全　郭传红　罗　蔚
张　梅　汪正国　王　清　王光国
吴　恺

安徽蓝天会计师事务所

注册会计师：28人

郭祥龙　张茂健　曹　立　方　伦
许建胜　方学恒　郎敬华　程　义
徐华文　陈桂芝　储　勇　李长胜
唐思胜　蔡惠昕　朱正慧　章国俊
张熙文　周玉琴　余　翔　钱丽萍
姚　琴　朱运梅　汪三雅　王晓方
赵志荣　钱让华　王运胜　程　萍

铜陵永昌会计师事务所

注册会计师：6人

陆　浩　宋翠明　王品芳　姚广明
方　昕　王　勤

安徽阳光会计师事务所（合伙）

注册会计师：11人

梅　凯　周柱宝　汪　涛　许金莲
黄凤莲　刘继珍　刘莉娜　蒋海燕
朱小三　谷　芳　张世明

铜陵东方会计师事务所（合伙）

注册会计师：5

阮卫兵　胡　靖　李雄飞　章　琼
胡　嘉

铜陵金健会计师事务所（合伙）

注册会计师：6人

李正明　朱田友　姚俊杰　姚珍生
林　青　吴冬林

安徽世华会计师事务所（合伙）

注册会计师：3人

陶　玲　陈延青　张玉洁

马鞍山市

会计师事务所10家，注册会计师132 人。

安徽江南会计师事务所

注册会计师：28人

周代仁　张光森　郭正宇　高惠珠
孔令刚　张肥生　马德英　宁庶伦
陈祖玲　姜正宏　钮方宏　江丽华
周卫胜　张　敏　孔晶晶　刘　梅
张衍松　朱忠民　郑　华　吴春英
李宗凤　蒋利平

当涂分所：

唐中棣　刘乐群　吴锡洲　潘日鸿
钱其华　王金兰

安徽永涵会计师事务所

注册会计师：21人

邓素兰　夏国祯　杨其华　宣霞英
陈建芳　鲍家训　范　志　陈秀芳
朱家斌　余密欧　魏联屏　刘　峻
鲁　明　孔德政　陈志良　沈永生
梅鲍军　陈朝霞　孙惠珍　徐　静
李　静

安徽兴永会计师事务所

注册会计师：17人

甘德青　樊茂英　陶　萍　李志鹏
唐　凛　江卫华　钱守学　缪　蓉
黄玉芬　鲍时杰　汪四海　许金水
周艳霞　万建飞　姜易辰　曹言平
赵　斌

马鞍山金诚会计师事务所

注册会计师：10人

周木兰　王淑贞　刘玉茹　乐志海
余成松　丁帮勇　窦世冬　董培林
汪小清　王　兴

马鞍山成功会计师事务所(合伙)

注册会计师：7人

夏永芹　马年堂　华敏洁　邢　军
黄小云　韦　武　魏　山

安徽天瑞华会计师事务所有限公司

注册会计师：34人

秦　进　王殿贵　耿　琴　裔惠箐
朱国军　霍　新　李庆军　陆善政
张家飞　舒广友　兰　萍　李春华
葛玉波　朱世瑛　祁　玲　谷万山
潘万海　张卫国　杨和生　蒋立海
蔡晓平　李要忠　刘秀林　梅　杰
王　瑜　胡佩权　束东海　赵　敏
鲍军瑞　罗自强　张　励　陈宗寿
佘雨晴　赵道清

安徽华林会计师事务所（合伙）

注册会计师：3人

马乃林　黄　辉　苏　静

马鞍山滨江会计师事务所(合伙)

注册会计师：7人

牛和中　崔德先　王晓婧　唐传华
王业军　端有明　腾红梅

含山楚天会计师事务所（合伙）

注册会计师：3人

贺万春　刘仕红　刘东平

安徽竟成会计师事务所（合伙）

注册会计师：2人

杜　娟　丁景兰

宣城市

会计师事务所11家，注册会计师82人。

安徽同盛会计师事务所

注册会计师：18人

田家刚　胡柱国　刘小朋　方维利
葛其芳　郑前胜　徐腊元　章迎红
边定国　王秀瑄　聂文芳　郃迎春
熊志祥　汪淑红　陆家军　陈　进
杨晓莉　宋　垒

安徽南方会计师事务所

注册会计师：20人

金德保　韩家良　孟　武　杨文华
何鸿宝　刘志龙　邵华辉　蒋龙翔
姜慧慧　王玉舟　崔建民　戴旺水
胡宗林　沈　俊　方政宗　戚袁根
刘培松　秦　静　余永方　周林华

郎溪公兴会计师事务所

注册会计师：5人

王霞凌　叶家和　程谦华　吴　声
宗留明

绩溪徽信会计师事务所

注册会计师：7人

程介鹏　汪秋有　曹　玲　周新民
刘炳尊　方光荣　章　琦

安徽中辉会计师事务所

注册会计师：13人

邓立群　朱小红　张明美　滕兢岚
袁长潜　施光丽　汤运荣　卢贤云
金永林　宋　莺　叶四清　王先锋
何王珍

安徽丰元会计师事务所（合伙）

注册会计师：3人

管宗根　郝本源　周盖民

泾县泾川会计师事务所（合伙）

注册会计师：2人

姚永和　李红梅

广德太极会计师事务所（合伙）

注册会计师：2人
朱子进　王世明

安徽金智会计师事务所（合伙）

注册会计师：6人
丁有钢　朱启平　吴秀莲　唐红星
陈春月　凤　艳

安徽宣城方园会计师事务所(合伙)

注册会计师：2 人
黄先品　陈志双

安徽宣宁会计师事务所（合伙）

注册会计师：4 人
洪家旺　孙　训　王　薇　毛　杰

池州市

会计师事务所7家，注册会计师40人。

安徽求实会计师事务所

注册会计师：10人
丁成珠　范爱萍　周培进　王晓宏
施　玉　刘冬胜　张华明　王为亭
方宝萍　章兴隆

安徽正鼎会计师事务所

注册会计师：9人
许新华　徐孝杰　王世忠　包银彬
江满红　章家瑜　余荣昌　宋春香
万仙萍

池州九华会计师事务所（合伙）

注册会计师：4人
孙熙明　刘秀琴　童晓红　王　飞

池州实信会计师事务所（合伙）

注册会计师：3人
张志杰　关宝瑜　操　伟

安徽金中信会计师事务所(合伙)

注册会计师：6人
程顺霞　舒玲莉　姜用忠　许兴舟
严　军　钟　敏

池州新鼎会计师事务所（合伙）

注册会计师：6人
费新生　程志芳　包　斌　巩绪盛
蔡世强　吴志林

安徽成文会计师事务所（合伙）

注册会计师：2人
范先茂　谢凤林

黄山市

会计师事务所7家，注册会计师33人。

黄山平政会计师事务所（合伙）

注册会计师：3人
冯晓平　潘银娣　胡爱芹

安徽天正达会计师事务所有限公司

注册会计师：8人
张年根　吴建亚　毕　颖　吴成瑞
罗永健　贺卫丁　江小文　章晓平

黄山佳华会计师事务所（合伙）

注册会计师：6人
吴卫国　严　梅　汪德松　方恒平
王灶坤　俞金莲

黄山徽源会计师事务所（合伙）

注册会计师：6人
张剑云　叶启沐　洪四清　姚志松
范读林　吴德仁

黄山昊旺会计师事务所（合伙）

注册会计师：2人
钱建文　刘春德

安徽华徽会计师事务所（合伙）

注册会计师：5人
朱少伟　陶福寿　夏华勇　杨攀飞
瞿光洲

安徽卓勤会计师事务所（合伙）

注册会计师：3人
谢剑晖　俞　岚　汤春卫

其他任职资格检查合格的注册会计师(须办理完转所手续方可执业)：13人
马　勇　陈高潮　艾学虎　李金海
鲍正军　张理红　魏占新　胡　浩
何　和　张　强　李秀丽　赵　杰
刘帜萍

二、暂缓通过任职资格检查的注册会计师36 人

安徽苏明特会计师事务所(合伙)

注册会计师：6人
聂殿昌　沈延方　周　勇　李仁海
周　涤　张　颐

其他暂缓通过任职资格检查的注册会计师：30人
王基扬　陈莉莉　张玉柱　张　峰
王　健　王忠民　徐爱红　潘　剑
刘燕茹　程　光　张德志　袁小平
吴成光　钱桂珍　王　超　姚　凯
朱以龙　池良骥　王桂林　丁翠云
吴建筑　沈顺强　吴恩举　刘新永
王本田　乔　兰　许令春　刘海龙
赵先进　王　辉

安徽省2011年度注册资产评估师年检结果

年检合格的注册资产评估师721人。

合肥市

资产评估机构38家，注册资产评估师394人。

安徽国信资产评估有限责任公司

注册资产评估师：45人

杨皖林 叶煜林 杨明开 孙乃纲
周 民 牛传亮 谢国防 葛贻萍
徐应琼 耿晓玲 王 毅 马 进
金社群 付后升 徐 凤 许春芳
罗帮永 洪秀芬 丁同兵 周典安
李自金 管孝东 洪田宝 陈 人
江 勇 张 亚 熊江波 江国治
史先锋

铜陵蓝天分公司：

高贵士 苏红玲 方 伦 蔡惠昕
程 义 陈国强 章雪华 姚 琴

马鞍山江南分公司：

郭正宇 刘诚美 周代仁 曾 琦
陈祖玲 汪 丽 江丽华 吴春英

中水致远资产评估有限公司安徽分公司

注册资产评估师：39人

邓书法 陈大海 张 峰 吴燕英
朱宗瑞 聂志国 何本英 梁 瑛
肖厚发 庞红梅 潘 峰 张旭军
张全心 茆凤林 张 婕 任德慧
翟大发 詹铁华 张良文 朱彰森
章晓辉 许益民 方 强 孔德远
张 成 李 艳 卢 珍 徐国友
许 辉 张传艳 靳 东 李军文
刘 磊 徐向阳 齐利平 方继勇
周 炯 杨 花 王 静

中铭国际资产评估（北京）有限公司安徽分公司

注册资产评估师：8人

何 晖 王 宏 丁井余 高前文
安家好 丁克林 胡 月 曾玉红

安徽中安资产评估有限责任公司

注册资产评估师：8人

陈文举 陈有志 黄亚琼 曹 勇
姚小辉 褚维兵 王 飞 马 平

安徽华安资产评估事务所有限公司

注册资产评估师：14人

孙方社 方 峰 姜昌起 徐中海
方 勇 孙实发 李 颖 袁宗祥
方 然 唐先胜 王伟民 车杭林
朱结根 张学侠

安徽财苑资产评估事务所有限公司

注册资产评估师：11人

胡 波 石宁果 王 秋 李 勇
朱云松 邱正国 张建生 蒋经文
朱 哲 庞 军 郝玉瑰

安徽九通资产评估有限公司

注册资产评估师：9人

万 铭 徐 凯 吴双全 王先斌
葛圣明 帅红星 伍章余 童传苗
钱 莉

安徽华鹏资产评估有限公司

注册资产评估师：15人

陈世祥 秦立新 余 智 孙 萍
王治琼 周成宝 蒋骏玫 韩志平
王体展 刘 静 郭庆惠 郑 刚
霍昌荣 苗旭萍 刘 林

安徽正信资产评估事务所(合伙)

注册资产评估师：11人

刘新兴 罗永梅 袁 林 宋文超
董春兰 吴 磊 谢 飞 夏 阳
刘 勇 贾 梅 朱美侠

安徽安建资产评估有限公司

注册资产评估师：11人

朱焱武 李 锐 姚晓春 李 红
陈明霞 郑 浩 桂祖新 周 革
王 欢 陈明勇 陈 蓉

安徽宝申资产评估有限公司

注册资产评估师：11人

李书信 朱永荣 魏 进 牛孝敬
李开寅 梁春强 刘 红 舒经旺
周宗亮 孙广兴 李 娜

安徽新安资产评估有限公司

注册资产评估师：8人

张书萍 叶 云 李中华 王立群
张汝升 马诗琴 俞 军 周庆忠

安徽庐东资产评估事务所(合伙)

注册资产评估师：8人

李 琼 徐志松 刘 娟 王西禅
赵 斌 孙继虎 嵇小玲 阚二宏

安徽九州资产评估事务所(合伙)

注册资产评估师：8人

张勤昌 郭立身 夏东平 杨和生
李光霞 余 忠 张立松 高昌庆

安徽中泰资产评估事务所有限公司

注册资产评估师：13人

江成年 马章松 侯 伟 胡建春
焦良存 姚孝杰 吴 梅 程 军
张 敏 张中保 孟庆民 杨文志
肖 忠

合肥清和嘉华资产评估事务所(合伙)

注册资产评估师：6人

纵 珂 谈昶琦 张春雷 盛 誉
陶泽民 陈海啸

安徽普天资产评估有限公司

注册资产评估师：10人

汪家胜 严 飞 吴文虎 朱立强
姚其健 罗爱平 朱先兰 李国明
马利敏 石云芳

安徽中皖正大资产评估有限公司

注册资产评估师：8人
杨世菊　邓道银　霍　平　方重阳
朱大寨　王　振　戴修明　温朝亚

安徽永健资产评估事务所(合伙)

注册资产评估师：10人
王　琦　汪群亮　王　飞　查　俊
王春晓　张少波　刘　凯　吴　诚
王普明　李有贵

安徽国中资产评估事务所(合伙)

注册资产评估师：5人
茹建勋　高昌寿　何　鹏　黄孝林
王德华

安徽凯吉通资产评估事务所(合伙)

注册资产评估师：7人
邢曙升　王玉霞　姚　斌　王卫军
鲍秉军　方　红　蔡智愚

安徽安联信达资产评估事务所(合伙)

注册资产评估师：8人
陈庆年　李方亮　方　伟　王基扬
郑　军　马　平　王圣宝　李必飞

安徽财信资产评估事务所(合伙)

注册资产评估师：8人
凌清汇　徐家峰　葛玉波　朱世瑛
汤太平　刘朝凤　汪海宾　陈爱林

安徽华腾资产评估事务所(合伙)

注册资产评估师：8人
叶朱兵　吴纯杰　蒋玉叶　王明勇
贾延安　朱纯文　任建堂　徐志明

安徽正一资产评估有限公司

注册资产评估师：9人
赵文理　秦　进　岳俭仁　张德志
张　平　束学荣　马乃林　余　欢
徐旭中

安徽华洲资产评估有限公司

注册资产评估师：8人
鲍时满　解　伟　何祖兰　高尚俊
洪　林　樊满生　史　维　刘　颖

安徽安和资产评估有限责任公司

注册资产评估师：11人
李晓东　凌晓茹　储长应　周福齐
席素平　苏东升　汪　健　丁　艳
赵衍敏　徐怀忠　马尚佑

安徽创世纪资产评估事务所(合伙)

册资产评估师：5人
罗　杉　卢荣顺　张道付　叶安华
刘会平

安徽诚勤资产评估事务所(合伙)

注册资产评估师：5人
刘要红　陈　杰　吴兆芹　夏兆云
解正安

沃克森（北京）国际资产评估有限公司安徽分公司

注册资产评估师：6人
周学民　张基昌　张宏刚　胡建军
洪一五　郑　云

合肥光华资产评估有限公司

注册资产评估师：10人
李肖梅　李　静　吴　琳　沈梅林
孙福才　巫绪祥　沈素莹　温汉清
徐　鸿　马有海

安徽中永联邦资产评估事务所有限公司

注册资产评估师：9人
陆�櫕君　尹　俊　罗　真　赵　芬
吴　军　张洪源　邓小军　吴兆聪
彭双发

安徽安平达资产评估事务所

注册资产评估师：6人
陈贻国　徐建中　郑本江　张汉钊
郑关平　徐良英

安徽金泉资产评估事务所有限公司

注册资产评估师：8人
刘　相　乐志海　李　军　张早应
郑　涛　董培林　张学伟　龙维银

安徽安泰普信资产评估事务所（普通合伙）

注册资产评估师：5人
姜　红　唐小冬　王　铸　杨廷文
查满来

安徽致通资产评估事务所(合伙)

注册资产评估师：8人
王　琼　方　干　程月年　盛　磊
郁向军　钱元慧　魏　松　关木花

巢湖兴华资产评估事务所(合伙)

注册资产评估师：8人
孙立安　龚拥军　艾学虎　吴卫东
白雅真　任连生　程堂峰　花　莉

巢湖中信资产评估事务所(合伙)

注册资产评估师：7人
洪海龙　丁家祥　许友元　高自福
孙宏长　夏立群　夏军工

阜阳市

资产评估机构3家，注册资产评估师27人。

安徽正诚资产评估事务所(合伙)

注册资产评估师：11人
吴建超　杨治理　卢传亮　武伯宁
王晓东　李　军　刘　威　母连杰
刘彦林　李俊岭　王绍合

安徽杰信资产评估事务所(合伙)

注册资产评估师：5人
杨　杰　张俊芳　宫俊岭　陈　明
朱　奎

安徽华新资产评估事务所(合伙)

注册资产评估师：11人
张晓光　杨　腾　武士德　朱玉珍
韦彦平　韩劲松　程志新　康灯鹏
张　琪　王永凤　曹　辉

淮北市

资产评估机构3家，注册资产评估师24人。

淮北淮信资产评估事务所(合伙)

注册资产评估师：10人

付洪华　葛　莉　赵德学　孙少群
周连营　杜显国　唐　飞　潘　明
庄　锐　温士杰

淮北世诚资产评估事务所(合伙)

注册资产评估师：8人

吴宇峰　蒋相甫　王传鹏　吴义岭
李大权　姜　峰　牛　峰　黄文杰

安徽华亚资产评估事务所(合伙)

注册资产评估师：6人

马海燕　朱仲琦　刘现贞　闵四清
韩光辉　梁　永

宿州市

资产评估机构3家，注册资产评估师24人。

宿州同信资产评估事务所(合伙)

注册资产评估师：7人

邱　春　沙丙胜　吴化江　凌　越
冯　燕　江学良　陈　芳

宿州拂晓资产评估事务所(合伙)

注册资产评估师：7人

高　燕　孙连峰　姜新松　周衍荣
丁训海　杜　飞　范黎丽

安徽淮海资产评估事务所(合伙)

注册资产评估师：10人

韩　敏　范　宁　李家胜　邓惠芳
邵明松　贺春燕　孟运光　王　伟
章新杰　屈海洪

蚌埠市

资产评估机构3家，注册资产评估师25人。

安徽鑫诚资产评估事务所(合伙)

注册资产评估师：8人

高　李　周　娟　郑首生　朱安国
赵　勇　方　霞　陈国和　杨　静

安徽永合资产评估有限公司

注册资产评估师：10人

王道俊　沈琳玲　胡堂前　许　辉
吴少华　刘勤敏　刘长银　陈　键
陈建福　孟　利

蚌埠华宇资产评估事务所(合伙)

注册资产评估师：7人

胡春亮　夏永海　李　超　戴世中
金良全　宋焕亮　韩为然

淮南市

资产评估机构2家，注册资产评估师18人。

安徽众信资产评估有限公司

注册资产评估师：10人

胡安民　沈宏伟　童　杰　曹　丽
于灵钦　郝明节　金小松　姚　刚
王卫萍　王　瑶

安徽鑫海资产评估事务所(合伙)

注册资产评估师：8人

冯镭刚　王宗明　严笑社　吴其梅
顾文宇　杨　剑　王慧燕　冯志英

滁州市

资产评估机构2家，注册资产评估师14人。

滁州市诚信资产评估事务所(合伙)

注册资产评估师：6人

张　勇　马明勇　吕春海　许亚清
朱永德　高利虎

安徽天华资产评估事务所(合伙)

注册资产评估师：8人

徐秀海　施　治　华　勇　肖　斌
殷翠红　乔玉华　许桂林　王　贤

六安市

资产评估机构4家，注册资产评估师 29人。

六安才兴资产评估有限公司

注册资产评估师：10人

杜成发　吴　云　高义龙　陈德富
许梁冬　陈　曙　汪双琴　赵祛尘
王厚庆　张广超

安徽公信资产评估事务所(合伙)

注册资产评估师：7人

李惠传　杨立全　许佑文　谈荣富
周贤忠　顾正祝　朱大华

舒城安泰资产评估事务所(合伙)

注册资产评估师：7人

许令春　阮光虎　沈春燕　黄敦银
刘礼平　詹　怿　朱学松

六安新桥资产评估事务所(合伙)

注册资产评估师：5人

马　强　李从海　黄承宏　王求敏
吴晓华

安庆市

资产评估机构4家，注册资产评估师 37人。

安徽天柱资产评估有限公司

注册资产评估师：9人

雷　英　王贵教　王诗明　程劲松
鲍海东　许成杰　汪礼宝　汪名和
金国祥

安徽中诚资产评估有限责任公司

注册资产评估师：12人

李　响　胡孝武　何旺水　李万春
许南朝　喻雪平　刘启华　徐正权
罗焱明　虞毅群　汪　艳　吴振兴

安庆信德资产评估事务所(合伙)

注册资产评估师：7人

王之华　程　钢　洪惠玲　汪永杰

杨贤伟　许小秀　李得茂

安徽诚信资产评估有限责任公司

注册资产评估师：9人

张红卫　孙　川　吴跃东　钟　诚
何爱明　冯克武　毕芸生　程　民
吴涤非

芜湖市

资产评估机构7家，注册资产评估师 53人。

芜湖中天资产评估有限公司

注册资产评估师：14人

朱晓军　杨宪怀　唐士林　胡海红
何玉龙　李红政　王树青　佘之礼
谢秀正　耿　琴　李江柏　叶国顺
许平松　周旭红

芜湖平泰资产评估有限公司

注册资产评估师：8人

奚迎军　朱　瑛　郑隽明　宋淑雪
陈文军　王殿贵　曹学友　朱能学

芜湖永诚资产评估事务所(合伙)

注册资产评估师：6人

方国樑　刘忠宝　孙志文　鲍　琦
程志芳　费新生

芜湖恒盛资产评估事务所(合伙)

注册资产评估师：6人

朱永宝　潘国华　季德兵　张彦斌
王大军　奚正龙

芜湖诚兴资产评估事务所（合伙)

注册资产评估师：6人

徐华通　谷　平　何成根　胡　挺
鲁　俊　程立田

芜湖徽瑞资产评估事务所(合伙)

注册资产评估师：8人

夏仕良　程　群　汪重楠　严　群
夏永芹　杨培静　方永胜　汪　琨

安徽志成资产评估事务所(合伙)

注册资产评估师：5人

周海云　许万庆　赵家柱　方应柳
王军勇

铜陵市

资产评估机构1家，注册资产评估师11人。

铜陵华诚资产评估有限公司

注册资产评估师：11人

李金启　程德元　王　保　陈延青
陈世华　陈　辰　赵　峻　周　桃
郭传红　吴淑华　李　凡

马鞍山市

资产评估机构2家，注册资产评估师19人。

安徽永涵资产评估有限责任公司

注册资产评估师：11人

陈朝霞　向崇学　罗银星　陈建芳
宣霞英　杜永红　史晶萍　范　志
朱家斌　余密欧　李　静

安徽兴永资产评估事务所(合伙)

注册资产评估师：8人

唐　钟　籍爱珍　赵　敏　周卫胜
华　震　崔德先　刘东平　滕红梅

宣城市

资产评估机构3家，注册资产评估师 35 人。

安徽同盛资产评估有限公司

注册资产评估师：9人

边定国　肖　静　吴新善　汪安宁
汪志勤　王秀瑾　郑前胜　徐腊元
吴发明

安徽东南资产评估事务所有限公司

注册资产评估师：11人

艾观美　肖富庭　徐　扬　陈　凌
韩家良　邵华辉　张年根　王玉舟
罗永健　吴成利　宋　群

安徽中辉资产评估有限公司

注册资产评估师：15人

闪丽丽　陈升华　毛成明　丁有钢
王超平　钟令托　董宗然　钟秀春
余登俊　宋　莺　王昌兴　许亚军
刘　剑　朱启平　吴新梅

池州市

资产评估机构1家，注册资产评估师8人。

安徽天元资产评估事务所有限公司

注册资产评估师：8人

田　勇　舒　服　李　斌　王晓宏
朱锦明　孙守亚　杨海生　陈　平

其他通过年检的注册资产评估师：3人

邓道雨　曹莉芳　林　红

2011年度安徽省会计师事务所前50家信息

名次	事务所名称	2011 年度业务收入		CPA 人数
		总收入	主营业务收入	
1	华普天健会计师事务所（北京）有限公司安徽分所	173,211,057.49	152,645,209.00	134
2	安徽宝申会计师事务所	21,551,312.26	5,332,598.26	36
3	大华会计师事务所有限公司安徽分所	19,897,144.29	16,779,192.56	17
4	安徽新中天会计师事务所有限公司	19,516,784.49	12,424,812.78	37
5	安徽安建会计师事务所	16,902,487.54	4,916,626.95	25
6	安徽华安会计师事务所	16,660,426.41	9,207,398.13	38
7	安徽永涵会计师事务所	15,985,850.92	11,563,093.92	21
8	中审亚太会计师事务所有限公司安徽分所	15,651,381.51	2,799,000.00	21
9	安徽安瑞会计师事务所	14,993,472.67	4,016,259.17	26
10	天职国际会计师事务所有限公司安徽分所	12,717,907.40	12,451,381.40	25
11	安徽鑫诚会计师事务所	12,224,550.17	7,381,252.00	22
12	安徽蓝天会计师事务所	12,189,198.10	6,647,819.00	28
13	安徽九通会计师事务所	11,826,909.91	4,992,110.82	28
14	天健会计师事务所(特殊普通合伙）安徽分所	11,794,560.00	11,794,560.00	26
15	铜陵华诚会计师事务所	10,983,566.98	5,933,668.00	25
16	北京中证天通会计师事务所有限公司安徽分所	10,105,457.80	10,105,457.80	25
17	安徽南方会计师事务所	10,088,935.88	6,004,085.88	20
18	国富浩华会计师事务所（特殊普通合伙）安徽分所	10,051,660.00	10,051,660.00	22
19	安徽正一会计师事务所有限公司	10,009,697.00	10,009,697.00	37
20	安徽财苑会计师事务所	9,197,048.20	6,007,945.78	24
21	北京兴华会计师事务所有限责任公司安徽分所	9,043,291.99	9,043,291.99	25
22	安徽新平泰会计师事务所有限公司	8,884,716.97	8,020,912.00	22
23	安徽华鹏会计师事务所	8,255,099.08	3,065,308.00	23
24	安徽永健会计师事务所	8,137,558.37	4,461,849.37	25
25	安徽江南会计师事务所	7,692,652.56	5,445,073.00	22
26	安徽众信会计师事务所	7,103,884.00	5,444,088.00	14
27	安徽华洲会计师事务所	7,051,374.43	6,701,374.43	30
28	安徽庐东会计师事务所	6,754,597.06	2,216,444.76	26
29	安徽凯吉通会计师事务所	6,495,306.35	4,116,800.00	16
30	安徽华皖会计师事务所	6,085,884.63	6,085,884.63	22
31	江苏苏亚金诚会计师事务所有限公司安徽分所	6,014,605.22	1,073,887.00	5
32	安徽金泉会计师事务所	5,680,800.00	3,270,800.00	11
33	安徽淮信会计师事务所	5,328,600.00	5,328,600.00	32
34	安徽九州会计师事务所	5,123,569.62	5,123,569.62	22
35	安徽华审正大会计师事务所	5,033,056.30	5,033,056.30	25
36	安徽诚勤会计师事务所	5,012,790.33	5,012,790.33	20
37	安徽天瑞华会计师事务所有限公司	4,585,517.00	4,585,517.00	22
38	安徽皖资会计师事务所	4,517,584.44	4,517,584.44	17
39	定远中远会计师事务所	4,512,317.00	1,564,855.00	5
40	安徽世诚会计师事务所	4,480,100.00	4,480,100.00	18
41	安徽安泰普信会计师事务所有限公司	4,261,730.00	4,261,730.00	25
42	安徽中健会计师事务所	4,167,010.00	4,167,010.00	16
43	安徽华晨会计师事务所	3,882,500.91	3,882,500.91	10
44	安徽国信会计师事务所有限公司	3,860,176.96	3,854,576.96	22

45	安徽天华会计师事务所	3,605,175.18	1,915,850.00	14
46	六安金裕会计师事务所	3,442,976.82	1,859,284.00	13
47	安徽皖瑞会计师事务所	3,281,087.80	3,281,087.80	28
48	安徽兴邺会计师事务所	3,190,200.00	2,870,200.00	12
49	安徽永合会计师事务所	3,108,490.00	3,108,490.00	10
50	舒城安泰会计师事务所	3,040,028.10	2,166,957.45	8

统计口径说明：

1．排序原则：以“2011年度业务收入”作为会计师事务所排名的主要依据，业务收入最高的排在第一位，按递减排列。主营业务收入包括：审计、验资、涉税鉴证、会计与税务服务、管理咨询等。

2．业务收入汇总取自各会计师事务所上报的经审计的2011年度会计报表数据。

3．注册会计师人数取自年检中上报的团体会员情况表和年检结果。

安徽省2011年度资产评估机构综合评价结果

级次	资产评估机构名称	CPV人数	人数得分	2011年总收入	总收入得分	评估师人均业务收入(万元)	人均收入得分	继续教育得分	信息化建设得分	内部治理得分	加分项	减分项	总得分
A	中水致远资产评估有限公司安徽分公司	39	30.84	13,250,251.00	283.86	33.98	16.94	15.00	5.00	5.00	1		357.64
A	安徽国信资产评估有限公司	45	35.58	12,152,851.77	260.35	27.01	13.47	15.00	5.00	5.00	4.7		339.10
A	安徽华安资产评估事务所有限公司	14	11.07	2,902,817.00	62.19	20.73	10.34	15.00	4.00	5.00	0.5		108.10
A	安徽九通资产评估有限公司	9	7.12	2,283,000.00	48.91	25.37	12.65	15.00	3.50	5.00	0.5		92.67
A	安徽中辉资产评估有限公司	15	11.86	2,276,720.00	48.77	15.18	7.57	15.00	4.75	4.50			92.45
A	安徽华洲资产评估有限公司	8	6.33	2,040,923.00	43.72	25.51	12.72	15.00	5.00	5.00			87.77
A	安徽中泰资产评估事务所有限公司	13	10.28	2,034,969.00	43.60	15.65	7.81	15.00	3.50	4.65			84.83
A	安徽财苑资产评估事务所有限责任公司	11	8.70	1,930,550.00	41.36	17.55	8.75	15.00	5.00	5.00	0.5		84.31
A	安徽永涵资产评估有限责任公司	11	8.70	1,915,381.00	41.03	17.41	8.68	15.00	5.00	5.00	0.5		83.91
A	安徽正信资产评估事务所	11	8.70	1,744,555.00	37.37	15.86	7.91	15.00	5.00	5.00	1		79.98
B	铜陵华诚资产评估有限责任公司	11	8.70	1,743,600.00	37.35	15.85	7.90	15.00	4.75	5.00	0.5		79.21
B	安徽同盛资产评估有限公司	9	7.12	1,764,100.00	37.79	19.60	9.77	15.00	3.75	5.00	0.5		78.93
B	芜湖中天资产评估有限公司	14	11.07	1,671,227.00	35.80	11.94	5.95	15.00	3.50	5.00			76.33
B	安徽财信资产评估事务所	8	6.33	1,580,875.53	33.87	19.76	9.85	15.00	4.90	4.95			74.90
B	淮北淮信资产评估事务所	10	7.91	1,532,000.00	32.82	15.32	7.64	15.00	5.00	4.25	0.5		73.12
B	安徽宝申资产评估有限责任公司	11	8.70	1,502,905.00	32.20	13.66	6.81	15.00	4.00	5.00	0.5		72.21
B	安徽鑫诚资产评估事务所	8	6.33	1,378,766.00	29.54	17.23	8.59	15.00	4.50	4.50	2		70.46
B	安徽中诚资产评估有限责任公司	12	9.49	1,295,460.00	27.75	10.80	5.38	15.00	3.25	4.50			65.37
B	安徽凯吉通资产评估事务所	7	5.54	1,211,500.00	25.95	17.31	8.63	15.00	4.50	5.00			64.62
B	安徽华腾资产评估事务所	8	6.33	1,179,900.00	25.28	14.75	7.35	15.00	4.50	5.00			63.46
B	安徽众信资产评估有限公司	10	7.91	1,117,085.00	23.93	11.17	5.57	15.00	4.75	4.50	1.5		63.16

B	安徽普天资产评估有限责任公司	10	7.91	1,138,160.00	24.38	11.38	5.68	15.00	5.00	5.00			62.97
B	安徽九州资产评估事务所	8	6.33	1,172,833.57	25.13	14.66	7.31	15.00	4.00	4.70			62.46
B	安徽永合资产评估有限公司	10	7.91	1,083,025.00	23.20	10.83	5.40	15.00	5.00	5.00	0.5		62.01
B	芜湖平泰资产评估有限公司	8	6.33	1,083,987.40	23.22	13.55	6.76	15.00	5.00	5.00	0.5		61.80
B	沃克森（北京）国际资产评估有限公司安徽分公司	6	4.74	1,071,000.00	22.94	17.85	8.90	15.00	5.00	4.90			61.49
B	安徽正一资产评估有限公司	9	7.12	1,086,000.00	23.27	12.07	6.02	15.00	4.50	5.00	0.5		61.40
B	安徽东南资产评估事务所有限公司	11	8.70	1,253,000.00	26.84	11.39	5.68	15.00	4.50	4.50		-5	60.22
B	合肥光华资产评估有限公司	10	7.91	1,010,550.00	21.65	10.11	5.04	15.00	2.25	4.25	1		57.10
B	舒城安泰资产评估事务所	7	5.54	816,070.00	17.48	11.66	5.81	15.00	5.00	5.00	0.5		54.33

安徽省会计师事务所名录

序号	会计师事务所名称	地　址	法定代表人或首席合伙人	所长室电话
1	安徽安鼎会计师事务所	合肥市庐阳区濉溪路99号众城国际广场1幢405室	刘要红	0551-64269013
2	安徽安和会计师事务所	合肥市长江西路3号春天大厦2006号房	何元英	0551-62840622
3	安徽安建会计师事务所	合肥市马鞍山南路1000号新都会环球广场写字楼1501室	陈建华	0551-64678181
4	安徽安联信达会计师事务所有限公司	合肥市濉溪路9号鸿达大厦4楼	李方亮	0551-64682246
5	安徽安平达会计师事务所	合肥市濉溪路99号众城国际广场1幢1708室	郑关平	0551-65535137
6	安徽安瑞会计师事务所	合肥市合作化南路88号安高城市天地A2-803	王明勇	0551-65176048
7	安徽安泰普信会计师事务所有限公司	合肥市濉溪路财富广场C座1406号	郭守团	0551-65776428
8	安徽安业会计师事务所	合肥市高新区天怡国际商务中心主楼1509号	邱泽跃	0551-65319878
9	安徽宝申会计师事务所	合肥市长江西路551号鼎鑫大厦21楼	陈昌云	0551-62661176
10	安徽财苑会计师事务所	合肥市徽州大道547号1栋404室	赵成龙	0551-62635646
11	安徽辰龙会计师事务所	合肥市徽州大道与太湖路交叉口恒生阳光城8号1007室	解正安	0551-65295178
12	安徽诚勤会计师事务所	合肥市阜南路40号富康大厦B区4楼	陈　梅	0551-67125755
13	安徽创富会计师事务所	合肥市蜀山区黄山路254号4幢409	王平凡	0551-65171571
14	安徽大成会计师事务所	合肥市庐江路70号	姚大兵	0551-67122711
15	安徽国强会计师事务所	合肥市马鞍山南路创智广场6号楼A座703/704室	李中华	0551-63431468
16	安徽国信会计师事务所	合肥市高新区天达路71号华亿科学园A2座8层	许春芳	0551-65427655
17	安徽合众利华会计师事务所	合肥市金寨路215号康园大厦802室	俞鉴峰	0551-63666929
18	安徽和嘉会计师事务所	合肥市长江西路3号春天大厦2104室	何生德	0551-62837993
19	安徽恒谊会计师事务所	合肥市濉溪路278号财富广场二期B座东楼1401-4室	陆哲夫	0551-65633879
20	安徽华安会计师事务所	合肥市濉溪路278号财富广场B座501-503室	陈茂浏	0551-65661111
21	安徽华晨会计师事务所	合肥市庐阳区濉溪路287号金鼎广场B座1211	吕贤莲	0551-62616976
22	安徽华建会计师事务所	合肥市寿春路356号徽商国际大厦1308室	付　明	0551-62622139
23	安徽华鹏会计师事务所	合肥市马鞍山南路200号和地广场12号楼1002室	孙朝文	0551-62675018
24	安徽华审正大会计师事务所	合肥市长江中路天王巷4号二楼	张　辉	0551-62822502
25	安徽华皖会计师事务所	合肥市黄山路468号通和大厦A座五楼	吴小亚	0551-62845186
26	安徽华一会计师事务所有限公司	合肥市金寨路162号安徽国际商务中心公寓楼三单元2307室	刘绍平	0551-63625202
27	安徽华洲会计师事务所	合肥市阜阳北路647号东煌公寓1105、1106室	周逢满	0551-62315660
28	安徽嘉华会计师事务所	合肥市庐阳区濉溪路425号远航大厦804室。	檀革江	0551-64298393
29	安徽建英会计师事务所	合肥市长江中路426号金川大厦1008室	朱国兴	0551-62840106

30	安徽九通会计师事务所	合肥市屯溪路306号省经信委北楼3楼	丁同义	0551-62862930
31	安徽九州会计师事务所	合肥市马鞍山南路富城大厦五楼507室	潘茂权	0551-62195780
32	安徽凯吉通会计师事务所	合肥市金寨路162号国际商务中心A座1105室	袁　骥	0551-63639498
33	安徽庐东会计师事务所	合肥市安庆路天徽大厦B幢1011室	干兴来	0551-62811728
34	安徽普诚会计师事务所	合肥市潜溪路99号众城国际广场1幢1005室	樊满生	0551-65855055
35	安徽清合会计师事务所	合肥市庐江路124号创元大厦七楼	李　东	0551-62636871
36	安徽润兴会计师事务所	合肥市宿州路60号太阳城B区5楼502室	吴锡海	0551-62676565
37	安徽申维会计师事务所	合肥经济技术开发区松谷路西翠微路北海花园（一期）3幢13F	高　原	0551-63870481
38	安徽苏明特会计师事务所	合肥市长江西路6698号高新区拓基城市广场金座A-20层2006室	聂殿昌	0551-65230495
39	合肥枫华会计师事务所	肥东县店埠镇琪瑞大厦1栋908室	赵鹏程	0551-67703180
40	合肥万事达会计师事务所	合肥市安庆路125号圣园大厦7楼	郭景海	0551-62631959
41	合肥信皖会计师事务所	合肥市徽州大道1388号滨湖控股大楼九楼	王宪林	0551-63414226
42	合肥易德会计师事务所	合肥市安庆路125号圣园大厦714室	张洪源	0551-62316696
43	合肥源坤会计师事务所	合肥市六安路14号长安大厦711室	范义康	0551-62617094-81
44	安徽通达信会计师事务所	合肥市瑶海区长江东路1157号	朱军旗	0551-64292365
45	安徽皖瑞会计师事务所	合肥市蒙城路109号	周江林	0551-65100851
46	安徽庐州会计师事务所	合肥市黄山路601号科技创新服务中心办公楼801室	陈爱林	0551-62828986
47	安徽万国通宝会计师事务所有限公司	合肥市马鞍山路1000号新都会505室	王　刚	0551-64653177
48	安徽新安会计师事务所	合肥市六安路27号白厦商务中心四楼410室	刘叔坤	0551-62670134
49	安徽兴邺会计师事务所	合肥市马鞍山路世纪阳光花园金阳苑9#101	计同林	0551-63453409
50	安徽一凡会计师事务所	合肥市长江西路669号香格里拉商务广场601	郑玉来	0551-65320958
51	安徽一通源会计师事务所	合肥市益民街15号富华大厦7楼	程江龙	0551-62318352
52	安徽永安会计师事务所	合肥市马鞍山路百大苑2栋604室	席　坚	0551-62835560
53	安徽永健会计师事务所	合肥市高新区长江西路669号拓基城市广场金座B10楼东	王　琦	0551-62816229
54	安徽永证会计师事务所	合肥市花园街83号合肥大厦	方国权	0551-62637396
55	安徽正一会计师事务所有限公司	合肥市黄山路鸿诚大厦804室	吕蓉君	0551-63615511
56	安徽中安会计师事务所	合肥市九狮桥街筝笛阁四楼	王海涛	0551-62632394
57	安徽中宸会计师事务所	合肥市颍上路58号都市清华A4402室	张　平	0551-65203227
58	北京兴华会计师事务所有限公司安徽分所	合肥市北二环桃源路滁河干渠管理分局四楼	汪和俊	0551-62316327
59	北京中证天通会计师事务所有限公司安徽分所	合肥市迎龙桥1号省新闻出版大厦14层	董春兰	0551-62829090
60	安徽中健会计师事务所	合肥市潜溪路278号财富广场23层2302室	何继胜	0551-65609692
61	安徽中天健会计师事务所	合肥市宿州路4号国轩大厦1505室	姚其健	0551-62653311
62	国富浩华会计师事务所(特殊普通合伙）安徽分所	合肥市高新区海棠路150号创新大厦10楼	何　晖	0551-62586966
63	华普天健会计师事务所安徽分所	合肥市马鞍山路世纪阳光大厦19-20层	李友菊	0551-62643062
64	江苏苏亚金诚会计师事务所有限公司安徽分所	合肥市肥西路66号汇金大厦509室	詹从才	025-683327401
65	天健会计师事务所有限公司安徽分所	合肥市潜溪路财富广场B座西楼1804室	乔如林	0551-65666319
66	天职国际会计师事务所有限公司安徽分所	合肥市芜湖路130号万达广场6号写字楼21层	周学民	0551-66100696
67	中审亚太会计师事务所有限公司安徽分所	合肥市胜利广场中环国际大厦1001室	杨池生	0551-64224667

68	中兴华富华会计师事务所安徽分所	合肥市屯溪路与徽州大道交口富广大厦 1106 室	李占杰	0551-64671133
69	中一会计师事务所有限责任公司安徽分所	合肥市望江东路 9 6 号中铁四局院内	王津豪	0551-65244104
70	安徽瑞丰会计师事务所	长丰县水湖镇杨公路 76 号三楼	罗国全	0551-66683470
71	大华会计师事务所安徽分所	合肥市高新区拓基城市广场金座 A 幢 2002-2005 室	吕勇军	0551-65666168
72	上海沪港金茂会计师事务所有限公司安徽分所	合肥市政务新区绿地蓝海国际大厦 A 座 411-412	范德杰	0551-63510408
73	合肥德创会计师事务所	合肥市高新区拓基城市广场金座 A 幢 2001 室	丁　芸	0551-65326683-803
74	安徽协和新程会计师事务所	合肥市太湖东路 16 号康良小区 3 栋 507 室	吴全荣	0551-63410380
75	安徽晟丰会计师事务所	合肥市瑶海区长胜利路温莎杰座 3 幢 1601 号	许红艳	0551-64699957
76	亚太（集团）会计师事务所有限公司安徽分所	合肥市寿春路 356 号徽商国际大厦 15 层	崔守忠	0551-62842202
77	安徽明远会计师事务所	安徽省合肥市新站区磨店商业街 1-1 号	管孝东	
78	安徽华昊会计师事务所	合肥市经开区翡翠花园 7 幢 506 室	韩　萍	
79	上海众华沪银会计师事务所有限公司安徽分公司	合肥市黄山路 468 号通和大厦 A 座 5 楼	赵　蓉	0551-62845186
80	安徽徽勤会计师事务所	合肥市红星路 154 号 722 室	王明琴	0551-62635029
81	中兴财光华会计师事务所有限责任公司安徽分所	安徽省合肥市花园街 83 号合肥大厦十一楼	陈发勇	0551-62672677
82	立信中联闽都会计师事务所有限公司安徽分所	合肥市高新区天达路 71 号华亿科学园 A2 座 8 层	许春芳	0551-65427655
83	安徽大正会计师事务所	阜阳市颍州区南二环北侧消防队东侧三和大厦 404 室	田雪影	0558-2178100
84	安徽公泰会计师事务所	阜阳市颍州中路 268 号	郭建伟	0558-2108868
85	安徽联城会计师事务所	阜南县地城北路 45 号	吴家华	0558-6712531
86	安徽欣阳会计师事务所	阜阳市颍州中路 194 号	韦彦平	0558-2234233
87	安徽正诚会计师事务所	阜阳市颍州中路房地产大厦二楼	杨治理	0558-2165552
88	安徽中鑫会计师事务所	阜阳市清河东路 360 号	姚如宏	0558-2172062
89	阜南众成会计师事务所	阜南县城关镇焦阳路 34 号	刘志远	0558-6724400
90	阜阳欣泰会计师事务所	阜阳经济技术开发区依心明园商业街 305 号	魏春和	0558-2170165
91	安徽智邦会计师事务所	阜阳市颍州中路房地产大厦四楼	蔡永杰	0558-2165257
92	安徽财审会计师事务所	颍上县顺河路 288 号审计局四楼	龚学林	0558-4418831
93	安徽杰信会计师事务所	界首市财政局二楼	杨　杰	0558-4813472
94	安徽全泉会计师事务所	临泉县城关镇鲖阳路南侧卫生院院内四楼	赵显泽	0558-6511150
95	太和县和泰会计师事务所	太和县人民中路 46 号县委院内	宫俊岭	0558-8637526
96	安徽华禧会计师事务所	阜阳市世纪名门秋萍苑 3 号楼 107 室	张明华	0558-2600568
97	安徽正广泰会计师事务所	阜阳市颖州区颖州中路 268 号	刘海民	0558-2280101
98	安徽崇文会计师事务所	涡阳县团结路 25 号二单元三楼 27-40 户	周开云	0558-7226198
99	亳州君信会计师事务所	涡阳县城关镇建设路 58 号	王丽娜	0558-7223325
100	安徽华宇会计师事务所	蚌埠市华丰街 60 号五楼	李　超	0552-2063660
101	安徽天成会计师事务所	蚌埠市中山街 86 号 6 楼	刘之祥	0552-2074821
102	安徽鑫诚会计师事务所	蚌埠市工农路 3 号	周　娟	0552-4039660
103	安徽永合会计师事务所	蚌埠市胜利东路 1599 号仁合大厦 8 层	胡堂前	0552-2063838
104	安徽展望会计师事务所	蚌埠市胜利西路 1 号中良大厦 20 层	汪孟良	0552-7115757
105	安徽珠城会计师事务所	蚌埠市太平街 200 号二、三层	孙富春	0552-7119118
106	蚌埠市天仪会计师事务所	蚌埠市裕华大厦六楼中户北间	张祖喜	0552-2069019
107	怀远经纬会计师事务所	怀远县城关禹王路 206 号城建综合楼	李岱生	0552-8011877
108	安徽徽瑞会计师事务所	芜湖市镜湖区中山路步行街商之都南楼 B 区 507 室	蔡　军	0553-3837903
109	安徽新平泰会计师事务所	芜湖市弋江区中山南路东南建材城西侧 3 层	杨树杰	0553-3120021

110	安徽新中天会计师事务所	芜湖市文化路25号皖江金融大厦六楼	杨宠怀	0553-3122188
111	芜湖春谷会计师事务所	繁昌县繁阳镇金峨南路审计大楼3楼	钟秀春	0553-2510067
112	芜湖恒盛会计师事务所	芜湖机械工业园世纪广场801号三楼	束海水	0553-8827706
113	芜湖永信会计师事务所	芜湖市北京东路58号谊和大厦5楼	刘忠宝	0553-3121029
114	芜湖振诚会计师事务所有限公司	南陵县鲁班时代广场二期北楼二单元302室	刘友才	0553-6812058
115	安徽芜南会计师事务所	南陵县籍山镇利民南路永晟综合楼4楼	崔南庭	0553-6815811
116	芜湖市凯帆会计师事务所	芜湖市镜湖区文化路世纪花园3栋3单元1101号	徐志发	
117	淮南九盛会计师事务所	淮南市朝阳中路瑞金大厦22层	李　学	0554-5319899
118	淮南联华会计师事务所	淮南市学院南路201号	洪兰燕	0554-2697774
119	淮南实诚会计师事务所	淮南市潘集区黄山路41号	李克武	0554-4974594
120	淮南稳健会计师事务所	淮南市田家庵区朝阳西路三组52号	武学军	0554-5305595
121	淮南星华会计师事务所	淮南市谢家集区夏郢孜路	杨修龙	0554-5676893
122	安徽华伟会计师事务所	淮南市新天地中央广场1016室	岳俭仁	0554-2692567
123	安徽金海会计师事务所	淮南市金海大厦11层	尹良春	0554-6667561
124	安徽天键会计师事务所	淮南市田区洞山街道洞山新村上东锦城24栋902室	王　辉	0554-6647168
125	安徽众信会计师事务所	淮南市朝阳东路223号	胡安民	0554-2692543
126	凤台大公会计师事务所	凤台县城关州来路北侧东侧	刘中彦	0554-8619128
127	安徽华林会计师事务所	马鞍山市花山区中央花园9-1314室	马乃林	0555-2366627
128	安徽兴永会计师事务所	马鞍山市花山区大北庄9栋底商	甘德青	0555-2835560
129	安徽江南会计师事务所	马鞍山市花山区中央花园9-501，502，503室	周代仁	0555-2217366
130	安徽永涵会计师事务所	马鞍山市花园路功辉大厦20层	邓素兰	0555-2229930
131	马鞍山成功会计师事务所	马鞍山市花山区瑞慈花园25幢204	夏永芹	0555-8351766
132	安徽天瑞华会计师事务所有限公司	马鞍山市花山区湖东北路9幢9-1号4楼	秦　进	0555-2332575
133	马鞍山金诚会计师事务所	马鞍山市花山路118号	周木兰	0555-2362840
134	安徽众志会计师事务所	马鞍山市花山区大北庄6-606	丁帮勇	0555-5207799
135	众环海华会计师事务所有限公司安徽分所	马鞍山承接产业转移示范园区常韦路125号1-1-2	晏　红	0555-6681792
136	安徽淮信会计师事务所	淮北市淮海路169号	魏全民	0561-3022886
137	安徽申正会计师事务所有限公司	淮北市濉溪县淮海路49号三楼	马　建	0561-7500551
138	安徽世诚会计师事务所	淮北市相山中路176号财体大楼3楼	蒋相甫	0561-3046935
139	淮北恒正会计师事务所	淮北市光明路高岳物价局四楼	沈蓉芳	0561-4013196
140	淮北毅诚会计师事务所	淮北市相山区古城路62号相王国际大厦六层602#	孙少群	0561-3035108
141	安徽智联会计师事务所	淮北市人民路197号招商大厦7楼	王传鹏	0561-5228396
142	安徽华亚会计师事务所	淮北市孟山路88号六楼	刘孟侠	0561-5200655
143	安徽金元会计师事务所	淮北市相山区东山路131号办公楼三楼	赵　乐	0561-3119937
144	安徽蓝天会计师事务所	铜陵市北京西路655号	郭祥龙	0562-2877314
145	安徽世华会计师事务所	安徽省铜陵市淮河南路安广网络大厦12楼	陶　玲	0562-5831501
146	安徽阳光会计师事务所	铜陵市石城路19号物资大楼三楼	梅　凯	0562-2160996
147	铜陵东方会计师事务所	铜陵市北京西路花园新村35栋（华园公馆）305号	阮卫兵	0562-2882789
148	铜陵华诚会计师事务所	铜陵市义安北路65号	尹礼龙	0562-2816540
149	铜陵金健会计师事务所	铜陵市淮河南路铜商品市场大厦侧2楼	李正明	0562-5860995
150	铜陵永昌会计师事务所	铜陵县五松镇南湖路工商大楼二楼	陆　浩	0562-8828106
151	安徽恒健会计师事务所	安庆市经济开发区香樟里·那水岸1号楼1702-1703室	李万春	0556-5326659
152	安庆金惟信会计师事务所	安庆市菱湖北路1号浙安房产2楼	徐金龙	0556-5523321
153	安庆新兴会计师事务所	安庆市湖心北路1号报业大厦附楼三楼	章太宁	0556-5356559
154	安庆信德会计师事务所	安庆市纺织南路19号	胡孝武	0556-5576088
155	安庆誉诚会计师事务所	安庆市菱北西路36号	吴鸣凤	0556-5323562
156	安庆振风会计师事务所	安庆市中兴大街107号	洪惠玲	0556-5329096

157	安徽诚信会计师事务所	安庆市龙山路118号	吴跃东	0556-5592550
158	安徽中诚会计师事务所	太湖县新城熙湖路审计大楼	徐学贤	0556-4164170
159	安庆昌德会计师事务所	安庆市开发区浮山路39号	王贵教	0556-5970446
160	怀宁全维会计师事务所	怀宁县高河镇奇龙社区天骄苑小区	阮渭冰	0556-5160598
161	安徽中宁信会计师事务所	怀宁县高河镇稼先路德琳商厦4楼	陈同贵	0556-5167310
162	宿松长欣会计师事务所	宿松县孚玉镇人民路270号	张宗应	0556-7829137
163	岳西华岳会计师事务所	岳西县天堂镇前进北路27号	方元文	0556-2172639
164	安徽天柱会计师事务所	潜山县梅城镇潜阳路68号	鲍海东	0556-8921425
165	枞阳长江会计师事务所	枞阳县渡江北路（王家亭大转盘）	邹燕峰	0556-2813242
166	桐城鑫烨会计师事务所	桐城市五十米大道城郊居委会四楼	叶夕岚	0556-6128091
167	桐城中星会计师事务所	桐城市和平路60号华桐大厦4楼	胡汝久	0556-6122022
168	望江鑫苑会计师事务所	望江县华阳镇东洲路36号	虞毅群	0556-7183837
169	安徽天弈会计师事务所	东至县尧渡镇东流路商业步行街9-3024室	章　晖	0556-7017676
170	安徽华徽会计师事务所	黄山市屯溪区黄山东路63号401室	朱少伟	0559-5290216
171	安徽天正达会计师事务所有限公司	黄山市屯溪区栗园路1号	张年根	0559-2531418
172	安徽卓勤会计师事务所	黄山市屯溪区跃进路263号综合楼三楼	谢剑晖	15805590875
173	黄山昊旺会计师事务所	黄山市屯溪区安东路123号清和丽庭5幢228	钱建文	0559-2127896
174	黄山徽源会计师事务所	歙县徽城镇新安路18号	张剑云	0559-6521103
175	黄山佳华会计师事务所	黄山市屯溪区前园南路44号3楼	吴卫国	0559-2535885
176	黄山平政会计师事务所	黄山市祁门县中心路64号三楼	冯晓平	0559-4512916
177	绩溪徽信会计师事务所	绩溪县城内南大街8号	程介鹏	0563-8160108
178	安徽宏庆会计师事务所	滁州市凤阳路广场家园7号楼1003室	邓庆荣	0550-3033366
179	滁州恒立信会计师事务所	滁州市香港城2幢406室	童有宝	0550-3046378
180	滁州鸿基会计师事务所	滁州市南谯北路756号（市新华书店6楼）	查满来	0550-3024393
181	滁州时中会计师事务所	滁州市凤阳路8号四楼	王晓时	0550-3030534
182	来安守信会计师事务所	来安县永阳西路天腾商住楼204室	徐壮照	0550-5613046
183	安徽明信会计师事务所	安徽省明光市体育路99-58号洪武花园步行街	凌清汇	0550-8105088
184	安徽天华会计师事务所	天长市石梁东路28号	肖　斌	0550-7021303
185	定远中远会计师事务所	定远县定城镇曲阳路北段（县供电局对面）	穆莉莉	0550-4034038
186	安徽明都会计师事务所	安徽省凤阳县府西街83号	赵　林	0550-6723041
187	全椒永正会计师事务所	全椒县襄河镇吴敬梓路273号	高学华	0550-5011961
188	滁州欧立特会计师事务所	滁州市建设路1号1104室	陈　兴	0550-3023099
189	天长市华云会计师事务所	天长市石梁东路26#	俞家云	
190	安徽淮海会计师事务所有限公司	宿州市淮海北路北苑大厦五楼	马守新	0557-3021965
191	安徽求是会计师事务所	宿州市淮海南路1号	王　浩	0557-3022992
192	宿州方正会计师事务所	宿州市汴河路181号中煤第三建设公司院内	杨传君	0557-2177776
193	宿州拂晓会计师事务所	宿州市汴河中路430号	文高冉	0557-3024475
194	宿州同信会计师事务所	宿州市胜利路304号	王汉群	0557-3038692
195	安徽省一一会计师事务所	泗县泗城镇国防北路东侧	桑　亚	0557-7019400
196	泗县永兴会计师事务所	泗县林业局4楼	胡永廷	0557-7019209
197	萧县萧淮会计师事务所	萧县龙城镇龙霄路财政局大楼一楼	赵德奎	0557-5034909
198	安徽辰星会计师事务所	安徽省灵璧县工商银行院内南2楼	邵明松	0557-6027872
199	砀山梨郡会计师事务所	砀城镇人民西路金山商城东端第三排	陈秋玲	0557-8882369
200	巢湖广晟会计师事务所	巢湖市人民路9号三楼	陈世祥	0551-82632332
201	巢湖联邦会计师事务所	巢湖市巢湖中路248号	茆诗玖	0551-82335445
202	巢湖兴华会计师事务所	巢湖市健康中路250号	龚拥军	0551-82329592
203	巢湖致通会计师事务所	巢湖市巢湖路180号物资大厦二楼	尹炜晖	0551-82632288
204	安徽竟成会计师事务所	巢湖市含山县环峰镇新区润丰凤凰城四号楼	杜　娟	0555-4984180

205	安徽智成会计师事务所	无为县安康路食品药品监督管理局五楼	方应柳	0553-6326817
206	含山楚天会计师事务所	含山县华阳东路锦绣花园	贺万春	0555-4314928
207	和县滨江会计师事务所	和县历阳镇历阳镇环城西路	牛和中	0555-5330770
208	庐江潜川会计师事务所	庐江县庐城镇越城北路76号（康乔商务楼十层）	曹成志	0551-87327705
209	庐江中信会计师事务所	庐江县庐城镇越城北路77号（康乔商务楼十层）	孙明霞	0551-87388158
210	无为华廉会计师事务所	无为县无城镇十字街华联商厦四楼	朱世贵	0553-6340636
211	安徽公信会计师事务所	金寨县梅山镇	许佑文	0564-7066017
212	安徽万成会计师事务所	霍山县驾大道东科技大厦3楼	郝万祥	0564-5038236
213	霍邱诚欣联合会计师事务所	霍邱县城关镇光明大道县工会三楼	台大学	0564-6020472
214	霍邱天和联合会计师事务所	霍邱城关府前大道	赖景成	0564-6017568
215	霍山衡达会计师事务所	霍山县衡山镇中兴南路34号	程希礼	0564-5022827
216	六安才兴会计师事务所	六安市解放中路明珠广场综合楼2708室	陈卫萍	0564-3227359
217	六安财立达会计师事务所	六安市解放南路67号	周竹林	0564-3215136
218	六安皋城会计师事务所	六安市人民路102号六安农技推广中心3楼	陈继珍	0564-3311969
219	六安金裕会计师事务所	六安市健康路8号石油大厦四楼	陈克宝	0564-3314882
220	六安求真会计师事务所	六安市梅山南路凯旋国际广场八楼E座	丁家珍	0564-3378538
221	六安思则会计师事务所	六安市人民路83号（苏果超市3楼）	周贤忠	0564-3317366
222	六安新桥会计师事务所	六安市大别山路3号安丰大厦604室	马　强	0564-3980769
223	安徽舒审会计师事务所	安徽省舒城县梅河路乌龙井街北三楼	夏义芬	0564-8621636
224	寿县靖淮会计师事务所	寿县寿春镇棋盘街6号楼	韩祖祥	0564-4038160
225	舒城安泰会计师事务所	舒城县城关镇梅河路168号	许令春	0564-8663456
226	六安元一会计师事务所	六安市皖西路红街A1区1601室	鲁　俊	
227	安徽金中信会计师事务所	池州市秋浦西路百尚购物中心2幢301	程顺霞	0566-2022152
228	安徽求实会计师事务所	池州市长江南路30号新华书店四楼	丁成珠	0566-2021927
229	安徽正鼎会计师事务所	池州市建设中路怡和家园1号楼309室	许新华	0566-2022652
230	池州九华会计师事务所	青阳县蓉城镇青山阁7号	孙熙明	0566-5024602
231	池州实信会计师事务所	池州市秋浦东路21号	张志杰	0566-2046532
232	池州新鼎会计师事务所	池州市贵池区秋浦花园2幢301室	费新生	0566-2021696
233	郎溪公兴会计师事务所	郎溪县学后村路北侧二楼	王霞凌	0563-7021367
234	安徽成文会计师事务所	池州市贵池区中央广场2号楼2007-2008室	范先茂	0566=2032589
235	安徽丰元会计师事务所	泾县泾川镇种墨园路	管宗根	0563-5102252
236	安徽金智会计师事务所	宣城市宣州区鳌峰西路（残联二楼）	丁有钢	0563-3017705
237	安徽南方会计师事务所	宁国市宁城北路审计（南方）综合大楼	金德保	0563-4036368
238	安徽同盛会计师事务所	宣城市响山路5号	田家刚	0563-3018516
239	安徽宣城方园会计师事务所	宣城市鳌峰西路42号	黄先品	0563-3018823
240	安徽中辉会计师事务所	宣城市宣州区九州大道马王桥写字楼5楼	邓立群	0563-2123078
241	广德太极会计师事务所	广德县桃州镇复兴街46号	朱子进	0563-2222008
242	泾县泾川会计师事务所	泾县泾川镇叶挺路商住楼302室	姚永和	0563-5026773
243	安徽宣宁会计师事务所	宣城市天都花园五组团北9幢304室	洪家旺	0563-2616441

黄山

屯溪区审计局强化业务培训，提升审计信息化应用水平

休宁县审计局张国平局长

徽州区审计局开展审计干部集中培训活动

歙县审计学会成立大会暨第一次会员代表大会与会代表合影

中国中铁四局集团有限公司

2010年11月19日，习近平副主席在安哥拉亲切接见公司董事长、党委书记张河川等驻安中资企业代表

总经理许宝成向前来中铁四局考察访问的毛里塔尼亚总统阿齐兹赠送礼物

中国中铁四局集团有限公司是具有综合施工能力的大型建筑企业，是世界500强企业中国中铁股份有限公司的标杆企业和骨干成员单位，持有铁路工程施工总承包特级资质，公路、市政、房建、机电安装工程施工总承包一级资质，桥梁、隧道、公路路基、公路路面、铁路铺轨架梁、铁路电务、电气化工程专业一级资质，电信、建筑装修装饰、消防设施、水工隧洞、钢结构等工程专业承包一级资质，公路、城市轨道交通工程专业承包资质，水利水电总承包二级资质；钢结构设计甲级资质，环保工程、地质灾害治理工程甲级资质，铁道行业甲（Ⅱ）级、建筑行业甲级设计资质。同时，拥有国外工程承包资质和对外经营权，业务范围还包括建筑勘察设计、新型材料制造、铁路运营服务、大型施工机械租赁、设备及材料出口、房地产开发、国家基础建设投资等多个领域。

自成立60多年来，公司先后新建、改建、扩建铁路干线、支线13200多公里，建成大型铁路枢纽14个，并在高速公路、市政、水利水务、汽车试验场、城市轨道交通、工业与民用建筑、电气化工程等施工领域取得辉煌业绩和卓著信誉。同时，公司积极参与国际市场竞争，在20多个国家和地区完成或正在施工铁路、公路、房建、水利等工程百余项。先后有18项获中国建筑工程鲁班奖（国家优质工程）；16项获中国土木工程詹天佑大奖；15项被评为全国用户满意建筑工程；8项被评为国家市政金杯示范工程；18项被评为全国优秀焊接工程；15项获中国建筑钢结构金奖；13项获国家优质工程奖；185项获省部级优质工程奖；8项成果获国家级科技进步奖，92项成果获省部级科技进步奖；所编制的工法中，19项被评定为国家级工法，142项被评定为省部级工法。公司现拥有专利146项，其中发明专利28项。

公司为国家级高新技术企业，并建有国家级企业技术中心和博士后工作站。公司现有员工21000名，包括各类专业技术人员11700余名，各类技术工人8600余名。其中，具有高中级技术职称的专业技术人员4290名（包括55名享受国家、部、省特殊津贴专家，53名教授级高级工程师）；公司装备有总功率达109万千瓦的各类先进机械设备9800余台（套）。由于卓越的管理和良好的信誉，公司成为自铁道部2005年开展铁路信用评价以来，在近百家铁路施工企业中唯一一家连续位居A类企业的单位；多次荣获“全国优秀施工企业”和“全国五一劳动奖状”，先后被评为“全国重合同守信用企业”、“全国工程建设质量管理优秀企业”、“全国建筑科技进步与技术创新先进单位”、“全国思想政治工作优秀企业”、“全国模范劳动关系和谐企业”。

公司高度重视内部审计工作，设专职内部审计机构15个，专职审计人员46人。近年来，公司内部审计机构以服务企业发展、提高经济运行质量、加强风险控制为中心，全面履行审计监督服务职能，充分发挥审计“免疫系统”功能，为公司增收节支和促进管理作出了积极贡献。公司内部审计工作得到各级领导充分认可，公司连续3次获得“全国内部审计先进单位”荣誉。

1 中国中铁四局集团承建的青（海）（西）藏铁路格（尔木）拉（萨）段荣获国家环境友好工程奖

2 中国中铁四局集团承建的乍（浦）嘉（兴）苏（州）高速公路荣获中国建筑工程鲁班奖（国家优质工程）

3 中国中铁四局集团承建的上海F1国际赛车场主赛道荣获中国建筑工程鲁班奖(国家优质工程)、詹天佑土木工程大奖和全国用户满意建筑工程

4 中国中铁四局集团承建的北京地铁5号线荣获中国建设工程鲁班奖（国家优质工程）

淮北矿业(集团)有限责任公司

集团公司董事长、党委书记：王明胜

集团公司副董事长、总经理：张国建

淮北矿业(集团)有限责任公司(以下简称淮北矿业)位于安徽省淮北市，是以煤炭采选、煤盐化工、物流为主的省属国有大型骨干企业。淮北矿区踞苏鲁豫皖四省接连之要冲，横跨淮北、宿州、亳州、滁州四市，总面积9600平方公里，保有煤炭储量100多亿吨，是国家“十二五”重点建设的14个大型煤炭生产基地之一，位列2012中国企业500强第227位。现拥有资产750亿元，员工8万多人，生产矿井22对，核定产能4100万吨；年产冶炼精煤1000万吨，位列全国第三、华东第一。

淮北矿业始建于1958年5月，1998年3月改制为淮北矿业(集团)有限责任公司。50多年来，淮北矿业累计生产原煤7亿多吨，创利税近300亿元，为国家经济建设和能源安全做出了重要贡献。先后荣获全国“五一”劳动奖状、全国先进基层党组织、中国最佳形象“AAA”级企业、煤炭工业优秀单位、全国思想政治工作优秀企业、全国企业文化建设优秀单位、煤炭工业优秀企业金石奖、中华环境友好能源企业、国家首批矿产资源综合利用示范基地、煤炭工业科技创新先进企业，以及安徽省循环经济试点企业等百余项荣誉称号。

进入“十二五”以来，淮北矿业按照“依托煤炭、延伸煤炭、超越煤炭”的战略发展思路，把调整产业结构、转变发展方式、增强可持续发展能力作为主攻方向，充分发挥淮北矿区炼焦煤资源的禀赋优势，积极实施“走出去”战略，加快实施“煤化盐化一体化”工程，统筹发展煤炭采选、煤化工、盐化工三大主业，构建“以煤为基、结构合理、循环利用、绿色发展”的产业格局，倾力打造资产规模、销售收入“双千亿元”，更具生机活力的大型能源化工集团。

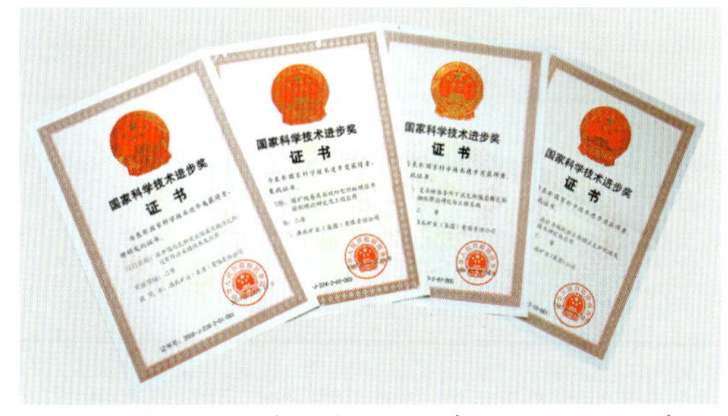

通过与高校合作，淮北矿业在瓦斯治理、水害防治、复杂地质条件下综合机械化开采等重点领域开展技术攻关，多项技术在全国和世界处于领先水平

淮北矿业内部审计机构自成立以来，坚持“依法审计、服务大局、围绕中心、突出重点、求真务实”的审计工作方针，围绕集团公司的安全生产和经营管理工作，解放思想，创新审计思路，转变审计管理方式，在确保矿区“安全稳定好转、经济平稳运行、大局稳定和谐”中较好地发挥了审计的监督和服务职能。2008至2010年被评为全省内部审计先进单位，2010年被评为全国煤炭行业内部审计先进单位。

改善住宅条件，让广大煤矿职工居者有其屋，享受城里生活。淮北矿业承诺：“十二五”末，力争消除无房户，职工住房条件明显改善

横跨安徽淮北、宿州和亳州三市四区的淮北选煤厂厂区全貌

安徽海螺集团有限责任公司

谋划论证集团“十二五”时期发展规划

海螺集团荣获第二届“中国工业大奖”表彰奖

在山东、新疆、四川等地投资建设节能型材项目

安徽海螺集团有限责任公司（以下简称公司）成立于1996年9月，是国家120家试点企业集团之一。控股经营海螺水泥和海螺型材两家上市公司，产业涉及水泥制造、化学建材、节能环保、物流贸易等多个领域。截止到2011年底，公司总资产已达897亿元，连续7年跻身中国企业500强，2011年位列第151位，荣列“中国企业效益200佳”第62位、中国企业500强十年平均净资产回报率最高的50家企业第5位。

2011年，公司实现利润和上交税收均创历史新高，同比增长25%和73%，代表世界规模最大、技术最先进的2条日产12000吨特大型熟料生产线顺利投产，成功收购了6家公司、印尼等海外项目正式启动、山东年产4万吨型材项目顺利开工建设，水泥余热发电技术与装备开发项目荣获我国工业领域的最高奖项“中国工业大奖表彰奖”，公司创新能力和综合实力进一步增强。

公司多年来一直非常重视内部审计工作，着力营造良好的内部审计环境，结合内外部环境变化，根据集团经营发展需要，不断充实内部审计力量，加强审计人员培训，保障了审计工作的有效开展。同时，审计室作为公司内部审计机构，按照国家内部审计准则的有关规定，不断完善审计工作制度，规范审计行为，提高审计质量，认真履行内部监督职

责，通过严格责任追究、审计问题整改督办、审计典型案例培训等方式大力推进审计成果运用，有效发挥了内部审计防范经营风险、加强内部控制、提高公司管理的作用。

健全有效的内部控制是公司健康持续发展的重要保障，公司一直致力于建立和完善与公司管理实际相结合的内部控制体系。2011年，围绕财政部、审计署等五部委联合发布的企业内部控制规范体系要求，公司扎实推进内部控制建设，审计室先后组织开展了内部控制建设以及内部控制自我评价等一系列富有成效的工作，从外部审计结果来看，公司内部控制健全有效。

当前，公司正处在加速实施“十二五”发展规划的关键时期。公司仍将大力弘扬“团结、创新、敬业、奉献”的企业精神，紧紧围绕胡锦涛总书记提出的创建国际知名品牌这一主题，深入贯彻落实科学发展观，加速推进结构调整，加快推进技术创新和管理创新，力争早日实现“十二五”发展规划，为安徽全面崛起、兴皖富民作出新的更大贡献。

实施国际化发展战略，推进印尼等海外项目建设

加快对外合作发展步伐，促进行业结构调整和升级

底图：代表世界最先进技术水平的万吨级水泥熟料生产线

安徽省盐业总公司

盐业大厦

安徽省盐业总公司与安徽省盐务管理局一套机构、两块牌子、合署办公，为省国资委监管的省属大型国有企业。其主要职责是按照国务院《食盐专营办法》、《食盐加碘实施碘缺乏危害管理条例》和《安徽省盐业管理实施办法》等政策法规，组织开展全省食盐专营和盐业市场管理工作。目前，全省盐业实行垂直管理，在组织架构上，形成了16家市级盐业公司，60家县级盐业公司为主体的食盐专营体系网络。同时，拥有房地产开发有限公司、顺朝物资有限公司、长江盐化股份有限公司、盐业汽贸有限公司、安徽盐业小额贷款公司、酒店管理有限公司、徽盐连锁有限公司和银华物业公司等8家直属（控股）的非盐产业企业。与中盐总公司合资成立了中盐安徽盐化集团股份有限公司，主要从事盐的开采和制造、多品种盐开发、盐品包装物生产、盐产品分装与配送服务等业务。与中国糖酒集团合资成立了中糖安盐糖业有限公司，主要从事食糖的生产分装和配送。公司注册资本4.1亿元，截至2011年底，资产总额24.6亿元，净资产8.4亿元。职工总数10842名，其中在职职工8387名，离退休职工2455名。2011年，被中国轻工业联合会评为“中国轻工业盐业十强企业”称号，列十强第4位。

在多年的工作中，安徽盐业在各级党委、政府及各有关部门的坚强领导和大力支持下，以“落实食盐专营、普及合格碘盐供应”为宗旨，认真履行社会职责，积极建立和完善了食盐专营工作良性运行机制，实现了安徽省从碘缺乏病重灾区到全国防治碘缺乏病先进省份的转变，碘盐覆盖率、合格碘盐食用率和碘盐合格率等防治碘缺乏病的各项指标连续多年保持全国先进行列，取得了显著成效，受到社会各界的充分肯定和一致好评。与此同时，充分发挥品牌、渠道和资金等优势，大力实施多元化发展战略，积极调整产业结构和转变发展方式，非盐产业稳步发展，并不断壮大，已成为安徽盐业可持续发展的重要支撑。

面向未来，安徽盐业将在科学发展观指引下，进一步解放思想，深化改革，强化管理，拓展产业，提升服务，以现代物流为基本方向，以转变增长方式为手段，以构建营销网络为核心，充分发挥遍布全省的物流配送网络优势，不断满足全省人民群众多元化的市场需求，全力发展成为体制先进、机制灵活、运转高效、符合市场经济要求的大型商贸物流企业集团，努力为安徽省经济社会发展做出更大贡献。

2011年度中国轻工业盐业十强企业

低钠盐

中盐绿色食盐

白浪牌海晶盐

安徽省信用担保集团有限公司

安徽省信用担保集团有限公司（以下简称集团）是经省政府批准并出资设立的大型国有独资企业，2005年11月28日挂牌成立，注册资本18.6亿元。经过6年的发展，集团综合实力显著提升。截至2011年末，集团注册资本增至28.66亿元，总资产45.88亿元，净资产35.48亿元。

集团秉承“服务至上，发展共赢”的经营理念，以“支持中小企业发展，构建信用担保体系，促进地方经济建设”为经营宗旨，努力成为政府资金的“放大器”、银行信贷风险的“减压器”、培育中小企业的“孵化器”和支持县域经济发展的“助推器”。

2011年11月22日，省委常委、常务副省长詹夏来一行莅临省担保集团视察指导工作

担保再担保业务超速发展。集团通过拓展业务领域和范围，加强与金融机构合作，加大业务创新等措施，全力推动担保再担保业务健康快速发展。截至2011年末，集团累计实现担保再担保1157.87亿元，其中直接担保459.95亿元，再担保697.92亿元。通过担保再担保的支持，累计使受保企业新增销售收入1966.67亿元，新增利润152.93亿元，新增税收67.05亿元，新增就业岗位42.06万个。

2011年9月23日，融资性担保工作座谈会在集团召开，中国银监会融资担保部主任牛成立出席会议

2011年7月7日，省政协副主席王鹤龄一行莅临集团调研

全省担保体系建设加快推进。集团采取再担保、资金合作、股权投资、共同设立担保基金4种合作方式，着力推进市县担保机构发展。截至2011年末，体系成员单位已增至73家，与其中67家市、县担保机构建立了再担保合作关系，体系建设覆盖全省16个省辖市和69.5%的县（市）。

2011年11月3日，省级再就业小额贷款担保工作研讨会在集团召开，省财政厅副厅长左俊出席会议

整合投资支撑主业发展。按照集团建设成为地方金融综合服务平台的总体发展目标要求，集团整合了投资项目，先后实现了对徽商银行、国元农保等金融机构的增资扩股，提高了集团的盈利能力。集团控股的安徽省科技产业投资有限公司注册资本1.7亿元，是省内主要风险投资公司之一。集团通过科投公司平台，参股支持我省高新技术企业。同时，为集团培育新的利润增长点。2009年，科投公司成功中标省创业引导基金，引导社会资金参与创业投资，更好地支持科技创新型企业成长。

2011年11月4日，集团参加皖江示范区对接会

党建工作和企业文化建设不断进步。集团始终把党风廉政建设视为集团的生命线，建立了构建和谐企业“八要八不”，廉洁从业“六个严禁”，领导人员廉洁从业“十条规定”等制度，逐步强化了“服务至上，发展共赢”的经营理念和“诚信、务实、进取、和谐”的核心价值观，初步形成了集团发展和员工发展和谐统一、相互促进，富有担保特色的企业文化氛围。

基础管理水平全面提升。集团按照科学化、精细化管理工作的要求，通过员工教育培训、信息化建设、财务管理、内部稽核审计、提高后勤服务水平等多项措施，全面提升基础管理水平。同时，建立了70多项规章制度，基本实现了集团内部运作的规范、有序。

2011年8月9日，集团与中国国际商会安徽商会签订战略合作协议

与此同时，集团的社会认可度和影响力逐年提高，连续获得“2006年度金融工作先进单位三等奖”、“2007年度全省金融工作突出贡献奖”、“2008年度全省金融机构突出贡献奖”、“2009年度全省金融工作最佳贡献奖”、“2010年度全省金融工作最佳贡献奖”、“2011年度全省金融工作最佳贡献奖”、“安徽省利用国家开发银行开发性金融合作贷款工作先进单位”、“中国担保500亿上榜机构”、“全国万亿担保规模上榜机构30强”、“全国中小企业融资担保创新奖”、“2010年全国担保机构三十强”以及“2006-2007年度省直‘三优’文明单位”、“2008-2010年度省直机关文明单位”等多项荣誉。

2012年，集团将坚持稳中求进、好中求快的总基调，提升金融服务能力，提升风险防范和控制能力，提升各项基础管理水平，推动集团持续稳健发展，以优异成绩迎接党的十八大胜利召开。

安徽省农村信用社联合社

ANHUI RURAL CREDIT UNION

加强内部审计监督 促进全系统科学发展

2011年8月5日，常务副省长詹夏来莅临省联社视察指导

2011年6月13日，省联社理事长张良庆会见荷兰合作银行客人

2011年，安徽省农村信用社联合社深入贯彻落实科学发展观，结合全省农金系统实际，科学建章立制，创新工作模式，加强内部审计监督管理，全系统2011年度完成审计项目3666个，查处损失浪费177万元，促进增加效益1590万元，建议给予降低薪酬系数等行政处分380人次，有效促进了全省农村合作金融机构持续、健康发展。

加强流程建设，审计制度体系得到完善。结合流程银行建设工作的开展，全面梳理并编制完成11个审计条线流程体系文件；修订和补充完善了《安徽省农村合作金融机构内部审计工作基本制度（试行）》、《安徽省农村合作金融机构内部审计人员资格管理办法（暂行）》等一系列管理制度和办法，指导行社进一步加强审计管理，规范操作流程，为防范操作风险打下制度基础。

加强项目建设，审计工作实现信息化。积极推进项目建设，审计管理信息系统、事后监督系统、集中对账系统成功上线，形成了利用远程监控系统、集中对账系统、事后监督系统，及时监督和审计管理信息系统、加强事后监督的两道科技防线，为防范操作风险提供了有力的科技支撑。利用已有系统资源开展非现场审计，加强风险监测和评估，防范和及时发现并处置风险隐患，节约了审计成本、提高了审计效率。

加强审计监督，风险防控能力不断增强。2011年，适时组织开展了财务收支和利润真实性检查、信贷专项检查后续审计、内控制度执行情况排查、三项整治活动（抵质押贷款风险排查整治、三名贷款专项整治、置换核销贷款排查清理）和不良贷款真实性清查等工作；指导办事处加强辖区行社内控风险审计、行社审计工作再审计，全面推广突击审计；省联社及办事处开展行社高管人员离任和履职审计达169人次。指导行社提高审计工作质量，加强对重点人员、重点环节的检查监督，督促行社规范操作、合规经营，正视问题、抓好整改，严格责任追究，全系统制度执行力和风险防控能力不断提高，审计职能作用进一步得到体现。

加强审计队伍建设，审计工作整体水平有效提升。探索审计新机制，启动省联社审计稽核总队、安庆和阜阳办事处稽核中心试点组建工作，在全系统公开选拔优秀审计人员。加强审计人员资格管理和培训，组织开展全系统第六次审计人员资格考试，使全省取得审计人员岗位资格员工增至1742人，进一步壮大了审计队伍人才储备；组织全系统审计人员脱产轮训和审计管理信息系统应用等培训，有效提高了审计人员综合素质和业务技能。各行社也积极充实和增强审计力量，推进审计工作程序化、制度化、规范化管理，审计工作整体水平得到提升。

2011年7月18日，省联社与合肥市新站区管委会签署战略合作协议

2011年11月9日，省金融办主任周建春（右一）、省联社主任陈鹏（右二）在徽商大会"安徽农金"展台前参观

2011年12月18日，安徽省深化农村信用社改革七周年暨新产品发布会现场

安徽省人力资源和社会保障厅

胡晓义副部长、刘莉厅长在黄山市徽州区城乡居保首发仪式上看望当地村民代表

安徽省人力资源和社会保障厅（以下简称省人社厅）于2009年5月组建，主要职责体现在两大领域、六个方面。两大领域：一是以促进就业、维护劳动关系和完善社会保障体系为核心的社会管理和公共服务职能；二是以机关事业单位公职人员管理为核心的公共人事管理职能。六个方面：一是实施扩大就业的发展战略；二是建立健全覆盖城乡居民的社会保障体系；三是深化工资收入分配制度改革；四是创新和健全人事管理的体制机制；五是统筹推进各类人才建设；六是发展和谐稳定的劳动关系。

戴毅副厅长带队参加省广播电台《政风行风热线》节目

省人社厅高度重视财务资产管理和审计监督工作，不断加强就业和技能培训、社会保障、人才培养等各类专项资金管理，加大资金使用监管力度，努力维护资金安全完整。**一是加强制度建设**。先后制定了厅《财务管理规定》、《预算管理暂行办法》、《国有资产管理规定》、《人才专项资金使用管理暂行办法》、《农民工技能培训资金管理办法》、《社会保险基金账务核对管理暂行办法》、《促进就业资金监督管理办法》等，逐步规范财务和资金管理，努力做到以制度管钱、管物、管事。**二是强化资金监管**。2011年，配合审计部门开展了全省养老保险审计调查、省级社保基金预算执行、省级社保基金联网审计工作，促进基金管理进一步规范；对全省首批12个新农保试点县基金管理使用情况、失业保险基金管理使用和医保经办机构内控制度执行情况、原巢湖市行政区划调整期间社会保险基金管理使用与安全防控情况、省本级和合肥等5市试点基金监管软件联网应用工作，开展了监督检查，进一步提高基金监管质量；组织开展了对淮南矿业集团等6家社会保险封闭运行企业管理情况调查，分析研究了管理中存在的问题，提出了意见建议；开展了社保基金预算编制、执行和管理情况的考核，社保基金预算工作走在全国前列；在全省金保工程一期项目验收中，委托社会中介机构对项目财务进行了专项审计，为金保工程顺利验收打下良好基础；组织了农民工技能培训资金和城镇居民医保资金等重点民生工程资金专项监督检查工作，开展了人才专项资金绩效评价工作，总结资金使用和管理中的问题和经验，提出加强资金管理的意见和措施；开展了厅属事业单位内部审计工作，促进事业单位健全财务管理；全面清理了行政事业单位资产，资产管理逐步规范。**三是加强自身建设**。省人社厅认真落实党风廉政建设责任制，始终把党风廉政建设工作与业务工作同部署、同推进、同考核。通过落实“一岗双责”、推进廉政风险防控、组织政风行风评议、开展主题教育和警示教育活动，努力提高职工自身素质，增强拒腐防变意识，筑牢思想防线。

全省金保工程一期项目验收会议

全省社保基金决算汇编工作会议

安徽省地方税务局

全省地税系统内部审计工作会议

全省地税系统内部审计工作座谈会

安徽省地方税务局一直以来高度重视内部审计工作，坚持将内部审计工作作为强化内部监督、促进规范管理的重要抓手。特别是近年来不断加强内部审计的组织保障、队伍建设、制度建设和工作创新，为推动地税系统科学发展发挥了更加积极的作用。在2011年的全省内部审计工作“双先”评选中，地税系统共有10个单位和9名内部审计人员分别被评为省级先进单位和先进个人。

领导高度重视，强化组织保证

市以上地税局全部设立了专门的内部审计部门，配备齐全专职内部审计人员，进一步明确工作职责，独立履行审计监督职能。各级都建立了内部审计人才库，不拘一格挑选业务精干、工作认真、政治素质高的人员参与审计项目。目前，系统省、市两级地税机关设立了17个内部审计部门，配备专职内部审计人员39人，内部审计人才库共储备审计、财务、税收征管、稽查、计算机等各方面人才540余人，为各项审计工作任务的顺利完成提供了人才保证。

强化教育培训，提高队伍素质

系统各级不断加强内部审计人员后续教育，提高综合素质。省、市局每年都举办内部审计业务培训班，组织参加内部审计协会的各类培训，开阔眼界，增长知识；继续开展“以审代训”，抽调下级单位内审人员参加本级审计项目，提高了全系统内部审计人员的实际工作能力。鼓励内部审计人员参加CIA、CPA、注册工程造价师、审计师等职称资格考试，以考促学，以考强兵。目前，系统专职内部审计人员中获得各类中、高级职称的达20余人。

加强制度建设，规范指导落实

省、市地税局每年初都会制定详细的年度项目审计计划，确定年度重点审计项目，明确责任人和完成期限，确保各项工作有部署、有落实。省局结合工作发展形势，修订了《安徽省地税系统内部审计工作考核评比办法》，进一步加强对市级地税局内部审计工作的指导。各市局也根据工作实际，制定了《内部审计工作暂行办法》、《内部审计工作考评办法》、《分局长经济责任审计办法》等制度，对内审工作进行了全面规范。

注重工作创新，推动全面发展

省地税局将计算机审计作为推动系统内部审计工作发展的重要手段，连续4次作为业务培训的重点内容进行培训，并将该项工作纳入内部审计工作考评内容，计算机审计在省、市两级项目审计中已得到普遍应用。2012年，省局已立项开发地税系统内部审计软件，力求内部审计工作进一步规范化、科学化、高效化。同时，省局还不断拓展审计内容，试点效益审计、管理审计，推动内部审计工作全面发展，更好地发挥“服务”职能作用。

全省地税系统内部审计业务培训班

为企业发展出谋献策

安徽省广播电影电视局

省委常委、宣传部长唐承沛到省广电局检查指导工作

安徽省广播电影电视局（以下简称省广电局）是主管全省广播影视宣传和广播影视业发展的省政府直属机构。近年来，在省委、省政府的坚强领导下，省广电局紧紧围绕主题主线，服务全省大局，牢牢把握正确舆论导向，各项工作整体推进、蓬勃发展，特别是建党90周年、十一届六中全会、省九次党代会等重大宣传报道，有声有色。突发事件，热点难点问题的舆论引导不断加强，体制改革、精品打造、文化惠民、产业发展等成效显著，涌现出一批新典型，有些方面还走在了全国前列。2011年，全省广播影视经营创收53.86亿元，其中省级创收40.54亿元,分别突破50亿、40亿大关。

一、财务管理工作开展情况

近年来，在局党组的正确领导下，在省财政和省审计部门的大力指导下，省广电局财务工作坚持围绕中心、增进服务、强化管理、突出保障的原则，进一步理清管理思路，创新管理手段，财务管理水平显著提高。**一是**狠抓制度建设，夯实财务管理基础。根据事业发展的需要，对现有各项管理制度进行认真的梳理，修订完善了一批财经管理制度，为规范财务收支管理提供了强有力制度保障。**二是**强化预算管理，带动促进财政财务管理。科学合理编制预算，认真抓好预算执行和分析工作，强化预算约束。**三是**强化资金管理和督查，提高资金使用效益。严格按照项目资金管理办法要求，实行从项目立项、审批、招投标、实施、竣工全过程跟踪管理，强化资金使用监督检查，确保专项资金专款专用，切实提高资金使用效益。**四是**狠抓重点项目管理，认真抓好省民生工程---广播电视村村通工程实施工作，从项目规划、资金保障、实施管理、质量监督、竣工验收等环节入手狠抓工作落实，提前圆满完成国家下达我省的村村通工程建设任务，受到国家广电总局表彰，省广电局被评为全国“十一五”广播电视村村通工程先进单位，2011年在全省33项民生工程群众满意度测评中名列第1名。

二、审计工作开展情况

一是积极开展经济责任审计，对局属单位领导离任全部进行离任审计，为正确评价和使用干部提供参考。二是积极开展工程竣工决算审计，对局系统单位重点项目委托专门会计机构，进行竣工审计。通过审计，有效杜绝了工程决算高估冒算现象。三是积极配合省审计厅对全省广播电视村村通工程进行绩效审计调查，对安徽广电基础设施改造日元贷款项目年度实施情况和绩效进行审计。

安徽省供销合作社联合社

安徽省供销合作社联合社（以下简称省供销社）为省政府直属事业单位,目前拥有16个地级市社，80个县级社，968个基层社，2032家独立核算单位。截至2011年末，全省供销社系统资产总额达523亿元，所有者权益126亿元。2011年，全省供销社实现购销总额1932亿元，实现利润17亿元。2007至2011年连续5年荣获全国供销合作总社综合考核特等奖，2010至2011年连续两年位居全国省级供销社第二名，多次受到安徽省政府的通报表彰。

近年来，省供销社审计处在全国供销合作总社审计局、省供销社党组的正确领导下，在安徽省审计厅和安徽省内部审计师协会的关心、指导下，认真贯彻落实《中华人民共和国审计法》、《安徽省内部审计条例》等各项内部审计法律法规，紧紧围绕“全面审计、突出重点”的工作方针，以提高企业经济效益和管理水平为重点，扎实开展绩效审计、任期审计和专项审计，积极推进审计转型升级，较好地履行了内部审计的监督与服务的职能作用，2007年和2010年连续2次被评为“安徽省内部审计先进单位”。对于内部审计工作，省供销社的做法和体会主要是：

一是领导重视，健全审计组织与内部审计制度

省供销社领导高度重视内部审计工作，机关设立了审计处，市县供销社也大多成立了从事内部审计工作的部门，不少供销社企事业单位设立了内部审计的部门，配备专职或兼职的内部审计工作人员。省供销社结合工作实际制定了内部审计的一系列制度规定，增加财力投入，实施计算机审计，从而确保内部审计工作顺利、规范运行。

二是明确目标定位，注重抓好经济效益审计

审计监督是手段，“促进管理、提高效益”才是实施内部审计的目的。近年来，省供销社坚持把对直属企事业单位的年度与任期经济效益审计工作作为重点，以准确掌握其经营成果和资产、负债构成及其变化，及时发现和披露企业经营中的风险和内控制度上存在的问题，提出具有建设性的意见和建议，从而有力地保障了省供销社投资企事业单位的持续健康发展。

三是加强内部审计自身建设，不断提高审计质量和效率

依据内部审计基本规范和实务指南等的要求，不断完善业务流程，注重防范审计风险；每年组织专兼职内部审计人员参加各种后续教育和培训，以不断提升其审计业务水平与工作能力；要求从事内部审计工作的人员持证上岗并按照内部审计人员职业道德规范的要求，廉洁从业，严格自律，以不断提升其综合素质。省供销社率先为审计处工作人员配备了笔记本电脑和审计软件，极大地提高了内部审计的工作效率。

展望未来，省供销社将继续紧紧围绕促进供销社经济崛起、服务企业健康发展的工作大局，进一步发挥好内部审计监督和“免疫系统”的职能作用，为促进供销社的经济腾飞作出新的贡献。

安徽省粮食局

为耕者谋利 为食者造福

局长：孙良龙

安徽省粮食局，为省政府直属机构，主要职责是贯彻执行国家关于粮食流通和储备粮管理的方针政策和法律法规，组织实施全省粮食流通体制改革；负责全省粮食流通宏观调控的具体工作，承担应急管理责任，负责省级储备粮的日常管理，提出规模、总体布局及收储、轮换和动用建议，负责全省粮食流通的行业管理及粮食流通、粮食库存的监督检查。

安徽作为全国粮食主产省之一，始终坚持解放思想为先，大胆改革创新，“三项政策、一项改革”发源于安徽，粮食直接补贴改革试点起始于安徽，主产省粮食购销全面市场化发轫于安徽，粮食产业园区建设从安徽率先拉开序幕，这些为全国粮食流通体制改革与发展做出了成功的探索，提供了鲜活的经验，得到了国务院和国家粮食局领导的充分肯定。

改革开放以来，安徽粮食流通体制发生了一系列深刻的变化，从双轨制经营到“放开价格、放开经营”，从“保护价收购”到“最低收购价收购”，安徽省粮食局作为省政府主管粮食流通的职能部门，始终坚持以科学发展观统领全局，牢固树立“为耕者谋利，为食者造福”的理念，顺应粮食购销市场化重大变革，不断推进和深化粮食流通体制和粮食企业改革，为促进农业增产、农民增收和保障国家粮食安全做出了积极贡献。目前，我省三级地方粮食储备已经建立，粮食安全得到有效保障。遍布全省的现代化粮库显著改善粮食仓储条件，粮食流通基础设施建设发生了质的飞跃。粮食市场体系建设取得了重大突破，合肥国家粮食交易中心成为覆盖全国29个省市的粮食交易中心和国内重要的粮食价格形成中心，为亚洲最大的粮食现货批发市场和国家实施粮食宏观调控的重要载体。粮油加工业产值突破千亿元大关，一批高起点、多元化、多功能、多业态粮食产业园区建设全面推进，以粮食散装、散卸、散储、散运为主要标志的现代粮食物流中心陆续新建，粮食产业经济发展呈现出蓬勃发展的新格局。国有粮食企业在粮食流通体制市场化的进程中进行了大刀阔斧的改革，粮食全行业实现持续盈利。安徽省粮食产业经济发展已步入快车道，粮食工作步入了全国先进行列，具有安徽特色的现代粮食流通产业体系正在形成，安徽粮食事业将继续为支援国家经济建设和推进安徽经济社会发展做出重大贡献。

现代化的粮食仓库和油罐

原安徽省委书记王金山和国家粮食局局长聂振邦为合肥国家粮食批发交易中心揭牌

安徽现代粮食物流中心库全景图

安徽省红十字会

谢广祥会长指导省红十字会工作

一、“博爱在江淮”系列公益活动取得创新发展

2011年，安徽省红十字会围绕全省加强以改善民生为重点的社会建设目标，抓住省委、省政府不断提高基本公共服务水平、建立健全改善民生的长效机制的契机，精心策划实施了“博爱在江淮99救助计划”。该计划将红十字会开展的各项人道救助工作归纳为“幸福家园、爱心包裹、久久重阳、爱心助学、天使救助、健康援助、温暖江淮、生命关怀、生命救护”九大计划，重点救助九类困难群体。设立了面向全社会公开募捐的“99博爱基金”。

二、备灾救灾和应急救护工作继续扎实推进

2011年,安徽省红十字会积极推动省市红十字会应急预案纳入各级政府应急预案体系，财政拨款1300万元的省红十字会备灾救灾中心扩建工程正在实施中，5个市级备灾救灾库已建成或在建，全省红十字会应急救援队伍达到21支近2000人。2011年1月19日，安庆4.9级地震发生后，省红十字会密切关注灾情变化，及时向地震灾区紧急运送包括400个家庭包在内价值12万元的救灾物资。在应急救护培训方面，与省政府应急办联合组织开展一系列的急救宣传活动，在报刊和网络上开展急救知识有奖竞赛活动和急救日专题宣传，组织省政府办公厅机关工作人员参加应急救护培训，动员志愿者向市民普及急救知识、免费发放急救宣传手册、开展健康咨询和专家义诊等活动。

三、人道救助和生命关怀工作不断提点扩面

2011年，共为全省困难群众筹集了价值超过700万元的慰问物资。造血干细胞全年实现8例，分库总样本数已达2万份，提前一年完成了《安徽省红十字事业2006-2011年发展规划》提出的目标任务。遗体（器官）捐献工作平稳推进，登记人数达1151人，实现遗体捐献125人。我省眼角膜库实现捐献23例。连续3年成功举办“生命论坛”，研讨、交流、宣传、推动生命关怀工作。预防艾滋病国际交流与合作不断加强，与荷兰红十字会签订的艾滋病预防与关爱项目进展顺利，共对青年学生、外来务工人员、社区居民等群体开展艾滋病预防宣传教育近7万人次，对携带者和病人提供了多方面的支持与关爱。开展了一系列的小儿“先心病”医疗救助行动。与普瑞眼科医院连续多年开展合作，先后对1000名贫困近视大学生、白内障患者进行救治。积极参与中国红十字基金会“阳光天使行动”和“小天使基金”工作，截至2011年底，共救助我省600名贫困先天性心脏病患儿并减免500多万元医疗费用，筹集专项救助金845万元救助了我省266名白血病患儿。

启动博爱在江淮99救助计划

应急救护知识进机关

开拓奋进中的安徽省地质调查院

安徽省地质调查院院长彭智

国土资源部部长徐绍史、副省长倪发科到省地质调查院泥河铁矿视察

安徽省地质调查院成立于1997年，是安徽省主要从事国家和地方基础性、公益性地质调查和战略性矿产勘查工作的事业单位，是一支人才密集、技术设备先进、地质勘查方法技术手段齐全、技术成果资料丰富、实力雄厚的全国省级骨干地质调查院之一。现有在职职工198名，中高级以上专业技术人员115人，其中教授级高工18人，博士9人，硕士35人，享受国务院特殊津贴专家5人。

10多年来，安徽省地质调查院始终坚持地质科技成果为经济建设和社会发展服务，充分发扬"以找矿立功为荣，以艰苦奋斗为荣，以献身地质事业为荣"的"三光荣"精神，先后承担国家、省及地市级重点项目200余项，提交优秀成果项目40余项，获国家、国土资源部和省科学技术进步奖、勘查成果奖40余项，1人获得何梁何利奖，1人获黄汲青青年地质科学奖。专业领域包括基础地质、矿产地质、水文与环境地质、物化探、农业地质、城市地质、遥感地质、信息技术等。全院经济总量连续3年超亿元大关，地质找矿实现了重大突破，农业地质环境调查取得了优秀成果，城市地质调查为地方大建设提供了大量宝贵资料，基础地质环境遥感调查为国家和地方规划和治理长江流域环境提供了大量基础地质资料，为促进地方社会经济发展做出了重要贡献。

长期以来，地调院的各项工作得到了国土资源部、中国地调局及省人民政府的高度赞扬与充分肯定。先后荣获国土资源系统功勋集体、全国地质资料先进集体、全国地勘行业先进集体、省"三优"文明单位，省五一劳动奖状、省劳动竞赛先进集体、全省先进基层党组织、全省人才工作先进单位等一系列省部级荣誉。国土资源部部长徐绍史，中国地调局局长汪民、安徽省副省长倪发科等相关领导先后亲临地调院检查指导和看望、慰问干部职工。

与时俱进，开创未来。安徽省地质调查院将以邓小平理论和"三个代表"重要思想为指导，深入贯彻落实科学发展观，紧紧围绕"建一流地质队伍，出一流地质成果、创一流经济效益"的奋斗目标，大力推进科技创新和人才培养战略，继续加强地质找矿突破、扩大地质服务领域和队伍建设工作，全面增强地质工作的资源保障能力和服务功能，以奋发有为的精神状态，求真务实的工作作风，不断开拓进取，激情跨越，把安徽省地质调查院建成全国一流的地质调查单位，再谱地矿事业新篇章，为国家和安徽经济又好又快发展再创新的佳绩！

泥河铁矿勘查实现重大突破，被列为全国十大找矿成果之一。

安庆职业技术学院

学院概貌

校园风光

安庆职业技术学院创办于2003年6月，是一所经安徽省人民政府批准设立、教育部备案的公办全日制普通高等职业院校。

学院坐落在国家园林城市、国家历史文化名城、中国优秀旅游城市——安徽省安庆市。学院现设置电子信息系、社会事业系、外语系、经济贸易系、机电工程系、建筑工程系、园林园艺系等7个系，公共基础部、成教部、思想政治理论课教研部等3个部，图文信息中心、实验实训中心等2个中心，开设37个专业，初步形成了农林类、建筑工程类、机械制造类、旅游类、纺织服装类、财经类、电子信息类等七大类服务区域支柱产业发展的专业群，其中有获得中央财政支持重点建设专业2个，省级特色专业6个。全日制在校生9500余人。学院现有固定资产总值3.7亿元，建筑面积21万平方米，各类仪器设备总值5000万元，各类图书165万册。现有在职教职工331人，其中专任教师225人，博士4人，硕士96人，正副教授71人，双师型和双师素质教师165人。长期聘请外籍教师2人。聘请各类企事业单位专家学者或能工巧匠200余人为兼职兼课教师。现有设施完善、设备先进的校内实验实训场所86个，涵盖所有专业的校外实习基地100余个。学院建有中央财政支持的国家职业教育园林园艺实训基地和建筑工程专业实训基地以及3个省级示范中心，是安徽省贫困地区劳动力转移培训基地、安庆市农民工定点培训基地、安庆市中小学校长培训基地、安庆市旅游人才培训基地、安庆市职教系统专业技术人员继续教育培训基地。设有国家职业技能鉴定站，可鉴定花卉园艺工、化学分析工、车床工等44个工种高、中级职业技能。

学院坚持内涵发展和开放办学并举，办学条件不断改善，办学规模持续扩大，办学质量稳步提高。2009年，学院接受教育部和安徽省教育厅按新方案组织的人才培养工作评估并取得优秀成绩，2010年被确立为安徽省示范性高职院校。

学院高度重视内部审计工作，设立了监察审计处，负责组织开展全院内部审计工作，现有专职审计人员2人，兼职审计人员6人。学院内部审计工作坚持“依法审计、围绕中心、服务大局、突出重点”的宗旨，充分发挥审计监督作用，注重审计质量，在促进廉政建设、加强财务管理、提高经济效益等方面，真正起到了“经济卫士”和“参谋助手”的作用。学院制定了《安庆职业技术学院内部审计工作暂行规定》，明确了内部审计工作范围、程序和职责。2012年，实施零星基建工程与小型维修项目审计34项，审减率达14.7%。对院内部分单位的经费收支使用情况进行了内部审计，提出了审计整改意见和建议。目前，学院内部审计工作正在由以前的事后监督为主，转变为事前、事中与事后监督并重，内部审计的职能和范围不断扩展。

实训现场

发展中的合肥工业大学审计处

合肥工业大学内部审计机构组建于1985年7月，经过多年的发展，已拥有一支相对稳定、水平较高的内部审计工作队伍。现有审计人员8人，其中具有高级职称5人，造价工程师2人，国际注册内部审计师1人，均系大学本科以上学历。1991至1992年度获“国家教委教育系统先进审计集体”，1993年度获“国家审计署全国先进审计集体”，1996至1998年度获“机械工业部审计局先进审计集体”，2002至2004年度获“安徽省内部审计先进集体”等称号。多年来，在学校党委及行政领导的正确领导下，紧紧围绕学校改革、发展的需要和领导关注的重点、教职工关心的热点问题及重大经济活动，依法依规开展内部审计工作，并取得了显著成绩。

一、围绕工作重点，坚持创新，认真履行审计监督职能

近3年来，开展常规审计项目1217项，其中财务收支审计31项，经济责任审计18项，基建和修缮工程审计1168项，为学校节约直接投资3884.14万元。面对高等院校的新形势、新任务，合肥工业大学审计处不断创新工作思路，加快内部审计转型。安徽省审计厅刘战平厅长在全省内部审计工作会议《认清形势 服务大局 强力推进内部审计转型》上讲话中提到省地方税务局、合肥工业大学、合肥市教委、巢湖市建委等单位的审计部门开展了事前、事中审计，把审计关口前移。连续3年对学校预算安排范围内的专项资金开展审计调查，涉及金额9.28亿元，在不断完善经费管理制度、加大预算执行力度、规范资金使用等方面起到了积极的作用，审计效果得到校领导的充分肯定。并针对仪器设备使用效率及管理情况开展审计调查，减少重复购置和闲置浪费现象，提高了教学资金的使用效益。

二、加强制度建设，提升审计工作质量，规范审计程序

近年来，结合校内部审计工作的具体情况，制定了《合肥工业大学内部审计工作规定》、《合肥工业大学审计工作规程》、《合肥工业大学工程项目审计实施办法》、《合肥工业大学干部任期经济责任审计实施办法》、《合肥工业大学科研经费审签管理办法》、《合肥工业大学关于大中型建设工程全过程审计实施细则》、《合肥工业大学关于中小型修缮工程项目审计实施细则》、《合肥工业大学全资、控股公司及事业单位年度审计委托管理办法》等。通过多年的实践，这些具体规定和办法的顺利出台，在实际审计工作中执行良好，对规范学校财务管理、堵塞漏洞、防止资产流失、维护财经纪律、推进学校内部管理体制改革，提高办学效益等方面发挥了积极作用。

三、建立健全单位内部审计结果落实制度

审计结果的落实程度直接关系到审计工作的效果，为了发挥审计结果的效力，做到审计必严，责任必究，使审计工作真正落到实处。一是及时对审计中发现的问题进行研究处理，总结经验，完善制度，改善管理，提升企业管理水平。二是完善审计整改落实制度，积极开展后续审计工作，对审计意见的落实情况进行跟踪，督促有关职能部门和二级单位认真整改；对未按规定限期整改的，应当追究相关人员责任。三是对审计中发现的涉嫌违法、违法违纪问题，在事实清楚、证据确凿的基础上，及时移交有关部门进行处理。四是尝试建立审计公告制度，提高审计的透明度和影响力。五是加强经济责任审计结果的利用，力争使任期经济责任审计结果成为干部任期考核、任免等事项的重要依据。

四、加强队伍建设，提高综合素质

积极加强业务培训，实现审计知识更新。树立科学审计理念，建设学习型审计处，加强理论研究，以指导、全面推进学校内部审计工作，为建设国内一流国际知名的教学研究型综合性大学做出新的贡献。

中国人民健康保险股份有限公司安徽分公司

人保健康安徽分公司党委书记、总经理 蔡皖伶

中国人民健康保险股份有限公司（以下简称人保健康）是在温家宝总理的亲切关怀下，由中国人民保险集团公司联合欧洲最大的商业健康保险公司DKV发起设立的现代股份制保险公司。温家宝总理作了“坚持高标准、高起点，精心组建，规范运作，结合实际学习借鉴国外成功经验，务必办好”的亲笔批示。国家工商总局为公司独家核批了“与国家医疗保障政策配套，受政府委托的健康保险业务”的政策性业务经营范围。

2008年1月，人保健康安徽分公司正式成立，分公司及各地市分支机构充分利用医改方案出台契机和公司专业化背景，密切与各级政府的联系，加强与政府各部门的沟通和协调，在建立和完善安徽省全面医保体系中，作出了自身应有的贡献，推动了多层次医疗保障体系建设进程。自2008年至今，人保健康安徽分公司政府委托业务保费规模增速每年均在100%以上，目前占同类型业务市场份额已达72%。

2008年，分公司实现健康险保费收入10008万元，达成了开业首年保费过亿的目标，其中与政府合作医疗保险项目4个，涵盖安徽省4个地市，承保人群16万人，累计为1111人次支付大额医疗保险金1658万元。

2009年，分公司实现健康险保费收入31471万元，保费收入实现跨越式发展，其中与政府合作医疗保险项目15个，涵盖安徽省8个地市，承保人群64万人，合作类型由单一的职工大额发展为职工大额 、居民基本、居民大额和居民二次补偿，累计为15557人次支付医疗保险金4621万元。

2010年，分公司实现健康险保费收入58468万元，保费收入再次实现跨越式发展，其中与政府合作医疗保险项目26个，涵盖安徽省8个地市，承保人群146万人，合作类型在上年基础上又增加居民补充医疗，累计为23370人次支付医疗保险金10635万元。

2011年，分公司实现健康险保费收入44770万元，保费收入在整个寿险市场大环境影响下略有下滑，但与政府合作项目仍呈现较大幅度增长，合作医疗保险项目28个，涵盖安徽省12个地市，承保人群198万人，累计为34527人次支付医疗保险金13919万元。

2012年截止目前，安徽分公司承办政府委托的社保补充保险业务保费达2.3亿元，计划完成率124.6%，占分公司2012年业务总规模的47%，社保意外险430万元，占分公司意外险总规模的42%，社保短期健康险33.43万，占分公司短期意外险总规模11%，超2011年全年水平。从项目类型统计，城镇职工大额项目16笔，城镇居民基本医疗保险项目6笔，城镇居民大额项目1笔，补充医疗及意外险项目5笔，新保项目11笔。项目涉及在全省十个地市30余个区县，覆盖人群近200万人次，业务种类包括城镇职工大额、城镇居民基本医疗、城镇居民大额、城镇学生意外等多种类型。公司借助全省职工医保市级统筹的契机在六安和亳州两地市实现职工医疗救助保险的全履盖。

人保健康安徽分公司成立5年来业务发展突飞猛进

人保健康安徽分公司连续3年冠名合肥地区迎新春元旦越野跑及健身走活动

安徽师范大学审计处

加强审计监督 提高审计质量 推动审计转型 服务学校发展

安徽师范大学审计处成立于1988年，1992年更名为监察审计处，2000年并入财务处，2004年重新恢复并独立设置，现有专职审计人员7名。

在学校党委和行政领导班子的领导下，安徽师范大学审计处深入贯彻落实科学发展观，围绕学校财经工作中心，加强审计监督，服务财经管理，强化制度建设，不断推进审计工作制度化、规范化，取得显著成效，先后获“全省内部审计先进单位”、“安徽省优秀审计项目二等奖”、“安徽省内部审计专项审计调查报告一等奖”等称号。

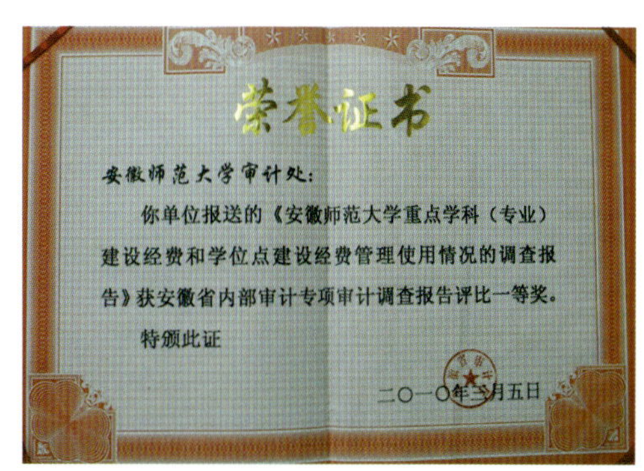

一、突出审计工作重点，充分发挥审计的监督职能

审计工作围绕财经管理工作中心，以风险管理为导向，确定审计重点，加强审计监督，5年来完成经济责任审计、财务收支审计等48项，建设项目造价审计600多项，审计资金总额15亿元，提出审计建议百余条，挽回经济损失近百万元，节约建设资金8000多万元，较好地发挥了审计的监督职能。

二、积极推动审计转型，充分发挥审计的服务职能

在监督中服务，在服务中监督。近年来，安徽师范大学审计处不断加大管理审计、绩效审计的力度，在强化审计监督的基础上，更加关注管理的规范性、资金使用的效益性，更加注重分析问题产生的根源，提出了数十条加强内部控制制度建设的建议，较好地发挥了审计的服务职能。此外，在招标、询价等方面，发挥审计专业优势，为相关部门提供了优质高效的服务。

三、完善审计成果转化的体制机制，推动审计结果运用

审计结果运用是发挥审计作用的载体。近年来，安徽师范大学审计处积极探索审计成果转化的渠道和方式，在每年的财经工作会议上报告审计发现的问题和审计建议，设立了审计整改联席会议，建立了审计整改联动机制，审计成果的运用再上新台阶。

四、加强审计制度建设，夯实内部审计的制度基础

为促进审计工作制度化、规范化，学校先后制定了《安徽师范大学建设项目竣工决算审计规定》、《安徽师范大学建设工程项目全过程审计操作指南》、《安徽师范大学处级党政领导干部任期经济责任审计实施办法》、《关于加强审计整改工作的若干意见》等文件，夯实了内部审计工作的基础。

展望未来，安徽师范大学审计处将继续秉持科学的审计理念，加强学习，开拓创新，全面发挥内部审计的职能，服务学校又好又快发展。

和谐进取的皖南医学院审计处

教学楼及喷泉广场

实验楼

宿舍楼

皖南医学院地处素有“长江巨埠、皖之中坚”的沿江对外开放城市——芜湖,是国务院学位委员会首批确定的具有学士学位和硕士学位授予权的院校之一，前身为创建于1958年的芜湖医学专科学校；1971年成为安徽医学院皖南分院；1974年经国务院批准，独立建院并命名为皖南医学院。

学院现有新、老两个校区，占地700余亩，本科教育设有临床医学、法医学等18个专业；有3个一级学科硕士学位授权点，27个二级学科硕士学位授权点，基本涵盖了基础医学及临床医学各学科。现有全日制在校生16294人；教职医护员工2421余人，其中高级职称482人。1998年学院一次性通过了教育部本科教学工作合格评价，被评为“本科教学工作合格学校”。2008年，学院顺利通过教育部本科教学工作水平评估，获得优秀成绩。

皖南医学院内部审计机构已于1988年独立建制，在学校党政领导的重视和支持下，学院审计部门坚持“依法审计，服务大局，围绕中心，突出重点，求真务实”审计工作方针，依照国家的方针政策、财政经济法规和有关规章制度，独立开展审计监督，在防范经济风险、规范经济行为、提高资金使用效益、推进党风廉政建设等方面，充分发挥了内部审计的监督和服务职能。

在业务领域，审计处开展了财务收支审计、校内基建审计、修缮工程决算审计、领导干部任期经济责任审计、科研项目审计等。在制度建设上，审计处根据相关法律、法规、制度，从实际工作出发，制定了《皖南医学院新校区建设工程项目竣工决算审计实施办法》、《皖南医学院基建、修缮工程审计管理办法》、《皖南医学院干部任期经济责任审计实施办法》、《皖南医学院科研项目审计实施办法（试行）》、《皖南医学院审计项目委托审计管理办法》等多项规章制度，使审计工作不断得到规范。在机构建制上，审计处是独立设置的处级机构，内设审计科。在队伍建设上，审计处已有专职审计人员4人，人员队伍的年龄结构逐步改善，学历层次、资格水平逐步提高，业务能力逐步增强，综合素质逐步提升。每年组织参加各类业务培训和后继教育。2011年，审计部门工作人员在《商业经济》等有关期刊上发表审计论文 4 篇。

2010至2011年，审计处求真务实、积极主动开展各项工作，累计完成新校区基建项目审计32项，审减金额 1500万元；修缮工程审计 60 项，审减金额 129.32万元；开展专项审计调查1项，科研项目审计5 项，累计审计金额 32 万元。

面对高等教育蓬勃发展带来的机遇和挑战，审计处将秉承优良的办学传统，继往开来，开拓进取，努力为学院各项事业的科学、健康、持续发展做出更大贡献。

勤勉务实的黄山学院监察审计处

黄山学院是一所综合性的省属普通本科院校，坐落在风景秀丽、文风馥郁的中国优秀旅游城市——安徽省黄山市。学校分为南北两个校区，现有校园面积1800多亩，校舍建筑面积38万平方米，教学设备总值7692.26万元，纸质图书118.88 万册，电子图书50.08 万册，拥有较为先进的教学、科研、生活、运动、娱乐设施和配套完整的建筑群体。全校现有教职工近900人，其中专职教师近727人，具有副高以上职称教师160多人，占专职教师的22.83%，具有硕士博士学位523 人，占专职教师的71.94%。拥有一批省级学科带头人、省级骨干教师，有多人获得全国优秀教师和曾宪梓教育基金奖。设有文学院、生命与环境科学学院、旅游学院等12 个二级学院和思想政治理论课教学研究部。现有45个本科招生专业，涵盖理学、工学、农学、经济学、教育学、法学、文学、管理学、艺术学等九大学科门类。现有全日制在校生15689 人。

黄山学院监察审计处于2004年独立建制。在学院党政的领导与支持下，依照国家方针政策、财政经济法规和有关规章制度，独立开展审计监督，在防范经济风险、规范经济行为、提高资金使用效率、推进党风廉政建设等方面，充分发挥了内部审计的监督和服务职能。黄山学院监察审计处现有专职审计人员2名，兼职内部审计人员5名。近年来，这支队伍团结协作，辛勤工作，开展了校内基建（修缮）工程决算审计、领导干部任期经济责任审计、财务收支审计等工作，较好地履行了审计工作职责，为学院又好又快发展发挥了重要作用。

2011至2012年是黄山学院审计工作大发展两年。两年来，实现了以审计促管理、以审计促监督、以审计促服务，并对工程实行全过程跟踪审计制度，继续深化对工程签证联签制度；2011至2012年，共完成基建、修缮工程审计86项，审计金额2262.23万元，核减金额191.5万元，切实维护了学校的经济利益。

前进中的蚌埠学院监察审计处

蚌埠学院西大门

蚌埠学院是一所以工为主，工学、理学、管理学、文学、教育学、艺术学多学科协调发展的省属普通本科院校。

学院位于皖北中心城市，素有两淮重镇、沪宁咽喉之称的安徽省蚌埠市。东靠京沪高铁蚌埠站，南依芦山，西接国家4A级龙子湖风景区，北邻安徽财经大学，风光迤逦，人文荟萃，交通便捷。学校现有龙子湖、张公山两个校区，占地1000余亩，校舍总面积近30万平方米；教学仪器设备总值近7000万元，多媒体教室和语音实验室座位3050座；建有2个省级实验教学示范中心，15个实验实训中心，135个校内外实习（实训）和就业基地；馆藏纸质图书75余万册，电子图书62余万册。

学院现有专任教师610名，其中副高以上教师 172名。设有机械与电子工程系、食品与生物工程系、计算机科学与技术系、应用化学与环境工程系、数学与物理系、经济与管理系、艺术设计系、外语系、文学与教育系、音乐与舞蹈系、基础部等11个教学单位和淮河文化研究中心、工程研究中心等研究机构。学院面向20多个省（市、自治区）招生，现有全日制普通在校生14000多人。

博观而约取,厚积而薄发。蚌埠学院是一所充满生机与活力的学校，目前学校正围绕院党代会确定的战略发展目标和“十二五”发展规划，秉承“笃学、重行、修德、立才”的校训精神，深化内部管理体制改革和教育教学改革，全力打造自身办学特色，为把学校建设成为规模适度、结构合理、具有特色、人才培养质量和办学效益好、与区域经济社会发展良性互动的合格的应用型本科院校而努力奋斗。

学院党政领导高度重视内部审计工作，建院之初便独立设置了监察审计处，配置了具有硕士学位和会计师资格的专业审计人员3名。为了充分发挥经济监督职能，履行自己的职责，监察审计处加强制度建设，着力学习把握内部审计标准。通过学习《审计法》、《教育部内部审计规定》、《高等学校财务收支制度》、《高等学校内部审计规定》、《教育部直属高校及事业单位基本建设项目竣工财务决算管理办法》、《关于加强省属高校基建财务管理的指导意见》、《教育系统基建、修缮工程项目审计实施办法》以及学院的各项制度等规范性文件，努力做到工作规范严谨，提升了审计工作的合法性，公允性。与此同时，先后起草完成了《蚌埠学院内部审计工作暂行规定》、《蚌埠学院建设项目竣工决算审计实施办法》等规章制度。

几年来，监察审计处围绕学校的中心任务，积极开展内部审计工作。完成基建（维修）决算审计、财务收支审计和专项审计等各类项目审计近400项，节约资金近千万元，提出审计建议58项。

学院党委副书记、纪委书记董兆武和审计人员讨论审计工作

安徽财贸职业学院
Anhui Finance & Trade Vocational College

安徽财贸职业学院是安徽省人民政府批准设置、教育部备案的公办全日制普通高等院校，2008年在安徽省高等职业院校人才培养工作评估中获优秀等次，2010年被确定为安徽省示范性高等职业院校建设单位，2011年被确定为全国供销合作总社示范性高等职业院校建设单位。

学院秉承“明德厚学、知行合一”的校训，遵循“专家治学、名师兴校、科研强校、特色扬校”的办学方针，坚持“以就业为导向、以创新为动力、以质量为根本、以特色为生命”的办学理念，把握“立足行业、面向社会、开放办学”的定位，树立了“顾全大局、齐心协力、敢为人先、顽强拼搏”的“安财贸精神”，为行业振兴和区域社会经济发展培养了大批高端技能型人才。

主大门

学院现有2个校区，主校区坐落在合肥市大学城，设有大位会计学院、雪岩贸易学院、行知管理学院等9个教学机构以及4个教辅机构、2个研究机构，开设管、工、经、文、艺、农六大门类32个专业，目前各类全日制在校学生一万余人。专任教师中教授等高级职称占30%，专业课教师中“双师型”教师占70%，青年教师中具有博士、硕士学位的占81%。近年来，1名教师享受国务院及安徽省政府特殊津贴，33人次获得“省部级优秀教师”、“省级专业带头人”、“省级教坛新秀”等称号，2个专业教学团队获得“省级教学团队”称号。

图书信息中心

学院坚持特色为先，不断深化教育教学改革创新，牵头成立安徽财贸职教集团，积极推进校企合作、工学结合的人才培养模式，目前已建成40多个校内实习实训室和160多个校外实习就业基地，并与数十家知名企业签订了订单培养协议。学院不断推进学历教育加职业培训的培养模式，逐步实现教学内容与社会认证接轨，全面推行双证书和多证书制，切实提高学生的职业技能和动手能力。因在技能人才培养工作中做出的优异成绩，学院被确认为全国供销合作社培训基地，并获得全国供销合作社系统技能人才培育突出贡献奖。

学院以“传承徽商文化、培养财贸精英”为己任，坚持以“徽商文化”教育为基础，以“爱心、诚信、责任”为核心，以“财贸职业岗位技能”为依托，针对学生在校的五个学期，积极推行爱心教育、形象教育、责任教育、创新教育、创业教育等“五阶段五主题”财贸素养教育活动，全面提升学生的综合素质，培养实用型、技能型和复合型高级专门人才。毕业生广泛分布在全国各地，普遍受到用人单位的欢迎。近年来，毕业生年终就业率均达到96%以上，学院连续3年获得“安徽省普通高校毕业生就业工作先进集体”称号。

学院连续11年被认定为安徽省省直属机关“三优”文明单位，近年来相继荣获“全国最具办学特色示范院校”、“全国供销合作总社先进单位”、“安徽省供销社系统先进集体”、“合肥市文明单位”、“合肥市平安校园”等多项称号。学院将紧紧围绕科学定位、内涵建设、特色发展、提高质量的总体目标，深入贯彻落实党的十八大精神，努力推动学院各项事业实现又好又快发展，不断为行业振兴和区域社会经济发展做出新的更大贡献。

文化广场

山顶雕塑

学院领导高度重视审计工作，认真贯彻“依法审计，服务大局，围绕中心，突出重点，求真务实”审计工作方针，充分发挥审计工作在服务学院发展、规范经济秩序、为学院经济活动保驾护航的重要作用，制定了《安徽财贸职业学院审计工作试行办法》，明确了由纪委书记牵头，纪检、财务、后勤、基建、现代技术中心和相关业务处室参加的审计工作小组，进一步规范了审计的目的、范围、任务和程序。同时，积极配合主管部门和专业的社会审计，重点开展了校办产业经济效益审计、基建招标清单预算控制审计、基建决算定案审计、维修工程预、决算审计、设备招投标审计、预算执行情况和决算审计以及其他专项审计等，充分发挥了审计工作的监督和服务职能，取得了较好的成效。

开拓奋进中的安徽工业经济职业技术学院

书香浓郁的图书馆

安徽工业经济职业技术学院始建于1979年，是经安徽省人民政府批准、教育部备案的省属公办全日制普通高等学校，隶属于安徽省教育厅、省国土资源厅、省地矿局直接领导，是省级示范高等职业院校。

2007年1月，学院顺利通过教育部高职高专人才培养工作水平评估，并取得了优秀等级（全省七所之一），2009年成为安徽省示范性高职院校合作委员会（A联盟）成员单位，2010年8月被评为安徽省级示范性高职院校。学院现有各类在校生一万多人，已为国土资源地矿行业及地方经济发展培养各类人才3万多名。先后连续荣获第七届、第八届、第九届“安徽省文明单位”称号，2005年至今已获得四次“安徽省普通高校毕业生就业工作先进集体”称号，2010年、2011年荣获“安徽省普通高校毕业生就业工作标兵单位”称号，2011年被安徽省人民政府评为“安徽省就业先进单位”称号，2012年被人力资源和社会保障部评为“国家示范职业技能鉴定所”，连续7年荣获“安徽省地矿局先进党委”称号，多次荣获“安徽省地矿局先进单位”、“信息业技术培训CAD教育先进单位”、“合肥市双拥模范单位”、合肥市“卫生先进单位”等诸多荣誉称号。

学院坐落于合肥市，占地531.39亩，校舍建筑面积15.56万平方米，图书馆藏书50.41万余册。学院设有地质学院、旅游管理系、机电工程系、商贸系、计算机科学技术系、电子信息技术系、现代经济管理系、艺术系和一个成人教育学院，共设置50个专业，建有1个国家紧缺人才培养专业、2个中央财政重点支持建设专业和8个省级重点、示范、特色专业及5门省级精品课程。学院现建有电工电子、地质勘查、计算机、数控技术、酒店管理、经济管理和海尔大学电工电子实训中心等8个校内综合实训中心共100多个实验实训室和200多个校外实训基地，其中，1个国家级职业教育实训基地、4个省级示范实训中心。学院还设有国家职业技能鉴定所和IT核心与认证课程研究所。学院现有570人的高素质专兼职教师队伍，其中高级以上职称182人，双师型教师272人。中国科学院、中国工程院双院士常印佛为学院兼职教授。

柔性生产线实训室

学院形成了“传承地矿行业‘三光荣’精神，培养具有良好职业道德的高技能人才”的鲜明办学特色，把培养师生“爱岗敬业、艰苦创业、建功立业”的“三业”精神作为学校发展和培养高端技能型人才的立校树人之本，内化为“求真务实,以人为本”的治学理念和“明德、笃学、精艺、尚新”的校训；学院不断深化教学改革，形成了“育人为本、德育为先”、“能力为本、全面发展”、“坚持教学质量生命线”等教育理念，建立了以教学为中心，以专业建设为核心，以产学研结合为途径，以课程建设、实践条件建设、师资队伍建设、基础设施建设、质量保障等五大体系为支撑，培养高端技能型人才的教育教学机制。并探索建立了以培养学生职业能力为主线的“校企结合”、“工学结合”、“双证结合”（三个结合）为特色的多元人才培养模式和基于工作过程的课程体系及产学研合作教育长效机制，全面推行“2+1”等教学改革，全力提升毕业生的职业能力和就业竞争力。建院以来，用人单位对毕业生评价满意率均在90%以上，毕业生就业率均在96%以上，一直位于省内高职院校前列。

美丽的校园一角

学院积极开展交流与合作，先后与中国地质大学（武汉）、武汉大学开展成人本科函授教育，与中国地质大学珠宝学院、安徽省区域地质调查院等80多个单位共建专业，共同培养人才。

学院还设有国际教育合作与交流中心，与美国、英国、韩国、爱尔兰、澳大利亚、新加坡等国多所院校有着长期紧密的合作。目前学院已与爱尔兰阿斯隆理工学院、澳大利亚詹姆斯·库克大学（新加坡校区）、美国威廉·伍德大学、英国赫特福德大学合作开展“3+X”专升硕项目，分别与韩国韩瑞大学和波兰弗罗茨瓦夫工业大学开展“3+2”和“3+1.5”专本连读项目。

近年来，学院内部审计工作坚持“全面审计、突出重点”的工作方针，紧紧围绕学院改革和发展的中心任务，拟定了相关的审计规章制度，明确审计工作的范围、程序和准则，强化内部职能，认真履行内部审计的监督、评价和服务职责，加强学院财务和基建维修工程审计以及经济责任审计的工作力度，逐步实现了内部审计工作的制度化、规范化、科学化。

水利部淮河水利委员会

奖　状

水利部淮河水利委员会审计处：

你处被授予2008-2010年全国内部审计先进集体荣誉称号

特此表彰

二〇一一年八月二十三日

淮委审计处荣获“全国内部审计先进集体”荣誉称号

做好审计人员后续教育，提高内部审计人员的知识水平和专业技能，每年举办内部审计人员业务知识培训班

水利部淮河水利委员会（以下简称淮委）为水利部派出的流域管理机构，在淮河流域和山东半岛区域内依法行使水行政管理职责，为具有行政职能的事业单位。淮委内部审计工作在淮委党组领导和水利部审计室的指导下，以《审计法》、《审计署关于内部审计工作的规定》和内部审计准则等规定为依据，以拓展审计业务和加强内部管理为手段，以促进治淮顺利开展和淮委内部发展为目标，独立开展审计工作，充分发挥内部审计工作的监督、服务和评价职能。

一、淮委内部审计工作职能

负责拟订并组织实施淮委审计工作的有关规章制度；负责淮委主持验收的治淮建设项目的竣工决算审计，对流域内治淮中央项目进行建设期间审计抽查；负责对淮委本级及直属预算单位预算执行情况进行审计监督；负责对淮委直属基本建设项目进行审计监督；负责对淮委及所属单位投资企业和经营性投资项目（含占控股地位或者主导地位的企业、公司）进行审计监督；受委托，负责对淮委管领导干部的任期经济责任进行审计监督；承办淮委领导交办的其他工作。

二、大力开展审计业务

坚持“依法审计、服务大局、围绕中心、突出重点、求真务实”的审计方针，紧紧围绕治淮和淮委发展改革的中心工作，开展审计监督。近年来，开展了治淮基本建设竣工决算审计113项，预算执行审计10项，领导干部经济责任审计9项，企业经营管理审计7项，基本建设项目建设期间审计7项，各类专项审计及审计调查20余项。

三、加强制度建设

认真学习和执行《审计署关于内部审计工作的规定》及中国内部审计协会颁布的内部审计准则，明确审计性质、作用，使审计工作更加规范化、程序化。根据国家的有关法律、法规及规章，结合治淮基本建设项目管理的特点，及时制定出台各项内部审计制度，主要有《淮委内部审计工作规定》、《淮委直属单位领导干部经济责任审计规定》等十几项制度，内部审计制度体系已基本形成。

四、充实审计力量

按照有关规定和要求，配备审计人员，加强专业培训，完善后续教育；建立了“淮委内部审计聘用人员被选名单库”，被选名单库中有30多名各专业专家，已聘请100多人次参加了各类审计工作；按照《水利部委托社会审计业务管理办法》的要求，选择了部分水平高、信誉好的社会审计机构从事部分审计项目工作。

五、取得的成绩

近年来，淮委内部审计工作取得了较好的成绩。2011年，淮委审计处被审计署评为"2008-2010年全国内部审计先进集体"荣誉称号；多名审计人员先后获得“全国内部审计先进工作者”、“水利系统内部审计先进个人”等荣誉；一批审计业务研究成果、学术论文获得中国内部审计协会等表彰奖励，其中《公益性建设项目投资效益审计评价指标体系探讨》、《水利基本建设审计监督的流域管理和区域管理相结合探讨》等多篇论文，分别被中国内部审计协会和中国水利学会评为优秀论文。

今后一段时期，淮委审计处将认真贯彻落实中央水利工作会议，按照淮委委党组的部署，积极推进内部审计转型和促进创新发展，以内部控制为导向，有效发挥内部审计监督作用，为进一步淮河治理和淮委的改革发展服务。

召开审计工作会议，总结审计工作经验，安排审计工作任务

加强制度建设，淮委内部审计制度体系已基本形成，承担水利部安排的制度建设任务

当涂县国土资源局

国土资源部徐绍史部长调研国土资源管理工作

当涂县国土资源局由原土地管理局和县地质矿产局2002年3月合并组建，现有干部职工140余人，内设7个职能股室，下属6个二级单位、5个国土资源管理所和1个开发区分局。

2012年，该局围绕“做好管地文章，服务发展大局”，踏实苦干，积极探索，不断致力于工作开展“有成效，有创新，有亮点”，各项工作均取得了优异成绩。一是耕地保护有成效。全力做好土地开发复垦整理，实施完成县级投资补充耕地项目26个，新增耕地3187亩；强力推进高标准基本农田建设，着力建设了8万亩高标准基本农田，力争打造“万顷良田”；认真做好工矿废弃地复垦利用，新增耕地面积1600亩；县、乡两级土地利用总体规划修编分获省、市人民政府批准，规划数据库通过了省国土厅验收备案；着力做好违法用地查处，开展土地执法监察动态巡查590次，发现新增违法用地192宗，面积1810亩，其中耕地987亩。并对照卫片检查标准，认真进行违法用地的查处整改和复耕复绿工作，顺利通过了第十二次卫片执法检查，实现了“零约谈，零问责”。二是服务发展有创新。该局在建设用地报批初审、准备、组卷、上报、缴费、催批六个环节上创新提速，全年组卷26个批次，2个单独选址，获批7898亩；在节约集约用地方面，创新的将统筹管理，规划布局、供后监管、闲置低效土地清理结合起来，摸索出一套符合该县县情的“四位一体”新模式，彻底改变了过去“重审批、轻监管”的局面，有效促进了土地节约集约利用；同时，该局还努力创新土地出让模式，从土地招商推介等方面入手，全年出让并成交各类用地128宗，出让面积4132亩，成交价9.43亿元，清缴往年土地出让金2.15亿元，累计入库10.24亿元，为该县经济发展提供了有力保障。三是示范工作有亮点。当涂县是经省政府批准确定整体推进农村土地整治示范建设项目的县之一，批准项目7个，建设规模6.2万亩，为确保做出实效，做出亮点：该局抽调业务骨干成立整村推进办公室，牵头开展宣传动员，印制宣传画册万余份，竖立标志牌、印刷标语50处，使农村土地整治工作家喻户晓；同时，制定了实施方案、工作考核办法，明确了实施内容、步骤、职责分工及奖惩，并制定了项目资金管理办法。此外，牵头组织相关部门坚持每周赴施工现场开展督促指导不少于一次，发现问题，及时解决。目前，该县七个项目区农地整理主体工程已完工，并已通过市级初验，报验资料已上报省国土资源厅待验。2012年6月6日，国土资源部徐绍史部长考察了该县太白村整体推进农村土地整治示范项目，并给予了充分肯定。

在抓重点工作的同时，该局不断加强内部管理，提高工作效率，提升对外形象，连续两年荣获“当涂县县直单位目标管理综合考核一等奖”、“人民满意单位”表彰。

县领导视察6.25土地日宣传工作

当涂县“强力推进农村土地整治、严肃查处违法违规用地、全面清理闲置低效土地”三大战役动员会

全县国土资源工作会议

太白镇太白村农地整理现场

铜陵化学工业集团有限公司

集团公司党委书记、董事长黄化锋陪同全国人大常委会原副委员长顾秀莲、省人大常委会副主任文海英、市委书记姚玉舟视察安徽六国化工公司

铜陵化学工业集团有限公司成立于1991年底。集团公司现有资产116.8亿元，拥有全资、控股子公司共34家，其中上市公司两家，即：“六国化工”（股票代码600470）、“安纳达”（股票代码002136）。集团公司主要产品有硫铁矿、化肥、化工、铜加工、建材等五大类系列10多类80余种，其中硫矿产量位居全国第二，硫铁矿制酸产量全国第一，化肥产品产量位居国内同行前列，钛白粉、苯酐产销量均位居国内十强。集团公司为全国制造业500强、全国化工100强、安徽省50强，是全国重要的硫磷化工基地之一，也是安徽省化学工业和铜陵地方经济的重要支柱企业。

在集团公司领导的高度重视下，铜化集团审计监管部认真履行内部审计职责，学习贯彻《安徽省内部审计条例》等相关法规，紧紧围绕中心工作,服务集团的经济发展大局，取得了显著的成效。2011年,被审计署评为“2008至2010年全国内部审计先进集体”荣誉称号，先后3次获得安徽省内部审计先进集体。

集团公司总经理陈嘉生等领导到下属子公司进行调研

六国化工

一是深入开展财务审计工作。扎实做好年度经营业绩审计工作，为考核子公司经营业绩、评价其财务状况和资产质量提供了依据。开展了物资采购、期间费用、货币资金等专项审计工作，通过将财务审计向管理效益审计延伸，为企业提供增值服务。着力做好领导干部任期经济责任制审计，客观公正地评价离任者的经营业绩和经济责任。

团结进取的集团公司领导班子

安钛公司全景

二是强化工程项目的审计工作。围绕“工程项目管理年”活动，派驻审计人员到重点工程项目现场办公，把审计监督贯穿工程项目建设的全过程，杜绝了高估冒算，降低了投资成本。不断深化工程项目审计，逐步开展了投资立项、招投标、物资采购、投资评价等方面的审计。

三是推进内部控制审计。在上市公司建立了内部控制制度与评价体系，开展了内控制度的审计与评价活动。通过内控审计，完善管理流程，堵塞了管理漏洞，防范了经营风险。

四是强化审计整改。集团公司董事会每年召开审计专题会议，对审计发现的问题，及时下发审计整改通知书，对问题较多或整改不力的单位，集团公司主要领导对相关单位班子成员进行约谈，及时进行警示提醒和戒勉，并责令限期整改，推动了审计成果运用。

铜化集团新桥矿业有限公司

中国能建 安徽电力建设第一工程公司

ANHUI ELECTRICAL POWER CONSTRUCTION NO.1 COMPANY

中国能建安徽电建一公司总经理、党委书记董俊顺

中国能建安徽电力建设第一工程公司成立于1952年，坐落于合肥市高新技术产业开发区，是中国能源建设集团骨干企业、中国工程建设社会信用AAA级企业、标准化良好行为AAAA级企业。公司是全国唯一一家同时具有国家电力工程施工总承包一级、房屋建筑工程施工总承包一级、市政公用工程施工总承包一级及发电工程类甲级调试资质的电力施工企业，同时具有高耸构筑物工程和起重设备安装工程专业承包一级和消防设施工程、环保工程专业承包二级资质，拥有压力管道施工GA1级、GB类、GC1级许可证、承装（修、试）电力设施一级许可证、进出口企业资格和对外承包工程经营资格。

公司办公大楼

公司先后承建国内外各类发电机组近200台，装机总容量达30000兆瓦，建设过国内火电、核电、燃机、循环流化床、垃圾发电、生物质能、风电、太阳能等电站工程以及电网工程、电站检修运行维护工程，安装过前苏联、德国、波兰、法国、日本和英国等国外进口机组，承担了伊拉克、越南、孟加拉、苏丹、印度等电厂工程及巴基斯坦、加拿大和美国领事馆的施工，承建工程项目遍布国内20多个省份和海外近10个国家，是中国承建工程项目跨地域最广的电力施工企业之一。

热烈欢送远赴印度莎圣项目施工一线的职工

公司承建工程先后两获中国建设工程“鲁班奖”、七获“国家优质工程银质奖”、十三获“中国电力优质工程奖”，以及安徽省建设工程“黄山杯”（省优质工程）等国家级和省部级奖项，并相继获得“全国五一劳动奖状”、“全国优秀施工企业”、“全国企业文化建设先进单位”、“全国用户满意企业”等荣誉。

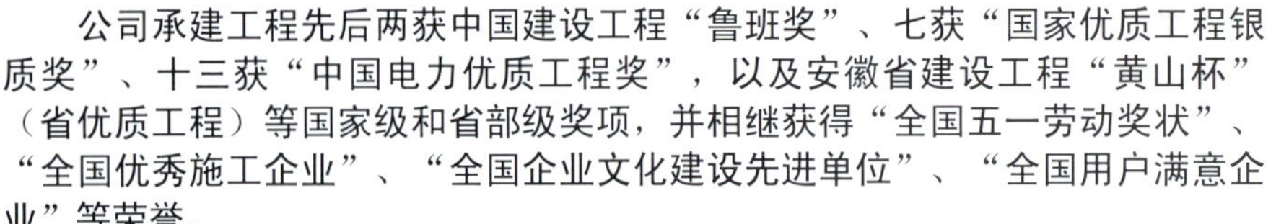
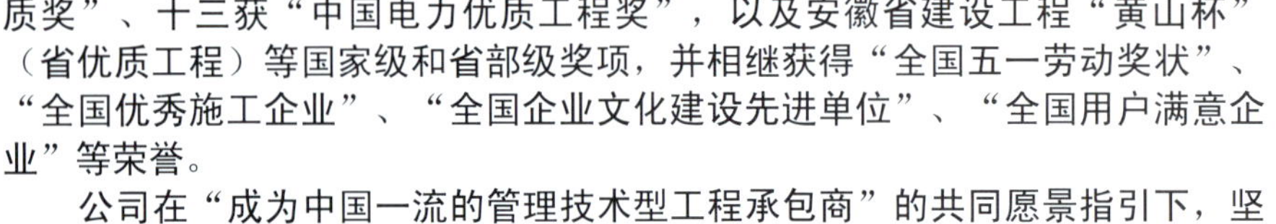

公司在“成为中国一流的管理技术型工程承包商”的共同愿景指引下，坚定“至精者，赢未来”的企业信念，秉承“精诚合作、精细管理、精益施工、精品奉献”的经营理念，提供以“尽责做好履行施工合同的充分服务，尽力做好应业主要求的优化服务，尽心做好为业主着想的超值服务”为内容的“三层次服务”，竭诚为业主打造精品工程。

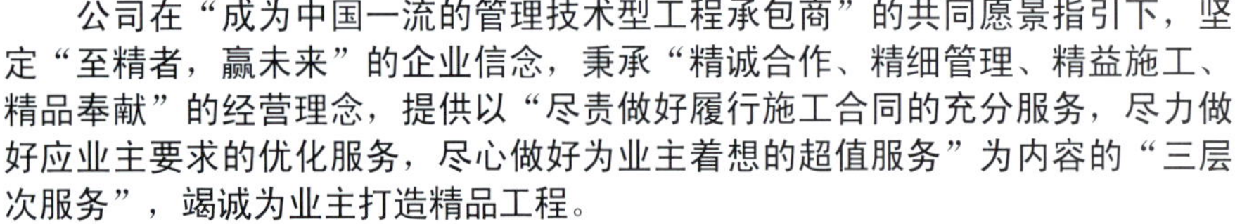

公司内部审计工作始终坚持全面审计、突出重点，不断推进审计工作向管理型、风险型、绩效型转变，为公司决策层、管理层和作业层提供更多的增值服务，促进公司经营管理工作的改善和管理水平的提升，并在风险防控方面发挥了应有的作用。公司内部审计荣获2008至2010年安徽省内部审计先进单位。

汽轮机安装

省内部审计协会领导到公司指导工作

淮南田集电厂工程

锅炉水冷壁开吊

做强 做优 世界一流

淮沪煤电有限公司

丁集煤矿

丁集煤矿综采面

电厂吊装汽轮机转子

淮沪煤电有限公司是由淮南矿业（集团）有限责任公司和上海电力股份有限公司共同均股投资兴建的大型煤电一体化联营企业，于2005年1月4日正式注册成立。公司是整合了双方股东强大的资源优势、资金优势、技术优势、管理优势和人才优势的新型企业。经营宗旨是：遵照国家的产业政策，采用现代先进科学的管理方法和模式，建设管理高效、人员精简、效益优良、安全环保的企业。

公司下辖田集电厂和丁集煤矿。公司目前建设规模是一座4台600MW设计装机容量的电厂（一期2台600MW，1#机组于2007年7月26日投产，2#机组于2007年10月15日投产；二期已获国家能源局核准）和一对设计年产500万吨的配套矿井。

2011年，面对复杂的国内外经济形势，公司在科学发展观的引领下，在股东和董事会的正确领导下，广大干部员工紧紧围绕“安全生产抓基础、生产发展抢机遇、经营目标保增长、经营管理上台阶、科学发展促党建”的工作思路，齐心协力，明确目标，把握机遇，奋力拼搏，在保证利润平稳增长的同时，积极推动公司各项工作全面发展。公司全年实现利润总额5.71亿元，同比增加65％，净利润 4.29亿元，同比增加60.67％。

安徽国贸集团控股有限公司

安徽国贸集团控股有限公司（以下简称安徽国贸集团）属安徽外经贸行业大型企业集团暨国有独资公司，是安徽省国资委直接监管的重点企业之一。

广交会参展

广交会洽谈

安徽国贸集团公司受权经营和托管安徽省商务厅原直属的27户企事业单位。2007年，又分别重组和托管了安徽进出口股份有限公司、安徽省丝绸公司。目前，安徽国贸集团公司拥有安徽省粮油食品进出口（集团）公司、安徽省技术进出口股份有限公司、安徽轻工进出口股份有限公司、安徽省服装进出口股份有限公司和安徽进出口股份有限公司等11户全资、控股和相对控股子公司，托管安徽省华安进出口有限公司等18户企事业单位。

安徽国贸集团主营范围：运营和管理受权经营的国有资产；经营投资、融资业务；开展服务贸易，进出口贸易，房地产，旅游文化服务业，广告及国际、国内运输业；开展加工和制造产业，科技开发产业和基础设施项目的投资和经营。截至2011年底，安徽国贸集团资产总额171.48亿元，其中：净资产30.08亿元，归属母公司净资产15.23亿元。

安徽国贸集坚持一业为主、多元发展、板块运作、和谐增长的战略发展思路，即：以国际贸易为核心业务，适度进行多元化投资和经营，努力提高企业经济效益。在政府有关部门的关心支持下，经过6年艰苦不懈地努力，国贸集团已初步形成了进出口贸易、地产和金融投资三大板块协调发展的格局。集团第一主业稳步发展，2006至2011年，集团公司累计完成进出口额138.77亿美元，年均23.13亿美元，约占全省进出总额的11%。2011年，集团公司完成进出口总额29.65亿美元，创历史新高，连续6年位居安徽省企业前三甲，发挥了主力军作用。第二主业房地产、第三主业金融投资也初见成效，已经成为集团新的经济增长点。2010年，集团公司实现营业收入160亿元人民币，名列2011中国企业500强第435位，2011中国服务业企业500强133位，2011安徽企业100强第16位。2011年，集团公司营业总收入213亿元，同比增长23.2%；进出口总额完成29.65亿美元，同比增长22.21%；总资产171.48亿元，同比增长19.22%；利润总额5.58亿元，同比增长62.68%。

作为安徽省外经贸行业的主力军，安徽国贸集团将继续以科学发展观为统领，进一步规范管理，积极加强引导，谨慎控制风险，确保国有资产的保值增值。

热烈庆祝《安徽省内部审计条例》颁布实施

红四方

60年央企好品质

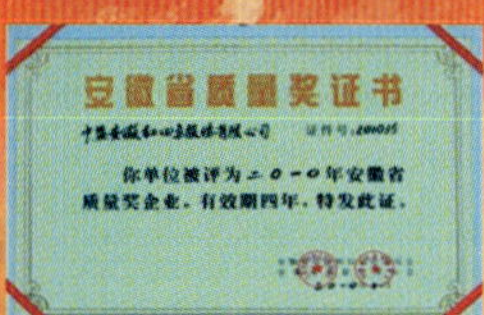

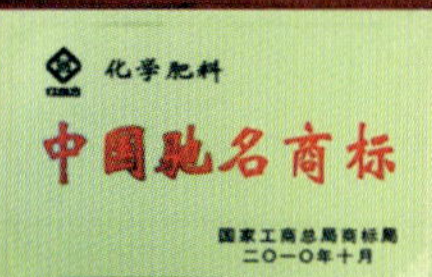

中国农化行业品质领先者

秉承真诚、进取、创新、品质的价值观，60年来，红四方以领先品质，创造亿万农民的丰收，助力渠道伙伴事业成就，构筑员工、企业持续发展的大平台，更不断创新，实现中国农业与生态的可持续发展。

红四方，以领先品质成就领先地位。

中盐安徽红四方股份有限公司

CNSG ANHUI HONGSIFANG CO.,LTD

地址：安徽省合肥市祁门路12号　农化服务热线：0551-3515142

电话：0551-3525027 3515186　传真：0551-3523570 3525027

- 全国首家化工农化服务中心
- 全国首家控失肥制造商
- 全国首家抗旱肥制造商

安徽省教育出版社

获奖架

自1982年建社以来，安徽省教育出版社牢牢把握正确的政治方向与舆论导向，坚持教育、学术、大众读物“一体两翼”的出版格局，履行职责，潜心服务地方教育发展，持续推出优质学生读物，勇于探索教育出版新思路；肩负传承文化使命，耕耘美学、古典文学、教育理论、徽学等专业出版领域，硕果累累；致力推广大众阅读，不断出版人文社科、文化心理等畅销大众精品读物，享誉全国；探索出版业新传播技术发展规律，领衔安徽数字出版产业发展。

30年来，安徽省教育出版社已发展成为集图书、期刊、电子音像、影视、数字产品、互联网出版于一身的全媒体专业出版单位，荣获“五个一工程奖”“中国政府出版奖（原国家图书奖）”、“中华优秀出版物奖（原中国图书奖）”、“三个一百原创工程”等国家级荣誉850多项，先后3次被总署评为“良好出版社”，并被评为“全国新闻出版先进集体”、“数字出版示范企业”、“青年文明号”，多次被安徽出版集团评为“明星单位”、“突出贡献单位”。出版万种以上图书，代表性的有《宗白华全集》、《李鸿章全集》、《全宋文》、《胡适全集》、《朱光潜全集》、《清人别集总目》、《院士思维》、《中华三德歌》、《发散思维辅导》等，出版成果深受知识界、文化界、教育界瞩目。

胡适全集

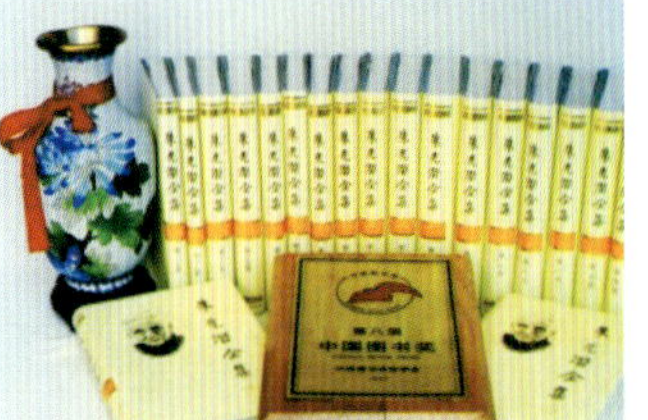
朱光潜全集

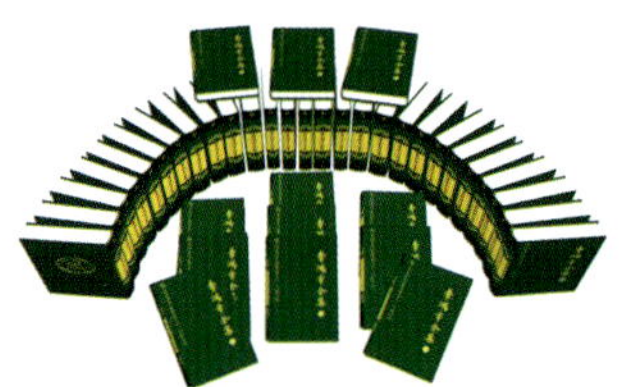
李鸿章全集

朱子全书

安徽省建设工程造价管理总站

解放思想 开拓创新 改变作风 提高效能

2011年,安徽省建设工程造价管路总站在省住建厅党组领导下，在厅相关处室的支持和帮助下，围绕全省建设系统的中心工作和全省工程造价管理的重点工作，全面有序地推进我省工程造价管理各项工作。

一是启动定额编制工作和召开定额技术交底会。修编了《安徽省机械台班费用定额》、《安徽省抗震加固工程计价定额》、《安徽省建筑、安装工程工期定额》三本定额；举办了《安徽省建设工程概算定额》技术交底会。二是调整了建设工程定额人工费。将我省建设工程定额人工费单价由47元/工日调整为57元/工日并出台具体实施意见。三是积极做好工程造价资质资格管理工作。批准暂乙级资质咨询企业13家，转乙级13家，乙级延续17家，批准分立机构1家；乙级升甲级5家；完成造价工程师继续教育3000人，初始注册153人，延续注册232人，变更注册279人。组织2011年度造价员考试，共8638人参加考试，合格2137人。全年工程造价咨询企业共完成咨询项目26117项；咨询总造价2500多亿元，增长4.20%；审减并为社会节约资金121亿元，增长40.69%；全年实现咨询总收入5.3亿元，增长26.19%。四是积极开展精神文明创建工作。先后荣获省直工委表彰的“省直文明单位”、“先进基层党组织”；厅表彰的“全省建设系统第三届文明单位”、“全省建设系统思想政治工作先进单位”、“先进基层党组织”、“全省住房和城乡建设系统‘工人先锋号’”称号，共青团安徽省委表彰的“五四红旗团支部”。

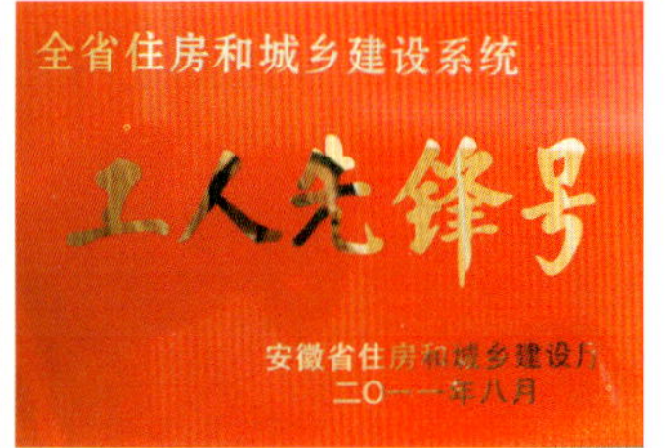

淮矿地产有限责任公司

发展历程

棚户区改造

合肥东方蓝海

房地产开发是淮南矿业集团继煤、电之外倾力打造的三大主业之一，淮矿地产公司注册资本金50亿元，2011年销售收入34亿元，是安徽省最大的房地产开发企业。秉承对城市负责、对社会负责、对客户负责的高度社会责任感，致力于生态环境修复、城市基础设施建设和房地产开发，确立了生态、品质、卓越的发展理念，提升了城市形象、为客户创造了价值。在发展过程中坚持“一切为了发展，一切为了职工”的企业宗旨，用8年时间新建了850万平方米住房，使矿区人均居住面积从过去的6平方米增长到20平方米，户均居住面积从过去不足35平方米增长到80平方米以上，使广大百姓一步迈进了小康。

以前瞻性的思维，打造精品楼盘，本土相继开发了上东锦城、山水居、南山村、山水龙城、生态新城、卧龙山庄以及淮矿白马商业广场等一大批精品项目，建筑面积近200万平方米。2007年走出本土，相继在合肥、芜湖、浙江、上海等地开发了7个楼盘，总建筑面积约500万平方米。

积极参与地方城市化、工业化建设，2010年启动土地一二级联动开发。先后与淮南市、铜陵市、安徽省江北产业集中区签订了合作协议，近50平方公里，相关项目已实质性启动。

不谋万世者，不足谋一时，不谋全局者不足谋一域。“十二五”期间，淮矿地产科学合理地制定了发展规划，规划“十二五”土地一级开发、二级开发、一二级联动开发配置合理，品牌建设富有成效，总投资460亿元，总销售收入423亿元，“十二五”末当年实现销售收入150亿元。

生态修复

池州市九华工程咨询有限公司

池州市九华工程咨询有限公司于2006年7月成立，乙级监理资质，属股份有限公司。公司设董事会、监事会，实行董事会领导下经理负责制，下设技术服务部、经营部、综合部（办公室、财务室）、工程监理部、专家组，独立核算，自主经营，自负盈亏；公司现有员工75人，其中总监8人，监理工程师53人，水利造价工程师5人，监理员20人，高级工程师13人，拥有常用工程检测试验设备70余套，交通办公设施齐全，公司建立健全各种规章制度，以“科学、公正、优质、独立”为企业精神，本着“优质、高效、守信、公正”服务宗旨，诚信友爱、求实创新，以“做人、做事、求实、求精”为行为准则，坚持“科学、规范、公正”质量方针，立足池州，面向安徽，竭诚为水利工程建设服务。

公司先后承担中小型水利水电工程监理业务200余项，深受广大业主和有关部门好评。

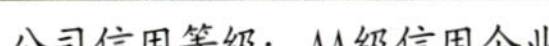
公司信用等级：AA级信用企业

东红水库启闭机桥

江口站防洪闸

合肥供电公司

加强依法从严治企 为公司构筑风险预控堤防

监审联动开展内控评审

重要审计事项通过审计委员会决议

定期对县公司开展审计监督

定期召开市县公司审计例会

近年来，合肥供电公司贯彻落实国网公司党组决策布署，围绕“依法从严治企”的管理目标，审计工作始终坚持“以公司重点工作为中心，以风险管理为导向，以审计信息化深化应用为抓手，通过审计工作，降低企业风险，发挥审计监督和保障的作用”的审计理念，围绕公司财务管理、工程管理、内部控制和风险管理等开展审计工作。

2011年，制定完善制度3个，完成审计项目12项，提出审计意见和建议182条，得到立即整改的161条，制定整改计划，正在落实的21条，审计整改率100%；开展工程财务决算审计11项，对基建工程全过程跟踪审计7项；完成工程签证审计326项，送审金额31127万元，审减额2473万元，核减率7.9%。公司内部审计部门荣获安徽省审计厅优秀内部审计单位，审计项目获省公司优秀审计项目，一篇工作交流在国家电网报发表。管理创新获公司优秀管理创新奖。

一、重视制度建设，加强业务培训

制定并下发《合肥供电公司审计业务委托社会审计管理办法》、《合肥供电公司工程项目管理办法》、《基层单位费用报销管理补充规定》三项制度，进一步充实了公司审计管理制度内容。随着公司ERP深化应用的逐步推进，审计部派员参加ERP审计业务系统的推广上线工作，并制定具体计划，分批组织培训，以项目推动系统应用，极大地提高了内部审计人员的审计工作积极性和ERP系统操作能力。

二、围绕公司重点，开展审计项目

2011年，公司先后开展了任期经济责任审计、县公司的业绩指标审计、集体企业财务收支审计等审计项目。重点内容包括风险控制测评及评价、经营业绩指标确认和评价、经营行为评价等，充分发挥了内部审计促进管理、防范风险的职能，有助于增强集体企业的风险管理和规范经营意识。

三、落实审计整改，促进成果运用

针对审计成果运用不到位的现象，审计建立了“抓好审计质量提升、抓好依法治企宣传、抓好整改督办力度”，“建立信息输送机制、建立协同监管机制、建立成果转化机制”的“三抓三建”管理模式，结合迎接审计专项检查、“小金库”长效治理专项工作和原总经理任期经济责任审计等工作之机，对审计成果开展了全寿命周期管理，对发现的问题及时向相关单位下达整改通知单，督促整改落实，保障了审计成果得到有效落实。

四、加强监审联动，防范企业风险

审计部作为公司协同监督体系的重要组成部门，发挥审计专业优势，积极与监察等部门开展联动，对公司决策、干部人资、财务资产等11个方面与责任部门配合实施监督工作。截至目前，主要参与了基层单位费用报销、废旧物资管理流程、农网改造升级物资管理等协同监督工作，规范了基层单位报销现金管理、农网工程物资管理、废旧物资回收等工作，确保协同监督工作取得实效。

五、加强工程审计监督，规范工程管理

针对公司工程项目多、涉及资金大的现象，审计主要抓好工程项目的全过程监督和重点工程的管理监督，先后开展基建工程开展全过程跟踪审计6个项目。其中在开展农网升级改造工程专项审计时，重点针对2010年农网改造升级工程的计划管理、物资管理、非物资采购、工程项目管理、成本费用开支及决算编制等各环节的管理情况进行审计并及时督促被审计单位积极落实整改，有效地降低了风险。

审计现场

审计现场实物盘点

2008至2010年被省审计厅评为全省内部审计先进单位

合肥市安振小额贷款有限公司

安徽省审计厅副厅长一行视察公司

神采飞扬的员工队伍

合肥市安振小额贷款有限公司注册资本4.095亿元，是由安徽省国资委直属的国有独资企业安徽安振投资有限公司发起组建，于2009年9月29日经安徽省金融办批准正式成立。2010年11月初，公司顺利通过ISO9001-2008质量管理体系认证，成为全国率先通过该认证的小额贷款公司之一。

公司理念 自成立以来，公司本着“不做最赚钱的小贷公司，做最规范的小贷公司”的经营理念，努力将自身打造为“经营合规、管理科学、内控有效、运营规范、效益良好、服务高效”的小额贷款行业先锋。

经营状况 公司积极探索，勇于创新，推出了“振农小贷”、“小企业多户联保贷款”、“产业链贷款”、“创业贷款”等多项金融创新产品，紧紧围绕合肥市经济建设，努力扩大信贷规模，不断提高产品创新能力和服务水平，坚持为“三农”和中小企业提供优质的信贷服务，得到了合肥市人民政府的高度肯定，荣获2010年度“担保、小额贷款行业支持地方经济发展二等奖”。

公司团队 公司积极加强学习型团队建设，极具前瞻性地打造高水平的员工队伍，以适应公司的长远发展。目前，公司管理团队全部具有商业银行高管和高级客户经理工作经历，经营管理经验丰富，社会实践能力极强，金融理论知识扎实。

理论研究 为加强对小额贷款行业和市场研究，促进公司长期稳定发展，公司努力打造理论高地，积极开展了“学习、研究、创新”活动，并与安徽财经大学金融学院积极合作，建立了安徽财经大学金融学院产学研实训合作基地，积极开展学科课题研究、员工培训和硕士学位以上人才的引进工作。

媒体报道 公司的规范经营和良好发展受到媒体广泛关注，新华网以《合肥安振小贷与小微企业“共赢式发展”值得借鉴》为题对公司进行深入报道，高度评价公司的经营理念与经营业绩。此报道被国家商务部网站、MSN中国、新浪财经等主流媒体迅速转载，《安徽经济报》更是在头版对公司予以长篇报道。

中华人民共和国商务部
Ministry of Commerce of the People's Republic of China

主站首页
信息公开
新闻发布 政策发布
政策解读 工作动态
预警提示 统计数据
分析报告 每日更新

当前位置：首页 > 各地特办 > 特办资讯 > 正文

合肥安振小贷与小微企业“共赢式发展”值得借鉴

2012-04-13 14:39 文章来源：新华网

文章类型：摘编 内容分类：新闻

国家商务部网站对公司特别报道

率先通过ISO9001-2008质量管理体系认证

公司凭借规范高效的经营管理体制，低调务实的工作作风，严格审慎的风险管理措施，优秀专业的员工队伍，不断创新金融产品，提高综合服务水平，努力将自身打造成华东区内具有一定影响力的小额贷款行业旗舰。

包河区教育体育局

强化教育审计 全面建设安徽教育第一强区

合肥市仁和家园幼儿园

合肥市包河区委、区政府高度重视教育工作，切实做到教育发展优先规划，教育用人优先补充，教育投入优先保障。2011年，教育总投入4.9亿元，比上年提高36%。2012年，教育预算4.6亿元，预计实际支出突破5.3亿元。为充分用好教育经费，提高教育投资效益，包河区教育体育局不断强化教育审计，全面建设安徽教育第一强区。

加强理论学习，提高教育审计水平。在配合审计部门做好教育审计的同时，区教育体育局切实加强内部审计工作，组织内部审计人员认真学习贯彻执行《审计法》、《安徽省内部审计条例》和《教育系统内部审计规定》，加强专业知识学习。2011年10月，陈雪梅局长主持专题培训，组织全区教育系统审计和财务人员学习财务、审计法律法规和教育审计制度。2012年，区教育体育局2名内部审计人员，取得了会计师职称。通过培训学习，使内部审计人员不断增强审计意识，提高业务素质。

开展重点审计，发挥教育内部审计作用。2011年，包河区教育体育局按照“全面审计，突出重点”的方针，紧紧围绕教育中心工作开展教育审计，为教育改革和发展服务。通过审计对领导干部进行客观公正、实事求是的评价，充分发挥内部审计“一审、二帮、三促进”的作用。

合肥市淝河小学

区教育体育局把财务收支审计作为教育内部审计工作的重中之重，2011年，完成了对10所学校预算执行情况的审计，审计重点是义务教育阶段学校免杂费等专项资金的管理和使用情况。对47所中小学收入是否全部入账进行了审计督查，督促中小学将合法合规预算外收入全部入账，严禁私设“小金库”。通过审计督查，进一步规范了中小学收费行为，进一步提高了资金使用效益，在社会上树立了良好的教育形象。

2011年，对9所撤并学校的校长进行了任期经济责任审计，对他们在任期内教育经费的收支执行情况、债权债务情况、资产增值或流失情况、办学效益情况等进行客观公正的审计评价，为领导对干部选拔任用提供了真实可靠的依据。

通过加强教育审计工作，促进了学校标准化建设，增加了教师培训经费，更加注重学校内涵发展，提高了办学效益。包河区2010年、2011年连续两年在党政领导干部教育工作督导考核中获得省、市级优秀；2012年，包河区被评为“安徽教育强区”，首次在全市年度目标管理考核中获得综合奖（最高奖项），实现了由教育大区向教育强区的跨越式发展。

合肥市锦城小学

合肥市曙光小学龙图校区

合肥市公路管理局长丰分局

长丰公路分局大楼

合肥市公路管理局长丰分局，系负责长丰县境内省道及重要县道公路管理、养护的县级公路管理机构。分局机关设一室三科（综合办公室、路政科、工养科、财务审计科），下辖庙岗、庞孤堆两个中心道班及左店、罗集两个道班。单位成立于1970年，原名长丰县公路管理站，1999年5月公路分级管理后改称长丰公路分局。分局现有在职职工100人（其中：专业技术人员18人），管养辖区内不同等级公路4条，总里程达124.612公里，其中省道乌曹路21.84公里，重要县道合水路56.192公里，张义路31.88公里，合庞路14.7公里，桥梁19座。分局现有各类筑路养路机械设备124套，固定资产原值1700万元以上。

2011年整治合水路路面

多年来，分局始终坚持以公路管养工作为中心，以服务服从于地方经济建设为己任，主要任务和指标年年全面超额完成，多次被县委、县政府及省市交通公路部门评为先进集体、先进单位、优秀单位，并连续4次被评为安徽省文明单位（第六、七、八、九届）。2011年，长丰公路分局进一步解放思想，更新观念创新机制，加强管理争创效益，公路养管中心工作均取得了较好的成效。

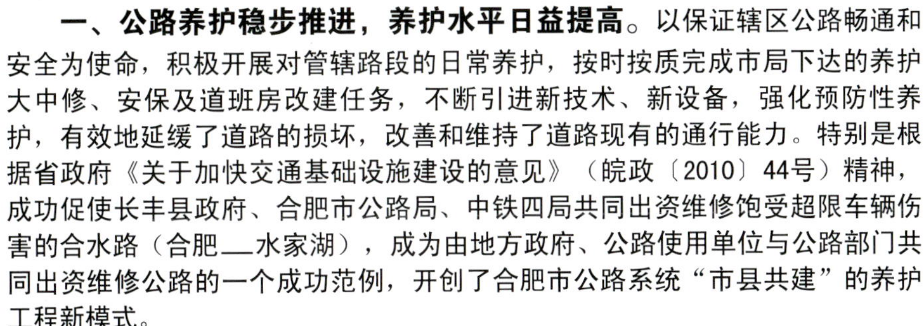

一、公路养护稳步推进，养护水平日益提高。以保证辖区公路畅通和安全为使命，积极开展对管辖路段的日常养护，按时按质完成市局下达的养护大中修、安保及道班房改建任务，不断引进新技术、新设备，强化预防性养护，有效地延缓了道路的损坏，改善和维持了道路现有的通行能力。特别是根据省政府《关于加快交通基础设施建设的意见》（皖政〔2010〕44号）精神，成功促使长丰县政府、合肥市公路局、中铁四局共同出资维修饱受超限车辆伤害的合水路（合肥—水家湖），成为由地方政府、公路使用单位与公路部门共同出资维修公路的一个成功范例，开创了合肥市公路系统“市县共建”的养护工程新模式。

新型综合养护车一条龙作业整治合水路路面

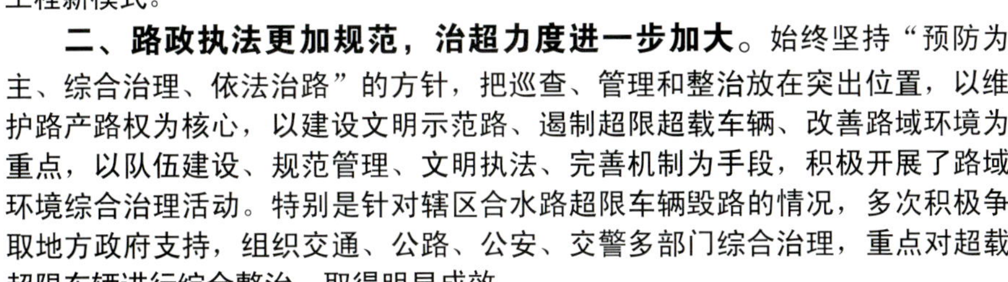

二、路政执法更加规范，治超力度进一步加大。始终坚持“预防为主、综合治理、依法治路”的方针，把巡查、管理和整治放在突出位置，以维护路产路权为核心，以建设文明示范路、遏制超限超载车辆、改善路域环境为重点，以队伍建设、规范管理、文明执法、完善机制为手段，积极开展了路域环境综合治理活动。特别是针对辖区合水路超限车辆毁路的情况，多次积极争取地方政府支持，组织交通、公路、公安、交警多部门综合治理，重点对超载超限车辆进行综合整治，取得明显成效。

合水路路面集中整治工程施工

路政执法人员向车主散发宣传单

路政治理打场晒粮

路政巡查清理路面堆放

长丰县教育体育局

发挥内部审计职能 服务教育发展大局

长丰县教育体育局局长阮铜华

长丰县教育体育局内部审计工作在上级主管部门和县审计局的精心指导下，全面贯彻依法审计理念，紧紧围绕服务教育发展大局开展内部审计工作，在队伍建设、制度建设、提高审计质量方面狠下功夫，内部审计工作成绩显著。2010年获内部审计先进单位称号。2011年，1名审计人员荣获内部审计工作先进个人称号。

加强队伍建设，打造高水平的审计队伍。长丰县教育体育局高度重视内部审计工作，成立了内部审计领导小组，组长由局长亲自担任，分管领导任副组长，局设财务审计科，有5位工作人员，其中会计师2人、助理会计师2人、工程造价师1人。组织内部审计人员积极参加市、县审计业务培训及政策理论学习。开展中小学财务互审，促进内部审计人员相互交流，取长补短。2009年，加入县内部审计协会，得到更多的指导和帮助，促进了教育系统内部审计队伍建设。

关注社会热点审计，提高资金使用效益和财务管理水平。一是认真做好学校基建、维修工程审计。全过程参与、跟踪被审计项目，做好审计控制、审计评价与分析，控制工程造价，提高投资效益。二是深入开展经济责任审计，促进党风廉政建设。围绕校长任职期间单位财务收支以及有关经济活动，重点对校长“守法、守纪、守规、尽责”情况开展审计，高度关注校长的政策执行能力和决策能力，建立经济责任审计情况通报、审计整改以及责任追究制度。三是积极开展教育专项资金审计，提高资金使用效益。大力开展对中小学公用经费、学生资助、教育费附加、上级补助等专项资金管理和使用情况的审计，关注政策的执行效果和存在问题，确保教育专项资金管理规范、专款专用，实现预期目标。四是长效开展预算执行与决算审计，规范财务运行管理。重点审查预算编制及调整的合法性，检查政府采购流程规范性，从源头上制止教育资金使用的随意性，进一步细化预算编制，加强政府采购的规范化建设，提高教育财务常规管理水平。

2011年，配合完成了义务教育经费保障机制改革资金使用效益专项审计调查工作、地方政府性债务审计工作及普通高中债务的审计调查工作，完成全县中小学“小金库”全面清理整治和财务互审工作，完成了2位校长的离任审计和8所学校的财务收支审计，完成183个零星工程审计，审计金额1402.2万元，审减228.2万元，审减率19.43%。

教育内部审计工作责任重大，使命光荣，为建设长丰教育风清气正的大好局面，长丰县教育体育局将与时俱进、求真务实、创新思路、认真履职，开创长丰教育内部审计工作新局面，围绕长丰教育改革与发展这个中心，更好地为学校服务、为长丰教育发展服务。

与定远县审计局开展审计业务交流

长丰县教体局开展中小学财务互审及义务教育经费保障机制改革考核资料检查工作

肥东县国土资源局

改革创新促“双保” 高效管理破“两难”

许有柱局长布置工作

近年来，肥东县国土资源局紧紧围绕合肥市国土资源局党组和县委、县政府的决策部署，坚持以保护资源为首要职责，以保障发展为第一要务，以完善工作机制、强化管理为主要手段，全系统干部职工锐意进取、主动作为，逐步探索出一条破解“两难”局面的新路子，有效实现“保资源，保发展”的双赢局面。该局先后被授予“全国国土资源节约集约模范县”、“全省耕地保护先进单位”、“全市土地整治先进单位”、“全县2012年度目标管理考核优秀单位”等荣誉称号，

国土资源部考核组在市、县领导陪同下，对我县国土资源节约集约模范县创建工作进行实地考察

建章立制，探索保护与保障的新路子

该局通过多种有效措施，始终坚持两个“最严格”，既坚守住了耕地保护“红线”，又保障了各类用地需求。**(一)坚持最严格的耕地保护制度。**通过上下联动，严防死守，确保了全县的“耕地安全”。一是完善规划调控机制。充分利用本轮土地利用总体规划修编的有利契机，更加全面、细致、科学的安排好各类用地布局。二是强化保护的责任机制。全面落实行政首长负责制和目标管理责任制，通过细化分解本行政区域内的耕地占有量和基本农田保护面积、土地利用年度计划等，实行县、乡（镇）、村、组、户五级签订责任状，五级联动，逐级负责，共同保护。（三）推进耕地“补充”机制。严格实行“占一补一”，积极申报实施国家、省、市、县级土地开发复垦整理项目。四是健全操作的监察机制。坚持实行“四个一”动态巡查，不断完善国土资源违法违规行为早发现、早报告、早制止和预防为主，防控查处结合的国土资源执法长效机制。

省国土资源厅俞凤翔副厅长调研肥东土地节约集约利用工作

（二）坚持最严格的节约集约用地制度。为使保障发展更加有力，土地利用更加优化，该局始终坚持最严格的节约集约用地制度，并不断探索土地节约集约利用的新模式。

时任合肥市市委常委、副市长闫刚视察新农村建设

突破重点，寻找破解难题的新路子

为保障县域社会经济发展的用地需求，该局多措并举、主动作为、千方百计争取用地指标。一是“争”指标，年初积极争取计划指标，年中积极争取追加指标，年底积极争取奖励指标。二是要“盘”存量。通过对闲置土地全面加强清理，把闲置两年以上的土地坚决给予收回，依法出让给急需用地项目，对低效用地项目督促其限期整改，将长期闲置的国有土地，实行收储，再通过招拍挂形式推向市场。三是要“压”需求。实行土地预审制度，对每宗建设项目用地实行国土局预审，土委会会审的方式，严格控制用地规模，坚持做到“能少用一分，绝不多给一厘”，用足用活每一分土地指标。四是要“拓”源头。自2007年以来，该局结合社会主义新农村建设，组织实施城乡建设用地增减挂钩和土地置换项目43个批次，总规模达5.5万亩，新增耕地2.3万亩，实现周转用地指标1.9万亩，同时建成新农村42处，新建房屋4550套，70万平方米，让6000户，2.4万农民喜迁新居，真正实现了城乡共赢、统筹发展的良好局面，受到了国家、省、市等各级领导的充份肯定。近年来，通过多措并举，该局年平均争取用地指标达8000多亩，确保了全县招商引资、基础设施建设、民生工程等各类建设的顺利落地，为县域经济实现“中部领先，全国百强”的目标提供了坚实保障。

该局许有柱局长放弃休息日，深入施工现场，实施调研新农村建设工作

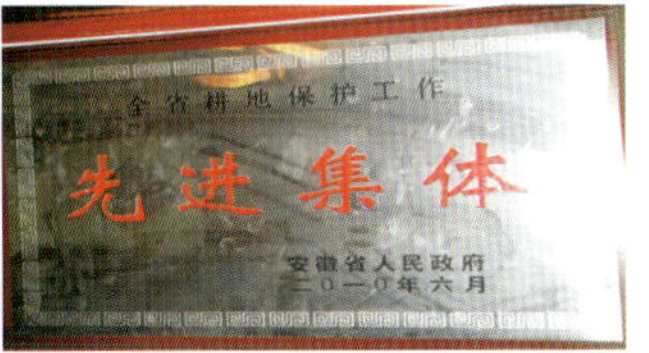

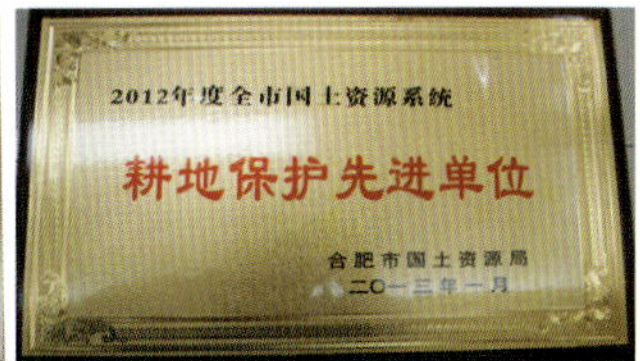

今日桃花别样红

——肥西县桃花镇发展纪实

综合文化站

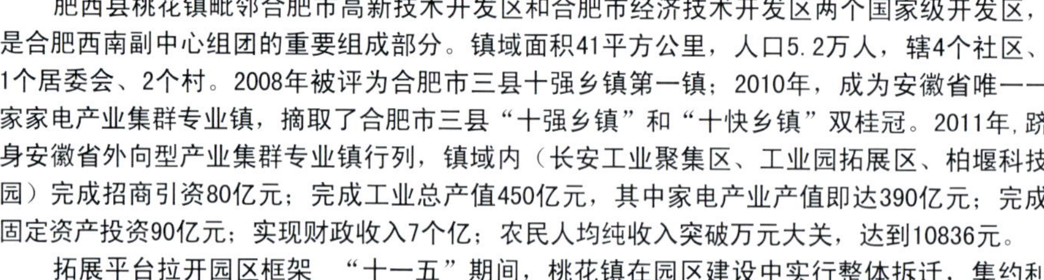

肥西县桃花镇毗邻合肥市高新技术开发区和合肥市经济技术开发区两个国家级开发区，是合肥西南副中心组团的重要组成部分。镇域面积41平方公里，人口5.2万人，辖4个社区、1个居委会、2个村。2008年被评为合肥市三县十强乡镇第一镇；2010年，成为安徽省唯一一家家电产业集群专业镇，摘取了合肥市三县“十强乡镇”和“十快乡镇”双桂冠。2011年，跻身安徽省外向型产业集群专业镇行列，镇域内（长安工业聚集区、工业园拓展区、柏堰科技园）完成招商引资80亿元；完成工业总产值450亿元，其中家电产业产值即达390亿元；完成固定资产投资90亿元；实现财政收入7个亿；农民人均纯收入突破万元大关，达到10836元。

拓展平台拉开园区框架　“十一五”期间，桃花镇在园区建设中实行整体拆迁，集约利用土地。先后完成全镇近300个自然村郢300多万平米的搬迁安置工作，实现“和谐搬迁”和“幸福安置”。共斥资30多亿元建设园区各项基础配套设施，建成全长90多公里40多条市政道路，亮化、绿化、管网工程同步建设到位。至2010年，镇域内形成近40平方公里无障碍三大工业板块（长安工业聚集区、柏堰科技园、工业园拓展区）。

宏源工业园

突出特色打造工业强镇　按照肥西县委、县政府“打造千亿大桃花工业板块”发展思路和“合作开发”的决策部署，桃花镇与高新区合作开发柏堰科技园，与桃花工业园合作建设工业园拓展区，充分发挥区位和综合比较优势，依托格力、美的、江汽等一批大企业、大集团，全力打造以家电配套和汽车配套为主导的产业集群。目前，镇域内已引进工业项目200多家，其中家电和汽车配套企业160家，投资超亿元项目50多家，投资超5000万元的项目60家；全镇规模以上工业企业85家；上市公司2家，分别为格力电器与美的电器；格力获中国驰名商标。

安徽服务外包产业园

和谐民生构建幸福新镇　桃花镇始终坚持民生至上，将发展成果最大程度的惠及于民。全镇农民均纳入被征地农民养老保障；1.6万群众新农合个人参保费均由政府买单；全镇群众基本实现家门口就业，就业率达94%；低保、救济、救助等社会保障工作有序推进。总投资16个多亿，环境优美、配套完善的顺和家园、柏堰雅苑等6个安置小区相继建成启用，已入驻近8000多户计19000多名拆迁群众。小区内，按城市标准建设的学校以及消费、健身、文化休闲场所等各项配套设施齐全。建成的九溪江南、繁华逸城、禹洲华侨城等十多家高档商住小区已入住居民一万多人；彰显桃花特色的千亩桃林景观建成；镇域内的人居和投资环境不断得到优化。“十二五”末，桃花镇所有世居农民均将入住新社区，彻底实现城市化。

今后，桃花镇将继续发挥地处合肥中心新城区核心区域优势，以“等高融入合肥市区，争创全省第一强镇”为目标，按照工业化、城市化相融合的发展思路，大力实施“工业强镇、合作兴镇、生态美镇、文化和镇、三产活镇”，倾力做大做强省级家电产业集群专业镇，实现经济总量的提速发展、快速扩张。从而率先在全市乃至全省实现镇域经济社会发展的工业化、园区化、城市化。

东冠小学

在那桃花盛开的地方

农家书屋

公共交通

奔驰而过的高铁

顺和家园安置小区

争创国家生态镇　建设幸福新南岗

惠民新村安置小区

大陆马牌轮胎（合肥）有限公司

合肥市蜀山区南岗镇东与蜀山经济技术开发区毗邻，南与中国合肥科学城相连，合宁、合淮阜、新桥国际机场快速通道穿境而过，是合肥省会经济圈的西门户，是合肥“141”战略西部组团重要部分，区位优势得天独厚。全镇地域面积39.2平方公里，其中工业区域20平方公里，辖6个村（居）和1个社区筹备组，其中少数民族村2个，总人口1.4万人。

近年来，南岗镇高举园区工业化、农村城市化的旗帜，以加快转变经济发展方式为主线，大力实施工业带动、项目引领、开放创新、生态立镇四大战略，全力推进“大拆迁、大建设、大统筹、大突破、大民生、大维稳、大改革、大提升”八大任务，形成了北部生态农业区和南部高新工业区的齐头并进的发展格局。目前，以隆平、荃银、八达园林等现代农业企业为主的一流生态农业示范区已现雏形，以大陆轮胎、长安汽车、三洋机电、新桥物流等高新技术产业为主的汽车及配套、家电及配套和现代物流三大特色产业集群迅速发展。2011年，全镇实现财政收入1.73亿元，农民人均纯收入突破万元大关，达到11289元。南岗镇在全区各项目标考核中不断争先进位，先后获得省部级奖项8个，市级奖项22个，区级奖项16个。

南岗镇审计室在镇党委、政府的正确领导下，以经济建设为中心，紧紧围绕“争创国家生态镇，建设幸福新南岗”这一目标，积极开展内部审计业务，扎实做好领导干部经济责任审计、财务收支审计、基建项目审计和审计意见的整改落实与回访工作。2011年上半年，配合村两委换届工作，适时对镇属6个村（居）进行了年度财务收支及农村工作站站长离任审计，纠正了费用支出大、标准不统一等6个问题，节约资金72万元。及时提供了审计信息，充分发挥了内部审计监督、服务功能，对严肃财经纪律、防止集体资产流失和促进党风廉政建设等方面起到了一定的作用。

南岗镇审计室以做好财政会计内部控制为基础，坚持全面审计、突出重点，实现事后审计向事前、事中审计转变，不断改进审计方法，努力提高审计工作质量，确保审计有序开展。2010年荣获合肥市内部审计工作先进单位。

合肥市少数民族文化活动中心

蜀山区金色家园养老中心

南岗镇乡村循环公路

黄山区卫生局

黄山区中医院整体搬迁鸟瞰图

近年来，黄山区卫生局卫生事业继续实现快速发展，初步实现了“小病不出村、常见病一般病到乡镇卫生院、大病到县级医院”的目标，人民健康水平不断提升。

健全夯实医疗卫生服务体系：区医院完成标准化县级医院建设，区中医院启动整体搬迁工程。基层医疗卫生机构项目建设大力推进，截止2012年11月17日，全区标准化卫生院达92.8%，标准化村卫生室达100%，规范化社区卫生服务机构达87.5%。大力强化基本公共卫生服务：实施疾控中心、卫生监督所、妇幼保健院能力提升项目建设，基本公共卫生服务覆盖城乡居民。巩固提高基本医疗保障水平：2007年，区实施新型农村合作医疗制度。5年来，农民参合率持续保持在98%以上。2012年，全区参合率101.92%，住院实际补偿比59.82%。不断巩固完善基层医药卫生体制综合改革：全区基层医疗卫生机构全部执行国家基本药物目录制度和药品零差率销售政策。积极探索解决医患矛盾：出台《黄山区医疗纠纷预防和处置办法》，成立黄山区医疗纠纷人民调解委员会，设立医疗纠纷调处中心。稳步推进县级公立医院综合改革：2012年12月15日，全区县级医院取消药品加成实行零差率销售，切断利益链、强化医德医风建设、提升医疗技术水平、提高医务人员待遇。不断加强人才队伍建设：全区卫生人才队伍建设实现了总量控制、结构优化、素质提升，卫生系统专业技术人员比例由2007年71.4提高到89.6%。强化内管外审工作：近几年来，黄山区卫生局在健全和完善内部管理机制，实行“一把手”两个不直接分管的原则基础上，加大审计工作力度。初步实现基建项目必审、专项经费必审，将预防窗口前移。

为提升基层一线医务人员业务素质，每年开展乡村医务培训活动

开展“三‘十’佳”评选活动

新建的卫生监督所、新城社区服务中心大楼已完工并投入使用

肥东县交通运输局

（一）公路建设

“十一五”以来，肥东县交通运输局在县委、县政府的坚强领导下，在上级业务主管部门的指导下，经过各相关部门的大力支持配合和交通战线广大干部职工的艰苦奋斗、顽强拚搏，交通事业呈现出又好又快发展态势，公路交通网络覆盖面、交通建设投资规模和总量、交通发展速度都取得重大突破。至2011年底，县公路总里程已达3570公里，（不含城市道路），其中高速公路107.1公里，省道93公里，重要县道137.6公里，一般县道352.2公里，乡村公路2880.1公里，公路密度达到每百平方公里161.5公里，形成了以国省道为主骨架，县乡公路与主骨架相配合，干支相连，四通八达的格局，实现了以县城为中心，乡镇为结点的“三环四射”农村公路网络。公路等级普遍提高，路况明显改善，通乡（镇）公路全部为三级或三级以上，所有行政村均通上了水泥路。

孟桥

2012年，公路建设主要有重点工程项目的协调任务、县道改建项目和危桥改造项目3个方面。重点工程项目为合店路二期改建工程（南环线）、合马路二期扩建工程、环巢湖道路、南淝河大桥、环巢湖旅游大道5个项目；县道改建为广兴至响导、店埠至石塘、花梁路范同路至杨店段3条道路，计33.9公里。同时计划对陈石路11公里进行大修；危桥改造为小米桥、秤杆桥和赵集北桥，共计56延米。

（二）运政、路政管理

2012年，运输管理工作重点是：一是切实履行“三把关、一监督”职责，抓好道路运输市场培育和监管，重点规范客运市场秩序，进一步完善农村客运班线营运机制，加强汽车维修市场和客运站场的管理，加大“黑车”、“黑点”查处、取缔力度，净化道路运输市场环境。二是加强对出租车行业的管理，重点加强对从业人员的职业道德和文明驾驶培训，提升其文明服务理念和意识，着力打造行业文明新风尚。三是继续开展机动车维修市场整治工作，取缔无证经营、占道维修等违法行为，进一步规范全县机动车维修市场秩序。四是加强道路运输保障工作，确保“五一”、“十一”、元旦、春节等重要节假日运输安全有序，并积极做好各种应急物资运输保障工作。五是加大客运市场监管力度，严厉打击无证经营、超范围经营和欺客宰客等违法行为，净化运输市场环境，维护县内运输市场规范有序。五是加大超限超载治理力度，强化源头管理和属地管理，积极配合有关部门，严厉打击超限超载运输行为，保护路产路权。

畅通的农村道路

芜湖市教育局

实施教育民生工程 办人民满意的教育

市委书记高登榜到民生工程宣传现场看望工作人员

市教育局党委书记、局长王红月与县区签订责任状

2011年以来，芜湖市教育局以“办人民满意的教育”为目标，从解决人民群众最关心、最直接、最现实的问题入手，千方百计地解决民生中的教育热点和难点问题，先后组织实施了义务教育经费保障机制改革、家庭经济困难学生资助、农村留守儿童之家建设、中小学校舍安全工程、推进学前教育发展和农村小学优化布局等6项教育民生工程，有力地促进了教育公平和谐，有效地保障了全市教育事业健康快速发展。教育民生工程的顺利实施和扎实推进，赢得了人民群众和社会各界的广泛好评和普遍赞誉，群众对教育民生工程的知晓度和满意度不断提高，部分教育民生工程的成功做法得到了省厅和中央媒体的充分肯定。

（一）着力实施义务教育经费保障机制改革，义务教育政府办得到真正实现

从2007年春季学期起，芜湖市全面推行“两免一补”政策。2012年，保障政策升级为“四免一补”。2011年9月25日和2012年2月28日，中央电视台两次聚焦芜湖，分别以《安徽：“钱随人走”农民工子女入学不再难》和《安徽芜湖义务教育经费改革惠及于民》为题就行了专题报导。

（二）着力健全完善学生资助体系，家庭经济困难学生上学得到较好解决

2007年以来，芜湖市已建成包括幼儿入园资助券、中职国家助学金、中职免学费、普通高中助学金等家庭经济困难学生资助政策等一套覆盖面广、较为完善的资助体系，有力地促进了教育公平和社会公正。

（三）着力推进农村留守儿童之家建设，关爱农村留守儿童行动得以积极实施

2012年，芜湖市将建设316个农村留守儿童之家，为每个留守儿童之家配置图书、电视机、亲情电话或电脑等有关设施设备。到年底，全市将建成留守儿童之家772所，实现全覆盖目标。

（四）着力推进中小学校舍安全工程，广大师生生命安全得到最大保障

校舍安全直接关系到广大师生的生命安全，关系到人民群众的切身利益，关系到社会和谐稳定。2012年，全市将完成2.1万平方米、项目49个，计划投资6980万元。

（五）着力推进学前教育发展，入园难入园贵问题得以明显缓解

2012年，芜湖市将再新建公办幼儿园15所；改扩建公办幼儿园9所，改建面积14724平方米，新增68所普惠性民办幼儿园，切实解决入园难入园贵问题。

（六）加大农村小学优化布局，教学点条件明显改善

2012年，为加快新农村学校的建设，改善农村小学办学条件，芜湖市将用两年时间改造保留的124个教学点，校舍总建筑面积约8.6万平方米。2012年，全市计划安排优化布局改造项目80个，计划总投资1885万元。

免费教科书

留守儿童之家亲情电话

中职国家助学金发放

芜湖供电公司

深化审计成果运用 依法从严治企 促进公司可持续发展

2011年，芜湖供电公司审计部门以围绕中心、服务大局为主线，树立依法科学审计理念，加快审计方式转变，努力提升审计能力和审计项目质量，着力在“和”字上造氛围，在“学”字上求提高，在“廉”字上树形象，在“精”字上下功夫，在“优”字上求突破，充分发挥审计监督和建设性作用，注重审计成果综合利用，强化审计结果跟踪督办。全年完成审计项目32个，工程结算及合同审计签证 93项，促进增收节支811.41万元，提出合理化意见和建议81条，有力地促进了公司经营平稳健康发展。

审计专项检查启动会

2012年第一次审计委员会会议

一、以需求为导向，加强审计工作的针对性。一是开展公司领导访谈，把握工作重心。二是与重点部门干部座谈，掌握关键节点。三是进行管理员工审计需求调查，关注热点事项。调查内容涉及营销管理、财务管理、工程管理、关联交易等8个方面42个业务流程，将风险等级划分为高、中、低、无4个层次，对风险高的进行全方位审计监督。中、低等风险按业务量抽取一定比例进行审计检查或调研。同时，加强审计与各业务部门之间定期沟通，提高了审计工作的针对性。

二、以人以本，提升审计工作质量。一是抓好审计队伍建设，全面提升审计人员的政治素质、业务能力和职业道德，努力打造一支积极向上、爱岗敬业的审计队伍；二是加强审计人员业务培训，通过自办培训班、鼓励员工自学、参加网省公司审计业务培训等多种方式，提高审计人员业务素质，努力培养一专多能的复合型人才。三是把握关键环节，实施全过程质量控制。对每一个审计项目做到事前有计划，事中有控制，事后有分析。

三、以绩效考核为抓手，促进审计成果运用。主要采用定量运用和定性运用，正面运用和反面运用相结合等方法，审计部门定期统计通报业务部门对审计意见的落实整改情况，保证审计面达到100%，保证审计整改率达100%，并对业务部门经营管理、风险管理情况进行定性评价，评价结果作为公司绩效考核的重要依据。

四、以协同监督为手段，充分发挥审计监督职能。一是完善信息资源共享机制。加强审计部门与业务主管部门间的相互沟通，了解与审计对象、审计内容相关联的信息，提高审计工作效率。二是完善协助配合工作机制。审计部门与其他部门双方可根据对方需要，参与到对方相关业务活动，充分发挥自身职能优势，协助对方开展工作。三是完善工作成果反馈机制。审计部门将审计过程中发现的违规违纪现象及时抄送业务主管部门，以便业务主管部门督促整改；业务主管部门也可将日常工作中发现的疑点问题交审计部门进行专项业务审计。

线路工程审计现场测距

五、以ERP为载体，提高信息化环境下审计工作水平。按照公司业务流程重组以及信息规范化处理要求对现有审计工作流程进行重新设计，根据管理模式的变化不断调整优化审计工作流程。审计人员积极参与ERP系统建设的实施与维护，熟悉前端业务流程与管理要求，加强对ERP原始数据准确性、完整性检查和系统参数设置的审计，同时对数据的安全性进行抽检，使内部审计职能从查错防弊逐步向强化公司管理、加强内部控制、化解经营风险方向转变。

此外，公司还积极整合审计资源，抽调各业务主管部门骨干人员组成审计网络，确保审计工作质量，审计工作成果显著。“十一五”期间共获得国家电网公司、安徽省电力公司和芜湖市审计协会内部审计先进单位荣誉称号各一次。

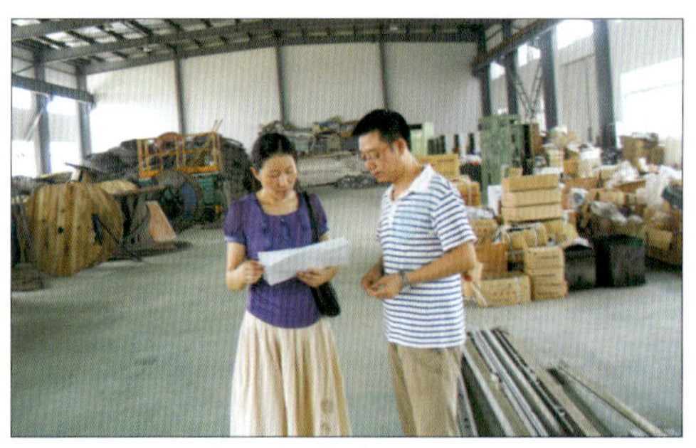

库存物资盘点现场

芜湖市地方税务局

加快税收管理转型升级　服务地方经济跨越发展

被省政府评为安徽省先进集体

召开全市地税系统内部审计工作会议

2011年，芜湖市地方税务局在省地税局和市委、市政府的正确领导下，坚持以科学发展观为统领，围绕“提高素质能力、加快转型升级”的主题，坚持省局“一个确保、两个提高”的工作要求，以管理转型升级为动力，以服务经济社会为己任，以夯实基础工作为重点，以提高干部素质为根本，大力组织税费收入，不断强化依法行政，全面优化纳税服务，着力加强队伍建设，地方税收职能作用得到了有效发挥，各项工作都取得了显著成效。全年共组织各项税费收入157.3亿元，同比增长42.1%，增收46.6亿元。其中：税收收入首次突破百亿元大关，达到103.1亿元，同比增长36.5%，增收27.5亿元；基金（费）等收入54.2亿元，同比增长54%，增收19.1亿元。年内，芜湖市地方税务局机关党委分别被中共芜湖市委、市直机关学习型党组织领导小组评为“先进基层党组织”和“学习型党组织建设先进单位”的荣誉称号；系统内11个单位被市直机关工委评为“共产党员示范岗”；3名人员分别被市直机关工委评为“优秀共产党员”和“优秀党务干部”；全系统有10个单位当选第九届全省文明单位，市地方税务局再次荣获“全国文明单位”荣誉称号。

召开全市地税系统防控风险工作会议

委托高校开展业务培训

局党组理论学习组开展学习

发挥内审免疫功能 努力建设美好花桥

花桥镇政府办公大楼

正崛起的镇工业园区

花桥镇地处芜湖市东大门，东与宣城水阳镇隔河相望、西与县城湾沚接壤，北界水阳江和当涂县 黄池镇濒临，西北界赵家河与六郎镇相邻。总面积102.5平方公里，辖14个村委会 ，1个居委会，252个村民组，3.93万人。镇政府驻地朱桥集镇新区，交通、通讯十分便捷，是全镇政治、经济、文化、信息中心，距县城湾沚11.5公里，距合杭高速入口处9公里。

近年来，花桥镇坚持以科学发展观为指导，深入贯彻落实党的十八大精神，坚持加快发展与转型升级相结合，充分发挥内在潜能与借助外部力量相结合，以转型升级、率先发展为主题，以工业经济为主导，以项目建设为抓手，以繁荣第三产业为突破口，以改善人居环境、增加农民收入为目标，加快推进挑商选资、农业产业化、新农村建设、重点工程项目建设和政府效能建设的步伐。2012年荣获安徽省生态镇称号。全年实现财政收入1.68亿元，预计农民人均纯收入突破万元大关。

芜湖县花桥镇花桥镇审计站自成立以来，围绕镇党委、政府的中心工作，充分发挥内审自身优势，以《安徽省内部审计条例》颁布实施为契机，认真履行职责，切实加强监督服务，不断拓展工作领域，从单一的财务收支审计转到多角度、全方位的经济活动审计，从滞后性的事后审计转到超前性的事前、事中审计，从常规的账证表财务收支审计转到内控制度基础审计，为维护广大农民群众的合法权利，促进被审计单位完善内控机制，规范管理，维护农村社会稳定等方面发挥了重要作用。

镇审计站围绕镇工作重心开展内部审计，合理确定审计重点,开展了农村集体“三资”专项审计，关注农村集体资金使用的合法合规，资产的保值增值及资源的配置和使用效益，增强农村集体“三资”管理透明度。镇审计站先后完成了14个村换届选举责任审计，今年对花桥村、东门村、沿山村等3个村财务收支及新农村建设资金进行了专项审计。共发现问题10个，提出审计处理意见9个。 配合县审计局、农委先后对九十殿村、复兴村、横岗社区等进行了专门审计。

花桥镇美好乡村示范点——九十殿村

花桥镇新建的新型农村社区——横岗社区

宿州市公安局

宿州市公安局党委书记、局长江利亚

近年来，宿州市公安局在市委、市政府和省公安厅的正确领导下，在市人大、市政协的监督支持下，以科学发展观为指导，全面贯彻党的路线、方针、政策，凝聚警心、提振士气，锐意进取、扎实工作，准确把握维护重要战略机遇期社会稳定的总目标，紧紧围绕增强人民群众安全感和满意度的总要求，牢牢抓住维护国家安全和社会稳定的总任务，以严打整治行动、打黑除恶、“清网行动”、“打四黑除四害”等重点工作为载体，以争创“四型”机关、争做优秀公仆活动和“阳光警务”工程建设为抓手，持续深入地推进和谐警民关系、公安信息化、执法规范化“三项建设”，各项公安业务工作和队伍建设呈现出良好的发展态势，有力确保了宿州市社会政治和治安大局稳定。

2011年，宿州市公安局内部审计工作在各级党委的坚强领导下，在省审计厅、省公安厅和市审计局业务部门的指导下，以科学发展观为指导，紧紧围绕“加快发展、富民强市、全面建设小康社会”的战略目标，紧紧围绕服从服务于全市公安工作和队伍建设这个大局，坚持全面审计、突出重点的方针，以提高审计监督质量为目标，忠实履行审计职能，走出了一条“有为才有位”的自我发展之路。2011年度，宿州市公安局先后被安徽省审计厅评为 2008至2010年度 全省内部审计先进单位，被宿州市审计局评为2008至2010年全市内部审计先进单位。

宿州市公安局2011年度审计工作会议

宿州市公安局党委历来重视审计工作，早在2003年即成立了独立的审计部门。2011年以来，市局党委书记、局长江利亚亲自分管审计工作，把领导干部任期经济审计制度、落实收支两条线规定纳入党风廉政建设责任制考核范围，把审计结果作为考核、任免、奖惩的重要依据。拟提拔负有经济责任的领导干部，一律先审后提。审计不合格的，一律不得提拔使用。

在全市各级党委的大力支持下，2011年度，全市公安审计部门完成审计项目202个，审计金额35427.75万元，增收节支资金259.37万元，挽回经济损失14万元，规范资金管理57.19万元，提出各类审计意见和建议126条，为促进公安队伍廉政建设、加强公安机关内部管理、强化内部监督制约机制、提高公安经费使用效益做出了积极贡献。

宿州市公安局审计科配合省厅审计组在萧县开展专项审计

为进一步规范公安审计执法行为，市局审计部门先后制定和完善了《宿州市公安局机关内部审计监督工作规定》、《全市公安审计工作意见》等制度规范。全市公安审计部门还建立了审计双向承诺、经济责任告知、审计结果公告、网上审计信息公示等制度，有效防范和降低审计风险，增强了经济责任审计工作的透明度和可信度。

多年来，全市公安审计部门始终坚持创新，重点抓好4个方面工作：一、工作思路前瞻性，实现4个转变。即：组织机构向独立化转变；职能定位向服务化转变；审计领域向全面化转变；审计手段向现代化（信息化）转变。二、审计内容广泛性，坚持4个延伸。即：由财务收支审计向管理效益审计延伸；由机关审计向基层审计延伸；由账面审计向跟踪调查延伸；由常规审计向热点难点问题审计延伸。三、审计重点突显性，突出3个重点。即：重点部门以治安、交管、侦查、监管、窗口单位为主；重点项目以领导干部经济责任审计、行政经费审计、基建工程审计为主；重点资金以公安特费、专项经费、暂扣款、预交款、保证金为主。市局机关有三项工作比较突出的是“离任审计”、“基建审计”和“涉案扣押财物审计”，形成了“凡离必审”、“凡建必审”制度。四、审计手段多样性，搞好4个结合。即：全面审计与重点审计相结合；事前审计与事中、事后审计相结合；审计监督与审计服务相结合；静态审计与动态审计相结合。按照反腐败斗争要坚持“审计先行”的成功经验，全市公安审计部门积极配合上级和纪委部门为查破案件提供依据。

2011年8月19日，安徽省人大颁布了《安徽省内部审计条例》，从2012年1月1日起正式施行。该条例的出台极大地调动全市公安内部审计人员的积极性，为公安内部审计事业的更好、更快发展提供强有力的支撑。

宿州市公安局交通宣传

宿州市公安局路面巡逻

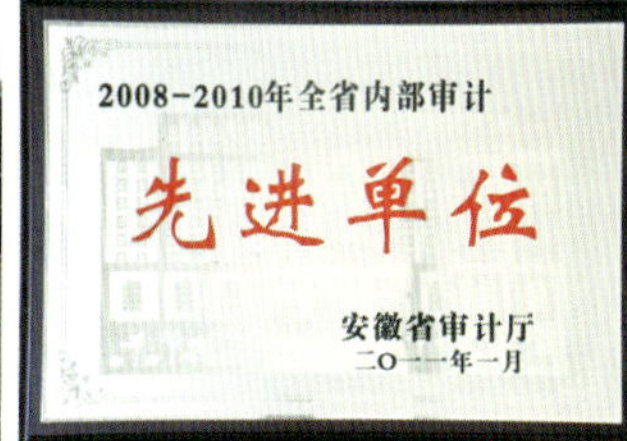

宿州市公安局被评2008至2011年全省内部审计先进单位

宿州市公安局被评2008至2011年全市内部审计先进单位

砀山县人口和计划生育委员会

砀山县人口计生委党组书记、主任：李建立

“十五”初期，砀山县人口和计划生育工作处于负重爬坡阶段。面对严峻的形势，县委、县政府坚持把人口计划生育工作作为推进国民经济和社会发展的重要手段和实施可持续发展战略的头等大事来抓，切实做到责任到位、措施到位、投入到位。各级计生部门落实“三为主”，实施规范管理，开展优质服务，全力抓好后进转化。各有关部门齐抓共管，综合治理，推动了全县计划生育工作水平不断提高。自2002年晋升全省二类县，受到省、市领导的表彰和嘉奖后，一直保持到目前，全县全部实现“三为主”的目标。在后进转化的道路上取得了阶段性成绩，实现了历史的突破，为新时期人口和计划生育工作划上了圆满的句号。

砀山县人口计生委主任李建立发放奖励扶助光荣证

成绩的取得是全县上下共同努力，真抓实干的结果。

服务人员下乡开展免费健康检查

展望未来，计划生育工作任重道远，在今后的工作中，砀山县人口和计划生育委员会将进一步贯彻落实中央《决定》精神，积极响应县委、县政府的号召，进一步加强人口和计划生育工作，稳定低生育水平。进一步加强计生宣传教育，让婚育新风进入千家万户，引导广大群众自觉树立科学、文明、进步的婚育观念，不断增强实行计划生育的积极性、自觉性。希望社会各界继续关心支持人口和计划生育工作，履行计划生育工作的职责和义务。要求各级计划生育部门干部求真务实，开拓进取，全面落实科学发展观，为“决战十二五、建立新砀山、奋力争崛起、实现新跨越”的奋斗目标做出新的更大的贡献。

砀山县国土资源局

砀山县国土资源局党组书记、局长王连永

整洁优美的办公环境

砀山县国土资源局始终坚持以人为本，牢固树立科学发展观，以服务全县经济社会发展为己任，大力推进依法用地和节约集约用地，正确处理保护资源和保障发展的关系，开拓创新，锐意进取，国土资源各项工作都取得了骄人成绩：近年来先后荣获全国地籍管理先进单位、安徽省先进集体光荣称号；蝉联第八届、第九届安徽省文明单位；被省厅评为全省国土资源执法模范县、全省国土资源执法监察先进集体、全省国土资源五五普法先进单位等荣誉称号。

砀山县国土资源局始终坚持“双保”原则。一是始终将耕地保护作为工作的重中之重，以基本农田保护为核心，以占补平衡为保障，以土地开发复垦为途径，突出重点，明确目标，落实责任，全方位加大耕地保护力度。建立了基本农田保护工作目标考核制度，确保全县47411.28公顷耕地、40497.4公顷基本农田总量不减少、质量不降低。全力做好全县土地利用总体规划、各镇土地利用总体规划和基本农田保护区规划的修编工作，城乡各类用地严格执行土地利用规划和年度计划，实现各项建设用地统一规划、统一征收、统一储备、统一供地、统一管理。二是在保耕地红线的同时，把重点项目、重点工程建设的用地需求作为工作重中之重，积极争取用地指标。2011年，在省、市没有分配给砀山县农转用计划指标的情况下，争取到用地指标1438亩（含耕地377亩）；上报征地15个批次3614亩（含农用地1438亩），均获省政府批准。2011年，土地综合整治编制完成复垦方案及挂钩方案9个批次，新增耕地面积4393亩，可得挂钩指标4393亩，均通过了市级审核。2012年1至7月份，组卷上报保障房用地4个批次93.89亩获省政府批准，3个批次（面积1200亩）的城乡建设用地增减挂钩实施方案通过省政府批准，即可获得1200亩农转用指标；济南至祁门高速公路砀山段项目用地3412亩已获国务院批准。2011年，招拍挂出让土地29宗，出让总面积1398.02亩，成交价款77416.024万元；2012年1至7月份，出让土地13宗，出让总面积442.2亩，成交价款23259.3万元，为砀山县经济社会发展、招商引资、城镇建设集聚了资金。

砀山县国土资源局把关注民生、维护群众合法权益放在突出位置。用地报批严格执行两公告一登记制度，在兑现补偿实施征地时均按不低于省政府批准的标准予以兑现，征地各项补偿在全省各县标准最高。按省厅《关于做好征地补偿标准调整工作的通知》要求，上调了各区域征地补偿标准，增幅为10.9%。进一步完善征地保障制度，化解资源权益纠纷，在把符合条件的被征地农民纳入城镇社会保障体系的同时，对失地农民按60元/人月发放生活补助，真正实现了被征地农民基本生活水平不降低，长远生计有保障，维护了社会和谐稳定。

针对卫片执法检查中发现的问题，砀山县国土资源局加大国土资源执法监察动态巡查力度，特别对农村居民非法占地建房和占用集体土地进行房地产开发行为进行了重点查处，切实做到发现一起、制止一起、查处一起，实现违法用地行为零容忍，维护了正常国土资源管理秩序。

党组书记、局长王连永表示，面对目前严峻的国土管理形势，国土系统全体人员将在市局党组和县委、县政府的坚强领导下，进一步转变工作思路，既要保障耕地不撞红线，又要拓宽供用地渠道，为砀山经济又好又快发展贡献力量。

荣获2011年第九届安徽省文明单位

荣获2011年安徽省先进集体

大力开展法律咨询活动

砀山县教育体育局

谢广祥副省长视察砀城第一小学

近年来，砀山教育事业稳定、均衡、健康发展，先后被表彰为“全省基础教育先进县”、“全国艺术教育先进县”、“安徽省危改工作先进县”、“安徽省推进义务教育均衡发展先进县”，是安徽省推进义务教育均衡发展省级实验区、“全国武术之乡建设先进单位”、宿州市教育局“高中规范办学行为先进县”和“教育民生工程实施先进单位”，连续5年获得安徽省县级党政领导干部教育工作督导考核全省优秀等次。

砀山县现有各级各类学校289所，在校生115689人，教职工9015人，专任教师8305人。公办学校255所，在校生87515人。民办学校34所，在校生28174人。砀山县加大了教师队伍建设力度，优质教师资源总量不断扩大，有20人获得全国优秀教师等荣誉称号；有57人获得安徽省模范教师等荣誉称号；有667人获得宿州市模范教育工作者等荣誉称号。

省教育厅程艺厅长视察砀山教育情况

2012年，砀山教育事业更加快速发展，顺利完成了教育部基础教育质量样本县质量监测工作，荣获“安徽省义保经费管理示范县”、“安徽省第九届全国少数民族传统体育运动会突出贡献单位”、“安徽省县级党政领导干部教育工作督导考核全省优秀等次”、“宿州市教育局初中“四率”考核参考率先进单位”。

砀城第一小学校园景色　　帮扶结对村困难家庭

安徽省砀山中学

县委书记朱学亮（左二）、县长王广敏（右一）、著名校友李西廷（右二）、校长刘汉良（左一）

安徽省砀山中学创始于1930年。其前身苏鲁豫边疆中学是我党早期领导人王若飞提议创建的。在王若飞亲自拟写的《建校宣言》中，明确提出了：“广招英才而育之，以隆其德，以广其智，以健其体”的办学宗旨。80年的风雨沧桑，为砀山中学积淀了丰厚的文化底蕴；80年的光辉历程为砀山中学打造了一个闪亮的名校品牌。1960年，砀山中学被安徽省教育厅确定为重点中学。1999年，首批通过省示范性高中验收，先后被评为“全国教育战线先进集体”、“全国群众体育活动先进集体”、“安徽省教书育人先进单位”、安徽省多届“文明单位”、以及省、市、县学校管理先进单位等。砀山中学以其骄人的成绩被誉为皖北的教育明珠，人才的摇篮。

砀山中学现有90个教学班，5392名学生；教职工313人，专任教师262人，其中特级教师1人，高级教师93人，中级教师94人，已获得硕士学位的9人，还拥有一批在省、市、县具有影响的模范教师、专家、学者型教师和学科带头人。教育教学质量稳步提高，高考本科上线人数始终居全市前茅，多次受到市、县政府的通报嘉奖和表彰。

历史成就了砀中昔日的辉煌，今日的砀中人正奋力续写着砀山中学灿烂的明天。

安徽碭山第二中學

校长苏爱功

砀山第二中学肇始于外国神父创办的教会学校私立晨光中学，1951年由人民政府接管。1994年晋升为原宿县地区重点中学，2002年通过宿州市市级示范高中评估验收。

学校秉持“气有浩然，学无止境；进德修业，和而不同”校训，在人才培养上始终贯彻“知识与能力并重，科学与人文比肩”的指导思想，把培养人、造就人、对学生终生负责、为学生一生奠基作为学校教育的第一要务。学校坚持走科研兴校、教学强校之路。通过校本学习、专业培训、名师引路、拜师学习、赛考赛课、培优推先等形式，打造出一支师德高尚、教风严谨、教学技艺精湛的师资队伍。

学校先后荣获“全国教育科研工作先进集体”、“安徽省电化教育Ⅰ类达标学校”、“安徽省传统体育项目学校”、“宿州市文明单位”、“宿州市教育管理先进单位”、“宿州市高中教育教学工作先进单位”、“安徽省五四团委”、“宿州市先进基层党组织”、“宿州市学业水平测试先进单位”等光荣称号。高考本科上线连续实现大幅增长，受到砀山县人民政府和市教育局嘉奖。

砀山二中教学楼

砀山二中图书馆

砀山二中实验楼

为支持砀山第二中学创建省级示范高中，砀山县委、县政府计划投资1.6亿人民币，划拨土地200多亩，建设二中新校区，力争使学校课程改革、组织管理、队伍建设、办学条件、办学行为、学生质量等各项指标达到省内先进水平。

砀山县第五中学

砀山县第五中学创建于1999年。现有60个教学班，学生3500余人，教职工227人。校园环境优美，布局合理。秉承“出名师、育名生、创名校”的办学理念，坚持“质量＋特色”的办学之路，大力实施以德治校工程。围绕教学质量这个中心，学校自上而下转变思想，更新观念，狠抓教学科研。每年举办3次以“梨花情”为主题的大型教研活动，致力于打造“阳光生命课堂”，推行“三环六步”教学法，教育教学成绩突出，科研成果丰硕，升入省市示范高中的人数年年名列前茅。2000年，被县教委命名为“县示范初中”；2003年被宿州市命名为“市特色示范初中”；先后荣获宿州市“文明单位”、“宿州市教育工作先进集体”、“安徽省家教名校”、“安徽省‘四·五’普法先进单位”等光荣称号。

砀山县新型农村合作医疗管理局

局长杨志昂

砀山县新型农村合作医疗管理局自2007年成立以来，已历经六载。6年来，砀山县参合率逐年提高，补偿比例逐年增加，2012年最高可获20万元补偿。新农合工作在局长杨志昂的带领下，受到全县农民朋友的好评。2012年，砀山县参合人数已到85.42万人，参合率达到99.8%，县内实际补偿率达到72%。新农合人员付出的不仅是汗水，也是对群众的满腔热爱。为了真正受益于民，砀山县新型农村合作医疗管理局作为经办机构就要站在农民的角度，站在提高农民收入的基础上，简化流程，提高报销比例；同时，加大对定点医疗机构的检查力度，防止医疗机构套取基金，倾力于打造群众满意工程。为此，砀山县2008年被市卫生局评为“新农合先进县”，2009年被县政府评为“砀山县先进集体”，2009年、2010年连续两年在中层股室评议中获“优秀股室”，局长杨志昂被评为“优秀股长”；2011年12月被宿州市卫生局评为“2011年度新型农村合作医疗管理工作优秀单位”；2011年被安徽省创建青年文明号活动组织委员会命名表彰为“2010年度省级青年文明号”。这是省内首家新农合经办机构获此殊荣。

杨志昂局长入户调查新农合

深入基层调研

杨志昂局长布置工作

群众感恩送锦旗

涡阳县人民医院

医院新区正面图

涡阳县人民医院是一所学科专业齐全、设备先进精良、技术力量雄厚，集医疗、预防、科研、教学、急救、社区服务于一体的资产达2.3亿元的二级甲等医院。是安医大研究生院校外教学点，安徽中医学院、蚌埠医学院教学医院、全国卫生文化建设先进单位、全国创新医院。通过多年精心培育，医院形成了急救医学科、重症医学科、内科（含心血管、呼吸、消化、血液、内分泌、神内、肾内专业组）感染性疾病科、外科（含普外、胸外、肝胆外、肛肠外专业组）、神经外科、泌尿外科、五官科、骨科、妇产科、儿科、中医科、中西医结合科、口腔科、皮肤性病科、烧伤科、麻醉科等专业学科群组；配备有中心吸引、吸氧、中央空调、病房传呼系统等现代化医院必备的硬件设施，建设了相对完备的医院管理信息系统，实现了医用设施和信息的网络化管理。

六安市住房公积金管理中心

2012年，六安市住房公积金管理工作在市委、市政府的高度重视和正确领导下，在省公积金监管处监管指导下，坚持以科学发展观为指导，以服务民生为根本，以规范管理为基础，以扩大公积金制度覆盖面为重点，完善制度、改进服务、强化管理、安全运营，住房公积金管理工作稳步推进，各项业务发展迅速。

一、住房公积金业务发展情况

截止2012年11月底，全市归集住房公积金14.09亿元，同比增长28.29%，完成计划的111.83%；归集余额为38.76亿元；新增单位158个15601人，累计缴存职工已达193799 人；为28794名职工办理提取住房公积金5.57 亿元；为2393户职工家庭发放个人住房公积金贷款6.1 亿元，完成目标任务156.28%，个人贷款余额达到了21.54亿元。

二、主要工作措施

（一）创新归集业务管理方式，破解按月扣划及非公领域扩面难题

（二）放宽贷款政策，促进全市经济平稳较快发展

（三）加强管理，防范资金风险

（四）创新服务方式，重点推进服务标准化、规范化和专门化

(五)改进工作作风，加强效能建设

（六）强化廉政风险防控工作，增强拒腐防控能力

（七）稳步推进，抓好房改工作

（八）积极参与住房保障，提高资金使用效率

省住建厅领导到六安市住房公积金管理中心视察工作

市住房公积金中心主任崔黎明一行到凤阳县小岗村考察学习新农村建设

举行住房公积金支持保障性住房建设项目贷款签约仪式

六安市城乡规划局

2011年是“十二五”的开局之年，是六安市实施第二轮中心城市重点工程三年行动计划(2011-2013)的关键年，也是六安市实施大规划、大产业、大城区发展战略的机遇年。六安市城乡规划局上下齐心协力、抢抓机遇，扎实苦干、攻坚克难，圆满地完成了市委、市政府交给的各项目标工作任务。规划编制加速推进，城市设计亮点纷呈，规划管理全面加强，重点工程圆满完成，社会满意度逐年提升，城乡规划工作迈上了新台阶。

长期以来，六安市城乡规划局坚持执行国家审计制度，不断规范程序，强化监督，建立健全各项规章制度，细化管理内容，完善管理机制。多年来，所做的工作取得的成效多次受到上级部门的充分肯定与表扬，先后荣获全省住房城乡建设系统规划效能监察先进单位、纪检监察先进集体、思想政治工作先进单位、六安市直第六届文明单位等多项荣誉称号。

新的一年，六安市城乡规划局将紧紧围绕“建设实力六安、活力六安、魅力六安、和谐六安、幸福六安”的奋斗目标，坚持高起点规划、高效能管理、高水平服务，不断解放思想，创新工作方法，强化工作措施，全面提升城乡规划效能，力争各项工作取得新的更大的突破。

佛子岭路城市设计

皋城文化公园城市设计

淠河滨水城市设计

六安市城乡规划展览馆

寿县新桥国际产业园管委会

寿县新桥国际产业园自2011年1月16日被省政府批准作为省级开发区筹建以来，在县委、县政府的高度重视和坚强领导下，坚持高点定位、高质发展，以昂扬的激情乘势而上，以创新的思路破解难题，以超常的举措抢抓机遇，实现了率先发展的强劲态势。截至目前，已有36个投资规模较大、质量较好的项目进入园区，总投资额超200亿元。

一是以举县而为的战略，强化组织领导。作为寿县工业发展的主战场，县委、县政府高度重视产业园的发展，树立举县而为建设园区的理念，一切园区需要的人才都要为园区所用，一切有利于园区发展的政策都要向园区倾斜，一切园区发展所需要的投入都要相对集中，在人才、政策、资金上给予园区大力支持。坚持定期会商制度，县主要领导经常亲临园区调研指导，主动解决难题，对重点项目跟踪督办。全力推动行政审批改革，下放审批权限，简化审批流程，减少审批环节，今年又着力实施园区管理体制、行政审批、财税金融、用人机制等多项改革，全力打造活力园区。在人员力量上，县委、县政府根据园区工作需要，今年又从县公安、财政、房管、城管执法、发改委等单位抽调一名班子成员到园区工作，充实人员队伍。

安徽省委副书记孙金龙在合肥市、六安市、寿县有关领导等陪同下视察园区

安徽新桥阳光半岛大型实景演出签约仪式

二是以高端定位的理念，加速项目推进。坚持高起点定位、高水平建设，确定以电子新能源、装备制造、现代服务、农副产品精深加工为主导产业，注重大项目引进，随着阳光半岛、隆平高科、合叉叉车、娃哈哈饮品等项目的引进，撬动了园区项目建设，并成功实现了全面引爆。截止目前，已有26个项目开工建设，其中海宇电气、鸿图轻型建材、华瑞管业等项目已经投入生产；蓝博旺工程车辆、合叉叉车等项目即将投入生产；阳光半岛、创凯电子、瑞博电气、耐力特车业、和合冷链、隆平高科、格义清洁能源、娃哈哈饮品、宇泰房屋制造、永发大酒店等一批项目正在加快建设，还有一批项目正在洽谈即将签约。

三是以只争朝夕的决心，加快平台建设。继续加大基础设施建设力度，不断夯实发展平台。目前，投资2亿元的11条内网道路、投资1500万元的创业大道中段、丰收大道配套工程已开工建设，投资4.4亿元的新桥大道拓宽改建工程、投资4800万元的阳光大道工程已开工建设；投资1300万元的日供水2万吨一期5000吨自来水厂已建成供水，18公里自来水管网已铺设完工；投资1亿元日处理2万吨工业污水处理厂施工图纸设计已完成、投资5000万元日处理1万吨生活污水处理厂施工图纸正在设计；中小企业创业园正按省一流标准加快建设；柿园新村安置房、圣井新村安置房已经完工，广岩街道新农村安置点二期已开工建设。起步区5平方公里工业熟地已经完成，园区初步框架基本形成。

安徽新桥阳光半岛超五星级酒店夜景效果图

安徽蓝博旺工程车辆有限公司

四是以倾心倾力的服务，营造良好环境。坚持把“形象、政策、方法”、“团结、沟通、协助”作为园区安生立命之本和发展生存之道。凡入园项目除安排一名园区人员帮扶外，还明确一名县领导牵头，一个科级单位帮办服务，实现“点对点”贴心帮扶。每周召开工作例会，逐人汇报工作进展和计划，对项目建设存在问题提出解决方案，限时办结。严格执行协议，按期兑现承诺，让投资者吃下定心丸，让客商无后顾之忧。建立重大事项协调机制和重点项目联席会议制度，重点解决项目工程建设过程中遇到的问题，力争在第一时间弄清工程建设存在的困难，在最短的时间解决企业提出的问题，用最快的速度推进项目建设。

霍山县公安局

发挥审计监督职能作用 促进公安工作可持续发展

局党委书记、局长王国本在全局公安经费保障和审计会议上的讲话

公安部审计组来我局开展公用经费专项审计工作

2011年，霍山县公安局紧紧抓住公安经费保障体制改革的机遇，深入推进“210工程”建设，认真落实“审计整改年”各项整改措施，大力加强公安审计工作，为提高公安工作整体水平，确保公安战斗力发挥，推动公安事业长远发展提供了坚实保障。

一、规范财务管理，搞好经费保障。按照中央“两办”32号文件要求，认真抓好公安经费保障体制改革各项措施的落实，做好年初预算和年终财务决算，严格执行“收支两条线”规定和国库集中支付制度，在确保标准的基础上，积极争取并保证了各项经费到位，为“三项重点工作”和“三项建设”以及整个公安工作提供了有力的经费保障。

二、加大审计整改力度，强化内部监督。为贯彻落实公安部《全国公安机关开展“审计整改年”活动工作方案》和省、市公安审计工作会议精神，成立了领导组，制定了工作方案，确定了“审计整改年”活动的重点工作。特别是针对2010年7月公安部审计组反馈的问题，作为重点进行整改，顺利通过了公安部“审计整改年”审计整改的验收，受到公安部和省、市公安审计部门的充分肯定。

三、积极争取资金，加强装备和基础设施建设。2011年，上级下达的中央转移支付资金业务装备经费466万元，霍山县公安局做到专款专用，科学规划，认真编制购置计划。现已全部采购配发到位，大大改善了基层办公办案条件。

公安经费得到保障，公安审计监督得到加强，保障和促进了公安工作和公安队伍建设发展。近年来，霍山县公安局先后荣获全国“三基”工程建设先进集体、全国公安机关执法示范单位、第九届安徽省文明单位、全省优秀公安局、全国优秀公安局等荣誉。

霍山县地方税务局

全市地税系统分局创建现场观摩会在霍山县召开

霍山县地方税务局开展“奖学助困”志愿服务活动

2012年，霍山县地方税务局认真贯彻落实省、市地方税务局和霍山县委、县政府的工作部署，认真贯彻落实党的十八大精神，坚持以科学发展观为指导，以服务科学发展、共建和谐税收为主题，以管理转型升级为主线，提升工作效能，充分发挥地方税收职能，在组织收入、税收征管、纳税服务、基层创建、队伍建设等各个方面，取得了一定的成绩，有力地提升了系统内外形象，促进了地方经济社会发展。

一是坚持科学发展，税费收入实现了稳中求进。2012年，霍山县地税局努力克服经济下行压力和结构性减税等诸多因素影响，坚持收好辛苦税、工作税、服务税，促进了组织收入工作的科学发展。2012年，霍山县地税系统共组织入库各项收入83740万元，比2011年增收1亿元，增长13.6%。收入总量连跨7亿、8亿元大关，收入规模再上新台阶。其中：地方税收入54339万元，比上年增收5965万元，增长12.3%。

二是立足转型升级，税收质效得到了持续提升。2012年，霍山县地税局大力实施税源专业化管理，不断提升税收管理质效。结合霍山县实际，制定了税源专业化管理实施方案，成立了领导组、税源办和纳税服务中心，按照“规模＋行业”的原则，积极探索企业税收分规模、分行业管理；优化征管资源配置，强化小微企业管理；将重点税源和建安房地产行业集中到征管分局进行管理，对城区个体零散税收实行社会化管理，农村分局实施特色行业税源专业化管理。积极推进信息管税，实现了四覆盖，即：正常企业网上申报实现全覆盖；县管行政事业单位社保费网上申报全覆盖；个体税收批量代扣全覆盖；办税服务厅POS机汇缴全覆盖。

三是创新工作思路，纳税服务拓展了新型领域。2012年，霍山县地税局创新服务手段，优化服务平台，丰富服务内容，完善服务机制，有效提升了纳税服务的层次和水平。出台了《城区办税服务厅整合业务提升功能实施方案》，将城区办税厅全部整合到了新建开发区办税服务中心，按照“窗口受理、内部流转、限时办结、窗口出件”的流程，实行“一窗多能”、“同城通办”，将纳税人需到地税局办理的各类涉税事项，统一在办税服务窗口前台办理，由办税服务窗口统一出件。通过城区办税服务厅整合，进一步方便纳税人，税收管理由“管户”向“管事”转变，实现了纳税服务的扁平化。

霍山县地方税务局积极承办全市地税系统第二届乒乓球比赛

四是注重内外并举，各类创建提升了系统形象。快速推进现代化分局创建，确立“标杆引领，整体推进”的创建目标，把征管分局当做全市城区征管序列“标杆分局”拳头品牌，实现了征管手段信息化、税源管理专业化、纳税服务效能化和风险防范制度化的“四化”目标。开展文明创建活动，与大化坪村继续开展了结对共建，成立了联合党委，协助了“人饮工程”，积极筹建了“金税徽”茶园基地；赴落儿岭镇中心校开展了“奖学助困”志愿服务活动；开展了三期道德讲堂。通过文明创建活动的全面展开，霍山县地税局荣获了安徽省地税系统先进集体；霍山县地税局征收管理分局办税服务厅被评为安徽省文明窗口。

寿县林业局

寿县林业局局长徐佩连（前排中）陪同市林业局领导到八公山林场调研

寿县林业局召开年度林业系统工作会议

寿县林业局是寿县人民政府主管林业的行政职能部门，内设办公室、行政审批服务股、森林资源管理股；下辖林业科技推广中心、森林公安局、八公山林场（八公山国家级森林公园）、孟家湖林场、县苗圃、瓦埠湖苇柴场以及九个林业中心站等单位。在县委、县政府坚强领导下，在上级林业主管部门精心指导下，寿县林业局紧紧围绕“林业双增”目标，认真落实科学发展观，切实履行林业行政职能，狠抓生态建设，促进产业发展；狠抓资源管理，促进森林增长；狠抓效能建设，促进为民服务。

2011年，寿县林地面积达到17万余亩，活立木总蓄积达143.5万立方米。繁育出南抗3、4号、中皖林1、2号等杨树优良品种。寿县瑞隆家具有限公司、安徽远华工艺品有限公司获省级林业产业化龙头企业。寿县林业局荣获“六安市森林防火先进单位”称号。在全县政风行风千人评活动中，寿县林业局考评排名位居中上等位次，其干部、职工无一人受到县效能办通报批评，无一人受到县纪检、监察部门处理。

在建设宜居宜业生态强县的新形势下，寿县林业局将紧紧围绕生态修复促进旅游发展、围绕平原绿化促进新农村建设、围绕农民增收促进机制活化、围绕产业扩张培育龙头企业的工作思路，着力实施八公山区植被恢复、平原区杨树产业提升、森林城镇创建“三大工程”，坚持科学发展，促进森林增长，做大林业产业。

金寨县林业局

金寨油茶品种培育

毛竹林基地

金寨县是全省最大的山区县。全县林业用地441万亩，占总面积的75.1%，有耕地33万亩，水面36万亩，俗称“八山半水半分田，一分道路和庄园”，林业在国民经济特别是农村经济中占有十分重要的地位。

金寨县林业局下辖23个乡（镇）林业站、9个森林公安派出所、8个木竹检查站、7个自然保护站、6个国有林场和2个国有苗圃，全系统干部职工730多人；全县拥有一支县级专业森林消防大队、29支森林消防应急队伍，拥有专（兼）职森林消防队员1000余人，为保护和发展森林资源奠定了坚实基础。

几十年来，金寨林业建设在历届县委、县政府的正确领导下，认真组织实施了飞播造林、封山育林、速生丰产林工程、“三·五”造林绿化规划、林业二次创业、天马国家级自然保护区等一系列林业建设工程，积极争取并实施了退耕还林、生态公益林、世行造林和长江防护林等众多林业项目，林业建设取得了巨大成就，实现了消灭宜林荒山和基本绿化目标，森林资源大幅增长，有林地由199.6万亩增加到418.86万亩，增长109%；活立木蓄积量由505.9万立方米增加到882万立方米，增长74.6%；森林覆盖率由34.6%上升到72.75%，增加了38个百分点。

跨入新世纪，金寨以“打生态牌，走林业路，兴绿色业，富金寨民”为目标，确立了生态立县战略，提出了“重封、大造、严管、优育、节用”的林业建设方针，继续坚持以林业项目建设为依托，以林业生态建设为重点，大力发展高质量林业工程，全县生态环境明显改善，金寨林业正呈现出持续、快速、健康、稳定发展的良好势头。

杉木林幼林基地

响洪甸水库封山育林

安庆市地方税务局

围绕服务大局　推进内部审计转型　努力实现内部审计新发展

安庆市地税局党组书记、局长周文平（左一）陪同省地税局党组书记、局长汪建国（左二）深入安庆市税企调研

安庆市地税局全力帮扶皖河农场三益回民分场经济发展获好评

2011年，安庆地税系统坚持审计工作“二十字”方针，不断加大内部审计监督力度，在维护财经法纪、加强干部监督管理、规范税收执法、提高征管质量、促进党风廉政建设等方面发挥了积极作用。全年完成经济责任审计、后续审计、基建工程决算审计、津补贴调查、“三代”手续费专项调查等57个项目，提出审计意见建议94条，促进增收节约51万元。

坚持把强化领导作为加强地税内部审计工作的组织保证。市局党组自觉做到把内部审计工作同税收中心工作同安排同部署，摆上重要议事日程，通盘考虑，统筹规划；市局内部审计委员会定期召开会议，通报内部审计工作开展情况，监督审计成果运用，协调解决内部审计工作中遇到的困难和问题。**坚持把夯实审计基础工作作为提高审计质量和效率的重要环节。**每组织一个审计项目都制定了详细的审计实施方案，每次审计前都要组织审计组成员认真学习确定的方案，明确分工，细化责任，先后制定了《关于对岳西县地税局开展财务收支审计实施方案》、《关于对望江县地税局开展“三代”手续费专项调查实施方案》等4个方案，提高了审计质量和效益。**坚持把拓展项目审计深度和广度作为推进地税内部审计转型的现实路径。**经济责任审计主要突出了领导干部“两权”和“三大一重”监督，将审计内容向税收执法、组织税费收入、税收政策执行和行政管理绩效延伸，促进系统各级领导干部依法行政。系统各级将审计成果作为考察使用干部的重要依据，全年先后有75名同志进行了岗位交流，离任审计面达100%。财务收支审计以促规范、强管理、增效益为目标，重点审查了关键领域、主要环节和大额资金的使用、预算编制和执行、人员经费支出、厉行节约等情况，全年先后对岳西县地税局、潜山县地税局等单位开展了财务收支审计，促进了财务统管、制度完善和依法理财。基建工程审计以提高资金使用效益为目标，审计内容涵盖了基建预决算和基建财务收支等方面，委托审计事务所先后对8个基层分局基建工程决算进行了审计，审减额约45万元。此外，内部审计部门还积极参与大宗物品采购和重大项目招投标活动，突出了事前监督，从源头上预防腐败，促进了廉政建设。

安庆市地税系统内部审计工作会议

安庆市地税局被评为2008至2010年全省内部审计先进工作单位

安庆市地税局荣获第三批“全国文明单位”称号

安庆市国土资源局

局长：尹志军

2012年是安庆国土事业的调整之年、进步之年和转变之年，全市国土系统上下按照市委、市政府的决策部署，着力“双保”、克服“两难”，扎实苦干、奋力争先，各项工作取得明显成效：

一是保障有力度。争取各类建设用地计划指标26513亩，增长86%，居全省前列，其中追加指标7866亩，增长392%，为历年之最；此外还获得部省奖励指标1600亩和宁安城际铁路、望东大桥连接线、岳武高速部级单列计划指标8199亩；全年批准建设用地27714亩，有力保障了“十三运”、市重点工程、震后重建以及华谊、安踏、华茂国际纺织工业城、岳西生态建设、天柱山地质公园、龙山凤水等一大批重大项目建设，没有一个项目因用地问题与安庆失之交臂。

二是守土有作为。33个、37.84万亩的高标准基本农田项目建设完成，6个、9.77万亩的土地整治示范项目主体工程完工，157个补充耕地项目新增耕地1.83万亩，连续14年实现“占补平衡”，较好完成了省政府下达的耕地保护目标任务，桐城、枞阳、怀宁被省厅初定为“双保工程”先进县。矿产资源管理得到加强和规范，全市征收入库矿产资源补偿费1419.68万元，增长58.23%；国家级庐枞地区整装勘查取得积极进展，怀宁朱冲矿区铁铜矿勘查有了重大突破，结束安徽无大型富磁铁矿历史，为全市矿业经济发展增添了新的动力；“矿山复绿”全面铺开，“三区两线”矿山地质环境问题正在解决。

三是节约有举措。开展“三项清理”活动，全市供地率、开工率、竣工率分别由35%、91.2%、73.5%提高到63.8%、97.1%、81.3%。人民路综合改造工程拉开了安庆地下空间开发利用的序幕，市开发区13.53万平方米、宿松县8.56万平方米的多层标准化厂房为全市园区“无地招商”开了好头，成为节约用地的样板。全面实行出让土地开竣工履约保证金制度，“圈地”行为得到了有效遏制；市城区土地使用税税额调整和划拨土地最低价款“两个标准”、盘活存量建设用地和促进存量商业用地升级改造“两个文件”即将发布实施。枞阳和桐城分别获得了全国和全省节约集约模范县荣誉称号。

四是监管有提高。建立国土资源执法共同责任机制，“大国土”的管理格局正在形成。顺利通过2011年度土地卫片执法检查部级验收。枞阳县荣获全省执法模范县荣誉称号。按照省政府统一部署，我们开展了违法违规用地拉网清查，违法用地情况有了明显好转，2012年全市涉及违法用地面积1033亩（耕地541.61亩），总量明显减少。

五是服务有改善。全年报批各类民生项目用地3057亩，保证了民生工程的实施。全市征收土地政策及青苗等地上附着物补偿标准及时调整实施，农民权益得到进一步维护。土地信访问题逐年减少，群众满意度不断提高。突出抓好以汛期为重点的地质灾害防治工作，认真落实值班、巡查、督察、应急处置等制度，联合气象部门开展预警预报，成为全省创新模式。

六是基础有加强。市土委会顶层设计日臻完善，民主科学决策用地的机制已经形成。市、县、乡三级土地利用总体规划、矿产资源总体规划批准实施，土地整治规划编制完成，其中利用土地利用总体规划修编，调减基本农田13.64万亩，增加城乡建设用地规模10.86万亩，为建设与发展创造了空间。全市4.17万亩工矿废弃地和6.54万亩低丘缓坡地得到省厅确认。2012年度土地变更调查和遥感监测工作阶段性完成，灾毁的3170亩农用地争取省厅确认。市城区城镇地籍管理信息系统进入试运行。农村集体土地“三权”确权登记发证工作进入攻坚扫尾阶段，岳西、怀宁两县率先完成。我市还成为全国第三批数字城市建设推广城市。

七是作风有转变。2012年，全市国土工作紧紧依靠各级党委、政府，把服务发展作为第一任务、把善谋实干作为第一本领、把雷厉风行作为第一作风、把廉洁从政作为第一要求，开展作风整顿，推进效能建设，坚持勤廉统一，主动革自己的命、削手中的权、去部门的利，“合法高效”成为准则，“干净干事”成为制度，“只讲怎么办、不讲不能办”已成为国土新风。

市局机关党委选举大会

市局举行简朴的2013年迎春联欢会

尹局长在2013年简朴的迎春联欢会上致辞

尹局长陪同市委组织部长王佩刚在太湖县大石乡开展扶贫调研

安庆供电公司

推进审计创新 为公司依法从严治企提供坚强支撑

公司深入开展依法治企工作会议

对所属潜山公司展开任期经济责任审计工作现场

2011年，安庆供电公司审计目标明确为“审计工作创新年”，树立“风险、效益和服务”审计理念，突出审计工作创新，不断提高审计质量、提升审计成果运用深度、提升审计队伍素质，服务公司健康发展。审计轨迹围绕审计抓监督，围绕服务抓治理，围绕整改抓长效。

一、转变观念，创新发展

一是审计工作融入公司发展大局。揭示和反映公司改革发展中出现的难点、热点问题，圆满完成任期、农网工程等15项审计任务，促进依法从严治企，推动公司管理水平不断提高。**二是审计工作紧紧把握自身业务发展趋势**。重点在审计理念、职能定位、内容拓展、技术方法和质量控制等方面，积极运用《内部审计项目质量目标体系》完善标准化建设，重要审计项目均在“目标成果法”导航下实施。**三是审计工作积极适应内外部监管要求**。制定《迎审工作办法》及《建立审计整改长效机制的实施意见》，为公司的改革发展和迎审工作创造良好的内外部环境。

二、明确新目标，制定新举措

一是树立新的科学审计理念。树立审计“免疫系统”和“增加价值”的理念，注重发挥审计预防、揭露和抵御功能。通过有效履行审计职能，实现国有资产的保值增值。完成工程签证审计326项。**二是采取新举措全面履行审计职责**。通过深入、持续推进审计工作创新，实现审计“三化”建设目标；通过完善审计流程和工作机制，加强审计管理，提升工作水平；通过构建科学的审计监督体系，提升审计功能作用的有效发挥；通过拓展审计领域，加大审计力度、广度和深度，提升审计成效；通过加强审计队伍建设，提升履职能力。

三、采取有效措施，确保目标实现

一是深入推进审计工作创新。着力推进审计工作标准化、手段信息化、资源集约化，确保创新工作取得新突破、新成果。积极构建“五责一廉”的经济责任评价体系。**二是不断完善审计工作机制**。重大事项报告常态化、强化审计成果运用、建立迎审工作常态和“小金库”治理长效机制。**三是不断提高审计成效**。围绕公司中心工作，关注企业内部控制健全有效性和风险管控能力，揭示重大违纪违规和重大风险隐患，监审联动完成审计检查专项及信访工作。**四是注重研究审计工作规律**。梳理出不同项目的共性特点，找到一种可以在不同项目中运用的“点、线、面系统审计”方法创优项目质量控制环节，开展审计项目质量全过程管理，确保审计绩效的实现，持续提高审计项目及工作质量。**五是严格依法治企**。坚持“三查四制五落实”，强化突出问题整改落实，扎实推进审计整改工作深入开展，切实防范各类风险。**六是全面提升人员素质**。通过“实务培训”、“以评代培”、“以审促培”全面提高审计人员综合素质，提升审计规范管理、抗御风险的能力。

公司荣获2008-2010全省内部审计先进单位

通过坚持不懈努力，安庆公司审计工作成效显著。从2000年开始，连续11年荣获安徽省审计厅内部审计先进单位；《营销绩效全过程管理审计》获2011年度省公司管理创新成果一等奖；《风险导向审计在工程管理审计中的应用》论文在安徽省审计厅内部审计师协会组织开展的论文评比活动中获二等奖；《县公司供电服务收费审计调查》荣获国网公司优秀审计项目。

潜山县教育局

加大教育内部审计力度　促进教育事业健康发展

2011年5月潜山县职教中心晋升为“国家级重点中等职业学校”

潜山四中（初中）大门

潜山县教育局一直重视教育内部审计工作，在“普九”和“两基”期间设立审计科，2004年开始将审计职能并入监察股。2011年，潜山县教育部门财务内部审计工作紧紧围绕教育改革与发展的中心工作，严格执行审计法规和审计准则，认真开展工作，充分发挥了应有的职能，为促进潜山教育又好又快发展做出了积极贡献。

一、开展学校财务经济效益审计

潜山县教育局对管辖下的百所中小学，抽审30%的学校，要求被抽学校必须在接受审计前组织教职工代表对财务收支进行民主稽核，审计后肯定成绩，指出存在问题，并责令纠正，促进了民主理财、财务公开。

二、开展校长经济责任审计和离任审计

对任期届满或离任的校长进行经济责任审计。审核其任期内财务收支是否合法合规、经济效益怎样、是否有决策失误造成经济损失的情况、资产管理是否有效、债权债务是否清楚及校长廉洁自律情况。通过审计，增强了校长的责任意识、民主意识和法规意识，使学校财务工作以教育教学为中心，促进了中小学教育健康发展。

三、开展教育项目专项审计

2011年，潜山县教育局各级各类学校建设项目多、资金投入大，出现各类经济问题的风险也大。潜山县教育局加大了专项审计的力度，对各中小学物品采购、校舍建设等进行专项审计，审核物品采购和建设项目等经济事项办理是否合法合规，保证资金投入正确、使用正确，严密防守，提高效益，保护干部，发展事业。

四、重视审计结果的运用

潜山县教育局十分重视审计结果的运用，适时在一定范围公开审计结果，通报表彰财务管理先进单位和个人，批评存在问题的单位和个人并监督整改。对违规违纪人员问责，将审计结果作为调整干部的重要依据。潜山县教育局的审计工作促进了依法办学、依法行政，促进了民主理财、校务公开，进一步推动了潜山县教育健康发展、和谐发展。

潜山县逆水小学（智慧小学）

2011年被评为安庆市教育先进单位

潜山县学前教育加快发展

潜山中学运动场

枞阳县发展和改革委员会

县委书记汪恕东、县长何谦陪同市委书记朱读稳调研枞阳县重大项目建设情况

县长何谦、发改委主任张炳应交流访问华能核电

务实创新的县发改委队伍

2011年是实施枞阳县“十二五”规划的基础年，是科学应对金融危机加快县域经济调整步伐的关键年，枞阳县发改委以抓宏观经济调研与监测为出发点，以项目建设与管理为核心，以做政府决策助手与服务项目为职责，紧紧围绕全县经济发展大局，有力推进了枞阳县县域经济实现“十二五”开门红，完成地区生产总值149亿元。

扎实开展“项目推进年”活动。全年重点项目建设完成投资30.5亿元，占年度计划的101.2%；其中列入省“861”计划及市重点建设计划项目完成投资21亿元，占年度计划的102%。为确保重点建设项目计划的顺利实施，继续组织开展“项目推进年”活动，建立了县干联系重点项目制度、省“861”及市重点计划项目月报告制度、县重点项目季通报制度。

资金争取位居全市前列。建立中央项目资金考核奖励机制，形成全县联动的争资局面；通过《发展改革动态》平台，及时发布中央产业政策及投资信息；按国家投资导向和产业政策，及时筛选、包装、上报项目，使一大批项目及时进入省市计划盘子，2011年度，争取中央投资项目79个，其中中央投资近2亿元。

推动产业优化升级。申报核电、风电项目等一批新兴产业尽快通过国家审批，引导天瑞纺织转型新上非晶磁芯项目，扶持皖江铸业收购高污染企业走资源综合利用之路，推动枞晨回转与高校联合进行科技攻关。2011年，实现规模上工业总产值210亿元，基本上是“十五”末的10倍。

改革成果明显。探索示范区建设合作共建路子：与国内一些战略投资商进行了深度对接，推动枞阳集中区建设；扩权强镇试点已推动横埠镇成为县域发展次中心；枞阳县老洲镇成功申报国家发展改革试点镇。

安徽太湖农村商业银行

党委书记、董事长钮国林

安徽太湖农村商业银行是在始建于1951年，至今已有近60年历史的原太湖县农村信用合作联社的基础上组建成立的一家股份制现代农村商业银行，注册资本10668万元。全行现有在职职工360人，具有大专以上学历占70%，总行内设13个职能部门，下设36个支行，服务网络遍布城乡。截止2012年3月末，全行资产总额295925万元，各项存款余额272236万元，各项贷款余额172721万元，存贷款余额均位居全县各金融机构的首位。

作为太湖人民自己的银行，县域经济发展的“助推器”，安徽太湖农村商业银行立足花亭湖大地，秉持服务“三农”的宗旨，不断推进经营模式转型，创新信贷模式及信贷品种，加强对微小企业的信贷支持；加大科技服务投入，丰富中间业务品种，是涉农资金、新农保、单位工资发放等业务最大的代理银行，是名副其实的金融纽带和农村金融主力军。

诚信立足，创新致远。经过体制改革洗礼的安徽太湖农村商业银行，将以打造群众满意、客户满意、股东满意的地方银行为目标，在安徽省联社的坚强领导下，落实科学发展观，坚持“依法合规、稳健经营、客户至上、立足长远、勇于创新、培育特色”的经营理念，致力于打造成为资本充足、服务优良、内控严密、效益良好、特色鲜明的社区零售银行。

太湖农村商业银行开业

安徽太湖农村商业银行第一届领导班子

董事长钮国林在太湖锅炉厂调查

举办“农商行杯”老年门球赛

铜陵市国土资源局

黄然副市长到市局调研，党组书记、局长赵明汇报工作

党组书记、局长赵明在岗位廉政风险防范管理工作动员大会上做报告

2011年，铜陵市国土资源局在省国土资源厅和市委、市政府的坚强领导下，坚持改革创新，加快构建保障科学发展新机制；持续推进“双保工程”，做到保护资源严格有效，保障发展持续有力，先后荣获全国国土系统信访工作先进集体、全省国土资源系统目标考核优秀单位、全市党政机关目标考核优秀单位、全市廉政风险防控管理工作示范单位、全省土地利用管理先进单位、全市防汛抗洪先进集体、全市文明行业、全市行风热线先进单位、全市保密工作优秀单位、全市信访工作优秀单位、全市招商引资优秀单位、全市政府信息公开工作先进单位等称号，为铜陵市经济社会发展提供了有力的国土保障。

认真落实责任制，切实完善监督管理机制：坚持“局党组的统一领导、党政齐抓共管、一把手负总责、分管领导各负其责”的原则，把党风廉政建设和反腐倡廉工作整体纳入全年的国土资源管理工作中，使得党风廉政建设工作常抓不懈。

加强国土资源党风廉政制度建设：结合反腐倡廉制度建设推进年的成果，积极开展“制度清理、制度完善、制度创新、制度落实”工作。在落实现有制度和执行上级有关规定上下功夫，从制度上保证领导干部廉洁自律和党风廉政建设责任制的落实。

加大对惩治和预防腐败体系现有制度的落实和监督力度：进一步开展了工程建设领域专项治理、纠风治乱专项治理、廉政风险防范管理、两整治一改革专项行动等工作，把两整治一改革工作落到实处，进一步让监督机制阳光化、规范化，同时，加强了与市纪委、监察、检察等行政执法和行政监督部门的沟通、协调和相互配合，不断推进“廉洁国土”建设。

淮南市国土资源局

履行双保职能 服务经济发展

淮南市国土资源局局长张建华

2011年，在省国土厅和市委、市政府的正确领导下，淮南市国土资源局坚持以中央和省市一系列重要会议精神为指导，以科学发展观为统领，认真履行“保护资源，保障发展，维护权益，服务社会”根本职能，紧紧围绕促进淮南市经济发展的大局，主动服务，严格管控，狠抓落实，国土资源管理工作全面提升。

一是全力保障发展用地。为实施市委、市政府“大建设、大发展”的战略决策，坚持工作重心前移，积极主动服务，全年报批各类建设用地12224亩。二是大力加强土地整理。省政府下达淮南市年度新增耕地任务是9750亩，实际完成新增耕地指标11292亩。三是切实加强耕地保护，耕地保有量和基本农田保护面积双达标，顺利通过国家5部委和省政府对淮南市耕地保护工作考核。四是土地市场有序发展。全年淮南市供应土地120宗，面积8853亩，出让地价款31.05亿元。五是执法检查成效明显。积极开展2010年度土地矿产卫片执法检查专项工作，顺利通过上级验收。六是矿政管理正规有序。建立完善市、区、乡三级监察网络，突出整治非法开采和越层越界开采，按时开展企业年审年检、实地核查及换证工作，深入开展非煤矿山资源整合工作，积极申报矿山环境治理项目，完善地质灾害监测网络和报警、应急、抢险方案，加强地质灾害防治工作。

全市国土资源管理暨党风廉政建设工作会议

淮南市整体推进农村土地整治示范建设项目集中开工

2011年度民主评议科处室负责人会议

铜陵供电公司

坚持依法从严治企 推进公司健康发展

公司领导视察财务审计知识竞赛

2012年，铜陵供电公司紧紧围绕“一流电网、一流企业”建设目标，以“两个转变”为主线，以“转观念、抓执行、攻难点、保稳定”为工作基调，锐意改革、创新突破，各项工作都取得了新成绩。

内部审计工作紧紧围绕公司中心工作，全年共完成审计项目12个，提出审计意见和建议85条；开展工程财务决算审计3项，对基建工程实施全过程跟踪审计2项，完成工程签证审计329份。

一、夯实审计基础工作。向公司职代会报告年度审计工作；召开公司审计委员会会议，重点分析研究审计发现的主要问题，审议基于经营风险评估的年度审计工作计划。

公司召开审计委员会会议

二、认真开展审计项目。完成了2个下属单位任期经济责任审计、2个县公司业绩考核审计、3个基建工程财务竣工决算审计、农网升级工程审计、“三集五大”体系建设专项调查、10个下属单位清产核资专项审计等，开展了2个基建工程全过程跟踪审计。

三、加强工程审计监督。一是加强与生产、营销等部门协调，及时完成技改、大修等工程签证审计。二是做好典型技改工程审计，提出审计意见建议4条。三是抓好重点修理项目审计，审计人员采用现场核实等方式方法，审计成效明显。

公司召开依法治企工作会议

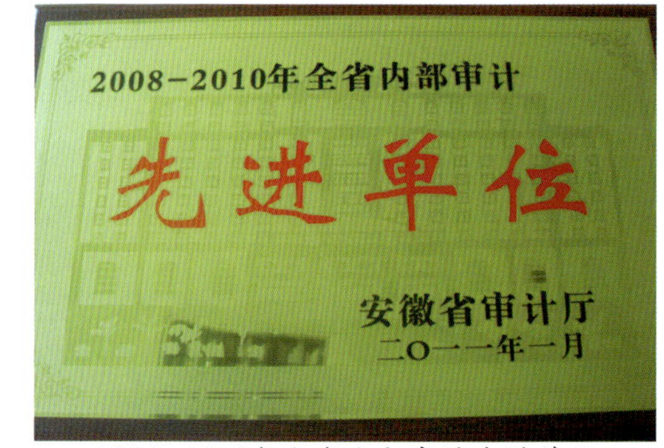

2008-2010年全省内部审计先进单位

四、促进审计成果应用。一是建立审计成果运用机制，实行审计结果通报制度，下达的审计意见整改率达100%。二是注重总结审计经验，发表审计论文3篇，开展2项课题研究，分别获省审计厅、安徽省电力公司表彰。

五、深化依法从严治企。开展审计专项检查“回头看”工作，进一步排查经营管理风险，督促指导各单位认真落实问题整改，巩固审计专项检查成果，促进公司各单位进一步提高依法从严治企的意识，推进公司健康稳定发展。

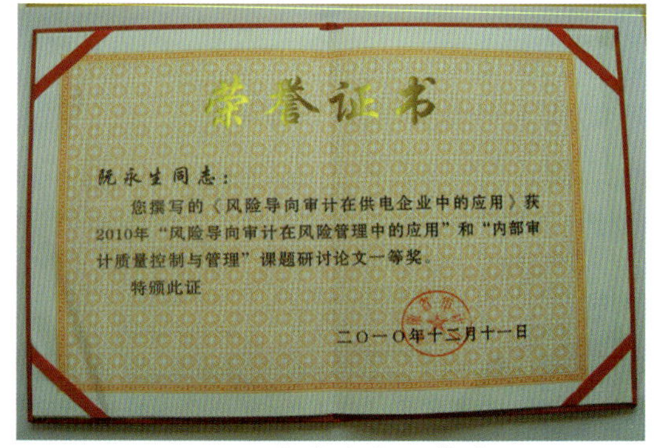

课题研究获全省一等奖

淮南市地方税务局

切实履行审计职责　提升审计创新能力

省地税局党组书记、局长汪建国（左二）到征管分局视察

近年来，淮南市地方税务局在省地税局的正确领导下，在地方审计部门的有效指导下，以科学发展观为统领，按照“依法审计、服务大局、围绕中心、突出重点、求真务实”审计工作方针，充分发挥内部审计工作“经济卫士”和“参谋助手”的作用，内部审计工作取得了积极进展，2011年，全市地税系统组织开展各类审计项目11个，其中经济责任审计项目1个，基建决算审计项目8个，基建财务收支审计项目2个，参与大宗物品采购监督4人次，查处违纪金额8400元，提出审计意见和建议16条，促进节约建设资金129.8万元。2009至2011年连续3年被省地税局评为“内部审计工作先进单位”。

省地税局党组成员、副局长胡春武参加全省地税系统普通发票管理工作现场会并讲话

多年来，市局党组十分重视内部审计工作，2009年将一名同时拥有注册会计师和注册税务师资格证的人员充实到专职内部审计岗位，2011年又积极争取，成立了督查内部审计科，赋予内部审计机构充分的监督权力，切实保障内部审计工作的独立性。局长李长富十分关注内部审计工作，及时解决实际工作中遇到的困难和问题，为系统内部审计工作的顺利开展创造了良好的审计环境。

淮南市地方税务局不断转变审计理念，提高审计创新能力，更好地为地税事业服务。财务收支审计从以检查、评价财务结果为主，向检查、评价经济业务过程和结果并重转变；从就会计科目审会计科目，向审计会计科目反映的经济事项转变；从就财务谈财务，实现对财务问题的理解向机制、体制的理解转变。经济责任审计以财务收支的真实性、合法性、效益性为基础，重点向领导干部的管理能力、决策水平等延伸，向各项税收管理政策在基层的贯彻和落实上延伸。基建审计更加注重工程建设中的招投标、签证变更等经济行为以及有关工程量的核实，强化基建项目审计的三方关系中委托方的监督制约作用。同时，内部审计部门积极参与大宗物品采购，防范采购风险；促进审计发现问题的整改落实，切实维护财经秩序，规范各项管理，为“十二五”期间内部审计工作的转型升级奠定了坚实的基础。

市局党组成员、局长李长富（中）深入中国城市建设控股集团安徽有限公司调研

市局调研员薛根木（右二）深入化工企业开展税收调研

淮南市地税局、国税局、监察局、财政局、审计局、公安局联合召开“加强普通发票报销管理严肃财经纪律”新闻发布会

安徽省淮南农场

淮南农场城乡一体化综合改革试验区

农场场长、党委书记、农场试验区管委会主任、淮南经济开发区管委会副主任刘文胜

安徽省淮南农场始建于1956年，隶属于安徽省农垦局，地处淮南市经济技术开发区，农场下辖5个农业分场、现代农业公司、种业公司、物业公司、供电所、基建公司、农科所、社区等单位。

农场南邻合徐高速公路引线，西与淮南市经济技术开发区紧紧相连，中间有淮南市朝阳东路直通场部，正在建设中的高速铁路淮南站坐落于农场，淮蚌高速、京沪高铁、206国道穿场而过，淮南市东部工业园区坐落于农场，以农场为核心区的淮南市东部滨湖新区已经规划建设。农场交通便利，资源丰富，区位优势明显。农场年产粮食总产2万吨，主要种植优质小麦、水稻等作物。近年来，企业党建、现代农业、综治、安全生产、计划生育、劳动竞赛、人民武装等工作连年受到安徽省农垦集团公司、淮南市政府及市有关部门表彰。随着淮南市“东进南扩”战略的实施，淮南农场已成为淮南市具有良好前景的重点发展区域。

省农垦集团公司党委书记、董事长田文俊到农场检查指导工作

省农垦集团公司党委副书记、总经理李卓民到农场检查指导工作

丰收

繁昌县农业委员会

近年来，繁昌县农业委员会（以下简称县农委）在县委、县政府的高度重视和省市业务主管部门的精心指导下，在全县农业系统广大干部职工的共同努力下，通过在全系统深入开展创先争优、保持党的纯洁性、基层组织建设年、千名干部下基层、以人为本执政为民等专题学习实践活动，不断加强自身建设，广大干部职工的思想作风、学风、工作作风、领导作风和生活作风得到进一步强化，各项措施得到进一步落实，效能服务水平进一步提升。在全县开展的政风行风评议中，连续多年走在全县前列。

2011年底，繁昌县28万人口中，有20.85万是农业人口，农户数6.67 万户，耕地面积16.8万亩，农业在地区生产总值中所占份额不到5%，份额虽小却不可忽视。县委、县政府按照“优农业、促统筹”的发展思路，连续多年出台了一系列针对性强、含金量高的政策性文件，不断加大对农业的扶持力度，增强了民间资本投入农业的积极性，经济、社会和生态效益显著。

（一）科教兴农步伐加快。以实施水稻高产创建、优质油菜生产基地建设、畜牧升级计划、水产跨越工程、农机富民工程等项目为依托，建立农技干部联系村、联系户制度，大力开展新品种、新技术、新材料、新机具的示范和推广，成效显著。

（二）农业产业结构持续优化。特色产业蓬勃发展，优质粮油、精细蔬菜、精养畜禽、特色水产生产规模不断扩大，农业产业结构在调整中不断趋于合理。

（三）农业产业化经营水平逐步提升。以做大做强龙头企业为重点，支持龙头企业建立原料生产基地、搞活流通、创立知名品牌，促进企业做大做强。

（四）农业民生工程稳步实施。按照省、市、县的统一部署，县农委通过健全目标管理、工作督查、考核奖惩、责任追究等工作机制，全面推进新型农民培训、农村沼气建设、标准化蔬菜基地建设等三项民生工程。

（五）农业经营体制机制改革扎实推进。首创“三权分离、虚拟地块、两次流转、合理收益”的土地流转新模式，加大农村土地经营权流转力度，得到了省政府领导的充分肯定。2012年上半年，新增耕地流转面积5800亩，累计流转面积6.64万亩。规范发展农村专业合作组织，新增农民专业合作社8家，累计达94家；庆大葡萄专业合作被农业部评为全国农民专业合作社示范社。

二〇〇九年度实施农民专业合作社信息化建设工程

先进单位

安徽省农业委员会

二〇一〇年一月

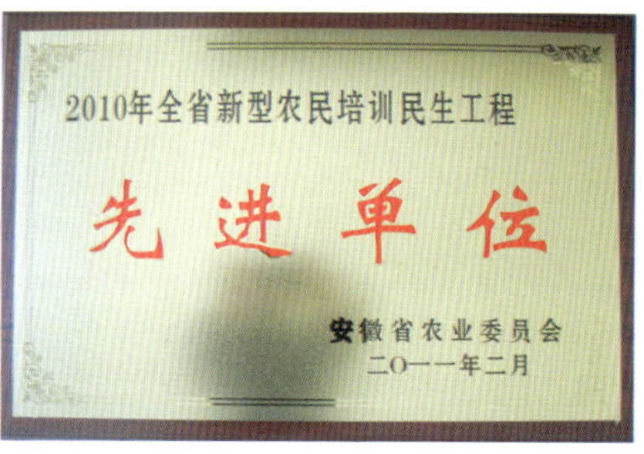

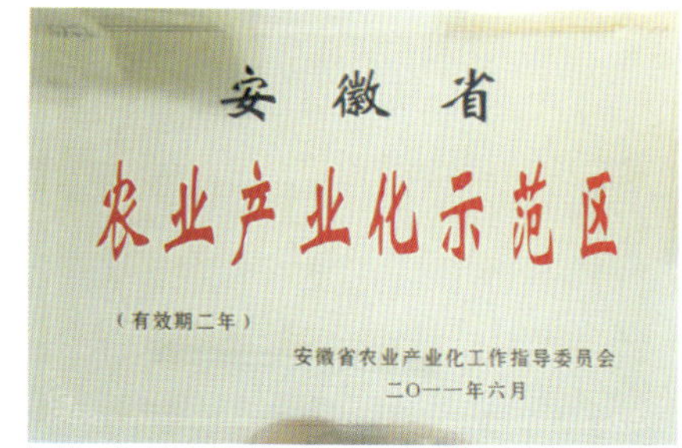

凤台县农村信用合作联社

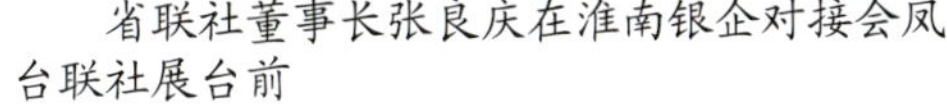

省联社董事长张良庆在淮南银企对接会凤台联社展台前

凤台联社党委书记、董事长曹义

凤台县农村信用合作联社于2006年统一法人，在安徽省农村信用合作联社领导下，是经中国银监会批准成立的一家地方法人金融机构，所辖营业区域跨越淮南市2个县区：凤台县、毛集国家综合实验区。

自统一法人以来，凤台县农村信用合作联社在理事长曹义和其他班子成员的带领下，立足本地、服务“三农”，以科学发展观为统领，紧紧围绕省联社“打基础、抓规范、提素质、促发展”的指导方针开展工作，在发展的同时，注重内部管理，强化风险管控意识。在支持地方经济发展的同时，各项业务得到了长足发展，连续多年被市、县政府评为“工作目标考核突出贡献奖”、“支持凤台经济发展先进集体”等。曹义理事长光荣当选为县第十四届人大代表。

县政府领导到联社调研

凤台组建商行动员会

截止2011年12月底，凤台县农村信用合作联社注册资本7200万元，现有职工367人，总部内设机构11个，1个营业部，19家信用社，共42个网点，各项存款363339万元，各项贷款254601万元，居全县金融机构之首。各项业务收入22168万元，较上年同期增加8074万元，利润总额2011万元，创历年最好成绩。

在立足改革与发展的道路上，凤台县农村信用合作联社将继续做好支持当地经济发展工作，坚持服务“三农”的宗旨，大力扶持中小企业，努力实现与客户共发展、同进步的双赢局面，为早日成立农村商业银行打下坚实的基础。

服务培训

业务推介活动

地址：凤台县城关镇凤城大道28号 联系电话：0554-8622273 邮编：232101 网址：www.ft96669.com

深化改革结硕果 增加节支显成效

——滁州市南谯区财政局

2012年4月24日省农发局局长王建培视察乌衣现代农业综合开发示范区

省财政厅副厅长张广寿视察南谯农业示范区建设

国家发改委移民局调研区移民工程

水利部淮河水利委员会检查组到施集水厂检查抽验工作

2012年度，南谯区财政局先后获得全市文明单位、民生工程组织实施三等奖、民生工程实施优秀组织奖，黄泥岗镇财政所获得全省先进财政所称号，获省财政厅1项、市财政局6项表彰，获得全区落实机关目标绩效考评先进单位、党风廉政建设责任制先进单位、社会治安综合治理先进单位、宣传文化思想先进单位、新农村建设先进帮扶单位、土地流转先进单位、民生工程组织实施先进单位、项目策划及争取资金先进单位、工业“133”提升工程先进单位、统计工作先进单位、“五治”工作先进单位等17项表彰。

财政收入创历史新高 2012年，全区完成财政总收入10.32亿元（全口径），占预算107.7%，较上年增长29.6%。收入总量实现大超越，连续跨过8、9、10亿元，首次突破10亿元大关。财政收入总量是2009年的三倍、2010年的两倍多，在短短的两年时间内翻了一番，实现了新突破、创造了新纪录、展示了新标杆，标志着我区财政工作翻开了新的篇章。

公共财政的阳光更暖 坚持“保民生、保运转、保稳定、促发展”的原则，积极打造阳光财政。2012年，全区财政支出13.3亿元，其中民生财政支出11.5亿元，占财政总支出的86.5%，高于全省和全市平均水平。全年共计发放各项惠农资金11305万元，教育、卫生、社保等关系群众切身利益的支出进一步增加，计划生育、科技、农业等法定增长得到有效保障，在财政资金调度极为紧张的情况下，把资金投放的重点放在改善民生上，民生工程进度进一步加快。

科学理财有效防范风险 坚持依法理财，不断提高财政资金使用效益，防范和化解财政资金风险。一是加强制度建设。二是加强非税管理。三是加强专项资金管理。四是加强队伍建设。

财政改革再发力 一是进一步完善国库集中支付改革。二是部门预算改革显成效。三是积极推进“公务卡”改革。四是国有资产管理工作迈出新步伐。五是积极整合资金支持美好乡村建设。

含山县农村信用合作联社

省联社主任陈鹏到含山联社调研

联社营业部获市青年文明号

含山县农村信用合作联社是经中国银监会批准成立的一家股份合作制地方性法人金融机构，实行一级法人、统一核算、分级管理、授权经营的管理体制。现辖12个信用社、1个营业部26个营业网点，从业人员280人，服务网点遍布全县乡镇及社区。至2011年末，全辖各项存款21亿元，各项贷款15亿元，存贷款市场份额居全县各家金融机构之首。

多年来，含山县农村信用合作联社秉承“诚信相约，共谋发展”服务宗旨，坚持“服务三农，服务中小微企业，服务县域经济”的市场定位，按照抓实（实体经济）、带广（广大的中小微企业和个人客户）、促化（农业产业化、农业现代化和城乡一体化）的工作思路，持续给力地方经济发展。以“农家乐”、“商家乐”、“创业乐”“绿之源”、“金土地”、“创业金桥”、“成长金桥”、“社团贷款”八大信贷品牌为载体，全力推进含山县社会主义新农村建设；全辖信用社开通人民银行大小额支付结算系统和农信银支付结算系统，异地汇划款实时到账；ATM自动取款机布放实现乡镇全覆盖，发行“安徽农金”金农卡6.4万张，全力推广个人和企业网银业务，让农村商户和居民享受到城里人一样方便快捷的现代化金融服务；竭力开办好代理、资金归集等中间业务，让群众满意，客户放心。

完善机制促服务，凝心聚力谋发展。含山县农村信用合作联社正朝着组建农村商业银行目标奋力迈进。

联系电话：办公室：0555-4316227 营业部：0555-4316669　地址：含山县环峰镇环峰北路1号

滁州市国土资源局

党组书记、局长许光友

2011年7月，国家7部委检查组到滁州市检查城乡建设用地增减挂钩试点和农村土地整治清理工作

2011年，滁州市国土资源局在市委、市政府坚强领导下，统筹谋划，创新思路，争先进位，大力开展“双保工程——2011年行动”，推进资源节约集约利用，加强国土资源市场建设，依法为“大滁城”建设和县域经济发展提供资源保障。全市实现耕地保有量708766.59公顷、基本农田保护面积598296.23公顷的稳定；公开出让土地429宗、20234.34亩，总价款91.96亿元；公开出让矿业权4宗，总价款5.77亿元；全面完成农村集体土地“三权所”发证，为全市经济社会发展提供了强力资源支撑，做出了巨大贡献。

怀宁县国土资源局

怀宁县国土资源局大楼

省市国土局领导莅临怀宁县检查指导地质灾害群测群防“十有县”建设工作

怀宁县国土资源局成立于2002年8月，由原地矿局和土地管理局合并组建成立，是主管全县土地资源、矿产资源、测绘管理的政府工作部门。现内设办公室、监察股、规划股、矿管股、耕地保护股、地籍股、土地利用股、财务股等8个职能股室，下设执法大队、土地收储中心、土地整理中心等3个直属事业单位和土地事务所，设立了高河、月山、黄墩、石牌、开发区5个分局和16个乡镇国土资源所，全系统现有干部职工163人。

保障发展任务艰巨，保护资源责任重大。怀宁县国土资源局自组建以来，始终坚持以科学发展观为统领，按照“保护资源、保障发展、维护权益、服务社会”的总体思路，积极服务县域经济社会发展，得到了上级国土资源部门和县委、县政府的充分肯定，先后多次受到县级以上表彰30余次。2004年以来，多次被怀宁县委评为全县党风廉政建设先进单位，2007年以来，连续多年获得全市国土资源管理工作先进单位，2011年，县创建地质灾害群测群防“十有县”工作被国土资源部通报表彰，2011年被县委、县政府评为经济社会发展优质服务单位。

天长供电公司

天长供电公司审计工作，在上级监察审计部门和公司党政班子的指导、领导下，在内外部审计和税务、物价检查工作方面，发挥了应有的作用。

一、2011年主要工作完成情况

（一）工程审计方面：全年共完成323个工程项目审计，累计送审金额7012.35万元，审定金额6163.71万元，审减金额804.1万元，审减率11.47%。其中：（1）内部送审工程277个，送审金额4810.02万元，审定金额4237.48万元，审减金额528万元，审减率10.98%；（2）委托社会中介审计46个，送审金额2202.33万元，审定金额1926.23万元，审减金额276.1万元，审减率13%。

（二）完成各类招（议）标、询价、议价、合同会签等经济活动，全年参加招投标会议91次，节约资金33.6万元；内部审计工作在规范企业依法经营、防范经营风险、促进廉政建设、强化内部控制等方面发挥了监督职能，维护了公司依法经营的合法利益。

（三）完成年度审计项目情况：按年度计划完成审计项目7个。分别是：仁和、汊涧、张铺原供电所所长离任经济责任审计；千秋公司原总经理离任经济责任审计；千秋公司、万通公司年度业绩指标审计；来安公司农网升级改造工程管理情况审计。在审计中，针对发现的问题提出审计意见、建议62条；出具审计意见书7份、审计报告7份。审计问题的整改落实得到进一步加强，审计成果的运用在促进企业管理水平提高方面取得一定成效。

到反腐倡廉教育基地开展警示教育

建立廉政文化长廊

与乡镇签订改造意向书，着力提升农村电网运行能力

检修变压器备战迎峰度夏

（四）完成其他相关工作情况：配合开展了集体企业资产重组工作。开展年度审计检查及2011年审计专项检查整改落实情况“回头看”工作。开展了车辆保险手续费管理情况专项调查。开展了依法治企专项检查风险点排查工作，梳理出财务管理、工程管理、营销管理中存在的19个问题，并进行了相应的督促整改。开展了乡镇供电所长离任审计工作，编写了关于乡镇供电所长离任审计覆盖面达100%必要性的调研报告。按省公司要求开展了企业负责人职务消费调查。

二、2011年主要工作成效和亮点

在公司党政的正确领导下，天长供电公司在内外部审计、税务、物价等检查中未发生重大违纪违规的问题，当年未发生重大经济案件或重大负面影响的经济事件，实现了经济平安。

圆满完成市公司审计目标管理考核，公司审计工作得到上级认可，在6个县公司排序中名列第一，审计项目质量在市公司优秀审计项目评比中获得两次优秀。被市公司评为2011 年度内部审计标杆县、审计基础管理先进单位、审计成效管理先进单位。

滁州市烟草专卖局（公司）

滁州市烟草专卖局（公司）2000年3月与滁州卷烟厂“工商分设”。其主要职能是对辖区卷烟市场依法进行烟草专卖行政管理和卷烟销售。多年来，在国家局、省局（公司）、市委、市政府的正确领导下，滁州烟草商业深入贯彻落实科学发展观，努力践行“两个至上”行业共同价值观，不断探索具有自我特色的改革与发展道路。

经济运行始终保持良好发展态势。坚持不断完善经营策略，积极推进由粗放式经营到集约化经营转变，卷烟销量、结构和经济效益连年攀升，企业经济实力不断增强。

由传统商业逐步走向现代流通。卷烟营销模式由最初的门点供货、等客上门先后发展为送货上门、访送一体、访送分离、农网大配送、城乡一体大配送，并逐步实现“网络采购、电话订货、电子结算、网上配货、现代物流”的卷烟营销业务模式。网络培育品牌、控制市场能力不断增强，服务水平不断提高，一个现代化的卷烟营销网络初步形成。

卷烟市场更加规范有序。按照“依法行政、文明执法、善于管理”

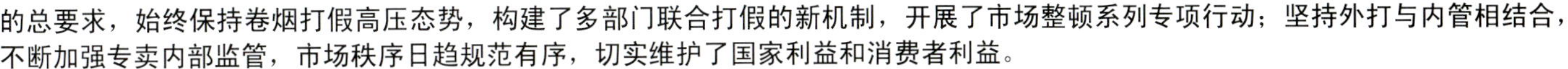

的总要求，始终保持卷烟打假高压态势，构建了多部门联合打假的新机制，开展了市场整顿系列专项行动；坚持外打与内管相结合，不断加强专卖内部监管，市场秩序日趋规范有序，切实维护了国家利益和消费者利益。

企业管理基础不断夯实。坚持以制度建设为抓手，不断夯实各项管理基础。先后通过了ISO9000质量管理体系、GB/T28001职业健康安全管理体系和ISO14001环境管理体系认证，强化企业内部管理监督和整顿规范，注重依法治企和民主管理，完善职代会制度，积极推行局务公开，大力推进信息化建设，全面推行财务预算管理，提高资本运营效率，确保国有资产保值增值。

队伍综合素质不断提升。坚持以提高干部员工的工作责任心、工作能力和工作效率为重点，全面加强队伍建设。通过大力开展技能培训、学历教育、绩效评估、员工关系管理、人才培养选拔等一系列举措，干部员工整体素质明显提升，队伍活力明显增强。

精神文明建设硕果累累。始终坚持抓好思想政治工作和精神文明建设，组织了“两个至上”价值观大讨论和“两个至上”在岗位主题实践活动，先后举办了职工运动会、职工文艺汇演、演讲比赛等丰富多彩的文体活动，热心社会公益事业，积极扶贫济困，捐资助学，支持新农村建设，塑造了良好的社会形象。

芜湖市烟草专卖局(公司)

芜湖市烟草专卖局（公司）隶属于安徽省烟草专卖局（公司），是集烟草专卖行政执法管理与卷烟经营职能于一体的独立法人单位。下辖无为、繁昌、南陵、芜湖4个县局（营销部）及1个直属分局。截止2011年底，全局职工576人，企业资产总额12.97亿元。

芜湖市烟草专卖局（公司）自2000年与芜湖卷烟厂工商分设以来，以科学发展观为指导，牢固树立“国家利益至上、消费者利益至上”行业共同价值观，坚持求真务实，不断开拓进取，始终保持着稳健的发展势头，多年来各项经济运行指标一直稳居全省前列，连续7年获得省局综合考核一等奖，先后获得全省烟草系统烟叶生产贡献奖、芜湖市目标考核综合评比一等奖、芜湖市A级纳税信誉企业、十五发展创新工程先进集体等多项荣誉称号。

近年来，芜湖市烟草专卖局（公司）审计工作紧紧围绕“贴近经营、监督到位、围绕中心、服务大局”的工作思路，积极参与公司资产购置及处置、大额物资采购、宣传促销招投标及询价、基建项目过程监督、专卖内部监管等各项监督工作，实现了从事后监督向事前、事中全过程监督的转变，取得了良好效果。

站在“十二五”新的起点上，芜湖市烟草专卖局（公司）将继续贯彻“真诚服务，为您着想”的服务宗旨，大力弘扬“韵律之道”的企业文化理念，秉承行业价值观，以“节奏要快、标准要高、工作要实、状态要好的”工作作风，全面加快组织成长，推进“卷烟上水平”，为持续健康发展做出更大的贡献！

芜湖市烟草专卖局（公司）办公大楼

市局（公司）领导班子成员

烟草专卖与公安工商联合执法

池州市国土资源局

全市国土资源工作会议

池州市国土资源局于2001年4月，由原池州地区土地局、矿管局、测绘局和贵池区土地局、矿管局整合组建而成。下辖东至、石台、青阳3个县局和贵池、九华山、开发区、站前区、江南产业集中区5个分局，内设12个科室，下设国土资源执法监察支队。

党风廉政建设会议（签定目标责任书）

矿山地质环境恢复治理前

张溪镇土地整理效果

张溪镇土地整理效果

黄山市公安局交警支队

党委书记、支队长：任良辉

黄山市公安局交警支队在市委、市政府和上级公安机关的领导下，承担着对全市城乡道路实行依法管理，履行维护道路交通秩序，保障道路安全畅通；检验车辆、考核驾驶员和发牌发证，纠正处罚道路交通违法行为，调查和处理道路交通事故，进行交通安全宣传教育，实施道路交通安全监督管理等职责。

管辖范围：在业务指导上，交警支队下辖徽州区、黄山区、歙县、休宁县、祁门县、黟县和黄山风景区公安交警大队。

内设机构 19个，6个正科建制即车管所和高速公路一、二、三、四、五大队，十个副科建制即办公室、政工科、宣传科、法制大队、秩序管理大队、事故处理大队、非机动车管理所、财务装备科和交通信息指挥中心、驾驶员考试中心和直属一、二、三大队。

2012年度，支队在市委、市政府、市公安局党委和上级业务主管部门的正确领导指挥下，以科学发展观为统领，以“降事故、保畅通、保安全”为总体目标，以深入推进 “三项建设”和“三项重点工作”为载体，以市委、市政府中心工作为导向，坚持以改革促发展，以实干强管理，以创新增优势，突出更高标准，更严管理，更具公信力，突出体制机制改革，突出交通事故预防，突出维护社会大局稳定，为黄山市经济社会发展提供了有力的交通安全保障。支队荣立集体二等功；在第一、二、三季度全省道路交通管理重点工作考评中分别名列全省第六、六、十名，基本保持在全省第一方阵；直属一大队中队长丁莉拉荣获“全省十佳人民满意交通民警”，事故大队潘立军教导员荣获“全省优秀交通民警”，直属一大队民警李欣兴荣获第二届“安徽交警执法之星”称号。交警支队事故大队、黄山区公安局交警大队事故中队、休宁县公安局交警大队事故中队继续保持“一等管理水平交通事故处理岗位”，歙县公安局交警大队事故处理中队被新评定为“一等管理水平交通事故处理岗位”。黄山市开展的集中整治“三超一疲”违法行为专项行动和交通违法“清网行动”在全省分别名列第二名，涉牌涉证工作两次考评成绩均名列全省第三名。可以说，2012年是支队战胜困难、应对挑战的一年，是团结奋斗、创造新绩的一年，是不断探索、稳步发展的一年。

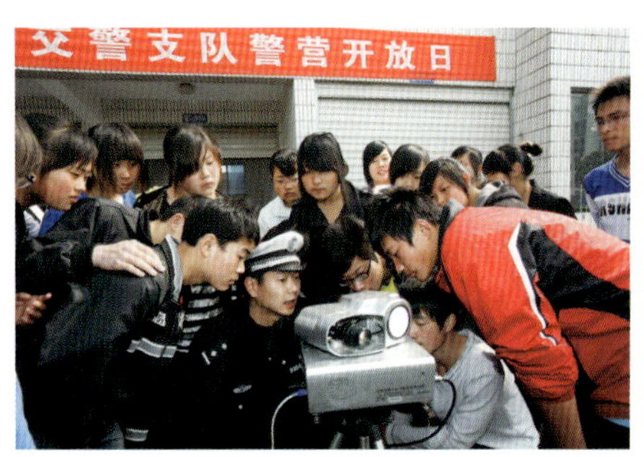

黄山市公路管理局黄山分局

市公路局局长陈展固（右）到分局调研

抢险

养护技术比武

路面施工

黄山市公路管理局黄山分局现有在职职工和退休职工115人，是担负黄山区境内国道、省道和重要县道建设、管理、养护工作的国有事业单位，现管养里程195.069公里。改革开放以来，分局职工坚持以中国特色社会主义理论体系为指导，坚持三个文明一起抓，公路建、管、养不断取得新的业绩，特别是实施了50余公里国省道新改建，创建了70公里主干线省级文明示范路，分局先后荣获全省交通运输系统、省、市公路系统先进单位和区先进单位、先进党支部等称号，并获得省级文明单位三次、市级文明单位五次和省交通运输系统文明单位，谭家桥道班等3个班组先后荣获安徽省模范班组称号，并涌现出市劳动模范杨长文、省交通系统先进工作者孙观呈等先进人物。

参加全市公路系统文艺汇演

治理超限运输

休宁县林业局

推进千万亩森林增长 大力提升绿色质量

谋划美好家园

培植发展树

2012年，休宁县以千万亩森林增长工程为统揽，大力实施绿色提升行动，圆满完成了“369”年度目标。“3”是三条主线：以点带面全线美化绿化慈张线、合铜黄高速、205国道三条交通旅游干线；“6”是67个提升点：投资1.2亿元建成67个绿色质量提升点，建设面积11932亩；“9”是9个基地：围绕“138”工程，投资5580万元建成9个规模示范苗木基地，齐云山兰渡苗木基地作为全市观摩点，受到好评。市委书记王福宏2012年先后4次到休宁县调研苗木基地建设，给予充分肯定和高度评价。

全力推进千万亩森林增长工程。2012年，完成人工造林1.61万亩，占年度任务的109.7%。油茶、毛竹特色林基地达1万亩，占新造林面积的62%。严格执行森林采伐限额管理、征占用林地审核审批制度，创新森林“两防”工作模式，实现森林防火“零火灾”和林业有害生物“零灾害”。

今冬明春完成新增森林面积1.1万亩。到2013年将建成173个绿色质量提升精品工程，提升面积30523亩。确保至2016年，新增森林面积3.3万亩，森林覆盖率增长1%以上。

主要做法：

强化三识：坚持生态立县，提高思想认识；上下联动，全社会形成共识；林业部门，加强指导，提高业务知识。

统筹三化：总体布局，超前谋划；以“两江两点两村三线八镇”为重点，科学规划；主要节点，精心策划。

提升三力：围绕“中国休闲养生之都”，大力提升旅游竞争力、文化影响力和生态保障力，丰富业态，形成合力，提高综合效益。

完善三制：完善奖励扶持制、督查考评制和长效管护机制，推进全县绿色质量行动向纵深开展。

合铜黄千人共植幸福林

新科技培育

苗木培育基地

青山绿竹映徽居

马鞍山市国土资源局

2011年是马鞍山市国土管理工作最为艰难的一年，受国家土地宏观政策调控等诸多因素影响，全市土地供需矛盾异常突出，国土保障发展的压力异常艰巨。一年来，在市委、市政府和省国土资源厅的正确领导下，全市国土系统紧紧围绕实现“双保”目标、推动“三项”行动（闲置土地清理、土地指标置换和违法用地查处）、开展“四模”（节约集约用地模范城市、国土资源执法模范县区、国土资源管理模范乡镇和耕地保护模范村）创建等重大决策部署，大力发扬“一种精神”（马鞍山国土精神：保护有力、保障有方、开明智慧、协作奋进），突出“两个重点”（土地报批、土地供应），健全“六个机制”（项目用地报批快速推进机制、项目用地预审机制、闲置土地处置联动机制、土地整治规范推进机制、违法用地查处共同责任机制、国土管理基层基础工作重心下移机制），打造“六型国土”（学习型、责任型、创新型、服务型、硬朗型、合作型），圆满完成了各项目标任务，有力保障了全市大建设。先后被市委、市政府评为2011年度全市目标管理考核“优秀单位”、全市国土资源管理突出贡献单位、征迁拆迁工作突出贡献单位、招商引资工作先进单位、城乡一体化工作先进单位、信访维稳工作先进单位、综治工作先进单位、“四城同创”工作先进单位、“红旗党组织”等。

2011年9月27日，马鞍山市召开全市国土资源管理工作会议。市长张晓麟主持会议并作总结讲话。国土资源部执法监察局局长李建勤应邀出席会议并作专题讲座

2011年7月22日，马鞍山市召开房地产市场发展座谈会市委常委、常务副市长魏尧到会并讲话，副市长陶钧主持会议，绿地集团、亿丰集团等29家房地产开发商代表参会

局党组书记、局长张志强部署开展“实现双保、路在何方”大讨论活动

经过一年的努力，马鞍山市国土资源工作发生了积极而重大的变化，也取得了显著而突出的成效，实现了市委、市政府提出的“新年要有新气象，要迈上新台阶”的目标。一是全市上下更加重视。国土资源工作由部门行为上升为党委、政府行为，初步形成了上下联动、全民参与的齐抓共管局面。二是有序顺畅的体制机制初步建立。成立市土地资源利用管理委员会，建立集体决策制度。在全市开展了国土资源“三项行动”、“四模创建”活动，节约集约用地机制初步建立。三是“双保”工作取得突破。完成土地报批3.19万亩，是2009年的3倍；完成补充耕地1.03万亩，是省政府下达目标任务的1.3倍；完成土地出让金收入66.55亿元，清缴往年土地出让金17.2亿元，四是工作水平得到提升。通过多层次培训，各级干部的依法用地、保护耕地意识明显增强，业务水平也得到明显提升。

2011年7月23日，张志强局长带领督查小组前往市经济技术开发区及项目现场实地督查闲置土地清理处置工作

团结奋进的局领导班子

阜阳市国土资源局

阜阳市国土资源局局长王五一在全市国土资源工作会议上作报告

现场核查违法用地图斑

参加阜阳市首届“供电杯”窗口行业文明礼仪大赛，荣获三等奖

2011年，阜阳市国土资源局在省国土资源厅及市委、市政府的正确领导下，以科学发展观为统领，严格执行国家宏观调控政策，切实履行国土资源管理职能，不断创新管理、创新思路、创优争先，圆满完成了年初既定的工作目标，为促进阜阳市经济社会健康和谐发展做出了新的贡献。

2011年，阜阳市上报40个批次（项目），面积1.9045万亩，其中农用地1.4515万亩，耕地1.2808万亩，包括漯阜铁路、阜六铁路、阜新高速、东三环项目、职教园区道路、102省道、202省道、105国道、阜阳合肥现代产业园区道路和中石油码头等重点建设项目用地。已经批准的有17个批次（项目），面积1.1165万亩，其中农用地9241亩，耕地8076亩，建设用地1893亩,未利用地22亩。阜阳市国土资源局对建设用地报件均认真审查，实地踏勘，做到图、表、实地一致；实行“两公告一登记”，配合社保部门做好被征地农民的养老保险工作。

2011年，阜阳市审批各类项目用地386宗，总供地1.71万亩，出让金总计48.6047亿元。市本级共审批65宗，面积3813.6亩。其中：划拨用地6宗,面积133.4亩，含城市基础设施用地，经济适用房及其它项目用地；办理出让用地59宗,面积3679.2亩，全部为招拍挂，土地出让金共收28.3529亿元。

目前，2011年挂钩和置换项目已通过省厅等部门验收。其中，全市共有挂钩和置换项目142个批次，拆旧复垦总面积6.18万亩，实际复垦5.5万亩，复垦还耕面积5.11万亩，验收1.14万亩。实际建新面积6.42万亩，占用农用地5.31万亩，耕地4.88万亩。

2011年，阜阳市发现土地违法案件159件，涉及土地面积738.3亩，耕地473.25亩，已立案查处158件，涉及土地面积737.7亩，耕地473.25亩。2011年办理信访事项458件。其中来信类96件，来访126件，网上信访举报32件，12336举报177件；办理国土资源信访复查复核案件21件，办理中央巡视组交办的信访案件6件。

阜阳市国土资源局进一步完善了国土资源信息系统，各项基础底图、网站建设日趋规范完善。市局门户网站改版升级功能再度提升。先后完成了OA办公系统、网络安全系统、及其有关数据库更新维护。阜阳市国土资源基础信息平台及本底数据库基本完成。

全局人员参加集体学习

向省厅汇报耕地保护责任目标履行情况

阜阳市行政服务中心国土窗口高效服务，企业送来锦旗

阜阳颍东农村商业银行股份有限公司

2011年11月11日，举行盛大开业庆典

加强教育培训 重溯企业形象

阜阳颍东农村商业银行股份有限公司（下称：阜阳颍东农村商业银行）是经中国银行业监督管理委员会批准，在原阜阳市颍东区农村信用合作联社整体改制的基础上，由自然人、境内非金融机构共同发起设立的股份制地方性金融机构。2011年11月11日正式挂牌开业。

阜阳颍东农村商业银行建立了“三会一层”（股东大会、董事会、监事会、高级管理层）为主体的法人治理结构，实行“一级法人、统一核算、分级管理、授权经营“的管理体制。总行内设总行营业部、资金运营部、公司银行一部、公司银行二部、零售银行一部、零售银行二部、零售银行三部、业务管理部、不良资产管理部、清算中心、财务会计部、电子银行部、董（监）事会办公室、办公室、人力资源部、监察保卫部、事后监督中心、合规与风险管理部、审计稽核部等19部门；下辖17家支行、11家分理处；从业人员338人。

阜阳颍东农村商业银行在科学发展观引领下，在认真总结历史经验教训的基础上，积极探索、深入剖析当前改革发展中最突出、最核心、最根本、最紧迫和最关键的问题，紧密联系实际，提出了“强服务、促转型、谋跨越”的工作思路，紧紧围绕未来3年发展规划的宏伟蓝图和年度目标，通过实实在在提升服务、扎扎实实推进转型，不断把颍东农村金融事业做大、做优、做强，实现规模、质量、安全、效益全面跨越，誓把阜阳颍东农村金融建成民生农金、平安农金和文化农金，全力打造阜阳颍东农村金融品牌。

阜阳颍东农村商业银行将依托阜阳经济快速发展的优势，以市场为导向，以客户为中心，营造特色，培育优势，以共创价值、永续发展的企业使命，将阜阳颍东农村商业银行建设成为具有良好信誉和鲜明特色，符合国际标准的现代商业银行；建设成为具有综合化经营基础，综合竞争力跻身全省农村商业银行前列的精品银行，实现股东利益、银行价值和个人价值的最大化。

加强银企合作 促进地方发展

加强金融服务 开展小微企业宣传活动

被阜阳市政府授予“2011年度发展非公有制经济先进集体”荣誉称号

24小时自助服务　颍东农商银行

公司法定代表人：汪侠　注册地址：阜阳市一道河东路9号　电话：0558-2186060

颍上县教育局

发挥内部审计功能　为教育事业健康发展服务

颍上县教育局党组书记、局长陈君

教育局领导高度重视内部审计工作，局长、分管领导参加会议，作重要讲话

颍上县教育局审计股在审计部门和县教育局的领导下，坚持“全面审计，突出重点”的工作方针，不断强化教育内部审计职能，充分发挥内部审计的作用，开创了颍上县教育审计工作新局面。

一、领导重视，强化内部审计工作

领导重视是做好颍上县教育内部审计工作的关键。县教育局领导班子，特别是主要负责人高度重视内部审计工作。从依法治教出发，切实加强对审计工作的领导，县教育局分管领导亲自抓审计工作，每周听取汇报，研究工作，对审计工作出现的新情况、新问题能及时研究，并提出建设性的意见和建议。

二、建章立制，严抓审计制度建设

县教育局审计股十分重视审计制度建设，根据国家、省、市审计法规，结合颍上县教育系统实际，进一步完善了相应规章制度。一是建立了教育系统内部审计工作考核制度，制定了《颍上县教育系统内部审计工作考核办法》。二是建立了内部审计工作局长审批、分管领导负责、相关部门参与审计机制。三是成立了由纪检、监察、计财、审计等股室参加的联席会议制度，规范了教育内部审计，使内部审计工作走上了正常化、制度化、规范化的轨道。

三、强化素质，提高审计业务水平

县教育局把提高内审人员素质作为一件大事来抓。一是要求审计人员认真学习邓小平理论和“三个代表”重要思想，坚持科学发展观，实事求是，解放思想，开拓创新，与时俱进，求真务实，做好审计工作。二是组织审计人员认真学习和执行《审计法》、《审计署关于内部审计规定》、《安徽省内部审计条例》等法律、法规。三是转变工作作风，认真执行党风廉政建设，以《内部审计人员职业道德规范》和审计纪律，约束审计人员职业道德行为，并结合实际建立“审计人员廉政情况反馈制度”。四是积极探索审计工作，提高审计理论水平。县教育局审计股主动与兄弟县市进行经验交流，达到了相互促进，共同提高的目的。

四、突出重点，审计工作成效显著

2012年，对7个中心学校校长进行了离任审计，对4个单位进行了案件审计，审计总金额9500万元。其中，违规资金8.12万元，纠正违规资金5.5万元。针对被审计单位存在的共性问题，提出了整改意见和建议，并帮助被审计单位建立健全了相应的规章制度。

扎实的工作，得到了上级主管部门和业务部门的充分肯定。2011年6月，审计股被省审计厅评为“全省内部审计先进单位”。审计股长马利强被省审计厅评为“安徽省内部审计先进工作者”。荆学源被阜阳市教育局评为“阜阳市教育系统内部审计先进个人”。

荣获“2008-2010年全省内部审计先进单位”荣誉称号

石台县审计局

全局全体工作人员到郊外踏青

开展计算机审计培训

召开审计学会暨内部审计协会成立大会

工作人员前往社会（儿童）福利中心看望慰问孤儿时合影留念

石台县审计局现有人员编制16名，其中行政编制10名、财政供给事业编制6名。机关内设办公室、综合法规股（审计信息技术应用股）、财政审计股（行政事业审计股）、农业与资源环保审计股（经贸金融审计股、外资运用审计股）、经济责任审计局5个职能股室，下辖石台县政府投资审计中心，实有人员15名。其中大专以上文化程度13名，具有中级称职资格4名，35岁以下年轻干部7名。近年来，连续多年获全省审计系统精神文明单位，蝉联池州市第四、第五届“文明单位”，2011年获全省审计系统先进集体、全省审计“信息化推进工程”先进集体等多项荣誉称号，投资审计工作获县政府通报表彰。

2011年，县审计局开展了37个项目审计（审计调查），涉及68个部门单位，审计查处违规资金240万元、管理不规范资金 831.68万元，查补税收13万元，投资审计核减1565万元，提出审计建议38 条，对相关单位处以罚款3.5万元，并就相关重要事项或问题向县委、县政府提交专题报告6篇，领导批示交办5次，对外发布审计信息13期，为促进石台经济又好又快发展发挥了积极作用。

霍邱县审计局

霍邱县审计局召开“争先创优”动员大会，杨德福局长做动员报告

刘战平厅长到霍邱县审计局调研指导工作

霍邱县审计局是县人民政府的综合经济监督部门，内设办公室、财政金融审计股、行政事业审计股、政策法规审理股、审计信息技术应用股、经济责任审计股，下属两个全额财拨事业单位（政府投资审计中心、经济责任审计局），机关行政编制为11名，事业编制21名，现有人数32名、领导职数5名。

2011年以来，霍邱县审计局在上级审计机关和县委、县政府的高度重视和正确领导下，以科学发展观为指导，紧紧围绕县委、县政府工作中心，服从服务于经济社会发展大局，认真履行审计监督职责。连续获得了全省审计工作、“审计创新年”、“审计提升年”活动、“信息化推进工程”先进集体、党风廉政建设等省级殊荣；被评为全市文明行业、优秀审计项目、精神文明、信息化建设等先进单位；获得县委、县政府目标管理综合考核、党风廉政建设、双拥、扶贫、先进党支部、精神文明创建、依法行政、六五普法等先进单位称号；“创新机制、创先争优”的经验做法被中央党校收编在《学习实践科学发展观巡礼》书中。班子、队伍建设工作在审计署召开的会议上交流发言。县审计局计算机审计方法被审计署推广表彰，县枣高路工程造价审计项目荣获全市优秀审计项目。

杨德福局长带领审计组人员实测实量政务之窗项目现场

霍邱县审计局开展2012年思想、业务培训活动

濉溪县审计局
加速审计转型　实现科学发展

刘战平厅长到濉溪县审计局指导、调研审计工作

2012年，濉溪县审计局以科学发展观为统领，坚持务实、创新、发展的工作思路，强力推进审计信息化建设，突出亮点审计和特色审计，深化人才培养和审计质量控制，保持着科学和可持续发展的态势。

信息化建设长足发展。加大硬件投入，审计网站、会商系统、联网审计系统建成并投入使用，计算机辅助审计全面推广应用。加强计算机人才培养，25人次参加脱产或集中培训，10人获得计算机中级资格证书。8篇计算机审计方法、AO实例等获得审计署、省厅优秀项目。

濉溪县审计局召开时间学会第三届、内审协会第一届会员大会

优秀人才脱颖而出。以“五大工程”活动为契机，加强对领军人才、实用人才的培养，努力营造优秀人才脱颖而出的环境，3人被推荐为省实用人才，1人获省优秀审计能手称号，人才队伍建设呈现勃勃生机。

文明创建和审计文化建设稳步推进。积极开展文明创建、审计文化建设、审计廉政建设，以良好的政治生态和饱满的精神状态，推进审计工作的健康发展。先后荣获了省级文明单位、省文明窗口等殊荣。

淮北市审计局局长戎培阜到濉溪县审计局调研

团结、务实的领导班子

突出亮点审计。以决算审计为基础，突出招投标审计和跟踪审计，已分别占投资审计总数的25%和12%，2012年审减政府投资额突破1亿元；深入开展效益审计，突出对社会保障资金、民生工程的社会效益和经济效益的反映和分析，为宏观决策服务；探索任中审计的新思路和新方法，逐步完善科学的评价体系，以过硬的审计质量为评价和任用领导干部提供可靠依据。

濉溪审计局召开中介机构座谈会

歙县审计局

提升审计效能　服务经济发展

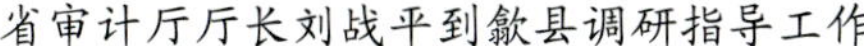
省审计厅厅长刘战平到歙县调研指导工作

党组书记、局长曹健上廉政党课

2012年，歙县审计局在县委、县政府和上级审计机关的正确领导下，根据全县审计工作暨审计人才造就工程动员会议的全面部署，紧扣《歙县审计局2012年度审计项目计划》安排及要求，扎实推进全局各项工作，全力推动审计工作转型升级，主动服务歙县跨越发展，紧紧围绕歙县经济社会发展大局，切实履行审计监督职责，进一步创新工作思路，突出民生工程的审计，注重发现和研究管理体制、机制、制度、层面的问题，为维护经济秩序、服务宏观调控、加强党风廉政建设、促进地方经济发展等方面发挥了积极作用。

一、深化预算执行。审计查处违纪违规资金456.84万元、管理不规范资金226.02万元,收缴县财政违纪款14.64万元，并提出了一系列可行性的审计建议。

二、拓展政府投资审计。审计政府性投资建设项目126个，涉及城投公司、经济开发区、住保中心、公安、交通、水利、移委、财政、学校、医院等单位的基础设施、土建、安装、公路、市政园林、城市绿化、亮化、水利等工程，报审总金额 26430.75万元,审计确认22366.54万元,审计核减4064.21万元。为政府节约了大量的资金，取得了明显的经济效益和社会效益，得到了县委、县政府主要领导的充分肯定。在认真做好决（结）算审计的同时，创新开展了概（预）算审计，提前审计为建设单位提供了第一手工程详尽数据资料，得到建设单位好评。

三、突出专项资金审计。强化对农业、教育、就业、社保、医疗等专项资金的审计监督。追回清退被骗取和多支付的最低生活保障资金8.66万元,纠正管理不规范资金173.70万元，提出审计建议15条,确保各项惠民政策落到实处。

县委胡仕圣书记到审计局调研政府性投资项目审计工作

团结拚搏、开拓创新的县审计局领导班子

四、抓好经济责任审计。统筹安排将经济责任审计单位纳入审计局2012年度审计项目计划，并创新审计方式方法，将部分经济责任审计项目与同期开展的预算执行审计、乡镇财政决算审计结合进行。

五、注重审计成果开发利用。编写的《税收征收经费提取计算机审计方法》、《县地税局预算执行情况审计项目AO应用实例》在审计署全国审计机关AO应用实例评选中荣获应用奖。这充分表明歙县审计局在AO的推广、应用及经验总结上的不断提高，在推动信息化条件下计算机技术在审计实务项目管理中的应用再上新台阶。

黄山市审计系统“人才造就工程”专题讲座（歙县）专场

披云基建讨论及廉政会议

六、多措并举实施“人才造就工程”，并围绕“人才造就工程”开展各级各类学习培训。抓机制促创新、抓谋划促竞争、抓责任促落实、抓活动树亮点，以“五抓”强力推进“人才造就工程”的顺利开展。

黟县审计局

2011年，黟县审计工作在县委、县政府和上级审计机关的正确领导下，以科学发展观为统领，认真贯彻十七大精神，紧紧围绕县委、县政府中心工作，服务打造现代国际乡村旅游综合示范区这一大局，认真履行审计监督职责。扎实开展“审计信息化推进年”活动，不断提升审计工作质量和水平，较好发挥了审计服务县域经济和社会发展的作用。2011年该局共审计（调查）单位88个，审计查出违规金额546万元，管理不规范金额7282万元，基本建设投资审计核减财政投入资金1260万元，向纪委移送经济案件1个，提出审计建议123条，95%以上审计建议得到采纳和落实，县委、县政府领导批示审计报告建议和审计信息21次，审计信息质量全面提高，该局撰写的《审计项目电子档案安全保密管理应引起高度重视》，被中国审计杂志、省厅审计简报分别采用。

2011年，黟县审计局被县委、县政府评为招商引资先进单位，被县政府评为民生工程组织实施工作优秀单位，被县文行办授予“全县文明行业先进单位”荣誉称号。《县遗产办领导离任经济责任审计》获市优秀审计项目。

图一

图二

图三

图四

图一：省审计厅厅长刘战平亲临黟县审计局调研审计信息化建设工作，现场观看演示。

图二：县政府常务副县长蒋凌将深入黟县审计局开展工作调研，听取审计工作汇报。

图三：开展全员培训。

图四：组织全体干部参加审计署举办的业务培训。

图五：局党组书记、局长汪建清深入审计现场，了解项目进展情况。

图六：局党组书记、局长汪建清带领相关审计业务人员深入县委、县政府重点工程建设项目工地，实地查看工程建设情况。

图七

图六

图五

祁门县审计局

扎实有效开展审计“信息化推进工程”

2011年，祁门县审计局按照全省审计“信息化推进工程”建设的总体要求，结合祁门实际，从制度建设、资源配置、规范动作、注重实效等方面全面加快了审计信息化建设步伐，成效明显。在全省审计机关开展计算机审计方法和AO应用实例评选活动，局7名审计业务人员中的6人分别提交的3篇方法和3篇实例，100%被省审计厅评为良好以上，全局7名审计业务人员均通过审计署AO认证考试，已有5人获得了省审计厅计算机中级证书。通过扎实有效地建设和不懈努力，祁门县审计信息化建设取得了良好效果，分别被评为安徽省、黄山市审计“信息化推进工程”先进单位。

省审计厅杨寿桃副厅长到祁门调研联网审计工作

祁门县审计局程宏彬局长在网上审阅公文

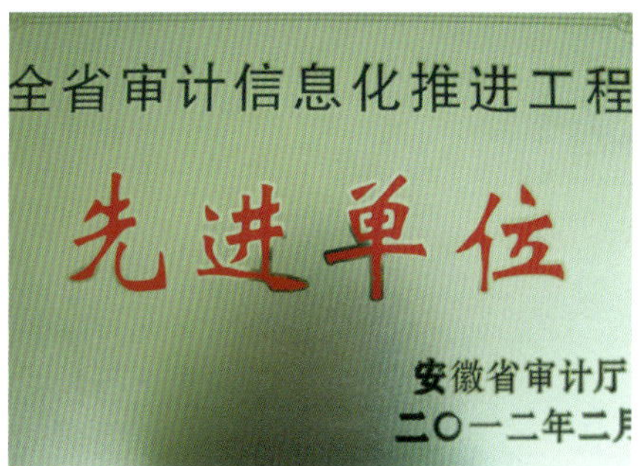

获全省审计“信息化推进工程”先进单位

凤台县审计局

县委书记姚多咏深入县审计局检查指导工作，并看望审计人员

县长李大松深入县审计局检查指导工作，并与审计人员交流座谈

2011年，凤台县审计局在县委、县政府和上级审计机关的正确领导下，认真贯彻落实党的十七大精神，深入学习实践科学发展观，紧紧围绕县委、县政府中心工作，按照“抓转型、求创新、保民生、促发展”的工作思路，充分发挥审计在经济社会运行中的“免疫系统”功能，在审计理念、思路、方法、内容、管理和质量上不断创新，取得新的突破。

2011年，凤台县审计局审计及审计调查单位110个，查处违规金额1966万元、管理不规范金额16775万元，应上缴财政金额76万元，政府投资审计净核减4759万元，提出来合理化意见及建议168条，审计报告及信息被批示、采用100余篇次。

2011年，凤台县审计局获中国审计报社全国审计通联宣传先进单位，全省审计系统“信息化推进工程先”进单位、全省审计系统审计信息工作先进单位，全省审计机关网站测评优秀奖、市审计局综合目标考核先进单位、县目标考核先进单位、 全县推进依法行政先进集体等荣誉。

砀山县审计局

杨寿桃副厅长视察联网审计机房

樊振敬局长参加审计署培训班

全体党员“七一”重温入党誓词

2011年，砀山县审计局在县委、县政府的坚强领导和上级审计部门的大力支持下，坚持以科学发展观为统领，以“信息化推进工程”为抓手，强化“人、法、技”建设，取得显著成绩。主要呈现三大亮点：

一是县纪检委、县委组织部、县财政局和县审计局抽调39名人员组成13个审计组，对全县13个镇进行了换届审计，查出账外未报发票、私设“小金库”、债权债务挂账时间长、违规使用计生经费等8个方面的问题。县委、县政府联合成立了乡镇换届审计整改领导小组，清收个人借欠公款及督促报账2000余万元。

二是开展了5个标底审计，核减额为1643.40万元，核减率为8.91%；开展了2个跟踪审计项目，即校安工程和县医院病房综合楼，及时出具督查整改报告5份；开展了12个投资项目竣工结算审计，核减额517.72万元，核减率为13.51%。

三是审计信息化工作成绩斐然。年初启动财政联网审计平台；特邀全国计算机审计能手____江苏省新沂市审计局郭兴强讲课；进行门户网站的改版升级，在2011年省厅网站评比中分别获优秀奖和特别奖；上报审计署7篇AO应用实例和7篇计算机审计方法，其中1篇案例获优秀奖，3篇案例获应用奖，3篇案例获鼓励奖，1篇计算机审计方法入选审计署方法库。

财政联网审计验收会

开展专题民主生活会

县人大常委会开展执法调研

郭兴强讲授计算机审计知识

2011年度全省审计机关网站测评

优秀奖

安徽省审计厅
二〇一二年二月

门户网站获省审计厅优秀奖

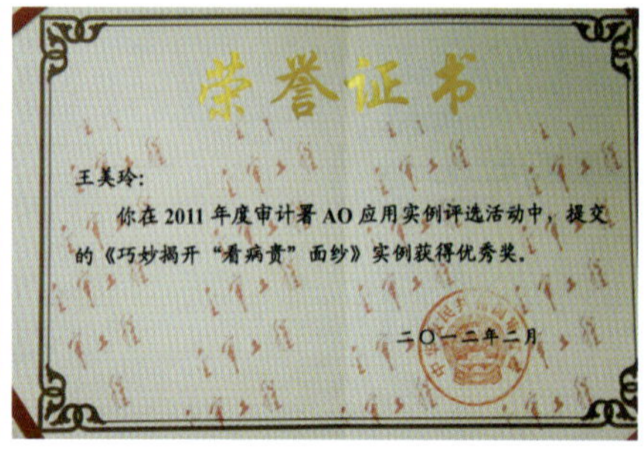

荣誉证书

王美玲：

你在2011年度审计署AO应用实例评选活动中，提交的《巧妙揭开“看病贵”面纱》实例获得优秀奖。

二〇一二年二月

AO应用案例获审计署优秀奖

强化培训提素质 创新管理建队伍

——黄山区审计局“人才造就工程”活动纪实

2012年，黄山区审计局按照省审计厅和市审计局关于开展“人才造就工程”活动的部署和要求，以强化全员全方位培训为抓手，进一步提高审计人员综合素质；以建设一流的审计人才队伍为目标，创新审计管理，“人才造就工程”活动取得丰硕成果。全年完成财政财务收支审计项目19项，完成政府性投资工程决算审计项目91个，核减工程造价2290多万元。审计查处违规金额426.88万元、损失浪费6.3万元、管理不规范金额1761.83万元，已收缴财政161.71万元，补缴税收42.85万元，审计提出建议52条，采用51条，提缴审计综合报告2份、审计专报3份、报送信息80多条，被省、市审计机关和区委区政府采用60多条，审计报告和审计专报被区委、区政府主要领导批示。荣获第十届黄山市文明单位、全市质量评选先进单位、信息宣传先进单位、信息化先进单位、全区共驻共建先进单位、平安单位、民生工程先进单位、创绿机关、双拥创建考核先进单位等，1人入选中国审计学会计算机审计分会计算机审计能手人才库、1个项目获得省审计厅表彰项目和市审计局优秀项目，4人次获得省审计厅表彰，3人次获得市审计局表彰，5人次获得区级表彰。1人获得全省优秀主审、1人获得全市优秀审计能手、1人获得全市优秀主审，1人提拔为副科级干部，1人获得高级审计师，1人通过计算机中级考试并获得优秀学员，2人参加AO考试并通过，全员通过AO认证考试,4人获得计算机中级资格证书。主要做法是：

重阳节老干部活动

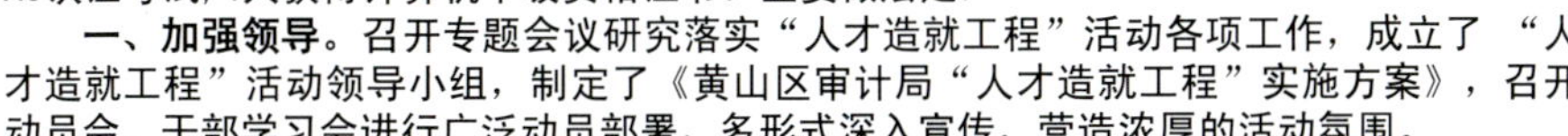

一、加强领导。召开专题会议研究落实“人才造就工程”活动各项工作，成立了“人才造就工程”活动领导小组，制定了《黄山区审计局“人才造就工程”实施方案》，召开动员会、干部学习会进行广泛动员部署，多形式深入宣传，营造浓厚的活动氛围。

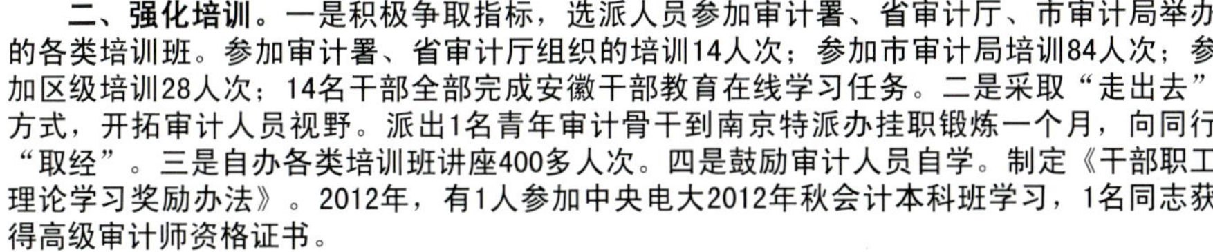

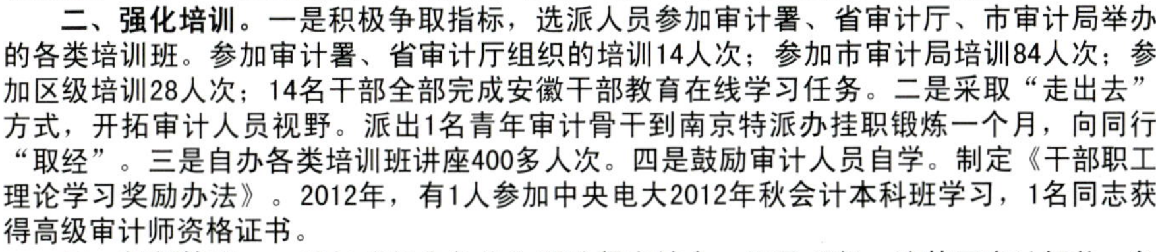

二、强化培训。一是积极争取指标，选派人员参加审计署、省审计厅、市审计局举办的各类培训班。参加审计署、省审计厅组织的培训14人次；参加市审计局培训84人次；参加区级培训28人次；14名干部全部完成安徽干部教育在线学习任务。二是采取“走出去”方式，开拓审计人员视野。派出1名青年审计骨干到南京特派办挂职锻炼一个月，向同行“取经”。三是自办各类培训班讲座400多人次。四是鼓励审计人员自学。制定《干部职工理论学习奖励办法》。2012年，有1人参加中央电大2012年秋会计本科班学习，1名同志获得高级审计师资格证书。

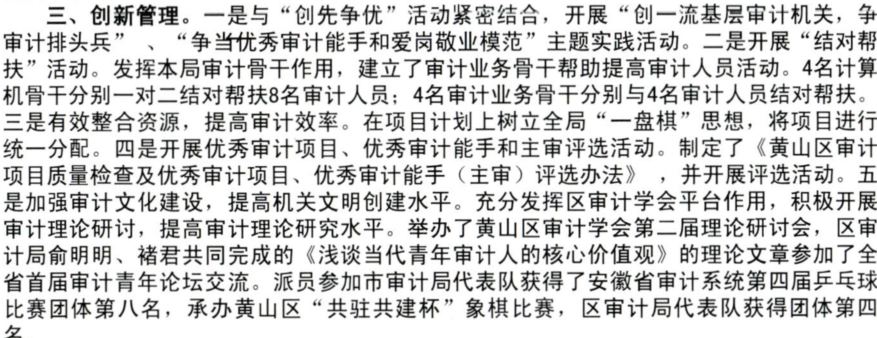

三、创新管理。一是与“创先争优”活动紧密结合，开展“创一流基层审计机关，争审计排头兵”、“争当优秀审计能手和爱岗敬业模范”主题实践活动。二是开展“结对帮扶”活动。发挥本局审计骨干作用，建立了审计业务骨干帮助提高审计人员活动。4名计算机骨干分别一对二结对帮扶8名审计人员；4名审计业务骨干分别与4名审计人员结对帮扶。三是有效整合资源，提高审计效率。在项目计划上树立全局“一盘棋”思想，将项目进行统一分配。四是开展优秀审计项目、优秀审计能手和主审评选活动。制定了《黄山区审计项目质量检查及优秀审计项目、优秀审计能手（主审）评选办法》，并开展评选活动。五是加强审计文化建设，提高机关文明创建水平。充分发挥区审计学会平台作用，积极开展审计理论研讨，提高审计理论研究水平。举办了黄山区审计学会第二届理论研讨会，区审计局俞明明、褚君共同完成的《浅谈当代青年审计人的核心价值观》的理论文章参加了全省首届审计青年论坛交流。派员参加市审计局代表队获得了安徽省审计系统第四届乒乓球比赛团体第八名，承办黄山区“共驻共建杯”象棋比赛，区审计局代表队获得团体第四名。

社保审计整改会

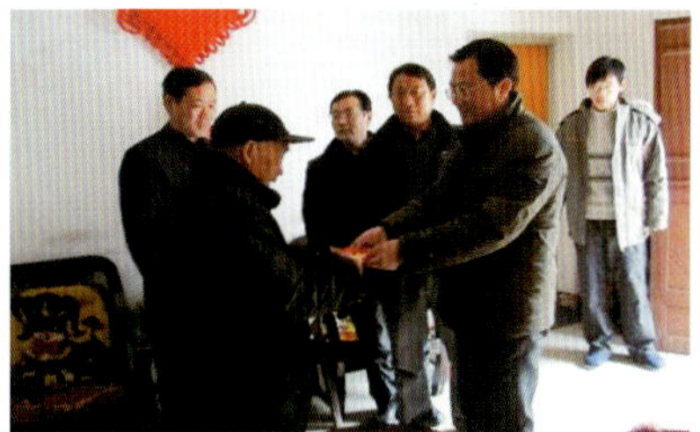

送温暖活动

开展道德讲堂活动

参加全省乒乓球比赛

与平东社区开展迎“七一”共建杯象棋比赛活动

“人才造就工程”培训会

安徽华安会计师事务所

安徽华安会计师事务所于1993年9月由安徽省财政厅创办，1999年11月经省财政厅财会协字[1999]1120号文件批准改制为有限责任会计师事务所，注册资金100万，目前安徽华安会计师事务所是我省目前最大的会计师事务所之一。自2003以来，安徽华安会计师事务所在安徽省注册会计师协会公布的“年度会计师事务所信息”中其综合实力居我省会计师事务所第三、四位。近年来安徽华安事务所规模不断扩大，拥有从业人员78名，其中注册会计师41名、注册资产评估师15名、房地产估价师5名、造价工程师7名、土地估价师4名，其中不少人是具有多项执业资格的全能人才。上述专业技术人员中80%具有中高级职称，已形成了一支整体业务素质较好、人才结构较为合理的专业服务队伍。下设六个业务部、质量控制部、及综合部。

所长、主任会计师：陈茂浏

在执业资质和业务范围上，安徽华安会计师事务所已先后取得了国有大中型企业审计、金融相关业务审计和资产评估业务资格以及工程预决算审核（乙级）、工程咨询、房地产及土地评估等多项执业资格。

安徽华安会计师事务所于2000年9月经安徽省注册会计师协会批准，在蚌埠设立了安徽华安会计师事务所蚌埠分所。为方便管理和更好地为客户服务，根据有关文件精神并经有关主管部门批准，先后在本所原资产评估部、房地产评估部和土地估价部的基础上成立了安徽华安资产评估事务所有限公司、安徽华安房地产评估有限公司、合肥天安土地评估有限公司等业务机构，形成以审计、评估、工程造价审核业务为核心的集团化经济鉴证类中介机构。

华安会计师事务所经过十几年的发展，客户遍及电讯、电子、交通、能源、金融、汽车、娱乐、建材、酒店、医疗卫生等行业特别是制造业、冶金、金融业等行业中介服务积累了丰富的经验。

知识经济社会的企业竞争实际是人才的竞争，华安会计师事务所十分重视人才的培养。针对每个员工的特点，结合业务发展的需要，事务所为自己的每个员工制定了科学可行的职业计划。在过去十几年的发展中，培养出一批具有丰富理论经验和实际操作经验的执业队伍，并配有技术全面的专业技术队伍，为承做各类业务提供了有利的支持。

华安会计师事务所（包括安徽华安资产评估事务所有限公司、安徽华安房地产评估有限公司、合肥天安土地评估有限公司）公司成立至今，凭借对国内各项相关法律、法规及实务的熟悉，成功地为各类企、事业单位和个人提供了包括年度审计、专项审计、离任审计、基建审计、其他特殊目的的审计和税务咨询、运筹策划及管理咨询等在内的快捷、优质的专业服务。在以财政、交通、通信、资源、教育、媒体、医药及信息技术等为首的行业内成功树立了良好的信誉和较高的知名度。

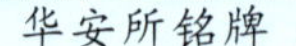

华安所铭牌

大厅一角

多年来，公司坚持诚信第一的服务宗旨、脚踏实地的工作作风和独立、客观、公正、严谨、科学、保密的原则，在发展壮大的过程中不断提高技术水平、丰富业务内容、完善管理体制、加强内部培训。希望能继续与广大客户携手进步、共同开创美好的明天。

华安所所在的写字楼